Frank Almai
Expressionismus in Dresden

THELEM
bei w.e.b.

Arbeiten zur Neueren deutschen Literatur
Hg. von Walter Schmitz und Marek Zybura
Band 18

Frank Almai

Expressionismus in Dresden

Zentrenbildung der literarischen
Avantgarde zu Beginn des 20. Jahrhunderts
in Deutschland

THELEM
bei w.e.b.
2005

Gedruckt mit Unterstützung der
Deutschen Forschungsgemeinschaft.

Bibliografische Information der Deutschen Bibliothek
Die Deutsche Bibliothek verzeichnet diese Publikation in der
Deutschen Nationalbibliografie; detaillierte bibliografische Daten
sind im Internet unter <http://dnb.ddb.de> abrufbar.

Bibliographic information published by Die Deutsche Bibliothek
Die Deutsche Bibliothek lists this publication in the Deutsche
Nationalbibliografie; detailed bibliographic data is available in
the Internet at <http://dnb.ddb.de>

ISBN 3-935712-20-0

Für Kathi

INHALT

I. REGIONALITÄT UND EXPRESSIONISMUS – ZUR PROBLEMATIK EINES VERNACHLÄSSIGTEN FORSCHUNGSKONZEPTS

Die regionale Dimension des Expressionismus in Deutschland ist bislang kaum Gegenstand literaturgeschichtlicher Forschung gewesen. Obwohl bereits 1980 Richard Brinkmann in seinem umfangreichen Forschungsbericht zum Expressionismus festgestellt hat, daß die einschlägigen Untersuchungen zum Gegenstand auf eine »unübersehbare Menge« angewachsen sind[1], wurde gleichzeitig der Mangel an regional orientierten Versuchen evident.[2]

Dabei ist die wissenschaftliche Untersuchung regionaler literarischer Zentren von der Literaturgeschichtsschreibung schon Ende der 70er und Anfang der 80er Jahre als ernstzunehmende und gebotene Aufgabenstellung erkannt worden.[3] Während die Produktivität eines solchen Forschungsansatzes durch entsprechende Studien belegt werden konnte[4], blieb für die Expressionismusforschung auch weiterhin eine Sehweise erkenntnisleitend, die sich, vor allem orientiert am produktionsästhetischen Forschungsparadigma[5], der Autorenbiographie und Werkinterpretation[6] zuwandte oder der Ana-

---

[1] Vgl. Richard Brinkmann: Expressionismus. Internationale Forschung zu einem internationalen Phänomen. Stuttgart: Metzler 1980. S. X. – Zur Zitierweise: Eine vollständige bibliographische Angabe erfolgt bei der ersten Nennung des Titels im jeweiligen Kapitel; bei Wiederaufnahme werden der Nachname des Autors bzw. Herausgebers und der Kurztitel zitiert. Hervorhebungen finden sich, wenn nicht anders vermerkt, im Original.

[2] In vielen Darstellungen spielte die regionale Dimension des Expressionismus überhaupt keine Rolle; in anderen wurde zwar auf die »heterogene Lokalisierung« des Expressionismus »in verschiedenen Zentren« hingewiesen, ohne daraus aber Folgen für die Forschung abzuleiten. Vgl. hierzu etwa Silvio Vietta/Hans-Georg Kemper: Expressionismus. München: Wilhelm Fink Verlag 1983. S. 15. – Auf die unterschiedlichen Standorte der expressionistischen Bewegung verweist auch John Willett, der eine Landkarte der wichtigsten europäischen Zentren des Expressionismus anfertigte: John Willett: Expressionism. London: Weidenfeld and Nicolson 1970. S. 70-72.

[3] Vgl. etwa: Volker Schupp: Literaturgeschichtliche Landeskunde. In: Alemannica. Landeskundliche Beiträge. Festschrift für Bruno Boesch. Bühl/Baden: Verlag Konkordia 1976. S. 272-298 oder Dieter Breuer: Warum eigentlich keine bayerische Literaturgeschichte? Defizite der Literaturgeschichtsschreibung aus regionaler Sicht. In: Albrecht Schöne (Hg.): Kontroversen, alte und neue: Akten des VII. Internationalen Germanisten-Kongresses Göttingen 1985. Band 7. Tübingen: Niemeyer 1986. S. 5-13 oder Norbert Mecklenburg: Deutsche Literaturlandschaften. Zur Erforschung regionaler Dimensionen in der Literaturgeschichte. In: Ders.: Die grünen Inseln. Zur Kritik des literarischen Heimatkomplexes. München: Iudicium Verlag 1987. S. 253-264.

[4] Während in den 70er und 80er Jahren nur vereinzelt Untersuchungen zur regionalen Literaturgeschichte vorgelegt wurden (etwa: Dieter Breuer: Oberdeutsche Literatur 1565-1650. Deutsche Literaturgeschichte und Territorialgeschichte in frühabsolutistischer Zeit. München: Beck 1979 oder die bei Klett-Cotta erschienenen Arbeiten innerhalb der Reihe *Städte um 1800*, etwa: Mainz – »Centralort des Reiches«. Politik, Literatur und Philosophie im Umbruch der Revolutionszeit. 1986), kam es in den 90er Jahren zu einer deutlichen Zunahme solcher Studien. Etwa: Walter Gödden/Winfried Woesler (Hg.): Literatur in Westfalen. Beiträge zur Forschung. Paderborn u. a.: Schöningh. Band 1: 1992, Band 2: 1994. – Anton Schwob/Brigitte Tontsch (Hg.): Die siebenbürgisch-deutsche Literatur als Beispiel einer Regionalliteratur. Köln u. a.: Böhlau 1993. – Detlef Ignasiak (Hg.): Beiträge zur Geschichte der Literatur in Thüringen. Rudolstadt u. a.: Hain-Verlag 1995. – Winfried Freund: Die Literatur Westfalens. Von den Anfängen bis zur Gegenwart. Paderborn u. a.: Schöningh 1993.

[5] Auf die vor allem in den 80er Jahren einsetzende Flut von Arbeiten mit dieser Forschungsperspektive hatte schon Hermann Korte 1994 verwiesen. Vgl. Hermann Korte: Abhandlungen und Studien zum literarischen Expressionismus 1980-1990. In: IASL. Forschungsreferate. 3. Folge. 6. Sonderheft. Tübingen: Niemeyer 1994. S. 225-279.

lyse expressionistischer Zeitschriften[7], programmatischer Konzepte[8] und gattungs-
bzw. motivgeschichtlicher Zusammenhänge[9].

Der Nestor der deutschen Expressionismusforschung, Paul Raabe, hatte deshalb
noch Anfang der 90er Jahre auf die daraus resultierenden Erkenntnisdesiderata, die
auch mit einer nach wie vor unzureichenden Erschließung und Aufarbeitung des vorhandenen Quellenmaterials zusammenhängen, aufmerksam gemacht:

> Wenn [...] an dem Stand der Quellensichtung Zweifel angemeldet werden, so be-
> ruhen sie auf der Beobachtung, daß viele entstehungs- und wirkungsgeschichtli-
> che Zusammenhänge, biographische und bibliographische Einzelheiten, regionale
> und lokale Erscheinungsformen und literarische Vermittlungswege noch uner-
> forscht sind.[10]

Erst in den letzten Jahren begann eine kontinuierliche Erforschung des Expressionismus unter regionalen Gesichtspunkten: Neben Überblicksdarstellungen, die sowohl
die Hauptorte und -regionen der expressionistischen Bewegung[11] als auch die bislang

---

[6]   Einen grundlegenden Überblick zu bio-bibliographischen Fakten und Zusammenhängen findet
man bei: Paul Raabe: Die Autoren und Bücher des literarischen Expressionismus. Stuttgart: Metzler
1992[2]. Aus der Fülle von Einzelstudien seien genannt: Paul Requadt: Unbürgerliche Dichterporträts
des Expressionismus. Würzburg: Königshausen & Neumann 1985, hier auch Hinweise zu Dresdner
Expressionisten (Walter Rheiner, Iwar von Lücken u. a.). Vgl. auch die für meinen Untersuchungszusammenhang wichtige Arbeit von Bert Kasties: Walter Hasenclever. Eine Biographie der deutschen
Moderne. Tübingen: Niemeyer 1994 sowie: Dieter Werner (Hg.): Theodor Däubler: Biographie und
Werk. Die Vorträge des Dresdner Däubler-Symposions 1992. Mainz: Gardez! Verlag 1996.
[7]   Arbeiten neueren Datums sind: Maurice Gode: Die religiöse Dimension in einer Zeitschrift des
Expressionismus: »Die weißen Blätter«. In: Recherches germaniques 20 (1990), S. 141-157. – Peter
Sprengel: Von der Baukunst zur Wortkunst. Sachlichkeit und Expressionismus im »Sturm«. In:
DVjs. 64 (1990), S. 680-706. – Carla Müller-Feyen: Engagierter Journalismus: Wilhelm Herzog und
DAS FORUM (1914-1929). Zeitgeschehen und Zeitgenossen im Spiegel einer nonkonformistischen
Zeitschrift. Frankfurt a. M. u. a.: Lang 1996. – Ursula Walburga Baumeister: DIE AKTION 1911-
1932. Publizistische Opposition und literarischer Aktivismus der Zeitschrift im restriktiven Kontext.
Erlangen und Jena: Verlag Palm & Enke 1996.
[8]   Für die programmatische Literatur sei auf den bereits Anfang der 80er Jahre bei Metzler erschienenen, von Thomas Anz und Michael Stark herausgegebenen informativen Band *Expressionismus.
Manifeste und Dokumente zur deutschen Literatur 1910-1920* verwiesen. Auf Einzelaspekte der Programmatik gehen ein: Wolfgang Haug (Hg.): Ludwig Rubiner. Künstler bauen Barrikaden. Texte
und Manifeste 1908-1919. Darmstadt: Luchterhand 1988 und Michael Stark: »Uns ist die Klassik
ein Muster ohne Wert.« Zur expressionistischen Provokation der autoritären Aneignung von Tradition. In: Karl Richter/Jörg Schönert (Hg.): Klassik und Moderne. Die Weimarer Klassik als historisches Ereignis und Herausforderung im kulturgeschichtlichen Prozeß. Stuttgart: Metzler 1983.
S. 356-378.
[9]   Als ältere, aber noch immer grundlegende Überblicksdarstellung gilt: Wolfgang Paulsen: Deutsche Literatur des Expressionismus. Bern u. a.: Lang 1983. (Eine zweite, überarbeitete Auflage von
Paulsens Buch mit einem Geleitwort von Host Denkler erschien 1998 bei Weidler in Berlin.)
Arbeiten neueren Datums sind u. a.: Inge Jens: Die expressionistische Novelle: Studien zu ihrer
Entwicklung. Tübingen: Attempto-Verlag 1997. – Christiane Schönfeld: Dialektik und Utopie: die
Prostituierte im deutschen Expressionismus. Würzburg: Königshausen & Neumann 1996.
[10]   Raabe: Die Autoren und Bücher des literarischen Expressionismus, S. 3.
[11]   Ernst Fischer/Wilhelm Haefs (Hg.): Hirnwelten funkeln. Literatur des Expressionismus in Wien.
Salzburg: Otto Müller 1988. – Anke Münster: Rheinische Expressionistinnen. Bonn: Verein August
Macke Haus 1993. – Klaus Amann/Armin A. Wallas (Hg.): Expressionismus in Österreich. Die Literatur und die Künste. Wien u. a.: Böhlau-Verlag 1994.

nur peripher wahrgenommenen ›Subzentren‹[12] näher untersuchten, mehrten sich die Versuche, wichtige Teilaspekte des regionalen literarischen und künstlerischen Lebens im Expressionismus genauer zu analysieren[13].

Grundlage dieser neuen Forschungsperspektive war die Einsicht, daß »Kultur im deutschen Sprachraum bis weit ins zwanzigste Jahrhundert hinein territorial und regional geprägt« ist[14]. Auch der literarische Expressionismus hatte sich zunächst in regionalen Zentren konstituiert und vor allem in den Metropolen (Berlin und München) nach öffentlicher Anerkennung gesucht. Zugleich aber entstand abseits vom großstädtisch dominierten Literaturbetrieb eine Vielzahl lokaler Künstlerzirkel und Schriftstellerbünde, die, städtisch oder ländlich gebunden, nicht nur das Themen- und Stilinventar der neuen Kunst bereicherten, sondern über ein Netzwerk personeller und institutioneller Kontakte die überregionale Ausbreitung und schließlich die Durchsetzung des ›neuen Stils‹ beim Publikum überhaupt ermöglichten. Gerade die Erkenntnis, »daß der ›Expressionismus‹ erst dank der engagierten ›Provinz‹ zum Stil einer Epoche werden konnte«[15], hatte den Blick für die Beschaffenheit und das Erscheinungsbild des ›literarischen Feldes‹ einzelner Regionen, in das jeweils besondere kommunikative Ordnungen und Prozeßmuster eingetragen sind, geöffnet[16].

Mit der Hinwendung zur regionalen Perspektive war jedoch zugleich die Frage nach dem Verhältnis von Regionalität und Nationalität im Umfeld der Moderne verbunden. Josef Nadlers regionalgeschichtliches Konzept, das eine durch Blut-, Boden- und Stammeszugehörigkeit definierte Literaturlandschaft als ›Glied‹ und ›Wille‹ des deutschen Reiches[17] auffaßte und »literarhistorische Konstellationen in stammeskundliche Mythologeme umbaute«[18], hatte lange Zeit nicht nur eine wissenschaftliche Beschäftigung mit regionaler Literaturgeschichtsschreibung verhindert[19], sondern auch

---

12 Walter Schmitz/Herbert Schneidler (Hg.): Expressionismus in Regensburg. Texte und Studien. Regensburg: Buchverlag der Mittelbayerischen Zeitung Regensburg 1991. – Kunstwende. Der Kieler Impuls des Expressionismus 1915-1922. Katalogbuch zur Ausstellung. Neumünster: Karl Wachholtz Verlag 1992.

13 Vgl. etwa den sehr informativen Aufsatz von Volker Pirsich: Verlage, Pressen und Zeitschriften des Hamburger Expressionismus. In: Archiv für Geschichte des Buchwesens 30 (1988), S. 149-270. – Vgl. auch Peter Gust: Georg Heym in der Zirkelbildung des Berliner Frühexpressionismus. In: Peter Wruck (Hg.): Literarisches Leben in Berlin 1871-1933. Studien. Band 2. Berlin: Akademie-Verlag 1987. S. 7-44.

14 Walter Schmitz: Regionalität und interkultureller Diskurs. Beispiele zur Geschichtlichkeit ihrer Konzepte in der deutschen Kultur. In: Bernd Thum/Gonthier-Louis Fink (Hg.): Praxis interkultureller Germanistik. Forschung – Bildung – Politik. Beiträge zum II. Internationalen Kongreß der Gesellschaft für interkulturelle Germanistik. Straßburg 1991. München: Iudicium Verlag 1993. S. 417.

15 Schmitz/Schneidler (Hg.): Expressionismus in Regensburg, S. 8.

16 Zum Begriff des ›literarischen Feldes‹ vgl. Pierre Bourdieu: Les règles de l'art: genèse et structure du champ littéraire. Paris: Éd. du Seuil 1992. Zur Bedeutung des Ansatzes für die sozialwissenschaftliche Forschung vgl. Joseph Jurt: Bourdieus Analyse des literarischen Feldes oder der Universalitätsanspruch des sozialwissenschaftlichen Ansatzes. In: IASL (1997), Band 22. S. 152-180.

17 Josef Nadler: Das stammhafte Gefüge des deutschen Volkes. München: Verlag Josef Kösel & Friedrich Pustet 1934. S. 193-195.

18 Ulrich Wyss: Literaturlandschaft und Literaturgeschichte. Am Beispiel Rudolf Borchardts und Josef Nadlers. In: Hartmut Kugler (Hg.): Interregionalität der deutschen Literatur im europäischen Mittelalter. Berlin, New York: Walter de Gruyter 1995. S. 58.

19 Zur Auseinandersetzung mit Nadler unter dem Gesichtspunkt regionaler Literaturgeschichtsschreibung vgl. Norbert Oellers: Aspekte und Prinzipien regionaler Literaturgeschichtsschreibung. In: Uwe Grund/Günter Scholdt (Hg.): Literatur an der Grenze. Der Raum Saarland – Lothringen – Luxemburg – Elsaß als Problem der Literaturgeschichtsschreibung. Festgabe für Gerhard Schmidt-

die Auseinandersetzung mit der Rolle des Nationalen in den Literaturprogrammen einer sich regional konstituierenden Moderne erschwert; und dies obwohl nach der Reichseinigung das Interesse an der Etablierung einer deutschen Nationalkultur auch von den Autoren der literarischen Moderne bekundet wurde: Vor allem die Vertreter der naturalistischen Bewegung artikulierten ihr Unbehagen über

> die Manie, das *Ausland* zu vergöttern, vor ausländischen Künstlern auf dem Bauche zu liegen, ausländische Produkte über den grünen Klee zu loben und mit Naserümpfen und feindseliger Kritik das Heimatliche in die Ecke zu drücken [...].[20]

Die Aufwertung des »*vaterländischen Realismus*«[21] und des »Geist[es] wiedererwachter Nationalität«, der »all [des] fremden Flitters und Tandes nicht bedarf«[22], sollte dabei nicht nur die Stellung deutscher Kunst und Kultur innerhalb der internationalen Kunstszene verbessern, sondern zielte mehr noch auf die Schaffung einer »nationale[n] deutsche[n] Kunst«, die »in einer nicht nur ökonomisch, sondern auch kulturell bestimmten gesellschaftlichen Differenzierung Einheit [...] stiften«[23] konnte. Diese »emanzipatorisch-demokratische« Spielart des Nationalismus, die sich gewiß auch innerhalb der Entwicklung des *Deutschen Werkbundes*[24] oder der *Gartenstadt Hellerau* nachweisen läßt, blieb politisch allerdings weitgehend einflußlos; sie geriet zudem schon früh – und vollends mit Kriegsausbruch – ins Feld der nationalistischen und völkischen ›Austauschdiskurse‹[25], die eine politische Zuordnung der jeweiligen Kennvokabeln dann nur noch im historisch sorgfältig zu rekonstruierenden Einzelfall erlauben.

In der Formierungsphase der expressionistischen Bewegung dagegen wurden nationale Argumente in den Hintergrund gedrängt. Franz Pfemfert hatte schon im Mai 1913 in seiner Wochenschrift *Die Aktion* vor der »Krankheit [des] Nationalismus« gewarnt und gegen die Erhaltung einer »nationalen Kunst« polemisiert:

> Da wird uns [...] von ›nationaler Kunst‹ erzählt, die erhalten werden müsse. Nun, das ist natürlich ein Fälschungsmanöver. Mit Volkssitten und Volkskunst hat der politische Nationalismus so wenig zu tun, wie etwa unsere ›Heimatkünstler‹ mit Goethe und Stefan George.[26]

Henkel. Saarbrücken: Saarbrücker Druckerei und Verlag 1992. S. 12ff. und Mecklenburg: Deutsche Literaturlandschaften, S. 255ff.
[20] Michael Georg Conrad: Die Sozialdemokratie und die Moderne. In: Die Gesellschaft 7 (1891), Band 1. Mai-Heft. S. 589.
[21] Ebd.
[22] Hermann Conradi: Unser Credo. In: Wilhelm Arent (Hg.): Moderne Dichter-Charaktere. Leipzig: W. Friedrich 1885. S. III.
[23] Wolfgang Hardtwig: Kunst, liberaler Nationalismus und Weltpolitik. Der Deutsche Werkbund 1907-1914. In: Ders.: Nationalismus und Bürgerkultur in Deutschland 1500-1914. Ausgewählte Aufsätze. Göttingen: Vandenhoeck & Ruprecht 1994. S. 266.
[24] Ebd., S. 246-273.
[25] Zu diesem Problemfeld vgl. übergreifend: Manfred Gangl/Gérard Raulet (Hg.): Intellektuellendiskurse in der Weimarer Republik. Zur politischen Kultur einer Gemengelage. Darmstadt: Wissenschaftliche Buchgesellschaft 1994. S. 15-121.
[26] Franz Pfemfert: Die nationale Sozialdemokratie. In: Die Aktion 3 (1913), Nr. 21 vom 21.5.1913. S. 1.

Pfemferts Verweis auf die Instrumentalisierung von Kunst und Kultur im Sinne des ›politischen Nationalismus‹ steht stellvertretend für die Einstellung vieler deutscher Expressionisten, die ihre eigene Literatur und Kunst zwar als Mittel zur kulturellen Erneuerung der Nation betrachteten, aber nicht in einem nationalistischen Sinn. Selbst in der allgemeinen Kriegsbegeisterung im August 1914 hatten sich nur wenige Expressionisten von nationalen Gefühlen und deutschtümelnder Vaterlandsbegeisterung leiten lassen[27]. Die meisten aus der Gruppe der Kriegsbefürworter begrüßten den Krieg »nicht als politisches, ökonomisches oder militärstrategisches Geschehen, sondern als qualitativ neue Erlebnisquelle«[28] und distanzierten sich damit von den reaktionären Zielen des ›politischen Nationalismus‹, den Pfemfert auch als »Chauvinismus« bezeichnet[29] und der sich bis zum Vorabend des Ersten Weltkrieges zu einer Bewegung entwickelt hatte, deren Einfluß auf die ideologische wie kulturelle Prägung des nationalen Selbstverständnisses der deutschen Reichsbevölkerung zunahm[30]. Ausgehend vom Charakter der Nation als eines historisch wandelbaren »kulturellen Artefakts mit politischen und sozialen Funktionen«[31], ergibt sich für die Zeit um 1900 zwar eine Vielfalt differierender und konkurrierender Vorstellungen über das, was unter ›deutscher Nation‹ zu verstehen sei[32]; dessenungeachtet aber hatten gerade jene Konzepte des Nationalen an Boden gewonnen, die die Nation als »elitäre, ethnisch fundierte Gemeinschaft« auffaßten und mit einer »antidemokratischen Programmatik«[33] versahen.

Unter dem Deckmantel einer Erneuerung des ›Volkstums‹ und einer Bewahrung ›nationaler Werte‹ wie »Ordnung«, »Autorität«, »Gemeinschaft« und »Kultur«, die vor allem im Zuge der Modernisierung verlorenzugehen drohten, verstand sich dieser »Radikalnationalismus« als Antwort auf den noch immer nicht vollendeten deutschen Nationalstaat und auf das Erstarken der sozialdemokratischen Bewegung.[34]

Die Wendung vieler Expressionisten gegen einen solchen »konservativen Reichsnationalismus«[35], der in den ersten Jahren des Weltkrieges seine Hochkonjunktur er-

---

[27] Etwa Alfred Döblin mit seinem Artikel *Reims* in der Neuen Rundschau 25 (1914), H. 12. S. 1717-1722. Wiederveröffentlicht in: Alfred Döblin: Schriften zur Politik und Gesellschaft. Olten und Freiburg i. Br.: Walter-Verlag 1972. S. 17-25. Noch deutlicher bei dem mit dem Expressionismus sympathisierenden Robert Musil. Robert Musil: Europäertum, Krieg, Deutschtum. In: Die neue Rundschau 25 (1914), H. 9. S. 1303-1305.

[28] Anz/Stark: Expressionismus, S. 294.

[29] Pfemfert: Die nationale Sozialdemokratie, S. 1.

[30] Vgl. hierzu Hans-Ulrich Wehler: Nationalismus und Nation in der deutschen Geschichte. In: Helmut Berding (Hg.): Nationales Bewußtsein und kollektive Identität. Studien zur Entwicklung des kollektiven Bewußtseins in der Neuzeit 2. Frankfurt a. M.: Suhrkamp 1994. S. 163-175.

[31] Stephan Vopel: Radikaler, völkischer Nationalismus in Deutschland 1917-1933. In: Heiner Timmermann (Hg.): Nationalismus und Nationalbewegung in Europa 1914-1945. Berlin: Duncker & Humblot 1999. S. 163. Zur Definition des Nationenbegriffs siehe auch: Ernest Gellner: Nationalismus und Moderne. Berlin: Rotbuch 1991. – Eric J. Hobsbawm: Nationen und Nationalismus. Mythos und Realität seit 1870. Frankfurt, New York: Campus 1991.

[32] Zu den einzelnen Auffassungen vgl. Reinhart Koselleck, Bernd Schönemann u. a.: Artikel »Volk, Nation, Nationalismus, Masse«. In: Otto Brunner/Werner Conze/Reinhart Koselleck (Hg.): Geschichtliche Grundbegriffe. Historisches Lexikon zur politisch-sozialen Sprache in Deutschland. Band 7. Stuttgart: Klett-Cotta 1992. S. 369-380.

[33] Otto Dann: Nation und Nationalismus in Deutschland 1770-1990. München: Beck 1996³. S. 21-22.

[34] Vgl. hierzu übergreifend: Thomas Nipperdey: Deutsche Geschichte 1866-1918. Band II: Machtstaat vor der Demokratie. München: Beck 1992. S. 595-609, hier: S. 602-604.

[35] Terminus nach Wehler: Nationalismus und Nation in der deutschen Geschichte, S. 173.

lebte, führte schon bald zu der Überzeugung, nationale Konzepte seien für eine Neuordnung der europäischen Gesellschaft generell untauglich[36].

Gerade auch die Dresdner Expressionisten hatten noch im letzten Kriegsjahr als
Konsequenz aus den »chauvinistischen und militaristischen Tendenzen« der Zeit
»jenseits aller Politik und aller Gewalttaten« zu Verbrüderung und Menschenliebe
aufgerufen und zum Mittler zwischen den verfeindeten Nationen demonstrativ den
›Künstler‹ bestimmt, und zwar gerade deshalb, weil jener »das große Banner Europas
über die Nationalfahnen« hochhalte und »den Glauben an die Menschheit und die
große Nation der Menschenrechte« nicht verloren habe.[37]

So wurde die Aufsprengung eines in den engen Grenzen der jeweiligen Nationalkultur verankerten Denkens zum Programm der expressionistischen Kulturrevolutionäre, die sich von Beginn an als Bestandteil der internationalen Avantgardebewegung[38]
verstanden und bis in die einzelnen Regionen hinein den Gedanken europäischer Zusammenarbeit in den Mittelpunkt rückten.[39]

Von dieser Konstellation ausgehend, gewinnt die Bestimmung der besonderen gesellschaftlichen wie künstlerischen Kommunikationsstruktur in den einzelnen Regionen, die das Erscheinungsbild und den Entwicklungsgang des Expressionismus in vielfältiger Weise beeinflußten[40], ebenso an Bedeutung wie die Erforschung der mannigfachen personellen und institutionellen ›Austauschprozesse‹, die den Vorgang überregionaler Verbreitung und Wirkung steuerten.

Gerade vor dem Hintergrund solch spezifischer Verbreitungs- und Wirkungsmechanismen scheint es uns angemessener, bei der begrifflichen Charakterisierung des
Expressionismus vom Terminus der ›Bewegung‹ und nicht von jenem der ›Epoche‹
auszugehen. Alle Versuche, über stilistische oder formale Merkmale das Bild einer homogenen Epoche zu bestimmen[41] oder den Expressionismus »als generationstypische

---

[36]   Siehe hierzu Anz/Stark: Expressionismus, S. 295-296.

[37]   Heinar Schilling: Offener Brief an Henri Barbusse. In: Menschen 1 (1918), Sonderflugblatt zur
ersten Tagung des Rates der Geistesarbeiter am 21.11.1918. S. 1.

[38]   Stephan von Wiese: Sturm durch diese Welt. Die internationale Zielrichtung des Expressionismus. In: Stephanie Barron (Hg.): Expressionismus. Die zweite Generation 1915-1925. München:
Prestel 1989. S. 121-129, bes. S. 123.

[39]   Vgl. hierzu ausführlich Kapitel VI der vorliegenden Studie.

[40]   Dies betrifft, wie Norbert Mecklenburg richtig anmerkt, auch die Text-Ebene: »Die regionale Dimension von Literatur besteht primär in räumlich-geographischen Aspekten der ›Einbettung‹ ihrer
Produktion und Rezeption in die geschichtlich-gesellschaftliche Wirklichkeit, sekundär in Zeichen-
beziehungen des literarischen Kunstwerks zu dieser Wirklichkeit. Das sachlich Sekundäre ist jedoch
der Geltung nach primär: Nur um des Bedeutungspotentials der Texte willen lohnt es sich, ihre Ent-
stehungs- und Wirkungszusammenhänge zu erforschen – eine oft verdrängte Maxime literaturgeschichtlicher Arbeit.« Norbert Mecklenburg: Literaturräume. Thesen zur regionalen Dimension deutscher Literaturgeschichte. In: Alois Wierlacher (Hg.): Das Fremde und das Eigene. Prolegomena zu
einer interkulturellen Germanistik. München: Iudicium Verlag 1985. S. 197-211, hier: S. 198.

[41]   Vgl. hierzu etwa die Arbeiten von Peter Uwe Hohendahl und Wolfgang Rothe, die in den 60er
und 70er Jahren versucht hatten, ein einheitliches Epochenbild zu konstruieren. Peter Uwe Hohendahl: Das Bild der bürgerlichen Welt im expressionistischen Drama. Heidelberg: Winter 1967;
Wolfgang Rothe: Der Expressionismus. Theologische, soziologische und anthropologische Aspekte
einer Literatur. Frankfurt a. M.: Klostermann 1977. Bernd Hüppauf hatte schon Anfang der 80er
Jahre darauf hingewiesen, daß durch zahlreiche sich teilweise widersprechende Einzeluntersuchungen
die Bildung eines Epochenbegriffs ›Expressionismus‹ erschwert werde. Gleichwohl hielt auch Hüppauf am Begriff der expressionistischen Epoche fest, allerdings mit der eher fragwürdigen Begründung,
»seine Auflösung würde nicht zu einem dynamischen Bild des Expressionismus im historischen Prozeß führen, sondern lediglich eine unstrukturierte Leerstelle hinterlassen.« Bernd Hüppauf: Zwischen
revolutionärer Epoche und sozialem Prozeß. Bemerkungen über den Ort des Expressionismus in der

Bewußtseinslage einer oppositionellen, bürgerlichen Intelligenz«[42] zu kennzeichnen, führen zu einer Vernachlässigung der Vielschichtigkeit und Breite der gleichzeitigen programmatischen Entwürfe, der Unterschiede in den Entstehungs- und Wirkungsbedingungen, schließlich der Rückwirkungen gesellschaftspolitischer und kultureller Voraussetzungen auf die Herausbildung zum Teil diametral entgegengesetzter ästhetischer Konzepte.

So soll ›Bewegung‹ eben nicht ein übergreifendes Stil- oder Dichtungsprogramm, in das sich Autoren unterschiedlichster Provenienz einordnen lassen, definieren, sondern im sozialgeschichtlichen Sinn als ›Beschreibungskategorie‹ fungieren, die den Blick öffnet für die jeweils an bestimmte Autoren, Herausgeber, Verlage, Zeitschriften und öffentliche Wirkungsmechanismen gebundenen, regional unterschiedlichen Expressionismuskonzepte.

Freilich darf auch der Begriff der ›Bewegung‹ nicht in den Rang einer Entität erhoben werden, da es, wie seinerzeit bereits Wolfgang Paulsen betont hat, für seine inhaltliche Füllung gleichfalls keine hinreichenden poetologischen und soziologischen Konstanten gibt[43]. Eher noch scheint Hermann Kortes Vorschlag, den Begriff in seiner »pragmatischen Heuristik als ›Konstruktion ex post‹«[44] zu verwenden, das Dilemma terminologischer Unsicherheiten einzuschränken; für unseren Untersuchungszusammenhang jedoch erweist sich die Nutzung des ›Bewegungsbegriffs‹ gerade deshalb als folgerichtig, weil mit ihm auf einen mehr zeit- und ortsbezogenen prozessualen Ablauf verwiesen werden kann, der die Ausbreitung des Expressionismus über ein Netzwerk lokaler Vermittlungswege einerseits und das Phänomen regionaler Zentrenbildung mit unterschiedlichen Produktions-, Distributions- und Rezeptionsbedingungen andererseits besser erfaßbar macht.

Daß viele dieser regionalen Besonderheiten und Vermittlungswege bislang unerforscht sind, läßt sich auch am Beispiel der Dresdner Avantgarde zeigen: Obgleich die Dresdner Bewegung eine Schlüsselstellung bei der Herausbildung und Verbreitung des ›neuen Stils‹ in Deutschland einnahm[45], setzte erst Ende der 80er Jahre eine wissenschaftliche Untersuchung des örtlichen literarischen Lebens im Expressionismus ein, die sich zudem lediglich auf die Rekonstruktion des vorhandenen Quellenmaterials beschränkte, ohne einen Zusammenhang zwischen der Spezifik des regionalen Entstehungs- und Wirkungsraumes und der Entfaltung poetologischer Konzepte genauer zu bestimmen.[46]

Literaturgeschichte. In: Ders. (Hg.): Expressionismus und Kulturkrise. Heidelberg: Carl Winter Universitätsverlag 1983. S. 55-83, hier: S. 59.

[42]   Vgl. Walter Fähnders: Avantgarde und Moderne 1890-1933. Stuttgart, Weimar: Metzler 1998. S. 134.

[43]   Paulsen: Deutsche Literatur des Expressionismus, S. 17f.

[44]   Korte: Abhandlungen und Studien zum literarischen Expressionismus 1980-1990, S. 237.

[45]   Schon die Zeitgenossen hatten Dresden als ein »hervorragendes« Zentrum »der damaligen künstlerischen und literarischen Bewegung« bezeichnet. Vgl. die Erinnerungen von Rudolf Adrian Dietrich in einem Brief an Fo Rheiner vom 19. Februar 1969. In: Nachlaß. Deutsches Literaturarchiv Marbach. Aufzeichnungen und Briefe. Band 48. S. 90. Siehe auch Stephan von Wiese, der am Ende seines Beitrages zur internationalen Zielrichtung des Expressionismus auf einer Landkarte Dresden als wichtigen Standort expressionistischer Kunst und Literatur kennzeichnet. Wiese: Sturm durch diese Welt, S. 128-129.

[46]   Vgl. hierzu: Expressionismus in Dresden im ersten Viertel unseres Jahrhunderts. In: Dresdner Hefte 6 (1988), H. 1. Oder auch das Folgeheft: Unruhe über der Stadt – Dresden und der Expressionismus . 20 (2002), H. 4. Die Hefte vereinen skizzenartige Beiträge u. a. zum literarischen Expressionismus, zu Friedrich Wolf, Felix Stiemer, Iwar von Lücken, R. A. Dietrich und Mary Wigman.

Dieser Entwicklung vorausgegangen war in Ostdeutschland auf dem Gebiet der bildenden Kunst eine durch das frühe Engagement Fritz Löfflers[47] initiierte Auseinandersetzung mit expressionistischen Künstlergruppen[48] und herausragenden Malern und Graphikern der Bewegung[49]. Vor allem Dieter Gleisberg unternahm mit seiner umfangreichen Studie zu Conrad Felixmüller den Versuch einer Gesamtdarstellung von Leben und Werk, die auch Felixmüllers Dresdner Jahre berücksichtigte und erstmals seine Bedeutung für die Ausformung eines aktivistischen Kunstkonzepts im Umfeld der Novemberrevolution in Dresden beschrieb.[50] Daran anknüpfend setzte — im Zuge einer partiellen Öffnung der DDR-Kulturpolitik gegenüber den künstlerischen Erscheinungsformen der ›spätbürgerlichen‹ Moderne – eine Diskussion ein, die nach der Rolle der zwischen 1918 und 1923 entstandenen ›fortschrittlichen‹ bildenden Kunst Dresdens für die ›Erbeaneignung‹ und ›Erbepflege‹ in der sozialistischen Gesellschaft fragte.[51] Wenngleich damit der Grundstein für die wissenschaftliche Erforschung des Expressionismus in Dresden gelegt und eine Vielzahl bislang unbekannten Quellenmaterials der Öffentlichkeit zugänglich gemacht werden konnte, kam es im Umfeld einer einseitig ideologischen Forschungsperspektive oftmals zu Wertungen, die das kunstgeschichtliche Potential des Dresdner Expressionismus vorrangig an dessen Bedeutung für die »Ausbildung eines realistischen Gestaltungswillens« maßen und damit die Avantgarde vor allem unter dem Blickwinkel ihrer Funktion für die Entstehung des ›sozialistischen Realismus‹ betrachteten.[52]

In der Bundesrepublik dagegen dominierten in der kunstwissenschaftlichen Forschung noch bis in die 80er Jahre hinein Untersuchungen zu Leben und Werk einzelner Repräsentanten der expressionistischen Bewegung; regionale Bezüge dienten dabei

---

[47] Fritz Löffler: Expressionismus in Dresden. In: Imprimatur. N. F. (1961/62), Band III. S. 235-239.
[48] Horst Jähner: Expressionismus jenseits vom Bürgerschreck. Bemerkungen zur Geschichte der Dresdner »Brücke«. In: Bildende Kunst 10 (1956), H. 5. S. 244-248. – Joachim Lehmann: Religion und Expressionismus. Dargestellt an der Künstlergemeinschaft Brücke. Versuch einer Bestandsaufnahme und Deutung. Phil. Diss. Halle/Saale, 1965. – Horst Jähner: Künstlergruppe Brücke. Geschichte einer Gemeinschaft und das Lebenswerk ihrer Repräsentanten. Berlin: Henschelverlag 1984. – Fritz Löffler: Dresdner Sezession 1919-1923. In: Die Kunst und das schöne Heim 89 (1977), H. 12. S. 725-728. – Dieter Gleisberg: Conrad Felixmüller und die Gründung der »Sezession. Gruppe 1919«. In: Dezennium 2. Zwanzig Jahre VEB Verlag der Kunst Dresden. Dresden 1972. S. 162-181.
[49] Vgl. etwa Fritz Löffler: Otto Dix. Leben und Werk. Dresden: VEB Verlag der Kunst 1960. – Dieter Gleisberg: Conrad Felixmüller. Leben und Werk. Dresden: Verlag der Kunst 1982. – Oskar Kokoschka zum 100. Geburtstag. Zeichnungen, Graphik und Gemälde aus den Museen der DDR. Ausstellungskatalog. Dresden 25.10. bis 7.12.1986.
[50] Gleisberg: Conrad Felixmüller, S. 32-53.
[51] Eingeleitet wurde dieser Prozeß mit der Ausstellung *Kunst im Aufbruch*. Dresden 1918-1933. Ausstellung im Albertinum vom 30.9.1980 bis 25.2.1981. Ausstellungskatalog. Hg. von den Staatl. Kunstsammlungen Dresden. Gemäldegalerie Neue Meister. Dresden 1980. Es folgten: Gerlinde Förster: Die fortschrittliche bildende Kunst Dresdens zwischen 1918 und 1923. Bedeutung dieses Erbes in seiner Zeit. Aspekte seiner Aneignung nach 1945. Phil. Diss. Berlin 1985. Vorausgegangen war: Realismus und Sachlichkeit. Aspekte deutscher Kunst 1919-1933. Staatliche Museen zu Berlin. Nationalgalerie. Berlin 1974. Auch: Horst Michael: Die proletarisch-revolutionäre und antiimperialistische Kunst in Dresden der Jahre 1919-1923, der Zeit der revolutionären Nachkriegskrise. Phil. Diss. Dresden 1977.
[52] Vgl. Förster: Die fortschrittliche bildende Kunst Dresdens zwischen 1918 und 1923, S. 17 und öfter.

vorrangig der Erhellung biographischer Hintergründe[53], die Beziehungen zwischen Wirkungsort und Werkentwicklung aber blieben zunächst weitgehend unbeachtet.

Erst Ende der 80er Jahre wurden auf der Grundlage eines intensiveren Quellen-studiums[54] verstärkt Arbeiten publiziert, die eine regionale Sicht bei der Auseinan-dersetzung mit Lebens- und Schaffenskonzepten einnahmen. Vor allem zu Conrad Felixmüller und Oskar Kokoschka konnten nun Forschungsbeiträge vorgelegt werden, die der Stellung beider Künstler innerhalb der Dresdner Kunstszene in den 10er und 20er Jahren detaillierter nachgingen.[55] Während Peter Barth in seiner Felixmüller-Dokumentation anhand von Briefen und Selbstzeugnissen den Lebensweg Felix-müllers chronologisch nachzeichnete und dabei auch die Rolle des Künstlers für die Entstehung der *Expressionistischen Arbeitsgemeinschaft* und der *Dresdner Sezession, Gruppe 1919* kurz beschrieb, konzentrierte sich Diether Schmidt im Falle von Ko-koschka auf die Darstellung der malerischen Entwicklung des Künstlers im Umfeld eines »gemächliche[n] Konservatismus der sächsischen Residenz«[56]. Hatte Barth die sozialen und kulturellen Verhältnisse Dresdens bis zum Ausbruch der Novemberre-volution in seiner Abhandlung nur knapp skizziert und dadurch den Zusammenhang von regionalem Lebensraum und Werkentwicklung lediglich angedeutet, bemühte sich Schmidt um eine Einbettung des Schaffens von Kokoschka in das künstlerische Leben der sächsischen Metropole. Dabei verhindert jedoch eine zu knappe, mitunter schlagwortartige Beschreibung des ›konservativen‹ Residenzstadtmilieus (»Künstleri-sche Revolten wurden hier entweder kurzschlüssig vertrieben oder mit beharrlicher Pression den Traditionen eingeschmolzen«; oder: »Unter den Wettinern war die Ge-sellschaft durchlässiger geworden als unter Habsburg«[57]) ein differenziertes Bild von den spezifischen Verbreitungs- und Rezeptionsbedingungen moderner Kunst vor Ort. Zudem wirken Schmidts Darstellungen über das Wirken Kokoschkas in Dresden zwi-schen 1916 und 1923 unausgewogen. Zum einen wird die Rolle des Künstlers für die Entstehung und Entwicklung des Dresdner Expressionismus überbewertet[58]; zum

---

[53] Vgl. hierzu etwa Joseph Paul Hodin: Oskar Kokoschka. Sein Leben, seine Zeit. Frankfurt a. M.: Florian Kupferberg 1968. – Lothar Fischer: Otto Dix. Ein Malerleben in Deutschland. Berlin (West): Nicolaische Verlagsbuchhandlung 1981. – G. H. Herzog (Hg.): Conrad Felixmüller: Legen-den 1912-1976. Tübingen: Verlag Ernst Wasmuth 1977. – Gerhart Söhn (Hg.): Conrad Felixmüller: Von ihm – über ihn. Texte von und über Conrad Felixmüller. Düsseldorf: Edition GS 1977. – Auf die zahlreichen Ausstellungskataloge, die vorrangig eine ›Werkschau‹ von Dresdner Expressionisten vermitteln, sei hier nicht eingegangen, da sie regionale Bezüge meist ausklammern.

[54] Vgl. etwa die Quellen- und Dokumentensammlung: Conrad Felixmüller: Werke und Doku-mente. Germanisches Nationalmuseum Nürnberg. 3.12.1981–31.1.1982. Archiv für Bildende Kunst.

[55] Peter Barth: Conrad Felixmüller. Die Dresdner Jahre 1913-1933. Galerie Remmert und Barth. Düsseldorf 1987 (= Die Zwanziger Jahre in Dresden, Teil I). – Diether Schmidt: »Bitte mit dem Weltkrieg aufzuhören, ich möchte arbeiten!« Oskar Kokoschka in Dresden 1916 bis 1923. In: Bruckmanns Pantheon. Internationale Zeitschrift für Kunst. München 44 (1986), S. 125-134. – Ders.: Dresdner Rot. Oskar Kokoschka 1916 bis 1923 in Dresden und seine Beziehungen zur Dresdner Kunst. In: Oskar Kokoschka Symposion. Hochschule für angewandte Kunst in Wien vom 3. bis 7.3.1986. Salzburg und Wien: Residenz-Verlag 1986. S. 203-219.

[56] Schmidt: Dresdner Rot, S. 206.

[57] Schmidt: »Bitte mit dem Weltkrieg aufzuhören…«, S. 128, 130.

[58] Dies zeigt sich etwa daran, daß die eigentliche expressionistische Bewegung um Felixmüller nur am Rande erwähnt wird: »Nur kurzläufig war die zweite Welle des Expressionismus um Felixmüller aufgewallt« (Schmidt: »Bitte mit dem Weltkrieg aufzuhören…«, S. 128). Zudem weist Schmidt nicht darauf hin, daß Kokoschka in keiner der wichtigen expressionistischen Vereinigungen der Stadt

anderen aber verzichtet Schmidt darauf, die Bedeutung Kokoschkas als Mitbegründer der *Neuen Vereinigung für Kunst* und Mitglied der städtischen Kunstkommissionen nach dem Ende des Ersten Weltkrieges zu würdigen[59].

Obwohl die weiteren Forschungen in den 90er Jahren durch die Einbindung rezeptions- und wirkungsorientierter Fragestellungen und das Bemühen, die Positionen von Kokoschka und Felixmüller zu den politischen Ereignissen im Umfeld des Weltkrieges und der Novemberrevolution näher zu bestimmen[60], das bisherige Erkenntnisniveau überschreiten konnten, fehlt es noch immer an einer Darstellung, die das Wirken einzelner Künstler in das Gefüge ihrer regionalen Gebundenheit einbettet und zugleich ihre Stellung in der städtischen Öffentlichkeit und ihr Verhältnis zu den lokalen (kulturellen) Institutionen sowie zu den anderen Künsten (etwa zur Literatur[61]) erhellt.

Lediglich Joan Weinstein hatte im Jahre 1990 eine Studie publiziert, die die sozialhistorischen Verhältnisse und regionalen Rezeptionsbedingungen bei der Auseinandersetzung mit expressionistischer Kunst berücksichtigte. In ihrer Arbeit über das Verhältnis von Kunst und Revolution 1918/19 in Deutschland entwickelt Weinstein am Beispiel der *Dresdner Sezession, Gruppe 1919* ein Analysemodell, das die Entstehung und Entfaltung der Gruppe als Ergebnis der Auseinandersetzung mit den revolutionären Novemberereignissen betrachtet. Die Rolle der literarischen Szene in der sächsischen Landeshauptstadt sowie die personellen und kunstprogrammatischen Beziehungen zu anderen Zirkeln und zur bildungsbürgerlichen Öffentlichkeit werden allerdings nur peripher beleuchtet.[62]

Diese für die bildende Kunst skizzierte Forschungssituation findet im Bereich der Literatur keine Entsprechung. Noch 1980 spricht Richard Brinkmann in seinem opulenten Forschungsbericht von Heinar Schilling als einem »kaum bekannten Lyriker« und von einem »ebenso wenig bekannten Verlag, dem ›Dresdner Verlag von 1917‹«.[63] Bis weit in die 80er Jahre hinein gab es – sieht man von den frühen Bemühungen Paul Raabes und Fritz Löfflers nach erster Sichtung und Grundlegung des überlieferten Quellenmaterials einmal ab[64] – keine Annäherungen an den literarischen Expressionismus Dresdens.

Mitglied war und daß selbst die Ehrenmitgliedschaft in der *Dresdner Sezession*, die im übrigen gegen den Willen von Felixmüller zustandekam, keinen Einfluß auf die Tätigkeit der Gruppe hatte.

[59] Kokoschka hatte sich etwa im *Akademischen Rat* für den Erwerb moderner zeitgenössischer Kunst engagiert. Vgl. hierzu Kap. IV.2.3. der vorliegenden Arbeit.

[60] Vgl. hierzu die Beiträge in den beiden Ausstellungskatalogen: Ulrich Krempel (Hg.): Conrad Felixmüller. Die Dresdner Jahre 1910-1934. Gemäldegalerie Neue Meister Dresden. Sprengel Museum Hannover. Ausstellungskatalog. Köln: Wienand 1997, und: Kokoschka und Dresden. Staatliche Kunstsammlungen Dresden, Gemäldegalerie Neue Meister. Österreichische Galerie, Belvedere, Wien. Leipzig: E. A. Seemann 1996.

[61] Unter produktionsästhetischem Aspekt analysierte dies Gerhard Johann Lischka am Beispiel Oskar Kokoschkas. Vgl. Gerhard Johann Lischka: Oskar Kokoschka: Maler und Dichter. Eine literarästhetische Untersuchung zu seiner Doppelbegabung. Frankfurt a. M.: Peter Lang; Bern: Herbert Lang 1972.

[62] Joan Weinstein: The end of expressionism: Art and the November Revolution in Germany. Chicago and London: The University of Chicago Press 1990. S. 107-160.

[63] Brinkmann: Expressionismus, S. 36. Andere wichtige Dresdner Autoren tauchen bei Brinkmann gar nicht auf, etwa Walter Rheiner, Paul Adler oder Richard Fischer.

[64] Vgl. hierzu die Beiträge von Ludwig Meidner, Alfred Günther und Friedrich Wolf zum Dresdner Expressionismus in dem Band: Expressionismus. Aufzeichnungen und Erinnerungen der Zeitgenos-

Erst durch das Engagement Hans-Jürgen Sarferts und Peter Ludewigs entstanden in den Jahren 1987/88 mehrere Publikationen, die das breitgefächerte Spektrum der literarischen Avantgarde in der sächsischen Residenzstadt genauer betrachteten[65]. Neben diesen vorsichtigen und verknappten Ansätzen zu Gesamtdarstellungen, die sich meist auf einen groben Überblick zu Autoren, Texten oder Verlegern beschränkten und über eine größtenteils positivistisch angelegte geschichtliche Rekonstruktion des Faktenmaterials nicht hinausgelangten, entstanden in der Folgezeit größere Einzeluntersuchungen zu Zeitschriften[66] oder wichtigen Repräsentanten des literarischen Expressionismus in Dresden.[67]

Insgesamt mangelt es aber nach wie vor an einer quellengestützten monographischen Gesamtdarstellung, die das Phänomen des Expressionismus aus der Sicht seiner regionalen Spezifik und überregionalen Ausstrahlung möglichst umfassend aufarbeitet und in den Kommunikationszusammenhang der Moderne zu Beginn des 20. Jahrhunderts stellt.

Von dieser Forschungskonstellation ausgehend, versteht sich die vorliegende Arbeit als Beitrag zur Regionalisierungsgeschichte der Moderne und versucht eine monographische Darstellung des Expressionismus in Dresden.

Historisch zu rekonstruieren sind Entstehung und Entfaltung des Expressionismus in einem regionalen Sinnraum. Dabei stellt sich die Untersuchung das Ziel, die *Spezifik* des Dresdner Expressionismus herauszuarbeiten und im Vergleich mit den anderen herausragenden Zentren der Bewegung (vor allem Berlin und München) Modifikationen und Variationen zu ermitteln. Da die bisherigen Quellenfunde das Spezifische der Dresdner Avantgarde vielfach belegen, bietet sich gerade in der Fixierung des regional Besonderen und Einmaligen die Möglichkeit, Probleme der Topographie und Topologie der expressionistischen Bewegung in einer differenzierten Fallstudie zu erhellen und durch Erkenntnisse zur Regionalisierung und Milieubildung des kulturellen Lebens im Expressionismus auch die Darstellung und Bewertung des Gesamtphänomens ›Expressionismus‹ zu erleichtern.

---

sen. Hg. von Paul Raabe. Olten und Freiburg i. Breisgau: Walter 1965. S. 145-150, 245-250. Daneben die kurze und skizzenhafte Arbeit von Löffler: Expressionismus in Dresden.

[65] Hans-Jürgen Sarfert: Berlin und Dresden. Skizze der Kommunikationsbeziehungen 1900 bis 1918. In: Peter Wruck (Hg.): Literarisches Leben in Berlin 1871-1933. Studien Band 1. Berlin: Akademie-Verlag 1987. S. 367-393. – Ders.: »Sturm und Gärung« in Dresden. Skizze des literarischen Expressionismus. In: Dresdner Hefte 6 (1988), H. 1. S. 26-32. – Peter Ludewig: Die Dichter wachsen zum Himmel. In: Ders. (Hg.): Schrei in die Welt. Expressionismus in Dresden. Berlin: Buchverlag Der Morgen 1988. S. 214-243.

[66] Gerlinde Förster: »Neue Blätter für Kunst und Dichtung« – eine Kunstzeitschrift des Dresdner Expressionismus. In: Dresdner Kunstblätter 24 (1980), H. 5. S. 134-151. – Heike Petereit: Die Zeitschrift »Menschen« im Umfeld des Dresdner Expressionismus – Programme, Konzepte und Positionen im Spannungsfeld von Literatur und Politik. Phil. Diss. Leipzig, 1991.

[67] Etwa Klaus Hammer: Weltanschauliche Entwicklung und ästhetische Konzeption Friedrich Wolfs von den Anfängen bis 1929. Phil. Diss. Jena, 1984. – Birka Siwczyk: Literarischer Expressionismus in Dresden am Beispiel des Dichters Rudolf Adrian Dietrich. Diplomarbeit. PH Dresden 1991. – Kasties: Walter Hasenclever (zur Dresdner Zeit vgl. vor allem S. 157ff. und 175ff.). – Im Dresdner Forscherkreis entsteht derzeit eine Dissertation von Annette Teufel zu Paul Adler, die auch Adlers vielfältige Beziehungen zu den literarischen Gruppen und Kreisen in der sächsischen Residenzstadt genauer analysiert und damit über die aus den 70er Jahren stammende, stark werkzentrierte Monographie von Ludo Abicht (Paul Adler – ein Dichter aus Prag. Wiesbaden: Humanitas 1972) hinausgehen wird.

Methodisch fühlt sich die Arbeit einem kommunikativ-sozialgeschichtlichen Ansatz verpflichtet. Dieser wurde im Zuge der Theoriedebatte der 70er Jahre unter anderem in programmatischen Beiträgen von Siegfried J. Schmidt, Günter Sasse und Hans Ulrich Gumbrecht diskutiert.

Während Schmidt eine »empirische Theorie der Literaturwissenschaft« konzipierte, die eher auf verhaltenstheoretischen und erkenntnisbiologischen Überlegungen basierte[68], und Sasse sich stark auf die Untersuchung des kommunikativen Wechselspiels zwischen literarischem Werk und Leser konzentrierte, dabei aber die Rückbindung des Rezeptionsaktes an Systeme sozialen Handels zuwenig berücksichtigte[69], entwickelte Gumbrecht einen kommunikationsästhetischen Ansatz, der »die Bedingungen verschiedener Sinnbildungen über jeweils einem Text durch Leser mit verschiedenen geschichtlich und sozial vermittelten Rezeptionsdispositionen zu verstehen«[70] suchte. Weitgehend ausgeblendet wurden dabei, wie Bernhard Jendricke von der Münchner Forschergruppe ›Sozialgeschichte der deutschen Literatur 1770-1900‹ feststellte, »die Bezüge zum sozialsystemischen Kontext, vor allem aber auch zum Kontext der Produktions- und Distributionshandlungen«, so daß die Interaktionen zwischen literarischem Text und Rezipient, »die integriert sind in ein bestimmbares gesellschaftliches Bezugsfeld«, nicht »durch sozialgeschichtlich orientierte Analysen erschlossen werden« konnten[71]. Im Gegensatz zu Gumbrecht, der in seiner wenig später entstandenen großangelegten Studie *Sozialgeschichte der Aufklärung in Frankreich* (1981) einen wissenssoziologischen Ansatz präferierte[72], entwickelte die Münchner Forschergruppe Mitte der 80er Jahre ein auf der Systemtheorie von Talcott Parsons fußendes Modell eines strukturell-funktionalen Entwurfs für die theoretische Grundlegung einer Sozialgeschichte der Literatur.[73]

Der Modellentwurf zielte vor allem auf eine genauere Bestimmung des Verhältnisses von Gesellschaftsgeschichte und Literaturgeschichte und wandte sich – in empirischen Fallstudien – auch bislang vernachlässigten Themen literaturhistorischer Forschung zu: Der Analyse »von Institutionen des literarischen Lebens und literarischen

---

[68] Vgl. Siegfried J. Schmidt: Grundriß der empirischen Literaturwissenschaft. Teilband 1: Der gesellschaftliche Handlungsbereich Literatur. Braunschweig, Wiesbaden: Vieweg 1980, und ders.: Grundriß der empirischen Literaturwissenschaft. Teilband 2: Zur Rekonstruktion literaturwissenschaftlicher Fragestellungen in einer Empirischen Theorie der Literatur. Braunschweig, Wiesbaden: Vieweg 1982. Zu Schmidts Herangehen vgl. die ausführliche Rezension von Reinhold Viehoff: Empirische Literaturwissenschaft – ein neues Paradigma? In: IASL (1983), Band 8. S. 240-252.

[69] Günter Sasse: Das kommunikative Handeln des Rezipienten. Zum Problem einer pragmatischen Literaturwissenschaft. In: Ders./Horst Turk (Hg.): Handeln, Sprechen und Erkennen. Zur Theorie und Praxis der Pragmatik. Göttingen: Vandenhoeck & Ruprecht 1978. S. 101-139.

[70] Hans Ulrich Gumbrecht: Konsequenzen der Rezeptionsästhetik oder Literaturwissenschaft als Kommunikationssoziologie. In: Poetica 7 (1975), S. 388-413, hier: S. 390.

[71] Bernhard Jendricke: Sozialgeschichte der Literatur: Neuere Konzepte der Literaturgeschichte und Literaturtheorie. Zur Standortbestimmung des Untersuchungsmodells der Münchner Forschergruppe. In: Renate von Heydebrand/Dieter Pfau/Jörg Schönert (Hg.): Zur theoretischen Grundlegung einer Sozialgeschichte der Literatur. Ein strukturell-funktionaler Entwurf. Tübingen: Niemeyer 1988. S. 27-84, hier: S. 70.

[72] Hans Ulrich Gumbrecht/Rolf Reichardt/Thomas Schleich (Hg.): Sozialgeschichte der Aufklärung in Frankreich. 12 Originalbeiträge. Teil I: Synthese und Theorie. Trägerschichten. Teil II: Medien. Wirkungen. München, Wien: R. Oldenbourg 1981.

[73] Zur theoretischen Grundlegung einer Sozialgeschichte der Literatur. Ein strukturell-funktionaler Entwurf. Hg. im Auftrag der Münchner Forschergruppe ›Sozialgeschichte der deutschen Literatur 1770-1900‹ von Renate von Heydebrand, Dieter Pfau und Jörg Schönert. Tübingen: Niemeyer 1988.

Institutionalisierungen«, der Untersuchung von »Funktion[en] sozialer und ästhetischer Normen« sowie der Bestimmung von »Distributionsformen literarischer Texte«[74].

Die gleichfalls in den 80er Jahren von Rolf Grimminger und Horst Albert Glaser initiierten mehrbändigen ›Sozialgeschichten der deutschen Literatur‹[75] konnten das von der Münchner Forschergruppe exemplarisch Geleistete nur allzu selten umsetzen. Zwar hatten auch Grimminger und Glaser durch die Einbindung der Institutionen der literarischen Öffentlichkeit zu einer Erweiterung des herkömmlichen Gegenstandsbereiches literaturhistorischer Forschung beigetragen, aber ein Zusammenhang zwischen

> der allgemeinen politischen Situation, [den] Institutionen des literarischen Lebens oder anderer literatursoziologischer Fakten [...] und den [...] behandelten literarischen Werken[76]

wurde meist nicht hergestellt. Hinter diesem Mangel verbirgt sich allerdings nur teilweise ein darstellungsmethodisches Problem; in vielen Fällen war das Herstellen von Bezügen auch aus Gründen eines bislang nur unzureichend aufbereiteten Quellenbestandes unmöglich: Wenn etwa in der von Horst Albert Glaser herausgegebenen Literaturgeschichte zum Zeitraum 1880-1918 in Einzelkapiteln Formen der literarischen Öffentlichkeit und die Entfaltung des Zeitschriftenwesens behandelt werden, aber die Fragen ausgeklammert bleiben, wie Herausgeber von Zeitschriften auf sich verändernde Strukturen innerhalb der kulturellen Öffentlichkeit reagiert haben, wie und warum programmatische Konzepte einzelner Zeitschriften im Kontext sozialen und kulturellen Wandels modifiziert oder beibehalten wurden[77], dann geschah dies wohl auch deshalb, weil gesicherte Erkenntnisse zu diesen — eben oftmals nur regional zu bestimmenden — kommunikativen Prozessen nicht vorliegen. Die hierfür notwendige archivalische Forschung ist noch keineswegs geleistet worden, und so können die bislang erschienenen Sozialgeschichten der Literatur[78], die der Differenzierung des literarischen Lebens der Moderne in regionale Zentren zu wenig Beachtung schenken, lediglich ein defizitäres Bild solcher Zusammenhänge liefern.

---

[74] Vgl. Jendricke: Sozialgeschichte der Literatur. In: Ebd., S. 40. Es wurden zwei Einzelbände mit historischen Fallstudien publiziert: Zur Sozialgeschichte der deutschen Literatur im 19. Jahrhundert. Einzelstudien Teil I. Hg. von Günter Häntzschel, John Ormrod und Karl N. Renner im Auftrag der Münchner Forschergruppe ›Sozialgeschichte der deutschen Literatur 1770-1900‹. Tübingen: Niemeyer 1985. – Zur Sozialgeschichte der deutschen Literatur im 19. Jahrhundert. Einzelstudien Teil II. Hg. von Monika Dimpfl und Georg Jäger im Auftrag der Münchner Forschergruppe ›Sozialgeschichte der deutschen Literatur 1770-1900‹. Tübingen: Niemeyer 1990.
[75] Horst Albert Glaser (Hg.): Deutsche Literatur. Eine Sozialgeschichte. Reinbek: Rowohlt 1980ff. – Rolf Grimminger (Hg.): Hansers Sozialgeschichte der deutschen Literatur vom 16. Jahrhundert bis zur Gegenwart. München: Hanser 1980ff.
[76] Vgl. Erich Schön: Sozialgeschichtliche Literaturwissenschaft. In: Helmut Brackert/Jörn Stückrath (Hg.): Literaturwissenschaft. Ein Grundkurs. Reinbek: Rowohlt 1992. S. 609.
[77] Glaser (Hg.): Deutsche Literatur. Band 8, S. 69ff. und 86ff.
[78] Eine Bestandsaufnahme der bisherigen Forschung zum Paradigma ›Sozialgeschichte der Literatur‹ bietet der von Martin Huber und Gerhard Lauer herausgegebene Band *Nach der Sozialgeschichte. Konzepte für eine Literaturwissenschaft zwischen historischer Anthropologie, Kulturgeschichte und Medientheorie.* (Tübingen: Niemeyer 2000).

Vor diesem Hintergrund unternimmt die vorliegende Untersuchung den Versuch, in Form einer regional ausgerichteten *Modell-Studie* den Expressionismus als Kommunikationsprozeß zu begreifen, der in den vielschichtigen kultur- und sozialgeschichtlichen Kontext der Kriegs- und Nachkriegszeit eingebettet ist. Die Leitfrage der Arbeit zielt auf die Analyse dieses Kommunikationsprozesses: seine – auch regional bestimmten – Trägerschichten und Inhalte, seine gesellschaftlichen Rahmenbedingungen und Medien der Distribution, seine funktionale Rolle in der städtischen Öffentlichkeit und schließlich die Konturen seines Rezeptions- und Wirkungsspektrums.

Dabei ist die Erforschung dieser kommunikativen Zusammenhänge an die geschichtliche Rekonstruktion ihrer lebensweltlichen Voraussetzungen und Folgen gebunden. Mit dem von der modernen Sozial- und Kulturgeschichtsschreibung verwendeten Begriff »Lebenswelt«

> ist die [...] wahrgenommene Wirklichkeit gemeint, in der soziale Gruppen und Individuen sich verhalten und durch ihr Denken und Handeln wiederum Wirklichkeit produzieren. Dazu gehört alles, was Sinnzusammenhänge herstellt und Kontinuität stiftet: die Objektivationen des Geistes in Sprache und Symbolen, in Werken und Institutionen, aber auch die Weisen und Formen des Schaffens, die Verhaltensweisen und Lebensstile, die Weltdeutungen und Leitvorstellungen.[79]

Ein solches Forschungskonzept erweist sich gerade unter dem Blickwinkel einer regionalen bzw. auch kulturwissenschaftlich angeeigneten ›mikrohistorischen‹ Untersuchungsperspektive als erfolgversprechend, da mit der »Konzentration auf ein begrenztes Beobachtungsfeld« die »vielseitige und genaue Durchleuchtung historischer Besonderheiten und Einzelheiten für die Gesamtheit der Individuen des untersuchten Bereiches« möglich wird und damit die »Wechselbeziehung kultureller, sozialer, ökonomischer und politisch-herrschaftlicher Momente als lebensgeschichtlicher Zusammenhang in den Blick gerät«[80].

Für unsere Untersuchung, die ja gleichfalls auf die Rekonstruktion sozialer und kultureller Handlungszusammenhänge und Beziehungsnetze[81] ausgerichtet ist, kommt dabei dem Problem der ›Institutionalisierung‹ des Dresdner Expressionismus in Gruppen, Vereinen, Zirkeln und Verlagen ein zentraler Stellenwert zu. Zum einen deshalb, weil durch die damit verbundene Zusammenfassung und Konzentration des Kräftepotentials der gesellschaftliche Wirkungsradius und die öffentliche Ausstrahlung der Bewegung insgesamt vergrößert werden konnten; zum anderen aber auch deshalb, weil Institutionen als Bestandteile einer symbolischen und »vermachteten«[82] Ordnung

---

[79]   Rudolf Vierhaus: Die Rekonstruktion historischer Lebenswelten. Probleme moderner Kulturgeschichtsschreibung. In: Hartmut Lehmann (Hg.): Wege zu einer neuen Kulturgeschichte. Göttingen: Wallstein 1995. S. 13-14.
[80]   Zu den neueren Ansätzen ›mikrohistorischer‹ Forschung vgl. Hans Medick: Mikro-Historie. In: Winfried Schulze (Hg.): Sozialgeschichte, Alltagsgeschichte, Mikro-Historie. Eine Diskussion. Göttingen: Vandenhoeck & Ruprecht 1994. S. 40-53, hier: S. 44f.
[81]   Ebd.
[82]   Der Terminus »vermachtet« geht auf Jürgen Habermas zurück, der 1990 darauf hinwies, daß der für die Untersuchung von ›Lebenswelten‹ konstitutive Sektor ›Öffentlichkeit‹ niemals als herrschaftsfreier Raum erscheint, sondern schon immer durch Organisationen und Institutionen strukturiert ist. Habermas hatte damit seine eigene aus den 60er Jahren stammende These, bürgerliche Öffentlichkeit konstituiere sich als homogener Raum herrschaftsfreier Diskurse, widerlegt. Vgl. Jürgen Habermas: Vorwort zur Neuauflage 1990. In: Ders.: Strukturwandel der Öffentlichkeit. Untersuchungen zu ei-

von ›Lebenswelten‹ auf die vielfältigen Produktions-, Austausch- und Aneignungsprozesse von moderner Kunst und Literatur einwirken.

Wir gehen dabei von folgender Begriffsbestimmung des ›Institutionellen‹ aus: Institutionen sind »solche ›Sozialregulationen‹ [...], in denen die Prinzipien und Geltungsansprüche einer Ordnung symbolisch zum Ausdruck gebracht werden. Diese Form der Stabilisierung von Orientierungen findet ihren [...] Ausdruck in der Ausformulierung einer institutionellen *Leitidee* [...] sowie dazu gehörender Symbolisierungssysteme«, die der »Behauptung« und »Verfestigung« von »Machtkonstellationen«[83] und Wirkungsabsichten dienen.

Die These, daß sich anhand der personellen Zusammensetzung, der Programmatik und der postulierten Wirkungskonzepte einzelner kultureller Institutionen Rückschlüsse auf die Formen ästhetischer Paradigmenbildung im Expressionismus ziehen lassen, soll in der Arbeit genauer diskutiert werden.

Vor allem auf der Ebene von Verlagen, die im Expressionismus oftmals aus regionalen Gruppenbildungen hervorgingen und deren Erforschung noch immer ein Desiderat darstellt, läßt sich das Zusammenspiel von institutioneller Leitidee (was wird wann, unter welchen Umständen und warum verlegt) und Symbolisierungsleistung exemplarisch dokumentieren, wobei die »symbolische Verkörperung« der institutionellen »Geltungsansprüche«[84] vom Verlagssignet bis zu spezifischen Formen des Zusammenwirkens von Bild- und Textkomponenten in einzelnen Werken reichen kann.

Anhand unterschiedlicher expressionistischer Verlage soll das Verhältnis zwischen symbolischem Ordnungsrahmen und rezeptionsorientierter Publikationsstrategie genauer analysiert und die Rolle möglicher »Erwartungshaltungen des lesenden Publikums gegenüber bestimmten Gattungen und literarischen Traditionen«[85] für die Etablierung und Durchsetzung des ›neuen Stils‹ unter den Bedingungen einer weitgehend marktabhängigen Literaturvermittlung bestimmt werden.

In diesem Kontext sind Prozesse des ›Institutionenwandels‹, insbesondere der »Umcodierung und Veränderung von *Symbolsystemen*«[86] und ›Machtkonstellationen‹

---

ner Kategorie der bürgerlichen Gesellschaft. Unveränderter Nachdruck. Frankfurt a. M.: Suhrkamp 1995⁴. S. 28-33. Zur Kritik an Habermas' idealtypischem Öffentlichkeitsbegriff vgl.: Peter Stein: Zum Verhältnis von Literatur und Öffentlichkeit bis zum deutschen Vormärz. Oder: Wie schlüssig ist Jürgen Habermas' Strukturwandel der Öffentlichkeit für die Literaturgeschichte? In: Helmut Koopmann/Martina Lauster (Hg.): Vormärzliteratur in europäischer Perspektive I: Öffentlichkeit und nationale Identität. Bielefeld: Aisthesis 1996. S. 55-84. – Ders.: Strukturwandel oder Kommunikationsrevolution? Literarisch-publizistische Öffentlichkeit im Umbruch der Revolution von 1848/49 – ein Problemaufriß. In: Internationales Jahrbuch der Bettina-von-Arnim-Gesellschaft. Band 11/12 (1999/2000). S. 25-53, bes. S. 37ff.

[83] Karl-Siegbert Rehberg: Institutionen als symbolische Ordnungen. Leitfragen und Grundkategorien zur Theorie und Analyse institutioneller Mechanismen. In: Gerhard Göhler (Hg.): Die Eigenart der Institutionen. Zum Profil politischer Institutionentheorie. Baden-Baden: Nomos 1994. S. 47-84, hier: S. 56 und 72. In Abgrenzung zum Begriff der ›Organisationen‹ hebt Rehberg gerade die Eigenart der Institutionen hervor, »symbolische Ordnungsleistungen« zu erbringen: »Was wir gewöhnlich [...] als ›Institutionen‹ bezeichnen, erweisen sich bei näherem Hinsehen als Organisationen oder Interaktionsformen, in denen *die Sichtbarkeit der Ordnung* in den Mittelpunkt gerückt ist [...]«. Karl-Siegbert Rehberg: Institutionenwandel und die Funktionsveränderung des Symbolischen. In: Gerhard Göhler (Hg.): Institutionenwandel. Opladen: Westdeutscher Verlag 1997. S. 102.

[84] Rehberg: Institutionen als symbolische Ordnungen, S. 57.

[85] Wilhelm Voßkamp: Gattungen. In: Helmut Brackert/Jörn Stückrath (Hg.): Literaturwissenschaft. Ein Grundkurs. Reinbek bei Hamburg: Rowohlt 1992. S. 254-269, hier: S. 257.

[86] Rehberg: Institutionenwandel und die Funktionsveränderung des Symbolischen, S. 101.

infolge gesellschaftspolitischer Umbrüche, ausführlicher zu beschreiben. Am Beispiel des *Dresdner Hoftheaters* wird der Frage nachgegangen, inwieweit der Austausch von Trägergruppen, der Funktionsverlust oder die Funktionsveränderung institutioneller Mechanismen und die Einschränkung bzw. Erweiterung von deren Herrschafts- und Geltungsansprüchen im Zuge der Novemberrevolution die Aufführungspraxis beeinflußten und die Entstehung neuer (›expressionistischer‹) Inszenierungsmodelle beförderten.

Davon ausgehend konzentriert sich die Arbeit aber auch auf die genauere Untersuchung der Wirkungsweise expressionistischer Literatur und Kunst in anderen Bereichen der institutionalisierten bildungsbürgerlichen Öffentlichkeit. Zwar bildete sich schon früh innerhalb der Subkultur des Expressionismus eine alternative Öffentlichkeit als breit genutztes Distributions- und Wirkungsmedium der Avantgarde heraus (etwa durch die Gründung von Zeitschriften, Schriftenreihen, Galerien oder Verlagen); dies darf aber nicht darüber hinwegtäuschen, daß – wenigstens in Dresden – die Expressionisten auch auf das vorhandene, traditionelle Spektrum städtischer Kultur- und Kunstpflege zurückgriffen.

Die Hinwendung zu den bildungsbürgerlichen kulturellen Vereinen und Gesellschaften, das z. T. enge Zusammenwirken mit den örtlichen Feuilletonredaktionen der Tageszeitungen und nicht zuletzt die Bemühungen um eine Anerkennung auch in den Kreisen der angesehenen Literatur- und Kunstwissenschaftler vor Ort wirkten – wie zu zeigen ist – auf das Erscheinungsbild der ›jungen Kunst und Literatur‹ in der städtischen Öffentlichkeit zurück und bestimmten über weite Strecken ihre Aneignung und Wirkung.

Daß sich der Expressionismus in Dresden von den ersten Theatererfolgen in den Jahren 1916/17 bis zu seinem Höhepunkt in der revolutionären Nachkriegskrise relativ ungehindert entfalten konnte, hängt aber nur zum Teil mit dieser Präsenz in den maßgebenden Medien der öffentlichen Meinungsbildung, die zudem für eine weitgehende Akzeptanz des ›neuen Stils‹ im Umfeld der kommunalen Kulturträger sorgte, zusammen.

Ebenso bedeutsam war die schon vor dem Krieg einsetzende, durch die Mäzene und Kunsthändler der Stadt beförderte und von der liberalen Tagespresse unterstützte Auseinandersetzung mit der zeitgenössischen Moderne, die den Weg für die Aufnahme expressionistischer Kunst und Literatur im Milieu des örtlichen Bildungsbürgertums ebnete.

Diese frühe Integration in die Institutionen des literarischen und künstlerischen Lebens ermöglichte es vor allem, daß die Dresdner Expressionisten auch während der Novemberereignisse eine zentrale Rolle in der Stadt spielen konnten. Der bislang weder von der ›marxistischen‹ noch von der ›bürgerlichen‹ Literaturwissenschaft genauer untersuchte »Anteil deutscher Schriftsteller an der Novemberrevolution«[87] geht auf die »durch Ressentiments und ideologische Reaktionsformen linker wie rechter Prove-

---

[87] Zuerst hatte sich Wolfgang Frühwald in den 70er und 80er Jahren am Beispiel der Münchner Räterepublik diesem Problem genähert. Der Forschungsbeitrag von Frühwald konnte bisher aber nicht für eine Gesamtdarstellung fruchtbar gemacht werden. Vgl. Wolfgang Frühwald: Kunst als Tat und Leben. Über den Anteil deutscher Schriftsteller an der Revolution in München 1918/19. In: Ders./Günter Niggl (Hg.): Sprache und Bekenntnis. Hermann Kunisch zum 70. Geburtstag. Berlin: Duncker & Humblot 1971. S. 363 und ders.: Der Heimkehrer auf der Bühne. Lion Feuchtwanger, Bertolt Brecht und die Erneuerung des Volksstückes in den zwanziger Jahren. In: IASL (1983), Band 8, bes. S. 169-177.

nienz verstellte«[88] Optik bei der vorurteilslosen Auseinandersetzung mit der Bedeutung expressionistischer Autoren und Künstler im Umfeld der revolutionären Ereignisse zurück. Wenn die vorliegende Untersuchung einseitige Wertungen und ungerechtfertigte Verallgemeinerungen in dieser Hinsicht zu vermeiden sucht und sich statt dessen anhand des überlieferten Quellenmaterials um eine sachliche und differenzierte Stellungnahme bemüht, dann geschieht dies vor allem in der Absicht, das Rollenbild und die Einflußmöglichkeiten des revolutionären Intellektuellen in einer für die deutsche Geschichte bedeutenden Umbruchzeit genauer zu erhellen.

Dies ist um so mehr von Bedeutung, als gerade in den 90er Jahren nach dem Zusammenbruch des ›Staatssozialismus‹ die Frage nach der Rolle des politisch ambitionierten Expressionismus für die Entstehung totalitärer Gesellschaftsmodelle in den 20er und 30er Jahren erneut aufflammt. Die zweifelhafte These, wonach »Kommunismus und deutscher Nationalsozialismus (mit ihrem Aufbruchspathos)« und ihrer »emphatisch begrüßten Vorstellung des neuen Menschen« an den »literarischen Expressionismus« anschließen[89], also »in schlichter historischer Ableitung […] als Wirkungsaspekte der expressionistischen Bewegung«[90] zu deuten seien, soll am Beispiel des Dresdner Expressionismus widerlegt werden. Die Geschichte der Avantgarde in Dresden zeigt, daß die Entstehung autoritärer und doktrinärer Orientierungen in der ›nachexpressionistischen‹ Zeit nicht allein auf das Wirken kompensatorischer Effekte oder uneingelöster Utopieversprechen (wie etwa dem vom ›neuen Menschen‹) zurückzuführen ist, sondern gleichermaßen auf die schon während der Revolution einsetzende, durch machtpolitisches Taktieren der etablierten Parteien und staatlichen Instanzen herbeigeführte Ausgrenzung der künstlerischen Intellektuellen aus dem Prozeß öffentlicher Meinungsbildung. Um so erstaunlicher ist die Tatsache, daß – trotz dieser ›Verdrängung‹ der Dresdner Expressionisten aus den Institutionen der politischen Öffentlichkeit – die Repräsentanten der Bewegung eine Vielzahl von Aktivitäten entfalten konnten, die nicht nur auf dem Sektor der Kunst und Literatur den Ablauf der revolutionären Ereignisse beeinflußten. Das Bündnis zwischen den Revolutionären und den Künstlern, wie es sich dabei in der sächsischen Landeshauptstadt in den Novembertagen herausbildete, wirkte – so eine Hypothese der Untersuchung – der Entstehung von politischer Gewalt und ideologischem Fanatismus entgegen und verhinderte eine Radikalisierung des intellektuellen Wirkungsanspruchs.

Die Dresdner Expressionisten widersetzten sich nicht nur einseitiger politischer Vereinnahmung, sondern definierten die Verantwortung des künstlerischen Intellektuellen in den Kämpfen der Zeit überparteilich: Neben der Verpflichtung zur Kritik am gesellschaftlichen Status quo stand der Einsatz für ein menschenwürdiges Dasein und der Appell an Vernunft und vorurteilslose Überprüfung der gegensätzlichen Standpunkte.

Damit aber erlangt das revolutionäre Engagement der Dresdner Expressionisten eine auch heute wieder aktuelle Bedeutung: In einer Zeit ›postmoderner‹ Selbstzweifel an der gesellschaftlichen Rolle und Funktion der Literaten vermag die durch expres-

---

[88] Michael Stark: Ungeist der Utopie? Zur Intellektuellenrolle in Expressionismus und Postmoderne. In: Thomas Anz/Michael Stark (Hg.): Die Modernität des Expressionismus. Stuttgart, Weimar: Metzler 1994. S. 151-170, hier: S. 151.

[89] Jürgen Busche: Das Ende der Freiheit. Von der unausrottbaren Sehnsucht des Menschen. Überlegungen zum Begriff der Utopie. In: Süddeutsche Zeitung vom 31.12.1992/1.1.1993. Nr. 301. S. 18.

[90] Zur kritischen Auseinandersetzung mit den Thesen von Busche vgl. Stark: Ungeist der Utopie? S. 154f.

sionistische Autoren und Künstler praktizierte Beteiligung an der Schaffung eines besseren, weil menschlicheren Sozialwesens den Blick für das gegenwärtige Aufgabenfeld der Intellektuellen zu schärfen.

Auch die für den Dresdner Expressionismus spezifische Kopplung von gesellschaftlichem Veränderungspostulat und überregionaler Kooperation verweist auf eine im Zeitalter europäischer Einigungsbestrebungen wiederum aktuelle Problemlage. Die von der Germanistik noch immer nicht genügend beachtete Tradition europäischer Zusammenarbeit, wie sie in dieser Studie am Beispiel der Dresdner Avantgardisten nachgezeichnet werden soll, basierte auf einem sowohl personell als auch institutionell etablierten ›Netzwerk‹ gruppenübergreifender Kontakte. Daß dieses nicht – wie zu vermuten wäre – von den großen Zentren der Bewegung (etwa Berlin oder München) ausging, sondern von der eher peripher gelegenen sächsischen Residenzstadt, liegt zum einen am Argwohn gegen die ›Metropolen‹ und zum anderen in der – wie die Untersuchung nachzuweisen versucht – mehrheitlich offenen, konsenswilligen und kooperationsbereiten Einstellung der Dresdner Expressionisten gegenüber den Erscheinungsformen der deutschen und europäischen Avantgarde.

Auch wenn die Bemühungen um einen Zusammenschluß der Geistigen auf europäischer Ebene den politischen und wirtschaftlichen Verhältnissen der beginnenden 20er Jahre zum Opfer fielen, markieren sie einen – für Deutschland einmaligen – Beitrag zur grenzüberschreitenden kulturellen Integration in der Epoche der Moderne.

So erweist sich auch für die Untersuchung überregionaler Kooperationsformen die quellengestützte Analyse des Expressionismus aus der Perspektive seiner regionalen Bedingungen und Vorgaben als Forschungsaufgabe, deren Lösung erst die notwendigen Voraussetzungen für eine – bereits Anfang der 80er Jahre angemahnte – Gesamtdarstellung[91] schafft, die der Vielfalt und Differenziertheit des literaturgeschichtlichen Phänomens Expressionismus gerecht wird. Unter diesem Blickwinkel gewährt die in der Arbeit immanent zu leistende Suche nach Ursachen und Motiven für die Herausbildung von ortstypischen Merkmalen und Erscheinungsweisen des Expressionismus in Dresden Einblick in genau jenen kulturellen Differenzierungsprozeß, der Anfang des 20. Jahrhunderts zur Entfaltung regionaler Zentren der Moderne[92] führte und an dem die großen deutschen Kulturstädte in jeweils besonderer Weise teilhatten.[93]

---

[91] Richard Brinkmann betonte 1980: »Es sollte bald nicht mehr zu früh sein für eine historische Gesamtdarstellung« (Brinkmann: Expressionismus, S. 282).
[92] Vgl. hierzu etwa Dieter Breuer (Hg.): Die Moderne im Rheinland. Ihre Förderung und Durchsetzung in Literatur, Theater, Musik, Architektur, angewandter und bildender Kunst 1900-1933. Vorträge des interdisziplinären Arbeitskreises zur Erforschung der Moderne im Rheinland. Köln: Rheinland-Verlag u. a. 1994.
[93] Aus der Fülle der Forschung zu diesem Problemfeld seien hier erwähnt: Jürgen Schutte/Peter Sprengel (Hg.): Die Berliner Moderne. 1885-1914. Stuttgart: Reclam 1987. – Walter Schmitz (Hg.): Die Münchner Moderne. Die literarische Szene in der ›Kunststadt‹ um die Jahrhundertwende. Stuttgart: Reclam 1990. – Gotthart Wunberg (Hg.): Die Wiener Moderne. Literatur, Kunst und Musik zwischen 1890 und 1910. Stuttgart: Reclam 1981. – In vergleichender Perspektive siehe: Peter Sprengel/Gregor Streim: Berliner und Wiener Moderne: Vermittlungen und Abgrenzungen in Literatur, Theater, Publizistik. Wien, Köln, Weimar: Böhlau 1998.

II. DRESDEN – EIN ORT DER MODERNE?

1. Dresden um die Jahrhundertwende – ein kulturhistorischer Überblick

Konnte man in Berlin, München oder Wien um 1900 bereits auf ein etabliertes Feld der Moderne blicken, so bot Dresden das Bild einer Kulturlandschaft, die sich der Aneignung und Pflege barocker Traditionen eher verpflichtet fühlte als der Förderung moderner Kunstbewegungen.[1]

Sicher kam es auch in der sächsischen Residenzstadt zu jenem wirtschaftlichen und gesellschaftlichen Modernisierungsschub, der für viele deutsche Großstädte zu Beginn des 20. Jahrhunderts den Anfang eines neuen Zeitalters markierte und zur Voraussetzung für die Herausbildung einer künstlerischen Avantgarde wurde. Aber die industrielle Revolution – mit ihrer Tendenz zu Verstädterung, sozialer Mobilität, steigender Bildung und Entstehung eines Massenpublikums[2] – erscheint dabei nicht als alleiniger Auslöser einer Entwicklung, die gerade im literarisch-künstlerischen Bereich als tiefgreifender Traditionsbruch mit der Auflösung gültiger kultureller Wertmuster[3] und dem Zerfall eines ganzheitlich empfundenen Weltzusammenhangs erlebt wurde. Der Modernisierungsprozeß in Dresden verlief nicht nur anders als in der »exemplarischen« Großstadt Berlin oder der »Kunstmetropole« München, er läßt sich auch nicht historisch einlinig als »Befreiung […] aus ›traditionalen‹ Zusammenhängen und Gewißheiten« erklären oder im Sinne »evolutionäre[r] Anpassung […] an ein […] neues Niveau technologischer Entwicklung«[4] übergreifend definieren; denn die Erscheinungsformen und Folgen der neuen Zeit führten im Umfeld eines historisch gewachsenen, traditionellen Beamten-, Residenz- und Garnisonsmilieus, wie es sich in Dresden herausgebildet hatte, zu spezifischen Kennmustern moderner Lebenskultur. Die Diskrepanz zwischen einer verbreiteten Selbstgenügsamkeit und Beschaulichkeit im Leben der Stadtbewohner, die von Zeitgenossen vielfach mit dem Bild des landschaftlich idyllischen, biedermeierlichen Dresden verknüpft wurde[5], und den Anzei-

---

[1] Vgl. hierzu das kurzlebige Experiment der Künstlergruppe *Brücke* Anfang des 20. Jahrhunderts in Dresden. Genaueres bei: Horst Jähner: Künstlergruppe Brücke. Geschichte einer Gemeinschaft und das Lebenswerk ihrer Repräsentanten. Berlin: Henschelverlag 1986, bes. S. 51 ff.

[2] Renate Werner: Das Wilhelminische Zeitalter als literarhistorische Epoche. Ein Forschungsbericht. In: Jutta Kolkenbrock-Netz u. a. (Hg.): Wege der Literaturwissenschaft. Bonn: Bouvier 1985. S. 220-221.

[3] Ebd., S. 222.

[4] Vgl. Peter Wehling: Die Moderne als Sozialmythos. Zur Kritik sozialwissenschaftlicher Modernisierungstheorien. Frankfurt a. M., New York: Campus 1992. S. 24. Wehling kritisiert in seiner Arbeit einseitig auf »Rationalisierung« und »funktionale Differenzierung des Gesellschaftssystems« zugeschnittene Modernisierungstheorien (S. 11).

[5] Vgl. hierzu Friedrich Schäfers Charakterisierung von Dresden: »Gewiß lagert über Dresden infolge der historisch überkommenen und mit Sorgfalt gepflegten selten innigen Verbindung von Natur und Kunst eine Feierabendstimmung, die anderen Großstädten in diesem Grade fremd sein mag, die alle Kreise der Bevölkerung berührt, die selbst im Getriebe des Alltags noch bemerkbar ist und auf das Tempo des Dresdner Lebens mäßigend einwirkt.« Friedrich Schäfer: Arbeiterverhältnisse und soziale Fürsorge. In: Otto Richter (Hg.): Dresdens Entwicklung in den Jahren 1903 bis 1909. Festschrift des Rates der Königlichen Haupt- und Residenzstadt Dresden zur Einweihung des neuen Rathauses am 1. Oktober 1910. Dresden: Buchdruckerei der Dr. Güntzschen Stiftung 1910. S. 197. Auch die Bemerkung von Ossip Kalenter, Dresden erinnere mit seinen »friedevoll verklärten Straßen«

chen einer mittelständisch geprägten, hochspezialisierten Industrieproduktion, die sich durch veränderte Marktbedingungen zu Effizienz und Rationalität gezwungen sah, erscheint als Voraussetzung für die Entfaltung eines ›kulturellen Milieus‹, das die Dresdner Avantgarde nicht nur konzeptuell und wirkungsstrategisch prägte, sondern auch Dresdens spezifischen Weg in die Kulturkonkurrenz der Moderne nach 1900 bestimmte.

1.1. Politischer Konservatismus und ökonomischer Modernismus – Polarität als zeitgeschichtliches Signum des Lebens in der Residenzstadt um 1900

Als am 23. April 1898 König Albert von Sachsen seinen 70. Geburtstag feierte, wurde durch »zahlreiche Festlichkeiten« und »Parade[n]«[6] der Verbundenheit und Treue der Dresdner Bürger mit dem sächsischen Herrscher öffentlichkeitswirksam Ausdruck verliehen. Der regierungstreue *Dresdner Anzeiger* weiß von »brausenden Hochrufen«, die den König und seine fürstlichen Gäste, u. a. den deutschen Kaiser und den Kaiser von Österreich, auf dem Festgelände am Alaunplatz begrüßten, zu berichten und von der Einheitlichkeit und Geschlossenheit der in Paradeuniform sich präsentierenden, »wie aus Erz gegossen[en]« Truppen, deren Vorbeimarsch vom »endlosen Jubel der in ungezählten Tausenden herbeigeströmten Menge« begleitet wurde.[7] Das »glänzende Schauspiel«, das durch theatralische Aufführungen, »Huldigungsgedichte« und musikalische Festspiele eine patriotisch-nationale Untermalung erhielt[8] und im Ankauf eines »116 ha große[n] Waldstück[es]« zum Zwecke der Errichtung eines »König-Albert-Parkes« gipfelte[9], weist auffällige Analogien zur 1892 gleichfalls öffentlichkeitswirksam in Szene gesetzten »Huldigung« des Fürsten Bismarck durch die Dresdner anläßlich von dessen Reise nach Wien auf. Auch damals wurde kulturelles Handeln zum Zwecke monarchistischer Ehrerbietung genutzt: In die durch zahlreiche Männerchöre intonierten Lieder *Das treue deutsche Herz* und *Die Wacht am Rhein* stimmten 15.000 Fackelträger und 30.000 Zuschauer ein und erwiesen dem »Schöpfer des Reiches«[10] Lob und Anerkennung mit den Mitteln des patriotischen Gesangs.

Die offensichtliche Begeisterung von Teilen der Dresdner Bürger für die preußische Monarchie und das konservative sächsische Herrscherhaus verweist auf die Lebendigkeit einer Tradition, die, seit der Zeit Augusts des Starken, königstreuen Untertanengeist, Loyalität und Gefolgschaftswillen zu Stützpfeilern gesellschaftskonformer Lebensweise formte[11]. Über den inszenierten Charakter und die ideologisierte Funktionalisierung der Festakte und Feierlichkeiten können indes auch die Schübe von Begeisterung Tausender Teilnehmer nicht hinwegtäuschen. Daß der sächsische Hof längst zu einem historischen Anachronismus geworden war, dessen Einfluß auf das

---

an das Bild einer »freundlichen Idylle«. Ossip Kalenter: Das goldene Dresden. Eine Arabeske. Hannover, Leipzig: Paul Steegemann Verlag 1922. S. 10-11.

[6]   Alfred Hahn: Dresden im Wandel der Zeiten. Band 2. Dresden: Hermann Püschel 1937. S. 148.

[7]   Die Jubelfeier des Königs Albert. In: Dresdner Anzeiger vom 24.4.1898. Nr. 112. S. 39.

[8]   Ebd., S. 4.

[9]   Hahn: Dresden im Wandel der Zeiten. Band 2, S. 149.

[10] Ebd., S. 143.

[11] Karl Czok: August der Starke und Kursachsen. Leipzig: Koehler & Amelang 1988. Czok verweist etwa am Beispiel der Festkultur auf die zielgerichtete Instrumentalisierung des Volkes im Kontext monarchistischer Ehrerbietung (S. 221f.).

politische und wirtschaftliche Leben der Residenzstadt seit dem späten 19. Jahrhundert stetig abnahm und der nurmehr in seinen »konventionellen Lebensformen«[12] weiterexistierte, ist eine der für viele Zeitgenossen zwar sichtbaren, aber mehrheitlich verdrängten gesellschaftspolitischen Wahrheiten.[13] Obgleich das Vorherrschen des

> konstitutionelle[n] Prinzip[s] [...] in Sachsen den König noch nicht auf die bloße
> Rolle eines repräsentativen Staatsoberhauptes beschränkt[e], sondern ihm beinahe
> die Stellung eines Regierungschefs ein[ ]räumt[e][14],

wurde dies von den Inhabern des Amtes zwischen 1873 und 1918[15] für die praktische Politik kaum genutzt. Der letzte sächsische König, Friedrich August III., von 1904 bis 1918 im Amt, verkörperte zwar gegenüber seinen Vorgängern einen »neue[n] Typus des unkonventionellen und mehr bürgerlichen als feudal-militärischen Monarchen« und verfügte auf dieser Basis über eine gewisse Popularität im Land[16], entwickelte aber keineswegs ein hinreichendes Verständnis für die im Zuge der ökonomischen Modernisierung Sachsens »notwendigen gesellschaftlichen Veränderungen«.[17]

Das politische System und die Form der Ausübung der Regierungsgewalt basierten seit den 30er Jahren des 19. Jahrhunderts in Sachsen auf dem Prinzip der Ständeordnung mit zwei Kammern. Während die vom Adel beherrschte, feudalkonservativ ausgerichtete *Erste Kammer* in ihrem sozialen Gefüge bis 1918 etwa gleichblieb[18], kam es in der *Zweiten Kammer* zu einer Reihe von Neuerungen und Veränderungen, die sich sowohl auf die personell-berufliche Zusammensetzung ihrer Mitglieder als auch auf das politische Kräfteverhältnis und die gesellschaftliche Ent-

---

[12] Vgl. Karlheinz Blaschke: Rahmenbedingungen für die Entwicklung der Kultur in der Landeshauptstadt Dresden 1871-1914. In: Dresdner Hefte 7 (1989), H. 5. S. 5ff. Vgl. aber die besondere Bedeutung des Hofes für die kulturelle Entwicklung Dresdens im 19. Jahrhundert (Unterhaltung des *Hoftheaters* und der *Hofoper* sowie der weltberühmten *Königlichen Sammlungen für Wissenschaft und Kunst*). Hierzu: Karlheinz Blaschke: Hof und Hofgesellschaft im Königreich Sachsen während des 19. Jahrhunderts. In: Dresdner Hefte 8 (1990), H. 1. S. 61ff.

[13] Als Beispiel hierfür sei die 800jährige *Wettin-Jubelfeier* in Dresden angeführt, an der, trotz eines massiven Boykott-Aufrufs durch sozialdemokratische Vereine, Tausende begeisterte Dresdner Arbeiter aus verschiedenen Fabriken teilnahmen. Vgl. Die Wettin-Feier in Dresden. In: Die 800jährige Wettiner-Jubelfeier. Juni 1889. Festschrift, im Auftrage des Festausschusses herausgegeben vom Preßausschuß. Dresden: Verlag der Albanus'schen Buchdruckerei 1889. Zum Boykott-Aufruf: Wolfgang Zimmer: Soziale Lage und kulturelle Lebensweise der Arbeiterklasse in Dresden am Anfang unseres Jahrhunderts. Einige Erkennntnisse. In: Dresdner Hefte 7 (1989), H. 5. S. 28.

[14] Karlheinz Blaschke: Die Verwaltung in Sachsen und Thüringen. In: G. A. Jeserich (Hg.): Deutsche Verwaltungsgeschichte. Band 3. Das Deutsche Reich bis zum Ende der Monarchie. Stuttgart: Deutsche Verlags-Anstalt 1984. S. 779.

[15] König Albert (1873-1902), König Georg (1902-1904) und König Friedrich August III. (1904-1918).

[16] Thomas Nipperdey: Deutsche Geschichte 1866-1918. Band 2. Machtstaat vor der Demokratie. München: Beck 1992. S. 612.

[17] Gerhard Schmidt: Die Zentralverwaltung Sachsens von 1831 bis 1918. In: LETOPIS. Jahresschrift des Instituts für sorbische Volksforschung. Reihe B. Geschichte. Bautzen, Teil II. (1980), Nr. 27/2. S. 122.

[18] Vertreten waren vor allem Rittergutsbesitzer, Abgeordnete der Kirchen, Bürgermeister, Standesherren. Vgl. Gerhard Schmidt: Der sächsische Landtag 1833-1918. Sein Wahlrecht und seine soziale Zusammensetzung. In: Reiner Groß/Manfred Kobuch (Hg.): Beiträge zur Archivwissenschaft und Geschichtsforschung. Weimar: Hermann Böhlaus Nachfolger 1977. S. 447. Der Aufsatz ist wiederabgedruckt in: Der Sächsische Landtag. Geschichte und Gegenwart. Hg. aus Anlaß der konstituierenden Sitzung des Sächsischen Landtages am 27.10.1990 im Haus der Kirche (Dreikönigskirche) zu Dresden. Dresden 1990. S. 35-47.

wicklung in Sachsen und Dresden auswirkten. Auf Grund mehrerer Modifikationen des sächsischen Wahlgesetzes um die Jahrhundertwende[19] wurde der Einfluß des auch in der *Zweiten Kammer* dominierenden Adels[20] zugunsten des Wirtschafts- und Bildungsbürgertums zurückgedrängt. So erhöhte sich gegenüber den Wahlen von 1903 und 1907 nach der Wahl von 1909 der Anteil der Lehrer, Redakteure, Handwerker, Buchhändler, kaufmännischen Angestellten, Partei- und Gewerkschaftsfunktionäre.[21] Diese soziale Neuformierung der *Zweiten Kammer* ging politisch mit einer deutlichen Zunahme des Einflusses der Sozialdemokratie einher und mit einer spürbaren Zurückdrängung der Konservativen.[22]

Die erhöhte Bedeutung der Presse, der wissenschaftlich-technischen und künstlerischen Intelligenz sowie der Beamtenschaft ist nicht nur als eine (längst überfällige) politische Reaktion auf die gesellschaftlichen Modernisierungstendenzen in Sachsen und Dresden zu interpretieren, sondern auch als Folge des nach wie vor ungelösten Widerspruchs zwischen landesväterlicher Regierungsgewalt und parlamentarischer Demokratisierungsbewegung. Da die Regierungsbildung auf Ministerebene allein vom König bestimmt wurde, der sächsische Landtag in dieser Frage keinerlei Mitspracherecht besaß[23] und »die Regierung sich mit Hilfe der Ersten Kammer über einen einfachen Mehrheitsbeschluß der Zweiten Kammer hinwegsetzen konnte«[24], wurden die Möglichkeiten demokratischer Mitbestimmung für die Mitglieder der *Zweiten Kammer* wesentlich eingeschränkt.

Die »durchgehend konservative Grundhaltung fast aller sächsischen Regierungen dieser Zeit«, das »Festhalten an der Tradition« und die »Ablehnung der modernen Zeitströmungen« führten zu »Spannungen« zwischen einer regressiven Staatspolitik und »der rasch vorwärtsschreitenden wirtschaftlich-sozialen Entwicklung«[25] Sachsens. Das regierungskonforme Programm einer Unterdrückung der Modernisierung wurde jedoch auch unterlaufen: Der aufgrund zunehmender »Verrechtlichung und Büro-

---

[19] Das sächsische Wahlgesetz galt als eines der rückschrittlichsten in ganz Deutschland. Noch bis zum Jahr 1909 wurde in Sachsen nach dem Dreiklassenwahlrecht, das 80% der Bevölkerung (vor allem die Arbeiter) entrechtete und diskriminierte und einzig der Zurückdrängung der Sozialdemokratie aus den sächsischen Parlamenten diente, gewählt. Erst 1909 trat an seine Stelle das Pluralwahlrecht, das jedem Wahlberechtigten eine Grundstimme und je nach Einkommen, Grundbesitz, Schulbildung und Lebensalter noch bis zu drei Zusatzstimmen sicherte. Ausführlich zu den Veränderungen in der Wahlgesetzgebung der *Zweiten Kammer* des sächsischen Landtages vgl. E. Otto Schimmel: Die Entwicklung des Wahlrechts zur sächsischen Zweiten Kammer und der Zusammensetzung derselben in parteipolitischer und sozialer Hinsicht. Nossen: W. H. Möller's Verlag 1912.

[20] So nahm die Zahl der Rittergutsbesitzer bei den Wahlen von 1895 gegenüber 1883/84 von 13 auf 8 ab, die der adligen Staatsbeamten von 4 auf 1. Vgl. Schmidt: Der Sächsische Landtag 1833-1918, S. 456-457.

[21] Genaue Zahlenangaben vgl. ebd., S. 463. Schmidt verweist ausdrücklich auf die Vielzahl von Berufen, die einen deutlich bildungsbürgerlichen Hintergrund aufweisen und nach der Wahl von 1909 in der *Zweiten Kammer* vertreten waren: neben den bereits genannten Redakteuren, Buchhändlern und Lehrern wurden auch ein Baumeister, ein Geometer und ein Lithograph zu Kammermitgliedern gewählt.

[22] Schimmel: Die Entwicklung des Wahlrechts zur sächsischen Zweiten Kammer, S. 129-130.

[23] Zwar waren, wie Karlheinz Blaschke nachweist, die Minister den beiden Kammern für ihre Amtsführung verantwortlich und mußten bei Gesetzesvorlagen die mehrheitliche Zustimmung der Kammern einholen, aber dies erwies sich bei der durchgehend regierungsfreundlichen *Ersten Kammer* in der Regel als problemlos. Vgl. Blaschke: Die Verwaltung in Sachsen und Thüringen, S. 779.

[24] Schmidt: Die Zentralverwaltung Sachsens von 1831 bis 1918, S. 126.

[25] Blaschke: Die Verwaltung in Sachsen und Thüringen, S. 783.

kratisierung der Wirtschaft«[26] um 1900 rapide ansteigende Bedarf an akademisch gebildeten Beamten, die den erhöhten Verwaltungs- und Administrationsforderungen der Gesellschaft Rechnung tragen sollten, erwies sich für die Entwicklung der Moderne in Sachsen und Dresden als folgenreich. Da der Anteil bürgerlicher Kräfte unter diesen politischen Beamten seit den 80er Jahren stark zunahm und die Hinwendung zu den »praktischen Aufgaben und Erfordernissen der Verwaltung«[27] auch die Einstellung von technisch und volkswirtschaftlich gebildetem Fachpersonal erforderte, ist davon auszugehen, daß oftmals auch gegen die politischen Intentionen der Regierung oder des Königs Entscheidungen auf der Basis objektiven Sachverstandes und berechtigten Allgemeininteresses getroffen wurden. Diese Tendenz zur ›Versachlichung‹ und Professionalisierung als Voraussetzung und Folge der Modernisierung zeigt sich auf der Ebene der Kommunen noch deutlicher.[28] Die Stadtverordneten der Residenzstadt Dresden weisen um 1910 schon in ihrer sozialen Zusammensetzung darauf hin: Unter den 83 Mitgliedern des Abgeordnetenhauses finden sich zahlreiche für die Stadt und die Stadtentwicklung bedeutende Berufsgruppen (neben den Beamten, Lehrern und Fabrikanten bzw. Kaufleuten tauchen Architekten, Schuhmacher- und Tischlermeister, Buchdruckereibesitzer, Eisenbahn- und Postsekretäre, Drechslermeister, Redakteure, Hoteliers, Buchbinder, Ärzte und Rechtsanwälte auf)[29]. Das Prinzip der Selbstverwaltung, das auf Sachlichkeit und Wahrung des Allgemeininteresses beruhte, versprach auf der Grundlage dieser personellen und professionellen Vielfalt die Lösung der organisatorischen, wirtschaftlichen, sozialen, baulichen und kulturellen Probleme der Stadt[30], die gerade um die Jahrhundertwende ihr Antlitz völlig veränderte.

Dagegen waren, so ist zu vermuten, parteipolitische Interessen bei der Gestaltung städtischer Wirklichkeit zwar nicht ausgeschaltet, traten aber vor allem dann, wenn es um das nationale Ansehen und kulturelle Prestige der ›Kunststadt‹ Dresden ging, weitgehend zurück.[31] Dieses Phänomen der ›parteiübergreifenden‹ interessengebundenen Kommunalpolitik beruhte auch auf einer sachorientierten Zusammenarbeit zwischen städtischem Wirtschafts- und Bildungsbürgertum.

Während das Landesparlament nur eingeschränkt Möglichkeiten der Formierung einer für die Stadt signifikanten politischen Öffentlichkeit bot (im wesentlichen über

---

[26]　Thomas Nipperdey: Deutsche Geschichte 1866-1918. Band 1. Arbeitswelt und Bürgergeist. München: Beck 1990. S. 385.

[27]　Blaschke: Die Verwaltung in Sachsen und Thüringen, S. 783.

[28]　Allgemein zu diesem Sachverhalt siehe Jürgen Reulecke: Bildungsbürgertum und Kommunalpolitik im 19.Jahrhundert. In: Jürgen Kocka (Hg.): Bildungsbürgertum im 19. Jahrhundert. Teil IV. Politischer Einfluß und gesellschaftliche Formation. Stuttgart: Klett-Cotta 1989. S. 122-145. Auch Nipperdey: Deutsche Geschichte 1866-1918. Band 2, S. 159.

[29]　Vgl. die namentliche Auflistung in den Sitzungsberichten der Stadtverordneten zu Dresden vom Jahre 1911. Dresden 1911 [Anhang].

[30]　Zudem existierte seit Mitte der 80er Jahre in Dresden eine eigens für die Schulung des städtischen Verwaltungspersonals eingerichtete wissenschaftliche Bildungsanstalt. Vgl. Agatha Kobuch: Die Gehe-Stiftung in Dresden und ihre Bedeutung für die Förderung der Bildung und Wissenschaft. In: Dresdner Hefte 7 (1989), H. 5. S. 49-58.

[31]　Gut läßt sich dies etwa anhand der Debatten in der Stadtverordnetenversammlung um die Erstellung eines neuen Kunstausstellungsgebäudes in Dresden im Jahre 1914 zeigen. Die Förderung der Kunst und der Künstler wird dabei als städtische Aufgabe definiert und – parteiübergreifend – befürwortet. Dies geschah vor allem deshalb, weil man den »Ruf Dresdens als Kunststadt gefährdet« sah. Einige Stadtverordnete unterbreiteten sogar den Vorschlag, durch gezielte Maßnahmen der städtischen Verwaltung, »eine Hebung der Kunst [...] herbeizuführen«. Vgl. Sitzungsberichte der Stadtverordneten zu Dresden vom Jahre 1914. Dresden 1914. S. 476ff.

die seit 1868 alle zwei Jahre stattfindenden Landtage, die vor allem dazu dienten, die »politische Arbeit« der Regierung »vor der Öffentlichkeit darzulegen und ihre Gesetzesentwürfe der öffentlichen Kritik auszusetzen«[32]), kam es auf städtischer Ebene zu effizienteren Formen von Öffentlichkeitsbildung. Die Kopplung von parteipolitischen Absichtserklärungen an – für den einzelnen direkt spürbare – stadtrelevante Sachentscheidungen begünstigte die Etablierung eines Modells liberalen, auf die Sache bezogenen Interessenausgleichs im städtischen Verwaltungssektor. Obgleich im politischen Machtvollzug breite Teile der Bevölkerung, wenn überhaupt, dann lediglich zu Adressaten von bereits intern ausgehandelten und für die Öffentlichkeit aufbereiteten »Meinungen« degradiert wurden[33], sind die Fortschritte einer über weite Strecken autonomen Stadtverwaltung[34] gegenüber einem staatlich gesteuerten Zentralismus unverkennbar. Denn der »technokratische Sachverstand und die Gemeinwohl-Orientierung« wurden letztlich nicht in einem einseitigen, politisch oder ökonomisch intendierten »Interessenkampf oder -egoismus aufgezehrt«[35], sondern im Zuge zunehmender Vergesellschaftung in einer Institutionalisierung öffentlicher Meinungsbildung zusammengeführt[36]. Die ›Explosion‹ des Vereinswesens im 19. Jahrhundert in Deutschland ist Ausdruck dieses Prozesses, der sich auch in der sächsischen Residenzstadt nachweisen läßt.[37] Die Entstehung von Vereinen, Gruppierungen, Bünden als Folge und Voraussetzung der Modernisierung[38] wirkte im Sinne einer Zusammenführung von politischen und allgemeinen Interessen und bestimmte die Konturen der Bildung politischer Öffentlichkeit mit, da die Vereinigungen »auf eine Teilnahme an den allgemeinen Angelegenheiten [...], die sie teils aktiv erst schufen, teils passiv vermittelten«[39], bestanden. Diese Partikularisierung der politischen Machtbildung und -ausübung verhinderte aufgrund ihres kommunikativen Charakters, ihrer vielfältigen Formen von Interaktion (etwa zwischen Vereinsmitgliedern und Kommunalpolitikern) und ihres immanenten Elements von Gewaltenteilung weitgehend die autoritäre Durchsetzung von Einzelinteressen.

Während also auf der Ebene der Landespolitik die Widersprüche zwischen monarchistischer Herrschaftsform und ökonomischer Modernisierung bis 1918 fortbe-

---

[32] Blaschke: Die Verwaltung in Sachsen und Thüringen, S. 781.
[33] Vgl. hierzu Jürgen Habermas: Strukturwandel der Öffentlichkeit. Untersuchungen zu einer Kategorie der bürgerlichen Gesellschaft. Neuwied: Luchterhand 1965². S. 194f.
[34] Im Jahre 1873 kam es in Sachsen zu einer Verwaltungsreform, in deren Gefolge die kommunale Selbstverwaltung der Städte deutlich verbessert wurde. Die Stadt Dresden erhielt sogar den Status einer »exenten Stadt«, der ihr weitreichende Befugnisse bei der Ausfüllung staatlicher Aufgaben gewährte. Vgl. Blaschke: Rahmenbedingungen für die Entwicklung der Kultur in der Landeshauptstadt Dresden 1871-1914, S. 8.
[35] Nipperdey: Deutsche Geschichte 1866-1918. Band 2, S. 161.
[36] Vgl. hierzu Ernst Manheim, der diesen Prozeß für die Öffentlichkeitsbildung im Zeitalter der Aufklärung schon in den 30er Jahren beschrieben hat. Ernst Manheim: Aufklärung und öffentliche Meinung. Studien zur Soziologie der Öffentlichkeit im 18. Jahrhundert. Hg. und eingeleitet von Norbert Schindler. Stuttgart-Bad Cannstadt: frommann-holzboog 1979 (= Nachdruck der Erstausgabe von 1933).
[37] Das *Adress- und Auskunftsbuch der Vereine und Gesellschaften im Königreich Sachsen* vermerkt für das Jahr 1891 weit über 6000 Vereine (Adress- und Auskunftsbuch der Vereine und Gesellschaften im Königreich Sachsen. Leipzig: Commissionsverlag M. L. Moltke 1891. Einleitung).
[38] Zu dieser These vgl. Otto Dann (Hg.): Vereinswesen und bürgerliche Gesellschaft in Deutschland. München: Oldenbourg 1984. Vorwort des Herausgebers, S. 5.
[39] Friedrich H. Tenbruck und Wilhelm A. Ruopp: Modernisierung – Vergesellschaftung – Gruppenbildung – Vereinswesen. In: Friedhelm Neidhardt (Hg.): Gruppensoziologie. Perspektiven und Materialien. Opladen: Westdeutscher Verlag 1983. S. 73.

standen, entwickelte sich im städtischen Sektor eine auf Effizenz basierende, professionelle, den Zeitumständen Rechnung tragende Verwaltung, die weniger politisch, sondern mehr als Interessenvertreter städtischen Fortschritts agierte. Die ökonomische und kulturelle Emanzipation des gebildeten Bürgertums, das sich in seinen Aufstiegsambitionen durch eine konservative Staatspolitik gefährdet sah, engagierte sich für die Entwicklung einer städtischen sozialen Binnenstruktur, die den wirtschaftlichen und gesellschaftlichen Erfordernissen der Zeit gerecht werden konnte. Das spezifische Profil des Industriestandortes Dresden wirkte dabei in vielfältiger Weise auf die besondere Rolle und Position der sächsischen Landeshauptstadt im kulturellen Konkurrenzkampf der Städte um 1900 zurück.

Im Gegensatz zur modernen Großstadt Berlin, deren riesige Industrieanlagen und innerstädtisches Verkehrschaos auf »die Fragwürdigkeit eines bloß technischen Fortschritts«[40] verwiesen, oder zur »ländlichen Residenzstadt«[41] München, die sich noch in den 10er Jahren als »vorindustrielle Metropole«[42] präsentierte, entwickelte sich die Industrialisierung und der ökonomische Konzentrationsprozeß in Dresden im Kontext von Modernisierung und Kunststadttradition.

Schon die Tatsache, daß Dresden kein Zentrum der Schwer- und Grundstoffindustrie mit riesigen Fabriken und Werken war, sondern über eine mannigfaltige und spezialisierte »arbeits- und intelligenzintensive ›Fein- und Fertigungsindustrie‹ mit hohem Exportgrad«[43] verfügte, verhinderte eine einseitige ›Ökonomisierung‹ des städtischen Modernisierungsprozesses. Das Vorherrschen von Klein- und Mittelbetrieben[44] in traditionellen Industriezweigen[45] und die Ausrichtung der Industrieproduk-

---

[40] Vgl. hierzu die Einleitung in: Jürgen Schutte und Peter Sprengel (Hg.): Die Berliner Moderne 1985-1914. Stuttgart: Reclam 1987. S. 23ff. Zitat: S. 25.

[41] Peter-Klaus Schuster: München – die Kunststadt. In: Friedrich Prinz/Marita Krauss (Hg.): München – Musenstadt mit Hinterhöfen. Die Prinzregentenzeit 1886-1912. München: Beck 1988. S. 229 und 230.

[42] Walter Schmitz: München in der Moderne. Zur Literatur in der ›Kunststadt‹. In: Ders. (Hg.): Die Münchner Moderne. Die literarische Szene in der ›Kunststadt‹ um die Jahrhundertwende. Stuttgart: Reclam 1990. S. 23.

[43] Holger Starke: Grundzüge der Wirtschaftsentwicklung in Dresden. In: Jugendstil in Dresden. Aufbruch in die Moderne. Staatliche Kunstsammlungen Dresden, Kunstgewerbemuseum. Katalog zur Ausstellung des Kunstgewerbemuseums Dresden vom 18.9.99 bis 5.12.99 im Dresdner Schloß. Wolfratshausen: Edition Minerva Hermann Farnung 1999. S. 18-30, hier: S. 18. Auf die Tatsache, daß Dresden »keine eigentliche Industriestadt im engeren Sinne, wie etwa Chemnitz, oder eine Handelsstadt, wie Leipzig, ist«, verweist auch Wilhelm Stieda. Vgl. seinen Beitrag Gewerbe und Industrie. In: Otto Richter (Hg.): Dresdens Entwicklung in den Jahren 1903 bis 1909. Festschrift des Rates der Königlichen Haupt- und Residenzstadt Dresden zur Einweihung des neuen Rathauses am 1.10.1910. Dresden: Buchdruckerei der Dr. Güntzschen Stiftung 1910. S. 133.

[44] Trotz Zunahme der Großbetriebe findet sich Anfang des 20. Jahrhunderts noch immer eine starke Ausrichtung auf den Klein- und Mittelbetrieb, der weit über 80% aller Industriebetriebe in Dresden ausmachte. Vgl. Stieda: Gewerbe und Industrie, S. 134-135. »An der Zahl der Betriebe gemessen überwiegt in den einzelnen Gewerbegruppen der Kleinbetrieb, d. h. der mit fünf oder weniger Personen arbeitende. Von 22 623 Hauptbetrieben in Industrie einschließlich Baugewerbe, Gärtnerei und Tierzucht entfallen auf die Kleinbetriebe 19 439 oder 86 Prozent und auf die Großbetriebe 3184 oder 14 Prozent« (ebd.).

[45] Zu den wichtigsten, das wirtschaftliche Antlitz der Stadt prägenden Industriezweigen gehörten: die Nahrungs- und Genußmittelindustrie, die Industrie der Maschinen, Apparate und Instrumente, das Bekleidungs- und Reinigungsgewerbe, das polygraphische Gewerbe, die Metallverarbeitung und das Beherbergungs- und Erquickungsgewerbe. Vgl. Schäfer: Arbeiterverhältnisse und soziale Fürsorge, S. 203. Die genauen Beschäftigungszahlen sind (im Jahre 1907): für die Nahrungs- und Genußmittelindustrie (17907 Beschäftigte), für die Industrie der Maschinen, Apparate und Instrumente (13274), für das Bekleidungs- und Reinigungsgewerbe (9643), für das polygraphische Gewerbe

tion auf die Herstellung von hochwertigen Konsumgütern schufen ein wirtschaftliches Gefüge, das keine gravierenden, in ihren Folgen nur schwer beherrsch- und korrigierbaren sozialen Widersprüche und Verwerfungen im städtischen Gemeinwesen hervorrief. Daß Dresden im Laufe des 19. Jahrhunderts »keine eigentliche Industriestadt geworden« war und innerhalb Sachsens von den Zeitgenossen eher als »Konsumtionszentrum« gesehen wurde[46], verweist auf den besonderen Prozeß ökonomischer Modernisierung, den die Stadt durchlief. Anhand der Auswirkungen dieses Prozesses auf die Lebensweise der städtischen Arbeiterschaft läßt sich der Charakter der wirtschaftlichen und gesellschaftlichen Umgestaltung genauer bestimmen.

Der vielseitige und in sich stark spezialisierte Wirtschaftsmechanismus Dresdens erforderte einen qualifizierten, mit einem hohen Berufswissen ausgestatteten Facharbeiter, der sich einem ständig steigenden beruflichen Wissens- und Spezialisierungsdruck ausgesetzt sah.[47] Der verhältnismäßig hohe Bildungsstand der Dresdner Arbeiterschaft[48], die damit zusammenhängenden relativ guten Verdienstmöglichkeiten in Industrie und Gewerbe[49] und die über Jahre hin niedrige Arbeitslosenquote in der Stadt[50] verhinderten die Entstehung eines umfangreichen ›Lumpenproletariats‹ mit entsprechender Tendenz zu Verelendung und Verarmung, wie es sich etwa in Berlin als Folge der wirtschaftlichen Modernisierung herausgebildet hatte[51]. Die überschaubaren Betriebsgrößen in der sächsischen Landeshauptstadt sicherten im Vergleich zu den monopolisierten, anonymisierten Großbetrieben ein engeres, vertrauensförderndes Verhältnis des Unternehmers zum Arbeiter, erschwerten dadurch eine Einflußnahme der Organisationen der Arbeiterschaft (etwa der Gewerkschaften) in den Be-

---

(4962), für die Metallverarbeitung (7723) und für das Beherbergungs- und Erquickungsgewerbe (4272).

[46] Vgl. Gg. Hrm. Müller: 700 Jahre Dresden 1216-1916. Vortrag im Verein für Geschichte Dresdens am 15. November 1916. Dresden: Verlag der Buchdruckerei der Wilhelm und Bertha v. Baensch Stiftung 1917. S. 38 und 35.

[47] Für die Weiterbildung und Qualifizierung der Dresdner Arbeiter wurden von 1878 an eigens Fortbildungsschulen gegründet. Genaueres über Inhalte und Methoden in: Lehrplan der städtischen Fach- und Fortbildungsschulen zu Dresden. Dresden: Buchdruckerei der Dr. Güntzschen Stiftung 1911.

[48] Von den Dresdner gewerblichen Arbeitskräften waren um 1909 53 000, das sind 61%, vorgebildet oder nachträglich ausgebildet. Vgl. Schäfer: Arbeiterverhältnisse und soziale Fürsorge, S. 202.

[49] Im Jahre 1909 verdiente ein erwachsener ausgebildeter gewerblicher Arbeiter am Tage durchschnittlich 4,70 Mark. Zwischen 1904 und 1909 stieg laut Statistik das Einkommen der gewerblichen Arbeiterschaft um 7,7% an. Dies würde ein Jahresgehalt von etwa 1400 bis 1500 Mark bedeuten. Im Vergleich mit dem durchschnittlichen Jahreseinkommen eines Berliner gelernten Arbeiters, das um 1905 unter 1200 Mark lag, verfügte der Dresdner Arbeiter über ein deutlich höheres Einkommen. Für Berlin vgl. Rosemarie Beier: Arbeiterhaushalt um 1900. In: Jochen Boberg/Tilman Fichter/Eckhart Gillen (Hg.): Exerzierfeld der Moderne. Industriekultur in Berlin im 19. Jahrhundert. München: C. H. Beck 1984. S. 254. Für Dresden vgl. Schäfer: Arbeiterverhältnisse und soziale Fürsorge, S. 208 und 222. Auch: Eugen Würzburger: Bevölkerungsverhältnisse. In: Otto Richter (Hg.): Dresdens Entwicklung in den Jahren 1903 bis 1909. Festschrift des Rates der Königlichen Haupt- und Residenzstadt Dresden zur Einweihung des neuen Rathauses am 1.10.1910. Dresden: Buchdruckerei der Dr. Güntzschen Stiftung 1910. S. 38-39.

[50] Im Jahre 1905 waren in Dresden 4077 Personen arbeitslos gemeldet; diese Zahl änderte sich bis zum Jahr 1909 nicht wesentlich (1909: 4188). Damit waren lediglich 0,5 bis 1,0 % der Bevölkerung Dresdens arbeitslos. Vgl. Statistisches Jahrbuch der Stadt Dresden für das Jahr 1905. Hg. vom Statistischen Amte der Stadt Dresden. Dresden: v. Zahn & Jaensch 1907. S. 169, und Statistisches Jahrbuch der Stadt Dresden für das Jahr 1909, S. 232.

[51] Vgl. Einleitung. In: Schutte/Sprengel (Hg.): Die Berliner Moderne 1885-1914, S. 34-35.

trieben[52] und trugen dazu bei, die Arbeitskämpfe in der sächsischen Residenzstadt um 1900 auf einem verhältnismäßig niedrigen Niveau zu halten[53]. Selbst die Dresdner Wohnverhältnisse in den Arbeitervierteln weisen, etwa im Gegensatz zum stadttypischen Berliner »Mietskasernenwesen« mit seinen zahlreichen Keller-, Mansarden- und Hinterhofwohnungen[54], charakteristische Erscheinungsformen auf: Infolge der »baugeschichtlichen Entwicklung« der Stadt existierten weniger »alte Stadtteile mit engen Straßen und dumpfen Höfen und Hinterhäusern« als in anderen Großstädten.[55]

Die typischen Resultate wirtschaftlicher Modernisierung (steigende Arbeitslosigkeit infolge sich beschleunigender Rationalisierung, zunehmende individuelle Anonymität durch strukturelle und personelle Expansion der Betriebe, Tendenzen wirtschaftlicher Armut und Verelendung durch erhöhten Ausbeutungsdruck usw.), wie sie sich in den großen industriellen Ballungszentren des rheinischen oder preußischen Raumes zeigten, wurden aufgrund des spezifischen Profils des Industriestandortes Dresden wesentlich gemildert. Die vergleichsweise ›moderate‹ Industrialisierung, deren Zentrum noch nicht einmal in Dresden selbst, sondern in den zahlreichen Vororten (Plauen, Cotta, Trachau, Pieschen u. a.) lag, führte zwar auch in der sächsischen Residenzstadt zu einer Veränderung des Arbeits- und Lebensrhythmus' der Stadtbewohner[56], konnte jedoch den besonderen Charakter und die Ausstrahlung der Kunststadt Dresden, die auch als Stadt ein Kunstwerk war, nicht grundsätzlich verändern.

1.2. Zur Topographie der Bevölkerungsstruktur: Die soziale Repräsentanz und öffentliche Dominanz des städtischen Wirtschafts- und Bildungsbürgertums

Dresden galt um die Jahrhundertwende trotz des spürbaren Anteils einer adlig geprägten militärischen Führungsschicht, der öffentlichen Präsenz des königlichen Hofes und einer aus der Industrialisierung resultierenden Zunahme der Arbeiterschaft als »ausgesprochen bürgerliche«[57] Stadt. Im Gegensatz zu Wien, mit seinem enormen »Gewicht feudal-aristokratischer« Kreise und einer »schwachen Präsenz des liberalen

---

[52] Horst Dörrer: Die Dresdner Arbeiterbewegung während des Weltkrieges und der Novemberrevolution 1918. Phil. Diss. Leipzig, 1960. S. 4.

[53] So gab es zwischen 1899 und 1905 in Dresden 166 Streiks und 14 Aussperrungen; betroffen waren rund 1400 Betriebe. Dies ist verglichen mit der Anzahl der Dresdner Hauptgewerbebetriebe, nach der Zählung von 1907 waren es 41 177, eine verschwindend geringe Zahl. Vgl. Statistisches Jahrbuch der Stadt Dresden für das Jahr 1905, S. 172-173. Auch Stieda: Gewerbe und Industrie, S. 133 und 156. Der beschriebene Sachverhalt ist allerdings auch auf den bereits erwähnten relativ hohen Prozentsatz von qualifizierten Facharbeitern, die über ein verhältnismäßig hohes Arbeitseinkommen verfügten, zurückzuführen.

[54] Zur Situation in den Berliner Wohnvierteln der Arbeiterklasse vgl. Annemarie Lange: Das Wilhelminische Berlin: zwischen Jahrhundertwende und Novemberrevolution. Berlin: Dietz 1984[4]. S. 91f. Vgl. auch die groß angelegte Studie von Johann F. Geist und Klaus Kürvers: Das Berliner Mietshaus. Band 2. 1862-1945. Eine dokumentarische Geschichte von »Meyer's-Hof« in der Akkerstrasse 132-133, der Entstehung der Berliner Mietshausquartiere und der Reichshauptstadt zwischen Gründung und Untergang. München: Prestel 1984, bes. ab S. 284.

[55] Schäfer: Arbeiterverhältnisse und soziale Fürsorge, S. 221f. Dominierend für Dresden seien – so Schäfer – »die mehrstöckigen Mietshäuser«, die »auch von der Hinterseite her Licht und Luft in reichlichem Maße Zutritt lassen« (S. 222).

[56] Dresden: Geschichte der Stadt in Wort und Bild. Berlin: VEB Deutscher Verlag der Wissenschaften 1984. S. 112ff.

[57] Fritz Löffler: Otto Dix. Leben und Werk. Dresden: Verlag der Kunst 1989[6]. S. 10.

Bürgertums«[58], oder Berlin, mit seiner bevölkerungsstrukturellen Dominanz des Proletariats[59], etablierte sich in Dresden eine breite, in sich stark differenzierte und einflußreiche Schicht des städtischen Bürgertums. Ursachen hierfür lagen zum einen in der spezifischen Entwicklung des Gewerbe- und Industriestandortes Dresden; zum anderen im Charakter Dresdens als sächsischer Haupt- und Residenzstadt. Neben den bereits erwähnten qualifizierten Facharbeitern benötigte der technisierte und spezialisierte Wirtschaftsmechanismus Dresdens auch einen hohen Anteil an »wissenschaftlich, technisch oder kaufmännisch gebildetem Verwaltungs- und Aufsichts-, sowie Rechnungs- und Bureaupersonal«[60], dessen Rekrutierung u. a. über die entsprechenden Fachbereiche der *Technische Hochschule* der Stadt erfolgte. Zusammen mit den Eigentümern, Mitinhabern, Direktoren, Unternehmern oder Pächtern der Fabriken erreichte diese Berufsschicht nach der Berufszählung von 1907 im Bereich der Industrie einen Anteil von etwa 40% der Beschäftigten.[61] Parallel dazu entwickelte sich Dresden als Haupt- und Residenzstadt zu einem Zentrum der Landes- und Stadtverwaltung, das über ein umfangreiches Netz von Ministerien, Behörden, Dienststellen und anderen Ämtern mit entsprechendem Beamten- und Dienstpersonal verfügte.[62] Diese für die besondere Stellung des Bürgertums innerhalb des städtischen Industrie- und Verwaltungssektors verantwortliche Konstellation wird durch einen im Gegensatz zum Landesdurchschnitt deutlichen Überhang der ›freien Berufe‹ ergänzt: Um 1900 vermerken die Statistiken einen überproportionalen Anteil an Schriftstellern, Künstlern, Publizisten, Journalisten, Rechtsanwälten, Ärzten usw. innerhalb der Bevölkerungsstruktur der Stadt.[63]

---

[58]   Vgl. Roman Sandgruber: Exklusivität und Masse. Wien um 1900. In: Emil Brix/Patrick Werkner (Hg.): Die Wiener Moderne. Ergebnisse eines Forschungsgespräches der Arbeitsgemeinschaft Wien um 1900 zum Thema »Aktualität und Moderne«. Wien: Verlag für Geschichte und Politik 1990. S. 75.

[59]   Zeitgeschichtliche Quellen belegen, daß bereits 1871 in Berlin 54% der Bevölkerung in der Industrie beschäftigt waren, 17% in Handel und Verkehr, 10% als Dienstboten, 3,7% als Beamte, und 2,6% gehörten zum Militär. Im Vergleich dazu Dresden nach der Gewerbezählung von 1875: Industrie und Gewerbe: 36%, Handel und Verkehr: 15%, Dienstboten: 15%, Beamte, freie Berufe usw.: 24%, Militär: 8%. Vgl. für Berlin: Irina Pfützenreuter: Berlin wird Millionenstadt. In: Berlin um 1900. Anfänge der Arbeiterfreizeit. Wissenschaftsbereich Kultur der Sektion Ästhetik und Kunstwissenschaften der Humboldt-Universität zu Berlin. Manuskriptdruck. 1987. S. 14 (= Mitteilungen aus der kulturwissenschaftlichen Forschung, Nr. 21). Zu Dresden vgl. die ausführlichen Angaben in den *Mitteilungen des statistischen Bureaus der Stadt Dresden* (1878), Heft IVc, bes. S. 273-274. Nach 1900 stieg der Anteil der Arbeiter und Gehilfen in Dresden zwar spürbar an (1907 auf 43,9% der Einwohner), erreichte aber bei weitem nicht Berliner Verhältnisse. Vgl. Zimmer: Soziale Lage und kulturelle Lebensweise der Arbeiterklasse in Dresden am Anfang unseres Jahrhunderts, S. 28.

[60]   Vgl. Statistisches Jahrbuch der Stadt Dresden für das Jahr 1909, S. 10.

[61]   Die genauen Zahlen für die Dresdner Industrie lauten: 21.715 Eigentümer, Inhaber, Mitinhaber, Pächter, usw.; 12.161 wissenschaftlich, technisch oder kaufmännisch gebildetes Personal und 86.611 Fabrik-, Lohn-, Tagearbeiter, Lehrlinge, Gehilfen. Auffallend an diesen Zahlen ist der relativ hohe Anteil an Eigentümern gegenüber den Arbeitern, was auf das Vorherrschen von Klein- und Mittelbetrieben zurückzuführen ist. Vgl. Statistisches Jahrbuch der Stadt Dresden für das Jahr 1909, S. 10.

[62]   Allein die städtischen Geschäftsstellen verzeichneten für das Jahr 1910 eine Mitarbeiterzahl von knapp 5000 Personen. Vgl. Statistisches Jahrbuch der Stadt Dresden für das Jahr 1909, S. 10. Ein genaues Verzeichnis der städtischen Beamten findet sich im *Beamtenbuch der Stadt Dresden nebst Verzeichnis der Rathsmitglieder und der Stadtverordneten für das Jahr 1902*. Dresden: Druck v. D. & R. Becker 1902.

[63]   Würzburger: Bevölkerungsverhältnisse, S. 37: »Der charakteristische Unterschied der Dresdner von der Landesbevölkerung liegt vielmehr außer in dem Fehlen der landwirtschaftlichen Berufe lediglich im Überwiegen der ›freien Berufe‹ und derjenigen, die sonst nicht zu den drei anderen Hauptabteilungen [Landwirtschaft, Industrie und Handel – F. A.] gehören, also der Beamten, des Militärs,

Gemessen an der Gesamteinwohnerzahl, die sich zwischen 1871 und 1910 fast verdreifacht hatte[64], wies Dresden damit einen im sächsischen Vergleich überproportional hohen Anteil von Einwohnern auf, die für die Ausübung ihres Berufes »den Besitz von Bildungspatenten«[65] benötigten und damit nicht nur über einen gewissen »Bildungsgrad«[66] verfügten, sondern auch über einen gleichen oder ähnlich gelagerten Bildungsweg. Dabei speiste sich das Dresdner Bildungsbürgertum nicht nur aus akademisch gebildeten höheren und mittleren Beamten, Hoch- und Fachschulabsolventen in Handel und Industrie sowie Angehörigen freier wissenschaftlicher und künstlerischer Berufe, sondern auch aus Universitätsprofessoren und Lehrern an höheren Schulen, Juristen, Ärzten, studierten Archivaren, Bibliothekaren, Museumsleitern und aus wohlhabenden und gebildeten Rentiers und Privatiers[67].

Die These, daß sich deren erworbenes Bildungswissen zwar primär auf den jeweiligen beruflich spezialisierten Sektor bezog, zugleich aber auch ein hohes Niveau allgemeinbildend-übergreifender Bildungsinhalte – und damit auch Bildungsinteressen – aufwies, die sich vor allem im »Umgang mit ›Kultur‹ – mit literarischer Lebensdeutung und -reflexion, mit Künsten und Wissenschaften, mit hochkomplizierten Vermittlungssystemen«[68] zeigten, ist in der einschlägigen Forschung zur Entwicklung des deutschen Bildungsbürgertums hinlänglich belegt worden.[69] Die für Dresden interessante Konstellation ergibt sich in diesem Zusammenhang aus zwei historischen Befunden: Zum einen aus der Dominanz einzelner, bildungsbürgerlich besonders relevanter Berufsgruppen und deren gesellschaftlicher und kultureller Verankerung im städtischen Sozialwesen. Zum anderen aus der Institutionalisierung und Medialisierung bildungsbürgerlicher Diskurse in einer kulturell eher traditionell strukturierten

der Rentner und Anstaltsinsassen usw.«. Die im Landesvergleich überproportionale Bedeutung der ›freien Berufe‹ zeigt sich auch daran, daß im Jahre 1906 immerhin 33 der 73 Stadtverordneten dieser Bevölkerungsgruppe angehörten. Vgl. Statistisches Jahrbuch der Stadt Dresden für das Jahr 1905, S. 65. Selbst die für die Stadt wichtige Gruppe des Militärs, 1895 immerhin (nach den statistischen Mitteilungen der Stadt) mit 4,5% an der erwerbstätigen Bevölkerung beteiligt, rekrutierte sich zu Teilen aus der bürgerlichen Oberschicht (vor allem die »mehreren tausend Offiziere«). Vgl. Blaschke: Rahmenbedingungen für die Entwicklung der Kultur in der Landeshauptstadt Dresden 1871-1914, S. 6.

[64]   Ebd., S. 9. Die Einwohnerzahl Dresdens hatte sich von 177 000 im Jahre 1871 auf 548 000 im Jahre 1910 erhöht; diese enorme Zunahme war vor allem auf den Zuzug von Menschen aus ländlichen Gebieten Sachsens und Böhmens zurückzuführen.

[65]   Vgl. Werner Conze/Jürgen Kocka: Einleitung. In: Werner Conze/Jürgen Kocka (Hg.): Bildungsbürgertum im 19. Jahrhundert. Teil I. Bildungssystem und Professionalisierung in internationalen Vergleichen. Stuttgart: Klett-Cotta 1985. S. 11.

[66]   M. Rainer Lepsius bietet die Kategorie des »Bildungsgrades« als Kriterium für die genauere Bestimmung des Terminus »Bildungsbürgertum« an. Vgl. M. Rainer Lepsius: Das Bildungsbürgertum als ständische Vergesellschaftung. In: M. Rainer Lepsius (Hg.): Bildungsbürgertum im 19. Jahrhundert. Teil III. Lebensführung und ständische Vergesellschaftung. Stuttgart: Klett-Cotta 1992. S. 8f.

[67]   Die bedeutende Rolle der in der Stadt lebenden Rentiers und Privatiers wird etwa an der Tatsache deutlich, daß sie zwischen 1900 und 1906 jeweils mit 7 (im Jahre 1908 sogar mit 8) Abgeordneten im Stadtverordnetenhaus vertreten waren. Vgl. Statistisches Jahrbuch der Stadt Dresden für das Jahr 1905, S. 65. Eine genaue namentliche Auflistung findet sich im *Namens- und Wohnungs-Verzeichnis der Mitglieder des Stadtverordneten-Kollegiums zu Dresden* (Jahre 1900-1906). Das Verzeichnis ist im jeweiligen Jahrgang der *Sitzungsberichte der Stadtverordneten zu Dresden* (Teil I, Anhang) abgedruckt.

[68]   Nipperdey: Deutsche Geschichte 1866-1918. Band 1, S. 383.

[69]   Etwa bei Hans-Peter Bayerdörfer: Theater und Bildungsbürgertum zwischen 48er Revolution und Jahrhundertwende. In: M. Rainer Lepsius (Hg.): Bildungsbürgertum im 19. Jahrhundert, S. 42-64. Auch bei M. Rainer Lepsius: »Das Bildungsbürgertum verbindet Prozesse der sozialen Differenzierung mit solchen der kulturellen Differenzierung...« (M. Rainer Lepsius: Das Bildungsbürgertum als ständische Vergesellschaftung. In: Ebd., S. 9).

Öffentlichkeit und die Inanspruchnahme dieser Diskurse für die Durchsetzung der Moderne. Beide Prozesse basieren auf einer engen Verflechtung von Wirtschaftsbürgertum und Bildungsbürgertum und werden von zunächst nur wenigen, dafür aber gesellschaftlich wie ökonomisch prädestinierten Bürgern initiiert und vorangetrieben.

Eine wichtige Rolle bei der Erneuerung sozialer und kultureller Verhältnisse um 1900 spielte die städtische höhere Beamtenschaft. Der durch die Modernisierung selbst hervorgerufene Mehrbedarf an Verwaltungs- und Administrationspersonal in der Residenzstadt Dresden führte auch zu einer Zunahme des Anteils der akademisch gebildeten Beamten. Teile dieser Beamtenschaft erwiesen sich auf der Basis ihrer herausgehobenen Stellung im Stadtgefüge als »modernisierende Kraft«[70], als Träger von Reformen und liberalem Innovationsbestreben und unterstützten dadurch die Schaffung eines kreativen, dem ›Neuen‹ zugewandten geistigen Klimas. Die Interdependenz zwischen Tradition und Modernität, »die Mischung beider, ja ihre gegenseitige Stützung«[71], wird gerade auf der Ebene städtischer Kuladministration zu einer Voraussetzung für die öffentliche Etablierung moderner Kunst und Kultur. Einzelne der in eine konservative Kunstpolitik eingebundenen verbeamteten Bühnen- und Galeriedirektoren, Abteilungsleiter in Museen oder Mitglieder von Kunst- und Ankaufskommissionen der Stadt wirkten, zunächst auf Grund ihrer Sachkompetenz und persönlichen Interessenlage, als Sachwalter der Moderne. So etablierte sich etwa im Bereich der Dresdner Kunstbehörden (vor allem der *Galeriekommission*, des *Akademischen Rates* und der *Ausstellungskommission*) ein Kreis hoher staatlicher Beamter[72], die seit den 1890er Jahren im Umfeld einer regressiven staatlichen und höfischen Kunstpolitik[73] sukzessive eine Modernisierung der städtischen Ankaufs- und Ausstellungspraxis durchsetzten.[74] Dieser von der örtlichen Presse weitgehend geförderte Prozeß[75] verlief

---

[70]   Nipperdey: Deutsche Geschichte 1866-1918. Band 1, S. 384. Nipperdey erinnert an das Spezifische in der deutschen Ausprägung des Bildungsbürgertums: die deutsche Bildungsidee, das relativ späte Auftreten der Wirtschaftsbourgeoisie in Deutschland und das frühe Engagement der akademischen Beamten bei der Modernisierung der Gesellschaft.

[71]   Hans-Ulrich Wehler: Modernisierungstheorie und Geschichte. Göttingen: Vandenhoeck & Ruprecht 1975. S. 21.

[72]   Unter anderem Woldemar von Seidlitz, Vortragender Rat im Generaldirektorium der *Königlichen Sammlungen für Wissenschaft und Kunst* und höchster Museumsbeamter Dresdens; Karl Woermann, Direktor der *Königlichen Gemäldegalerie*; Georg Treu, Direktor der *Dresdner Skulpturensammlung*; Max Lehrs, Direktor des *Kupferstichkabinetts*, und Gotthard Kuehl, der seit 1895 für das Dresdner Ausstellungswesen verantwortlich zeichnete.

[73]   Genaueres über die Praktiken der städtischen Behörden und des Hofes bei Karl Woermann: Lebenserinnerungen eines Achtzigjährigen. Band 2. Leipzig: Bibliographisches Institut 1924. S. 57ff. und öfter.

[74]   Obgleich die hohen städtischen Kulturbeamten, vor allem Woldemar von Seidlitz, dem *Sächsischen Landtag* und dem König über den Ankauf von Bildern rechenschaftspflichtig waren, gelang es, wie Karl Woermann in seinen Lebenserinnerungen beschreibt, seit 1890 mehrfach, Kauf und Ausstellung moderner Kunstwerke in der *Galerie- und Ankaufskommission* durchzusetzen. Vgl. Woermann: Lebenserinnerungen. Band 2, S. 57ff. oder S. 87f. Daß sich Woldemar von Seidlitz für die »neuen Künstler aus der Zeit um 1900« engagiert hat, betont auch Oskar Walzel in seinen Lebenserinnerungen (Wachstum und Wandel. Lebenserinnerungen von Oskar Walzel. Aus dem Nachlaß hg. von Carl Enders. Berlin: Erich Schmidt Verlag 1956. S. 107).

[75]   So hatte sich die Dresdner Tagespresse mehrfach für die Etablierung des modernen Kunstschaffens in den Dresdner Galerien engagiert. Insbesondere die Kunstreferenten des *Dresdner Anzeigers* und der *Dresdner Nachrichten* setzten sich für die Ankaufspolitik von Woermann und Seidlitz ein. Vgl. etwa die öffentlichen Debatten anläßlich des Erwerbs von Max Klingers *Pietà* für die Königlichen Sammlungen aus dem Jahre 1893. Paul Schumann: Klingers Beweinung Christi. In: Dresdner

nicht frei von Konflikten und Rückschlägen[76] und verweist damit auf einen Typus von Modernisierung, der keine lineare, aufsteigende Linie beschreibt, sondern einen Vorgang wechselseitiger Einflußnahme und differenzierter Partizipation zwischen ›Altem‹ und ›Neuem‹. Das Potential innovativer Kulturpolitik wurde dabei auch mit traditionellen Formen machtpolitischer Inanspruchnahme der Künste verbunden: Der seit 1894 durch Protektion des sächsischen Königs Albert an die Spitze der *Königlichen Hoftheater* berufene Graf Nikolaus von Seebach[77] verstand es, sein Programm zeitgenössischer Dramatik, dem der König eher kühl und reserviert gegenüberstand[78], nicht gegen das sächsische Herrscherhaus, sondern mit dessen ausdrücklicher Unterstützung durchzusetzen[79]. Wenn man den Erinnerungen Seebachs glauben darf, geschah dies auf der Basis sachlicher Kunstkommunikation und toleranten Kunstverständnisses, hinter dem sich die besondere Wertschätzung des ›aufgeklärten‹ Monarchen gegenüber dem akademisch gebildeten, fachkompetenten Beamten verbarg.[80]

Dieser Typus des ›Kulturbeamten‹ fungierte in Dresden darüber hinaus als Bindeglied zwischen gehobenem Adel und Bildungsbürgertum. Denn selbst der »alte eingesessene Adel«, der noch bis zum Ende des 19. Jahrhunderts die »Personalstruktur« auf der Ebene »leitender Positionen«[81] in den Verwaltungen bestimmte, konnte sich auf Dauer dem gesellschaftlichen Modernisierungsdruck, dem auch die sächsische Residenzstadt unterworfen war, nicht entziehen. So werden Momente der akademischen Bildung und kulturellen Schulung, des praktischen Sachverstandes und der kommunalen Verantwortlichkeit zunehmend zu Merkmalen auch der angestammt adligen Beamten und verhindern im Kontext sachgeleiteter, auf das Wohl des Gemeinwesens gerichteter kommunaler Arbeit weitgehend das Fortbestehen einer milieugebundenen sozialen Abschottung[82] oder gar einer Dominanz von Korpsgeist und ständischer Privilegierung.[83]

Anzeiger vom 2.11.1893. Nr. 306. S. 24-25; und W[olfgang] K[irchbach]: Die Besucher der Kgl. Gemäldegalerie... In: Dresdner Nachrichten vom 27.10.1893. Nr. 300. S. 4.

[76] Karl Woermann berichtet in der Rückschau von »schweren Kämpfen« mit den Mitgliedern der *Ankaufskommission*, ehe der Erwerb von modernen Gemälden für die Dresdner Galerie durchgesetzt werden konnte. Vgl. Karl Woermann. In: Johannes Zahn (Hg.): Die Kunstwissenschaft der Gegenwart in Selbstdarstellungen. Leipzig: Felix Meiner 1924. S. 217. Daß Woermann selbst bei seinen Versuchen, die Galeriesäle im *Zwinger* nach den Prinzipien der modernen Expositionskultur zu verändern und »nur ganz leicht und locker behängte Bilderwände« durchzusetzen, am Einspruch der Mitglieder der *Galeriekommission* scheiterte, wird in seinen Lebenserinnerungen ausführlich beschrieben. Vgl. Woermann: Lebenserinnerungen. Band 2, S. 78ff.

[77] Graf Nikolaus von Seebach (1854-1930) entstammte einer Diplomatenfamilie, studierte in Leipzig und war, bevor er in das Amt des Bühnenleiters der *Hoftheater* eintrat, als Offizier tätig. Genaueres zum Werdegang Seebachs in: Tage-Buch der Sächsischen Landestheater vom Jahre 1919. Theaterfreunden gewidmet von A. Ruffani und R. Steiniger. Dresden 103 (1920), S. 80-81.

[78] Vgl. Dr. Nikolaus Graf von Seebach: König Albert und das Theater. In: Der Zwinger 3 (1919), H. 1. S. 7f.

[79] Seebachs wegweisende Inszenierungen moderner Dramen in Dresden um 1900 (u. a. in deutscher Uraufführung 1902 Sternheims *Auf Krugdorf*) waren nur mit ausdrücklicher Billigung des Königs möglich; darauf wurde auch in der zeitgenössischen Presse hingewiesen. Vgl. Julius Ferdinand Wollf: Seebach. Zu seinem Jubiläum und seinem Abschied am 1. März. In: Dresdner Neueste Nachrichten vom 1.3.1919. Nr. 58. S. 2.

[80] Seebach: König Albert und das Theater, S. 7-9.

[81] Hansjoachim Henning: Die deutsche Beamtenschaft im 19. Jahrhundert. Zwischen Stand und Beruf. Stuttgart: Franz Steiner Verlag Wiesbaden GmbH 1984. S. 38-39.

[82] Zu diesem Problemfeld allgemein vgl. die Hinweise bei Rüdiger vom Bruch: Gesellschaftliche Funktionen und politische Rollen des Bildungsbürgertums im Wilhelminischen Reich. Zum Wandel

Daß der sächsische König ebenso wie die Dresdner Behörden gerade bei der Wahl ihrer höheren städtischen Kulturbeamten einen besonderen Wert auf deren Bildung und Fachkompetenz legten[84], ist wohl vor allem auf die latente Gefahr, Dresden könne seine jahrhundertealte Kunststadt-Tradition einbüßen und in der nationalen wie internationalen Öffentlichkeit an Ansehen und Wertschätzung verlieren, zurückzuführen. Diese auch ökonomisch intendierte Sicht[85] deutet nicht nur auf enge Verflechtungen zwischen Bildung und Beamtentum hin, sondern unterstreicht zudem die Durchsetzung einer zunehmend über das Bildungswissen bestimmten und am Erfolg gemessenen sozialen Wirkung der beamteten Kulturträger. Selbst die um 1900 in Dresden noch immer präsenten traditionellen Formen und Werte einer seit Jahrhunderten etablierten Adelskultur unterstützten diese Tendenz: Die gesellige, auf Bildungsvermittlung zielende aristokratische ›Salonkultur‹[86], wie sie schon das biedermeierliche Dresden pflegte[87], assimilierte sich dabei sukzessive mit modernen, bürgerlich intendierten Formen kultureller Kommunikation.[88] Neben den künstlerisch-kulturellen Vereinen und Gesellschaften, die im Verlaufe des 19. Jahrhunderts als sichtbares Zeichen einer sich allmählich etablierenden »Bildungs- und Kulturgesellschaft«[89] bürgerlicher Provenienz entstehen und deren Mitgliederverzeichnisse in Dresden auch Personen adliger Herkunft aufweisen[90], kommt es gleichfalls zu einer Öffnung der

---

von Milieu und politischer Kultur. In: Jürgen Kocka (Hg.): Bildungsbürgertum im 19. Jahrhundert. Teil IV. Politischer Einfluß und gesellschaftliche Formation. Stuttgart: Klett-Cotta 1989. S. 171ff.

[83] Die erfolgreiche Annäherung von gebildetem Bürgertum und (adelig) politischer Elite setzt in Dresden bereits im frühen 19. Jahrhundert ein. Vgl. Walter Schmitz: Romantik in Dresden. In: Literatur, Kunst und Musik. 2. Bayerisch-Sächsischer Germanistenkongreß 13.–15.10.1994 in Dresden. Dokumentation. Akademie für Lehrerfortbildung Dillingen in Zusammenarbeit mit dem Deutschen Germanistenverband. Akademiebericht Nr. 302. 1997. S. 157.

[84] Dies betraf nicht nur die bürgerlichen, sondern ebenso die adeligen Beamten. So hatte Woldemar von Seidlitz ein Studium der Kunstgeschichte und Nationalökonomie abgeschlossen, letzteres sogar mit der Promotion. Graf Nikolaus von Seebach studierte in Leipzig, ehe er nach Dresden kam. Zu Seidlitz vgl. Wolfgang Holler: Woldemar von Seidlitz – Wissenschaftler, Staatsbeamter, Sammler und Förderer der Kunst. In: Dresdner Hefte 15 (1997), H. 1. S. 26.

[85] So heißt es in der Begründung des Stadtrates für die Auszeichnung Seebachs mit der »großen goldenen Ehrendenkmünze« anläßlich von dessen 20-jährigem Dienstjubiläum, Seebach habe den Königlichen Hoftheatern zu einem Ansehen verholfen, »daß sie wohl als die ersten in Deutschland gelten und auch wohl in der Welt und daß der Fremdenverkehr, den wir in Dresden haben, namentlich soweit das kaufkräftige Publikum in Frage kommt, auf die Königlichen Theater zurückzuführen ist«. Vgl. Sitzungsberichte der Stadtverordneten zu Dresden. Sitzung vom 19.2.1914. Dresden 1914. S. 156. Die »Ehrendenkmünze« war neben dem »Ehrenbürgerrecht« die höchste Auszeichnung der Stadt Dresden.

[86] Vgl. etwa die geselligen Abende im Hause des Geheimrats Woldemar von Seidlitz. Genaueres bei Holler: Woldemar von Seidlitz, S. 24-29.

[87] Zu denken ist etwa an die Zusammenkünfte von König Johann mit bedeutenden Intellektuellen seiner Zeit im Umfeld seiner Übersetzung von Dantes *Göttlicher Komödie*. Vgl. Johann Georg: König Johann von Sachsen als Danteforscher. In: Neues Archiv für Sächsische Geschichte und Altertumskunde 43 (1922), H. 1/2. S. 201-220.

[88] Zum Ausgangspunkt dieses Prozesses in Dresden vgl. Roger Paulin: ›Höfisches Biedermeier‹. Ludwig Tieck und der Dresdner Hof. In: Alberto Martino u. a. (Hg.): Literatur in der sozialen Bewegung. Tübingen: Niemeyer 1977. S. 207-227.

[89] Vgl. Vorwort des Herausgebers. In: Dann (Hg.): Vereinswesen und bürgerliche Gesellschaft in Deutschland, S. 7. Die bedeutendsten bildungsbürgerlich ausgerichteten kulturell-künstlerischen Vereine, Gesellschaften und Bünde in Dresden entstehen Mitte oder Ende des 19. Jahrhunderts (z. B. der *Literarische Verein* 1862; die *Literarische Gesellschaft* und die *Gesellschaft für Literatur und Kunst* um 1890, der *Dürerbund* um Ferdinand Avenarius 1902).

[90] Obgleich die personelle Zusammensetzung der einzelnen Dresdner Vereine bislang nur zum Teil ermittelt worden ist, läßt sich anhand des vorliegenden Materials vermuten, daß es zu einer ›Durch-

einstmals elitären und homogenen Kreise des gebildeten Adels gegenüber dem gesellschaftlich einflußreichen Wirtschafts- und Bildungsbürgertum der Stadt[91]. Das gegenseitige Zusammenwirken bei der »gemeinsamen Kulturpflege« und der »informellen
Ausbildung geselliger Kontakte«[92] führte zur Herausbildung einer zunächst privat motivierten, später auch öffentlich wirksamen Vereins- bzw. Salonkultur in Dresden[93],
die als Voraussetzung für die Entfaltung moderner Formen städtischer Kunstkommunikation nach 1900 gelten kann. Die kulturelle Annäherung von Teilen der hohen
(adligen) Beamtenschaft an das Wirtschafts- und Bildungsbürgertum der Stadt resultierte – wenigstens partiell – aus einer gleich oder ähnlich gelagerten Interessenlage:
Angesichts eines an Schärfe zunehmenden Konkurrenzkampfes der Städte um 1900
engagierte man sich für die behutsame Modernisierung der ›Kunststadt Dresden‹, um
deren Status als europäische Kulturmetropole auch im beginnenden 20. Jahrhundert
zu sichern. Dies wiederum erforderte die Entfaltung kultureller Praxisformen, die Verantwortung und Interesse des einzelnen mit gemeinsamen Strategien der städtischen
Entscheidungsträger auf kulturellem Sektor zusammenführten: Der mäzenatische Einsatz von wohlhabenden Wirtschaftsbürgern für die öffentliche Entfaltung zeitgemäßer
Kunst und Kultur[94] fand so eine Entsprechung in der Förderung des modernen Ausstellungswesens durch Teile der höheren Beamtenschaft[95]; die Gründung kultureller
Vereine durch angesehene Bildungsbürger[96] ein Pendant im Enthusiasmus privater

---

mischung‹ einzelner bürgerlicher kultureller Vereine mit gebildeten Adligen kam. Vgl. etwa das Mitgliederverzeichnis des *Literarischen Vereins zu Dresden*, das sogar Prinz Johann Georg (Herzog zu
Sachsen) als Ehrenmitglied ausweist. Ansonsten sind vor allem die zahlreichen Offiziere adliger Herkunft. Vgl. Frank Almai/Rolf Parr: Der Literarische Verein zu Dresden. In: Wulf Wülfing/Karin
Bruns/Rolf Parr (Hg.): Handbuch literarisch-kultureller Vereine, Gruppen und Bünde 1825-1933.
Stuttgart, Weimar: Metzler 1998. S. 288 und 292. Auch der *Dresdner Kunstverein* »zählte Aristokra-
ten und gekrönte Häupter zu [seinen] Mitgliedern«. Vgl. Robin Lenman: Der deutsche Kunstmarkt
1840-1923: Integration, Veränderung, Wachstum. In: Ekkehard Mai/Peter Paret (Hg.): Sammler,
Stifter und Museen. Kunstförderung in Deutschland im 19. und 20. Jahrhundert. Köln, Weimar,
Wien: Böhlau 1993. S. 136.
[91] Als paradigmatisch kann in dieser Hinsicht die Beschreibung der Künstlerabende im Hause der
Baronin Kaskel durch Paul Adolph gelten. Vgl. Paul Adolph: Vom Hof- zum Staatstheater. Zwei
Jahrzehnte persönlicher Erinnerungen an Sachsens Hoftheater, Königshaus, Staatstheater und anderes. Dresden: Verlag C. Heinrich 1932. S. 157ff., bes. S. 159.
[92] Friedrich Zunkel: Das Verhältnis des Unternehmertums zum Bildungsbürgertum zwischen Vormärz und Erstem Weltkrieg. In: M. Rainer Lepsius (Hg.): Bildungsbürgertum im 19. Jahrhundert,
S. 83.
[93] Vgl. die Aufzählung von privaten Gesellschaften bei: Freiherr von Schlicht (Wolf Graf Baudissin):
Dresden und die Dresdner, ein lustiges Vademecum. Dresden und Leipzig: Dresdner Verlagsanstalt
1907. S. 203-206.
[94] Zu nennen wären u. a. Ida Bienert und die Dresdner Bankiersfamilie Arnhold. Ida Bienert, Ehe-
frau des Hofmühlenbesitzers Erwin Bienert, sammelte expressionistische Malerei und unterstützte
Theodor Däubler. Der Dresdner Bankier Georg Arnhold sowie dessen Kinder Hans, Heinrich und
Lisa Arnhold besaßen z. T. bedeutende Sammlungen moderner Kunst (u. a. Kandinsky, Kokoschka,
Nolde). Zu Bienert vgl. Fritz Löffler: Ida Bienert und ihre Sammlung. In: Jahresring 71/72. Literatur
und Kunst der Gegenwart. Stuttgart: Deutsche Verlags-Anstalt 1971. S. 187-198 (siehe auch Kapitel
III.3.2 der vorliegenden Arbeit). Zu Arnhold vgl. Simone Lässig: Kultur und Kommerz – Das Bei-
spiel der Bankiersfamilie Arnhold. In: Dresdner Hefte 15 (1997), H. 1. S. 39-46, hier: S. 42.
[95] Etwa durch Gotthard Kuehl, der seit Mitte der 90er Jahre die – auch überregional beachteten –
Dresdner Kunstausstellungen betreute.
[96] So der *Literarische Verein zu Dresden*; zu den Gründungsmitgliedern gehörten u. a. Juristen, Redakteure, Schriftsteller und Museumsleiter. Vgl. Almai/Parr: Der Literarische Verein zu Dresden,
S. 269.

Galeriebesitzer für die Avantgarde[97]; das Engagement progressiver Feuilletonisten in der Dresdner Tagespresse[98] eine Unterstützung durch Teile des Lehrkörpers der *Kgl. Technischen Hochschule Dresden*[99].

So begünstigte die kulturelle Interessenannäherung und Kommunikationsbereitschaft maßgeblicher Bildungs- und Wirtschaftsbürger um 1900 die Durchsetzung der künstlerischen Moderne auch gegen die Intentionen einer im Ganzen eher konservativen Stadtbürgerschaft. Sicher: das Klagen vieler Zeitgenossen über die

> Kulturfeindlichkeit der Bourgeoisie, über ihren Mangel an Kunstverständnis und über das damit verbundene Vorherrschen von Epigonentum und Eklektizismus im kulturellen Leben des Reiches[100]

mag auch auf das Gros der Dresdner Bürger zutreffen; wichtige kulturelle Entscheidungsträger der Stadt aber konnten aufgrund ihrer gesellschaftlich herausgehobenen Stellung konstruktive und letztlich auch erfolgreiche Formen von Bündnissen und Kooperationen initiieren, die den Ruf Dresdens als modernes, national wie international anerkanntes Kultur- und Kunstzentrum öffentlich beförderten. Die traditionellen Medien und Institutionen der bildungsbürgerlichen Öffentlichkeit erwiesen sich dabei für den Prozeß strategischer Bündnissuche und gezielter Einflußnahme als besonders geeignet: Sie garantierten ein vielgestaltiges Tableau von Aktivitäten, die sich strukturell und konzeptionell aufeinander bezogen und ergänzten. Das Zusammenspiel von Vereinskultur, Feuilletonismus und Theaterkunst etwa sicherte ein ähnlich öffentlichkeitswirksames Einwirken auf die städtischen Entscheidungsträger wie die Pflege privater Kontakte zwischen Kunsthändlern, Mäzenen und Kommunalpolitikern. Die bereits erwähnten Bemühungen des Intendanten des Hoftheaters, Graf Nikolaus von Seebach, um eine Modernisierung des Spielplanes der städtischen Bühnen finden sowohl in der angesehenen *Literarischen Gesellschaft Dresden* ein positives Echo als auch im Feuilleton der bedeutendsten Dresdner Tageszeitung, den *Dresdner Neuesten Nachrichten*. Die Zusammenarbeit zwischen Dresdner Schauspielhaus und Presse[101] sowie zwischen bürgerlichem Verein und Theater[102] unterstreicht nicht nur die

---

[97] Vgl. hierzu die beiden berühmtesten Privatgalerien in Dresden, die Galerie *Emil Richter* und die Galerie *Ernst Arnold*, die schon früh Werke der internationalen Avantgarde zeigten.

[98] Etwa Julius Ferdinand Wollf in den *Dresdner Neuesten Nachrichten* oder Paul Alexander Wolff in den *Dresdner Nachrichten*; vgl. Hans Joachim Hofmann: Die Entwicklung der »Dresdner Neueste Nachrichten« vom Generalanzeiger zur Heimatzeitung. Phil. Diss. Leipzig, 1940. S. 51ff. und Werner Nickold: Das Feuilleton in der Dresdner Tagespresse 1880-1900. Phil. Diss. Leipzig, 1934. S. 79ff.

[99] Vgl. hier vor allem Oskar Walzel und Adolf Stern. Letzterer übte neben seiner Tätigkeit als Literatur- und Kulturwissenschafter an der *Kgl. Technischen Hochschule Dresden* auch das Amt des Literatur- und Theaterkritikers am konservativen *Dresdner Journal* aus und hat in dieser Eigenschaft das Aufkommen des Naturalismus an den Dresdner Bühnen wohlwollend und kritisch-konstruktiv begleitet. Vgl. Nickold: Das Feuilleton in der Dresdner Tagespresse 1880-1900, S. 21. Einzelne Besprechungen in: Christian Gaehde (Hg.): Adolf Stern: Zwölf Jahre Dresdner Schauspielkritik. Dresden und Leipzig: C. A. Kochs Verlagsbuchhandlung 1909.

[100] Zunkel: Das Verhältnis des Unternehmertums zum Bildungsbürgertum zwischen Vormärz und Erstem Weltkrieg, S. 100. Zunkel führt vor allem Beispiele aus Berlin und München an.

[101] Nach Angaben Paul Adolphs bestand zwischen dem Hauptschriftleiter der *Dresdner Neuesten Nachrichten*, Julius Ferdinand Wollf, und dem Leiter des *Hoftheaters*, Graf Seebach, sowie dem Dramaturgen des *Hoftheaters*, Dr. Karl Zeiß, eine enge Freundschaft. Wollf beteiligte sich – laut Adolph – des öfteren an Besprechungen bei der Generaldirektion. Adolph: Vom Hof- zum Staatstheater, S. 353. Die enge Verbundenheit von Wollf mit den führenden Persönlichkeiten und Künstlern des

Tatsache, daß auch traditionelle Institutionen des Hofes sukzessive für die Durchsetzung der künstlerischen Moderne instrumentalisiert wurden[103]; sie verweist darüber hinaus auf die Konstituierung von personellen ›Netzwerken‹ auf der Ebene institutionalisierter Kunstkommunikation. An dieser beteiligten sich aber nicht nur jene, die professionell mit Kultur umzugehen hatten; das Feld des kulturellen Diskurses umfaßt in Dresden – wenigstens partiell – auch die Mediziner, Ingenieure, Techniker und Naturwissenschaftler.

Zum wichtigsten Medium des Prozesses kultureller Annäherung und partieller Integration wird dabei die Sprache. Die Sprache der gebildeten Bürger, die Chiffren ihrer Verständigung resultieren aus dem ähnlich gelagerten Bildungsgang und der gerade für Dresden so charakteristischen Vermittlung eines Bildungswissens mit Bezug zum Allgemeinen. Die *Allgemeine Abteilung* der *Technischen Hochschule* versuchte als erste vergleichbare Einrichtung in Deutschland[104] die ohnehin vorhandene Orientierung auf »eine komplexe und literarische Hochsprache«[105] durch spezielle Lehr- und Bildungsangebote zu forcieren und damit zugleich die Grundlagen einer universellen, den engen Fachbereich übergreifenden ›Bildungssprache‹, eines »symbolischen ›Codes‹«[106], zu legen, der auch dem technisch und naturwissenschaftlich Gebildeten den qualifizierten Umgang mit Kultur und Kunst problemlos ermöglichen sollte.[107] Die Mitarbeit von Technikern und Naturwissenschaftlern in den literarisch-kulturellen Vereinigungen der Stadt[108] verweist auf den Erfolg dieses Konzepts, das sich trotz

---

Schauspielhauses wird auch durch Hans Joachim Hofmann bestätigt. Vgl. Hofmann: Die Entwicklung der »Dresdner Neueste Nachrichten« vom Generalanzeiger zur Heimatzeitung, S. 52-53. Eine Beeinflussung des Spielplanes und der Aufführungspraxis im Sinne der Moderne liegt nahe, vor allem wenn man die positive Haltung Wolffs gegenüber den Inszenierungen moderner Dramen am Schauspielhaus in seinen Theaterkritiken einbezieht. Vgl. etwa die Besprechung von Hauptmanns *Fuhrmann Henschel* in den Dresdner Neuesten Nachrichten vom 6.4.1909 (Nr. 93. S. 1-2) in der Wolff die »meisterhafte Architektur« und »unerbittliche Logik« des Stückes rühmt.

[102] Die *Literarische Gesellschaft*, die, im Sinne des Konzepts der *Freien Bühnen*, Vorführungen moderner Dramen (u. a. Max Halbe, Gerhart Hauptmann und v. a. Frank Wedekind) vor ihren Mitgliedern veranstaltete, griff bei ihren Inszenierungen auf »Mitglieder der königlichen Hofschauspiels« zurück. Vgl. Otto Richter: Geschichte der Stadt Dresden in den Jahren 1871 bis 1902. Werden und Wachsen einer deutschen Großstadt. Hg. im Auftrage des Rates zu Dresden. Dresden: Buchdruckerei Dr. Güntzsche Stiftung 1904². S. 180.

[103] Den Höhepunkt dieses Prozesses bildet die Uraufführung von Reinhard Goerings expressionistischem Kriegsdrama *Seeschlacht* am *Dresdner Hoftheater* im Februar 1918.

[104] Vgl. Geschichte der Technischen Universität Dresden 1828-1988. Berlin: VEB Deutscher Verlag der Wissenschaften 1988. S. 110.

[105] Vgl. Nipperdey: Deutsche Geschichte 1866-1918. Band 1, S. 383.

[106] Vgl. ebd. Nach Nipperdey handelt es sich um einen Code, »der auch dem nicht tiefer Reflektierenden Werte und Symbole vermittelt«.

[107] In zeitgenössischen Quellen wird immer wieder die Bedeutung der Anfang der 70er Jahre des 19. Jahrhunderts angegliederten *Allgemeinen Abteilung* der *Technischen Hochschule* betont. Sie war demnach nicht nur »ein heilsames Gegengewicht gegen die Einseitigkeit des Fachstudiums«, sondern wurde gleichzeitig »für weite Kreise der Gebildeten zu einer Quelle der Belehrung und geistigen Förderung«. Vgl. Richter: Geschichte der Stadt Dresden in den Jahren 1871 bis 1902, S. 176. Richter spricht sogar davon, daß die *Allgemeine Abteilung* das Verhältnis zwischen Hochschule und Einwohnerschaft in Dresden immer enger knüpfen half. Vgl. ebd. Siehe auch: Willy Doenges: Dresden. Leipzig: Klinkhardt & Biermann 1908. S. 135.

[108] Vgl. etwa die Mitgliederlisten des *Literarischen Vereins* oder der *Gesellschaft für Literatur und Kunst*, die neben Juristen und Medizinern auch Ingenieure und Naturwissenschaftler verzeichnen. Vgl. Almai/Parr: Der Literarische Verein zu Dresden, S. 289. Mitgliedsverzeichnis der Gesellschaft für Literatur und Kunst. In: Nachlaß der Gesellschaft für Literatur und Kunst. Stadtarchiv Dresden. Signatur: 13,14.

enormer Spezialisierungstendenzen in den einzelnen Wissenschaftszweigen und einer zunehmend strikter werdenden Trennung von kultureller und naturwissenschaftlicher Bildung Ende des 19. Jahrhunderts[109] teilweise erhalten konnte. Die damit verbundene Tendenz einer bevölkerungsstrukturell weitgefächerten Kunstkommunikation, die eine Distribution und Popularisierung von Wissensinhalten auch über den engen Zirkel »der durch Kenntnisse Qualifizierten hinaus«[110] ermöglichte, führte zu einer Erweiterung des Adressatenkreises in der städtischen Öffentlichkeit. Denn das institutionalisierte Sprechen über zeitgemäße Kultur und Kunst durch Teile eines ›modernen‹ Bildungsbürgertums etablierte sich im Umfeld eines historisch gewachsenen Kunststadtmilieus, dessen ›kulturelles Potential‹ auch andere Bevölkerungskreise der Stadt anzusprechen und zu aktivieren vermochte.[111]

So rekrutierte sich aus der hohen Zahl von gebildeten und z. T. vermögenden Pensionären, Rentiers und Privatiers, die sich in Dresden niederließen oder hier ihren Lebensabend verbrachten[112], eine Schicht, die das literarische und künstlerische Leben der Stadt auf vielfältige Weise befruchtete[113]. Im Kontext mit dem für Dresden typischen umfangreichen Fremdenverkehr (allein zwischen 1910 und 1914 besuchten

---

[109] Man denke in diesem Zusammenhang an den Dresdner Arzt und Naturwissenschaftler Carl Gustav Carus, der während der legendären Sitzungen der *Academia Dantesca*, die der Übersetzung von Dantes *Göttlicher Komödie* durch König Johann dienten, seine kulturelle und naturwissenschaftliche Bildung in die Übersetzungsarbeit einfließen ließ. Vgl. meinen Aufsatz: Carl Gustav Carus und seine Stellung im literarischen Leben Dresdens zwischen 1814 und 1848/49. In: Walter Schmitz (Hg.): Romantik in Dresden. [Im Druck].

[110] Manheim: Aufklärung und öffentliche Meinung, S. 67.

[111] Vgl. hierzu die Erinnerungen des Dresdner Expressionisten Rudolf Adrian Dietrich: »Nirgends in Deutschland habe ich es wiedererlebt, daß bis in die Kreise der kleinen Handwerker, ja der Aufwartungen und Reinemachfrauen eine ganze Stadt am Kunstleben teilnahm, daß die Namen der Maler und Musiker (von denen der Sänger und Schauspieler ganz zu schweigen) allen geläufig schon wenn einer nur in der Straßenbahn von jemandem erwähnt wurde, sogleich Unterhaltungen zwischen bisher einander ganz unbekannten Leuten auslösten. [...] Auch das literarische Schaffen fand hier einen viel größeren Interessenkreis als in mancher weit größeren Stadt.« Rudolf Adrian Dietrich: Erlebnis und Erinnerung. In: Nachlaß Rudolf Adrian Dietrich. Deutsches Literaturarchiv Marbach. A: Dietrich. Verschiedenes, Autobiographisches. Dresden. o. O. und o. J.

[112] Vgl. etwa die Äußerung von Friedrich Schäfer, der Dresden als Stadt »der Rentner und Pensionäre« bezeichnet. Schäfer: Arbeiterverhältnisse und soziale Fürsorge, S. 197. Oder Horst Fehre: »Nicht gering ist auch die Zahl derjenigen, die, vom Rufe Dresdens als Kunststadt und durch die reizvolle Umgebung angelockt, sich in den Villenvorstädten dauernd niedergelassen haben, wo auch viele in den Ruhestand getretene Beamte [und Privatiers – F. A.] ihren Lebensabend verbringen.« Horst Fehre: Dresden 1834-1933. Entwicklung und Wirkungen einer deutschen Großstadt, bevölkerungsgeographisch gesehen. Technische Hochschule Dresden. Diss. Fak. für Allgemeine Wissenschaften. 1944. S. 158.

[113] Als berühmteste Beispiele seien die beiden Sammler vornehmlich impressionistischer Kunst Oscar Schmitz und Adolf Rothermundt genannt. Oscar Schmitz, am 25.5.1861 geboren, absolvierte eine kaufmännische Ausbildung und trat dann in Le Havre ins Baumwollgeschäft ein; kurze Zeit später gründete er seine eigene Firma. Im Alter von 42 Jahren siedelte er nach Dresden über, wo er als Privatier von seinen unternehmerischen Gewinnen leben konnte. Adolf Rothermundt, am 15.1.1846 geboren, besaß Zuckerrohrfabriken in Rußland, die ihm 49jährig eine Übersiedlung nach Dresden ermöglichten. Auch er konnte von seinen Geldanlagen leben. Vgl. Heike Biedermann: Aufbruch zur Moderne – Die Sammlungen Oscar Schmitz, Adolf Rothermundt und Ida Bienert. In: Dresdner Hefte 15 (1997), H. 1. Insgesamt stellt die Erforschung dieses Problemfeldes nach wie vor ein Desiderat dar. Für das personelle und inhaltliche Profil von wichtigen kulturellen Institutionen der Stadt (etwa literarischen Vereinigungen) erlangten die Rentiers und Privatiers eine nicht zu unterschätzende Bedeutung. Vgl. z. B. die große Zahl von Rentiers und Privatiers, die im *Literarischen Verein zu Dresden* mitwirkten. Almai/Parr: Der Literarische Verein zu Dresden, S. 290-291.

rund zwei Millionen Fremde die Stadt[114]) und der – wirtschaftlich bedingten – Zuwanderung von Landes- bzw. »Reichsfremden«[115] ergab sich eine für die Konstituierung des kulturellen Klimas charakteristische Situation: Traditionelle Kultur- und Kunstformen, die sich etwa im Bild des ›barocken Dresden‹ zusammenfassen lassen, wurden fortlaufend mit Einflüssen eines fremden kulturellen Erfahrungs- und Bildungshorizontes konfrontiert, was einerseits eine – auch ökonomisch bedingte – partielle Akzeptanz des Fremden in den bildungs- und wirtschaftsbürgerlichen Kreisen hervorrief[116], andererseits für die Entstehung »kreative[r] Milieus«[117] als Entfaltungsraum der Moderne von ausschlaggebender Bedeutung war[118]. Daß Fremde und Zugewanderte ihr eigenes kulturelles Bildungswissen in den innerstädtischen Kunstdiskurs einbrachten und gleichzeitig vom Bildungswissen der Stadt profitierten, begünstigte, wie die Entstehung des Expressionismus in der Residenzstadt zeigt, die Herausbildung eines Klimas kultureller Innovationen.[119] Zudem verfügte Dresden über eine für den Modernisierungsprozeß bedeutsame Anzahl potentieller Multiplikatoren kulturellen Fortschritts: sei es nun der relativ hohe Anteil von Beschäftigten, die direkt im weitgefächerten und berufsübergreifenden kulturell-künstlerischen Bereich tätig waren: Mitarbeiter im Dienstleistungssektor (Führungskräfte in Museen und Galerien; Personal in den Auskunftszentralen der Bibliotheken, Archive und Sammlungen) oder Beschäftigte, die für Erhaltung und Pflege des kulturell Überlieferten verantwortlich zeichneten (Restauratoren und Kustoden); städtische Angestellte, deren Profession in der Vermittlung und Propagierung von Wissen über Kultur, Kunst und Literatur bestand (Lehrer an den Dresdner Realschulen und Gymnasien), oder Beschäftigte im Musik-, Theater- und Schaustellungsgewerbe bzw. im künstlerischen Gewerbe allgemein[120]. Selbst jene Arbeitskräfte, die im polygraphischen Gewerbe eine Beschäftigung fanden[121] oder in den zahlreichen, für Dresden »typischen« Kunstdruckereien[122],

---

[114]   Zahlenangaben nach: Statistisches Jahrbuch der Stadt Dresden. Hg. vom Statistischen Amte der Stadt Dresden. Dresden: v. Zahn & Jaensch 1914/1915. S. 27.

[115]   Um 1900 begann, auf Grund des wirtschaftlichen Aufschwungs, eine starke Zuwanderung von Arbeitskräften, die »in der Zusammensetzung der Einwohnerschaft« zu wesentlichen »Verschiebungen« führte: »Der Anteil der Ortsgebürtigen an der Gesamtbevölkerung [...] fiel [...] bis 1900 auf 38,45 Prozent zurück; der Anteil der aus dem übrigen Königreich Sachsen Gebürtigen verringerte sich seit 1885 von 41,18 auf 37,47 Prozent. Dagegen war die Zahl der aus den anderen deutschen Staaten stammenden Dresdner Einwohner in fortwährendem Steigen.« Richter: Geschichte der Stadt Dresden in den Jahren 1871 bis 1902, S. 161.

[116]   Auf die wirtschaftliche Rolle des Fremdenverkehrs für die Stadt verweisen zahlreiche zeitgenössische Quellen; etwa: Gg. Hrm. Müller: 700 Jahre Dresden 1216-1916, S. 33.

[117]   Allan Janik: Kreative Milieus: Der Fall Wien. In: Peter Berner/Emil Brix/Wolfgang Mantl (Hg.): Wien um 1900. Aufbruch in die Moderne. München: Oldenbourg 1986. S. 45-55.

[118]   Die Gründung und Entwicklung der Gartenstadt Hellerau kann in dieser Hinsicht als paradigmatisch gelten. Paul Adler etwa verweist auf die wichtige Rolle der »zahlreiche[n] Literaten«, die von Berlin, Wien und Prag aus Hellerau besuchten. Vgl. Paul Adler: Schriftstellerkolonien VI. Hellerau. In: Das literarische Echo 15 (1913), Nr. 24. Sp. 1687-1691. Auch Klaus-Peter Arnold, der in seiner Monographie auf die internationale Ausrichtung der Lehr- und Bildungsanstalt verweist. Vgl. Vom Sofakissen zum Städtebau. Die Geschichte der Deutschen Werkstätten und der Gartenstadt Hellerau. Dresden, Basel: Verlag der Kunst 1993. S. 357f.

[119]   Genaueres hierzu in den Kapiteln III.1 und IV.1 der vorliegenden Arbeit.

[120]   Im Bereich des Musik-, Theater- und Schaustellungsgewerbes verzeichnet die Statistik für das Jahr 1909 in Dresden 871 Hauptbetriebe mit 2291 Beschäftigten; für das künstlerische Gewerbe, zu dem vor allem Maler, Bildhauer, Graveure, Kalligraphen, Steinzeichner und Ziseleure gehörten, immerhin noch 540 Hauptbetriebe mit 987 Beschäftigten. Vgl. Stieda: Gewerbe und Industrie, S. 156.

[121]   Um 1909 wurden 490 Hauptbetriebe mit 6935 Beschäftigten gezählt. Vgl. ebd.

besaßen eine gewisse Affinität zur kulturell-künstlerischen Entwicklung der Stadt und galten somit ebenfalls als mögliche Rezipienten der Moderne.[123]

1.3. Dresden als ›Schulstadt‹ – Bildung und Erziehung im Umfeld der Lebensreformbewegung

Daß sich Dresden um die Jahrhundertwende zu einem Zentrum der Lebensreformbewegung[124] in Deutschland entwickelte[125], mag angesichts der bereits beschriebenen ›moderaten‹ wirtschaftlichen Modernisierungstendenzen in der Residenzstadt, welche Phänomene einer Überbevölkerung, Massenverelendung und unkontrollierten Umweltschädigung auf Grund ungehemmter Industrialisierung und Technisierung weitgehend ausschloß, zunächst Verwunderung hervorrufen. Die spezifischen ökonomischen Gegebenheiten Dresdens schufen jedoch gerade die Voraussetzungen für die Entstehung und Entfaltung zahlreicher lebensreformerischer Bestrebungen um die Jahrhundertwende. Nicht nur deshalb, weil sich die hochspezialisierten, überwiegend klein- und mittelständischen Betriebe in der sächsischen Landeshauptstadt den Folgen eines wachsenden Modernisierungsdrucks differenzierter und wirksamer anpassen konnten als die unüberschaubaren Großbetriebe des Berliner Raumes oder des Ruhrgebietes.

Von weitaus größerem Gewicht war die Tatsache, daß einer mehrheitlich liberalen Unternehmerschaft, die den Zusammenhang von industriellem Innovationsbedarf, individueller Leistungsbereitschaft und Regeneration der Arbeitskraft längst erkannt hatte[126], daran gelegen war,

> innerhalb bestimmter akzeptierter Grenzen, die markiert waren durch Eigentum, soziale Differenzierung, Loyalität sowie humanistische Gesinnung, die Lebensverhältnisse für Mehrheiten zu verbessern[127].

---

[122] Allein in diesem Gewerbezweig arbeiteten um 1909 2500 Beschäftigte. Vgl. Schäfer: Arbeiterverhältnisse und soziale Fürsorge, S. 210. Am 1.1.1900 wurden in Dresden insgesamt 116 Buchdruckereien gezählt. Vgl. Ernst Arnold: Dresden als Druckerstadt von 1524 bis 1900. Kurze Geschichte der Einführung der Kunst Gutenbergs in Dresden und ihrer Entwicklung. Hg. von der Buchdrucker-Innung zu Dresden zum Besten ihrer Gutenberg-Stiftung. Dresden: Druck und Verlag der Lehmannschen Buchdruckerei 1900. S. 92.

[123] Die relativ hohe Anzahl von Buchhändlern und Buchdruckereibesitzern, die in den literarisch-kulturellen Vereinigungen der Stadt Mitglied waren, unterstützt diese These. Vgl. etwa die Mitgliedslisten der Gesellschaft für Literatur und Kunst. In: Nachlaß der Gesellschaft für Literatur und Kunst. Stadtarchiv Dresden. Signatur: 13,14.

[124] Allgemein zur geschichtlichen Entwicklung und Ausdifferenzierung der Lebensreformbewegung vgl. Wolfgang R. Krabbe: Gesellschaftsveränderung durch Lebensreform. Strukturmerkmale einer sozialreformerischen Bewegung im Deutschland der Industrialisierungsperiode. Göttingen: Vandenhoeck & Ruprecht 1974.

[125] Dieser Sachverhalt ist bislang kaum untersucht. Einen ersten Ansatz liefern die Autoren des Dresdner Heftes Nr. 36 aus dem Jahre 1993, das sich mit der Reformbewegung in der sächsischen Residenzstadt befaßt.

[126] Paradigmatisch hierfür etwa der Dresdner Großunternehmer Karl August Lingner. Vgl. Susanne Roeßiger: Karl August Lingner: Odol-König, Mäzen, Museumsgründer. In: Dresdner Hefte 15 (1997), H. 1. S. 49.

[127] Axel Schöne: Dresdner Kunst und künstlerischer Geist um 1910. In: Dresdner Hefte 11 (1993), H. 4. S. 15.

Einer drohenden Verschlechterung der Lebens- und Arbeitsbedingungen der Stadtbevölkerung entgegenzuwirken, erwies sich somit zum einen als wirtschaftspolitische Notwendigkeit, zum anderen aber als gemeinnützig verstandene Aufgabe, der man sich im Interesse eines auf Ausgleich und Einvernehmen zwischen den verschiedenen Bevölkerungskreisen abzielenden modernen ›Wirtschaftsliberalismus‹ stellte.

Dabei verhinderte die für Dresden typische Verknüpfung von kulturreformerischen Ansätzen, wie sie durch das städtische Bildungsbürgertum initiiert wurden (etwa der *Gartenstadt-* und *Werkbund*-Gedanke in Hellerau[128]), mit Reformbemühungen, die eine gesundheitsfördernde »›natürliche‹ oder ›naturgemäße Lebensweise‹«[129] anstrebten[130], eine lediglich auf ›Selbstreform‹ basierende Reorganisation der gesellschaftlichen Wirklichkeit und damit die »Privatisierung der sozialen Frage«[131]. Zwar findet sich auch in Dresden das traditionelle Spektrum der Lebensreformbewegung, die eine Veränderung der Gesellschaft an den Reformwillen des Individuums band (etwa der Vegetarismus[132] oder die Naturheilkunde[133]), daneben aber entwickelten sich Erneuerungsversuche, die nicht nur »individualreformerischen Zielen Priorität einräumte[n]«[134]: das Volksbüchereiwesen[135], die städtische Gesundheitsfürsorge[136], der Gewerbe- und Kunstgewerbesektor[137] oder die Denkmalpflege[138].

---

[128] 1909 entsteht in Hellerau die erste deutsche Gartenstadt als Versuch einer gemeinnützig intendierten Assimilierung von »Stadtreform und Lebensreform«. Vgl. hierzu Hans-Peter Lühr: Hellerau – ein kurzer Traum von Gemeinnützigkeit. In: Dresdner Hefte 11 (1993), H. 4. S. 65-74, Zitat: S. 66.

[129] Janos Frecot: Die Lebensreformbewegung. In: Klaus Vondung (Hg.): Das wilhelminische Bildungsbürgertum. Zur Sozialgeschichte seiner Ideen. Göttingen: Vandenhoeck & Ruprecht 1976. S. 139.

[130] Als Beispiele hierfür seien erwähnt: die bereits 1871 gegründete, deutschlandweit erste *Chemische Zentralstelle für öffentliche Gesundheitspflege* in Dresden und die im Jahre 1911 eröffnete *Erste internationale Hygieneausstellung* in der sächsischen Residenzstadt.

[131] Für Krabbe ist die »Privatisierung der sozialen Frage« ein Kernphänomen der Lebensreformbewegung. Vgl. Krabbe: Gesellschaftsveränderung durch Lebensreform, S. 15.

[132] So verfügte Dresden um 1907 über zwei lokale Vegetariervereine und war damit neben Wien (ebenfalls zwei) und Berlin (sieben) eines der Zentren der Bewegung. Vgl. ebd., S. 136-137.

[133] Dr. Heinrich Lahmann erprobte als einer der ersten Ärzte Deutschlands in seinem 1888 auf dem Weißen Hirsch gegründeten Sanatorium die sogenannte physikalisch-diätetische Heilmethode. Vgl. Caris-Petra Heidel: Die Naturheilbewegung in Dresden seit der Jahrhundertwende. In: Dresdner Hefte 11 (1993), H. 4. S. 53-61, hier: S. 55ff.

[134] Krabbe: Gesellschaftsveränderung durch Lebensreform, S. 171.

[135] Als beispielhaft kann in dieser Hinsicht die Errichtung der modernen Volksbibliothek in Dresden-Plauen gelten. Erwin Bienert, Besitzer der Hofmühle in Dresden-Plauen, und dessen Frau Ida Bienert errichteten für ihre Arbeiter und die Einwohnerschaft des Vorortes *Plauen* eine Volksbibliothek modernen Zuschnitts, die umfassende Bildungsmöglichkeiten für jedermann bereitstellen sollte. Die Bibliothek, die von Walter Hofmann geleitet wurde, ging in Struktur und Konzeption weit über die damals gängigen Bücherhallen hinaus und galt in Deutschland als vorbildlich. Zur Entstehung des Projektes vgl. Walter Hofmann: Mit Grabstichel und Feder. Geschichte einer Jugend. Berlin: Wegweiser-Verlag 1947. S. 387ff. Zur Bibliothek selbst: Felicitas Marwinski: Die Freie öffentliche Bibliothek Dresden-Plauen und Walter Hofmann. Ein Beitrag zur Geschichte des Volksbüchereiwesens zu Beginn des 20. Jahrhunderts. In: der bibliothekar. Beiheft 6. Leipzig 1983. (Siehe auch Kapitel III.3.2. der vorliegenden Arbeit).

[136] Ich verweise nur auf die zahlreichen Initiativen von Karl August Lingner, der 1897 eine Kinderpoliklinik mit Säuglingsheim in der Johannstadt errichtete, 1901 eine *Öffentliche Zentralstelle für Desinfektion*, 1912 das *Hygiene-Museum* in Dresden gründete; vgl. Roessiger: Karl August Lingner – Odol-König, Mäzen, Museumsgründer, S. 49, 50, 53.

[137] Vgl. hierzu die Gründung der Gewerbeschule Dresden in den 60er Jahren des 19. Jahrhunderts, die dem steigenden Bedarf nach Weiterbildung der Handwerker und Gewerbetreibenden gerecht wurde. Näheres bei: Christiane Härtwig: Die Gewerbeschule Dresden – eine Bildungschance für Handwerker und Gewerbetreibende. In: Dresdner Hefte 7 (1989), H. 5. S. 43-48. Zur Bedeutung

Ein sozial abgefederter Kunststadt-Modernismus beförderte so die Entwicklung von Reformmodellen, die auf die vielschichtigen Auswirkungen wirtschaftlicher Modernisierung oftmals mit der Konstituierung neuer, kulturell oder sozial motivierter Handlungs- und Erneuerungszusammenhänge reagierten und damit eine für Deutschland wegweisende Kopplung von ökonomischem und gesellschaftlichem Fortschritt initiierten.

Paradoxerweise fanden solch zeitgemäße Reformprojekte keinerlei Entsprechung im städtischen Bildungs- und Erziehungssektor. Zwar hatte man schon früh dem steigenden Bedarf nach gewerblicher Aus- und Weiterbildung durch die Gründung von städtischen Real- und Fortbildungsschulen sowie Realgymnasien Rechnung getragen[139], aber hinsichtlich der allgemeinen Bildung an den Volksschulen bzw. Gymnasien blieb man weit hinter den gesellschaftlichen Erfordernissen zurück[140]. Und dies obgleich der Ruf nach Veränderungen selbst aus den eigenen Reihen mehrfach ertönte: Noch 1911 tritt der wohl eher konservativ gesinnte *Sächsische Lehrerverein* an die Öffentlichkeit und fordert eine »Neugestaltung des Volksschulgesetzes«[141]. Die Bemühungen der sächsischen Lehrerschaft um eine Demokratisierung und Liberalisierung der Volksschule und um mehr Mitbestimmungsrechte der Pädagogen bei der Ausgestaltung des Unterrichts[142] werden allerdings allesamt von der »Beschwerde- und Petitionsdeputation« der *Zweiten Kammer* des sächsischen Landtages abgelehnt[143], so daß

---

des Dresdner Kunstgewerbes um die Jahrhundertwende, insbesondere des Möbelbaus, der Porzellan- und Glaskunst sowie der Metallgestaltung, siehe den informativen Ausstellungskatalog: Jugendstil in Dresden. Aufbruch in die Moderne. Staatliche Kunstsammlungen Dresden, Kunstgewerbemuseum. Katalog zur Ausstellung des Kunstgewerbemuseums Dresden vom 18.9.99 bis 5.12.99 im Dresdner Schloß. Wolfratshausen: Edition Minerva Hermann Farnung 1999.

[138] Im Jahre 1900 fand in Dresden der *Erste deutsche Denkmalpflegetag* statt, der – ausgehend von der städtebaulich bedrohten Dresdner Altstadt – nach dem Umgang mit den historisch gewachsenen Stadtkernen im Zeitalter der Modernisierung fragte. Vgl. zur Problematik der Denkmalpflege in Sachsen um 1900 mit zahlreichen Hinweisen auf Dresden die großangelegte Studie von Heinrich Magirius: Geschichte der Denkmalpflege. Sachsen. Von den Anfängen bis zum Neubeginn 1945. Berlin: VEB Verlag für Bauwesen 1989. S. 109ff.

[139] Die Einrichtung neuer Schultypen, die sich vor allem auf die Vermittlung des für den Facharbeiter notwendigen spezifischen Berufswissens spezialisierten, aber auch kulturell relevantes Bildungswissen einbezogen, begann Ende des 19. Jahrhunderts: Seit 1884 gab es die *Realgymnasien*, seit 1890 die *Realschule*, 1878 wurde die erste *Fortbildungsschule* ins Leben gerufen, und die 1825 gegründete *Technische Bildungsanstalt* wurde 1890 in den Rang einer *Technischen Hochschule* erhoben. Vgl. Blaschke: Rahmenbedingungen für die Entwicklung der Kultur in der Landeshauptstadt Dresden 1871-1914, S. 10. Auch: Aus der Fortbildungsschule. Die Neugestaltung des städtischen öffentlichen Fortbildungswesens in Dresden. In: Sächsische Schulzeitung 76 (1909), Nr. 1. S. 6-7.

[140] So klagen noch im Jahre 1908 Lehrer aus Sachsen, daß auf der Deutschen Lehrerversammlung in Dortmund die sächsische Halbtagsschule als ein »kümmerliches Institut hingestellt wurde«. Vgl. den Artikel von Seminardirektor Dr. Seyfert in der Zeitschrift *Deutsche Schulpraxis* 28 (1908), Nr. 36. S. 282.

[141] Vgl. die Schrift *Wünsche der sächsischen Lehrerschaft zu der Neugestaltung des Volksschulgesetzes*. Nach den Beschlüssen der Vertreterversammlung zusammengestellt und begründet vom Vorstande des Sächsischen Lehrervereins. Leipzig: Gressner & Schramm 1911.

[142] Von den zahlreichen, z. T. durchaus progressiven Wünschen der sächsischen Lehrerschaft zur Neugestaltung der Volksschule seien vor allem die Aufhebung einer »Gliederung« der Volksschule »nach Konfession und Vermögen der Eltern« genannt, der unentgeltliche Besuch der Unterrichts, die Freiheit des Lehrers bei der Lehrplangestaltung, die Einrichtung von – den aktuellen pädagogischen Wissenschaftsstand repräsentierenden – »Versuchsklassen oder Versuchsschulen« und die Beseitigung der »kirchliche[n] Aufsicht über den Religionsunterricht«. Vgl. Wünsche der sächsischen Lehrerschaft zu der Neugestaltung des Volksschulgesetzes, S. 13, 35, 36 und 49.

[143] Vgl. Bericht der Beschwerde- und Petitionsdeputation der Zweiten Kammer vom 11.1.1909. Indem sich die Deputation gegen die Einführung der »allgemeinen Volksschule« aussprach, konnten

eine umfassende Reformierung der sächsischen Volksschule erst nach dem Ausbruch der Novemberrevolution möglich wurde[144]. Die – nicht nur für Sachsen typische – Wirkungslosigkeit der vielstimmigen und leidenschaftlichen Polemik gegen das autoritäre wilhelminische Bildungswesen um 1900[145] ist allerdings eine Voraussetzung für die engagierte Beteiligung der Dresdner Expressionisten an einer gesetzlich sanktionierten Umgestaltung des allgemeinen Schul- und Bildungssystems nach 1918[146], wobei man hoffte, das bildungsbürgerliche Potential der Residenzstadt für die Reorganisation der Schul- und Erziehungsgrundlagen wirkungsvoll nutzen zu können. Die Wendung zum Bildungsbürgertum im Umfeld der Revolution jedenfalls erfolgte unter einem bildungspolitischen Blickwinkel, der an die Bemühungen der progressiven bürgerlichen Lehrerschaft, eine Neugestaltung der Schulgesetzgebung bereits vor 1910 durchzusetzen, anknüpfte.[147] Damals freilich stand die Debatte noch im Zeichen eines entschieden nationalkonservativen Kontextes: Gerade in den literarisch-künstlerischen Fächern sollte die Indienstnahme des Schulsystems zur ideologischen Stabilisierung einer durch Modernisierung und Effektivierung aus den Fugen geratenen Lebenswelt genutzt werden. Kunst und Literatur galten im Verbund mit der Religion als wirkungsmächtige Garanten ›gesunden‹ »Deutschtums« und wurden zu Medien eines Erziehungskonzepts, dessen Zielpunkt in der Durchsetzung einer »national-ethische[n] Gesinnungs- und Charakterbildung«[148] bestand. Die Kopplung nationalistisch orientierter Bildungspolitik an das Programm einer Reformierung der Bildungsmethoden und -inhalte läßt sich besonders sinnfällig anhand der Debatten auf dem ersten deutschen Kunsterziehungstag, der am 28. und 29. September 1901 in Dresden stattfand, zeigen. Die u. a. von Konrad Lange, Alfred Lichtwark und Woldemar von Seidlitz in-

---

auch alle anderen anvisierten Reformvorschläge nicht realisiert werden. Zit. nach: Wünsche der sächsischen Lehrerschaft zu der Neugestaltung des Volksschulgesetzes, S. 6.

[144] Hierzu ausführlich: Sylvia Mebus: Zu den fortschrittlichen bildungspolitischen und pädagogischen Bestrebungen im Sächsischen Lehrerverein 1918 bis 1924, untersucht an der »Sächsischen Lehrerzeitung«. Akademie der Pädagogischen Wissenschaften der DDR. Berlin. Diss. 1987. Bereits das *Übergangsgesetz für das Volksschulwesen* vom Juli 1919 enthielt wesentliche Reformansätze. Siehe Walter Fröhlich: Aus der Zeit der Novemberrevolution in Sachsen geschaffenen neuen Grundlagen für das Volksschulwesen. In: Sächsische Heimatblätter 34 (1988), Nr. 6. S. 259.

[145] York-Gothart Mix: Die Schulen der Nation. Bildungskritik in der Literatur der frühen Moderne. Stuttgart: Metzler 1995. S. 9.

[146] Die Beteiligung am nachrevolutionären Bildungsdiskurs erfolgte vor allem in den *Dresdner Montagsblättern* und bei öffentlichen Auftritten des Bildungsreferenten der *Sozialistischen Gruppe der Geistesarbeiter*, Alexander Schwab. Vgl. Alexander Schwab: Die Revolutionierung der Schule. In: Menschen Montagsblatt-Dresden 1 (1919), Nr. 1. S. 2. Zudem waren Dresdner Expressionisten oder der Bewegung nahestehende Publizisten selbst als Lehrer tätig, etwa Richard Fischer und Will Grohmann.

[147] Die Dresdner Expressionisten griffen innerhalb ihres bildungspolitischen Diskurses wichtige Forderungen der sächsischen Lehrerschaft aus dem Jahre 1909/10 auf. Etwa die Trennung von Schule und Kirche, die Schulgeldbefreiung, die Bildung von Elternräten usw. Vgl. ausführlich hierzu Kapitel V.3.1. der vorliegenden Arbeit.

[148] Vgl. hierzu Hasko Zimmer: Bedingungen und Tendenzen der Entwicklung des Deutschunterrichts im 19. und 20. Jahrhundert In: Anneliese Mannzmann (Hg.): Geschichte der Unterrichtsfächer I. Deutsch, Englisch, Französisch, Russisch, Latein, Griechisch, Musik, Kunst. München: Kösel 1983. S. 47 und 49-50. Ähnliches auch in Bernhard Rosts Schrift *Entwicklung und Stand des höheren Mädchenschulwesens im Königreich Sachsen*. Rost sieht in der Erziehung eines »empfängliche[n] Sinn[s] für das wahrhaft Schöne und Edle [...] und für das deutsche Volkstum« das Ziel des Deutschunterrichts. Bernhard Rost: Entwicklung und Stand des höheren Mädchenschulwesens im Königreich Sachsen mit besonderer Berücksichtigung der letzten Decennien. Leipzig: Rothe & Schunke 1907. S. 133.

itiierte Beratung versuchte eine Erneuerung der Prinzipien und Gestaltungsweisen kulturell-künstlerischer Bildung an den deutschen Schulen durchzusetzen und stellte sich damit in den Dienst eines nationalen Reformprogramms[149], das die noch bis zur Jahrhundertwende vorherrschende produktionsorientierte Lehrmethode im zeitgenössischen Kunsterziehungsunterricht[150] durch eine rezeptionsorientierte sinnvoll ergänzen wollte. In der »Anleitung zum Genuß der Kunstwerke«[151] sahen die Initiatoren der Konferenz allerdings nicht nur ein geeignetes Mittel, »Beobachtungskraft« und »Empfindungsvermögen als Grundlage der Geschmacksbildung und der Empfindung für Werte«[152] zu entwickeln, sondern auch ein Instrumentarium, das geeignet war, genau jene Vereinnahmung der Kunst für nationale und sozialkonservative Ziele durchzusetzen[153], gegen die sich die Expressionisten wenig später konsequent zur Wehr setzen werden. Daß auch die »neue Kunst« für die Zwecke deutschnationaler Gesinnung und wirklichkeitsfremder Idealisierung zu instrumentalisieren sei, wird vor allem von Regierungsseite apodiktisch eingefordert: Der Vertreter des *Königlich Sächsischen Kultusministeriums*, Geheimer Schulrat Grüllich, favorisierte in seiner Begrüßungsrede ein Funktionsverständnis von Kunst, das direkt auf die Folgen der Modernisierung Bezug nahm:

Die Kunst [...] soll die ganze Erde, auch die Hütte und Seele des ärmsten Mannes verklären. Die Wissenschaft ist bloß für einen kleinen Kreis Auserwählter bestimmt, die Kunst für die große Mehrzahl der Menschen; am wenigsten möchte ich den Mühseligen und Beladenen ihren Sonnenschein entzogen wissen. (Beifall.) Wo die Kunst hintritt, da bringt sie den Sonnenschein mit. Sie läßt die edlen Gedanken, Gefühle und Stimmungen des Künstlers durch das sinnliche, sich ihnen anschmiegende Mittel leichter herüberströmen in unsere Seele; sie läutert das Gemüt, und das Rohe und Gemeine weicht vor der wahren Kunst scheu zurück. Nach des Tages Last erquickt sie uns an dem Humor, den sie auch im Menschenleben findet; Disharmonien löst sie auf in Harmonien. Sie schärft den Blick für das Menschenleben und für die in ihm wirkenden sittlichen Mächte und versöhnt uns so auch mit der Tragik des menschlichen Daseins. Das flüchtige Schö-

---

[149] Kunsterziehung. Ergebnisse und Anregungen des Kunsterziehungstages in Dresden am 28. und 29. September 1901. Leipzig: R. Voigtländer 1902. S. 14-15.

[150] Gegenstand des Unterrichts waren vor allem vereinfachte und methodisch streng reglementierte »Zeichenlehrgänge«. Vgl. Heiko Herwald/Peter Rech: Ansätze zu einer Sozialgeschichte des Faches Kunst, besonders im Hinblick auf die stiefmütterliche Behandlung im gymnasialen Bereich. In: Anneliese Mannzmann (Hg.): Geschichte der Unterrichtsfächer I. Deutsch, Englisch, Französisch, Russisch, Latein, Griechisch, Musik, Kunst, S. 220.

[151] So lautete der vielbeachtete Konferenzbeitrag von Alfred Lichtwark. Nachzulesen im Konferenzbericht: Kunsterziehung. Ergebnisse und Anregungen des Kunsterziehungstages in Dresden am 28. und 29. September 1901, S. 183ff.

[152] Alfred Lichtwark: Die Anleitung zum Genuß der Kunstwerke. In: Ebd., S. 183.

[153] Als äußerst erfolgreiches Beispiel für die neue, deutschnational ausgerichtete Rezeptionsweise von Kunst, die auch an den Schulen praktiziert werden sollte, kann das bereits 1890 erschienene, u. a. von Woldemar von Seidlitz geförderte Buch Julius Langbehns *Rembrandt als Erzieher* (Leipzig: C. L. Hirschfeld) gelten. Langbehns Abhandlung, die Rembrandt »zur Leitfigur für die nationale geistige Reform (erhob)« und zum »»deutschesten aller deutschen Künstler'« stilisierte, hatte auch in Dresden Zuspruch gefunden. Vgl. hierzu Jürgen Paul: Der »Rembrandtdeutsche« in Dresden. In: Dresdner Hefte 17 (1999), H. 1. S. 4-13, Zitat: S. 9. Zu Langbehn allgemein siehe: Bernd Behrendt: August Julius Langbehn, der »Rembrandtdeutsche«. In: Uwe Puschner/Walter Schmitz/Justus H. Ulbricht (Hg.): Handbuch zur »Völkischen Bewegung« 1871-1918. München, London u. a.: K. G. Saur 1996. S. 94-113.

ne hält sie fest zu dauernder Freude; unser Heim schmückt sie uns traulich und anmutig aus. Nationale Gedanken und Stimmungen verkörpert sie, uns zu steter Erhebung, in Stein und Erz, in Worten, in Tönen und Farben, und dem tiefsten und höchsten Sehnen des Menschenherzens und der Antwort darauf von oben errichtet sie heilige Tempel.[154]

Dieses zwischen Versöhnung und Realitätsverschleierung angesiedelte Kunstverständnis reduziert die Potenzen der Kunst auf ihre harmonisierende und sozial stabilisierende Wirkung und ignoriert jede gesellschaftskritische Intention künstlerischer Arbeit. Als exemplarisch für eine solche dem Volk nahezubringende Kunst galten etwa die Werke eines Malers wie Ludwig Richter[155], der im Dresden der Jahrhundertwende noch immer »mit der Aureole seriöser Repräsentanz umkränzt«[156] wurde und folgerichtig schon früh ins Blickfeld der Kritik der Dresdner Expressionisten geriet.[157] Der Kontext von Harmonisierung des gesellschaftlichen Widerspruchspotentials und ›künstlicher‹ Retuschierung des Bruchs zwischen Wirklichkeit und Ideal, wie er hier für den Bereich der Kunsterziehung grob skizziert wurde, findet ein schlüssiges Pendant im zeitgenössischen Literatur- und Sprachunterricht.

Der Pädagoge und Freund der Dresdner Expressionisten, Otto Rühle, vermerkt schon 1904 in seiner scharfsinnigen Kritik am sächsischen Schulwesen den verhängnisvollen Zusammenhang von Weltfremdheit und patriotisch intendierter »Verfrommung«[158] der Lehr- und Bildungsinhalte, der sich zum einen in der vorrangigen Fixierung der Lehrpläne auf die ›ideologielastige‹ »Religions- und Sittenlehre« bei Vernachlässigung des Unterrichts in den »Realien« widerspiegelt[159]; zum anderen aber auch in der Funktionalisierung einzelner Unterrichtsfächer für die religiös-patriotische Fundierung weltanschaulicher Auseinandersetzungen[160]. Die kulturell-künstlerische Erziehung wurde im Ensemble der Lehrfächer an den Volksschulen Sachsens zum Vehikel eines solchen Bildungskonzepts, das bei Konzentration auf die »volkstümliche Literatur«[161] und Kunst die inhaltlichen Aussagen der Kunstwerke oftmals zur bloßen Illu-

---

[154] Vgl. Kunsterziehung. Ergebnisse und Anregungen des Kunsterziehungstages in Dresden am 28. und 29. September 1901, S. 16-17.

[155] Vgl. Herwald/Rech: Ansätze zu einer Sozialgeschichte des Faches Kunst, besonders im Hinblick auf die stiefmütterliche Behandlung im gymnasialen Bereich, S. 222.

[156] Hans-Jürgen Sarfert: Berlin und Dresden. Skizze der Kommunikationsbeziehungen 1900 bis 1918. In: Peter Wruck (Hg.): Literarisches Leben in Berlin 1871-1933. Studien I. Berlin: Akademie-Verlag 1987. S. 368.

[157] Vgl. die Rezension einer Ausstellung von Werken Richters anläßlich von dessen Todestag am 19. Juni 1914 in den *Dresdner Neuesten Nachrichten*: »Ludwig Richter ist fast immer und überall köstlich und frisch, aber niemals, wie es die größere Kunst seiner Vorbilder war, auch in Einigem hart und streng und abweisend. Daher hat er aus aller alten, italienischen und niederländischen und deutschen Kunst nur die idyllischen Winkel der Nebenfiguren und Putten entnommen«. Paul Adler: Ein deutscher Kleinmeister. In: Dresdner Neueste Nachrichten vom 18.6.1914. Nr. 162. S. 1.

[158] Otto Rühle: Das sächsische Volksschulwesen. Eine zusammenfassende Darstellung der sächsischen Schulverhältnisse. Leipzig: Verlag der Leipziger Buchdruckerei Aktiengesellschaft 1904. S. 17

[159] Ebd., S. 13ff.

[160] So wurde etwa die Naturkunde in den Dienst der Religion gestellt: »Der naturgeschichtliche Unterricht soll und kann dahin wirken, den religiösen wie moralischen Sinn zu kräftigen. Beleuchtet der Lehrer die Zweckmäßigkeit der einzelnen Naturgebilde wie den inneren Zusammenhang, so erschließt er dem Kinde auch die Erkenntnis des weisen Schöpfers«. Vgl. F. W. Kockel (Hg.): Lehrplan für die einfachen Volksschulen des Königreiches Sachsen vom 5.11.1878. Dresden: Alwin Huhle Verlagsbuchhandlung 1911. S. 125-126.

[161] Ebd., S. 46.

stration geschichtlicher Prozesse mißbrauchte oder ganz offen in den Dienst einer »Erziehung zum Patriotismus« stellte[162]. Selbst an Versuchen einer unter dem Deckmantel sittlich-moralischer Entrüstung getarnten bildungspolitischen Instrumentalisierung des Repertoires der städtischen Theaterbühnen mangelte es nicht. Noch 1917 nimmt der *Dresdner Philologenverein* »als Standesvertretung der höheren Lehrerschaft Dresdens« in einem Offenen Brief

> lebhaften Anstoß an der im Uebermaß auf das Erotische gerichteten Erwerbstendenz der Direktion des Albert-Theaters, wie sie sich in der starken Bevorzugung von Stücken wie *Jugend* und besonders *Liebe* und *Frühlings Erwachen* offenkundig zeigt [...].[163]

Bezeichnenderweise spielt in der Argumentation des Vereins die sozialkritische Tendenz, erzieherische Dimension und ästhetische Funktion der Stücke von Halbe, Wildgans und Wedekind keine Rolle, lediglich die »sittliche[n] Gefahren« für die Schüler werden beschworen, und vom Besuch der Aufführungen wird abgeraten.[164] Obgleich man also dem modernen Drama ebensowenig einen schulischen Entfaltungsraum bot wie den Werken der »neuere[n] Literatur, Malerei [und] Bildhauerei«[165] und selbst die systematische Darstellung der wichtigsten Epochen der Literaturgeschichte ausschließlich den Gymnasien vorbehielt[166], überrascht die Tatsache, daß sich laut einer Umfrage aus den Jahren 1903/04 in Dresdner Arbeiterhaushalten zwar Bücher von Zola und Hauptmann befanden, dagegen aber keine Bibel oder ein christliches Gesangbuch[167]. Obgleich diese Angaben nur bedingt als repräsentativ zu betrachten sind[168], geben sie zu der Vermutung Anlaß, daß sich selbst in den Kreisen der Industriearbeiterschaft ein – wenn auch nur bescheidener – Umgang mit moderner Literatur etablieren konnte.

---

[162] Otto Rühle führt zahlreiche Beispiele an. Vgl. Otto Rühle: Die Volksschule wie sie ist. Berlin: Verlag: Expedition der Buchhandlung Vorwärts 1903. S. 23f. Auch: Kockel: Lehrplan für die einfachen Volksschulen, S. 60-61.
[163] Der offene Brief wurde in allen bedeutenden Dresdner Tageszeitungen abgedruckt. Hier zitiert nach: Dresdner Lokal-Anzeiger vom 5.5.1917. Nr. 52. S. 2.
[164] Offener Brief des Dresdner Philologenvereins zu den Aufführungen von »Jugend«, »Liebe« und »Frühlings Erwachen« im Albert-Theater. In: Dresdner Lokal-Anzeiger vom 5.5.1917. Nr. 52. S. 2.
[165] Otto Rühle: Die Volksschule wie sie sein soll. Berlin: Verlag Expedition der Buchhandlung Vorwärts 1903. S. 34.
[166] Der Literaturunterricht der höheren Schulen vermittelte einen »allgemeinen Entwicklungsgang der deutschen Literatur«, unter Berücksichtigung der bedeutendsten Kunstformen in »Poesie und Prosa«. Siehe: I. F. Kretzschmar (Hg.): Das höhere Schulwesen im Königreiche Sachsen: Gesetz über die Gymnasien, Realschulen und Seminare vom 22. August 1876, nebst Ausführungsverordnung und die einschlagenden Gesetze, Verordnungen und Entscheidungen. Leipzig: Roßberg'sche Verlagsbuchhandlung 1903. S. 156.
[167] Inventarien von 87 Dresdner Arbeiterhaushalten, aufgenommen November 1903. In: Mitteilungen des Statistischen Amtes der Stadt Dresden, 1904, Heft 13. Dresden: v. Zahn & Jaensch S. 15ff. Die positive Aufnahme naturalistischer Autoren in der lesenden Arbeiterschaft Dresdens wird auch von Walter Hofmann, dem Leiter der *Freien öffentlichen Bibliothek Dresden-Plauen*, bestätigt: Bereits im ersten Jahr des Bestehens dieser auch überregional bedeutenden Arbeiter-Bibliothek mußten auf Grund der großen Nachfrage Mehrfachexemplare u. a. von Hauptmann, Zola, Ibsen und Sudermann eingestellt werden. Vgl. Marwinski: Die Freie öffentliche Bibliothek Dresden-Plauen und Walter Hofmann, S. 26.
[168] Dafür war zum einen die Anzahl der befragten Haushalte (87) zu gering; zum anderen hatte – so ist zu vermuten – das Dresdner Gewerkschaftskartell bei der Auswahl der Familien mitgewirkt.

Eher als die Dresdner Schulen bestimmte allerdings eine gemeinnützige vielfältige Formen des Bildungserwerbs und der Bildungsvermittlung anstrebende städtische Vereinskultur das Bildungsniveau der Arbeiterschaft. Neben dem *Arbeiterbildungsverein*[169] und der *Vereinigung für Volksbildung und Kunstpflege*[170] entstand Ende des 19. Jahrhunderts auf Initiative des Nationalökonomen Victor Böhmert in Dresden der Verein *Volkswohl*. Die »Volkswohlbewegung«, die von der sächsischen Landeshauptstadt ausging und »nach der Jahrhundertwende jährlich mehrere hunderttausend Teilnehmer«[171] umfaßte, förderte nicht nur die kulturelle Bildung der städtischen Arbeiter und Angestellten[172], sondern praktizierte zugleich ein Modell gesellschaftlichen Ausgleichs und klassenübergreifender Integration im Zeichen »edler Volksgeselligkeit«[173]. Da auch namhafte Wirtschafts- und Bildungsbürger (Großunternehmer, Beamte, Lehrer, Ärzte, Ingenieure usw.) neben den zahlreichen Arbeitern in der Vereinigung mitwirkten[174], wurde eine kulturell intendierte Interessen- und Bedürfnisassimilation angeregt[175], die auf der Grundlage bürgerlicher Wertvorstellungen Bildungsangebote für Mehrheiten initiierte[176]. Diese institutionalisierte Form kultureller Breitenbildung, die eine »Förderung des Gesamtwohls«[177] der Stadtbewohner anvisierte, wurde auch von den Dresdner Expressionisten als Distributionsmedium genutzt: Die Rezitation von Texten expressionistischer Autoren im Rahmen von »Volkskunstabenden« diente nicht nur der Erschließung neuer Adressatenkreise, sondern mehr noch

---

[169] 1864 wurde der erste Dresdner *Arbeiterbildungsverein* gegründet; 1870 der *Arbeiterfortbildungsverein*, der sich ab 1891 nur noch *Fortbildungsverein* nannte. Zimmer: Soziale Lage und kulturelle Lebensweise, S. 33.

[170] Gegründet im Jahre 1906. Vgl. ebd.

[171] Vgl. Zimmer: Soziale Lage und kulturelle Lebensweise, S. 31.

[172] Über die einzelnen Veranstaltungen des Vereins gibt u. a. die Schrift *Der Verein Volkswohl zu Dresden im Jahre 1910* Auskunft. Besonders hervorgehoben sei der niveauvolle Theaterbetrieb auf einer eigens eingerichteten »Volksbühne«. Dabei umfaßte der Spielplan des *Volkswohltheaters* sowohl die Werke der »klassischen Dichter« und »einiger moderner ernsterer Schriftsteller« (u. a. Gustav Freytag und Hermann Sudermann) als auch »Aufführungen von gehaltvollen Volksstücken, Lustspielen und Possen älterer und neuerer Autoren«. Vgl. Der Verein Volkswohl zu Dresden im Jahre 1910. Dresden: o. V. 1910. S. 17-23, hier: S. 18 und 21. Wolfgang Zimmer verweist darauf, daß die Veranstaltungen des Volkswohltheaters allein 1913 rund 25.000 Besucher anlockten. Zimmer: Soziale Lage und kulturelle Lebensweise, S. 31.

[173] Volkswohlfahrt und Volksgeselligkeit nach den Erfahrungen des Dresdner Vereins Volkswohl. Hg. vom Verein Volkswohl. Dresden: In Kommission bei O. V. Böhmert 1906. S. 7ff.

[174] Das Mitgliederverzeichnis von 1910 weist neben 1308 gelernten Arbeitern 245 Großunternehmer, 209 höhere Beamte, 134 hohe Staats- und Gemeindebeamte, 105 Ärzte und 226 Lehrer aus. Von den für unseren Untersuchungszusammenhang wichtigen Wirtschafts- und Bildungsbürgern seien genannt: Woldemar von Seidlitz, Karl Woermann, Erwin Bienert, Georg Treu, Graf Nikolaus von Seebach und Friedrich Kummer. Vgl. Der Verein Volkswohl zu Dresden im Jahre 1910, S. 31ff.

[175] Zu Tendenzen einer »Verbürgerlichung« der Arbeiterschaft, die sich aus solchen kulturell motivierten Annäherungsprozessen ergeben können, vgl. Hermann Bausinger: Bürgerlichkeit und Kultur. In: Jürgen Kocka (Hg.): Bürger und Bürgerlichkeit im 19. Jahrhundert. Göttingen: Vandenhoeck & Ruprecht 1987. S. 132-135.

[176] Angesprochen wurden nicht nur Erwachsene, sondern auch Jugendliche und Kinder. Dementsprechend breit war das kulturelle Bildungsangebot; es reichte von »Kinderfahrten in den grünen Wald« über Mädchen- und Frauenabende, Volksleseabende, Naturtheater, Volksfeste, Familienabende bis zu Vortragsabenden. Vgl. Volkswohlfahrt und Volksgeselligkeit nach den Erfahrungen des Dresdner Vereins Volkswohl, 1906.

[177] Victor Böhmert: Die sozialen Aufgaben der Gemeinden. In: Der Arbeiterfreund 20 (1882), S. 167-177, hier: S. 169.

der öffentlichen Werbung für den neuen Stil.[178] Die durchweg positiven Reaktionen der Zuschauer und der journalistischen Öffentlichkeit auf die Lesung avantgardistischer Werke[179] inspirierte sogar das ›volkskulturelle‹ Engagement der Expressionisten: mit der Gründung einer *Arbeiter-Kunst-Gemeinschaft* sollte die »lebendige Fühlung mit [den] Gliedern der Arbeiterschaft« verstärkt werden[180].

Die Bildungsangebote eines liberalen städtischen Bürgertums waren auf diese Weise weit mehr als die staatlichen Schulen an der Schaffung eines kulturelles Milieus beteiligt, das auch für die Verbreitung expressionistischer Literatur und Kunst genutzt werden konnte[181].

1.4. »Wo die Kunst hintritt, da bringt sie den Sonnenschein mit.« – Zur Situation der Künste im Spannungsfeld von Traditionalismus, populärästhetischer Funktionalisierung und Modernismus

1.4.1. Theater und Oper

Zweifellos wurde die kulturell-künstlerische Entwicklung der Residenzstadt Dresden um die Jahrhundertwende nicht durch die Literatur bestimmt, sondern durch das Theater, die bildende Kunst, die Oper und die Architektur.[182] Die Dominanz der ›visuellen Künste‹ erklärt sich zunächst aus der besonderen Kunststadt-Tradition Dresdens: Die für Europa einmalige baugeschichtliche Entwicklung der Stadt[183], die Rolle von Schauwert und Repräsentation für die in ihr regierenden Könige und Fürsten, die landschaftliche Gebundenheit des Stadtkörpers, der sich in das Elbtal harmonisch einfügte, und nicht zuletzt die Spezifik der städtischen Museumskultur führten zu einer Dominanz des Visuellen auch im Ensemble der zeitgenössischen Künste.

Parallel hierzu etablierte sich in einem langen historischen Prozeß ein institutioneller Apparat, der die Entfaltung einer visuellen Kultur begünstigte: Neben der *Kö-*

---

[178] Laut *Dresdner Lokal-Anzeiger* wurden auf zwei Volkskunstabenden Texte von Rubiner, Kraus, Polgar, R. Leonhard rezitiert. Die Buchhandlung der *Sozialistischen Gruppe der Geistesarbeiter* »Der Sozialist« auf dem Freiberger Platz warb ebenso wie die Kunsthandlung *Emil Richter* und die Buchhandlung *Heinrich Bender* für die Veranstaltung. Vgl. Dresdner Lokal-Anzeiger vom 19.6.1919. Nr. 73. S. 2.

[179] Der Berichterstatter des *Dresdner Lokal-Anzeigers* spricht in seiner Besprechung des *Ersten Volkskunstabends* von »ungeteilte[m] Beifall aus allen Schichten der Bevölkerung« und dem »Wunsch nach Wiederholung«. Vgl. Dresdner Lokal-Anzeiger vom 19.6.1919. Nr. 73. S. 2. Zu ähnlichen Reaktionen auf den Zweiten Abend siehe: Dresdner Lokal-Anzeiger vom 1.7.1919. Nr. 78. S. 3.

[180] Vgl. hierzu den Artikel über die Gründung der Gemeinschaft in der Dresdner Volkszeitung vom 26.9.1919. Nr. 223. S. 6. Zu den Gründungsmitgliedern gehörten: u. a. Alfred Günther, Hugo Zehder, Will Grohmann, Lasar Segall.

[181] Paradigmatisch sei hierfür auf einen Lichtbildervortrag über expressionistische Kunstwerke im *Verein Volkswohl* im Januar 1920 verwiesen. Der Vortrag wurde im Dresdner Lokal-Anzeiger vom 24.1.1920 (Nr. 12. S. 2) rezensiert.

[182] Zu nennen wären ebenfalls noch die »Massenkünste« Zirkus und Varieté. Dresden verfügte spätestens seit 1903 mit dem *Zirkus Sarrasani* über einen der berühmtesten Zirkusse in Europa. Genaueres bei: Ernst Günther: Das andere Dresden. Zur Herausbildung von Zirkus und Varieté in der Residenzstadt. In: Dresdner Hefte 7 (1989), H. 5. S. 59-67. Insgesamt stellt die Erforschung dieses für die Kunststadt-Tradition Dresdens wichtigen Sektors noch immer ein Desiderat dar.

[183] Umfassend und noch immer repräsentativ hierfür: Fritz Löffler: Das alte Dresden. Geschichte seiner Bauten. Leipzig: E. A. Seemann Verlag 1989[9].

niglichen Kunstakademie beherbergte die Stadt eine Reihe gut funktionierender, ein breites Interessen- und Bedürfnisspektrum abdeckender Schaubühnen, Theater, Varietés und Kabaretts, die sich in Repertoire und Genrevielfalt vorteilhaft ergänzten. Während die satirische Kunst, die Persiflage und Travestie in den zahlreichen »wie Pilze aus der Erde wachsenden ›Cabaretts‹«[184] gepflegt wurde, in den Privattheatern und Varietés dagegen Lustspiel, Operette, Posse und Tanz[185], widmete sich die *Hofoper* im letzten Drittel des 19. Jahrhunderts vorrangig dem Repertoire der »Wiener Klassik« und dem Schaffen Richard Wagners, das *Hoftheater*[186] dem klassischen Drama und Schauspiel des 18. und beginnenden 19. Jahrhunderts. Eine von den Zeitgenossen kritisch vermerkte Kluft zwischen dem eher unterhaltend-stereotypen Programm der privaten Bühnen und dem gehobenen ästhetischen Anspruchsniveau des Hoftheaterrepertoires[187] wurde allerdings schon vor 1900 immer wieder durchbrochen, da zunehmend auch die Privattheater durch Gastspiele berühmter Bühnenkünstler oder die Inszenierung problematischer, »nicht ›hoftheaterfähig[er]‹«[188] Stücke »literarisch anspruchsvollere Leute«[189] anlockten. Für die Durchsetzung des Naturalismus an den städtischen Bühnen erwiesen sich diese, auch in der Dresdner Öffentlichkeit beachteten Aufführungen[190] sogar als Voraussetzung, denn während das Hoftheater durch die Zwänge einer konventionellen Bühnenpolitik in seiner Spielplangestaltung eingeschränkt wurde[191], öffneten sich die Privattheater schon in den 80er Jahren dem modernen europäischen Drama[192]. Die werbe- und öffentlichkeitswirksame Auseinandersetzung des bildungsbürgerlichen Publikums mit dem Naturalismus verlief dabei keineswegs konfrontativ: Anders als die eher ambivalenten, zu kritischer Diskus-

---

[184] Freiherr von Schlicht (Wolf Graf Baudissin): Dresden und die Dresdner, S. 184. Die Zahl der Kabaretts nahm nach 1910 allerdings rapide ab. Vgl. Erich Kühn: Dresden und die leichte Muse. In: Dresdner Kalender 1913. S. 75f. Von den Dresdner Expressionisten wurde das städtische Kabarett allerdings wegen seiner künstlerischen Niveaulosigkeit abgelehnt. Siehe hierzu Walter Rheiner: Kabarett. In: Dresdner Konzert- und Theater-Zeitung vom 4.11.1919. Nr. 8. S. 92.

[185] Die beiden bedeutendsten Dresdner Privattheater waren das 1872 gegründete *Residenztheater* und das *Central-Theater*. Zu letzterem vgl. die informative Broschüre: Das Central-Theater in Dresden. Dresden: o. V. 1900. Eine Aufschlüsselung (auch der bedeutendsten Varietés) bei: Freiherr von Schlicht (Wolf Graf Baudissin): Dresden und die Dresdner, S. 176ff.

[186] Dresden verfügte über zwei *Hoftheater*: das *Hoftheater* Sempers (1841 erbaut, 1869 niedergebrannt, dann wieder von Semper entworfen und von seinem Sohn Manfred 1878 vollendet) und das in der Dresdner Neustadt erbaute, von der Hofbühne gepachtete, 1873 eröffnete *Albert-Theater*. Das *Albert-Theater* wurde 1913 von der Hofbühne wieder verlassen, da man seit dieser Zeit über ein neues *Kgl. Schauspielhaus* verfügte. Vgl. Herbert Zeißig: Eine deutsche Zeitung. Zweihundert Jahre Dresdner Anzeiger. Eine zeitungs- und kulturgeschichtliche Festschrift. Dresden: Verlag der Dr. Güntzschen Stiftung 1930. S. 283.

[187] Vgl. Friedrich Kummer: Theater. In: Richter (Hg.): Dresdens Entwicklung in den Jahren 1903 bis 1909, S. 271f.

[188] Vgl. Freiherr von Schlicht (Wolf Graf Baudissin): Dresden und die Dresdner, S. 176.

[189] Kummer: Theater, S. 272.

[190] Vgl. hierzu Nickold: Das Feuilleton in der Dresdner Tagespresse von 1880-1900, S. 29.

[191] Kummer: Theater, S. 271.

[192] Sowohl das *Residenz-* als auch das *Central-Theater* waren an den Inszenierungen moderner Dramen beteiligt. Vgl. Richter: Geschichte der Stadt Dresden in den Jahren 1871 bis 1902, S. 181. Das *Central-Theater* engagierte sich vor allem für Aufführungen vor den Mitgliedern der *Literarischen Gesellschaft*; im April 1899 etwa wurde Max Halbes *Jugend* in Dresden erstaufgeführt. Vgl. Geschichte der Litterarischen Gesellschaft e. V. zu Dresden nebst Verzeichnis der für das Winterhalbjahr 1909/10 geplanten Vorträge und dramatischen Vorstellungen und Satzung vom 5.5.1902. Dresden, 1909. S. 4. Zu den Aufführungen im *Residenztheater* vgl.: Edgar Pierson: Das Residenztheater in Dresden. In: Bühne und Welt 8 (1906), II. Halbjahr. S. 661-667, hier: S. 667.

sion und Stellungnahme herausfordernden Reaktionen in der Dresdner Tagespresse[193] zeigten sich die Zuschauer gegenüber den Aufführungen naturalistischer Stücke im *Residenztheater* aufgeschlossen und interessiert[194]. Bedenkt man allerdings die dominierende Position des Hofschauspiels innerhalb der Dresdner Theaterlandschaft[195], dann bleiben die Versuche privater Bühnenleiter, die moderne Theaterkunst als unverzichtbaren Bestandteil einer zeitgemäßen städtischen Aufführungspraxis zu etablieren, lediglich peripher, zumal ein Teil der umstrittenen Stücke nur in Form von Sondervorstellungen für Mitglieder literarisch-kultureller Vereinigungen gezeigt wurde[196].

Allerdings konnte Graf Nikolaus von Seebach, als er 1894 die Leitung der Hofbühnen übernahm und eine behutsame Reformierung des Spielplanes einleitete, auf Erfahrungen und Probleme bei der Inszenierung moderner Theaterstücke an den städtischen Privatbühnen zurückgreifen. Seine Bemühungen um eine Öffnung und Liberalisierung des traditionellen Hofbühnenrepertoires fanden – so ist zu vermuten – nur deshalb eine überwiegend positive Resonanz, weil Öffentlichkeit und Medien bereits seit Jahren mit den bedeutendsten Werken moderner Dramatik und deren theatralischer Umsetzung vertraut waren. Daß individuelles bildungsbürgerliches Engagement die Hinwendung der städtischen Entscheidungsträger zur Moderne begünstigte, vielleicht sogar herausforderte, gehört zu den signifikanten Merkmalen der Kulturentwicklung in der sächsischen Metropole um 1900 und beschreibt den Prozeß einer Annäherung des staatlichen Interesses an das privat kontrollierte kulturelle Interesse im Namen der Sicherung des traditionellen Kunststadt-Status' Dresdens.[197] Dabei erstreckte sich Seebachs Verdienst sowohl auf die Befreiung des Spielplans von »harmlosen Lustspielen« und bedeutungsleeren »Dilettantenscherze[n] für Vereinsbühnen«[198] als auch auf die Herstellung künstlerischer Autonomie im überregionalen Sinne: Befand man sich um die Jahrhundertwende vor allem bei der Produktion und Förderung moderner Stücke in einem Abhängigkeitsverhältnis gegenüber den großen Berliner

---

[193] Einen zusammenfassenden und z. T. detaillierten Überblick gibt Nickold in seiner Dissertation zum Feuilleton in der Dresdner Tagespresse. Das verhaltene, z. T. auch negative Verhältnis der meisten Dresdner Feuilletonisten gegenüber dem modernen Drama weicht Ende der 90er Jahre einer überwiegend positiven Bewertung.

[194] Nickold: Das Feuilleton in der Dresdner Tagespresse von 1880-1900, S. 53, 57, 79.

[195] Allein durch den hohen Personalbestand und die von der Regierung zur Verfügung gestellten finanziellen Mittel erlangte das *Kgl. Hoftheater* eine führende Rolle unter den städtischen Bühnen. Auch die künstlerische Vorrangstellung wird von den Zeitgenossen immer wieder betont: »Mit einer Ausschließlichkeit wie in keiner zweiten Stadt von der Größe Dresdens beherrscht das königliche Institut das rezitierende Drama wie keine zweite Stadt: in Hamburg ist das deutsche Schauspielhaus neben dem Stadttheater und dem Thaliatheater, in München ist das Schauspielhaus ein mindestens so wichtiger Faktor wie das Hoftheater und in Leipzig, Köln, Breslau, Nürnberg und Düsseldorf treten wenigstens zwei Theater gleichberechtigt nebeneinander auf den Plan. Davon ist in Dresden nicht die Rede.« Vgl. Kummer: Theater, S. 270.

[196] Dies betraf z. B. viele Dramen von Frank Wedekind. Allein zwischen 1902 und 1907 konnten drei Werke Wedekinds vor den Mitgliedern der *Literarischen Gesellschaft* in Matineen aufgeführt werden: 1902 *Der Kammersänger*, 1906 *Erdgeist* und 1907 *Frühlings Erwachen*. Vgl. Kummer: Theater, S. 280-281. Eine Einladung zum Vortrag eigener Dichtungen wurde durch den Vorstand der Gesellschaft am 11.4.1906 an Wedekind gerichtet. Siehe: Nachlaß der Literarischen Gesellschaft Dresden. Stadtarchiv Dresden. Signatur: 13.21. Karton Nr. 4e. unpag.

[197] Ein überzeugender Beleg für diese These findet sich in der Geheimen Sitzung der Stadtverordneten zu Dresden am 19.2.1914. Seebach wird hier von den Stadtverordneten das Verdienst zugesprochen, die führende theaterkünstlerische Stellung der Stadt in Deutschland und darüber hinaus begründet zu haben. Vgl. Sitzungsberichte der Stadtverordneten zu Dresden. Dresden 1914. S. 156.

[198] Julius Ferdinand Wolff: Seebach. Zu seinem Jubiläum und seinem Abschied am 1. März. In: Dresdner Neueste Nachrichten vom 1.3.1919. Nr. 58. S. 2-3.

Bühnen, so wurde dieser Zustand von Seebach nicht nur beseitigt, sondern sukzessive umgekehrt.[199]

Parallel zu diesen Emanzipationsbestrebungen Seebachs reformierte Ernst von Schuch, der seit 1882 als Direktor der Dresdner *Kgl. Hofoper* fungierte[200], das Bühnenrepertoire des Opernhauses. Dem Programm eines »lebendigen Konservatismus« verpflichtet[201], das sich zunehmend auch dem modernen experimentellen Opernschaffen öffnete[202], erlangte Schuch vor allem durch seine eigenwillige Aufführungspraxis der Werke Richard Wagners nationales Ansehen. In deutlicher Abwendung von den Bayreuther Bemühungen um Werktreue setzte Schuch seine »eigene [...] Sicht der Interpretation«[203] durch und sicherte damit den Dresdner Inszenierungen – auch im Kontext mit Seebachs Theaterarbeit – einen Grad von Originalität, der das Zusammenspiel von musikalisch-textlicher Vorlage und individueller Auslegung im zeitgenössischen Bühnendiskurs zugunsten der Deutungsintention des Regisseurs neu definierte. Dabei wurde die Formierung des eigenständigen Charakters der Dresdner Hofbühnen und die Konstituierung ihres individuellen künstlerischen Profils durch die Theater- und Opernberichterstattung in der örtlichen Tagespresse unterstützt.

Der anfänglichen Skepsis und dem partiellen Unverständnis von Teilen der Opern- und Schauspielkritik gegenüber der Aufführungspraxis der Kgl. Bühnen[204] begegnete Seebach mit dem Wunsch nach Kooperation und sachbezogener Diskussion, die selbst Fragen der Deutung und Inszenierung einzelner Stücke einbezog.[205] Diese Form der Meinungsbildung und ›Abstimmung‹ zwischen Intendanz und Feuilleton führte letztlich zu einer positiveren Beurteilung des modernen Theater- und Opernschaffens in der mediengebundenen Öffentlichkeit[206] und markiert zugleich einen –

---

[199] »Das Dresdner Schauspielhaus ist fast das einzige Theater Deutschlands, das die moderne Produktion selbständig fördert und dabei von Berlin unabhängig bleibt«, betont Friedrich Kummer rückblickend im Jahre 1909. Kummer: Theater, S. 270. In der expressionistischen Ära zeigte sich diese Autonomie etwa bei der Inszenierung von Reinhard Goerings *Seeschlacht* (Aufführung in Dresden am 10.2.1918, in Berlin erst am 3.3.1918). Vgl. Hans-Jürgen Sarfert: Dresden im Zeichen des expressionistischen Theaters. In: Dresdner Hefte 6 (1988), H. 1. S. 48.

[200] Genaueres zu den Beziehungen Schuchs zu Dresden in: Ernst von Schuch und Dresden. Anläßlich seines 75. Todestages. Hg. von der Staatsoper Dresden. Dresden 1989.

[201] Eberhard Kremtz: Ernst von Schuch. Die Hofoper auf dem Weg ins 20. Jahrhundert. In: Dresdner Hefte 11 (1993), H. 4. S. 11.

[202] Schuch setzte an der *Hofoper* Uraufführungen der wichtigsten Werke Richard Strauss' durch. Etwa 1901 *Feuersnot*, 1905 *Salome*, 1909 *Elektra*, 1911 *Der Rosenkavalier*.

[203] Hella Bartnig: Ernst von Schuch und die Dresdner Hofoper. In: Michael Heinemann/Hans John (Hg.): Die Dresdner Oper im 19. Jahrhundert. Laaber: Laaber-Verlag 1995. S. 366ff. Auch: Kremtz: Ernst von Schuch, S. 12.

[204] Vgl. hierzu zusammenfassend Nickold: Das Feuilleton der Dresdner Tagespresse 1880-1900, der am Beispiel einzelner Tageszeitungen die ablehnende Haltung gegenüber den modernen Aufführungen am Hoftheater Anfang der 90er Jahre nachweist. (S. 29f., 52f., 78 u. ö.).

[205] Vgl. hierzu die Zusammenarbeit zwischen dem Kritiker der *Dresdner Neuesten Nachrichten*, Julius Ferdinand Wollf, und Seebach sowie dessen Dramaturgen Karl Zeiß seit etwa 1903. Hofmann: Die Entwicklung der »Dresdner Neueste Nachrichten« vom Generalanzeiger zur Heimatzeitung, S. 52f. Oder das Zusammenwirken Seebachs mit Dr. Leonhard Lier vom regierungstreuen *Dresdner Anzeiger* seit Anfang der 1890er Jahre. Lier engagierte sich vor allem für die Aufführung von Stücken Ibsens und Hauptmanns. Vgl. Zeißig: Eine deutsche Zeitung, S. 285.

[206] Signifikant für diesen Prozeß ist der Wandel innerhalb der Berichterstattung über das naturalistische Dramenschaffen auch in den dezidiert konservativen Zeitungen der Stadt wie den *Dresdner Nachrichten* im Verlaufe der 90er Jahre. Während Wolfgang Kirchbach (von 1890 bis 1896 Kritiker bei den *Dresdner Nachrichten*) noch 1892 Gerhart Hauptmanns dichterisches Vermögen in Zweifel zog (»Je mehr man Hauptmann's Stück [*College Crampton* – F. A.] sieht und betrachtet, desto mehr erkennt man, wie Wenig Herr Hauptmann ethisch, menschlich und künstlerisch vermag, wie klein

eigentlich für die Experimentierbühnen typischen – Transformationsprozeß inhaltlicher und gestalterischer Konzepte des bürgerlichen Bildungstheaters[207]. Der Bündnispartner Presse erwies sich so für die Gewinnung des Publikums, das – wie Seebach später hervorhob –»von Jahr zu Jahr zahlreicher mit uns ging und uns treu blieb«[208], als unverzichtbar.

Die Pflege der modernen realistischen und naturalistischen Dramatik am *Hoftheater* – seit 1897/98 werden Stücke von G. Hauptmann, Sudermann, Schnitzler, Halbe, Ibsen, Bjørnson, Sternheim, Wedekind[209] öfter aufgeführt – und die kontinuierlichen Inszenierungen von Werken Richard Strauss' an der *Hofoper* galten als Modellfall einer produktiven Auseinandersetzung mit der Gegenwartskunst[210] und schufen erst die Voraussetzungen für die Ur- und Erstaufführungen expressionistischer Stücke in Dresden nach 1914. Dabei wurde die Hinwendung der Hofbühne zur Moderne durch die städtischen Zensurbedingungen erleichtert, denn Graf Seebach als Intendant des königlichen Hauses war von den eher regressiven Zensurvorschriften, die eine ›Anzeige- und Erlaubnispflicht‹ für öffentliche Musikdarbietungen, theatralische Vorstellungen und Vorträge bei der *Königlichen Polizei-Direktion Dresden*[211] vorsahen, weitgehend entbunden[212]. Zudem ermöglichten seine guten Beziehungen zum Hof[213] und zum städtischen Behördenapparat auch die Inszenierung von umstrittenen Stücken, die ansonsten nur schwer in das öffentliche Repertoire eines städtischen Theaters aufzunehmen waren. Selbst eine Aufführung vor geladenen Gästen im Rahmen einer Matinee konnte erst nach langwierigen Verhandlungen mit den zuständigen Dienst-

---

das Register von Tönen ist, über welches er verfügt, wie untergeordnet die sprachlichen Kräfte sind, die er zur Verfügung hat, wie geringfügig sein Beobachtungsgebiet und der Umfang seines Talentes überhaupt ist«), betont dessen Nachfolger P. A. Wolff anläßlich der Aufführung desselben Stückes 1899: Hauptmann sei »die bedeutendste dichterische Erscheinung der Gegenwart«, dessen »Werk […] eminent interessant (bleib[e])«. Vgl. Wolfgang Kirchbach: Kritik zu Hauptmanns »College Crampton«. In: Dresdner Nachrichten vom 25.7.1892. Nr. 207. S. 2. und P. A. Wolff: Kritik zu Hauptmanns »College Crampton«. In: Dresdner Nachrichten vom 14.10.1899. Nr. 285. S. 4. Ähnliche Tendenzen lassen sich auch anhand der anderen Dresdner Tageszeitungen nachweisen.
[207] Für die Experimentierbühnen vgl. die Studie von Helmut Schanze: Theater – Politik – Literatur. Zur Gründungskonstellation einer ›Freien Bühne‹ zu Berlin 1889. In: Hans-Peter Bayerdörfer/Karl Otto Conrady/Helmut Schanze (Hg.): Literatur und Theater im Wilhelminischen Zeitalter. Tübingen: Niemeyer 1978. S. 275-291.
[208] Zit. nach: Felix Zimmermann: Zum Rücktritt des Grafen Seebach. In: Dresdner Nachrichten vom 27.2.1919. Nr. 57. S. 2-3, hier: S. 3.
[209] Allein Ibsen und Hauptmann standen zwischen 1894 und 1919 mit 25 Werken im Spielplan. Vgl. Wollf: Seebach. Zu seinem Jubiläum und seinem Abschied am 1. März, S. 2.
[210] Felix Draeseke: Musik. In: Richter (Hg.): Dresdens Entwicklung in den Jahren 1903-1909. S. 282-290, hier: S. 282-284. Auch: Kremtz: Ernst von Schuch, S. 7-13.
[211] Vgl. Regulativ, die polizeiliche Aufsichtsführung über Lustbarkeiten, Musikaufführungen, Schaustellungen, Vorträge, Aufzüge und andere ähnliche Veranstaltungen in der Stadt Dresden betreffend. In: Dresdner Bürgerbuch. Sammlung von Orts-Polizei-Verordnungen und Ortsstatuarischen Bestimmungen der Stadt Dresden nebst einigen Ober-Präsidial- u. Regierungs-Verordnungen etc. etc. Dresden: Druck und Verlag von Alwin Risse 1903. S. 26-27.
[212] Dies wird in einem Zeitungsbericht anläßlich der Aufführung von Reinhard Goerings Seeschlacht vom Kritiker des *Dresdner Anzeigers* behauptet und von Seebach selbst ebenfalls betont. Vgl. Friedrich Kummer: Seeschlacht. In: Dresdner Anzeiger vom 11.2.1918. Nr. 42. S. 2. und Graf Seebach: Brief anläßlich der Aufführung von Reinhard Goerings »Seeschlacht« an den Dresdner Anzeiger vom 12.2.1918. Nr. 43. S. 5.
[213] Vgl. hierzu die Erinnerungen Seebachs an König Albert. Seebach: König Albert und das Theater, S. 5-9.

stellen der Polizei durchgesetzt werden[214] und bedurfte – neben dem offiziellen Genehmigungsverfahren – auch der Gewährung des freien Zutritts von Beamten während der Vorstellung[215].

Seebachs Konzept einer Verflechtung von regionaler und nationaler Theaterkultur, das die Pflege von modernen Texten zeitgenössischer sächsischer Autoren ebenso einschloß wie die Förderung von Dramen europäischen Rangs[216], stieß auch bei den maßgeblichen kulturpolitischen Entscheidungsträgern der Stadt auf Zuspruch, half es doch, die Stellung Dresdens als internationale Metropole der Künste zu wahren. In welchem Maße jedoch »ein sezessionistisch gesinnter Teil des Bildungsbürgertums« dazu bereit war,

> den alten Bildungsbegriff in seiner idealistischen Bindung wie auch in seiner kanonisierten Inhaltlichkeit preiszugeben und an dessen Stelle den Begriff einer internationalen progressiven Kunst zu rücken[217],

wird erst im Verlaufe des Ersten Weltkrieges deutlich, als sich Dresden zu einem Zentrum der avantgardistischen Theaterkunst in Deutschland entwickelte.

1.4.2. Bildende Kunst

Während sich in den Bereichen des *Dresdner Hoftheaters* und der *Dresdner Hofoper* bereits vor der Jahrhundertwende eine Hinwendung zur zeitgenössischen Moderne kontinuierlich herauskristallisierte, kann von einer gleichen Entwicklung auf dem Gebiet der bildenden Kunst keine Rede sein. Erhard Frommholds These, daß sich »bis zum Expressionismus [...] eine relativ einheitliche Gesinnung unter den beamteten und freien Kunsthistorikern (fand)« und daß diese »Toleranz [...] auch unter den Künstlern (herrschte)«, die »immer wieder« gegen das »Traditionelle oder gar Konservative« ankämpften[218], hält einem differenzierten Blick auf die wechselvolle Geschichte der bildenden Künste, zumal der Malerei, in Dresden um 1900 sicher nicht stand. Das

---

[214] Im Nachlaß der *Literarischen Gesellschaft Dresden*, die sich der Aufführung moderner Dramen annahm, finden sich zahlreiche Belege für die langwierigen und komplizierten Auseinandersetzungen mit der Dresdner Zulassungsbehörde. So ein Brief an Max Halbe aus dem Jahr 1899, in dem es heißt: »Nach unendlichen Schwierigkeiten ist es uns gelungen, die mit Ihrer frdl. Zustimmung schon im vorigen Jahre geplante Aufführung Ihrer ›Jugend‹ in unserem Verein, bei der hiesigen Polizei durchzusetzen. Die Aufführung wird am 9. April, mittags 12 Uhr hier stattfinden...«. Vgl. Brief des Vorsitzenden der Literarischen Gesellschaft an Max Halbe vom 21.3.1899. In: Nachlaß der Literarischen Gesellschaft Dresden. Stadtarchiv Dresden. Signatur: 13.21. Karton Nr. 4e.

[215] Regulativ, die polizeiliche Aufsichtsführung über Lustbarkeiten, Musikaufführungen, Schaustellungen, Vorträge, Aufzüge und andere ähnliche Veranstaltungen in der Stadt Dresden betreffend, S. 31.

[216] So wurden etwa in der Spielzeit 1905/06 Otto Erlers Tragödie *Zar Peter* uraufgeführt, gefolgt von Dramen Henrik Ibsens, Gerhart Hauptmanns und Oscar Wildes. Vgl. Kummer: Theater, S. 274-275. Otto Erler wirkte seit 1901 als Gymnasiallehrer in Dresden und war zugleich Dramaturg am Schauspielhaus. Vgl. Walther Killy (Hg.): Deutsche Biographische Enzyklopädie. Band 3. München, Paris u. a.: K. G. Saur 1996. S. 154.

[217] Bayerdörfer: Theater und Bildungsbürgertum zwischen 48er Revolution und Jahrhundertwende, S. 59.

[218] Erhard Frommhold: Kunsthandel in Dresden – Eine Tradition der Moderne. In: Dresdner Hefte 15 (1997), H. 1. S. 64.

Bild einer von Toleranz und Einheitlichkeit gekennzeichneten Dresdner Kritiker- und Künstlerschaft, in deren Mitte sich dank fortschrittlicher Männer und Frauen immer wieder das Innovative behauptete, entspricht bei genauerer Durchsicht des Quellen- und Archivmaterials kaum den Tatsachen. Die Durchsetzung der modernen Malerei in Dresden – und zwar sowohl bei den Künstlern selbst als auch bei der Kunstkritik und Kunstwissenschaft – beschreibt vielmehr einen schwierigen und von Rückschlägen gekennzeichneten Prozeß[219], der erst nach langen Auseinandersetzungen und unter maßgeblicher Beteiligung der Tagespresse erfolgreich verlief.

Die Dresdner *Königliche Kunstakademie*, die führende Bildungseinrichtung des künstlerischen Nachwuchses, galt um die Jahrhundertwende als ein Hort der Tradition und des »orthodoxe[n] Akademismus«.[220] Das Gros der Lehrenden orientierte sich noch immer an einer historisch längst überholten, religiös und geschichtlich verbrämten »nazarenisch-akademischen Kunstauffassung« und an den Prinzipien der klassischen Historien- und Genremalerei.[221] Daß der Unterricht rückständig war und lediglich der Ausbildung einer »Unmenge talentloser Schüler«[222] diente, war eine auch überregional bekannte Tatsache, die sich nicht zuletzt durch die Teilnahme von Dresdner Künstlern an der internationalen Kunstausstellung zu Berlin im Jahre 1891 bestätigte: Obgleich die Dresdner Künstlerschaft die Möglichkeit erhielt, eine eigene Abteilung einzurichten, um ein möglichst breites Spektrum des Kunstschaffens der Residenzstadt zu präsentieren,

> wurde das wenige Gute und Selbständige von der Masse des Althergebrachten erdrückt, und die Kritik sprach sich übereinstimmend dahin aus, daß Dresden zur Zeit unter den deutschen Kunststädten den niedrigsten Rang einnehme.[223]

Dem zeitgenössischen Naturalismus und der französischen Freilichtmalerei, von vielen »jüngeren Künstler[n] Deutschlands, [allen] voran Münchens«[224], bereits weitgehend akzeptiert, stand man in Dresden skeptisch bis ablehnend gegenüber, und der Versuch, durch rückwärtsgewandtes Anknüpfen an die Stilproduktion des 19. Jahrhunderts vom »alten Ruhm [zu] (zehr[en])«[225], verhinderte noch bis weit in die 90er Jahre hinein die Formierung einer modernen Malerschule.

Erst nach der Gründung der *Dresdner Sezession* am 28.2.1894 unter der Führung von Karl Bantzer und der Anstellung des impressionistischen Malers Gotthard Kuehl

---

[219] Einen knappen historisch-rekonstruierenden Überblick hierzu bietet Axel Schöne: Dresdner Kunstverhältnisse um 1890. Versuch einer Rekonstruktion. In: Dresdner Hefte 9 (1991), H. 3. S. 63-70.

[220] Vgl. Jähner: Künstlergruppe Brücke, S. 14.

[221] Vgl. hierzu: Schöne: Dresdner Kunstverhältnisse um 1890, S. 63. Auch: Dresden. Von der Königlichen Kunstakademie zur Hochschule für Bildende Künste [1764-1989]. Die Geschichte einer Institution. Dresden: Verlag der Kunst 1990. S. 178ff.

[222] Vgl. Elisabeth Mylarch: Akademiekritik und moderne Kunstbewegung in Deutschland. Zum Verständnis der ideengeschichtlichen, kulturideologischen und kunstmarktpolitischen Implikationen des Kunsturteils über moderne Malerei in den Kunst- und Kulturzeitschriften *Gesellschaft*, *Kunstwart* und *Freie Bühne*. Frankfurt a. M., Berlin, Bern u. a.: Peter Lang 1994. S. 50.

[223] Richter: Geschichte der Stadt Dresden in den Jahren 1871 bis 1902, S. 185. Robert Sterl berichtet sogar, daß die Juroren beim Anblick der Werke in ein »Hohngelächter ausbrachen und die Dresdner Vertreter mit ihren Werken wieder nach Hause schickten«. Zitiert nach Löffler: Das alte Dresden, S. 422.

[224] Richter: Geschichte der Stadt Dresden in den Jahren 1871 bis 1902, S. 184.

[225] Zeißig: Eine deutsche Zeitung, S. 277.

als Professor für Genremalerei an der Kunstakademie im Jahre 1895[226] kam es zu einer sukzessiven Aufwertung des modernen Freilichtschaffens auch im akademischen Lehr- und Bildungsbereich.[227] Dabei wurde die Erneuerung des stilistisch-ästhetischen Ansatzes der Sezessionisten von einer umfassenden Reformierung des städtischen Ausstellungswesens begleitet: Kuehl widmete sich neben seiner Lehrtätigkeit an der Akademie besonders der für Dresden lebenswichtigen Ausstellungsfrage, wobei die von ihm initiierten, seit 1897 in Dresden regelmäßig stattfindenden Kunstausstellungen mit wechselnder Thematik zu einer auch überregionalen Aufwertung der Kunststadt, die sich mehr und mehr »zu einem Mittelpunkt des deutschen Kunstausstellungswesens«[228] entwickelte, führten.

Die Kopplung von Stilinnovation und Modernisierung der Ausstellungskultur drängte eine lediglich oberflächliche, schauwertorientierte Repräsentation der Künste als traditionelle Form städtischer Kulturpraxis zugunsten der Aufwertung des handwerklich Spezifischen, künstlerisch Erstrangigen einer Epoche oder individuellen Handschrift zurück.

Gestützt wurde dieser Prozeß durch Teile der Dresdner Tagespresse, die sich schon früh durch ihre kritische Auseinandersetzung mit den unproduktiven Lehr- und Ausbildungsmethoden an der Kunstakademie und der gängigen Ausstellungspraxis als Sachwalter des kulturellen Wandels in der Residenzstadt erwies. Paul Schumann, seit 1886 Kunstkritiker am nationalliberalen *Dresdner Anzeiger*, gilt neben Wolfgang Kirchbach, dem Kunstreferenten der konservativen *Dresdner Nachrichten*, als wichtigster Repräsentant dieses Prozesses behutsamer, aber konsequenter öffentlicher Kritik an den »Dresdner Kunstverhältnissen«[229] Ende der 80er und Anfang der 90er Jahre. Die fortschreitende Professionalisierung des Berufsstandes der städtischen Feuilletonredakteure[230], die sich zunehmend nicht mehr als bloße Berichterstatter oder Führer durch Ausstellungs- und Galerieräume begriffen, sondern als fachlich versierte, dem kulturellen Fortschritt verpflichtete Förderer der regionalen wie nationalen Kunstentwicklung, unterstützte dieses Konzept individuellen Engagements und forcierte zudem die rezeptionsorientierte Ausrichtung kunstkritischer Arbeit. Denn während man in den frühen 80er Jahren die Wiedergabe und Beschreibung von Bildinhalten als Ausgangs- und Schwerpunkt tagespublizistischer Rezensionen wählte, erblickte man ein Jahrzehnt später seine Berufung in der »Anleitung der Leser«[231] und Galeriebesucher zur vorurteilslosen Auseinandersetzung mit den neuen Mal- und Gestaltungsweisen.

---

[226] Richter: Geschichte der Stadt Dresden in den Jahren 1871 bis 1902, S. 185-186.

[227] Neben Kuehl wirkte auch Bantzer seit 1896 als Leiter eines Malsaales an der Akademie. Vgl. Woermann: Lebenserinnerungen. Band 2, S. 59-60. Genaueres zu Kuehl und Bantzer vgl. Dresden. Von der Königlichen Kunstakademie zur Hochschule für Bildende Künste [1764-1989], S. 188-190.

[228] Fritz Löffler: Otto Dix. Leben und Werk. Dresden: Verlag der Kunst. 1989⁶. S. 9.

[229] Paul Schumann: Dresdner Kunstverhältnisse I. In: Dresdner Anzeiger vom 11.7.1891, Nr. 192. S. 18-19 und: Ders.: Dresdner Kunstverhältnisse II. In: Dresdner Anzeiger vom 17.7.1891. Nr. 198. S. 18.

[230] Im Regelfall verfügten die meisten Kunstkritiker der Dresdner wichtigen Tageszeitungen um 1890 über einen Hochschulabschluß. Paul Schumann etwa promovierte 1884 in Kunstgeschichte und Archäologie und lehrte an einer Privatschule in der Landeshauptstadt, Karl Woermann hatte Kunstwissenschaft studiert, ebenfalls promoviert und wirkte als Mitglied des *Akademischen Rates*, der Schriftsteller Wolfgang Kirchbach studierte Philosophie und Geschichte.

[231] Nickold: Das Feuilleton in der Dresdner Tagespresse 1880 bis 1900, S. 36.

»Ziele und Mittel« fortschrittlicher Kunst der interessierten Leserschaft darzulegen[232], wird zu einer der wichtigsten Aufgaben des Kulturfeuilletons in der Tagespresse, das damit auch auf die Entwicklung des lokalen Dresdner Kunstlebens zurückwirkte. Das Bestreben, »die Werke der modernen Naturalisten [...] weiteren Kreisen verständlich zu machen«[233], kollidierte allerdings zusehends mit den Anschauungen der alteingesessenen Künstlerschaft in Dresden, die hinter der Aufwertung des ›ausländischen‹ Naturalismus und Verismus zugleich einen Angriff auf regionales Kunstschaffen und nationales Kunstempfinden vermutete. So verwahrte man sich strikt gegen die vermeintlich einseitige und tendenziöse Kritik im regierungsnahen *Dresdner Anzeiger* und legte beim Dresdner Oberbürgermeister gleich mehrfach öffentlich Beschwerde gegen das »unpatriotische« Verhalten von dessen Feuilletonredakteur, Paul Schumann, ein:

> Die Kritik darf gewiß eine gegenwärtig gerade moderne Manier gelten lassen, sie darf aber nicht einseitig eine solche Modekunst über alles erheben, sondern soll nach ewigen Gesetzen urteilen, sonst wirkt sie entgegen ihrer Aufgabe zerstörend und verderblich ... Durch das methodische Verkleinern unserer Kräfte zugunsten fremder Plätze und vorübergehender Modeliebhabereien muß die Kauflust des Publikums von hier fortgegräult werden, ein Verfahren, welches wir als schmachvoll und unpatriotisch bezeichnen.[234]

Die Synthese von deutsch-nationaler Gesinnung und künstlerischem Traditionalismus, wie sie auch die Mehrzahl der Mitglieder des *Dresdner Kunstvereins* als idealtypisch für Gestaltung und Aussagewert zeitgemäßer Kunstwerke einforderte[235], fand ein auffälliges Pendant in der Ankaufs- und Ausstellungspolitik der staatlichen Kunstsammlungen. Gefördert über die finanziellen Zuwendungen des Landes und der Stadt[236] und abgesichert durch Mehrheiten in den entsprechenden Gremien[237] und durch das ›Mitspracherecht des königlichen Hauses‹[238], konnten die Verfechter der alten akademisch-realistischen Schule nazarenischer Prägung noch bis in die 90er Jahre hinein Ankäufe moderner Kunst zielgerichtet erschweren oder gar verhindern[239]. Damit verfügte die konservative Dresdner Künstlerschaft über ein personell und institu-

---

[232] Vgl. etwa die Artikelserie über die von Frankreich ausgehende Freilichtmalerei von Paul Schumann im *Dresdner Anzeiger*. Paul Schumann: Die Ausstellung der Freilichtmaler I. In: Dresdner Anzeiger vom 9.2.1892. Nr. 40. S. 21. Ders.: Die Ausstellung der Freilichtmaler II. In: Dresdner Anzeiger vom 13.2.1892. Nr. 44. S. 18-19. Ders.: Die Ausstellung der Freilichtmaler III. In: Dresdner Anzeiger vom 17.2.1892. Nr. 48. S. 23.
[233] Richter: Geschichte der Stadt Dresden in den Jahren 1871 bis 1902, S. 184. Vgl. auch: Zeißig: Eine deutsche Zeitung, S. 278.
[234] Der Brief an den Dresdner Oberbürgermeister ist in Auszügen abgedruckt in Zeißig: Eine deutsche Zeitung, S. 278-279. Zitat: S. 278.
[235] Die »Förderung eines nationalen Bewußtseins« als »patriotisch[es]« Ziel war, wie Robin Lenman betont, auch Aufgabe der sächsischen Kunstvereine (Dresden, Leipzig). Vgl. hierzu: Lenman: Der deutsche Kunstmarkt 1840-1923: Integration, Veränderung, Wachstum, S. 136.
[236] Die Hauptgeldgeber für den Neuerwerb von Gemälden und Grafiken waren das Land Sachsen und die Stadt Dresden. Dementsprechend war die Höhe der Gelder von der jeweils aktuellen Situation innerhalb der Staats- und Stadtfinanzen abhängig.
[237] Genaueres zur restriktiven Praxis der für den Ankauf von Kunstwerken zuständigen Gremien und Kommissionen in der sächsischen Residenzstadt vgl. Kapitel III.3.1. der vorliegenden Arbeit.
[238] Vgl. Woermann: Lebenserinnerungen. Band 2, S. 85.
[239] Karl Woermann weist auf zahlreiche solcher Versuche, Ankäufe zu verhindern, hin. Vgl. ebd., S. 57ff.

tionell gut aufeinander abgestimmtes Instrumentarium regressiver Kunstpolitik.[240] Deren Wirksamkeit und Effizienz erwies sich vor allem bei der Disziplinierung von fortschrittlichen Beamten der Königlichen Kunstsammlungen: Karl Woermann etwa, Direktor der *Dresdner Gemäldegalerie*, erhielt noch 1904 eine von der *Ersten Kammer* des Landtags ausgesprochene »öffentliche Rüge«, weil er sich für den Ankauf moderner Gemälde engagierte[241]; sein Freund und Kollege Georg Treu, Leiter der *Dresdner Skulpturensammlung*, sah sich im Januar 1901 wegen seiner vermeintlichen ›franzosenfreundlichen‹ Erwerbspolitik zeitgenössischer Plastiken massiven öffentlichen Anschuldigungen ausgesetzt[242], auf die man staatlicherseits mit der Bereitstellung finanzieller Mittel, die ausschließlich zum Ankauf »kleinbildnerischer Werke« der Dresdner Bildhauer verwendet werden mußten, reagierte[243].

Daß sich auch auf der Ebene des staatlich gesteuerten Ausstellungswesens um 1900 allmählich das moderne Kunstschaffen durchsetzen konnte, resultierte – neben den bereits erwähnten Bemühungen der Dresdner Presse – zum einen aus dem kulturpolitischen Engagement des *Vortragenden Rates im Generaldirektorium der Königlichen Sammlungen für Wissenschaft und Kunst*, Woldemar von Seidlitz, zum anderen aus der Vorbildwirkung des privaten Kunsthandels. Seidlitz, der seit 1885 den Prozeß des Übergangs von einer durch die Fürsten getragenen zur staatlich verantworteten Kultur- und Kunstpflege kritisch begleitete, setzte sich energisch bei den öffentlichen Kunstverwaltungen dafür ein, die Autonomie der Künste, ihre ›Eigenentwicklung‹, zu respektieren und zu fördern. Die Kunst wie die Wissenschaft verlange, so Seidlitz,

> viel mehr nach Freiheit als nach Stetigkeit. Diesem Umstande wird durch die bestehenden Einrichtungen nicht genügend Rechnung getragen. Die Kommissionen, welche den Staat zu beraten haben, sind viel zu wenig geeignet, den Wandlungen des Bedürfnisses auf künstlerischem Gebiet zu folgen und damit den Fortschritt zu fördern.[244]

Seidlitz sah, entgegen den Vorstellungen der *Dresdner Galeriekommission*, eine Weiterentwicklung der Kunst nur dann gewährleistet, wenn man genügend Spielraum für die unvoreingenommene und vorurteilsfreie Auseinandersetzung mit ihr schaffte und staatliche Bevormundung – sei es über den Lehrkörper an den Akademien, die Bereitstellung von Ausstellungsräumen oder den Ankauf bestimmter Werke[245] – mied. Er plädierte damit für einen sachlich-experimentellen und offenen Umgang mit der Mo-

---

[240] Vgl. hierzu die Bemerkungen von Carl Puetzfeld in seiner Schrift *Bleibt Dresden Kunststadt? Betrachtungen zur Galerie- und Akademiefrage*. Dresden: A. Tittmann Verlag 1920. S. 21ff.

[241] Vgl. Woermann: Lebenserinnerungen. Band 2, S. 87f. Es handelte sich um die Anschaffung eines dritten Bildes von Böcklin.

[242] Dresdner Bildhauer hatten in einem großen Artikel im *Dresdner Anzeiger* vom 6.1.1901 gegen die »Franzosenfreundlichkeit« Georg Treus polemisiert. In die Polemik einbezogen wurden auch die »Dresdner Kunstgelehrte[n]«, denen man »Verherrlichung […] fremde[r] Kunst« vorwarf. Siehe: Richter: Geschichte der Stadt Dresden in den Jahren 1871 bis 1902, S. 187-188.

[243] Vgl. Woermann: Lebenserinnerungen. Band 2, S. 76ff.

[244] Woldemar von Seidlitz: Der Staat und die Kunst. In: Pan 5 (1900), H. 4. [Sonderdruck]. S. 241-244, hier: S. 242.

[245] Ebd.

derne, wie ihn beispielhaft die Dresdner Privatgalerien praktizierten[246], und verwarf eine Ausstellungspolitik, die lediglich das ›gesicherte‹ und ›museumsreife‹ Stilinventar der Malerei und Plastik vergangener Kunstepochen zu archivieren bereit war. Gestützt auf die Idee einer Förderung des neuen, auch internationalen Kunstschaffens[247] durch Ankauf und Ausstellung moderner Werke in einer eigens dafür eingerichteten Galerie[248], versuchte Seidlitz in Zusammenarbeit mit den Dresdner Museumsdirektoren der Kgl. Sammlungen[249] eine behutsame Reformierung der staatlichen Kunst- und Ausstellungspraxis, die trotz wiederholter öffentlicher Anfeindungen[250] teilweise sogar von der städtischen Künstlerschaft unterstützt wurde[251].

Daß sich trotz dieser Bemühungen viele Repräsentanten der offiziellen Dresdner Museumspolitik auch noch um 1910 gegenüber der Moderne eher ablehnend oder reserviert verhielten[252], ist keine singuläre Dresdner Erscheinung (wie ein Blick in das preußische Berlin beweist[253]), und die Versuche der Dresdner Expressionisten, nach der Novemberrevolution auf die Ankaufs- und Ausstellungspolitik der staatlichen Organe gezielt Einfluß auszuüben[254], stehen im Zusammenhang mit dieser ablehnenden Haltung, die sich noch nach 1918 als distributionshemmend für die Kunst der Avantgarde erwies.

1.4.3. Literatur

Als im Jahre 1912 der Mitarbeiter des *Dresdner Kalender*, Erwin Le Mang, apodiktisch konstatierte: »Heute kann von Dresden als der Heimstätte eines besonders mit ihm

---

[246] Vor allem die Galerien *Ernst Arnold* und *Emil Richter*, die seit Mitte der 90er Jahre das moderne europäische Kunstschaffen der Dresdner Öffentlichkeit vorstellten. Vgl. Frommhold: Kunsthandel in Dresden – Eine Tradition der Moderne, S. 62-63. Siehe auch Kapitel III.3.1 der vorliegenden Arbeit.
[247] Seidlitz verfaßte eine der ersten deutschen Studien über den japanischen Farbholzschnitt. Vgl. Woldemar von Seidlitz: Geschichte des japanischen Farbholzschnitts. Dresden: G. Kühtmann 1897.
[248] Zur Galeriefrage vgl. Woermann: Lebenserinnerungen. Band 2, S. 78.
[249] Vor allem mit Karl Woermann, Georg Treu und Max Lehrs.
[250] So initiierten Woermann und Seidlitz Anfang der 90er Jahre mit der Ausstellung von Werken Uhdes und Klingers in der *Kgl. Gemäldegalerie* eine »heftige Preßfehde«, an der sich zahlreiche »Freunde der alten Kunstweise« (insbesondere die Dresdner Maler Karl Ehrenberg und Adolf Rosenberg) beteiligten und die selbst in der *Zweiten Kammer* des Landtages zum Gegenstand kulturpolitischer Auseinandersetzungen wurde. Vgl. Richter: Geschichte der Stadt Dresden in den Jahren 1871 bis 1902, S. 184.
[251] Aus der Tatsache, daß 43 Dresdner Maler und Bildhauer gegen die Angriffe der konservativen Künstler um Karl Ehrenberg und Adolf Rosenberg öffentlich protestierten, leitete Karl Woermann noch Jahre später in seinen *Lebenserinnerungen* die Feststellung ab, daß seine und Seidlitz' progressive Kunstanschauungen schon um 1890 in Teilen der Dresdner Künstlerschaft verbreitet waren. Vgl. Woermann: Lebenserinnerungen. Band 2, S. 58-59.
[252] Das beweisen die bis dahin getätigten Ankäufe moderner Kunst durch die Mitglieder der Galeriekommission. Vgl. hierzu ausführlich Puetzfeld: Bleibt Dresden Kunststadt?, S. 9ff. Die z. T. vernichtende Kritik, die Puetzfeld in seiner Streitschrift an der »Aera Seidlitz-Woermann« übt, berücksichtigt in ihrer pauschalisierenden Art jedoch zu wenig die objektiven kulturhistorischen und politischen Bedingungen, unter denen Woermann und Seidlitz in Dresden arbeiten mußten.
[253] Vgl. hierzu Werner Knopp: Kulturpolitik, Kunstförderung und Mäzenatentum im Kaiserreich. Im Spannungsfeld zwischen Staatskonservatismus und bürgerlicher Liberalität. In: Günter und Waldtraut Braun (Hg.): Mäzenatentum in Berlin. Bürgersinn und kulturelle Kompetenz unter sich verändernden Bedingungen. Berlin, New York: Walter de Gruyter 1993. S. 33ff.
[254] Vgl. das Programm der *Dresdner Sezession, Gruppe 1919*.

verknüpften literarischen Schaffens füglich nicht [...] die Rede sein«[255], beschrieb er lediglich einen Zustand, der schon vor der Jahrhundertwende zu kritischer Betrachtung Anlaß gab. Damals vermerkte der Chronist Otto Richter in seinem stadtgeschichtlichen Rückblick: »Das literarische Leben entbehrt in Dresden der Geschlossenheit und eines bestimmten Gepräges.«[256]

Aus der Tatsache, daß »noch [...] nie ein Dresdner der letzten Jahrzehnte in seiner literarischen Produktion Säulen gestürzt, noch auch nur zum Wackeln gebracht« hat und daß kein »Flügelschlag des Genius [...] die Ruhe der freundlichen Straßen, das leise Plätschern des braven Stromes«[257] störte, leitete Le Mang die Dominanz des Trivialen und Epigonalen im Schaffen der meisten Dresdner Autoren ab. Die wenigen Schriftsteller und Werke, die er für erwähnenswert hielt, repräsentieren allesamt den Stilgeschmack des literarisch ambitionslosen Stadtbewohners, für den Literatur lediglich als Unterhaltungs- und Ablenkungsmedium fungierte: Georg von der Gabelentz, der Liebesromane aus der vornehmen Welt verfaßt, J. J. Horschik, der als Autor romantischer Künstlerromane auftritt, Otto Borngräber, dessen literarische Profession sich im Erzählen von »›Tragödie[n] der Reinheit‹« erschöpft, oder Ottomar Enking, der Geschichten aus der »Zeit der Urgroßmütter« erzählt[258], beschreiben das Spektrum einer städtischen Literaturproduktion, die ihre nationale Relevanz seit der Romantik verloren hatte[259]. Neben Ferdinand Avenarius, Hermann Sudermann und Gerhart Hauptmann[260] konnte einzig der Däne Karl Gjellerup, der seit 1892 in Dresden lebte und 1917 den Nobelpreis für Literatur erhielt, mit seinen Dichtungen, die um Moralprobleme der modernen bürgerlichen Gesellschaft kreisten[261] oder mystisch-mythologische Inhalte des indischen Kulturkreises bearbeiteten[262], Anspruch auf überregionale literarische Bedeutsamkeit erheben; für einige der später in Dresden weilenden Expressionisten wird sein ästhetisches Programm sogar zum Anknüpfungspunkt für das eigene literarische Schaffen[263].

Auch der von den Zeitgenossen erhoffte Einfluß der Stadt auf die Werkentwicklung der in ihr lebenden Autoren wurde schmerzlich vermißt: Keiner, so klagte man

---

[255] Erwin Le Mang: Dresden und die Literatur 1911/12. In: Dresdner Kalender 1913. S. 61.

[256] Richter: Geschichte der Stadt Dresden in den Jahren 1871 bis 1902, S. 179. Noch 1910 verzeichnet die anläßlich der Einweihung des neuen Rathauses der Königlichen Haupt- und Residenzstadt erschienene Festschrift zur Entwicklung Dresdens in den Jahren 1903 bis 1909 kein eigenes Kapitel zum literarischen Leben in Dresden, vermutlich deshalb, weil ein solches nicht wahrnehmbar war. Während man die Musik, das Theater, die bildende Kunst und die Architektur in Einzelbeiträgen besprach, wurde die Literatur ausgeklammert. Vgl. Otto Richter (Hg.): Dresdens Entwicklung in den Jahren 1903 bis 1909.

[257] Le Mang: Dresden und die Literatur 1911/12, S. 66.

[258] Ebd., S. 62-64. Aussagekräftige Proben lyrischer Texte von in Dresden lebenden Autoren gibt das 1911 von Wilhelm Leonhardt herausgegebene *Dresdner Dichterbuch*; neben wenigen bekannteren Namen wie Ferdinand Avenarius, Friedrich Kurt Benndorf, Karl Gjellerup und Ottomar Enking taucht eine Vielzahl bedeutungsloser, literarisch zweitklassiger trivialer ›Reimer‹ auf, die im Stile biedermeierlicher Konfektionslyrik das Schöne und Gute besingen. Vgl. Dresdner Dichterbuch. Zum Margarittentag herausgegeben von Wilhelm Leonhardt. Dresden-Blasewitz: Verlag von Erich Leonhardi 1911.

[259] Zur Romantik in Dresden vgl. Schmitz: Romantik in Dresden, S. 139-158.

[260] Sudermann und Hauptmann lebten allerdings nur vorübergehend in den 90er Jahren in Dresden.

[261] Etwa die Dichtungen *Minna* (1897) und *Die Hügelmühle* (1909).

[262] *Der Pilger Kamanita* (1907).

[263] Vor allem für Rudolf Adrian Dietrich. Vgl. die Hinweise zu Gjellerup, mit dem Dietrich auch persönlich zusammentraf, im Nachlaß von Dietrich am Deutschen Literaturarchiv Marbach. A: Dietrich. Aufzeichnungen und Briefe. Band 16. Brief an Charlotte vom 19.2.1955. S. 64.

um 1900, von den hier schaffenden Schriftstellern habe sich zu einem »Dresdner Dichter entwickelt«; »höchstens äußerlich« berühre sich das Produzierte mit der Stadt, der man ansonsten eher »fremd« gegenüberstehe.[264] Dabei ist es wohl weniger der fehlende Stoff- bzw. Sujetbezug, der zu diesem Urteil führte[265], sondern vielmehr das Ausbleiben eines öffentlichen Bekenntnisses zur Dichter- und Kunststadt Dresden, wie es noch die Generation der spätromantischen Autoren um Heinrich von Kleist[266] und nach 1918 wiederum die Dresdner Expressionisten leisteten[267].

Parallel zu der im Verlaufe des 19. Jahrhunderts erfolgten Verlagerung des Schwerpunktes städtischer Kunst- und Kulturpflege auf eine gezielte Förderung der visuellen und schauwertorientierten Künste, wie sie am Beispiel des Theaters und der bildenden Kunst bereits beschrieben wurde, kam es im literarischen Bereich zum Ausbau des institutionellen Spektrums gebildeter Literaturrezeption. Während man einerseits nach einer öffentlich legitimierten Vereinigung der Literaturproduzenten in der Residenzstadt um 1900 vergeblich sucht[268], konstituieren sich andererseits zahlreiche Verbände, Gruppen und Organisationen, die sich mit Umgang und Pflege von Literatur befaßten. Neben der Entfaltung einer effizienten »Bibliotheks- und Lesehallenbewegung«[269], die im Umfeld bürgerlich-liberal motivierter Bildungsbemühungen[270] auch auf Lektüreauswahl und Leseverhalten der Arbeiter und Angestellten Einfluß zu nehmen suchte[271], entsteht eine vielfältige, als Medium geselligen Literaturstudiums »zum

---

[264] Richter: Geschichte der Stadt Dresden in den Jahren 1871 bis 1902, S. 179-180. Richter bezieht sein Urteil u. a. auf Autoren wie Adolf Stern, Ferdinand Avenarius, Ernst Eckstein, Wilhelm von Polenz, Georg von Ompteda.

[265] Ein Blick auf die zeitgenössische Lyrikproduktion belegt dies: Im *Dresdner Dichterbuch* aus dem Jahre 1911 taucht eine Reihe von Texten auf, die Dresden als Stoff oder Sujet wählen. Vgl. etwa Franz Koppel-Ellfeld: Zum Dresdner Margarittentag, S. 35-36; oder Adele Osterloh: Im Zwinger, S. 47-48. Gekoppelt wurde der Abdruck von Texten an die Beigabe von Graphiken, die ebenfalls mehrfach auf Dresden Bezug nehmen (etwa: Georg Elster: Blick auf die Frauenkirche, S. 34; Gotthard Kuehl: Augustusbrücke, S. V).

[266] Siehe Helmut Sembdner (Hg.): Heinrich von Kleists Lebensspuren. Erweiterte Neuausgabe. Band 1. Frankfurt a. M., Leipzig: Insel 1992. S. 46.

[267] Etwa bei Rudolf Adrian Dietrich. Vgl. Nachlaß Rudolf Adrian Dietrich. Deutsches Literaturarchiv Marbach. Aufzeichnungen und Briefe. Band 14. S. 133-134. Auch bei Ludwig Meidner und Ernst Wilhelm Lotz. Vgl. Ludwig Meidner: Erinnerung an Dresden. In: Neue Blätter für Kunst und Dichtung 1 (1918), Juni-Heft. S. 36-38.

[268] Um 1900 gab es in Dresden keine ›reine‹ Schriftstellervereinigung. Vgl. dazu Otto Richter: »Die in Dresden wohnenden Dichter waren jeder auf sich selbst gestellt.« Richter: Geschichte der Stadt Dresden in den Jahren 1871 bis 1902, S. 179. In den literarischen Vereinigungen der Stadt wurden zwar auch Dichter als Mitglieder aufgenommen, allerdings verstanden sich diese Organisationen nicht als Interessenvertreter der Autoren.

[269] Einen Gesamtüberblick bietet: Bruno Faass (Hg.): Dresdner Bibliothekenführer. Hg. im Auftrag der Königlichen öffentlichen Bibliothek. Dresden: Verlagsbuchhandlung C. Heinrich 1915. Auf die stetige Zunahme der Leserschaft in der städtischen Zentralbibliothek um 1910 verweist: R. Brunn: Die städtische Zentralbibliothek. Vortrag. In: Zwei wichtige Faktoren Dresdner Volksbildungsarbeit. Dresden-A.: Verlag von O. und R. Becker 1916. S. 41-72, besonders S. 70-71. Zur Lesehallenbewegung: Der Industrielle K. A. Lingner initiierte und finanzierte maßgeblich die 1902 gegründete *Dresdner Lesehalle*, die, als erste öffentliche Allgemeinbibliothek mit Lesesaal für etwa 150 Personen, eine teilweise unentgeltliche Nutzung von Literatur ermöglichte. Vgl. R. Brunn: Die Dresdner Lesehalle 27.12.1902–27.12.1912. In: Ebd., S. 7-38.

[270] Die Idee einer ›Bildung für Alle‹, an deren Verwirklichung die Volksbibliotheken in besonderer Weise Anteil haben müssen, findet sich etwa beim Dresdner Volksbibliothekar Walter Hofmann. Vgl. Walter Hofmann: Buch und Volk und die volkstümliche Bücherei. In: Schriften der Zentralstelle für volkstümliches Büchereiwesen. Leipzig (1916), H. 4.

[271] Ausdruck dieser Intention ist die Bildung eines *Arbeiter-Leserbeirats* in der *Freien öffentlichen Bibliothek Dresden-Plauen*, der – in Deutschland wohl einmalig – den Arbeitern bei der Literaturaus-

Zwecke gegenseitiger Anregung und Förderung«[272] fungierende Vereinskultur[273]. Diese, Geschichte und Gegenwart der deutschen wie internationalen Literatur vermittelnden Vereine, gelten als Basis eines Bildungsdiskurses, der die Potenzen der Literatur für die Entwicklung einer zeitgemäßen Lebenskultur nutzen wollte. Eingebunden in dieses Programm einer Neubestimmung und Reformierung der gesellschaftlichen Funktion von Literatur und Kunst um die Jahrhundertwende erlangen die von Dresden ausgehenden national-konservativen Bemühungen des *Kunstwart*-Herausgebers und *Dürerbund*-Gründers, Ferdinand Avenarius[274], einen besonderen Stellenwert. Avenarius' Glaube an die Macht der Erziehung als Mittel zum sachgemäßen und qualifizierten Gebrauch von Literatur und Kunst, sein ausgeprägter Bildungsoptimismus, mit dem er spürbar auf Studenten, junge Volksschullehrer und andere Kreise bürgerlicher und kleinbürgerlicher Gesellschaftsschichten einwirkte, und die Favorisierung des »Selbsterziehungsgedanken[s]«[275] wurden zu Säulen einer neuartigen, dezidiert rezeptionsästhetisch ausgerichteten Kulturprogrammatik. »Dem deutschen Bürgertum der […] wilhelminischen Zeit […] die wahren Werte deutscher Kunst (erschloss[en])«[276] zu haben und gleichzeitig gegen die Verbreitung der Unterhaltungs- und Kitschliteratur, die gerade Ende des 19. und zu Beginn des 20. Jahrhunderts eine wahre Explosion erlebte, wirksam vorgegangen zu sein[277], sind für den zeitgenössischen Bildungsbürger die wichtigsten Leistungen des Kulturpropagandisten Avenarius. Die z. T. langjährige Mitarbeit von namhaften Dresdner Journalisten (Paul Schumann, Franz Diederich, Ludwig Hartmann[278]) sowie Schriftstellern (Karl Gjellerup, Ottomar Enking, Oskar Walzel) und führenden städtischen Kulturbeamten (Karl Woermann, Woldemar von Seidlitz, Georg Treu)[279] an Avenarius' Unternehmungen ordnen sich dabei in jene bereits am Beispiel der Kunsterziehungsbewegung beschriebenen, vorwiegend national ausgerichteten bürgerlichen Reformbestrebungen ein, die in der Schulung des rezeptiven Vermögens und der Formung der ästhetischen Urteilskraft

---

wahl und bei den Ausleihmodalitäten Hilfestellung und Mitspracherechte einräumte. Vgl. Karl Poelchau: Der Arbeiterbeirat der Freien öffentlichen Bibliothek Dresden-Plauen. In: Zentralblatt für Volksbildungswesen. Stuttgart 11 (1911), H. 10. S. 145-149. Auch: Felicitas Marwinski: Von der Arbeit des Arbeiter-Leserbeirates der Freien öffentlichen Bibliothek Dresden-Plauen 1909-1914: Protokolle – Berichte – Materialien. Dresden: Stadt- und Bezirksbibliothek 1983.

[272] Siehe § 1 des Statuts des *Literarischen Vereins zu Dresden* aus dem Jahre 1885.

[273] Besonders: *Literarischer Verein*; *Literarische Gesellschaft*; *Gesellschaft für Literatur und Kunst*.

[274] Zu Avenarius vgl. noch immer: Gerhard Kratzsch: Kunstwart und Dürerbund. Ein Beitrag zur Geschichte der Gebildeten im Zeitalter des Imperialismus. Göttingen: Vandenhoeck & Ruprecht 1969.

[275] Elisabeth Boer: Dresdner Kunstleben um 1890 und die Gründung des *Kunstwarts*. In: Dresdner Geschichtsblätter 44 (1936), Nr. 1-2. S. 202.

[276] Wachstum und Wandel. Lebenserinnerungen von Oskar Walzel, S. 163-164. Zitat: S. 164.

[277] Etwa mit dem viele Auflagen erlebenden *Hausbuch deutscher Lyrik*; wobei die Moderne nur am Rande eine Rolle spielt (A. Mombert und C. Hauptmann sind mit je einem Gedicht vertreten). Avenarius konzentrierte sich vorrangig auf Autoren des 19. Jahrhunderts. Vgl. Ferdinand Avenarius: Hausbuch deutscher Lyrik. München: Callwey 1934. Zum Engagement gegen die Schundliteratur und das Kolportageschrifttum vgl. auch: Herbert Broermann: Der Kunstwart in seiner Eigenart, Entwicklung und Bedeutung. München: Callwey 1934. S. 46-47 sowie Kratzsch: Kunstwart und Dürerbund, S. 229.

[278] Anhand der Mitarbeiterschaft der Journalisten zeigt sich der politisch übergreifende Charakter von Avenarius' Tätigkeit: Paul Schumann war Journalist am nationalliberalen *Dresdner Anzeiger*, Franz Diederich an der *Sächsischen Arbeiterzeitung* und Ludwig Hartmann an den konservativen *Dresdner Nachrichten*.

[279] Vgl. Kratzsch: Kunstwart und Dürerbund, S. 127. Teilweise waren die Genannten sogar im Vorstand des *Dürerbundes* tätig; vgl. ebd., S. 463-466.

die wichtigsten Voraussetzungen einer sachgeleiteten Beteiligung aller am Literatur-
und Kunstprozeß der Zeit erblickten. Obgleich Avenarius der modernen Literatur
eher ablehnend, zumindest jedoch ambivalent gegenüberstand[280], hat seine öffentlichkeitswirksame bildungspolitische und kulturkritische Auseinandersetzung mit den
›Jüngsten‹ das Interesse des gebildeten Stadtbürgers auf die zeitgenössischen Literatur-
bewegungen gelenkt[281] und damit schon früh die Notwendigkeit einer Einbeziehung
des aktuellen Kunstschaffens in den gesamtgesellschaftlichen kulturellen Dialog unterstrichen.

Auch die Dresdner Expressionisten konnten auf diese, für Probleme avantgardistischer Kunst und Literatur interessierte städtische Öffentlichkeit als Rezeptionsmedi-
um zurückgreifen, und der pädagogisch-erzieherische Impetus des Kulturpropagandisten Avenarius sowie dessen Hang zur Favorisierung der klassischen und nachklassi-
schen Literatur und Kunstästhetik, die er glaubte noch für die Literaturentwicklung
des beginnenden 20. Jahrhunderts fruchtbar machen zu können, gehen – wenn auch
nur peripher und mit neuer Funktionalisierung – in die ästhetische Paradigmenbildung der Dresdner Expressionisten ein.[282]

---

[280] Avenarius favorisierte eher die Kunst der Klassik und Nachromantik. Der Naturalist Hauptmann
wird allerdings positiv beurteilt (vgl. z. B. Kunstwart 26,IV (1913), H. 19. S. 31f.), Wedekind hingegen abgelehnt (Kunstwart 11,I (1898), H. 2. S. 378f.). Gegenüber dem Expressionismus hatte Avenarius ein zwiespältiges Verhältnis, wie etwa eine Kritik am »Literatur-Expressionismus« aus dem Jahre 1918 zeigt: hier wird den meisten Expressionisten zwar vorgeworfen, sie reduzierten ihre literarische Produktion auf »den Schrei, [...] den wilden, unartikulierten, protestlerischen Schrei«; daß diesem Schrei jedoch »aus bewegter Menschenbrust Ohren geöffnet wurden«, sei wiederum ein wichtiges »Verdienst« der Expressionisten. Vgl. I. E. A.: Zum Literatur-Expressionismus. In: Der Kunstwart 32,I,II (1918), H. 1. S. 21-22. Noch im Sommer 1920 wird Oskar Walzel, der zu diesem Zeitpunkt schon mehrfach in der Öffentlichkeit – u. a. auch im *Kunstwart* selbst – Partei für die jüngste
Literatur ergriffen hatte, von Avenarius gebeten, in seiner Zeitschrift etwas zu den jungen Autoren zu
schreiben: »Wenn sichs mit den gegenwärtigen Papiernöten <u>irgendwie</u> einrichten lässt, so will ich
sehr gern wieder Ihrem Wunsch entsprechen. Am meisten in Betracht käme dafür etwas Wichtiges
und womöglich Grundsätzliches über die Neuesten.« Ferdinand Avenarius an Oskar Walzel, Karte
vom 13.6.1920 aus Dresden-Blasewitz. In: Nachlaß Oskar Walzel. Deutsches Literaturarchiv Marbach. A: Walzel. Briefe. Zugangsnummer 92.3. Zu Walzels vorsichtig positiver Wertung des Expressionismus vgl. Oskar Walzel: Umwertung von Dichtern. (Zur Gegenwartsliteratur). In: Der Kunstwart 31, II (1918), H. 10. S. 84-86.
[281] Kratzsch: Kunstwart und Dürerbund, S. 132-133.
[282] Besonders deutlich bei Rudolf Adrian Dietrich, der um die Jahrhundertwende den *Kunstwart* las
und vom »Geschmack« des dort Gebotenen beeindruckt war. Vgl. Rudolf Adrian Dietrich: An Charlotte. Brief vom 19.2.1955. In: Nachlaß R. A. Dietrich. Deutsches Literaturarchiv Marbach. A: Dietrich. Aufzeichnungen und Briefe. Band 16. S. 66. Auch im Rückgriff von Heinar Schilling und Walter Rheiner auf Strukturen der klassisch-romantischen Naturdichtung lassen sich entsprechende Einflüsse vermuten.

III. ZEITWANDEL: MODERNE CONTRA KUNSTSTADT-TRADITION

1. Zur Genese ›kreativer Milieus‹ vor dem Ersten Weltkrieg – Die *Gartenstadt Hellerau* und die *Künstlergruppe Brücke*

[...] wir [haben] dieses Institut nicht in Dresden, sondern auf freiem Lande, in Hellerau, in der Nähe des Waldes, in reiner Luft, hundert Meter höher als Dresden, und in einem Ort erbaut, der die Kunst an die Lösung der sozialen Aufgaben, zuvörderst an die Lösung der Wohnungsfrage, direkt heranführt und so die Kunst als ein notwendiges Bildungsmittel, als ein soziales Erfordernis unserer Zeit begreift. In einem solchen Ort muß sich von selbst ein höheres soziales Bewußtsein entwickeln und solches Bewußtsein baut sich auf der Erkenntnis auf, daß jeder von uns berufen ist, durch überzeugtes Handeln und Wirken seinen Platz auszufüllen und so an der Neubildung unserer Kultur mitzuwirken.[1]

Diese Worte des Mitbegründers der Gartenstadt Hellerau, Wolf Dohrn, aus dem Jahre 1911 erhellen nicht nur das Selbstverständnis, mit dem die Erbauer des neuen, außerhalb der Großstadt gelegenen Gemeinwesens ihr gesellschaftliches Engagement definierten, sondern vermitteln zudem einen anschaulichen Eindruck jenes ganzheitlichen und universellen sozialutopischen Denkens, das zum zeitgenössischen Signum alternativer Städte- und Lebensplanung um 1900 gehörte.[2]

Das »kreative Milieu«[3] Hellerau entfaltete sich in mehreren reformerischen Dimensionen, deren Synthese erst das Innovatorische des Ortes zeitgeschichtlich verstehbar und historisch bewertbar macht: Das neuartige Zusammenwirken von Arbeit, Wohnen und Kultur schuf im Kontext mit einer immanent sozialen Komponente, die von den Erbauern der Gartenstadt eingebracht wurde, aus dem Experiment Hellerau einen Modellfall moderner Reformbestrebungen mit überregionalem Wirkungsanspruch. Als »Gebilde des Altruismus [und] Idealismus« steht es – wie die Zeitgenossen wissen – »sorgfältig kaufmännisch auskalkuliert« auf einer starken wirtschaftlichen Basis[4] und koppelt damit exemplarisch genau jene Elemente des gesellschaftlichen Modernisierungsprozesses aneinander, die sich eigentlich auszuschließen scheinen: das Ökonomische und das Humanistische. Die Interdependenz zwischen wirtschaftlicher Kraft und sozialer Verantwortung, die sich vor allem in der – unternehmerisch geför-

---

[1] Wolf Dohrn: Die Aufgabe der Bildungsanstalt Jaques-Dalcroze. In: Der Rhythmus (1911), Band 1. S. 13.

[2] Die Universalität des Gartenstadtgedankens taucht bereits in Ebenezer Howards Buch »Garden cities of to-morrow« aus dem Jahre 1898 auf. Howard, der als einer der Väter der Gartenstadtidee gilt, sprach sich für die Schaffung von billigen Wohnungen in Verbindung mit Parks, Sozialeinrichtungen und Gesellschaftsbauten im Umfeld der Industrieanlagen aus.

[3] Zum Begriff des ›kreativen Milieus‹ vgl. Allan Janik: Kreative Milieus: Der Fall Wien. In: Peter Berner/Emil Brix/Wolfgang Mantl (Hg.): Wien um 1900. Aufbruch in die Moderne. München: Oldenbourg 1986. S. 45-55.

[4] Vgl. Karl Scheffler: Das Haus. In: Die Schulfeste der Bildungsanstalt Jaques-Dalcroze. Programmbuch. (= Der Rhythmus. [1912], Band II. 1. Hälfte). S. 2-3.

derten[5] – Errichtung von preisgünstigen, »jeder Bau- und Bodenspekulation« entzogenen Ein- bzw. Mehrfamilienhäusern für die Industriearbeiterschaft widerspiegelt, findet durch die einmalige landschaftliche Gebundenheit der »ländlich-städtischen Anlage«[6] und die kulturell-künstlerische Ausrichtung vieler ihrer Aktivitäten eine sinnvolle Entsprechung. Insofern erschöpfte sich das – im deutschen Sprachraum einzigartige – Experiment Hellerau nicht im bloßen Versuch, zwischen industrieller Werkstattproduktion und moderner Wohn- und Lebenskultur zu vermitteln[7], sondern es erprobte im überschaubaren Raum einer ›Insel‹[8] die Utopie einer neuen Menschengemeinschaft, in welcher die Stellung der Künste radikal umgewertet und neu definiert wurde. Kunst und Kultur erhielten – auch sichtbar und gegenständlich – einen zentralen Platz im Leben der Gartenstadt und wurden damit Teil eines Konzepts, das die Harmonisierung des Menschen in seinen Mittelpunkt rückte und gegen den fortschreitenden »Intellektualismus«[9] des Zeitalters die Hoffnung auf eine »letzte große Synthese [der] Lebenskräfte«[10] setzte.

Grundlage dieses Modells sozial übergreifender Erneuerung war Wolf Dohrns Überzeugung, daß »Wirtschaft, Handel und Kunst« Bereiche sind, »die miteinander kommunizieren und sich gegenseitig bedingen.«[11] Bindeglied dieses Kommunikationsprozesses war für Dohrn zunächst die (auch für Dresden wichtige) Kunstgewerbefabrikation, wie sie in den *Deutschen Werkstätten Hellerau* exemplarisch praktiziert wurde. Aus der kulturellen Bedeutung »gewerblicher Arbeit«[12] leitete Dohrn seine Ansichten über das Zusammenspiel von Ökonomie, Lebensgestaltung und Kunst ab, dessen sowohl bestimmendes als auch verbindendes Element er im universal pulsierenden ›Rhythmus‹ zu erkennen glaubte:

> Der Rhythmus lehrte die Menschen arbeiten, lehrte sie, das Notwendige mit Freude zu tun, und weckte so in der Arbeit die Phantasie, die Freude am Gestalten.[13]

---

[5]   Karl Schmidt, der Inhaber der *Deutschen Werkstätten*, initiierte sogar Befragungen unter den Arbeitern seiner Fabrik über die Errichtung einer Gartenstadt mit entsprechenden Wohngebäuden. Vgl. Klaus-Peter Arnold: Vom Sofakissen zum Städtebau. Die Geschichte der Deutschen Werkstätten Hellerau. Dresden, Basel: Verlag der Kunst 1993. S. 335-336.

[6]   Vgl. Scheffler: Das Haus, S. 2-3.

[7]   Zu Hellerau vgl. Arnold: Vom Sofakissen zum Städtebau, 1993. Auf die besondere Rolle der Schriftsteller und Künstler in Hellerau geht ein: Hans-Jürgen Sarfert: Hellerau. Die Gartenstadt und Künstlerkolonie. Dresden: Hellerau-Verlag 1999.

[8]   Auf die »unübersehbare Inselhaftigkeit« Helleraus verweist Hans-Jürgen Sarfert: Berlin und Dresden. Skizze der Kommunikationsbeziehungen 1900 bis 1918. In: Peter Wruck (Hg.): Literarisches Leben in Berlin 1871-1933. Studien. Band I. Berlin: Akademie-Verlag 1987. S. 373.

[9]   Dohrn: Die Aufgabe der Bildungsanstalt Jaques-Dalcroze, S. 13.

[10]   Wolf Dohrn: Aufgaben der Bildungsanstalt Jaques-Dalcroze. In: Die Schulfeste der Bildungsanstalt Jaques-Dalcroze. Programmbuch. (= Der Rhythmus. [1912], Band II. 1. Hälfte). S. 75-81, hier: S. 81.

[11]   Vgl. Karl Lorenz: Wolf Dohrn. Jahre der Reife (1907-1914). In: Wolf Dohrn: Die Gartenstadt Hellerau und weitere Schriften. Dresden: Hellerau-Verlag 1992. S. 97.

[12]   Dazu Dohrn: »[...] In einem Industrievolk (ist) nur jene Kultur lebensfähig, schöpferisch und echt, die aus der breiten Fülle gewerblicher Arbeit organisch hervorwächst«. Zitiert nach: Lorenz: Wolf Dohrn, S. 100.

[13]   Dohrn: Die Aufgabe der Bildungsanstalt Jaques-Dalcroze, S. 8. Dalcroze bezieht sich bei seinen Äußerungen auf die Schrift *Arbeit und Rhythmus* von Karl Bücher aus dem Jahre 1896.

Daß Hellerau ideale Möglichkeiten einer praktischen Erprobung der »Lehre vom Rhythmus«[14] bieten konnte, schien spätestens nach der Berufung des Tanzpädagogen Emile Jaques-Dalcroze an die Hellerauer Bildungsanstalt im Jahre 1911 für Dohrn Gewißheit zu sein. Die Schule für rhythmische Gymnastik sollte sich zu einer »sozialen Institution«[15] entwickeln, die ihre Ergebnisse alljährlich in öffentlichen »Schulfesten« einem internationalen Publikum vorstellte.

Die Herausbildung einer spezifischen ›Festspieltradition‹, wie sie sich seit 1912 in Hellerau entwickelte, war also von Anfang an keineswegs einseitig und isoliert auf eine lediglich künstlerische Modernisierung zugeschnitten. Die soziale Praktikabilität und gesellschaftliche Zweckgerichtetheit der rhythmischen Übungen ließ sich jedoch nur durch ihre Verknüpfung mit dem wirtschaftlichen Erneuerungsprogramm der *Deutschen Werkstätten* erproben, was auf Grund der Kurzlebigkeit des Experiments Hellerau lediglich in Ansätzen gelang. Die Einrichtung von »Schulfesten«, die im Kontext mit einer erfahrbaren Lebenswelt der Bewohner wie Besucher Helleraus die Kreativität und Vielseitigkeit der sozialen und kulturellen Reformen erhellen sollten, war ein erster Schritt, um dieses anspruchsvolle Anliegen zu verwirklichen.

Der »pädagogische Habitus des Ortes«[16] kam dabei nicht nur den Bemühungen der Gartenstadtbetreiber entgegen; er prägte zugleich die Spezifik der Hellerauer Festspielkultur, deren didaktisch-erzieherischer Impetus bereits durch den Begriff »Schulfeste« öffentlichkeitswirksam verankert wurde. Im Zusammenhang mit den umfassenden Bestrebungen einer Reformierung der deutschen Schulverhältnisse um 1900[17] war den außergewöhnlichen Initiativen des Rhythmikers Jaques-Dalcroze eine breite überregionale Aufmerksamkeit[18] sicher, zumal die Kopplung des Erziehungsgedankens mit dem Festspielgedanken eine zeitgenössische Diskussion wiederbelebte. Richard Wagners Bayreuther Festspielunternehmen hatte schon in den 70er Jahren des 19. Jahrhunderts die Debatte um eine Neuordnung des modernen Theater- und Schauspielschaffens angeregt und in der »eigenwilligen Konzeption eines musikalischen National-Festspiels«[19] Möglichkeiten einer produktiven Kooperation zwischen Theater und Publikum anvisiert[20].

---

[14]   Emile Jaques-Dalcroze: Rhythmus, Musik und Erziehung. Basel: Schwabe-Verlag 1922 oder ders.: Die Rhythmik. Unterricht zur Entwicklung des rhythmischen und metrischen Instinktes, des Sinnes der plastischen Harmonie, des Gleichgewichtes der Bewegungen und zur Regulierung der Bewegungsgewohnheiten. Methode Jaques-Dalcroze. Lausanne, Leipzig: Breitkopf & Härtel. 2 Bände. 1916-1917.

[15]   Das Wort von der »sozialen Institution« stammt von Dalcroze selbst. Vgl. Dohrn: Die Aufgabe der Bildungsanstalt Jaques-Dalcroze, S. 14.

[16]   Sarfert: Hellerau, S. 98.

[17]   Zusammenfassend hierzu Christa Berg (Hg.): Handbuch der deutschen Bildungsgeschichte. Band IV. 1870-1918. Von der Reichsgründung bis zum Ende des Ersten Weltkrieges. München: C. H. Beck 1991. S. 147-178. Unter dem Aspekt der literarischen Verarbeitung der Schulmisere siehe: York-Gothart Mix: Die Schulen der Nation. Bildungskritik in der Literatur der frühen Moderne. Stuttgart: Metzler 1995.

[18]   Aus der Fülle von Beiträgen der zeitgenössischen Rezeptionsgeschichte seien erwähnt: Karl Storck: Die Hellerauer Schulfeste. In: Der Türmer 15 (1912/13), II. S. 706-710. Arthur Seidl: Die Hellerauer Schulfeste und die »Bildungsanstalt Jaques-Dalcroze«. Regensburg: Gustav Bosse Verlag 1912. Gertrud Bäumer: Hellerauer Festspiele. In: Die Hilfe 19 (1913), Nr. 26. S. 409-411.

[19]   Vgl. Peter Sprengel: Die inszenierte Nation. Deutsche Festspiele 1813 – 1913. Mit ausgewählten Texten. Tübingen: Francke 1991. S. 20.

[20]   Manfred Eger: Die Bayreuther Festspiele und die Familie Wagner. In: Ulrich Müller/Peter Wapnewski (Hg.): Richard-Wagner-Handbuch. Stuttgart: Kröner 1986. S. 592. Wagner spricht von der »Teilnahmemöglichkeit für alle Freunde der Kunst, klare und bestimmte Unterrichtung des Publi-

Allerdings, und dies scheint von ausschlaggebender Bedeutung nicht nur für die historische Rekonstruktion der unterschiedlichen Festspielkonzepte, sondern mehr noch für ihre gegenwärtige Deutung, weisen die Formen der Institutionalisierung des Festspielgedankens in Hellerau und in Bayreuth erhebliche Unterschiede auf. Obgleich schon die gebildeten Zeitgenossen den Vergleich zwischen Topographie und Programmatik der Festspielkultur in Hellerau und Bayreuth suchten und auf manche Gemeinsamkeit stießen[21], erhellen erst die offenkundigen Differenzen die besondere Rolle personell gesteuerter kultureller Institutionalisierungsprozesse für die öffentliche Durchsetzung moderner Kunstprojekte.

Während sich in Bayreuth ein Künstler seinen eigenen Theaterbau für die Inszenierung seiner eigenen Werke errichtete und damit jenes komplexe Gefüge mystisch untermauerter, personenzentrierter Anhängerschaft konstituierte (»Schwelgerei, Heiligtum und Gottesdienst«[22] galten denn auch als die Kennworte einer eher sakral eingestimmten Sympathisantengemeinde), zielten die Hellerauer Versuche von Beginn an auf die Durchsetzung eines Kunstprogramms, das sich weder werk- noch autorzentriert verstand und dessen Rezeption nicht in eine kollektive und mythisch-erhabene ›Erlösungsmetaphorik‹ mündete. Wagners artifiziell überhöhte und hymnisch gebundene Bühnenprojekte verstanden sich – ganz im Gegensatz zur Aufführungspraxis in Hellerau – in erster Linie als ästhetisch-andachtsvolle Darstellungen tiefer religiöser Wahrheiten[23] und zeitgeschichtlich instrumentalisierbarer Mythen[24]. Der Zuschauer konnte sich ›hineinversenken‹ in den Strom klassisch ornamentaler Kompositionen, die deutsche Geschichte und »germanische Mythologie« beschworen und damit – vor allem nach der Reichsgründung – eine »betont nationale Rezeption«[25] ermöglichten. Das Potential nationaler Vereinnahmung des künstlerisch Arrangierten ergab sich dabei aus den Möglichkeiten des Mythos, zum direkten oder indirekten »politischen Informationsträger«[26] zu werden. Mit dieser wirkungsästhetischen Orientierung, die auch das Spektrum künstlerischer Aneignungsweisen durch das Publikum mitbestimmte, gerät das Bayreuther Festspielprojekt bereits in den 90er Jahren in den Sog einer politischen Vereinnahmung mit nationalkonservativer Perspektive.[27]

Die Hellerauer Versuchsbühne dagegen entzog sich schon bei ihrer Gründung weitgehend den Mechanismen machtpolitischer Beeinflussung, denn während Wag-

---

kums, das sich – abseits des Arbeitsmilieus und ausgeruht – [...] auf die Darbietung konzentrieren kann.« Vgl. ebd.

[21] Etwa in der ähnlichen geographischen Lage, in der Abwendung vom Repertoiretheater und von der gängigen Bühnenkonstruktion oder in der Bevorzugung komplexer, den Status des »Gesamtkunstwerks« anvisierender Aufführungen. Gut dargestellt bei Bettina Hey'l: Richard Wagner in Hellerau. In: Walter Schmitz/Uwe Schneider/Justus H. Ulbricht (Hg.): Hellerau – Laboratorium der Moderne [im Druck].

[22] Martin Gregor-Dellin: Bayreuth. Mythos und Gegenwart. In: Uwe Schultz (Hg.): Das Fest. Eine Kulturgeschichte von der Antike bis zur Gegenwart. München: Beck 1988. S. 323.

[23] Wie etwa im 16 mal zu Wagners Lebzeiten in Bayreuth aufgeführten Bühnenweihespiel *Parsifal*. Vgl. Eger: Die Bayreuther Festspiele, S. 598.

[24] Zu diesem Problemkomplex vgl. Manfred Frank: Vom »Bühnenweihefestspiel« zum »Thingspiel«. Zur Wirkungsgeschichte der ›Neuen Mythologie‹ bei Nietzsche, Wagner und Johst. In: Walter Haug/Rainer Warning (Hg.): Das Fest. München: Fink 1989. S. 610-638.

[25] Vgl. Dagmar Ingenschay-Goch: Richard Wagners neu erfundener Mythos. Zur Rezeption und Reproduktion des germanischen Mythos in seinen Operntexten. Bonn: Bouvier 1982. S. 152f.

[26] Ebd., S. 155.

[27] Vor allem nach dem Tod Wagners setzt – unter maßgeblicher Beteiligung von Cosima Wagner – die nationalistische Stilisierung seiner Werke ein. Vgl. Gregor-Dellin: Bayreuth, S. 325.

ners Projekt nur durch das personelle und vor allem finanzielle Engagement des bayerischen Königs, Ludwigs II., vollendet werden konnte[28], blieb Hellerau die monar-
chisch-staatliche Förderung weitgehend versagt: Lediglich die lächerliche Summe von
1000 Mark stellten die Stadtväter Dresdens für den Aufbau des Festspielhauses zur
Verfügung.[29] Vielleicht ist es schon diesem Umstand geschuldet, daß sich die Schulfeste der Gartenstadt weder politisch instrumentalisieren noch nationalistisch vereinn-
nahmen ließen, sondern mit ihrem Repertoire und ihrer betont experimentellen Aufführungspraxis gerade gegen den aufkommenden Nationalismus am Vorabend des Ersten Weltkrieges opponierten.

Die Wendung zum Internationalen und Weltoffenen, die sich nicht nur im ›Typus‹ des Festspielgedankens als ›Bildungsprojekt‹ widerspiegelt[30], sondern ebenso in
der konzeptionellen und praktischen Durchführung der Festspiele[31], markierte eine
pädagogisch-soziale und kulturell-humanistische Zielrichtung und hob die Bindung
an die gesamtreformerischen Bestrebungen der Gartenstadt hervor[32]. So wird das Fest-
spieltheater als »Zentrum des Lebens«[33] verstanden und nicht als »Pflanzstätte für die
Rhythmik«[34].

Die Bemühungen Schmidts, Riemerschmids und Dohrns, »zu Beginn des Maschinen-
zeitalters mit allen seinen zu erwartenden sozialen Problemen, die Welt des Arbeiters
nicht von Natur und Kultur zu trennen«[35], spiegeln sich vor allem im anvisierten Pub-
likums- und Adressatenbezug der Schulfeste wider: Die traditionelle Mauer zwischen
Zuschauern und Künstlern sollte niedergerissen werden, um die »Trägheit« und »Pas-
sivität« des Publikums gegenüber dem Kunstwerk zu beseitigen.[36] Das populärästheti-
sche Programm einer Illusionierung und idealistischen Verklärung der passiv genie-
ßenden Rezipienten wurde deshalb durch eine auf Eigenaktivität und Kreativität be-

---

[28] Genaueres zum Verhältnis Wagners zu König Ludwig II. bei: Manfred Eger: Richard Wagner
und König Ludwig II. In: Müller/Wapnewski (Hg.): Richard-Wagner-Handbuch, S. 162-173 und
592, 596-597.

[29] Vgl. Otto W. F. Sebaldt: Kunst und Kultur in Dresden. In: Dresdner Kalender 1913, S. 51.

[30] Es handelt sich um eine internationale Schule; vgl. auch die Zusammensetzung der Schüler, die
aus vielen europäischen Ländern kamen. Genaueres siehe die Schülerliste im Jahrbuch *Rhythmus*
(1911), Band 1. S. 72ff.

[31] Etwa anhand der aufgeführten Stücke bei den Festspielen 1912 und 1913. 1912 wurden aufgeführt: *Orpheus*, II. und III. Akt von Gluck; *Alegretto* aus der 7. Symphonie von Beethoven; *Narziss
und Echo*, Pantomime von Jaques-Dalcroze; Fugen und Inventionen von Johann Sebastian Bach.
1913: *Verkündigung* von Paul Claudel; und *Orpheus* von Gluck. Mehr noch zeigt sich der internationale Charakter der Festspiele an den aus ganz Europa angereisten Besuchern. Vgl. Sarfert:
Hellerau, S. 34-35.

[32] Schon Karl Storck sprach vom »sozial-künstlerischen Geist« Helleraus. Vgl. Karl Storck: Emile
Jaques-Dalcroze. Seine Stellung und Aufgabe in unserer Zeit. Stuttgart: Greiner & Pfeiffer 1912.
S. 87. Auch: Werner Durth: Hellerau – Entwurf zur Moderne. In: Dresdner Hefte 15 (1997), H. 3.
S. 97.

[33] Adolphe Appia: Lettre à Jaques-Dalcroze, Mai 1916. Zitiert nach: Misolette Bablet: Der musikalisch besetzte Gestus – Adolphe Appia und Jaques-Dalcroze in Hellerau. In: Dresdner Hefte
15 (1997), H. 3. S. 62.

[34] Karl Lorenz: Wolf Dohrns Vermächtnis. Gedanken zu seinem 70. Todestag am 4.2.1984. In:
Karl Lorenz (Hg.): Hellerau – Eine pädagogische Provinz? Eine Aufsatzreihe aus der Zeitschrift
»Rhythmik in der Erziehung« über die Hellerauer Bildungsanstalt Jaques-Dalcroze in den Jahren
1911-1918. Hg. anläßlich des 80. Geburtstages der Grundsteinlegung der Bildungsanstalt Jaques-
Dalcroze in Dresden-Hellerau am 22.4.1911. Heinsberg/Rothaargebirge. o. J. S. 12.

[35] Ebd.

[36] Bablet: Der musikalisch besetzte Gestus, S. 61.

ruhende Beteiligung des Zuschauers am Kunstprozeß[37] ersetzt. Mit der Formulierung, daß »aus der dramatischen Kunst ein gemeinschaftliches Werk« zu machen sei, in welchem »der Saal mit der Bühne, das Publikum mit den Darstellern ein soziales Milieu bilden«[38], verabschiedete man sich vom klassischen konsum- und genußorientierten Rezeptionsmodell vollends. Der Versuch einer »Versöhnung von Kunst und Leben«[39] auf der Basis institutionell legitimierter und praktisch erprobter Kunstübungen richtete sich dabei keineswegs an ein ›besonderes‹ Publikum: Indem Jaques-Dalcroze die Hellerauer Aufführungen als Symbol gemeinschaftlicher Arbeit, die erst durch eine Beteiligung der Besucher – »Eltern und Freunde« – als vollendet gedacht werden kann, betrachtete und eine primäre Hinwendung zu den »erlesenen Kreisen von Künstlern, Kritikern und Kunstfreunden«[40] ablehnte, verhalf er auch der Institution ›Fest‹ als wichtigem »Kulturfaktor [...] der Zeit«[41] zu einer neuen Wirkungsdimension. Denn der Rezipientenkreis der Hellerauer Schulfeste beschränkte sich keineswegs auf eine bildungsbürgerliche Elite, vielmehr sprechen die Zeitgenossen von einer

> ganz anderen Art von Besuchern, als die mit Theatermänteln und Operngläsern, schleppenschleifend und perlenklirrend sonst vor erleuchteten Vestibülen ihren Autos entsteigen.[42]

Sicher – und die Berichte von Beteiligten belegen dies – fand sich ein internationales Publikum ein[43]; daneben folgten aber auch zahlreiche ›Ortsansässige‹ und an der Methode der rhythmischen Gymnastik interessierte Laien aus allen Bevölkerungskreisen[44] den Darbietungen.

Die Vorführungen dienten in erster Linie dem Zweck, »nicht Fertiges, sondern Werdendes«[45] zu zeigen, und sollten, auch auf Grund ihres explizit pädagogisch-experimentellen Charakters, den Eindruck des ästhetisch Vollendeten verhindern. Das Fragmentarische, Unvollendete und Prozeßhafte wird zu einem Kennmuster der Hellerauer »Versuchsbühne«[46], die damit nicht nur auf einen Topos der Moderne

---

[37] Ebd., S. 62.

[38] A. Appia: Lettre à Jaques-Dalcroze, Mai 1916. Zitiert nach ebd.

[39] Durth: Hellerau – Entwurf zur Moderne, S. 97.

[40] Emile Jaques-Dalcroze: Schularbeit und Schulfest. Aus dem Französischen übertragen von Wolf Dohrn. In: Die Schulfeste der Bildungsanstalt Jaques-Dalcroze. Programmbuch. (= Der Rhythmus. [1912], Band II. 1. Hälfte). S. 49.

[41] August Horneffer: Das Fest. In: Die Schulfeste der Bildungsanstalt Jaques-Dalcroze. Programmbuch. (= Der Rhythmus. [1912], Band II. 1. Hälfte). S. 17.

[42] Bäumer: Hellerauer Festspiele, S. 409-411, hier: S. 409. Vgl. auch Ernst Paul, der in seiner Rezension zu den Schulfesten die Breite des Interessentenkreises hervorhob. Ernst Paul: Was Hellerau versprach und hielt. Rückblick auf die Schulfeste der Bildungsanstalt Jaques-Dalcroze. In: Monatsschrift für Schulgesang 7 (1912/13), S. 101-109, hier: S. 107.

[43] Vgl. etwa die Angaben bei Peter de Mendelssohn: Aus einer pädagogischen Provinz. In: Ders.: Hellerau. Mein unverlierbares Europa. Dresden: Hellerau-Verlag 1993. S. 52. Auch Paul: Was Hellerau versprach und hielt, S. 104-105.

[44] Vgl. etwa den Bericht von Gertrud Bäumer, die auf den Schulfesten eine »Heimarbeiterin« traf und mit ihr die Wirkungen und Möglichkeiten der rhythmischen Gymnastik besprach. Vgl. Bäumer: Hellerauer Festspiele, S. 410.

[45] Vgl. Jaques-Dalcroze: Schularbeit und Schulfest, S. 50.

[46] Zum Terminus vgl. Paul Marsop: Die Hellerauer Feste und ihr Programm. In: Die Schulfeste der Bildungsanstalt Jaques-Dalcroze. Programmbuch. (= Der Rhythmus. [1912], Band II. 1. Hälfte). S. 45. Zum Unvollendeten als Programm: Jaques-Dalcroze: Schularbeit und Schulfest, S. 50ff.

schlechthin verweist[47], sondern sich auch vom Bayreuther Festspielmodell lossagt. Das Bemühen um ein ästhetisch stilisiertes Bühnenerlebnis, das im homogenen Konzept des ›Gesamtkunstwerks‹[48] gipfelte und dessen theatralische Umsetzung »künstlerische Experimente« zugunsten einer von der »Festspiel-Gemeinde« apodiktisch geforderten »Perfektion«[49] nahezu ausschloß, erlangte in Hellerau keine Bedeutung. Wie die Debatten und Klagen einzelner Besucher über die relativ hohen Eintrittspreise angesichts einer gewollt ›unfertigen‹ Produktion belegen[50], beschritten die Hellerauer Akteure ein Terrain, das selbst bei Teilen der zeitgenössischen Kritik vielfach auf Unverständnis stieß[51], aber gerade dadurch das öffentliche Bewußtsein für einen kulturellen Paradigmenwechsel sensibilisierte.

Die Ergebnisse dieses Sensibilisierungsprozesses zeigen sich nicht zuletzt anhand der Reaktionen in den regionalen Tageszeitungen. Diese nämlich nahmen durchaus das Neue und Innovative der Hellerauer Schulfeste wahr und verteidigten deren Anspruch auf Originalität, der weder an den Bayreuther Festspielaufführungen noch am finanziellen Aufwand des Publikums gemessen werden konnte.[52]

Die Hellerauer Festspiele wurden nicht nur als Projekt der Moderne betrachtet, das durch eine bildungsbürgerlich geprägte städtische Öffentlichkeit gefördert und unterstützt wurde[53], sondern auch in den Kontext des Kunststadtgedankens eingebunden: Im Konkurrenzkampf der Städte um 1900 förderte die Gründung Helleraus zweifellos auch das internationale Ansehen der Kunststadt Dresden.[54]

Die Universalität des Experimentes Hellerau und die Vielschichtigkeit seiner Geltungsansprüche jedenfalls können als Modell eines Institutionalisierungsvorganges gelten, bei dem die beteiligten Akteure ästhetische Innovationsleistungen an soziale Interaktionskonzepte zu binden suchten und in der Vermittlung von privatem und

---

[47] Bis in die Gegenwart hinein wird die Thematik eines »unvollendeten Projekts Moderne« diskutiert. Neben Jürgen Habermas' gleichnamiger Aufsatzsammlung aus den 80er Jahren vor allem durch Anthony Giddens und Charles Taylor. Vgl. Anthony Giddens: Konsequenzen der Moderne. Frankfurt a. M.: Suhrkamp 1995. – Ders.: Kritische Theorie der Spätmoderne. Wien: Passagen-Verlag 1992. – Charles Taylor: Das Unbehagen an der Moderne. Frankfurt a. M.: Suhrkamp 1995.

[48] Zu Wagners Bemühungen um die Theorie des ›Gesamtkunstwerks‹ vgl. vor allem seine Schriften: *Das Kunstwerk der Zukunft* aus dem Jahre (1849) und *Oper und Drama* (1852). In der Wagner-Forschung wurde das Thema bislang eher peripher behandelt. Vgl. etwa Juan Allende-Blin: Gesamtkunstwerke – von Wagners Musikdramen zu Schreyers Bühnenrevolution. In: Hans Günther (Hg.): Gesamtkunstwerk. Zwischen Synästhesie und Mythos. Bielefeld: Aisthesis 1994. S. 175-183.

[49] Gregor-Dellin: Bayreuth, S. 324-325.

[50] Vgl. F. A. Geissler: Die Dalcroze-Schulfeste in Hellerau. In: Die Musik 54 (1911/12), H. 21. S. 154. Auch: Paul: Was Hellerau versprach und hielt, S. 106.

[51] Etwa bei Marsop: Die Hellerauer Feste und ihr Programm, S. 42.

[52] Etwa beim Musikreferenten der *Dresdner Neuesten Nachrichten.* In: Dresdner Neueste Nachrichten vom 30.6.1912. Nr. 174. S. 1-2.

[53] Vgl. hierzu die *Mitgliederliste des Komitees zur Gründung einer Bildungsanstalt für Musik und Rhythmus E. Jaques-Dalcroze in Dresden-Hellerau,* auf der u. a. die Namen bekannter Professoren, Rechtsanwälte, Ärzte, Redakteure verzeichnet sind. Die Liste ist abgedruckt in: Die Bildungsanstalt für Musik und Rhythmus E. Jaques-Dalcroze in Dresden-Hellerau. Ein Bericht mit 8 Abbildungen. Jena: Eugen Diederichs 1910. S. 18-19.

[54] Dies wird in zeitgenössischen Rezensionen zu den Hellerauer Aufführungen immer wieder betont. Vgl. etwa Ernst Paul: Neues über die Bildungsanstalt Jaques Dalcroze. In: Monatsschrift für Schulgesang 6 (1911/12), S. 274. Vgl. auch die Äußerung des späteren Mitglieds der *Expressionistischen Arbeitsgemeinschaft Dresden,* Raoul Hausmann: »Dresden (ist die Hauptstadt Deutschlands, weil es) eigentlich Hellerau heißt.« Zitiert nach: Katrin Nitzschke/Lothar Koch (Hg.): Dresden. Stadt der Fürsten. Stadt der Künstler. Sächsische Landesbibliothek. Bergisch Gladbach: Gustav Lübbe 1991. S. 190.

gesellschaftlichem Interesse *eine* mögliche Reaktion auf den zeitgeschichtlichen Modernisierungsprozeß erblickten.

Die sozialreformerischen Bestrebungen der Gartenstadterbauer, die wenige Jahre später auch für die Dresdner Expressionisten Bedeutung erlangen sollten[55], basierten aber nicht nur auf der Einheit und Geschlossenheit ihres konzeptionellen wie praktischen Vorgehens, sondern auch auf dem Anspruch nach überregionaler Ausstrahlung und Wirkung. Erst die Nutzung des zur Verfügung stehenden medialen Instrumentariums, vor allem die aufwendigen Werbe- und Reklamemaßnahmen im Umfeld der Schulfestspiele[56], versprachen die Erzeugung eines internationalen Interesses[57], von dem letztlich Erfolg oder Mißerfolg des institutionell Etablierten abhing, wie das einige Jahre vorher initiierte Gemeinschaftsprojekt der *Brücke*-Maler bewies.

Obgleich die ästhetische wie gesellschaftliche Dimension des Experiments der *Künstlergruppe Brücke* keineswegs an die Hellerauer Bestrebungen heranreicht: im Umfeld der Bemühungen um eine neue Verknüpfung von Stilinnovation und Alltagserleben konstituierte sich auch hier ein Milieu, das über die begrenzte kulturelle Öffentlichkeit der Residenzstadt Dresden hinaus wirken wollte: Der schon früh aufgebaute Kreis passiver Mitglieder, die aus ganz Deutschland, der Schweiz und Schweden kamen[58], belegt dies ebenso wie deren städteübergreifendes bildungsbürgerliches Engagement[59]. Da allerdings – anders als im Fall Hellerau[60] – die Unterstützung durch das alteingesessene Dresdner Bürgertum begrenzt blieb und die öffentlichen Publikations- und Ausstellungsmöglichkeiten ebenso[61], etablierte sich ein Gruppenmodell, das als idealtypischer Zusammenschluß Gleichgesinnter der produktionsästhetischen Profilierung zunächst Priorität einräumte[62]. Daß die Zeichnungen und Holzschnitte einzelner

---

[55]   Zum Verhältnis von Hellerau und Dresdner Expressionismus vgl. meine gleichnamige Studie in dem von Walter Schmitz, Uwe Schneider und Justus H. Ulbricht hg. Band *Hellerau – Laboratorium der Moderne* [im Druck].

[56]   Artur Liebscher: Die Schulfeste in Hellerau. In: Neue Zeitschrift für Musik 79 (1912), H. 28. S. 397. Auch: Paul: Was Hellerau versprach und hielt, S. 101.

[57]   Dieser Zusammenhang wird in der einschlägigen Forschung meist übersehen. Die Kopplung von Geld und Reklame, wie sie etwa Bettina Hey'l in ihrer Studie *Richard Wagner in Hellerau* konstatiert, ist aber nur die eine, den finanziellen Gewinn berücksichtigende Seite. Vgl. Hey'l: Richard Wagner in Hellerau [im Druck].

[58]   Jürgen Schilling: Eine Gruppe junger Männer prägte in Dresden den deutschen Expressionismus. In: Merian. Das Monatsheft der Städte und Landschaften: Sachsen. Hamburg: Hoffmann u. Campe. 34 (1990), November. S. 84.

[59]   Wie anhand der Mitgliederliste nachzuweisen ist, kam der überwiegende Teil der passiven Mitglieder aus dem Bildungsbürgertum (Ärzte, Juristen, Architekten, Kunsthistoriker) und hier vor allem aus dem Hamburger Raum. Vgl. Ludwig Kirchner: Verzeichnis der Passivmitglieder der Künstlergruppe Brücke. In: Katalog der Ausstellung der Künstlergemeinschaft Brücke in der Galerie Arnold. Dresden 1910. unpag.

[60]   Vgl. hierzu die Mitglieder des *Komitees zur Gründung einer Bildungsanstalt für Musik und Rhythmus E. Jaques-Dalcroze in Dresden-Hellerau*. Im Ausschuß des Komitees arbeiteten namhafte Vertreter des Wirtschaftsbürgertums mit (u. a. der Fabrikbesitzer Erwin Bienert; der Direktor der *Deutschen Bank*, Filiale Dresden, Paul M. Herrmann; der Bankier Kommerzienrat Georg Arnhold, der Fabrikbesitzer Karl Schmidt). Die Namen sind abgedruckt in: Die Bildungsanstalt für Musik und Rhythmus E. Jaques-Dalcroze in Dresden-Hellerau, S. 18-19.

[61]   Vgl. Horst Jähner: Künstlergruppe Brücke. Geschichte einer Gemeinschaft und das Lebenswerk ihrer Repräsentanten. Berlin: Henschelverlag 1986. S. 58 und 51ff.

[62]   Zu den unterschiedlichen Modellen gruppenzentrierter Zusammenarbeit von Künstlervereinigungen der Moderne vgl. Hans Peter Thurn: Die Sozialität der Solitären. Gruppen und Netzwerke in der bildenden Kunst. In: Friedhelm Neidhardt (Hg.): Gruppensoziologie. Perspektiven und Materialien. Opladen: Westdeutscher Verlag 1983. S. 295ff. Wiederabgedruckt in: Kunstforum International. Köln 1991, Band 116. S. 109ff.

Mitglieder – vor allem in der frühen Phase des Zusammenarbeitens – als austauschbar erschienen und die Kooperation eine Qualität erreichte, die zur Herausbildung eines »Gemeinschaftsstils« führte[63], weist auf einen solchen gruppenintern orientierten Institutionalisierungsversuch hin[64]. Dieser verstand sich allerdings – betrachtet man die äußeren Formen seines Aufbaus – trotz Rückzugs ins proletarische Milieu[65] sicher nicht als ›revolutionär‹ (die Anlehnung an die Organisationsmuster der im 19. Jahrhundert in Deutschland etablierten ›Kunstvereine‹ ist offensichtlich[66]). Strukturbildend und milieuprägend im Sinne der Moderne war jedoch das Bemühen, dem institutionellen Rahmen eine inhaltliche Füllung zu geben, die auf eine zeitgenössisch defizitäre Entwicklung antwortete: Der Bruch zwischen Kunst und Leben sollte – exemplarisch und öffentlichkeitswirksam manifestiert – durch eine neue Qualität menschlichen Zusammenlebens ›geheilt‹ werden: Indem man mitten in der Kunst lebte und das Leben unmittelbar in die Kunst einging[67], schufen die *Brücke*-Maler – freilich nur im abgesteckten Mikrokosmos des eigenen Existenzraumes – genau jenen »Idealfall [...] einer soziokulturellen Synthese« von Lebenswelt und neuer Kunst[68], für die – so schien es – der Makrokosmos der Kunststadt Dresden den idealen Nährboden bereitstellen konnte[69] und deren Konturen sich wenig später in dem großangelegten Experiment Hellerau ebenfalls nachzeichnen lassen. Während allerdings die Hellerauer Gartenstadtgründer die Assimilierung von proletarischem Milieu, sozialer Erneuerung und kultureller Innovation in einer dafür sensibilisierten städtischen Öffentlichkeit zunehmend erfolgreich praktizierten, blieb der Wunsch der *Künstlergruppe Brücke* nach öffentlicher Akzeptanz ihrer alternativen »Ateliergemeinschaft«[70] und der Resultate ihrer künstlerischen Praxis weitgehend unerfüllt.[71]

Dafür war nicht zuletzt die z. T. selbstverschuldete gesellschaftliche Isolation der Künstler mitverantwortlich: Das Leben im proletarischen Milieu der Friedrichstadt etwa blieb praktisch folgenlos für Werkentwicklung und soziales Engagement[72], und die Öffnung der Künstlergemeinschaft auch für die »Geniessenden«[73] vermochte keinen kontinuierlichen Zuwachs an Förderern und Mitgliedern zu initiieren. Daß es

---

[63]   Lucius Grisebach: Die Künstlergruppe »Brücke« in Dresden und Berlin von 1905 bis 1913. In: Brücke. Aufbruch der Moderne in Dresden und Berlin. Einführung und Bildauswahl von Lucius Grisebach. München, Zürich: Piper 1991. S. 22.

[64]   Für diesen abgrenzenden, eher nach innen gerichteten Gruppenzusammenhang spricht auch die elitäre Devise aus dem Stammbuch der Brücke-Maler: *Odi profanum.*

[65]   Man bewohnte ein Atelier in Dresden-Friedrichstadt, einem Kleinbürger- und Arbeiterviertel.

[66]   Genaueres hierzu bei Grisebach: Die Künstlergruppe »Brücke«, S. 19-20.

[67]   Vgl. dazu Corona Hepp: »Auf einfache Weise Gebrauchsgegenstände und bildnerische Arbeit, Lebensgewohnheiten und Kunstäußerungen in Einklang zu bringen, das war das Ideal der Brücke-Künstler [...].« Corona Hepp: Avantgarde. Moderne Kunst, Kulturkritik und Reformbewegungen nach der Jahrhundertwende. München: dtv 1987. S. 95. Auch Grisebach: Die Künstlergruppe »Brücke«, S. 24.

[68]   Thurn: Die Sozialität der Solitären, S. 292.

[69]   Abgesehen von Studienaufenthalten in Goppeln bei Dresden, Dangast in der Marsch und – gegen Ende ihrer Dresdner Zeit (um 1910) – in Moritzburg, war die sächsische Residenzstadt der Hauptschaffensort der *Brücke*-Maler, bevor sie nach Berlin übersiedelten.

[70]   Gerlinde Förster: Expressionismus in der Dresdner bildenden Kunst zu Anfang des 20. Jahrhunderts. Wege zur Neubestimmung der Funktion von Kunst im Umfeld politischer, sozialer und kultureller Verhältnisse. In: Dresdner Hefte 6 (1988), H. 1. S. 2-18, hier: S. 3.

[71]   Daß sich nur wenige Besucher bei den öffentlichen Ausstellungen in Dresden einstellten, lag z. T. auch an den eingeschränkten Werbemöglichkeiten. Vgl. Jähner: Brücke, S. 51ff.

[72]   Zum lediglich begrenzten sozialen Engagement vgl. ebd., S. 23f.

[73]   Vgl. dazu das Programm der *Künstlergemeinschaft Brücke* aus dem Jahre 1906.

dennoch zu Versuchen einer Kooperation zwischen Bildungsbürgertum, Öffentlichkeit und Avantgarde kam, belegen zum einen die Reaktionen der örtlichen Presse auf
die Ausstellungen der Gruppe, zum anderen die Initiativen einzelner Gruppenmitglieder, durch Mobilisierung der städtischen beamteten Kulturadministration die öffentliche Reputation des ›neuen Gruppenstils‹ zu befördern.

Auffallend ist die Tatsache, daß sich die Rezensenten in der Dresdner Tagespresse
– neben der ausführlichen Bewertung des malerischen Vermögens der ausstellenden
Künstler – vor allem mit der Bedeutung des Institutionalisierungsprozesses, der durch
die Gründung der Gemeinschaft innerhalb des städtischen Kulturbetriebes in Gang
gesetzt wurde, befaßten. Während man die künstlerischen Fähigkeiten der einzelnen
Brücke-Maler eher kontrovers und je nach individueller Einsicht kritisch oder wohlwollend beurteilte[74], war man sich über die positive Wirkung des Vorgangs der Gruppenbildung auf die Konsolidierung der Dresdner Kunstverhältnisse einig: Sowohl Richard Stiller vom regierungstreuen *Dresdner Anzeiger* als auch Otto Sebaldt von der
linksorientierten *Sächsischen Arbeiterzeitung* sprechen »angesichts der herrschenden
ungünstigen Verhältnisse im Ausstellungswesen und auf dem Kunstmarkt«[75] und nicht
zuletzt auf Grund »einer durch trauriges Cliquenwesen sich dokumentierenden, ka-
stengeistigen Kunstrichtung« in Dresden von einem »sehr notwendigen Gegengewicht«[76], welches mit der Entstehung dieser »Sondergruppe«, deren »Berechtigung
(sich) nicht absprechen läßt«[77], geschaffen wurde.

Der Versuch der Gruppe, als ihr eigenes Distributionsmedium zu wirken und
damit gegen die traditionellen »Vermittler im Kunsthandel«[78] zu opponieren, sollte –
über den begrenzten Rahmen der »Schaffenden«[79] hinaus – einen direkteren Kontakt
zwischen Kunstproduzenten und Kunstrezipienten ermöglichen. Die Absicht einzelner *Brücke*-Künstler, sich für dieses Vorhaben die offizielle Fürsprache und Unterstützung herausragender städtischer Kunst- und Kulturbeamter zu sichern[80], kann als früher Versuch einer Zusammenarbeit zwischen den Vertretern der Moderne und den
Repräsentanten des städtischen Ausstellungs- und Museumswesens gelten.

---

[74]   Vgl. hierzu die ausführlichen Bemerkungen von Georg Reinhardt: Die frühe »Brücke«. Beiträge
zur Geschichte und zum Werk der Dresdner Künstlergruppe »Brücke« der Jahre 1905 bis 1908. In:
Brücke-Archiv (1977/78), H. 9/10. S. 74-77.
[75]   Richard Stiller: Die Brücke. In: Dresdner Anzeiger vom 6.10.1906. Nr. 275. S. 4.
[76]   Otto Sebaldt: Dresdner Kunstschau II. In: Sächsische Arbeiterzeitung vom 23.10.1906. Nr. 246.
S. 1.
[77]   Stiller: Die Brücke, S. 4.
[78]   Vgl. hierzu die Ankündigung in der *Sächsischen Arbeiterzeitung* vom 11.10.1906. 1. Beilage.
Nr. 236. S. 3. Dort heißt es: Die Gruppe »(will) die Vermittler im Kunsthandel ausschalten«.
[79]   Vgl. Programm der *Künstlergemeinschaft Brücke* aus dem Jahre 1906.
[80]   Vgl. hierzu den Brief Karl Schmidt-Rottluffs an den Direktor der *Königlichen Skulpturensammlung
des Dresdner Albertinums*, Georg Treu. »Hochgeehrter Herr Geheimrat! Die Künstlergruppe ›Brücke‹
gestattet sich, Sie hiermit ganz ergebenst zu einem Besuche ihrer Ausstellung Dresden-Löbtau
Gröbelstr. 17 einzuladen. Es würde uns eine hohe Ehre sein, Sie empfangen und führen zu können,
wozu Sie uns gütigst mit einem Wort Ihren Besuch ankündigen möchten. Ganz ergebenst ›Brücke‹
Schmidt-Rottluff. i. A.«. Der Brief ist abgedruckt in Diether Schmidt (Hg.): Schriften deutscher
Künstler des 20. Jahrhunderts. Band 1: Manifeste Manifeste 1905-1933. Dresden: Verlag der Kunst
1965. S. 40. Daß die *Brücke*-Künstler auch dem Direktor des *Kupferstichkabinetts*, Max Lehrs, ihre
Arbeiten zeigten, betont Will Grohmann. Vgl. hierzu Lothar-Günther Buchheim: Die Künstlergemeinschaft Brücke. Feldafing/Obb.: Buchheim 1956. S. 40.

Auch wenn diese Bemühungen letztlich fehlschlugen[81], trugen die von Dresden aus gesteuerten »Kollektivausstellungen« der *Brücke*, die seit 1906 bis zur Auflösung der Gemeinschaft (1913) in ganz Europa »von Ort zu Ort (wanderten)«[82], schon aufgrund ihres international ausgerichteten Wirkungsanspruchs zu einer behutsamen Reformierung der regionalen Expositionskultur bei[83]. Die Kunststadt Dresden bot sich für ein solches Experiment auch deshalb an, weil das im ganzen konventionell strukturierte staatliche Ausstellungswesen durch mehrere – auch überregional anerkannte – Privatgalerien und -museen bereichert wurde. Daß sich diese sowohl für das ästhetische als auch typologische Konzept der »Ausstellungs-Gruppe«[84] *Brücke* sukzessive öffneten[85] und dadurch den regionalen bürgerlichen Kunstmarkt im Sinne der Moderne neu organisierten[86], unterstreicht einmal mehr die Bedeutung des Prozesses privat motivierter Interessenbildung, dessen kulturrevolutionäre Komponente schon die Gründungsgeschichte der Gartenstadt Hellerau bestimmte.

2. Tagespresse und moderne Kultur: Das Feuilleton im Dienste der Avantgarde. Die *Dresdner Neuesten Nachrichten* als Wegbereiter progressiver Kulturberichterstattung um 1914

Die Frage, inwieweit die zeitgenössische Tagespresse das Aufkommen und die Entwicklung der modernen Literatur und Kunst kritisch begleitet hat, stellt sich in Dresden mit besonderem Nachdruck. Da die sächsische Residenzstadt – ganz im Gegensatz zu anderen expressionistischen Zentren in Deutschland – noch bis Anfang 1918 über keine vor Ort erscheinende Zeitschrift verfügte, die der Propagierung und Verbreitung des neuen Stils gedient hätte[87], verlagerte sich – man könnte sagen ›zwangsläufig‹ – die Auseinandersetzung mit der Moderne in die Feuilletons der großen Dresdner Tageszeitungen.

---

[81]   So wurde den *Brücke*-Künstlern eine Ausstellung ihrer Werke in den Räumen der *Kgl. Kunstsammlungen* verwehrt.
[82]   Reinhardt: Die frühe »Brücke«, S. 91. Ausstellungsorte waren u. a.: Aachen, Moskau, Budapest, Christiania (Oslo).
[83]   Diese Tendenz einer Internationalisierung der Ausstellungskonzepte bei gleichzeitiger Reformierung der regionalen Museumskultur knüpft an die Bemühungen von Gotthard Kuehl und Woldemar von Seidlitz aus der Zeit um die Jahrhundertwende an. Vor allem Seidlitz' Idee, für Ausstellungen der neuen, modernen Kunst eine eigene Galerie zur Verfügung zu stellen, dürfte bei den *Brücke*-Künstlern Zustimmung gefunden haben. Vgl. Woldemar von Seidlitz: Der Staat und die Kunst. In: Pan 5 (1900), H. 4. [Sonderdruck]. S. 241-244, hier: S. 243f.
[84]   Zum Terminus vgl. Reinhardt: Die frühe »Brücke«, S. 94.
[85]   1910 etwa fand eine bedeutende Ausstellung in den Räumen der *Galerie Arnold* statt. Vgl. hierzu den Ausstellungskatalog vom September 1910.
[86]   Walter Grasskamp: Die unbewältigte Moderne. Kunst und Öffentlichkeit. München: C. H. Beck 1989. S. 32.
[87]   Die Dresdner expressionistischen Zeitschriften *Menschen* und *Neue Blätter für Kunst und Dichtung* erschienen erst ab Januar bzw. Mai 1918. Im einzelnen vgl. Paul Raabe: Die Zeitschriften und Sammlungen des literarischen Expressionismus. Repertorium der Zeitschriften, Jahrbücher, Anthologien, Sammelwerke, Schriftenreihen und Almanache 1910-1921. Stuttgart: Metzler 1964. S. 70ff., 77. Lediglich die wegen ihrer intellektuell-elitären Konzeption kaum öffentliche Resonanz erzielende Zeitschrift *Summa*, von Jakob Hegner und Franz Blei zwischen 1917 und 1918 herausgegeben, wäre zu nennen. Zur Konzeption der *Summa* vgl. Gregor Eisenhauer: Der Literat. Franz Blei – Ein biographischer Essay. Tübingen: Niemeyer 1993. S. 114.

Obgleich die zeitgenössische Kulturberichterstattung in der Tagespresse über die vielfältigen Erscheinungsformen der regionalen wie nationalen Avantgarde nur eine eingeschränkte Sicht auf Autoren, Werke und Bewegungen ermöglicht, kommt ihr bei der Rekonstruktion lokaler und überregionaler Verbreitungswege, öffentlicher Wirkungen und kommunikativer Strukturen im Kontext kommunaler Kulturentwicklung eine Schlüsselstellung zu[88].

Vor diesem Hintergrund zielt die quellengeschichtliche Aufarbeitung des feuilletonistischen Bestandes der *Dresdner Neuesten Nachrichten* nicht vorrangig auf eine inhaltliche Interpretation einzelner Feuilletons unter stilgeschichtlichen bzw. terminologischen Gesichtspunkten[89], sondern versucht über einen institutionenbezogenen Ansatz – wie ihn etwa Manfred Brauneck[90] und Almut Todorow[91] praktiziert haben – Funktion und Wirkungsweise des Feuilletons in seiner vermittelnden Rolle bei der Konstituierung von Öffentlichkeitsstrukturen und der Entfaltung eines der Moderne zugewandten publizistischen Milieus zu erhellen. Die Einwirkungen und Impulse des Feuilletons auf die Produktion, Distribution und Rezeption von avantgardistischer Kunst und Literatur sind dabei ebenso zu berücksichtigen wie die personellen und konzeptionellen Konturen feuilletonistischer Arbeit.

Der Aufschwung des Pressewesens nach 1900 in Deutschland[92] hatte sich auch auf den Dresdner Zeitungsmarkt ausgewirkt. Die gut durchgebildete, großstädtisch-moderne Tagespresse der Stadt[93] wurde vor allem durch drei große Zeitungen repräsentiert, die – analog zur politischen Parteienpräsenz – das Spektrum des lokalen Zeitungsmarktes bestimmten.

Als »amtliche[s] Organ des Rates«[94] der Stadt Dresden erschien der *Dresdner Anzeiger*, das offizielle Blatt der kommunalen Verwaltung. Gemäß seiner nationalliberal-volksparteilichen Ausrichtung und seines Amtsblattcharakters rekrutierte es seine Leserschaft vorrangig aus der höheren Beamtenschaft, insbesondere der städtischen Behörden. Die Auflagenzahl betrug 1900 23.500 Exemplare und stieg bis 1910 auf

---

[88] Insgesamt stellt die Auswertung der Kulturberichterstattung in der Tagespresse noch ein Forschungsdesiderat dar. Vgl. hierzu Georg Jäger: Das Zeitungsfeuilleton als literaturwissenschaftliche Quelle. Probleme und Perspektiven seiner Erschließung. In: Bibliographische Probleme im Zeichen eines erweiterten Literaturbegriffs. 2. Kolloquium zur bibliographischen Lage in der germanistischen Literaturwissenschaft, veranstaltet von der Deutschen Forschungsgemeinschaft an der Herzog August Bibliothek Wolfenbüttel. 23.–25.9.1985. Im Auftrag der Ständigen Arbeitsgruppe für Germanistische Bibliographie herausgegeben in Verbindung mit Georg Jäger, Wolfgang Harms und Paul Raabe von Wolfgang Martens. Weinheim: VCH, Acta Humaniora 1988. S. 53-71.

[89] Aus der Vielzahl von Untersuchungen, die sich terminologischen Problemen zuwenden, seien genannt: Wilmont Haacke: Handbuch des Feuilletons. 3 Bände. Vor allem Band 2. Emsdetten: Lechte 1951-1953. Auch: Heinz Knobloch: Vom Wesen des Feuilletons. Halle/S.: Verlag Sprache und Literatur 1962. S. 13-15.

[90] Manfred Brauneck: Revolutionäre Presse und Feuilleton. »Die Rote Fahne« – das Zentralorgan der Kommunistischen Partei Deutschlands (1918 bis 1933). In: Ders. (Hg.): Die Rote Fahne. Kritik, Theorie, Feuilleton 1918-1933. München: Fink 1973. S. 9-54.

[91] Almut Todorow: Das Feuilleton der »Frankfurter Zeitung« in der Weimarer Republik. Zur Grundlegung einer rhetorischen Medienforschung. Tübingen: Niemeyer 1996.

[92] Wilmont Haacke: Publizistik. Elemente und Probleme. Essen: Stamm-Verlag 1962. S. 137f.

[93] Dr. Willy Blanck: Dresdens Zeitungs- und Verlagswesen. In: Dresden. Das Buch der Stadt. Hg. vom Rat der Stadt Dresden. Dresden: Industrie- und Verkehrs-Verlag 1924. S. 9-12, hier: S. 10.

[94] Ebd.

34.800 Exemplare.[95] Ebenfalls konservativ orientiert, aber mit deutlicherer deutschnationaler Komponente waren die seit 1856 erscheinenden *Dresdner Nachrichten*, die
bis in die 90er Jahre hinein als die »meistgelesene Lokalzeitung«[96] der Stadt galten und
ihre Leser vor allem in den Kreisen des alteingesessenen Bürgertums, der mittleren
Beamtenschaft und des Militärs fanden. Die »Tradition des ›Bismarckblattes‹«[97]
pflegend, versuchten die *Dresdner Nachrichten* auch noch nach dem Tod des ›großen
Kanzlers‹ ihre konsequent konservative Einstellung zu kultivieren, was angesichts der
politischen Liberalisierungsprozesse nach 1900 in Sachsen mit dazu beitrug, daß sich
ihre Auflagenzahl stetig verringerte (von 55.000 im Jahre 1893 auf nur noch 40.000
im Jahre 1910[98]) und sich ihre Verbreitungsmöglichkeiten vorrangig in den engen
Grenzen eigener Anhängerschaft bewegten. Auch das Organ der städtischen Arbeiterschaft und der Sozialdemokratie, die *Dresdner Volkszeitung* (vormals *Sächsische Arbeiterzeitung*), sah sich dem Dilemma parteipolitischer Gebundenheit ausgesetzt: Man
verfügte zwar über eine ständig steigende Zahl an Lesern und Abonnenten (1903:
18.000; 1910: 38.000[99]), aber auf Grund seiner linksideologischen Ausrichtung blieb
der publizistische Einfluß des Blattes in der bildungsbürgerlich dominierten Stadtbevölkerung lediglich peripher.

Diese relativ fest strukturierte und politisch eindeutig bestimmte Zeitungsland-
schaft, die vor allem auf die Wahrnehmung von spezifischen Gruppeninteressen ausgerichtet war, wird mit den von August Huck[100] im Jahre 1893 gegründeten *Dresdner
Neuesten Nachrichten* grundlegend umgestaltet: Als zwar »allzeit treu zu König und
Vaterland, Kaiser und Reich« stehend angekündigt[101], etabliert Huck unter den
Schlagworten ›Freiheit‹ und ›Unabhängigkeit‹ eine Tageszeitung, die primär auf eine
»ungefärbte, objektive Berichterstattung« abzielt und sich in lapidarer Formulierung
als »Organ für alle Kreise der Bevölkerung«[102] begreift. Huck, der von den Zeitgenossen als »liberaler [...] Großindustrieller«[103] beschrieben wurde, versuchte, gegen die
»orthodoxe Programmatik« der städtischen Parteipresse, die den Veränderungen der
Industriegesellschaft nicht ausreichend Rechnung trug und in den veralteten »Strukturen ihrer Organisationsformen«[104] verharrte, die Prinzipien der modernen General-

[95] Vgl. Dr. Herbert Zeise: Eine deutsche Zeitung. Zweihundert Jahre Dresdner Anzeiger. Eine zei-
tungs- und kulturgeschichtliche Festschrift. Dresden: Verlag der Dr. Güntzschen Stiftung (Dresdner
Anzeiger) 1930. S. 426.

[96] Helmut Fiedler: Geschichte der »Dresdner Nachrichten« von 1856-1936. Phil. Diss. Leipzig,
1939. S. 167.

[97] Ebd., S. 158.

[98] Ebd., S. 170.

[99] Ebd.

[100] August Huck (24.2.1849 – 14.7.1911) war einer der bedeutendsten Zeitungsverleger des
19. Jahrhunderts, der in ganz Deutschland namhafte Tageszeitungen ins Leben rief und vor allem das
›Generalanzeigerprinzip‹ durchsetzte. Vgl. Kurt Wessel: August Huck. In: Neue Deutsche Biographie. Hg. von der Historischen Kommission bei der Bayerischen Akademie der Wissenschaften.
Band 9. Berlin: Duncker & Humblot 1972. S. 709.

[101] Vgl. An unsre geehrten Leser! In: Dresden Neueste Nachrichten vom 8.9.1893. Nr. 1.

[102] Ebd.

[103] Vgl. J[ulius] F[erdinand] W[olff]: August Huck †. In: Der Zeitungs-Verlag XII (1911), Nr. 29.
S. 639.

[104] Hans-Wolfgang Wolter: Generalanzeiger – Das pragmatische Prinzip. Zur Entwicklungsgeschichte und Typologie des Pressewesens im späten 19. Jahrhundert mit einer Studie über die Zeitungsunternehmungen Wilhelm Girardets (1838-1918). Bochum: Studienverlag Dr. N. Brockmeyer
1981. S. 67.

anzeigerpresse zu setzen. Das Potential einer »liberalisierten Pressegesetzgebung«[105] nutzend und gestützt auf eine landesweit einsetzende politische Liberalisierungsbewegung[106], richtete sich sein Blatt sowohl gegen den doktrinären und unzeitgemäßen Kurs der sächsischen »Agrarkonservativen«[107] als auch gegen die Klassenkampfparolen der erstarkten Sozialdemokratie[108]. Als Informationsmedium der liberalen Mitte konzipiert, fungierte die Zeitung im Sinne eines ausgleichenden Organs zwischen sich verhärtenden politischen Fronten und knüpfte damit an eine für Sachsen wichtige historische Tradition an: Die bereits aus der Zeit des frühen 19. Jahrhunderts datierende Unterstützung des Prozesses politischer Liberalisierung durch Teile der fortschrittlichen Presse (damals noch im Kontext mit den gesellschaftlichen Emanzipierungsbestrebungen des Wirtschaftsbürgertums gegenüber einer feudalbürokratisch ausgerichteten Landespolitik[109]) gewinnt nunmehr im Zeichen politischer Radikalisierungstendenzen zwischen ›Linken‹ und ›Rechten‹ im Umfeld der Modernisierung um die Jahrhundertwende erneut an Relevanz.

Mit dem Anspruch, alle Leserinteressen gleichermaßen neutral und unvoreingenommen zu vertreten und sich an keinerlei Programm politischer Parteien gebunden zu fühlen[110], besetzten die *Dresdner Neuesten Nachrichten* nicht nur eine ›Lücke‹ auf dem kommunalen Zeitungsmarkt, sondern wirkten zugleich als ›Mittler‹ zwischen den unterschiedlichen Interessen der einzelnen Bevölkerungskreise (das Wirtschafts- und Bildungsbürgertum der Stadt konnte sich mit den Inhalten und Wertungen der Zeitung ebenso identifizieren wie die Arbeiter- und Angestelltenschaft)[111]. Obgleich in der Anfangsphase der Zeitungsgründung eher an den Mittelstand und den gebildeten Arbeiter adressiert[112], gewann das Blatt durch eine geschickte Kopplung von universell konzipiertem redaktionellem Teil und effektiv funktionierendem Annoncengeschäft bald eine »große Masse von Menschen der verschiedensten Bildungsstufen«[113] als ständige Leser.

---

[105] Ebd.

[106] Vgl. hierzu den zwar kurzen, aber sehr instruktiven Aufsatz von Karl Heinrich Pohl: Ein zweiter Emanzipationsprozeß des liberalen Unternehmertums? Zur Sozialstruktur und Politik der Liberalen in Sachsen zu Beginn des 20. Jahrhunderts. In: Klaus Tenfelde/Hans-Ulrich Wehler (Hg.): Wege zur Geschichte des Bürgertums. Vierzehn Beiträge. Göttingen: Vandenhoeck & Ruprecht 1994. S. 231-248. Vgl. zur genaueren Fundierung des Gesagten auch die Ausführungen in Kapitel II der vorliegenden Arbeit.

[107] Vgl. den Aufsatz *Agrarisch ist Trumph.* In: Dresdner Neueste Nachrichten vom 11.3.1900. Nr. 67. S. 1; auch den Abonnentenaufruf vom September 1904, in dem es heißt: »Gegen die agrarkonservative Reaktion in Sachsen [...] haben die ›Dresdner Neueste Nachrichten‹ nicht erst in den Tagen der Finanzreform Front gemacht.«

[108] Vgl. etwa den Artikel *Reichstagswähler in Dresden!* vom 12.1.1912. Nr. 9. S. 1, in dem die Schriftleitung des Blattes anläßlich der bevorstehenden Reichstagswahlen gegen die Sozialdemokratie Stellung bezieht.

[109] Vgl. hierzu Volker Knüpfer: Presse und Liberalismus in Sachsen. Positionen der bürgerlichen Presse im frühen 19. Jahrhundert. Weimar, Köln, Wien: Böhlau Verlag 1996.

[110] An unsre geehrten Leser!

[111] Das »Zerbröckeln« eines spezifischen Adressatenprofils im deutschen Presse-Milieu der Jahrhundertwende konstatiert auch Rüdiger vom Bruch: Gesellschaftliche Funktionen und politische Rollen des Bildungsbürgertums im Wilhelminischen Reich. Zum Wandel von Milieu und politischer Kultur. In: Jürgen Kocka (Hg.): Bildungsbürgertum im 19. Jahrhundert. Teil IV. Politischer Einfluß und gesellschaftliche Formation. Stuttgart: Klett-Cotta 1989. S. 157.

[112] Hans Joachim Hofmann: Die Entwicklung der »Dresdner Neueste Nachrichten« vom Generalanzeiger zur Heimatzeitung. Phil. Diss. Leipzig, 1939. S. 31ff. (Gedruckt bei Verlagsanstalt Scholz & Co. in Dresden 1940).

[113] Ebd., S. 19f.

Der enorme Verbreitungsgrad, den die Zeitung binnen kürzester Frist erreichte[114], resultierte aber auch aus der gezielten Hinwendung des Redaktionskollegiums zur ›sozialen Problematik‹ der Zeit. Huck selbst hatte bereits früh in seinem eigenen Unternehmen eine Reihe »sozialer Maßnahmen« durchgesetzt (etwa die übertarifliche Bezahlung der Mitarbeiter, die Bereitstellung finanzieller Mittel für Betriebsangehörige bei Notfällen, die Schaffung einer »Betriebsvertretung« zur Wahrung der Interessen der Arbeitnehmer[115]), die auf die Stellung seiner Zeitung in den öffentlichen Debatten um die Bedeutung sozialpolitischer Reformen vor dem Ersten Weltkrieg zurückwirkten. So verstanden sich die *Dresdner Neuesten Nachrichten* als Vermittlungsinstanz zwischen den ›Parteien‹, die nicht nur »zum Verständnis der sozialen Frage« beitragen, sondern einen »wirklichen Einfluß auf [die] Verbesserung der Lage der arbeitenden Klassen« ausüben wollte: Ein

> wirkliches Verdienst für das Gemeinwohl kann nur der gewinnen, der ohne Hetzerei und ohne Zuhilfenahme verlogener demagogischer Mittel eine ehrliche, aber treffsichere Kritik übt und damit Positives leistet für den Ausgleich und nicht für eine weitere Verhetzung und Zersplitterung aller Volksklassen.[116]

Dem Ziel, auf die sozialen Verwerfungsprozesse der Zeit eine konstruktive Antwort zu finden[117], ordnete sich auch der Appell an die Leserschaft unter, durch »tatkräftige Mitarbeit« den »freimütigen, von keinerlei Seite beeinflußten« Dialog über alle »die Öffentlichkeit interessierende[n] Angelegenheiten«[118] zu unterstützen.

Selbst wenn man berücksichtigt, daß diese Strategie gleichfalls dazu diente, neue Leserkreise zu erschließen: ihre singuläre Bedeutung für die Ausformung einer kommunikativ strukturierten publizistischen Öffentlichkeit, die versucht, das individuelle Rezeptionserlebnis kollektiv nutzbar zu machen, bleibt davon unberührt.

Der ›kommunikative Gestus‹ gegenüber dem Leser bestimmte – zumal in der Kunststadt Dresden – vor allem das Gestaltungskonzept und die wirkungsästhetische Programmatik des lokalen Kulturfeuilletons. Von Anfang an als integraler Bestandteil des Blattes entworfen, nahm das Feuilleton schon bald rund 20% des Textteils der Zeitung ein[119] und bediente, besonders durch die für das Dresdner Pressewesen eher unüblichen zahlreichen Beilagen[120], die Interessen und Bedürfnisse unterschiedlichster

---

[114] Die Auflagenzahlen stiegen von 28.419 im Jahre 1893 auf 101.000 im Jahre 1904. Vgl. den Statistischen Anhang in: Hofmann: Die Entwicklung der »Dresdner Neueste Nachrichten«, S. 121.

[115] Ebd., S. 57f.

[116] Vgl. Bezugs-Einladung. In: Dresdner Neueste Nachrichten vom 31.3.1905. Nr. 87. S. 1.

[117] Die intensive Förderung der Sozialpolitik wird in der Zeitung immer wieder als programmatische Aufgabe herausgestellt; vgl. etwa den Leitartikel *Sozialpolitik* in Nr. 210 vom 31.7.1897. S. 1 oder in Nr. 74 vom 15.3.1899. S. 1 den Artikel *Machtpolitik und Sozialreform*. Die Tatsache, daß das Parlament »und nicht bloß die Socialdemokraten, sondern alle bürgerlichen Parteien den socialen Kampf und das Prinzip der Unterdrückung verwerfen und die Arbeiterfragen im Sinne der **Verständigung gleichberechtigter Volksklassen** behandelt wissen wollen«, wird im Mai 1899 als großer Fortschritt in der deutschen Innenpolitik gewertet. Vgl. Eine socialpolitische Debatte. In: Dresdner Neueste Nachrichten vom 7.5.1899. Nr. 126. S. 1.

[118] Was wir wollen! In: Dresdner Neueste Nachrichten vom 8.9.1893, Nr. 1.

[119] Vgl. Werner Nickold: Das Feuilleton der Dresdner Tagespresse von 1880-1900. Phil. Diss. Leipzig, 1934. S. 86-87. (Gedruckt bei Risse-Verlag Dresden).

[120] Es erschienen: täglich die *Unterhaltungsbeilage* (meist mit einem Roman oder einer Novelle in Fortsetzungen) und die Beilage *Für unsere Frauen*, sonntäglich die Wochenbeilage *Für Haus und Herd*, wöchentlich die humoristische Beilage *Dresdner Fliegende Blätter*. Vgl. ebd., S. 87 und 93ff.

Leserkreise. Versuchte man in der Gründungsphase noch einen relativ breitgefächerten Feuilletonismus zu etablieren (das Spektrum des Artikelfeuilletons reichte von der
moralischen Plauderei über aktuelle Zeitglossen, Unterhaltungen über Lebensführung,
Kunstbetrachtungen, Theaterkritiken bis zu Preisrätseln und Preisfragen), beschränkte
man sich gegen Ende der 90er Jahre mehr auf »ernste [...] in erster Linie der Kritik«
verpflichtete Beiträge, die »aktuelle Ereignisse, spez[iell] des Dresdner kulturellen Lebens« behandelten[121]. Im Zentrum des Feuilletons stehen nunmehr – wie in den anderen Dresdner Tageszeitungen auch – die Theater- und Kunstkritik, wobei das Aufkommen der Moderne zunehmend breiter und umfassender reflektiert wird.

    Da sich die Frage nach der Rolle des Kunstwerkes und des Künstlers im Prozeß
gesellschaftlicher Modernisierung nach 1900 ohnehin mit besonderem Nachdruck
stellte, war auch die Massenpresse in der Provinz gezwungen, gegenüber den immer
neuen Spielarten einer intellektuellen Oppositionskultur öffentlich Stellung zu beziehen.

    Dabei geht die demonstrative Hinwendung zur modernen Kunst des Naturalis-
mus und Verismus in den *Dresdner Neuesten Nachrichten* zum einen auf das kulturelle
Interesse des Zeitungsgründers, August Huck, zurück, der bis zu seinem Tod im Jahre
1911 das Reinhardtsche Theaterprojekt in Berlin als Hauptfinanzier unterstützte und
erst dadurch die wegweisenden Inszenierungen moderner Dramen in der Reichshauptstadt ermöglichte.[122] Zum anderen aber zeichnet für die besonders nach 1905
einsetzende intensive Auseinandersetzung mit den aktuellen Literatur- und Kunstströmungen der Verleger Julius Ferdinand Wolff[123], der ab 1903 die Hauptschriftlei-
tung des Blattes übernahm, verantwortlich.

    Die Einsicht, daß unter den Bedingungen eines an Schärfe zunehmenden kultu-
rellen Konkurrenzkampfes der Städte um 1900 die Frage nach dem Verhältnis von
Bewahrung und Erneuerung im Umfeld lokaler kulturpolitischer Entscheidungen
auch für die Positionierung des örtlichen Feuilletons bestimmend wird[124], veranlaßte
Wolff zu einer »durchgreifenden Reorganisation« der Redaktionstätigkeit, die den
Ausbau des Kulturfeuilletons ebenso einschloß wie die stärkere publizistische Förderung des regionalen Kunstschaffens[125]. In bewußter Abgrenzung von einer für andere
Dresdner Blätter typischen Instrumentalisierung des Kulturfeuilletons durch Parteien,
gesellschaftliche Institutionen oder behördliche Einrichtungen[126] wandte sich Wolff

---

[121] Vgl. ebd., S. 92-93.
[122] Vgl. Wolff: August Huck †, S. 639 und Wessel: August Huck, S. 709.
[123] Wolff, geboren am 22.5.1871, bekleidete nach dem Besuch des Gymnasiums und einigen Seme-
stern Studium die Stelle eines Schriftleiters an der *Münchner Zeitung* und wechselte Anfang August
1903 an die *Dresdner Neuesten Nachrichten*. Vgl. hierzu Hofmann: Die Entwicklung der »Dresdner
Neueste Nachrichten«, S. 52.
[124] Eine vergleichende Untersuchung zum feuilletonistischen Umgang der verschiedenen Dresdner
Tageszeitungen mit dem Verhältnis von Tradition und Moderne fehlt bislang. Die schon von den
Zeitgenossen wahrgenommene Tendenz, daß z. B. die »radikal linksstehenden« Blätter in »ihre[r]
Belletristik [...] einen fast zu hohen literarischen Geschmack [pflegen] und Werke [...] erster
Autoren bring[en]«, in ihrer tagespublizistischen Funktion abzuklären, wäre eine für die Erforschung
des Verhältnisses von Tagespresse und Moderne wichtige Aufgabe. Vgl. Erwin Le Mang: Dresden
und die Literatur 1911/12. In: Dresdner Kalender 1913. S. 65-66.
[125] Julius Ferdinand Wolff: In neuem Gewande. In: Dresdner Neueste Nachrichten vom 8.9.1903.
Nr. 249. S. 1.
[126] So gab es, wie Werner Nickold in seiner Dissertation am Beispiel des *Dresdner Journals* nachweist,
vertraglich fixierte Vorschriften, an die sich der Kunstkritiker zu halten hatte. Siehe Nickold: Das
Feuilleton der Dresdner Tagespresse, S. 121. Ein Beispiel für die Abhängigkeit des Kritikers von

gegen die zunehmende Vereinnahmung der Kunst als Mittel ideologischer Beeinflussung oder als bloßes Medium der Unterhaltung und moralischen Erziehung und unterstützte die Bemühungen um eine öffentliche Aufwertung des gesellschaftlich engagierten Literatur- und Dramenschaffens.

Die schon kurz nach seinem Amtsantritt geknüpften persönlichen Beziehungen zu den Intendanten des *Königlichen Hoftheaters*, Graf Nikolaus von Seebach und Karl Zeiß, stellten diese Versuche auch bald auf eine institutionell legitimierte Basis: Als Schauspielkritiker und Leiter der Feuilletonredaktion der größten Dresdner Tageszeitung wurde er von der Leitung des Schauspielhauses zu »journalistisch-technischen Besprechungen bei der Generaldirektion herangezogen«[127] und übte schon früh »auf Grund dieser Beziehungen einen maßgeblichen Einfluß auf das Dresdner Schauspiel« aus[128]. In dieser Position konnte Wolff nicht nur einer einseitig politisch oder moralisch intendierten ›Interpretation‹ des modernen Literatur- und Dramenschaffens publizistisch begegnen[129], sondern im Zusammenhang mit seiner feuilletonistischen Arbeit auch eine Modernisierung der städtischen Aufführungspraxis anregen.

Gerade bei der Besprechung ›fragwürdiger‹ Stücke, die das bildungsbürgerliche Publikum zu öffentlicher Entrüstung veranlaßte, befreite sein polemisch-analytischer Stil die Aufführungsanalysen vom Ballast vorschneller moralischer Wertungen und lenkte den Blick auf eine jenseits sozialmoralischer Kategorien liegende Problematik der Werke:

> Muß es noch einmal gesagt sein, daß ›Erdgeist‹ ein tiefes, ernstes Werk ist, nicht eine Folge von lasziven Szenen zu lasziven Zwecken. Wer muß sich denn schämen? Franz Stuck, weil er die ›Sünde‹ gemacht hat? Oder der Banause, der die ›Sünde‹ mit einer Illustration im ›Kleinen Witzblatt‹ oder mit irgend welcher andern Schweinerei verwechselt?[130]

Warum »alle Roheit, alle Schönheit der Natur [...] elementar durch die dünne Kulturschicht (bricht)«[131], sei eine viel wichtigere Frage, die man sich im Falle von Wede-

---

politischen Institutionen läßt sich anhand des *Dresdner Anzeigers* zeigen. Als offizielles Dresdner Amtsblatt und finanziert durch die *Dr. Güntzsche Stiftung* blieb es – wie die Zeitgenossen berichten – »von der Zusammensetzung der städtischen Kollegien naturgemäß nicht ganz unberührt«. Vgl. Blanck: Dresdens Zeitungs- und Verlagswesen, S. 10. Zur parteipolitischen Unabhängigkeit der *Dresdner Neuesten Nachrichten* vgl. Hofmann: Die Entwicklung der »Dresdner Neueste Nachrichten«, S. 55.

[127] Paul Adolph: Vom Hof- zum Staatstheater. Zwei Jahrzehnte persönlicher Erinnerungen an Sachsens Hoftheater, Königshaus, Staatstheater und anderes. Dresden: Verlag C. Heinrich 1932. S. 353.

[128] Hofmann: Die Entwicklung der »Dresdner Neueste Nachrichten«, S. 52-53.

[129] Etwa im Streit zwischen dem *Dresdner Philologenverein* und dem *Albert-Theater* um die Aufführung von Wedekinds *Frühlings Erwachen*, Wildgans' *Liebe* und *Halbes Jugend* im Jahre 1917 am *Albert-Theater* (vgl. Kap. II.1.3). Wolff begrüßte die Inszenierungen und hob vor allem die aufklärerische Tendenz in Wedekinds Drama hervor: es sei von allen drei Stücken »das moralischste«, weil es »vor falscher Erziehung (warnt)« und »vor den Gefahren verfehlter sexueller Aufklärung«. Vgl. Der Dresdner Philologenverein gegen das Alberttheater. In: Dresdner Neueste Nachrichten vom 4.5.1917. Nr. 118. S. 2. Zugleich äußerte Wolff sein Erstaunen über eine in Dresden bislang nicht bekannte Tendenz, »in Dingen der Kunst [einen] bedenklichen Sittlichkeitseifer« zu zeigen. Vgl. ebd. Auch: Dresdner Philologenverein und Alberttheater. In: Dresdner Neueste Nachrichten vom 12.5.1917. Nr. 126. S. 2-3.

[130] Julius Ferdinand Wolff: Der Fall Wedekind und der Fall Reinhardt in Dresden. In: Dresdner Neueste Nachrichten vom 16.3.1906, Nr. 71. S. 1-2, hier: S. 1.

[131] Ebd.

kinds Dichtung stellen müsse, als die nach der fehlenden Tugendhaftigkeit einzelner Figuren.

In der Verabschiedung einer Theaterkritik, die vorrangig das sittliche Gefährdungspotential der Stücke für die persönliche Entwicklung und psychologische Standpunktbildung des Zuschauers ins Zentrum rückte, sah Wollf die Voraussetzung für eine neue, rezeptionsbegleitende Theaterberichterstattung, die sich gerade auch an die ›gehobenen Schichten‹ des Bildungs- und Wirtschaftsbürgertums wandte[132]. Ausgehend vom ästhetischen Konzept des Stückes habe sich der ›kunstbesessene‹ Kritiker als ›Vermittler‹ zu begreifen, der zum Verständnis des Gezeigten beim Publikum beiträgt und der den Bezug zur kulturellen Praxis des übergeordneten sozialen Interaktionsraumes herstellt:

> Höher als das Amt des Kritikers ist das des Kunstvermittlers. [...] Ich gestehe, daß ich leidenschaftliche Liebe zum Theater für die erste, unerläßliche Eigenschaft dessen halte, der zwischen Dichter, reproduzierendem Künstler und kunstaufnehmenden Menschen Brücken schlagen will. [...] Ich glaube an den guten Geist in der Dresdner Schauspielkunst und ich glaube gar nicht an die ›große Tradition‹. (Weil **alles** Virtuosentum kunstfeindlich ist.) Ich glaube an die Zukunft des deutschen Theaters überhaupt, und daß es ein Bollwerk ist gegen den öden Materialismus eines allzugeschäftig, allzugeschäftlich gewordenen Lebens. Ich glaube an Kleist und Hebbel, an Hauptmann und Eulenberg. Und ich glaube, daß die inneren Erfolge des Königlichen Schauspielhauses zu Dresden unendlich mehr für unsre Kultur bedeuten, als der laute Succeß der beliebtesten Rosenkavaliere, von denen man so viel mehr erzählt draußen...[133]

Die Institution Kunstkritik wird hier zum dialogisch ausgerichteten Medium der Vermittlung von Meinungen, die in einer zunehmend pluralistisch strukturierten kulturellen Öffentlichkeit ihren Eigenwert erst durch die Initiierung eines Kommunikationsvorganges zwischen Künstlern, Kritikern und Rezipienten entfalten. Daß gerade in Dresden nach der Jahrhundertwende »eine starke Wandlung im Geschmack und den Wünschen des Schauspielpublikums« einsetzte und man »mit ernsthafter Literatur gute Geschäfte«[134] machen konnte, resultierte nicht zuletzt aus den Wirkungen eines Feuilletons, das sich dem gesellschaftskritischen Anspruch des modernen Naturalismus und Realismus unvoreingenommen stellte. Wenn Wolf daher die Werke von Hauptmann, Wedekind, Eulenberg und Strindberg in seinen zahlreichen Rezensionen immer wieder als vorbildlich rühmt[135], dann wertet er im Bewußtsein des Theaterbesuchers auch die ihnen zugrunde liegende moderne Weltanschauung auf, die den

---

[132] Zur Erweiterung des Adressatenbezuges im Zuge der Qualifizierung des Feuilletons in den *Dresdner Neuesten Nachrichten* vgl. Hofmann: Die Entwicklung der »Dresdner Neueste Nachrichten«, S. 54-55, und den statistischen Anhang S. 121f.
[133] Julius Ferdinand Wollf: Ouverture. In: Julius Ferdinand Wollf: Theater. Aus zehn Dresdner Schauspieljahren. Berlin: Erich Reiss 1913. S. XXIII-XXIV.
[134] Ebd., S. XXI.
[135] Aus den zahlreichen Kritiken von Wollf zu Stücken der genannten Autoren seien erwähnt: Zu Henrik Ibsens *Brand*: Dresdner Neueste Nachrichten vom 14.1.1905. Nr. 12. S. 1-2. Zu Hauptmanns *Fuhrmann Henschel*: Dresdner Neueste Nachrichten vom 6.4.1909. Nr. 93. S. 1-2. Zu Wedekinds *Marquis von Keith*: Dresdner Neueste Nachrichten vom 30.5.1914. Nr. 144. S. 1-2. Zu Hauptmanns *Elga*: Dresdner Neueste Nachrichten vom 16.9.1905. Nr. 252. S. 1-2.

Menschen in das soziale Milieu seiner Lebenswelt eingebettet denkt und das persönliche Wollen an die vorhandenen gesellschaftlichen Möglichkeiten koppelt.

Zugleich jedoch warnte der Feuilletonist vor den Gefahren einer unter dem Deckmantel politischer Verantwortung getarnten Einflußnahme des Staates auf die moderne Kunst: Anläßlich der Aufführung von Ibsens *Gespenstern* erklärte er mit Blick auf die gesellschaftspolitische Brisanz der Inszenierung:

> Es soll mich wundern, wenn im Landtag nicht über die immanente Gefahr für den Staat gesprochen wird, die in diesem Ereignis versteckt ist. Oder es erscheint demnächst wieder ein Fehderuf aus gut sächsischer Feder in der preußischen ›Kreuzzeitung‹ gegen den Generalintendanten, der die ›Gespenster‹ [aufzuführen] wagte.[136]

Die Entscheidung zugunsten der Moderne spiegelte sich indes nicht nur in solchen reflexiven Formen der Auseinandersetzung mit Kunstwerken wider. Als im Jahre 1911 Julius Ferdinand Wollf den österreichischen Publizisten Camill Hoffmann[137] als Mitarbeiter für den Kulturteil der *Neuesten Nachrichten* verpflichtete und wenig später die Anstellung von Paul Adler und Alfred Günther[138] durchsetzte, führte dies – in einem zeitungsgeschichtlich wohl einmaligen Vorgang – expressionistische bzw. dem Expressionismus nahestehende Autoren in einer lokalen Zeitungsredaktion zusammen.

Dieser Prozeß hebt den besonderen Stellenwert der *Dresdner Neuesten Nachrichten* für die Propagierung des neuen Stils in der städtischen Öffentlichkeit hervor und markiert darüber hinaus die Funktionalisierung des Feuilletons im Sinne der Moderne als stadtgeschichtlich signifikanten medialen Vorgang. Da Hoffmann, Günther und Adler die Zeitung zudem bereits früh als Distributionsmedium für eigene Texte nutzten, kam es zu einem Zusammenwirken von dichterischer und publizistischer Arbeit.

Dabei gründete sich die feuilletonistische Tätigkeit der drei in Hellerau wohnenden Autoren[139] auf eine klare Ressortverteilung mit entsprechender Schwerpunktsetzung: Während sich Paul Adler als Kunstreferent und Alfred Günther als Literaturkritiker profilierten, konzentrierte sich Camill Hoffmann auf die Theater- und Ausstellungskritik.[140] Die relativ starke Fixierung der einzelnen Feuilletonisten auf Sparten oder Ressorts führte dabei nicht zu einer Beeinträchtigung des wechselseitigen Zusammenwirkens bei der Auseinandersetzung mit gesellschaftlich brisanten kulturellen Problemen. Die immer wieder explizit gestellte Frage nach der Aktualität und Modernität des Veröffentlichten, Ausgestellten, Angekauften, Gezeigten oder Vorgetragenen wirk-

---

[136] Julius Ferdinand Wollf: Ibsens Gespenster. In: Dresdner Neueste Nachrichten vom 3.3.1906. Nr. 59. S. 1.

[137] Zu Hoffmann vgl. das Nachwort von Dieter Sudhoff in: Dieter Sudhoff (Hg.): Camill Hoffmann (1878-1944) Zuflucht. Späte Gedichte und Erzählungen. Siegen: Universität-Gesamthochschule 1990. S. 44-54.

[138] Im Jahre 1912/13. Vgl. Paul Raabe: Alfred Günther. In: Die Autoren und Bücher des literarischen Expressionismus. Stuttgart: Metzler 1992. S. 176. Und Sudhoff: Nachwort, S. 50. Zeitweise veröffentlichten auch Jakob Hegner und Walter Hasenclever in den *Dresdner Neuesten Nachrichten*; beide waren aber nicht kontinuierlich und über einen längeren Zeitraum als Feuilletonisten beschäftigt.

[139] Adler lebte seit 1912 in Hellerau, Hoffmann seit 1914, Günther etwa seit 1912; alles bei Sarfert: Hellerau, S. 81, 94, 162.

[140] Diese Verteilung der Ressorts ist erst seit etwa Anfang 1913 erkennbar, mit dem Eintritt von Adler in die Feuilletonredaktion.

te als Verbindungslied zwischen den verschiedenen Feuilletons und verhinderte ein Auseinanderbrechen oder Zerfasern des kulturkritischen Vorgehens.

Auch die Etablierung fester Rubriken und Reihen innerhalb des Kulturfeuilletons, die sich in kurzen zeitlichen Abständen mit gleichen oder ähnlichen Themen und Inhalten unter wechselnden Gesichtspunkten befaßten[141], unterstrich die Kontinuität und Stabilität bei der Beschäftigung mit einem bestimmten Gegenstandsbereich und sicherte darüber hinaus den wirkungsästhetischen Effekt des ›Wiedererkennens‹ beim Rezipienten.

Der gerade für die Kunststadt Dresden charakteristische Konflikt zwischen Bewahrung und Erneuerung wird dabei zum immer wiederkehrenden Problemfeld eines Kulturfeuilletons, das, indem es die Verknüpfung mit der kulturpolitischen Tagesdiskussion herstellte, auch die institutionell etablierten und personell benennbaren Träger- und Führungsschichten des städtischen Kulturlebens in seine Kritik einbezog.

Dabei zielten die publizistischen Offerten keineswegs auf eine undifferenzierte Ablehnung der staatlichen Kulturpolitik. Diese habe sich zwar, wie Paul Adler in einer Stellungnahme zu den »Neuerwerbungen der Kgl. Gemäldegalerie«[142] vom April 1913 vermerkt, noch immer nicht den modernen Kunstrichtungen in ausreichendem Maße geöffnet und die Werke der »lebenden Zeitgenossen« als Sammlungsobjekt öffentlicher Museen vernachlässigt, zugleich trage aber auch der weitverbreitete Trugschluß, die ›Alten Meister‹ allein könnten Anspruch auf kulturelle Bewahrung und museale Pflege erheben, zur öffentlichen Diskriminierung des zeitgenössischen Kunstschaffens bei.

Adlers Vorschlag, die Dresdner Galerie müsse sich auf die Sammlung und Verwaltung dessen beschränken, was »wirkliche Größe« besitzt, »was fertig, für seinen Meister bedeutend, für diesen Meister ein Bestes ist«, und zwar ohne Rücksicht darauf, ob es sich um »Hypermodern[es]« oder »ganz Altmeisterlich[es]« handele[143], will, indem er für eine vorurteilsfreie, allein dem Kriterium der Qualität folgende Beurteilung von Kunst plädiert, die unproduktive Dichotomie zwischen Tradition und Moderne beseitigen. Dadurch erst werde der Blick des Publikums, das gerade in Dresden bislang zu sehr der Tradition verpflichtet geblieben sei, für die Leistungen des Gegenwartsschaffens geschärft und die Perspektive für das Entstehen eines neuen Typus' von Kunstsammlung, wie ihn etwa das »Luxembourg« oder die »Nationalgalerie«[144] verkörpere, geöffnet.

Adlers Argumentation griff nicht nur auf eine aktuelle kunstpolitische Diskussion zurück[145], die nach der Verantwortung der staatlichen Behörden bei der Förderung moderner Kunst fragte[146] und sich auch auf die anderen Künste (z. B. das Theater[147])

[141] Etwa Paul Adlers Rubriken *Aus den Kunstsalons* oder *Aus der Galerie Arnold*; oder Hoffmanns kontinuierliche Berichte über die *Großen Kunstausstellungen*.
[142] Paul Adler: Neuerwerbungen der Kgl. Gemäldegalerie. In: Dresdner Neueste Nachrichten vom 22.4.1913. Nr. 107. S. 1-2, hier: S. 1.
[143] Ebd.
[144] Ebd. Das *Musée du Luxembourg* in Paris und die *Berliner Nationalgalerie* waren staatliche Kunstmuseen, die sich der modernen internationalen Kunst geöffnet hatten.
[145] Die Streitfrage um die Schaffung einer neuen Galerie für die moderne Kunst in Dresden datiert bereits aus den 90er Jahren des 19. Jahrhunderts Vgl. Karl Woermann: Lebenserinnerungen eines Achtzigjährigen. Band 2. Leipzig: Bibliographisches Institut 1924. S. 78f.
[146] Seidlitz: Der Staat und die Kunst, S. 243f.

erstreckte. Seine kritische Auseinandersetzung mit der spezifischen Rolle traditioneller Kunstinstitutionen und deren Innovationsvermögen im Prozeß kultureller Erneuerung ist zugleich an den Versuch gekoppelt, gezielt auf die gängige Praxis innerstädtischer Kulturpolitik einzuwirken und die Öffentlichkeit für die Probleme der Avantgarde zu sensibilisieren.

Daß sich dabei auch die modernen Kunstbewegungen dem Anspruch der Qualität zu unterwerfen hatten, galt als Prämisse feuilletonistischer Arbeit und läßt sich anhand der zahlreichen Besprechungen von Ausstellungen und Aufführungen avantgardistischer Werke nach 1910 in den *Dresdner Neuesten Nachrichten* belegen.

Ein Blick auf die meist sehr umfangreichen Rezensionen zeigt ein kritisches Herangehen, das sich an der Interessenlage des gebildeten Bürgertums orientierte. Hatte Camill Hoffmann noch anläßlich der großen Kunstausstellung 1912 in Dresden die Bilder Oskar Kokoschkas in ihrer Ambivalenz zwischen Innovationsanspruch und Nachahmung als sich überlebende »Mode« bezeichnet[148], gerät 1914 eine Exposition von Werken Picassos im *Kunstsalon Richter* bei Paul Adler sogar unter das Verdikt eines wirklichkeitsfremden intellektuellen Kubismus. Aber selbst die scharfe Zurückweisung der kubistischen Kunst Picassos, die bei Adler ganz aus dem Blickwinkel der potentiellen Leser und ihrer Urteilsfähigkeit erfolgt[149], zielt keineswegs auf eine pauschale öffentliche Aburteilung des Gesehenen: gehören doch auch für Adler »Verständlichkeit« und »Wohlgefalle[n]« keinesfalls zum Stilinventar der Moderne[150].

Eher ist es der Widerspruch zwischen postulierter Programmatik und bildkünstlerischer Umsetzung, den Adler am frühen Expressionismus wahrzunehmen glaubt und der ihn zu kritischer Stellungnahme veranlaßt: Daß die »meisten Expressionisten [...] ihr Programm, die Kunst seelisch zu gestalten, (keineswegs) [...] erfüllen«[151], erschwere, wie auch der oftmals uneingelöste Anspruch der Futuristen nach Schaffung einer traditionslos modernen Malerei[152], die Aufnahme und Wirkung der Werke in der städtischen Öffentlichkeit.

Fast alle [Expressionisten – F. A.] haben es mehr bei dem Negativen bewenden lassen und auf die Wiedergabe der Natur als auf etwas Unzulängliches verzichtet. Wir haben [...] schon einmal darauf hingedeutet, welcher ›Futurismus‹, d. h. welches seelische Ineinander bereits in den älteren Munchschen Blättern steckt. Ihrer

---

[147] Vgl. hierzu Camill Hoffmann: Theater in Dresden. In: Das junge Deutschland 1 (1918), Nr. 6. S. 204-206, hier: S. 204. Hoffmann hebt die besondere Rolle der Privattheater (*Albert-Theater*) für die Entfaltung der modernen Schauspielkunst hervor.
[148] Camill Hoffmann: Große Kunstausstellung IV. Die österreichischen Maler. In: Dresdner Neueste Nachrichten vom 20.6.1912. Nr. 164. S. 1-2, hier: S. 1.
[149] »[...] wir protestieren mit Millionen von andern Begeisterungsfähigen gegen die ›Kunst‹, die unsre Körper [...] in eine darstellende Geometrie auflösen will«. Paul Adler: Picasso-Epilog. In: Dresdner Neueste Nachrichten vom 25.1.1914. Nr. 24. S. 2.
[150] Paul Adler: Delacroix. Zur fünfzigsten Wiederkehr seines Todestages. In: Dresdner Neueste Nachrichten vom 13.8.1913. Nr. 218. S. 1.
[151] Paul Adler: Die Expressionisten. Zur Ausstellung bei Arnold. In: Dresdner Neueste Nachrichten vom 9.1.1914. Nr. 7. S. 1-2, hier: S. 1.
[152] Paul Adler: Die Malerei der Töne, Geräusche, Gerüche. Zur Ausstellung der italienischen Futuristen bei Richter. In: Dresdner Neueste Nachrichten vom 25.10.1913. Nr. 291. S. 1-2, hier: S. 1.

Tiefe kommen die meisten expressionistischen Gemälde nicht entfernt nahe, auch nicht den früheren rein seelischen Radierungen Klingers – ...[153]

Die Aufwertung von Bildern Edvard Munchs[154] und Max Klingers[155] steht dabei, ebenso wie die positive Bewertung der Kunst der französischen Impressionisten[156], für Adler im Zeichen rezeptionslenkender Intentionen. Denn die Bemühungen, das Schaffen der Expressionisten in den Prozeß kunstgeschichtlichen Stil- und Gestaltungswandels einzuordnen, sollten den ›neuen Stil‹ nicht nur als etwas historisch ›Gewordenes‹ zeigen, dessen künstlerische Qualität sich gegenüber seinen Vorläufern und Wegbereitern erst noch erweisen muß, sondern gleichermaßen den Zugang des bürgerlichen Publikums zu den Werken der jungen Kunst erleichtern.

Auch die nach 1912 gehäuft wiederkehrende Hinwendung der Feuilletonisten der *Dresdner Neuesten Nachrichten* zu den vielfältigen Erscheinungsformen der lokalen Kunstszene ordnet sich in diese Strategie sinnvoll ein. Das Anknüpfen an die innovativen Dresdner Maler und Dichter, die bereits vor dem Krieg in der sächsischen Residenzstadt wirkten, und die gezielte Würdigung von deren Kunst fungierten als Versuch, zwischen dem modernen Kunstschaffen, das auf die Zerrissenheit der Welt mit einer neuen Gestaltungspraxis reagierte, und dem vorhandenen Bestand einer traditionellen Kunst, die sich in gegenständlichen Formen und überlieferten Aneignungsweisen artikulierte, zu vermitteln.

Camill Hoffmanns euphorische Worte über den bedeutenden Anteil der Dresdner *Kunstgenossenschaft* und der *Künstlervereinigung* am Niveau der Großen Kunstausstellung des Jahres 1912 (vor allem Sterl, Gußmann und Kuehl[157]) belegen dies ebenso wie seine lobenden Bemerkungen über einen Vortragsabend von Werken junger Dresdner Dichter im Frühjahr 1917[158] und Alfred Günthers frühe Würdigung der Schriftsteller Karl Römer[159] und Richard Fischer[160], die beide später zum engeren Kreis der Dresdner Expressionisten zählen werden[161].

Das Prinzip der publizistischen Aufwertung des modernen Dresdner Kultur- und Kunstschaffens wird dabei gestützt durch die enge Zusammenarbeit zwischen den Mitgliedern der Feuilletonredaktion um Camill Hoffmann und dem Leiter der *Kul-*

---

[153] Adler: Die Expressionisten, S. 1.

[154] Paul Adler: Edvard Munchs Graphiken. Zu der Ausstellung bei Arnold. In: Dresdner Neueste Nachrichten vom 16.8.1913. Nr. 221. S. 1-2.

[155] Neben Adler hatte sich auch Camill Hoffmann zu Klingers Kunst positiv geäußert: c[amill] h[offmann]: Die steinerne Dame. Zu Max Klingers Marmorstatuen bei Arnold. In: Dresdner Neueste Nachrichten vom 28.11.1913. Nr. 323. S. 1.

[156] Paul Adler: Notizbuch aus der französischen Ausstellung. Die Meisterbilder bei Arnold. In: Dresdner Neueste Nachrichten vom 23.4.1914. Nr. 108. S. 1.

[157] Camill Hoffmann: Große Kunstausstellung II. Die Dresdner Maler. In: Dresdner Neueste Nachrichten vom 12.5.1912. Nr. 127. S. 1-2. Vgl. auch Hoffmanns Artikel Über die *Dresdner Künstlergruppe 1913*. In: Dresdner Neueste Nachrichten vom 11.2.1914. Nr. 40. S. 1.

[158] c[amill] h[offmann]: Vier Dresdner Dichter... In: Dresdner Neueste Nachrichten vom 18.3.1917. Nr. 74. S. 3 (Es handelt sich um Richard Fischer, Friedrich Kurt Benndorf, Georg v. d. Gabelentz und Alfred Günther).

[159] Vgl. a[lfred] g[ünther]: Kino, Literatur und Malerei. In: Dresdner Neueste Nachrichten vom 23.4.1913. Nr. 108. S. 2-3.

[160] a[lfred] g[ünther]: Vorlesung von Richard Fischer im literarischen Verein. In: Dresdner Neueste Nachrichten vom 19.2.1914. Nr. 48. S. 2.

[161] Karl Römer wird nach Revolutionsausbruch eine tragende Rolle in der *Sozialistischen Gruppe der Geistesarbeiter* spielen, und Richard Fischer gehört seit 1917/18 zu den Mitgliedern der *Expressionistischen Arbeitsgemeinschaft Dresden*.

turwissenschaftlichen Abteilung der *Königlichen Technischen Hochschule*, Oskar Walzel[162].

Walzels umfangreiche Vortragtätigkeit zur Literatur und Kunst der Moderne fand seit 1914 regelmäßig Würdigung und Zuspruch in den *Dresdner Neuesten Nachrichten*.[163] Das öffentliche Ansehen, das Walzel als wissenschaftlich legitimierter Förderer und Repräsentant der Moderne in Dresden besaß[164], konnte sowohl für die Auseinandersetzung des Bildungsbürgertums mit den aktuellen Kunstentwicklungen genutzt werden als auch bei der gezielten Propagierung der Leistungen des städtischen Literaturschaffens.[165] Da Walzel »nicht zu jenen häufigeren Literaturprofessoren (gehört), deren Interesse sich die Dichter erst durch den sicheren Tod erwerben«, sondern der auch den »Lebenden« und »erst Emporringenden«[166] seine wissenschaftliche Aufmerksamkeit entgegenbrachte, galt er wie kein zweiter zeitgenössischer Fachvertreter als kenntnisreicher und unvoreingenommener Analytiker der Moderne. Seine Vorträge und Publikationen, in denen der Expressionismus als Folge und Resultat der literaturhistorischen Entwicklung seit dem frühen 19. Jahrhundert beschrieben wurde und die bis in die Kreise des Königshauses und der höheren Kulturadministration der Residenzstadt Beachtung fanden[167], fügten sich in die Feuilletonberichterstattung der *Dresdner Neuesten Nachrichten* schlüssig ein: Im Kontext zwischen sachgeleiteter Information und Rückgriff auf die erfahrbare Lebenswelt der Leser entfaltete Walzel eine Argumentation zugunsten der Kunst der Gegenwart, die zum einen den Zusammenhang von Tradition und Avantgarde hervorhob[168] und zum anderen wieder stärker auf die Bedeutung der »künstlerischen Form« eines »Dichtwerks« für dessen Rezeption

---

[162] Die engen Beziehungen zwischen Oskar Walzel, Paul Adler, Camill Hoffmann, Jakob Hegner und Alfred Günther lassen sich anhand der zahlreichen Briefe und Manuskripte in Walzels Nachlaß gut dokumentieren. Vgl. hierzu etwa einen Brief Camill Hoffmanns an Oskar Walzel vom 23.10.1916, in dem Hoffmann Walzel bittet, sich für den zum Kriegsdienst eingezogenen Jakob Hegner zu verwenden. Wahrscheinlich sollte Walzel den offiziellen Stellen im Kriegsministerium Hegners besondere Eignung für eine Tätigkeit im Kriegspressequartier bestätigen. Hegner hat ja auch in dieser Stellung während des Krieges gearbeitet und blieb dadurch von einem Fronteinsatz verschont. Vgl. Camill Hoffmann an Oskar Walzel. Brief vom 23.10.1916. In: Nachlaß Oskar Walzel. Deutsches Literaturarchiv Marbach. A: Walzel. Korrespondenz. Zugangsnummer: 92.3. Vgl. auch die Gedichtsammlung *Reinigung* von Alfred Günther, die dieser Walzel widmete. Siehe: Nachlaß Oskar Walzel. Deutsches Literaturarchiv Marbach. A: Walzel. Manuskripte Dritter.
[163] Die Berichterstattung über Walzels Vortragtätigkeit umfaßt in den *Dresdner Neuesten Nachrichten* zwischen 1914 und 1920 rund ein Dutzend zumeist ausführliche Artikel.
[164] Vgl. hierzu den Beitrag von Alfred Günther in den *Dresdner Neuesten Nachrichten* zu Walzels fünfzigstem Geburtstag am 28.10.1914. In: Dresdner Neueste Nachrichten vom 28.10.1914. Nr. 294. S. 2.
[165] Wie die Quellen belegen, bezog sich Walzel bei seinen öffentlichen Vorträgen oftmals auf in Dresden lebende moderne Autoren (v. a. Paul Adler, Oskar Kokoschka und Theodor Däubler). Vgl. etwa seinen Vortrag über jung-österreichische Dichtung. Genaueres in: Dresdner Neueste Nachrichten vom 20.10.1915. Nr. 286. S. 2.
[166] c[amill] h[offmann]: Ueber jung-österreichische Dichtung... In: Dresdner Neueste Nachrichten vom 20.10.1915. Nr. 286. S. 2.
[167] Ebd. Hoffmann betont in seiner Rezension ausdrücklich die Anwesenheit von Prinz Johann Georg und Staatsminister Dr. Beck während des Vortrages.
[168] Als paradigmatisch hierfür können zwei Vorträge, die Walzel im Jahre 1917 hielt und die in den *Dresdner Neuesten Nachrichten* ausführlich besprochen wurden, gelten. Zum einen der Vortrag *Jüngstes deutsches Drama*, gehalten am 27.9.1917 im Dresdner Künstlerhaus, und der Vortrag *Goethe und die Kunst der Gegenwart*, gehalten am 20.1.1917 in Warschau. Vgl. Dresdner Neueste Nachrichten vom 28.9.1917. Nr. 263. S. 2, und Dresdner Neueste Nachrichten vom 24.1.1917. Nr. 21. S. 2-3.

verwies[169] und damit den Intentionen der Dichter-Publizisten Hoffmann, Adler und Günther entgegenkam.

Walzels Bemühungen um eine auch im Milieu des städtischen Bildungsbürgertums anerkannte ›Deutung‹ der modernen Literatur nach der Jahrhundertwende, die sich am Kanon des klassisch-romantischen Bildungswissens orientierte und mit Hilfe populärer Erklärungsmuster[170] die neuen inhaltlichen und formalen Elemente dieser Dichtung zu bestimmen versuchte, korrespondierte auffällig mit der Methodik des kulturkritischen Feuilletons der *Dresdner Neuesten Nachrichten* um 1914. Camill Hoffmanns vielbeachtete Rezension zur Aufführung von Walter Hasenclevers Drama *Der Sohn*, der ersten Inszenierung eines expressionistischen Stückes an einer Dresdner Bühne, illustriert, auch im Kontext mit den Kritiken der anderen Dresdner Tageszeitungen, exemplarisch diese Tendenz und unterstreicht die Bemühungen um eine Zusammenführung von qualifizierter Aufführungsanalyse und gruppenübergreifender Rezeptionslenkung. Obgleich das Drama lediglich in einer Matinee und nur einmal, am 8.10.1916 im *Albert-Theater*, vor geladenen Gästen gezeigt wurde – Kenntnis und Verständnis der breiten städtischen Öffentlichkeit also eher eingeschränkt waren –, entbrannte um die Ausdeutung des Stückes in der Tagespresse eine heftige Diskussion.

Auch wenn keine der Dresdner Tageszeitungen das Stück generell ablehnte, ergeben sich aus der konzeptionellen Anlage und inhaltlichen Ausrichtung der jeweiligen Rezensionen Rückschlüsse auf den Prozeß früher pressekritischer Auseinandersetzung mit dem Theaterexpressionismus in Dresden. Während die konservativen *Dresdner Nachrichten* ganz im Sinne einer längst unzeitgemäßen idealistischen Ästhetik besorgt nach der »Gesinnung des Dramas« fragten, den Vater-Sohn-Konflikt des Stückes mit dem »vierten Gebot« christlicher Glaubensethik in Beziehung setzten und »die moralische Seite des [...] Dramas in seiner Wirklichkeitsbeziehung [als] verfehlt«[171] interpretierten, erblickte die sozialdemokratisch orientierte *Dresdner Volkszeitung* in der Betonung des sozialen Elements den eigentlichen Kern des Stückes: In Anbetracht der Parallelen zu Wedekinds *Frühlings Erwachen* und *Halbes Jugend* sei nicht die Frage nach dem Sittengesetz zu stellen, sondern die nach dessen Herkunft und Bedeutung: »[...] wer schuf die Sitte, wer gab das Gesetz, wer sorgt für seine Gültigkeit und Durchführung?« Daß Hasenclever trotz der »starken Tendenz« in seinem Drama auf diese Fragen eine nur unzureichende Antwort gibt, müsse als schwerwiegender Mangel der Dichtung gewertet werden.[172] Der regierungsfreundliche *Dresdner Anzeiger* hingegen reduzierte die Aussage des Dramas auf das »unerklärliche [...] Problem der zeitweiligen oder dauernden Fremdheit zwischen Vater und Sohn« und vermißte – als gestalterische Grundlage der Dichtung – die »große Klarheit der Natur im Goetheschen Sinne«. Zudem, und dies falle bei der Beurteilung besonders schwer ins Gewicht, »gedieh« der Vater-Sohn-Konflikt »nicht auf natürlichem Wege [...]: sein Ge-

---

[169] Ueber die künstlerische Form des Dichtwerks äußerte sich Geh. Hofrat Prof. Dr. Oskar Walzel... In: Dresdner Neueste Nachrichten vom 24.12.1915. Nr. 350. S. 2.

[170] Vgl. Wachstum und Wandel. Lebenserinnerungen von Oskar Walzel. Aus dem Nachlaß hg. von Carl Enders. Berlin: Erich Schmidt Verlag 1956. S. 163.

[171] Felix Zimmermann: Rezension zur Aufführung von Walter Hasenclevers Drama »Der Sohn«. In: Dresdner Nachrichten vom 9.10.1916. Nr. 280. S. 3-4, hier: S. 3.

[172] rt.: Der Sohn. In: Dresdner Volkszeitung vom 9.10.1916. Nr. 234. S. 7.

burtshelfer heißt Wedekind und seine Amme nährt [ihn] mit der Milch der paradoxen Denkungsart«.[173]

Einzig Camill Hoffmanns Kritik verweist auf den symbolischen Charakter des Stücks, auf die komplexe Bindung an den literaturgeschichtlichen Topos des Generationenkonflikts und auf die Spezifik der ästhetisch-sprachlichen Formung. Erst wenn man als Zuschauer das Geschehen auf der Bühne »eben nicht wörtlich nimmt«, weil »Hasenclever Geist meint, wenn er Sohn sagt, und Wirklichkeit meint, wenn er Vater sagt«, erschließe sich die eigentliche Dimension des Werkes, dessen Sprache der junge Dichter »bei seinem Altersgenossen (und Meister) Franz Werfel erhorcht« habe. Und gerade hier zeige sich die »Begabung« Hasenclevers, der »sein Stück [...] expressionistisch nennt«, weil er die Welt des Dramas nicht mehr »von außen« formt, sondern »aus der Mitte« der verkörperten Figuren entwickelt.[174] Dennoch sieht Hoffmann Widersprüche zwischen äußerer Dramenhandlung und symbolischer Ausdeutung, die vor allem auf formale Unzulänglichkeiten zurückzuführen sind und die aus dem textimmanent angelegten Vergleich mit Werken Goethes, Schillers und Turgeniews resultieren.[175] Gerade in der Gegenüberstellung von Hasenclevers Stück mit längst kanonisierten Texten bildungsbürgerlicher Wissensvermittlung um die Jahrhundertwende entfaltet Hoffmann bewußt einen Diskurs zwischen Überlieferung und Moderne, der nicht nur Hasenclevers Erstling als qualitativ vergleichbare und damit ernst zu nehmende Dichtung im Kontext weltliterarischer Bezüge aufwertet, sondern – ganz im Argumentationsstil Walzels – das Anknüpfen der Modernen an die literarhistorische Tradition offenlegt.

Daß das Themen- und Stilinventar der Literatur des 18. und 19. Jahrhunderts als Mittler zwischen Gegenwartsautor und bürgerlichem Leser von den Feuilletonisten der *Dresdner Neuesten Nachrichten* gezielt gesucht wurde, beweist aber auch ein Blick auf die in der Zeitung publizierten eigenen Texte der Autoren um Camill Hoffmann[176]. Meist an exponierter Stelle plaziert[177], wurden ab 1913/14 vor allem Gedichte veröffentlicht, die das Bewußtsein der breiten städtischen Öffentlichkeit für den besonderen Wert lyrischer Weltaneignung sensibilisieren wollten und die damit auch auf die Krise der lyrischen Gattung um die Jahrhundertwende antworteten[178]. Ein kurz vor dem Abdruck der ersten Texte erschienener Essay von Alfred Günther, der die spezifische Rolle der Lyrik bei der Auseinandersetzung mit der Gegenwart, ihre Be-

---

[173] C. G.: Der Sohn. In: Dresdner Anzeiger vom 9.10.1916. Nr. 280. S. 5.

[174] Camill Hoffmann: Der Sohn. In: Dresdner Neueste Nachrichten vom 10.10.1916. Nr. 277. S. 2.

[175] Bezüge zu Goethes *Faust*, Schillers *Die Räuber* und Turgeniews *Väter und Söhne* sind offensichtlich. Vgl. ebd.

[176] Neben Hoffmann, Günther und Adler veröffentlichten auch Jakob Hegner und ab 1917 Walter Hasenclever eigene Texte in der Zeitung. An wichtigen Publikationen seien genannt: Paul Adlers Erzählung *Die Garibaldianer* am 1.9.1912. Nr. 238. S. 18 (Unterhaltungsbeilage, Frauen-Zeitung); Jakob Hegners Erzählung *Selbstgespräch eines Arabers* am 24.11.1912. Nr. 320. (Unterhaltungsbeilage, Frauen-Zeitung) sowie die Prosaarbeit *Das Opfergleichnis* am 4.1.1914. Nr. 3. S. 21. (Beilage Frauen-Zeitung) und die Übersetzung *Chinesischen Gärten* von Paul Claudel am 31.5.1914. Nr. 146. S. 17 (Pfingstbeilage). Hasenclevers Gedicht *Grenzfeuer* wurde am 8.4.1917. Nr. 94. S. 17. (Osterbeilage) abgedruckt und am 25.12.1917. Nr. 349 in der Weihnachtsbeilage das Gedicht *Weihnachten*.

[177] Vor allem in den Beilagen der *Dresdner Neuesten Nachrichten*, die anläßlich von Feiertagen und Festlichkeiten erschienen. (Weihnachtsbeilagen, Osterbeilagen, Pfingstbeilagen).

[178] Zur Sprachkrise der Lyrik um die Jahrhundertwende vgl. Richard Sheppard: The crisis of language. In: Modernisms 1899-1930. Edited by Malcolm Bradbury and James McFarlane. New York: Penguin Books 1991². S. 323-336. – Günter Sasse: Sprache und Kritik. Untersuchungen der Sprachkritik der Moderne. Göttingen: Vandenhoeck & Ruprecht 1977.

deutung hinsichtlich der Vermittlung »eines neuen Lebensgefühls«[179], zu erhellen versuchte, bestätigt diese Intention. Günther beschwört in idealistischer Überhöhung
und emphatischer Zuspitzung die neuen, öffentlich noch kaum wahrgenommenen
welt- und lebensdeutenden Möglichkeiten der ›neuen Lyrik‹ im Zeitalter des industriellen Fortschritts: Indem sich die junge Lyrik keinem Daseinsbereich verschließe,
von »gigantische[n] Hafenstädte[n], nächtlich beleuchtete[n] Metropolen, [...]
Riesenplätze[n] und schmutzigen Weltstadtgassen« ebenso »(singt)« wie von »Bahn-
höfe[n], Varietés, Fabriken und Telegraphen, [...] Mietskasernen, Hotels, Unter-
grundbahnen und Luftschiffe[n]«, könne sie zum Medium eines universellen literarischen Paradigmenwechsels werden.

> Wir haben eine Lyrik der Krankheit, der Irrenhäuser, der Morgue, des Gebärsaals,
> der Krebsbaracke (Georg Heym, Gottfried Benn). Wir haben eine Lyrik des bür-
> gerlichen Lebens. Ihre Lieder der stillen Stuben, der Abendbrotstunde, der halben
> Worte, der kleinen, lieben Dinge, der verheimlichten Leidenschaften, der brök-
> kelnden Katastrophen, Schicksal der Schicksallosen, Namenlosen, Ruhmlosen,
> Alltäglichen (Max Brod, Franz Werfel). Wenn diese neue Lyrik nichts anderes als
> eine Erweiterung des Stoffes wäre, sie wäre schon ein Gewinn. Aber sie wurde
> zum Ausdruck eines neuen Lebensgefühls. Denn gar bald hat sie über die Enge
> des Zeitgedichts zum Weltgedicht, über die Einzelheit der Impression zum Aus-
> druck des Welterlebens hingedrängt.[180]

Der Appell Günthers an die Leser, sich dieser Lyrik, deren Verständnis keinerlei Vor-
bildung oder Begabung erfordere, bereitwillig zu öffnen, erinnert in seiner sprachlichen Formung und belehrenden Stillage an jene expressionistischen Manifeste, die in
den Zeitschriften der Dresdner Expressionisten nach dem Krieg gehäuft auftauchen:

> Und nun, ihr Menschen der Arbeit, der Großstadt, ihr Menschen des zwanzigsten
> Jahrhunderts, ihr von heute, zögert ihr noch? Mißtraut ihr noch? Laßt euch be-
> raten! Laßt eine eurer Vergnügungen, die euch längst nicht mehr sättigen! Greift
> zu diesen Versen! Sie fordern so wenig Zeit als ihr nur habt. Und sie sind so
> spannend, so hinreißend wie nur je ein Roman. Haben sie einmal euer Ohr, dann
> haben sie euch ganz. Denn sie führen euch immer wie ein Pfeil mitten hinein ins
> Herz. Sie durchrütteln euch, sie lächeln euch an mit dem Bewußtsein eures eige-
> nen Lebens. Ist einmal der Bann gebrochen, dann wird auch der tiefere Grund
> aller Abneigung von der Lyrik schwinden: das Mißverhältnis zur Sprache. Dichte-
> rische Sprache und Alltagssprache sind zweierlei Dinge. Aber das lernt man nur,
> wenn man in dieser redseligen, gesprächigen Zeit schweigen kann, wenn man das
> ewige Bedenken der Geschäfte unterbrechen, wenn man ganz verstummen kann.
> Schreitend in der Landschaft, aufblickend zum Sternenfirmament ist der ver-
> stummende Mensch ganz Ahnung, ganz Empfindung.[181]

---

[179] Alfred Günther: Die neue Lyrik. In: Dresdner Neueste Nachrichten vom 23.8.1913. Nr. 228.
S. 1.
[180] Ebd.
[181] Ebd. Ein in sprachlicher Stillage und didaktischer Diktion vergleichbares Manifest ist etwa *Durchbruch* von Felix Stiemer, in: Menschen 1 (1918), Nr. 6. S. 4.

Das Anknüpfen an die von den zeitgenössischen Vertretern einer idealistischen Ästhetik gern propagierte Abwendung vom oberflächlichen, ›lauten‹ Tagesgeschäft und die Forderung nach Selbstbesinnung und gedanklicher Reflexion dient bei Günther allerdings nicht dem wirklichkeitsfremden Postulat einer geistigen Verklärung »natürlicher Alltäglichkeit«[182], sondern trägt pragmatischen, rezeptionslenkenden Charakter. Die Aufforderung zum bewußteren Sprachumgang korrespondiert mit der Hoffnung, in der Rückbesinnung auf ein humanistisches Potential lyrischer Dichtung erschließe sich dem Leser auch die Welthaltigkeit dieser neuen, realitätszugewandten Lyrik, deren Grundgestus auf Vitalität, nicht auf Erstarrung ausgerichtet ist.

Diese Absicht spiegelt sich nicht zuletzt in der individuellen Veröffentlichungspraxis der Feuilletonisten der *Dresdner Neuesten Nachrichten* wider, wobei die lyrischen Versuche vor dem Ausbruch des Ersten Weltkrieges ganz im Zeichen einer am Kunstverständnis des gebildeten Bürgertums orientierten Sprach- und Stilproduktion stehen. Neben dem auffälligen Streben nach Formvollendung und der Pflege eines breiten metrischen Kanons dominiert die Nutzung kasualpoetischer Konzepte, die, mit populären Mustern volkspoetischen Schreibens verknüpft[183], an das Repertoire eines ›neuromantischen‹ Symbolismus angelehnt werden. Dabei entstehen Gedichte, die ihre an Versen Rilkes[184], Stefan Zweigs und der französischen Symbolisten[185] geschulte Bildsprache nicht leugnen können, wie das im Mai 1913 veröffentlichte Sonett *Das Tal* von Camill Hoffmann belegt:

Denk' dir dies Tal: so vollbehängt mit Früchten,

Daß es wie goldgetrieben glänzt.

Fasane schreien; Rauschen in den Schlüchten;

Der Bienen Summen – unbegrenzt.

Denk' dir dies Tal: vom Hügelgrün umkränzt,

Die Stunden tanzen, doch ihr Flüchten

Verhallt im Birkenhain, der ewig lenzt,

Wie das Verklingen von Gerüchten.

---

[182] Wie etwa bei Karl Goldmann, der in seinem Buch *Die Sünden des Naturalismus* die Aufgabe der Dichtung darin sieht, »die natürliche Alltäglichkeit ideal, d. h. geistig zu verklären« und »den idealen Faden, das immerwährende Streben nach Glück und Gesundheit, das die ganze Menschheit durchzieht, klar und deutlich hervortreten zu lassen.« Vgl. Karl Goldmann: Die Sünden des Naturalismus. Berlin: Richard Eckstein Nachf. (Hammer & Runge) 1890. S. 10-11.

[183] Viele Gedichte wurden anläßlich kirchlicher Feiertage (Ostern, Pfingsten und Weihnachten) auch mit entsprechenden inhaltlichen Bezügen konzipiert und veröffentlicht. Etwa im Gedicht *Weihnachtslied 1914* von Camill Hoffmann. In: Dresdner Neueste Nachrichten vom 25.12.1914. Nr. 350. S. 13 (Weihnachtsbeilage). Oder das Gedicht *Österliche Stadt* von Alfred Günther. In: Dresdner Neueste Nachrichten vom 8.4.1917. Nr. 94. S. 17 (Osterbeilage).

[184] Zur Rilke-Verehrung Hoffmanns vgl. Camill Hoffmann: Der Dichter der slavischen Melodie. In: Prager Presse vom 6.12.1925. Nr. 334. Morgen-Ausgabe. S. 6.

[185] Sudhoff: Nachwort, S. 45f.

Die Liebe fährt in samtener Karosse,
Und neben ihr, auf ungeschirrtem Pferde,
Mit bloßem Schwerte, stattlich, nackt, ein Reiter.

Stolz prescht er drein, ein stummer Weggenosse.
Kristallisch blinkt auf dieses Tal der Erde
Der hohe Himmel, traurig nicht, noch heiter.[186]

Daß sich die formsicher eingesetzte Sprache in diesem Gedicht zum bloßen ›Artefakt‹ reduziert und das Anknüpfen an den literaturgeschichtlichen Topos des locus amoenus in unverbindlichen Assoziationen und vieldeutigen Anspielungen verliert, ist – wie schon die Zeitgenossen vermerkten – charakteristisch für den lyrischen »Ton« eines Mannes, »dem das Wirkliche zerfließt und nur die Ahnung einer höheren Realität zurückläßt«[187]. Als ›poésie pure‹ jedoch konnten die »traumverlorene[n] Stimmungsbilder«[188], melancholischen Verletzlichkeiten und melodiösen Reflexionen mit der Aufmerksamkeit des lesenden Bildungsbürgers rechnen.[189] In ihrer sozialen Unbestimmtheit und ambivalenten Deutungsvielfalt aber geraten sie zunehmend in Widerspruch zur zeitgeschichtlichen Wirklichkeit der unmittelbaren Vorkriegszeit. Das Private und Unverbindliche dieser Lyrik[190] wird erst nach Ausbruch des Ersten Weltkrieges durch die Aufnahme zeitkritischer Themen (*Frau in Trauer*[191]) und die Ausformung eines pazifistischen Schreibprogramms (*Weihnachtslied 1914, Der schlafende Hafen*[192]) allmählich überwunden.

Die Dichtungen Hoffmanns in den *Dresdner Neuesten Nachrichten* sind somit Produkte eines Übergangs: Sie greifen in Bildsprache und Stilinventar auf ein Repertoire zurück, das sich am Formgefühl und Urteilsvermögen des gebildeten Lesers orientiert, dieses aber gleichzeitig auch behutsam weiterentwickelt. In oft überraschenden Wendungen werden dann historische Parallelen als sinnstiftende Motive in den zeitgeschichtlichen Kontext eingeführt und deren künstlerische und soziale Aktualität aufgerufen, so etwa im ›Weihnachtslied 1914‹:

Daß Jesu Christ geboren ist
(O Nacht des Wunders! Gottesnacht!)

---

[186] Camill Hoffmann: Das Tal. In: Dresdner Neueste Nachrichten, Pfingstbeilage, vom 11.5.1913. Nr. 126. S. 17. Andere Beispiele für diese Art Hoffmannscher Lyrik finden sich in der Pfingstbeilage der Dresdner Neuesten Nachrichten vom 31.5.1914. Nr. 146. S. 17. Die beiden dort abgedruckten Gedichte *Sommer* und *Ewig-eins* verfügen über die gleiche Stillage und Bildlichkeit.
[187] Julius Bab: Alte Lieder und neue Verse. In: Die neue Rundschau 23 (1912), S. 586.
[188] Sudhoff: Nachwort, S. 46.
[189] Dies belegen die zahlreichen freundlichen Besprechungen der lyrischen Versuche Hoffmanns. Vgl. etwa Hans Rothhardt: Camill Hoffmann, Die Vase. Neue Gedichte. In: Die Brücke 1 (1911/12), S. 191-192.
[190] Sudhoff: Nachwort, S. 50.
[191] Dresdner Neueste Nachrichten vom 23.5.1915. Nr. 138. S. 15. (Pfingstbeilage).
[192] Dresdner Neueste Nachrichten vom 25.12.1914. Nr. 350. S. 13 (Weihnachtsbeilage); die Prosaskizze *Der schlafende Hafen* findet sich in: Dresdner Neueste Nachrichten vom 3.12.1916. Nr. 330. S. 17. (Unterhaltungsblatt).

Der Herr des Friedens, Jesu Christ,
Auf karger Streu, sternüberdacht,
Der Türme treu und erzne Wacht
Lobsingt es laut, ob ihr's gleich wißt,
Daß Christ auch euch geboren ist.

Doch horcht, wie klagt der Glockenklang,
Wie klagt er an, o horcht, klagt auf!
Die Menschen gehen blutigen Gang,
Die Welt raucht wie ein Trümmerhauf,
Flammrote Himmel scheinen drauf
Und irgendher dröhnt Todgesang.
O horcht, wie klagt der Glockenklang!
[...][193]

Das in diesem Gedicht besonders auffällige Anknüpfen an die Stillage barocker Lyrik geht auf eine zeitgenössische, von Oskar Walzel begründete Debatte um die Verbindungen zwischen Barock und moderner Dichtung zurück, die der Dresdner Literaturwissenschaftler bereits früh in einer von Hoffmann für die *Dresdner Neuesten Nachrichten* rezensierten Vortragsreihe[194] herausgearbeitet hatte und die schließlich auch in seine umfangreichen Forschungen zum Expressionismus Eingang fanden.[195] Hoffmanns Zustimmung zu Walzels These, der »innerliche, leidenschaftlich nach außen drängende, bewegte Stil« des Barock sei auch für die Gegenwartsdichtung charakteristisch[196], manifestiert sich nicht zuletzt in solchen zeitgeschichtlich nachweisbaren stiltypologischen Parallelen, die eine Annäherung von Hoffmanns ›neuromantisch‹-symbolischem Schreiben an die Dichtungssprache der Moderne signalisieren. Dieser Prozeß, der schließlich in Hoffmanns Publikationen für Franz Pfemferts *Aktion* gipfel-

---

[193] Camill Hoffmann: Weihnachtslied 1914. In: Dresdner Neueste Nachrichten vom 25.12.1914. Nr. 350. S. 13 (Weihnachtsbeilage).
[194] Vgl. c[amill] h[offmann]: Ueber jung-österreichische Dichtung sprach... In: Dresdner Neueste Nachrichten vom 20.10.1915. Nr. 286. S. 2.
[195] Vgl. Oskar Walzel: Deutsche Vorkriegsdichtung. In: Zeitschrift für den deutschen Unterricht 29 (1915), H. 7/8. S. 449-455 und: Jungösterreichische Dichtung. In: Internationale Monatsschrift für Wissenschaft, Kunst und Technik 10 (1916), H. 9. Sp. 1093-1134, hier besonders Sp. 1125ff. Auch: Oskar Walzel: Goethe und die Kunst der Gegenwart. In: Jahrbuch der Goethe-Gesellschaft (1917), Band 4. S. 85-129, besonders S. 121-125. Zum Verhältnis von Barock und Expressionismus (auch mit Bezügen zu Walzel) vgl. Paul Raabe: Expressionismus und Barock. In: Klaus Garber (Hg.): Europäische Barock-Rezeption. Teil I. Wiesbaden: Otto Harrassowitz 1991. S. 675-682 und Gisela Luther: Barocker Expressionismus? Zur Problematik der Beziehung zwischen der Bildlichkeit expressionistischer und barocker Lyrik. Stanford Studies in Germanics and Slavics Vol. VI. (The Hague, Paris: Mouton 1969).
[196] Hoffmann betont in einer Rezension zu einem Vortrag Walzels, daß dessen Ausführungen über das »Wiedererwachen des Barock« in der Gegenwartsdichtung »gewiß richtig ist«. c[amill] h[offmann]: Ueber jung-österreichische Dichtung sprach... In: Dresdner Neueste Nachrichten vom 20.10.1915. Nr. 286. S. 2.

te[197], führte zur Öffnung des Pressefeuilletons gegenüber den modernen, vor allem regional bekannten Autoren und Werken, die in den publizistischen Bezugsrahmen massenmedialer Kommunikation erfolgreich eingebunden wurden.

Daß sich mediale Kontexte bei der Publikation expressionistischer Lyrik sogar als austauschbar erwiesen, belegt die Veröffentlichung des Gedichtes *Österliche Stadt* von Alfred Günther, das zuerst in der Osterbeilage der *Dresdner Neuesten Nachrichten* erschien[198] und etwa ein Jahr später in der Zeitschrift *Menschen*.[199] Bedenkt man zudem, daß Dramentexte von Georg Kaiser und Gedichte von Walter Hasenclever gleichfalls in der Zeitung abgedruckt wurden[200], dann wird nicht nur die Bedeutung des Feuilletons als frühes und einflußreiches Distributionsmedium avantgardistischer Dichtung deutlich, sondern gleichfalls die Strategie expressionistischer Autoren, in unterschiedlichen Räumen kultureller Öffentlichkeit präsent zu sein. Fungierten für andere moderne Dichter die Familienzeitschriften als auflagenstarke und damit verbreitungseffiziente Publikationsorte früher schriftstellerischer Versuche[201], so war es für die Autoren um Camill Hoffmann das Feuilleton der *Dresdner Neuesten Nachrichten*.

Im Kontext einer insgesamt eher geringen Resonanz der ›Kunstrevolte‹ in der zeitgenössischen Presse[202] erlangte die Dresdner liberale Tageszeitung ihren ›Sonderstatus‹ auch deshalb, weil sie sich einer einseitigen Aburteilung der Avantgarde als untypische und lediglich peripher wirkende Verweigerungsliteratur, deren disparater Charakter den Ruf nach epochaler Einheit und Harmonie um so nachdrücklicher provozierte, entzog. Als modernes und fortschrittliches, das aktuelle Zeitgeschehen widerspiegelndes Blatt gegründet, ergab sich – schon aus Gründen der Glaubwürdigkeit gegenüber den Lesern – die unvoreingenommene Hinwendung und konstruktive Auseinandersetzung mit der zeitgenössischen Kultur und Kunst von selbst.[203] Daß die

---

[197] Ab Oktober 1917 schrieb Hoffmann auch Gedichte für die *Aktion*. Den neuen sprachlichen Gestus und die Akzentuierungen bei der Metaphernwahl zeigt etwa das Gedicht *Glühende Landschaft*: Aschfahler Reiter, lahmendes Pferd / Irren durch weglos verregnetes Land, / Blutrost frißt das Schwert, / Rostrot schwellt über Dörfer Brand. // Rot, das aus tausenden Venen bricht, / Wälzen die Ströme zum Meer. / Steil hebt der Reiter das Steingesicht. / Seine Augenhöhlen sind leer. Camill Hoffmann: Glühende Landschaft. In: Die Aktion 7 (1917), Sp. 532.
[198] Am 8.4.1917. Nr. 94. S. 17.
[199] Am 15.5.1918 in der Nr. 3. S. 2. Günther hatte das Gedicht für die Zeitschrift *Menschen* sprachlich leicht überarbeitet. Weitere Beispiele für die gleichberechtigte Nutzung unterschiedlicher medialer Kontexte sind die Gedichte *Vincent van Gogh* und *Wintermärchen* von Rudolf Adrian Dietrich sowie *Grenzfeuer* von Walter Hasenclever. Dietrichs *Van-Gogh*-Gedicht erschien zuerst in den *Menschen* vom 15.11.1918. Nr. 9. S. 1 und wurde im Sommer 1919 im *Dresdner Salonblatt* (Nr. 28. S. 618) publiziert. *Wintermärchen* wurde 1919 in Dietrichs Gedichtband *Aus jungen Tagen* im Dresdner Verlag von 1917 (S. 10) publiziert und zugleich im *Salonblatt*. Nr. 6. S. 120. Hasenclever hatte *Grenzfeuer* bereits 1914/15 im Jahrbuch *Das neue Pathos* (S. 25) unter dem Titel *Mein Hund, da liegst du...* veröffentlicht, ehe es am 8.4.1917 in der Osterbeilage der *Dresdner Neuesten Nachrichten* (Nr. 94. S. 17) erschien.
[200] Von Kaiser aus dem ersten Akt der Tragödie *Muttergottes* am 8.4.1917. Nr. 94. S. 17; von Hasenclever u. a. das schon erwähnte Gedicht *Grenzfeuer* in derselben Ausgabe; das Gedicht *Weihnachten* in der Weihnachtsbeilage vom 25.12.1917. Nr. 349.
[201] Dazu Walter Schmitz: Georg Brittings Modernität. In: Walter Schmitz/Herbert Schneidler (Hg.): Expressionismus in Regensburg. Texte und Studien. Regensburg: Buchverlag der Mittelbayerischen Zeitung 1991. S. 65ff.
[202] Vgl. Lillian Schacherl: Die Zeitschriften des Expressionismus. Versuch einer zeitungswissenschaftlichen Strukturanalyse. Phil. Diss. München, 1957. S. 95-101.
[203] Auf die Bemühungen der Zeitung, »die Leser mit den bekanntesten Vertretern der modernen Dichtung zusammenzubringen«, verweist auch Hofmann: Die Entwicklung der »Dresdner Neueste Nachrichten«, S. 73f.

Zeitung letztlich als Publikationsforum moderner Literatur für eine breitgefächerte Leserschaft wirkte, hat den für die Dresdner Öffentlichkeit signifikanten Prozeß medial gesteuerter Vermittlung zwischen Tradition und Moderne maßgeblich vorangetrieben.

3. Mäzene und Kunsthändler als Förderer und Wegbereiter der modernen Kunst – Zur Bedeutung von Dresdner Sammlern und Galeristen für die öffentliche Etablierung der Avantgarde

3.1. Privater Kunsthandel versus staatliche Kunstverwaltung: Innovative Ausstellungspraxis im Umfeld konventioneller Kunstpolitik

Geht man davon aus, daß »die persönliche Beziehung der einzelnen Monarchen zur Kunst« auch am Ende des 19. und zu Beginn des 20. Jahrhunderts »noch ein gewichtiges Faktum der Kunstpolitik und Kunstförderung«[204] darstellte, so ergibt sich für die sächsische Residenzstadt ein folgenschwerer Befund: Friedrich August III., der letzte sächsische König (1904-1918 im Amt), übte, wenn überhaupt, dann einen unbedeutenden Einfluß auf die kulturelle Entwicklung der Kunststadt Dresden aus. Wie des Königs Biograph betont, fehlte dem Herrscher das Interesse und Verständnis für »musikalische oder künstlerische Veranstaltungen«: Das »Anhören schwerer Musik«, etwa eines »Symphoniekonzerts, bedeutet für ihn, dem [...] ›Musik weh tat‹, fast eine Tortur«; ebenso machte sich »der König als ausgesprochene Soldaten- und Jägernatur [...] aus Malerei und Plastik nicht allzuviel«, er gab vielmehr selbst zu, »auf besonderes Kunstverständnis keinen Anspruch« zu erheben.[205]

Während der deutsche Kaiser Wilhelm II., der »sich für kunstverständig hielt« und in künstlerischen Fragen »persönlich engagierte«[206], durch seine restriktiven Maßnahmen vor allem im Bereich der modernen Kunst öffentlich auf sich aufmerksam machte[207] und die »Wittelsbachische Kunstförderung unter dem Prinzregenten Luit-

---

[204] Wolfgang Hardtwig: Privatvergnügen oder Staatsaufgabe? Monarchistisches Sammeln und Museum 1800-1914. In: Ekkehard Mai/Peter Paret (Hg.): Sammler, Stifter und Museen. Kunstförderung in Deutschland im 19. und 20. Jahrhundert. Köln, Weimar, Wien: Böhlau 1993. S. 81-103, hier: S. 82.

[205] Friedrich Kracke: Friedrich August III. Sachsens volkstümlichster König. Ein Bild seines Lebens und seiner Zeit. München: Ilmgau Verlag 1964. S. 97 und 99. Vgl. hierzu auch die Äußerung von Karl Woermann, der unter der Regentschaft Friedrich Augusts III. als Direktor der Dresdner Galerie arbeitete: Der König »hatte kein inneres Verhältnis zu den Künsten und gab auch nicht vor, ein solches zu haben«. Woermann: Lebenserinnerungen. Band 2, S. 85.

[206] Werner Knopp: Kulturpolitik, Kunstförderung und Mäzenatentum im Kaiserreich. Im Spannungsfeld zwischen Staatskonservatismus und bürgerlicher Liberalität. In: Günter und Waldtraut Braun (Hg.): Mäzenatentum in Berlin. Bürgersinn und kulturelle Kompetenz unter sich verändernden Bedingungen. Berlin, New York: de Gruyter 1993. S. 18.

[207] Paradigmatisch hierfür ist die Rede Wilhelms II., die er am 18.12.1901 hielt und in der er sich selbst zum Kunstrichter stilisierte und das Ideal einer schönen, erzieherisch wirksamen Kunst postulierte. Vgl. Klaus Daweke/Michael Schneider: Die Mission des Mäzens. Zur öffentlichen und privaten Förderung der Künste. Opladen: Leske + Budrich 1986. S. 20ff.

pold« in Bayern sogar »noch einmal eine moderate Blüte (erlebte)«[208], verharrten Sachsens Könige um die Jahrhundertwende gegenüber den neuen Schöpfungen der Kunst und Kultur in Unverständnis, Desinteresse oder Ablehnung[209].

Allenfalls auf dem Sektor der darstellenden Künste[210] und des Ausstellungswesens[211] duldete man Tendenzen einer behutsamen Modernisierung, die aber meist mit Formen »nationaler Selbstdarstellung«[212] oder kulturell legitimierter Wirtschaftsförderung verbunden wurden[213]. Die ansonsten vorherrschende Abneigung des Dresdner Hofes gegenüber »fortschrittlicher Kunst«[214] spiegelt sich – anders als im Falle Wilhelms II. – weniger in öffentlichen Verlautbarungen oder spektakulären Interventionen wider[215], sondern mehr in den administrativen Strukturen der staatlichen Kunstpolitik: Die seit dem 19. Jahrhundert etablierten Gremien und Kommissionen, die für den Ankauf von Kunstwerken eingerichtet wurden (vor allem der *Akademische Rat* und die *Galeriekommission* der Königlichen Sammlungen), fungierten durch ihr vom König persönlich bestimmtes Ausstellungs- und Ankaufsregime als Hort der Tradition und Garant regressiver Einflußnahme auf die Kunstentwicklung. Im Verwaltungsapparat der staatlichen Kunstförderung existierte ein nur schwer zu durchschauendes Gefüge von personellen und institutionellen Gruppierungen, die beratenden oder mitbestimmenden Charakter hatten und deren Abhängigkeit vom König, von städtischen Kunstvereinigungen, von regionalen Fördereinrichtungen usw. ihren ohnehin begrenzten Verhandlungsspielraum oder ihr Abstimmungsverhalten bei der Beurteilung von auszustellenden oder anzukaufenden Werken bestimmten.[216]

Die Besonderheiten des Dresdner institutionellen »*Systems*«[217] bestanden – betrachtet man nur den Sektor des Ankaufs von modernen Gemälden und Graphiken – in einer Gewalten- und Kompetenzteilung, die Verantwortlichkeiten eher delegierte als eindeutig festschrieb und die Neuerwerbung von Werken der bildenden Kunst erschwerte: Während die *Galerie- bzw. Ankaufskommission* über die Vergabe staatlicher Mittel entschied und dabei sowohl »alte« als auch »neue« Meister für den Ankauf

---

[208] Hardtwig: Privatvergnügen oder Staatsaufgabe?, S. 85.

[209] Einen vielsagenden Beleg dafür liefert der König selbst, der sich aus seiner Verantwortung gegenüber den staatlich zu fördernden Künsten zurückzog und seinem Bruder, Prinz Johann Georg, diese Aufgabe überließ. Vgl. Woermann: Lebenserinnerungen. Band 2, S. 85.

[210] Etwa der Architektur, des *Hoftheaters* und der *Hofoper*.

[211] Etwa: Schauausstellungen der Handwerkskunst und des Gartenbaus, Hygieneausstellung 1911 oder die BUGRA 1914. Vgl. Kracke: Friedrich August III., S. 99.

[212] Ekkehard Mai: Expositionen. Geschichte und Kritik des Ausstellungswesens. München, Berlin: Deutscher Kunstverlag 1986. S. 42. Vgl. hierzu auch die um die Jahrhundertwende einsetzenden nationalen Kunstausstellungen in Dresden.

[213] Nachweisbar etwa anhand der Gewerbeförderung; vgl. Jutta Petzold-Herrmann: Die 3. Deutsche Kunstgewerbeausstellung Dresden 1906 – ein herausragendes kulturelles Ereignis. In: Dresdner Hefte 11 (1993), H. 4. S. 25-40. Die Eröffnung der Ausstellung wurde durch König Friedrich August III. vorgenommen. Vgl. ebd., S. 25.

[214] Vgl. Carl Puetzfeld: Bleibt Dresden Kunststadt? Betrachtungen zur Galerie- und Akademiefrage. Dresden: A. Tittmann Verlag 1920. S. 21-22.

[215] Vgl. hierzu Karl Woermann, der in seinen Lebenserinnerungen über nur einen ihm bekannt gewordenen öffentlichen Eklat während der Eröffnung der großen Dresdner Kunstausstellung im Jahre 1908 berichtet: Wegen der »Nacktheiten, die auf manchen der ausgestellten Bilder zu sehen seien«, geriet der König in einen verbalen »Zornausbruch«, wobei er »sich dabei der stärksten Ausdrücke (bediente)«. Vgl. Woermann: Lebenserinnerungen. Band 2, S. 86.

[216] Vgl. Puetzfeld: Bleibt Dresden Kunststadt?, S. 22. Auch Woermann: Lebenserinnerungen. Band 2, S. 60ff.

[217] Vgl. Puetzfeld: Bleibt Dresden Kunststadt?, S. 21.

durch die *Kgl. Kunstsammlungen* vorschlagen konnte, waren die Mittel aus den Zinsen der *Pröll-Heuer-Stiftung*[218], über die der *Akademische Rat*[219] verfügte, allein der »Unterstützung deutscher [lebender] Künstler«, die »auf Dresdner Ausstellungen«[220] gezeigt und als »allgemein gefällig«[221] vom Publikum aufgenommen wurden, vorbehalten. Beide Gremien agierten jedoch weitgehend unabhängig voneinander, und die Tatsache, daß weder die Leitung der Dresdner Gemäldegalerie noch die *Ankaufskommission* Einfluß auf die Erwerbspolitik der *Pröll-Heuer-Stiftung* hatten, verhinderte ein aufeinander abgestimmtes »systematisches Sammeln«[222] moderner Kunst schon auf Grund institutioneller Vorgaben. Durch ein gesetzlich verbrieftes und in letzter Instanz bindendes Weisungsrecht des Königs schließlich konnten Bilder, die bereits den schwierigen Weg durch die Kommissionen erfolgreich durchlaufen hatten, jederzeit abgelehnt werden, so daß neben der Überschneidung von Interessen, der Gebundenheit an Statuten oder einfach staatlich sanktionierten finanziellen Einschränkungen[223] auch noch das königliche Haus als unwägbarer Faktor in die Entscheidung über den Ankauf zeitgenössischer Werke eingriff.[224]

Die schwerfälligen, der Öffentlichkeit nur unzureichend rechenschaftspflichtigen, ja in den Prozeß öffentlicher Meinungsbildung z. T. gar nicht eingebundenen Institutionen[225] entfalteten oft genug ein ›Eigenleben‹, das für kunstpolitische Fehlentscheidungen, die nur mit Mühe korrigiert werden konnten, mit verantwortlich war: So hatte man in Dresden, einem der Hauptorte der romantischen Malerei,

> die Werke ihrer bedeutendsten Meister erst dann systematischer zu sammeln begonnen, als man andernorts deren überregionale kunstgeschichtliche Bedeutung erkannt und herausgestellt hatte: bei der Berliner Jahrhundertausstellung Deutscher Kunst 1906 [...].[226]

Das Phänomen einer an anderen Orten Deutschlands wahrnehmbaren »manchmal verblüffenden und eklatanten Modernität der Höfe gegenüber einer zäh im Alten verharrenden Bürgerlichkeit«[227] besaß für Dresdens monarchistische Kunstförderung keine Bedeutung. Am traditionellen Prinzip fürstlich legitimierter Kunstpflege fest-

---

[218] Die Stiftung wurde durch den Dresdner Maler Max Heinrich Eduard Proell-Heuer (1804-1879), einen Schüler von Retzsch, ins Leben gerufen.

[219] Zum *Akademischen Rat* vgl. Dresden. Von der Königlichen Kunstakademie zur Hochschule für bildende Künste [1764-1989]. Die Geschichte einer Institution. Dresden: Verlag der Kunst 1990. S. 219f.

[220] Hans Posse: Die Umgestaltung der Dresdner Gemäldegalerie. In: Mitteilungen aus den sächsischen Kunstsammlungen. Jg. II (1911). Leipzig: Breitkopf & Härtel. S. 60-70, hier: S. 60.

[221] Vgl. Puetzfeld: Bleibt Dresden Kunststadt?, S. 23.

[222] Posse: Die Umgestaltung der Dresdner Gemäldegalerie, S. 60.

[223] Die finanziellen Mittel für den Neuerwerb von Kunstwerken nahmen nach 1900 stetig ab, wie Karl Woermann berichtet. Woermann: Lebenserinnerungen. Band 2, S. 87f.

[224] Über die Bedeutung des Königs in dieser Hinsicht berichtet ausführlich Woermann. Vgl. ebd., S. 84ff.

[225] Vgl. hierzu die heftigen Reaktionen in der städtischen Tagespresse auf Einkäufe der *Galeriekommission* und des *Akademischen Rates*, die z. T. durch die verantwortlichen Beamten (etwa Woldemar von Seidlitz) selbst initiiert wurden, um auf die Unhaltbarkeit der Zustände hinzuweisen. Siehe ebd., S. 60ff.

[226] Vgl. Gerd Spitzer: Der Kunstsammler Johann Friedrich Lahmann als Entdecker, Bewahrer und Stiftter. In: Dresdner Hefte 15 (1997), H. 1. S. 15-23, hier: S. 19.

[227] Hardtwig: Privatvergnügen oder Staatsaufgabe?, S. 99.

haltend, stand man den Autonomisierungstendenzen der Kunst und der Museen um 1900, die von den führenden Museumsbeamten Sachsens längst erkannt und öffentlich unterstützt wurden[228], ablehnend gegenüber. Mit dem Instrumentarium einer konservativen Verwaltungsbürokratie wurden alle Bestrebungen nach Reformierung der anachronistisch gewordenen Zustände auf dem Sektor der Ausstellungs- und Erwerbspolitik im Keim erstickt und noch in den 10er Jahren die »Einführung [eines] jeglichen ›Modernismus‹«[229] verhindert. Zwar trug der königliche Hof den sich sukzessive in ganz Deutschland durchsetzenden Tendenzen einer »Professionalisierung« der Museen[230] Rechnung, absorbierte aber geschickt das fach- und kulturwissenschaftliche Potential, das sich aus diesem Prozeß ergab und das eine Erneuerung des Ausstellungswesens hätte vorantreiben können, im Geflecht staatlicher Kultur- und Kunstpolitik. Die königstreuen und traditionsbewußten Kulturbeamten, die – wie die Zeitgenossen berichten – das Gros der Mitglieder in den beratenden und vorschlagenden Kommissionen bildeten[231], zielten mit der institutionellen Verknüpfung von Kunst und Museum unter dem einigenden Dach der großen Tradition auf ein pädagogisch orientiertes Konzept der Förderung nationaler Identität, das auch vom sächsischen Königshaus nach Kräften protegiert wurde. Der Aufschwung der Kunsterziehungsbewegung nach 1900, die ja in Dresden ihren Ausgangspunkt hatte[232] und durch das *Königlich Sächsische Kultusministerium* mit initiiert wurde[233], und die Gründung der *Kunstwart-* und *Dürerbund*-Bewegung durch Ferdinand Avenarius ordnen sich in dieses der nationalpolitischen Funktionalisierung von Kunst dienende Programm ein.

Da sich die bildende Kunst der Moderne aber einer ideologischen Instrumentalisierung weitgehend entzog und auf Grund ihres internationalen Charakters auch für eine gezielte nationale Vereinnahmung nicht in Frage kam, wurde sie von den staatlichen Behörden Dresdens schon aus kulturpolitischen Erwägungen als Sammlungsobjekt ausgeschlossen. Die Bemühungen einzelner fortschrittlich eingestellter Museumsbeamter um eine Anhebung des Anteils moderner Werke am Gesamtbestand der *Königlichen Gemäldegalerie* bleiben davon zwar unberührt, ließen sich aber noch in den 10er Jahren des 20. Jahrhunderts nur in Einzelfällen durchsetzen. Aus Anlaß der bevorstehenden Pensionierung des langjährigen Galeriedirektors Karl Woermann im Jahre 1910 mahnt deshalb der national renommierte Leiter der Berliner Königlichen Museen, Wilhelm von Bode, in einer öffentlichen Denkschrift, den personellen Führungswechsel in Dresden an einen programmatischen Erneuerungsvorgang zu koppeln und die bislang vernachlässigte »Fühlungnahme mit dem Kunsthandel und dem Privatbesitz an Kunstwerken, sowie, für die Abteilung der modernen Malerei, die Beziehung zu den Künstlern«[234] nunmehr konsequenter zu suchen. Die Vermutung liegt

---

[228] So von Woldemar von Seidlitz, etwa in seiner Schrift: Der Staat und die Kunst, S. 241-244.

[229] Vgl. Puetzfeld: Bleibt Dresden Kunststadt?, S. 21-22.

[230] An die Spitze der Dresdner Museen kamen durchweg Fachgelehrte von Ruf, die z. T. auch schon vor ihrer Dresdner Tätigkeit an anderen Museen arbeiteten. Vgl. auch Knopp: Kulturpolitik, Kunstförderung und Mäzenatentum im Kaiserreich, S. 22f.

[231] Vgl. Woermann: Lebenserinnerungen. Band 2, S. 56f.

[232] Genaueres hierzu bei: Roland Unger: Dresden und die Kunsterziehungsbewegung zu Beginn unseres Jahrhunderts. In: Dresdner Hefte 17 (1999), H. 1. S. 14-21.

[233] Vgl. hierzu den Tagungsband: Kunsterziehung. Ergebnisse und Anregungen des Kunsterziehungstages in Dresden am 28. und 29. September 1901. Leipzig: R. Voigtländer 1902. Besonders die Begrüßungsrede von Geh. Schulrat Grüllich als Vertreter des Ministeriums. S. 15ff.

[234] Wilhem Bode: Die Zukunft der Dresdner Gemäldegalerie. In: Museumskunde 5 (1909), H. 4. S. 189-193, hier: S. 191.

nahe, daß der Nachfolger Woermanns, Hans Posse[235], Bodes Empfehlungen zur Kenntnis nahm, denn neben dem Aufbau von persönlichen Verbindungen zu den wichtigen privaten Sammlern moderner Kunst[236] und zu den bedeutenden Dresdner Künstlern[237] konzentrierte sich Posse auch auf die Reformierung der institutionellen Gegebenheiten vor Ort. Erstmals setzte Posse eine personelle Veränderung innerhalb der Ankaufskommission der *Königlichen Gemäldegalerie* durch: Mit der Berufung des auch sozialkritische Themen nicht scheuenden impressionistischen Malers und Akademiemitgliedes Robert Sterl und des bedeutendsten Dresdner Sammlers impressionistischer Kunst Oscar Schmitz in den Kreis der ständigen Kommissionsmitglieder[238] schuf Posse günstige Voraussetzungen für eine Erneuerung der städtischen Erwerbungspolitik, die allerdings bis zum Ausbruch des Ersten Weltkrieges zu keiner grundlegenden Verbesserung der Ankaufssituation führten. Noch im April 1913 äußerte Paul Adler in einem großen Artikel für die *Dresdner Neuesten Nachrichten* sein Unverständnis über eine Erwerbspolitik, die zwar »durch ihre bedingungslose Gefolgschaft an Wilhelm Bode zuerst im Publikum bekannt wurde«[239], aber hinsichtlich ihrer Ankäufe weit hinter der Berliner Praxis zurückblieb. Adlers brisante Empfehlung, staatliche Stellen künftig von der Förderung aktueller Kunstprozesse generell auszuschließen, da es offensichtlich an Kompetenz und Sachverstand mangele[240], und statt dessen die privaten Kunsthandlungen und Galerien der Stadt für die Propagierung der Moderne zu gewinnen[241], hatte sich in Dresden schon längst zur gängigen Praxis beim Umgang mit zeitgenössischer Kunst entwickelt.

Die vielschichtigen und öffentlich stark beachteten Aktivitäten der *Galerie Arnold* und des *Kunstsalons Richter*[242], die sich bereits früh mit der zeitgenössischen Kunst auseinandersetzten, bildeten dabei ein wirksames Gegengewicht zur einseitigen, doktrinären und avantgardefeindlichen staatlichen Kunstpolitik und erlangten auch wegen ihrer vorbildlichen wissenschaftlichen und museumspädagogischen Ausstellungskon-

---

[235] Zu Hans Posse (6.2.1879–7.12.1942) vgl. Robert Oertel: Hans Posse zum Gedächtnis. In: Neues Archiv für sächsische Geschichte und Altertumskunde 63 (1942), S. 170-174. Auch: Paul Ferdinand Schmidt: Lebenslauf. Manuskript. o. O., o. J. [um 1954]. [Maschinendruck]. S. 106.
[236] Etwa zu Oscar Schmitz und Adolf Rothermundt. Vgl. Heike Biedermann: Aufbruch zur Moderne – Die Sammlungen Oscar Schmitz, Adolf Rothermundt und Ida Bienert. In: Dresdner Hefte 15 (1997), H. 1. S. 30-38, hier: S. 32. Auf die von Posse angestrebte »Einbeziehung von Privatsammlungen«, um »die unzureichende oder verfehlte Ankaufspolitik vorausgegangener Jahrzehnte nach Möglichkeit etwas auszugleichen«, verweist auch Spitzer: Der Kunstsammler Johann Friedrich Lahmann, S. 19.
[237] Etwa zu Robert Sterl, mit dem Posse eine langjährige, enge Freundschaft verband. Ein Briefwechsel zwischen Posse und Sterl befindet sich im Archiv der *Akademie der Bildenden Künste Berlin*.
[238] Die Berufungen erfolgten im Jahre 1913. Genaueres bei Biedermann: Aufbruch zur Moderne, S. 32.
[239] Adler: Neuerwerbungen der Kgl. Gemäldegalerie, S. 1.
[240] »Eine berühmte Galerie, zumal eine in königlichem Besitz, und zumal eine solche, die mit ihrem von ihren Kurfürsten überkommenen barocken Pfund bis jetzt noch nicht gewuchert hat, ist zu keiner planlosen Unterstützung, selbst zu keiner Heerschau über gegenwärtige Begabungen berufen.« Vgl. ebd.
[241] Paul Adler: Aus den Kunstsalons. In: Dresdner Neueste Nachrichten vom 6.7.1913. Nr. 180. S. 2. Adler appelliert an die »beiden Dresdner Kunstsalons«, bei der Ausstellung zeitgenössischer Kunst »dem Dresdner Publikum [...] weniger Verkäufliches«, sondern »mehr wirklich Sehenswertes vor Augen zu führen.«
[242] So wurde über die Ausstellungen beider Galerien in der Dresdner Tagespresse jeweils ausführlich informiert und die Bestrebungen zur Förderung der zeitgenössischen Moderne gewürdigt. Vgl. etwa: Carl Puetzfeld: Galerie Arnold. In: Dresdner Neueste Nachrichten vom 13.12.1916. Nr. 339. S. 2. oder: Dresdner Nachrichten vom 28.9.1918. Nr. 269. S. 3.

zeptionen eine überregionale, vor allem in Fachkreisen anerkannte Bedeutung. Bereits 1896 betonte der renommierte Hamburger Museumsdirektor, Kunsthistoriker und Kunstpädagoge Alfred Lichtwark in einem Sonderheft der Kunstzeitschrift *Pan*, daß

> die Sonderausstellungen der Arnoldschen Kunsthandlung über Dresden hinaus Aufsehen gemacht und in der Gesellschaft ein Entgegenkommen gefunden (haben), das ähnliche Veranstaltungen in Berlin [...] nicht erringen konnten.

Was durch den Leiter der Galerie, Ludwig Gutbier,

> geschehen, bleibt als Ganzes für viele andere deutsche Städte ganz einfach vorbildlich [...]. Der Kunsthandel in Dresden (hat) jetzt einen Teil der Funktionen übernommen, die vor einem Jahrhundert die Agenten des Hofes in Paris ausübten.[243]

Der von Lichtwark beschriebene Wandel im Gefüge gesellschaftlicher Kunstförderung »vom fürstlichen Auftraggeber zum privaten Sammler«[244], der sich seit der Renaissance vollzog und in der Zeit um die Jahrhundertwende eine neue Qualität erreichte, fiel in der Residenzstadt Dresden auf besonders fruchtbaren Boden. Der Aufstieg des Bildungs- und Wirtschaftsbürgertums und dessen neues soziales Rollenverständnis bedingte gleichfalls ein umfangreiches kulturelles Engagement, dessen Bandbreite sich auch auf das Sammeln und Bewahren künstlerischer Werke erstreckte.[245] Sei es als Akt individueller Kunstaneignung konzipiert oder als Ausdruck persönlicher Reputation bzw. Neigung: Erwerb, Besitz und Erhaltung von Kunstwerken erlangte – auch vor dem Hintergrund einer traditionell hochstehenden städtischen Kulturpflege[246] und einer Belebung des Kunsthandels um 1900[247] – einen öffentlich anerkannten Stellenwert. Das öffentliche Interesse an einer eigenständigen, vom Hof unabhängigen Kunstförderung resultiert zum einen aus den Bestrebungen des Bürgertums nach Etablierung einer Kultur, die dem eigenen Selbstverständnis von Modernität und künstlerischer Aktualität Rechnung trug; zum anderen aber auch aus ökonomischen Gründen. Der Kunstmarkt entwickelte sich vor allem »nach der Gründung des Deutschen

---

[243] Alfred Lichtwark: Aus Dresden. In: Pan 2 (1896), Nr. 2. S. 134-137, hier: S. 137. Leicht verändert wieder veröffentlicht in seinem Buch *Deutsche Königsstädte*. Berlin-Potsdam-Dresden-München-Stuttgart. Dresden: Gerhard Kühtmann 1898. S. 93. Vgl. auch ein Zitat aus der Berliner Presse, das die Freunde der *Galerie Arnold* in ihrer Monographie anführen: »... gar manchmal wurde in Berlin darauf hingewiesen, daß man nach Dresden zu Ernst Arnold fahren müsse, wenn man eine wirklich gut geleitete Ausstellung zu sehen wünschte«. Vgl. Leben und Wirken eines Dresdner Kunsthändlers. Ludwig Gutbier. Von Freunden der Galerie Arnold. Dresden: Verlag Ernst Arnold 1934. S. 6. Übergreifend zur Geschichte der Galerie vgl. die Monographie von Ruth Negendanck: Die Galerie Ernst Arnold (1893-1951). Kunsthandel und Zeitgeschichte. Weimar: Verlag und Datenbank für Geisteswissenschaften 1998.
[244] Ekkehard Mai/Peter Paret: Mäzene, Sammler und Museen. In: Mai/Paret (Hg.): Sammler, Stifter und Museen, S. 4.
[245] »Die Zahl derjenigen, die ansehnliche Beträge für Kunstzwecke ausgaben, (wuchs) um die Jahrhundertwende beträchtlich«. Vgl. Leben und Wirken eines Dresdner Kunsthändlers, S. 27.
[246] Vgl. hierzu etwa die enormen finanziellen und personellen Aufwendungen des Hofes für die Pflege der Kultur. Karlheinz Blaschke: Hof und Hofgesellschaft im Königreich Sachsen während des 19. Jahrhunderts. In: Dresdner Hefte 8 (1990), H. 1. S. 61.
[247] Vgl. Robin Lenman: Der deutsche Kunstmarkt 1840-1923: Integration, Veränderung, Wachstum. In: Mai/Paret (Hg.): Sammler, Stifter und Museen, S. 138ff.

Reiches«[248] durch die ständig steigende Kaufkraft eines immer größeren Bevölkerungs-
anteils zu einer lukrativen, mit Gewinn arbeitenden Institution. Die Initiativen der
wichtigsten privaten Dresdner Galeristen zielten – auch im Kontext mit den Aktivitäten des *Sächsischen Kunstvereins*[249] – auf die Belebung und Entwicklung dieses Marktes
durch eine Ausstellungspraxis, die sich nicht ausschließlich der zeitgenössischen Kunst
annahm, sondern,

> aus offensichtlich geschäftlichen Gründen heraus, eine Mischung von renom-
> mierter – gesicherter – Kunst und Werken, die akzeptabel, aber nicht unerhört
> modern waren[250],

anvisierte. Diese für Dresden typische Konstellation[251] wurde aber sukzessive aufgebrochen und vor allem um die Jahrhundertwende durch eine intensivere Hinwendung
der Privatgalerien zur modernen Malerei, Graphik und Plastik neu akzentuiert: So
zeigte die *Galerie Arnold* lange vor Paul Cassirer in Berlin[252], nämlich bereits 1896,
Werke der französischen Graphik und Malerei des 19. Jahrhunderts, gefolgt von
moderner englischer Graphik im gleichen Jahr, einer van-Gogh-Exposition 1904 und
einer Ausstellung von Bildern des damals noch umstrittenen Emil Nolde 1905.[253]
Ähnliches ließe sich für den Dresdner *Kunstsalon Emil Richter* zeigen.[254]

Der internationale Charakter und die experimentelle Zielrichtung dieser Ausstellungspraxis, der sich das Publikum zunehmend öffnete und die sich auch wirtschaftlich erfolgreich gestaltete[255], wirkte im Zusammenhang mit einer von den Privatgalerien verwirklichten stärkeren Berücksichtigung des regionalen Kunstschaffens[256] als öffentliche Kritik an den antiquierten Methoden staatlicher Expositions- und Erwerbspolitik.

---

[248] Vgl. Hans Peter Thurn: Der Kunsthändler. Wandlungen eines Berufes. München: Hirmer 1994.
S. 119.
[249] Vgl. Paul Schumann: Dresden. Leipzig: E. A. Seemann 1909. S. 340-342.
[250] Dies betrifft, wie Robin Lenman betont, etwa die Ausstellungspraxis der *Galerie Arnold*. Vgl. Lenman: Der deutsche Kunstmarkt 1840-1923, S. 139.
[251] Vgl. Axel Schöne: Dresdner Kunst und künstlerischer Geist um 1910. In: Dresdner Hefte
11 (1993), H. 4. S. 18.
[252] Cassirer eröffnete seinen Berliner Kunstsalon erst 1898. Vgl. Thomas W. Gaehtgens: Die großen
Anreger und Vermittler. Ihr prägender Einfluß auf Kunstsinn, Kunstkritik und Kunstförderung. In:
Günter und Waldtraut Braun (Hg.): Mäzenatentum in Berlin, S. 114.
[253] Die Ausstellungskataloge zu den angegebenen Expositionen sind in der *Sächsischen Landesbibliothek – Staats- und Universitätsbibliothek* unter dem Stichwort *Ernst Arnold* einsehbar. Zusammenfassend vgl. Erhard Frommhold: Kunsthandel in Dresden – Eine Tradition der Moderne. In: Dresdner
Hefte 15 (1997), H. 1. S. 62.
[254] Einzelne Ausstellungskataloge sind in der *Sächsischen Landesbibliothek – Staats- und Universitätsbibliothek* unter dem Stichwort *Emil Richter* einsehbar. Zusammenfassend vgl. Frommhold: Kunsthandel in Dresden, S. 63.
[255] Die Besucherzahlen schwankten um 1910 zwischen 2000 und 5000 im Monat. Zugleich konnte
Gutbier 1911 eine halbe Million RM Umsatz verzeichnen (in den 90er Jahren des 19. Jahrhunderts
waren es lediglich 60.000 bis 80.000 RM). Vgl. Leben und Wirken eines Dresdner Kunsthändlers,
S. 5.
[256] Gutbier zeigte in der *Galerie Arnold* Werke der Dresdner *Brücke*-Maler im Jahre 1910; im *Kunstsalon Richter* wurde Malerei und Graphik der *Künstlergemeinschaft* bereits 1907 und 1908 gezeigt.
Vgl. Jähner: Künstlergruppe Brücke, S. 51-58. Auf die Bevorzugung von Ausstellungen Dresdner
Künstler verweisen auch die Freunde der Galerie Arnold in ihrer Publikation aus dem Jahre 1934.
Vgl. Leben und Wirken eines Dresdner Kunsthändlers, S. 25.

Der Typus des Kunsthändlers, der sich ohne Garantie auf ökonomische Rentabilität und persönlichen Gewinn[257] dem Neuen unvoreingenommen zuwendet, mußte den Hütern eines normativ ausgerichteten und traditionell organisierten Ankaufssystems notwendigerweise suspekt erscheinen. Daß die *Galerie Arnold* durch das Dresdner Königshaus[258] und die Dresdner *Königliche Akademie* »eigenartigerweise keine Unterstützung« erhielt, sondern »aus mannigfachen Gründen sogar bekämpft wurde«[259], verweist nicht nur auf Versuche, die Positionen der privaten Kunsthandlungen im Umfeld einer staatlich gesteuerten Kuladministration zu schwächen, sondern erklärt – wenigstens partiell – das fast vollständige Fehlen einer Kooperation zwischen Privatgalerien und städtischen Kulturinstitutionen. Dies wiederum führte zu der paradoxen Situation, daß sich zwar die angesehensten Sammler und die berühmtesten Museumsdirektoren Deutschlands als Gäste der Kunstsalons einfanden und für private oder staatliche Zwecke »manch bedeutsames Werk sichern konnten«[260], nicht aber die Verantwortlichen der Dresdner Kunstmuseen. Keines der herausragenden und zu moderaten Preisen erwerbbaren Exponate moderner Kunst fand den Weg in die königlichen Museen der Stadt: »kein Manet, kein Renoir, kein Cézanne, kein van Gogh, von Munch, von Nolde und den anderen Zeitgenossen ganz zu schweigen«[261]. Selbst positive Reaktionen in der Dresdner Öffentlichkeit auf großangelegte, auch überregional beachtete Projekte der ›Privaten‹, etwa auf die *Deutsche Expressionisten-Ausstellung*, die im Herbst 1916 in den Räumen der *Kunsthandlung Emil Richter* veranstaltet wurde[262], änderten nichts an der ablehnenden Haltung des städtischen Kultur- und Museumsestablishments.

Daß sich die Dresdner Museen – auch im Vergleich mit den Kunstinstitutionen anderer deutscher Städte – konsequent der Moderne als Sammlungsobjekt verweigerten[263], führte vor allem bei den privaten Sammlern und Mäzenen der Stadt zu einer Abwehrhaltung: Wie Oscar Schmitz noch 1914 in einer Denkschrift für die Galeriekommission bekennt, müssen zwar die Lücken in der modernen Sammlung schnell geschlossen werden, aber auf die »Opferfreudigkeit der Privaten« allein solle man da-

---

[257] Vgl. hierzu die Berichte und Erinnerungen der Zeitgenossen: »Gutbier machte oft Ausstellungen nur um der Kunst, nicht um des Geldes willen, und bei vielen seiner Veranstaltungen fiel für das Publikum und die Kunstfreunde sehr viel ab, aber nicht für ihn«. wdp: Dresden um die Jahrhundertwende. Avantgarde – damals. Die Galerie Ernst Arnold in Dresden, Ludwig Gutbier und die Brükkemaler. In: artis. Das aktuelle Kunstmagazin 24 (1972), H. 8. S. 15-17, hier: S. 17. Vgl. auch: Leben und Wirken eines Dresdner Kunsthändlers, S. 5.

[258] Zeitgenossen wissen zu berichten, daß vor allem Prinz Johann Georg beim Besuch von Ausstellungen neuerer, auch expressionistischer Kunst, in den privaten Kunsthandlungen »sein sehr individuelles Mißfallen« offen äußerte. Vgl. Puetzfeld: Bleibt Dresden Kunststadt?, S. 22.

[259] Vgl. auch: Leben und Wirken eines Dresdner Kunsthändlers, S. 5.

[260] Ebd., S. 26.

[261] Vgl. Frommhold: Kunsthandel in Dresden, S. 64.

[262] Die Ausstellung fand Ende September/Anfang November statt und wurde in der Dresdner Tagespresse überwiegend positiv aufgenommen. Vgl. vor allem Richard Stiller: Zur deutschen Expressionistenausstellung bei Richter. In: Dresdner Anzeiger vom 27.9.1916. Nr. 268. S. 5. oder F[elix] Z[immermann]: Die deutschen Expressionisten. In: Dresdner Nachrichten vom 5.10.1916. Nr. 276. S. 9. Zimmermann betont explizit, daß das Publikum bereit ist, den »neuen künstlerischen Grundsätzen« der Expressionisten »entgegenzukommen«. Ebd. Oder Carl Puetzfeld: Deutsche Expressionisten-Ausstellung. In: Dresdner Neueste Nachrichten vom 21.9.1916. Nr. 258. S. 2.

[263] Carl Puetzfeld nennt in seiner Betrachtung zur Galeriefrage über 10 Galerien in Deutschland, darunter auch sehr kleine in Hagen, Erfurt, Elberfeld, Halle, die über einen weitaus größeren Bestand an moderner Malerei und Graphik verfügen als Dresden. Puetzfeld: Bleibt Dresden Kunststadt?, S. 28ff.

bei nicht hoffen.[264] Selbst unter dem Galeriedirektor Hans Posse, der sich um größere Akzeptanz der städtischen Kunstkommissionen gegenüber der Moderne bemühte und als Mitglied des *Dresdner Museumsvereins* die Zusammenarbeit zwischen Vertretern der Wirtschaft, des privaten Kunsthandels und der Politik mitbestimmte[265], erhielten die Dresdner Sammlungen weitaus weniger Schenkungen und Stiftungen als andere vergleichbare Museen in Deutschland[266]. Offensichtlich mißtrauten die privaten Sammler nicht nur der staatlichen Museumspraxis, sondern auch der Qualität des fachwissenschaftlichen und museumspädagogischen Managements. Von einer leihweisen oder gar vollständigen Überlassung ihrer Werke sahen viele wohl auch deshalb ab, weil ihnen eine personelle und konzeptionelle Reformierung des Erwerbs- und Ausstellungssystems vor dem Krieg nicht möglich schien.

Die Abwendung von staatlicher Steuerung und institutioneller Verfügung wertete hingegen die private Salon- und Sammelkultur im Ensemble kultureller Öffentlichkeit auf und verlagerte auch die Förderung der expressionistischen Kunst und Literatur zunächst in die privaten Zirkel einer bildungsbürgerlichen Elite.

3.2. Sammelleidenschaft und Mäzenatentum: Der gebildete Bürger als Förderer moderner Kunst – das Beispiel Ida Bienert

Kontur und Profil kunstsammlerischer Tätigkeit erhalten in Deutschland nach der Jahrhundertwende eine neue Ausrichtung: Während man sich im 19. Jahrhundert auf das reiche Potential einer gesicherten, bereits musealen Wert verkörpernden, historisch anerkannten Kunst als Sammlungs- und Förderungsobjekt konzentrierte[267], gerät nunmehr auch die zeitgenössische, moderne, antiakademische Malerei, Graphik und Plastik zusehends in das Blickfeld des kunstinteressierten Käufers und Rezipienten[268]. Dieser Prozeß, der zunächst nur eine Minderheit von Sammlern und Kunstliebhabern betraf[269] und vor allem durch soziale Veränderungen nach der Reichsgründung und durch den persönlichen Einsatz einzelner Kunsthändler und Galeriebesitzer forciert

---

[264] Vgl. Archiv der Staatlichen Kunstsammlungen, Gemäldegalerie. (SKD GG) Nr. 8. Band 14. S. 72f.

[265] Der *Dresdner Museumsverein* wurde durch Teile der Dresdner Bürgerschaft im Dezember 1911 gegründet und diente vorrangig dem Ziel, durch Erwerbungen moderner Kunst die Weltgeltung der *Kgl. Sammlungen* zu erhalten und zu sichern. Das Verzeichnis der Vereinsmitglieder zeigt eine deutliche Dominanz des Wirtschafts- und Bildungsbürgertums der Stadt, wobei auch der König und Prinz Johann Georg im Verein mitarbeiteten. Die Mitgliedschaft des Königs resultierte allerdings mehr aus sachlich-institutionellen Zwängen: da die Dresdner Sammlungen unter königlichem Protektorat standen, war eine Einbeziehung des Königs unumgänglich. Vgl. zu Satzung, Ankäufen und Mitgliedern des *Museumsvereins*: Dresdner Museumsverein. Bericht über das 1. Vereinsjahr. 1911/1912.

[266] Will Grohmann: Die moderne Malerei in der Dresdner Gemäldegalerie. In: Der Cicerone (1928), Band 20. S. 157-166. Vgl. hierzu auch Vernon L. Lidtke: Museen und die zeitgenössische Kunst in der Weimarer Republik. In: Mai/Paret (Hg.): Sammler, Stifter und Museen, S. 224.

[267] Gesammelt wurde vor allem Kunst der italienischen Renaissance, des holländischen 17. und französischen 18. Jahrhunderts. Vgl. Thomas W. Gaehtgens: Wilhelm von Bode und seine Sammler. In: Ebd., S. 162.

[268] Ausführlich beschrieben hat diesen Prozeß in einer neueren Arbeit: Thurn: Der Kunsthändler, S. 119ff.

[269] Gaehtgens: Wilhelm von Bode und seine Sammler, S. 170. Daß sich diese »Minderheit« jedoch über ganz Deutschland verteilte, belegt der von Henrike Junge 1992 bei Böhlau herausgegebene Band: *Avantgarde und Publikum*. Zur Rezeption avantgardistischer Kunst in Deutschland 1905-1933.

wurde[270], erhielt in der sächsischen Residenzstadt sein besonderes Gepräge dadurch, daß sich der Wandel zugunsten der Moderne relativ rasch und personell weitgefächert vollzog: Bereits 1909 konnte der Redakteur und Kunstreferent des *Dresdner Anzeigers*, Paul Schumann, feststellen: »Sammler von alten Gemälden sind gegenwärtig kaum noch da.«[271]

Grundlage für diese in ihrer Totalität in Deutschland eher ungewöhnliche Neuorientierung[272] auf dem Sektor des privaten Kunsterwerbs waren die engen und künstlerisch wie finanziell ertragreichen Beziehungen zwischen einzelnen Sammlern und privaten Kunsthändlern. Das im Zuge des ökonomischen und sozialen Aufstiegs neu gewonnene Selbstbewußtsein des städtischen Bildungs- und Wirtschaftsbürgertums führte zur Herausbildung eines kulturellen Engagements, das sich bewußt von den herkömmlichen Formen einer streng reglementierten und institutionalisierten offiziellen Kunst- und Sammlungspolitik abwandte. Die gesellschaftspolitisch und wirtschaftlich erfolgreichen Emanzipationsbestrebungen fanden dabei auf kulturellem Gebiet einen einflußreichen Bündnispartner: Der junge, enthusiastische, allein sich selbst und seinen künstlerischen Anschauungen verpflichtete Kunsthändler verkörperte genau jenen Typus des modernen, liberal gesinnten Unternehmers, der eine Aufwertung des Anteils bürgerlich initiierter Kunstpflege im städtischen Gemeinwesen versprach.

Die Kunstförderung durch private Galeristen und Ausstellungshäuser im Umfeld einer vorwiegend traditionell geprägten Kunstverwaltung wird durch die neue bürgerliche Führungsschicht öffentlich unterstützt, konnte doch gerade die moderne Kunst als Teil von deren gesellschaftlichem Emanzipationsprogramm verstanden werden. Denn während sich die Sammler ›alter‹ Kunstwerke eher in der Rolle des fürstlichen Auftraggebers sahen, ihre Sammlungen vorrangig zu Zwecken der Repräsentation zeigten und die »Präzision« und »Gegenständlichkeit« der angehäuften Meisterwerke »nicht nur ästhetisch bewunderten, sondern [...] auch als Ausdruck der sicheren Verfügbarkeit über die Lebensumstände interpretierten«[273], fungierten die Sammler ›neuer‹ Kunst als Sachwalter des Experiments, als Zeitzeugen, die dem Bruch zwischen Ideal und Wirklichkeit in den Stilproduktionen der Avantgarden nachspürten und die Rolle des Künstlers und der Kunst in der gesellschaftlichen Realität der Jahrhundertwende neu definierten. Dem Ziel, die Differenz zwischen Herkömmlichem und Zukünftigem zu verdeutlichen und daraus die Notwendigkeit eines kulturellen Wandels im Zeichen der Moderne abzuleiten, diente die Protektion und Parteinahme der Dresdner privaten Kunstsammler zuallererst; und obgleich man zunächst nur im kleinen Kreis agierte, wuchs die Schicht derer, die sich, auch durch öffentliche Fürsprache, gegenüber der zeitgenössischen Kunst öffneten[274].

---

[270] Thurn: Der Kunsthändler, S. 119ff.

[271] Schumann: Dresden, S. 328.

[272] Gaehtgens etwa verweist darauf, daß die Mehrheit der Sammler im Kaiserreich Werke der ›alten‹ Kunst bevorzugte. Selbst eine Kopplung von Sammlungen ›alter‹ und ›neuer‹ Kunst ist eher selten. Vgl. Gaehtgens: Wilhelm von Bode und seine Sammler, S. 162.

[273] Ebd., S. 168.

[274] Paul Schumann verzeichnet 1909 bereits eine relativ breite private Sammlerschicht mit deutlicher Ausrichtung auf die Moderne: Er nennt folgende wichtige Sammler moderner Kunst in Dresden: Landrat Dr. von Dietel, Besitzer der *Galerie Meyer* (sammelt Gemälde moderner deutscher, französischer und schottischer Künstler sowie graphische Blätter aller Länder); Adolf Rothermundt (vor allem Gemälde der französischen Impressionisten und Neu-Impressionisten); Herr C. Louis Uhle (Werke von Böcklin, Daumier, den Meistern von Fontainebleau); Woldemar von Seidlitz (Bilder von Degas, Leibl, Lomont, Stremel, Zorn); Oscar Schmitz (Gemälde moderner französischer Im-

Die zunächst persönlich, später aber auch institutionell legitimierte Zusammenarbeit[275] zwischen privaten Sammlern und Kunsthändlern erhält damit eine gesellschaftliche Brisanz, die nicht nur das kulturelle Erneuerungspotential in der sächsischen Residenzstadt nach 1900 wesentlich vergrößerte, sondern gleichfalls auf die
Position der Kunst im Ensemble gesellschaftlicher Wirklichkeitsaneignung zurückwirkte. In welchem Ausmaß das private Sammeln von modernen Kunstwerken zu
einem Faktor öffentlicher Kunstpflege geworden war, belegt die Ausstellung des *Sächsischen Kunstvereins* aus dem Jahre 1907, die von etwa 60 Besitzern rund 400 Werke
der Gegenwartskunst aus den letzten 20 Jahren der erstaunten Dresdner Öffentlichkeit präsentierte, wobei sich »die Zahl der Kunstwerke hätte [...] bequem verdop-
peln lassen«.[276]

Inwieweit sich diese relativ große Gruppe privater Sammler auch über den Erwerb
des Kunstwerkes hinaus mäzenatisch engagiert hat, läßt sich heute kaum mehr rekonstruieren. Die »enorme Bandbreite des Mäzenatentums«[277] um die Jahrhundertwende,
die sich von der Zahlung monatlicher Renten über den Ankauf und die Ausstellung
von Kunstwerken bis zur Fürsprache in Stiftungen und Vereinen bei der Vergabe von
Fördergeldern erstreckte, wurde erst in den letzten Jahren kunstwissenschaftlich genauer analysiert[278], wobei sich die Untersuchungen zur privaten Kunstförderung in
Dresden lediglich auf anerkennenswerte Einzelstudien beschränken[279], die vorrangig
eine Sichtung und Auswertung des vorhandenen Quellenmaterials vornehmen und
den biographisch-entwicklungsgeschichtlichen Zusammenhang von Sammler und
Sammlung ins Zentrum rücken.

Auch die Analyse des spezifischen mäzenatischen Engagements Ida Bienerts erfolgte bislang unter« diesen Aspekten[280]; Fragen nach der Rolle von Ida Bienerts »Salon«
als private kulturelle Institution im Ensemble der städtischen kulturellen Vereinigungen und Gesellschaften, nach dem sozialhistorischen Typus des bildungsbürgerlich
geprägten ›weiblichen Sammlers und Förderers‹ avantgardistischer Kunst im beginn-
nenden 20. Jahrhundert sowie nach der Bedeutung der Freundschaft zwischen Bienert

---

pressionisten). Vgl. Schumann: Dresden, S. 328. In anderen Publikationen und Quellen werden er-
wähnt: Johann Meyer, Hugo Schmeil, Hermann Müller als Sammler von Kunst des 19. und frühen
20. Jahrhunderts; Fritz Glaser (Rechtsanwalt), Hugo Erfurth, Hans Dittmayer und Ida Bienert als
Sammler des modernen, expressionistischen und konstruktivistischen Kunstschaffens. Vgl.
Biedermann: Aufbruch zur Moderne, S. 31. Fritz Löffler schließlich weist auf Paul Ferdinand
Schmidt (Direktor des *Dresdner Stadtmuseums*), Franz Roh (Kunsthistoriker) und Will Grohmann
(Studienrat) hin. Fritz Löffler: Dresdner Sezession 1919-1925. In: Die Kunst und das schöne Heim
89 (1977), H. 12. S. 725 und 726. Eine detaillierte Gesamtübersicht der Dresdner privaten
Kunstsammler des Kaiserreiches mit Angabe des Sammelschwerpunktes fehlt meines Wissens bis
heute.

[275] Auf persönliche Beziehungen verweist die Denkschrift: Ludwig Gutbier: Leben und Wirken eines
Dresdner Kunsthändlers, S. 27. Zur institutionellen Zusammenarbeit kam es – so ist zu vermuten –
zwischen den Kunsthandlungen *Arnold* und *Richter* und dem *Dresdner Museumsverein* bzw. dem
Verein der Dresdner Galeriefreunde, die beide eine Förderung der modernen Kunst in Dresden beab-
sichtigten und insofern den Ausstellungsbestand der Kunstsalons einbeziehen mußten.

[276] Schumann: Dresden, S. 328-329.

[277] Daweke/Schneider: Die Mission des Mäzens, S. 76.

[278] Vgl. als größere Überblicksdarstellung zuletzt: Mai/Paret (Hg.): Sammler, Stifter und Museen.

[279] In dem Dresdner Heft zum Mäzenatentum finden sich etwa ein Dutzend Beiträge.

[280] Etwa bei Henrike Junge: Vom Neuen begeistert – Die Sammlerin Ida Bienert. In: Dies. (Hg.):
Avantgarde und Publikum, S. 29-37. Oder Fritz Löffler: Ida Bienert und ihre Sammlung. In: Jahresring. Literatur und Kunst der Gegenwart. Stuttgart (1971), Nr. 71/72. S. 187-198.

und Theodor Däubler für die Propagierung und Etablierung der Moderne in der sächsischen Residenzstadt sind hingegen nur peripher behandelt worden.

Ida Bienert, die in Dresden über die wohl bedeutendste private Sammlung expressionistischer Kunst verfügte[281], verkörperte allerdings nicht nur den Modellfall des passionierten Sammlers, sondern verband im typologisch-lebensweltlichen Sinn weitgefächertes soziales Engagement mit vielfältigen kulturellen Interessen und erziehungsreformerischen Ambitionen. Als Tochter eines reichen schlesischen Textilindustriellen durchlief sie zunächst eine traditionelle, religiös fundierte Erziehung und Ausbildung[282], ehe sie sich nach ihrer Heirat mit dem Dresdner Hofmühlenbesitzer Erwin Bienert[283] als Sammlerin für die moderne Kunst engagierte. Das hierfür notwendige kulturelle Bildungswissen hat sie sich zum einen durch intensive Studien an der *Allgemeinen Abteilung* der *Kgl. Technischen Hochschule Dresden* angeeignet[284], zum anderen durch die kontinuierliche Pflege von persönlichen Kontakten zu Künstlern, Kunsthändlern, Kunst- und Literaturhistorikern, Bibliotekaren und Publizisten[285]. Als Mitglied in zahlreichen Vereinen, Gesellschaften und Organisationen ist sie zudem aktiv in den kulturellen Modernisierungsprozeß der sächsischen Residenzstadt eingebunden: Seit 1905/06 erlebt sie in der *Literarischen Gesellschaft Dresden* wegweisende Aufführungen moderner Dramen (u. a. Max Halbe, Frank Wedekind, Gerhart Hauptmann)[286], im Jahre 1909 gehört sie zu den Mitgliedern des *Komitees zur Gründung der Bildungsanstalt E. Jaques-Dalcroze* in Hellerau[287], und noch während des Krieges im Juni 1918 ruft sie gemeinsam mit anderen angesehenen Bildungsbürgern der Stadt die *Neue Vereinigung für Kunst* ins Leben, die der jungen Kunst in Dresden ein öffentlichkeitswirksames Distributions- und Rezeptionsforum bieten wird[288]. Der Mitarbeit in diesen ›Institutionen der Moderne‹ folgt die Realisierung eigener Vorhaben, die sich in die sozialen Aktivitäten des liberal gesinnten Dresdner Bildungs- und Wirtschaftsbürgertums um die Jahrhundertwende einordnen: Im Jahre 1905 gründet sie für die Arbeiter und Angestellten der Bienertschen Hofmühle und für die Bewohner des Stadtteils Dresden-Plauen die erste Volksbibliothek Sachsens.[289]

[281] Will Grohmann: Die Sammlung Ida Bienert Dresden. Potsdam: Müller & I. Kiepenheuer 1933. S. 7.
[282] Vgl. Walter Hofmann: Mit Grabstichel und Feder. Geschichte einer Jugend. Berlin: Wegweiser-Verlag 1947. S. 384.
[283] Die Hofmühle der Familie Bienert war zur damaligen Zeit ein Dresdner Großbetrieb, der über ein hohes wirtschaftliches und finanzielles Potential verfügte.
[284] Vgl. Löffler: Ida Bienert und ihre Sammlung, S. 197. Löffler spricht sogar davon, daß Bienert »zu den eifrigsten Besucherinnen der Vorlesungen (gehörte)«.
[285] Aus der Fülle von Freunden und Besuchern seien genannt: die Dichter Theodor Däubler und Else Lasker-Schüler, die Kunsthistoriker Will Grohmann, Franz Roh und Paul Ferdinand Schmidt, der Literaturhistoriker Oskar Walzel, die Maler Otto Dix, Otto Hettner, Oskar Kokoschka und Conrad Felixmüller sowie der Publizist Hugo Zehder.
[286] Vgl. hierzu die Mitglieder- und Aufführungsverzeichnisse im Nachlaß der *Literarischen Gesellschaft*. Stadtarchiv Dresden, Signatur: 13.21. Karton Nr. 1 und Protokollbuch.
[287] Vgl. die Mitgliederliste in: Die Bildungsanstalt für Musik und Rhythmus E. Jaques-Dalcroze in Dresden-Hellerau. Jena: Eugen Diederichs 1910. S. 18.
[288] Vgl. hierzu die Anzeige in den *Dresdner Neuesten Nachrichten* vom 16.6.1918. Nr. 162. S. 2-3. Weitere Gründungsmitglieder waren u. a.: Oskar Walzel, Theodor Däubler, Walter Hasenclever, Hugo Zehder, Camill Hoffmann, Karl Woermann, Otto Gußmann, Cornelius Gurlitt.
[289] Die Familie Bienert stellte der Bibliothek jährlich eine Summe von 9000 Mark zu Verfügung; gleichzeitig arbeitete Frau Bienert in führender Position im *Kuratorium der Freien öffentlichen Bibliothek Dresden-Plauen* mit. Genaueres bei Felicitas Marwinski: Die Freie öffentliche Bibliothek Dresden Plauen und Walter Hofmann. Ein Beitrag zur Geschichte des Volkbüchereiwesens zu Beginn des

Eingebettet in die Konstituierung dieses personell und institutionell vielschichtigen kulturellen Interaktionsfeldes, dessen Universalität auffällig mit den lebensreformerischen Bestrebungen des Bildungsbürgertums um 1900 korrespondiert[290], etabliert Ida Bienert aber zugleich im engeren Rahmen ihrer privaten Lebenswelt ein Milieu, das sich den Künsten und Künstlern der Gegenwart öffnet und damit deren Weg in die städtische Öffentlichkeit erleichtert.[291] Grundlage dieser familial geprägten Orientierung auf die künstlerische Moderne war – neben der Verschmelzung von wirtschaftsbürgerlicher Kompetenz und sozialkulturellem Enthusiasmus – die Herausbildung spezifischer Formen bildungsbürgerlicher Sozialisation, bei der die Rolle der Frau für die Entfaltung des kulturellen Niveaus innerhalb der privaten Lebenssphäre aufgewertet wurde.[292] Als Träger bildungsbürgerlichen Lebensstils formte Ida Bienert im Mikrokosmos der eigenen Familie ein vielschichtiges Netzwerk kultureller Kontakte, das die Aufnahme des ›neuen Stils‹ in den Kreisen des gebildeten Bürgertums der Stadt begünstigte.

Da auch ihr Mann in die Projekte der Moderne vielfältig involviert war[293], entfaltete sich ein ganzheitliches, sozialmoralisch geschlossenes, familiär geprägtes und dabei vielfältig nach außen wirkendes Kulturengagement, das nicht nur auf die Entfremdungserscheinungen der modernen Arbeitswelt antworten wollte, sondern auch die Notwendigkeit einer Öffnung der Gebildeten gegenüber der Subkultur der Alternativen unterstrich.

Der halböffentliche ›Salon‹, den Ida Bienert in ihrem Haus etablierte und der auf das Modell der im 18. Jahrhundert zur Blüte gelangten, aufklärerisch orientierten Kommunikationsform der fortschrittlichen, gebildeten Stände zurückgeht[294], diente diesem Anliegen zuallererst, fungierte aber auch als Präsentationsforum einer möglichen Assimilierung von Kunst und Leben. Obgleich auf der Tradition der ›weibli-

---

20. Jahrhunderts. In: der bibliothekar. Beiheft 6. Leipzig, 1983. In die erziehungsreformerischen Bestrebungen Bienerts ordnet sich die Gründung eines sogenannten *Arbeiterbeirats* ein, der vor allem potentiellen Lesern aus dem proletarischen Milieu den Zugang zur Bibliothek erleichtern sollte. Vgl. hierzu: Karl Poelchau: Der Arbeiterbeirat der Freien öffentlichen Bibliothek Dresden-Plauen. In: Zentralblatt für Volksbildungswesen. Stuttgart 11 (1911), Nr. 10. S. 145-149. Auch: Felicitas Marwinski: Von der Arbeit des Arbeiter-Leserbeirates der Freien öffentlichen Bibliothek Dresden-Plauen 1909-1914. Protokolle – Berichte – Materialien. Dresden: Stadt- und Bezirksbibliothek 1983.

[290] Vgl. hierzu auch Ida Bienerts Engagement in der Frauenrechtsbewegung um 1900 und bei der Liberalisierung und Modernisierung des Bildungswesens. Ihre Kinder läßt sie nach den Methoden des »großen pädagogischen Neuerers Hermann Lietz« erziehen. Vgl. Hofmann: Mit Grabstichel und Feder, S. 384.

[291] Vgl. hierzu die Äußerungen Alfred Günthers: »Das Dresdner Zentrum der neuen Kunst und Literatur war das Haus Bienert. Frau Ida bot allen Dichtern und Künstlern vorbildliche Gastfreundschaft und wurde eine großzügige Mäzenatin für viele.« Alfred Günther: Dresden im Expressionismus. In: Paul Raabe (Hg.): Expressionismus. Aufzeichnungen und Erinnerungen der Zeitgenossen. Olten und Freiburg i. Br.: Walter-Verlag 1965. S. 246.

[292] M. Rainer Lepsius: Das Bildungsbürgertum als ständische Vergesellschaftung. In: Ders. (Hg.): Bildungsbürgertum im 19. Jahrhundert. Lebensführung und ständische Vergesellschaftung. Stuttgart: Klett-Cotta 1992. S. 16.

[293] Durch Mitgliedschaften in den wichtigen kulturellen Vereinen der Stadt (etwa der *Literarischen Gesellschaft*), als Ausschußvorsitzender des *Komitees zur Gründung der Bildungsanstalt E. Jaques-Dalcroze*, als Mitglied im *Dresdner Museumsverein* oder einfach als Geldgeber für das vielseitige mäzenatische Engagement seiner Frau.

[294] Zu Begriff und Geschichte des Salons vgl. Peter Seibert: Der literarische Salon. Literatur und Geselligkeit zwischen Aufklärung und Vormärz. Stuttgart, Weimar: Metzler 1993. S. 3-101.

chen‹ Salonkultur[295] fußend, ging es Ida Bienert weniger um eine bewußte Distanz zu den »kulturellen Institutionen der Männergesellschaft«[296], sondern eher um die Suche nach Möglichkeiten produktiven Zusammenwirkens[297]. Als eine der ersten Frauen Deutschlands[298] entwickelte sie ein Programm, das mäzenatischen Einsatz für die Moderne mit Formen privater Kunstkommunikation zusammenführte: Der Kauf von Bildern und die finanzielle Unterstützung von Dichtern und Malern wurde durch die Möglichkeit des Gesprächs im Kreise der Künstler selbst ergänzt. Diese Annäherung von Produzenten und potentiellen Rezipienten[299] wird durch die Ausübung vielfältiger kultureller Praxisformen unterstützt: Ida Bienerts ›Salon‹ fungiert nicht nur als Ort der »›Vernetzung‹ von Geist bzw. Kunst, Geschäft und Politik, von Establishment und Newcomern«[300], sondern auch als Ort des kulturell-künstlerischen Experiments[301]. Das Kunst- und Literaturgespräch der Gebildeten wird dabei zur soziokulturellen Basis einer gesellschaftlich ausstrahlenden, übergreifenden Kommunikation, die – vor allem durch die Pflege personeller Verbindungen – schon vor dem Krieg den engen Zirkel Gleichgesinnter verlassen wird, um in den bildungsbürgerlich etablierten kulturellen Institutionen der Stadt Fuß zu fassen. Viele der im Hause Bienert Geladenen wirkten in herausgehobenen Positionen sowohl in den Gremien der städtischen Kulturadministration[302] als auch in den vereinsmäßigen Organisationen der am literarischen und künstlerischen Leben der Stadt beteiligten Personen und Gruppen[303]. Auf

---

[295] Einen guten historischen Überblick zu diesem Gegenstand bietet: Verena von der Heyden-Rynsch: Europäische Salons. Höhepunkte einer versunkenen weiblichen Kultur. München: Artemis & Winkler 1992. Zum Salon zwischen Restauration und Moderne und zur Salonkultur im 20. Jahrhundert siehe S. 176-225.

[296] Ebd., S. 18.

[297] Zum Zusammenwirken von Frauen und Männern im »Salon« vgl. Kurt W. Back und Donna Polisar: Salons und Kaffeehäuser. In: Neidhardt (Hg.): Gruppensoziologie, S. 276-286, hier: S. 283.

[298] Erst im Jahre 1916 gründete Rosa Schapire mit Ida Dehmel und Martha Rauert in Hamburg den *Frauenbund zur Förderung deutscher bildender Kunst*, eine mäzenatische Frauenvereinigung mit Mitgliedern im ganzen Reich, u. a. auch in Dresden. Ob Ida Bienert allerdings Mitglied im *Frauenbund* war, ist nicht bekannt. In der Dresdner expressionistischen Zeitschrift *Menschen* vom 15. November 1918 warb Rosa Schapire für den *Frauenbund*. Vgl. zum Frauenbund: Henrike Junge: Wohlfeile Kunst. Mainz: Verlag Philipp von Zabern 1989. S. 87f. und 167f. Auch Gustav Schiefler: Eine Hamburgische Kulturgeschichte 1890-1920. Beobachtungen eines Zeitgenossen. Hamburg: Verlag Verein für Hamburgische Geschichte 1985. S. 528 und 300.

[299] Vgl. hierzu die Ausführungen von Conrad Felixmüller, der bereits früh im Hause Bienert verkehrte: Hier »lernte ich nicht nur schöne Bilder kennen, sondern sehr viele Menschen, mit denen ich bald verkehrte«. Jutta Penndorf: Conrad Felixmüller – seine Sammler in den Dresdner Jahren (1917-1934). In: Ulrich Krempel (Hg.): Conrad Felixmüller: Die Dresdner Jahre 1910-1934. Staatliche Kunstsammlungen Dresden. Gemäldegalerie Neue Meister. Ausstellung vom 13.7.-7.9.1997. Sprengel Museum Hannover. Ausstellung vom 14.9.-30.11.1997. Ausstellungskatalog. Köln: Wienand 1997. S. 43.

[300] Wolfgang Hardtwig stellt dies als paradigmatisch für den – damals berühmten – Weimarer Kreis um Harry Graf Kessler dar. Vgl. Wolfgang Hardtwig: Drei Berliner Porträts: Wilhelm von Bode, Eduard Arnhold, Harry Graf Kessler. Museumsmann, Mäzen und Kunstvermittler – drei herausragende Beispiele. In: Günter und Waldtraut Braun (Hg.): Mäzenatentum in Berlin, S. 39-71. Zu Kessler bes. ab S. 46ff.

[301] So wurden Vorführungen des modernen Ausdruckstanzes an Lesungen gekoppelt usw. Siehe: Biedermann: Aufbruch zur Moderne, S. 36.

[302] Etwa Hans Posse, seit 1910 Direktor der *Dresdner Kgl. Gemäldegalerie*; Oskar Walzel, zwischen 1907 und 1921 Inhaber der Professur für Literatur- und Kunstgeschichte an der *Allgemeinen Abteilung der Technischen Hochschule Dresden*; Hans Poelzig, zwischen 1916 und 1920 Leiter des *Dresdner Stadtbauamtes*; Otto Hettner, Professor an der *Dresdner Kunstakademie*.

[303] Oskar Walzel etwa war neben den Bienerts Mitglied in der *Literarischen Gesellschaft*; Will Grohmann trat als Vortragender im *Literarischen Verein zu Dresden* auf; Hugo Zehder, Oskar Walzel und

diese Weise diente eine schmale Schicht bürgerlicher Intellektueller als Distributionsmedium für die moderne Kunst und Literatur, denn – so ist zu vermuten – Kontur
und Profil des kulturellen Angebots sowie Milieu und Atmosphäre des privaten Zir-
kels wirkten auf die Lebens- und Arbeitswelt der anwesenden Literatur- und Kunsthistoriker, Galeriedirektoren und Studienräte, Rechtsanwälte oder Bibliothekare vielfältig zurück. Diese Form bildungsbürgerlicher Kunstkommunikation konnte sich in
der »mittleren Großstadt« Dresden, die über günstigere Voraussetzungen gesellschaftlicher Zentralisation verfügte als etwa das zersplitterte Berlin[304], wirkungsvoller entfalten und den Aufbau personenzentrierter ›Netzwerke‹ avantgardistischer Kunstrezeption auf immer größere Bereiche der Öffentlichkeit ausweiten.

Die in diesem Kontext vollzogene Aufwertung der Frau als Trägerin von spezifischen Kulturfunktionen bzw. kulturellen Sozialisationsvorgängen ist nicht nur ein Resultat von Differenzierungsprozessen innerhalb des Bildungsbürgertums im Umfeld
einer zunehmend erstarkenden Frauenrechtsbewegung um 1900[305], sondern verweist
zudem auf die Neubewertung ›weiblichen Denkens‹ in den Avantgarden selbst.[306] Die
Veränderung des Rollenbildes der Frau in der Gesellschaft zeigt sich aber auch in der
wachsenden Zahl weiblicher Mäzene, die sich finanziell oder durch Fürsprache in gesellschaftlichen Gruppen und Organisationen für die Repräsentanten der Avantgarde
einsetzten. Die engen persönlichen Beziehungen zwischen der Industriellengattin Ida
Bienert und dem mittellosen Dichter Theodor Däubler ordnen sich in dieses – auch
andernorts nachweisbare – Phänomen ein[307]; sie beschreiben jedoch zugleich eine
spezifische Form der Annäherung von Avantgarde und Publikum nach 1910.[308]

Die langjährigen Kontakte zwischen Ida Bienert und Theodor Däubler dienten
dabei einem doppelten Interesse: Während Bienert durch Däubler beim Kauf moderner Kunst fachlich beraten und so vor Mißgriffen bewahrt wurde, ermöglichte sie die
Einführung Däublers in die Kreise der kunstbeflissenen Dresdner Gesellschaft und
half dem Dichter, seine – damals noch eher marginalen – literarischen Wirkungsmöglichkeiten zu verbessern.[309]

Otto Hettner wirkten in der *Neuen Vereinigung für Kunst* mit; Hans Posse seit 1911 im *Dresdner
Museumsverein*.

[304] Vgl. Paul Ferdinand Schmidt: Lebenslauf, S. 109.

[305] Zu diesem Thema vgl.: Rosemarie Nave-Herz: Die Geschichte der Frauenbewegung in Deutsch-
land. Opladen: Leske + Budrich 1994. Auch – mit Bezügen zum Bildungsbürgertum – Ute Frevert:
Frauen-Geschichte zwischen bürgerlicher Verbesserung und neuer Weiblichkeit. Frankfurt a. M.:
Suhrkamp 1986.

[306] Zur Bedeutung der Frauen für die Etablierung der Moderne vgl. den Ausstellungskatalog: Garten
der Frauen. Wegbereiterinnen der Moderne in Deutschland 1900-1914. Hg. von Ulrich Krempel
und Susanne Meyer-Büser. Sprengel Museum Hannover 1996.

[307] Vgl. hierzu etwa den Einsatz von Rosa Schapire für die *Brücke*-Maler in Hamburg. Vgl. Maike
Bruhns: Rosa Schapire und der Frauenbund zur Förderung deutscher bildender Kunst. In: Junge
(Hg.): Avantgarde und Publikum, S. 269-282. Oder die Beziehungen von Johanna Ey in Düsseldorf
zur städtischen Avantgarde. Beate Ermacora: Neue Kunst. Frau Ey. In: Ebd., S. 59-67. Insgesamt ist
dieser Sektor allerdings noch kaum erforscht.

[308] Auf die Funktion des Mäzens als Mittler zwischen Dichter und Publikum verweist – auch mit
Blick auf die Beziehungen zwischen Däubler und Bienert – der Dresdner Expressionist Rudolf
Adrian Dietrich in seinen Erinnerungen. Vgl. Rudolf Adrian Dietrich: Das Land der Dichter und
Denker (Fortsetzung). In: Nachlaß Rudolf Adrian Dietrich. Deutsches Literaturarchiv Marbach. A:
Dietrich. Aufzeichnungen und Briefe. Band 18. S. 55-56.

[309] Vgl. hierzu Thomas Rietzschel: Theodor Däubler. Eine Collage seiner Biographie. Leipzig: Reclam 1988. S. 145 und 182. Auch: Sarfert: Hellerau, S. 95-96.

Die Auseinandersetzung um die junge Kunst, wie sie hier im intimen Kreis der Gebildeten praktiziert wurde, konnte, da sie sich den Regeln eines effizient und mit Gewinn arbeitenden Kulturmarktes weitgehend entzog, auf die Vermittlungskraft des kulturellen Diskurses hoffen, dessen Inhalte und Argumente einzig aus der Auseinandersetzung mit dem Dargebotenen oder Gezeigten abgeleitet wurden. Der unvoreingenommene und sachgeleitete Dialog fungierte somit als Mittler zwischen dem kulturell überlieferten Sinn- und Wertehorizont eines durch Bildung traditionell erworbenen Wissensbestandes und dem Instrumentarium einer traditionslos modernen Kultur, die der Praktikabilität einer solchen Bildungsüberlieferung zunehmend mißtraute. Mit diesem Konzept einer produktiven Kritik am »populäre[n] Historismus«, der »die klassischen, immer noch verbindlichen Bildungsideale [...] nun historisch erfaßt[e]«[310], korrespondiert auch die durch Däubler stark beeinflußte[311] Sammeltätigkeit Ida Bienerts: Bereits von den Zeitgenossen als »versuch einer [neuen] weltdeutung«, als »übergang von einer mehr klassischen denkweise zu einer toleranten, die grenzen der kunst erweiternden [...] komplexeren art der welterfassung« interpretiert, dokumentierte die Sammlung eine »geistige ortsbestimmung«[312], die dem Betrachter verschiedenste Formen alternativer Weltinterpretation durch die zeitgenössische Avantgarde vor Augen führte.

Die schon zu Lebzeiten Däublers anerkannte Deutung der Modernen in seiner – Ida Bienert gewidmeten – Anthologie *Der neue Standpunkt*[313] weist nicht nur auffällige Künstler- und Werkbezüge zur Bienertschen Sammlung auf, sondern fungierte auch als Aufklärungsmedium zwischen kunstverständigem Dichter und bürgerlichem Publikum, das den Salon in seiner öffentlichen Ausstrahlung vor allzu großer Exklusivität und elitärer Inanspruchnahme bewahrte. Jener für viele Berliner Zirkel um die Jahrhundertwende konstatierte Verlust an »revolutionär integrativer« Kraft, der das Aufkommen von »anachronistischen, vergangenheitsliebenden und gegenwartsflüchtigen« Tendenzen begünstigte[314], erlangt für den Salon Ida Bienert keine Bedeutung, da die gesellschaftliche Öffnung bereits früh zum Programm einer institutionalisierten

---

[310] Die Pflege des »populären Historismus« wird dagegen für die Berliner Salons der Jahrhundertwende von Petra Wilhelmy nachgewiesen. Vgl. Petra Wilhelmy: Der Berliner Salon im 19. Jahrhundert (1871-1914). Berlin, New York: Walter de Gruyter 1989. S. 453ff.

[311] Vgl. etwa Junge: Vom Neuen begeistert, S. 30-31. Fritz Löffler spricht sogar davon, daß die Sammlung Bienert »die Intentionen, die Däubler von der modernen Kunst der Gegenwart besaß, (zeigt)«. Vgl. Löffler: Ida Bienert und ihre Sammlung. S. 189. An anderer Stelle betont Löffler: »Theodor Däubler war der eigentliche Anreger und Schöpfer der Sammlung Ida Bienert.« Fritz Löffler: Theodor Däubler sowie Ida Bienert und Klee. In: Paul Klee. Vorträge der wissenschaftlichen Konferenz in Dresden. 19. und 20.12.1984. Berlin: Verband Bildender Künstler der DDR. Staatliche Kunstsammlungen Dresden. 1986. S. 44.

[312] Grohmann: Die Sammlung Ida Bienert Dresden, S. 8-9.

[313] Theodor Däubler: Der neue Standpunkt. Essays. Dresden: Hellerauer Verlag 1916.

[314] Wilhelmy: Der Berliner Salon im 19. Jahrhundert, S. 436f. Das Problem der Isolation und des ›Inseldaseins‹ wird auch für Kreise in der Provinz, etwa dem Weimarer Kreis um Harry Graf Kessler, konstitutiv. So betont Peter Grupp: »Dieser Kreis wirkte bald wie eine exklusive überkultivierte Insel im wieder banal gewordenen Weimarer Kulturleben. Der [...] Rückzug ins Private, auf den Kreis Gleichgesinnter, führte aber zur Isolation von der gesellschaftlichen Wirklichkeit [...]«. Vgl. Peter Grupp: Harry Graf Kessler 1868-1937. Eine Biographie. München: Beck 1995. S. 130. An den »Geist ästhetischer Vollendung«, der die »Atmosphäre« von Kesslers Salon in Weimar beherrschte, erinnert sich auch Henry van de Velde in seiner 1962 in München erschienenen *Geschichte meines Lebens*. (S. 182).

Kunstkommunikation erhoben wurde, bei der dem geladenen Dichter die Rolle des Vermittlers zwischen moderner Kunst und bildungsbürgerlichem Publikum zukam[315].

Dieser »dienst an der öffentlichkeit, aufklärend und richtung weisend«, der auch den auswärtigen Besuchern der sächsischen Residenzstadt nicht verborgen blieb[316], wirkte nicht nur als weithin sichtbares Korrektiv gegenüber einer starren und mit Vorurteilen behafteten offiziösen städtischen Kultur- und Kunstpolitik, sondern schuf – im Kontext mit den Bemühungen des privaten Kunsthandels – die Voraussetzungen für eine Aufwertung des internationalen Kunstschaffens in der sächsischen Residenzstadt; ein Vorgang, der auffällig an die Unternehmungen der *Brücke*-Maler und der Hellerauer Gartenstadt-Erbauer erinnert und der die Etablierung des Expressionismus in Dresden erst möglich machte.[317]

---

[315] Einen publizistischen Niederschlag fand diese Vermittlungsrolle in dem Beitrag *Die Sammlung Bienert – Dresden*, den Däubler im Juni 1919 in Paul Westheims Kunstblatt veröffentlichte. (Heft 6, S. 161-167).

[316] Vgl. Will Grohmann: »[...] bezeichnenderweise haben kunstliebende besucher« die »auf das übrige kunstleben Dresdens ausstrahlende kraft« des Bienertschen Mäzenatentums »in den meisten fällen stark empfunden. daß z. b. Paul Klee und Kandinsky frühzeitig in dresden eine größere rolle spielten als andernorts, ist mit ein verdienst Ida Bienerts gewesen.« Vgl. Grohmann: Die Sammlung Ida Bienert Dresden, S. 8.

[317] Auch Conrad Felixmüller, einer der Wortführer und Initiatoren der expressionistischen Bewegung in Dresden, hebt die Bedeutung der internationalen Ausrichtung der Bienertschen Sammlung hervor. Vgl. Conrad Felixmüller: MENSCHEN... erlebt, gezeichnet, gemalt. Ein autobiographisches Fragment. Erstveröffentlicht in: die horen 33 (1988), Band 4. S. 119-155. Wiederveröffentlicht in Krempel (Hg.): Felixmüller: Die Dresdner Jahre 1910-1934, S. 25.

IV. INSTITUTIONALISIERUNG UND ÄSTHETISCHE PARADIGMENBILDUNG – EXPRESSIONISTISCHE LITERATUR UND KUNST IM KULTURELLEN LEBEN DER STADT

1. Frühe Formen institutionalisierter Kunstkommunikation der Avantgarde in Dresden

1.1. Vom *Kreis um die weiße Chrysantheme* zum *Komet-Kreis* – Zirkelbildung als Sinnstiftung: Zur Rolle der ›Geistigen‹ im Umfeld des Krieges

Dem eigentlichen Zusammenschluß der Dresdner Expressionisten in festen Gruppen und Vereinigungen ging eine weitgefächerte, personell motivierte und initiierte Propagierung des ›neuen Stils‹ durch die späteren Wortführer der Bewegung in der städtischen Öffentlichkeit voraus. Die bereits beschriebenen Aktivitäten Theodor Däublers, der schon Anfang der 10er Jahre in den privaten Zirkeln des Dresdner Bildungsbürgertums vor einer ausgewählten Zuhörerschaft um Anerkennung der modernen Malerei und Graphik warb, und des Mitarbeiterkreises um den Publizisten Camill Hoffmann, der in den Spalten des Feuilletons der größten Dresdner Tageszeitung auf die neue Kunst und Literatur aufmerksam machte, konnten erst im Verlaufe des Krieges durch eine auch institutionell untermauerte Distributions- und Wirkungsstrategie sinnvoll ergänzt werden. Daß die meisten der Wortführer und Gründungsmitglieder, Verleger und Zeitschriftenredakteure, Dramaturgen und Theaterregisseure nicht aus Dresden selbst stammen[1], sondern als Zugereiste[2] und – oftmals durch die Kriegsereignisse bedingt – Hilfesuchende[3] in die sächsische Residenzstadt gelangen, ist aber nur zum Teil für die relativ späte Formierung einer größeren und in sich geschlossenen expressionistischen Bewegung verantwortlich. Bedeutender dürfte der Einfluß einer sich sukzessive verändernden Mentalität jener Kreise des städtischen Bildungsbürgertums gewesen sein, die sich bislang ablehnend oder reserviert gegenüber den neuen, alternativen Gesellschafts- und Kunstkonzepten des Expressionismus verhielten: Das Vordringen der Expressionisten in die mitgliederstarken bildungsbürgerlich geprägten literarisch-künstlerischen Vereinigungen und Gesellschaften der Stadt nach 1914[4], die

---

[1] Abgesehen von Ausnahmen wie Heinar Schilling, Alfred Günther und Conrad Felixmüller.

[2] Etwa: Felix Stiemer, Walter Rheiner, Paul Adler, Richard Fischer, Berthold Viertel, Hugo Zehder, R. A. Dietrich.

[3] Dies betraf vor allem Walter Hasenclever und Oskar Kokoschka, die durch die Hilfe der Dresdner Ärzte Heinrich Martin Christian Teuscher und Fritz Neuberger eine Befreiung vom Kriegsdienst erreichen konnten. Friedrich Wolf ist ebenfalls als Kriegsdienstverweigerer in ein Lazarett in Arnsdorf eingewiesen worden. Zu Hasenclever und Kokoschka vgl. die Darstellung bei Bert Kasties: Walter Hasenclver. Eine Biographie der Moderne. Tübingen: Niemeyer 1994. S. 157ff. und 169ff. Zu Wolf vgl. dessen autobiographische Skizze: Militär-Krankenwärter Felixmüller XI. Arnsdorf. In: Menschen 1 (1918), Nr. 3. S. 3.

[4] So liest Richard Fischer am 17.2.1914 im *Literarischen Verein zu Dresden* aus eigenen Dichtungen; ebenso der *Sturm*-Autor Friedrich Kurt Benndorf am 3.4.1917. Die *Gesellschaft für Literatur und Kunst* plant im Dezember 1917 einen Vortrag des *Sturm*-Redakteurs Lothar Schreyer über Expressionismus. Zu Fischer und Benndorf vgl. Frank Almai/Rolf Parr: Literarischer Verein zu Dresden. In:

verstärkte Hinwendung der städtischen Bühnen zur expressionistischen Theaterkunst[5] und das wachsende Interesse der innerstädtischen Galerien an der Organisierung expressionistischer Expositionen[6] signalisieren diesen Wandel und verweisen zugleich auf die neue Qualität einer schon vor dem Krieg einsetzenden Öffnung kultureller Eliten gegenüber den Avantgarden.

Die durch den Krieg ausgelöste Erschütterung des ererbten und vertrauten, mit einer langen, historisch gewachsenen »Kunststadt-Tradition« eng verknüpften Sinn- und Bildungshorizonts der Stadtbewohner führte nicht nur zu einer nachhaltigen Veränderung des gesamtkulturellen Klimas in der Stadt[7], sondern auch zur Wahrnehmung eines künstlerischen Modernisierungsdefizits durch Teile des Bildungsbürgertums. Das wachsende Interesse an der Rezeption des ›neuen Stils‹ kann als Folge dieses Wahrnehmungsprozesses interpretiert werden, dessen quantitative Ausformung sich anhand der Besucherzahlen bei den ersten öffentlichen Soireen und Lesungen der Expressionisten zwischen 1916 und 1917 in Dresden belegen läßt: Die Veranstalter konnten – einigermaßen überrascht – konstatieren: »Unerwartet viele Besucher folgten [den] Einladung[en]«[8], woraus die örtliche Presse sogar schlußfolgerte, die junge Kunst »verfüge« in Dresden bereits über ungewöhnlich »starken Anhang«.[9]

Der Vorgang einer zunehmenden Sensibilisierung des städtischen Bürgertums gegenüber dem Expressionismus in der Kriegszeit wirkte – wie die Zeitgenossen berichten – auf die Attraktivität der Residenzstadt als Wirkungsort der Modernen zurück: Man hätte sich »wie auf ein geheimes Stichwort« hin in Dresden zusammengefunden und hoffte, so erinnert sich Rudolf Adrian Dietrich, auf ein kunstinteressiertes und kunstsinniges Publikum als Adressaten für die neuen kultur- und kunstpolitischen Bestrebungen der Expressionisten.[10]

Wulf Wülfing/Karin Bruns/Rolf Parr (Hg.): Handbuch literarisch-kultureller Vereine, Gruppen und Bünde 1825-1933. Stuttgart: Metzler 1998. S. 284-285. Zum geplanten Schreyer-Vortrag siehe: Nachlaß der Gesellschaft für Literatur und Kunst, Stadtarchiv Dresden, Signatur 13.14. Protokolle der Gesellschaft für Literatur und Kunst, Mappe 7. 1916–1918. S. 32. Genaueres vgl. Kapitel IV.4. der vorliegenden Arbeit.

[5]   Dies betraf sowohl das *Kgl. Hoftheater* (Aufführung von Reinhard Goerings *Seeschlacht* noch während des Krieges) als auch die Privattheater (Hasenclever und Kokoschka-Aufführungen 1916/17 am *Albert-Theater*).

[6]   Etwa: Felixmüller-Ausstellung in der *Künstlervereinigung Dresden* 1916, im gleichen Jahr Ausstellung bei *Emil Richter*; 1917 erneut in der *Künstlervereinigung* und bei *Ernst Arnold*; im *Kunstsalon Richter* 1916 große universell ausgerichtete Expressionisten-Ausstellung mit Vorträgen, Lesungen, Musikaufführungen.

[7]   Vgl. hierzu einzelne Beiträge im *Dresdner Kalender* zur kulturellen Entwicklung der Stadt zwischen 1914 und 1918, die auch die Hinwendung zur jungen Kunst während der Kriegszeit dokumentieren: Felix Zimmermann: Dresdner literarisches Leben während der Kriegsjahre 1914 bis 1918. In: Dresdner Kalender 1919. S. 139-148. Richard Stiller: Die Dresdner Kunst in den Kriegsjahren. In: Ebd., S. 87-100.

[8]   Conrad Felixmüller: MENSCHEN… erlebt, gezeichnet, gemalt. Ein autobiographisches Fragment. In: Ulrich Krempel (Hg.). Die Dresdner Jahre 1910–1934. Gemäldegalerie Neue Meister Dresden und Sprengel Museum Hannover. Ausstellungskatalog. Köln: Wienand 1997. S. 30. Vgl. hierzu auch die Aussage von Conrad Felixmüller, der auf einer im Herbst 1917 von der *Galerie Arnold* veranstalteten Expressionisten-Ausstellung »einführende Worte« sprach: »Das Interesse war so groß«, daß der ›Vortrag (wiederholt werden mußte)«. Ebd.

[9]   So bei Camill Hoffmann: Expressionistische Dichter. In: Dresdner Neueste Nachrichten vom 28.9.1916. Nr. 265. S. 2.

[10]   Rudolf Adrian Dietrich: Erlebnis und Erinnerung. In: Nachlaß Rudolf Adrian Dietrich. Deutsches Literaturarchiv Marbach. A: Dietrich. Verschiedenes, Autobiographisches. o. O., o. J., unpag.

Für Dietrich war es vor allem das spezifische ›kulturelle Milieu‹ Dresdens, das eine Teilnahme unterschiedlichster Bevölkerungskreise am künstlerischen Leben der Stadt ermöglichte:

> Nirgends in Deutschland habe ich es wiedererlebt, daß bis in die Kreise der klei-
> nen Handwerker, ja der Aufwartungen und Reinemachfrauen eine ganze Stadt
> am Kunstleben teilnahm, daß die Namen der Maler und Musiker (von denen der
> Sänger und Schauspieler ganz zu schweigen) allen geläufig schon wenn einer nur
> in der Straßenbahn von jemandem erwähnt wurde, sogleich Unterhaltungen zwi-
> schen bisher einander ganz unbekannten Leuten auslösten [...] auch das literari-
> sche Schaffen fand hier einen viel größeren Interessentenkreis als in mancher weit
> größeren Stadt.[11]

So hatte die weitverbreitete Nutzung der Kunst als Medium des Dialogs und der kulturellen Bildung sowie die Gewißheit um den kundigen und interessierten Rezipienten, der dem »Neue[n] nicht so ablehnend gegenüberstand wie es jene Patinaliebe zunächst vermuten ließ«[12], der sächsischen Residenzstadt das Prädikat eines Zentrums
»moderate[r] Modernität«[13] verliehen, das über günstige Voraussetzungen für die Konstituierung alternativer Kunst- und Literaturprojekte verfügte. Zudem war das kulturell-künstlerische Profil der Residenzstadt kurz vor Kriegsende noch nicht – wie etwa
in München oder Berlin – durch etablierte Zirkel und Künstlergruppen der Moderne
›besetzt‹, die Möglichkeit für konzeptionelle und strukturelle Neuansätze sowie für institutionelle Vielfalt somit gegeben.

Daß man sich trotzdem zunächst über Inhalte und Organisationsformen der Berliner Vereine und Zirkel informierte, ist auf die frühe Präsenz von Vertretern der
hauptstädtischen Avantgarde in Dresden zurückzuführen.[14] Die kontinuierliche Berichterstattung über die Aktivitäten der Berliner Expressionisten in den Feuilletons der
städtischen Tageszeitungen[15] sowie die meist positive Resonanz auf ihre Veranstaltungen in der städtischen Öffentlichkeit[16] lenkten auch den Blick der Wortführer und
Gründungsmitglieder der Dresdner Bewegung, vor allem Conrad Felixmüllers[17], zu-

---

[11] Ebd.
[12] Ebd.
[13] Thomas Nipperdey: Wie das Bürgertum die Moderne fand. Berlin: Siedler 1988. S. 72.
[14] Eine Schlüsselposition dürfte hierbei Theodor Däubler gespielt haben, der ab 1915 wechselnde
Wohnsitze in Berlin und Dresden hatte und jeweils öffentlich in Erscheinung trat. Vgl. Thomas
Rietzschel: Theodor Däubler. Eine Collage seiner Biographie. Leipzig: Reclam 1988. S. 386ff.
[15] Die *Dresdner Neuesten Nachrichten* verfügten mit Adolf Behne sogar über einen in der Berliner
Bewegung etablierten Redakteur, der regelmäßig über Ausstellungen, Lesungen, Neuerscheinungen
berichtete. Vgl. etwa: Adolf Behne: Impressionismus, Expressionismus, Kubismus. In: Dresdner
Neueste Nachrichten vom 22.2.1913. Nr. 50. S. 1. – Ders.: Der erste deutsche Herbstsalon. [Aus-
stellung des *Sturm*]. In: Dresdner Neueste Nachrichten vom 28.9.1913. Nr. 264. S. 1. – Ders.: Berliner Sezession. [mit Verweis auf Schmidt-Rottluff, Heckel, Kirchner, Segall]. In: Dresdner Neueste
Nachrichten vom 29.4.1913. Nr. 114. S. 1-2. Aber auch in den anderen Dresdner Tageszeitungen
fanden sich positive Besprechungen der Aktivitäten der Berliner Expressionisten: etwa im *Dresdner
Lokal-Anzeiger* vom 15.2.1917. Nr. 19. S. 3 zum Almanach der *Neuen Jugend*.
[16] Vgl. hierzu etwa die Äußerungen von Felix Zimmermann im *Dresdner Kalender*. Felix Zimmermann: Dresdner literarisches Leben während der Kriegsjahre 1914 bis 1918, S. 147. Auch die Besprechungen von Alfred Günther in den *Dresdner Neuesten Nachrichten* vom 9.11.1916. Nr. 306.
S. 2 und vom 24.1.1917. Nr. 21. S. 3.
[17] Felixmüller, einer der Initiatoren und Gründungsmitglieder der *Expressionistischen Arbeitsgemeinschaft Dresden* und der *Dresdner Sezession Gruppe 1919*, war seit 1915 häufig zu Gast im Berliner Ate-

Handschriftliche Notiz zum
*Abend der weißen Chrysan-
theme* aus dem Nachlaß von
Rudolf Adrian Dietrich

nächst nach Berlin. Felixmüllers Bemühungen, mit Hilfe von Ludwig Meidner und dem Berliner Dadaisten Raoul Hausmann im Sommer 1915 in Dresden eine neue expressionistische »Gruppe« ins Leben zu rufen[18], ließen sich allerdings erst Ende 1917 verwirklichen[19], zu einem Zeitpunkt, da bereits mehrere Versuche der Bildung von alternativen Schriftstellervereinigungen in der sächsischen Residenzstadt realisiert worden waren.

Neben der schon 1916 durch den Rechtsanwalt Franz Benndorf initiierten Gründung einer *Kolonie der 5%*, die – wie das spärlich überlieferte Quellenmaterial nahelegt – öffentlich kaum in Erscheinung getreten sein dürfte[20], war es vor allem der

---

lier des Malers Ludwig Meidner, den Felixmüller schon 1914 in Dresden, wo dieser gemeinsam mit Ernst Wilhelm Lotz lebte und arbeitete, kennenlernte. Vgl. Felixmüller: MENSCHEN... erlebt, gezeichnet, gemalt, S. 20-21. Vgl. auch die Hinweise in der Dissertation von Heike Pereeit: Die Zeitschrift »Menschen« im Umfeld des Dresdner Expressionismus – Programme, Konzepte und Positionen im Spannungsfeld von Literatur und Politik. Phil. Diss. Leipzig, 1991. bes. S. 26ff.
[18]   Siehe hierzu die Hinweise in: Hannah Höch. Eine Lebenscollage. Band I. 1. Abteilung 1889-1918. Hg. von der Berlinischen Galerie. Bearbeitet von Cornelia Thater-Schulz. Berlin: Argon-Verlag 1989. S. 126.
[19]   Mit der Gründung der *Expressionistischen Arbeitsgemeinschaft Dresden*, an der auch Hausmann beteiligt war.
[20]   Franz Benndorf war der Bruder Friedrich Kurt Benndorfs und arbeitete als Rechtsanwalt in Dresden. Im Nachlaß von Friedrich Kurt Benndorf finden sich Hinweise auf die Gründung eines *Bundes der Geistigen*, der sich später *Kolonie der 5%* nannte. Gründungsmitglieder waren nach Aussage Benndorfs u. a. Kurt Hiller, Paul Adler, Alfred Günther, Walter Hasenclever, Fritz Neuberger, Iwar von Lücken und Hugo Zehder. Angaben zum Programm und Wirkungsradius der Gruppe ließen sich nicht mehr aus dem vorhandenen Material im Nachlaß rekonstruieren. Friedrich Kurt Benndorf zweifelte allerdings wohl von Anfang an am Gelingen einer ›Organisierung der Geistigen‹: »Ich zwei-

von Rudolf Adrian Dietrich und Felix Stiemer geschaffene *Kreis um die weiße Chrysantheme*[21], der sich im unmittelbaren Vorfeld von Felixmüllers Aktivitäten konstituierte.

Das kurzlebige Experiment[22] entstand als Resultat eines Zusammenschlusses, der sich – wahrscheinlich aus Gründen der Zensur – weniger über feste Personenbezüge und eine daran gekoppelte ›gelebte Gemeinsamkeit‹ organisierte[23], sondern mehr über spezifische Formen literarischer Kommunikation. Die Metapher der »weißen Chrysantheme« wird dabei zum vieldeutigen ›Gruppencode‹ stilisiert[24], mit dessen Hilfe ein Diskurs über die Funktion des ›Geistes‹ im Kontext zeitgenössischer Kunstkommunikation angebahnt werden sollte. Direkte kulturelle oder soziale Bezüge nur andeutend, konstituierte sich der Gesprächsraum der Gruppenteilnehmer dennoch nicht ausschließlich im mehrdeutig Metaphorischen, worauf auch Felix Stiemers anläßlich der ersten Zusammenkunft entworfenes Sinnbild-Gedicht *Weiße Chrysantheme* verweist:

Weiße Chrysanthemen

Breiten sich in duftloser Pracht

Über dunkle Farben.

Aus dem Kern

Stechen Blätter hervor,

Blätter? – Spitze Dolche,

Spinnenfüße spreizen sich

Aus der duftlosen Chrysantheme.

Wer sich am Duft berauscht,

Soll sie hassen,

Die Blume des trockenen, heißen Kampfes,

---

fle, dass sich die Geistigen überhaupt vereinigen lassen. Die Macht ist immer der einzelne starke Geist.« Vgl. Nachlaß von Friedrich Kurt Benndorf. Sächsische Landesbibliothek - Staats- und Universitätsbliothek. Handschriftenabteilung. Tagebücher Benndorfs von 1915–1921. Signatur: Mscr. Dresd. App. 1387, A III, 8. Eintragung vom 19.11.1916 (S. 49), vom 13.5.1918 (S. 91), vom 28.5.1918 (S. 92) und vom 24.8.1918 (S. 96).

[21] Das einzige mir bislang zugängliche Material zum *Kreis um die weiße Chrysantheme* findet sich im Nachlaß von Rudolf Adrian Dietrich im Deutschen Literaturarchiv Marbach. A: Dietrich. Zugehörige Materialien. Mappe 1. Dort auch ein Verzeichnis der – heute in Vergessenheit geratenen – anderen Mitglieder des Kreises: Götz Kilian, Gerta von Haken, Ella Horn, Liddy Deuerling, Doralisa Greifenhain.

[22] Nachweisbar waren lediglich zwei Abende in Dresden (am 9. und 19.11.1916). Vgl. Dietrich: Abend der weißen Chrysantheme. In: Nachlaß Rudolf Adrian Dietrich.

[23] Die werden erst mit der Gründung der *Expressionistischen Arbeitsgemeinschaft Dresden* konstitutiv. Auch die aus dem *Kreis um die weiße Chrysantheme* hervorgegangene *Komet*-Gruppe (vgl. Der Komet. 1 (1919), Blatt 5. unpag.) verfügte über keine eindeutigen personellen oder lokalen Zuweisungen. So betont der Herausgeber Rudolf Adrian Dietrich, daß die Schriftleitung des Blattes »nicht an einem bestimmten Orte« zu finden ist. Vgl. Der Komet 1 (1918), Blatt 1. unpag.

[24] Erst Jahre später, im Februar 1919, bietet ein anonymer Rezensent anläßlich einer Vorlesung von Rudolf Adrian Dietrich im *Dresdner Künstlerhaus* eine Deutung der vielschichtigen Metapher an: Die »weisse Chrysantheme«, die Dietrich offensichtlich in seinem Vortrag erwähnte, wird als »Blume der Erlösung« interpretiert und erhält damit eine auch auf die Zeit des Krieges rückprojizierbare Bestimmung. Vgl. R.: Dietrich. (Anläßlich seiner Vorlesung im Künstlerhaus). In: Menschen Montagsblatt-Dresden 1 (1919), Nr. 9. S. 3.

Gedicht von Felix Stiemer anläßlich des *Abends der weißen Chrysantheme* vom 9.11.1916 aus dem Nachlaß von Rudolf Adrian Dietrich

Der gefährlichen Klarheit.
Ich liebe die Chrysantheme.

Dem Hause Sonnborn

Dresden, 9.11.16.   Felix Stiemer.[25]
Anton Müller.

Obgleich im Zusammenhang mit der symbolischen Ausdeutung der Chrysantheme als »Blume der Erlösung«[26] und der Qualität einzelner Metaphernfelder – etwa der sparsam eingesetzten Farbsymbolik (weiß-dunkel), der Antithetik der Geruchs- und Gefühlsempfindungen (duftend-duftlos; hassen-lieben) und der besonderen Sprachqualität des Vergleichs zwischen Blättern und Dolchen, der in Bildern der Gefahr und des Kampfes gipfelt, – auf die Misere des Zeitalters verwiesen wird, zeigt die formale Ausgestaltung der schriftlich überlieferten Berichte über die Zusammenkünfte einen Bezug zu literaturgeschichtlich tradierten Modellen allegorischer Bildlichkeit: Neben dem Gedicht wurde das Bild einer Chrysantheme – in Tusche gezeichnet – plaziert und durch drei sinnaufschließende, epigrammatisch angelegte Reflexionen über den Begriff ›Geist‹ ergänzt.

---

[25]   Abend der weißen Chrysantheme. In: Nachlaß Rudolf Adrian Dietrich.
[26]   Vgl. Anm. 24.

Die Verbindung von Schrift und Bild als formale Reminiszenz an die barocke Kunst der Emblematik impliziert einerseits eine inhaltliche – auch aktuell deutbare – Parallelität zwischen den Zeitaltern der Kriege und Verwüstungen, dokumentiert andererseits aber auch einen Bezug zu Oskar Walzels »Wiedererweckung der Barockstimmung«[27] in den Dichtungen des Expressionismus. Walzels seit 1915 in der Dresdner Öffentlichkeit bekannte Versuche, den »Zug zum Barock an jüngsten Dichtern und an deren Schöpfungen aufzuzeigen«[28], wirkten – das vorliegende Quellenmaterial legt eine solche These nahe – auch auf das Reflexionsniveau im Umfeld von Gruppengründungen der Moderne in Dresden zurück.

Selbst die Überlegungen von Dietrich und Stiemer zum Geist-Begriff lassen sich in den Bezugsrahmen deutscher (Literatur-)Geschichte einordnen, wird doch das Gegensatzpaar ›Geist‹ und ›Tat‹ schon in der Zeit der 48er Revolution[29] und nicht erst seit dem Frühexpressionismus[30] zu einem bestimmenden Merkmal literarischer Weltdeutung in Deutschland.

Daß indes auch die Dresdner Expressionisten in einer ihrer frühesten programmatischen Verlautbarungen die Rolle des Geistes (und damit auch der Geistigen) zu definieren versuchen, verweist nicht nur auf die Relevanz des Begriffs im Umfeld einer sich erst konstituierenden städtischen Avantgarde, sondern beschreibt zugleich den Prozeß einer beginnenden, sozial und politisch intendierten ›Ausdifferenzierung‹ der Intellektuellen angesichts des Versagens der traditionellen gesellschaftlichen Führungseliten seit Kriegsausbruch.

Dietrichs und Stiemers begriffliche Annäherungsversuche verweisen auf diesen, im weiteren Kriegsverlauf sich zuspitzenden Differenzierungsvorgang und nehmen damit eine Diskussion vorweg, die sich im Zuge der Profilierung des Expressionismus in der sächsischen Residenzstadt zum zentralen Gegenstand der gruppenspezifischen Auseinandersetzungen entwickeln wird.

Während Dietrich den »Geist« als potentiellen Befreier aus den vielgestaltigen Zwängen des menschlichen Daseins feiert:

---

[27] Zusammenfassend hierzu vgl. Walzels Aufsatz *Goethe und die Kunst der Gegenwart*. In: Jahrbuch der Goethe-Gesellschaft (1917), Band 4. S. 85-129, besonders S. 121-125, Zitat: S. 123.
[28] Ebd., S. 121-122. Walzel hielt am 19.10.1915 in Dresden einen Vortrag über *Jung-österreichische Dichtung*, in dem er die Beziehungen zwischen Barock und Expressionismus ausführlich erörterte. Der Vortrag wurde auch in der Dresdner Tagespresse besprochen. c[amill] h[offmann]: Ueber jungösterreichische Dichtung sprach... In: Dresdner Neueste Nachrichten vom 20.10.1915. Nr. 286. S. 2. Publiziert ist der Vortrag in: Internationale Monatsschrift für Wissenschaft, Kunst und Technik. 10 (1916), H. 9. Sp. 1093-1134 und H. 10. Sp. 1209-1224.
[29] Vgl. hierzu den politischen Aktivismus der Dichter und Publizisten des ›Vormärz‹. Insbesondere Ferdinand Freiligrath, Arnold Ruge und Georg Herwegh suchten während der Revolution von 1848 die direkte politische Aktion und koppelten damit ihre literarische Produktion an revolutionäres Handeln. Siehe hierzu den Überblick bei Wolfgang Hardtwig: Vormärz. Der monarchistische Staat und das Bürgertum. München: dtv 1998[4]. S. 135ff.
[30] Zur Bedeutung des Verhältnisses von ›Geist‹ und ›Macht‹ – vor allem unter Berücksichtigung des Einflusses von Heinrich Manns Essaysammlung »Geist und Tat« – für den Expressionismus vgl. Michael Stark: Für und wider den Expressionismus. Die Entstehung der Intellektuellendebatte in der deutschen Literaturgeschichte. Stuttgart: Metzler 1982. S. 153ff.

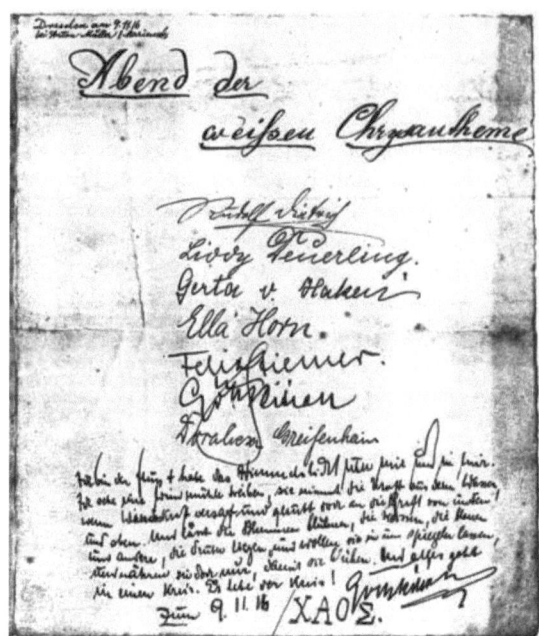

Teilnehmer am *Abend der weißen Chrysantheme*; 9.11.1916; Notiz aus dem Nachlaß von Rudolf Adrian Dietrich

Von allem trunken taumelichen Lebensrausch und von aller Verzweiflung, zwischen welchen beiden Regionen der Mensch seinen einsamen Weg zu gehen hat, kann ihn nur und immer wieder befreien: sein freier lebendiger Geist[31],

verwirft Stiemer angesichts der Zeitereignisse den für ihn utopischen Glauben an die Allmacht des Geistes:

Geist soll ›befreien‹? ›Immer wieder‹? Geist fesselt, schlägt in Banden, treibt zur Verzweiflung; glücklich die, die optimistisch mit dem Todeskeim Geist einen Katzenjammer kurieren können.[32]

Die Polarität der Auffassungen, die Stiemer wenig später in einem Brief an Dietrich nochmals pointiert benennt (»Du bist absolut uninteressiert an dem, was ich die europäischen Probleme nennen würde, die sich in Rubiner, Hiller, Blüher u. a. spiegeln«[33]), mündet in die Frage, ob sich eine moderne, sozial wirksame Kunstästhetik vom Primat des ›Geistes‹ oder dem der ›materiellen Verhältnisse‹ leiten lassen sollte. Dietrichs unpolitische Attitüde erinnert an jene ›sozial freischwebenden Intellektuel-

---

[31]   Abend der weißen Chrysantheme und Engau-Abend. Laubegast 19.11.1916. In: Nachlaß Rudolf Adrian Dietrich.
[32]   Ebd.
[33]   Vgl. Brief Felix Stiemers an Rudolf Adrian Dietrich vom 27.8.1917. In: Nachlaß Rudolf Adrian Dietrich. Deutsches Literaturarchiv Marbach. A: Dietrich. Briefe.

len‹[34], die noch während der Revolution politische Verantwortung als lediglich individuell erfahrbares Moment einer geistigen Umwälzung definierten und selbst die eingeforderte gesellschaftliche und wirtschaftliche Reorganisation des Gemeinwesens mit rein geistigen Mitteln umzusetzen gedachten[35]. Stiemers Insistieren auf die Berücksichtigung der sozialen Komponente geistiger Arbeit, die sich in seiner Hinwendung zu Franz Pfemferts *Aktion* am deutlichsten zeigt[36], hat wohl zum Auseinanderbrechen des *Kreises um die weiße Chrysantheme* geführt, von dessen Mitgliedern lediglich Dietrich seinem einseitigen geistorientierten Engagement treu blieb: Mit der Gründung des *Komet-Kreises* im Oktober 1918 unternahm er den esoterisch-exklusiven »Versuch einer Kreis-Bildung nach den Gesetzen der unsichtbaren Kirche«[37], als dessen Resultat sich eine »Gemeinschaft des Geistes und der Erkenntnis durch Intuition, nicht durch Reflexion«[38] formieren sollte. Deren gesellschaftliche Wirksamkeit aber blieb – wie die Rezeptionsgeschichte zeigt[39] – weit hinter den Erwartungen zurück[40] und belegt damit erneut das Dilemma eines in Selbstreflexion verharrenden, sich unpolitisch verstehenden und sozial isolierten Künstlertums.

Die ursprünglich anvisierte Koinzidenz zwischen poetischer Sprache und programmatischer Verlautbarung, wie sie sich in den Dokumenten des *Kreises um die weiße Chrysantheme* nachweisen läßt, wird erst mit der Gründung der *Expressionistischen Arbeitsgemeinschaft* Ende 1917 wieder aufgegriffen.

1.2. Gruppenbildung als Integrationsversuch: Die Gründung der *Expressionistischen Arbeitsgemeinschaft Dresden* und die neue Funktionsbestimmung künstlerischer Arbeit

Als Conrad Felixmüller im Frühjahr 1917 in seinem Dresdner Atelier die ersten expressionistischen Soireen veranstaltete[41], geschah dies keineswegs in der Absicht, einen nach festen programmatischen Gesichtspunkten und konzeptionellen Vorstellungen organisierten Gruppenbildungsprozeß einzuleiten. Die spontan einberufenen Zusammenkünfte[42], an denen Menschen unterschiedlichster Gesinnung und Herkunft

---

[34] Vgl. zum Begriff des ›frei schwebenden Intellektuellen‹: Karl Mannheim: Ideologie und Utopie. Frankfurt a. M.: G. Schulte-Bulmke 1965⁴. S. 136f.
[35] Zur Problematik der ›Politik der Geistigen‹ siehe Stark: Für und wider den Expressionismus, S. 190ff.
[36] Stiemer, der in der Buchhandlung *Bender* in Dresden arbeitete, legte, wie sich Conrad Felixmüller erinnert, bereits 1916 die *Aktion* im Schaufenster aus. Vgl. Conrad Felixmüller: Legenden 1912-1976. Tübingen: Wasmuth 1977. S. 34. Vgl. auch den Brief Felix Stiemers an Rudolf Adrian Dietrich vom 27.8.1917. In: Dietrich. Nachlaß. Briefe. S. 2.
[37] Vgl. Paul Raabe: Die Zeitschriften und Sammlungen des literarischen Expressionismus. Repertorium der Zeitschriften, Jahrbücher, Anthologien, Sammelwerke, Schriftenreihen und Almanache 1910-1921. Stuttgart: Metzler 1964. S. 83.
[38] Vgl. Der Komet 1 (1919), Blatt 5. unpag.
[39] Das Zeitschriftenunternehmen *Der Komet* wurde nach Erscheinen von nur 10 Flugblattfolgen eingestellt.
[40] Die in Blatt 5 des 1. Jahrganges (1919) angekündigte Ausgabe der Flugschrift »in verschiedenen Sprachen« (ab Jahrgang 2) kam nicht zustande, da nicht einmal der erste Jahrgang vollständig erschien.
[41] Vgl. Felixmüller: MENSCHEN… erlebt, gezeichnet, gemalt, S. 30.
[42] Felix Stiemer, der kurz vorher mit Felixmüller zusammentraf, stellte das Plakat mit der Einladung zur expressionistischen Soiree im Schaufenster der Buchhandlung *Bender* aus. Zur Freundschaft

teilnahmen[43], dienten auch nicht der Popularisierung oder gar gezielten Vermarktung seines damals noch kubistisch intendierten Kunstschaffens, sondern verfolgten – im Sinne erster kollektiver Selbstverständigung – vor allem das Ziel, einen auch öffentlich ausstrahlenden Dialog über ein breites Spektrum zeitgeschichtlicher Fragen zu initiieren:

> Alle Gespräche kreisen um ethische Probleme, die von verzweifelter Antikriegsstimmung aufgeworfen wurden. Tolstoische Ideen, Berta Lasks und Leonhard Franks Novellen; Pfemferts und Franz Mehrings Kriegsartikel aus der Aktion vorgelesen, expressionistische Kunstwerke mit Ideengehalt und formaler Gestaltung sowie Spartakusbriefe (von Alfred Kurella mitgebracht und vorgelesen) schufen unbeschreiblich erregte Auseinandersetzungen. Kühl und sachlich Rudolf Manasse in den Diskussionen. Das Ehepaar Dr. Alexander Schwab, höchst intellektuell, sekundierte – Raoul Hausmann satirisch wie philosophisch, noch nicht Dadaist, aggressiv antimilitaristisch, wie Alfred Kurella praktisch Kriegsgegner, offen, beispielhaft. Ganz nur Dichter, neopathetisch Walter Rheiner – Lieder der Großstadt, Hymnen an die Nacht, an die Freundin, den Freund, elegisch über Tod und Liebe, schmerzlich; Wortkaskaden. Neue Reime; auf Klang Wortballungen – der Dichtung J. R. Bechers verwandt. Und aus diesem turbulenten Leben ohne Rücksicht auf Tag und Nachtzeit, entstanden Holzschnitte und Gemälde […].[44]

Die Verquickung von Kunst und Leben, wie sie sich hier im engen Kreis einer jungen durch Kriegsgegnerschaft und sozialkritische Gesinnung legitimierten Gruppe Gleichgesinnter vollzog, basierte auf einem neuen Verhältnis zur Sprache und zu sprachlich gesteuerten Konzepten gesellschaftlicher Einflußnahme. Der freie, nonkonforme Dialog nämlich sprengte den konventionell gebundenen und institutionell gestützten Sprachgebrauch einer weithin wirksamen Kriegspropaganda wilhelminischer Prägung[45] und etablierte im Umfeld eines noch immer kriegsbegeisterten Bildungsbürgertums ein Modell ›freier Meinungsäußerung‹, das sich unabhängig von Machtposition und Standort im sozialen Kontext einer wachsenden Zuhörerschaft öffnete[46].

Die Verortung der eigenen Position sollte dabei im Spannungsfeld von individuellem und kollektivem Diskurs erfolgen, wobei der Bezug zur Kunst nicht mehr – wie

---

Stiemers mit Felixmüller vgl. Peter Ludewig: Der Rote. Porträt des Schriftstellers und Verlegers Felix Stiemer. In: Dresdner Hefte 6 (1988), H. 1. S. 33-40, bes. S. 34f.

[43] Auf die heterogene Zusammensetzung verweist Felixmüller selbst. Vgl. Conrad Felixmüller: Werke und Dokumente. Germanisches Nationalmuseum Nürnberg 3.12.1981–31.1.1982. Archiv für bildende Kunst 1982. S. 61.

[44] Ebd.

[45] Ein auch literarisch interessanter Beleg für die Kriegsbegeisterung von Teilen des Dresdner Bildungsbürgertums stammt aus dem Jahre 1915. Zu einem öffentlichen Skandal kam es während eines Vortrages der Berliner Schriftstellerin Annette Kolb, die auf Einladung der *Literarischen Gesellschaft Dresden* im Künstlerhaus zum Thema *Die internationale Rundschau und der Krieg* sprach. Als sich die Autorin innerhalb ihrer Ausführungen mit der unrühmlichen Rolle der »hetzerischen Presse« im Weltkrieg auseinandersetzte, wurde sie von wütenden und beleidigten Zuhörern am Weitersprechen gehindert und mußte unter lautstarken Protesten den Saal verlassen. Vgl. Annette Kolb: In Dresden. Sechster und siebter Brief an einen Toten. Glossen. In: Die weissen Blätter 2 (1915), S. 1155-1165. Der Vortrag *Die Internationale Rundschau und der Krieg* ist abgedruckt in: Die weissen Blätter 2 (1915), S. 269-284.

[46] Felixmüller berichtet von großen Mengen Besuchern, die sich während der Veranstaltungen einfanden. Vgl. Felixmüller: Werke und Dokumente, S. 60.

im Falle des *Kreises um die weiße Chrysantheme* – als offensichtlich stilisierter und traditionsbezogener ›Verweis‹ gesucht wurde, sondern als immanenter Bestandteil gesellschaftspolitischer Aktivität. Der radikal geforderte Bruch mit der Tradition der »schönen Künste«, die, »in der Vergangenheit zu Hause«[47], »sentimental, psychologisch [und] zuständlich« die Wirklichkeit in Erscheinungen von »Zufälligkeiten, [...] Irrungen, Täuschungen« auflösen, ging einher mit einer ebenso radikalen Abkehr von der bürgerlichen »Autorität«[48]. Unter dem Postulat, jeder sei »seine eigene Autorität«, die »aus sich heraus [...] gestaltet«[49] und agiert, setzte sich ein Institutionalisierungsprozeß in Gang, der kulturelles Engagement an zeitgeschichtliche Verantwortung band und das Zusammenwirken beider als Voraussetzung für die Entstehung des »Neuen als gruppenlegitimierender Konvention«[50] betrachtete.

Daß indes auch bei der Konstituierung dieses Kreises das Verhältnis von »Geist« und »Tat« schon früh zum zentralen Gegenstand der internen Debatten avancierte, ist nur zum Teil auf Conrad Felixmüllers zeitgleich beginnende Zusammenarbeit mit der linksorientierten *Aktion* Franz Pfemferts[51] zurückzuführen, der ein Bruch mit Herwarth Waldens *Sturm* vorausging[52]. Bereits im Vorfeld der ersten Zusammenkünfte in Dresden kam es durch Felixmüller und den später an der Gründung der *Expressionistischen Arbeitsgemeinschaft* beteiligten Berliner Dadaisten Raoul Hausmann zur Fixierung eines »Programmentwurfes« künftiger Gemeinschaftsarbeit, dessen Wortlaut auf genau jene Zentralfrage der Beziehungen zwischen intellektuellem Anspruch und praktisch-gesellschaftlicher Aktion Bezug nimmt. Als Gründungsstatut einer neuen, expressionistischen Interessengemeinschaft konzipiert[53], entwickeln die Autoren des Programms eine Strategie, die künstlerische Arbeit vom Zwang der Selbstlegitimierung befreit und den Wert individuellen Künstlertums am Grad von dessen öffentlicher Wirksamkeit mißt. Der programmbildende Leitsatz: »Unsere Bestimmung ist, die Welt nach unserer Überzeugung zu ändern«[54] erinnert nicht nur an die berühmte elfte Feuerbachthese von Karl Marx[55], sondern wendet sich auch strikt gegen eine esoterisch-elitäre Funktionsbestimmung der Kunst als Instrument eines lediglich indi-

---

[47] Walter Schmitz: Georg Brittings Modernität. In: Walter Schmitz/Herbert Schneidler (Hg.): Expressionismus in Regensburg. Texte und Studien. Regensburg: Mittelbayerische Druckerei- und Verlags-Gesellschaft 1991. S. 58.

[48] Conrad Felixmüller: Postulat. Dresden 1917 (Manuskriptdruck). Veröffentlicht in Felixmüller: Werke und Dokumente, S. 63-66, hier: S. 63-64.

[49] Ebd.

[50] Walter Schmitz: Literaturrevolten: Zur Typologie von Generationengruppen in der deutschen Literaturgeschichte. In: Rudolf Walter Leonhard (Hg.): Die Lebensalter in einer neuen Kultur? Zum Verhältnis von Jugend, Erwerbsleben und Alter. Köln: Hanns Martin Schleyer Stiftung 1984. S. 145.

[51] Zur Zusammenarbeit mit Pfemfert vgl. Peter Barth: Conrad Felixmüller. Die Dresdner Jahre 1913–1933. Düsseldorf: Galerie Remmert und Barth 1987. S. 24ff.

[52] Vgl. Conrad Felixmüller: Als freischaffender Künstler in Dresden. In: Felixmüller: Werke und Dokumente, S. 57.

[53] Das Papier kann als Basis für die im Herbst 1917 erfolgte Gründung der *Expressionistischen Arbeitsgemeinschaft Dresden* gelten.

[54] Conrad Felixmüller/Raoul Hausmann u. a.: Der Bund. Programmentwurf. Reinbek. 22.8.1917. Typoskript. 4 Blatt. Abgedruckt in: Höch. Eine Lebenscollage. Band I. 1. Abteilung 1889–1918, S. 296.

[55] Vgl. Karl Marx: Thesen über Feuerbach. In: Karl Marx/Friedrich Engels: Werke. Band 3. Berlin: Dietz 1958. S. 7. Die These spielt auch in späteren programmatischen Texten der Dresdner Expressionisten eine Rolle; etwa bei Richard Fischer, der ebenfalls Gründungsmitglied der *Expressionistischen Arbeitsgemeinschaft* ist, in dessen Aufsatz *Expressionismus und Politik*. In: Menschen Montagsblatt-Dresden 1 (1919), Nr. 12. S. 3.

viduellen Wandels. Obgleich die Ideen und »Überzeugungen« des Bundes angesichts verschärfter Zensur- und Überwachungsbedingungen noch im eher Unverbindlichen solcher Vokabeln wie »Brüderlichkeit, Göttlichkeit, Einheitlichkeit des Geistes« verbleiben, gewinnen die Wirkungsabsichten der Mitglieder schon früh fest umrissene Konturen:

> Der Bund verwendet alle Mittel, um im öffentlichen Leben zu wirken. Möglichkeiten: Zeitschrift, Flugschriften, Ausstellungen, Vorträge, Konzerte, Theater, Oper, Kino und Operette, Varieté, Konferenzen, Versammlungen, Offene Briefe, Umzüge und Feste. [...] So ist er eingegliedert ins Leben, kämpfend und bekämpfbar, kurz: politisiert.[56]

Der Übergang von einer im wesentlichen durch Briefe und persönliche Kontakte strukturierten (Gegen-)Öffentlichkeit[57] in die kulturelle Öffentlichkeit der Gebildeten wird hier zur Voraussetzung für die Durchsetzung eines gemeinsamen Programms, dessen genaue gesellschaftliche Zielrichtung sich freilich erst gegen Ende des Krieges herauskristallisieren wird[58]. Die im Prozeß der Hinwendung zur bildungsbürgerlichen Öffentlichkeit entstehende binnenstrukturelle Gliederung des Bundes mit ihrer deutlich sichtbaren Affinität zur Mitgliederhierarchisierung im bürgerlichen Vereinswesen (vor allem Wahl eines Vorsitzenden und eines Geschäftsführers mit entsprechenden Rechten und Verantwortlichkeiten)[59] weicht schon bald einer gleichberechtigten Mitsprache ›Aller‹[60]. Das literarhistorisch Neue und Innovative an dieser Art der Gruppenbildung erweist sich allerdings erst in der ausdrücklichen Tolerierung von Konkurrenz im gruppeninternen Handlungsraum[61]:

> Die Künstler manifestieren ihren Geist individuell in einander widersprechenden Taten und Formulierungen. Doch sind sie von der Notwendigkeit und Wahrheit folgender Sätze durchdrungen: Freiheit ist nicht die persönliche Willkür des Einzelnen, sondern die bewußte Gemeinsamkeit im Geiste garantiert die Freiheit. Um dieser Hauptsache willen, zähmen wir unsere persönliche Empfindlichkeit durch Selbstkritik und verachten die dem Geist gefährliche Eitelkeit. Streitfälle diskutieren wir mit dem Wunsche nach harter Wahrheit (welche allein zur Har-

---

[56] Felixmüller/Hausmann u. a.: Der Bund. Programmentwurf, S. 296.
[57] Zu den vielfältigen brieflichen und persönlichen Beziehungen zwischen Berliner und Dresdner Expressionisten vgl. Petereit: Die Zeitschrift »Menschen«, S. 26f.
[58] Vgl. hierzu das Programm der *Sozialistischen Gruppe der Geistesarbeiter* vom November 1918, an dessen Ausformulierung auch Mitglieder der *Expressionistischen Arbeitsgemeinschaft* (etwa Conrad Felixmüller und Heinar Schilling) mitarbeiteten. Siehe: Menschen Montagsblatt-Dresden 1 (1919), Nr. 4. S. 3-4.
[59] In der Anlehnung an Modelle bürgerlicher Vereinsbildung erblickte man wohl größere Chancen gesellschaftlicher Wirksamkeit.
[60] Vgl. hierzu die überarbeitete Fassung des Programmentwurfs durch Raoul Hausmann. In: Höch. Eine Lebenscollage. Band I. 1. Abteilung 1889–1918, S. 298-299.
[61] Zu dem gerade für die Literaturgruppen des 18. und 19. Jahrhundert konstitutiven Merkmal eines ›Außer-Kraft-Setzens‹ der Konkurrenz im Gruppeninnern vgl. Schmitz: Literaturrevolten, S. 146.

monie führt) nur innerhalb des Bundes, um die Stoßkraft des Bundes und seine hohen Ziele öffentlich nicht zu gefährden.[62]

So wird in der Bekundung von Solidarität nach außen und der Befürwortung des konkurrierenden Dialogs im Innern eine Personalisierung des Programms[63] ebenso vermieden wie eine vorschnelle ›Vereinheitlichung‹ der Meinungsbildung. Diese Grundsätze des neuen »Bundes« fließen in das Gründungsmanifest der *Expressionistischen Arbeitsgemeinschaft Dresden* im Oktober 1917 ein[64] und werden dort gruppenprogrammatisch pointiert: In dem Bestreben, ein möglichst breites Spektrum potentieller Mitstreiter zu gewinnen, akzentuieren Felixmüller und Hausmann ihr expressionistisches Programm künftiger Gemeinschaftsbildung durch ein praktisch bestimmtes gruppenübergreifendes Wirkungskonzept.

Die schon früh postulierte Zusammenführung von »Geist« und »Tat«, von künstlerischer Produktion und handlungsorientierter Rezeption wird nunmehr als zeitgeschichtlich brisantes politisches Thema in den gruppeninternen Debatten ›institutionalisiert‹[65] und zugleich an vielfältige gruppenextern ausstrahlende Institutionalisierungsprozesse gekoppelt: Die Gründung eines Verlages[66], einer Zeitschrift[67] und zweier Schriftenreihen[68], die Veranstaltung von öffentlichen Auftritten in den städtischen Privatgalerien[69], die Nutzung der Tagespresse als Distributionsmedium für das eigene Ideenwerk[70] sollen nicht nur »das [...] Gewollte kommentieren«[71], sondern auch als Basis praktischen Eingreifens fungieren und die Plattform für mögliche Mitgliedschaften bis ins Überregionale erweitern. Der Beitritt von Münchner, Berliner, Kieler und Leipziger Expressionisten[72] in der Folgezeit belegt den Erfolg dieser Strategie und

---

[62] Felixmüller/Hausmann u. a.: Der Bund. Programmentwurf, S. 297.

[63] Axel Gehring: Genie und Verehrergemeinde. Bonn: Bouvier 1968. S. 82. Als Sonderform der Personalisierung des Programms kann etwa die ›Einmannzeitschrift‹ gelten: Beispielhaft hierfür in Dresden Rudolf Adrian Dietrichs Zeitschrift *Der Komet*.

[64] Allerdings verknappt. Hausmann hatte wohl den Vorschlag unterbreitet, eine gekürzte Fassung des ursprünglichen Entwurfs als Manifest der *Expressionistischen Arbeitsgemeinschaft* zu postulieren. Die angeführten Kennbegriffe finden sich allerdings auch hier wieder.

[65] Zur Institutionalisierung von politischen Themen in der Öffentlichkeit vgl. Niklas Luhmann: Öffentliche Meinung. In: Politische Vierteljahresschrift 11 (1970), S. 3 und 20.

[66] Es handelt sich um den *Felix Stiemer Verlag*, der, am 1. Dezember 1917 gegründet, als »Organ und Manifest« die Bestrebungen der *Expressionistischen Arbeitsgemeinschaft* verbreiten sollte. Vgl. Programm der expressionistischen Abende. Dresden, 1917. (= Der Schrei, Nr. II). Wiederabgedruckt in: Menschen 2 (1919), H. X (Nr. 68/69). S. 5-9.

[67] Die Zeitschrift *Menschen*. Die erste Nummer erschien im Januar 1918. Umfassend zur Zeitschrift vgl. Petereit: Die Zeitschrift »Menschen«.

[68] Die Schriftenreihen *Dichtung der Jüngsten* und *Das neuste Gedicht*. Zu beiden vgl. Paul Raabe: Die Zeitschriften und Sammlungen, S. 180.

[69] Bess Brenck-Kalischer etwa liest Ende November 1917 aus eigenen Dichtungen in der *Galerie Arnold*. Vgl. die Rezension in den *Dresdner Neuesten Nachrichten* vom 1.12.1917. Nr. 325. S. 2. Der Auftritt wurde auch im *Dresdner Lokal-Anzeiger* besprochen. Vgl. -a-: Orientalischer Abend. In: Dresdner Lokal-Anzeiger vom 4.12.1917. Nr. 141. S. 3.

[70] Ich verweise auf Camill Hoffmanns nach 1917 gehäuft in den *Dresdner Neuesten Nachrichten* auftauchende Besprechungen von Auftritten der Mitglieder der *Expressionistischen Arbeitsgemeinschaft* in der Dresdner Öffentlichkeit. Vgl. etwa: Autorenabend des Dresdner Verlag von 1917. In: Dresdner Neueste Nachrichten vom 15.12.1917. Nr. 339. S. 2.

[71] Vgl. Bericht über die Verlagsjahre 1917/19. In: Menschen 2 (1919), H. X (Nr. 68/69). S. 9.

[72] Auf der Gründungsversammlung traten – sieht man vom Berliner Raoul Hausmann einmal ab – lediglich Dresdner Expressionisten der Vereinigung bei (Recha Rothschild, Heinar Schilling, Walter Rheiner, Felix Stiemer, Bess Brenck-Kalischer, Conrad Felixmüller, Max Bruhn und Rudolf Adrian Dietrich). Erst in den Folgemonaten stießen – neben weiteren Ortsansässigen wie Richard Fischer, A.

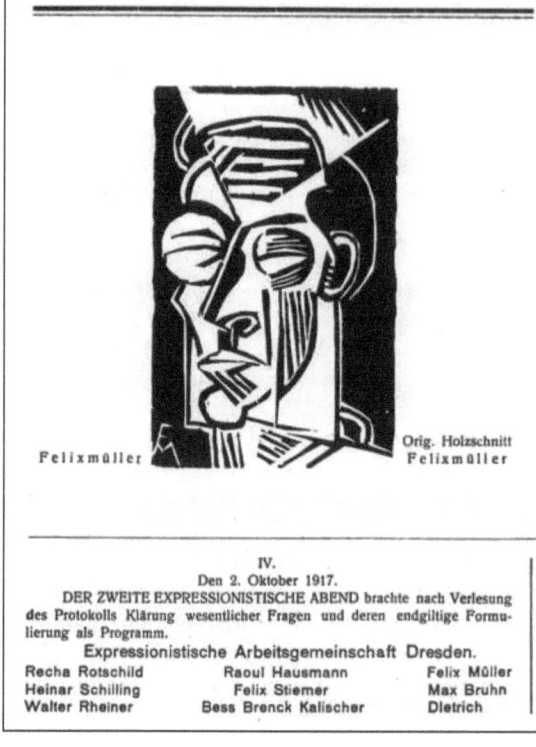

IV.
Den 2. Oktober 1917.
DER ZWEITE EXPRESSIONISTISCHE ABEND brachte nach Verlesung
des Protokolls Klärung wesentlicher Fragen und deren endgiltige Formu-
lierung als Programm.
Expressionistische Arbeitsgemeinschaft Dresden.

Recha Rotschild	Raoul Hausmann	Felix Müller
Heinar Schilling	Felix Stiemer	Max Bruhn
Walter Rheiner	Bess Brenck Kalischer	Dietrich

Protokollnotiz zum *Zweiten expressionistischen Abend*, abgedruckt in der Zeitschrift *Menschen*

zeigt darüber hinaus die offene, dialogisch angelegte Konzeption eines Institutionalisierungsprozesses, bei dem sich die anvisierte Verknüpfung von Kunst und Politik auf
mannigfaltige Weise vollziehen konnte und an keine starren, vorgegebenen Hand-
lungsmuster geknüpft war.

Sowohl dem ›bloß‹ »geistigen Kämpfer«, der sein kunstpolitisches Engagement
»als vorrangig seelische Angelegenheit«[73] verstanden wissen wollte, als auch dem an einer Veränderung gesellschaftlicher Verhältnisse besonders Interessierten und mit politischen Bewegungen Sympathisierenden bot die Gruppe vielfältige Entfaltungs- und
Integrationsmöglichkeiten und vermied dadurch eine von anderen Vereinigungen gezielt gesuchte ›Einheitlichkeit‹[74]. Der programmatische Leitgedanke: Alle wirkliche
Kunst muß heute »gegen das, was außen geschieht«[75], ankämpfen, schuf eine Basis für

---

Rudolf Leinert und Dr. E. H. Müller – der Münchner Oskar Maria Graf, der Leipziger Walter O.
Grimm, die Berliner Georg Tappert und Kurt Bock und der Kieler Gerhard Ausleger als »auswärtige
Mitglieder« zur *Expressionistischen Arbeitsgemeinschaft*. Vgl. ebd., S. 8.
[73] Programm der expressionistischen Abende. In: Menschen 2 (1919), H. X (Nr. 68/69). S. 7.
[74] Als Extremfälle gelten noch immer der *Sturm-* und der *Aktionskreis*. Während Waldens *Sturm*
politische Bezüge weitgehend vermied, stellte sich Pfemferts *Aktion* bewußt in den Dienst des politischen Kampfes. Die Abkehr vom *Sturm-* und *Aktionskreis* wurde bald auch öffentlich bekundet. Vgl.
hierzu die beiden Artikel *Absage* und *Die AKTION*. In: Menschen 1 (1918), Nr. 4. S. 4 und Felix
Stiemer: Politische Kunst. In: Menschen 1 (1918), Nr. 10. S. 2.
[75] Programm der expressionistischen Abende, S. 7.

konzeptionelle und thematische Vielfalt bei Wahrung eines gemeinsamen Aktionsziels.

Die Herausbildung eines ›einheitsbildenden Diskussionsraumes‹[76] durch die Gruppe gestaltete sich vor diesem Hintergrund nicht als Zwang, sondern als Folge kontroverser Auseinandersetzungen und konnte deshalb in einer zerrissenen, manipulierten und über weite Strecken durch die Kriegsereignisse chauvinistisch vereinnahmten bürgerlichen Öffentlichkeit Anspruch auf gesellschaftliche Repräsentativität und Vorbildlichkeit erheben.

Der Versuch, subjektzentrierte Autoritätsmodelle zu verlassen und durch gruppenzentrierte zu ersetzen und dabei die Pluralität von Meinungen als Gestaltungskraft zu nutzen, prägte die Gemeinschaftsarbeit und wirkte sich sowohl auf die Positionierung der Gruppe in der städtischen Öffentlichkeit aus[77] als auch auf die Ausformung des ästhetischen Paradigmas der Gruppenmitglieder. Das Schlagwort »Expressionismus« wird deshalb schon im Umfeld der ersten Zusammenkünfte und öffentlichen Auftritte von einer einseitigen formalen Betrachtungsweise gelöst und in seiner lebensweltlichen Dimension entfaltet: »Was nützen uns Bilder, Literatur, Musik, Kunst – wenn sie nicht Anstoß zum Leben sind?« fragt Conrad Felixmüller anläßlich des zweiten Autorenabends am 13.12.1917 das anwesende Publikum[78] und trägt damit eine gruppenintern begonnene Debatte in die städtische Öffentlichkeit.

Die Schöpfungen der Expressionisten vom Signum einer bloßen Gestalt- und Formrevolution zu befreien, ist auch das Anliegen von Heinar Schillings großem Vortrag auf dem dritten Abend des *Felix Stiemer Verlages* am 21.1.1918. Das Oppositionelle des ›neuen Stils‹ ergibt sich nicht aus dessen formal ungewöhnlicher Erscheinungsweise, sondern aus der Gestaltungskraft und Wahrheit des gefühlten Erlebens:

Das Gefühl an sich wird wahr, wird Erlebnis, wird absolut, und der Künstler kann unbekümmert um handwerksmäßige Formen nach unmittelbarstem Ausdruck seiner Wesenheit und ihrer Stellung zur Umwelt ringen.[79]

Da Schilling die öffentliche Durchsetzung einer solchen Kunstauffassung ohne die Fürsprache der Repräsentanten der traditionellen bürgerlichen Kunst- und Literaturkritik für unmöglich hält, fordert er von diesen Verständnis und »Anerkennung«, allerdings ohne falsche »Toleranz«, erzwungene Einsicht oder das »Bedürfnis, gescheiter

---

[76] Vgl. Karl-Siegbert Rehberg: Die »Öffentlichkeit« der Institutionen. Grundbegriffliche Überlegungen im Rahmen der Theorie und Analyse institutioneller Mechanismen. In: Gerhard Göhler (Hg.): Macht der Öffentlichkeit – Öffentlichkeit der Macht. Baden-Baden: Nomos Verlagsgesellschaft 1995. S. 204.

[77] Die Geschlossenheit und Homogenität der Gruppe der »Jungen« sowie deren besondere Rolle im kulturellen Ensemble der Stadt wird etwa in den Kritiken zu den ersten Autorenabenden durch die Vertreter der Tagespresse immer wieder betont. Die humanistische und innovative Dimension der Dichtungen und des programmatischen Zuschnitts werden hervorgehoben. Vgl. -a-: Autorenabend des Felix Stiemer Verlags. In: Dresdner Lokal-Anzeiger vom 15.12.1917. Nr. 146. S. 2. oder Camill Hoffmann: Autorenabend. In: Dresdner Neueste Nachrichten vom 15.12.1917. Nr. 339. S. 2.

[78] Das Zitat stammt aus dem Vortrag *Exaltationen meiner Seele!* von Felixmüller. Eine Auflistung der vorgetragenen Texte auf dem ersten Autorenabend der Gruppe findet sich bei -a-: Autorenabend des Felix Stiemer Verlags. In: Dresdner Lokal-Anzeiger vom 15.12.1917. Nr. 146. S. 2. Der Vortrag *Exaltationen meiner Seele!* ist abgedruckt in: Menschen 1 (1918), Nr. 1. S. 2.

[79] Heinar Schilling: Expressionismus. In: Menschen 1 (1918), Nr. 3. S. 4.

GALERIE ARNOLD / SCHLOSS-STR. 34

Donnerstag, den 13. Dezember 1917, abends 8 Uhr

2. Abend des Felix Stiemer Verlag

AUTOREN-ABEND

Felix Stiemer	Prolog
Heinar Schilling	In Tyrannos
Bess Brenck Kalischer	Aus Eigenem
Felix Müller	Exaltationen meiner Seele

Heinar Schilling	Die Richtung II.
Dietrich	Dichtungen
Bess Brenck Kalischer	Professor Pierette
	Ein Pantomimodrämchen

Karl Römer	Aus Eigenem
Walther Rheiner	Das neue Gedicht
Felix Stiemer	Aus «Morgen»

Karten zu Mk. 5.30, 3.15, 2.10 und Stehplätze zu Mk. 1.05 in der GALERIE ARNOLD, BUCHHANDLUNG BENDER, Waisenhausstraße 25, RESIDENZKAUFHAUS und an der ABENDKASSE.

Reklameblatt für den zweiten Autoren-Abend des *Felix Stiemer Verlages* am 13.12.1917

zu sein als die anderen« (»wir wollen nicht anerkannt sein, weil der Bourgeois sich vor den nächsten Jahrzehnten zu blamieren fürchtet«).[80]

Das frühe Engagement des Dresdner Literaturhistorikers Oskar Walzel für die expressionistische Literatur[81], die positive Haltung der Privatgalerien[82] und des städtischen Feuilletons[83] gegenüber den Bestrebungen der Jüngsten initiierte diesen, nunmehr auch durch die konzeptionelle Gebundenheit der Gruppe gestützten Vorstoß, der auf einem neuen Bild des ›Bürgers‹ basierte:

---

[80]   Ebd.

[81]   Walzels positive Stellung zum Expressionismus datiert bereits aus den Jahren 1914/15. Vgl. hierzu die Hinweise von Walzel am Ende seines Aufsatzes *Goethe und die Kunst der Gegenwart*, S. 128. Vgl. auch: Wachstum und Wandel. Lebenserinnerungen von Oskar Walzel. Hg. von Carl Enders. Berlin: Erich Schmidt Verlag 1956. S. 167. Die besondere Rolle Walzels für die Etablierung der expressionistischen Bewegung in Dresden wird etwa anhand einer im Nachlaß befindlichen Einladung vom 22.4.1917 zu einer ersten Zusammenkunft mit Vertretern der neuen Bewegung deutlich. Vgl. Karte von Heinrich Stadelmann an Oskar Walzel. In: Nachlaß Oskar Walzel. Deutsches Literaturarchiv Marbach. A: Walzel. Korrespondenz. Zugangsnummer: 92,3.

[82]   Die bedeutendsten Veranstaltungen der Expressionisten (Ausstellungen, Soireen, Vorträge, Autorenabende) fanden in den Räumen der beiden wichtigsten Dresdner Privatgalerien (*Galerie Arnold* und *Kunsthandlung Emil Richter*) statt.

[83]   Die Auftritte der Expressionisten in der städtischen Öffentlichkeit wurden in den Spalten der Feuilletons begrüßt und unterstützt. Etwa durch den Kritiker des *Dresdner Lokal-Anzeigers*, der als »Eindruck« formulierte: »Wertvollstes, starke Jugend ist am Werk«. Vgl. -a-: Autorenabend des Felix Stiemer Verlages. In: Dresdner Lokal-Anzeiger vom 26.1.1918. Nr. 12. S. 2.

Zugegeben, daß sich die Stellung des Bürgers verändert, oder verdeutlicht hat: er ist nicht mehr die berühmte Straßenfigur mit langer Pfeife und dem am Gesäß baumelnden Taschentuch, der den Wein, die Liebe und das Kriegsgeschrei liebt; er ist oberste Instanz des Geistes geworden, tolerant über den Parteien stehend, er liebt alles, begönnert alle, tritt für nichts ein, belauscht den Geist einer großen Zeit, übermittelt – ewiger Börseaner – künftigen Geschlechtern, was er nie begreift, bleibt Reklamechef vergangener Werte.[84]

Der noch unschlüssige, aber in seiner gesellschaftlichen Rolle ›aufgewertete‹ Bürger wurde zum Adressaten eines aktivistischen Kunstkonzepts, das den zeitbezogenen »Protest«[85], die Auflehnung und den Widerstand als Mittel sozialer Intervention[86] begriff und das Streben nach ›menschlicher Befreiung‹ als zentralen Topos eines Kunst und Lebenswelt verschränkenden Diskurses betrachtete:

Der Mensch steht wieder ganz in sich, in seinem Schmerz, er sucht Befreiung seiner chaotischen Gestaltungskräfte. Ihn durchdringt die Großstadt, die Not, die Zeit, ihn überkommt im Angesicht schmerzlicher Wirklichkeit das Gefühl letzter Befreiung. Er formt das Unmittelbare aus sich, ein Ekstatiker des Maschinellen oder Geistigen. Dazu kommt für uns heute der Begriff des größeren Vaterlands, der weitesten Heimat Welt, dies Gefühl, das Tat fordert und ist, Protest gegen Mord und Irrsinn, gegen Zeit und willkürliche Begrenzung des freien Menschen. Alle neue Kunst ist aktivistisch, und muß es sein, denn sie ist Zeugnis der hereinbrechenden Zukunft, der jungen Generation, die über diese kleine Gegenwart hinaus **will** und **muß**.[87]

Dieses kunstpolitische Programm der bildungsbürgerlichen Öffentlichkeit zu präsentieren und dabei deren distributive Möglichkeiten zu nutzen, wird zum Kennmuster der Dresdner Bewegung, die damit in besonderer Weise auf den Ort ihres Wirkens reagierte: Die Verwirklichung ihrer kulturellen Mission haben diese Dichter, Literaten, Maler und Musiker eben nicht nur an die erfolgreiche Etablierung einer ›armen Gegenöffentlichkeit‹[88] gebunden, sondern ebenso an die Kooperation mit der »älteren Generation«, die als Voraussetzung des eigenen »Handelns« gesehen und auf deren »Propaganda« gehofft wurde[89].

---

[84]   Felix Stiemer: Spitzweg oder Sternheim. In: Der Schrei (1918), H. III. Morgen, 1. Teil. Wiederabgedruckt in: Menschen. 1 (1918), Nr. 4. S. 3.
[85]   Vgl. Programm der expressionistischen Abende, S. 7.
[86]   Zur Rolle des Protests für die öffentliche Entfaltung sozialer Bewegungen vgl. Dieter Rucht: Öffentlichkeit als Mobilisierungsfaktor für soziale Bewegungen. In: Friedhelm Neidhardt (Hg.): Öffentlichkeit, öffentliche Meinung, soziale Bewegungen. Opladen: Westdeutscher Verlag 1994. S. 337-358.
[87]   Heinar Schilling: Expressionismus, S. 4. Zur aktivistischen Konzeption vgl. auch die auf dem zweiten Autorenabend des *Stiemer Verlages* von Felixmüller vorgetragenen autobiographischen Reflexionen: *Militär-Krankenwärter Felixmüller XI, Arnsdorf.* Wiederabgedruckt in: Menschen. 1 (1918), Nr. 3. S. 3.
[88]   Vgl. zum Begriff der »armen Öffentlichkeit«, der immer weiter schrumpfenden Gegenöffentlichkeit, mit der sich der ›moderne Dichter‹ bescheiden muß, Oskar Loerkes späten Aufsatz: Die arme Öffentlichkeit des Dichters. In: Ders.: Gedichte und Prosa. Band 1. Frankfurt a. M.: Suhrkamp 1958. S. 731-738.
[89]   Vgl. hierzu die Ankündigung der Herausgeber in der ersten Nummer der Zeitschrift *Menschen* vom Januar 1918. Wörtlich heißt es: »Verbunden mit den uns nahestehenden der älteren Genera-

2. Verlegerprofile und Verlagskonzepte im Umfeld ästhetischer Paradigmenbildung

2.1. Jakob Hegner – Der Verleger als Bewahrer humanistischer Werte: Die Einheit von Tradition und Innovation als Signum moderner Verlagsarbeit

Der Verleger und Publizist Jakob Hegner[90] gehörte zu jener »älteren Generation«[91], die schon vor dem Krieg »Propaganda« für den ›neuen Stil‹ betrieb und sich damit für eine Reformierung der Dresdner Kulturlandschaft engagierte. Mit der Gründung seines Hellerauer Verlages im Jahre 1912 hatte Hegner ein Unternehmen ins Leben gerufen, das dem modernen Literatur- und Kunstschaffen ebenso eine Heimstatt bot wie dem bereits ›klassisch‹ überlieferten Repertoire europäischer Dichtungsgeschichte.[92] Die langjährige Freundschaft zu Paul Adler und Theodor Däubler[93] sowie die eigenen schriftstellerischen und publizistischen Bemühungen[94], die Hegner schon in den 10er Jahren in die Kreise der Avantgarde führten[95], hatten die Verlagsgründung vorangetrieben[96]; jedoch erst mit der Übersiedlung Hegners nach Hellerau wurde das Projekt seines spezifisch profilierten Verlages endgültig verwirklicht.

Eingebunden in die sozialrevolutionären Bestrebungen der Gartenstadterbauer, konnte es im produktiven Zusammenspiel von kunsthandwerklicher und geistig-kultureller Arbeit exemplarisch den Leitgedanken des Hellerauer Reformkonzepts zum Ausdruck bringen[97] und gleichzeitig von den vorhandenen personellen und institutionellen Möglichkeiten profitieren.

---

tion, die wir als Voraussetzung unseres Handelns erkennen, hoffen wir auf die Propaganda derer, die ihrerseits in uns Jungen die Vollender (nicht die Vollendeten) sehen.« Menschen. Werbeblatt vom Januar 1918.

[90] Zu Jakob Hegner vgl. Peter de Mendelssohn: Erinnerung an Jakob Hegner. In: Ders.: Unterwegs mit Reiseschatten. Essays. Frankfurt a. M: S. Fischer 1977. S. 35-58. – Herbert Ahl: Ein schöpferischer Vermittler. Jakob Hegner. In: Ders.: Literarische Portraits. München, Wien: Albert Langen, Georg Müller 1962. S. 230-231. Auch: Hans-Jürgen Sarfert: Hellerau und Jakob Hegner – die erste deutsche Gartenstadt und der berühmte Verleger. Freital und Dresden. 1980. Masch.

[91] Hegner wurde 1882 geboren und gehört damit neben Theodor Däubler (1876 geb.) und Paul Adler (1878 geb.) zur ›älteren Generation‹ der Dresdner Expressionisten. Rheiner, Schilling oder Felixmüller sind weit über ein Jahrzehnt jünger.

[92] So hatte Hegner Bücher von Paul Adler, Theodor Däubler und Albert Paris Gütersloh neben Werken von William Butler Yeats, Dante, Heinrich von Kleist und Sören Kierkegaard veröffentlicht. Eine genauere Auflistung der von Hegner vertriebenen Werke bei Hans-Jürgen Sarfert: Hellerau. Die Gartenstadt und Künstlerkolonie. Dresden: Hellerau-Verlag 1999. S. 53-65.

[93] Vgl. ebd., S. 125. Zu den ab 1917 problematischen Beziehungen zu Däubler siehe: Rietzschel: Theodor Däubler, S. 156 und 348-349.

[94] Hegner arbeitete vor allem als Übersetzer, schrieb aber auch selbst Erzählungen und Gedichte. Neben seinen bereits erwähnten Publikationen in den *Dresdner Neuesten Nachrichten* vgl. u. a. Jean Jacques Hegner: Die Kerzen. [Erzählung]. In: Das neue Magazin für Literatur, Kunst und soziales Leben 73 (1904), H. 13. S. 393-394. – Ders.: Träumer. [Gedicht]. In: Ebd. 73 (1904), H. 1. S. 23.– Ders.: »Und im Silbersonnenschimmer…« [Gedicht]. In: Die Freistatt (1903), Nr. 39. vom 26.9.

[95] Etwa um Franz Blei. Vgl. Mendelssohn: Erinnerung an Jakob Hegner, S. 41.

[96] Paul Adler hatte Hegner um 1910 die Leitung seines eigenen Berliner Verlages *Die Neuen Blätter* nahegelegt. Vgl. Ralf Reinhold: Jakob Hegner: Verleger, Typograph und Literat. In: Myosotis. Zeitschrift für Buchwesen. 1/1991 N. F. S. 30.

[97] Zu den engen Bindungen zwischen Hegner und Wolf Dohrn vgl. Mendelssohn: Erinnerung an Jakob Hegner, S. 46.

So verweist die Personalunion von Schreiber, Setzer, Drucker und Verleger auf den für die öffentliche Ausstrahlung Helleraus idealtypischen Zusammenfall von praktischer und geistiger Tätigkeit, die Veröffentlichungspraxis Hegners indes auf eine innovative Rückbindung der eigenen Intentionen an die experimentelle Ausstrahlung des Wirkungsortes: Indem sich Hegner als liberal und kosmopolitisch gesinnter Verleger gegen jede nationale Verengung bei der Propagierung kultureller Werte wandte und bereits früh weltliterarisch bedeutsame Autoren in sein Verlagsprogramm aufnahm[98], trug er auf seine Weise zu der von den Betreibern der Gartenstadt konzipierten ›Weltoffenheit‹ ihres Unternehmens bei.

Mit der ›Internationalisierung‹ seines Programms, die sich auch gegen Tendenzen einer Bevorzugung des nationalen Kunstschaffens durch Teile der städtischen Kulturbeamten richtete[99], wurde Hegners Verlag zu einer für die Entfaltung der expressionistischen Alternativkultur entscheidenden Vermittlungsinstanz, galt doch die Überwindung der vorrangig deutschzentrierten Kunstrezeption im Umfeld des Krieges auch den Dresdner Expressionisten als vordringliche Aufgabe[100].

Eingebunden in die verlegerisch erfolgreich praktizierte Verknüpfung von regionalem Kunstschaffen mit Werken europäischen Rangs und gekoppelt an das kulturelle Erneuerungsprogramm Helleraus[101], wird Hegners Verlag zu einem »Mittler«[102] zwischen städtischer Öffentlichkeit und Moderne. Die bewußt gewählte örtliche Abgelegenheit, die mit einem Rückzug aus den Zentren des Verlagswesens (Berlin, Leipzig, München) verbunden war[103], kann dabei als Voraussetzung für einen Institutionalisierungsvorgang gelten, mit dessen Hilfe Hegner – unabhängig vom materiellen Gewinn – ein persönliches, die Anonymität marktbestimmter Literaturvermittlung als störend empfindendes[104] Verhältnis zur potentiellen Leserschaft herstellen wollte.

---

[98]   Etwa Francis Jammes, Georges Bernanos und Paul Claudel.

[99]   Zur Betonung der nationalen Aufgabe deutscher Kunst vgl. die Rede des Mitglieds des *Königlich Sächsischen Kultusministeriums*, Geheimer Schulrat Grüllich, auf dem *Ersten Kunsterziehungstag* in Dresden. Vgl. Kunsterziehung. Ergebnisse und Anregungen des Kunsterziehungstages in Dresden am 28. und 29. September 1901. Leipzig: R. Voigtländers Verlag 1902. S. 16-17. Weitere Beispiele für die nationale Ausrichtung auch der Dresdner Künstlerschaft im Kapitel II der vorliegenden Arbeit.

[100]   Vgl. hierzu die schon während des Krieges nachzuweisende Rezeption der Schriften Tolstois, Dostojewskis und Barbusses. Zur Tolstoi-Rezeption vgl. das *Programm der expressionistischen Soireen*. In: Conrad Felixmüller: Werke und Dokumente. S. 61. Zur Dostojewski-Rezeption vgl. Rudolf Adrian Dietrichs autobiographische Erinnerungen *Erlebnis und Erinnerung*. In: Nachlaß Rudolf Adrian Dietrich. Deutsches Literaturarchiv Marbach. A: Dietrich. Verschiedenes. Autobiographisches. o. O., o. J., unpag. Zu Barbusse siehe den Abdruck von Heinar Schillings *Offenem Brief an Henri Barbusse* vom 1.9.1918. In: Menschen vom 21.11.1918. Sonderflugblatt der ersten Tagung des Rates der Geistesarbeiter. Auf die Schlüsselrolle von Tolstoi und Dostojewski für die neue Kunstästhetik verweist auch u. a. Eckart von Sydow in seinem Aufsatz: *Das Weltbewußtsein und die Kunst des primitiven Menschen*. In: Neue Blätter für Kunst und Dichtung 2 (1919) Juli-Heft. S. 70-73, bes. S. 73.

[101]   Hegner liefert die erste Übersetzung von Claudels *Verkündigung*, nach der das Stück auf den Schulfesten 1913 aufgeführt wird.

[102]   Ahl: Ein schöpferischer Vermittler, S. 233.

[103]   Hegners erster Verlag *Die Neuen Blätter* befand sich zunächst in Berlin, bevor ihn Hegner nach Hellerau »mitbrachte«. Vgl. Sarfert: Hellerau, S. 39.

[104]   Vgl. hierzu die Episode mit Jakob Hegner, über die Alma Mahler-Werfel in ihren Erinnerungen *Mein Leben* berichtet: »Mir war im Sommer des Jahres vorher [1916 – F. A.] ›Wir wollen nicht verweilen‹ in die Hände gefallen. Es war das erste Buch, das mir von Theodor Däubler sehr gefiel, ja, ich war hingerissen davon. Ich schrieb an Jakob Hegner in Hellerau, er möge mir zehn Exemplare von diesem Buch und weitere zehn Exemplare von Claudels ›Goldhaupt‹ zusenden. Ich wollte in meiner Begeisterung diese Bücher an meine Freunde verteilen. Und so saß ich eines Winterabends allein [...]

Grundlage dieses Vermittlungsprozesses ist allerdings nicht nur die im publizierten Werk formal und gegenständlich sichtbare Praxis verlegerischer Arbeit (Einband, Papier, Schrift, Druck usw.), sondern die dem Publikationsgeschehen ›eingeschriebenen‹ selektiven und klassifizierenden Vorgänge, die den literarischen Anspruch des Verlegers und dessen kulturgeschichtliche Wirkungsintention widerspiegeln. Daß Hegner beispielsweise neben der Veröffentlichung von Büchern auch die Herausgabe von Zeitschriften als bedeutende verlegerische Aufgabe begriff, läßt auf eine am aktuellen kulturellen Zeitgeschehen orientierte Verlagspraxis schließen, die auch den Bedingungen des modernen, schnellebigen Meinungsmarktes Rechnung tragen wollte.

Dem Drang nach Beteiligung am zeitgenössischen öffentlichen Diskurs fallen allerdings weder die formale Qualität der publizierten Beiträge noch deren inhaltliche Ausrichtung zum Opfer. Die verlegerische »Leitidee«[105], d. h. die Frage, was wann und in welcher Form veröffentlicht wird, folgte dem Prinzip der Aktualität nur bedingt: Die Publizierung von Werken mit einem zeitnahen gesellschaftlich oder kulturell brisanten Problemhorizont tritt, vor allem bis zum Ausbruch des Krieges, hinter das Bemühen um eine oft religiös intendierte Auseinandersetzung mit dem ›klassisch‹ überlieferten Reservoir menschheitsgeschichtlich relevanter Themen zurück. Publikationsleitend wurde für Hegner, der im wesentlichen materiell abgesichert sein Verlagsgeschäft führen konnte[106], die literarische und weltanschauliche Qualität der für eine Veröffentlichung vorgesehenen Texte. Diese mißt sich an der – selbst für Hegners Zeitschriftenprojekte konstitutiven – zeitlosen Dimension des vom Autor eingebrachten Problem- und Wertebewußtseins. In die zeitgenössisch kontrovers geführte Debatte um den im Zuge der Modernisierung einsetzenden rapiden Verfall kultureller Wertmuster[107] ordnet sich Hegners Verlagstätigkeit deshalb in spezifischer Weise ein: Bereits mit seiner ersten Zeitschrift, den *Neuen Blättern* (1912-1913)[108], etablierte Hegner ein Konzept der ›Interdependenz‹ zwischen Tradition und Moderne und bezog damit eine gesellschaftliche ›Zwischenposition‹, die weder dem konservativen Idealismus einer national verbrämten wilhelminischen Kulturpolitik folgte noch dem sozialkritischen Materialismus einer sich allmählich etablierenden Oppositionsliteratur. Wie das Inhalts- und Themenspektrum der von Hegner verlegten Zeitschrift[109] zeigt, favorisierte der Herausgeber eine Synthese von Überlieferung und Innovation, von christlich-spiritistischer Mystik und aktivistisch-sozialkritischem Idealismus, die besonders sinnfällig in der Zusammenführung von Autoren wie Paul Claudel, Henri Bergson, André Suarès und Francis Jammes mit Albert Ehrenstein, Camill Hoffmann,

---

als es läutete und Jakob Hegner zur Türe hereinkam mit den Worten: ›Ich muß mir doch den Menschen anschauen, der solche Bücher heute zwanzigmal bestellt. Dies ist mir in meiner Laufbahn als Verleger noch nicht vorgekommen‹«. Vgl. Alma Mahler-Werfel: Mein Leben. Frankfurt a. M.: S. Fischer 1980. S. 72.

[105] Zum Begriff der »Leitidee« bei der Analyse institutioneller Mechanismen vgl. Karl-Siegbert Rehberg: Institutionen als symbolische Ordnungen. Leitfragen und Grundkategorien zur Theorie und Analyse institutioneller Mechanismen. In: Gerhard Göhler (Hg.): Die Eigenart der Institutionen. Zum Profil politischer Institutionentheorie. Baden-Baden: Nomos 1994. S. 65ff.

[106] Vgl. Mendelssohn: Erinnerung an Jakob Hegner, S. 45.

[107] Vgl. hierzu Renate Werner: Das wilhelminische Zeitalter als literarhistorische Epoche. Ein Forschungsbericht. In: Jutta Kolkenbrock-Netz u. a. (Hg.): Wege der Literaturwissenschaft. Bonn: Bouvier 1985. S. 222ff.

[108] Zur Zeitschrift vgl. Raabe: Die Zeitschriften und Sammlungen, S. 43-44.

[109] Neben Hegner waren auch noch Carl Einstein, Anton Heiderich und Erich Baron zu jeweils unterschiedlichen Zeitpunkten am Vertrieb der Zeitschrift beteiligt. Vgl. ebd., S. 43.

NEUE BLÄTTER

1912

DER ZWEITEN FOLGE FÜNFTES
UND SECHSTES HEFT

INHALT

THEODOR DÄUBLER / Ode und Gesänge /
RUDOLF KASSNER / Der Heilige / MARTIN
BUBER / Das Wandbild / GEORG VON
LUKÁCS / Von der Armut am Geiste / RAINER
MARIA RILKE / Aus dem Marien-Leben / FRANCIS
JAMMES / Gebet und die Kirche

Herausgeber u. verantwortlicher Schriftleiter: HEGNER / HELLERAU /
VERLAG DER NEUEN BLÄTTER / HELLERAU und BERLIN W 15

Alle Sendungen sind nach HELLERAU bei DRESDEN an den
VERLAG DER NEUEN BLÄTTER zu richten / Schriftstücke ohne
Marken werden nicht zurückgeschickt / Die NEUEN BLÄTTER
kosten jährlich acht Mark fünfzig Pfennige und sind durch jede Buchhandlung zu beziehn.

Hergestellt in der ROSSBERGSCHEN BUCHDRUCKEREI in LEIPZIG

Titelblatt von Jakob Hegners
Zeitschrift *Neue Blätter* aus dem
Jahre 1912

Max Brod, Paul Adler und Ernst Stadler zum Ausdruck kommt. Da die literarische
Übersetzung als Medium der Verknüpfung dieses eher heterogenen Autorenspektrums
fungierte[110], ist von der These auszugehen, daß Hegners verlegerische Bemühungen
auf die Integration eines über weite Strecken prononciert konservativen Wertekanons
in die Strategien einer modernen Dichtungsprogrammatik, wie sie die *Aktions*-
Mitarbeiter Ehrenstein, Hoffmann, Adler, Brod und Stadler praktizierten, zielten.[111]
    Das Modell einer Assimilierung dieser unterschiedlichen Konzepte schien für
Hegner angesichts einer sich verschärfenden gesellschaftlichen Krisensituation kurz
vor Ausbruch des Krieges eine geeignete Möglichkeit zu sein, auf den gerade für Teile
des Bildungsbürgertums diagnostizierbaren »Verlust identitätsverbürgender Deutungs-

---

[110] So übersetzte etwa Paul Adler Werke von Paul Claudel; Jakob Hegner Texte von André Suarès
und Francis Jammes.
[111] Für diese Vermutung spricht auch die Tatsache, daß in den ersten Heften der Zeitschrift Origi-
nalgraphik von modernen Künstlern (u. a. Ernst Barlach, Wilhelm Lembruck, Henri Matisse) abgedruckt wurde.

schemata der Lebenswelt«[112] ›ästhetisch‹ zu antworten. Die längst auch bei Teilen des gebildeten Bürgertums obsolet gewordene eindimensionale Rückbindung ihrer Rezeptionserfahrungen an die überlieferten Muster des klassisch-romantischen Kunstideals konnte so nicht nur umgangen, sondern adressatenbezogen neu akzentuiert werden. Da Hegner sein verlegerisches Credo auch mit einem deutlichen Publikumsbezug untermauerte (»[...] die Aufgabe des guten Verlegers (besteht) gerade darin, [...] ein Publikum zu schaffen, das noch nicht da ist«[113]), gewinnt dieses Konzept rezeptionsbezogener Sinnstiftung zeitgeschichtliche Relevanz. In Verbindung mit der fachlichen Reputation, die Jakob Hegner in ganz Deutschland bei der interessierten Leserschaft genoß[114], ist es ein Beispiel für die institutionell legitimierte Selbststilisierung eines Verlegers, der abseits vom zeitgenössischen Büchermarkt und in bewußter Abgrenzung von den neuen technischen Möglichkeiten der Buchproduktion[115] gegen die Vergänglichkeit der überlieferten Werte ankämpfte, ohne sich in rückwärtsgewandten Utopien zu verlieren.

Mit dem 1917 ins Leben gerufenen Zeitschriftenprojekt *Summa*, das Hegner gemeinsam mit Franz Blei betrieb[116], wird dieser Denkansatz zwar weitergeführt, allerdings hinsichtlich einer stärkeren Bezugnahme auf die Zeitereignisse akzentuiert. Bei betontem Verzicht auf poetische Beiträge und der Bevorzugung des politischen, kunst- und literaturtheoretischen Essays wird die Zeitschrift bewußt zum Sprachrohr einer elitären Schicht Intellektueller stilisiert, denen die Vierteljahresschrift eine »Anleitung« zum »lebendigen Wertempfinden«[117] sein soll.

In dem auch verbal geäußerten Verzicht auf das Ansprechen eines größeren Rezipientenkreises (»Absichten auf Verbreitung, das heißt Verflachung der intellektuellen Bildung hegen« der »Herausgeber und Verleger« [...] »so wenig wie solche auf popularisierende Vermittlung von aller Art Kenntnissen«[118]) wurde ein Gattungskonzept favorisiert, das sich bewußt von der publizistischen Tagesessayistik, wie sie in den »städtischen Lokalblättern«[119] veröffentlicht wurde, abhob. Die erkennbare Bindung der publizierten Beiträge an Formen und Methoden wissenschaftlicher Beschreibung und Argumentation schuf eine gewollte Distanz zur breiten Leserschaft, wobei die strukturelle ›Andersartigkeit‹ der *Summa*-Essays, die sich in der sprachlichen und stilistischen Formung des Materials ebenso zeigte wie im entfalteten Problem- und Reflexionsbewußtsein, den diagnostizierten gesellschaftlichen Werteverlust (Aufhebung der »Bindung und Verantwortung jedes Einzelnen in die Gemeinschaft der Menschen«[120])

---

[112]   Werner: Das wilhelminische Zeitalter, S. 225.

[113]   Vgl. Jakob Hegner an Paul Ernst. Brief vom 12.3.1925. Marbach. Deutsches Literaturarchiv Handschriftenabteilung. A: Ernst. Zugangsnummer: 61.1935/1. S. 1.

[114]   Vgl. hierzu einen Brief Jakob Hegners an Friedrich Schnack: »Da ich bis jetzt nur immer sehr wenige und literarisch unantastbare Autoren eingeführt habe, werden auch Sie sofort erhöhte Beachtung finden und nach einiger Zeit zwar nicht die Quantität, wohl aber die Qualität der Hörerschaft auf Ihrer Seite haben!« Der Brief ist teilweise abgedruckt in: Josef Rast/Heinrich Wild (Hg.): Jakob Hegner. Briefe zu seinem siebzigsten Geburtstag. München und Olten: Selbstverlag der Herausgeber 1952. S. 95.

[115]   Hegner erstellte noch in den 20er Jahren seine Bücher »im Handsatz«. Vgl. Josef Rast: Jakob Hegner. In: Welt und Wort 7 (1952), S. 47.

[116]   Zur Zeitschrift vgl. Raabe: Die Zeitschriften, S. 64-65.

[117]   Vgl. hierzu den Werbetext für die Zeitschrift in: Summa (1917), Erstes Viertel. S. 201.

[118]   Ebd.

[119]   Werbetext für die Zeitschrift in: Summa (1918), Drittes Viertel. S. 211.

[120]   Ebd., S. 212.

transparent machen sollte. Die zweckgerichtete Korrelation von Inhalt und Form erzwang dabei einen Bruch in den gattungsbezogenen Erwartungsschemata des Publikums, der – zum Teil der Zensur geschuldet[121] – auf die Funktionsbestimmung dieser
Essays zurückwirkte.

Im unkonventionellen und abseitigen Denkstil Bleis kristallisierten sich Bemühungen um ein gesellschaftliches und weltanschauliches Erneuerungsstreben heraus,
das sich nach Angaben der Herausgeber am sinnfälligsten im »Wort und Begriff Religion«[122] generalisieren ließ.

Dabei ist die Gebundenheit der Differenzierung und Akzentuierung von gat-
tungsbestimmenden Merkmalen an Veränderungen des literarischen und sozialgeschichtlichen Kontextes[123] paradigmatisch an der elitär konzipierten Propagierung des
Wertekanons christlicher Ethik in einer Zeit des galoppierenden Werteverfalls in der
Zeitschrift *Summa* nachweisbar.

Der Versuch, die »wahrhaften Werte des ewigen Lebens«[124], die sich nach Hegner
und Blei in einem religiösen Weltverhältnis am prägnantesten widerspiegeln, als sinn-
stiftendes, der Entfremdung und Vereinzelung des Menschen sich widersetzendes Potential fruchtbar zu machen, wurde nämlich an eine Gattungspoetik gebunden, die
eine lediglich periphere öffentliche Wirkung einkalkulierte und sich damit auf die Positionen eines gesellschaftlich abgehobenen Literatentums zurückzog. Daß die Kluft
zwischen den begrifflich nur schwer zu fassenden »wahrhaften Werten des ewigen Lebens« und der ganz praktisch von Krieg, Hunger und Armut gekennzeichneten Welt
des letzten Kriegsjahres konzeptionell nicht geschlossen werden konnte, ist eine Folge
dieser Gattungskonzeption, bei der – wie Franz Werfel betonte – der

> »spitzfingrige, feingedrechselte und mit der zimmetigen Würze ungebräuchlicher
> Fremdworte überstreute [...] Ton [...] der Betrachtungen und Überblicke [...]
> immer von oben (kam). Dieser hohe Standpunkt aber befand sich mitten im Lee-
> ren, in einem Mastkorb auf hoher See gleichsam, von wo der Blick ringsum Hori-
> zonte umspannt, die ebenso weit wie inhaltslos sind.[125]

Der in undifferenzierter und oftmals abstrakter Allgemeinheit verbleibende Mythos
der »wahrhaften Werte«, der längst mit einer grausamen Realität konfrontiert wurde,
wird spätestens durch das Kriegsende und die beginnende Novemberrevolution in
seiner idealistischen Überhöhung ›entzaubert‹ und auf seine soziale Verwertbarkeit hin
geprüft. Dabei gerät auch Bleis Glaube, daß die heutigen »sozialen Schwierigkeiten
[...] nicht politischer, sondern moralischer Natur sind« und daß die Lösung dieser
Schwierigkeiten »wirklich mehr von den Anschauungen und der Sittlichkeit abhängt

---

[121] Gregor Eisenhauer: Der Literat. Franz Blei – Ein biographischer Essay. Tübingen: Niemeyer
1993. S. 114.
[122] Summa (1918), Drittes Viertel. S. 212.
[123] Vgl. Wilhelm Voßkamp: Gattungen als literarisch-soziale Institutionen. (Zu Problemen sozial-
und funktionsgeschichtlich orientierter Gattungstheorie und -historie). In: Walter Hinck (Hg.):
Textsortenlehre – Gattungsgeschichte. Heidelberg: Quelle & Meyer 1977. S. 30f.
[124] Summa (1918), Drittes Viertel. S. 212.
[125] Dieses Urteil Franz Werfels zur Zeitschrift *Summa* findet sich in seinem Buch *Barbara oder die
Frömmigkeit*. Berlin, Wien, Leipzig: Paul Zsolnay Verlag 1929. S. 475. Zur Deutung dieser Textstelle
vgl. auch Eisenhauer: Der Literat, S. 114.

als von Institutionen«[126], zum Zielpunkt der Kritik der Dresdner Expressionisten. Deren institutionelle Verankerung in der *Sozialistischen Gruppe der Geistesarbeiter* bereits kurz nach Ausbruch der Revolution widersprach deutlich Bleis Modell einer »gültigen [gesellschaftlichen – F. A.] Reorganisation«, die »sich in den Ideen vollziehen, von da in die Sittlichkeit gelangen und erst in letzter Linie in die Institutionen«[127] eingehen sollte.

Bleis in den Novembertagen emphatisch verkündete Verknüpfung von »Kommunismus und katholischer Kirche«[128] setzte den Schlußpunkt unter einen solchen idealistischen Diskurs, der in seiner Totalität zwar auf eine universell gedachte Erneuerung des kulturellen und geistigen Lebens in Europa nach dem Krieg[129] abzielte, aber die Bedeutung institutionell gefestigter Organisationen für die Konstituierung neuer sozialer Beziehungen[130] völlig unterschätzte. So blieb der Wunsch, »unpolitische Bewegung mit sozialrevolutionärer Programmatik, festgefügte Hierarchie [mit] heilsgeschichtlichem Anspruch[131]« verbinden und gegen eine miserable, menschenverachtende Zeit setzen zu wollen, eine Utopie, die in einem bloßen ›Ideenaristokratismus‹ zu enden drohte. Nur insofern sich Bleis und Hegners Begriff des »Katholizismus« mit dem des »Menschlichen« deckt[132] und gegen den Inhumanismus der Zeit wendet, deutet er auf eine – dann wiederum zeitgemäße – Verbindung von Sozialismus und Christentum hin; ist es doch der Sozialismus, der im Gefolge der Novemberrevolution Ernst machen wollte mit der Vision einer gerechten, ausbeutungsfreien Welt.

Allerdings ist es eher unwahrscheinlich, daß sich Jakob Hegner den Intentionen eines ›katholischen Kommunismus‹ Bleischer Prägung verbunden fühlte[133]; er suchte – wie die Zeitgenossen wissen – »keine Tendenz«, sondern »ein Ziel im Unendlichen, im Religiösen, im Christlichen«.[134]

Seine Abwendung vom kurzlebigen, tendenziösen und im Ganzen zu sehr auf bloß momentane Wirkungen abzielenden ›Markt‹ der literarischen Zeitschriften und Schriftenreihen[135] kann jedoch nur bedingt als Resultat eines gescheiterten Versuchs

---

[126] Franz Blei zitiert hier einen Auszug aus Auguste Comtes *Discours sur l'Esprit positif.* Franz Blei: Die katholische Aufgabe. In: Ders.: Menschliche Betrachtungen zur Politik. München: Georg Müller 1916. S. 157.

[127] Ebd.

[128] Bleis emphatischer Aufruf: »Es lebe der Kommunismus und die katholische Kirche.« findet sich in: Die Fackel 21 (1919), Nr. 514. S. 17.

[129] Vgl. Mendelssohn: Erinnerung an Jakob Hegner, S. 48. Für Mendelssohn ist die Zeitschrift »dem umfassenden geistigen Neuaufbau nach dem Krieg gewidmet«.

[130] M. Rainer Lepsius hat auf »die Wechselwirkung zwischen Institutionen, sozialem Verhalten und den Inhalten von Deutungsmustern« im Kontext der Moderne hingewiesen. Vgl. M. Rainer Lepsius: Modernisierungspolitik als Institutionenbildung: Kriterien institutioneller Differenzierung. In: Ders.: Interessen, Ideen und Institutionen. Opladen: Westdeutscher Verlag 1990. S. 53-62, hier: S. 54 u. ö.

[131] Eisenhauer: Der Literat, S. 117.

[132] Detlev Steffen: Franz Blei (1971–1942) als Literat und Kritiker der Zeit. Phil. Diss. Göttingen, 1966. S. 332.

[133] Gina Kaus berichtet in ihren Lebenserinnerungen von einem Gespräch zwischen Blei und Hegner über das Verhältnis von Kirche und Staat, bei dem deutlich wurde, »daß Blei weniger katholisch war als Hegner, weil er außerdem Sozialist war.« Von Wien nach Hollywood. Erinnerungen von Gina Kaus. Frankfurt a. M.: Suhrkamp 1990. S. 55-56.

[134] So äußert sich Hegner in einem Brief an Friedrich Schnack aus der Zeit des Ersten Weltkrieges. Vgl. Jakob Hegner: Briefe zu seinem siebzigsten Geburtstag, S. 95.

[135] Vgl. hierzu einen Brief an Wolf Przygode, den Herausgeber der in München erscheinenden Zeitschrift *Die Dichtung*: »Neue Reihe‹, Neueste Reihe. Allerneueste Reihe. Immer wieder noch neuere Reihe? Habt ihrs nicht bald satt? Ich spiel nicht mehr mit. Es ist viel zu viel da. Und wenn man

der verlagskonzeptionell und gattungstypologisch aufeinander abgestimmten Initiierung einer Debatte um die »Wertprädikate des Lebens«[136] gedeutet werden. Wenn Hegner auch fortan verlegt, was er »vertreten kann«[137], dann geschieht dies ja ausdrücklich unter dem Postulat einer immer noch gültigen Wertefixierung, die sich aber gattungsspezifisch neu akzentuiert hatte: Im Anknüpfen an die traditionelle Gattungstrias (neben der Epik vor allem an die ›hohe‹ Gattung Lyrik und die Dramatik) manifestiert sich nicht nur Hegners verlegerischer Wechsel von der Publizistik zur ›Dichtung‹, sondern auch eine andere Sicht auf die gesellschaftliche Funktion von Literatur.

In der Rückschau auf seine zahlreichen Übersetzungen von Werken Paul Claudels mußte Hegner verbittert feststellen: Dieser habe

leicht Dichten in seiner katholischen Gebundenheit, [er] braucht nicht erst eine Welt aufzubauen, um sie mit Gestalten zu füllen – seine Welt ist ihm gegeben, hat Formung und Sinn, eh er beginnt. Von den andern wird verlangt, dass sie sich zu ihren Gestalten auch noch die bindende Welt oder Gesellschaft, die wir nicht mehr haben, erfinden – da kann einem schon Atem und Kraft ausgehn![138]

Und obgleich Hegner die zentrale Position des Helden auch für die Dramatik der Moderne unterstreicht, signalisiert dessen veränderte Stellung im Gefüge der entworfenen Textwelt am deutlichsten den Bruch zwischen überliefertem und gegenwärtigem Dichtungsverständnis. In einem Brief an seinen langjährigen Freund Berthold Viertel konstatiert Hegner: Da sich der Held nun »nicht mehr vor der Gottheit, sondern angesichts des Nichts beweisen« müsse, sei die neue Tragödie als »wirklich tragisch« zu bezeichnen:

Sie hätte auch im Ewigen keine Auflösung. Es gibt keinen Trost, bestenfalls ein Fragezeichen und den Balsam der Güte. Diese neue Tragödie hätte eine einzige Aufgabe: das versteinerte Herz erzittern zu machen bis über das Ende hinaus und es nicht wieder zu beruhigen.[139]

Daß der Verleger Hegner hier im Gespräch mit seinem Autor[140] eine neue, zeitgeschichtlich induzierte Gattungskonzeption vorschlägt, darf nicht nur als besonders sinnfälliger Beleg für die gerade im Expressionismus weit verbreitete Kooperation zwischen den Produzenten und Vermittlern von Literatur gelten; es veranschaulicht

---

scharf hinblickt: fast nichts.« Brief von Jakob Hegner an Wolf Przygode vom 11.7.1919. Deutsches Literaturarchiv Marbach. Handschriftenabteilung. A: Przygode. Zugangsnummer: 73.605.

[136] Siehe die wahrscheinlich von Hegner und Blei gemeinsam verfaßten, das Zeitschriftenprojekt *Summa* eröffnenden Essay: *Die Aufgabe des Publizisten*. In: Summa (1917), Erstes Viertel. S. 19.

[137] Vgl. Brief von Jakob Hegner an Paul Ernst vom 12.3.1925. Deutsches Literaturarchiv Marbach. Handschriftenabteilung. A: Ernst; Zugangsnummer: 61.1935/1. Es handelt sich neben Paul Adler und Theodor Däubler etwa um solche Autoren wie Marcel Schwob, Paris von Gütersloh, Friedrich Schnack, William Butler Yeats und Euripides.

[138] Brief von Jakob Hegner an Paul Ernst vom 4.4.1925. Vgl. ebd., Zugangsnummer: 61.1935/5.

[139] Brief von Jakob Hegner an Berthold Viertel vom 23.6.1924. Forte dei Marmi. In: Nachlaß Berthold Viertel. Deutsches Literaturarchiv Marbach. A: Viertel. Zugangsnummer: 69.2423/1.

[140] Im *Hegner Verlag* erschienen von Berthold Viertel folgende Dichtungen: *Die Bahn* (Gedichte), 1921; *Die schöne Seele* (Komödie), 1925; und *Das Gnadenbrot* (Erzählung), 1927.

zugleich den Versuch, verlegerische Arbeit nicht isoliert vom Schaffenskonzept der Autoren zu betreiben.

Die Reduktion des textlichen Wirkungsspektrums auf eine – an die Poetik des Aristoteles erinnernde – ›Erschütterung des Herzens‹ führt allerdings zu einem Funktionsverständnis, das auch im gattungsstrukturellen Sinn den ›Einzelnen‹ als geschichtsbildenden Faktor aufwertet. Hegners Veröffentlichungspraxis ordnete sich diesem Gestaltungsprinzip vor allem nach der Novemberrevolution unter. In dem Bestreben, nur solche Autoren zu verlegen, die »unserer Zeit etwas zu sagen haben«, indem sie »metaphysische Unruhe [...] stiften in einer Welt, die dem Materialismus verfallen ist«[141], kreierte Hegner ein Postulat, das ihn in den Tagen der Revolution mit dem Münchner Anarchisten Gustav Landauer zusammenführte[142]. Dessen Interesse für Werke der mittelalterlichen Mystik[143] dürfte für Hegner ebenso verbindend gewirkt haben[144] wie seine auf den einzelnen zugeschnittene Glorifizierung des Dichters zum Revolutionär: Der Dichter trage – wie Landauer meinte – den Geist eines religiösen Aufbruchs in sich, er müsse diesen Geist, als ein neuer Messias, »über die anderen ergießen und das in jedem Verborgene, das Menschentum erwecken [...]«.[145] Mochte Hegner dieses Programm geistiger Erneuerung, bei dem

> der Einzelne, der ›Geistige‹, der Künstler [...] aus der Masse stumpf vegetierender menschlicher Wesen die Gemeinschaft künstlerisch beseelter Individuen formen (sollte)[146],

noch akzeptieren; der von Landauer anvisierten »Verwirklichung des Sozialismus« als Zielpunkt solcher Überlegungen konnte Hegner jedoch nicht mehr folgen[147].

Einer wie auch immer gearteten ›Ideologisierung‹ seiner Verlagsarbeit verweigerte sich Hegner auf Grund seiner religiösen Gebundenheit konsequent; eher zog er es vor, auf die unverbindliche, politisch ›wertfreie‹ Ebene des Druckens und Publizierens von

---

[141] Zitat nach: Rast: Jakob Hegner, S. 48.

[142] Hegner kannte Landauer spätestens seit September 1917, als dieser einen in der Dresdner Presse vielbeachteten Vortrag zum Thema: *Der Dichter und sein Amt* im Festsaal der Bildungsanstalt Hellerau hielt. Zum Vortrag vgl. *Dresdner Lokal-Anzeiger* vom 20.9.1917. Nr. 109. S. 2. Vgl. auch die Erinnerungen von A. Rudolf Leinert, der berichtet, Landauer habe während des Krieges einige Jahre in Hellerau gelebt: »Gustav Landauer war während einiger Jahre des ersten Weltkrieges in Hellerau ansässig, wo er, im Saale des Dalcroze-Gebäudes, den Vortrag hielt ›Vom Hochamt des Dichters‹, der in der Maxime gipfelte: ›Der Dichter muß ein Erzrevolutionär sein!‹« A. Rudolf Leinert an Rudolf Adrian Dietrich. Berlin, o. J. In: Nachlaß Rudolf Adrian Dietrich. Deutsches Literaturarchiv Marbach. A: Dietrich. Briefe.

[143] Landauer hatte die Predigten Meister Eckarts übersetzt und publiziert.

[144] In einem Brief an Paul Ernst vom 4.4.1925 erwähnt Hegner explizit, daß er den Mystiker Meister »Ekkehart« kenne, auch ohne ihn verlegt zu haben. Vgl. Deutsches Literaturarchiv Marbach. Handschriftenabteilung. A: Ernst. Zugangsnummer: 61.1935/5.

[145] Gustav Landauer: Eine Ansprache an die Dichter. In: Alfred Wolfenstein (Hg.): Die Erhebung. 1 (1919), S. 302.

[146] Vgl. Wolfgang Frühwald: Der Heimkehrer auf der Bühne. Lion Feuchtwanger, Bertolt Brecht und die Erneuerung des Volksstückes in den zwanziger Jahren. In: IASL (1983), Band 8. S. 170.

[147] Wie ein Briefwechsel Hegners mit Gustav Landauer belegt, wollte Hegner Landauers Zeitschrift *Der Sozialist* in seinem *Hellerauer Verlag* setzen und verlegen; in der entscheidenden Phase (März 1919), als auch die Münchner Räterepublik sich auf dem Höhepunkt ihrer Geschichte befand, zog sich Hegner angesichts der nach Landauer kurz bevorstehenden »Verwirklichung des Sozialismus« von dem Projekt zurück. Vgl. Martin Buber (Hg.): Gustav Landauer. Sein Lebensgang in Briefen. Band 2. Frankfurt a. M.: Rütten & Loening 1929. S. 344 und 410-411.

wenigen ausgewählten Werken auszuweichen.[148] Die Trennung von Literatur und Ideologie bestimmte folgerichtig auch die Leitlinien seines belletristischen Verlagsprogramms, das sich auf die Veröffentlichung von »eigentümlich Gestaltetem«[149] beschränkte oder – darin dem Konzept der von ihm verlegten Zeitschriften vergleichbar – das ästhetisch Experimentelle an Themen christlicher oder mythologischer Provenienz band[150].

Daß sich Hegner durch den selbstgewählten Rückzug auf seine Verlags- und Druckertätigkeit in Hellerau auch in seinen gesellschaftlichen Wirkungsmöglichkeiten einschränkte, führte jedoch nicht zu einer Isolation innerhalb der expressionistischen Bewegung in Dresden.

Obgleich Hegner in keiner expressionistischen Vereinigung der Stadt mitwirkte, seine in Inhalt und Form dem Status des ›Gesamtkunstwerks‹ gerecht werdenden Buchpublikationen, sein teilweise altruistischer Einsatz für die von ihm betreuten Autoren[151] und seine konsequent gegen die Mechanismen eines vom Profitzwang diktierten literarischen Marktes gerichtete Veröffentlichungspraxis machten ihn zum Bündnispartner auch für die jüngere Generation der Dresdner Expressionisten. Gerade die verlagsinstitutionell praktizierte Kopplung von ›Ästhetizismus‹, d. h. vorbildhaftem Zusammenspiel von Gehalt und Gestalt eines Werkes[152], und einem selektiv ausgerichteten Publikumsbezug, der sich nicht an der »Menge«, sondern am »Wert der Leser«[153] orientierte, sicherten Hegner eine ›Mittlerfunktion‹ im Spektrum der städtischen Avantgarde. Durch das Ansprechen eines eher christlich gebundenen und ästhetisch anspruchsvollen Rezipientenkreises erweiterte Hegner über seine Verlagstätigkeit die mehr auf den sozialreformerisch engagierten Mittelstand zugeschnittenen Wirkungsabsichten der Autoren um Heinar Schillings *Dresdner Verlag von 1917* und verhalf damit dem ›neuen Stil‹ auch in Kreisen zu Anerkennung, die dem expressionistischen Kunstschaffen sonst eher zurückhaltend gegenüberstanden.[154]

---

[148] Vgl. hierzu einen Brief Hegners an Paul Ernst vom 12.3.1925. Deutsches Literaturarchiv Marbach. Handschriftenabteilung. A: Ernst. Zugangsnummer: 61.1935/1.

[149] Vgl. Brief von Jakob Hegner an Berthold Viertel vom 23.6.1924. Forte dei Marmi. In: Nachlaß Berthold Viertel. Deutsches Literaturarchiv Marbach. A: Viertel. Zugangsnummer: 69.2423/1.

[150] Etwa bei Paul Adler, dessen erzählende Aufzeichnungen *Nämlich* Hegner im Jahre 1915 verlegte, oder bei Friedrich Schnack (etwa in dem Gedichtband *Das kommende Reich* aus dem Jahre 1920).

[151] Vgl. hierzu einen Brief von Hegner an Oskar Walzel vom 6.7.1920, in dem Hegner um finanzielle Hilfe für ›seinen‹ Autor Paul Adler durch Fürsprache des Literaturprofessors in der Dresdner Zweigstelle der *Deutschen Schillerstiftung* bittet. »Und bitte, sorgen Sie, dass schnell geholfen wird. Adler ist mitten in einem Roman, arbeitet so gut wie nie bisher und wird immer wieder herausgezogen durch die brutalste niedrigste Not. Wir helfen, soviel wir können – aber es ist heute schwer, sich selbst und seine Familie über Wasser zu halten. [...]«. Jakob Hegner an Oskar Walzel. Brief vom 6.7.1920. In: Nachlaß Oskar Walzel. Deutsches Literaturarchiv Marbach. A: Walzel. Korrespondenz.

[152] Ahl: Ein schöpferischer Vermittler, S. 230-231.

[153] Vgl. hierzu den Brief Hegners an Paul Ernst vom 12.3.1925 im Deutschen Literaturarchiv Marbach. Handschriftenabteilung. A: Ernst. Zugangsnummer: 61.1935/1

[154] Als paradigmatisch kann in dieser Hinsicht vor allem Hegners verlegerische Leistung bei der Veröffentlichung von Werken Theodor Däublers gelten, die, u. a. über den Kreis um Ida Bienert vermittelt, im städtischen Bildungsbürgertum Beachtung fanden. Vgl. hierzu auch Kapitel III.3.2 der vorliegenden Arbeit. Gleichfalls in diesen Kontext gehört Hegners wohl aus der Zeit des Ersten Weltkrieges datierende Freundschaft zu Oskar Walzel. Walzel wurde durch Hegner insbesondere auf Paul Adler aufmerksam gemacht, den dieser bei der Vergabe von Stipendien berücksichtigte. Vgl. hierzu den schon zitierten Brief Jakob Hegners an Oskar Walzel vom 6.7.1920.

2.2. Heinar Schilling – Vielfalt und Universalismus im Zeichen des ›Aktivismus‹: Der *Dresdner Verlag von 1917* und die expressionistische Stilproduktion der Nachkriegszeit

Ganz im Gegensatz zum *Jakob Hegner Verlag* war die Gründung des *Dresdner Verlages von 1917* nicht der Initiative eines einzelnen geschuldet, sondern das Resultat einer kollektiven Aktion. Als Sprachrohr der *Expressionistischen Arbeitsgemeinschaft*[155] vertrat der Verlag von Anfang an die Interessen und kulturellen Ziele eine Gruppe junger Autoren und verband damit einen zunächst ästhetisch legitimierten Zusammenschluß Gleichgesinnter mit Formen medial gerichteter öffentlichkeitswirksamer Ausstrahlung. Neben dem *Felix Stiemer Verlag*, der gleichfalls im Umfeld der Arbeitsgemeinschaft entstand, aber nur kurze Zeit existierte und schon bald in den Besitz Heinar Schillings überging[156], und dem erst nach 1919 expressionistische Texte publizierenden *Rudolf Kaemmerer Verlag*[157] sowie dem an die *Neue Vereinigung für Kunst* gekoppelten Verlag der Kunsthandlung *Emil Richter*, der sich vor allem der Propagierung des ›neuen Stils‹ in den bildenden Künsten annahm[158], wurde der *Dresdner Verlag von 1917* zum eigentlichen verlegerischen Zentrum für die in Dresden ansässigen Expressionisten.

Die Vielfalt und Breite der Publikationen (neben Büchern auch Zeitschriften, Schriftenreihen und Sammelwerke), die Mannigfaltigkeit der ins Verlagsprogramm einbezogenen Künste (Literatur, bildende Kunst, Theater und Musik) und die mit dem Gründungsakt einsetzende überregionale Kooperation bot einen idealen Wirkungsraum für kulturelle Aktivitäten unterschiedlichster Provenienz. Zudem verfügte der Verlagsgründer, Heinar Schilling, nicht nur über beträchtliche finanzielle Mittel[159], sondern auch über intime Kenntnisse der städtischen Kultur- und Kunstszene. Selbst in Dresden aufgewachsen[160], konnte sich Schilling als Sohn des national bekannten Schöpfers des Niederwald-Denkmals, Johannes Schilling, der eine eigene Bildhauerschule gründete und sich große Verdienste bei der Förderung der Künste in

---

[155] Vgl. Bericht über die Verlagsjahre 1917/19, S. 9.

[156] Die Übernahme des *Felix Stiemer Verlages* durch Heinar Schillings *Dresdner Verlag* Ende 1918/Anfang 1919 war vor allem dem frühen Weggang Stiemers nach München (November 1918) und finanziellen Problemen geschuldet. Zum *Stiemer Verlag* vgl. Raabe: Autoren und Bücher, S. 793. Auch Frieda Saint Sauveur, die Frau Walter Rheiners, erinnert sich, daß Stiemer bereits kurz nach Gründung seines Verlages Geldmittel von Heinar Schilling in Anspruch nahm, um seinen Verlag am Leben zu erhalten. Insofern ist davon auszugehen, daß Schilling, lange bevor er offiziell die Erzeugnisse des *Stiemer Verlages* in seinen eigenen Verlag übernahm, aufgrund finanzieller Abhängigkeiten am *Stiemer Verlag* beteiligt war. Vgl. Frieda Saint Sauveur: Walter Rheiner. Lebensabriß. In: Nachlaß Rudolf Adrian Dietrich. Deutsches Literaturarchiv Marbach. A: Dietrich. Briefe. Konvolut Frieda Saint Sauveur. New York. o. J. S. 3.

[157] Vgl. Raabe: Autoren und Bücher, S. 761.

[158] Vgl. genaueres im Kapitel IV.2.3 der vorliegenden Arbeit.

[159] Vgl. hierzu: Frieda Saint Sauveur: Walter Rheiner. Lebensabriß, S. 3-4. Die Frau Walter Rheiners spricht vom Reichtum der Frau Heinar Schillings, die über Silberminen in Südamerika verfügte und Teile ihres Vermögens ihrem Mann für dessen »literarische Ambitionen« zur Verfügung stellte. Ebd.

[160] Schilling wurde am 20.10.1894 in Dresden geboren, besuchte das *Vitzthumsche Gymnasium* und legte in der *Dreikönigsschule* sein Abitur ab. Danach Beginn eines Studiums der Germanistik und Philosophie zunächst an der *Technischen Hochschule Dresden*, später in München, Leipzig, Kiel und Berlin. Angaben nach: Hermann A. L. Degener (Hg.): Wer ist's? Unsere Zeitgenossen. 10. Ausgabe. Berlin: Verlag H. Degener 1935. S. 345.

Bildnis Heinar Schilling; Holzschnitt von Felixmüller aus der Zeitschrift *Menschen*

Heinar Schilling

Orig. Holzschnitt Felixmüller

der sächsischen Residenzstadt erwarb[161], der Aufmerksamkeit der städtischen kulturellen Öffentlichkeit sicher sein. Daß alle bedeutenden Tageszeitungen Dresdens auf die Verlagsgründung und die ersten Autorenabende des Verlages mit meist wohlwollenden Besprechungen reagierten[162], belegt das vorhandene öffentliche Interesse und mag Schilling in seinen verlagskonzeptionellen Ambitionen bestärkt haben. Als experimentierfreudiger, unorthodoxer, politisch und sozial engagierter Verleger, der von der gesellschaftlichen Relevanz seiner Tätigkeit überzeugt war, verkörperte Schilling den Typus eines ›Literaturpropagandisten‹, dem es weniger um die Pflege des bibliophilen Elements verlegerischer Arbeit ging, sondern mehr um die öffentliche Wirkung der von ihm betreuten Werke auf einem expandierenden literarischen Markt.

Anders als Jakob Hegner, der einer ›Vermarktung‹ der von ihm betreuten Autoren und Werke auswich[163] und einzig das Kriterium der Qualität zum Maßstab verlegerischen Engagements erhob, versuchte Schilling die Mechanismen moderner, marktbezogener Publikationstätigkeit bewußt wahrzunehmen und zu nutzen. Schilling widersetzte sich damit von Beginn an einer ästhetisch oder politisch intendierten ›Verengung‹ seines Verlagsprofils, wie sie etwa andere expressionistische Verlage nach 1918 (*Der Sturm*, *Die Aktion*) praktizierten, und erhöhte dadurch nicht nur die Chancen

---

[161] Zu Johannes Schilling siehe die profunde Arbeit von Bärbel Stephan: Der sächsische Bildhauer Johannes Schilling (1828-1910) – Ein Beitrag zur Geschichte der deutschen Bildhauerkunst des 19. Jahrhunderts. 3 Bände. Phil. Diss. Halle-Wittenberg, 1988.

[162] Vgl. hierzu u. a. die Rezension im *Dresdner Lokal-Anzeiger* zum ersten Autorenabend des *Felix Stiemer Verlages* vom 15.12.1917. Nr. 146. S. 2. Oder die Besprechung von Camill Hoffmann in den *Dresdner Neuesten Nachrichten* vom 15.12.1917. Nr. 339. S. 2.

[163] So verzichtete Hegner – wie schon die Zeitgenossen vermerken – auf jede Form von Reklame für die von ihm betreuten Autoren und Werke. Vgl. hierzu die Verlagsbeschreibung in: Der Zwiebelfisch 15 (1923), H. 3/4. S. 63.

auf eine breitere öffentliche Resonanz, sondern auch auf die Mitarbeit von Autoren, die nach Herkunft, weltanschaulicher Gesinnung und ästhetischer Kompetenz als eher heterogen zu charakterisieren waren.

Die in seinem Verlag herausgegebenen Werke wurden dabei durch die Einbindung in verschiedene Reihenprofile in ihrer programmatischen Zielsetzung und wirkungsästhetischen Ausrichtung am Markt ›kenntlich‹ gemacht und als sinnvoll aufeinander abgestimmte Produkte etabliert: Während der Zeitschrift *Menschen*[164] die Aufgabe zufiel, in periodischen Abständen alle die zur Mitarbeit zu mobilisieren, »denen Kunst ein Mittel zur Änderung des Menschen und Ruf zur Einigung und Sammlung bedeutet«[165], sollte die Schriftenreihe *Das neuste Gedicht* als »Ergänzung« der Zeitschrift in »flugblattähnlicher Wirkung aufrütteln zum Erleben neuer Dichtung«[166] und die Sammlung *Dichtung der Jüngsten* schließlich in konzentrierter Form mit den Werken der Hauptautoren des Verlags bekanntmachen:

> [...] die achtzigseitigen Bände [...] kristallisieren Wollen und Vollbringen des Kreises ›MENSCHEN‹, zeitlose Gefäße dichterischer Erfüllung. Aus neuer Jugend – eng verbrüdert wie nie zuvor – tönt Posaune neues Wort, neue Tat.[167]

Die breite mediale Propagierung des ›neuen Stils‹ in allen Gattungsfacetten[168] wird geschickt mit einer didaktischen Distributionsintention verknüpft, denn das stufenweise Heranführen des Lesers an die Autoren und Werke des Verlags (etwa vom einzelnen Gedicht in der Zeitschrift über die – meist als Zyklus erscheinende – Folge in der Schriftenreihe bis zur oeuvreartigen Anthologie in der Werksammlung) ist in programmatische Stellungnahmen eingebunden: In der Sammlung *Über neue Kunst* versucht der Verlagsinhaber über Intention und Ziel des zeitgenössischen expressionistischen Kunstschaffens aufzuklären.[169]

Eine solche universell angelegte Verlagspraxis diente der Konzeptualisierung und öffentlichen Verbreitung eines möglichst umfassenden Spektrums expressionistischer Kunst und Literatur, war aber zugleich einer den einzelnen Text oder die einzelne Sammlung überwölbenden verlegerischen ›Leitidee‹ untergeordnet. Nach dieser sollten die Möglichkeiten eines aktivistischen, aus der Zeit geborenen und in die Zeit eingreifenden Dichter- und Künstlertums nicht nur propagiert, sondern zugleich in den allgemeinen Bezugsrahmen gesellschaftlicher Erneuerung eingebunden werden. Schon im Juni 1918 hatte Schilling deshalb noch unter dem Eindruck der verheerenden Wirkungen des Ersten Weltkrieges verkündet:

---

[164] Zur Zeitschrift vgl. umfassend die Dissertation von Heike Petereit: Die Zeitschrift »Menschen«.
[165] Vgl. Werbeblatt der Zeitschrift *Menschen* vom 15.5.1918. Nr. 3. S. 1.
[166] Siehe: Verlagsprospekt des Dresdner Verlag von 1917 aus dem Jahre 1919. S. 4. Der Prospekt befindet sich in der *Sächsischen Landesbibliothek – Staats- und Universitätsbibliothek Dresden*. Signatur: Catal. Librar.152.
[167] Siehe ebd., S. 5.
[168] Die Gruppe konzentrierte sich keineswegs nur auf den Abdruck lyrischer Texte, obwohl diese sicher den Schwerpunkt der Veröffentlichungspraxis des Verlages bildeten. Ab 1919 wird durch Schilling sogar die Etablierung einer neuen Monatsschrift *(Die neue Schaubühne)* mit einer dazugehörenden Reihe *(Die Dramen der neuen Schaubühne)* initiiert. Laut Verlagsprospekt gehört der Verlag *Neue Schaubühne*, in dem beide Publikationen erschienen, zu Schillings *Dresdner Verlag von 1917.* Vgl. Verlagsprospekt des Dresdner Verlag von 1917, S. 8-9.
[169] Etwa in dem Beitrag Heinar Schilling: Die schöne neue Kunst. Vorträge und Paraphrasen. Dresden: Dresdner Verlag von 1917 1918. (= Über neue Kunst, H. 1).

DRESDNER VERLAG VON 1917

Dresden-A. 20, Robert Kochstrasse 9 — Postscheckkonto Leipzig Nr. 34469

DICHTUNG DER JÜNGSTEN

EINE SAMMLUNG

Preis geh. Mk. 3,—, Vorzugsausgabe Mk. 5,—

I. Bess Brenck Kalischer, Dichtung
II/III. Walter Rheiner, Das schmerzliche Meer
IV. Walter Rheiner, Das tönende Herz, 2. Auflage
V. Heinar Schilling, Du Bruder Mensch
(IV u. V erscheint im Januar 1919.)

VORZUGSDRUCKE

des Dresdner Verlag von 1917

Erster Vorzugsdruck in 300 numerierten Exemplaren,
einmalige Auflage:

Walter Rheiner, Kokain
Novelle, mit sieben Zeichnungen von Felixmüller Mk. 15.—,
Zweiter Vorzugsdruck in 25 numerierten und sign. Exemplaren,
auf Bütten, in Batik gebunden, einmalige Aufl. für Subscribenten

Dietrich, Aus jungen Tagen (vergriffen).

DAS NEUSTE GEDICHT

EINE SAMMLUNG

Preis geh. Mk. 0,60
Vorzugsausgabe Mk. 3.—

1. Heinar Schilling, Mensch, Mond, Sterne
2. Dietrich, Der Gotiker
3. Walter Rheiner, Insel der Seligen
4. Oskar M. Graf, Die Revolutionäre
5. A. Rudolf Leinert, Gott — Mensch, Geburt
6. Kurt Bock, Verse vor Tag
7/8. Heinar Schilling, Die Richtung
9. Gerhard Ausleger, Ewig Tempel Mensch
10. Richard Fischer, Du heilige Erde

DRESDNER VERLAG VON 1917.

Reklameblatt des *Dresdner Verlag von 1917*

Die Idee neuer Kunst ist [...] nicht zufällig eine Absage an den Zeitgeist. In unserer Zeit der tiefsten Menschheitserniedrigung und Massenvergewaltigung ist der Ruf zum Menschen, der Aufruf zur Menschlichkeit von vornherein eine Richtung gegen die Zeit. Alle neue Kunst ist aktivistisch, und bestrebt, das Brudertum der Menschen neu zu erwecken und die innerste Gemeinschaft erstehen zu lassen [...].[170]

Der tätige Künstler, dessen soziales Engagement sich sowohl zum Impuls seines Schaffens als auch zur Legitimation seines gesellschaftlichen Rollenverständnisses entwickelt, wird für die Gruppe um Schilling zum primären Topos ihrer kulturellen Selbstreflexion und zum eigentlichen Ordnungsprinzip ihres institutionellen Zusammenwirkens.

Die für den Expressionismus konstitutive Forderung nach dem neuen, tatbereiten Menschen, der als Basis eines solchen programmatischen Selbstverständnisses fungierte[171] und an dessen Herausbildung auch die neue Kunst und Literatur sich beteiligen sollte, erhielt im Umfeld der Dresdner Arbeitsgemeinschaft eine doppelte Perspektive:

---

[170] Heinar Schilling: Form und Gestaltung. Eine Entgegnung. In: Menschen 1 (1918), Nr. 4. S. 2.
[171] Zur Problematik des ›neuen Menschen‹ vgl. Hans-Jörg Knobloch: Zwischen Revolution und Utopie. Der »neue Mensch« der Expressionisten. In: Yoshinori Shichiji (Hg.): Akten des VIII. Internationalen Germanisten-Kongresses in Tokyo. 1990. Band 11. Sektion 20. München: Iudicium 1991. S. 261-266.

Als gesellschaftspolitisch eingreifendes künstlerisches Engagement, das sich exemplarisch öffentlich entfalten sollte, war es einmal auf die Beteiligung möglichst vieler Intellektueller an der Reorganisation des städtischen Gemeinwesens nach dem Krieg gerichtet[172]; als explizit literar-ästhetische Leistung hingegen zielte es auf die ›innere‹ Wandlung des Menschen mit den Mitteln der Kunst.

Die »symbolische Verkörperung« dieser »Geltungsansprüche«[173] etablierte sich nicht nur in der Gründung der Gruppe als sozialrevolutionärer Organisationsform einer gleichgesinnten Interessengemeinschaft oder in der Schaffung eines die Gruppe ›literarisch‹ nach außen vertretenden »Gemeinschaftsverlages«[174], sondern auch in den gruppenspezifischen literarischen und bildkünstlerischen Werken, die als Ordnungs- und Symbolisierungsleistungen die Beziehungen zur städtischen Öffentlichkeit erst herstellten. Das Titelsignet der Zeitschrift *Menschen* etwa, das eine von Conrad Felixmüller in Holz geschnittene sich aufrichtende menschliche Figur zeigt, über deren erhobenem Kopf und nach oben weisenden Händen sich – halbkreisförmig – der Schriftzug *Menschen* wölbt, repräsentiert als verlagsspezifisches Symbol eine solche ›Vermittlungsfunktion‹, deren Sinngehalt[175] sich mehrdimensional entfalten konnte: Im Zusammenwirken von Text und Bild werden aktivistische Gestik und Adressatenbezug kombiniert und im traditionellen Motiv des ›Sich-Aufrichtens‹ ein zeitbezogener, sozialkritisch-revolutionärer Gehalt aufgerufen. Die dieser symbolischen Chiffre eingeschriebene ›Befreiungsmetaphorik‹ eignete sich – wie das literarische Programm des Verlages zeigt – für eine sowohl thematisch als auch gestalterisch vielseitige Publikationsstrategie, die Formen religiös motivierter Lyrik, politisch agitatorischer Literatur oder gleichnishaft-mythologischer Naturdichtung gleichermaßen umfaßte.

Paradigmatisch läßt sich die Interdependenz von bildkünstlerischem Aussagegehalt des Titelsignets und textspezifischer Ausfaltung von dessen Sinngehalt und Verweisungspotential anhand der Buchreihe *Das neuste Gedicht* zeigen. Die auf den ersten Blick scheinbar unzusammenhängende und richtungslose Sammlung von Autoren und Werken gewinnt erst unter dem Blickwinkel ihrer Bindung an die Zeitschrift *Menschen* eine ästhetische Geschlossenheit und funktionale Gerichtetheit, die sie vom Gros der zeitgenössischen Buchreihen, die oftmals im Dienst des Vertriebs »anspruchsloser Unterhaltungsliteratur« standen[176], unterscheidet.

Schillings »gut gewählte, geschlossene Verlagsserie« wird nicht nur »zum Rückhalt und gewissermaßen zum körperlichen Sinnbild des gesamten Verlages«[177], sondern bereits früh zum Verbindungsglied zwischen periodisch erscheinender Wochenschrift

---

[172] Vgl. hierzu ausführlich Kapitel V der vorliegenden Arbeit.
[173] Rehberg: Institutionen als symbolische Ordnungen, S. 57.
[174] Der Typus des »Gemeinschaftsverlages« im Expressionismus ist bislang kaum erforscht. Vgl. Wolfram Göbel: Der Kurt Wolff Verlag 1913–1930. Expressionismus als verlegerische Aufgabe. In: Archiv für Geschichte des Buchwesens (1975), Band XV. Sp. 546.
[175] Zum Verhältnis von Symbol und Institution vgl. János Bak: Symbol – Zeichen – Institution. Versuch einer Systematisierung. In: Gert Melville (Hg.): Institutionen und Geschichte. Theoretische Aspekte und mittelalterliche Befunde. Köln, Weimar, Wien: Böhlau 1992. S. 116ff.
[176] Vgl. Göbel: Der Kurt Wolff Verlag 1913–1930, Sp. 576. Zur Entstehung der Buchreihen vgl. den historischen Überblick bei Peter de Mendelssohn: S. Fischer, S. 505-507.
[177] Carl Christian Bry: Buchreihen. Fortschritt oder Gefahr für den Buchhandel? Gotha: Verlag Friedrich Andreas Perthes A.-G. 1917. S. 15f.

Titelblatt der Zeitschrift
Menschen vom Januar 1918

und Publikum. Die nicht nur aus lyrischen Werken bestehende »Sammlung«[178], in der
die Publikation von Texten mit der Beigabe von Originalgraphiken verbunden
wurde[179], verstand sich bis zu ihrer Auflösung im Jahre 1922[180] als Publikationsforum
einer Gemeinschaft, die den »Menschheitswillen der Jugend [...] in die Zeit (schrei-
en)« und zu »Brudertum, neuem Geist [und] Güte«[181] aufrufen wollte. Ziel war es dabei nicht, »die Welt wiederholend ab[zu]schildern«, sondern »im geheimsten Wesen,

---

[178] Die Lyrik bildete allerdings den Schwerpunkt der Publikationen. Daneben erschienen jedoch
auch Erzählungen, Dialoge, episch-dramatische Gedichte, Balladen, Grotesken, Schauspiele, Einakter, Arabesken.
[179] Die Graphiken stammten überwiegend von Mitarbeitern des Verlages, etwa von Walter O.
Grimm oder Conrad Felixmüller. Mitunter wurden Graphiken auch von den Autoren selbst beigege-
ben, u. a. von Heinar Schilling und Rudolf Adrian Dietrich.
[180] Paul Raabe verzeichnet in seiner Monographie zu den Zeitschriften, Sammelwerken und Reihen
des Expressionismus lediglich 35 Hefte, die bis 1920 erschienen waren. In Wirklichkeit sind jedoch
44 Hefte bis 1922 publiziert worden. Vgl. Raabe: Die Zeitschriften und Sammlungen, S. 153-155.
Eine vollständige Auflistung der Autoren und Titel findet sich im Anhang der vorliegenden Arbeit.
Dort ist auch ersichtlich, daß einzelne Hefte der Reihe seit 1920 vom *Rudolf Kaemmerer Verlag* herausgegeben wurden.
[181] Siehe: Verlagsprospekt des Dresdner Verlag von 1917, S. 4.

an den Wurzeln der Wahrheit, in der eigentlichen Realität das Sein zu suchen und es neu zu schaffen.«[182]

Der Verlagsinhaber selbst eröffnete die Reihe im Sommer 1918 mit einem Großgedicht, das den Leitbegriff der Zeitschrift »MENSCHEN« als sprachlichen und bildkünstlerischen Topos in das Reihenprofil einführte und dort fest verankerte. Neben den Titel des Gedichts *Mensch, Mond, Sterne* placierte Conrad Felixmüller in bewußtem Kontrast zum Signet der Zeitschrift einen Holzschnitt, der vor dem Hintergrund einer nur angedeuteten Landschaft aus Sonne, Mond und Sternen einen niederstürzenden, den Betrachter leidvoll-fragend anblickenden Menschen zeigt. Die auffällige, auf den ersten Blick jedoch auch widersprüchliche Korrespondenz zwischen sich auflehnendem und niederstürzendem Menschen wird erst durch Schillings Gedicht genauer faßbar, dessen Leitmotivik sich um die Begriffe »Krieg«, »Gewalt« und »Macht« rankt und das als Medium der Vermittlung zwischen den bildlichen Darstellungen wirkt. Schillings zeitgeschichtlich zu interpretierende lyrische Bestandsaufnahme der Trostlosigkeit des menschlichen Daseins angesichts einer irre gewordenen Zeit mündet in eine emphatische Beschwörung des »Guten« im Menschen, das sich in der gehäuften Verwendung der Vokabel »Bruder« am sinnfälligsten textlich etabliert und als humanistische Friedensbotschaft über Ländergrenzen hinweg die Natur, das Firmament und die Weite des Alls umschließt:

> [...]
>
> Mensch, du Bruder, sei gut!
>
> Lausche dem Mondesliede,
>
> achte der Sternenchöre.
>
> Aus höchster Kühle tropft Friede,
>
> den ich erbrausen höre,
>
> federschwirrend uns nahn,
>
> schwebend zu jedem Herzen
>
> nächtig auf sterniger Bahn.
>
> [...][183]

Die Ahnung des Friedens wird am Ende des Gedichts zur Gewißheit und in der Aufforderung zur Tat, die notwendig an die Wendung von einem passiven zu einem aktiven Weltverhältnis gekoppelt ist, realisiert sich das lyrisch Geschaute:

> [...]
>
> DU MENSCH
>
> Wann findest du zurück?
>
> Wann bist du selbst ein leuchtendes Gestirn
>
> von Wunderklarheit, die die Nacht durchstrahlt.

---

[182] So Kurt Bock in einem Resümee anläßlich des Erscheinens der ersten zwanzig Hefte der Reihe. Vgl. Kurt Bock: Phalanx der Jungen. In: Menschen. 2 (1919), H. V (Nr. 46/49). S. 18.

[183] Heinar Schilling: Mensch, Mond, Sterne. Gedicht. Dresden: Dresdner Verlag von 1917 1918. S. 9-10. (= Das neuste Gedicht, Heft 1).

DAS NEUSTE GEDICHT

HEFT 1

HEINAR SCHILLING

MENSCH/MOND/STERNE

Brudertum strömt entfesselt auf im Sturm des Geistes zu Zenith.
Abels Fluch vergeht rosenrot beblüht, der Unfriede stirbt
in jedem Blute.

Heinar Schilling:
Mensch, Mond, Sterne;
Heft 1 der Reihe *Das
neuste Gedicht*

Heut bleibt nur Dunkel, das die Träume malt
an samtnes Firmament. Heut lauschst du nur
dem Chor der Welt, ganz gläubig und ganz frei.
Du hörst die Sterne sagen: Bringet Frieden!
Sie meinen lebensquellend neuen Mai.
Der Mond erhebt sein lastend Antlitz höher,
spricht zu den Sternen, tönend seine Bahn:
NIEDER DEN KRIEG! O Mensch, zum Glanz hinan
des erznen Brudertumes Frieden schreite,
du Sohn der Welt, den letzte Klarheit weihte.[184]

Der nunmehr aufgerichtet schreitende gewandelte ›neue Mensch‹ symbolisiert genau
jenen, auch in der Differenz zwischen graphischer Beigabe und Zeitschriftensignet
ablesbaren ›Befreiungsakt‹, der als sprachlich-metaphorische oder bildnerische Komponente in den Folgeheften der Reihe präsent bleibt[185] und der damit als Klammer für
ganz unterschiedliche Dichtungs- und Darstellungskonzepte wirkte[186].

---

[184] Ebd., S. 12.
[185] Das Motiv der ›Befreiung‹, der Emanzipation, der Rebellion und Wandlung des Menschen ist als
Kennmuster in fast allen Folgeheften, die im *Dresdner Verlag* erschienen, entweder textlich fixiert
(vgl. Heinar Schilling: *Die Sklaven*; oder Oskar Maria Graf: *Die Revolutionäre*; oder Hans Harbeck:

Die spezifische Symbolisierungsleistung des Zusammenspiels von Text und Bild, wie sie sich hier in Formen literarisch propagierter menschlicher Selbstbestimmung realisiert, wird damit zum strukturbildenden Faktor für Schillings Verlagsarbeit und zum Muster für »symbolische Verweisungen« mit lebensweltlich-allgemeinem Charakter[187]: Waren doch die Bild- und Textmetaphern menschlicher Befreiung und Wandlung auch in sozial oder zeitgeschichtlich weniger genau bestimmten Kontexten aufruf- und einbindbar. Die eher einen zeitlosen und allgemeingültig-übergreifenden Charakter tragenden Diskurse des Religiösen etwa ließen sich in diese konzeptionelle Leitlinie ebenso einordnen[188] wie unterschiedliche Formen natur- und mythosgläubiger Dichtung[189].

Selbst Rudolf Adrian Dietrichs der Gedankenwelt gotischer Mystik verpflichtetes Dichtungskonzept erhielt, indem es als Aufruf zur ›Revolutionierung‹ des »inneren Menschen« gedeutet wurde, einen zentralen Platz im Programm der Reihe[190]:

> Von innen heraus ringt der Mensch nach dem Ausdruck seines Lebens. Mit quälender Leidenschaft zertrümmert er die Schranken, die eine gottverfluchte Zeit ihm gesetzt. Verzweifelnd schaut er auf ein Chaos, das die Sterne höhnend bescheinen. – – ›Wo bist du, Gott!‹ Dietrich, der Gotiker, der Gottsucher, Mensch, der tiefst um die Erkenntnis des Lebens ringt, dessen Leben von Widerwärtigkeiten umstellt ist, richtet sein Kreuz auf. Quälend erlebt er die Tragik seines Wesens: Schicksal! Aus seinen Arbeiten ›Die Passion‹, ›Der Gotiker‹, ›der Selbstmörder‹, schaut sein unglückliches Gesicht. Doch ist stärkstes Können in ihm lebendig. Intuition befliegt ihn, Gedanken erfassen sein Empfinden, Worte bricht er aus seinem Innern los und schleudert sie, Anklagen der Verzweiflung, gegen die Menschheit, gegen Gott [...].[191]

Das Spektrum werkkonstitutiver Strukturen war dabei keineswegs auf eine radikale Abkehr von den traditionellen und dominanten Mustern überlieferter Gattungsmodelle angelegt. Schon das bereits zitierte Eröffnungsgedicht Schillings koppelt expressionistische Bildlichkeit an eine traditionelle Sprache[192] und ordnet sich damit in eine

---

Revolution) oder als Titelsignet graphisch angeordnet (z. B. bei A. Rudolf Leinert: *Gott – Mensch, Geburt*; oder Richard Fischer: *Du heilige Erde*; oder Carl Rolf Voigt: *Geballte Fäuste*).

[186] Es handelt sich nicht nur um gattungstypologisch unterschiedliche Konzepte, sondern auch um sprachlich-stilistische.

[187] Rehberg: Institutionen als symbolische Ordnungen, S. 60f.

[188] Dies geschah schon durch die Titelmetaphorik etwa bei A. Rudolf Leinert: Gott – Mensch, Geburt. Dresden: Dresdner Verlag von 1917 1918. (= Das neuste Gedicht, Heft 5). Oder in der Erlösungs- und Auferstehungsmetaphorik bei Richard Fischer: Du heilige Erde. Dresden: Dresdner Verlag von 1917 1918. (= Das neuste Gedicht, Heft 10).

[189] Silvio Viettas These, »daß die so häufig verwendeten christologischen und neomythischen Motive im messianischen Expressionismus einen neuen, aktivistischen Akzent erhalten, während sie im Symbolismus [...] einer kultischen Selbststilisierung des Künstlers und der Kunst selbst dienten«, läßt sich anhand der Publikationen des *Dresdner Verlages* belegen. Vgl. Silvio Vietta: (Hg.): Lyrik des Expressionismus. Tübingen: Niemeyer 1990. S. 217.

[190] Von Dietrich erschienen in Schillings Reihe folgende Dichtungen: *Der Gotiker* (1918), Nr. 2; *Der Selbstmörder/Die Mutter* (1919), Nr. 14/15; *Harmageddon* (1919), Nr. 21 und *Passion* (1919), Nr. 26.

[191] So in einer Rezension im *Montagsblatt*. Vgl. R.: Dietrich. (Anlässlich seiner Vorlesung im Künstlerhaus). In: Menschen Montagsblatt-Dresden 1 (1919), Nr. 9. S. 3.

[192] Vgl. die prologartige, an Formen des Schillerschen Blankverses erinnernde Struktur einzelner Teile von Schillings Großgedicht.

Veröffentlichungspraxis ein, die nur sehr bedingt darauf abzielte, vorhandene gattungstypologische Konventionen zu sprengen und sich radikaler Thematik oder formalistischer Abstraktion zuzuwenden[193]. Eher zeigt eine Vielzahl der veröffentlichten Texte das Anknüpfen an literaturgeschichtlich tradierte Gattungsformen und Stilkonventionen. Walter Rheiners Zyklus *Insel der Seligen. Ein Abendlied* mag paradigmatisch für diese Tendenz des Fortschreibens traditioneller Gattungsmuster gelten, deren Aussagewert und Sinngehalt dennoch zeitgeschichtlich instrumentalisierbar blieb. Das Begriffsinventar romantischer Naturbeschreibung (Mond, Sterne, Wald, Himmel, Sonne erscheinen als Leitvokabeln) aufgreifend, entwirft Rheiner ein ›poetisiertes‹ Naturbild als Bestandteil eines Bekenntnisses zum ›Leben‹, das sich jedoch nur weitab von der Großstadt[194] verwirklichen läßt:

Unendliche Stille! Der Himmel wölbt.
Wolken hangen uns in die Stirn.
Süß reift im Ost des Mondes Frucht.

Baum blüht reglos in die Nacht.
Der Frösche Schrei, der Fledermaus Flug
Und der Käfer sanfte Musik
Gießt unsre Herzen hinaus.

Trunken in solchem Abend
Wehen an Horizonten wir hin.
Golden leuchtet die Hand im Raum.

Nacht schenkt unendlichen Traum!
Fliegende Erde, wachsender Wald:
alles sind wir! … Du bist ich![195]

Als Erfahrung des Defizitären verweisen Rheiners empfindungslyrisch gestimmte Naturchiffren auf die – verlorengegangene – Einheit von Natur und Leben im Kontext der Moderne. Das Bild der »schönen Natur«[196], in der sich menschliches Dasein ent-

---

[193] So erschien keine Literatur der Dadaisten um Johannes Baader in der Reihe *Das neuste Gedicht*. Schilling druckte lediglich in seiner Zeitschrift *Menschen* im Rahmen einer Sonderveröffentlichung der *Kräfte-Gruppe* Hamburg einige Gedichte von Kurt Schwitters und Willy Knobloch ab. Vgl. Menschen. 2 (1919), H. VII (Nr. 54/61). S. 20-24 und 56-58. Eine deutlichere Hinwendung zur dezidiert experimentellen Literatur erfolgte in der Reihe *Das neuste Gedicht* erst im Laufe des Jahres 1920, als Schillings Verlag in den *Rudolf Kaemmerer Verlag* überging. Vgl. etwa von Rudolf Reymer das Schauspiel *Doktor Stumm*. (= Heft 28).

[194] Mit der Flucht aus der Großstadt Berlin setzt Rheiners Zyklus ein. Vgl.: Abschied von der Stadt. In: Walter Rheiner: Insel der Seligen. Ein Abendlied. Dresden: Dresdner Verlag von 1917 1918. S. 5.

[195] Ebd., S. 9.

[196] Ursula Heukenkamp: Die Sprache der schönen Natur. Studien zur Naturlyrik. Berlin, Weimar: Aufbau 1984.

fremdungsfrei entfalten kann, wird zum ästhetischen Fluchtraum stilisiert, zur
utopischen Vorwegnahme einer subjektiv erstrebten Assimilierung von lyrischem
Sprecher, Natur und Rezipienten. Es beschwört damit – entgegen der Landschafts-
und Naturschilderungen bei Heym, Trakl, Lichtenstein oder Stramm – keine »Unter-
gangsmetaphorik« und keine »Subjektivierung der Landschaft als Reflex innerer Äng-
ste und der Erfahrung transzendentaler Obdachlosigkeit«[197]. Natur wird nicht bloß zur
Heimstatt eines isolierten und vereinsamten lyrischen Subjekts, sondern gewinnt darüber hinaus in einer Zeit gesellschaftlicher Umbrüche und Wirren als Dialogpartner
und ›Symbol der Stille‹ eine neue Qualität für die Selbstfindung und Selbstbefreiung
des Menschen.[198]

Heinar Schillings etwa zeitgleich in der Zeitschrift *Menschen* erschienenes, an
Naturdichtungen Klopstocks und Goethes erinnerndes Gedicht *An den Mond* beschreibt die Bedeutung der Natur als Leitbild und Orientierungshilfe für den in Sach-
und Handlungszwängen gefangenen Menschen noch deutlicher:

Du guter Mond, du hebst die reine Milde,
der klaren Güte Licht zum Firmament.
Du Trost, du starke Hilfe unserm Tod,
du Traum, du Dämmern hingetragner Sinne.

Dir sagen alle Bitternis der Tage
wir Wanderer in schreckerfüllter Nacht.
Dir hebt sich zu die liedgewordne Klage,
zu dir ist kosmisch Brudertum erwacht.

Symbol der Stille schwebst du uns im Herzen,
der hingehst du auf samtnem Dunkelglanz
und weiße Brücken baust im Wellentanz.

O schenke Himmelsstiegen unsren Schmerzen,
Du guter Mond, der du ergriffst mich ganz.[199]

---

[197] Vietta: Lyrik des Expressionismus, S. 196.

[198] Thomas Rietzschels Ansicht, es handele sich bei Rheiners Naturlyrik um eine »dunkle Empfin-
dungslyrik einer mit den Jahren wachsenden Schwermut«, greift meines Erachtens zu kurz, da sie die
individuelle Befindlichkeit Rheiners zu sehr in den Vordergrund rückt und die funktionale Gerichtetheit seiner lyrischen Produktion im Umfeld der *Expressionistischen Arbeitsgemeinschaft* zu wenig berücksichtigt. Vgl. Thomas Rietzschel: Nachwort. In: Ders.: (Hg.): Walter Rheiner: Kokain. Lyrik,
Prosa, Briefe. Leipzig: Reclam 1985. S. 297. Kurt Pinthus hat dagegen auf die konstitutive Rolle der
Landschaftsdichtung für Rheiners lyrischen Werdegang hingewiesen. Vgl. Kurt Pinthus: Über Walter
Rheiner. (Aus einem Brief). In: Neue Blätter für Kunst und Dichtung 2 (1919), Dezember-Heft.
S. 188-189.

[199] Heinar Schilling: An den Mond. In: Menschen 1 (1918), Nr. 9. S. 2 Ich weise in diesem Zusammenhang auf den Gebrauch der Mondmetapher in den Gedichten *Die frühen Gräber* (Klopstock)
oder *An den Mond* (Goethe) hin. Als Kontrastgedicht vgl. etwa Georg Heyms bereits 1912 erschienenes Gedicht *Mond*.

Wie sehr das Aufgreifen und Fortschreiben konventioneller Gattungsstrukturen auf die Erfüllung der Lesererwartungen eines bildungsbürgerlichen Publikums zugeschnitten war und damit einer »funktionsbestimmten (Gattungs-)Steuerung«[200] unterlag, belegen zum einen die bei Vortragsveranstaltungen des Verlages von den Autoren selbst rezitierten Texte, zum anderen aber auch die Reaktionen der zu den Lesungen geladenen Kritiker der Dresdner Tagespresse. Daß Walter Rheiner auf dem zweiten Autorenabend des *Dresdner Verlages* am 1.2.1919 im kleinen Saal des *Dresdner Künstlerhauses* gerade Texte aus seinem Zyklus *Insel der Seligen* vorlas, war, bedenkt man die z. T. euphorischen Besprechungen in den Spalten der Feuilletons am Tag danach, sicher kein Zufall, sondern resultierte aus genauer Kenntnis des örtlichen Rezipientenmilieus und einer darauf abgestimmten Textauswahl. Während Alfred Günther von den auflagestarken *Dresdner Neuesten Nachrichten* Rheiner noch etwas zurückhaltend als »weichen [...] Lyriker voll schöner, warmer Empfindung«[201] bezeichnete und Felix Zimmermann von den *Dresdner Nachrichten* besonders die poetische »Schaukraft und Innerlichkeit«[202] des jungen Dichters hervorhob, konnte der Rezensent der *Dresdner Volkszeitung* seinen Lesern erleichtert enthusiastisch vermelden: »Dem Himmel sei Dank – es gibt noch einen Mond und ›Kaskaden der strömenden bleichen Flut‹ – , auch die modernsten Lyriker werden nicht ohne Mond fertig.«[203] Rheiner vermied bei seinem öffentlichen Auftreten bewußt die ›literarische‹ Konfrontation mit dem geladenen bildungsbürgerlichen Publikum[204] und wirkte damit nicht nur als Bindeglied zwischen Verlag und potentiellem Rezipienten, sondern stellte sich zudem in den Dienst einer didaktisch motivierten Propagierung des ›neuen Stils‹.

Die Tatsache, daß Schilling wenig später alle Rezensionen des Autorenabends, die in der Dresdner Presse erschienen waren, im vollen Wortlaut in der Zeitschrift *Menschen* abdruckte[205], unterstreicht zum einen den kommunikativen Gestus und die öffentlichkeitsorientierte Haltung des expressionistischen Dichter-Verlegers; zum anderen aber auch das Bemühen, auf die besondere Bedeutung seines Verlages für die kulturelle Erneuerung des städtischen Gemeinwesens aufmerksam zu machen.

In den Bezugsrahmen eines gattungsbestimmten Reagierens auf soziale und lebensweltliche Kontexte gehört gleichfalls das Fehlen einer – eigentlich für die expressionistische Bewegung konstitutiven – Großstadtdichtung[206] in den Periodika und Sammlungen des *Dresdner Verlages*. Daß »im Expressionismus die Großstadtthematik beherrschend an die Stelle einer vorher dominierenden Naturlyrik (tritt)«[207], trifft auf die literarische Produktion der Dresdner Expressionisten – sieht man von wenigen

---

[200] Voßkamp: Gattungen als literarisch-soziale Institutionen, S. 33.

[201] a[lfred] g[ünther]: Autorenabend des Dresdner Verlag von 1917. In: Dresdner Neueste Nachrichten vom 4.2.1919. Nr. 33. S. 2.

[202] F[elix] Z[immermann]: Einen Autorenabend veranstaltete der »Dresdner Verlag von 1917«. In: Dresdner Nachrichten vom 3.2.1919. Nr. 33. S. 2.

[203] rt.: Autorenabend. In: Dresdner Volkszeitung vom 3.2.1919. Nr. 27. S. 3.

[204] Die Hinwendung Rheiners zum Bildungsbürgertum der Stadt wird nicht zuletzt an seinen engen persönlichen Beziehungen zu Oskar Walzel deutlich. Vgl. hierzu den umfangreichen Briefwechsel zwischen Rheiner und Walzel im Nachlaß von Walzel im *Deutschen Literaturarchiv Marbach*.

[205] Vgl. Menschen. 2 (1919), Nr. 4 (22). S. 4.

[206] Vgl. hierzu etwa Wolfgang Rothe: Deutsche Großstadtlyrik vom Naturalismus bis zur Gegenwart. Stuttgart: Reclam 1973 und Karl Riha: Deutsche Großstadtlyrik. Eine Einführung. München, Zürich: Artemis 1983. Auch: Iris Reinhardt-Steinke: Untersuchungen zur Lyrik der Moderne am Beispiel des Großstadtgedichtes Georg Heyms. Phil. Diss. Gießen, 1979.

[207] Vietta: Lyrik des Expressionismus, S. 30.

Ausnahmen ab[208] – nicht zu. Die nahezu vollständige Ausblendung der Großstadt als Thema des Dresdner Expressionismus resultiert allerdings nicht nur aus dem fehlenden lokalen Erfahrungshorizont (Dresden wurde von den ansässigen Dichtern nicht als ›Moloch‹ oder ›Dämon‹ erlebt[209]), sondern auch aus traditionsbildenden und rezeptionsästhetischen Gesichtspunkten. Da die Kunststadt Dresden, die auch als Stadt ein Kunstwerk war, keinen hinreichenden Erwartungsraum für eine Großstadtkritik beim Publikum bot, erfolgte auch die im Umfeld der Großstadtlyrik einsetzende Hinwendung zum Häßlichen, zum Verderbten oder Verkommenen, die »den Expressionisten neue Gegenstandsbereiche erschloß«[210], innerhalb der Dresdner Avantgarde nur peripher und meist mit anderer regionaler Zentrierung: Zum Zielpunkt der Kritik großstädtischen Lebens wurde nämlich nicht Dresden, sondern Berlin[211]. Die damit verbundene literar-ästhetische ›Aufwertung‹ der barocken Stadt an Elbe und Heide[212] verweist auf eine Interdependenz von lebensweltlicher Erfahrung und individueller Stilproduktion, wie sie etwa Ludwig Meidner, der schon 1914 gemeinsam mit Ernst Wilhelm Lotz[213], von Berlin kommend, für längere Zeit in Dresden wohnte, beschrieb:

Wir waren dem rasenden, tausendstimmigen Berlin entwichen. Hatten uns auf dieses blumige, noch unbescholtene Gefild gerettet. Denn wir wollten ungestört uns unserm inneren Wesen weihen und auf die Lieder innen horchen und die Schätze aus vollen Schächten heraufholen. [...] Tagsüber hämmerte ich an einer

---

[208] So finden sich in der Zeitschrift *Menschen* nur von Heinar Schilling und Walter Rheiner wenige zeitkritische Stadtgedichte. Etwa: Heinar Schilling: Absage an die Stadt. In: Menschen 1 (1918), Nr. 4. S. 1. Von Rheiner siehe das Gedicht *Schwarze Stadt*. In: Menschen 2 (1919), Nr. 3 (19). S. 1. Daneben existieren aber auch die Stadt verherrlichende Gedichte, vgl. Anton Schnack: Sehnsucht nach der Stadt. In: Ders.: Strophen der Gier. Dresden: Dresdner Verlag von 1917 1919. unpag. (= Das neuste Gedicht, Heft 22).

[209] Vgl. hierzu die Selbstzeugnisse einzelner Expressionisten, etwa die Alfred Günthers: »Als ich 1905 [...] in meine Geburtsstadt Dresden zurückkehrte, kam mir das Leben still und vornehm entgegen [...] Der Dresdner Bürger war stolz, in einer wohlgepflegten Residenz zu leben; [...] Es herrschte eine gewisse Selbstzufriedenheit, entstanden aus dem Bewußtsein der großen Tradition«. Alfred Günther: Erinnerungen an die Brücke-Maler. In: Merian. Das Monatsheft der Städte und Landschaften: Dresden. Hamburg: Hoffmann & Campe. 20 (1967), H. 10. S. 70-74, hier: S. 70. Auch die Bemerkung von Ossip Kalenter: Dresden erinnere mit seinen »friedevoll verklärten Straßen« an das Bild einer »freundlichen Idylle«. Ossip Kalenter: Das goldene Dresden. Eine Arabeske. Hannover, Leipzig: Paul Steegemann Verlag 1922. S. 10-11.

[210] Dieter Lamping: Das lyrische Gedicht. Definitionen zu Theorie und Geschichte der Gattung. Göttingen: Vandenhoeck & Ruprecht 1989. S. 163.

[211] Vgl. hierzu die Berlin-Gedichte von Walter Rheiner und Heinar Schilling. Heinar Schilling: Berlin. In: Menschen. Sonderheft Heinar Schilling. Lyrik 1920. 3 (1920), H. IV (Nr. 97/98). S. 156-158. Und den Zyklus *Berlin*. In: Heinar Schilling: Der verfluchte Dichter. Dresden: Dresdner Verlag 1921. S. 19-23. Von Rheiner vor allem den im *Dresdner Verlag* erschienenen Zyklus *Berlin*. In: Walter Rheiner: Das tönende Herz. Dresden: Dresdner Verlag von 1917 1918. S. 27-42. Einzelgedichte wurden auch in der Zeitschrift *Menschen* veröffentlicht. Vgl. Menschen. 2 (1919), Nr. 3 (19). S. 2.

[212] Heinar Schilling hatte schon 1912 in einem Gedicht die Dresdner Heide besungen. Vgl. Heinar Schilling: Wehet über die Heide... In: Heinar Schilling: Erste Gedichte. Dresden: Dresdner Verlag von 1917 1919. S. 152.

[213] Ernst Wilhelm Lotz (1890 – 1914) fiel in den ersten Kriegsmonaten als Offizier der deutschen Armee. Lotz trug sich gemeinsam mit Meidner schon 1914 mit dem Gedanken, eine expressionistische Wochenschrift zu gründen, für die er von Dresden aus nach Mitstreitern suchte. Der Plan scheiterte durch die Einberufung von Lotz zum Militär bei Kriegsbeginn. Vgl. Nachlaß von Ernst Wilhelm Lotz. Deutsches Literaturarchiv Marbach. Brief von Lotz an Ludwig Meidner vom 3.4.1914. A: Lotz. Zugangsnummer: 83.1006/1.

Leinwand in der hintersten Stube, während Lotz noch vorne schlief. In meine Striche floß ein wenig die edle Geigenmusik von Dresden ein. Ich fühlte einen andern Rausch als in Berlin in meinem Rücken. Ich fühlte, daß die Gegenwart allgütig, leicht und wie ein langer, sanfter Traum aus meinen Händen strömte. [...] Dresden! Dresden! Dein Schall und deine leisen Stürme! Dein Übermut am Strom hinan, dein Aufseufzen, dein Auflachen, dein zärtlicher Tränenfluß, deine barocken Sehnsüchte, ja – dein ergrauendes Haar, sind mir noch immer selig nah. [...] Die Tage verrauschten in Schönheit schwer. Wir rissen uns alle Bangigkeiten wie beschwerende Kleider vom Leibe, und nach den Ängsten der Arbeit sausten wir im Galopp durch die Stadt. Von den alten Fassaden strömten unsägliche Wonnen ab, und der Duft der Avenüen klärte uns wieder und füllte uns von neuem mit Schöpfermut.[214]

Daß indes die literarische Stilproduktion der Autoren des *Dresdner Verlages* auch auf eine Erweiterung des vorhandenen Rezeptionshorizonts angelegt war, beweisen Publikationen von Paul Nikolaus und Klabund in der Reihe *Das neuste Gedicht*. Allerdings zeigt sich auch hier die spezifische Kopplung von Stilinnovation und gesellschaftskritischem Aussagegehalt, die das Reihenprofil leitmotivisch formte. In seiner ›Grotesque sentimentale‹ *Die gefiederte Welt* kreiert Klabund, ähnlich wie Paul Nikolaus in seinem als »Verse der Hingabe« untertitelten Band *Katastrophe!*[215], einen reihenden ›Abstraktionsstil‹, der, an keine Normen der Metrizität gebunden, sich scheinbar in inhaltlich isolierten und sinnentleerten Wendungen verliert, unvermittelt aber in literarisch pointierter Weise das Dilemma der deutschen Revolution thematisiert:

[...]

In Archangelsk

Am Eismeer

Hißt

Man

Revolution.

In Potapu

Am Heißmeer

---

[214] Ludwig Meidner: Erinnerung an Dresden. In: Neue Blätter für Kunst und Dichtung 1 (1918), Juni-Heft. S. 36-38. Vgl. hierzu auch die Äußerungen von Rudolf Adrian Dietrich: »Berlin und Hamburg, mit denen ich, was die Gesamtzeit des Aufenthalts in diesen beiden Städten jeweils, die Menge der Erlebnisse, Erfahrungen, Einwirkungen auf mein ›Schicksal‹ oder mein ›Gemüt‹ betrifft nicht geringer ›eng verbunden‹ war, haben niemals meine Phantasie so erregen, bewegen und meine Sympathien so erwecken können, wie jenes Dresden vor der Vernichtung. Berlin ist die Stadt, in der ich geboren bin, in der ich später viele Jahre gearbeitet habe, vorwiegend als Mitarbeiter der Presse, der großen Tageszeitungen, in der ich sehr viel in den Bibliotheken gelesen und gelernt habe, in der ich mich beruflich wenn auch nicht mit großem Erfolg so doch immerhin als berechtigt und in Kollegenkreisen anerkannt ›durchgesetzt‹ habe. Allerdings ohne Enthusiasmus (wie in Dresden) zu finden und ohne irgendwie (was in Dresden sich aus dem Typus der ganzen ›Kunststadt‹ ergab) ›gesellschaftliche Verbindungen‹ zu finden.« In: Nachlaß Rudolf Adrian Dietrich. Deutsches Literaturarchiv Marbach. A: Dietrich. Aufzeichnungen und Briefe. Band 14. Hamburg am 6.6.1953. S. 133.
[215] Paul Nikolaus: Katastrophe! Verse der Hingabe. Dresden: Dresdner Verlag von 1917 1919. (= Das neuste Gedicht, Heft 29).

Rebellieren die Sanften.

Bloß bei uns

Herrscht

Ebenen Falls (gegebenen Falls)

Revolution.

Die Kleinen wollen groß werden,

Die Großen – sich verkriechen,

Die Dicken wollen sich dünn machen,

Die Dünnen sich mästen –

Soll ihnen aber NICHT gelingen.

Man wird sie – der Ringelreihe nach – an

ihrem Blinddarm aufhängen.

(Auch sehenden Darmes sie sahen nichts)

Kommt es auf dreißig Millionen Tote (etwa) noch an?

Du lieber Gott!

Du liebe Göttin!

[…].[216]

Die sozialkritische Funktionalisierung des Grotesken[217] steht, »als Protest gegen die Zeit«[218], auch hier in einem aktuellen Kontext, denn der Vergleich der deutschen ›Umsturzbemühungen‹ mit der siegreichen russischen Revolution und den kolonialen Unabhängigkeitskämpfen im Nachfeld des Ersten Weltkrieges markiert genau jene Pole eines zeitgenössischen Politik-Diskurses, der auch im Bewußtsein des bildungsbürgerlichen Rezipienten präsent war.[219] Allerdings wurden solche, das traditionelle Literaturverständnis und gängige Leserverhalten in Frage stellenden Texte und Gattungskonzepte bei öffentlichen Auftritten der Expressionisten eher vermieden. Schilling vertraute auch bei der Lesung von dezidiert politisch-aktivistischer Literatur auf ein durch Bildungsvermittlung bekanntes Stil- und Gattungsreservoir, das als Kommunikationsbasis zwischen Publikum und Dichter fungierte. Sein episch-dramatisches Gedicht *Die Sklaven*[220] greift auf ein

---

[216] Klabund: Die gefiederte Welt. Grotesque sentimentale. Dresden: Dresdner Verlag von 1917 1919. S. 7. (= Das neuste Gedicht, Heft 17).

[217] Auch den zeitgenössischen Rezensenten fiel die gesellschaftsbezogene Komponente der Dichtung auf; so vermerkt Wolfram von Haustein: »Arno Holz mit Morgenstern gemischt ergeben die gefiederte Welt Klabund.« Wolfram von Haustein: Die gefiederte Welt, von Klabund. In: Die junge Kunst (Deutsche Kunst) 1 (1919), H. 12. S. 15.

[218] Karl Otten: Einleitung. In: Ders. (Hg.): Expressionismus – grotesk. Zürich: Arche 1962. S. 9.

[219] Auch der zweite im *Dresdner Verlag von 1917* veröffentlichte Text von Klabund *Montezuma. Eine Ballade* (1919) greift aktuelle politische Geschehnisse auf. Hier deutet Klabund »den Untergang des Wilhelminischen Kaiserreichs und die Kapitulation Deutschlands […] weniger als Folge der militärischen Niederlage denn als Konsequenz der Hybris, der Inhumanität und der Krankhaftigkeit der alten politischen Klasse«. Vgl. Ralf Georg Bogner: Montezuma. Eine Ballade. In: Christian v. Zimmermann (Hg.): Klabund. Werke in acht Bänden. Band 4. Gedichte Teil 2. Hg. von Ralf Georg Bogner. Heidelberg: Elfenbein 2000. S. 998-999, hier: S. 999.

[220] Heinar Schilling. Die Sklaven. Episch-Dramatisches Gedicht. Dresden: Dresdner Verlag von 1917 1919. (= Das neuste Gedicht, Heft 11/13).

DAS NEUSTE GEDICHT

HEFT 11/13

HEINAR SCHILLING
DIE SKLAVEN

Durch Lärm und Haß bricht ergreifend 'der herb geballte
Ausdruck, die unendliche Güte erlösend. Dieses Gedicht ist die
Schwelle zur neuen Zeit!

Titelblatt von Heinar Schillings
episch-dramatischem Gedicht
Die Sklaven aus der Reihe *Das
neuste Gedicht*, Heft 11/13

solches Konzept zurück: Neben der verbalen Verweisungschiffre des Titels und der
inhaltlichen Bindung an das zeitgeschichtlich brisante Thema der Verantwortung des
Einzelnen für die Durchsetzung von Freiheit und Menschlichkeit trug vor allem die
Verarbeitung von Formen antiker Vers- und Tragödiendichtung (etwa linear gerich-
tete Handlungs- und Konfliktentfaltung oder Auftritt des Chores und Bindung des
Chorgesangs an die Handlung) zum Erfolg des »in Inhalt und Form gleich packenden
Epos'« in der städtischen Öffentlichkeit bei[221]. Das bereits am 11.4.1918 zum ersten
Mal in Dresden öffentlich vorgetragene Gedicht[222] wurde im Februar 1919 auf einem
Autorenabend des Verlages erneut verlesen und erhielt von den Vertretern der örtli-
chen Presse auf Grund seiner kompositionellen und programmatischen Klarheit[223] und
seiner »gedanklich wertvollen« Gesinnung[224] durchweg positive Kritiken. Es ist damit
– auch als Bestandteil der Lyrik-Reihe *Das neuste Gedicht* – ein weiteres Indiz für
Schillings Strategie, zwischen literarischer Tradition und Moderne in Zeiten gesell-

---

[221] Vgl. hierzu die sehr positive Kritik des Textes im *Dresdner Lokal-Anzeiger*. E.: Heinar Schilling,
Die Sklaven. In: Dresdner Lokal-Anzeiger vom 26.10.1918. Nr. 126. S. 2.
[222] Vgl. dazu die Anmerkung von Schilling in der gedruckten Fassung des Gedichts. Schilling: Die
Sklaven, S. 10.
[223] Vgl. etwa die Besprechung von Friedrich Kummer im *Dresdner Anzeiger* vom 4.2.1919, Nr. 34.
S. 5.
[224] Vgl. die Kritik im *Dresdner Lokal-Anzeiger* vom 8.2.1919. Nr. 17. S. 2-3.

schaftlichen und politischen Wandels zu vermitteln und beides in ein aktivistisch ausgerichtetes Verlagskonzept zu integrieren.

Mit der Gründung des *Dresdner Verlages von 1917* zielte Heinar Schilling somit
auf die Realisierung folgender Leitvorstellungen: Als idealtypische Vereinigung einer
Gemeinschaft Gleichgesinnter erstrebte die Gruppe eine Bündelung von Einzelinteressen und die Ausformung einer neuen Gemeinschaftsidentität, die in einem auch öffentlich nachvollziehbaren Prozeß das Handeln und Verhalten des Einzelnen legitimierte. Die von Besuchern und Teilnehmern der Lesungen, Soireen und Autorenabenden konstatierte Geschlossenheit und Ganzheitlichkeit[225] der Verlagsveranstaltun-
gen resultierte aber auch aus der Einheit von Gruppenbildung und literarischer Stilproduktion. Daß sich die Autoren des Verlages »schon untereinander am Wortschatz
und am Stil der Assoziationen (erkennen)« und es deshalb »nicht leicht (ist)«, das jeweils »Individuelle« dieser »Neutöner« zu bestimmen, hatten schon Teile der Presse
nach den ersten Auftritten der Expressionisten registriert.[226] Offensichtlich kam es zur
Herausbildung von dominanten Modellen ästhetischer Paradigmenbildung, die in ihrer stil- und gattungstypologischen Ausrichtung zwar vielfältig auf überlieferte Muster
zurückgriffen, mit diesen korrelierten oder kontrastierten, in ihrem gesellschaftlichen
Wirkungsanspruch aber ein gemeinsames Ziel anvisierten.

Ausdruck der Bemühungen um ein sozial engagiertes Dichtungs- und Verlagskonzept ist nicht zuletzt die von Heinar Schilling im Juli 1919 vorgenommene Sozialisierung seines Verlagsunternehmens. Schillings Leitidee verlegerischer Arbeit (die literarische Propagierung menschlicher Befreiung und Emanzipation im Umfeld der
Revolution) erhielt durch die Sozialisierung eine neue gesellschaftlich ausstrahlende
Dimension: Indem die Institution selbst als organisierte Leitform des kulturellen Lebens zum ›Idealtypus‹ ihrer Gründungsidee avancierte und der vielbeschworenen expressionistischen Wort-Tat-Symbolik einen gegenständlichen Ausdruck verlieh, wurde
sie zum Exempel einer eingreifenden Kunstpraxis. Diese neue ›symbolische Ord-
nungsleistung‹ der Verlagsinstitutionalisierung erhöhte nicht nur die überregionale
Ausstrahlung von Schillings Unternehmen[227], sondern ordnete sich auch in die zahlreichen kulturellen Erneuerungsbestrebungen der Dresdner Expressionisten sinnvoll ein:
In seiner spezifischen sozialen Vermittlungsrolle fungierte der Verlag zum einen als
Distributionsorgan für literarische Texte und damit als Medium einer – dialogisch
konzipierten – Annäherung an unterschiedliche Leserkreise[228]; als Form institutionali-

---

[225] Vgl. etwa die Besprechung eines Autorenabends im *Dresdner Lokal-Anzeiger* vom 26.1.1918,
Nr. 12. S. 2.
[226] F[elix] Z[immermann]: Einen Autorenabend veranstaltete der »Dresdner Verlag von 1917«. In:
Dresdner Nachrichten vom 3.2.1919. Nr. 33. S. 2.
[227] Wilhelm Moufang stellt in seiner Schrift *Die gegenwärtige Lage des deutschen Buchwesens. Eine
Darstellung der Spannungen und Reformbewegungen am Büchermarkt* München u. a.: J. Schweitzer
1921 Schillings Experiment als »wohl einzigartigen Versuch der Sozialisierung eines Einzelunterneh-
mens« explizit heraus. (S. 47).
[228] Dies ist etwa am Beispiel von Walter Rheiner, einem Hauptautor des Verlages, nachweisbar. Wie
sich Rheiners Frau erinnert, nahmen an einzelnen Autorenabenden des Verlages »über 100 Menschen« teil, »das ganze literarisch eingestellte Dresden«, darunter auch namhafte Bildungsbürger der
Stadt (etwa Ida Bienert). Im Kontext mit den umfangreichen, meist »lobenden Rezensionen« der
Rezitationen in der städtischen Tagespresse eröffneten sich hierdurch für Rheiner neue Möglich-
keiten, sein Dichtungsprogramm in den gutsituierten Kreisen Dresdens vorzustellen. So wurde der
Autor von dem Kunstkritiker Meier-Gräfe ebenso empfangen wie von Ida Bienert und der Frau des
Schiffsreedereibesitzers Woermann, die Rheiners Gedichte »liebte«. Vgl. hierzu Frieda Saint Sauveur:
Walter Rheiner. Lebensabriß, S. 5-6. Auch: Brief von Frieda Saint Sauveur an Rudolf Adrian Diet-

sierter Kunstkommunikation stellte er sich zum anderen in den Dienst der ›revolutionären Sache‹ und konnte so exemplarisch Literatur und politisches Engagement öffentlich und adressatenbezogen zusammenführen.

2.3. Hugo Zehder – Die *Neue Vereinigung für Kunst* und der *Emil Richter Verlag*: Zur werkkonstitutiven Verklammerung von Vereinsbildung und Verlagsprogrammatik im Umfeld des Dresdner Bildungsbürgertums

Im Gegensatz zu Heinar Schilling und Jakob Hegner besaß Hugo Zehder in Dresden zunächst keinen Verlag, der ihm als Distributionsmedium seiner programmatischen und publizistischen Ambitionen hätte dienen können. Der gebürtige Balte und Sohn eines Schiffsturbinenfabrikanten kam um 1905 in die sächsische Residenzstadt, um bei Martin Dülfer an der *Kgl. Technischen Hochschule* Architektur zu studieren, und blieb nach dem Ende des Studiums als selbständiger Baumeister und Architekt in Dresden[229]. Während des Krieges übernahm Zehder, der in Hellerau wohnte[230], auf Vermittlung Dülfers eine Stelle als Privatsekretär bei Karl Woermann, dem Direktor der *Königlichen Gemäldegalerie*, die er bis Anfang 1918 bekleidete[231]; von da an wirkte er als Herausgeber, Galerist und Publizist des Expressionismus.

Obgleich auch Zehder schon früh über persönliche Verbindungen in die noch junge, von Hellerau aus operierende Bewegung der Dresdner Expressionisten involviert war, basierte seine Hinwendung zum ›neuen Stil‹ auf einer durch Bildung angeeigneten kulturwissenschaftlichen Kompetenz. Der durch Studium, baukünstlerische Tätigkeit[232] und kunstwissenschaftliche Veröffentlichungspraxis[233] ausgewiesene Architekt konnte – wie die Zeitgenossen berichten – relativ »rasch« in der bildungsbürgerlich geprägten »Dresdner Gesellschaft (Fuß fassen)«[234] und zu einer öffentlich anerkannten Integrations- und Vermittlungsinstanz zwischen den Wortführern der modernen Kunst und dem interessierten Bürgertum werden[235].

Gleichermaßen konstitutiv für Zehders Vermittlerrolle wurden vielfältige private Kontakte: Sein ›halboffener Salon‹, den er – wohl in Anlehnung an Ida Bienert – in

---

rich. New York, den 6.6.1966. In: Nachlaß Rudolf Adrian Dietrich. Deutsches Literaturarchiv Marbach. A: Dietrich. Briefe.

[229] Angaben nach Gerlinde Förster: »Neue Blätter für Kunst und Dichtung« – eine Kunstzeitschrift des Dresdner Expressionismus. In: Dresdner Kunstblätter 24 (1980), Nr. V. S. 135-136.

[230] Vgl. Sarfert: Hellerau, S. 104-105.

[231] Vgl. Karl Woermann: Lebenserinnerungen eines Achtzigjährigen. Band 2. Leipzig: Bibliographisches Institut 1924. S. 299 und 373.

[232] Zehder beteiligte sich unter anderem mit Entwürfen am Wettbewerb für die am Zwingerteich geplante *Galerie Neue Meister*. Vgl. Förster: »Neue Blätter für Kunst und Dichtung«, S. 136.

[233] Zehder hatte als Sekretär Woermanns an dessen mehrbändiger *Kunstgeschichte aller Zeiten und Völker* bis 1918 mitgearbeitet (vor allem an den ersten drei Bänden).

[234] Woermann: Lebenserinnerungen. Band 2, S. 299.

[235] Etwa bei Oskar Walzel und Karl Woermann. Siehe: Ebd., S. 299-300. Und Briefwechsel Hugo Zehders mit Oskar Walzel: z. B. Brief vom 22.11.1918 an Walzel. Walzel hat sich zudem mehrfach für Zehders Zeitschriftprojekte eingesetzt und damit die Bedeutung von Zehders Stellung als ›Propagandist der Avantgarde‹ auch gegenüber den städtischen Behörden hervorgehoben. Vgl. Brief Zehders an Walzel vom 28.9.1918. In: Nachlaß Oskar Walzel. Deutsches Literaturarchiv Marbach. A: Walzel. Korrespondenz.

seinem Hellerauer Haus führte[236], fungierte als kultureller Kommunikationsraum, der die Produzenten des ›neuen Stils‹ mit den wissenschaftlich oder kulturpolitisch etablierten Vertretern des städtischen höheren Beamtentums zusammenführte.

Allerdings gelang es Zehder in weitaus stärkerem Maße als Ida Bienert, die Formen und Inhalte seines privat motivierten Kunstdiskurses in die Reformierung der städtischen Kulturlandschaft einzubinden, denn die vermutlich durch Karl Woermann vermittelten guten Beziehungen zur Dresdner Kulturbeamtenschaft[237] nutzte Zehder in der Folgezeit für die Förderung und Popularisierung der expressionistischen Kunst und Literatur.

Den zielgerichteten Rückgriff auf die Repräsentanten städtischer Kunstpflege und den Versuch, auch die traditionellen kulturellen Institutionen der Stadt für die Avantgarde zu öffnen, koppelte Zehder dabei an die vorhandenen Möglichkeiten privater Kunstförderung. Die weitgehende, auch überregional anerkannte Vorreiterrolle des städtischen Kunsthandels bei der Förderung des Symbolismus und Impressionismus um 1900[238] diente Zehder als Grundlage einer noch während des Krieges einsetzenden, wohl bewußt gesuchten öffentlichen Auseinandersetzung mit dem avantgardistischen Kunstschaffen. So legte die unter Zehders Mitwirkung in der *Galerie Emil Richter* im Herbst 1916 eröffnete große Expressionisten-Ausstellung nicht nur den Grundstein für eine fortan beständigere Präsenz des ›neuen Stils‹ in der barocken Großstadt[239], sondern unterstrich durch eine geschickte Verklammerung von ökonomischem Interesse, künstlerischer Innovation und öffentlicher Agitation[240] die soziale Relevanz und kulturelle Repräsentanz der jungen Kunst und Literatur im Umfeld einer noch immer rückschrittlichen staatlichen Kunstpolitik.

Zehders Expositionsprinzip, das die Ausstellung von Bildern, den Vortrag von Gedichten und die Aufführung von expressionistischen Musikstücken[241] mit einer umfassenden und werbewirksamen Strategie kommentierender Erörterung und kritischer Positionsbestimmung verband[242], nimmt in seiner adressatenbezogenen und

---

[236] Rudolf Manasse spricht in seinen Lebenserinnerungen vom »large open house« Zehders in Hellerau. Vgl. Rudolf Manasse: Memories. o. O. und o. J. [um 1967]. S. 83.
[237] Vgl. Woermann: Lebenserinnerungen. Band 2, S. 299. (Zehder war mit Oskar Walzel, Otto Hettner, Otto Gußmann und Cornelius Gurlitt befreundet).
[238] Vgl. hierzu Cornelius Gurlitt: Bildende Kunst. In: Dresdens Entwicklung in den Jahren 1903-1909, S. 266, und die Äußerungen Alfred Lichtwarks zu den Dresdner Privatgalerien in seinem Buch: *Deutsche Königsstädte*. Berlin-Potsdam-Dresden-München-Stuttgart. Dresden: Gerhard Kühtmann 1898. S. 93.
[239] Vor Zehder hatte lediglich die *Galerie Ernst Arnold* im Januar 1914 eine Exposition expressionistischer Gemälde gezeigt. Vgl. hierzu Ruth Negendanck: Die Galerie Ernst Arnold (1893–1951). Kunsthandel und Zeitgeschichte. Weimar: Verlag und Datenbank für Geisteswissenschaften 1998. S. 137-138.
[240] Die gezielten Vorankündigungen in der Presse schufen eine Erwartungshaltung beim Publikum, die sich auf Besucherzahlen und damit auf die Möglichkeiten, Werke zu verkaufen, positiv auswirkte. Vgl. hierzu die Kritiken in der Tagespresse, die auf gut gefüllte Säle verweisen: etwa *Dresdner Nachrichten* vom 5.10.1916. Nr. 276. S. 2. oder *Dresdner Neueste Nachrichten* vom 28.9.1916. Nr. 265. S. 2.
[241] An der Ausstellung waren u. a. folgende bildende Künstler beteiligt: Conrad Felixmüller, Ludwig Meidner, Oskar Kokoschka und Ernst Ludwig Kirchner. Maria Fein und der Schauspieler Ernst Deutsch rezitierten expressionistische Lyrik und Prosa von Paul Adler, Theodor Däubler, Franz Werfel, Georg Trakl, Walter Hasenclever u. a. Das musikalische Programm umfaßte vor allem Musikstücke von Arnold Schönberg.
[242] So fanden ausstellungsbegleitende Führungen und Vorträge statt, die z. T. Zehder selbst durchführte.

kommunikativen Ausrichtung ein für die gesamte expressionistische Bewegung Dresdens typisches Kennmuster vorweg.

Der überraschend einhellige Zuspruch seitens der Presse[243] und die relativ hohen Besucherzahlen[244] signalisierten den Veranstaltern die Produktivität eines solchen nicht bloß schauwertorientierten Expositionsprinzips, wie es bislang in der sächsischen Residenzstadt noch kaum praktiziert wurde. Der Bruch mit den herkömmlichen ausstellungstypologischen Mustern, der sich auch dem Postulat der Bewegung nach »wechselseitiger Erhellung der Künste«[245] verpflichtete fühlte und auf das kulturell übergreifende Erneuerungsbestreben des Expressionismus verweisen sollte, wurde wenig später mit der – ebenfalls durch Zehder initiierten – Gründung der *Neuen Vereinigung für Kunst*[246] auch institutionell legitimiert. Die im Juni 1918 ins Leben gerufene Vereinigung wirkte als Vermittlungsmedium zwischen den traditionellen bürgerlich-kulturellen Vereinen der Stadt und den Gemeinschaftsbildungen im Umfeld der Avantgarde. Als Vereinigung »ohne bestimmte Satzungen und Bindungen«, die »durch Ausstellungen, Führungen, Ankäufe die junge Kunst unserer Zeit [...] fördern«[247] will, verkörperte sie einen lockeren, jederzeit durch neue Interessenten ergänzbaren Zusammenschluß mit deutlich mäzenatischer Ausrichtung:

> Die Liebe zur Kunst zeigt sich in ihrer Förderung. Es ist daran zu glauben, daß der Kampf innerhalb der Kunst mit ehrlicher Ueberzeugung geführt und daß in den entscheidenden Fällen Selbstlosigkeit und Selbstaufopferung in den Reihen derer zu finden sind, die neuer Wahrheit Geltung verschaffen wollen. Darum wollen wir, ein Zeichen des Wachseins, die Kunst unserer Tage durch Zuspruch, suchendes Verstehen fördern. Fort mit Vorurteilen, die nicht am Platze sind, wo es sich, wie in der Kunst, um Dinge handelt, welche aus freiem Geist geboren sind und, sich an den Geist wendend, aller Zukunft Entfaltung immer wieder neu in sich bergen! [...] Wir wollen über das begrenzte Interesse für das Alte, nun endgültig Feststehende, hinaus und uns mit vollem Vertrauen der Kunst unserer Tage zuwenden, die uns am nächsten liegen soll.[248]

Zehders Bestreben, eine »bürgerlich-anständige Vereinigung«[249] zu schaffen, die sich dank ihrer politischen Unabhängigkeit und ihres ›privaten‹, eigeninitiatorischen Charakters konsequenter und effizienter als die staatlichen Kommissionen für die ›Jungen‹

---

[243] Es erschien nur eine unsachliche Kritik von Friedrich Kummer im *Dresdner Anzeiger* vom 28.9.1916. Nr. 269. S. 5.

[244] Vgl. hierzu die Angaben in der Tagespresse, etwa in der Rezension von Camill Hoffmann für die *Dresdner Neuesten Nachrichten* (28.9.1916. Nr. 265. S. 2).

[245] Oskar Walzel: Wechselseitige Erhellung der Künste. Ein Beitrag zur Würdigung kunstgeschichtlicher Begriffe. Berlin: Verlag von Reuther & Reichard 1917.

[246] Da es über die Vereinigung kein Quellenmaterial gibt, wurden für die Rekonstruktion der Aktivitäten der Gruppe die einschlägigen und z. T. ausführlichen Berichte in der Dresdner Tagespresse herangezogen; aus diesen geht u. a. hervor, daß Zehder Gründer und Leiter der Vereinigung war. Vgl. a[lfred] g[ünther]: Die Neue Vereinigung für Kunst. In: Dresdner Neueste Nachrichten vom 5.10.1920. Nr. 245. S. 3.

[247] Vgl. den auszugsweisen Abdruck eines Werbeblattes in den *Dresdner Neuesten Nachrichten* vom 16.6.1918. Nr. 162. S. 2-3.

[248] Der Gründungsaufruf wurde in der örtlichen Presse zitiert. Vgl. etwa *Dresdner Neueste Nachrichten* vom 16.6.1918. Nr. 162. S. 2-3.

[249] Hugo Zehder: Notizen. In: Neue Blätter für Kunst und Dichtung 1 (1919), März-Doppelheft. S. 264.

engagieren konnte, wird durch das – ebenfalls in der örtlichen Presse ausführlich pu-
blizierte – Verzeichnis der Gründungsmitglieder eindrucksvoll unterstrichen: Neben
Hugo Zehder finden sich einflußreiche Hochschullehrer (Oskar Walzel, Julius Meier-
Gräfe, Cornelius Gurlitt, Otto Gußmann, Otto Hettner, Ludwig von Hofmann und
Karl Woermann) sowie angesehene Vertreter des Großbürgertums (Ida Bienert, Justiz-
rat Felix Bondi, Rechtsanwalt Karl Benndorf), bildende Künstler (Oskar Kokoschka,
Robert Sterl) und der Redakteur Camill Hoffmann.[250]

Mit der Konzentration auf diese Kreise des kunstsinnigen Bildungs- und Wirtschaftsbürgertums schuf sich Zehder die personellen Rahmenbedingungen für die
Etablierung eines kulturellen Kommunikationsnetzes, das die Kunstdiskurse der
Avantgarde in die Hochschulen der Stadt, die Redaktionsräume der örtlichen Tageszeitungen, die Ateliers der Maler und Graphiker, die Anwaltspraxen und die privaten
Zirkel kunstinteressierter Bürger trug. Die Abwendung von einer reinen autoren- oder
produktionszentrierten Vereinigung, wie sie noch die *Expressionistische Arbeitsgemeinschaft* um Heinar Schilling repräsentierte, sicherte Zehders Gruppe nicht nur einen
größeren Rezipienten- und Wirkungskreis, sondern etablierte auch ein innerstädtisch
weitverzweigtes Geflecht personeller Unterstützung für die Erneuerungsbemühungen
der Expressionisten.

Das Eindringen in die traditionellen Institutionen des kulturellen Lebens der
Stadt (vor allem in die *Königliche Akademie der Bildenden Künste* und die kulturell orientierten Abteilungen der *Technischen Hochschule*) wertete zudem den Expressionismus in der städtischen Öffentlichkeit auf, waren doch die Wissenschaftler dieser Einrichtungen – zunehmend erfolgreich – an einer öffentlich geführten, sachlich-objekti-
ven Debatte um die kunst- und literaturgeschichtliche Bedeutung des ›neuen Stils‹
maßgeblich beteiligt.[251] Als »symbolische Verweisungsstruktur personaler Rollenträger«
gewinnt diese »Form der *Verkörperung*«[252] des Institutionellen einen komplexen gesellschaftlich ausstrahlenden Status, der den Prozeß der Vernetzung von fachlicher Kompetenz, öffentlicher Präsenz und mäzenatischem Wirkungsanspruch auch in den anderen literarisch-kulturellen Vereinigungen der Stadt vorantrieb[253]. Gegenüber diesen ergab sich der besondere Status der *Neuen Vereinigung für Kunst* zunächst aus einem
Mitgliedschaftssystem, das sich zwar prinzipiell als offen und auf keine bestimmte
Personengruppe fixiert verstand, aber auf Grund des relativ hohen jährlichen Mit-
gliedsbeitrages (25 Mark für ordentliche und 7 Mark für Anschlußmitglieder[254]) vor
allem die gut situierten Kreise des städtischen Bürgertums ansprach.[255] Eine Vorrang-

[250] Namensliste zitiert nach: Dresdner Neueste Nachrichten vom 16.6.1918. Nr. 162. S. 3.
[251] Dies betrifft nicht nur Oskar Walzel, sondern auch Cornelius Gurlitt und Robert Sterl.
[252] Rehberg: Institutionen als symbolische Ordnungen, S. 62.
[253] So waren z. B. Robert Sterl und Karl Woermann Mitglied im *Literarischen Verein zu Dresden*; Felix Bondi, Ida Bienert und Oskar Walzel in der *Literarischen Gesellschaft*; Karl Woermann im *Symposion, Dresdner Schriftstellerclub*. Zum *Literarischen Verein* vgl. Almai/Parr: Literarischer Verein zu
Dresden, S. 289. Zur *Literarischen Gesellschaft* vgl. Mitgliedslisten der Literarischen Gesellschaft
Dresden. In: Nachlaß der Literarischen Gesellschaft. Stadtarchiv Dresden. Signatur: 13.21. Karton
Nr. 1. Zum *Symposion* vgl. Rolf Parr: Symposion. Dresdner Schriftstellerclub. In: Handbuch literarisch-kultureller Vereine, S. 429.
[254] Zahlenangaben nach einem Werbeprospekt, dessen Inhalt auszugsweise im *Dresdner Anzeiger* vom
16.6.1918. Nr. 165. S. 5 wiedergegeben wurde. Zum Vergleich: Der Mitgliedsbeitrag im *Literarischen Verein zu Dresden* betrug 1918: 8 Mark für ordentliche und 4 Mark für Anschlußmitglieder.
Vgl. Almai/Parr: Literarischer Verein zu Dresden, S. 276.
[255] Leider gibt es keinen Nachlaß des Vereins mit entsprechenden Mitgliederverzeichnissen.

stellung einseitig materieller Interessen oder die in den städtischen *Kunstvereinen* praktizierte Förderung und Bevorzugung bestimmter Künstler oder deren Werke wurde dadurch weitgehend ausgeschlossen. Auch vom Modell einer im Umfeld der örtlichen Kunstvereinigungen weit verbreiteten ›Jahresgabe‹ – meist in Form einer Graphik – an die einzelnen Mitglieder[256] hatte sich Zehder von Beginn an distanziert: Statt eines bildnerischen Werkes erhielten die eingeschriebenen Vereinsmitglieder eine literarisch-künstlerische Zeitschrift, die sich als ›Organ‹ der Gruppe verstand und in regelmäßigen Abständen erschien. Die damit verbundene Aufsprengung eines lediglich auf die bildende Kunst zugeschnittenen Vergabesystems und die Periodizität des Erscheinens der Monatsschrift, die Zehder *Neue Blätter für Kunst und Dichtung*[257] nannte, hatte nicht nur werbewirksame Effekte, sondern erfüllte auch eine integrative Funktion bei der öffentlichen Konsolidierung der Gruppe. Mit der bereits früh hergestellten Kopplung von Vereinigung und Zeitschrift an die Kunsthandlung und den Verlag *Emil Richter* sicherte sich Zehder zudem die notwendigen distributiven Voraussetzungen für eine gruppenübergreifende Resonanz.

Daß sich der Verlag und die von Zehder herausgegebene Zeitschrift schon bald zum eigentlichen Integrationszentrum der Vereinigung entwickelten, hängt mit dem vielschichtigen, durch die Mitglieder selbst definierten Aufgabenfeld der Gruppe zusammen, das den herkömmlichen Rahmen ehrenamtlicher Vereinsarbeit beträchtlich überschritt: Neben der Veranstaltung von Vorträgen, ständigen Ausstellungen, Führungen, Lesungen und Theateraufführungen zielte man vor allem auf die Schulung des individuellen Verständnisses und rezeptiven Vermögens bei der Beurteilung neuer Kunst und Literatur durch die Mitglieder und Interessenten der Vereinigung. Diesem Ziel dienten nicht nur das Verlagsprogramm der Kunsthandlung, das sich im wesentlichen auf die Publizierung von Ausstellungskatalogen und Kunstmappen mit kurzen, einführenden Texten beschränkte[258], sondern gleichermaßen die von Zehder redigierten und herausgegebenen *Neuen Blätter für Kunst und Dichtung*:

Die Neuen Blätter für Kunst und Dichtung werden Jahr um Jahr den Wegen der lebenden Kunst folgen. Sie wenden sich an alle, die die sich bildende neue Welt mit wachen Augen betrachten und an ihrem Aufbau teilnehmen wollen. Nicht Spiegel und nicht Schein, sondern Klärerin, Erklärerin ist ihre Kunst. Die Schönheit dieser Kunst wird der ›Schönheit‹ ihrer Schwestern, der Kunst vergangener Epochen, ebenbürtig zur Seite stehen. Nur ihr Antlitz wird, inneren Lebens voll, bewegter sein.[259]

Mit der neugegründeten Zeitschrift bot sich Zehder ein nahezu ideales Publikationsforum, um seine schon während der Expressionisten-Ausstellung im Jahre 1916 be-

---

[256] Vgl. Robin Lenman: Der deutsche Kunstmarkt 1840–1923. Integration, Veränderung, Wachstum. In: Ekkehard Mai/Peter Paret: Sammler, Stifter und Museen. Kunstförderung in Deutschland im 19. und 20. Jahrhundert. Köln, Weimar, Wien: Böhlau 1993. S. 136.

[257] Zur Zeitschrift vgl. Raabe: Die Zeitschriften und Sammlungen, S. 77.

[258] Als Beispiel einer solchen Publikation sei der Katalog zur Ausstellung der *Dresdner Sezession Gruppe 1919* genannt. Der einführende Textbeitrag stammt hierbei von Walter Rheiner.

[259] Hugo Zehder: Die Zeitschrift 1919 Neue Blätter für Kunst und Dichtung. In: Sezession Gruppe 1919. Ausstellungskatalog. Dresden: Emil Richter 1919. S. 24.

gonnene ›Aufklärungsarbeit‹ über die Kunst und Literatur der ›Jungen‹[260] in den Kreisen des städtischen Bildungsbürgertums weiterzuführen. Der anvisierte Adressatenbezug wurde, da die Vereinigung über keinerlei schriftlich fixierte Satzungen oder Statuten verfügte, über das »instrumentelle« und »symbolische« Ordnungsprinzip[261] der vereinsinternen Leitideen hergestellt, die den Zusammenschluß inhaltlich und funktionell strukturierten und die sich in der Zeitschrift sedimentierten.

Ähnlich wie im Falle von Heinar Schillings Wochenschrift *Menschen* wirkte bereits das Titelblatt der *Neuen Blätter für Kunst und Dichtung* als verlagssignifikantes Symbol, dessen Deutungspotential in den einzelnen Text- und Bildbeiträgen aufgegriffen und fortgeschrieben wurde.

Auch Zehder bediente sich bei der Titelblattgestaltung der Technik des Holzschnittes[262] und ließ – in wuchtiger Formensprache ausgeführt – neben Zeitschriftentitel und Jahreszahl genau ins Zentrum des Deckblattes ein den jeweiligen Monat symbolisierendes Tierkreiszeichen setzen. Gerlinde Försters These, die Verwendung der Tierkreiszeichen könne als »beredter Ausdruck für eine von kosmischen Vorstellungen angerührte Weltsicht« gewertet werden, wie sie sich etwa in den Dichtungen Theodor Däublers, der in Zehders Monatsschrift häufig Texte publizierte, zeige[263], benennt zwar eine mögliche inhaltliche bzw. veröffentlichungspraktische Intention des Herausgebers[264], erklärt aber noch nicht die offensichtliche Bindung einer der expressionistischen Bewegung nahestehenden Zeitschrift an die okkulten und spiritistischen Weltbilder astrologischer Provenienz.

Daß der zeitgenössische Okkultismus und Spiritismus in den 10er und 20er Jahren eine Blüte erlebte[265] und gerade in den bildungsbürgerlichen Schichten auf Zuspruch stieß[266], mag im Sinne einer werbewirksamen Affinität gewirkt haben, beantwortet aber keineswegs die Frage nach der Funktion des Titelsignets, ging es Zehder in seiner Zeitschrift doch auf keinen Fall um die Propagierung spekulativer, weltabgewandter Modelle individueller Sinnsuche. Schlüssiger und mit dem Zeitschriftenprofil stimmiger korrespondierend erscheint die Annahme, daß die symbolische Qualität der Tierkreiszeichen – anknüpfend an eine im Bildungsbürgertum kurz vor dem Ende des Krieges besonders stark empfundene Daseinserfahrung – in einer nur noch einseitig materialistisch und rationalistisch dominierten Welt als Sinnbild eines verlorengegangenen universell gedachten, aufeinander abgestimmten Weltgebäudes erscheint, dessen Koordinaten Makrokosmos und Mikrokosmos, die Natur, Gestirne

---

[260] Seinerzeit hatte Zehder durch Vorträge und Führungen die Ausstellungsbesucher mit den Zielen und Gestaltungsweisen der jungen Kunst vertraut gemacht. Vgl. etwa den in der Presse vielbeachteten Vortrag zum Thema: *Kunst und Künstler*. c. p.: Erster Vortragsabend zur Expressionisten-Austellung. In: Dresdner Neueste Nachrichten vom 22.9.1916. Nr. 259. S. 2.

[261] Zum Doppelaspekt der »instrumentellen« und »symbolischen« Leistungen der Institutionen vgl. Gerhard Göhler: Politische Institutionen und ihr Kontext. Begriffliche und konzeptionelle Überlegungen zur Theorie politischer Institutionen. In: Ders.: Die Eigenart der Institutionen. Zum Profil politischer Institutionentheorie. Baden-Baden: Nomos 1994. S. 19-46.

[262] Das Titelblatt gestaltete der Künstler Arno Drescher. Drescher, geb. am 17.3.1882, war seit 1909 Lehrer an der *Dresdner Kunstgewerbeschule*.

[263] Förster: »Neue Blätter für Kunst und Dichtung«, S. 140.

[264] Däublers vor allem über Ida Bienert vermittelter, relativ hoher Bekanntheitsgrad in der bildungsbürgerlichen Öffentlichkeit Dresdens war hier sicher ausschlaggebend.

[265] Vgl. Wolfgang Rothe: Der Expressionismus. Theologische, soziologische und anthropologische Aspekte einer Literatur. Frankfurt a. M.: Klostermann 1977. S. 40-41.

[266] Als berühmtes Beispiel sei etwa auf Thomas Manns Erfahrungen mit dem Okkultismus verwiesen. Vgl. Thomas Mann: Okkulte Erlebnisse. In: Die neue Rundschau 35 (1924), H. 3. S. 193-224.

Titelblatt von Hugo Zehders
Zeitschrift *Neue Blätter für
Kunst und Dichtung* vom Juli
1918

und den Menschen, Ratio und Irratio gleichermaßen umfassen und in ein Entspre-
chungs- und ›Erfüllungskonzept‹ einbinden. Theodor Däublers Suche nach dem
›neuen Mythos‹ als zeitgemäße Antwort auf eine aus dem Gleichgewicht geratene
Welt[267] ordnet sich in dieses Konzept ebenso ein wie das in Zehders Zeitschrift prononciert betriebene Aufgreifen der Symbolik des Tierkreises: Sonne, Mond und Sterne (Planeten)[268].

Daß die Kunst hierbei als ›Bewahrer des Zusammenhangs der Dinge‹ zum sinn-
stiftenden Faktor einer alternativen Welt- und Daseinsdeutung stilisiert wird, kann
zwar als zeitgeschichtliches Phänomen gewertet werden, dessen Genesis aber reicht bis
ins 19. Jahrhundert zurück.[269]

---

[267] Zu Däubler vgl. die Ergebnisse des Dresdner Kolloquiums aus dem Jahre 1992. Dieter Werner
(Hg.): Theodor Däubler: Biographie und Werk. Die Vorträge des Dresdner Däubler-Symposions
1992. Mainz: Gardez! Verlag 1996.
[268] Zur Symbolik der Tierkreiszeichen vgl.: Rudolf Drössler: Planeten, Tierkreiszeichen, Horoskope.
Ein Ausflug in Mythologie, Spekulation und Wirklichkeit. Leipzig: Köhler & Amelang 1989⁴. S. 74-
122.
[269] Vgl. zur Funktion der Kunst als ›Bewahrer des Zusammenhangs der Dinge‹: Walter Gebhard:
»Der Zusammenhang der Dinge«. Weltgleichnis und Naturverklärung im Totalitätsbewußtsein des
19. Jahrhunderts. Tübingen: Niemeyer 1984.

Zehders ästhetisches Programm zielte auf die Herstellung einer neuen Einheit von Kunst und Leben, auf eine geistig intendierte Suche nach »Selbstbesinnung« und »höherer Verantwortung« und damit auf »die Verpflichtung zum Widerstand gegen die Mechanisierung menschlicher Tätigkeit im Dienste eines vorgespielten ›Fortschritts‹«.[270]

Der Rückgriff auf das Inventar einer längst zum tradierten bildungsbürgerlichen Wissenskanon gehörenden Metaphernwelt versprach eine größtmögliche Ausbreitung von Zehders Auffassungen im bevorzugten Adressatenkreis und erhielt deshalb – anders als bei Heinar Schilling – eine neue Funktion: Hatte Schilling versucht, die von ihm herausgegebene Naturlyrik, die ja gleichfalls auf das Vokabular der zeitgenössischen ›Gestirndichtung‹ zurückgreift[271], in seine verlagskonzeptionelle Strategie aktivistischer Weltdeutung zu integrieren, vermied Zehder jeden eindeutig fixierten gesellschaftskritischen Bezug und bemühte sich um die Vermittlung eines vorrangig ›geistig‹ intendierten Neuanfangs. Diese ganz auf jene Teile des städtischen Bürgertums zugeschnittene Programmatik, die der Pflege eines traditionellen Bildungswissens Vorrang einräumte, findet eine sinnvolle Entsprechung in der Bevorzugung bestimmter Autoren und Gattungen innerhalb von Zehders Monatsschrift. So fällt bei einem Vergleich mit der Zeitschrift *Menschen* das fast vollständige Fehlen sozialrevolutionärer Texte ebenso auf wie der lediglich sporadisch betriebene Abdruck von Manifest- oder proklamatorischer Literatur.

Den Rückzug aufs ›Ästhetische‹ verband Zehder mit der Durchsetzung einer Veröffentlichungsstrategie, die ihre Legitimation aus der kunstprogrammatischen Zielsetzung der *Neuen Vereinigung für Kunst* ableitete. Besonders sinnfällig zeigt sich dies nicht nur anhand der publizierten lyrischen Texte, sondern auch bei Betrachtung der wenigen Aufrufe und Pamphlete, die in der Zeitschrift abgedruckt wurden. Diese zielten nämlich nicht auf die Unterstützung des gesellschaftspolitischen Umsturzes (etwa durch eine offene Parteinahme für das revolutionäre Räteprinzip), sondern auf eine evolutionär gedachte Erneuerung der Gesellschaft innerhalb des etablierten parlamentarischen Systems.

Der Glaube, daß die entstehende bürgerlich-demokratische Ordnung alle notwendigen Rahmenbedingungen für eine Reformierung der vorhandenen kunstpolitischen Institutionen bereitstellt und daß auf dieser Basis die modernen Kunstbewegungen endlich Einlaß in die staatlich kontrollierten Museen und Galerien finden würden, führte zu zahlreichen Versuchen, durch Appelle, Aufrufe und Vorschläge die städtischen Instanzen von einer Neuordnung des Ankaufs- und Ausstellungswesens zu überzeugen. Diese Strategie korrespondiert auffällig mit den – schon beschriebenen – reformerischen Bestrebungen von Karl Woermann oder Robert Sterl, die bereits vor, aber intensiver noch nach Kriegsausbruch auf eine Veränderung des institutionellen Systems staatlicher Kunstpflege zielten. Zehders *Offenes Schreiben an das Ministerkollegium der Republik Sachsen* vom Juni 1919 führt die Forderung nach personeller und institutioneller Erneuerung zusammen und artikuliert den Wunsch nach Aufwertung der modernen Kunst im neuen Staat:

---

[270] Zehder: Die Zeitschrift 1919 Neue Blätter für Kunst und Dichtung, S. 24.
[271] Etwa bei der – schon beschriebenen – Verwendung der Mondmetapher. Auch bei Schilling selbst: vgl. Schilling: Mensch, Mond, Sterne.

Es ist anzunehmen, daß Sie die junge, fortschrittliche Kunst als einen Eckstein zum großen Bau betrachten, den Sie zu errichten gedenken, denn Sie haben nicht die Absicht, altes und schon verbrauchtes Material hierfür zu verwenden. [...] Die Kunst verdient es, daß, soweit der Staat sie fördern kann und zu fördern gewillt ist, ihr in der Reihe der obersten Aemter ein besonderer Platz eingeräumt wird, den nur eine vom Vertrauen der Künstlerschaft getragene Persönlichkeit beziehen darf. Diese wird es verstehen, geeignete Mitarbeiter heranzuziehen und in ständigem Verkehr mit der Künstlerschaft zu bleiben. [...] Die Neue Kunst [...] verlangt die ihr zukommende Berücksichtigung bei der Aufnahme neuer Werke in die staatlichen Sammlungen der Gemäldegalerie, des Kupferstichkabinetts, des Albertinums. In Deutschland, Frankreich, Italien, Rußland usw. hat sie sich ihr Daseinsrecht erkämpft, das ihr nur noch durch kurzsichtige Nichtbeachtung reaktionärer Kunstbehörden geschmälert wird. [...] Doch schreitet man überall zur Gründung von Sammlungen, welche lediglich Werke der Gegenwart aufnehmen sollen, seien sie nun als besondere Museen oder als Sonderabteilungen schon bestehender gedacht. Der Wunsch nach dieser für die Gegenwart allein möglichen Lösung der Museumsfrage im Interesse der lebenden Kunst besteht auch für die Republik Sachsen.[272]

Die Konzentration auf solche Formen organisierter Kunstkommunikation, die vorgegebene Machtkonstellationen im kulturellen Bereich auf der Basis einer weitgehenden Akzeptanz des politischen Gesellschaftssystems im Sinne der Moderne zu beeinflussen suchten, schließt das notwendige Bündnis mit den institutionell etablierten kulturellen Funktions- und Entscheidungsträgern des Staates ein, die am Aufbau der ›neuen Ordnung‹ maßgeblich beteiligt waren. Die personelle Zusammensetzung von Zehders *Neuer Vereinigung für Kunst* schien das notwendige Instrumentarium eines erfolgreichen Zusammenwirkens mit den staatlichen Institutionen bereitzustellen, sie scheiterte jedoch zunächst an der Spezifik eines politischen ›Systemwechsels‹, der die alten Träger der Macht vielfach in ihren Positionen beließ[273] und eine lediglich »äußerlich angepaßte« Umorientierung der alteingesessenen Beamtenschaft forderte[274]. Die weitgehende Wirkungslosigkeit der Vereinigung bei der Kooperation mit den städtischen Kulturbeamten in den ersten Tagen der Revolution versuchte Zehder seit Februar 1919 durch die Zusammenarbeit mit einem neuen Bündnispartner, der *Dresdner Se-*

---

[272] Hugo Zehder: Offenes Schreiben an das Ministerkollegium der Republik Sachsen. In: Neue Blätter für Kunst und Dichtung 2 (1919), Juni-Heft. S. 56-57. Ähnliches auch bei Ders.: Notizen. In: Neue Blätter für Kunst und Dichtung 1 (1919), März-Doppelheft. S. 263-264.
[273] Aus einem internen Informationsmaterial des Dresdner Oberbürgermeisters vom Mai 1919 geht hervor, daß der neu gegründete *Arbeiter- und Soldatenrat* keine Eingriffe in die durch Beamte der Stadt durchgeführte kommunale Arbeit vorgenommen hat, ja selbst an den Sitzungen der Stadtverordneten nie teilgenommen hat. Vgl. Brief des Dresdner Oberbürgermeisters an den Geschäftsführer des Deutschen Städtetages Berlin vom 16.5.1919. In: Akten des Stadtarchivs Dresden. Politische Umwälzung im Jahre 1918 in Sachsen und Dresden. Sign.: II. J. Nr. 13. RA 6. XXXII. 158, Band 1. Vgl. auch Rüdiger Bernd: Revolutionäre Kommunalpolitik und Kommunalpolitik in der Revolution. Zur Rolle der Arbeiter- und Soldatenräte in den Städten Sachsens während der Novemberrevolution bis zum 1. Reichsrätekongreß. In: Jahrbuch für Regionalgeschichte (1979), Band 7. S. 121-185, bes. S. 127-156.
[274] Zur Tendenz einer institutionell gesteuerten Entschärfung von Systemumbrüchen durch lediglich äußerliche Anpassung ihrer Träger an die neuen Gegebenheiten vgl. Peter Steinbach: Vom Kaiserreich zur Bundesrepublik: Kontinuität und Wandel der politischen Institutionen in Deutschland. In: Gerhard Göhler (Hg.): Institutionenwandel. Opladen: Westdeutscher Verlag 1997. S. 232.

zession Gruppe 1919, zu kompensieren. Dabei basierte das Zusammenwirken mit der von Conrad Felixmüller geleiteten Gruppe[275] nicht auf deren politischem Engagement im Umfeld der Revolution[276], sondern auf dem gruppeninternen Versuch, Einfluß auf die Expositionspraxis der städtischen Galerien und Museen zu gewinnen[277]. Die Aufnahme Zehders als Mitglied der Gruppe[278] versprach nicht nur eine Erhöhung des öffentlichen Einflusses der *Sezession* (etwa durch die Bemühungen des Verlegers, das staatliche Ausstellungsmonopol zu brechen und den Gruppenmitgliedern mehr Mitbestimmungsrechte bei der Vergabe von Stipendien[279] und Ausstellungsräumen zu verschaffen), sondern auch die Propagierung und ›Erklärung‹ der sezessionistischen Kunst in den *Neuen Blättern für Kunst und Dichtung*.

So findet sich seit März 1919 in Zehders Zeitschrift eine feste Rubrik, die den Abdruck von Gemälden und Graphiken der Sezessionsmitglieder mit einem jeweils essayistisch-interpretierenden Beitrag von kunstwissenschaftlich ausgewiesenen Autoren[280] verband und damit als »Vermittlungsinstitution zwischen den Handelnden im Kunstsystem«[281] wirkte. Der gehoben-bildungsbürgerliche Adressatenbezug blieb dabei, wie Will Grohmanns[282] Einführung in das Gesamtschaffen der *Sezession* im März-Doppelheft belegt, nicht nur gewahrt, sondern er wurde vor allem auf die innovativen, den gewohnten Erfahrungs- und Rezeptionshorizont sprengenden Form- und Gestaltungskonzepte der Sezessionsmaler neu eingestimmt:

Anders darstellen? Nein, Freund, wie sollte man neuen Wein in alte Schläuche gießen? Transzendente Bildinhalte fordern neue Formen. Wo bliebe das gesteigert Seelische? Linien müssen ekstatische Gesten sein, sich bäumen, kämpfen, sich demütigen, Flächenteilungen müssen erschüttern, Farben dich quälen oder beseligen. Außerhalb der willensstarken Formulierung gibt es keinen Inhalt. Hat die Musik Inhalte neben der Form? Ja, gäbe es eine malerische Harmonielehre, einen malerischen Kontrapunkt! wir verstünden uns leichter. So befremdet sich die Farbenfuge, die mystisch bewegte Farbenmasse, die unmittelbare Manifestation. Das Blau des Himmels sei nicht azur? Wer möchte mit Gottvater konkurrieren! Aber es gibt ein Erlebnis des strahlend blauen Himmels. Wie, wenn einer das malte! Also Märchenspiele? Nein, überzeugende Konfessionen und Symbole. Du vermißt, was sonst dich freute, den Körper, die Gebärde, den Vorgang, das Dabei.

---

[275] Weitere Mitglieder waren u. a.: Otto Dix, Otto Lange, Lasar Segall, Otto Schubert, Gela Forster, Constantin von Mitschke-Collande.
[276] Vgl. hierzu vor allem Felixmüllers Revolutionsengagement. Genaueres in Kapitel V der vorliegenden Arbeit.
[277] Vgl. hierzu die Erinnerungen Felixmüllers, der die Zielsetzung der Gruppe hervorhebt, auf die staatlichen Kulturinstitutionen einzuwirken. Siehe Dieter Gleisberg: Conrad Felixmüller. Leben und Werk. Dresden: Verlag der Kunst 1982. S. 44.
[278] Siehe das Mitgliederverzeichnis im Ausstellungskatalog: Sezession Gruppe 1919. Mit einem Textbeitrag von Walter Rheiner. Dresden: Emil Richter 1919. S. 5.
[279] Als Erfolg dieser Strategie kann die Verleihung des *Großen Staatspreises für Malerei* (Sächsischer Rompreis) 1920 an Felixmüller gelten.
[280] Neben Hugo Zehder wirkten vor allem Will Grohmann und Theodor Däubler.
[281] Siegfried J. Schmidt: Über die Funktion von Sprache im Kunstsystem. In: Eleonora Louis/Toni Stooss (Hg.): Die Sprache der Kunst. Die Beziehung von Bild und Text in der Kunst des 20. Jahrhunderts. Stuttgart: Edition Cantz 1993. S. 78.
[282] Zu Grohmann vgl.: In memoriam Will Grohmann 1887-1968. Wegbereiter der Moderne. Staatsgalerie Stuttgart 5.12.1987–17.1.1988. Ausstellungskatalog mit Textbeiträgen und einer Bibliographie.

Würde der innere Klang stärker? Gleichgültige Klänge schwächen, wo allgemein menschliches Gefühl da ist. Oder willst du Erfahrungen und Begebenheiten, Psychologie und Literatur?[283]

Grohmanns ›Deutungsversuche‹ dienten nicht dem Ziel, den Leser und Betrachter zu einer schlüssigen, sinnaufschließenden Interpretation der besprochenen Exponate hinzuleiten, sondern auf ein neues visuelles Erleben von bildender Kunst einzustellen. Dem »Prinzip der Kombinatorik«[284] verpflichtet, vermitteln die Texte in ihrem Verhältnis zu den abgedruckten Bildern keinen eigentlichen ›Schlüssel‹ zum Kunstwerk; allenfalls begegnen sie dem Vorurteil einer a priori unverständlichen, weil nicht immer mimetischen Darstellungsweise mit einer Aufwertung des ›inneren Erlebens‹ bei der Auseinandersetzung mit Kunst und der Hervorhebung des besonderen Stellenwertes symbolischer Codierung für die Analyse von Bildinhalten. Insoweit zielt die ›Didaktik‹ in den *Neuen Blättern* nicht auf eine Neu- oder Wiederbelebung der traditionellen deskriptiv-referierenden »Deutungshermeneutik«[285], sondern auf eine Aktivierung des deutenden Subjektes selbst und damit auf eine ›Belebung‹ des kommunikativen Potentials kunstrezeptiver Prozesse. Unter diesem Gesichtspunkt wird die von Zehder forciert betriebene Wendung zum gutsituierten Dresdner Bildungsbürgertum besonders einsichtig, boten doch vor allem diese Kreise aufgrund ihrer Herkunft und ihrer Sozialisation am ehesten eine Gewähr dafür, die notwendige »kulturelle Kompetenz« zu besitzen, die für eine »Dechiffrierung oder Decodierung« der »immanenten Logik der Werke«[286] unerläßlich war.

Gestützt wurde dieses Vorgehen durch eine seit Mitte 1919 deutlich wahrnehmbare Liberalisierung der staatlichen Ankaufs- und Ausstellungspraxis, an der einzelne Mitglieder der Vereinigung (vor allem Robert Sterl und Oskar Kokoschka) führend beteiligt waren.[287] Deren Berufung in die örtlichen Kunstkommissionen setzte jenen Vorgang personeller ›Infiltration‹ in Gang, der die traditionellen kulturellen Institutionen der Stadt mit den Repräsentanten der Moderne ›durchsetzte‹ und neue Macht- bzw. Autoritätssetzungen im Umfeld von Erneuerungs- und Reorganisationsprozessen (etwa in der *Kunstakademie* oder den *Kunstsammlungen*) erzwang.

Dies unterstütze Zehders Bemühungen, »die kunst- und kulturfördernden Kreise der Stadt Dresden« auf ihre Verantwortung für die Entfaltung des kulturellen Fortschritts hinzuweisen[288] und damit den selbstdefinierten Geltungsanspruch der Gruppe

---

[283] Will Grohmann: Dresdner Sezession »Gruppe 1919«. In: Neue Blätter für Kunst und Dichtung 1 (1919), März-Doppelheft. S. 257-260, hier: S. 258.

[284] Bernard Dieterle: Erzählte Bilder. Zum narrativen Umgang mit Gemälden. Marburg: Hitzeroth 1988. S. 8.

[285] Schmidt: Über die Funktion von Sprache im Kunstsystem, S. 81.

[286] Pierre Bourdieu: Die feinen Unterschiede. Kritik der gesellschaftlichen Urteilskraft. Frankfurt a. M.: Suhrkamp 1997[9]. S. 19.

[287] So konnte der Direktor des *Dresdner Stadtmuseums*, Paul Ferdinand Schmidt, seit Ende 1919 aufgrund der Fürsprache von Kokoschka, Sterl, Posse und Poelzig verstärkt Werke der Expressionisten ankaufen und ausstellen. Vgl. Paul Ferdinand Schmidt: Lebenslauf. o. O. und o. J. [um 1954]. [Manuskriptdruck]. S. 108.

[288] Vgl. hierzu einen Brief Zehders an Oskar Walzel, in dem Zehder betont, daß solche der Moderne verpflichteten Projekte wie seine Zeitschrift *Neue Blätter für Kunst und Dichtung* nur mit Hilfe des kunstinteressierten Bildungsbürgertums erhalten werden können. In: Nachlaß Oskar Walzel. Deutsches Literaturarchiv Marbach. A: Walzel. Korrespondenz.

wenigstens partiell einzulösen, was auch – wie die Neuerwerbungen des *Dresdner Stadtmuseums* um 1920 belegen – kurzzeitig gelang.

Die Übertragung eines solchen Wirkungskonzepts auf die anderen Künste, insbesondere die Literatur, gestaltete sich dagegen weitaus komplizierter. Da Zehder – anders als im Falle der bildenden Kunst – auf erklärende Stellungnahmen und interpretierende Erläuterungen weitgehend verzichtete, fiel den veröffentlichten Beiträgen selbst die Aufgabe zu, die Leser an den Formen- und Gestaltungsreichtum expressionistischer Dichtung heranzuführen. Dabei favorisierte Zehder eine Veröffentlichungspraxis, die – bei möglichst konsequenter Ablehnung aller Formen des Sprachexperiments oder der stilistischen Wort- und Lautspielerei[289] – in der Tradition eines durch bildungsbürgerliche Wissensvermittlung und -aneignung geprägten Textverständnisses stand und deren Motiv- und Metaphernwelt auf den Erfahrungs- und Rezeptionshorizont der gebildeten bürgerlichen Oberschicht zurückgriff. Die gehäufte Verwendung der für die klassisch-romantische Naturlyrik und realistische Dichtung des 19. Jahrhunderts typischen Motivkette ›Sonne, Mond und Sterne‹[290], auf die schon im Zusammenhang mit der Tierkreissymbolik des Titelblattes verwiesen wurde, bestätigt eine solche Herausgeber-Intention, deren wichtigste Funktion in der Gewinnung eines möglichst großen, durch Bildung privilegierten Rezipientenkreises bestand. Die oft und gerne in der Expressionismus-Forschung hervorgehobene sprachlich-formale Umwertung und Dämonisierung der traditionellen Requisiten einer »idealisierenden Poesie«[291] fällt in den *Neuen Blättern für Kunst und Dichtung* noch deutlicher als in den von Heinar Schilling im *Dresdner Verlag* publizierten Periodika einer Strategie adressatenbezogener Funktionalisierung zum Opfer, die den Bezug zur literaturgeschichtlichen Überlieferung nicht negiert, sondern bewußt herausstellt.

Der Umgang mit dem literarischen Werk Theodor Däublers kann exemplarisch diese Tendenz einer rezeptionsgeleiteten Veröffentlichungsstrategie erhellen. Während Schilling innerhalb seiner Reihe *Das neuste Gedicht* auf Publikationen Däublers ganz verzichtete und in der Zeitschrift *Menschen* bis zum Sommer 1921 lediglich drei Gedichte abdruckte (wovon eines mit dem Titel *Schlachtfeld* ein Antikriegsgedicht ist)[292], veröffentlichte Zehder in den *Neuen Blättern für Kunst und Dichtung* bereits im ersten Jahrgang 10 (!) Texte Däublers[293]. Für die Linksexpressionisten um Heinar Schilling war die besondere Art mythosgläubiger Naturdichtung, wie sie Däubler produzierte, in ihr aktivistisches Kunstprogramm nur schwer zu integrieren. Zehder und die Mitglieder der *Neuen Vereinigung für Kunst* hingegen konnten Däublers visionäre Sprachgebilde, die eine Erlösung des »brüchigen« und naturhaft »mißratenen« Kosmos durch

---

[289] So finden sich in Zehders Monatsschrift keine Lautgedichte der Dadaisten und auch keine Texte, die der *Sturm*-Wortkunsttheorie verpflichtet wären.

[290] Die Wandlungen dieser Motivkette in der deutschen Literatur beschreibt: Gerhard H. Lemke: Sonne, Mond und Sterne in der deutschen Literatur seit dem Mittelalter. Ein Bildkomplex im Spannungsfeld gesellschaftlichen Wandels. Bern, Frankfurt a. M., Las Vegas: Lang 1981.

[291] Dies konstatierte schon Karl Ludwig Schneider: Der bildhafte Ausdruck in den Dichtungen Georg Heyms, Georg Trakls und Ernst Stadlers. Studien zum lyrischen Sprachstil des Expressionismus. Heidelberg: Winter 1954. S. 51 und 54; auch 118ff.

[292] Vgl. Theodor Däubler: Schlachtfeld. In: Menschen 1 (1918), Nr. 9. S. 1. – Ders.: Flammendes Schiff. In: Menschen 2 (1919), Nr. 1 (12). S. 1. – Ders.: Nordlichtstrophen. In: Menschen 4 (1921), H. I (Nr. 99). S. 3.

[293] Vgl. hierzu das Inhaltsverzeichnis im Heft 1, 1918 der Zeitschrift *Neue Blätter für Kunst und Dichtung*.

menschliche Kunst- und Erkenntnistätigkeit beschworen[294], als »Verkündigung« einer neuen »Heilslehre geistiger Tat [...] im Zeitalter der Mechanisierung«[295] begreifen und in ihre Bemühungen um eine sinnvolle Weltdeutung im Umfeld der Revolution einbinden[296]. So hatte Zehder Gedichte von Däubler abgedruckt, die noch im Anknüpfen an die mystische Metaphernwelt der Sternbilder und Tierkreiszeichen eine neue Einheit von Gott und Welt artikulierten und den Menschen als eigentlichen Träger geschichtlichen Handelns begriffen:

[...]
Die Fische sind ein blasses Sternenbild!
Geschicke bleiben drum in Menschenhand:
In unsern Herzen werden die Gestirne glühen.
So frei sind keine in des Schöpfers Rechten.
Wir mussten uns gar lang ums eigne Ich bemühen:
Nun haben wirs. Und es bestürmt uns wild,
Allein zu walten und zugleich für Gott zu fechten,
Und da steht »Er«:
Des Tapfern Schild.
[...].[297]

Auf der Suche nach dem ›neuen Stil‹ der Epoche, der sich sowohl von den Stilreproduktionen des ›Historismus‹ als auch vom Stilpluralismus der Avantgarden abgrenzte, verkörperten Däublers Werke die »Sehnsucht nach einem Dasein, das wieder seine Verankerung im Göttlichen gefunden« hat und durch die »Schöpfungen [der] Kunst« zu »Menschenwürde«, »Liebe«, »Demut« und zur Entfaltung einer »brüderlichen Gemeinschaft«[298] aufruft.

Dieser Intention eines ›geistigen Neuanfangs‹ folgt auch die Veröffentlichungspraxis in den *Neuen Blättern für Kunst und Dichtung*, deren Spannweite Werke der parabelhaften Gleichnisliteratur aus tradierten christlichen Beständen[299] ebenso umfaßte wie Formen eines düster-melancholischen Expressionismus[300] oder kulturwissenschaft-

---

[294] Theodor Däubler: Delos. In: Deutsche Rundschau 51 (1925), Band 202. S. 183.
[295] Vgl. hierzu Oskar Walzels Deutung von Däublers *Nordlicht* in seinem Aufsatz *Neueste Versepik*. In: Kothurn 1 (1919), H. 1. S. 9-12, hier: S. 9.
[296] Siehe das Sonderheft zum Werk Däublers in den *Neuen Blättern für Kunst und Dichtung* vom November 1918. Vor allem den einführenden Aufsatz: *Theodor Däubler, der Dichter* von Erhard Buschbeck. (S. 145-148).
[297] Theodor Däubler: An das Sternbild der Fische. In: Neue Blätter für Kunst und Dichtung 1 (1918), November-Heft. S. 148-150, hier: S. 150.
[298] Zehder: Die Zeitschrift 1919 Neue Blätter für Kunst und Dichtung, S. 24.
[299] Vgl. etwa den Abdruck der *Vier Gleichnisse* von Jan van Ruisbroek in: Neue Blätter für Kunst und Dichtung 1 (1919), Januar-Heft. S. 189-190.
[300] Etwa bei Alfred Wolfenstein und Georg Trakl. Vgl. z. B. die Trakl Texte im März-Doppelheft der Zeitschrift aus dem Jahre 1919. S. 237-240 (mit einem einführenden Essay von Albert Ehrenstein). Zu Wolfenstein siehe u. a. *Die Seele*. In: Neue Blätter für Kunst und Dichtung 1 (1918), August-Heft. S. 81-82.

liche Abhandlungen, die den Ursachen für das »Elend der Welt«[301] nachgingen oder das »religiöse Bewußtseins des Expressionismus«[302] ergründeten.

Die Etablierung einer solchen Veröffentlichungsstrategie kann dabei nicht nur als Beleg für die Rückwirkung der von Zehder geführten Vereinigung auf den »Vorgang [...] gattungsbildender Selektion«[303] gelten, sondern erhellt zudem die besondere Bedeutung des Verlegers im Ensemble der örtlichen Verlagslandschaft, fügte sich doch Zehders »Kampf [...] mit den Waffen des Geistes«[304] in das allgemeine Erneuerungspathos des Expressionismus nach der Revolution sinnvoll ein und konnte als wirkungsvolles Pendant zu den Bemühungen um Schillings Gruppe nach einer aktiven Teilnahme des Künstlers am politisch-revolutionären Umbruch fungieren.

3. Institutionenwandel und mediale Differenzierung – Theaterreform und expressionistischer Bühnendiskurs im Zeichen synthetischer Kunstkonzepte

Die Reformierung der städtischen Kulturinstitutionen nach dem Ausbruch der Revolution erstreckte sich auch auf das einstige *Dresdner Hoftheater*, das noch im Dezember 1918 in eine staatlich verwaltete Kultureinrichtung überführt wurde.[305] Dieser institutionelle Wandlungsprozeß, der eine umfassende Neuordnung der ›inneren‹ und ›äußeren‹ Organisation des Theaterbetriebes nach sich zog[306], betraf nicht nur die unmittelbar politikrelevanten Strukturen und Mechanismen (etwa die Demokratisierung der Leitungshierarchie oder den Wegfall der Zensur[307]), sondern auch die theaterinternen Prinzipien der künstlerischen Führung und verwaltungstechnischen Kontrolle des Ensembles.

Der Ruf nach mehr Mitbestimmung bei der Konsolidierung des Theaters im Umfeld der Revolution basierte auf einer grundlegenden gesellschaftlichen und kulturellen Statusänderung der einstigen Hofbühne in der städtischen Öffentlichkeit: Befreit von den Bindungen an eine höfische Machtelite, die durch ihren Einfluß auf das Aufführungsrepertoire das Theater als symbolische Repräsentation ihres kulturellen

---

[301] Paul Adler: Von dem Elend der Welt. In: Neue Blätter für Kunst und Dichtung 1 (1918), September-Heft. S. 106-108.

[302] Eckart von Sydow: Das religiöse Bewußtsein des Expressionismus. In: Neue Blätter für Kunst und Dichtung 1 (1919), Januar-Heft. S. 193-199.

[303] Wilhelm Voßkamp: Gattungen. In: Helmut Brackert/Jörn Stückrath (Hg.): Literaturwissenschaft. Ein Grundkurs. Reinbek bei Hamburg: rowohlt 1992. S. 258.

[304] Zehder: Die Zeitschrift 1919 Neue Blätter für Kunst und Dichtung, S. 24.

[305] Vgl. Paul Adolph: Vom Hof- zum Staatstheater. Zwei Jahrzehnte persönlicher Erinnerungen an Sachsens Hoftheater, Königshaus, Staatstheater und anderes. Dresden: Verlag C. Heinrich 1932. S. 388 und 394.

[306] Da eine Geschichte des Dresdner *Kgl. Hoftheaters* bzw. *Staatsschauspiels* bis heute fehlt, sei auf den lediglich kurzen, überblicksartigen Band von Emil Ulischberger: Schauspiel in Dresden. Ein Stück Theatergeschichte von den Anfängen bis in die Gegenwart in Wort und Bild. Berlin: Henschelverlag 1989 verwiesen. Ulischberger thematisiert auch die Vorgänge im Umfeld der Novemberrevolution, S. 41-44.

[307] Vgl. zu diesen dezidiert politischen Gesichtspunkten die Ausführungen im Kapitel V der vorliegenden Arbeit.

Werte- und Stilempfindens genutzt hatte[308], gewannen die Bühnen in der Nachkriegszeit eine herausgehobene Stellung bei der Propagierung eines stärker an der zeitgenössischen Moderne orientierten Inszenierungsprogramms.

Dieser Prozeß einer »Umcodierung und Veränderung« der tragenden, über die Presse und andere Formen der institutionalisierten modernen Öffentlichkeit[309] ausstrahlenden theaterspezifischen »Symbolsysteme«[310] begann zwar schon während des Krieges – teilweise auch schon früher – (die Aufführung von Reinhard Goerings *Seeschlacht* im Februar 1918 beschreibt lediglich einen Höhe- und Endpunkt dieses Vorgangs[311]). Durch die Einsetzung eines genossenschaftlich organisierten »Regiekollegiums«, dem bei der Behandlung »rein künstlerischer Angelegenheiten die alleinige Bestimmung und Verantwortung oblag«[312], kam es aber zu einem auch institutionell legitimierten Hierarchiebruch mit unmittelbarer Rückwirkung auf das künstlerische Profil des Theaters. Denn die Etablierung dieses »Regiekollegiums«, dessen Einsetzung an einen Wechsel der traditionellen Trägerschichten des Theaterbetriebes gekoppelt war[313], ermöglichte eine engere Kooperation aller an der Aufführung eines Stückes Beteiligten und schuf durch das Zusammenwirken von Leitungsgremien, Schauspielern, Bühnenbildnern, Regisseuren usw. die Grundlage für die Konstituierung einer neuen, zeitgemäßen Aufführungspraxis.

Paul Wiecke, der erste stellvertretende Schauspieldirektor, konnte deshalb in seiner Rede anläßlich der Begrüßung des Gesamtpersonals durch die neue Regierung dieses Prinzip kommunikativer Kunstübung zur Richtschnur des Handelns jedes einzelnen Theaterangestellten erheben:

[...] Die Verständigung von Mensch zu Mensch war angesichts der noch bis vor kurzem gültigen und dienstlich maßgebenden Auffassung sozialer Rangunterschiede ausgeschlossen.

Sie allein bilde jedoch

---

[308] So mußten alle geplanten Aufführungen an der Hofbühne mit dem König besprochen werden. Der König entschied letztlich über die Inszenierung eines Stückes. Auch das offizielle Organ der Dresdner Hofbühne *Der Zwinger* war den »höfischen Instanzen« unterstellt. Vgl. Karl Wollf: Programm. In: Der Zwinger 3 (1919), H. 1. S. 1. Vgl. auch Dr. Nikolaus Graf von Seebach: König Albert und das Theater. In: Der Zwinger 3 (1919), H. 1. S. 5-9. Zum Verhältnis des Königs zum Theater siehe Kapitel II der vorliegenden Arbeit.
[309] Vor allem Vereine wie die *Literarische Gesellschaft* hatten sich um die Verbreitung der modernen Dramatik verdient gemacht. So war die Gesellschaft an der Aufführung von Reinhard Goerings *Seeschlacht* führend beteiligt. Vgl. hierzu den Nachlaß der Literarischen Gesellschaft. Stadtarchiv Dresden. Protokollbuch. Signatur 13.21. Karton Nr. 2.
[310] Karl-Siegbert Rehberg: Institutionenwandel und die Funktionsveränderung des Symbolischen. In: Göhler (Hg.): Institutionenwandel, S. 101.
[311] Vgl. zu diesem ›schleichend‹ sich vollziehenden Prozeß auch die Ausführungen in Kapitel II der vorliegenden Arbeit.
[312] Vgl. die Verordnung des Kultusministeriums über die Organisation der »Sächsischen Landestheater« vom 11.12.1918. Zitiert nach Adolph: Vom Hof- zum Staatstheater, S. 394. Später trat an die Stelle des *Regiekollegiums* ein *Künstlerrat*. Vgl. ebd., S. 402-403 und 466.
[313] So blieb zwar Graf Nikolaus von Seebach als Intendant im Amt, übernahm aber lediglich ›Repräsentationsaufgaben‹. Die künstlerische Leitung der Oper wurde von einem *Arbeitsrat* übernommen. Nur der Verwaltungsfachmann Paul Adolph führte bis 15.8.1920 sein Amt weiter, wurde aber durch gewählte Gremien des Hauses kontrolliert. Vgl. Adolph: Vom Hof- zum Staatstheater, S. 385f., 395f. und öfter.

die ideale Grundlage, auf der ein Verkehr mit Künstlern, die die Verkörperer rein menschlicher Zustände und Konflikte sind, ein gemeinsames Schaffen in Wahrheit und Freiheit beruht. Diese menschliche Verständigung allein gibt jene erhabene Sicherheit gegenseitiger Wertschätzung, und wo diese fehlt, war und bleibt Unsicherheit, Verstellung und zuletzt Lüge. Wir wollen nie und wollen keine das Persönliche erstickende diktatorische Bevormundung in irgendeinem Zweig unserer Neuorganisation, wir wollen – selbst Künstler – nur Künstler als Richter über unsere Kunst [...] Nicht Einzelentscheidungen in irgendeinem Zweige unserer Verwaltung – nur unsere Kollegien auf Grund unserer Taten sind unsere Richter und entscheiden über Wert und Unwert der Majorität, die wir uns nun selbst als verantwortliche Diener für uns und der Öffentlichkeit gegenüber bestellt haben.[314]

Der Grundsatz kollektiver Selbstverständigung wurde zur Basis einer Abkehr vom zeittypischen, zwar erfolgreichen, aber letztlich ›seelenlosen‹ »artistisch-repräsentativen Luxusstil« der Großstadttheater, wie ihn etwa Max Reinhardt in Berlin praktizierte[315], und der Herausbildung eines gemeinschaftlich organisierten ›Ensembletheaters‹, an dessen Entwicklung in Dresden vor allem Berthold Viertel beteiligt war. Dieser hatte die Notwendigkeit einer Reformierung der theaterkünstlerischen Darstellungs- und Inszenierungsweisen im Umfeld des gesamtgesellschaftlichen Umbruchs auch theoretisch zu begründen versucht: In mehreren Beiträgen entwickelte Viertel, der damals als Regisseur am *Dresdner Staatsschauspiel* wirkte[316], sein Programm einer Wiederbelebung des Ideen- und »Gesinnungstheaters«, das, jenseits und unabhängig von allen Gewinn- und Verwertungsabsichten eines privaten Unternehmerinteresses[317], als »kunstproduktive Gemeinschaft« fungieren und in dieser Funktion auch »aus seinem Publikum eine Gemeinde bilden«[318] sollte.

Viertel versuchte, die Möglichkeiten einer im Zuge der Umgestaltung der Hofbühnen eingeführten Institution, nämlich der des *Regiekollegiums* bzw. des *Künstlerrates*, in seine Regiearbeit zu integrieren. Während man andernorts von »der Institution der sogenannten Künstlerräte« eine Beeinträchtigung der künstlerischen Selbständigkeit der Bühnenleiter befürchtete[319], sah Viertel in ihr ein Instrumentarium, das nicht nur die neuen Bühnenkonzepte expressionistischer Dramatik unterstützte, sondern aufgrund ihres gemeinschaftsbildenden Charakters auch als Leitbild mit öffent-

---

[314]   Rede zitiert nach ebd., S. 389-390.

[315]   Vgl. hierzu Berthold Viertel, der anläßlich eines Vortrages in Dresden Reinhardts Aufführungsstil als »artistisch-repräsentativen Luxusstil mit stark snobistischem Einschlag« bezeichnete. Zitiert nach: M. A.: Berthold Viertel: Die Aufführung. In: Dresdner Konzert- und Theater-Zeitung vom 7.2.1920. Nr. 22. S. 255.

[316]   Viertel arbeitete zwischen 1918 und 1922 in Dresden. Während dieser Zeit inszenierte er u. a. folgende expressionistische Stücke: Friedrich Wolf: *Das bist du* (9.10.1919), Georg Kaiser: *Gas* (29.2.1920), Walter Hasenclever: *Jenseits* (28.10.1920), August Stramm: *Die Haidebraut/Erwachen* (14.5.1921), Walter Hasenclever: *Gobseck* (27.1.1922), Georg Kaiser: *Von morgens bis mitternachts* (13.4.1922).

[317]   An der damals in Dresden breit geführten Debatte um die Bedeutung der ökonomischen Effizienz für die Entwicklung der Theaterlandschaft beteiligten sich auch Hugo Zehder und Max Alberty. Vgl. etwa Hugo Zehder: Zeit, Theater und Dichter. In: Die neue Schaubühne 1 (1919), H. 1. S. 1-3. – Max Alberty: Schaubühne und Revolution. In: Der Zwinger 3 (1919), H. 3. S. 77-79.

[318]   Berthold Viertel: Theater-Zukunft. In: Der Zwinger 3 (1919), H. 12. S. 314.

[319]   Vgl. hierzu einen von Max Reinhardt und Richard Strauss inaugurierten *Aufruf*, auf den auch Viertel Bezug nimmt. Der *Aufruf* wurde abgedruckt in: Das junge Deutschland. 2 (1919), Nr. 6. S. 155-157, hier: S. 155.

lich ausstrahlender Wirkung gelten konnte. Die Beseitigung des Axioms einseitiger, allein durch den Regisseur ausgeübter Autorität bei der Inszenierung eines Stückes zugunsten einer breiteren Mitbestimmung des Ensembles[320] sollte ein ›Gemeinschaftsgefühl‹ konstituieren, das sich während der Aufführung auch von den Produzenten auf die Rezipienten überträgt. »Die Sprengung der Illusionsbühne« und »die wiederhergestellte Gemeinsamkeit zwischen dem Repräsentanten, der spielt, und dem mittätigen Publikum«[321] wird für Viertel zu einer grundlegenden Konsequenz aufführungspraktischer Arbeit, die auf einer Demokratisierung des Theaterbetriebes fußte und so in einem sozialrevolutionären Sinn das Politische mit dem Ästhetischen verband.

Indem die Mitglieder des *Künstlerrates* am *Dresdner Schauspielhaus* »sogar auf Regie, Ensemblebildung und Spielplan mitbestimmend«[322] einwirken konnten, schufen sie die Voraussetzungen, zwischen neuer Kunst und Öffentlichkeit zu vermitteln. Die Wirkungsweise des Rates als ›integrative Institution‹, die nicht nur das Recht auf demokratische Mitbestimmung sicherte, sondern auch die verschiedenen Formen und Möglichkeiten ästhetischer Weltdeutung beeinflußte, führte auf künstlerischer Ebene zur Etablierung eines neuen Inszenierungsstils[323], der die ›Synthese der Künste‹ als Ausdruck kollektiver Gemeinschaftsarbeit des Ensembles favorisierte. Die kunstproduktive Solidarität der Maler, Dichter, Bühnenbildner, Beleuchter, Regisseure und Schauspieler stand dabei sowohl in einem sozialen als auch kulturellen Kontext: Der Vereinzelung und Isolierung des modernen Menschen konnten im Zeitalter der Konkurrenz und des individuellen Existenzkampfes – in einem exemplarischen Sinn – die Möglichkeiten kooperativen Künstlertums entgegengestellt und damit eine Legitimierung der neuen Kunst als sozialrevolutionäre Instanz unterstützt werden.

Die Durchsetzung dieses Postulats in einer für die Belange der experimentellen zeitgenössischen Theaterkunst sensibilisierten städtischen Öffentlichkeit versuchte Viertel auch mit Hilfe der theatereigenen Zeitschrift *Der Zwinger*[324] voranzutreiben. Das vom Mitglied des *Regiekollegiums* Karl Wolff [325] geführte Blatt stellte sich nach dem Ende des Krieges in den Dienst der »Theater-Reform« des *Schauspielhauses* und verstand sich als Sprachrohr all jener, »die über die Zukunft des deutschen Theaters Prinzipielles zu sagen« hatten[326].

Unter Wollfs Leitung entfaltete das offizielle »Organ« des *Dresdner Staatsschauspiels* eine Debatte, die nach dem Zusammenhang von institutioneller Neuorganisation und ästhetischem Paradigmenwechsel fragte und die weltanschauliche Funktion des modernen Bühnenschaffens im Kontext mit den formal-gestalterischen Konzepten des neuen Ausdruckstheaters[327] erörterte.

---

[320] Viertel: Theater-Zukunft, S. 317ff. Zum Zusammenspiel von Schauspieler – Regisseur – Ensemble vgl. Berthold Viertel: Vom Regisseur aus gesehen. In: Hugo Zehder (Hg.): Die neue Bühne. Eine Forderung. Dresden: Rudolf Kaemmerer 1920. S. 45-54.

[321] Berthold Viertel: Deutsches Zukunfts-Theater. In: Der Zwinger 3 (1919), H. 18. S. 483.

[322] Berthold Viertel: Schauspieler-Sozialismus. In: Die Weltbühne 15 (1919), 1. Band. S. 541. Zur Mitbestimmung des Künstlerrates am Dresdner Theater und an der Oper vgl. Adolph: Vom Hofzum Staatstheater, S. 394 und 400ff.

[323] M. A.: Berthold Viertel: Die Aufführung, S. 255.

[324] *Der Zwinger* erschien seit 1917 als offizielles Organ der Dresdner Hofbühne. Nach der Novemberrevolution wurde es bis 1922 weiter von der Leitung des Staatstheaters herausgegeben.

[325] Wolff war schon seit 1917 an der Herausgabe des *Zwinger* beteiligt und führte die Zeitschrift auch nach Revolutionsausbruch weiter.

[326] Karl Wollf: Programm. In: Der Zwinger 3 (1919), H. 1. S. 3.

[327] Ebd., S. 1-5.

An das Prinzip einer durch die städtische Presse weitgehend gestützten Theaterarbeit, wie es sich in Dresden schon im Umfeld der Durchsetzung des Naturalismus am *Kgl. Hoftheater* herausgebildet hatte, konnte Wolff anknüpfen und damit die «Neubesinnung über Ziele und Wege der Bühnenkunst«[328] nach der Revolution in eine Tradition medialer tagespublizistischer Förderung einbetten.

Exemplarisch läßt sich dieses Programm einer Reorganisation der städtischen Theater- und Aufführungspraxis an der ehemaligen Hofbühne, das nicht zuletzt auf die Herausbildung eines einheitlichen expressionistischen »Aufführungsstiles«[329] zielte, anhand der im *Zwinger* nachlesbaren Inszenierungsgeschichte von Friedrich Wolfs Drama *Das bist du* zeigen.

Der Uraufführung von Wolfs *Spiel in einem Vorspiel und fünf Verwandlungen* am 9.10.1919 (Regie führte Berthold Viertel, die Bühnenbilder gestaltete Conrad Felixmüller) ging ein öffentlicher Diskurs über die Möglichkeiten der ›neuen Bühne‹ in Karl Wollfs Zeitschrift voraus. Die wechselseitigen Wortmeldungen des Regisseurs, des Dichters und des Bühnenbildners über Fragen der Lichtregie, der Bühnenausstattung, der Bühnenkomposition und der Schauspielerführung[330] dienten dabei nur bedingt einer zuschauerorientierten Auseinandersetzung mit Problemen der bühnentechnischen Umsetzung des expressionistischen Dramas. Ihr eigentliches Anliegen bestand darin, Möglichkeiten der Zusammenführung des Form- und Gestaltungsinventars unterschiedlicher Künste unter dem einigenden Dach einer übergreifenden ›Idee‹ verschiedener Kunstproduzenten aufzuzeigen. Die Leitbildfunktion dieser ›Idee‹ für das Aufführungskonzept hat Friedrich Wolf noch Jahrzehnte nach der erfolgreichen Inszenierung des Stückes hervorgehoben:

> In meinem Stück war das geistige und dramaturgische Grundprinzip der Gedanke, daß alles Dasein ein stetiger Wandel sei, daß auch der Mensch – gerade der Mensch – sich in einer stetigen Wandlung befinde vom Niederen zum Höheren. [...] Damals, noch mit einem Fuß im Fegefeuer des ersten Weltkrieges stehend, sah ich so die Frage der Verantwortung des einzelnen: jeder ist nicht bloß für sich, sondern für den andern verantwortlich! Dein Versagen ist zugleich mit schuld am Versagen des andern. Diese Erkenntnis muß zur Tat drängen – sich zu verwandeln, die andern, die Welt.[331]

Damit entwirft diese »Ideendichtung«[332] das Modell einer ›neuen Gemeinschaft‹, das auf der Verantwortlichkeit des einzelnen gegenüber der Gesamtheit beruht und die »menschliche Erneuerung der Lebensbeziehungen«[333] direkt von dieser abhängig

---

[328] Ebd., S. 3.

[329] E. H.: Berthold Viertel: Die Aufführung. In: Dresdner Volkszeitung vom 5.2.1920. Nr. 29. S. 8.

[330] Vgl. u. a. Friedrich Wolf: Die expressionistische Bühne. Eine Forderung. In: Der Zwinger 3 (1919), H. 9. S. 226-229. – Berthold Viertel: Der neue Raum. Entgegnung auf Friedrich Wolfs expressionistische »Forderung«. In: Der Zwinger 3 (1919), H. 10. S. 269-272. – Friedrich Wolf: Der unbedingte Schauspieler. Ein »Dennoch« an Berthold Viertel. In: Der Zwinger 3 (1919), H. 12. S. 321-124. – Conrad Felixmüller: Von der neuen Bühne. In: Der Zwinger 3 (1919), H. 12. S. 325-327.

[331] Friedrich Wolf: Felixmüller. In: Dramaturgische Blätter 2 (1948), H. 3. S. 129-133.

[332] Berthold Viertel: »Das bist du«. In: Der Zwinger 3 (1919), H. 20. S. 536.

[333] Conrad Felixmüller: Erinnerungen an Friedrich Wolf. In: Gerhart Söhn (Hg.): Conrad Felixmüller: Von ihm – über ihn. Texte von und über Conrad Felixmüller. Düsseldorf: Edition GS 1977. S. 171-181, hier: S. 174.

macht. Es fungiert somit zum einen als symbolische Rückverweisung auf die kunst-produktive Solidarität zwischen den verschiedenen, an der Aufführung des Stückes beteiligten Künstlern; zum anderen aber bringt es in seiner Eigenschaft als öffentlich ausstrahlendes Kunstprodukt die Geltungsansprüche und Normen der institutionellen Neuordnung des ehemaligen *Hoftheaters* ›symbolisch‹ zur Wirkung, hatte doch auch die neue Leitung des Schauspielhauses persönliche Verantwortung und Solidarität zu den »Leitideen« ihres kulturellen Wirkens erhoben.

Noch deutlicher zeigt sich der Zusammenhang von Institutionenwandel, ästheti-scher ›Symbolproduktion‹ und öffentlichem Wirkungsanspruch anhand der Rückwir-kung der Aufführung auf das Dresdner Kunstleben: Oskar Walzel, Literaturwissen-schaftler und kritischer Chronist der »geistigen und künstlerischen Anliegen Dres-dens«, vermerkt im Nachfeld der Premiere, daß sich bei der Inszenierung von Wolfs Stück »endlich wieder einmal Dichtung, bildende Kunst und Schauspielkunst Dres-dens zu gemeinsamem Wirken« zusammenfanden und damit »einen Grundmangel von Dresdens geistiger Arbeit zu beheben« versuchten: »das Fehlen des Zusammen-schlusses verwandter Kräfte, die Zersplitterung«[334] und Zerrissenheit.

Der überaus große Erfolg der Aufführung in den Kreisen des städtischen Bil-dungsbürgertums[335] bestätigte den Akteuren die Wirkungsmacht ihres gemeinsamen, sowohl institutionell als auch ästhetisch aufeinander abgestimmten Erneuerungspro-gramms, wobei dieses die Berücksichtigung eines stadtspezifischen Adressatenbezuges nicht leugnen konnte: Die in der örtlichen Presse gleich mehrfach hervorgehobene »zahme«, ganz auf die Bedürfnisse des Dresdner Publikums zugeschnittene Inszenie-rung und Bühnengestaltung, die »weder radikal noch übermäßig verblüffend« aus-fiel[336], legt jedenfalls die Vermutung eines zuschauerbezogenen Premierenkonzepts nahe und läßt zugleich auf eine didaktische Intention bei der Umsetzung des Auffüh-rungsvorhabens schließen[337], wollte doch die ›Gemeinschaft der Produzierenden‹ eine ›Gemeinschaft der Rezipierenden‹ formen[338] und dabei die Möglichkeiten der Kunst als gesellschaftlich eingreifendes Medium veranschaulichen. Diesem Anspruch kommt auch die inhaltliche Ausrichtung von Wolfs Stück entgegen: Neben dem Vorherr-schen des Verwandlungs- und Tat-Motivs[339] sind es vor allem die beziehungsreichen Anspielungen einer menschlichen ›Erneuerung von innen‹, die, visionär und traum-

---

[334] Oskar Walzel: Geistige und künstlerische Anliegen Dresdens. In: Dresdner Konzert- und Theater-Zeitung vom 17.1.1920. Nr. 19. S. 218-219.

[335] Vgl. die Erinnerungen Conrad Felixmüllers an die Premiere: »Das von idealer Revolutionsbegei-sterung erfaßte freigeistige Bürgertum der alten ›Residenzstadt‹ Dresden huldigte dem Dichter Friedrich Wolf.« Felixmüller: Erinnerungen an Friedrich Wolf, S. 174. Vgl. auch die durchweg wohlwollenden Kritiken in der Dresdner Tagespresse.

[336] Vgl. P. H. Hartwig: Das bist du. In: Dresdner Volkszeitung vom 10.10.1919. Nr. 235. S. 6. Auch Friedrich Kummer im *Dresdner Anzeiger*, der das »Maßvolle« der Aufführung unterstrich. Friedrich Kummer: Das bist du von Friedrich Wolf. In: Dresdner Anzeiger vom 10.10.1919. Nr. 441. S. 2.

[337] Darauf verweist z. B. Christian Gaehde in seiner Rezension zur Aufführung im *Literarischen Echo*: »Das Bühnenbild war vergleichsweise zahm, kam den durch ›Ausdruckskunst‹ noch nicht Gebildeten entgegen, war also ein Vermittlungsversuch zwischen alter Theaterillusion und neuer, von den Zufäl-ligkeiten des Raumes absehender rein geistiger Wirkung.« Christian Gaedhe: »Das bist du«. In: Das literarische Echo 22 (1920), H. 4. Sp. 222.

[338] Vgl. Viertel: Theater-Zukunft, S. 319.

[339] Zum Verwandlungs- und Tat-Motiv der Dichtung vgl. Viertel: »Das bist du«, S. 535f. Auch: Klaus Hammer: Friedrich Wolfs »Das bis du« und die expressionistische Bühnenrevolution in Dres-den. In: Dresdner Hefte 6 (1988), H. 1. S. 49-60, hier: S. 60.

bildhaft überhöht, auf Zuspruch beim reformwilligen bildungsbürgerlichen Publikum rechnen konnten[340].

Im Gegensatz zu früher gescheiterten Versuchen, an den Dresdner Privattheatern einen kompromißlos experimentellen Bühnenstil zu etablieren[341], bestimmte im Falle von Wolfs Stück das Anknüpfen an die Erwartungshaltungen der potentiellen Rezipienten – wenigstens partiell – die Wahl des Inszenierungsstils, der sich dennoch nicht im Traditionellen verlor und in der Gegenüberstellung mit der (zeitlich alternierend) angesetzten Aufführung von Goethes *Tasso* durchaus sein Innovationspotential erwies[342].

4. Feuilletonismus und Vereinskultur: Zur personellen und institutionellen Vernetzung von massenmedialen und gruppen- spezifischen Rezeptionsweisen des Expressionismus nach 1918

Die öffentliche Aufwertung der vereinsgebundenen »Pflege von Litteratur und Kunst«[343] zum »Zwecke gegenseitiger Anregung und Förderung«[344] nach 1910 in Dresden basierte auf der Erfahrung eines doppelten Desiderats: Im Umfeld einer schauwertorientierten, den traditionellen Status der ›Kunststadt‹ betonenden Protektion der darstellenden Künste durch die städtischen Kulturbehörden geriet die ›schöne Literatur‹ im Vergleich zu Theater, bildender Kunst und Architektur in eine zunehmend isolierte und gesellschaftlich vernachlässigte Rolle, was sich nicht zuletzt in einer von den Zeitgenossen schmerzlich empfundenen Kontur- und Gestaltlosigkeit des örtlichen literarischen Lebens niederschlug[345]. Gleichzeitig wurde das Fehlen einer lokalen,

---

[340] Dies wird bei den Besprechungen des Stückes in der Dresdner Tagespresse deutlich. Etwa bei Friedrich Kummer vom *Dresdner Anzeiger*, der betont: »Nur wo das Gefühl aus **handelnden** Menschen steigt, liegt auch die Kraft expressionistischer Dramatik.« In: Dresdner Anzeiger vom 10.10.1919. Nr. 441. S. 2. Auch bei Julius Ferdinand Wollf: Das bist du. In: Dresdner Neueste Nachrichten vom 11.10.1919. Nr. 277. S. 2-3.

[341] Etwa Oskar Kokoschkas Selbstinszenierungen seiner Stücke *Mörder, Hoffnung der Frauen, Hiob* und *Der brennende Dornbusch* im Juni 1917 am Dresdner *Albert-Theater*. Hier belegen die Reaktionen der örtlichen Presse durchaus den experimentellen Charakter der Aufführung. Vgl. etwa die Rezension von W. Rudolf Leonhardi im *Dresdner Lokal-Anzeiger* vom 5.6.1917. Nr. 63. S. 2.

[342] Vgl. hierzu einen Brief von Kaethe Wolf an Ida und Max Wolf, in dem es heißt: »Denn zu diesen Sept./Okt.-Spielen wird als Altmeister-Stück der ›Tasso‹ gegeben mit höchster Regie und Inszenierungskunst; als Neumeister-Stück ›Das bist du‹ in neuester technischer Höchstleistung! Das läßt sich doch hören, was?« Der Brief ist abgedruckt in: Emmi Wolf/Brigitte Struzyk: Auf wieviel Pferden ich geritten... Der junge Friedrich Wolf. Eine Dokumentation. Berlin und Weimar: Aufbau 1988. S. 386.

[343] Aus der Satzung der *Gesellschaft für Literatur und Kunst* von 1893. Vgl. Rolf Parr: Gesellschaft für Literatur und Kunst [Dresden]. In: Wülfing/Bruns/Parr (Hg.): Handbuch literarisch-kultureller Vereine, S. 161.

[344] Aus dem Statut des *Literarischen Vereins zu Dresden* vom Jahre 1885. Almai/Parr: Literarischer Verein zu Dresden, S. 269.

[345] Vgl. hierzu die kritische Stellungnahme von Erwin Le Mang in seinem Beitrag *Dresden und die Literatur 1911/12*. In: Dresdner Kalender 1913. S. 61-66. Vgl. auch das Jahrbuch *Das neue Dresden*, in dem sich kein eigenes Kapitel zum literarischen Leben in der Residenzstadt findet. Während man die Musik, das Theater und die bildende Kunst in Einzelbeiträgen besprach, wurde die Literatur ausgeklammert. Das neue Dresden. Ein kritisches Jahrbuch. Dresden-Radebeul: Verlag und Druck O. Friedrichs. 1 (1911).

die Interessen der Literaturproduzenten wahrnehmenden Organisation[346] für die stadtansässigen Schriftsteller zum Auslöser einer Suche nach neuen Formen des Zusammenwirkens von Autoren und potentiellen Rezipienten, um über eine Forcierung des Umgangs mit Literatur den Stellenwert der Dichtkunst im Ensemble künstlerischer Aneignungs- und Darstellungsweisen aufzuwerten. Für beides boten die meist in der zweiten Hälfte des 19. Jahrhunderts gegründeten literarisch-kulturellen Vereinigungen der Stadt[347] günstige Voraussetzungen: Als Heimstatt vieler bedeutender Autoren des Dresdner Raumes[348] und als Form der organisierten Literaturrezeption schufen sie die institutionellen Rahmenbedingungen für eine Neubestimmung der Rolle des Schriftstellers und der Literatur in der Residenzstadt; als mitgliederstarke und straff strukturierte Organisationen[349], die der »Durchsetzung einer Bildungs- und Kulturgesellschaft«[350] bürgerlicher Provenienz dienten, wirkten sie als Bindeglied zwischen lokaler Kulturadministration und Öffentlichkeit.

Indem sie den Status der reinen Autorenvereinigung schon früh zugunsten einer Erweiterung des Mitgliederbestandes auf ›literarisch interessierte‹ Damen und Herren aufgaben[351] und in ihre vereinsinterne Programmatik auch die Möglichkeit des Dialogs über Autoren, Werke und literarische Bewegungen integrierten[352], wurden die Vereinigungen zu Orten kultureller Interaktion des gebildeten Bürgertums.

Der eher traditionelle Charakter der Dresdner literarisch-kulturellen Vereinigungen, die sich nicht vorrangig in den Dienst der Propagierung einer gesellschaftlich peripheren ›Subkultur‹ stellten, sondern die Assimilierung von Bildung und Geselligkeit zum konzeptionellen und praktischen Zielpunkt ihrer Vereinsarbeit erhoben, bot den Mitgliedern ein nahezu ideales Forum für eine dem bildungsbürgerlichen Selbstver-

---

[346] Laut *Dresdner Adressbuch* gab es um 1910 keine örtliche Schriftstellervereinigung.

[347] In Dresden existierten – auch nach Ansicht der Zeitgenossen – drei wichtige literarisch-kulturelle Vereinigungen: Neben dem 1863 gegründeten *Literarischen Verein* wirkten noch die *Gesellschaft für Literatur und Kunst* sowie die *Literarische Gesellschaft* in der Residenzstadt. Ein kleinerer, eher exklusiv auftretender und zu großen Teilen aus Kunst- und Literaturschriftstellern bestehender Kreis fand sich im *Symposion, Dresdner Schriftstellerklub* zusammen.

[348] So ging etwa die Gründung des *Literarischen Vereins* von Dresdner Dichtern aus: u. a. von Eduard Duboc (Waldmüller), Wilhelm Wolfsohn, Berthold Auerbach und Karl Gutzkow. Vgl. Heinrich Zschalig (Hg.): Gedenkbuch des Literarischen Vereins zu Dresden zur Feier seines 50jährigen Bestehens 1863–1913. Unter Mitwirkung von Felix Zimmermann. Dresden: C. A. Kochs Verlagsbuchhandlung (H. Ehlers) 1913. S. 5. Auch Richard Mahrenholtz: Abriß der Geschichte des Literarischen Vereins zu Dresden (1862–1887). Dresden: E. Blochmann und Sohn 1889. S. 5. Wie die Mitgliederlisten des *Literarischen Vereins* belegen, bildeten die Schriftsteller neben den Lehrern das Gros der ordentlichen Mitglieder der Vereinigung. Vgl. Almai/Parr: Literarischer Verein zu Dresden, S. 286-288.

[349] Die *Literarische Gesellschaft* verfügte bereits im Jahre 1902 über die stattliche Mitgliederzahl von 1000; der *Literarische Verein* im Jahre 1913 über 612 Mitglieder. Zur *Literarischen Gesellschaft* vgl. Geschichte der Litterarischen Gesellschaft zu Dresden nebst Verzeichnis der für das Winterhalbjahr 1909/10 geplanten Vorträge und dramatischen Vorstellungen und Satzung vom 5.5.1902. S. 4. Zum *Literarischen Verein*: Almai/Parr: Literarischer Verein zu Dresden, S. 286.

[350] Vgl. Otto Dann: Vorwort des Herausgebers. In: Ders. (Hg.): Vereinswesen und bürgerliche Gesellschaft in Deutschland. München: Oldenbourg 1984. S. 5.

[351] Die Tendenz einer ›Aufsprengung‹ des Mitgliederbestandes ist bei allen genannten literarisch-kulturellen Vereinen nachweisbar; am deutlichsten allerdings beim *Literarischen Verein*.

[352] Die Vorträge von Dichtungen wurden durch Diskussionen der Vereinsmitglieder ergänzt. Exemplarisch läßt sich diese Tendenz am *Literarischen Verein* zeigen, der vor allem in den 10er Jahren »Ausspracheabende einführte, die sich als recht fruchtbar erwiesen«. Vgl. Felix Zimmermann: 70 Jahre Literarischer Verein zu Dresden. In: Dresdner Jahrbuch und Chronik 24 (1933), S. 45-47, hier: S. 47.

ständnis entsprechende Beteiligung an den kulturellen Angelegenheiten des städtischen Gemeinwesens. Und obgleich die berufliche Zusammensetzung der Vereine außerordentlich heterogen war (das Spektrum reichte vom Arzt über den Lehrer, Beamten, Fabrikbesitzer und Pensionär bis zum Schriftsteller und Maler[353]), konstituierte
sich im vereinsinternen Binnenraum ein offenes und vorurteilsloses Klima bei der
Auseinandersetzung mit einem breit angelegten und universell konzipierten Themen-
angebot.[354]

Daß dabei schon früh die künstlerische Moderne als fester Bestandteil des Vor-
trags- bzw. Diskussionsangebots auftaucht (in der *Literarischen Gesellschaft* wird bereits
1899 Max Halbes Drama *Jugend* aufgeführt und 1910 liest Else Lasker-Schüler aus eigenen Dichtungen[355]), gehört zu den markanten Beispielen einer Öffnung traditioneller Kulturinstitutionen der Gebildeten gegenüber der innovativen zeitgenössischen
Kunst und Literatur in Dresden.

Dieser sogar satzungsmäßig verankerte[356] und sich demonstrativ vollziehende Prozeß[357] ordnet sich in die Modernisierungsbestrebungen des Bildungsbürgertums im
Umfeld einer noch immer höfisch beeinflußten Kulturpolitik ein: Indem das Vereinswesen einer Partikularisierung von Interessen entgegenwirkte und über die Vielfalt
der sozialen Schichtung des Mitgliederbestandes die kulturellen Bedürfnisse einer
breitgefächerten Gruppe von Bürgern zu ›kanalisieren‹ verstand, wirkte es als »›Agen-
tur‹ der ›Modernisierung‹«[358], wie sich unter anderem an den Bemühungen einzelner
Vereine um eine ›Ausschaltung‹ der städtischen Polizei- und Zensurmaßnahmen zeigt.
Mit der von den Vereinen eingeführten Praxis einer Aufführung oder Vorlesung vor
geladenen Gästen umging man weitgehend die Zensurbestimmungen, was zwar auch
die Möglichkeiten der öffentlichen Ausstrahlung der Vereine einschränkte, dafür aber
eine kleine, jedoch gesellschaftlich einflußreiche und kulturell gebildete Zuhörerschaft
für die Belange der neuen Kunst sensibilisierte. Daß nach solchen vereinsinternen

---

[353] Eine ziemlich genaue Übersicht zu den einzelnen Mitgliedern des *Literarischen Vereins* bieten Al-
mai/Parr: Literarischer Verein zu Dresden, S. 286-293. Ein ähnliches Bild vermitteln die Mitgliedslisten der *Literarischen Gesellschaft*. Vgl. Nachlaß der Literarischen Gesellschaft. Stadtarchiv Dresden.
Signatur: 13.21. Karton Nr. 1.
[354] Darauf verweisen etwa die Chronisten des *Literarischen Vereins* in ihrer Vereinsgeschichte. Die seit
1904 bis zum Kriegsausbruch ständig steigende Zahl von Mitgliedern mag gleichfalls als Beleg gelten.
Vgl. Zschalig: Gedenkbuch des Literarischen Vereins zu Dresden, S. 55 und öfter.
[355] Vgl. Geschichte der Litterarischen Gesellschaft zu Dresden, S. 4 und 13.
[356] So vermerkt die Satzung des *Literarischen Vereins zu Dresden* aus dem Jahre 1909 explizit die Hinwendung zum literarischen Schaffen der Gegenwart und zu den »Neuerscheinungen« als Zweck des
Vereins. Auch »einheimischen Schriftstellern« und »Künstlern Gelegenheit zum Hervortreten [zu]
gewähren und emporstrebenden Talenten, soweit sie Würdiges darbringen, den Weg [zu] bahnen«
wird als unmittelbare Aufgabe des Vereins definiert. Vgl. Satzungen und Geschäftsordnung des Literarischen Vereins zu Dresden. Dresden: Buchdruckerei der Dr. Güntzschen Stiftung 1909. S. 10.
[357] Die demonstrative Hinwendung zur Moderne wird etwa an einem Sitzungsprotokoll der *Literarischen Gesellschaft* deutlich, deren stellvertretender Schriftführer, Dr. Christian Gaehde, die Aufführung »eigenartiger dramatischer Werke« als »edelsten Zweck« der Vereinigung bezeichnete und be-
dauerte, daß »Dramen, die stark erotisch sind oder konfessionelle Empfindungen verletzen […] von
vorn herein nicht in Betracht (kommen).« Vgl. Bericht über die Hauptversammlung der Literarischen Gesellschaft am 19.3.1917. In: Nachlaß der Literarischen Gesellschaft. Stadtarchiv Dresden.
Signatur: 13.21. Karton Nr. 2.
[358] Friedrich H. Tenbruck/Wilhelm A. Ruopp: Modernisierung – Vergesellschaftung – Gruppenbildung – Vereinswesen. In: Friedhelm Neidhardt (Hg.): Gruppensoziologie. Perspektiven und Materialien. Opladen: Westdeutscher Verlag 1983. S. 73-74.

Darbietungen die Mitgliederzahl in den Gesellschaften zunahm[359], unterstreicht deren Bedeutung als Stätte des kulturellen Dialogs und der erfolgreichen Bündelung subjektiver Kunstinteressen[360] und vermittelt zugleich das Bild einer wachsenden öffentlichen Anerkennung des Vereinswesens im Ensemble städtischer Kulturleistungen.

Gleichfalls konstitutiv für die zunehmende öffentliche Ausstrahlung der vereinsgeleiteten Aktivitäten ist die von den Trägerschichten der Vereine selbst initiierte Bindung an das Feuilleton der örtlichen Tageszeitungen. Die meist durch Beschluß sanktionierte Anzeigen- und Informationspflicht gegenüber den Dresdner Tageszeitungen und die Bitte der Vereinsvorstände, über durchgeführte Veranstaltungen ausführlich und kritisch in der Presse zu berichten[361], resultiert zum einen aus dem wachsenden Konkurrenzdruck der Vereine untereinander und einem damit zusammenhängenden Kampf um mehr Mitglieder; zum anderen belegen die publizistischen Offerten den Drang nach öffentlicher Anerkennung und Akzeptanz der jeweils unterschiedlichen kulturellen ›Programmatik‹, die sich in Veranstaltungsprofil, Themenwahl und der Fixierung auf einen bestimmten Kreis von Vortragenden widerspiegelt. Während sich die *Literarische Gesellschaft* dem Konzept der ›freien Bühnen‹ verpflichtet fühlte[362] und die *Gesellschaft für Literatur und Kunst* künstlerische »Darbietungen [...] auf den Gebieten der Musik und Deklamation«[363] bevorzugte, praktizierte der *Literarische Verein* ein mehr traditionell ausgerichtetes Vortrags- und Lesungswesen[364].

Die Kopplung von ästhetischem Programm, ökonomischer Stabilität und öffentlicher Resonanz bestimmte jedoch die Tätigkeit aller Vereine, die sich – die Aufnahme- und Beitrittsmodalitäten beweisen es[365] – nicht als kulturelle ›Eliten‹ verstanden, sondern als Organisationen mit einer aufs »Allgemeine« zielenden Breitenwirkung[366].

Vor diesem Hintergrund gewinnen die Beziehungen zwischen Vereinswesen und Feuilleton auch für die Konstituierung und öffentliche Ausstrahlung der lokalen Ex-

[359] So wuchs nach der Aufführung von Halbes *Jugend* die Mitgliederzahl der *Literarischen Gesellschaft* um über 100% an. Vgl. Geschichte der Litterarischen Gesellschaft zu Dresden, S. 4.

[360] Vgl. hierzu als prominentes Gegenbeispiel die ähnlich strukturierte *Freie Bühne Berlin*: Hier kam es, angesichts der Aufführung von naturalistischen Stücken, immer wieder »zu heftigen Tumulten und präparierten Protestkundgebungen«, die das Vereinspublikum spalteten und zu Austritten aus dem Verein führten. Vgl. Jürgen Schutte/Peter Sprengel (Hg.): Die Berliner Moderne 1885–1914. Stuttgart: Reclam 1987. S. 52.

[361] Vgl. etwa den im Nachlaß der *Gesellschaft für Literatur und Kunst* befindlichen Beschluß des Vorstandes vom 9.12.1916 »sämtliche Vortragsabende in den ›Dresdner Nachrichten‹, ›Dresdner Neuesten Nachrichten‹, ›Dresdner Anzeiger‹ und ›Staatsanzeiger‹ anzuzeigen«. Kritisch vermerkt wurde in der Vorstandssitzung auch, daß »schon mehrere Male keine Kritik über die Vortragsabende« im Dresdner Anzeiger und im Staatsanzeiger erschienen sind; der Vorsitzende wurde deshalb beauftragt, mit den genannten Zeitungen »Fühlung« zu nehmen. Vgl. Nachlaß der Gesellschaft für Literatur und Kunst. Stadtarchiv Dresden. Protokolle der Gesellschaft für Literatur und Kunst. Signatur 13.14. Nr. 7, 1916–1918. S. 34.

[362] Vgl. Geschichte der Litterarischen Gesellschaft zu Dresden, S. 4.

[363] Vgl. Satzung der Gesellschaft für Literatur und Kunst aus dem Jahre 1893. Zitiert nach Parr: Gesellschaft für Literatur und Kunst [Dresden], S. 161-162.

[364] Siehe Almai/Parr: Literarischer Verein zu Dresden, S. 269-286.

[365] Die Mitgliedsbeiträge des *Literarischen Vereins* bewegten sich um 1918 im Jahr bei 8 Mark; dies ist auch bei anderen Vereinen ähnlich; ausgenommen sind sehr kleine Vereine wie die *Gesellschaft für Literatur und Kunst*, die 1919 35 Mark pro Person, für Familien 50 Mark Jahresbeitrag verlangten. Zum Literarischen Verein vgl. Almai/Parr: Literarischer Verein zu Dresden, S. 276. Für die *Gesellschaft für Literatur und Kunst* vgl. die im Nachlaß befindliche Satzung.

[366] Tenbruck/Ruopp: Modernisierung – Vergesellschaftung – Gruppenbildung – Vereinswesen, S. 73.

pressionismusszene Relevanz, waren doch die wichtigsten Feuilletonredakteure, die sich mit expressionistischer Kunst und Literatur auseinandersetzten, Mitglieder in einer literarisch-kulturellen Vereinigung der Stadt oder gar in mehreren[367]:

Tageszeitung	Feuilletonredakteur/ Ressort	Mitgliedschaft Gesellschaft/ Verein
Dresdner Anzeiger	Richard Stiller (Bildende Kunst)	Literarische Gesellschaft
Dresdner Anzeiger	Friedrich Kummer (Theater/Literatur)	Literarische Gesellschaft/Literarischer Verein/Symposion, Dresdner Schriftstellerclub
Dresdner Nachrichten	Felix Zimmermann (Bildende Kunst/Theater/ Literatur)	Literarischer Verein (Vereinsvorsitz ab 1919)
Dresdner Neueste Nachrichten	Alfred Günther (Literatur)	Literarische Gesellschaft
Dresdner Neueste Nachrichten	Julius Ferdinand Wolff (Theater)	Literarische Gesellschaft
Dresdner Volks- zeitung	Paul Hermann Hartwig (Theater)	Literarischer Verein

Die komplexe Struktur der hier skizzierten personellen Beziehungen zwischen Vereinswesen und Presse beruhen auf dem Zusammenwirken von freiwilliger Arbeit in einer organisierten bürgerlichen Assoziation und berufsbezogener Tätigkeit in einem Sektor der institutionalisierten modernen Öffentlichkeit. Der dadurch ermöglichte Aufbau von »Netzwerke[n] persönlicher Beziehungen«, die bis in private Kreise hinein die kulturelle Interaktion der beteiligten Personen[368] beeinflußte, erwies sich als wichtige Voraussetzung für die Aufnahme des Expressionismus im städtischen Bildungsbürgertum.

Durch die positiven Reaktionen der meisten vereinsgebundenen Feuilletonisten auf die Aktivitäten der Dresdner Expressionisten, die sich anhand ihrer Besprechungen von Theateraufführungen[369], Autorenabenden[370], Lesungen[371], Ausstellungen[372]

---

[367] Die einzelnen Quellen für die Mitgliedschaften: Zu Richard Stiller, Friedrich Kummer, Julius Ferdinand Wolff vgl.: Nachlaß Literarische Gesellschaft Dresden. Stadtarchiv Dresden. Signatur 13.21. Mitgliederlisten: Karton Nr. 1; zu Alfred Günther vgl.: Namensliste der Mitgliederversammlung vom 19.3.1917 der Literarischen Gesellschaft. Nachlaß der Literarischen Gesellschaft. Stadtarchiv Dresden. Signatur 13.21. Protokollbuch: Karton Nr. 2.; zu Felix Zimmermann, Friedrich Kummer und Paul Hermann Hartwig vgl.: Almai/Parr: Literarischer Verein zu Dresden, S. 291, 288, 274. Zur Mitgliedschaft Kummers im Symposion siehe: Woermann: Lebenserinnerungen. Band 2, S. 351.
[368] Allgemein zur Konstituierung von »Netzwerke[n] persönlicher Beziehungen« auch im Kontext mit dem Vereinswesen siehe: Michael Schenk: Das Konzept des sozialen Netzwerkes. In: Friedhelm Neidhardt (Hg.): Gruppensoziologie. S. 88-104, hier: S. 97ff.
[369] Etwa: Julius Ferdinand Wolff: Seeschlacht. In: Dresdner Neueste Nachrichten vom 22.2.1918. Nr. 42. S. 2-3. Oder: Friedrich Kummer: Das bist du von Friedrich Wolf. In: Dresdner Anzeiger vom 10.10.1919. Nr. 441. S. 2. Paul Hermann Hartwig: »Jenseits« von Walter Hasenclever. In: Dresdner Volkszeitung vom 29.10.1920. Nr. 252. S. 9.

und Neuerscheinungen[373] in den unterschiedlichen Presseorganen nachweisen lassen[374], wurde der bereits vor dem Krieg einsetzende Prozeß einer Öffnung der literarisch-kulturellen Vereinigungen gegenüber der Avantgarde mit einer breiten massenmedialen Plattform versehen. Zugleich setzte aber auch eine Würdigung der Aktivitäten der Vereine hinsichtlich der Propagierung der Moderne in der städtischen Presse ein: So besprach man die Auftritte von Expressionisten in den Vereinen ausführlich, wobei besonders die Hinwendung zum literarischen Schaffen junger Autoren des Dresdner Raumes positiv bewertet wurde.[375]

Die besondere Rolle der Vereine und der Presse als wirkungsmächtige Medien der Werbung und Distribution für den ›neuen Stil‹ wurde allerdings auch von den Expressionisten selbst in ihrer wirkungsstrategischen Arbeit berücksichtigt. Heinrich Stadelmann etwa, der seit 1906 als Nervenarzt in Dresden arbeitete und als einer der Initiatoren und Wegbereiter des Expressionismus in der Residenzstadt gilt[376], war schon seit den 10er Jahren Mitglied in gleich mehreren literarischen Vereinigungen[377]

---

[370] Felix Zimmermann: Einen Autorenabend veranstaltete der Dresdner Verlag von 1917. In: Dresdner Nachrichten vom 3.2.1919. Nr. 33. S. 2. Friedrich Kummer: Der Dresdner Verlag von 1917... In: Dresdner Anzeiger vom 4.2.1919. Nr. 34. S. 5.
[371] Paul Hermann Hartwig: Walter Hasenclevers Antigone [Lesung des Autors]. In: Dresdner Volkszeitung vom 28.2.1918. Nr. 49. S. 10 – Felix Zimmermann: Theodor Däubler las... In: Dresdner Nachrichten vom 17.5.1919. Nr. 135. S. 2. (Vorabend-Blatt). – Alfred Günther: Das Nordlicht. Vorlesung Theodor Däublers... In: Dresdner Neueste Nachrichten vom 17.5.1919. Nr. 132. S. 2. – Alfred Günther: Vorlesung Dietrich. In: Dresdner Neueste Nachrichten vom 3.10.1918. Nr. 270. S. 2. – Alfred Günther: Der politische Dichter. Vorlesung von Walter Hasenclever. In: Dresdner Neueste Nachrichten vom 17.1.1919. Nr. 15. S. 2.
[372] Richard Stiller: Sezession Gruppe 1919 bei Richter. In: Dresdner Anzeiger vom 12.4.1919. Nr. 111. S. 5. – Felix Zimmermann: Dresdner Sezession. In: Dresdner Nachrichten vom 18.4.1919. Nr. 107. S. 3.
[373] Alfred Günther: Ein neues Gedichtwerk von Theodor Däubler... In: Dresdner Neueste Nachrichten vom 19.5.1920. Nr. 127. S. 2.
[374] Dies betrifft übrigens auch die Bewertung der überregionalen Expressionismusszene. Vgl. hierzu die fast durchweg positiven Besprechungen der Auftritte des *Sturm*-Mitarbeiters, Rudolf Blümner, in Dresden. Siehe etwa: Friedrich Kummer: Der zweite Sturm-Kunstabend bei Emil Richter. In: Dresdner Anzeiger vom 30.3.1918. Nr. 89. S. 3. – Alfred Günther: Sturm-Abend. In: Dresdner Neueste Nachrichten vom 4.4.1919. Nr. 91. S. 2.
[375] Etwa beim Auftritt des späteren Mitglieds der *Expressionistischen Arbeitsgemeinschaft*, Richard Fischer, im Februar 1914 im *Literarischen Verein*. Vgl. G-er: Der Literarische Verein... In: Dresdner Anzeiger vom 20.2.1914. Nr. 51. S. 6-7. Oder der Auftritt von Alfred Günther im November 1918 in der *Literarischen Gesellschaft*. Vgl. In der Literarischen Gesellschaft... In: Dresdner Anzeiger vom 14.11.1918. Nr. 316. S. 5.
[376] Vor allem durch seine publizistische Tätigkeit Anfang der 10er Jahre in Dresden. Der Versuch, im April 1917 einen »Zusammenschluß derer« zu initiieren, die »am Aufbau [einer] neuen kulturellen« Ordnung in der sächsischen Residenzstadt mitarbeiten wollten, scheiterte. Vgl. hierzu eine Karte von Heinrich Stadelmann an Oskar Walzel vom 22. April 1917 aus Dresden. In: Nachlaß Oskar Walzel. Deutsches Literaturarchiv Marbach. A: Walzel. Korrespondenz. Darüber hinaus gehörte Stadelmann zwischen 1917 und 1918 zu den profilierten Autoren von Franz Pfemferts *Aktion*. Eine Auflistung der Beiträge Stadelmanns für Pfemferts Zeitschrift findet sich bei Paul Raabe (Hg.): Index-Expressionismus. Bibliographie der Beiträge in den Zeitschriften und Jahrbüchern des literarischen Expressionismus 1910-1925. Band 4. Serie A. Teil 4. Nendeln, Liechtenstein: Kraus-Thomson Organization 1972. S. 2467-2468.
[377] In der *Literarischen Gesellschaft*, dem *Literarischen Verein* und im eher exklusiven *Symposion*, *Dresdner Schriftstellerclub*. Zur Mitgliedschaft Stadelmanns im *Symposion* vgl. die Memoiren des langjährigen Vereinsvorsitzenden, Karl Woermann. Woermann: Lebenserinnerungen. Band 2, S. 351. Zum *Literarischen Verein* siehe: Almai/Parr: Literarischer Verein zu Dresden, S. 289. Zur *Literarischen Gesellschaft* vgl.: Nachlaß. Literarische Gesellschaft Dresden. Stadtarchiv Dresden. Signatur 13.21. Mitgliederlisten: Karton Nr. 1.

und hat durch seine – wiederum in der Presse ausführlich besprochene – Vortragstätigkeit über das Entstehen und Werden der zeitgenössichen Kunst[378] eine breitere
Zuhörerschaft auf die Bedeutung der Moderne in der veränderten lebensweltlichen
Signatur des Zeitalters aufmerksam gemacht. Bemühte sich Stadelmann in seinen
»Kampfreden für ›unsere Zeit und ihre neue Kunst‹«[379] um eine vorrangig wissenschaftlich gestützte Begründung für das Entstehen der modernen Kunstbewegungen,
so versuchten Alfred Günther und Richard Fischer, die gleichfalls verschiedenen Vereinen als ordentliche Mitglieder beitraten[380], durch gezielte Lesungen ihrer eigenen
Texte für eine raschere Verbreitung und höhere Akzeptanz des Expressionismus in der
vereinsgebundenen Öffentlichkeit zu sorgen.

Daß Fischer zwischen 1914 und 1919 insgesamt dreimal im *Literarischen Verein*
als Autor auftreten konnte[381], verweist nicht nur auf eine effektive Nutzung des
vereinsspezifischen Vermittlungspotentials für die Popularisierung des eigenen Prosa-
und Lyrikschaffens durch den auch überregional bereits bekannten Autor[382], sondern
kann zugleich als Indiz für das Eindringen der ortsansässigen Expressionisten in die
traditionellen kulturellen Institutionen des städtischen Bildungsbürgertums gelten.
Konnte Fischer in seiner ersten Lesung im Dezember 1914 noch mit humoristisch
gefärbten und märchenhaft überhöhten »reichlich sentimentalen«[383] Novellen volkspo-
etischer Provenienz sein Publikum zu »herzlichem Beifall«[384] animieren und im gleichen Jahr mit Gedichten über den Krieg in das allgemeine Begeisterungspathos der

---

[378] Es handelt sich um den Vortrag *Unsere Zeit und ihre neue Kunst*, den Stadelmann im Januar 1915
in der *Literarischen Gesellschaft* hielt. Zur Reaktion in der Presse vgl. Friedrich Kummer: Unsere Zeit
und ihre neue Kunst. In: Dresdner Anzeiger vom 13.1.1915. Nr. 13. S. 5. sowie Alfred Günthers
kritische Besprechung in den *Dresdner Neuesten Nachrichten* vom 12.1.1915. Nr. 11. S. 2. Auf die
Rede nimmt auch Camill Hoffmann Bezug: Camill Hoffmann: Der Musiksalon. In: Dresdner Neueste Nachrichten vom 13.5.1917. Nr. 127. S. 2. Verwiesen sei in diesem Zusammenhang auch noch
auf den umfangreichen Artikel von Stadelmann im *Dresdner Anzeiger* vom 2.11.1913 zum *Stil der
Bewegung in der Malerei (Futurismus)* als weiteres frühes Dokument einer Propagierung des modernen
Kunstschaffens in Dresden.
[379] So hatte noch Jahre später Camill Hoffmann in einer Rezension zu einem Theaterstück von Stadelmann den einstigen Auftritt in der *Literarischen Gesellschaft* charakterisiert und die Bedeutung von
Stadelmanns Ausführungen für die Entfaltung der jungen Kunst in Dresden hervorgehoben. Camill
Hoffmann: Der Musiksalon. In: Dresdner Neueste Nachrichten vom 13.5.1917. Nr. 127. S. 2.
[380] Richard Fischer trat im Jahre 1913 dem *Literarischen Verein* bei. Vgl.: Jahresbericht des Literarischen Vereins zu Dresden über das Jahr 1913 nebst Mitgliederverzeichnis vom 1.1.1914. Dresden:
Dr. Güntzsche Stiftung 1914. S. 28. Alfred Günther wurde spätestens 1917 Mitglied der *Literarischen Gesellschaft*. Siehe: Namensliste der Mitgliederversammlung vom 19.3.1917 der Literarischen
Gesellschaft. Nachlaß der Literarischen Gesellschaft. Stadtarchiv Dresden. Signatur 13.21. Protokollbuch: Karton Nr. 2.
[381] Am 17.2.1914, 27.10.1914 und 9.12.1919. Vgl. Chronik des Literarischen Vereins zu Dresden
1913–1923. Als kurze Ergänzung zum Gedenkbuch des Literarischen Vereins 1863–1913. Dresden
1923. 2 Blatt.
[382] Die beiden ersten Novellenbücher Fischers *Am Strande der Sehnsucht* (1910) und *Landungen*
(1914) wurden auch in überregionalen Tageszeitungen positiv besprochen. Vgl. hierzu die Auswahl
von Rezensionen, die am Ende von Fischers Gedichtband *1914 Kriegsgedichte* Leipzig: Xenien-Verlag
1915 angefügt ist.
[383] Diese Wertung findet sich in der Kritik von Alfred Günther zu Fischers Vorlesung. Vgl. a[lfred]
g[ünther]: Die Vorlesung Richard Fischers im Literarischen Verein. In: Dresdner Neueste Nachrichten vom 19.2.1914. Nr. 48. S. 2.
[384] Vgl. die Rezension zu Fischers Lesung im *Dresdner Anzeiger* vom 20.2.1914. Nr. 51. S. 6-7, hier:
S. 7.

Vereinsmitglieder einstimmen[385], wurden in der Lesung am 9.12.1919 im Rahmen eines Vortrags- und Aussprachezyklus' zum Thema »Expressionismus«[386] die Zuhörer mit Novellen und Gedichten konfrontiert, die Fischer zu großen Teilen bereits in der *Aktion* und in der Zeitschrift *Menschen* publiziert hatte[387]. Die Gedichte *Nichtsein-Erlösung* oder *Nacht von Bethlehem* etwa markieren einen – im Vergleich zu Fischers früheren Texten – thematischen und stilistischen Wandel in den poetischen Sageweisen, der auch den Vereinsmitgliedern und Vertretern der geladenen Presse nicht verborgen bleiben konnte, wie gleichfalls Fischers Engagement in der *Expressionistischen Arbeitsgemeinschaft Dresden*[388] und der *Sozialistischen Gruppe der Geistesarbeiter*. Und obgleich sich sein öffentlicher Einsatz für die Durchsetzung alternativer Bildungsideen und für eine Politisierung der jungen Künstlergeneration im Zeichen eines »sozialistisch-revolutionären« Aktivismus längst in zahlreichen Publikationen dieser Vereinigungen niedergeschlagen hatte[389], reagierten die Zuhörerschaft und die Pressevertreter auf die Lesung Fischers bemerkenswert wohlwollend: Friedrich Kummer, Feuilletonredakteur beim regierungsfreundlichen *Dresdner Anzeiger* und ebenfalls Mitglied im *Literarischen Verein*, bezeichnete Fischer sogar als »dichterische Persönlichkeit«, die

> in vollkünstlerischer Weise [...] jene jüngere Generation Dresdner Dichter (vertritt), die in modernen Formen nach Ausdruck eines neuen Gefühlsinhalts ringen und mehr als bloße Modeerscheinungen, als Mitläufer und Zuläufer des sogenannten Expressionismus sind.[390]

Diese Wertung, in die übrigens auch Alfred Günther einbezogen wurde[391], der bereits im November 1918 in der *Literarischen Gesellschaft* seine – gleichfalls von der örtlichen Presse positiv besprochenen[392] – expressionistischen Gedichte vorgetragen hatte[393], verweist auf die zunehmende Assimilierung einer subkulturellen Avantgardekultur in die traditionellen Strukturen kollektiver Literaturrezeption der Gebildeten unter Mitwirkung der Tagespresse. Der Aufbruch der Expressionisten in die institutionalisierten Kreise des kunstinteressierten Bildungsbürgertums diente somit vor allem dem Ziel, die eigene öffentliche Anerkennung zu erhöhen und gleichzeitig auf die kultu-

---

[385] Richard Fischer: 1914 Kriegsgedichte. Leipzig: Xenien-Verlag 1915. Spätestens seit 1917 wird Fischer, der an den Fronten Frankreichs, Rumäniens und Flanderns kämpfte, zum Kriegsgegner. Vgl. Raabe: Die Autoren und Bücher, S. 136 und das Motto des Gedichtbandes *Schrei in die Welt* Dresden: Dresdner Verlag von 1917 1919. S. 6.

[386] Der Zyklus wurde durch einen Vortrag von Will Grohmann zum Thema *Was ist Expressionismus* am 21.10.1919 eingeleitet; am 25.11.1919 folgte eine Aussprache der Vereinsmitglieder über »Expressionismus«, worauf am 9.12. Fischer aus eigenen Dichtungen las.

[387] Es handelt sich vor allem um die Gedichte (*Nichtsein-Erlösung* und *Nacht von Bethlehem*) sowie die Novellensammlung *Die unendliche Straße*. *Nichtsein-Erlösung* wurde in der *Aktion* 8 (1918), Sp. 276-277 veröffentlicht; *Nacht von Bethlehem* in der *Aktion* 7 (1917), Sp. 662-663. Beide Gedichte und die Novelle finden sich auch in *Menschen* Nr. 3 vom 15.5.1918 und Nr. 33/36 vom April 1919 sowie Nr. 94/96 vom Dezember 1920.

[388] Zum Beitritt Fischers in die Arbeitsgemeinschaft vgl. Bericht über die Verlagsjahre 1917/19, S. 8.

[389] Richard Fischer: Unpraktische Gedanken zur Trennung von Staat und Kirche. In: Menschen Montagsblatt-Dresden 1 (1919), Nr. 1. S. 2; oder Richard Fischer: Expressionismus und Politik. In: Menschen Montagsblatt-Dresden 1 (1919), Nr. 12. S. 3.

[390] F[riedrich] K[ummer]: Literarischer Verein... In: Dresdner Anzeiger vom 10.12.1919. Nr. 552. S. 2.

[391] Kummer benennt in seiner Rezension namentlich auch Alfred Günther. Vgl. ebd.

[392] Vgl. z. B. die Kritik im *Dresdner Anzeiger* vom 14.11.1918. Nr. 316. S. 5.

[393] Der Vortrag fand am 12.11.1918 statt.

relle Bedeutung und ästhetische Programmatik des ›neuen Stils‹ in einem größeren Sektor der städtischen Öffentlichkeit hinzuweisen.

Sogar Auftritte in kleineren und betont konservativ ausgerichteten Vereinigungen wurden von den Dresdner Expressionisten bewußt angestrebt: Carl Rolf Voigt, Mitarbeiter des Autorenkreises um Heinar Schillings *Dresdner Verlag von 1917*, wandte sich im Juni 1919 an den Vorsitzenden der *Gesellschaft für Literatur und Kunst*, Otto Oertel, mit der Bitte, ihm einen Vortragsabend »im kommenden Winterprogramm« einzuräumen[394]. Als Motiv für einen Auftritt in der Gesellschaft benennt Voigt:

> Ich stehe vorläufig in Dresdner literarischen Kreisen als bekannt da, weitere Kreise für mein hohes Wollen zu gewinnen, war der Grund meines Anerbietens und meiner Bitte.[395]

Voigt hatte sich vermutlich deshalb an Otto Oertel gewandt, weil dieser schon im März 1914 einen in der Dresdner Presse viel beachteten Vortrag zum Thema *Die Wandlungen der Literatur der neuesten Zeit* in der *Gesellschaft für Literatur und Kunst* gehalten hatte[396] und als aufgeschlossen gegenüber der Moderne galt.

Obwohl Voigts Versuch einer Lesung vor den Mitgliedern des Vereins letztlich scheiterte[397], belegt er – auch im Kontext der Bemühungen von Rudolf Adrian Dietrich und A. Rudolf Leinert, im *Dresdner Dichterbund*, einer literarischen Gruppe dilettierender Laien, Fuß zu fassen[398] – die bewußte Inanspruchnahme unterschiedlicher Institutionen der bildungsbürgerlichen Öffentlichkeit durch die Dresdner Expressionisten.

So wurde das zur Verfügung stehende Spektrum literarischer Gesellschaften, Bünde, Gruppen und Vereinigungen – auch unabhängig von der persönlichen Stellung gegenüber den jeweiligen gruppenspezifischen Zielen und Programmen[399] – als

---

[394] Brief von Carl Rolf Voigt an Otto Oertel vom 13.6.1919. In: Nachlaß der Gesellschaft für Literatur und Kunst Dresden. Stadtarchiv Dresden. Signatur: 13.14. Band 24. Schriftwechsel mit Künstlern 1894–1930. unpag.

[395] Ebd.

[396] Zu den Reaktionen in der Öffentlichkeit vgl. die Rezensionen im *Dresdner Anzeiger* vom 20.3.1914. Nr. 79. S. 6 und in den *Dresdner Nachrichten* vom 20.3.1914. Nr. 79. S. 9. Alfred Günther hatte den Vortrag für die *Dresdner Neuesten Nachrichten* besprochen (Nr. 76 vom 20.3.1914. S. 2).

[397] Oertel hatte zwar »Vermittlung« angeboten, mußte sich aber wahrscheinlich der Mehrheit im Vorstand fügen, die sich gegen den Auftritt von Voigt aussprach. Vgl. Nachlaß der Gesellschaft für Literatur und Kunst. Stadtarchiv Dresden. Signatur: 13.14. Nr. 8. Protokolle der Gesellschaft für Literatur und Kunst (1918–1924), Sitzung des Vorstandes vom 1.7.1919. S. 34.

[398] Rudolf Adrian Dietrich und A. Rudolf Leinert, beide Mitglied der *Expressionistischen Arbeitsgemeinschaft Dresden*, waren sogar Mitglieder des eher traditionell-konservativen *Dresdner Dichterbundes* geworden. Vgl. Peter Ludewig: Die Dichter wachsen zum Himmel. In: Ders. (Hg.): Schrei in die Welt. Expressionismus in Dresden. Berlin: Buchverlag Der Morgen 1988. S. 230.

[399] Vgl. hierzu einen Brief von A. Rudolf Leinert an R. A. Dietrich, in dem Leinert das Unprofessionell-Dilettantische des Dichterbundes satirisch entlarvt: »Ein mehr im Dilettantismus herumjätender Johann Erich Gottschalch, im Hauptamt Mitinhaber eines Möbelverleih-Magazins […], fühlte sich damals berufen, so etwas wie ein literarischer Herold zu sein. Sie werden sich vielleicht noch des sogenannten ›Dresdner Dichterbundes‹ entsinnen, der im Viktoriahaus tagte. Inmitten dieser Vereinigung gastierten auch Paul W. Eisold, dessen Namen ich vor mehr als einem Jahrzehnt im Ostberliner Telefonbuch aufstöberte, der junge Carl Rolf Voigt […] und der Briefkastenonkel der Dresdner Nachrichten, Ernst Köhler-Hausen.« Gleichzeitig berichtet jedoch Leinert auch über eine Teilnahme von ihm selbst und Dietrich an Lesungen dieser Vereinigung. Vgl. Brief von A. Rudolf Leinert an Rudolf Adrian Dietrich vom 2.12.1963. In: Nachlaß Rudolf Adrian Dietrich. Deutsches Literaturar-

Mittel der eigenen Profilierung[400] und als Möglichkeit der gezielten Popularisierung avantgardistischer Kunst genutzt, vor allem dann, wenn sich die Presse als öffentliches Vermittlungsmedium anbot[401].

Selbst Formen eines Zusammenspiels von literarischer Tätigkeit, publizistischem Engagement und vereinsgebundenem Handeln lassen sich nachweisen: Der Dresdner Expressionist Alfred Günther nutzte als Mitglied der *Literarischen Gesellschaft* und als Feuilletonredakteur bei den einflußreichen *Dresdner Neuesten Nachrichten* beide Institutionen als Distributions- bzw. Publikationsmedien für eigene Werke[402] und konnte auf diese Weise dem programmatischen Ziel der Dresdner Expressionisten, das »intellektuelle Bürgertum«[403] als potentielle Rezipienten des ›neuen Stils‹ zu gewinnen, exemplarisch entsprechen.

5. Oskar Walzel und der Expressionismus: Zu einem frühen Konzept institutionalisierter Expressionismusforschung in Dresden

Die für das Dresdner literarische Leben der Nachkriegszeit singuläre Verknüpfung von institutionalisierter Literaturwissenschaft und expressionistischer Bewegung geht auf das persönliche Engagement des seit 1907 als Mitarbeiter der kulturwissenschaftlichen Abteilung an der *Kgl. Technischen Hochschule* tätigen Oskar Walzel[404] zurück. Als Nachfolger Adolf Sterns[405] hatte sich Walzel schon früh um die Einbeziehung aktueller literarischer Entwicklungen und Prozesse in das Spektrum seiner eigentlich goethe-

---

chiv Marbach. A: Dietrich. Briefe. Konvolut Leinert. 2 Seiten. S. 1. und Brief von A. Rudolf Leinert an Rudolf Adrian Dietrich. Berlin, o. Datum. In: Nachlaß Rudolf Adrian Dietrich. Deutsches Literarurarchiv Marbach. A: Dietrich. Briefe. S. 1.

[400] Paradigmatisch ist in dieser Hinsicht auch Heinrich Stadelmanns Versuch, eigene literarische Texte unter den Vorstandsmitgliedern der *Literarischen Gesellschaft* bekannt zu machen. Vgl. hierzu ein Manuskript Stadelmanns (*Ahasver und die Sphinx, Drama in drei Bildern*) im Nachlaß Oskar Walzels, der ebenfalls in führender Position in der *Literarischen Gesellschaft* mitarbeitete. Auf der ersten Seite finden sich ein Blatt mit Stempel »Litterarische Gesellschaft Dresden« und verschiedene Unterschriften u. a. von Walzel, Enking, Hofrat Lehmann jeweils mit unterschiedlichen Datumsangaben, die eine Kenntnisnahme des Stücks bestätigen. Vgl. Nachlaß Oskar Walzel. Deutsches Literaturarchiv Marbach. A: Walzel. Manuskripte Dritter. Kasten 1 C.

[401] Auffallend ist etwa, daß auch über die Veranstaltungen des *Dresdner Dichterbundes* in der Presse berichtet wurde. Vgl. Camill Hoffmanns Kritik in den *Dresdner Neuesten Nachrichten* vom 7.4.1918. Nr. 93. S. 2.

[402] In den *Dresdner Neuesten Nachrichten* finden sich vor allem Gedichte von Günther in den Beilagen. Vgl. etwa die Gedichte *Aufruhr* und *Der Ewige* in Nr. 154 vom 8.6.1919. S. 11 (Pfingstbeilage) oder die Gedichte *Symphonie* und *Eine Kinderstimme singt* in Nr. 350 vom 25.12.1919 (Weihnachtsbeilage).

[403] Vgl. hierzu die erste Resolution der *Sozialistischen Gruppe der Geistesarbeiter*, in der die Hinwendung zum »intellektuellen Bürgertum« apodiktisch ausgesprochen wird. Die Resolution ist abgedruckt in: Menschen Montagsblatt-Dresden 1 (1919), Nr. 4. S. 3. Vgl. auch Kapitel V der vorliegenden Arbeit.

[404] Zu Walzel vgl. den Überblick von Carl Enders: Oskar Walzels Persönlichkeit und Werk. In: Zeitschrift für deutsche Philologie 75 (1956), S. 186-199.

[405] Stern lehrte zwischen 1869 und 1907 an der kulturwissenschaftlichen Abteilung der *Kgl. Technischen Hochschule*. Vgl. Geschichte der Technischen Universität Dresden 1828-1988. Berlin: VEB Deutscher Verlag der Wissenschaften 1988. S. 111.

zeitlich zentrierten Forschungsarbeit bemüht[406] und vor allem durch eine – auch überregional angelegte – Vortragstätigkeit »Propaganda für die jüngste deutsche Kunst« und Literatur betrieben[407].

Sein Bestreben, »den literarischen Stil einer Zeit vorwiegend als Reaktion auf eine vorhergehende Zeit zu beschreiben«[408], und die während des Krieges einsetzenden Bemühungen um gegenwartsbezogene »Selbstbesinnung« und »wissenschaftliche Ergründung« einer sich tendenziell zeigenden »neuen Wendung in der menschlichen Kultur«[409] führten Walzel zum Expressionismus, an dessen stiltypologischer Beschreibung er sich vor allem mit seinem wirkungsreichen Opus *Wechselseitige Erhellung der Künste*[410] beteiligte.

Die rückhaltlose Begrüßung der expressionistischen Literatur und Kunst durch Walzel gründete sich zunächst auf die bewußte Herausstellung von dessen weltanschaulicher Differenz zu den früheren Literatur- und Kunstströmungen:

> […] sicher scheint doch zu sein, daß Abkehr von der Welt, Verzicht auf griechische oder goethische Naturnähe, Widerstand gegen den Versuch, das Weltwirrwesen zu harmonischen Kunstgebilden zu steigern, innerhalb des Gesamtgebietes der Kunst im Gange sind[411]

betont er in einem Vortrag 1917 in Warschau und benennt damit zugleich die für ihn bedeutungstragenden Elemente des ›neuen Stils‹. Indem sich der Expressionismus als »metaphysisch« begreift und in seinen Darstellungen den Menschen aus »gesellschaftlichen Banden«, wie »Familie, Pflicht [und] Sittlichkeit« befreit, zielt er aufs »Ewige«[412] und schafft so die Voraussetzungen für eine »Befreiung des Geistes«[413], die eben nicht in einer auf allseitige Harmonisierung gerichteten neuen Weltsicht gipfelt.

Die Ablösung einer konsequent »materialistischen Weltbetrachtung« durch eine ebenso konsequent »idealistische«[414] wird zum übergreifenden Topos eines auf die Avantgarde bezogenen Literaturverständnisses, das allerdings von den Protagonisten der Bewegung schon früh wegen seiner weltanschaulichen Einseitigkeiten attackiert wird. Ein Brief des *Sturm*-Mitarbeiters Lothar Schreyer an den Dresdner Literaturprofessor vom 3.10.1917 benennt die offensichtliche Fehleinschätzung Walzels hin-

---

[406] Explizit hebt Walzel in einem Aufsatz aus dem Jahre 1919 hervor: »Im Gegensatz zu vielen meiner Fachgenossen halte ich es für die Pflicht meiner Wissenschaft, dem lebenden Dichter nicht auszuweichen.« Oskar Walzel: Eindruckskunst und Ausdruckskunst in der Dichtung. In: Einführung in die Kunst der Gegenwart. Leipzig: E. A. Seemann 1919. S. 26-46, hier: S. 26.

[407] Vgl. hierzu: Wachstum und Wandel, S. 167.

[408] Peter Salm: Drei Richtungen der Literaturwissenschaft. Scherer – Walzel – Staiger. Tübingen: Max Niemeyer Verlag 1970. S. 67.

[409] Walzel: Goethe und die Kunst der Gegenwart, S. 87-88.

[410] Walzel: Wechselseitige Erhellung der Künste. Vgl. hierzu Rainer Rosenberg: »Wechselseitige Erhellung der Künste?«. Zu Oskar Walzels stiltypologischem Ansatz der Literaturwissenschaft. In: Hans-Ulrich Gumbrecht/K. Ludwig Pfeiffer (Hg.): Stil. Geschichten und Funktionen eines kulturwissenschaftlichen Diskurselements. Frankfurt a. M.: Suhrkamp 1986. S. 269-280.

[411] Walzel hielt den Vortrag *Goethe und die Kunst der Gegenwart* am 20. Januar 1917. Er wurde unter gleichem Titel im *Jahrbuch der Goethe-Gesellschaft* Band 4, 1917 abgedruckt.

[412] Oskar Walzel: Die deutsche Dichtung seit Goethes Tod. Berlin: Askanischer Verlag 1919. S. 190, 191.

[413] Wachstum und Wandel, S. 168.

[414] Walzel: Goethe und die Kunst der Gegenwart, S. 126-127.

sichtlich der Beurteilung des gesellschaftlichen Wirkungsanspruches des Expressionismus explizit:

> Wie Ihnen wohl [...] bekannt ist, sind im Sturm alle führenden Expressionisten der Gegenwart vereint. Aus Ihrem [Warschauer – F. A.] Vortrag, den wir jetzt im Jahrbuch der Goethegesellschaft lasen, glauben wir, ersehen zu müssen, dass Sie sich mit diesen Künstlern wohl noch nicht so eingehend beschäftigt haben [...]. Sonst wäre Ihnen [...] nicht entgangen, dass der Expressionismus der Gegenwart keineswegs auf einer lebensverneinenden oder weltabgewandten Lebensanschauung beruht, sondern der Ausdruck eines ungehemmten Machtbewusstseins ist.[415]

Walzels lediglich ›geistbezogene‹ Sicht auf den Expressionismus resultiert aus einer auf die Betonung des ›Nationalen‹ gerichteten öffentlichen Funktionalisierung des Universitätsfaches Germanistik während des Krieges. Als »die nationalste aller Wissenschaften«[416] wuchs gerade ihr die Aufgabe zu, von der Überlegenheit deutschen Geistes zu künden, der – analog zur Überlegenheit der deutschen Heere – den Mythos deutscher Unbesiegbarkeit öffentlichkeitswirksam verbreiten sollte.[417]

Was indes für viele germanistische Fachvertreter galt[418], gestaltete sich für Walzel zunehmend problematisch: Obgleich auch für ihn das Ideal einer Kunst, die sich »fern von einem überbewegten, in seinen Grundfesten wankenden öffentlichen Leben [...] ein unberührbares Reich des Geistes erbaut«, noch immer erstrebenswerter erscheint als eine Kunst, die sich konsequent »in den Dienst des Tages [...] stellt«[419], bleibt dem Dresdner Literaturwissenschaftler das Engagement der meisten Expressionisten, sich »mit voller Entschiedenheit auf die Seite der rückhaltlosen Friedensfreunde und einer nichtvölkischen Politik«[420] zu schlagen, nicht verborgen. Der Widerspruch zwischen einer national verbrämten Inanspruchnahme des ›Geistes‹ zum Zwecke einer Legitimierung des Krieges und einer humanistisch intendierten Suche der ›Jungen‹ nach Formen grenzüberschreitender Kriegsgegnerschaft hatte sich für Walzel schon seit 1916/17, vor allem aber im Zuge der Konstituierung der Dresdner expressionistischen Bewegung, erheblich verschärft. Deren Protagonisten nämlich machten aus ihrem

---

[415] Vgl. Brief von Lothar Schreyer an Oskar Walzel. Berlin am 3.10.1917. In: Nachlaß Oskar Walzel. Deutsches Literaturarchiv Marbach. A: Walzel. Korrespondenz.

[416] Vgl. Harry Maync: Literaturgeschichte als Wissenschaft. In: Deutsche Literaturzeitung 36 (1915), Nr. 1. Sp. 5-9, hier: Sp. 9.

[417] Zusammenfassend zu diesem Problemfeld vgl. Walter Schmitz: Legitimierungsstrategien der Germanistik und Öffentlichkeit. Das Beispiel »Kriegsgermanistik«. Zum Beitrag von Frank Trommler. In: Christoph König/Eberhard Lämmert (Hg.): Literaturwissenschaft und Geistesgeschichte 1910 bis 1925. Frankfurt a. M.: Fischer 1993. S. 331-339.

[418] Vgl. etwa die Sammlung von Hermann Kellermann (Hg.): Der Krieg der Geister. Eine Auslese deutscher und ausländischer Stimmen zum Weltkriege 1914. Weimar: Alexander Duncker Verlag 1915. (Vereinigung Heimat und Welt). Kellermanns Buch verzeichnet Professoren, Schriftsteller und Künstler unterschiedlichster Strömungen.

[419] Walzel: Die deutsche Dichtung seit Goethes Tod, S. 332.

[420] Ebd., S. 190. Vgl. hierzu auch Walzels während des Krieges 1916 publizierten Aufsatz *Schicksale des lyrischen Ichs*, in dem er den lyrischen Dichtungen der Jüngsten eine mahnende, ausrufende, beschwörende und klagende Funktion zuweist. Anhand der neuesten lyrischen Versuche »läßt sich mit Händen greifen, wie eine schwere Kriegszeit diese Dichter zu qualvollem Aufschrei drängt, wie die Jüngsten das Leid ihrer Persönlichkeit klagend und anklagend heraussagen müssen und wie sie daher festgebannt bleiben in der Lyrik des Aufschwungs, der rednerischen Ausrufe.« Oskar Walzel: Schicksale des lyrischen Ichs. Teil II. In: Das literarische Echo 18 (1916), H. 11. Sp. 676-683, hier: Sp. 682-683. Teil I des Aufsatzes findet sich in Heft 10, Sp. 593-600.

radikalen Pazifismus keinen Hehl[421], wandten sich sogar mehrfach an Walzel mit der Bitte, seinen Einfluß bei den zuständigen Behörden im Sinne einer Befreiung expressionistischer Dichter und Maler vom aktiven Kriegsdienst geltend zu machen[422].

Die Tatsache, daß die Wortführer des Dresdner Expressionismus von Anfang an die Fürsprache und Mitarbeit des auch überregional bekannten Wissenschaftlers erbaten[423], ist wohl in erster Linie auf den Umstand zurückzuführen, daß sich Walzel einer einseitigen Instrumentalisierung seiner Wissenschaft und seiner Person als Befürworter deutschnationaler Kriegspropaganda weitgehend entzogen hatte und sich gegenüber den vielfältigen, auch kriegskritischen Erscheinungsformen des Expressionismus um eine differenzierte Betrachtungsweise und präzise Wertung in der bildungsbürgerlichen Öffentlichkeit bemühte.

Durch eine gleich mehrfache Integration in die wichtigsten institutionalisierten Zentren des wissenschaftskulturellen Lebens der Stadt[424] verfügte Walzel über das notwendige ›operative‹ Instrumentarium für eine solche fachlich gestützte Auseinandersetzung. Als anerkannte Autorität und staatlich legitimierter Repräsentant eines auf Wissensaneignung und Wissensvermittlung zielenden, seriösen und glaubwürdigen Sektors universitärer Kulturpflege wird Walzel gerade für die kulturinteressierten Kreise des Bürgertums zur ausgewiesenen Instanz einer objektiven Bewertung und sachlichen Beurteilung des künstlerischen Schaffens der Gegenwart. Indem Walzel auch innerhalb seiner Lehrtätigkeit der aktuellen Literatur- und Kunstentwicklung zunehmend Priorität einräumte[425] und als versierter Fachwissenschaftler das für die meisten Hörer unübersichtliche Feld der sich gerade entwickelnden »Ausdruckskunst«[426]

---

[421] Vgl. das Programm der *Expressionistischen Arbeitsgemeinschaft Dresden* sowie die etwa 1916 einsetzenden Bemühungen Oskar Kokoschkas und Walter Hasenclevers, durch einen Sanatoriumsaufenthalt und vorgetäuschte Krankheit sich vom Heeresdienst zu befreien. Vgl. die Ausführungen und Belegstellen bei Kasties: Walter Hasenclever, S. 158. Sowohl mit Kokoschka als auch mit Hasenclever verband Walzel eine enge Freundschaft, wie aus den Dokumenten in seinem Nachlaß zu ersehen ist.

[422] Vgl. hierzu die schon im Kapitel III.2 beschriebene Hilfe Walzels für den zum Kriegsdienst eingezogenen Jakob Hegner, desgleichen die Bitte Kokoschkas an Walzel, sich für ihn um eine Professur an der *Dresdner Akademie* im November 1916 zu bemühen, die ihn vom Kriegsdienst befreit hätte. »Ich bin stolz von einem Österreicher in einer fremden Stadt so viel Anerkennung und Unterstützung gefunden zu haben und würde mich recht, recht freuen, wenn unsere Hoffnungen für Dr. [Dresden – F. A.] wahr würden. Ich fand hier Befehle vor die mich veranlassen Sie dringend zu bitten, Ihren Einfluß dahin geltend zu machen, daß die entscheidende Sitzung [der Professorenkonferenz – F. A.] vor 1. November« stattfindet. Vgl. Postkarte von Albert Ehrenstein mit Text von Oskar Kokoschka an Oskar Walzel vom 19.9.1916. In: Nachlaß Oskar Walzel. Deutsches Literaturarchiv Marbach. A: Walzel. Korrespondenz.

[423] Auf Walzels frühe Gebundenheit an die expressionistische Bewegung verweist ein Schreiben Heinrich Stadelmanns, in dem Walzel zur Mitarbeit an der sich etablierenden modernen Kunstbewegung in Dresden aufgerufen wird. Vgl. Karte Heinrich Stadelmanns an Oskar Walzel vom 22.4.1917. In: Nachlaß Oskar Walzel. Korrespondenz.

[424] Neben seiner Anstellung als Professor für deutsche Sprache und Literatur an der *Technischen Hochschule Dresden* übte Walzel noch ein Lehramt für Literatur und Kunstgeschichte an der *Tierärztlichen Hochschule* aus, arbeitete als Professor für Kunst- und Literaturgeschichte an der *Akademie der bildenden Künste*, war Direktor des *Dresdner Literaturhistorischen Seminars* und seit 1913 Leiter der von ihm gegründeten *Literaturhistorischen Abende*.

[425] Dies läßt sich anhand der Vorlesungsverzeichnisse der *Kgl. Technischen Hochschule Dresden* zeigen. Walzel las seit 1911 bis zu seinem Weggang aus Dresden 1921 regelmäßig über ›Dichtung der Gegenwart‹. Vgl. Königl. Sächs. Technische Hochschule zu Dresden. Verzeichnis der Vorlesungen und Übungen samt den Stunden- und Studienplänen. Dresden: G. B. Teubner 1911ff.

[426] Walzel verwendet den Terminus sinngemäß für ›Expressionismus‹. Vgl. grundlegend seinen Aufsatz: Eindruckskunst und Ausdruckskunst in der Dichtung, S. 26-46.

adressatenbezogen interpretierte[427], wertete er zudem die eher marginale Rolle der kulturwissenschaftlichen Abteilung an der *Technischen Hochschule* auf: Mit seinen gut besuchten öffentlichen Vorlesungen und den kontinuierlich erscheinenden Beiträgen zur Gegenwartskunst sowohl in Dresdner als auch überregionalen Tages-, Wochen- und Monatsschriften[428] konnte Walzel die Akzeptanz der mehr auf historisch-allgemeine Kenntnisvermittlung zielenden Fächer in der kulturellen Öffentlichkeit der Stadt erhöhen und einer gerade im Bildungsbürgertum als Mangel erlebten ›Zersplitterung der Bildung‹ entgegenwirken.[429]

Da eine Ausdifferenzierung der Fächer, wie sie für die Entwicklung der Kulturwissenschaften am Ende des 19. Jahrhunderts charakteristisch ist, an der Dresdner Hochschule nicht erfolgte, setzte sich auch die Autonomie des Faches ›Germanistik‹, die mit dem Methodenparadigma ›Philologie‹ erstrebt wurde, nicht durch. Damit aber bewahrten sich die örtlichen Fachvertreter etwas von jener ›Gemeinschaft der Gebildeten‹, die auf ihre Rolle als Vermittlungs- und Deutungsinstanz von Kunst im kulturellen Ensemble der Stadt zurückwirkte. Walzels Versuche, dem Bedürfnis vieler Gebildeter nach Integration der modernen Kunst und Literatur in die vertrauten und ererbten Kategorien überlieferter Wissensaneignung zu entsprechen, resultiert aus diesem Rollenempfinden, das sich auch in der Art und Weise des Umgangs mit Literatur niederschlägt:

> Ich trachte der Dichtung, die als unmittelbare Gegenwart vor mir steht, abzulernen, wie Dichtung von einst war, als sie noch Gegenwart bedeutete. Und umgekehrt wende ich an die Erschließung der Dichtung von heute, was ich lerne aus der Betrachtung des dichterischen Schaffens von einst.[430]

Das Bemühen Walzels nach sinnvoller Einbettung der Gegenwartskunst in die längst zum repräsentativen Bildungskanon gehörende Traditionen der Literatur- und Kunstgeschichte führte zwar zu dem »etwas hilflosen Versuch einer Entdeckung des Barock als Inspirationsquelle ›deutscher Vorkriegsdichtung‹«[431], wird aber unter dem Aspekt

---

[427] Walzel konnte – wie schon die Zeitgenossen wußten – wissenschaftliche Erkenntnisse wie kaum ein zweiter Fachvertreter einem breiten Publikum »mundgerecht« vermitteln. Vgl. Wachstum und Wandel, S. 163.

[428] Einen ersten, allerdings unvollständigen Überblick bietet: Edith Aulhorn in ihrer *Bibliographie der Schriften Oskar Walzels*, in: Julius Wahle/Victor Klemperer (Hg.): Vom Geiste neuer Literaturforschung. Festschrift für Oskar Walzel. Wildpark-Potsdam: Akademische Verlagsgesellschaft Athenaion 1924. S. 226-232. Zur Korrespondenz mit Redakteuren von Tages- und Wochenzeitungen vgl. den Nachlaß Walzels im Deutschen Literaturarchiv Marbach.

[429] Vgl. hierzu auch Walzels Stellungnahme anläßlich des Planes zur Gründung einer *Hochschule für Musik und redende Künste* in Dresden: »Heute wissen wir, daß wir in uns wieder ein Ganzes erzeugen müssen, wenn wir nicht uns selbst verlieren sollen. Um gleich den höchsten und letzten Sinn dieser neuen Erkenntnis zu bezeichnen: nicht länger darf einer, und wäre er sich der Fähigkeit zu bester Leistung innerhalb seines Fachgebietes bewußt, sich der Pflicht entschlagen, zu den Ansprüchen einer geschlossenen Weltanschauung Stellung zu nehmen.« Vgl. Oskar Walzel: Noch ein Wort zum Plan einer neuen Dresdner Hochschule. In: Dresdner Konzert- und Theater-Zeitung vom 1.5.1920. Nr. 34. S. 386.

[430] Walzel: Eindruckskunst und Ausdruckskunst in der Dichtung, S. 26.

[431] Schmitz: Legitimierungsstrategien der Germanistik und Öffentlichkeit, S. 335. Der von Schmitz zitierte Text Walzels *Deutsche Vorkriegsdichtung* (veröffentlicht in der *Zeitschrift für den deutschen Unterricht*. 29 (1915), H. 7/8. S. 449-455) ließe sich noch durch andere Aufsätze ergänzen; z. B. *Jungösterreichische Dichtung*. In: Internationale Monatsschrift 10 (1916), Sp. 1093-1224.

der Funktionalisierung des ›Überlieferten‹ zum Zwecke einer Vermittlung des ›Neuen‹ sogleich verständlich und nachvollziehbar.

Dabei gründete sich Walzels Vermittlungsrolle nur partiell auf die behördlich sanktionierte Bindung an die höchsten Bildungsinstitutionen der Stadt, die ihm seine Position als Meinungsführer im bildungsbürgerlich dominierten kulturellen Rollenensemble sicherte. Als gleichfalls konstitutiv erwies sich eine genuine Kenntnis der expressionistischen Bewegung, wie sie sich etwa im Dresden der Nachkriegszeit entfaltete. Beides war an eine ›Sprengung‹ der einstigen Rollendefinition des Professors gebunden, die den lehrenden Literaturwissenschaftler als Bewahrer und Vermittler eines tradierten literarhistorischen Wertekanons und damit einer idealistisch überformten Wirklichkeitsaneignung sah.

So entzog sich Walzel bereits früh jenem viel zitierten, noch aus Vorkriegszeiten stammenden Haß kulturell interessierter Studenten auf die Repräsentanten einer Literatur- und Kunstwissenschaft, die unzeitgemäß und ohne innovatorische Ambitionen noch immer nach den längst veralteten Kriterien klassisch-idealistischer Kunstauffassung den Werken der Avantgarde gegenübertraten.[432]

Eine solche institutionell gebundene literatur- und kunstkritische Arbeit, die sich vor dem Hintergrund der veränderten sozialpolitischen Konstellation nach 1918 entfaltete, war gleichfalls an eine Akzentuierung von Walzels einstigem Postulat, der Expressionismus ziele lediglich auf eine ›geistige Erneuerung‹ des Menschen und der Gesellschaft, gebunden. Die Anerkennung eines auch sozial intendierten und politisch engagierten Veränderungsgebots expressionistischer Literatur und Kunst, wie es sich etwa in Walter Hasenclevers Gedicht *Der politische Dichter* oder in Texten Johannes R. Bechers exemplarisch artikulierte, wird nun auch von Walzel explizit:

> Walter Hasenclever trieb die Entwicklung weiter von der Ablehnung der bestehenden Welt zu dem Verlangen nach politischer Erneuerung. Ein machtvoller Rufer, formte er Schlagworte wie die Dichter der vierziger Jahre. […] Vulkanischer bricht aus Bechers Gedichten der Ruf nach Umsturz. […] Lebensfragen, vor allem die Fragen, die das neuartige Leben nach dem Weltkrieg stellte, damit auch Fragen des Lebens im Staat und in der Politik, bleiben wie während des Weltkrieges Gegenstand der Dichtung.[433]

Konstitutiv für diese veränderte Sicht auf das Verhältnis von Kunst, Politik und Leben waren jedoch nicht nur die gesellschaftlichen Eruptionen der Revolutionszeit, sondern

---

[432] Vgl. hierzu etwa das Beispiel des Berliner Kreises um den *Neuen Club*, der aus »Ekel vor allem Commishaften im Kunst- und Wissenschaftsbetrieb« die Gründung einer »Neben-Universität« plante. Zitiert nach Peter Gust: Studenten in der künstlerischen Avantgarde. Der »Neue Club« und die Freie Wissenschaftliche Vereinigung an der Berliner Universität. In: Berliner Studenten und deutsche Literatur (1810–1933/45) (= Wissenschaftliche Zeitschrift der Humboldt-Universität zu Berlin, Gesellschaftswissenschaftliche Reihe 36, 1987, H. 7. S. 607-615, hier: S. 608.) Das Gegenbeispiel verkörpert der Dresdner Expressionist Hellmuth Pattenhausen, Autor in Heinar Schillings *Dresdner Verlag von 1917.* In einem Brief vom Januar 1919 bittet Pattenhausen Walzel um ein beratendes Gespräch, da er die Absicht habe, Literatur zu studieren. Siehe Brief von Hellmuth Pattenhausen an Oskar Walzel vom 21.1.1919. In: Nachlaß Oskar Walzel. Korrespondenz.

[433] Die Zitate stammen aus der Anfang der 20er Jahre ergänzten und überarbeiteten Fassung seiner *Deutschen Dichtung von Goethes Tod bis zur Gegenwart.* Oskar Walzel: Die deutsche Literatur von Goethes Tod bis zur Gegenwart. Mit einer Bibliographie von Josef Körner. Berlin: Askanischer Verlag 1925[5]. S. 109 und 161.

gleichfalls die merkwürdig intensive, für einen renommierten germanistischen Fachwissenschaftler eher ungewöhnliche Anteilnahme am Lebensschicksal einzelner Dresdner Expressionisten.

Die auch von Walzel erlebte Konfrontation der expressionistischen Dichter und Maler mit einer Nachkriegswirklichkeit, die der jungen Kunst und Literatur kaum die nötigen materiellen Voraussetzungen bot, sich öffentlich zu etablieren, und den Erneuerungsbemühungen der Avantgardisten mit dem Instrumentarium eines längst zum Spielball der Spekulation und des ökonomischen Gewinns gewordenen literarischen Marktes begegnete, veranlaßte Walzel zur Entfaltung eines – privat und institutionell gesteuerten – ›Unterstützungsprogramms‹ der Moderne. Dieses sollte genau jene von den Künsten initiierte und von Walzel befürwortete ›geistige‹ Reorganisation des Gemeinwesens vorantreiben und den expressionistischen Autoren einen öffentlichen Entfaltungs- und Wirkungsraum sichern.

Dabei ging es zum einen um die finanziell gebundene Förderung der Dresdner Expressionisten durch eine zielgerichtete Fürsprache in den lokalen und nationalen Stiftungen. Walzel, der sowohl im Verwaltungskomitee der Dresdner *Tiedge-Stiftung* und im Vorstand der *Serre'schen Zweig-Schiller-Stiftung* als auch im Vorstand der *Deutschen Schillerstiftung* arbeitete[434], setzte seit 1909 – entgegen dem Trend der Vorjahre – verstärkt Hilfeleistungen für lebende Dichter durch, was, vor allem durch seine Funktion als »Verbindungsmann« zwischen den einzelnen Organisationen[435], den Expressionisten zugute kam.[436]

---

[434] Susanne Schwabach-Albrecht: Die Tiedge-Stiftung in Dresden. In: Buchhandelsgeschichte (1997), Bbl. Nr. 50. B 73-B 83, hier B 78-79.

[435] Ebd.

[436] Zur Fürsprache Walzels in den entsprechenden Gremien vgl. die umfangreichen Hinweise in seinem Nachlaß. Finanziell unterstützt wurden u. a. Paul Adler, Theodor Däubler, Rudolf Adrian Dietrich, Bess Brenck-Kalischer, Alfred Günther, Walter Rheiner. Vgl. zu Däubler, Brenck-Kalischer, Dietrich: Liste für die »Amerika-Spende« der Schillerstiftung im Nachlaß Walzels. Deutsche Schillerstiftung an Oskar Walzel. Nachlaß Oskar Walzel. Korrespondenz. Hierzu Dankesschreiben von Däubler an Walzel: Brief Theodor Däublers an Walzel vom 31.12.1919: »Hochverehrter Herr Professor, dieser Tage soll ich die erste Rate der Pension, die mir von der Schillerstiftung zugesprochen wurde, erhalten. Ich weiß, dass ich diese Auszeichnung nur Ihnen verdanke, und möchte das hiermit aussprechen!«
Zu Alfred Günther vgl. Brief von Alfred Günther an Walzel aus dem Jahre 1924. Günther bedankt sich anläßlich des Geburtstages von Walzel für »alles Gute, das ich von Ihnen in den Dresdner Jahren empfangen habe«, vor allem für die »Wärme und Hilfsbereitschaft« Walzels. Brief von Alfred Günther an O. Walzel vom 9.11.1924. Walzel hatte sich u. a. als Vorstandsmitglied der *Serre'schen Zweig-Schiller-Stiftung* im Jahre 1918 für eine finanzielle Unterstützung Alfred Günthers – es handelte sich um einen Betrag von 300 Mark – eingesetzt. Vgl. die Abschrift des Sitzungsprotokolls des Vorstandes der Serreschen Zweig-Schiller-Stiftung Dresden vom 17.3.1918.
Zu Adler vgl. Brief von Dore Landau, der Tochter des Vorsitzenden der *Berliner Sch.=Zweigstiftung* an Oskar Walzel. Landau bittet Walzel um »wirksame Unterstützung für Paul Adler« durch die Schillerstiftung. Brief von Dore Landau an Oskar Walzel. Karlsruhe, 12.6.1920. Adler selbst bedankt sich bei Walzel für »die freundliche Verwendung« ausdrücklich in einem Brief. Paul Adler an Oskar Walzel. Brief ohne Datum aus Dresden.
Zu Rheiner vgl. Brief Rheiners an Oskar Walzel vom 15.4.1920: »[…] meinen herzlichen Dank für Ihre gütige Unterstützung meines Gesuches an die Serre'sche Zweig-Schiller-Stiftung, der ich einen so schönen Erfolg zu danken hatte, füge ich heute, mit den wärmsten Gefühlen, meinen Dank für die gleiche Güte hinzu, die Sie mir anläßlich meines Gesuches an die Tiedge-Stiftung zuteil werden ließen. Ich habe von der Serre-Stiftung M.800.- und von der Tiedge-Stiftung M.300.- empfangen, insgesamt also die Summe von M.1100.-, die mir und den Meinen unendlich viel Gutes getan hat.«

Zum anderen bemühte sich Walzel, als Berater und Gutachter die Aufnahme des Expressionismus in der Öffentlichkeit zu befördern: Neben Anregungen, expressionistische Dichtungen und Dramen in das Rezitations- bzw. Aufführungsrepertoire der städtischen Vereine und Bühnen zu übernehmen[437], ging es ihm vor allem um die Schaffung von Publikationsmöglichkeiten in überregionalen literarischen Zeitschriften und Verlagen[438], um eine sachliche Bewertung der literarischen Arbeiten expressionistischer Autoren[439] und nicht zuletzt um die Zurückweisung von Maßnahmen der regionalen und nationalen Zensurbehörden[440].

Letzteres belegt anschaulich, daß Walzel seine Position als Vertreter der Wissenschaften in die schon während des Ersten Weltkrieges geführte politische Auseinandersetzung um den Expressionismus einbrachte und damit nicht nur den revolutionä-

---

[437] So hatte die *Literarische Gesellschaft Dresden* Walzel anläßlich eines Rezitationsabends um Beratung für eine Auswahl moderner Lyrik gebeten. Vgl. hierzu den Brief der Literarischen Gesellschaft an O. Walzel vom 16.5.1916 in Walzels Nachlaß. Hier auch die Bitte von Carl Rolf Voigt, sein Theaterstück *Der Weg* für die städtischen Bühnen zu begutachten: »Durch Anfrage ist mir Gewissheit geworden, daß man das Drama am Dresdner Schauspielhaus berücksichtigen wird, wenn Sie, sehr geehrter Herr Geheimrat, eine wohlmeinende Kritik geben – doch will ich weder vorgreifen, noch beeinflussen, noch bitten: aber fühlen Sie meine spannende Ermattung und meine bangende Not um das Stück meiner Seele.« Brief von Carl Rolf Voigt an Oskar Walzel vom 10.1.1920.

[438] Als Beispiel sei die *Illustrirte Zeitung* in Leipzig angeführt. Walzel hatte hier einen Aufsatz über *Expressionistische Dichtung* veröffentlicht und dabei auch eine Reihe von Textbeispielen bekannter Expressionisten beigefügt. Vgl. Briefe der Schriftleitung der Illustrirten Zeitung in Leipzig an O. Walzel. Vgl. auch Walzels im Nachlaß gut dokumentiertes Engagement für eine Veröffentlichung von zwei Gedichtbänden Walter Rheiners beim *Insel-Verlag*. Vgl. A. Kippenberg (Insel-Verlag) an O. Walzel. Briefe vom 25.3.1920, 9.4.1920, 19.4.1920.

[439] Diese wurde sogar von den Expressionisten selbst gefordert. Vgl. hierzu etwa den Brief Friedrich Wolfs an Walzel vom 1.3.1920, in dem Wolf Walzel um ein »kurzes Urteil« zu seinem Drama *Der Unbedingte* bittet. Friedrich Wolf an O. Walzel. Remscheid, 1.3.1920. Oder die Briefe des Dresdner Expressionisten Carl Rolf Voigt an Walzel mit der Bitte um die Beurteilung seines Theaterstückes *Der Weg*. Briefe von Carl Rolf Voigt an O. Walzel vom 6.12.1919, 10.1.1920, 1.2.1920 und 14.2.1920. Das wohl berühmteste Beispiel eines Wunsches nach »kritischer Äusserung« betrifft die *Menschheitsdämmerung* von Kurt Pinthus. Pinthus übersandte Walzel Ende 1919 seine soeben erschienene ›Symphonie jüngster Dichtung‹ zur kritischen Ein- und Durchsicht, nachdem er »mit größter Freude [...] alles« gelesen hatte, was Walzel »über jüngste Dichtung« bis dahin veröffentlichte. Vgl. Brief von Kurt Pinthus an O. Walzel vom 18.12.1919.

[440] Ein Brief von Paul Schumann, einflußreicher Redakteur am regierungsfreundlichen *Dresdner Anzeiger*, belegt Walzels Bemühungen um Aufhebung des Verbots der von Hugo Zehder herausgegebenen Dresdner expressionistischen Kunstzeitschrift *Neue Blätter für Kunst und Dichtung*. Im August/September 1918 war das Erscheinen der Zeitschrift unter dem Vorwand des kriegsbedingten Papiermangels von der Dresdner Zensurbehörde verboten worden. Auf Wunsch Walzels intervenierte Paul Schumann gegen das Erscheinungsverbot mit einer »persönlichen Eingabe an das Ministerium«: »Ihre Frage: wie ich den bedrängten N. Blättern für Kunst und Dichtung zur Hilfe komme? Ich habe das getan, was Herr Zehder für wirksam und empfehlenswert hielt: nämlich eine persönliche Eingabe an das Ministerium gerichtet, worin ich der Regierung dringend nahe gelegt habe, sich in Berlin für die Bewilligung des – bei der Druckerei Laube vorhandenen! – Papiers zu verwenden. Ich habe dabei die Einwendungen der Berliner Papierstelle gekennzeichnet, habe auch gesagt, daß man nicht davon ausgehen könne, wie man persönlich zu der von Zehder vertretenen Kunstrichtung stehe, sondern daß man wünschen müsse, für Dresden eine bestehende Kunstzeitschrift unter allen Umständen zu erhalten um Dresdens willen usw.« Paul Schumann an Oskar Walzel. Brief vom 18.9.1918 aus Dresden. Erwähnt sei auch Walzels literaturwissenschaftliche Gutachtertätigkeit über expressionistische Autoren, um diese vor repressiven Maßnahmen der Zensurstellen zu bewahren. So bittet ihn im September 1921 Max Herrmann-Neisse »um ein Gutachten über seine künstlerischen Qualitäten«, das er »vor Gericht verwenden« will, um einer Anklage »wegen Verbreitung unzüchtigen Schrifttums in Berlin« durch das maßgebliche Urteil eines öffentlich bekannten Fachwissenschaftlers begegnen zu können. Vgl. Brief von Max Herrmann-Neisse an Oskar Walzel vom 3.9.1921.

ren Gehalt expressionistischer Kunst und Dichtung anerkannte, sondern sich auch für die Verbreitung einzelner, umstrittener Werke einsetzte.

So betrachtet erscheint es folgerichtig, daß sich Walzel Anfang der 20er Jahre bemühte, den Expressionismus auch innerhalb einer größeren Fachöffentlichkeit als bedeutenden Forschungsgegenstand zu etablieren. Die gemeinsam mit Heinar Schilling und dessen *Dresdner Verlag von 1917* konzipierte »Literaturgeschichte der letzten 20 Jahre«[441] sollte allerdings nicht nur die Bedeutung des Expressionismus als Gegenstand literaturwissenschaftlicher Forschung unterstreichen, sondern die bereits früher von Walzel erprobte Produktivität der Zusammenarbeit zwischen Dichtern und Literaturwissenschaftlern[442] dem interessierten Fachpublikum verdeutlichen. Walzel hatte damit versucht, die erfolgreiche Strategie seiner akademisch fundierten Argumentation für den Expressionismus in Gremien, Stiftungen und Kommissionen der Stadt und des Landes[443] auch auf den eher analytischen und weithin als ›seriös‹ geltenden Sektor der Wissenschaften zu übertragen. Obgleich das Projekt scheiterte (wahrscheinlich aus Gründen der Inflation und der Berufung von Walzel an die Universität Bonn im Jahre 1921), gilt der Dresdner Literaturhistoriker als einer der ersten Gelehrten, die sich einer pauschalen Ablehnung der expressionistischen Literatur durch die institutionalisierte Literaturwissenschaft[444] bewußt entzogen haben. So konnte in die vor allem durch Paul Raabe initiierte wissenschaftliche ›Wiederentdeckung‹ des Expressionismus in den 60er Jahren des 20. Jahrhunderts auch Walzels Postulat einer synthetischen Literaturforschung, die den Expressionismus im Kontext von Stilinnovation, Adressatenbezug und Wirkungsintention betrachtete, einfließen.

---

[441] Vgl. Brief von Heinar Schilling an Oskar Walzel vom 12.4.1921.

[442] Paradigmatisch hier die guten Beziehungen zu Theodor Däubler. Wie ein Brief Däublers vom 26.6.1921 belegt, hatte Walzel im Zuge seiner Arbeit über die moderne deutsche Dichtung Däubler um Mithilfe gebeten. Däubler sollte »etwas Autobiographisches« liefern, das Walzel in seinen Forschungen verarbeiten konnte. Der Brief berichtet vom mißglückten Versuch Däublers in dieser Hinsicht: »Hochverehrter Herr Geheimrat, ich habe mich so sehr gefreut, dass Sie das neue Buch über die moderne Dichtung schreiben, dass ich zwei Tage Rom opferte, um etwas Autobiographisches niederzuschreiben«. Aber »mein Versuch hier ist mißglückt: [...] Ich fühle mich nur berechtigt eine Entstehungsgeschichte des Nordlichts zu geben; das andere bleibt belanglos. Entschuldigen Sie daher bitte, dass es nichts wurde. Frau Bienert wird Ihnen von meinem guten Willen, meiner Plage, die ich [...] gern auf mich nahm, berichten! Trotzdem hier ein paar Zeilen über ›Literarisches‹, die Sie vielleicht interessieren können.« Vgl. Brief von Theodor Däubler an Oskar Walzel vom 26.6.1921 aus Rom.

[443] Vgl. hierzu einen Brief Paul Adlers an Walzel, in dem er sich bei Walzel für »die freundliche Verwendung« in der *Tiedge-Stiftung* ausdrücklich bedankt, vor allem auch deshalb, weil »den Stiftern« nach der Lektüre der Werke Adlers die, »wie es heißt, [...] ›Haare sich sträubten‹«. Paul Adler an Oskar Walzel. Brief ohne Datum aus Dresden. [Alle zitierten Dokumente befinden sich im Nachlaß Walzels im Deutschen Literaturarchiv Marbach.]

[444] Zum Verhältnis von literarischer Moderne und universitärer Literaturwissenschaft im ersten Drittel des 20. Jahrhunderts vgl. Frank Trommler: Germanistik und Öffentlichkeit. In: Christoph König/Eberhard Lämmert (Hg.): Literaturwissenschaft und Geistesgeschichte 1910 bis 1925. Frankfurt a. M.: Fischer 1993. S. 307-330, bes. S. 307, 311 u. ö. Auch auf Seiten der Avantgarde war die Ablehnung des institutionalisierten Wissenschaftsbetriebes evident; vgl. hierzu Schmitz: Legitimierungsstrategien der Germanistik und Öffentlichkeit, S. 331.

V. DER KÜNSTLER UND DIE REVOLUTION –
REVOLUTIONARISMUS UND NEUE MODELLE
REVOLUTIONÄRER KUNSTPOLITIK

1. Zur institutionellen Formierung und gesellschaftspolitischen Positionierung der Dresdner Expressionisten nach dem Ausbruch der Novemberrevolution

Der Ausbruch der Novemberrevolution in Dresden traf die ortsansässigen Expressionisten nicht unvorbereitet: Bereits wenige Tage nach Revolutionsbeginn, am 21.11.1918, kam es zur Gründung der *Sozialistischen Gruppe der Geistesarbeiter*[1], einer Vereinigung, die fortan nicht nur für die Koordinierung der revolutionären Aktivitäten der Dresdner Linksexpressionisten verantwortlich war, sondern auch auf überregionale Wirkungen abzielte. Zunächst am Berliner Räte-Modell um Kurt Hiller orientiert[2], verfolgte man schon bald ein inhaltlich wie strukturell eigenständiges Konzept bei der Zusammenführung und Organisierung der städtischen geistigen Arbeiter.

Die Gründung der Gruppe erwuchs aus der für den revolutionären Expressionismus insgesamt tragenden Erkenntnis, daß die – unter den künstlerischen Intellektuellen Deutschlands vorherrschende – Vereinzelung und Isolation zu überwinden sei, wolle man zu einem ernstzunehmenden Faktor innerhalb des gesellschaftlichen Erneuerungsprozesses der Zeit werden. Das Spezifische am Dresdner Gruppenmodell war die weite, unvoreingenommene Öffnung gegenüber anderen Zirkeln und Arbeitsgemeinschaften mit gleicher oder ähnlicher Programmatik und Zielsetzung in Deutschland. Weitab von jeder avantgardistischen Esoterik, lehnte man »Exclusivität« und »Cliquen-Sektierertum« strikt ab und propagierte statt dessen »die Hoffnung auf ein menschlich orientiertes Zusammenleben«[3], das von Gleichberechtigung und gegenseitigem Verständnis in der Öffentlichkeit Zeugnis ablegen sollte. Der hierarchisierenden »Semantik von Führer und Gefolgschaft«[4] wurde demonstrativ das Modell einer kommunikativ ausgerichteten, solidarisch konzipierten und sozial engagierten neuen »Gemeinschaft« entgegengestellt, die – belehrt durch die bitteren Erfahrungen des Krieges – eine gewaltfreie und konsensfähige Erneuerung des gesellschaftlichen, politischen und künstlerischen Lebens anstrebte.

---

[1]   Die Gruppe formierte sich während einer öffentlichen Versammlung im Dresdner großen Saal der Kaufmannschaft. Vorausgegangen war ein durch Heinar Schilling initiierter und durch »Maueranschlag, Plakattträger und Handzettel« erfolgter Aufruf, »einen revolutionären Rat der Geistesarbeiter« zu gründen: »Im Interesse des Staates liegt es, dass die Schöpfer und Träger der jetzt herrschenden Ideen sich zu tätiger Mitarbeit an der neuen Ordnung entschliessen. Alle revolutionär gesinnten Gebildeten, insbesondere Literaten, Künstler und Studenten, aber auch geistig interessierte Angehörige anderer Berufe müssen bei der Wahl ihrer Vertreter zugegen sein. Stimmrecht haben alle Anwesenden über 20 Jahre, ohne Unterschied des Geschlechts.« Der Aufruf stammt vom 15.11.1918. Vgl. Die sozialistische Gruppe der Geistesarbeiter. In: Menschen Montagsblatt-Dresden 1 (1919), Nr. 4. S. 3.
[2]   Schilling hatte sich zwecks »Gründung eines Dresdner Parallelunternehmens« mit dem Berliner »Rat der Geistesarbeiter« um Kurt Hiller in Verbindung gesetzt und nach seiner Rückkehr die Konstituierung der Gruppe vorangetrieben. Vgl. ebd.
[3]   R[echa] R[othschild]: Organisation. In: Menschen Montagsblatt-Dresden 1 (1919), Nr. 7. S. 3.
[4]   Vgl. Walter Schmitz/Uwe Schneider: Völkische Semantik bei den Münchner ›Kosmikern‹ und im George-Kreis. In: Uwe Puschner/Walter Schmitz/Justus H. Ulbricht (Hg.): Handbuch zur ›Völkischen Bewegung‹ 1871-1918. München u. a.: Saur 1996. S. 711-746, hier: S. 734.

Entscheidend für diese Art ›Kreisbildung‹ waren zwei Intentionen, die das Organisationsmodell der Dresdner linksintellektuellen Dichter, bildenden Künstler, Verleger und Publizisten zum Muster mit nationalem Wirkungsanspruch erhoben: Die Ablehnung einer »Trennung des politischen vom literarischen Menschen« und der »Wunsch, die Mannigfaltigkeit der Strebungen« zur einheitlichen Willenskundgebung zu formen, da sich erst »die Stosskraft dieser Phalanx« über die bisherigen Zusammenschlüsse – »Wandervogelbewegung«, »freie Studentenschaft«, »politische und literarische Jugendbünde«[5] – hinwegsetzen könne und eine ernstzunehmende gesellschaftliche Alternative verkörpere.

Im Gegensatz zur zeitgenössischen Kritik, »die ohnehin nur die überragende dichterische Einzelpersönlichkeit gelten lassen wollte« und eine produktive Gemeinschaftsbildung unter Künstlern und Literaten für unmöglich hielt[6], stieß das Organisationsmodell der geistigen Arbeiter in der Dresdner Öffentlichkeit mehrheitlich auf Zustimmung; war man doch in den ersten Tagen der Revolution von der Notwendigkeit einer – auch institutionell legitimierten – Beteiligung der Intellektuellen »am Aufbau der neuen Gesellschaft«[7] überzeugt.

Der in der ersten öffentlichen Zusammenkunft am 21.11.1918 gewählte »Propagandaausschuß« der Gruppe wies eine personelle Zusammensetzung auf, die nicht nur das Profil, sondern auch die Zielrichtung der gesellschaftlichen Wirksamkeit der neuen Vereinigung in spezifischer Weise bestimmte: Neben Heinar Schilling waren der Dichter Paul Adler, der Dramaturg Max Alberty, die Publizisten Camill Hoffmann und Rudolf Manasse, der Akademieprofessor Otto Hettner, der Verleger und Architekt Hugo Zehder, der Maler Conrad Felixmüller, der Pädagoge und Politiker Alexander Schwab, der Journalist und Schriftsteller Karl Römer sowie der Industrielle Harald Dohrn dem Gremium beigetreten.[8]

Auffällig ist nicht nur das breite soziale und berufliche Spektrum der Ausschußmitglieder, das expressionistische Dichter und Maler, Publizisten und Verleger ebenso einschloß wie der Bewegung nahestehende oder doch mit ihr sympathisierende Journalisten, Dramaturgen, Professoren und Politiker. Gleichfalls ins Auge fällt die Dominanz der aus Hellerau stammenden Mitarbeiter, die bereits vor dem Krieg an der Verwirklichung einer neuen Synthese von Kunst, Kultur und Arbeitswelt in der Gartenstadt beteiligt waren.[9] Beides bildete die Grundlage eines Aktionsplanes, der nicht nur auf die Umgestaltung des kulturell-künstlerischen Sektors der Stadt abzielte, sondern ein universell angelegtes, politisch, sozial und kulturell ausgerichtetes Reformprogramm durchzusetzen suchte.

---

[5]   R[echa] R[othschild]: Organisation, S. 3.

[6]   Dies hing etwa mit der immer noch weitverbreiteten Stilisierung des Dichters zum »Dichterfürsten« zusammen. Vgl. Thomas Anz/Michael Stark (Hg.): Expressionismus. Manifeste und Dokumente zur deutschen Literatur 1910-1920. Stuttgart: Metzler 1982. S. 404.

[7]   So wurde über die Gründungsversammlung der *Sozialistischen Gruppe der Geistesarbeiter* in allen wichtigen Dresdner Tageszeitungen z. T. ausführlich berichtet. Siehe etwa *Dresdner Volkszeitung* vom 22.11.1918. Nr. 272. S. 6. oder *Dresdner Neueste Nachrichten* vom 23.11.1918. Nr. 320. S. 4. Auch im *Dresdner Salonblatt* erschien eine umfangreiche Stellungnahme, die im *Montagsblatt* 1 (1919), Nr. 4. S. 3 abgedruckt wurde.

[8]   Dem Ausschuß gehörte darüber hinaus eine, wahrscheinlich als Protokollantin tätige Frau Jaenichen an. Vgl. Die sozialistische Gruppe der Geistesarbeiter, S. 3.

[9]   Paul Adler, Camill Hoffmann, Hugo Zehder, Rudolf Manasse und Harald Dohrn wohnten in Hellerau. Vgl. Hans-Jürgen Sarfert: Hellerau. Die Gartenstadt und Künstlerkolonie. Dresden: Hellerau-Verlag 1999. S. 81ff., 93ff., 104, 112 und 156ff.

Das in Form einer Resolution anläßlich der Versammlung formulierte Hauptziel der Gruppe bestätigte diesen übergreifenden, insgesamt weitgefaßten Wirkungsanspruch und offerierte zugleich ein für die expressionistische Bewegung eher ungewöhnliches Vorhaben: Man wolle, so hieß es,

> die durch ihre soziale Lage und ihre Ideologie dem Sozialismus geneigten Teile des Bürgertums und die geistigen Arbeiter überhaupt für die positive Mitarbeit an dem Sozialismus [...] gewinnen, insbesondere durch Aufklärungsarbeit (Flugblätter, Schriften, Vorträge und Begründung einer hauptsächlich für das intellektuelle Bürgertum bestimmten Tagespresse.)[10]

Mit der demonstrativen Hinwendung zum »intellektuellen Bürgertum«, zu den »Lehrer[n], Beamte[n] und Privatbeamte[n]«, den »Angehörigen der freien Berufe«, den »Gelehrte[n] und Studierende[n]«[11] reagierten die Expressionisten auf eine Besonderheit der städtischen Bevölkerungs- und Sozialstruktur: Die Residenz- und Landeshauptstadt Dresden verfügte auf Grund ihrer vielfältigen Bildungs-, Verwaltungs- und Administrationsaufgaben über eine relativ breite Schicht mittlerer und höherer, akademisch geschulter Beamter und Lehrer[12], die – auch über das Netzwerk ihrer zahlreichen Institutionen[13] – das gesellschaftliche, politische und kulturelle Klima der Residenzstadt entscheidend prägten und beeinflußten. Die personelle wie institutionelle Einbindung des Bildungsbürgertums in die Praxis revolutionärer Kultur- und Kunstpolitik schien – vor allem in den Anfangstagen der Revolution, die sowohl das städtische Behördenpersonal als auch die Lehrerschaft mit einer Situation sozialer Instabilität konfrontierte – ein wichtiger Angriffspunkt kunstpolitischer Einflußnahme zu sein.

Die explizite Inanspruchnahme des modernen Pressewesens sollte dabei den Zugang zum gebildeten Bürger erleichtern und den didaktischen Gestus bei der Propagierung des ›neuen Stils‹ durch die Expressionisten hervorheben.

---

[10] Die sozialistische Gruppe der Geistesarbeiter, S. 3. Die Resolution wurde von 800 der 1200 Teilnehmer der Versammlung angenommen. Die Gewinnung des Bürgertums für die Ziele der Expressionisten ist deshalb ein ungewöhnliches Unterfangen, weil sich das Gros der Bewegung in den anderen Zentren (etwa Berlin) als dezidiert ›antibürgerlich‹ verstand. Dies kommt sowohl in einzelnen Werken expressionistischer Prosa und Dramatik zum Ausdruck als auch in zahlreichen programmatischen Schriften. Vgl. etwa Paul Nikolaus: Manifest gegen den Bürger. In: Der Revolutionär 1 (1919), Nr. 7. S. 19-20. Zur Diffamierung des Bürgers als ›Philister‹ siehe: Friedrich Saß: Naturgeschichte des deutschen Philisters. In: Die Aktion 2 (1912), Sp. 67-71. Zusammenfassend zum antibürgerlichen Konzept der expressionistischen Dramatik vgl. Peter Uwe Hohendahl: Das Bild der bürgerlichen Welt im expressionistischen Drama. Heidelberg: Winter 1976.

[11] Vgl. die erste Resolution der Geistesarbeiter in: Menschen Montagsblatt-Dresden 1 (1919), Nr. 4. S. 3.

[12] Vgl. zum Anteil der Beamtenschaft im Stadtgefüge: Gg. Hrm. Müller: 700 Jahre Dresden 1216-1916. Vortrag im Verein für Geschichte Dresdens am 15. November 1916. Dresden: Verlag der Buchdruckerei der Wilhelm und Bertha v. Baensch Stiftung 1917. S. 33. Auf die gegenüber anderen sächsischen Städten besondere Bedeutung der Schulstadt Dresden verweisen zahlreiche Quellen; vor allem: Dresden als Schulstadt. Führer durch die gesamten Unterrichtsanstalten Dresdens. Hg. vom Verein zur Förderung Dresdens und des Fremdenverkehrs Dresden Hauptbahnhof. Dresden: Buchdruckerei F. Emil Boden 1908. S. 3-4. Siehe zusammenfassend auch Kapitel II der vorliegenden Arbeit.

[13] Vgl. hierzu im einzelnen das *Beamtenbuch der Stadt Dresden nebst Verzeichnis der Rathsmitglieder und der Stadtverordneten für das Jahr 1902*, das die Ministerien, Regierungsstellen, Behörden und sonstigen Ämter der Stadt auflistet.

Zugleich impliziert der Verweis auf die »Begründung« einer alternativen »Tagespresse«[14] ein Interesse an der Etablierung massenmedial betriebener Informationspoli-
tik. Der Nutzung der Tageszeitung als Mittel der Manipulation breiter Leserschich-
ten, wie sie vor allem während des Krieges erfolgreich praktiziert wurde, wollte man
mit einer neuen »Presse« begegnen, die ihr publizistisches Instrumentarium nunmehr
für die Verbreitung einer menschenwürdigen Ideologie einsetzt. Der Versuch, die
Zeitung in den ›Dienst am Menschen zu stellen‹, verbindet somit mediale Ambition
mit erklärt aufklärerischer Intention und formuliert den Zusammenhang von Presse
und Bildung unter einem betont humanistischen Blickwinkel. Durch die Kopplung
von neuer Weltanschauung und medienkritischer Aufklärungsarbeit gewinnt die Tätigkeit der Dresdner Vereinigung von Anfang an ein gesellschaftspolitisches Profil, das
auch im öffentlichen Bewußtsein der Stadt Beachtung fand.[15]

Dem Ziel, geeignete Formen gruppenübergreifender Zusammenarbeit mit bündnisorientierter Perspektive zu finden, diente auch die Ausarbeitung einer konsensfähigen definitorischen Fassung des zeitgenössisch umstrittenen und ideologisch vorbela-
steten Begriffs »Sozialismus«.

Da man sich politisch zwar für das linke Lager engagierte, aber aus bündnispolitischen Erwägungen eine eindeutige parteipolitische Fixierung scheute[16], kam es in den
Anfangstagen der Revolution zu oftmals undifferenzierten und pauschalen Debatten
über die verschiedensten Sozialismusmodelle linksrevolutionärer Provenienz. Was Sozialismus eigentlich sei und bedeute, erschöpfte sich nicht selten in unkonkreten und
gesellschaftlich abgehobenen Forderungen nach »Aufrechterhaltung des sozialen Gedankens [...] jenseits aller parteipolitischen Agitationen«[17] oder der Befürwortung einer wirklich »materialistischen Geschichtsauffassung«[18] bei der Konzipierung des
neuen Gemeinwesens oder der Favorisierung des »ethische[n] Moment[s]«[19] als zentraler ›sozialistischer‹ Kategorie. Das – hier nur grob skizzierte – Spektrum der Diskus-
sionsangebote floß in den Versuch einer übergreifenden Definition des Sozialismusbe-
griffs der Gruppe ein, der in Form eines gemeinsamen Flugblatts als Lehrformel und
Agitationsinstrument noch im Dezember 1918 in die Dresdner Öffentlichkeit lanciert
wurde. Demnach ist Sozialismus die

vernunftgemässe Erzeugung aller äusseren Bedürfnisse des Lebens durch **Alle** zum
materiellen und geistigen Nutzen **Aller**, und die in Geld ausgedrückte Verteilung

---

[14]   Vgl. Resolution der Geistesarbeiter. In: Menschen Montagsblatt-Dresden 1 (1919), Nr. 4. S. 3.
[15]   Siehe hierzu die Reaktionen auf die Gründung der Gruppe in der städtischen Tagespresse. Etwa
in den *Dresdner Neuesten Nachrichten* vom 23.11.1918. Nr. 320. S. 4, oder im *Dresdner Lokal-Anzeiger* vom 23.11.1918. Nr. 138. S. 3. Selbst im *Dresdner Salonblatt* wurde auf die ›Organisierung der
geistigen Arbeiter‹ hingewiesen. Vgl. M. A.: Dresdner Signale. In: Salonblatt 13 (1918), Nr. 48.
S. 1123.
[16]   Vgl. hierzu die Äußerungen von Paul Adler auf der Versammlung der Gruppe am 8.12.1918. In:
Menschen Montagsblatt-Dresden 1 (1919), Nr. 4. S. 3. Adler betonte die Absicht der Gruppe, nach-
einander Vertreter »sämtliche[r] sozialistische[r] Parteien sprechen zu lassen«.
[17]   Vgl. hierzu die Rede des *USPD*-Mitglieds Friedrich Wolf auf der Versammlung der Gruppe am
8.12.1918 zum Thema *Die ethischen Grundlagen des Sozialismus*. Auf die Rede wird verwiesen in:
Menschen Montagsblatt-Dresden 1 (1919), Nr. 4. S. 3.
[18]   Referat des Mehrheitssozialisten Hanewald auf der Versammlung der Gruppe vom 15.12.1918
zum Thema *Was ist Sozialismus*. Siehe: Menschen Montagsblatt-Dresden 1 (1919), Nr. 17. S. 3.
[19]   Vgl. dazu einen Diskussionsbeitrag auf der Versammlung der Gruppe am 8.12.1918. In: Menschen Montagsblatt-Dresden 1 (1919), Nr. 4. S. 3.

des gemeinsam Erzeugten ohne irgend einen ungerechtfertigten Tribut. Sozialismus ist die Ordnung der Produktion und der menschlichen Arbeit und zugleich ihre Ermässigung. […] Sozialismus bedeutet den inneren Fortschritt von der Anarchie und Verwilderung, von dem Übermut und der Unverantwortlichkeit hinweg zur Republik. […] Der siegreiche Sozialismus bringt nicht die Herrschaft einer Klasse, sondern die Auflösung allen Klassenbewusstseins in Gemeingefühl und zugleich Freiheitsgefühl. Der Sieg des Sozialismus macht alle Menschen gleicherweise zu Arbeitern wie zu Herren

und bedeute »die weiteste Erfüllung aller individuellen freiheitlichen Forderungen in der inneren Politik: in der Rechtspflege, der Erziehung, der allgemeinen Verwaltung usw. […]«.[20]

Mit der utopischen Vorstellung, daß Bedürfnisse »vernunftgemäss« erzeugt werden können und daß die Errichtung des Sozialismus zur »Auflösung allen Klassenbewußtseins in Gemeingefühl und zugleich Freiheitsgefühl« führe, geriet das ›Ideelle‹ zum zentralen Bezugspunkt des gesellschaftspolitischen Konzepts der »Geistesarbeiter« kurz nach Ausbruch der Revolution. Verbunden mit der Versicherung, die Errichtung der sozialistischen Gesellschaft sei weder an die »Aufhebung des Individualismus« gebunden noch an »die Mechanisierung und Vernichtung des Einzelwillens«[21], ergab sich eine auf die Bedürfnisse des Bildungsbürgertums zugeschnittene Definition, die den »inneren Fortschritt« des Menschen als Voraussetzung für die Entstehung von »Verantwortlichkeitsgefühl« und »Friedfertigkeit«[22] betrachtete.

Freilich versperrten der Appell an »Individualismus« und subjektives Verantwortungsbewußtsein sowie die eher nebulösen Aussagen von der »Ordnung der Produktion und der menschlichen Arbeit« den Blick auf das materielle und soziale Sein der Menschen, das gerade in den Wochen nach der Revolution für viele Hunger, Armut und Verelendung bedeutete.

Eine Konzeption von einer neuen und besseren Gesellschaftsordnung, die den realen Bedingungen menschlichen Lebens kaum Beachtung schenkte und sich in rhetorischen Formeln (»Der Sieg des Sozialismus macht alle Menschen gleicherweise zu Arbeitern wie zu Herren«[23]) erschöpfte, mußte notwendig als realitätsfern gelten und erwies sich – wie das schwindende öffentliche Interesse an den Veranstaltungen der »Geistesarbeiter« in der Folgezeit belegt[24] – für die Mobilisierung des mit linken Ideen sympathisierenden Bürgertums der Stadt als unbrauchbar. Offensichtlich konnte dieses mit den viel zu allgemein gehaltenen Formeln eines als Utopie zwar vorstellbaren, politisch und ökonomisch aber konturlosen neuen Gemeinwesens in einer Phase individueller Verunsicherung und sozialer Depression nichts anfangen. Zudem erschwerte das Fehlen eines konkreten Hinweises auf die Art und Weise, wie das Gegenwärtige überwunden und das Zukünftige errichtet werden solle, nicht nur mögliche Identifikationsbestrebungen seitens der Stadtbevölkerung, sondern untergrub

---

[20] Das Flugblatt wandte sich vor allem an »geistige Arbeiter, Beamte und Angehörige freier Berufe, Studierende und Künstler, Schriftsteller und Lehrer!«. Es wurde im Montagsblatt 1 (1919), Nr. 4. S. 4 im Wortlaut abgedruckt.

[21] Ebd.

[22] Ebd.

[23] Ebd.

[24] Die Zahlen der Teilnehmer an den öffentlichen Versammlungen der Gruppe gingen von 1200 (21.11.1918) auf 250 (8.12.1918) zurück. Siehe: Die Sozialistische Gruppe der Geistesarbeiter, S. 3.

auch die Glaubwürdigkeit und Gewichtung des intellektuellen Bemühens. Einer, der
den Widerspruch zwischen formuliertem programmatischen Anspruch und dessen
möglicher praktischer Verwirklichung erkannte, war der Dresdner Regisseur Berthold
Viertel. Nach dem Besuch einer öffentlichen Versammlung der »Geistesarbeiter« bekannte er betroffen, daß die jungen Künstler und Schriftsteller den großen Gegensatz

> zwischen den Hungrigen und den Satten, zwischen denen, die Muße haben, und
> denen, die sich rackern, zwischen denen, die nur tägliche Notdurft, und denen,
> die auch geistigen Luxus kennen,

nicht sehen wollten.[25] Für Viertel war die Generation der aus dem Krieg heimkehrenden Autoren nicht nur »politisch ahnungslos [...] historisch verbildet« und »auf neue
persönliche Opfer kaum gefaßt [...]«, sondern auch durch ihre einseitige Fixierung
auf das ›Geistige‹ von einer realistischen Einschätzung des Revolutionsverlaufs weit
entfernt.[26]

Der zunehmende gesellschaftliche Wirkungsverlust der Gruppe, der gerade aus
dieser von Viertel diagnostizierten Diskrepanz zwischen Ideal und Wirklichkeit erwuchs, veranlaßte die »Geistesarbeiter« ab Januar 1919 zu einer Modifizierung ihrer
Arbeit: Zum einen orientierte man sich nun stärker auf eine engere Bindung an die
realen Träger der revolutionären Bewegung der Stadt, um die eigene Beteiligung am
Revolutionsgeschehen zu befördern; zum anderen schuf die Gruppe mit der politischen Wochenzeitung *Menschen-Montagsblatt*, die ab Januar 1919 parallel zur Zeitschrift für neue Kunst *Menschen* regelmäßig erschien[27], eine eigene publizistische Plattform für die öffentliche Verbreitung ihrer Ideen.

Die Einheit von Theorie und Praxis, von Postulat und Aktion bildete sich jetzt zu
einem das Gruppenprofil insgesamt bestimmenden Merkmal heraus. Durch die Verknüpfung der zunehmend konkreter und zielsicherer geführten Debatten um die Konstituierung der neuen Gesellschaftsordnung mit der existentiellen Fragestellung nach
den Möglichkeiten einer wirkungsvollen Beteiligung der Intellektuellen an deren Aufbau erreichten die Dresdner Expressionisten einen Grad sozialer Repräsentanz, der ihnen Zutritt in die öffentlichen Gremien der städtischen Revolutionsbewegung ermöglichte.

Die für den expressionistischen Aktivismus keineswegs typische institutionell legitimierte Zusammenarbeit zwischen Intellektuellen und Revolutionären entwickelte
sich vor diesem Hintergrund zu einem Kennmuster der Dresdner Gruppe. Die Einbindung expressionistischer Autoren und bildender Künstler in die Tätigkeit der re-

---

[25]   Berthold Viertel: Menschenliebe. In: Der Zwinger 3 (1919), H. 1. S. 23.
[26]   Ebd., S. 24.
[27]   Das *Montagsblatt* wurde vom 6. Januar 1919 bis 16. Juni 1919 wöchentlich veröffentlicht und
nicht, wie Eva Kolinsky behauptet, nur im ersten Quartal 1919. Ab April 1919 hatte sich lediglich
der Titel von *Menschen Montagsblatt-Dresden* in *Dresdner Montagsblatt früher Menschen* geändert. Die
Kunstzeitschrift *Menschen* erschien daneben bis zum Mai 1921. Auch wurde das *Montagsblatt* nicht
von Anfang an von der *Sozialistischen Gruppe der Geistesarbeiter* herausgegeben, sondern erst ab
Nummer 10 (3.3.1919); vorher fungierte bis zu Heft 5 (27.1.1919) Heinar Schilling als Herausgeber
und Schriftleiter, bis dann von Heft 6 (3.2.1919) bis Heft 9 (24.2.1919) neben dem Herausgeber
Schilling Karl Römer als Schriftleiter erscheint. Vgl. Eva Kolinsky: Engagierter Expressionismus. Po-
litik und Literatur zwischen Weltkrieg und Weimarer Republik. Eine Analyse expressionistischer
Zeitschriften. Stuttgart: Metzler 1970. S. 113.

Titelblatt der Zeitung *Menschen Montagsblatt-Dresden* vom 27.1.1919

volutionären städtischen Gremien[28], insbesondere des *Arbeiter- und Soldatenrates Dresden*[29], der kurz nach Revolutionsbeginn »für alle Verwaltungsgebiete [eigene] Dezernate einrichtete« und dessen Mitglieder je nach Sachkompetenz noch bis Anfang 1919 an den Ausschußsitzungen der städtischen Verwaltung teilnahmen[30], ist ein Beispiel

[28]   So wird der Studienfreund Felixmüllers, der expressionistische Maler und Graphiker Edmund Kesting (Mitarbeiter an den Zeitschriften *Die Aktion* und *Der Sturm*), zum Vorsitzenden des revolutionären Studentenrates der *Dresdner Kunstakademie* ernannt. Vgl. Peter Barth: Conrad Felixmüller. Die Dresdner Jahre 1913-1933. Düsseldorf: Galerie Remmert und Barth 1987. S. 47.

[29]   Friedrich Wolf war seit »10.11.1918 aktives Mitglied des *Vereinigten revolutionären Arbeiter- und Soldatenrates* [Dresden] und zugleich der Exekutive«. Vgl. Brief an Gustav Gerstenberger vom 11.11.1918. In: Emmi Wolf/Brigitte Struzyk (Hg.): Auf wieviel Pferden ich geritten... Der junge Friedrich Wolf. Eine Dokumentation. Berlin und Weimar: Aufbau-Verlag 1988. S. 193. Auch Conrad Felixmüller war – wie aus einem Brief an Dieter Gleisberg vom 13.1.1969 zu schließen ist – Mitglied des Dresdner *Arbeiterrates*. Vgl. Brief von Conrad Felixmüller an Dieter Gleisberg vom 13.1.1969. In: Dieter Gleisberg: Conrad Felixmüller. Leben und Werk. Dresden: Verlag der Kunst 1982. S. 44.

[30]   Vgl. hierzu einen Brief des Dresdner Oberbürgermeisters an den Geschäftsführer des *Deutschen Städtetages* in Berlin vom 16.5.1919. In: Stadtarchiv Dresden. Fach 4, 22 a. Politische Umwälzung im Jahre 1918 in Sachsen und Dresden. II. J. Nr. 13. Band 1. RA 6, XXXII. 158. Band 1. S. 113. Friedrich Wolf etwa nahm als Mitglied der *Dresdner Lazarettkommission*, die Ende November 1918 gegründet wurde, an den Sitzungen teil. Vgl. hierzu die Hinweise im *Dresdner Lokal-Anzeiger* vom

für diesen Prozeß institutionell untermauerter Beteiligung, das zwar nur von kurzer Dauer war[31], aber zu spürbaren praktischen Resultaten führte[32]. Ein anderes Beispiel besteht in den zahlreichen Versuchen einer Instrumentalisierung des Lehrer- und Gelehrtenstandes für die Ziele der revolutionären Bewegung: sei es durch gezielte eigene Mitarbeit an den Schulen[33], durch eine breite öffentliche Propagierung neuer Schul- und Erziehungskonzepte[34], durch die enge Zusammenarbeit mit den an Hoch- und Fachschulen lehrenden Professoren[35] oder durch das Engagement bei der Neuordnung der traditionsreichen Dresdner Kunstakademie[36]. Schließlich kam es auch zur Mitgliedschaft einzelner Expressionisten in linkssozialistischen Parteien[37] und der Organisierung von öffentlichen Auftritten maßgeblicher Revolutionsführer in den Versammlungen der sozialistischen »Geistesarbeiter«[38].

So bestand für die Dresdner Gruppe keineswegs ein »problematische[s] Verhältnis« gegenüber der »politischen Praxis« der Revolution, wie es Eva Kolinsky für die *Räte geistiger Arbeiter,* die auf Anregung des Berliner Aktivisten Kurt Hiller an verschiedenen Orten Deutschlands entstanden[39], pauschal diagnostizierte.[40] Die Dresdner Gruppe hatte sich ohnehin schon kurz nach ihrer Gründung vom Rätemodell Hillerscher Provenienz durch die Art und Weise ihrer öffentlichen Legitimierung distanziert: Während die Mitglieder in Hillers Rat sich selbst designierten –

3.12.1918. Nr. 142. S. 3 oder in der *Dresdner Volkszeitung* vom 30.11.1918. Nr. 279. S. 3.

[31]   Nach den Wahlen der Stadtverordneten Anfang 1919 trat der *Arbeiter- und Soldatenrat* in der Öffentlichkeit kaum mehr in Erscheinung. Vgl. den Brief des Dresdner Oberbürgermeisters an den Geschäftsführer des Deutschen Städtetages in Berlin vom 16.5.1919.

[32]   Etwa durch die Wahl Friedrich Wolfs zum Vertrauensmann des Dresdner Sanitätspersonals: Wolf spielte in dieser Funktion eine wichtige Rolle bei den Demonstrationen der Dresdner Lazarettinsassen für eine Verbesserung ihrer Lebensbedingungen. Vgl. Wolf/Struzyk (Hg.): Auf wieviel Pferden ich geritten, S. 194-198.

[33]   Vgl. hierzu die Äußerung des Expressionisten Richard Fischer, der als Studienrat an einem Dresdner Gymnasium tätig war: Er halte »nach dem Umsturz Jugendziehung für wichtiger [...] als Dichten«. Zitiert nach Paul Raabe: Die Autoren und Bücher des literarischen Expressionismus. Stuttgart: Metzler 1992². S. 136.

[34]   Vgl. hierzu die zahlreichen Artikel in den *Montagsblättern* zu schulpolitischen Konzepten und Bildungsstrategien von Gustav Wyneken, Alexander Schwab u. a. Die schulpolitische Orientierung der Gruppe resultierte wahrscheinlich aus den positiven Erfahrungen mit dem Hellerauer Schulmodell und aus Otto Rühles Affinität zu Erziehungs- und Bildungsfragen.

[35]   Als Beispiel sei hier auf den Dresdner Literaturhistoriker Oskar Walzel verwiesen. Walzel, der als Ordinarius an der *Kgl. Technischen Hochschule* Dresden tätig war, verband eine enge Freundschaft mit allen wichtigen Dresdner Repräsentanten der Bewegung. Siehe Genaueres in Kapitel IV.5 der vorliegenden Arbeit.

[36]   Der Versuch, auf die personelle wie strukturelle Umgestaltung der Dresdner Kunstakademie Einfluß zu nehmen, ging vor allem von Conrad Felixmüller und der *Dresdner Sezession Gruppe 1919* aus: »Meine Idee« – so bemerkt Felixmüller in einem Brief – »war es im Zuge der ersten Revolutionsbestrebungen, die künstlerischen Angelegenheiten mitzubestimmen bzw. zu beeinflussen, soweit es um die öffentliche Kunstpflege ging: Etat! Ausstellungen – dafür die städtischen Ausstellungsgebäude in die Hand zu bekommen, Einfluß nehmen auf die Berufungen von Persönlichkeiten, z. B. Akademie – Kunstkommissionen – Ankäufe – Galerie etc.« Zit. nach Gleisberg: Felixmüller, S. 44. Vgl. auch den Artikel *Die Neugestaltung der Dresdner Kunstakademie.* In: Menschen Montagsblatt-Dresden 1 (1919), Nr. 9. S. 3.

[37]   Paul Adler und Friedrich Wolf waren Mitglieder der *USPD*; Conrad Felixmüller trat schon kurz nach Revolutionsbeginn der neu gegründeten *KPD* bei.

[38]   So trat Otto Rühle am 5.1.1919 in einer Versammlung der Gruppe auf. Vgl. Chronik der Sozialistischen Gruppe der Geistesarbeiter. In: Menschen Montagsblatt-Dresden 1 (1919), Nr. 17. S. 3.

[39]   U. a. in München, Leipzig, Hamburg, Darmstadt.

[40]   Kolinsky: Expressionismus, S. 117.

Ein Oberhaus! eine Kammer der Geistigen! ein Deutsches Herrenhaus! Niemand hat da ernannt; niemand hat da gewählt; die Befugten traten eines Tages zusammen und sagten: wir sind es[41] –,

stellten sich die Mitarbeiter des Propagandaausschusses der Dresdner Gruppe bereits früh einer demokratischen Wahl[42]. Dadurch entzogen sich die Dresdner Linksexpressionisten nicht nur dem möglichen Vorwurf, ihr öffentliches Wirken sei durch »keine Repräsentanten« und »kein Votum«[43] sanktioniert, sondern schufen zugleich die Voraussetzungen für eine gleichberechtigte Zusammenarbeit mit anderen im Umfeld der Revolution geschaffenen politischen Institutionen der Aufständischen (etwa dem *Arbeiter- und Soldatenrat*). Daß die Teilnehmer der Gründungsversammlung zugleich bei der Festlegung des Gruppennamens auf die mißverständliche Bezeichnung *Politischer Rat geistiger Arbeiter* verzichteten[44] und an dessen Stelle den Terminus *Sozialistische Gruppe der Geistesarbeiter* setzten, unterstrich die politisch-ideologische Ausrichtung der Vereinigung. Diese wurde sowohl für die Beurteilung des revolutionären Geschehens und der Zielrichtung des politischen Engagements als auch für die Abgrenzung gegenüber dem Rätemodell Hillers genutzt: Während die geistigen Arbeiter um Kurt Hiller für Wahlen zu einer verfassunggebenden Nationalversammlung plädierten[45] und damit für die Durchsetzung des bürgerlichen Parlamentarismus eintraten, hielten die Dresdner »Geistesarbeiter« am Modell einer durch die Arbeiter errichteten Rätemacht fest, die das Bündnis mit anderen revolutionären Kräften der Gesellschaft einschloß[46]. Die Dresdner Gruppe verstand sich also keineswegs als neue »Partei der Geistigen«[47] und sah sich auch nicht in der Rolle der Auserwählten und »Schöpfer«[48]. Hillers Favorisierung der »Vormachtstellung« des Geistes wird von den Dresdner

---

[41] Kurt Hiller: Ein Deutsches Herrenhaus. Leipzig: Der Neue Geist Verlag 1918. S. 37. Allgemein zu Hillers ›geistaristokratischem‹ Konzept vgl. die instruktive Arbeit von Juliane Habereder: Kurt Hiller und der literarische Aktivismus. Zur Geistesgeschichte des politischen Dichters im frühen 20. Jahrhundert. Frankfurt a. M., Bern: Lang 1981, bes. S. 56-76 und 171-211.

[42] Der Propagandaausschuß der Dresdner Gruppe wurde auf der ersten öffentlichen Versammlung durch die Teilnehmer »gewählt«. Vgl. Die Sozialistische Gruppe der Geistesarbeiter, S. 3.

[43] Eva Kolinskys Kritik, daß »die Organisation der Berliner Geistesarbeiter wie ihre Nachfolgegruppen in Deutschland keine Repräsentanten (bestimmte) und [...] sich keinem Votum, das sie legitimiert hätte, (unterwarf)«, trifft auf die Dresdner Gruppe nicht zu. Vgl. Kolinsky: Expressionismus, S. 117.

[44] Der Begriff *Rat* wirkt deshalb mißverständlich, weil er einerseits auf ein Bekenntnis zum Rätesystem hindeutet, andererseits aber keineswegs in diesem Sinne verwendet wurde. Er fungierte eher als undifferenzierter Kontrastbegriff gegenüber bürgerlich-demokratischen Institutionen. Vgl. ebd. Zur Begriffsgeschichte siehe auch Habereder: Kurt Hiller, S. 179f.

[45] Vgl. zu Hillers Position das Programm: Rat geistiger Arbeiter. In: Die Weltbühne 14 (1918), Nr. 47. (21.11.1918). S. 473-475.

[46] Vgl. den Artikel der Schriftleitung *Neue Zeiten* im *Montagsblatt* Nr. 12. 1919. S. 2. Siehe auch: Kritik der Nationalversammlung. In: Menschen Montagsblatt-Dresden 1 (1919), Nr. 7. S. 1. Und den Artikel: Die Aufgabe der Arbeiterschaft. In: Menschen Montagsblatt-Dresden 1 (1919), Nr. 11. S. 2.

[47] R[echa] R[othschild]: Organisation, S. 3.

[48] Hiller: Ein deutsches Herrenhaus, S. 12. Lediglich Heinar Schilling distanzierte sich im Februar 1919 im ›Namen des Geistes‹ von der Arbeit der Gruppe: »Innere Notwendigkeit – Erkenntnis, dass ich den Sinn der Revolution, Geist gegen Ungeist, verraten sehe [...] veranlasst mich, die Schriftleitung [des Montagsblattes – F. A.] niederzulegen.« Karl Römer übernahm daraufhin die Schriftleitung der »politischen ›Menschen‹« mit dem Ziel, die Zeitung zu »ein[em] Organ innerer Wahrhaftigkeit, gegen die Lüge, für den Sozialismus zu machen«. Vgl. Menschen Montagsblatt-Dresden 1 (1919), Nr. 6. S. 1.

Expressionisten nicht nur deshalb abgelehnt, weil eine institutionalisierte »Macht«, wie sie das »Herrenhaus« verkörpert, »dem Geist wesensfremd ist«[49]; entscheidender noch sind die Gefahren, die dem Gemeinwesen aus einer einseitigen »Intellektokratie«[50] erwachsen können:

> Die Herrschaft der ›Geistigen‹? Oh, ich könnte an den Fingern herzählen, wer da zur Herrschaft käme, und ich sage nur: Lieber die Soldateska über uns als solche Tyrannis![51]

Berthold Viertels harsche Kritik an Hillers Vorhaben, »den Geist in den Stand der Macht [zu] setzen«[52], gründete sich vor allem auf die Angst, die »Herrschaft der Geistigen« könne zu einem Medium unkontrollierter Machtentfaltung und -ausübung entarten: »Der Aktivismus will nicht etwa anregen, korrigieren, also funktionieren – er will herrschen, und das absolut!«, und der Anspruch der Absolutheit erwürgt jede Möglichkeit der »Selbstbestimmung, Selbstgestaltung« der Menschheit.[53] Aber gerade diese Selbstbestimmung wäre der Zielpunkt eines »wohlverstandene[n] Aktivismus« und ihre Beförderung »eine bedeutende Funktion, ja eine Mission« der Aktivisten.[54]

Die politisch-revolutionäre Avantgarde in Dresden initiierte und erprobte ein neues Modell des Aktivismus, das keine einseitige ›Herrenhaus-Ideologie‹ propagierte, sondern eine Verknüpfung von geistiger Erneuerung und materieller Umgestaltung.

Die Einsicht, daß eine »Änderung des Menschen« nicht ohne eine »Änderung der Verhältnisse«[55] vor sich gehen kann, führte die linksgerichteten künstlerischen Intellektuellen zur Dresdner Arbeiterschaft. Im Februar und März 1919 fanden mehrere von der *Sozialistischen Gruppe der Geistesarbeiter* einberufene »öffentliche Arbeiterversammlung[en]« statt[56], an denen sich die wichtigsten linksrevolutionären Parteiführer sowie »interessier[te] Arbeiter« beteiligten[57] und die ein gemeinsames Programm gegenseitiger Unterstützung und Kooperation verabschiedeten. Diese Beratungen über die »Aufgabe[n] der Arbeiterschaft« gipfelten in der Annahme einer »Resolution«, die den Intellektuellen eine besondere Rolle und Funktion im revolutionären Geschehen zuwies. Einzusetzen habe man sich – so hieß es – für die »Einheitsbestrebungen in der

---

[49]   Felix Stiemer: Erwiderung. In: Menschen 1 (1918), Nr. 7. S. 4.
[50]   Berthold Viertel: Tätiger Geist II. In: Der Friede 2 (1918), Nr. 44. S. 425.
[51]   Berthold Viertel: Karl Kraus VII. In: Die Schaubühne 13 (1917), Nr. 19. S. 431-434, hier: S. 432. Vgl. auch die Kritik an Hiller in der Zeitschrift *Menschen* vom 15. Juli 1918. Nr. 5. S. 4; hier wirft man Hiller angesichts des seit vier Jahren tobenden Krieges ›Unradikalität‹ vor: Hillers Programm einer »Reformierung, die die alten Institutionsformen bestehen läßt oder gar wiederholt, um optimistisch neue Inhalte zu erhoffen«, müsse fehlschlagen, weil »das Geschwür [...] (viel tiefer) sitzt: die alten Formen – und das sind Herrenhaus etc. – bedingen eben die alten Inhalte.«
[52]   Vgl. hierzu Hiller: Ein Deutsches Herrenhaus, S. 4ff.
[53]   Berthold Viertel: Tätiger Geist II., S. 426.
[54]   Ebd., S. 428.
[55]   Felix Stiemer: Grenzbestimmung. In: Menschen 2 (1919), H. V (Nr. 46/49). S. 9.
[56]   Am 16.2.1919 und am 2.3.1919 veranstaltet die Gruppe große öffentliche Arbeiterversammlungen in den Räumen des Dresdner *Volkswohlhauses*. Vgl. die ausführlichen Berichte über die Versammlungen in: Menschen Montagsblatt-Dresden 1 (1919), Nr. 8. S. 2, und Menschen Montagsblatt-Dresden 1 (1919), Nr. 11. S. 2. Zudem wurden mehrere andere Arbeiterversammlungen durch Mitglieder *der Sozialistischen Gruppe der Geistesarbeiter* »beschickt«; vgl. Menschen Montagsblatt-Dresden 1 (1919), Nr. 17. S. 3.
[57]   Vgl. hierzu die Angaben im Bericht über die zweite Versammlung der Gruppe in: Menschen Montagsblatt-Dresden 1 (1919), Nr. 11. S. 2.

Arbeiterschaft«, für die allmähliche Beseitigung des unproduktiven Parteienzwists und der »Parteigegensätze«[58] und für »die Heranbildung einer proletarisch denkenden Kopfarbeiterschaft«[59]. Mit den Mitteln der »radikale[n] Agitation unter den Arbeitern« sei die Übernahme der »politischen Macht« durch das Proletariat zu unterstützen und gleichzeitig derjenige Teil des Bürgertums für die revolutionäre Sache zu gewinnen, der sich bislang lediglich als unwissender »Mitläufer«[60] des kapitalistischen Systems erwiesen habe.

Die Einbindung der kampfbereiten Arbeiterschaft in die Propagierung der sozialrevolutionären Konzepte der Geistesarbeiter markierte nicht nur einen Wendepunkt in der öffentlich-agitatorischen Tätigkeit der Gruppe, sondern führte auch zu praktischen Konsequenzen bei der Unterstützung des Revolutionsgeschehens in der Stadt.

Neben der Teilnahme einzelner Expressionisten an Demonstrationen und Massenkundgebungen der revolutionären Arbeiterschaft (auf die noch genauer einzugehen sein wird[61]) kam es auf Grund des Engagaments der geistigen Arbeiter im Umfeld des organisierten Proletariats zur Schaffung neuer, institutionalisierter Zentren revolutionärer Kommunikation. So geht die »Bildung einer *Zentralstelle für freie Betriebsgruppen*«, die den Arbeitern der sächsischen Landeshauptstadt die »wechselseitige Besprechung und Belehrung über [...] Probleme der Sozialisierung und die aus ihr erwachsenden Anforderungen« ermöglichte, auf eine »Anregung« der Dresdner »Geistesarbeiter« zurück.[62]

Die Debatten der Linksexpressionisten über den Fortgang der Revolution vollziehen sich somit nicht isoliert von den eigentlichen »Trägern der neuen Ideen«[63], und der Prozeß des sozialen Neubeginns erscheint eingebunden in das allgemeine Erneuerungspathos des Dresdner Expressionismus. Dessen konzeptionelle Leitgedanken zielten also keineswegs auf eine lediglich »allgemeine Politisierung [...] im Sinne eines ethischen Sozialismus«[64] oder erschöpften sich im Postulat individuellen Wandels und subjektiver Bekehrung, sondern forderten eine verallgemeinerbare, übergreifende Verknüpfung von Kunst und Politik. Gerade der Einsatz für das »sozialistische Russland«[65], die Befürwortung der »Diktatur des Proletariats« und die – wenigstens temporäre – Identifikation mit dem Kommunismus[66] belegen, daß sich der Sozialrevolutio-

---

[58] Einheitsbestrebungen in der Arbeiterschaft. Bericht über die öffentliche Versammlung der Sozialistischen Gruppe der Geistesarbeiter vom 16.2.1919. In: Menschen Montagsblatt-Dresden 1 (1919), Nr. 8. S. 2.

[59] Die Aufgabe der Arbeiterschaft. Bericht über die öffentliche Versammlung der Sozialistischen Gruppe der Geistesarbeiter vom 2.3.1919. In: Menschen Montagsblatt-Dresden 1 (1919), Nr. 11. S. 2.

[60] Ebd.

[61] Vgl. detailliert Kapitel V.2 der vorliegenden Arbeit.

[62] Vgl. Chronik der Sozialistischen Gruppe der Geistesarbeiter. In: Menschen Montagsblatt-Dresden 1 (1919), Nr. 17. S. 3. Die Zentralstelle befand sich in Dresden-A., Fischhofplatz 23. Siehe den Artikel *An Alle!* In: Menschen Montagsblatt-Dresden 1 (1919), Nr. 19. S. 3. Auf die »engen« Beziehungen zwischen den »Geistesarbeitern« und der Zentralstelle wird auch im zweiten Teil der *Chronik der Sozialistischen Gruppe der Geistesarbeiter* im Montagsblatt Nr. 17. 1919. S. 3 verwiesen.

[63] Heinar Schilling: Umlernen! In: Menschen Montagsblatt-Dresden 1 (1919), Nr. 1. S. 1.

[64] Heike Pereit: Die Zeitschrift »Menschen« im Umfeld des Dresdner Expressionismus – Programme, Konzepte und Positionen im Spannungsfeld von Literatur und Politik. Phil. Diss. Leipzig, 1991. S. 46.

[65] Vgl. etwa Rudolf Manasse: Das Bündnis mit Russland. In: Menschen Montagsblatt-Dresden 1 (1919), Nr. 22. S. 1. Vgl. auch den Aufsatz *Gegen die Bolschewistenhetze* im Montagsblatt Nr. 12. 1919. S. 4.

[66] Auf der öffentlichen Versammlung der sozialistischen Geistesarbeiter am 5.1.1919, auf der Otto

narismus der Dresdner »Geistesarbeiter« nicht neben den parteipolitisch geprägten Revolutionsereignissen abspielte[67].

Damit aber trifft die undifferenzierte These, der gesellschaftliche Ort des zeitgenössischen Künstlers definiere sich seit dem späten 18. Jahrhundert vor allem über seine gesellschaftliche Isolations- und Außenseiterposition[68], auf die Gruppe der Dresdner Linksexpressionisten nicht zu. Deren intensive Bemühungen, in die Praxis des Revolutionsgeschehens ›hineinzuwirken‹, stehen vielmehr kontrastiv zu der in der Forschung häufig vertretenen Behauptung, die linken Expressionisten zielten auf eine lediglich individualistisch orientierte, die Erneuerung des menschlichen Bewußtseins anstrebende gesellschaftliche Wirksamkeit.[69]

Daß es trotz dieses linkssozialistischen Engagements nicht – wie im Falle von Franz Pfemfert und dessen Zeitschrift *Die Aktion* – zu einer Verhärtung der ideologischen Ansichten und einer Instrumentalisierung kommunistischer Politik im Sinne ihrer Radikalisierung kam[70], geht auf das programmatische Grundkonzept der Dresdner Expressionisten zurück, eine Zusammenarbeit mit möglichst vielen, dem ›Sozialismus‹ nahestehenden gesellschaftlichen Gruppen zu erreichen. Zudem spielte die Polemik um die Festigung und doktrinäre Verbreitung ideologischer Positionen unter den Mitgliedern der Dresdner Gruppe keine ausschlaggebende Rolle; konsequenter und ausführlicher wurden ökonomische Probleme, insbesondere die Frage nach den »Möglichkeiten der Sozialisierung«[71] des kapitalistischen Wirtschaftssystems, diskutiert.

Die sukzessive Verschiebung des ideologischen zugunsten des ökonomischen Diskurses geht zum einen auf die spezifische wirtschaftliche Situation in der sächsischen Landeshauptstadt zurück: Die Dominanz einer hochspezialisierten Industrieproduktion, die damit zusammenhängende Vorherrschaft von überschaubaren Klein- und Mittelbetrieben und die Leitung vieler dieser Betriebe durch ein liberales Unterneh-

---

Rühle sprach, wurde von ca. 800 Teilnehmern eine Resolution folgenden Wortlauts angenommen: »Die am 5.1.1919 im Künstlerhause stattfindende öffentliche Versammlung bekennt sich zu den Grundsätzen des wahren Sozialismus. Sie verlangt den sofortigen Beginn der Vergesellschaftung der Produktionsmittel und spricht der Regierung infolge ihrer opportunistischen Haltung das schärfste Misstrauen aus. Sie tritt ein für die Diktatur des Proletariats und begrüßt die Ziele der kommunistischen Partei Deutschlands (Spartakusbund).« Die Resolution ist abgedruckt in: Menschen Montagsblatt-Dresden 1 (1919), Nr. 2. S. 6. Ein Bekenntnis zur »Diktatur des Proletariats« liefert auch Heinar Schilling als Herausgeber und Schriftleiter des *Montagsblattes* in dessen erster Nummer in einem ganzseitigen Leitartikel unter dem Titel *Umlernen!* Vgl. Menschen Montagsblatt-Dresden 1 (1919), Nr. 1. S. 1. Siehe auch den Beitrag *Versammlung der Arbeitslosen*. In: Menschen Montagsblatt-Dresden 1 (1919), Nr. 4. S. 2.
[67]   Vgl. hierzu den Aufsatz von Felix Stiemer *Grenzbestimmung*, in dem er sich gegen das »geistaristokrat[ische]« Prinzip des »›Über-den-Parteien-stehens‹« wendet. In: Menschen 2 (1919), H. V (Nr. 46/49). S. 9.
[68]   Kolinsky: Expressionismus, S. 117.
[69]   Auf die Tendenzen dieses ›Individualismus-Paradigmas‹ sowohl in der bürgerlichen als auch marxistischen Literaturkritik verweist Wolfgang Haug in seinem Vorwort zu einer Sammlung von Texten und Manifesten Ludwig Rubiners. Wolfgang Haug: »Politik ist die öffentliche Verwirklichung unserer sittlichen Absichten«. In: Wolfgang Haug (Hg.): Ludwig Rubiner. Künstler bauen Barrikaden. Texte und Manifeste 1908-1919. Darmstadt: Luchterhand 1988. S. 7-35, hier: S. 25ff.
[70]   Vgl. hierzu Ursula Walburga Baumeister: DIE AKTION 1911-1932. Publizistische Opposition und literarischer Aktivismus der Zeitschrift im restriktiven Kontext. Erlangen und Jena: Verlag Palm & Enke 1996. S. 265ff.
[71]   So war ein Vortrag Paul Adlers überschrieben, den dieser als Referent der »Geistesarbeiter« im Januar öffentlich hielt. Paul Adler: Möglichkeiten der Sozialisierung. In: Menschen Montagsblatt-Dresden 1 (1919), Nr. 5. S. 2. Detailliert zum Sozialisierungsproblem vgl. Kapitel V.4.

mertum[72] schienen – anders als in den Zentren der deutschen Schwer- und Großindustrie – eine geeignete Basis für ökonomische Experimente und volkswirtschaftliche Neuerungen zu sein[73]. Zum anderen erleichterte die Konzentration auf ökonomische Fragen die Schaffung einer breiteren Bündnisbasis, da eine Änderung des durch Krieg und Revolution ohnehin geschwächten Wirtschaftssystems nicht nur von den Expressionisten, sondern von großen Teilen der Bevölkerung gefordert wurde[74]. Selbst der Vorschlag eines Bündnisses zwischen Bürgertum und Proletariat erscheint den Dresdner »Geistesarbeitern« unter einer rein ökonomischen Betrachtungsweise als »unanfechtbar«, da doch beide in lohnabhängiger Beziehung zum »Kapital«, dem »gemeinsamen Feind«, stehen.[75] Die Auseinandersetzungen um eine »Vergesellschaftung der Wirtschaft«[76] konnten so zum klassen- und gruppenübergreifenden Bestandteil der Debatten um eine Erneuerung der gesellschaftlichen Ordnung werden, die sich parallel zur Wandlung des einzelnen Menschen vollziehen sollte. Keiner Parteipolitik im engeren Sinne verpflichtet, sahen die Dresdner Expressionisten ihren Platz innerhalb des revolutionären Umgestaltungsprozesses als Mittler zwischen den linken Parteien[77], als Anreger und Förderer von Bündnissen und Zusammenschlüssen, die – wenn auch ideologisch differierend – im Willen zur Unterstützung der gesamtgesellschaftlichen ›Sozialisierungsbestrebungen‹[78] ihre gemeinsame Handlungsplattform erblickten.

Bezogen auf die Hauptrichtungen der expressionistischen Bewegung in Deutschland, ergibt sich die Besonderheit der Dresdner Avantgarde aus ihrem Konzept der Zusammenführung eines sozialrevolutionären Ideenreservoirs, das sich zwar aus vielen linksideologischen Quellen speiste, aber im Ziel der Errichtung eines menschenwürdigen, ausbeutungsfreien Sozialwesens die Grundlage eines weitreichenden Interessenausgleichs zwischen den z. T. verhärteten Positionen der zeitgenössischen Linken zu finden glaubte.

Bei der Suche nach dem kleinsten gemeinsamen Nenner, auch und gerade im Hinblick auf die Propagierung möglicher Methoden und Wege, die der Erreichung dieses Zieles dienten, insistierte man auf eine Verdeutlichung des Übereinstimmenden und Konsensfähigen und geriet dabei nicht selten in das Kreuzfeuer einer apodiktisch formulierten und ideologisch motivierten ›Intellektuellenschelte‹.

Der *Aktions*-Kreis um Franz Pfemfert avancierte zum Sprachrohr dieses beispiellosen und undifferenzierten Verdikts gegen die Repräsentanten und Sympathisanten der linksexpressionistischen Bewegung, die nicht auf der Linie kommunistischer Dogma-

---

[72]   Vgl. zur Situation der Dresdner Wirtschaft ausführlich im Kapitel II. der vorliegenden Arbeit.
[73]   Siehe hierzu die These der »Geistesarbeiter«, daß man in Dresden bzw. Sachsen mit der Sozialisierung der Wirtschaft beginnen könne und daß durch »das energische Vorgehen eines wirtschaftlich so entwickelten Teiles Deutschlands« die »Sozialisierung des ganzen Reiches« angebahnt würde. Vgl. den Artikel *Der sozialistische Wirtschaftsplan für Sachsen*. In: Menschen Montagsblatt-Dresden 1 (1919), Nr. 8. S. 2.
[74]   Die Einsetzung einer Sozialisierungskommission durch die sozialdemokratisch dominierte Regierung schon kurz nach Revolutionsbeginn und die zahlreichen Berichte über deren Arbeit im *Montagsblatt* und in der Dresdner Tagespresse belegen dies.
[75]   Felix Stiemer: Beinahe Marx. In: Menschen 2 (1919), H. V (Nr. 46/49). S. 9-10.
[76]   Vgl. Menschen Montagsblatt-Dresden 1 (1919), Nr. 5. S. 3.
[77]   Vgl. hierzu den Leitartikel *Der Ruf nach Einigung!* In: Menschen Montagsblatt-Dresden 1 (1919), Nr. 6. S. 1.
[78]   Vgl. hierzu den Artikel *Die Arbeitslosen, die Nationalversammlung und die Entente*. In: Menschen Montagsblatt-Dresden 1 (1919), Nr. 8. S. 1.

tik argumentierten[79] und ein dialogisches Vorgehen bei der Auseinandersetzung um
die Beilegung ideologisch bedingter Streitigkeiten forderten. Die Dresdner Expressionisten hatten sich schon früh gegen die Doktrin ideologischer Gleichschaltung und
undifferenzierter Klassenkampf-Ideologie zur Wehr gesetzt und auf die Weigerung
Pfemferts zur Kooperation mit einer öffentlichen Polemik reagiert:

> WIR haben der AKTION (8 Jahre alt!) Zusammenarbeit angeboten. Wir haben
> ihr einen Anzeigenraum (auch kostenfrei!) zur Verfügung gestellt. Wir hatten
> Herrn Pfemfert um Abdruckerlaubnis von Gedichten und um Zusendung der
> Annonce gebeten, unter Hinweis darauf, daß die MENSCHEN von 1918 (!) auf
> ihn (trotz allem noch) Wert (einen gewissen) legen. Im Hinblick auf seine (sich)
> aufopfernde Tätigkeit für die (sog.) gute Sache haben wir ihm das Schreiben er-
> spart. (Schreibt nur Karten) – Schweigen sollte Einverständnis sein. Er schwieg.
> Nun geifert er plötzlich. (Auf offenen Karten, formlos!) Er hätte von nichts ge-
> wußt (nein!) und wollte nichts von uns wissen etc. (Verlangt öffentliche Konsta-
> tierung, der Herr!) Nein, WIR wollen mit einem solchen Manne (Gesichtskreis 8
> Jahre alt) nichts zu tun haben – trotz allem.[80]

Zugleich distanzierten sich die Dresdner »Geistesarbeiter« auch von Pfemferts Strategie, mit verbalen Attacken vermeintliche ›Verräter‹ am kommunistischen Ideal öffentlich bloßzustellen:

> Ja, wer im schönen Wilmersdorf im Zentrum seiner Korrespondenz sitzt, wie die
> Spinne in ihrem Netz; wem die Welt sich darstellt, wie sie auf den schlechten,
> schlechten Bildchen der mit Aufopferung redigierten Zeit-Schrift aussieht, – der
> hat gut Ketzerrichter spielen. Wie schön lassen sich hinterm Schreibtisch hervor
> die Urteile donnern auf die, die ihre Haut zu Markte tragen, oder es wenigstens
> ernsthaft versuchen, und nicht bloß auf dem Papier [...]. Bald ist das Werk voll-
> bracht und alles, was im Lande lebt, ist entlarvt – Onkel Franz thront einsam als
> der letzte Europäer in deutschen Landen – ›sie sahen rechts, nur ER sah – –‹ –
> aber nein, wie darf man das zitieren, auch der war ja ein ›Verräter‹![81]

Die Dresdner Linksexpressionisten hatten Pfemferts unnachgiebigem Beharren auf
den eigenen Anschauungen und seiner Verketzerung der Ansichten des politisch An-
dersdenkenden schon im Januar 1918 in einer Ankündigung des *Felix Stiemer Verlages*
die Möglichkeiten kameradschaftlichen Miteinanders entgegengestellt, ohne dabei
ihren Anspruch auf Durchsetzung eines sozial eingreifenden Kunstprogramms auf-
zugeben:

> Fern aller Verliebtheit in ekstatischer Verzückung wird der Kampf gegen Selbst-
> bestarrung aufgenommen; keine Flucht mehr in ein anderes Land, das phanta-

---

[79] Grundlegend hierzu die Hinweise bei Stark: Expressionismus, S. 210ff.
[80] DIE AKTION. In: Menschen 1 (1918), Nr. 4. S. 4.
[81] Vgl.: Absage. In: Menschen 1 (1918), Nr. 4. S. 4. Daß Pfemfert auch den Kreis um die Zeitschrift *Menschen* in seine »Intellektuellenschelte« einbezogen hatte, beweisen seine publizistischen
Angriffe gegen einzelne Dresdner Autoren; so wurde z. B. Walter Hasenclever als »Pubertätsepigone«
diffamiert. Vgl. Die Aktion. 8 (1918), Sp. 364.

stisch-poetische Spiegelungen kultiviert, kein Sturm von Aktionen, die in giftiger
Ressentimentspolemik versanden, sondern gemeinsamer Angriff, Forderung und
Verheißung.[82]

Anhand der an zentraler Stelle genannten Vokabeln »Sturm« und »Aktion« werden die
beiden äußersten Koordinaten expressionistischen Dichtungs- und Ideologieverständ-
nisses der Zeit aufgerufen[83] und in ihrer Einseitigkeit entlarvt, denn weder das Kultivieren eines bloß ästhetisch legitimierten, apolitischen Schreibprogramms noch die
überhöhte, von Vorurteilen getragene politische Radikalisierung der Literatur stellten
eine wirkliche Alternative gegenüber vorurteilsfreier, auf die Sache gerichteter Zusammenarbeit dar, so der Tenor dieses Textes.

Gerade die Führer der modernen Kunstbewegungen müßten durch ihr solidari-
sches Verhalten ein neues Gemeinschaftsgefühl verbreiten, das die »Zertrümmerung
des gesicherten Seins, der Macht der (fremden) Gesetze über den Menschen« ermög-
liche:

> Die Träger [jener] Ideen, die fortwährend eine Revolutionierung der Gesamt-
> menschheit im Auge haben, müßten heute den Mut haben, zu erkennen: ihr
> Sich-gegenseitig-bekämpfen ist auf beiden Seiten der Versuch zur Vergewaltigung
> und Minderwertigkeitserklärung des Andern. Die daraus entstehende Zersplitte-
> rung muß alle Kräfte aufheben. Dringend erhebt sich die Forderung eines neuen
> Lebens in Beziehungen, eines neuen Begreifens, daß die Verantwortung der Füh-
> rer gerade hier liegt, daß für jeden Einzelnen die Erkenntnis des Wir die Aufhe-
> bung seiner Grenzen herstellt...[84]

Auf welche Weise jedoch die Dresdner Linksexpressionisten ihr so begründetes Programm sozialpolitischer Kooperation verwirklichten, welche Organisationsschwer-
punkte und Arbeitsvorhaben die einzelnen Gruppenmitglieder dabei verfolgten und
wie sie selbst ihre Funktion im Verlaufe des Revolutionsgeschehens bestimmten, soll
im folgenden genauer untersucht werden. Daß ihr Aktivismusmodell sozial eingreifendes Handeln an zeitgemäße Konzepte ideologischer Arbeit zu binden suchte und
gleichzeitig Momente der politischen Erziehung, des ökonomischen Wandels und der
kulturellen Neuordnung als zentrale Bestandteile revolutionärer Kunstpolitik etablierte, wurde schon angedeutet. Auf das neue Rollenbild des Intellektuellen, der sich im
Umfeld der Revolution zwar als Träger des sozialkritischen Protests begriff, aber
gleichzeitig an die Verpflichtung gebunden fühlte, das Ideologische nicht über das
Menschliche zu stellen und den Humanismus nicht gegen politischen Radikalismus
auszuspielen, wird ausführlicher einzugehen sein.

---

[82]   Menschen 1 (1918), Nr. 1. S. 4.
[83]   Im Herbst 1917 hatten sich die Dresdner Expressionisten im Umfeld der Gründung der *Expressionistischen Arbeitsgemeinschaft* noch auf die Dichtungen und programmatischen Äußerungen des
Sturm und der *Aktion* bezogen. Vgl. hierzu Heinar Schilling: Bericht über die Verlagsjahre 1917-19.
In: Menschen 2 (1919), H. X (Nr. 68/69). S. 6: »Es war beabsichtigt, durch geeignete Auswahl aus
den Werken der Jüngeren, insbesondere durch Vorlesungen aus den Schriften der AKTION und des
STURM und des inzwischen gegründeten Felix Stiemer Verlag, sowie durch Vorträge über die damit
innerlich zusammenhängenden Themen ein Bild der heute wirksamen Bewegungen in der neuen
Kunst zu geben.«
[84]   Raoul Hausmann: Menschen, Leben, Erleben. In: Menschen 1 (1918), Nr. 10. S. 2.

2. Der Dichter als Revolutionär: Zur Teilnahme der Expressionisten am Revolutionsgeschehen

Die führende Beteiligung von Expressionisten an den Kämpfen während der Novemberrevolution in Deutschland wurde sowohl von der marxistischen als auch bürgerlichen Expressionismus-Forschung lange Zeit unterbewertet und deshalb kaum genauer untersucht. Als »betriebsame[r] Liberalismus« abqualifiziert, der – den Zeitereignissen gehorchend – nun auch »in Sozialismus machen (mußte)«[85], oder als bloße ›Literatenrevolte‹ diffamiert[86], geriet das revolutionäre Engagement expressionistischer Autoren in der Literaturgeschichtsschreibung nach dem Ende des Zweiten Weltkrieges zwischen die Fronten einer ideologisierten, eher von politischem Kalkül als wissenschaftlichem Interesse geleiteten Betrachtungsweise, die ihr Argumentationsmaterial weitab vom Aussagewert einer reichen Quellenüberlieferung einzig in den Dienst der aktuellen Kulturpolitik stellte[87].

Auch gegenwärtig steht eine objektive Bewertung des Anteils der literarisch-künstlerischen Intellektuellen an den Ereignissen von 1918/19 in Deutschland weitgehend aus[88], wie insgesamt eine Literaturgeschichte der Novemberrevolution, die das regional unterschiedliche Voraussetzungs- und Bedingungsgefüge konsequent berücksichtigt, noch immer fehlt.

---

[85] Reinhard Weisbach: Wir und der Expressionismus. Studien zur Auseinandersetzung der marxistisch-leninistischen Literaturwissenschaft mit dem Expressionismus. Berlin: Akademie-Verlag 1972. S. 65. Neben dem »Liberalismus« der Rätebewegung wird von Weisbach auch die »anarchistische Grundlinie« des Radikalismus von Franz Pfemfert abgewertet: Dieser verband sich in den Novembertagen zwar teilweise mit der »sozialistischen Ideologie der Massenbewegung«, blieb aber schon bald in einer »antisozialistischen und sowjetfeindlichen Tendenz« befangen. Durch die einseitige ›Ideologisierung‹ des Rollenbildes der Linksintellektuellen, die lediglich einem mehr oder minder »abstrakten Sozialismus« anhingen und mehrheitlich den Weg zur »kommunistischen Arbeiterbewegung« nicht fanden, wird deren Mitwirkung an den revolutionären Kämpfen nicht wahrgenommen oder bewußt ausgeblendet. Zu den Zitaten vgl. S. 61f. und 68.

[86] So geschehen etwa mit der Münchner Räterepublik: Vgl. hierzu die Dissertation von Werner Gabriel Zimmermann, der behauptet, der Umsturz in München wurde von einer kleinen Gruppe »Kaffeehausliteraten und Schwabinger Boheme« durchgeführt. Werner Gabriel Zimmermann: Bayern und das Reich, 1918-1923. Phil. Diss. München, 1953. S. 14. Noch in den 70er Jahren finden sich tendenziöse Darstellungen, die den revolutionären Umbruch in Bayern als »durch Konspiration und demagogische Agitation zielbewußt herbeigeführt« bezeichnen und von einem »anarchische[n] [...] Regierungsstil« Kurt Eisners sprechen, der zu »chaotischen Verhältnissen« führte. Vgl. Albert Schwarz zur Münchner Räterepublik im *Handbuch der Bayerischen Geschichte*. Hg. von Max Spindler. Band 4: Das neue Bayern 1800-1970. Erster Teilband. München: C. H. Beck 1974. S. 406 und 412. Interessant ist die Tatsache, daß sich schon die Dresdner Linksexpressionisten gegen eine Diffamierung der Münchner Räterepublik als bloße »Schwabingerei« zur Wehr setzten. Vgl. Max Ludwig-Dohm: Nur »Schwabingerei«? In: Menschen Montagsblatt-Dresden 1 (1919), Nr. 18. S. 3.

[87] An dieser Situation hat sich allerdings auch nach dem Fall der Mauer in den 90er Jahren wenig geändert. Michael Stark konstatiert sogar eine »gegenwärtig mehr denn je durch Ressentiments und ideologische Reaktionsformen linker wie rechter Provenienz verstellte« Optik bei der Beurteilung der Rolle des literarischen Intellektuellen im Zeitalter des Expressionismus. Vgl. Michael Stark: Ungeist der Utopie? Zur Intellektuellenrolle in Expressionismus und Postmoderne. In: Thomas Anz/Michael Stark (Hg.): Die Modernität des Expressionismus. Stuttgart, Weimar: Metzler 1994. S. 151-170, hier: S. 151.

[88] Vielversprechende Ansätze zeigen sich lediglich bei Wolfgang Frühwald in seinen beiden Aufsätzen zur Münchner Räterepublik. Wolfgang Frühwald: Kunst als Tat und Leben. Über den Anteil deutscher Schriftsteller an der Revolution in München 1918/1919. In: Ders./Günter Niggl (Hg.): Sprache und Bekenntnis. Hermann Kunisch zum 70. Geburtstag. Berlin: Duncker & Humblot 1971. S. 361-389; und ders.: Der Heimkehrer auf der Bühne. Lion Feuchtwanger, Bertolt Brecht und die Erneuerung des Volksstückes in den zwanziger Jahren. In: IASL (1983), Band 8. S. 169-175.

Der Versuch, den Anteil von Dresdner Künstlern und Literaten an der Revolution in der sächsischen Metropole zu erhellen, zielt daher in zwei Richtungen: Zum einen wäre am Beispiel eines überschaubaren, regional begrenzten Zentrums der Konnex von Kunst und Politik in seiner praktischen Ausformung und gesellschaftspolitischen Zielrichtung zu erhellen; zum anderen soll der Ort des modernen, nach sozialer Einflußnahme drängenden Intellektuellen im Gefüge einer eher regressiven politischen Praxis der herrschenden Parteien genauer bestimmt werden.

Charakteristisch und auf ihr späteres Wirken bereits hindeutend, ist die frühe, noch aus der Zeit des Ersten Weltkrieges stammende Befürwortung eines Konzepts handlungsorientierter Gesellschaftskritik durch die Dresdner Expressionisten. Im Rahmen einer »Expressionistischen Soiree« im Atelier des Dresdner Malers Conrad Felixmüller, an der etwa 40 Personen teilnahmen, bekannte man sich bereits am 3.10.1917 angesichts eines längst sinnlos gewordenen Krieges zu einem aktivistisch intendierten Widerstand mit künstlerischen Mitteln:

> Heute soll alles Erlebnis zum Protest gegen das, was außen geschieht, drängen. Protest wird gemalt, gemeißelt, geschrieben, geschrien. Wir müssen ihn tun oder unserer Mitschuld erliegen.[89]

Zum Kronzeugen dieses Programms eingreifender, tatorientierter Kunstübung[90] wird für die Dresdner Avantgarde Ludwig Rubiner.[91]

Es war der sozialrevolutionäre Impetus Rubiners, seine Idee, Kunst und Politik nicht als Gegensätze, sondern als Einheit zu betrachten[92], die den Dresdner Kriegsgegnern als vorbildlich und nachahmenswert erschien. Sich aus der Rolle des passiven Betrachters eines weltgeschichtlichen Desasters zu befreien, die eigentliche Bestimmung des Menschen und des Dichters in Zeiten existentieller Bedrohung neu zu definieren, wurde zur Basis ihres sozial und politisch engagierten Dichtungsprogramms, das keineswegs einseitig auf eine »Weltverbesserung [...] in einem rein geistigen [...] Sinn«[93] zielte. Die Auffassung, eine politisch relevante »literarische Tätigkeit« bestehe vor allem in der Herstellung eines »sprachliche[n] Handeln[s]«, das sich an der »ideologiepolitischen Diskussion der Zeit«[94] beteiligt, verkürzt die eigentliche Dimension des zeitkritischen Aktivismus, wie ihn Rubiner und die Dresdner Expressionisten verfochten, erheblich. Die Sendung des Künstlers sollte sich eben nicht in einem bloß

---

[89]   Programm der expressionistischen Abende. Dresden. 1917. Abgedruckt in Menschen 2 (1919), H. X (Nr. 68/69). S. 5-9.

[90]   In den Soireen am 22. und 29.9.1917 definiert Felix Stiemer, der zusammen mit Conrad Felixmüller die Abende organisierte, »Kunst als Tat« als »Ausdruck« von »Notwendigkeiten, die zum Handeln drängen«. Vgl. Programm der expressionistischen Abende, S. 5-9.

[91]   Felix Stiemer verliest Rubiners Aufsatz *Die Änderung der Welt* während der Zusammenkunft am 3.10.1917. Als Basis galt den Dresdner Expressionisten darüber hinaus wohl auch der 1912 in der *Aktion* veröffentlichte Beitrag *Der Dichter greift in die Politik.* (Sp. 709-715).

[92]   Vgl. hierzu auch Rubiners Essays über Tolstoi und Voltaire. Etwa: Ludwig Rubiner: Revolutionstage in Rußland. Vorbemerkung zu »Briefe aus Tolstois Freundeskreis«. In: Zeit-Echo 3 (1917), Juni-Heft. S. 6 und: Der Dichter Voltaire: In: Die weissen Blätter 6 (1919), S. 9-16. Auch unter den Dresdner Expressionisten kam es zu einer umfangreichen Tolstoi-Rezeption (u. a. durch Friedrich Wolf und Rudolf Adrian Dietrich).

[93]   Friedrich Albrecht: Deutsche Schriftsteller in der Entscheidung. Berlin und Weimar: Aufbau 1975. S. 101ff.

[94]   Anz/Stark: Expressionismus, S. 265.

»ethische[n] Engagement« erschöpfen und die Politisierung der Literatur nicht auf die Produktion von Texten »um sittlicher, handlungsorientierender Ziele«[95] willen reduzieren.

Denn neben dem zentralen Begriff der ›geistigen Revolutionierung‹ steht der ebenso zentrale des »Politeraten«[96], der den Dichter als Politiker begreift[97], der die verlogene und volksfeindliche politische Praxis der Zeit entlarvt, indem er

> hineinstösst in die kommerziellen Gleise, diese Eckchen voll Augenzwinkern, diese Pressfehden voll geschwindelter Aufregung, diese Geheimnis'chen, wo alles längst klar ist, dieses Verschleppen von Krisen. In die Sordinen dieser Immer-ruhig-Blut-Taktik nebst diätarisch bezahlter Aufregung auf Wochen, Tage und Stunden. In diese Bergwerks-, Eisenbahnen-, Petroleum-Interessenschübe. Hinein soll er in die Pathetophon-Vorstellung so man Politik nennt.[98]

Die Stilisierung des Dichter-Politikers zum eigentlichen »Volksmann«, dessen Aufgabe gerade darin besteht, »eine Stimme für andere zu sein (wenn man bis dahin seine eigene war)«[99], und der sich in seinem politischen Handeln als Anreger und Wegbereiter eines nicht nur am Geistigen orientierten neuen Gemeinschaftsmodells sieht, fließt in die Konzeptualisierung des Intellektuellenbildes der Dresdner Expressionisten ein[100]. Wenn in diesem Zusammenhang die Vokabel vom ›Dichter als Führer‹ fällt und damit ein Führungsanspruch der Geistigen gegenüber dem ›Volk‹ postuliert wird, so ist dies im Falle der Dresdner Expressionisten in erster Linie auf die Kriegssituation zurückzuführen: Angesichts einer durch moderne Medien und Parteien manipulierten und desinformierten städtischen Öffentlichkeit erreichte die seit 1917 massiv einsetzende Kriegsgegnerschaft expressionistischer Dichter eine gesellschaftlich zwar weitgehend isolierte, gleichzeitig aber oppositionell tragende Funktion im Umfeld begeisterter Kriegsbefürworter[101]. Vor diesem Hintergrund gewann der sozial engagierte, ›progressive‹ Schriftsteller für die Dresdner Expressionisten eine Führungslegitimation, die allerdings nach dem Ende des Krieges und dem Ausbruch der Revolution im November 1918 relativiert und neu definiert wurde. Nunmehr nämlich schien die –

---

[95] Zur Auffassung einer lediglich ethischen Ausrichtung des Aktivismus bei Rubiner vgl. ebd., S. 265.

[96] Ludwig Rubiner: Der Dichter greift in die Politik. In: Die Aktion 2 (1912), Sp. 709-715, hier: Sp. 713.

[97] Vgl. Ludwig Rubiner: Die Änderung der Welt. In: Kurt Hiller (Hg.): Das Ziel. Aufrufe zu tätigem Geist. München und Berlin: Georg Müller Verlag 1916. S. 99-120, hier: S. 120. Wörtlich heißt es: »Seien wir Politiker, trocken, hart, listig, gütig, erschütternd. Verantwortlich für alle Menschen unserer Erde«.

[98] Rubiner: Der Dichter greift in die Politik, Sp. 712.

[99] Ebd., Sp. 713.

[100] Recha Rothschild etwa, Mitbegründerin der *Expressionistischen Arbeitsgemeinschaft Dresden*, feiert im Dezember 1918 in einem offenen Brief Rubiner als »Denker und Gestalter«, dem »lebendiges Wirken noch notwendiger ist als das stille Schaffen am Schreibtisch« und der dazu berufen scheint, als »Führer […] die Parole zum Handeln« für die junge Generation zu geben: »Wir brauchen Führer, wir brauchen vor allem solche, die in sich den neuen Typus des politischen Menschen, ›des Literaten, der nichts mit Literatur gemein hat‹, verkörpern«. Vgl. Recha Rothschild: Offener Brief an Ludwig Rubiner. In: Menschen 1 (1918), Nr. 10. S. 4.

[101] So wird namentlich in der Dresdner Presse der Krieg befürwortet. Der *Dresdner Anzeiger* etwa beschwört noch im November 1917 den »Geist von 1914« und ruft zum »Siegen über alles, über alles in der Welt« auf. Vgl. O. E.: Der Geist von 1914. In: Dresdner Anzeiger vom 9.11.1917. Nr. 309. S. 2.

einst gesellschaftlich erzwungene – Vereinzelung der sich als fortschrittlich definie-
renden Autoren in ihrem Engagement für die Revolution aufhebbar zu sein: In den
Debatten über Möglichkeiten einer Zusammenführung von Geist und Politik nehmen
daher die Bemühungen, ein neues Verhältnis zwischen den »Geistesarbeitern« und
den Revolutionären in Dresden zu begründen, eine zentrale Stellung ein. Die Suche
nach Bündnismöglichkeiten und neuen Formen gleichberechtigter Partnerschaft
wirkte im Sinne einer gesellschaftspolitischen Alternative: Im Kontext einer durch
Querelen und Kontroversen zunehmend in feindliche Fraktionen zerfallenden politischen Linken erblickten die Avantgardisten in ihrer vermittelnden und »vorurteilslosen«[102] Bündnissuche ein Potential der Überwindung sozialer Abkapselung und
individueller Isolation. Die noch auf die Hellerauer Zeit zurückgehende Freundschaft
zwischen dem sozialdemokratischen Reichstagsabgeordneten Otto Rühle und dem
Maler Conrad Felixmüller[103] gilt dabei als Keimzelle einer im November 1918 er-
neuerten Verbindung von expressionistischen Künstlern und Revolutionären, die fortan eine konzeptionell enge und ›integrativ‹ ausgerichtete Zusammenarbeit anstrebten.

Otto Rühle, prominenter linksrevolutionärer Politiker, Propagandist und Pädagoge[104], übernahm innerhalb der Dresdner Revolutionsereignisse eine Schlüsselrolle.
Als Gründungsmitglied und kurzzeitiger Vorsitzender des *Vereinigten revolutionären
Arbeiter- und Soldatenrates Groß-Dresden*[105] war er an allen wichtigen politischen Entscheidungen in den ersten Revolutionstagen beteiligt und koordinierte die Aktionen
der aufständischen Arbeiterschaft.[106] Mit Rühles politischem Programm, das auf die
Errichtung einer Rätemacht mit den Mitteln des Klassenkampfes und der Diktatur[107]

---

[102] Vgl. hierzu den Artikel im Montagsblatt *Gegen die Gewalt! Entgiftung der öffentlichen Meinung.*
1919. Nr. 23. S. 1.
[103] Otto Rühle lebte zwischen 1914 und 1917 in Hellerau und lernte dort (vor allem im literarischen Salon der Grete Fantl) bedeutende Expressionisten kennen (neben Felixmüller auch Theodor
Däubler und Paul Adler).
[104] Zu Otto Rühles Tätigkeit in Dresden während der Revolution vgl. Simone Lässig: Politische
Radikalität und junge Kunst – zum Wirken von Otto Rühle in Dresden. In: Dresdner Hefte
9 (1991), H. 1. S. 55-67; auch: Horst Dörrer: Die Dresdner Arbeiterbewegung während des
Weltkrieges und der Novemberrevolution 1918. Phil. Diss. Leipzig, 1960. S. 40ff. und 182ff. Nähere
Angaben zu Rühles Lebenslauf im biographischen Anhang.
[105] Rühle und seine Parteifreunde aus der *USPD* hatten am 9. November in Dresden einen *Revolutionären Arbeiter- und Soldatenrat* gegründet, fast zeitgleich mit dem von den *SPD*-Führern der Stadt
ins Leben gerufenen *Arbeiter- und Soldatenrat*. Am 10.11.1918 kam es zur Vereinigung der beiden
Räte in paritätischer Zusammensetzung; zu Vorsitzenden wurde Otto Rühle und Albert Schwarz gewählt; vgl. hierzu Horst Dörrer: Die Herausbildung einer revolutionären Massenpartei in Ostsachsen
bei besonderer Berücksichtigung der Vereinigung des linken Flügels der Unabhängigen Sozialdemokratischen Partei Deutschlands mit der Kommunistischen Partei Deutschlands (1914-1920). Habilitationsschrift, Leipzig 1968. S. 21ff.
[106] Rühle und seine Mitstreiter besetzten noch am 9.11.1918 das Dresdner Telegraphenamt und das
Polizeipräsidium und übernahmen im Dresdner Rathaus die Stadtverwaltung. Am späten Abend
wurden das Kriegsministerium, das Arsenal und die Kommandantur am Hauptbahnhof in die Ge-
walt der Aufständischen gebracht. Am 10.11.1918 wurde schließlich die sächsische Regierung für abgesetzt erklärt und auf dem Dresdner Schloß die Rote Fahne gehißt. Zu den
Ereignissen bei Ausbruch der Revolution vgl.: Die rote Fahne über Dresden! In: Dresdner Volkszei-
tung vom 9.11.1918. Nr. 262. S. 1 und Dörrer: Die Herausbildung einer revolutionären Massenpartei, S. 122-125; auch: Henry Jacoby/Ingrid Herbst: Otto Rühle zur Einführung. Hamburg: Junius-Verlag 1985. S. 40.
[107] Otto Rühle: Die Revolution ist keine Parteisache! Berlin-Wilmersdorf: Verlag der Wochenschrift
DIE AKTION 1920. S. 9. Detailliertere Hinweise zu Rühles Revolutionsprogramm finden sich in
seiner großen Aufsatzserie *Grundfragen der Organisation*, die Rühle Anfang der 20er Jahre in Franz
Pfemferts *Aktion* veröffentlichte. Otto Rühle: Grundfragen der Organisation. In: Die Aktion

zielte, aber ein Revolutionsmodell nach russischem Vorbild strikt ablehnte[108], konnte sich die Mehrheit der Dresdner *Gruppe der Geistesarbeiter* vor allem deshalb identifizieren, weil es bei allem Einsatz für die Durchsetzung des Sozialismus eine doktrinäre, die Masse der Arbeiterschaft lediglich bevormundende Strategie und Taktik ausschloß. Die These, daß nur das revolutionäre Proletariat selbst die Revolution durchführen könne und dazu keine wie auch immer legitimierte parteipolitische Führungsschicht im marxistischen Sinne benötige[109], korrespondiert zudem auffällig mit den antiautoritären Bestrebungen der Expressionisten. Das ästhetisch postulierte sozialrevolutionäre Potential dieser Bestrebungen[110] wurde in den Novembertagen politisch instrumentalisiert: Die Revolution verstand man als eine zwar planmäßige, aber vor allem antiautoritäre Bewegung, innerhalb deren sich eine »Phalanx« aus den »politisch reifsten, revolutionär entschlossensten und aktivsten Elemente[n]« bilden konnte; diese »Elite« sondere sich jedoch nicht von den Massen ab wie eine Partei im herkömmlichen Sinn, sie sollte vielmehr zum »magnetische[n] Zentrum für alle Aktivität«[111] werden. Diese von Rühle favorisierte ›Revolution von unten‹ erforderte, da sie auf sozial breitester Grundlage agieren wollte[112], eine ebenso breite gesellschaftliche Bündnisbasis, die auch den am Aufbau des Sozialismus interessierten bürgerlichen »Intellektuellen« einzubeziehen vermochte[113]. Wie sehr Rühles Entwurf eines dezentralisierten, gemeinwirtschaftlich orientierten Rätesystems bei den Dresdner »Geistesarbeitern« Zustimmung fand, beweist nicht nur die Tatsache, daß Rühle im Spektrum der propagandistischen Tätigkeit der Gruppe fortan einen zentralen Platz einnahm[114], sondern mehr noch ein Blick auf die gesellschaftspolitisch entscheidenden Axiome des Rätemodells:

Sein Element ist das Soziale, nicht das Individuelle; seine Mentalität das Gemeinschaftsgefühl, nicht der Egoismus; sein Prinzip das Gesamtinteresse, nicht das Einzelwohl; sein Format die Gesellschaft, nicht die Besitzerklasse; sein Ziel der Kommunismus, nicht der Kapitalismus.[115]

Dieser Katalog von Leitbegriffen findet eine ziemlich genaue Entsprechung in den öffentlich verbreiteten Programmen und Manifesten der Dresdner Expressionisten[116],

---

11 (1921), H. 37/38. Sp. 533-536; H. 39/40. Sp. 559-562; H. 41/42. Sp. 587-588; H. 43/44. Sp. 615-620; H. 45/46. Sp. 641-642.

[108]	Jacoby/Herbst: Otto Rühle. S. 45ff.

[109]	Rühle: Die Revolution ist keine Parteisache!, S. 9.

[110]	Etwa deutlich nachweisbar anhand der Dresdner Rezeptionsgeschichte des bereits 1916 am *Albert-Theater* erstaufgeführten Dramas *Der Sohn* von Walter Hasenclever.

[111]	Rühle: Die Revolution ist keine Parteisache!, S. 7 und 8.

[112]	Elsbeth Würzer Schoch: Otto Rühle und Siegfried Bernfeld: Eine vergleichende Darstellung zweier Pädagogen, ihrer unterschiedlichen psychologischen und soziologischen Grundlegung und ihrer pädagogischen Relevanz. Phil. Diss. Zürich, 1995. S. 13.

[113]	»Und wenn Intellektuelle im Interesse des Proletariats den wichtigen Prozeß der wissenschaftlichen Verarbeitung und Umschmelzung geistiger Werke besorgen, so verdienen sie dafür Anerkennung und Dank, nicht aber Schmähung und Verdächtigung.« Vgl. Otto Rühle: Von der bürgerlichen zur proletarischen Revolution. Dresden (Buchholz-Friedewald): Verlag Am anderen Ufer 1924. S. 35.

[114]	Vgl. hierzu die zahlreichen Auftritte Rühles in den Versammlungen der Gruppe und die häufigen Publikationen des Politikers in der gruppeneigenen Zeitung *Menschen Montagsblatt-Dresden*.

[115]	Rühle: Von der bürgerlichen zur proletarischen Revolution, S. 69.

[116]	Siehe aus der Fülle des Materials etwa die Argumentation der »Geistesarbeiter«: Was ist Sozialis-

wobei die Tendenz zur Angleichung und Übereinstimmung bis ins Sprachliche reicht: Rühles schon zitierter Begriff der »Phalanx« belegt dies ebenso wie seine immer wieder gebrauchten metaphorisch überformten Wort- bzw. Satzkonstruktionen, die das Proletariat als vom »heißen Atem der Revolution (beseelt[e]) [...] Aktionskraft« umschreiben oder die *Allgemeine Arbeiter-Union* als «Herz und Hirn der Revolution«[117]. Eine Argumentation, die sich bei der Propagierung ihrer revolutionären Inhalte auf das gleiche oder zumindest ähnliche Vokabular stützen konnte, versprach nicht nur eine größere gesellschaftliche Durchschlagskraft und ein breiteres soziales Wirkungsspektrum, sondern vor allem den für den Expressionismus so entscheidenden Versuch einer Synthese von Sprache und Politik auf der Ebene bündnisrelevanter Kooperation. Dies verhinderte nicht nur ein ›Abgleiten‹ expressionistischer Sprache in isoliertes, sozial leerlaufendes Pathos[118], sondern wertete die Bündnisbemühungen der Expressionisten im Umfeld der Revolutionäre auf.

Anders als im räterepublikanischen München gehörten in Dresden die abstrakt-idealistischen Termini »Freiheit«, »Schönheit« und »Würde« nicht zu den »Leitworte[n] der Revolution« und der »Wortschatz des europäischen Anarchismus« nicht zur »politische[n] Sprache«[119] der Revolutionäre. Die intellektual-anarchistische ›Dichterrepublik‹ in der bayerischen Landeshauptstadt propagierte ein Revolutionsmodell, das eine Wendung zur marxistischen Theorie strikt ausschloß und letztlich in eine ›Ästhetisierung der Revolution‹[120] mündete, deren Ziel – wie Wolfgang Frühwald nachwies – in der Konstituierung eines ›Kunstwerkes Gesellschaft‹ bestand[121]. Des Dichters Aufgabe war es, an diesem ›Kunstwerk‹, das in der Schaffung des »Bundes der arbeitenden Menschen«[122] gipfeln sollte, mitzubauen.

Demgegenüber erprobten die Dresdner »Geistesarbeiter« das Bündnis zwischen Künstlerschaft und Revolutionsführern unter sozialpolitischem Aspekt, und die Leitworte der Dresdner Avantgarde: »Sozialisierung«, »Erziehung«, »Diktatur« und »Bolschewisierung« weisen eine deutlich gesellschaftsbezogene und keine ästhetische Dimension auf. Diese soziale Ausrichtung spiegelt sich auch in der Sprache und einer strategischen Konzipierung der mediengebundenen Propaganda für die Revolution wider.

Während die Münchner Revolutionsdichter durch eine überzogen-moderne, bildkünstlerisch am Kubismus orientierte revolutionäre Propaganda in der Tagespresse eine »Integration von Führern und Volk, von Künstlern und Proletariat« realisieren

---

mus? In: Menschen Montagsblatt-Dresden 1 (1919), Nr. 4. S. 4.
[117] Rühle: Die Revolution ist keine Parteisache!, S. 10, 11 und öfter.
[118] Vgl. hierzu etwa die bei Anz/Stark genannten Beispiele. Expressionismus, S. 572ff.
[119] Vgl. Frühwald: Kunst als Tat und Leben, S. 370 und 371.
[120] Zum Ausschluß der marxistischen Theorie vgl. etwa Landauers Befürwortung des »Föderalismus« gegen »jeden gewalttätigen Zentralismus«. Martin Buber (Hg.): Gustav Landauer. Sein Lebensgang in Briefen. Band II. Frankfurt a. M.: Rütten & Loening 1929. S. 338 und 363. Als herausragendes Beispiel für die ›Ästhetisierungstendenz‹ gilt Eisners Revolutionsfeier am 17.11.1918 in München. Die Schilderung der Feier bei: Landauer: Sein Lebensgang in Briefen. Band II. S. 311f. Vgl. auch: Frühwald: Der Heimkehrer auf der Bühne, S. 169-175.
[121] Frühwald: Kunst als Tat und Leben, S. 375.
[122] Vgl. hierzu folgende Passage aus Gustav Landauers *Aufruf zum Sozialismus*: »Jawohl denn, wirklich, als volle Tatsächlichkeit soll kommen und wahr werden, was Dichtertraum und Melodie und berückende Linie und leuchtende Farbenpracht lange genug nun war: wir Dichter wollen im Lebendigen schaffen [...], und was wir dichten, schön machen wollen, ist Praktik, ist Sozialismus, ist Bund der arbeitenden Menschen.« Gustav Landauer: Aufruf zum Sozialismus. Berlin: Paul Cassirer 1919. S. 34f.

wollten, aber lediglich Unverständnis und Tendenzen der Entfremdung »zwischen den Regierenden und dem Volk« hervorriefen[123], verzichteten die Dresdner Expressionisten in ihrer kulturpolitischen Wochenschrift *Menschen-Montagsblatt* auf die bildkünstlerische Wiedergabe avantgardistischer Kunstwerke. Und selbst die zahlreichen Aufsätze und Abhandlungen zu politischen, ökonomischen, sozialen und kulturellen Fragen des Revolutionsgeschehens paßte man in Länge, Diktion und Stilempfinden den rezeptiven und intellektuellen Möglichkeiten eines potentiell weiten Adressatenkreises, der vom Arbeiter bis zum Intellektuellen reichen sollte, an. Einzig im Abdruck weniger, meist politische Inhalte aufgreifender Kritiken, Essays, Gedichte oder kurzer Prosatexte werden explizit ästhetische Bezüge sichtbar, die allerdings eine auffallend deutliche kulturpropagandistische oder bündnispolitische Funktionalisierung erfahren. So diente die in zwei Fortsetzungen erschienene Prosaarbeit *Der Mensch* von Maxim Gorki nicht nur der Bekräftigung des guten Verhältnisses zu den russischen Revolutionären; sie thematisierte zugleich in metaphorischer Umschreibung den Aufbruch des geistigen Menschen aus gesellschaftlichen und persönlichen Zwängen und griff damit ein zentrales Postulat der Dresdner Expressionisten auf[124].

Das politische Gedicht *Die Mörder* von Walter Rheiner hingegen, anläßlich des »Urteil[s] im Mordprozess Luxemburg-Liebknecht« im Mai 1919 veröffentlicht[125], entfaltet erst in der Zusammenschau mit dem kurz vorher erschienenen Leitartikel gleichen Titels von Heinar Schilling sein wirkungsästhetisches Potential. Schilling schildert in seinem Bericht, nüchtern argumentierend, das Ungerechte und politisch Inszenierte des skandalösen Verhandlungsablaufs vor einem Berliner Militärgericht:

> [...] Man weiss schon wer bluten muss: der [...] nur von den Verantwortlichen angestachelte ›gewöhnliche Soldat‹ – wie tausendmal im Felde der Ehre! In erster Linie ist er der Schuldige – die im Eden-Hotel Feste feiernden Offiziere, die eigentlichen Mörder, kommen erst in zweiter Linie in Frage. [...] Dieser Abschaum der Menschheit aber sitzt über Liebknechts Mörder zu Gericht. Wir kennen diese Gerichte. Das Urteil über den Kapitän Fryatt, Justizmord scheusslichster Art, ist unauslöschliches Charakteristikum preussischer Militär-Justiz. Hier wird der Prozess zu Ende geführt, der dem Auslande zeigen wird, dass die preussische Bestie: S.M.-Garde-Kavallerie-Schützen noch lebt, bereit den Menschen zu knechten und zu morden und die Mörder freizusprechen gegen jedes sittliche menschliche Recht.[126]

Rheiner greift Schillings Angriffe gegen eine demagogische preußische Militärgerichtsbarkeit in seinem Agitationsgedicht auf, um, in emotional-bestürzender Weise, deren manipulative Ausrichtung und gesellschaftliche Intriganz nochmals mit den Mitteln lyrischer Sprache zu entlarven:

---

[123]   Vgl. Frühwald: Der Heimkehrer auf der Bühne, S. 174.

[124]   Maxim Gorki: Der Mensch. In: Menschen Montagsblatt-Dresden 1 (1919), Nr. 13 und Nr. 14. jeweils S. 3.

[125]   Walter Rheiner: Die Mörder. In: Menschen Montagsblatt-Dresden 1 (1919), Nr. 22. S. 2.

[126]   H[einar] S[chilling]: Mordprozess Liebknecht-Luxemburg. In: Menschen Montagsblatt-Dresden 1 (1919), Nr. 21. S. 1.

Ordenssterne. Blutmäler. Korsett-Brust. Feine Fressen.
Monokel-Triefaugen. Der majestätische Steiss.
Die Austern-Herzen. Sekt-Blut. Satte Bäuche.
Unterseeboot-Fatzken. Pleite-Scheitel. Die Helden von Ypern.

Freigesprochen. 6 Wochen Stubenarrest. 3 Jahre Gefängnis.
Urteil ruhig aufgenommen. Die Helden von Ypern.
Sie wissen schon. Grinsen. Publikum applaudiert.
Der sentimentale Anklagevertreter. Die Richter schmunzeln.

Fallt euch um den Hals: Mörder-Richter, Mörder-Angeklagte,
Mörder-Presse, Mörder-Publikum, Mörder, Mörder!
Mörder! Mörder! Mörder! Mörder!
Heil euch im Siegerkranz, brave Bestien!

– Hoch die herrliche deutsche Justiz! Hoch
die Revolutions-Exzellenzen! Hoch die letzte
Schamlosigkeit! Hoch alle Rechtdenkenden! Hoch
die unheimliche Farce, das Deutsche Reich![127]

Das hier exemplarisch gezeigte Zusammenwirken von politischem Tagesjournalismus und Poesie verdeutlicht nicht nur die intensiven Versuche der Dresdner Expressionisten, Kunst und Politik öffentlichkeitswirksam als Einheit zu verschmelzen, sondern unterstützte die »Geistesarbeiter« auch bei der Suche nach gruppenübergreifenden Organisierungsmethoden.[128]

Noch deutlicher wird diese Strategie bündnisorientierter Veröffentlichungspraxis am Beispiel von Walter Rheiners wenig später publiziertem Sonett *Proletarier!*:

Ihr rieselt aus den Haus-Kasernen, schwarzer Regen,
Bald werdet ihr zum Donnerstrome schwellen!
Zahllose Flammen, flackern eurer Hände Kellen.
Dem Firmament schwillt euer Hämmer-Haupt entgegen.

Asphalt der Städte knirscht von unterirdischer Schultern Stoss.
Endloser Schienen Kette klirrt von euren Hälsen.
Ha! Auf! Es dröhnt! Schon wanken der Paläste Felsen.
Ihr rückt heran! Umwölkt von Abendröten riesengross.

---

[127] Rheiner: Die Mörder.
[128] Als weiteres Beispiel ließe sich diesbezüglich etwa Heinar Schillings Gedicht *Revolution!* anführen. Vgl. Menschen Montagsblatt-Dresden 1 (1919), Nr. 2. S. 3.

O rauschende Armee! Zuckendes Herz hinpulsen eure Massen,
Ihr stöhnt! Ein Regenbogen aus den Mündern wölbt sich euer Schrei!
Die Straße dampft! Die Plätze zerren kauende Grimassen.

Fort fegt die aufgeblähten Leichen eures nahen Atems Besen.
Das Land es blüht euch zu. Die grossen Städte schwingen frei.
Die schwarze Lüge stürzt. Unendlich triumphiert **das Wesen!**[129]

Das emphatisch umschriebene Aufbegehren der Proletarier, die – in sichtbarer Bezugnahme auf Texte von Karl Marx und Georg Büchner –, ihre Ketten abwerfend und an den Fundamenten der Paläste rührend[130], sich gegen die »schwarze Lüge« erheben, mündet im letzten Vers in eine begriffliche Verallgemeinerung, die den engen Titelbezug sprengt: Die Metapher vom ›triumphierenden Wesen‹ mag zwar auch für den siegreichen Proletarier stehen, ermöglicht jedoch zugleich eine übergreifende, auf die Befreiung des ›inneren Menschen‹ verweisende Deutung.

Damit aber fügt sich Rheiners Text in die Bestrebungen der Dresdner Linksexpressionisten, »die Aussenwelt nach einem menschlich Innern zu gestalten, den Menschen zum Beherrscher und Ordner der Materie zu machen«[131], ein und verweist zugleich auf ein Revolutionsprogramm, das die von Otto Rühle geforderte »Revolutionierung des inneren Menschen«[132] als Voraussetzung für die Durchsetzung des Sozialismus betrachtete. Die Möglichkeiten des Expressionismus, an der Erneuerung menschlicher Beziehungen und Verhaltensweisen mitzuwirken, hatte Rühle, nicht zuletzt aufgrund seiner guten Erfahrungen bei der Zusammenarbeit mit einzelnen Expressionisten[133], in seine politischen Bestrebungen integriert und damit die sich progressiv verstehenden Kreise der künstlerischen Intelligenz als Bündnispartner öffentlich aufgewertet.

Auf diese Weise erlangten die Expressionisten kurzzeitig eine bündnispolitische Schlüsselposition im städtischen Revolutionsgeschehen, was sich nicht zuletzt darin zeigt, daß namhafte Vertreter aller politischen Linksparteien bei Versammlungen der »Geistesarbeiter« als Referenten und Diskussionspartner auftraten[134] und selbst rechte

---

[129]   Walter Rheiner: Proletarier! In: Menschen Montagsblatt-Dresden 1 (1919), Nr. 24. S. 3. Rheiners Gedicht wurde im Umfeld der Hinwendung der *Sozialistischen Gruppe der Geistesarbeiter* zur Arbeiterschaft veröffentlicht.
[130]   Die Ketten-Metapher findet sich im *Kommunistischen Manifest* von Marx; die der Paläste in Büchners *Hessischem Landboten*.
[131]   Richard Fischer: Expressionismus und Politik. In: Menschen Montagsblatt-Dresden 1 (1919), Nr. 12. S. 3.
[132]   Otto Rühle: Der Sinn der Erziehung. In: Am anderen Ufer (1924), H. 1. S. 5.
[133]   Neben der schon erwähnten Freundschaft Rühles mit Conrad Felixmüller sind noch enge Beziehungen zu Otto Griebel, Rudolf Manasse und Paul Adler überliefert. Zu Griebel vgl. Otto Griebel: Ich war ein Mann der Straße. Lebenserinnerungen eines Dresdner Malers. Aus dem Nachlaß herausgegeben von Matthias Griebel und Hans-Peter Lühr. Halle, Leipzig: Mitteldeutscher Verlag 1986. S. 128-129. Zur Freundschaft mit Adler vgl. Sarfert: Hellerau, S. 112. Zum Verhältnis Manasse – Rühle siehe: Rudolf Manasse: Memories. o. O., o. J. [um 1967]. Masch. S. 74-76. Schließlich sei noch darauf hingewiesen, daß Rühle in seiner Zeitschrift *Das proletarische Kind* expressionistische Illustrationen von Christoph Voll, Frans Masereel, Otto Dix und Conrad Felixmüller abdruckte. Vgl. Das proletarische Kind Jg. 1 und 2, 1925-1926; jedes Heft enthielt eine Graphik.
[134]   Vgl. hierzu die *Chronik der Sozialistischen Gruppe der Geistesarbeiter*. In: Menschen Montagsblatt-Dresden 1 (1919), Nr. 4. S. 3.

Intellektuelle im *Montagsblatt* zu Wort kamen[135]. Ausdruck dieser neugewonnenen Bündnisfähigkeit der Linksexpressionisten waren aber vor allem gemeinsame Aktionen mit der Dresdner Arbeiterschaft im Sinne einer Fortführung der Revolution. Das Spektrum dieser praktischen Beteiligung ist breit und reicht von der Organisation öffentlicher Arbeiterversammlungen[136] und der Bildung gewerkschaftsunabhängiger Arbeiter- und Betriebsräte[137] über die Durchführung von Kurierdiensten für den Dresdner *Arbeiter- und Soldatenrat*[138] bis zur öffentlichen Solidarisierung mit den Zielen der linken Revolutionäre[139]. So knüpfte die Dresdner Avantgarde das andernorts lediglich »emphatisch überspielt[e] [...] Bekenntnis zum revolutionären Proletariat«[140] an ein reales, in das Revolutionsgeschehen eingreifendes politisches Engagement, das sich u. a. auch in der überregionalen Hilfeleistung für verfolgte expressionistische Autoren, die sich im Umfeld der Novemberereignisse der Arbeiterschaft zugewandt hatten[141], widerspiegelt.

Bestimmend für das Tätigkeitsfeld vieler »Geistesarbeiter« bleibt in den ersten Monaten des Jahres 1919 aber die führende Beteiligung an Demonstrationen, Streiks und Protestmärschen in Dresden. Neben Paul Adler, der sich »während der Revolution [...] einer aufgeregten Menge entgegen [geworfen hatte], um Blutvergießen zu verhindern«[142], oder sich im Umfeld von Demonstrationen als Wortführer der Massen

---

[135] Vgl. hierzu den Aufsatz *Bolschewismus* des Mitglieds der *Deutschnationalen Volkspartei* Paul Eltzbacher in: Menschen Montagsblatt-Dresden 1 (1919), Nr. 20. S. 1. Der 1868 geborene Professor Dr. jur. Paul Eltzbacher, Leiter der *Höheren Handelsschule* in Berlin, war Verfasser mehrerer juristischer und politischer Bücher, darunter der publizistisch sehr erfolgreichen Schrift *Der Anarchismus* (1900). In der unmittelbaren Nachkriegszeit trat Eltzbacher mit propagandistischen Reden und agitatorischen Broschüren an die Öffentlichkeit, die ihn als frühen Repräsentanten des ›Nationalbolschewismus‹ ausweisen. Zu Eltzbacher vgl. auch Kapitel V.4. der vorliegenden Arbeit.
[136] Vgl. u. a. die Durchführung einer Versammlung mit »syndikalistischen Metallarbeitern« durch den Schriftführer der *Sozialistischen Gruppe der Geistesarbeiter*, Genosse Hartmann, am 21.3.1919. Siehe: Menschen Montagsblatt-Dresden 1 (1919), Nr. 14. S. 3.
[137] Menschen Montagsblatt-Dresden 1 (1919), Nr. 11. S. 2. Vgl. auch Petereit: Die Zeitschrift »Menschen«, S. 59. Diese Arbeiter- und Betriebsräte weisen in ihrer Struktur und Funktionsbestimmung deutliche Beziehungen zu den von Rühle geforderten »revolutionären Betriebsorganisationen« auf. Vgl. Rühle: Von der bürgerlichen zur proletarischen Revolution, S. 49ff.
[138] Dies wird von dem Dresdner Expressionisten Rudolf Adrian Dietrich berichtet. Vgl. Peter Ludewig: Die Dichter wachsen zum Himmel. In: Ders. (Hg.): Schrei in die Welt. Expressionismus in Dresden. Berlin: Buchverlag Der Morgen 1988. S. 226.
[139] Camill Hoffmann hatte sich in seiner Funktion als Mitglied des Propagandaausschusses der *Sozialistischen Gruppe der Geistesarbeiter* in den Revolutionstagen mit »streikenden Druckern [...] solidarisiert« und wurde daraufhin von seinem Chefredakteur als Mitarbeiter der *Dresdner Neuesten Nachrichten* »fristlos entlassen«. Vgl. Dieter Sudhoff: Wanderer zwischen den Welten. Vom Leben und Sterben des Prager Dichters und Berliner Diplomaten Camill Hoffmann. In: Hartmut Binder (Hg.): Brennpunkt Berlin. Prager Schriftsteller in der deutschen Metropole. Bonn: Kulturstiftung der Dt. Vertriebenen 1995. S. 115. Auch bei Dieter Sudhoff: Nachwort. In: Ders. (Hg.): Camill Hoffmann (1878-1944). Zuflucht. Späte Gedichte und Erzählungen. Siegen: Universität-Gesamthochschule 1990. S. 51.
[140] Dies konstatiert Lothar Peter für den Kreis der Berliner Avantgarde um Franz Pfemfert. Lothar Peter: Literarische Intelligenz und Klassenkampf. »Die Aktion« 1911-1932. Köln: Pahl-Rugenstein Verlag 1972. S. 73. Davon unberührt bleibt aber Pfemferts persönlicher Einsatz für die Revolution, auf den etwa Wolfgang Haug hinweist. Vgl. Haug: »Politik ist die öffentliche Verwirklichung unserer sittlichen Absichten«, S. 26.
[141] So hatte Alfred Günther Johannes R. Becher in seinem Haus »Asyl« angeboten, als dieser »in der Zeit der Kommunistenverfolgung« auf der Flucht war. Vgl. Alfred Günther: Dresden im Expressionismus. In: Paul Raabe (Hg.): Expressionismus. Aufzeichnungen und Erinnerungen der Zeitgenossen. Olten und Freiburg i. Br.: Walter-Verlag 1965. S. 245-247, hier: S. 247.
[142] Dies berichtet Karl Otten über Paul Adler. Karl Otten: Nachwort. In: Ders. (Hg.): Das leere

engagierte und damit einer Eskalation der Ereignisse entgegenwirkte,[143] sei in diesem Zusammenhang vor allem auf Conrad Felixmüller verwiesen.

Felixmüller beteiligte sich am 10.1.1919 gemeinsam mit Friedrich Wolf und Otto Rühle an der ersten »von der KPD und dem Roten Soldatenbund organisierte[n] Kundgebung« vor dem Gebäude der *Dresdner Volkszeitung*, »um ihrer Empörung über dort gedruckte Anti-KPD-Flugblätter Ausdruck zu verleihen«.[144] »Als wir [...] vor der sozialdemokratischen Zeitung (Dresdner Volkszeitung) auf dem Wettiner Platz ankamen«, erinnert sich Felixmüller,

> wurde auf die andrängenden Massen aus Fenstern und dem Tor geschossen und Handgranaten geworfen. Neben mir fielen Arbeiter und Soldaten. Im wüsten Durcheinander und Übereinander stürmten die Massen auseinander. Im Schutz der Jacobikirche fühlte ich mich ab – atemlos – mir war nichts geschehen! Geblieben waren, im Blute liegend, Soldaten, Arbeiter, die roten Fahnen noch in verkrampfter Hand. Dieser Anblick ließ mich nicht los. Es wurde ein Holzschnitt und eine kleine Lithographie daraus.[145]

Die in der Dresdner Presse umfassend dokumentierten Vorfälle während der Demonstration[146], bei der 12 unbewaffnete Demonstranten getötet und 52 verletzt wurden[147], führten zu einer Radikalisierung von Teilen der Dresdner Kunstszene[148]; sie gelten als Initialzündung für die Gründung der *Dresdner Sezession Gruppe 1919*. Mit der Etablierung der Gruppe manifestiert sich der Zusammenhang von Kunst und Politik neu. Indem fortschrittliche Künstler das Medium ihrer Interessenvertretung in der Öffent-

---

Haus. Prosa jüdischer Dichter. Stuttgart: Cotta-Verlag 1959. S. 611.

[143] Ludo Abicht: Paul Adler, ein Dichter aus Prag. Wiesbaden, Frankfurt: Humanitas-Verlag 1972. S. 22. Abicht betont, »daß die Sozialutopien, die er (Adler – F. A.) zunächst als Expressionist in seinen Werken heraufbeschworen hatte, im November 1918 seinen völligen Einsatz auf dem Gebiet des praktischen politischen Kampfes und dadurch der möglichen Realisierung erforderten.« (S. 23). Dagegen argumentiert Jürgen Egyptien, der die wenig überzeugende These vertritt, daß die »Inkommensurabilität von Dichtung und gesellschaftlicher Praxis« ein »Aufgehen von literarischer Utopie in politischem Handeln« unmöglich machte. Adlers anhand von Quellen überlieferte kulturpolitische Praxis während der Revolutionstage widerspricht dieser Annahme jedoch (Mitgliedschaft in der *USPD* seit 1917; gewählter Vorsitzender des im November 1918 gegründeten Dresdner *Künstlerrates*; richtungsweisende Mitarbeit in der *Sozialistischen Gruppe der Geistesarbeiter*.) Jürgen Egyptien: Mythen-Synkretismus und apokryphes Kerygma. Paul Adlers Werk als Projekt einer Resakralisierung der Welt. In: Klaus Amann/Armin A. Wallas (Hg.): Expressionismus in Österreich. Die Literatur und die Künste. Wien, Köln, Weimar: Böhlau Verlag 1994. S. 381-382. Zu Adlers Parteizugehörigkeit vgl. ebd.; die Wahl zum Vorsitzenden des *Künstlerrates* wird in den Dresdner Tageszeitungen erwähnt: etwa *Dresdner Neueste Nachrichten* vom 19.11.1918. Nr. 316. S. 2.

[144] Lässig: Politische Radikalität und junge Kunst, S. 58.

[145] Vgl. G. H. Herzog (Hg.): Conrad Felixmüller: Legenden 1912-1976. Tübingen: Verlag Ernst Wasmuth 1977. S. 44. Auch: Peter Barth: Conrad Felixmüller. Die Dresdner Jahre 1913-1933. Düsseldorf: Galerie Remmert und Barth 1987. S. 48, und Brief von Conrad Felixmüller an Peter August Böckstiegel vom 23.1.1919. In: Conrad Felixmüller: Werke und Dokumente. Germanisches Nationalmuseum Nürnberg 3.12.1981-31.1.1982. Archiv für Bildende Kunst 1982. S. 72.

[146] Vgl. etwa die *Dresdner Volkszeitung* Nr. 8 vom 11.1.1919 und Nr. 9 vom 13.1.1919.

[147] Zahlenangaben nach Walter Fabian: Klassenkampf um Sachsen. Ein Stück Geschichte 1918-1930. Löbau: Verlag der Ostsachsen-Druckerei 1930. S. 45. Vgl. auch den Artikel *Brudermord zwischen Sozialisten in Dresden* im Montagsblatt 1 (1919), Nr. 2. S. 1. Hier wird von insgesamt 64 getöteten und schwer verwundeten Personen gesprochen sowie von 20 leicht verletzten.

[148] Vgl. Joan Weinstein: The End of Expressionism. Art and the November Revolution in Germany 1918-19. Chicago and London: The University of Chicago Press 1990. S. 111.

lichkeit selbst schaffen und damit einen sozialen Wirkungsanspruch postulieren, verabschieden sie sich auch von einer dem Expressionismus allzu oft unterschobenen ›Privatisierung‹ des gesellschaftlichen Konfliktpotentials[149]. Denn dem Gedanken Felixmüllers, neben den bereits vorhandenen Künstlervereinigungen eine neue, den veränderten gesellschaftlichen Verhältnissen Rechnung tragende Organisation ins Leben zu rufen, lag sowohl eine sozial- als auch kunstpolitische Motivierung zugrunde:

> Als im November 1918 die Revolution in Bewegung kam hielt ich, zumal auf Hinweis meiner politisch aktiven Freunde in der KPD, eine organisierte Künstlergruppe zum Eingreifen in das öffentliche künstlerische Leben für notwendig. Deshalb lud ich einige mir ›fortschrittlich‹ scheinende jüngere freie Maler zu einer ›Gründungsversammlung‹ ein.[150]

Die Leitidee für die Gründung der Sezession bestand für Felixmüller darin,

> im Zuge der ersten Revolutionsbestrebungen, die künstlerischen Angelegenheiten mitzubestimmen bzw. zu beeinflussen, soweit es um die öffentliche Kunstpflege ging: *Etat*! Ausstellungen – dafür die städtischen Ausstellungsgebäude in die Hand zu bekommen, Einfluß nehmen auf die Berufungen von Persönlichkeiten, z. B. Akademie – Kunstkommissionen – Ankäufe – Galerie etc. Nach Beratungen mit Genossen im Arbeiterrat konnte ich (als Mitglied der KPD) dies nur mit einer Gruppe Gleichgesinnter.[151]

Diesen Ansatz versuchte man auch in der offiziellen Gründungsversammlung der Gruppe aufzugreifen[152], indem ein Statut verabschiedet wurde, das – ähnlich dem der *Sozialistischen Gruppe der Geistesarbeiter* – darauf ausgerichtet war, möglichst viele potentielle Mitstreiter zu gewinnen und keineswegs, wie Joan Weinstein in ihrer Arbeit über die gesellschaftliche Rolle der *Gruppe 1919* behauptet, »continuity rather than a break with the past«[153] suggerieren wollte. Auch Weinsteins These, »the radical reputation of the Secession Group rests largely on Felixmüller, the most committed of its members politically«[154], entspricht wohl nicht den Tatsachen. Zum einen handelt es sich bei der Forderung, jungen Künstlern Mitbestimmung in der Ausstellungs- und Galeriepolitik zu gewähren, durchaus um ein zeitgemäßes revolutionäres Grundanlie-

---

[149] Besonders deutlich wird dies etwa in der These, der Expressionismus und die Expressionisten zielen hauptsächlich auf die Umformung des Individuums. Vgl. Albrecht: Deutsche Schriftsteller in der Entscheidung, S. 101ff.

[150] Vgl. Brief von Conrad Felixmüller an Dieter Gleisberg, Direktor des Staatlichen Lindenau-Museums Altenberg/Thüringen. 18.1.1971, o. O. In: Felixmüller. Werke und Dokumente, S. 73-75, hier: S. 74-75.

[151] Vgl. hierzu einen Brief Conrad Felixmüllers an Dieter Gleisberg vom 13.1.1969. Der Brief ist abgedruckt in: Gleisberg: Conrad Felixmüller, S. 44.

[152] »1. Die Sezession ›Gruppe 1919‹ wird von einer Anzahl Künstler gebildet, die im Sinne ihrer Kunst ideelle Unternehmungen vorhaben, welche sie, wie auch ihre Kunst, notwendigerweise von den bisherigen Künstlern trennen. Hauptgrundsätze sind: Wahrheit – Brüderlichkeit – Kunst. Der Elan der Zeit hat die Gruppe hervorgebracht, und der kommende kann sie vernichten: Wir werden dazu beitragen, indem wir dem kommenden den Weg bereiten, der wir eben schon sind [...]«. Das Statut ist abgedruckt in Felixmüller: Werke und Dokumente, S. 72.

[153] Weinstein: The End of Expressionism, S. 113.

[154] Ebd.

gen[155]; zum anderen belegen die Quellen, daß neben Felixmüller auch Constantin von Mitschke-Collande, Otto Griebel und Eugen Hoffmann mit den linksradikalen Ideen Otto Rühles sympathisierten und sich politisch engagierten.[156] Die Gründung der Gruppe wird in Dresden ja als ›Zertrümmerung und Zerstörung‹ der alten Kunst-Welt‹ gefeiert und dies nicht nur in den Kreisen der Expressionisten[157], sondern auch in der Dresdner Presse: »Diese Kunst«, so heißt es etwa in der *Dresdner Volkszeitung*, »soll [...] nicht Genuß bereiten, sondern einwirken, erschüttern, anklagen, nicht nur darstellen«; in ihr finde sich »die Sprache des ›Aktivismus‹«.[158] Dabei war die kulturpolitische Richtung der Sezession, ihr Versuch, sich mit politischen oder künstlerischen Organisationen zu verbinden[159], nicht nur das Ziel Felixmüllers, sondern auch dasjenige Hugo Zehders, der die *Gruppe 1919* als »brüderliche Vereinigung« und »Kampforganisation« sah.[160]

Hinzu kommt noch ein dezidiert überregionaler Wirkungsanspruch der Dresdner Vereinigung, der die Suche nach Verbündeten an die Grundsätze einer wirklichkeitsnahen Kunstproduktion koppelte. Die engen Beziehungen zur Berliner *Novembergruppe*, der neben Felixmüller auch Otto Griebel, Lasar Segall, Otto Dix, Will Heckrott, Otto Lange und Hans Poelzig angehörten[161], basierten zu großen Teilen auf deren sozialrevolutionärer Ausrichtung[162], und noch Jahre später erinnert sich der mit den Dresdner Expressionisten befreundete Publizist Will Grohmann an die auf »Umwertung und Aenderung« der »Wirklichkeit« abzielende Kunst der »sozialen Aktivi-

---

[155]   Dies beweist etwa ein Brief von Felixmüller an Otto Gußmann, Mitglied des *Künstlerrates* vom 24.2.1919. Felixmüller spricht, als Vertrauensmann der *Gruppe 1919*, gegenüber Gußmann den Wunsch aus, »in Wirtschafts- und Akademiefragen mitzuarbeiten« und eigene »Vorschläge in Ausstellungsangelegenheiten« einzubringen. Vgl. Felixmüller: Werke und Dokumente, S. 76. Vgl. auch den Artikel von Conrad Felixmüller und Otto Lange *Zur Umgestaltung der Dresdner Galerie*. In: Dresdner Neueste Nachrichten vom 26.7.1919. Nr. 200. S. 2. Dieser Artikel belegt die Bemühungen der *Gruppe 1919*, Einfluß auf die städtische Ankaufspolitik für die Dresdner Galerie zu nehmen.

[156]   Die Genannten traten – mit Ausnahme von Hoffmann – bereits 1919 der *KPD* bei (Hoffmann 1923); zumindest Griebel und Mitschke-Collande standen dem Rätegedanken und den politischen Anschauungen Otto Rühles nahe. Vgl. Griebel: Ich war ein Mann der Straße, S. 128-129. Auch: Gerlinde Förster: Die fortschrittliche bildende Kunst Dresdens zwischen 1918 und 1923. Bedeutung dieses Erbes in seiner Zeit. Aspekte seiner Aneignung nach 1945. Phil. Diss. Berlin, 1985. S. 70.

[157]   Etwa bei Walter Rheiner, der im Vorwort des Kataloges zur Dresdner Ausstellung der *Gruppe 1919* bei *Emil Richter* formuliert: »Eure famose Welt zerbricht! Merktet ihr's noch nicht? Sie liegt in Trümmern.« Walter Rheiner: Die neue Welt. In: Sezession Gruppe 1919 (Ausstellungskatalog). Dresden: Emil Richter Verlag 1919. S. 7.

[158]   m[ax] m[enzer]: Die erste Ausstellung der Dresdner Sezession »Gruppe 1919«. In: Dresdner Volkszeitung vom 23.4.1919. Nr. 92. S. 6.

[159]   Siehe den Brief von Felixmüller an Otto Gußmann vom 24.2.1919: »Wir sind bereit, der uns näherstehenden Künstler-Vereinigung uns als die berufene Vertretung der jungen Kunst freundschaftlich zur Seite zu stellen und gegebenenfalls auf ein Asyl und Wirtsrecht im Hause der Künstler-Vereinigung Anspruch zu erheben und diesbezüglich Vorschläge zu machen.« Vgl. Felixmüller: Werke und Dokumente, S. 76.

[160]   Hugo Zehder: Notizen. In: Neue Blätter für Kunst und Dichtung 1 (1919), März-Heft. S. 263-264, hier: S. 264. Auch: Hugo Zehder: Anmerkungen. In: Neue Blätter für Kunst und Dichtung 2 (1919), August-Heft. S. 101.

[161]   Namen nach Förster: Die fortschrittliche bildende Kunst Dresdens, S. 69. Auch die Richtlinien des Berliner *Arbeitsrates für Kunst*, der eine engere Bindung des modernen Kunstschaffens an das Volk forderte, wurden von Segall, Poelzig, Dix, Griebel und Felixmüller befürwortet. Vgl. ebd., S. 117-118.

[162]   Vgl. die *Richtlinien der Novembergruppe* vom Januar 1919; abgedruckt bei Will Grohmann: Zehn Jahre Novembergruppe. In: Kunst der Zeit 3 (1928), Nr. 1-3. Sonderheft: Zehn Jahre Novembergruppe. S. 1-11, hier: S. 11.

sten« Dix, Felixmüller und Griebel[163] innerhalb der Novembergruppe.

Den Idealfall einer Verknüpfung von politischer Aktion und revolutionärem Künstlertum verkörperte in Dresden allerdings der expressionistische Dichter und Arzt Friedrich Wolf. Als Mitglied des *Revolutionären Arbeiter- und Soldatenrates Dresden*, der *USPD*[164], der *Sozialistischen Gruppe der Geistesarbeiter* und der *Kommission für das Lazarettwesen im Heimatgebiet des 12. Armeekorps*[165] konnte Wolf wie kein anderer »geistiger Arbeiter« seinen Einfluß in zentralen staatlichen, parteipolitischen und kulturellen Gremien der Stadt geltend machen und direkt auf Entscheidungen im Umfeld der Revolution einwirken. Aus der Vielzahl von Maßnahmen und Ereignissen, an denen Wolf federführend beteiligt war[166], sei paradigmatisch sein Auftreten als Vertrauensmann des Dresdner Sanitätspersonals während des Protestmarsches von Kriegsversehrten am 12.4.1919 vor das Kriegsministerium in Dresden genauer analysiert. Der Protestmarsch diente der Bekräftigung von Forderungen der Dresdner Lazarettinsassen nach mehr Personal, besseren Unterbringungsmöglichkeiten für den zunehmenden Strom von Verwundeten und höherer Besoldung der in den Sanitätsstellen Beschäftigten. Eine Deputation, zu der auch Wolf gehörte, hatte den Marsch initiiert und sollte die Verhandlungen mit dem sächsischen Kriegsminister, Neuring, in den Räumen des Kriegsministeriums führen. Durch die Unbesonnenheit einiger Demonstrationsteilnehmer und das Eingreifen der städtischen Sicherheitstruppen kam es zu Handgreiflichkeiten, bei denen Neuring im Tumult durch Demonstranten von der Augustusbrücke in die Elbe geworfen und durch mehrere Gewehrschüsse tödlich getroffen wurde.[167] Im Verlaufe des Prozesses gegen die Mörder Neurings im Juli 1919 in Dresden wird auch die Rolle Friedrich Wolfs, der als Zeuge vorgeladen wurde, genauer beleuchtet. Anhand der Prozeßberichte läßt sich zum einen Wolfs direkte Einflußnahme auf den Ablauf der Demonstration belegen: Wie Beteiligte übereinstimmend betonten, hatte Wolf durch sein besonnenes und ruhiges Agieren eine drohende Eskalation der Ereignisse lange Zeit verhindern können.[168] Zum anderen ist Wolfs politisch verantwortungsbewußtes Agieren während des Prozesses selbst nachweisbar: Der von der Anklagevertretung unternommene Versuch, den vorrangig sozialen und ökonomischen Forderungen der Demonstranten eine politische Motivierung unterzu-

---

[163] Ebd., S. 7.
[164] Siehe Wolf/Struzyk (Hg.): Auf wieviel Pferden ich geritten, S. 470.
[165] Die Liste der Mitglieder der Kommission wurde sowohl im *Dresdner Lokal-Anzeiger* (3.12.1918. Nr. 142. S. 3) veröffentlicht als auch in der *Dresdner Volkszeitung* (30.11.1918. Nr. 279. S. 3). Zur Arbeit Wolfs in der Kommission vgl. auch: Wolf/Struzyk (Hg.): Auf wieviel Pferden ich geritten, S. 479-480.
[166] Etwa als »Vertrauensarzt und kommissarischer Leiter« des Schullazaretts Dresden-Altstadt gehört Wolf zu den Mitorganisatoren einer Demonstration der »gehfähigen Insassen.... sämtliche[r] Lazarette« in Dresden am 7.11.1918. In: Wolf/Struzyk (Hg.): Auf wieviel Pferden ich geritten, S. 195-196. Als Mitglied der *USPD* und des *Zentralen Arbeiter- und Soldatenrates der Republik Sachsen* ist er am 17.2.1919 an der Demonstration gegen die Ermordung von Rosa Luxemburg und Karl Liebknecht beteiligt, wird von den Noske-Truppen verhaftet und kurzzeitig in Pirna interniert. Ebd., S. 197 und 470. In seiner Funktion als Mitglied der *Sozialistischen Gruppe der Geistesarbeiter* ist er gemeinsam mit Conrad Felixmüller und Otto Rühle am 10.1.1919 an der Demonstration vor dem Gebäude der *Dresdner Volkszeitung* beteiligt und wird ebenfalls verhaftet. Vgl. Lässig: Politische Radikalität und junge Kunst, S. 59.
[167] Eine genaue Darstellung der Ereignisse findet sich in der Dresdner Tagespresse. Siehe z. B. den *Dresdner Anzeiger* vom 21.7.1919. Nr. 289. S. 2.
[168] Vgl. etwa die Aussage des Zeugen Musch, durch Wolf, »de[n] Vertrauensmann des Sanitätspersonals, (sei)« immer »wieder Ruhe geschaffen worden«. Dresdner Anzeiger vom 23.7.1919. Nr. 294. S. 3.

schieben, sie in ihrem Gehalt als »kommunistisch« zu interpretieren und ideologisch
zu instrumentalisieren, wurde durch Wolfs Aussagen in seiner Fragwürdigkeit entlarvt
und damit ein »Tendenzurteil«[169] verhindert, das sich sehr wahrscheinlich negativ auf
die Stellung der Dresdner Linksintellektuellen in der städtischen Öffentlichkeit ausgewirkt hätte[170]. Wolf förderte auf diese Weise als einziger an den Ereignissen beteilig-
ter Wortführer der Dresdner Expressionisten[171] die guten Beziehungen zu den linken
Revolutions- und Parteiführern der Stadt[172] und vermittelte gleichzeitig den zahlreichen, über den Prozeß ausführlich berichtenden Medien das Bild eines zwar engagierten, aber keineswegs die Gesetze mißachtenden Dichter-Revolutionärs. Dies fiel
um so mehr ins Gewicht, als im Zuge der Verhängung des Belagerungszustandes über
Dresden gezielte Angriffe gegen Mitglieder und Institutionen der *Sozialistischen
Gruppe der Geistesarbeiter* durch die städtischen Militärbehörden und die sächsische
Regierung – öffentlichkeitswirksam in Szene gesetzt – deutlich zunahmen.[173] Gegen
die Beschuldigungen des ungesetzlichen Vertriebs von Flugschriften und der ord-

---

[169]   Siehe: Mordprozeß Neuring. In: Dresdner Neueste Nachrichten vom 23.7.1919. Nr. 197. S. 4.
[170]   Die Dresdner Linksintellektuellen um die *Sozialistische Gruppe der Geistesarbeiter* hatten in mehreren Artikeln schon seit Februar 1919 gegen Neuring und dessen Amtsführung polemisiert. Um sich
nicht dem Verdacht einer von langer Hand geplanten Unterstützung der Ereignisse vom 12.4.1919
auszusetzen, hatte – so ist zu vermuten – Friedrich Wolf bei seinen Zeugenaussagen auf eine möglichst ›unpolitische‹ Prozeßführung hingearbeitet; so betonte er, daß eine Demonstration erst am
11.4.1919 ins Auge gefaßt wurde und der Protestmarsch am 12.4. »ursprünglich einen äußerst ruhi-
gen Verlauf genommen« hatte. Vgl. *Dresdner Anzeiger* vom 22.7.1919. Nr. 291. S. 3. Zur Polemik
mit Neuring siehe etwa: Otto Rühle: Der Bürgerkrieg… die Gewalt … u. Herr Neuring. In: Menschen Montagsblatt-Dresden 1 (1919), Nr. 7. S. 4. Oder: Zeitgeist. In: Menschen Montagsblatt-
Dresden 1 (1919), Nr. 14. S. 4.
[171]   Diether Schmidt behauptet in seinem Aufsatz *Dresdner Rot. Oskar Kokoschka 1916 bis 1923 in
Dresden und seine Beziehungen zur Dresdner Kunst* (1986), der Dadaist Otto Griebel hätte als Anfüh-
rer der Kriegskrüppel, die den Wehrminister zum Sprung in die Elbe zwangen, fungiert. Diese Aussage trifft jedoch nicht zu, denn zum einen fehlt bei Schmidt selbst ein Beleg anhand von Quellen,
und zum anderen finden sich in der einschlägigen Dresdner Tagespresse, die über den Prozeßverlauf
ausführlich berichtete, die Liste der Angeklagten und die der Zeugen veröffentlichte, keine Hinweise
auf eine Teilnahme Griebels an der Aktion. Ebenfalls unerwähnt bleibt der Vorgang in Griebels
Memoiren: *Ich war ein Mann der Straße* (1986). Auch Griebels Sohn, Matthias Griebel, konnte eine
Beteiligung seines Vaters nicht bestätigen. Vgl. Diether Schmidt: Dresdner Rot. Oskar Kokoschka
1916 bis 1923 in Dresden und seine Beziehungen zur Dresdner Kunst. In: Oskar Kokoschka Symposion. Hochschule für angewandte Kunst in Wien, vom 3. bis 7.3.1986. Salzburg und Wien: Residenz-Verlag 1986. S. 211. Wieder veröffentlicht in: Kokoschka und Dresden. Staatliche Kunstsammlungen Dresden. Gemäldegalerie Neue Meister. Österreichische Galerie. Belvedere, Wien. Ausstellungskatalog. Leipzig: E. A. Seemann 1996. S. 30.
[172]   Zu nennen wäre hier neben dem bereits erwähnten Otto Rühle auch das führende *USPD*-Mit-
glied, der Arbeitersekretär Paul Ristau. Ristau veranstaltete als Propagandist der *USPD* zahlreiche
Versammlungen in Dresden, an denen sich neben Friedrich Wolf auch Conrad Felixmüller als
Diskussionsredner beteiligte. Wolf war seit den Revolutionstagen mit Ristau, der von 1920-1924
Mitglied des Reichstages wurde, eng befreundet. Vgl. Wolf/Struzyk (Hg.): Auf wieviel Pferden ich
geritten, S. 479-480 (Anmerkung zu S. 196) und S. 218.
[173]   So fand am 21.4.1919 (Ostermontag) eine aufsehenerregende, gut inszenierte Haussuchung in
Verlag und Buchhandlung der Gruppe am Freiberger Platz statt. Durch bewaffnete Regierungstrup-
pen (»Handgranaten« und ›3 Maschinengewehre‹) gesichert, wurde die geschlossene Buchhandlung
durch Polizeibeamte »gestürmt«, »Bücher, Flugschriften und Zeitungen« beschlagnahmt und teilweise »verbrannt«. Eine sich vor dem Gebäude allmählich bildende Menschenmenge, die den Einsatz der
Truppen verurteilte und »Schimpf- und Drohworte gegen die Posten ausstiess«, wurde durch »ab und
zu« abgefeuerte »Schreckschüsse traktiert«. Vgl. zur gesamten Aktion, die in der Dresdner Presse Auf-
sehen erregte, die Artikel *Öffentliches Leben*. In: Menschen Montagsblatt-Dresden 1 (1919), Nr. 20.
S. 4 und *Öffentliches Leben. Die Unterdrückung der Wahrheit II*. In: Menschen Montagsblatt-Dresden
1 (1919), Nr. 21. S. 3.

nungswidrigen Mitarbeit in einem »sozialistische[n] Bildungsunternehmen«[174] mußte man sich öffentlich zu Wehr setzen; ein Prozeß wie der gegen die Mörder Neurings bot sich hierfür geradezu an.

So wurde Wolfs Auftreten während der Verhandlungen von einer doppelten Intention getragen: Der Betonung einer nach wie vor intakten Bündnisfähigkeit gegenüber der revolutionären Linken wird die sozial motivierte und rechtlich abgesicherte Einsatzbereitschaft für sozial Benachteiligte und Kriegsversehrte parallel geführt. Allerdings gewinnt dieses Engagement erst im Kontext von Wolfs wenig später in Dresden erfolgreich uraufgeführtem Drama *Das bist du* seinen vollen Stellenwert: Individuelle Wandlungsfähigkeit und die Bereitschaft, sich selbst zu erneuern, können erst im Zusammenwirken mit politisch-praktischen Aktionen zum Idealtypus eines sozialistischen Revolutionsmodells werden, in dem der Künstler und die Kunst den sozialen wie persönlichen Umbruch vorantreiben.[175]

3. Aufklärung, Bildung, Erziehung: Die ›Revolutionierung des inneren Menschen‹ als Aufgabenfeld der Avantgarde

Die Volksaufklärung ist für die aus der Revolution hervorgegangene neue Regierung die fundamentale Aufgabe; nur sie vermag das zu leisten, was für jede Revolutionsregierung eine vitale Notwendigkeit ist: das Gewissen des Volkes für die ›Neuorientierung des Systems‹ zu gewinnen, es in die neue Ideologie hineinzustellen, welche das treibende Motiv der künftigen sozial- und kulturpolitischen Reformen bildet.[176]

Theodor Däublers leider nur unvollständig überliefertes Programm einer Reformierung des Bildungswesens als Hauptaufgabe der Revolution[177] ist ein Resultat der bereits um 1900 beginnenden Auseinandersetzungen um die Erziehungspraktiken in der wilhelminischen Schule.

---

[174]　Ebd.

[175]　Die in der Forschung gelegentlich geäußerte These, Wolf habe mit seinem Drama kein uneingeschränktes »Ja zur Novemberrevolution« ausgesprochen und lediglich eine neutrale, tatbedingte Notwendigkeit der Wandlung propagiert, wird durch meine Betrachtungsweise, die Kunstproduktion und soziales Engagement zusammendenkt, neu akzentuiert. Vgl. E. Günther: Die frühen Dramen Friedrich Wolfs (1917-1923). Phil. Diss. Jena, 1963. S. 60. Auch: Klaus Hammer: Friedrich Wolfs »Das bist du« und die expressionistische Bühnenrevolution in Dresden. In: Dresdner Hefte 6 (1988), H. 1. S. 49-61, hier: S. 61.

[176]　Theodor Däubler: Die Revolutionsregierung und die neuen Aufgaben der Volksaufklärung. Leitfaden zu einer der Nationalversammlung vorzulegenden Denkschrift. Berlin, 1.3.1919. 2 Blatt. Teilnachlaß Theodor Däubler. Sächsische Landesbibliothek. Staats- und Universitätsbibliothek Dresden. Handschriftenabteilung. Signatur: Mscr. Dresd. App. 531 C IV, e/4.

[177]　Thomas Rietzschel vermutet, daß der Entwurf nicht von Däubler, sondern von Harry Graf Kessler stammt. Allerdings scheint mir Rietzschels Begründung, Kessler habe zu jener Zeit an einem solchen Programmentwurf gearbeitet und diesen bei einem Treffen zwischen ihm, Cassirer und Däubler vorgetragen, nicht stichhaltig. Ich sehe keinen Grund, warum der Leitfaden nicht von Däubler stammen sollte, zumal sich Däubler – auch darauf weist Rietzschel hin – mit Fragen der Novemberrevolution auseinandergesetzt hat. Vgl. Thomas Rietzschel: Theodor Däubler. Eine Collage seiner Biographie. Leipzig: Reclam 1988. S. 184-186.

Die Dominanz bildungspolitischer und erziehungstheoretischer Reformvorschläge innerhalb der Programmatik des Dresdner Expressionismus erklärt sich allerdings nicht nur aus den Erfahrungen seiner Repräsentanten mit einer autoritären, »bis auf die Knochen konservativ[en], reaktionär[en]« und »staatserhaltend[en]«[178] Erziehung. Sie geht auch – wenigstens partiell – auf eine personell und ideengeschichtlich untermauerte Vorbildwirkung der schon vor dem Ersten Weltkrieg praktizierten, überregional beachteten Hellerauer Schul- und Bildungskonzepte zurück. Die Idee einer »ganzheitlichen, nicht konfessionell gebundenen und nicht autoritären Erziehung«[179], wie sie in der Hellerauer Schule nach der Revolution erprobt wurde, hatte wahrscheinlich Harald Dohrn[180] entwickelt und im November 1918 als Mitglied des Propagandaausschusses der *Sozialistischen Gruppe der Geistesarbeiter* in die Debatten um die Neuordnung schulischer Wissensvermittlung und -aneignung eingebracht. Da die bildungspolitischen Grundsätze der Hellerauer Schule deutliche Affinitäten zu Otto Rühles Bildungs- und Erziehungskonzepten aufweisen, liegt die Vermutung nahe, daß Rühle, der zwischen 1914 und 1917 ebenfalls in Hellerau wohnte, vom »pädagogischen Habitus des Ortes«[181] profitierte und aus den Hellerauer Schulexperimenten wichtige Impulse für die eigene Bildungsarbeit erhielt[182]. Zudem gelangten mit Alexander Schwab, dem für Erziehungsfragen zuständigen Bildungsreferenten der Sozialistischen Geistesarbeiter, und Friedrich Wolf, dem Mitglied des *Arbeiter- und Soldatenrates Dresden*, zwei prominente Repräsentanten der Jugendbewegung in den Kreis der Dresdner Linksexpressionisten. Beide waren Mitglieder des *Wandervogels* und hatten am Gründungskongreß der *Freideutschen Jugend* auf dem Hohen Meißner teilgenommen.[183] Schwab beteiligte sich darüber hinaus noch während des Krieges als Gast an den expressionistischen Soireen im Dresdner Atelier Conrad Felixmüllers[184]; Wolf hatte 1913 die Hellerauer Festspiele besucht und sich mit den Bildungsbestrebungen der Gartenstadt kritisch auseinandergesetzt[185]. Dieses Geflecht personeller und informeller Kontakte ermöglichte die Einbindung des Schul- und Erziehungsdiskurses in das Gesamtfeld der gesellschaftspolitischen und ideologischen Tätigkeit der Gruppe, die eine dem sozialen Erneuerungswillen verpflichtete Aufklärungs- und Bildungsarbeit anstrebte.[186]

---

[178]   Goldberg: Schule und Erziehung. In: Menschen Montagsblatt-Dresden 1 (1919), Nr. 3. S. 2.
[179]   Klaus-Peter Arnold: Vom Sofakissen zum Städtebau. Die Geschichte der Deutschen Werkstätten und der Gartenstadt Hellerau. Dresden, Basel: Verlag der Kunst 1993. S. 360.
[180]   Harald Dohrn, der Bruder von Wolf Dohrn, führte nach dessen Tod die Geschäfte der Gartenstadt Hellerau weiter. Vgl. Sarfert: Hellerau, S. 50-52.
[181]   Vgl. ebd., S. 79.
[182]   Rühle hatte sich schon früh mit den Schulverhältnissen in Sachsen kritisch auseinandergesetzt. Etwa in der Schrift *Das sächsische Volksschulwesen. Eine zusammenfassende Darstellung der sächsischen Schulverhältnisse*. Leipzig: Leipziger Buchdruckerei 1904. Nach der Revolution hat er seine Bemühungen um eine sozialistische Bildung und Erziehung fortgesetzt. Vgl. *Erziehung zum Sozialismus. Ein Manifest*. Berlin: Verlag Gesellschaft und Erziehung 1919.
[183]   Zu Schwab vgl. Hans-Harald Müller: Intellektueller Linksradikalismus in der Weimarer Republik. Seine Entstehung, Geschichte und Literatur – dargestellt am Beispiel der Berliner Gründungsgruppe der Kommunistischen Arbeiter-Partei Deutschlands. Kronberg/Ts.: Scriptor Verlag 1977. S. 25 und 38. Zu Friedrich Wolf: Wolf/Struzyk (Hg.): Auf wieviel Pferden ich geritten, S. 468-469.
[184]   Felixmüller: Werke und Dokumente, S. 61.
[185]   Friedrich Wolf: Vom Untergang der Sprache. In: Wolf/Struzyk (Hg.): Auf wieviel Pferden ich geritten, S. 75-92.
[186]   Vgl. Die Sozialistische Gruppe der Geistesarbeiter. In: Menschen Montagsblatt-Dresden 1 (1919), Nr. 4. S. 3.

Als Medien des Bildungsdiskurses sollten dabei die Schule und die Presse fungieren: Die Schule, weil man sich damit einem Rezipientenkreis annähern konnte, der schon durch seine lebensweltlichen und generationsbedingten Voraussetzungen zum bevorzugten Adressaten der gesellschaftskritischen Ideen der Expressionisten zählte; die Presse, weil sie sich in Zeiten des Krieges zu einem Bestandteil massenmedialer Beeinflussung und Manipulation entwickelt hatte[187] und nun, nach der Revolution, unter neuen gesellschaftlichen Bedingungen ihr Informations- und Aufklärungspotential in den Dienst des ›sozialistischen Aufbaus‹ stellen sollte.

3.1. Die neue Schule – Ein Experimentierfeld für die Erziehung zum Sozialismus

Die vorrangige Rezeption und Propagierung der bildungspolitischen Grundsätze Alexander Schwabs[188] durch die Dresdner »Geistesarbeiter« erklärt sich nicht nur aus dessen Mitgliedschaft im Propagandaausschuß der Gruppe, sondern eher aus der Annahme einzelner Gruppenmitglieder, sozialer Wandel könne wesentlich über eine veränderte Praxis staatlich gesteuerter Erziehung und Bildung initiiert werden.[189] Schwab verfügte als Mitglied der *USPD* und später des *Spartakusbundes* über eine politische Legitimation, die ihm auch aus bündnispolitischen Erwägungen heraus eine Führungsrolle innerhalb der linksexpressionistischen Bewegung in der sächsischen Landeshauptstadt sicherte[190]. Sein Konzept einer »Revolutionierung der Schule«[191] ging zunächst auf Gustav Wyneken, mit dem Schwab seit seiner Zeit in der *Freideutschen Jugend* befreundet war, zurück.

Wyneken, der mehrmals in Dresden zu Vorträgen weilte, über die Schwab in der

---

[187] Leider stellt die Erforschung der Rolle des Pressewesens im Ersten Weltkrieg noch immer ein Desiderat dar. Als einführender, grober Überblick gilt: Monika Bönisch, Herrad-Ulrike Bussemer, Susanne Rouette: Dokumentation: Der Kriegsbeginn in den Schlagzeilen. In: August 1914: Ein Volk zieht in den Krieg. Hg. von der Berliner Geschichtswerkstatt. Berlin: Verlag Dirk Nishen 1989. S. 11-25.

[188] Alexander Schwab (5.7.1887 – 19.11.1943) studierte Philosophie, Germanistik, alte Sprachen, Nationalökonomie, Soziologie und Staatsrecht. 1913 promovierte er mit einer Arbeit über »Möbelkonsumtion und Möbelproduktion in Deutschland«. Schon während des Studiums wandte er sich der Jugendbewegung zu und übte 1912 eine einjährige Lehrertätigkeit in der *Freien Schulgemeinde Wickersdorf* bei Gustav Wyneken aus. Zwischen 1914 und 1923 war er in kaufmännischen Unternehmungen in Berlin und Dresden tätig. Seine Hinwendung zum Marxismus und zur Arbeiterbewegung erfolgte während des Krieges. 1917 wurde er Mitglied der *USPD*, 1918 des *Spartakusbundes* und 1920 Gründungsmitglied der *KAPD*. In den 20er Jahren zog er sich aus der Parteipolitik zurück und wurde Redakteur bei der Berliner Pressekorrespondenz *Continent*. In den 30er Jahren leitete Schwab die sozialistische Widerstandsgruppe *Rote Kämpfer* bevor er 1936 von der Gestapo verhaftet und ein Jahr später zu acht Jahren Zuchthaus verurteilt wurde. Schwab starb 1943 im Zuchthaus Zwickau. Detailliertere Angaben zu Schwabs Lebenslauf bei Diethart Kerbs: Vorwort zur Neuauflage von Alexander Schwab: Das Buch vom Bauen. Düsseldorf: Bertelsmann Fachverlag 1973. S. 8-12. Auch: Ulrich Linse: Die Entschiedene Jugend 1919-1921. Deutschlands erste revolutionäre Schüler- und Studentenbewegung. Frankfurt a. M.: dipa-Verlag 1981. S. 262. Leider finden sich in beiden Publikationen keine genaueren Hinweise zu Schwabs Dresdner Zeit.

[189] Die Bedeutung, die man innerhalb der Geistesarbeiter Schwabs Bildungskonzepten beimaß, wird etwa daran deutlich, daß Schwab bereits in der ersten Nummer des *Montagsblattes* einen ausführlichen Beitrag über die Konzeption einer neuen Schule im Sozialismus veröffentlichen konnte. Vgl. Alexander Schwab: Die Revolutionierung der Schule. In: Menschen Montagsblatt-Dresden 1 (1919), Nr. 1. S. 2.

[190] So ist die Affinität zu Otto Rühles Erziehungs- und Bildungskonzepten auffällig.

[191] Menschen Montagsblatt-Dresden 1 (1919), Nr. 1. S. 2.

Wochenschrift der Dresdner »Geistesarbeiter« *Menschen-Montagsblatt* breit informierte[192], entwarf ein Schul- und Bildungsmodell, das eine sich selbst erziehende Gemeinschaft von Schülern und Lehrern auf der Basis des Führer-Gefolgschaft-Verhält-
nisses anstrebte und neben der Schaffung von Schulgemeinden als Orten idealer und
autonomer Erziehung die Herausbildung einer geistigen Elite als Führungsinstanz der
Gesellschaft[193] propagierte.

Da der deutlich an Stefan Georges Gruppenmodell erinnernde Topos ›Führer-
Gefolgschaft‹[194] und die mit Kurt Hillers Gedanken der »›Logokratie‹« korrespondie-
rende »strikte Fixierung aufs Elitedenken«[195] den gesellschaftspolitischen Grundsätzen
der Dresdner »Geistesarbeiter« widersprach, hatte sie Schwab im Zuge seiner Dresdner
Tätigkeit stark zurückgenommen und durch eine am Marxismus orientierte Sehweise
ersetzt.

Während Wyneken die Lehre des Marxismus als »Erzeugnis eines überwundenen
wissenschaftlichen Monismus und Mechanismus« ablehnte und statt dessen von der
sozialistischen Jugendbewegung forderte, »den ökonomischen und soziologischen Sozialismus einem ethischen« unter- bzw. einzuordnen[196], entwickelte Schwab ein Modell ›ausgewogener Gewichtung‹, das sowohl materialistische als auch ethische Ge-
sichtspunkte berücksichtigte. Die in der einschlägigen Forschung für Schwabs Dresdner Zeit gelegentlich herausgestellte »Marx-Kritik« und die »religiöse Fundierung« seines Sozialismuskonzepts[197] bilden nur scheinbar einen Widerspruch gegenüber dem
deutlich nachweisbaren linkskommunistischen Engagement des Publizisten und Pro-
pagandisten, dem sogar eine enge Freundschaft zu Rosa Luxemburg und Karl Liebknecht bescheinigt wird[198].

---

[192]   Vgl. Alexander Schwab: Dr. Gustav Wyneken in Dresden. In: Menschen Montagsblatt-Dresden
1 (1919), Nr. 12. S. 3. Wyneken hatte am 3.3.1919 im städtischen Vereinshaus vor einer großen Zuhörerschaft zum Thema *Die Schule im neuen Staat* gesprochen.
[193]   Einen umfassenderen Überblick über die hier nur grob umrissenen Inhalte von Wynekens Erziehungslehre gibt: Elisabeth Charlotte Maria Petra Bardy: Pädagogische Genialität in einer Erziehung
zur Nicht-Anpassung und zum Engagement. Studien über Gründer der frühen deutschen Landerziehungsheimbewegung: Hermann Lietz und Gustav Wyneken. Phil. Diss. Bonn, 1976. S. 157ff. und
173ff.
[194]   Schmitz/Schneider: Völkische Semantik bei den Münchner ›Kosmikern‹ und im George-Kreis,
S. 734-737. Siehe auch: Rainer Kolk: Literarische Gruppenbildung: am Beispiel des George-Kreises
1890-1945. Tübingen: Niemeyer 1998. S. 168ff.
[195]   Hermann Korte: Expressionismus und Jugendbewegung. In: IASL (1988), Band 13. S. 70-106,
hier: S. 101. Vgl. auch: Kurt Hiller: Gustav Wynekens Erziehungslehre und der Aktivismus. Hannover: Paul Steegemann 1919. S. 3-17. Hiller hebt hier die vielfältigen Beziehungen zwischen seinem
Geist-Aktivismus und Wynekens Erziehungszielen hervor; kritisiert aber auch gleichzeitig Teile von
Wynekens Bildungskonzept. S. 15f.
[196]   Gustav Wyneken: Der Sozialismus der Jugend. In: Gustav Wyneken: Der Kampf für die Jugend.
Gesammelte Aufsätze. Jena: Eugen Diederichs 1919. S. 139-148, hier: S. 144-146.
[197]   Hier vor allem Hans-Harald Müller, der unkommentiert und z. T. auch aus dem Zusammenhang gerissen Passagen aus Schwabs Beiträgen für die *Montagsblätter* zitiert, aber die eigentliche Zielrichtung von Schwabs Konzeption, die ökonomische Revolution mit einer Neuordnung der Bildung und Erziehung zu verknüpfen suchte, nicht ausreichend deutlich macht. Vgl. Müller: Intellektueller Linksradikalismus in der Weimarer Republik, S. 39 und 130. Vgl. dagegen Diethart Kerbs:
»Als Marxist hat er [Schwab – F. A.] jedoch die ökonomisch-politischen Bedingtheiten auch der ästhetischen [und erzieherischen – F. A.] Praxis klarer erkannt und schärfer ausgesprochen als es sonst
[...] üblich war«. Kerbs: Vorwort zur Neuauflage von: Alexander Schwab: Das Buch vom Bauen,
S. 12.
[198]   Hierzu Olaf Ihlau: Die Roten Kämpfer. Ein Beitrag zur Geschichte der Arbeiterbewegung in der
Weimarer Republik und im Dritten Reich. Meisenheim/Glan: Verlag Anton Hain 1969. S. 181-182.
Auch: Hans Manfred Bock: Syndikalismus und Linkskommunismus von 1918-1923. Zur Geschichte

Ein Blick auf Schwabs Arbeiten für die *Dresdner Montagsblätter*[199] zeigt den Zusammenhang von Bildung und Ökonomie, von Agitation und Politik als neuem, erst noch zu etablierendem Paradigma sozialistischer Gesellschaftsentwicklung:

> Der soziologische Tiefblick von Karl Marx hat uns gelehrt, dass politische Freiheit, politische Demokratie Trugbilder bleiben, wenn ökonomische Unfreiheit, wirtschaftliche Klassenherrschaft unangetastet bleiben. Würde uns der grosse Meister heute ein Halt zurufen, wenn wir weiter zu gehen versuchen? Möge immerhin der Satz – der bestreitbar ist – richtig sein, dass das ökonomische Sein bestimmend sei für das Bewusstsein des Menschen, so ist er doch nie und nimmer so zu verstehen, als ob die Umwandlung der Seelen sich von selbst vollziehe, wenn nur erst die profitwirtschaftliche Warenproduktion übergeleitet sei in die sozialistische Bedarfsproduktion. Der Sozialismus ist ja auch niemals fatalistisches Abwarten gewesen, sondern er war stets eine höchst agitatorische Angelegenheit.[200]

Die sozialistische Revolution erschöpft sich demnach nicht in einer bloßen »Umwandlung der Produktion«[201], sondern erfordert gleichermaßen eine »Umkehr der Geister und Herzen«[202]. Die auch von Otto Rühle geforderte »Revolution der Gehirne«[203] wurde zum Zielpunkt eines Erziehungsprogramms, das sich von der »Aufklärung des Volkes [...] die Verwirklichung des sozialistischen Staates und des Sozialismus überhaupt«[204] versprach.

Die schulpolitisch fixierte Nutzung des Aufklärungsgedankens für die Zwecke der sozialen und kulturellen Reorganisation der Gesellschaft erweitert die stark auf eine Erhellung ökonomischer Gesetzmäßigkeiten orientierte Lehre von Marx um die Dimension des ›Agitatorischen‹. Und dies ist auch die Zielrichtung von Alexander Schwabs Bildungskonzept, das eben nicht auf eine Verabschiedung oder religiöse Kontamination des Marxismus zielte, sondern auf dessen Vervollkommnung durch eine progressive Strategie sozialistischer Aufklärungs- und Bildungsarbeit.

Symptomatisch für den öffentlichkeitswirksamen Gestus der Dresdner Avantgarde ist dabei die Tatsache, daß sie die Eckpunkte ihres revolutionären Erziehungs-

---

und Soziologie der Freien Arbeiter-Union Deutschlands (Syndikalisten), der Allgemeinen Arbeiter-Union Deutschlands und der Kommunistischen Arbeiter-Partei Deutschlands. Meisenheim/Glan: Verlag Anton Hain 1969. S. 441-442.

[199] Zentral ist Schwabs in drei Fortsetzungen erschienene Artikelserie: *Schule und Erziehung in der sozialistischen Gesellschaft* (vgl. Menschen Montagsblatt-Dresden 1 (1919), Nr. 7, 8, 9 und 10) sowie sein Aufsatz zur Gründung der *Berliner Proletarierhochschule* (Montagsblatt, 1919. Nr. 17. S. 2) und der schon zitierte Beitrag: *Die Revolutionierung der Schule* (Montagsblatt, 1919. Nr. 1. S. 2).

[200] Schwab: Die Revolutionierung der Schule, S. 2.

[201] So Karl Korsch in seinem mehrspaltigen Leitartikel *Die Politik im neuen Deutschland* (Menschen Montagsblatt-Dresden. 1[1919], Nr. 23. S. 1-2.) Korsch war Mitglied der Berliner Sozialisierungskommission. Zur Freundschaft zwischen Schwab und Korsch: vgl. Müller: Intellektueller Linksradikalismus in der Weimarer Republik, S. 124, Fußnote 150. Es ist zu vermuten, daß Schwab Karl Korsch für eine publizistische Tätigkeit für das *Montagsblatt* empfohlen hat.

[202] Schwab: Die Revolutionierung der Schule, S. 2.

[203] »Alle Revolution muß in erster Linie eine **Revolution der Gehirne** sein. Den Menschen als das Mittel zu sehen, durch dessen Bewußtsein die aus sozialökonomischen Notwendigkeiten und Gegebenheiten abgeleiteten Ideen hindurchgehen, um dann als politische Postulate eine Verwirklichung zu finden, die dem Zeitbedürfnis der Klasse am vollkommensten entspricht – **das ist richtig verstandener Marxismus.**« Rühle: Am anderen Ufer (1924), H. 1. S. 12.

[204] Vgl. hierzu den Aufruf *An unsere Leser! An die Freunde und Gönner unserer Zeitung!* In: Menschen Montagsblatt-Dresden 1 (1919), Nr. 19. S. 3.

konzepts (Bruch des Privilegs von Bildung und Besitz, Autonomie der Bildung, Trennung von Kirche und Schule u. a.[205]) in die städtischen Debatten um die Erneuerung des Volksbildungswesens nach der Novemberrevolution[206] einbrachten. Obgleich damit keine Anpassung an die Schulgesetzgebung der sozialdemokratischen Regierung verbunden war[207], nutzte man die Möglichkeit einer an alle gesellschaftlichen Erziehungsträger gerichteten, öffentlich wahrnehmbaren Diskussion und unterstützte durch die Propagierung eines breiten Forderungskatalogs[208] den linken Flügel innerhalb der sächsischen Lehrer- und Schülerschaft[209].

Der Versuch einer Revitalisierung des Aufklärungs- und Bildungsgedankens im Namen eines weitergedachten Marxismus wirkte sich allerdings nicht nur auf die Konzeptualisierung neuer, sozialistisch motivierter Schul- und Erziehungsprojekte aus, sondern implizierte auch eine Hinwendung zu Problemen der Weiterbildung des Proletariats. Ausgangspunkt dieses Diskurses war der zeitbedingte und durch den Weltkrieg besonders stark in den Vordergrund gerückte ›industrielle Materialismus‹, der von den Dresdner Expressionisten als eine Ursache für zunehmende Aggression, Entfremdung und Isolation des modernen Individuums betrachtet wurde.[210] Durch die konkrete Benennung genau jenes Elements des modernen Kapitalismus, das die Herrschaft der Maschinen über die Menschen erst möglich macht und den Mechanismus entfremdeter Produktion und Konsumtion in Gang zu setzen vermag, werden die Intentionen der Dresdner »Geistesarbeiter« offensichtlich:

---

[205]   Vgl. hierzu die Artikelserie von Alexander Schwab *Schule und Erziehung in der sozialistischen Gesellschaft* in den *Montagsblättern*.

[206]   Allgemein zur Reformierung des Volksschulwesens nach der Revolution vgl. Walter Fröhlich: Die nach der Novemberrevolution von 1918 in Sachsen geschaffenen neuen gesetzlichen Grundlagen für das Volksschulwesen. In: Sächsische Heimatblätter 34 (1988), Nr. 6. S. 258-261.

[207]   Im Juli 1919 wurde durch die sozialdemokratische Regierung Sachsens das *Übergangsgesetz für das Volksschulwesen* erlassen, das eine Reformierung der Volksschule einleitete. Die Forderungen der städtischen Avantgarde deckten sich allerdings nur teilweise mit denen der sächsischen Regierung.

[208]   Etwa die Einrichtung »freier Schulgemeinden«, oder die Abschaffung des »bürgerlichen Berechtigungswesens«, das Proletarierkinder von einer »berechtigten Ausbildung« partiell ausschloß, oder ein neues, auf Kameradschaft basierendes Verhältnis zwischen Lehrern und Schülern usw. Vgl. Alexander Schwab: Schule und Erziehung in der sozialistischen Gesellschaft. In: Menschen Montagsblatt-Dresden 1 (1919), Nr. 8 und Nr. 10, jeweils S. 3.

[209]   Hier wäre der Expressionist Richard Fischer zu nennen, der als Gymnasiallehrer in Dresden tätig war und zugleich in der *Gruppe der Geistesarbeiter* linksrevolutionäre Bildungsideen propagierte. Vgl. etwa Richard Fischer: Unpraktische Gedanken zur Trennung von Staat und Kirche. In: Menschen Montagsblatt-Dresden 1 (1919), Nr. 1. S. 2. Für die Hinwendung zur linken Schülerschaft vgl. die Propagierung der Programme der *Partei der Jugendbewußten* im *Montagsblatt*, 1 (1919), Nr. 8 und Nr. 10, jeweils S. 4.

[210]   So bei Theodor Däubler: »Telegraf, Telefon, Eisenbahn, alles Möglichkeiten in des Menschen Hand, Völker zu verbinden, einander näher zu bringen; – vorläufig aber nichts, oder sehr wenig davon. Die grossen Erfindungen haben vor allem dazu beigetragen, [...] den Weltkrieg besonders entsetzlich, geradezu höllisch ausarten zu lassen«. Theodor Däubler: Zwischen Vergangenem und Kommendem. Ein politischer Aufsatz aus der Zeit nach dem ersten Weltkriege. o. J. [1920]. Vgl. Teilnachlaß Theodor Däubler. Sächsische Landesbibliothek. Staats- und Universitätsbibliothek Dresden. Signatur: Mscr. Dresd. App. 531 C IV, e/1. S. 8. Vgl. auch Ernst H. Rothschild: Flucht vor der Kultur. In: Menschen Montagsblatt-Dresden 1 (1919), Nr. 12. S. 3 oder Herbert Kühn: Expressionismus und Sozialismus. In: Neue Blätter für Kunst und Dichtung. Dresden 2 (1919), Mai-Heft. S. 28.

[...] wir **hassen** das Kapital, weil es der Ursprung, die Wurzel ist, weil es der Anfang ist des Weges zum Untergang. [...] Wir verachten den Imperialismus, das Habenwollen, das Hurraschreien, die süße Frucht des Kapitals.[211]

Die Deklarierung des »Kapitals« zum »gemeinsamen Feind« des Sozialismus und Expressionismus[212] verbanden die Repräsentanten der neuen Kunst und Literatur mit einer ideologischen Strategie, die »materialistische Geschichtsauffassung«[213] und »Führerschaft zum praktischen Sozialismus«[214] als Einheit betrachtete. Diese galt den Dresdner Linksexpressionisten in den Debatten um die Fortführung der Revolution bald als Voraussetzung »für die richtige Erfüllung der Aufgaben, die den Arbeitern und ihren Räten bei fortschreitender Sozialisierung zufallen«[215]. In der Gründung von »Proletarierhochschulen«, die – im Gegensatz zu den »schwächlichen Bestrebungen der Dresdner Volkshochschule«[216] – das Wissen um ökonomische Gesetze und Theorien an die Lösung praktischer Aufgaben koppelten, sahen die »Geistesarbeiter« ein geeignetes Mittel, den Prozeß der »Überführung der Betriebsleitung in die Hände der Arbeiter«[217] und damit die Vergesellschaftung der Produktion zu unterstützen. Die Formel: Expressionismus = Veränderung der Welt, die auf Marx' berühmter elfter Feuerbachthese basierte[218], erhielt auf diese Weise nicht nur eine sozialrevolutionäre, sondern auch ökonomische Dimension, die als – freilich utopische – Zielvorstellung einer »klassenlosen sozialistischen Gesellschaft«[219] von den Dresdner Linksexpressionisten zu Ende gedacht wurde.

---

[211] Kühn: Expressionismus und Sozialismus, S. 30.

[212] Ebd.

[213] Richard Fischer: Expressionismus und Politik. In: Menschen Montagsblatt-Dresden 1 (1919), Nr. 12. S. 3.

[214] Alexander Schwab: Schule und Erziehung in der sozialistischen Gesellschaft. IV. In: Menschen Montagsblatt-Dresden 1 (1919), Nr. 10. S. 3. Vgl. auch Paul Ristau: Dr. Rosa Luxemburg als Lehrerin. In: Menschen Montagsblatt-Dresden 1 (1919), Nr. 4. S. 4.

[215] Alexander Schwab: Die Berliner Proletarierhochschule. In: Menschen Montagsblatt-Dresden 1 (1919), Nr. 17. S. 2. Vgl. hierzu auch Schwabs Aufsatz *Wirtschaftskunde in den Volkshochschulen*, in dem er das »Rätesystem« als »die Arbeitsorganisation des praktischen Sozialismus« bezeichnet und die Arbeiter dazu aufruft, nur eine »sozialistische Wirtschaftskunde«, die »auf die kommende Sozialisierung und die Rolle der Betriebsräte in der Sozialisierung« hinarbeitet, zu akzeptieren. Alexander Schwab: Wirtschaftskunde in den Volkshochschulen. In: Menschen Montagsblatt-Dresden 1 (1919), Nr. 23. S. 4.

[216] Schwab: Die Berliner Proletarierhochschule, S. 2. Zur Kritik an den – nach Schwab unzureichenden – Bemühungen des Dresdner Oberbürgermeisters Blüher, eine *Dresdner Volkshochschule* zu gründen, vgl. die Polemik *Die Blühersche Verdummungsanstalt* in: Menschen Montagsblatt-Dresden 1 (1919), Nr. 14. S. 2.

[217] Zweite öffentliche Versammlung der *Sozialistischen Gruppe der Geistesarbeiter* am 2.3.1919. Aus dem Referat des Schriftführers der Gruppe, Herr Hartmann. In: Menschen Montagsblatt-Dresden 1 (1919), Nr. 11. S. 2.

[218] Die elfte Feuerbachthese »Die Philosophen haben die Welt nur verschieden interpretiert, es kommt aber darauf an, sie zu verändern« findet sich bei Richard Fischer wörtlich zitiert in: Expressionismus und Politik. In: Menschen Montagsblatt-Dresden 1 (1919), Nr. 12. S. 3.

[219] Alexander Schwab: Schule und Erziehung in der sozialistischen Gesellschaft. In: Menschen Montagsblatt-Dresden 1 (1919), Nr. 10. S. 3.

3.2. Die ›sozialistische Presse‹: Massenmediale Agitation im Dienste der Revolution –
Das *Dresdner Montagsblatt*

Im Gegensatz zur neuen Schule, die, sieht man von den eher peripheren Versuchen in
der Gartenstadt Hellerau ab, lediglich als Ideal und utopische Vorwegnahme innerhalb des Revolutionsdiskurses der Dresdner Expressionisten erschien, war die neue
Presse zu einer für alle sichtbaren Realität geworden. Mit der Gründung des *Dresdner
Montagsblattes*, das ab Januar 1919 wöchentlich erschien, hatte die *Sozialistische Gruppe der Geistesarbeiter* ihre wichtigste Forderung, eine »hauptsächlich für das intellektuelle Bürgertum bestimmte Tagespresse« ins Leben zu rufen[220] und sich damit an der
Neuordnung des Pressewesens der Stadt zu beteiligen, erfüllt. Das *Montagsblatt* wurde
in der Folgezeit nicht nur zum öffentlichen Forum und Distributionsorgan für die
sozialrevolutionären Ideen der Dresdner Expressionisten, sondern auch zur Basis für
eine programmatische Standortbestimmung und klärende Thesenbildung gegenüber
den Erscheinungsformen des kapitalistischen Pressewesens. In mehreren Beiträgen
widmete sich die Gruppe diesem »Todfeind« der Revolution, den man zwar »allzu gut
(kenn[t])«, aber doch »ruhig fortleben« und sein »Vernichtungswerk weiter treiben
(läßt)«:

> Wir wissen genau, dass auf sein Konto Millionen Verbrechen zu setzen sind und
> vergessen stets wieder, ans Werk zu gehen. Wir sehen täglich, wie er Geist mordet
> und Herzen verbrennt und raffen uns nicht auf, ihn, ihn, den ordinärsten, hin-
> terhältigsten, unflätigsten Kuli der kapitalistischen Aera endlich den Hals umzu-
> drehen: Der Presse.[221]

Dabei entsprach es durchaus dem gesellschaftskritischen Impetus und sozialrevolutionären Anspruch der Dresdner Expressionisten, die Tageszeitung als kommunikations-
politisch einflußreichen Faktor für die eigene Öffentlichkeitsarbeit zu nutzen.[222] Aber
genau hier lag auch das Dilemma: Die meisten deutschen Tageszeitungen nämlich waren an einer Publizierung expressionistischer Kunst und Literatur absolut uninteressiert. So trat neben »die gemeinste Totschweigerei«[223] nicht selten sogar eine »mangel-
hafte, einseitige oder [...] denunziative Darstellung der neuen Kunst«[224]. Der eher auf
massenwirksame Vermarktung von Sensationen und außergewöhnlichen Ereignissen
zielende Journalismus und ein daran gekoppelter, oft parteipolitisch beeinflußter
Feuilletonismus widersetzten sich weitestgehend dem expressionistischen Kunstprogramm.[225]

---

[220]   Bereits kurz nach Revolutionsausbruch, am 21.11.1918, hatte der Propagandaausschuß der
Gruppe dieses Ziel formuliert. Vgl.: Die Sozialistische Gruppe der Geistesarbeiter. In: Menschen
Montagsblatt-Dresden 1 (1919), Nr. 4. S. 3.
[221]   Junius: Die Journalisten. I. A bas les journaux! In: Menschen Montagsblatt-Dresden 1 (1919),
Nr. 10. S. 2.
[222]   Vgl. hierzu ausführlich Kap. III.2. der vorliegenden Arbeit.
[223]   Kurt Hiller: Ausstellung der Pathetiker. In: Die Aktion 2 (1912), Sp. 1514.
[224]   Anz/Stark (Hg.): Expressionismus, S. 461.
[225]   Dies geschah allerdings regional differenziert. Da eine Rezeptionsgeschichte expressionistischer
Kunst und Literatur in regionalen Tages- und Wochenzeitungen bislang fehlt, läßt sich ein genaueres
Bild lediglich für die Dresdner Verhältnisse zeichnen. Wie an verschiedenen Stellen der vorliegenden
Arbeit bereits ausführlich dargestellt, hat die Dresdner Tagespresse überwiegend differenziert, z. T.
sogar sehr wohlwollend und instruktiv die Entwicklung des Expressionismus in der ehemaligen Resi-

Der aufklärerische Impetus der neuen Presse, wie ihn das *Montagsblatt* verkörpern sollte, wurde deshalb, in deutlicher Bezugnahme auf Kant[226], an das Bild des mündigen Lesers gebunden. Diesen herauszubilden, sei die vornehmste und wichtigste Aufgabe der Tageszeitung, die sich dafür aber selbst erst zu einem ›mündigen Medium‹ entwickeln müsse[227]:

> Die Zeitung muss nicht nur aus den Fingern der Profitmacher gerettet werden, sondern auch eine gründliche Desinfektion ihres Inhaltes erfahren. Das Wesen der Zeitung muss ein völlig anderes werden. Bislang ist sie – abgesehen von ihrem wirtschaftlichen Charakter – nichts als ein Sammelalbum, eine Mustersendung, ein liederliches Schaufenster, ein elendes Ragout von tausend Nebensächlichkeiten und Unmassgeblichem. Es fehlt dieser leblosen Materie durchaus an der Unumgänglichkeit des Zusammenhaltes eines bindenden vorwärtsstrebenden Geistes. [...] Es ist klar, dass es mit der formlosen, quallenhaften Tagesencyklopädie vorbei sein muss. Uns tut anderes not: die Zeitung als Tribüne der Idee. Als Mund der Führer. Als ›moralische Anstalt‹. Das Instrument zur Geburtshilfe des neuen Menschen.[228]

Dabei führte die Einsicht, daß die geschichtliche Entfaltung und mediale Ausdifferenzierung der Tagespresse einen historischen Prozeß zunehmender Monopolisierung der Meinungsbildung und gezielter Manipulierung der Leserinteressen beschreibt, zu der Forderung nach einer »Entkapitalisierung der Presse« und nach Schaffung einer Zeitung, die »als Gewissen der menschlichen Gesellschaft fungiert«[229]. Dies schloß nicht nur die Bindung an ein – wie auch immer geartetes – Privatinteresse aus, sondern erforderte auch eine Vergesellschaftung des Mediums selbst.[230] Mit der Forderung nach einer »Sozialisierung der Presse« aber durchbrach die Dresdner Gruppe das im Expressionismus gängige Muster, nach dem lediglich die Erneuerung und Wandlung des einzelnen Menschen als Voraussetzung für den gesellschaftlichen Umbruch zu gelten habe. Nicht die Geburt des ›neuen Menschen‹ allein verspricht die Schaffung neuer Verhältnisse, sondern nur eine Veränderung der Verhältnisse ermöglicht letztlich Geburt und Werden des ›neuen Menschen‹.

Dieser in den Auseinandersetzungen der Linksexpressionisten um die Erneuerung

---

denzstadt begleitet, und insofern verwundert es keineswegs, daß sich die Pressekritik im *Montagsblatt* nicht gegen Dresdner Zeitungen richtete (erwähnt werden: die *Tägliche Rundschau*, die *Kreuzzeitung*, das *Berliner Tageblatt* und der *Vorwärts*). Vgl. Junius: Die Journalisten. I. A bas les journaux! S. 2.

[226] So verwendet der unter dem Pseudonym *Junius* publizierende Mitarbeiter des *Montagsblattes* in seiner Artikelserie *Die Journalisten* gleich mehrfach Kants Begriff der ›selbstverschuldeten Unmündigkeit‹ zur Charakterisierung der Leser bürgerlicher Tageszeitungen. Wer sich hinter dem Pseudonym *Junius* verbirgt, konnte nicht ermittelt werden. Es ist allerdings zu vermuten, daß die Namensgebung auf Rosa Luxemburg hinweisen sollte, die unter diesem Pseudonym mehrere Aufsätze publizierte. Vgl. etwa die bedeutende Antikriegsschrift *Die Krise der Sozialdemokratie*. Zürich 1916, in der sich Luxemburg u. a. auch mit der Rolle der Presse im Ersten Weltkrieg kritisch auseinandersetzte.

[227] Vgl. Junius: Die Journalisten. III. Die Freiheit der Presse, In: Menschen Montagsblatt-Dresden 1 (1919), Nr. 13. S. 3.

[228] Junius: Die Journalisten. VII. Die Tribüne. In: Menschen Montagsblatt-Dresden 1 (1919), Nr. 23. S. 3.

[229] Junius: Die Journalisten. II. Vivent les journaux! In: Menschen Montagsblatt-Dresden 1 (1919), Nr. 11. S. 3.

[230] Junius: Die Journalisten. IV. Die Sozialisierung der Presse. In: Menschen Montagsblatt-Dresden 1 (1919), Nr. 15. S. 3.

der zeitgenössischen Presse wohl einzigartige Vorstoß[231] verweist auf ein neues gesellschaftspolitisches Niveau der Diskussion in Dresden: ging es doch fortan nicht mehr
nur um eine Entlarvung der Wirkungsweise des bürgerlichen Pressebetriebs oder um
eine Reformierung seiner Auswüchse, sondern um die Konstituierung einer den
Mechanismen der Manipulation und Profitsucht entzogenen Presse.

Das *Montagsblatt* versuchte, dieses journalistische Reformprogramm auch unter
den Bedingungen einer rigiden kapitalistischen Marktpolitik einzulösen. Als kollektiv
herausgegebene Zeitung[232], die sich parteipolitischen oder privatwirtschaftlichen Interessen und Werbestrategien weitestgehend entzog[233], beschritt man auch in der inhalt-
lich-thematischen Konzeption neue Wege: Neben dem »politische[n] Leitartikel als
Fanfare des Aufmarsches, als Versenkung in die Seele des gesamten menschlichen Lebens« erschienen in »unabtrennbar[er] [...] Einheit: Wirtschaftsbetrachtungen, Aus-
blicke auf Literatur, Philosophie, Religion, Kunst, Musik, Wissenschaft«, die als
»Kundgebung schöpferischer Ideen« eine »Einbeziehung des Welt- und Lebenslaufes
in den Ring der geistig-sittlichen Sphäre«[234] anstrebten.

Das Phänomen einer kaleidoskopisch aufgebauten, rundschauartig zusammenge-
würfelten, nach bloßem Unterhaltungswert gewichteten Zusammenstellung von
›Nachrichten aus aller Welt‹ wurde damit ebenso verworfen wie die sich am zeitgenössischen Zeitungsmarkt allmählich durchsetzenden Spezialisierungstendenzen.[235]

Mit dem Konzept einer neuen Ganzheitlichkeit sollte Getrenntes wieder zusam-
mengebunden und der zunehmenden Separierung und Isolation der Einzeldisziplinen
im gesellschaftlichen Wissensensemble entgegengewirkt werden.

Da sich selbst die Sprache der Gebildeten unter dem Druck der Spezialisierung in
den einzelnen Fachdisziplinen nach 1900 mehr und mehr verselbständigte[236], wurde
eine gemeinsame Verständigung über universelle, die menschliche Entwicklung insgesamt betreffende Zusammenhänge erschwert. Gerade hier sah die neue Zeitung ihre
bedeutendste Aufgabe: War das Gros des zeitgenössischen bürgerlichen Publikums seit
dem Ende des 19. Jahrhunderts in einer »Periode [des] tiefgreifenden Traditions-
bruches« und des »Zerfalls kultureller Wertmuster«[237] mit idealistischen, die eigentlich

---

[231] Vgl. hierzu andere wichtige Arbeiten von Expressionisten zum modernen Pressewesen. Etwa:
Franz Pfemfert: Die Presse. In: Die Aktion 2 (1912), Sp. 453-454. – Erich Mühsam: Die Presse. In:
Kain 2 (1912/13), S. 49-56. – Hermann Kesser: Journalismus. In: Der Revolutionär 1 (1919),
H. 11. S. 16-19. – N. N.: Die Presse. In: Der Friede 1 (1918), S. 29-30.

[232] Die Zeitung wurde seit Anfang März 1919 (Nr. 10 vom 3.3.1919) von der *Sozialistischen Gruppe
der Geistesarbeiter* herausgegeben.

[233] Der Annoncenteil wurde im *Montagsblatt* relativ klein gehalten und erstreckte sich vorrangig auf
Ankündigungen von Lesungen und Aufführungen der Expressionisten, auf Werbung für expressionistische Zeitschriften und für linksgerichtete Buchhandlungen und Verlage und erst in zweiter Linie
auf die – politisch unverfängliche – Bekanntmachung von Tanzveranstaltungen, Reklame für Zi-
garren oder für ›Sonderkurse in Buchführung, Korrespondenz [...] und Scheckkunde‹.

[234] Junius: Die Journalisten. VII. Die Tribüne, S. 3.

[235] »Raus mit allen Spezialismen! Fachblätter zählen nach Tausenden. Dort kraucht unter. Hier habt
ihr ferner nichts zu suchen: Börsenberichte, Kurszettel, Geschäftsberichte, Bankgeheimnisse, Markt-
preise; Feuilletonnotizen, vermischte Armseligkeiten, Rätsel, Witze, ›Feuilleton‹schmalz und Kitsch,
Theater-, Buch- und Kunstbesprechungen, die ihre ›Gemeinde‹ haben und im Jargon des Kritikus
Blödheiten ohne Zahl zu Tage befördern, Sporttrummel; der lokale Klatsch- und Quatschboden;
[...]«. Ebd.

[236] Vgl. hierzu Werner Conze, Jürgen Kocka: Einleitung: In: Werner Conze/Jürgen Kocka (Hg.):
Bildungsbürgertum im 19. Jahrhundert. Teil I. Bildungssystem und Professionalisierung in internationalen Vergleichen. Stuttgart: Klett-Cotta 1985. S. 26.

[237] Renate Werner: Das Wilhelminische Zeitalter als literarhistorische Epoche. Ein Forschungsbe-

häßliche und unpoetische Wirklichkeit verklärenden Beiträgen in den flächendeckend vertriebenen Journalen und Illustrierten konfrontiert worden, so sollte die reformierte Presse dieses ›Bild des schönen Scheins‹ radikal zerstören.

In der Initiierung eines gruppenübergreifenden, sachbezogenen und problemorientierten Dialogs zwischen Zeitung und Leser, der sich den Widersprüchen des gesellschaftlichen Lebens stellt und gerade das Defizitäre und Uneingelöste der sozialen Entwicklung im Umfeld der Revolution hinterfragt, sah man den eigenen Beitrag im Ensemble der revolutionären Aktivitäten. Die Schaffung einer Einheit von Politik, öffentlichem Leben, Kunst, Kultur zum Zwecke »gegenseitige[r] Aufklärung und Belehrung«[238] sollte dabei die Intentionen der Herausgeber unterstützen.

In dieser Hinsicht unterschied sich das *Montagsblatt* nicht nur von den meisten Tages- bzw. Wochenzeitungen Dresdens, die allein schon wegen ihrer Affinitäten zu bestimmten Parteien und Verbänden in ihren journalistischen Möglichkeiten eingeschränkt wurden[239], sondern auch von anderen maßgeblichen expressionistischen Blättern[240]. Diese Art politisch-publizistischer Wirksamkeit ordnet sich in die zahlreichen Versuche der Dresdner Expressionisten nach Begründung eines breiten Aktionsbündnisses unter den linken Intellektuellen ein; die erzielte öffentliche Resonanz (teilweise besuchten über 1000 Menschen die Versammlungen der »Geistesarbeiter«, das *Montagsblatt* wurde weit über die Grenzen Dresdens hinaus vertrieben[241]) zeigte die Lebensfähigkeit der neuen Zeitung, der erst durch die politischen Ereignisse des Jahres 1919[242] und die einsetzende Inflation der Boden für ihre Wirksamkeit sukzessive entzogen wurde.

---

richt. In: Jutta Kolkenbrock-Netz u. a. (Hg.): Wege der Literaturwissenschaft. Bonn: Bouvier 1985. S. 222.

[238] Vgl. den Artikel *Gegen die Gewalt! Entgiftung der öffentlichen Meinung*. In: Menschen Montagsblatt-Dresden 1 (1919), Nr. 23. S. 1. Siehe auch den Aufruf *An unsere Leser! An die Freunde und Gönner unserer Zeitung!* In: Menschen Montagsblatt-Dresden 1 (1919), Nr. 19. S. 3.

[239] Vgl. hierzu die Ausführungen zu den Dresdner Tageszeitungen im Kapitel III.2 der vorliegenden Arbeit.

[240] Ich denke etwa an Franz Pfemferts *Aktion*, in der nach der Novemberrevolution fast ausnahmslos marxistische Propaganda getrieben wurde. Oder René Schickeles Zeitschrift *Die weissen Blätter*, die den Bolschewismus russischer Prägung strikt ablehnte und ihr Revolutionsmodell allein an eine innere Wandlung des Menschen band. Dem politischen Konzept des *Montagsblattes* noch am nächsten kam Wilhelm Herzogs Zeitschrift *Das Forum*. Vgl. hierzu: Kolinsky: Engagierter Expressionismus, S. 92-95.

[241] Vgl. den Hinweis in Nr. 19. S. 3 vom 1.5.1919: »Die Zeitung wird in vielen Städten und Ortschaften Deutschlands mit stetigwachsendem Umsatz gelesen. Sogar im Ausland (Dänemark, Schweden, Holland, Schweiz) hat sie Fuss gefasst.«

[242] Negativ wirkte sich vor allem das Schicksal der politischen *Arbeiter- und Soldatenräte* aus, die zum großen Teil schon in der ersten Hälfte des Jahres 1919 durch die Wahlen zur Nationalversammlung (19. Januar 1919) ihre Bedeutung verloren oder während des Bürgerkrieges durch die Noske-Truppen mit Gewalt zerschlagen wurden. Die wirtschaftlichen Räte (Betriebsräte) bestanden dagegen noch bis weit in das Jahr 1920 hinein. Vgl. Dieter Schneider/Rudolf Kuda: Arbeiterräte in der Novemberrevolution. Ideen, Wirkungen, Dokumente. Frankfurt a. M.: Suhrkamp 1968. S. 8f.

4. »Sozialisierung« als Revolutionsaufgabe und Experimentierfeld: Zur ökonomischen Praxis der Dresdner Avantgarde

Wie sehr die Frage der »Sozialisierung der Produktionsmittel« das Tätigkeitsfeld der *Sozialistischen Gruppe der Geistesarbeiter* in Dresden bestimmte, beweist ein Blick auf die anläßlich der Gründungsversammlung beschlossene Resolution der Vereinigung am 21.11.1918. Dort heißt es nämlich:

> Mitglied der Gruppe kann ohne Unterschied der sozialistischen Färbung und Weltanschauung jeder höhere Gebildete werden, der nach seiner schriftlichen Erklärung an der Vergesellschaftung der Produktionsmittel mitzuarbeiten sich verpflichtet.[243]

Fußend auf den ökonomischen Leitlinien des *Erfurter Programms*[244], entwickelte sich im Umfeld der Dresdner Expressionisten ein bis weit in das Jahr 1919 reichender, im Gegensatz zu den anderen expressionistischen Zirkeln und Vereinigungen (etwa in Berlin oder München) außerordentlich stark ausgeprägter wirtschaftspolitischer Diskurs, der, eingebunden in die ohnehin durch die Novemberereignisse entfesselte Politisierung des gesellschaftlichen Lebens, nach Möglichkeiten der Durchsetzung ökonomischer Reformen fragte. Die Fixierung der Dresdner »Geistesarbeiter« auf eine Reformierung des wirtschaftlichen Sektors resultierte, sieht man von personellen und stadtbedingten Ursachen ab[245], vor allem aus der Tatsache, daß Sachsen bei der praktischen Durchführung der Sozialisierungspläne des Reiches eine Vorreiterrolle spielte: In Dresden wurde von der sozialdemokratisch dominierten Regierung bereits kurz nach Revolutionsausbruch eine Sozialisierungskommission ins Leben gerufen[246], die einen tragfähigen Entwurf für die Sozialisierung der sächsischen Wirtschaft ausarbeiten sollte. Dieser Entwurf lag schon im Februar 1919 vor, wurde in der sächsischen Presse veröffentlicht[247] und im März 1919 Gegenstand einer Sozialisierungskonferenz in Dresden[248].

An dieser parteipolitisch geprägten und im wesentlichen durch die staatlichen Be-

---

[243] Resolution der sozialistischen Gruppe der Geistesarbeiter 21.11.1918. In: Menschen Montagsblatt-Dresden 1 (1919), Nr. 4. S. 3.

[244] Vgl. die Grundsatzansprache von Paul Adler auf der Versammlung der Gruppe am 8.12.1918. In: Menschen Montagsblatt-Dresden 1 (1919), Nr. 4. S. 3.

[245] Einige Mitglieder des Propagandaausschusses der Gruppe hatten sich schon vor und während des Krieges intensiv mit ökonomischen Problemen des zeitgenössischen Kapitalismus befaßt (vor allem Paul Adler und Rudolf Manasse). Harald Dohrn verfügte durch seine Arbeit in Hellerau über praktische Erfahrungen bei der Entwicklung und Organisierung eines neuen Zusammenwirkens von moderner Produktion und kultureller Stadtentwicklung. Dresden bot darüber hinaus auf Grund seiner spezifischen ökonomischen Situation günstige Voraussetzungen für Sozialisierungspläne. Vgl. hierzu auch Kapitel II der vorliegenden Arbeit.

[246] Die Kommission bestand aus drei Mehrheitssozialisten: dem Dresdner Redakteur Wolfgang Schumann, dem Leipziger Nationalökonomen Otto Neurath sowie dem Chemnitzer Redakteur Hermann Kranold. Vgl. Johannes Merz: Zur Sozialisierungsbewegung 1918/19. Konzeption und Wirksamkeit Otto Neuraths in Österreich, Sachsen und Bayern. In: Historisches Jahrbuch 121 (2001), S. 275. Siehe auch: Menschen Montagsblatt-Dresden 1 (1919), Nr. 9. S. 2.

[247] Vgl. Sozialistischer Wirtschaftsplan für Sachsen. In: Dresdner Volkszeitung vom 12.2.1919. Nr. 35. S. 1-2 sowie: Sozialisierung. In: Dresdner Neueste Nachrichten vom 18.2.1919. Nr. 47. S. 3. und Sozialisierung II. In: Dresdner Neueste Nachrichten vom 19.2.1919. Nr. 48. S. 3.

[248] Die Konferenz fand am 19.3.1919 in Dresden statt. Vgl.: Die Sozialisierungskonferenz in Dresden. In: Dresdner Volkszeitung vom 26.3.1919. Nr. 70. S. 3.

hörden in Gang gesetzten Auseinandersetzung um die Vergesellschaftung der Wirtschaft beteiligten sich die Dresdner »Geistesarbeiter« durch eine breite Diskussion in den *Montagsblättern*. Während die Regierung ihren Entwurf lediglich auf der Ebene von Experten (Politikern und Wirtschaftsfachleuten) erörterte und die Öffentlichkeit über zensierte Pressemitteilungen informierte[249], bemühten sich die Linksintellektuellen um eine Beteiligung der Arbeiter und Angestellten an den Sozialisierungsdebatten. Durch zahlreiche Auftritte in Betrieben und gewerkschaftlichen Betriebsorganisationen[250], durch Initiierung einer öffentlichen Diskussion über Fragen der »praktische[n] Vorbereitung« der »sozialistischen Wirtschaftsordnung«[251], durch Aufrufe[252] und eine kritische, sachlich ausgewogene Kontroverse um die Reformvorschläge der Regierung versuchte man, das für die gesellschaftliche Umwälzung zentrale Problem der Sozialisierung parteiübergreifend anzugehen[253].

Gemäß dem neuen Charakter der Produktion, die im Zuge der Sozialisierung nicht mehr eine private Angelegenheit des jeweiligen Eigentümers der Produktionsmittel sei, sondern ein Vorgang, der Produzenten wie Konsumenten gleichermaßen betreffe und somit öffentliche Aufmerksamkeit beanspruche[254], forderten die Dresdner Linksexpressionisten einen gesamtgesellschaftlichen Dialog, der ein borniertes Festhalten am Klassen- oder Besitzdenken auszuschließen suchte. Der Sachdebatte verpflichtet und dem Ziel, möglichst rasch zählbare Ergebnisse zu erreichen, vermied man bewußt jede parteipolitische Bindung und wandte sich auch an diejenigen Teile des Bürgertums, die dem Sozialisierungsgedanken positiv gegenüberstanden.[255]

Ein Vergleich mit den Vorschlägen der von Regierungsseite eingesetzten Sachverständigen beweist, daß die Sozialisierungskonzepte der Linksintellektuellen ein erstaunliches Maß an Sachkompetenz aufwiesen. Während die Regierungskommission auf der Grundlage der sozialdemokratischen Mehrheit in der »verfassunggebenden Volkskammer« das Konzept einer partikularen Sozialisierung[256], eines sächsischen Sonderweges, favorisierte (der zudem die »Bankkonzerne« von einer »Verstaatlichung« ausnahm) und dabei eine angemessene Entschädigung der Fabrikbesitzer befürwortete[257], verwarfen die »Geistesarbeiter« sowohl das Modell eines »sächsische[n] Partikularismus«, das den Bankensektor unberücksichtigt ließ, als auch die Zahlung von Ab-

---

[249] Über die Praxis der Zensur bei den Mitteilungen über die Arbeit der Sozialisierungskommission vgl. die Ausführungen des Redakteurs in der *Dresdner Volkszeitung* vom 26.3.1919. Nr. 70. S. 3.

[250] Vgl. Vor syndikalistischen Metallarbeitern. In: Menschen Montagsblatt-Dresden 1 (1919), Nr. 14. S. 3.

[251] Siehe die Anzeige unter dem Titel: *Diskussion*. In: Menschen Montagsblatt-Dresden 1 (1919), Nr. 12. S. 2.

[252] Etwa der Aufruf *An die sozialistischen Techniker!*, in dem es heißt: »Ihr seid die Berufenen, die Sozialisierung der Betriebe vernunftgemäß zu fördern.« In: Menschen Montagsblatt-Dresden 1 (1919), Nr. 24. S. 2.

[253] Paradigmatisch hierzu der Artikel *Die Arbeitslosen, die Nationalversammlung und die Entente*. In: Menschen Montagsblatt-Dresden 1 (1919), Nr. 8. S. 1.

[254] Karl Korsch: Die Politik im neuen Deutschland. In: Menschen Montagsblatt-Dresden 1 (1919), Nr. 23. S. 2.

[255] Vgl. die Versammlungen der »Geistesarbeiter« am 21.11.1918 und 8.12.1918. In: Menschen Montagsblatt-Dresden 1 (1919), Nr. 4. S. 3.

[256] Vgl. hierzu *Sozialisierung II*. In: Dresdner Neueste Nachrichten vom 19.2.1919. Nr. 48. S. 3.

[257] Vgl. hierzu die Replik auf diesen auch von der Reichsregierung in Berlin vertretenen Standpunkt von Otto Rühle: Bitte, keine Unklarheiten!... In: Menschen Montagsblatt-Dresden 1 (1919), Nr. 6. S. 2.

findungen an die Inhaber von Industriebetrieben[258]. Der einseitige Blick auf die rein
ökonomische Dimension des Problems – so lautete eine ihrer zentralen Thesen – ver-
hindere die angemessene Einbeziehung des politischen Umfeldes, das aber für die
Umsetzung der Sozialisierungsvorschläge von entscheidender Bedeutung sei. Betrachte
man die Vergesellschaftungsabsichten unter diesem Blickwinkel, dann falle auch dem
unvoreingenommenen Beobachter auf, daß

> die jetzige Reichsregierung, Sozialdemokraten gebunden in einer Koalition mit
> Bürgerlichen, [...] eine ernsthafte Sozialisierung in einem Teile des Reiches gar
> nicht dulden (kann).[259]

Zudem bewahre die Entschädigungsklausel nicht vor unkontrollierter Kapitalwande-
rung; auf die personelle und institutionelle Verquickung von Banken und Industrie
verweisend, warnten die »Geistesarbeiter« vor einer möglichen Annexion der »sozialistischen‹ Gemeinschaft« durch um »fette Entschädigungen [...] gestärkt[e]« Kapitali-
sten[260].

> Sozialisten, die sich auf Wahlen unter dem Druck kapitalistischer Wahlfonds,
> verlogener Zeitungen und diktatorisch eingeimpfter bürgerlicher Untertanen-
> ideologie einlassen[261],

bänden sich und ihre Wirkungsmöglichkeiten an eine letztlich »bourgeoise« Politik,
die – nicht erst seit den Tagen des Ersten Weltkrieges – ihr verlogenes und denunzia-
torisches Lavieren um die Erschließung und Sicherung profitabler ökonomischer Ver-
wertungsstrategien bewiesen habe.

Der manipulative und im Ergebnis tatsächlich weitgehend inszenierte Charakter
der Sozialisierungsdiskussion des Regierungsbündnisses[262] wird bereits Ende März
1919 von den »Geistesarbeitern« in den *Montagsblättern* offen artikuliert[263], und dies
führt zu einer Intensivierung ihrer Bemühungen um ein politisch und ökonomisch
determiniertes »Aktionsprogramm«[264].

Der damit postulierte und durch die Mehrheit der Gruppenmitglieder auch
sanktionierte Ruf nach Durchsetzung des »Sozialisierungswillen[s]« auf dem Wege
»praktische[n] Eingreifen[s] in die Wirklichkeit der materiellen Verhältnisse«[265] wird

---

[258] Rudolf Manasse: Eine Sozialisierung des Kohlenbergbaues. In: Menschen Montagsblatt-Dresden
1 (1919), Nr. 12. S. 2 und: Der sächsische Sozialisierungsentwurf. In: Menschen Montagsblatt-
Dresden 1 (1919), Nr. 9. S. 2.
[259] Ebd.
[260] Rudolf Manasse: Eine Sozialisierung des Kohlenbergbaues. In: Menschen Montagsblatt-Dresden
1 (1919), Nr. 12. S. 2.
[261] Der sächsische Sozialisierungsentwurf. In: Menschen Montagsblatt-Dresden 1 (1919), Nr. 9.
S. 2.
[262] Vgl. hierzu den instruktiven Aufsatz von Merz: Zur Sozialisierungsbewegung 1918/19, S. 267-
285, bes. S. 275ff.
[263] Der Sozialisierungsrummel. In: Menschen Montagsblatt-Dresden 1 (1919), Nr. 14. S. 2.
[264] Dieses hatte bereits im Februar 1919 der im Propagandaausschuß der *Sozialistischen Gruppe der
Geistesarbeiter* für wirtschaftliche Fragen zuständige Mitarbeiter, Rudolf Manasse, gefordert. Vgl. Rudolf Manasse: Der Ruf nach einem sozialistischen Aktionsprogramm. In: Menschen Montagsblatt-
Dresden 1 (1919), Nr. 6. S. 2.
[265] Ebd.

begleitet von einer theoretisch fundierten Auseinandersetzung um die Mechanismen und Wirkungsweisen privatkapitalistischen Wirtschaftens. Die Praxis der Sozialisierung ist erst dann erfolgversprechend durchsetzbar – so lautet nunmehr ein Axiom der »Geistesarbeiter« –, wenn diejenigen, die an ihr aktiv mitwirken sollen, eingeweiht sind in die Grundgesetze und Grundwidersprüche moderner bürgerlicher Produktion. Das Wissen um die Funktion einer profitorientierten, auf Ausbeutung beruhenden, den Menschen von sich und seiner Arbeit entfremdenden Produktionsweise soll ein ›Veränderungspotential‹ freisetzen, das für einen ökonomischen Umbau der Gesellschaft funktionalisierbar ist. Der Rückgriff auf die Schwerpunkte eines bereits vor und während des Krieges von Paul Adler angeregten Diskurses über »Notwendigkeit« und »Zweck« wirtschaftlicher Produktion[266] fungierte als Ausgangspunkt einer im Zeichen sozialrevolutionären Veränderungswillens stehenden ökonomischen Aufklärungsarbeit.

Adlers Diagnose des kapitalistischen Wirtschaftssystems ist dabei gleichermaßen zielsicher wie ernüchternd: Die als »schlechtweg pervers« und »›sodomitisch‹« zu bezeichnende »Privat-Pascha-Wirtschaft« habe im Verlaufe ihrer Geschichte ein Räderwerk »verteufelte[r] Produktion«[267] in Gang gesetzt, das seine Mission, unablässig »Sachgüter« zu produzieren, auch gegen alle menschliche und natürliche Vernunft brutal durchsetze. Der Zwang zur Produktion basiere zu großen Teilen auf einer manipulativen, von außen ›künstlich‹ gesteuerten Bedürfnisentwicklung, die – nach dem »rein wucherischen Grundsatz, daß der Bedarf das Angebot verteuert« – nicht die Not zum entscheidenden Kriterium des Erhalts einer Ware durch einen potentiellen Käufer mache, sondern einzig »die Möglichkeit« des Verkäufers, einen »erpresserischen Überprofit«[268] zu erzielen. Diese jedes humane Verhalten erstickende »Gesinnung des Warentausches«[269] wurde, besonders nach dem Krieg, angesichts zunehmender Arbeitslosigkeit und sozialer Instabilität zu einer für viele sichtbaren und in ihren Auswüchsen auch individuell erfahrbaren ›Realität‹. Durfte die Dresdner Gruppe also bei der Veröffentlichung ihrer Analysen zur desolaten wirtschaftlichen Nachkriegswirklichkeit auf öffentliche Zustimmung hoffen, so waren weitaus größere Anstrengungen nötig, um die eingeforderten Vergesellschaftungsmaßnahmen auch dem städtischen Bildungsbürgertum bündnis- und politikfähig zu präsentieren.

Da theoretische Stringenz und sachbezogene Argumentation allein die Zustimmung zur notwendigen sozialökonomischen Umstrukturierung nicht auslösen würden, ließ man in einem geschickt arrangierten propagandistischen Schachzug bald auch die ›vermeintlichen‹ Gegner der Sozialisierung werbewirksam zu Wort kommen. Aus dezidiert kritischem Blickwinkel, aber mit agitatorisch durchaus verwertbaren Schlußfolgerungen analysierten diese das Problem öffentlichkeitswirksamer als die »Geistesarbeiter« selbst. Paradigmatisch für dieses Verfahren ökonomiezentrierter Aufklärungsarbeit kann der am 5.5.1919 in den *Montagsblättern* erschienene Abdruck eines ganzseitigen Aufsatzes zum Thema *Bolschewismus* gelten. Autor dieser so »objektiven wie mutigen Ausführungen«[270] ist das Mitglied der *Deutschnationalen Volkspartei*,

---

[266] Vgl. Paul Adler: Gesellschaft II. In: März 6 (1912), H. 25. S. 455-456.

[267] Paul Adler: Vom Geist der Volkswirtschaft. In: Summa (1917), Erstes Viertel. S. 90, 99 und 109.

[268] Ebd., S. 106-107.

[269] Ebd., S. 110.

[270] So die Schriftleitung des *Montagsblattes* in ihrem einleitenden Kommentar über den »bürgerlichen Professor« Paul Eltzbacher. Vgl. Menschen Montagsblatt-Dresden 1 (1919), Nr. 20. S. 1.

Paul Eltzbacher, dessen Argumentationsstrategie bei der Mehrheit der Leser Verwunderung oder gar Befremden hervorgerufen haben dürfte. Die Kernthese des national-konservativen Professors lautete nämlich: Um der »Aufsaugung« des deutschen »Volksvermögens durch das Ausland« zu entgehen, sei eine Vergesellschaftung der Wirtschaft nach bolschewistischem Vorbild notwendig: »Die Sozialisierung der Produktionsmittel ist immer noch erträglicher als ihre Ententisierung«[271]. Sollte die Entente »Unerträgliches« von Deutschland verlangen,

> so müssen sich die Wohlhabenden und Gebildeten frohen Herzens ihrer Güter entäussern und sich in die Reihen des arbeitenden Volkes stellen. Es wird ihnen mehr Befriedigung gewähren, wenn sie heute mit freiem Entschluss ihr Vermögen dem deutschen Volke opfern, als wenn sie es mit qualvoller Langsamkeit nach und nach dem Auslande anheimfallen lassen.[272]

Dieser – heute eher lebensfremd anmutende – Versuch, vom deutschen Wirtschafts-bürgertum freiwilligen Verzicht aufgrund übertriebener Forderungen der Siegermäch-te zu fordern, hatte vor dem Hintergrund der zeitgenössischen Kontroversen um den »Gewaltfrieden« zwar einen durchaus aktuellen Bezugspunkt (die Frage, ob Deutsch-land den geforderten enormen Reparationsleistungen der Entente nachkommen sollte, eskalierte zu einer nationalen Debatte, die alle Parteien und die Öffentlichkeit be-schäftigte[273]), zielte aber letztlich auf eine neue Positionsbestimmung der Intellektuel-len gegenüber dem siegreichen russischen Bolschewismus. Eltzbachers ›nationalbol-schewistischer‹ Ansatz, der – wie Louis Dupeux nachgewiesen hat – »keine eigenstän-dige Ideologie, sondern lediglich ein ›Nebensystem‹ der Konservativen Revolution«[274] darstellte und in den ersten Nachkriegsjahren für öffentliche Diskussionen im rechten wie im linken Parteinspektrum sorgte, versuchte, die Vorgänge in Rußland für das Programm einer nationalen Erneuerung Deutschlands zu instrumentalisieren. Die Angst, Deutschland könne seine staatliche Identität verlieren, führte in Teilen des rechtskonservativen Lagers zu der Forderung nach »Wiederaufbau einer organisch ge-gliederten, sittlichen, idealistischen, von einer freiwilligen [...] staatsbewußten Elite geführten Nation« und damit auf die Herbeiführung einer »›deutsche[n]‹ Revolution in den Grenzen des Geistigen und des rein Politischen«.[275] Hierfür sollte der russische Bolschewismus ein Vorbild sein, der ja – wie Eltzbacher meinte – eine starke Fixie-rung auf den Staat und die Herrschaft im Staate besitze.[276] Für die Dresdner Expres-sionisten indes bestand die Anziehungskraft von Eltzbachers Thesen vor allem in der Aufwertung der russischen Revolution mit ihren zentralen Forderungen nach Ein-führung des Rätesystems und der Diktatur des Proletariats in der politisch-publi-zistischen Öffentlichkeit Deutschlands: In einer Zeit, da das Schlagwort »Bolschewis-

[271]   Paul Eltzbacher: Bolschewismus. In: Menschen Montagsblatt-Dresden 1 (1919), Nr. 20. S. 1.
[272]   Ebd.
[273]   Auch im *Montagsblatt* wurde die Frage ausführlich diskutiert und im Kern ablehnend beantwor-tet. Vgl. Rudolf Manasse: Das Bündnis mit Russland. In: Menschen Montagsblatt-Dresden 1 (1919), Nr. 22. S. 1.
[274]   Louis Dupeux: »Nationalbolschewismus« in Deutschland 1919-1933. Kommunistische Strategie und konservative Dynamik. München: Beck 1985. S. 419.
[275]   Ebd., S. 61 und 420.
[276]   Zur Fixierung auf den »straff zentralisierten Staat«, wie ihn nur die »Räteverfassung« und die »Diktatur des Proletariats« gewährleiste vgl. Eltzbacher: Bolschewismus, S. 1.

mus« zum Zielpunkt reaktionärer Polemik und »zum Inbegriff des hassenswerten, politisch verdächtigen Literaten«[277] avancierte, war eine Debatte, wie sie Eltzbachers Aufsatz hervorrief, ganz im Sinne der Dresdner Expressionisten, die sich von feindseligen und undifferenzierten Diffamierungen des Begriffs »Bolschewismus« nicht nur fernhielten, sondern um Richtigstellung und konstruktive Handhabung seiner Inhalte bemühten. Das Bestreben um Objektivität und das auffällige Engagement der Dresdner Linksexpressionisten für den Bolschewismus[278] ist allerdings weder auf eine uneingeschränkte Befürwortung des russischen Gesellschaftssystems zurückzuführen[279] noch auf die Akzeptanz einer lediglich national motivierten politischen Revolution, wie sie Eltzbacher propagierte[280], sondern beruhte eher auf praktischen Gründen: Ein »Bündnis mit Russland« – so glaubte man – sei der einzige Garant für die Erhaltung des Friedens und zugleich der Grundstein für die Entstehung eines neuen »wahren Völkerbundes«.[281]

Die Nachwirkungen der Kriegserfahrungen und das Wiedererstarken des nationalistischen Flügels der parteipolitischen Rechten, deren antikommunistische Propaganda und kulturkonservative Agitation auch den städtischen Linksintellektuellen nicht verborgen blieb[282], veranlaßte zu solchem Einsatz für eine Gesellschaftsordnung, über deren reales Erscheinungsbild die meisten ihrer Befürworter gar nicht genau unterrichtet waren[283]. Die Sympathien für die Ideen des Bolschewismus waren aber auch eine Reaktion auf die Mitte 1919 real- und machtpolitisch bereits gescheiterte deutsche Revolution, die das expressionistische Potential sozialer Erneuerungswünsche und gesellschaftspolitischer Reformvorschläge mit sich begraben hatte.

Wie sehr den Dresdner Expressionisten allerdings an der Glaubwürdigkeit ihrer eigenen sozialrevolutionären Postulate gelegen war, beweist die Sozialisierung ihres bedeutendsten Verlages, des *Dresdner Verlages von 1917*. Obgleich erst im Juni 1919 realisiert, geht dieses Experiment auf die zwar permanent angemahnten, aber letztlich uneingelöst gebliebenen gesamtwirtschaftlichen Sozialisierungsforderungen der »Geistesarbeiter« aus der unmittelbaren Nachkriegszeit zurück. Im Sinne politisch relevanten Handelns besitzt die Verlagssozialisierung auch einen deutlich erkennbaren Bezug zur Bolschewismusdebatte: sie kann als zwar begrenztes, aber doch verallgemeinerbares Beispiel einer ›Vergesellschaftung‹ gelten, deren soziale und ökonomische Folgen für

---

[277] Vgl. hierzu detailliert: Stark: Für und wider den Expressionismus, S. 215ff.

[278] Vgl. hierzu zahlreiche Artikel in den *Montagsblättern*; u. a.: *Erfolge der russischen Bolschewisten* (1919. Nr. 7. S. 2) oder *Internationale und Bolschewismus* (1919. Nr. 8. S. 1) oder *Gegen die Bolschewistenhetze* (1919. Nr. 12. S. 4).

[279] Dagegen spricht u. a. auch die Unterstützung der Sozialismusvorstellungen Otto Rühles durch die »Geistesarbeiter«. Rühle lehnte das Rätesystem russischer Prägung ab.

[280] So lehnten die Dresdner »Geistesarbeiter« Eltzbachers These vom ›Alleinanspruch des Politischen‹ ebenso ab wie seine einseitige Fixierung auf das Nationale.

[281] Manasse: Das Bündnis mit Russland. In: Menschen Montagsblatt-Dresden 1 (1919), Nr. 22. S. 1. Zu den Anschlußbestrebungen an Russland vgl. auch: Wir und der Bolschewismus. In: Menschen Montagsblatt-Dresden 1 (1919), Nr. 11. S. 4.

[282] In den *Montagsblättern* wurde mehrfach auf diese Tendenzen aufmerksam gemacht; etwa auf Versammlungen der *Antibolschewistischen Liga Ortsgruppe Dresden* (Montagsblatt Nr. 9. 1919. S. 4) oder des *Grenzschutz Ost* (Nr. 11. 1919. S. 4).

[283] Die z. T. utopischen Vorstellungen von der Entwicklung der russischen Wirtschaft gehen etwa aus dem Leitartikel *Das Bündnis mit Russland* von Rudolf Manasse hervor (Menschen Montagsblatt-Dresden 1919. Nr. 22. S. 1). Vgl. auch die vagen Vorstellungen über die militärischen Erfolge der Bolschewisten in dem Aufsatz *Erfolge der russischen Bolschewisten*. In: Menschen Montagsblatt-Dresden 1 (1919). Nr. 7. S. 2.

die Beteiligten als positiv und nachahmenswert öffentlich herausgestellt wurden. Was
die russischen Revolutionäre landesweit im großen Maßstab praktizierten, wurde hier
unter Maßgabe der gesellschaftlichen Umstände in einer modifizierten Variante erprobt, wobei sich der Verlagsinhaber, Heinar Schilling, und die betroffenen Autoren
bei ihren Sozialisierungsbestrebungen im Einklang mit zahlreichen anderen Reform-
versuchen der deutschen Buchhandels- und Verlagslandschaft nach 1919 befanden.
»Die Diskussionen um Konsumvereine, Produktivgenossenschaften, Übereignung der
Verlage an die Autoren oder eine Verstaatlichung[284]« führten jedoch meist nicht zu
praktischen Resultaten. Soweit bekannt, hatte neben Schilling nur noch Kurt Wolff
Sozialisierungspläne ins Auge gefaßt, die aber nie in die Tat umgesetzt wurden.[285]

Schillings Vorstoß resultiert aus einem sozialreformerischen Engagement, das von
der utopischen Vorstellung getragen wurde, das geistig Produzierte dürfe »in keiner
Weise Ware kapitalistischer Betriebsamkeit bleiben«[286]. Diese gegen den Warencharak-
ter der Kunst und Literatur gerichtete und den industriell organisierten, auf Effizienz
und Gewinn abzielenden Vertrieb geistiger Güter verurteilende Forderung geht zurück auf die Debatten um das Verhältnis von Geist und Macht aus den Anfangstagen
der Revolution. Seinerzeit hatten die Linksintellektuellen betont, ein geistiges ›Pro-
dukt‹ müsse – unabhängig von politischen oder ökonomischen Bedingungen und
Voraussetzungen – sein Wirkungspotential ungehindert öffentlich entfalten können:

> Es geht nicht an, dass die Vormachtstellung einer Idee von etwas anderem ab-
> hängt, als von ihrem inneren Wert, dass es sich entscheidet, ob sie sich durchsetzt,
> oder nicht, danach, ob ihr Schöpfer im Besitz der nötigen Machtmittel ist, bzw.
> jemanden, dem aus irgend welchem Zufall diese Mittel zu Gebote stehen, dafür
> zu interessieren versteht.[287]

Diesen Gedanken aufgreifend, zielte die Sozialisierung in zwei Richtungen: Zum einen versuchte man, wie schon vor dem Krieg Jakob Hegner in Hellerau, sich von einer lediglich auf profitable Vermarktung gerichteten Verlagsstrategie zu verabschieden[288] und die Annahme oder Ablehnung eines neuen literarischen Werkes einzig von
dessen Qualität abhängig zu machen; die Veröffentlichungspraxis des Verlages belegt
diese Verfahrensweise ebenso[289] wie einzelne, an dem Sozialisierungsexperiment beteiligte Autoren[290].

---

[284]   Vgl. Wolfram Göbel: Sozialisierungstendenzen expressionistischer Verlage nach dem ersten
Weltkrieg. In: IASL (1976), Nr. 1. S. 186.
[285]   Dazu ebd., S. 186-191. Außerhalb Deutschlands gab es nur noch in Wien Bestrebungen einer
Verlagssozialisierung. Der *Wiener Genossenschaftsverlag*, einziger reiner Autorenverlag des Expressionismus, bestand allerdings nur kurz. Vgl. ebd., S. 191-196.
[286]   Vgl. Heinar Schilling: Das Sozialisierungsstatut des Dresdner Verlag von 1917 vom 1. Juni
1919. In: Menschen 2 (1919), H. X (Nr. 68/69). S. 2.
[287]   Rudolf Manasse: Der Sozialismus und die Geistesarbeiter. In: Menschen Montagsblatt-Dresden
1 (1919), Nr. 2. S. 2.
[288]   »Ich muß als erster an meine Autoren glauben, ich muß überzeugt sein, daß sie unserer Zeit etwas zu sagen haben. Metaphysische Unruhe will ich stiften in einer Welt, die dem Materialismus
verfallen ist. Dazu brauche ich nicht einzelne gut verkäufliche Bücher – ich bin ja kein Spekulant, der
durch den Markt bestimmt wird –, ich suche Autoren, die mein Vertrauen, das ich in sie habe, auch
in neuen Werken rechtfertigen. So entsteht die geistige Gestalt des Verlages, die ausstrahlt und mir
eine Lesergemeinde schafft.« Zitiert nach: Josef Rast: Jakob Hegner. In: Welt und Wort 7 (1952),
S. 48.
[289]   Schilling verlegte häufig noch junge, unbekannte Autoren, wie Bess Brenck-Kalischer oder Will-

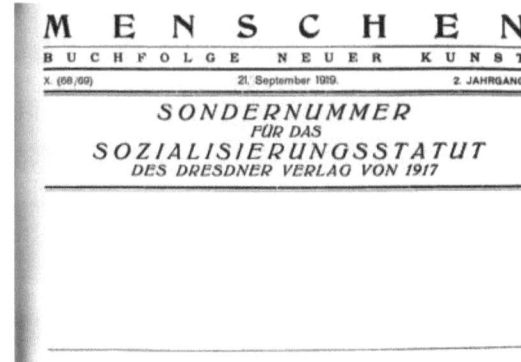

M E N S C H E N
BUCHFOLGE NEUER KUNST
X. (68./69.)   21. September 1919.   2. JAHRGANG

SONDERNUMMER
FÜR DAS
SOZIALISIERUNGSSTATUT
DES DRESDNER VERLAG VON 1917

Sozialisierungsstatut des
Dresdner Verlag von 1917,
abgedruckt in der Zeitschrift
Menschen

Zum anderen sollte sich auf Grund der Sozialisierungsmaßnahme die aus ökonomischer Sicht traditionell schlechte Position des Autors gegenüber seinem Verleger
spürbar verbessern. Diesem Ziel diente die in der Präambel des Vertragswerkes fixierte
spezifische Form der Sozialisierung:

> Der Dresdner Verlag von 1917 wurde am 1. Juni 1919 sozialisiert, das heißt er
> wurde erstens in das Eigentum der Produzenten überführt, somit also zu einer
> Produktivgenossenschaft umgestaltet und zweitens hinsichtlich seiner Erträgnisse
> vergesellschaftet, wobei am Reingewinn sowohl Produzenten wie Angestellte be-
> teiligt wurden.[291]

Die gewählte Kopplung aus Produktivgenossenschaft und Vergesellschaftung des Er-
trags versprach für die Produzenten neben dem Erwerb von Verlagsanteilen auch eine
Gewinnbeteiligung, die eine wirtschaftliche und individuelle Aufwertung des im traditionellen Verlagsgeschäft eher als recht- und einflußlos einzustufenden Autors zur
Folge haben sollte. Rudolf Adrian Dietrich, einer der wichtigen Dichter des *Dresdner
Verlages* und mitbeteiligt an dessen Sozialisierung, erhoffte durch diese Maßnahme
eine wirkliche Besserung der ökonomischen Stellung des Autors gegenüber seinem
Verleger. Bislang nämlich konnte Dietrich lediglich ein Ausbeutungsverhältnis, verbunden mit zahlreichen Erniedrigungen, konstatieren:

> Wenn das Buch eines Dichters von einem Verleger angenommen ist (die Verleger
> haben die Entscheidung darüber, ob ein Buch der Veröffentlichung würdig ist
> oder nicht!), so erhält zunächst der Buchdrucker seinen Lohn, nach der Höhe ei-
> nes tariflichen Satzes. Hierzu reicht der Buchdrucker eine Kalkulation ein. Eben-

---

Erich Peuckert, deren Werke kaum hohe Verkaufszahlen erreicht haben dürften.
[290] Heinar Schilling – so erinnert sich Rudolf Adrian Dietrich – »hatte seine Gelder in den sozialistisch tendierenden ›Dresdner Verlag von 1917‹ gesteckt [...] (und persönlich durch Veröffentlichung ihrer Arbeiten vielen revolutionären Autoren – auch mir) kameradschaftlich geholfen [...], im
Gegensatz zu den heutigen Verlegern, für die die ›Ware Buch‹ nur noch danach eingeschätzt wird, ob
sie den ›Wert‹ von ›Bestsellern‹ (zu deutsch ›Bestverkäuflichen‹) haben kann.« Rudolf Adrian Dietrich: Brief an Fo Rheiner vom 19.2.1969. In: Nachlaß Rudolf Adrian Dietrich. Deutsches Literaturarchiv Marbach. A: Dietrich. Aufzeichnungen und Briefe. Band 41. S. 38-39, hier: S. 39.
[291] Schilling: Das Sozialisierungsstatut des Dresdner Verlag von 1917 vom 1. Juni 1919, S. 2.

so bestimmt der Buchbinder die Herstellungskosten der Einbände oder trifft darüber mit dem Verleger Vereinbarungen. Der Buchhändler, der das Buch lediglich zum Verkauf ausstellt (meist ohne jedes eigene Risiko nach der Vereinbarung, daß die unverkauften Exemplare dem Verleger als ›Remittenden‹ wieder zugehen), erhält von jedem verkauften Exemplar 25, 33, manchmal sogar 40% ›Verdienst‹. – Der Verfasser bekommt – ein Jahr nach Erscheinen des Buches von den verkauften Exemplaren: 10 Prozent des Buchpreises: das heißt – ein Kellnertrinkgeld![292]

Obgleich die in der Präambel des Sozialisierungsstatuts entworfenen neuen Eigentums- und Verteilungsverhältnisse, die diese Zustände wenigstens partiell beseitigen sollten, im eigentlichen Vertragstext erheblich relativiert wurden[293], bestanden die Vorteile für die Autoren vor allem darin, an der Ausschüttung des Reingewinns in Form einer Dividende beteiligt zu sein und »in Höhe ihres Honorars Gesellschafteranteile« zu erhalten, die ihnen eine Stimmberechtigung in den jährlichen Gesellschafterversammlungen sicherten.[294]

Auch wenn es sich bei dieser Art »Sozialisierung« lediglich um den »freiwilligen Akt eines intellektuellen Verlegers« handelte, »der sich selbst einen Führungsanspruch vorbehielt«[295], sind die Fortschritte für die Schriftsteller im Vergleich mit dem bislang praktizierten Distributionsmodell literarischer Produkte unverkennbar, konnten doch erstmals alle Autoren am – ansonsten dem Verleger zustehenden – Gewinn ihrer eigenen Bücher partizipieren. Selbst der Einwand, Schilling halte an »der tradierten Position des Verlagschefs« fest, obwohl er doch den »›Geist‹ den ökonomischen Gesetzen des Kapitalismus entziehen will«[296], erweist sich vor dem Hintergrund der bereits oben erwähnten Veröffentlichungspraxis des Verlages, die der Qualität eines Textes gegenüber seiner ökonomischen Verwertbarkeit Priorität einräumte, als nicht stichhaltig. Vor allem auch deshalb, weil der Sozialisierungsversuch ja tatsächlich ein kapitalistisches Gesetz durchbrach, nämlich das der einseitigen Bereicherung des Verlagsinhabers an den geistigen Produkten anderer.

Ungeachtet der Tatsache, daß die Sozialisierungsaktion nach nur kurzer Zeit fehlschlug[297], konnte sie als Form gesellschaftlichen Handelns genau jenen praktischen Innovationsschub freisetzen, der die Intellektuellen endlich als Tätige auswies und sie

---

[292] Rudolf Adrian Dietrich: Das Land der Dichter und Denker. In: Nachlaß Rudolf Adrian Dietrich. Deutsches Literaturarchiv Marbach. A: Dietrich. Aufzeichnungen und Briefe. Band 18. unpag. S. 55.
[293] So galt Heinar Schilling »nach außen [...] weiter als alleiniger Inhaber des Verlagsgeschäftes«, ihm allein stand »das Recht der Vertretung und Geschäftsführung zu«, sein im Verlag »angelegtes Kapital im Betrage von 100.000 Mk.« überließ er »der Gesellschaft [nur] als Darlehn«, das er sich zudem »mit 6% in vierteljährlichen Teilzahlungen« verzinsen ließ, und »für seine Tätigkeit als Geschäftsführer und künstlerischer Leiter« erhielt er zusätzlich ein Honorar von »mindestens 4000 Mk.« im Jahr. Vgl. Schilling: Das Sozialisierungsstatut des Dresdner Verlag von 1917 vom 1. Juni 1919, S. 3.
[294] Göbel: Sozialisierungstendenzen expressionistischer Verlage nach dem ersten Weltkrieg, S. 198-199.
[295] Ebd., S. 199.
[296] Kolinsky: Engagierter Expressionismus, S. 115.
[297] Die Gründe für den Rückzug Schillings aus dem Sozialisierungsprojekt konnten bislang nicht geklärt werden. Zu vermuten sind neben Absatzproblemen (in seinem Verlag arbeiteten viele relativ unbekannte Autoren mit) vor allem eine durch die aufkommende Inflation begründete Geldentwertung, die eine optimale verlegerische Arbeit erschwerte.

vom Stigma der Praxisferne und Theorielastigkeit befreite. Zugleich ordnet sich die Verlagssozialisierung in das gesamte Spektrum revolutionärer Aktivitäten der Dresdner Linksexpressionisten sinnvoll ein und verweist damit auf ein spezifisches Kennmuster der Dresdner Avantgarde: denn die Teilnahme an den politischen Kämpfen der Arbeiter und Soldaten, die Mitarbeit in den Gremien der Revolutionäre und die Beteiligung an den öffentlichen Debatten um den Fortgang der Revolution demonstrieren ebenso wie Schillings Sozialisierungsexperiment die Einheit von theoretischem und praktischem Diskurs im Umfeld gesellschaftlicher Wandlungsprozesse. Damit aber ergibt sich nicht nur eine neue Sicht auf die Bedeutung der politisch engagierten Expressionisten für die revolutionären Ereignisse während der Novemberrevolution, sondern auch auf die in der einschlägigen Expressionismusforschung immer wieder geäußerte These, der sozial engagierte Expressionismus sei unfähig gewesen, das theoretisch Postulierte auch praktisch umzusetzen. Gerade die Bemühungen um eine neue Verklammerung von ›Geist‹ und ›Tat‹ hatten das Rollenbild des Künstlers und Literaten von einer einseitigen Fixierung auf den Prozeß kulturell-künstlerischer Erneuerung gelöst und die Verpflichtung zum öffentlichen Eintreten für gerechtere gesellschaftliche Alternativen hervorgehoben.

1. Überregionalität als Wirkungsintention: Strategien und Konzeptionen des Dresdner Expressionismus für die Konstituierung kultureller Kommunikationsnetze der Avantgarde

1.1. Annonce und Publikation im Dienste überregionaler Kooperation: Zur Entfaltung eines publizistischen Netzwerkes avantgardistischer Kunstkommunikation durch die Dresdner Expressionisten

Daß sich Dresden vor allem nach Kriegsende und Revolutionsausbruch zu einem Zentrum des Austausches zwischen den verschiedenen, regional bedeutsamen expressionistischen Vereinigungen und Gemeinschaften in Deutschland entwickeln konnte, basierte auf einem bereits um 1912/13 von Hellerau aus etablierten Netz persönlicher Verbindungen zu den – damals eher noch isoliert agierenden – nationalen Repräsentanten einer jungen, öffentlich noch kaum beachteten Avantgardekultur.

Paul Adler, Jakob Hegner, Camill Hoffmann und Alfred Günther knüpften, lange bevor die expressionistische Bewegung in Dresden eine organisatorisch und institutionell gebundene Struktur aufwies, vielfältige Beziehungen zu den bedeutendsten Zeitschriften des ›neuen Stils‹ in Berlin, Leipzig und München. Neben Franz Pfemferts *Aktion* und Herwarth Waldens *Sturm* waren es vor allem Paul Cassirers *Pan*, René Schickeles *Weisse Blätter* und Heinrich Franz Bachmairs *Neue Kunst*, die als Medien publizistischer Kooperation mit den Dresdner Autoren fungierten.

Bemerkenswert ist, daß bereits in dieser Phase des Zusammenwirkens eine profil- und themenabhängige Mitarbeiterschaft der Dresdner Schriftsteller und Publizisten nachweisbar ist, die zum einen die Konzentration der beteiligten Autoren auf nur ein überregionales Periodikum verhinderte und damit zum anderen von Beginn an die Optionen für zukünftiges Kooperieren über den beschränkten Kreis des einzelnen hinaus förderte. Daß sich dabei – neben dem Abdruck eigener literarischer oder essayistischer Versuche[1] – die Auseinandersetzung mit Autoren der internationalen Moderne zum zentralen Publikationsgegenstand entwickelte[2], belegt das frühe Interesse der Dresdner Expressionisten an der schöpferischen Aufnahme und Propagierung des zeitgenössischen europäischen Literaturschaffens.

---

[1]   Paul Adler etwa publizierte im *Pan* ein Gespräch mit Theodor Däubler; vgl. Pan 2 (1911/12), Nr. 18. S. 536-539; ab 1916 dann lyrische Texte in der *Aktion*; vgl. u. a. das Gedicht *Lied* in: Die Aktion 6 (1916), Sp. 334, oder *Ihr Wälder*: Die Aktion 6 (1916), Sp. 305-306. Alfred Günther veröffentlichte 1913/14 einen Essay über Johannes R. Becher in der *Neuen Kunst* (1. Jg. 1913/14, S. 96-100) und 1915 eine Skizze in den *Weissen Blättern*: Das Wiegenlied. (Skizze). In: Die weissen Blätter 2 (1915), S. 820-821.

[2]   Vor allem Camill Hoffmann und Jakob Hegner ließen ihre Übersetzungen von Claudel, Jammes, Hello, Bergson, Leberghe u. a. im *Sturm* und in der *Aktion* abdrucken. Vgl. Paul Claudel: Verkündigung. In: Der Sturm 4 (1913/14), S. 122-125, und Ernest Hello: Das goldene Kalb. In: Der Sturm 4 (1913/14), S. 130-133 (übersetzt von Jakob Hegner); Charles Leberghe: Die goldene Bark. In: Die Aktion 6 (1916), Sp. 72 (übersetzt von Camill Hoffmann); Paul Claudel: Der Stimmführer im ›Ruhetag‹. In: Die Aktion 5 (1915), Sp. 618-621 (übersetzt von Jakob Hegner).

Mit dem Aufenthalt von Walter Hasenclever und Oskar Kokoschka in Dresden – von 1916 an[3] – erweiterte sich die publizistische Plattform überregionaler Ausstrahlung wesentlich: Hasenclever war nicht nur Autor in den bereits genannten Zeitschriften, sondern verfügte auch über Beziehungen zu den kleineren, eher peripher wirkenden Wochen- und Monatsschriften, etwa der Münchner *Revolution*[4] oder den Berliner Blättern *Das neue Pathos*, *Der Bildermann* und *Die Bücherei Maiandros*[5]. Der Dichter-Maler Oskar Kokoschka indes galt schon im Jahre 1910 als einer der Hauptmitarbeiter des *Sturm*.[6]

Dieses Spektrum bereits überregional in Erscheinung getretener Autoren und bildender Künstler wurde ab 1917 durch den als freischaffender Maler und Graphiker in Dresden lebenden Conrad Felixmüller vorteilhaft ergänzt: Felixmüller, der, vom Kriegsdienst verschont, seit Sommer 1915 seine ersten Kollektivausstellungen sowohl bei *Emil Richter* in Dresden als auch bei Herwarth Walden in Berlin veranstaltete[7], ehe er ab 1916 zu einem der wichtigsten Mitstreiter Franz Pfemferts wurde[8], konnte – gemeinsam mit Kokoschka – die bislang dominierende Ausrichtung der überregionalen Aktivitäten auf die Publizierung dichterischer oder essayistischer Werke durchbrechen und die Bandbreite der Veröffentlichungen auch auf die Malerei und Graphik ausdehnen. Vor allem durch Franz Pfemfert, der Felixmüller schon früh das Privileg der Gestaltung des Titelblattes seiner Zeitschrift einräumte und dabei ganz bewußt den Schaffensort des noch weithin unbekannten Künstlers (»Dresden«) herausstellte[9], wurde das Berliner Publikum an das gestalterische Vokabular eines die ornamentale Linie des Jugendstils sprengenden pathetisch-ekstatischen Graphikstils mit sozialer Tendenz[10] herangeführt.

---

[3]   Hasenclever weilte ebenso wie Kokoschka ab September/Oktober 1916 in Dresden, um der deutschen Erstaufführung seines Dramas *Der Sohn* beizuwohnen. Vgl. Bert Kasties: Walter Hasenclever. Eine Biographie der Moderne. Tübingen: Niemeyer 1994. S. 157. Zu Kokoschka vgl. Katharina Erling/Birgit Dalbajewa: Biographische Daten. In: Kokoschka und Dresden. Staatliche Kunstsammlungen Dresden, Gemäldegalerie Neue Meister. Österreichische Galerie, Belvedere, Wien. Ausstellungskatalog. Leipzig: E. A. Seemann 1996. S. 12.

[4]   Vgl. Walter Hasenclever: Der Kintopp als Erzieher. Eine Apologie. In: Revolution 1 (1913), Nr. 4. S. 3-4.

[5]   Etwa: Walter Hasenclever: Gasglühlicht summt. (Gedicht). In: Das Neue Pathos 1 (1913), H. 1. S. 25. – Ders.: Jaurès Tod. (Gedicht). In: Der Bildermann 1 (1916), Nr. 14. Beilage S. 2. – Ders.: Die Schwester. (Gedicht). In: Die Bücherei Maiandros 4./5. Buch (1913), S. 21.

[6]   Kokoschka lernte schon im Februar 1910 Herwarth Walden in Wien kennen und war im März des gleichen Jahres in der Redaktion des *Sturm* in Berlin tätig. Vgl. Erling/Dalbajewa: Biographische Daten, S. 11. Auf die Bedeutung Kokoschkas für die ersten Jahrgänge des *Sturm* verweist auch Volker Pirsich in seiner großen Monographie *Der Sturm*. Herzberg: Bautz 1985. S. 114.

[7]   Die Ausstellung bei *Emil Richter* fand im Juli 1915 statt und wurde auch in der örtlichen Presse besprochen. Vgl. Dresdner Neueste Nachrichten vom 29.7.1915. Nr. 203. S. 2. Die Berliner Exposition in der Galerie *Der Sturm* erfolgte wahrscheinlich im Herbst 1915; vgl. Ursula Frenzel: Chronik zu Leben und Werk Conrad Felixmüllers. In: Ulrich Krempel (Hg.): Conrad Felixmüller. Die Dresdner Jahre 1910-1934. Gemäldegalerie Neue Meister Dresden. Sprengel Museum Hannover. Ausstellungskatalog. Köln: Wienand 1997. S. 143.

[8]   Zur Lösung der Beziehungen mit Walden vgl. Conrad Felixmüller: Werke und Dokumente. Germanisches Nationalmuseum Nürnberg. 3.12.1981-31.1.1982. Archiv für Bildende Kunst 1982. S. 58ff.

[9]   Vgl. etwa den Titelblattholzschnitt von Nr. 5/6. 1917; oder das als Titelblattholzschnitt abgedruckte *Selbstporträt* in der Sondernummer *Felixmüller* 1917, Nr. 7/8.

[10]   Vgl. Lothar Lang: Expressionismus und Buchkunst in Deutschland 1907-1927. Leipzig: Ed. Leipzig 1993. S. 23.

Sonderheft *Felix Müller-Dresden*
der Zeitschrift *Die Aktion*

Die wegweisende und teilweise auch normative Rolle, die Felixmüllers Lithographien und Holzschnitte für die bildnerische Ausgestaltung der *Aktion* spielten[11], konnte im Kontext mit Kokoschkas besonderer Bedeutung für die künstlerische Ausrichtung des frühen *Sturm* und wenig später für das von Otto Haas-Heye in München und Berlin herausgegebene *Zeit-Echo*[12] sowie für Paul Cassirers *Bildermann*[13] auf eine ganz verschiedenartige, subjektiv stark differierende, aber in ihrem Innovationsanspruch übereinstimmende Kunstpraxis Dresdner bildender Künstler aufmerksam machen[14]. Die ›Aufsprengung‹ des medialen Sektors durch die stärker visuell orientierten Künste vermittelte dem Leser der Zeitschriften nicht nur das Bild eines künstlerisch

---

[11]   Felixmüller beteiligte sich an der *Aktion* zwischen 1916 und 1928 mit ca. achtzig Beiträgen. Vgl. Frenzel: Chronik zu Leben und Werk Conrad Felixmüllers, S. 142.
[12]   Vgl. hierzu vor allem das Kokoschka-Heft Nr. 20. 1914/15, das fünf Original-Steindrucke enthält, ein mit Oskar Kokoschka betiteltes Gedicht von Albert Ehrenstein, ein Essay über Kokoschka ebenfalls von Ehrenstein und einen Textbeitrag von Kokoschka selbst.
[13]   Vgl. hierzu vor allem die Nr. 7, 9, 12, 14, 16, 17, 18, des Jg. 1916 der Zeitschrift. Zum Wechsel Kokoschkas von Waldens *Sturm* zum *Zeit-Echo* und schließlich zu Cassirers *Bildermann* vgl. Diether Schmidt: »Bitte mit dem Weltkrieg aufzuhören, ich möchte arbeiten!« Oskar Kokoschka in Dresden 1916 bis 1923. In: Bruckmanns Pantheon. Internationale Jahreszeitschrift für Kunst. 44 (1986), S. 125-134, hier: S. 126ff.
[14]   Zu den unterschiedlichen Tendenzen in der expressionistischen Graphik- und Illustrationskunst, auch zwischen Felixmüller und Kokoschka, vgl. Lang: Expressionismus und Buchkunst in Deutschland 1907-1927, S. 21-30, bes. S. 29.

universell konturierten ›Milieus‹ des Expressionismus in der sächsischen Residenzstadt, sondern entfaltete zugleich einen werbestrategisch vorteilhaften Bezug zwischen Schriftlichkeit und Bildlichkeit bei der Propagierung des ›neuen Stils‹. Die personell gekoppelte und medial vermittelte Kombination von graphischem Werk und literarischem Text unter dem Postulat einer »bekenntnishaften Teilnahme« der Maler »am Wollen der expressionistischen Schriftsteller«[15] entwickelte sich dabei zu einem Kennmuster überregionaler Wirkungspraxis der Dresdner Expressionisten. Obgleich die im Medium Zeitschrift verwirklichte Zusammenführung von bildender Kunst und Literatur zunächst primär auf Versuche einer – die expressionistische Bewegung insgesamt charakterisierenden – ›Synthese der Künste‹ zurückging, die »dem Willen zur Sammlung und gegenseitigen Verstärkung«[16] der künstlerischen Darbietungen Ausdruck verleihen sollte, stand sie darüber hinaus auch in einem überregional ausgerichteten Vermittlungsprozeß. Daß in einigen Heften des *Bildermann* Lithographien von Oskar Kokoschka neben Gedichten von Walter Hasenclever erschienen[17] und im *Aktions*-Sonderheft »Conrad Felixmüller« Texte von Walter Rheiner und Albert Ehrenstein[18], verweist nicht nur auf persönliche Freundschaften oder konzeptionell-inhaltliche Bezüge, sondern diente auch der überregionalen Verbreitung eines zunächst lokal geprägten Modells gemeinschaftsbildender Kooperation.

Die in Dresden von Beginn an exemplarisch praktizierte Zusammenarbeit zwischen Malern und Dichtern, wie sie sich etwa in der schon erwähnten Hellerauer Gruppe um Jakob Hegner[19] oder dem – eher privat motivierten – Kreis um den Maler Oskar Kokoschka in der Künstlerherberge »Felsenburg« auf dem »Weißen Hirsch« herausgebildet hatte[20], erwies sich für die öffentlichkeitswirksame Überschreitung lokaler Gebundenheit als Voraussetzung: nicht nur weil sich dadurch die Auswahl entsprechender überregionaler Periodika auch auf die vorrangig bildkünstlerisch orientierten Zeitschriften und Schriftenreihen erweitern ließ[21], sondern weil die Möglichkeiten wechselseitiger Bezugnahme bei der produkt- bzw. autorzentrierten Werbung und Propaganda sowohl quantitativ als auch qualitativ zunahmen. Die textliche und bildkünstlerische Beteiligung der Dresdner Expressionisten an den verschiedenen Monats- und Wochenschriften basierte dabei auf einer wenigstens partiellen Akzeptanz der kulturellen und ästhetischen Zielsetzungen sowie kunstprogrammatischen Strategien des jeweiligen Publikationsorgans und war nicht einer bloß individuell fixierten Popularisierung der eigenen Arbeit geschuldet.

---

[15]   Ebd., S. 72.

[16]   Thomas Anz/Michael Stark (Hg.): Expressionismus. Manifeste und Dokumente zur deutschen Literatur 1910-1920. Stuttgart: Metzler 1982. S. 543.

[17]   Vgl. etwa die Nummer 14 und 18 aus dem Jahre 1916.

[18]   Die Aktion. Sonderheft Felix Müller-Dresden. 7 (1916), Nr. 7/8; vgl. Abb. S. 255.

[19]   Exemplarisch läßt sich das Zusammenwirken von Malern und Dichtern anhand der Aufführungen zu den Schulfesten in Hellerau nachweisen. Vgl. hier vor allem die besondere Rolle von Alexander von Salzmann; siehe dazu Hans-Jürgen Sarfert: Hellerau. Die Gartenstadt und Künstlerkolonie. Dresden: Hellerau-Verlag 1999. S. 107-108.

[20]   Neben Kokoschka gehörten Hasenclever, Kornfeld und die Schauspieler Deutsch und Richter zum engeren Kreis der »Freunde«, die sich Ende 1916 auf der »Felsenburg« versammelten. Vgl. hierzu einen Brief der Genannten aus der »Felsenburg« an Oskar Walzel vom 6.7.1917. In: Nachlaß Oskar Walzel. Deutsches Literaturarchiv Marbach. A: Walzel. Manuskripte Anderer und Briefe Dritter. Kasten Nr. 9. Vgl. auch Magdalena Bushart: Kokoschkas Dresdner Gruppenbildnisse. In: Kokoschka und Dresden, S. 49f.

[21]   Etwa der *Bildermann*, der neben einzelnen dichterischen Beiträgen in der Mehrzahl moderne Druckgraphik veröffentlichte.

Das Prinzip ›korrelierender Kommunikation‹ zwischen bildender Kunst und Dichtung als Kennmuster überregionalen Wirkens wird gegen Ende des Krieges durch die personelle Erweiterung[22] und institutionelle Neuformierung der Dresdner Bewegung beträchtlich intensiviert: Das nunmehr parallele Agieren der *Expressionistischen Arbeitsgemeinschaft*, der *Neuen Vereinigung für Kunst* und der *Sozialistischen Gruppe der Geistesarbeiter* mit jeweils wechselnder ästhetischer Ausrichtung und gesellschaftspolitischer Konzeption sowie mit teilweise unterschiedlichem Mitarbeiterbestand[23] vergrößerte die Möglichkeiten nationaler Ausstrahlung erheblich. Die programmatische Bandbreite und gruppenbezogene Vielfalt ästhetischer Paradigmenbildung sowie die konsensorientierte Arbeitsweise der einzelnen Kreise ließen Dresden in der Nachkriegszeit zum nahezu idealen Kooperationspartner für die sich nunmehr herausbildenden kleineren lokalen expressionistischen Vereinigungen und Arbeitsgemeinschaften werden.

Wie das einschlägige Quellenmaterial belegt, nahmen die Kooperationsbeziehungen – über ganz Deutschland verteilt – nach 1918 deutlich zu, wobei auch die publizistischen Medien, die als Orte der Veröffentlichung und Werbung fungierten, vielfältig variierten. Neben sekundären, nur lokale Relevanz erreichenden Zeitschriften, die zudem von nur wenigen Dresdner Autoren als Publikationsmöglichkeit genutzt wurden[24], existierte eine ansehnliche Zahl von Periodika, die als Zentren editorischer Arbeit der Dresdner Expressionisten betrachtet werden können. Abgesehen von den im zweiten Teil des Kapitels ausführlich dargestellten Zeitschriftenprojekten in Kiel, Konstanz und Paris handelt es sich vor allem um die Hamburger Monatsschrift *Die Rote Erde*, die »Dramaturgischen Blätter« des Herzoglich Sächs. Hoftheaters Coburg-Gotha *Die Flöte*, die Münchner Monatsschrift *Der Weg*, die Regensburger Monatsschrift *Die Sichel*, die Hannoveraner Monatsblätter für Dichtung und Kunst *Der Zweemann* sowie die Heidelberger Monatsschrift *Saturn*.

Die bereits während des Krieges nachweisbare Affinität einzelner Dresdner Autoren und bildender Künstler zu thematischen oder gestalterischen Besonderheiten des überregionalen Zeitschriftenspektrums erhielt nunmehr eine dem Anspruch gemeinschaftlicher Kunstkommunikation verpflichtete Ausrichtung, die darauf abzielte, über persönliche Interessen und Kontakte hinaus an der Konstituierung eines nationalen Kommunikationsnetzes der Expressionisten mitzuarbeiten.

---

[22] Vor allem durch Kriegsheimkehrer wie: Friedrich Wolf, Heinar Schilling, Richard Fischer, Carl Rolf Voigt.

[23] Kokoschka, Hoffmann und Hasenclever engagierten sich in der *Neuen Vereinigung für Kunst*; Schilling, Friedrich Wolf, Felixmüller und Paul Adler in der *Sozialistischen Gruppe der Geistesarbeiter*; Richard Fischer, Rudolf Adrian Dietrich, A. Rudolf Leinert und Walter Rheiner in der *Expressionistischen Arbeitsgemeinschaft*. Es gab auch Doppelmitgliedschaften: etwa Hoffmann, der sowohl in der *Neuen Vereinigung* als auch in der *Gruppe der Geistesarbeiter* mitwirkte; oder Schilling und Felixmüller als Mitglieder der *Expressionistischen Arbeitsgemeinschaft* und der *Sozialistischen Gruppe der Geistesarbeiter*.

[24] Paradigmatisch hier vielleicht A. Rudolf Leinerts Veröffentlichungen in der Kattowitzer Zeitschrift *Die Gäste* oder Walter Rheiners Publikationen in der kurzlebigen Hamburger Zeitschrift *Der Sturmreiter*; auch der Abdruck von Texten Ernst Rothschilds in der Breslauer (später Berliner) Zeitschrift *Die Erde*. In diese wohl eher auf privater Vermittlung fußende Reihe von Veröffentlichungen gehören auch Oskar Walzels Beiträge für die Königsberger Zeitschrift *Der Kothurn*. Vgl. zu letzterem den im Nachlaß gut dokumentierten Briefwechsel zwischen dem Herausgeber Artur Lewinneck und Walzel. In: Nachlaß Oskar Walzel. Deutsches Literaturarchiv Marbach. A: Walzel. Korrespondenz.

Dabei erstreckte sich die inhaltliche und formale Praxis der von Dresden aus operierenden Dichter, Publizisten, Verleger und bildenden Künstler auf mehrere Ebenen: Sie reichte von der vorrangig politisch-aktivistisch orientierten Kooperation über die mehr text- bzw. bildgebundene Propagierung des ›neuen Stils‹ bis zu einer das Postulat ›geistiger Erneuerung‹ verbreitenden und damit eher sozialreligiös-ideell ausgerichteten Zusammenarbeit.

Zwischen diesen zum Teil korrelierenden Polen entfaltete sich ein breitgefächertes Spektrum personellen und institutionellen Zusammenwirkens, das sich vor allem in einer regional spezifischen Vortrags- und Publikationspraxis niederschlug, deren Rekonstruktion zur Erhellung der komplexen Verbreitungswege und vielgestaltigen Kommunikationsbeziehungen innerhalb der expressionistischen Bewegung beitragen kann.

Die schon erwähnten Zeitschriften in Hamburg, Coburg, Hannover, München, Regensburg und Heidelberg vermitteln, unter dem Blickwinkel einer Dresdner Beteiligung betrachtet, ein Bild stufenweiser Ausformung und netzwerkartiger Entfaltung überregionaler Kontakte auf der Basis publizistischer Mitwirkung.

Die Mitarbeit von Mitgliedern der *Expressionistischen Arbeitsgemeinschaft* (Conrad Felixmüller, Felix Stiemer, Recha Rothschild[25] und Oskar Maria Graf[26]) an der von Fritz Schaefler zur Zeit der Räterepublik herausgegebenen Münchner Zeitschrift *Der Weg*, die »sich vorbehaltlos für eine sozialistische Gesellschaftsordnung ein[setzte] und [...] Schriftsteller und bildende Künstler [publizierte], die sich zu Revolution und Sozialismus bekannten«[27], mag dabei als exemplarisch für eine zunächst politisch bestimmte Form des Zusammenwirkens gelten, aus der sich jedoch über wechselnde Personenkreise konstituierte Kooperationsbeziehungen nach und nach auch zu anderen Zeitschriften und Gruppen in Süddeutschland entwickelten. Felix Stiemer und Recha Rothschild, die eine – marxistisch intendierte – »Politisierung der Gesamtpersönlichkeit«[28] auf der Grundlage einer Veränderung der »sozialen Verhältnisse«[29] forderten und damit auf gesellschaftspolitische Maximen der Dresdner *Sozialistischen Gruppe der Geistesarbeiter* zurückgriffen[30], wirkten gemeinsam mit dem bereits renommierten und in den Revolutionstagen besonders durch seine sozialkritischen graphischen Arbeiten für Franz Pfemferts *Aktion* hervorgetretenen Conrad Felixmüller als Verbindungsglied zwischen den linksorientierten Zeitschriften in Dresden, Berlin und München. Stiemer wiederum konnte wenig später den Münchner Oskar Maria Graf, dessen Hauptwerke der *Dresdner Verlag von 1917* bzw. die Monatsschrift *Menschen* publizierte[31], als Mitarbeiter für die gleichfalls revolutionär eingestellte Zeitschrift *Die*

---

[25]   Zu Rothschild vgl. die Autobiographie *Verschlungene Wege. Identitätssuche einer deutschen Jüdin.* Bearbeitet von Karin Hartewig. Frankfurt a. M.: Fischer 1994. Hier auch kurze Hinweise auf die Gründung der *Expressionistischen Arbeitsgemeinschaft Dresden* sowie auf die Rolle von Stiemer und Felixmüller. S. 75ff. und 82.

[26]   Graf wirkte als »auswärtiges Mitglied« der Arbeitsgemeinschaft und dürfte den Kontakt, gemeinsam mit Stiemer, der bereits in den Revolutionstagen nach München übersiedelte, zu den bayerischen Räterevolutionären hergestellt haben.

[27]   Lang: Expressionismus und Buchkunst in Deutschland 1907-1927, S. 79.

[28]   Recha Rothschild: Organisation. In: Der Weg 1 (1919), H. 2. S. 2-4, hier: S. 4.

[29]   Felix Stiemer: Grenzbestimmung. In: Der Weg 1 (1919), H. 7. S. 8.

[30]   Vgl. etwa Rudolf Manasse: Der Ruf nach einem sozialistischen Aktionsprogramm. In: Menschen Montagsblatt-Dresden 1 (1919), Nr. 6. S. 2.

[31]   In den *Menschen* veröffentlichte Graf zwischen 1918 und 1919 allein zehn Beiträge, weitaus mehr als in anderen Zeitschriften (vgl. etwa: *Konstanz 1919*: 5, *Die Sichel*: 3, *Der Zweemann*: 4, *Die*

Bücherkiste[32] gewinnen[33]. Seit Oktober 1919 taucht Graf zudem als Beiträger in der Regensburger Monatsschrift *Die Sichel* [34] auf, an deren Gründung sich federführend Conrad Felixmüller beteiligte, aber bereits nach Erscheinen des dritten Heftes seine Mitarbeit – vermutlich aus politischen Gründen[35] – einstellte. Die von Georg Britting und Josef Achmann herausgegebene *Sichel* bot – wohl über Felixmüller vermittelt – vor allem dem Gründungsmitglied der *Expressionistischen Arbeitsgemeinschaft Dresden*, Rudolf Adrian Dietrich, ein breites Publikationsforum[36]. Dietrich, der seinerseits seit Sommer 1919 ein eigenes Zeitschriftenprojekt in Konstanz betrieb[37], eröffnete wiederum Britting und Achmann eine auch mit den expressionistischen Zirkeln in Zürich, Kiel und Dresden verknüpfte Veröffentlichungsmöglichkeit. Auf diese Weise etablierte sich eine Präsenz von Dresdner Expressionisten in den wichtigsten Zentren der süddeutschen Avantgarde, durch die eine bereits aus der Zeit des Krieges datierende Zusammenarbeit[38] kontinuierlich fortgeführt werden konnte.

Parallel zu diesen von einem eher sozialrevolutionären Veränderungspostulat initiierten Kooperationsbemühungen knüpften Walter Hasenclever, Kurt Bock, Walter Rheiner und Rudolf Adrian Dietrich[39] überregionale Beziehungen zu Zeitschriften, die sich, wie die von Julius Kühn und Carl Stang herausgegebene Monatsschrift *Die Flöte*, in den Dienst einer vorrangig ›seelisch-geistigen Erneuerung‹ der Kunst und des Lebens stellten und den Expressionismus als »unmittelbaren Ausdruck« dieser Bemühungen verstanden[40]. Kurt Bock[41], dessen erste expressionistische Buchpublikation im *Dresdner Verlag von 1917* erschien[42] und der sich zwischen 1918 und 1919 zu einem

---

Bücherkiste: 6). Siehe Paul Raabe (Hg.): Index-Expressionismus. Bibliographie der Beiträge in den Zeitschriften und Jahrbüchern des literarischen Expressionismus 1910-1925. Band 2. Serie A. Teil 2. Nendeln, Liechtenstein: Kraus-Thomson Organization 1972. S. 736-740. Darüber hinaus konnte Graf seine erste Buchpublikation in der Reihe *Das neuste Gedicht* unterbringen. Es handelt sich um den Band *Die Revolutionäre* (Das neuste Gedicht, Heft 4). Vgl. hierzu auch: Gerhard Bauer: Gefangenschaft und Lebenslust. Oskar Maria Graf in seiner Zeit. München: Süddeutscher Verlag 1987. S. 105.

[32] Zur *Bücherkiste* vgl. Wilhelm von Schramm: Die Bücherkiste. München: Langen-Müller 1979.

[33] Stiemer war während seiner Münchner Zeit einer der Hauptmitarbeiter der *Bücherkiste*, wie seine zahlreichen Publikationen belegen. Nach seiner Ausweisung aus München im Juni 1919 arbeitete Stiemer in einer Filiale der *Bücherkiste* in Frankfurt a. M. Vgl. Peter Ludewig. Der Rote. Porträt des Schriftstellers und Verlegers Felix Stiemer. In: Dresdner Hefte 6 (1988), H. 1. S. 38.

[34] Vgl. hierzu die Angaben im Anhang bei Walter Schmitz (Hg.): Georg Britting: Frühe Werke. Prosa, Dramen, Gedichte 1920-1930. München: Süddeutscher Verlag 1987. S. 595.

[35] Zu vermuten ist, daß die Zeitschrift Felixmüller politisch und sozialrevolutionär zu indifferent war.

[36] Dietrich ist in der *Sichel* mit neun Texten vertreten und gehört damit zu den wichtigen Beiträgern. Vgl. Wilhelm Haefs: »Die Sichel« (1919-1921). Profil einer spätexpressionistischen Zeitschrift. In: Walter Schmitz/Herbert Schneidler (Hg.): Expressionismus in Regensburg. Texte und Studien. Regensburg: Mittelbayerische Druckerei- und Verlags-Gesellschaft 1991. S. 119.

[37] Es handelt sich um die Zeitschrift *Konstanz 1919*, die Dietrich praktisch im Alleingang redigierte und herausgab.

[38] Neben den bereits genannten Beziehungen zur *Neuen Kunst* und zum *Zeit-Echo* sind auch noch solche zu Heinrich F. S. Bachmairs *Revolution* aus dem Jahre 1913 nachweisbar. Von den Dresdner Autoren publizierten dort Walter Hasenclever und Friedrich Kurt Benndorf.

[39] Mit Ausnahme von Hasenclever alle Gründungsmitglieder der *Expressionistischen Arbeitsgemeinschaft Dresden*.

[40] Vgl. Julius Kühn: Die Geltung des Expressionismus. In: Die Flöte 1 (1918/19). S. 1-3, hier: S. 2.

[41] Zu Kurt Bock vgl. Paul Raabe: Die Autoren und Bücher des literarischen Expressionismus. Stuttgart: Metzler 1992². S. 68 und die Angaben im biographischen Anhang der vorliegenden Arbeit.

[42] Es handelt sich um den Band *Verse vor Tag*. Dresden: Dresdner Verlag von 1917 1918. (= Das neuste Gedicht, H. 6).

Hauptautor der Zeitschrift *Menschen* entwickelte, kann als Initiator und Träger dieser Publikationsbewegung gelten.[43] Seine bewußt gegen ein einseitig-materialistisches Interesse der Zeit gesetzte »metaphysische Dichtung«[44], die der schmerzlich erfahrenen Zerrissenheit der Kunst und des Lebens eine neue – ästhetisch motivierte – Einheitlichkeit und Universalität gegenüberstellte[45], verkörperte jene »ganz ethisch auf die Besserung der Weltordnung und des Menschen«[46] abzielende Tendenz eines ›messianischen‹ und mythosgläubigen Expressionismus, der auch in die Dichtungskonzepte Walter Hasenclevers und Rudolf Adrian Dietrichs nach 1917/18 einfließt[47].

Sowohl für Hasenclever als auch für Dietrich wird Dresden zum »Ausgangsort« umfangreicher überregionaler »Unternehmungen« (das Spektrum reicht von ausgedehnten Vortragsreisen, Theateraufführungen und Rezitationsabenden bis zur Mitwirkung bei Verlags- und Zeitschriftengründungen[48]).

Durch eine ästhetisch und gattungstypologisch breit variierende Veröffentlichungspraxis, die unterschiedliche Herausgeberinteressen und Lesererwartungen bediente, wußten sich beide Autoren auf dem expandierenden Markt der literarischen Zeitschriften, Schriftenreihen und Sammelwerke öffentlichkeitswirksam zu plazieren und trugen auf diese Weise zur Entfaltung eines Netzwerkes editorischer Kontakte zwischen den regionalen Zentren der Bewegung bei.

Hasenclever, der durch seine Theatererfolge in Dresden zu einem begehrten Autor auch in überregionalen Zeitschriften geworden war und schon deshalb als idealer ›Werbeträger‹ für den Dresdner Expressionismus fungieren konnte, entwickelte einen publizistischen ›Aktionsradius‹, der vor allem Zeitschriften in Leipzig (*Die Weissen Blätter*), Berlin (*Das junge Deutschland*), Coburg (*Die Flöte*) und Mönchengladbach (*Das neue Rheinland*) einbezog; Dietrichs überregionale Veröffentlichungsmöglichkeiten hingegen erstreckten sich vorrangig auf Berlin (*Berliner Romantik*), Kattowitz (*Die Gäste*), Regensburg (*Die Sichel*), Konstanz (*Konstanz 1919*), Darmstadt (*Die Dachstube*), Coburg (*Die Flöte*), Hannover (*Der Zweemann*), Magdeburg (*Der Einzige*) und Kiel (*Die Schöne Rarität*). Kam letzterem seine Verankerung im Milieu der vaga-

---

[43]   Bock entwickelte eine erstaunlich vielseitige publizistische Tätigkeit; in nicht weniger als 19 Zeitschriften und Sammelwerken des Expressionismus ist er als Autor vertreten; zudem gründete er eine eigene Zeitschrift (*Berliner Romantik*) und beteiligte sich mit einem »theoretischen Teil« an Alfred Kuhns in Stuttgart-Bad Cannstatt herausgegebener Monatsschrift für Lyrik *Phaethon*. Zu den Veröffentlichungen Bocks in expressionistischen Zeitschriften vgl. Raabe (Hg.): Index Expressionismus. Band 1. Serie A. Teil 1, S. 263-271. Zur Zeitschriftengründung und Mitarbeit an Alfred Kuhns Monatsschrift vgl. ders.: Die Zeitschriften und Sammlungen des literarischen Expressionismus. Repertorium der Zeitschriften, Jahrbücher, Anthologien, Sammelwerke, Schriftenreihen und Almanache 1910-1921. Stuttgart: Metzler 1964. S. 82 und 101-102.
[44]   Kurt Bock: Die Genesis des Gedichts. In: Menschen 2 (1919), H. V (Nr. 46/49). S. 14.
[45]   vgl. hierzu Bocks – am romantischen Poetisierungstopos geschulte – Forderung, das auf »äußere Zwecke gerichtete« praktische Leben durch ein »ästhetisches Leben« zu bereichern und zu ergänzen. Kurt Bock: Das Gedicht. Wesen, Geschichte, Technik. Buchenbach-Baden: Felsen-Verlag 1922. S. 5.
[46]   Ebd., S. 47-48.
[47]   Zur Abwendung Hasenclevers von der Position des »politischen Dichters« vgl. Kasties: Hasenclever, S. 164ff.; zu Dietrichs Ablehnung des ›Politischen‹ vgl. Brief an Heinrich Christian Meier vom 28. Juni 1957. In: Nachlaß Rudolf Adrian Dietrich. Deutsches Literaturarchiv Marbach. A: Dietrich. Aufzeichnungen und Briefe. Band 15. S. 164; auch: Aufzeichnungen und Briefe. Band 10. S. 67.
[48]   Zu Hasenclever vgl. Kasties: Hasenclever, S. 178; Zu Dietrich vgl. die im Nachlaß gut dokumentierten Projekte und Vorhaben in Konstanz sowie die unzähligen Vortragsreisen nach Hamburg, München und Berlin.

bundierenden Boheme[49], die auf der Grundlage eines »unruhigen Kulturnomadentums« in »ständigem Austausch« mit »verschiedenen Bohemezentren« in Deutschland und Europa stand[50], bei der Ausübung seiner Rolle als Mittler zwischen den personell und ideell unterschiedlichen Kreisen der Avantgarde in Dresden, Berlin, München, Regensburg, Konstanz und Kiel[51] entgegen, nutzten Hasenclever und Bock ihre überregionale Popularität, um auf den besonderen Stellenwert von Dresdner Autoren für die Entwicklung des ›neuen Stils‹ aufmerksam zu machen. Wenn Kurt Bock in der Heidelberger Zeitschrift *Saturn* und in der Hamburger Monatsschrift *Die Rote Erde* den Lyriker Walter Rheiner zum »Typus jüngster Dichtung« stilisierte und das Paradigmatische von Rheiners dichterischer Leistung im Spektrum des zeitgenössischen Expressionismus hervorhob[52], dann trug er nicht nur zur überregionalen Verbreitung von Rheiners Lyrik bei, sondern führte auch das Konzept ›autorenbezogener‹ Propaganda, wie es schon zu Kriegszeiten von Camill Hoffmann, A. Rudolf Leinert und Walter Rheiner praktiziert wurde[53], weiter. Zugleich ordnet sich diese Praxis in eine übergreifende Strategie wechselseitiger Werbung und Agitation für Verlage, Zeitschriften oder monographische Publikationen des Dresdner Expressionismus ein. Dabei vermittelt ein Blick auf die kleineren, vorwiegend in der Provinz agierenden Monatsschriften wie die Kieler *Schöne Rarität*, die Regensburger *Sichel*, der von Rolf Conrad Cunz in Bremen herausgegebene *Orkan* oder der von Christoph Stegemann in Hannover verlegte *Zweemann* das Bild relativ kontinuierlicher Werbekampagnen für Dresdner expressionistische Verlage und deren Produkte.[54] Parallel hierzu konzentriert sich – sieht man von kommerziellen Anzeigen für bedeutende Verlage des Expressionismus (etwa *Paul Cassirer* oder *Gustav Kiepenheuer*) ab – auch das Werbeverhalten der Dresdner expressionistischen Zeitschriften vorrangig auf die kleinen Zentren des Expressionismus in Hannover, Leipzig, Jena, Hamburg, Kiel, Potsdam und Regens-

---

[49] Neben Dietrich pflegte auch der heute nahezu vergessene Dresdner Dichter Iwar von Lücken das unstete Leben eines ›schreibenden Abenteurers‹, ohne jedoch die gesellschaftliche Wirksamkeit Dietrichs erreicht zu haben. Zu Lücken vgl. P. Howard Gaskill: Iwar von Lücken – Ein vergessener Poet des Dresdner Expressionismus. In: Jahrbuch der Deutschen Schillergesellschaft 24 (1980), S. 357-368. – Wulf Kirsten: Der Bohemien Iwar von Lücken. In: Dresdner Hefte 20 (2002), H.4. S. 34-41.
[50] Vgl. Helmut Kreuzer: Die Boheme. Beiträge zu ihrer Beschreibung. Stuttgart: Metzler 1968. S. 49.
[51] Dietrichs Funktion als Vermittler zwischen Expressionismus und Boheme ist besonders deutlich anhand seiner Aktivitäten in Konstanz zwischen 1919 und 1920/21 nachweisbar.
[52] Vgl. Kurt Bock: Walter Rheiner. In: Saturn 5 (1919/20), H. 6. S. 245-258, hier: S. 246, und ders.: Walter Rheiner. In: Die Rote Erde 1 (1919), H. 4/5. S. 148-151, hier: S. 149. Zur Werbung auch in nicht-expressionistischen Organen vgl. etwa Hasenclevers ausführlichen Essay über Oskar Kokoschka im *Berliner-Börsen-Courier* vom 28.4.1913. Nr. 455. S. 12.
[53] Zu Hoffmann vgl. dessen Würdigung von Walter Hasenclever in: Das junge Deutschland. 1 (1918), H. 3. S. 82-85; oder seine Anerkennung Kokoschkas im *Kunstblatt* 1 (1917), H. 7. S. 219-221. Zu Leinert vgl. dessen Kritik zu Carl Rolf Voigts Lyrikband *Die Frühlingsfackel*. In: Der Orkan 2 (1917/18), H. 4/5. S. 75. Zu Rheiner vgl. dessen Gerhard Ausleger gewidmetes Gedicht *Irdische Auferstehung*. In: Die Schöne Rarität 2 (1918), H. 4. S. 62.
[54] Zu erkennen ist dabei ein relativ ausgeglichenes Bild, und zwar sowohl was die Werbeformen (Anzeigen) als auch Werbeinhalte (oftmals kritische Besprechungen von Publikationen) anbelangt. Im Zentrum stehen Werbekampagnen für den *Jakob Hegner Verlag*, für Heinar Schillings *Dresdner Verlag von 1917* und für die Zeitschriften *Menschen* und *Neue Blätter für Kunst und Dichtung*. Vgl. etwa: Die Sichel 1 (1919), H. 6. S. 116 (ganzseitige Werbung für die *Neuen Blätter für Kunst und Dichtung*); oder *Der Orkan*, der im 2. Jg. 1917/19, Nr. 4/5. S. 77 kritische Würdigungen von Publikationen Dietrichs und Walter Rheiners veröffentlicht. In der Hannoveraner Monatsschrift *Der Zweemann* wird im 1. Jg. 1920, Nr. 8, 9, 10. S. 49 ein halbseitiges Inserat über die Zeitschrift *Menschen* mit Übersicht der bisher erschienenen Hefte publiziert.

burg.[55] Gerade die Hinwendung zu den stärker regional gebundenen expressionistischen Medien und deren publizistische Einbindung in eine überregionale Werbestrategie können als Voraussetzung für die Ausformung von nationalen Netzwerken subkultureller Kunstkommunikation gelten.

Dabei entwickelten die Herausgeber der Monatsschrift *Menschen* ein für die überregionale Kooperation expressionistischer Publikationsmedien singuläres Vorgehen: Mit der ›Übernahme‹ des Inhaltes ganzer Nummern von nicht in Dresden erscheinenden Zeitschriften und deren Wiederveröffentlichung im eigenen Verlag schufen sie – wie das Beispiel der Hamburger Zweimonatsschrift *Kräfte* belegt – nicht nur eine personelle und ideelle Achse zwischen weit auseinander liegenden lokalen Zentren des ›neuen Stils‹, sondern auch die Basis für eine stärker am inhaltlichen Profil anderer Vereinigungen orientierte Zusammenarbeit. Da sich der Hamburger *Kräfte*-Kreis als Ortsgruppe der *Berliner Novembergruppe* verstand[56], die wiederum – über die *Dresdner Sezession 1919* und namentlich Conrad Felixmüller – mit dem *Dresdner Verlag von 1917* eng verbunden war, eignete er sich in besonderer Weise, »die Bewegung ausgehend von ihren vitalen Zusammenhängen Genossenschaft und Freundschaft zu sammeln«[57]. Das Engagement Heinar Schillings, der alle Hefte der Hamburger Zeitschrift in den 2. Jahrgang der Buchfolge *Menschen* integrierte[58], mag dabei zunächst politisch intendiert gewesen sein, stand doch der aktivistische Kreis um den Dresdner Verleger den politischen Forderungen der *Novembergruppe* und der *Dresdner Sezession* nach einem Mitspracherecht »bei der Neugestaltung der Kunstschulen und ihres Unterrichts, bei der Umwandlung der Museen, bei der Vergebung der Ausstellungsräume und bei der Kunstgesetzgebung«[59] nahe.[60] Wie sehr allerdings auch hier die gruppenübergreifende publizistische Zusammenarbeit darauf abzielte, Eigenes und Fremdes produktiv zu assimilieren und dadurch einer gesellschaftlichen Isolation und Zersplitterung der Bewegung entgegenzusteuern, zeigt das Festhalten an der Kooperation mit dem Kreis um die Zeitschrift *Kräfte*, als dieser sich längst den apolitischen Postulaten des frühen *Sturm* verpflichtet fühlte.[61] Obwohl die etwa zeitgleich (Sommer 1919) erfolgte Hinwendung von Conrad Felixmüller, Walter Rheiner, Friedrich Wolf und A. Rudolf Leinert zu der konkurrierenden von Karl Lorenz gemeinsam mit Paul Schwemer (später Rosa Schapire) herausgegebenen Hamburger Zeitschrift *Die Rote Erde* den Bestrebungen der Dresdner Expressionisten nach ›Pflege jüngster expressionistischer Litera-

---

[55] Gut nachweisbar anhand der Zeitschriften *Menschen* (vor allem im 2. Jahrgang) und *Neue Blätter für Kunst und Dichtung*.

[56] Vgl. hierzu die programmatische Erklärung der Gruppe in: Menschen 2 (1919), H. VII (Nr. 54/61). S. 5.

[57] Erläuterung des Schriftleiters Heinar Schilling zu Beginn des ersten Sonderheftes der *Kräfte*. In: Menschen 2 (1919), H. IV (Nr. 38/45).

[58] Es handelt sich um die Hefte IV (Nr. 38/45), VII (Nr. 54/61), XII (Nr. 72/76).

[59] Vgl. hierzu die Richtlinien der Novembergruppe. Abgedruckt bei: Will Grohmann: Zehn Jahre Novembergruppe. In: Kunst der Zeit 3 (1928), H. 1-3. S. 11-12. (= Sonderheft: Zehn Jahre Novembergruppe). Zur *Dresdner Sezession, Gruppe 1919* vgl. das Statut der Gruppe und die Erinnerungen Felixmüllers in: Felixmüller: Werke und Dokumente, S. 72ff.

[60] Neben personellen Vernetzungen (etwa über Conrad Felixmüller) existierten auch publizistische: So widmete Schilling in seiner Zeitschrift ein Sonderheft dem Schaffen der Sezessionsmitglieder. Vgl. Menschen 2 (1919), H. VIII (Nr. 62/65).

[61] Der *Kräfte*-Kreis und seine gleichnamige Zeitschrift bestanden nur wenige Monate (von Juni 1919 bis gegen Ende 1919) und fühlten sich schon bald den ästhetischen Prämissen des *Sturm* verpflichtet. Genaueres bei: Volker Pirsich: Verlage, Pressen und Zeitschriften des Hamburger Expressionismus. Frankfurt a. M.: Buchhändler-Vereinigung 1988. S. 224f.

tur und Kunst[62] im Umfeld eines revolutionären, auf die Änderung des Menschen gerichteten ›geistigen Aktivismus‹[63] genuin entsprach, erloschen die Kontakte zur *Kräfte*-Gruppe erst nach deren endgültiger Auflösung Ende 1919.

So konzentrierte sich die gruppenübergreifende Zusammenarbeit weniger auf die Durchsetzung von kunstästhetischen oder ideologischen Auffassungen, sondern mehr auf die Suche nach geeigneten Vermittlungswegen, die der neuen Kunst letztlich »den Weg in die bestehende Kultur, auf den Markt und in die Institutionen ebnen«[64] sollte.

Den Erfolg einer solchen Strategie belegt die Mitarbeit von Dresdner Expressionisten in national bekannten nicht-expressionistischen Zeitschriften[65], wobei die publizistische Präsenz in diesen Periodika nicht nur die lokale und intentionale Reichweite der gruppenexternen Aktivitäten verdeutlichte, sondern den überregionalen Bemühungen eine Homogenität verlieh, die integrativ und konsensbildend auf das Zusammenwirken der lokal verstreuten Gruppen und Kreise zurückwirkte.

1.2. Institutionalisierte Formen überregionaler Kunstkommunikation

Die beschriebenen Formen und Methoden medial gebundener Kooperation verhalfen den Autoren und Werken der Dresdner Expressionisten zu jener überregionalen Publizität, die als Voraussetzung einer institutionalisierten, sich zunächst auf die Binnenräume der Avantgarde erstreckenden Interaktion gelten kann. Unter der Maßgabe, daß im Zeitalter eines weitgehend institutionalisierten Kulturbetriebes, der die Moderne noch kaum als ernstzunehmende Kunstbewegung erkannt hatte, das Neue nur dann erfolgversprechend durchgesetzt werden konnte, wenn es sich zur gleichen Zeit an verschiedenen Orten wirkungsvoll präsentierte, konzentrierten sich die Zirkel und Vereinigungen der Expressionisten auf den nationalen und später auch internationalen Zusammenschluß ihrer Kräfte. Daß diese Kooperationsbestrebungen, die eine kunst- und gattungstypologisch universale Zielrichtung[66] besaßen, durch ihre Bindung an gruppenspezifische Programme und Konzepte zwar ständig in einem »Konflikt zwischen Individualitätsstreben und Kollektivforderungen«[67] standen, diesen aber auch zugunsten sachgeleiteter Zusammenarbeit und wechselseitiger Unterstützung im Umfeld öffentlicher Wirkungsabsichten überwinden konnten, zeigen die von Dresden aus gesteuerten Versuche, eine über Gruppen und Verlage vermittelte ›Gemeinschaftsar-

---

[62]   Vgl. hierzu die Ankündigung bei Raabe: Die Zeitschriften und Sammlungen, S. 106.

[63]   Vor allem im ersten Jahrgang orientierte sich die Zeitschrift, wie Volker Pirsich belegt, am Postulat einer »durch die Kunst zu verändernden Menschheit«. Pirsich: Verlage, Pressen und Zeitschriften des Hamburger Expressionismus, S. 234.

[64]   Hans Peter Thurn: Die Sozialität der Solitären. Gruppen und Netzwerke in der Bildenden Kunst. In: Friedhelm Neidhardt (Hg.): Gruppensoziologie. Perspektiven und Materialien. Opladen: Westdeutscher Verlag 1983. S. 304.

[65]   Vgl. etwa Walter Rheiners Veröffentlichungen in der *Neuen Rundschau*: Walter Rheiner: Die Vorübergehende. Der Baum. [Gedichte]. In: Die neue Rundschau 30 (1919), H. 12. S. 1515-1516. Gleichfalls Publikationen Däublers, so z. B.: Maremma. [Gedichte]. In: Die neue Rundschau 33 (1922), H. 9. S. 932-936.

[66]   Vgl. hierzu den knappen, vorrangig auf die bildende Kunst bezogenen Aufsatz von Stephan von Wiese: Sturm durch diese Welt. Die internationale Zielrichtung des Expressionismus. In: Stephanie Barron (Hg.): Expressionismus. Die zweite Generation 1915-1925. München: Prestel 1989. S. 121-127.

[67]   Anz/Stark (Hg.): Expressionismus. Manifeste und Dokumente, S. 406.

beit‹ zu initiieren. An den Beispielen von Kiel, Konstanz und Paris wären drei Varianten eines solchen Zusammenwirkens zu analysieren, die den Prozeß der Assimilierung von ursprünglich regional konturierten Modellen avantgardistischer Kunstausübung in die übergreifenden Konzepte einer solidarisch bestimmten und gruppenintegrierend ausgerichteten Kunstpraxis erhellen.

1.2.1. Gruppenzentrierte Kommunikation: Modelle ästhetisch-publizistischer Gemeinschaftsarbeit – Die Expressionistischen Arbeitsgemeinschaften in Kiel und Dresden

Der gruppengeleiteten Kooperation zwischen den *Expressionistischen Arbeitsgemeinschaften* in Dresden und Kiel, die sich im Laufe des Jahres 1919 entwickelte, ging eine bereits im Sommer 1917 von der Dresdner Autorin Bess Brenck-Kalischer[68] vermittelte publizistische Zusammenarbeit mit der von Adolf Harms in Kiel herausgegebenen Zeitschrift *Die Schöne Rarität* voraus.[69] Zu einer Zeit, da es in der sächsischen Residenzstadt noch keine eigenständigen, dem neuen Stil verpflichteten Publikationsmedien gab, fungierte diese im Kieler Universitätsmilieu angesiedelte und mehrheitlich von Studenten getragene Monatsschrift[70] als frühes Publikationsforum für die Mitglieder der sich eben formierenden expressionistischen Bewegung Dresdens. Zugleich signalisierte die Beteiligung der Dresdner Expressionisten die Bereitschaft zum überregionalen Zusammenwirken, noch ehe die Statuten der wenig später gegründeten *Expressionistischen Arbeitsgemeinschaft* die Mitarbeit »auswärtiger Mitglieder«[71] ausdrücklich sanktionierte. Daß sich mit Gerhard Ausleger und Georg Tappert zwei Initiatoren des Kieler Zeitschriftenprojektes von Beginn an in der Dresdner Gruppe als ›Auswärtige‹ engagierten[72], eröffnete ein breites Feld wechselseitiger personeller Interaktionen, die sich alsbald auch in der Mitarbeit von Kieler Expressionisten in der seit Januar 1918 erscheinenden Dresdner Zeitschrift *Menschen* niederschlug.[73] Die Texte, Graphiken und Anzeigen umfassende gegenseitige Veröffentlichungspraxis, die Rückschlüsse auf Leitlinien der überregionalen Kooperation erlaubt und zugleich eine exaktere Bestimmung der Funktion ästhetischer und poetologischer Prinzipien kollektiver Kunstkommunikation im Expressionismus gestattet, basierte auf sehr unterschiedlichen programmatischen Grundsätzen. Während Gerhard Ausleger als verantwortlicher Redakteur für den literarischen Teil der *Schönen Rarität* von Beginn an den »ganz unaktivistischen Status«[74] seiner Zeitschrift betonte und keinen »unmittelbaren Zeitbe-

---

[68]   Bess Brenck-Kalischer war mit Felix Stiemer befreundet und gehörte im Herbst 1917 zu den Gründungsmitgliedern der *Expressionistischen Arbeitsgemeinschaft Dresden*.
[69]   Brenck-Kalischer wurde von Adolf Harms brieflich um ihre Mitarbeit an der *Schönen Rarität* gebeten. Zu Einzelheiten vgl. Peter Ludewig: Gerhard Ausleger und »Die Schöne Rarität«. In: Kunstwende. Der Kieler Impuls des Expressionismus 1915-1922. Katalogbuch zur Ausstellung. Neumünster: Karl Wachholtz Verlag 1992. S. 19.
[70]   Paul Raabe: Der Kieler Impuls des Expressionismus. In: Ebd., S. 5-14; zur Zeitschrift S. 13f.
[71]   Vgl. Bericht über die Verlagsjahre 1917/19. In: Menschen 2 (1919), H. X (Nr. 68/69). S. 8.
[72]   Ebd.
[73]   Von der ersten Nummer an wurden Ausleger und Tappert als Mitarbeiter der *Menschen* geführt und bereits in Nr. 3 der Zeitschrift vom Mai 1918 erschien eine Anzeige der *Schönen Rarität* und des gleichnamigen Verlages.
[74]   Vgl. hierzu einen Brief Walter Rheiners an Rudolf Adrian Dietrich. Rheiner berichtet von einem Gespräch mit Gerhard Ausleger, in dem dieser den »unaktivistischen Status« der *Schönen Rarität* her-

zug«[75] in den veröffentlichten Beiträgen anstrebte, hatten die Dresdner Expressionisten den konsequenten »Protest« gegen Krieg und Völkermord als Basis »gemeinsamen Handelns« postuliert und »im Bewußtsein: Kunst als Tat«[76] nach Wegen gesellschaftlicher Einflußnahme gesucht. Die Rückwirkung dieser programmatischen Leitgedanken auf die Veröffentlichungsstrategie und den Charakter der beiden Monatsschriften läßt sich etwa am Beispiel der wechselseitig publizierten Kriegslyrik demonstrieren. Hatten die Herausgeber des Kieler Periodikums den Abdruck kriegsthematisierender Gedichte ausschließlich von deren ›literar-ästhetischer‹ Qualität abhängig gemacht und sie so als bloßes, im einzelnen Heft isoliert und ohne erkennbaren funktionalen Bezug erscheinendes »literarisches Ereignis«[77] definiert, bemühten sich die Dresdner Publizisten von Beginn an, die Veröffentlichung solcher Texte in das gesellschaftskritische Gesamtprofil ihrer Zeitschrift einzubinden. So wurde der Abdruck von Antikriegsgedichten mit der Publikation politischer Pamphlete oder zeitkritischer Betrachtungen parallel geführt und damit die Einheit von ästhetischem und sozialem Diskurs umgesetzt.[78]

Trotz dieser gravierenden konzeptionellen und publikationsleitenden Gegensätze, die sich nach Kriegsende auch im Bereich der Veröffentlichung politisch engagierter Literatur nachweisen lassen[79], kam es nicht zu einem einseitigen Abbruch der Beziehungen oder zu personellen Einschränkungen hinsichtlich der Mitarbeit von Dresdner Autoren. Grundlage hierfür war eine programmatisch postulierte Ablehnung von »jegliche[m] Cliquenwesen und damit verbundene[r] Theoretisiererei und Gruppenpolemik«.[80] Im Bestreben, ein möglichst breites Wirkungsspektrum zu entfalten, das auch vielfältig auf die bürgerliche Öffentlichkeit einwirken und die Suche nach potentiellen Mitstreitern erleichtern sollte, vermied die Dresdner Arbeitsgemeinschaft gerade im Kontext gruppenübergreifender Kooperation die Austragung von Kontroversen, die den Eindruck avantgardistischer Esoterik oder kunstpolitischer Unbelehrbarkeit hervorrufen konnte. Die »Exklusivität« zu überwinden und das »menschlich orientierte Zusammenleben« zu organisieren[81], wurden zu Leitgedanken eines Programms, das sich fern von allem ästhetischen oder gesellschaftspolitischen Dogmatismus, wie ihn etwa die Berliner Zirkel um Herwarth Walden oder Franz Pfemfert vor

---

vorhob. Der Brief ist abgedruckt in: Thomas Rietzschel (Hg.): Walter Rheiner: Kokain. Lyrik, Prosa, Briefe. Leipzig: Reclam 1985. S. 235-238, hier: S. 236.

[75] Ludewig: Gerhard Ausleger und »Die Schöne Rarität«, S. 19.

[76] Vgl. Bericht über die Verlagsjahre 1917/19, S. 7.

[77] Vgl. Ludewig: Gerhard Ausleger und »Die Schöne Rarität«, S. 19.

[78] Als Beispiel sei auf Richard Fischers Antikriegsgedicht *Feld der Ehre!* verwiesen, das in Nr. 3 der *Menschen* vom 15.5.1918 erschien. Neben zwei weiteren, ähnlich gelagerten Gedichten von Fischer (*Nacht von Bethlehem* und *Aus der Nacht!*) publizierten die Herausgeber einen »der russischen Oktoberrevolution gewidmeten« *Prolog* von Walter Rheiner und die Erlebnisse des kriegsverwundeten *Militär-Krankenwärters Felixmüller* in Arnsdorf. Eine ähnliche Strategie zeigt sich auch in Nr. 10 (15.12.1918) der Zeitschrift. Hier finden sich neben kriegsthematisierenden Gedichten politische und gesellschaftkritische Erörterungen von Raoul Hausmann (*Menschen, Leben, Erleben*) und Felix Stiemer (*Politische Kunst*) sowie eine Erzählung von Oskar Maria Graf (*Der Mann*), die sich mit dem Problem von Macht und Gehorsam eines zum Kriegsdienst einberufenen Zivilisten befaßt.

[79] So finden sich in der *Schönen Rarität* – ganz im Gegensatz zur Dresdner Monatsschrift *Menschen* – keine politischen Manifeste oder Aufrufe.

[80] Vgl. Tagebuch der ›literarischen Abends‹ zu Kiel, S. 100. Zit. nach Ludewig: Gerhard Ausleger und »Die Schöne Rarität«, S. 19.

[81] Rothschild: Organisation, S. 4. Der Artikel wurde auch im *Menschen Montagsblatt-Dresden* 1 (1919), Nr. 7. S. 3. veröffentlicht.

Titelblatt der Kieler Zeitschrift *Die Schöne Rarität*
mit einem Holzschnitt von
Georg Tappert vom No-
vember 1917

allem nach dem Krieg praktizierten, auf die Betonung des Verbindenden zwischen den regionalen Gruppierungen konzentrierte und, vom ›Einzelnen‹ ausgehend, die Herausbildung des ›Gemeinschaftlichen‹ propagierte: »Seien wir uns doch bewußt«, betonte deshalb Conrad Felixmüller in einem Aufsatz für die *Schöne Rarität*,

> daß ein jeder die Verbindung zum anderen ist und stellen wir das Zwischenlie-
> gende dar. [...] Belauschen wir einmal unsere Gefühlchen, es kommt nichts her-
> aus – ehe sie nicht von selbst unser kleines individuelles Ich durchbrechen – bis
> zu unserem Nächsten vorstoßen, da unsere Beziehungen aufdecken, wir bewußt
> werden, um endlich manifestierend die große in uns, auf uns ruhende Verant-
> wortung zur Gemeinschaft in Einheit WELT zu gestalten.[82]

Daß dieses Angebot kollektiver Selbstverständigung vor allem bei den kleineren, vorwiegend regional wirkenden Zirkeln auf Zuspruch stieß[83], hängt mit deren eher beschränkten kulturellen oder gesellschaftlichen Einflußmöglichkeiten in der Provinz zusammen. Dabei wurde in einem überschaubaren lokalen Sinnraum die Konstituierung von Solidarität und Gemeinsinn in bewußtem Kontrast zu einer von Selbstentfremdung und zwischenmenschlicher Isolation gekennzeichneten kapitalistischen Gesell-

---

[82] Conrad Felixmüller: Zur Kunst. In: Die Schöne Rarität 2 (1918), H. 3 (Sonderheft Felixmüller). S. 40.
[83] So lehnte Pfemfert ein Angebot der Dresdner zur Zusammenarbeit brüsk ab. Vgl. hierzu die ausführlichen Hinweise in den *Menschen* vom 15. Juni 1918. Nr. 4. S. 4.

schaft gesetzt, was dem expressionistischen Gruppengedanken eine dezidiert gesellschaftsutopische Dimension verlieh, da damit die ›neue Gemeinschaft‹ der Dichter und Maler zum potentiellen Vorbild einer ›neuen Gesellschaft‹ avancierte. Insofern konzentrierte sich das Zusammenwirken – wie das Beispiel Kiel belegt – weniger auf die Durchsetzung oder Propagierung eigener ästhetischer Prämissen als auf die Etablierung einer neuen, solidarischen Form menschlichen Zusammenlebens. Diesem Ziel ordnete sich auch die von den Dresdner Expressionisten praktizierte Veröffentlichungsstrategie unter, die eine dem ›unaktivistischen‹ Charakter der *Schönen Rarität* entsprechende Text- und Bildauswahl festschrieb: So vermißte der zeitgenössische Leser in der Kieler Monatsschrift nicht nur die für Felixmüller charakteristischen sozialkritischen Holzschnitte[84], sondern auch die politisch motivierte Lyrik und Prosa Walter Rheiners[85]. Letzterer hatte zwar noch im Januar 1918 gegenüber seinem Dichterfreund Rudolf Adrian Dietrich betont, daß er dem »ganzen Aktivismus sehr sehr skeptisch« und der »›aktivistischen Kunst‹ *ganz* ablehnend« gegenüberstehe und gerade deshalb einer »rein musischen Zeitschrift wie *Die Schöne Rarität* sehr sympatisch«[86] gesinnt sei, aber selbst nachdem Rheiners Wandlung vom »Metaphysiker« zum »realistisch und international«[87] ausgerichteten Autor im Umfeld der Revolutionsereignisse einsetzte, vermied er die Publikation von Texten mit politischer oder gesellschaftskritischer Tendenz in Adolf Harms' Periodikum[88].

Eine selektive Publikationspraxis, die sich am kunstästhetischen Status des jeweiligen Veröffentlichungsmediums orientierte, wurde so zur Voraussetzung einer zunächst textzentrierten überregionalen Kooperation, deren Qualität durch die Gründung der *Expressionistischen Arbeitsgemeinschaft Kiel* im April 1919 eine neue Stufe erreichte. Die nach Dresdner Vorbild ins Leben gerufene Vereinigung, zu deren »engere[m] Arbeitsausschuß«[89] von Beginn an Heinar Schilling gehörte, löste die der »pu-

---

[84] Vgl. etwa das Porträt von Karl Liebknecht auf der Titelseite der Zeitschrift *Menschen* (Nr. 2 [15] vom 15.1.1919) oder die Graphiken zu Heinar Schillings episch-dramatischem Gedicht *Die Sklaven* in: Menschen 2 (1919), Nr. 6 (28). S. 2-3 (vom März 1919). In seinem Sonderheft der *Schönen Rarität* hingegen dominieren Porträts oder gesellschaftlich unverbindliche Graphiken (z. B. das Blatt *Geburt*). Vgl. Die Schöne Rarität 2 (1918), H. 3. (Sonderheft Felixmüller) S. 45.

[85] Vgl. den von Walter Rheiner als Schriftleiter der *Menschen* anläßlich des Todes von Karl Liebknecht verfaßten Aufruf: »MENSCHEN! Karl Liebknecht und Rosa Luxemburg hielten als Einzige dieser vier Jahre mit die Fahne der Revolution hoch. Sie wurden heute durch die Maßnahmen der ›revolutionären‹ Regierung ermordet. Die Bestie triumphiert über den Geist des Sozialismus! Die feile Journaille jubelt über 480 Leichen und 1000 Verwundete überzeugungstreuer Ideenkämpfer. MENSCHEN! Die Regierung ist des vielfachen Mordes schuldig! Die Menschenschlächter des Militarismus sind ihre gedungenen Schergen. Ehre und Ruhm ihren toten Gegnern! Wir neigen uns vor ihnen zur Erde. Klärt auf! Sprecht! Redet! Schreit!« In: Menschen 2 (1919), Nr. 2 (15). S. 1.

[86] Brief Walter Rheiners an Rudolf Adrian Dietrich. Der Brief ist abgedruckt in: Rietzschel (Hg.): Walter Rheiner. S. 235-238, hier: S. 237.

[87] Dies betont Rheiners Frau: »Rheiner war kein Metaphysiker, seine Einstellung realistisch und international. Nach ihm gehörte die Gegenwart der Revolution und ihren Forderungen.« Vgl. hierzu Frieda Saint Sauveur: Walter Rheiner – Lebensabriß. In: Nachlaß Rudolf Adrian Dietrich. Briefe. Konvolut Frieda Saint Sauveur. New York. O. J. S. 5.

[88] Statt dessen dominieren noch im Februar 1919 empfindungslyrische Impressionen (*Empfindung eines Abends*) oder Widmungsgedichte (*Frau im Park, für Aenne Roese*). Vgl. Die Schöne Rarität 2 (1919), H. 1. S. 170.

[89] Vgl. Sonderheft Expressionistische Arbeitsgemeinschaft Kiel. Menschen 2 (1919), H. VI (Nr. 50/53). S. 26.

Sonderheft der Zeitschrift
Menschen über die *Expressionistische Arbeitsgemeinschaft
Kiel* vom Juli 1919

blizistischen Pflege expressionistischer Anschauungen«[90] dienende *Schöne Rarität* ab[91] und verlieh den Aktivitäten der Kieler Expressionisten eine neue programmatische Ausrichtung, die den bislang erreichten Grad überregionaler Wirkung nochmals steigern sollte.

Auf den Dresdner Einfluß verweisen nicht nur der ›Tätigkeitsbericht‹ der Arbeitsgemeinschaft, der in einem Sonderheft der Zeitschrift *Menschen* abgedruckt wurde[92], sondern auch die Formen und Methoden des öffentlichen Wirkens. Die Konzentration auf die »Veranstaltung von expressionistischen Kunstausstellungen, Dichterabenden und Vorträgen vor breiter Öffentlichkeit«[93] dokumentiert das seinerzeit schon in Dresden praktizierte Bestreben, eine öffentliche Kommunikation zwischen Kunstproduzenten und -rezipienten zu etablieren und durch die personelle und konzeptionelle Gebundenheit der Gruppe den Kreis der potentiellen Adressaten zu erweitern. In der Tat weist das Spektrum der geplanten und durchgeführten Lesungen, Ausstellungen und Theateraufführungen[94] auf die Entfaltung einer beachtlichen ›Veranstaltungsaktivität‹ hin, und selbst der eher für Dresden typische Versuch, Teile der »Arbeiterschaft« für die kunstpropagandistischen Bemühungen der Expressionisten zu interessieren, wurde in Kiel aufgegriffen[95].

Auch die gleichfalls in Dresden erfolgreich erprobte Bindung der Expressionisten an die städtischen Theater als Voraussetzung für die Durchsetzung des Expressionis-

---

[90]　Bärbel Manitz: Die »Expressionistische Arbeitsgemeinschaft Kiel« Gründung, Programm und Tätigkeit. In: Kunstwende. Der Kieler Impuls des Expressionismus 1915-1922. Katalogbuch zur Ausstellung. Neumünster: Karl Wachholtz Verlag 1992. S. 77.

[91]　Das letzte Heft erschien im März 1919 mit dem Hinweis: »Unter der bisherigen Oberleitung von Gerhard Ausleger und Georg Tappert wird ›Die Schöne Rarität‹ weiter erscheinen im Dresdner Verlag von 1917«. Da sich dies – aus welchen Gründen auch immer – nicht verwirklichen ließ, wurde, so ist zu vermuten, mit der Gründung der Kieler Arbeitsgemeinschaft eine Weiterführung der bisherigen Aktivitäten angestrebt. Vgl. Die Schöne Rarität 2 (1919), H. 12. S. 191.

[92]　Gustav Friedmann: Expressionistische Arbeitsgemeinschaft Kiel. In: Menschen 2 (1919), H. VI (Nr. 50/53). S. 26.

[93]　Ebd.

[94]　Manitz: Die »Expressionistische Arbeitsgemeinschaft Kiel« Gründung, Programm und Tätigkeit, bes. S. 88.

[95]　Am 23.5.1919 liest Walter Hasenclever vor der von der *Expressionistischen Arbeitsgemeinschaft* eingeladenen Arbeiterschaft »eigene politische Dichtungen«. Vgl. Friedmann: Expressionistische Arbeitsgemeinschaft Kiel, S. 26.

mus erweist sich in Kiel als bedeutsam, beteiligte sich doch mit dem Intendanten Max Alberty seit Mitte 1919 der einstige stellvertretende Leiter des Dresdner *Albert-Theaters* und Mitglied des Dresdner *Arbeiter- und Soldatenrates* an der Reformierung der Kieler Bühnen[96]. Die Inszenierungen von Reinhard Goerings *Seeschlacht* und von Walter Hasenclevers *Sohn* in Kiel unter der Regie Gerhard Auslegers[97] gingen auf Albertys Konzept der Entwicklung eines ›Kulturtheaters‹, das die Bühne primär als ›Bildungsinstitution‹ auffaßte und nicht als profitablen, kommerziell erfolgreichen Amüsierbetrieb[98], zurück. Dieses im Kontext mit Berthold Viertels Theaterreform in Dresden schon an der Hofbühne konzipierte, den Gedanken eines neuen gemeinschaftlich organisierten Ideen- und »Gesinnungstheaters«[99] aufgreifende Projekt ordnete sich gleichfalls in die kooperativen Bemühungen um publikumswirksame Repräsentation des ›neuen Stils‹ in der Stadt des Matrosenaufstandes ein.

Die inhaltliche und konzeptionelle Ausrichtung der Aktivitäten, die von den Mitgliedern der *Expressionistischen Arbeitsgemeinschaft Kiel* initiiert wurden, basierte somit mehrheitlich auf einer mehr oder weniger engen ideellen oder personellen Verflechtung mit der expressionistischen Szene Dresdens, wobei selbst die Hoffnung auf öffentliche Anerkennung und Wirkung durch die positiven Erfahrungen der Dresdner Mitstreiter genährt wurde. Hier indes wich die anfängliche, vor allem durch Albertys Theaterarbeit hervorgerufene Euphorie[100] schon bald tiefer Ernüchterung, blieb doch den Kunstbemühungen der Avantgarde in Kiel die öffentliche Anerkennung weitgehend versagt. Während sich die einflußreichsten Vertreter der Dresdner Presse als Verbündete im Kampf um die Durchsetzung des Expressionismus profilierten und ihren Einfluß auf die bildungsbürgerlichen Kreise der einstigen Residenzstadt ganz im Sinne einer unvoreingenommenen Förderung der ›Jungen Kunst‹ geltend machten, verhielt sich das Gros der Kieler Presse reserviert oder ablehnend. Als nach einer Lesung Walter Hasenclevers die *Kieler Zeitung* und die *Kieler Neuesten Nachrichten* dessen »Bedeutung« als »politischen Dichter herunterspielten«[101], sah sich sogar Heinar Schilling zu einer Gegendarstellung in der *Schleswig-Holsteinischen Volks-Zeitung* veranlaßt:

> Mit stärkster sprachlicher Gewalt, mit intensivster Aufrüttelung ethischen Empfindens packte Hasenclever am Dienstag seine Hörer und riß ihre große Mehrzahl zu frenetischem Beifall hin, der ebensosehr dem Richter, dem Menschen und Propheten wie dem Meister des Vortrages gehörte. Es kann nicht wundernehmen, daß eine eifernde Minorität, der naturgemäß auch die Herren Kritiker der ›Kieler

---

[96]   Zu Alberty vgl. Jörg Joost: Theater im Epochenwandel: Eine Kunstwende im Theater? In: Kunstwende. Der Kieler Impuls des Expressionismus 1915-1922. Katalogbuch zur Ausstellung. Neumünster: Karl Wachholtz Verlag 1992. S. 169-189, bes. S. 172ff.

[97]   Hasenclevers Stück wurde am 31.10.1919 aufgeführt und Goerings Stück im Februar 1920.

[98]   Vgl. hierzu Max Alberty: Moderne Regie. Ein Buch für Theaterfreunde. Frankfurt a. M.: Englert & Schlosser 1912. S. 133.

[99]   Vgl. Berthold Viertel: Theater-Zukunft. In: Der Zwinger 3 (1919), H. 12. S. 314.

[100]   Vgl. Joost: Theater im Epochenwandel: Eine Kunstwende im Theater?, S. 177f. Auch in der Dresdner Presse wurde der ›Aufschwung‹ der Kieler Theater unter Alberty positiv hervorgehoben. Vgl. etwa: Die Kieler Theater und Dr. Alberty. In: Dresdner Neueste Nachrichten vom 20.6.1919. Nr. 164. S. 3 oder: Das Kieler Schauspielhaus… In: Dresdner Lokal-Anzeiger vom 5.7.1919. Nr. 80. S. 2.

[101]   Manitz: Die »Expressionistische Arbeitsgemeinschaft Kiel« Gründung, Programm und Tätigkeit, S. 84.

Zeitung‹ und der ›Kieler Neuest. Nachr.‹ angehören, den Vortrag politisch abzu-
tun versuchte, weil er einerseits zielbewußt dem Alten Krieg verkündet, dem man
dort mit soviel geistiger Regsamkeit anhängt, und andererseits ein Appell an die
Menschlichkeit ist, eben jene Menschenwürde, die der Dichter vier Jahre vergeblich predigte, während man sie dort in den Schmutz trat.[102]

Die Intervention Schillings änderte allerdings nichts an der abweisenden Haltung der
Presse, deren konservative Grundhaltung sich auch später, etwa anhand der Rezensio-
nen zur Aufführung von Hasenclevers *Sohn*[103] oder zur Ausstellung expressionistischer
Gemälde in der *Kieler Kunsthalle*[104], nachweisen läßt.

Das Ausbleiben öffentlicher Anerkennung, das auch nicht durch die Forcierung
der gruppengeleiteten publizistischen Würdigung[105] und des wechselseitigen Vortrags-
sowie Rezitationswesens[106] verhindert werden konnte, hatte den Versuch, die »Kunst
einer neuen Gemeinschaft« zu präsentieren, hier zum Scheitern verurteilt.

Das durch die Arbeitsgemeinschaften in Kiel und Dresden erprobte Modell eines
Bundes, der – im bewußten Kontrast zu den in Vereinzelung und Autoritätsgläubig-
keit lebenden Bürgern – eine neue Form freier und kreativer Zusammenarbeit anstrebte, kollidierte ebenso wie das Konzept einer didaktisch motivierten und aufklärerisch intendierten Kunstpraxis, die sich vom wirklichkeitsfernen Idealismus des zeitgenössischen Historismus lossagte, mit den Interessen einer rückwärtsgewandten ›Kul-
turbourgeoisie‹. Vielleicht trug aber auch der weitgehende Verzicht auf die Schaffung
revolutionsthematisierender Texte und Bilder sowie auf eine Beteiligung an politischen Aktionen im Umfeld der Novemberrevolution zur frühen gesellschaftlichen Isolation der Kieler Expressionisten bei, die sich auf das Terrain einer lediglich im künstlerischen Sinne ›revolutionär‹ verstandenen, ansonsten aber sozialpolitisch kaum engagierten Kunst zurückzogen und damit ihre öffentlichen Einflußmöglichkeiten selbst
einengten.

1.2.2. Personenzentrierte Kommunikation: Der Einzelne als Medium überregionaler Kooperation – Rudolf Adrian Dietrichs Konstanzer Expressionismusprojekt

Als das Gründungsmitglied der *Expressionistischen Arbeitsgemeinschaft Dresden* Rudolf
Adrian Dietrich im Vorfrühling des Jahres 1919 der sächsischen Residenzstadt gemeinsam mit seiner schwangeren Frau den Rücken kehrte, um über München, Ulm

---

[102]   Vgl. Schleswig-Holsteinische Volks-Zeitung vom 22.5.1919. Zit. nach Manitz: Die »Expressionistische Arbeitsgemeinschaft Kiel«, S. 84.
[103]   Vgl. ausführlich: Jörg Joost: Otto Reigbert. In: Kunstwende. Der Kieler Impuls des Expressionismus 1915-1922. Katalogbuch zur Ausstellung. Neumünster: Karl Wachholtz Verlag 1992.
S. 194ff. Joost betrachtet allerdings die Reaktionen in der Dresdner Presse auf Hasenclevers Stück zu
undifferenziert.
[104]   Etwa die Ausstellung der beiden Mitglieder der *Expressionistischen Arbeitsgemeinschaft Kiel*, Friedrich Peter Drömmer und Werner Lange, vom Mai 1919 bis Juni 1919. Hierzu detailliert Manitz:
Die »Expressionistische Arbeitsgemeinschaft Kiel« Gründung, Programm und Tätigkeit, S. 85-87.
[105]   Vgl. hierzu vor allem das Sonderheft *Expressionistische Arbeitsgemeinschaft Kiel* in der Zeitschrift
Menschen 2 (1919), H. VI (Nr. 50/53).
[106]   So waren weitere Lesungen von Walter Hasenclever und Bess Brenck-Kalischer für das Jahr 1920
geplant.

und Mühlheim an der Donau nach Konstanz überzusiedeln[107], geschah dies zunächst
vornehmlich aus ökonomischen Gründen: Die Hoffnung, in der »vom Fremdenverkehr lebenden Kleinstadt«[108], deren ›mittelalterlich-romantisches‹ Ambiente den
Dresdner Dichter und Bohemien schon bei seinem ersten Besuch zu Pfingsten 1919
beeindruckt hatte, ließe sich das Leben auf »eine festere Existenzbasis« als in dem
»noch […] allen Entbehrungen ausgelieferten […] Sachsen«[109] stellen, veranlaßte den
mittellosen Autor zum Wegzug aus Dresden.

Indes verband sich die vom Zwang der persönlichen Lebensverhältnisse diktierte
Entscheidung von Beginn an auch mit einer kulturellen Intention: Diese schlug sich
zunächst im »Wagnis der Gründung eines kleinen Verlages« nieder, der vorrangig für
die Veröffentlichung »eigener Werke« vorgesehen war, und auf den frühen Versuch
einer Zusammenführung von privater Daseinssicherung und künstlerischer Arbeit auf
der Basis einer erhofften »literarisch interessierten Öffentlichkeit«[110] in der Provinz verweist.

Was jedoch ursprünglich als bescheidenes Mittel der Existenzsicherung gedacht
war, weitete sich in Dietrichs knapp zweijähriger Konstanzer Zeit zu einer Vielzahl
von Projekten mit wechselnden Inhalten und Mitarbeitern aus, die der einstigen Intention, mittels verlegerischer Arbeit der eigenen künstlerischen Produktion eine
möglichst breite Wirkungsbasis ›vor Ort‹ zu sichern, nur noch bedingt folgte.

Neben der Schaffung einer *Künstlerpresse Konstanz*, in der seltene und bibliophile
Werke publiziert werden sollten, und der Ankündigung einer Verlagsreihe *Die Saturne*, die ›Raritäten‹, ›Japanische Kleinkunstwerke‹ sowie ›intime Literatur‹ versprach[111], lag Dietrichs Hauptaugenmerk auf der Gründung einer alternativen, an das
Konstanzer Bildungsbürgertum adressierten Kunstzeitschrift.

Neutral als *Blätter für Kunst* betitelt, die sich der »neuen Zeit« und »allen ihren
geistigen Strömungen und Ideen«[112] verpflichtet fühlte, wurde *Konstanz 1919* als Medium mit polyfunktionaler Ausrichtung konzipiert: In der Hauptsache auf die Vermittlung expressionistischer Kunst und Literatur gerichtet, fungierte es zudem als
»Programmheft für [örtliche] musikalische Veranstaltungen« und als »Organ des Konstanzer Stadttheaters«, indem es regelmäßig für die Vorhaben der städtischen Bühnen-
und Konzertveranstalter im »Innenteil« des Blattes warb.[113] Diese Strategie einer Verknüpfung von avantgardistischer Kunst mit den Werbebotschaften lokal etablierter
Kulturinstitutionen lenkte nicht nur die öffentliche Aufmerksamkeit der kunstinteressierten Konstanzer Bürger auf den ›neuen Stil‹, sondern wirkte auch als Distributi-

---

[107] Einen Lebensabriß Dietrichs mit Konzentration auf seine Konstanzer Zeit bietet Peter Salomon:
Zu Rudolf Adrian Dietrich. In: Ders. (Hg.): »Ich bin ein Abenteurer dieser dunklen Zeit«. Der Expressionist Rudolf Adrian Dietrich. Eggingen: Isele 1993. S. 3-20.
[108] Rudolf Adrian Dietrich: Brief an Paul Raabe vom 29.7.1961. In: Nachlaß Rudolf Adrian Dietrich. Aufzeichnungen und Briefe. Band 28. S. 57.
[109] Rudolf Adrian Dietrich: Nach Zettelnotizen aus den Jahren 1918/1919. In: Nachlaß Rudolf
Adrian Dietrich. Aufzeichnungen und Briefe. Band 15. S. 19 und 23.
[110] Dietrich: Nach Zettelnotizen aus den Jahren 1918/1919, S. 23.
[111] Vgl. Manfred Bosch: »Inflations-Expressionismus« in Konstanz. Rudolf Adrian Dietrich und
Willy Küsters. In: Ders.: Boheme am Bodensee. Literarisches Leben am See von 1900 bis 1950.
Lengwil am Bodensee: Libelle-Verlag 1997. S. 421.
[112] Raabe: Die Zeitschriften und Sammlungen, S. 109.
[113] Zur konzeptionellen Planung der Zeitschrift vgl. Dietrich: Nach Zettelnotizen aus den Jahren
1919/1920, S. 29. Anhand der erschienenen Hefte läßt sich die praktische Umsetzung von Dietrichs
Vorstellungen belegen.

onsmittel für eine Kunst, der sich die Mehrzahl der traditionsbewußten Kleinstädter bislang konsequent entzogen hatte. Dietrichs noch in der Rückbesinnung geäußerte Klagen über die Konstanzer »Pfahlbürger«, die sich durch »Aversionskundgebungen« moralischer Entrüstung und notorischen Unverständnisses schon früh den Bemühungen des zugereisten »Schriftstellers«[114] um wirkungsvolle Propaganda für die junge Dichtung und Malerei entgegenstellten, verstellt allerdings die Einsicht in die Tatsache, daß es selbst im provinziellen Konstanz nach dem Ende des Krieges zu einer – wenigstens partiellen – Öffnung des etablierten Kultur- und Kunstmarktes gegenüber der Moderne kam. Der kurzzeitige Aufschwung des literarischen und künstlerischen Lebens in der Stadt am Bodensee, der auch von den Zeitgenossen wahrgenommen wurde[115], beförderte Dietrichs Unternehmungen nachhaltig, und ein Blick auf die einflußreichen Förderer und Geldgeber, die sein umstrittenes Zeitschriften- und Verlagsprojekt unterstützten, veranschaulicht auch die Trägerschichten dieser kulturellen Konjunktur: Neben dem Musikdirektor des Stadttheaters Karl Bienert (einem Sohn von Ida Bienert) waren es vor allem der Intendant der Städtischen Bühnen, Max Krüger, und der Verleger Alfred Reuß.[116] Diese in ihrem regionalen Umfeld herausgehobenen Bildungsbürger fungierten als Multiplikatoren der kunstästhetischen Bemühungen Dietrichs und als Verbindungsglied zu einem überschaubaren Kreis potentieller Adressaten ›vor Ort‹. Dies waren »[...] eine Anzahl aufgeschlossener junger Kunstfreunde wie der spätere Meersburger Bürgermeister Karl Ehinger, der nachmalige Konstanzer Stadtrat und Kulturdezernent Leiner« sowie, als weitere ›Verbündete‹ bei der Gewinnung neuer Leser- und Abonnentenkreise, »eine Gruppe sehr feinsinniger jüdischer Literaturfreunde um Philipp Veit, die dem literarischen Expressionismus wenigstens etwas die so verschlossenen Tore der historischen Stadt am Bodensee öffneten.«[117]

Die Orientierung am Bildungsbürgertum und an dessen Medien resultierte dabei aus einem Erfahrungs- und Erlebnishorizont, der im wesentlichen durch Dietrichs Dresdner Zeit geprägt wurde. Sowohl die im Umfeld der *Expressionistischen Arbeitsgemeinschaft* vermittelte Kooperation mit den durch Bildung Legitimierten als auch eine Vielzahl persönlicher Erlebnisse und Beziehungen hatten Dietrich von der Effizienz bildungsbürgerlicher Einflußnahme und Unterstützung überzeugt. Die öffentliche Anerkennung, die der Autor durch einzelne Repräsentanten bildungsbürgerlicher Institutionen[118] und durch die Vertreter der städtischen Massenmedien[119] in Dresden er-

---

[114] Vgl. Rudolf Adrian Dietrich: Konstanz 1919. In: Paul Raabe (Hg.): Expressionismus. Aufzeichnungen und Erinnerungen der Zeitgenossen. Olten und Freiburg im Breisgau: Walter-Verlag 1965. S. 274.

[115] Vgl. hierzu die ausführliche Beschreibung von Norbert Jacques in seinem Buch *Mit Lust gelebt. Roman meines Lebens*. Hamburg: Hoffmann & Campe 1950. S. 367f.

[116] Dietrich: Nach Zettelnotizen aus den Jahren 1919/1920, S. 29.

[117] Vgl. Dietrich: Konstanz 1919, S. 273.

[118] Etwa durch Karl Woermann oder Ludwig von Hofmann bzw. Oskar Walzel. Vgl. Nachlaß Rudolf Adrian Dietrich. Aufzeichnungen und Briefe. Band 14. Hamburg am 6. Juni 1953. S. 134. Wörtlich heißt es dort: »Wer hatte mir nicht alles seine Zuneigung erwiesen: Friedrich Kummer, Paul Büttner, Ludwig von Hofmann, Schwangart, Selmar Werner, Karl Woermann.« Walzel hatte, wie aus seinem Nachlaß hervorgeht, Dietrich eine einmalige Unterstützung durch die Deutsche Schillerstiftung mit vermittelt. Vgl. Nachlaß Oskar Walzel. Deutsches Literaturarchiv Marbach. A: Walzel. Korrespondenz. Briefwechsel mit dem Deutschen Schillerstiftung.

[119] Vgl. hierzu die fast durchweg positiven Reaktionen in der städtischen Tagespresse auf Lesungen und Vorträge Dietrichs. Etwa im *Dresdner Lokal-Anzeiger* vom 3.10.1918. Nr. 116. S. 2 oder in den

KONSTANZ 1920
BLÄTTER FÜR KUNST

REDIGIERT VON DIETRICH

DRITTES HEFT

Hedwig Reschke: Tennyson
Karl Bienert: Notiz zu Strauss's Enoch Arden-
Musik
Bruno Stürmer: Von der Erziehung des Volkes
zu guter Musik
Otto Flake: Hans Arp

EXPEDITION: KONSTANZ · BRAUNEGGERSTRASSE 21

Titelblatt der Zeitschrift *Konstanz 1920*

halten hatte und die sich nicht zuletzt in einer Publikationspraxis niederschlug, die sogar dem Bildungsbürgertum nahestehende Zeitschriften und Jahrbücher (etwa das *Salonblatt* oder den *Dresdner Kalender*[120]) einbezog, sollte nun auch in Konstanz für die öffentlichkeitswirksame Verbreitung expressionistischer Kunst und Literatur genutzt werden. Daß dieses Konzept einer stufenweisen, von den kulturellen Eliten ausgehenden und getragenen Popularisierung des Expressionismus letztlich fehlschlug, hatte weniger mit dem Engagement Dietrichs oder einzelner an der modernen Kunst interessierter Bildungsbürger zu tun, sondern mehr mit den Folgen der einsetzenden Inflation[121] und der Übermacht einer traditionell am historisch Überlieferten festhaltenden Stadtbürgerschaft. Diese hatte sich – wie es Dietrich Jahre später in seinem *Konstanzer Requiem* umschrieb – zwar den Resultaten der wissenschaftlich-technischen Modernisierung nicht verschlossen, war aber an einer Reformierung des gesellschaftlichen und kulturellen Lebens nicht interessiert. So dominieren in Dietrichs ›Erinnerungsgedicht‹ Bilder einer vom Fremdenverkehr getragenen, idyllischen ›Romantik am See‹, die sich hinter der Fassade einer sorgsam verschleierten Fortschritts-

---

Dresdner Neuesten Nachrichten vom 3.10.1918. Nr. 270. S. 2 anläßlich eines Vortragsabends; in den *Dresdner Neuesten Nachrichten* vom 7.2.1919. Nr. 36. S. 2 nach einer Vorlesung.
[120] Dietrich veröffentlichte mehrfach im Dresdner *Salonblatt* Gedichte und Prosaarbeiten; u. a. in Nr. 11, 1919, S. 229f. die Skizze *Der Einsame*; oder in Nr. 6, 1919, S. 120 das Gedicht *Wintermärchen*. Ebenso im *Dresdner Kalender*. Vgl. das Gedicht *Rausch*. In: Dresdner Kalender 1920. S. 116.
[121] Zum Einfluß der Inflation auf das Scheitern von Dietrichs Projekt vgl. die zahlreichen Aussagen des Autors selbst, u. a. in Dietrich: Nach Zettelnotizen aus den Jahren 1919/1920, S. 29-30.

feindlichkeit als ›weltoffen‹ stilisierte, in Wahrheit aber »im Staub des Mittelalters [dahin]dämmerte«:

Die Sommergäste. Kellner. Silberne Terrasse.
Der Zeppelin von Friedrichshafen heute.
Blumen überall: am Strand, beim Stadtpark.
Die Kurkapelle spielt: »Es hatt' nicht sollen sein.«
Dahinter liegt die Stadt, die unbekannte.
Noch bis zur Marktstätte wagt sich der Fremde.
Was dann beginnt ist Dschungel. Ungewisses: –
das Reich der Eingeborenen, Eingesessnen, Bürger…
Wie auf der Bühne hinter dem Prospekt verborgen
liegt diese Stadt. Nur vorne spielt die Scene
im Rampenlicht. Dahinter ist das Reich der Requisiten,
die noch im Staub des Mittelalters dämmern.
Da hinten gibt es Seelen, die sich niemals zeigen:
der Regisseur, der Inspizient; – Statisten,
die unbeschäftigt in Arkaden zwischen Gassen warten
auf Stichworte, die niemals fallen werden.
Und während vorn die Sommergäste lachen, flirten:
»– O wounderfull this merry old village – o Daisy…«–
vollzieht sich hinten wie auf Grünewalds Bildern
noch immerfort die Kreuzigung des Christus.
Und während alle auf zum Himmel blicken,
den Silberbug des Zeppelin bestaunen,
geht hinter den verbergenden Kulissen
der Häuser noch der Hus zum Scheiterhaufen.
Verschlossen liegt die Stadt wie hinter Toren,
an deren Riegeln kein Jahrhundert rütteln durfte;
und manchmal dröhnen dunkel-grell die Glocken
des Münsters über Dächer, See und Gärten.
Ein Kahn zieht übers Wasser. Keiner, der ihn führte.
Er gleitet spurlos fort ins Allvergessen…
Doch vorn am Ufer tanzen froh die Sommergäste.
Die Kurkapelle spielt: »Es hatt' nicht sollen sein«…[122]

---

[122]   Rudolf Adrian Dietrich: Konstanzer Requiem. In: Nachlaß Rudolf Adrian Dietrich. Aufzeichnungen und Briefe. Band 10. S. 5-6, hier zitiert der V. Abschnitt. Das Gedicht ist in Auszügen auch bei Salomon veröffentlicht. (»Ich bin ein Abenteurer dieser dunklen Zeit«, S. 18-20).

Für das Ausbleiben einer wie in Dresden einst großzügig erfahrenen und vor allem durch die örtliche liberale Presse initiierten Anerkennung seines Schaffens sind allerdings auch Dietrichs Bestrebungen verantwortlich, Konstanz, als »äußerste(n) Vorposten des Expressionismus in Deutschland«[123], zu einem Zentrum des »geistigen Austausches mit damals umstrittenen Geistern wie Gustav Landauer [...] oder mit so weit abgelegenen Orten wie Kiel, Dresden und Regensburg«[124] zu entwickeln. Gerade die Konfrontation mit den »aus Regensburg, München, Zürich, Dresden gastweise herübergekommenen Künstlern und Schriftstellern [...] entsetzte«[125] das städtische, mehrheitlich konservative Bürgertum und trug zur Isolation Dietrichs, der weder als »Bodenseedichter« noch als »vorübergehender Gast der Schönheit des Ortes huldigte«[126], bei. Daß Dietrich trotz des offensichtlichen Widerstandes vieler Stadtbürger an dem Vorhaben festhielt, Konstanz als internationale ›Drehscheibe‹ der Zusammenarbeit zwischen avantgardistischen Künstlern zu etablieren, hängt wohl ursächlich mit der Topographie des Ortes am Bodensee zusammen: An der Schnittstelle zwischen Süddeutschland, der Schweiz, Österreich und Frankreich gelegen, bot er nahezu ideale Voraussetzungen für die Entfaltung eines subkulturellen Kommunikationsnetzes der Avantgarde, das die nationalen Zentren in Regensburg, München und Dresden mit den internationalen in Zürich, Innsbruck und Paris verbinden konnte.

Da eine lokal getragene ›Gruppenbildung‹ – abgesehen vom Mangel an expressionistischen Autoren vor Ort – schon aus den geschilderten Verbreitungs- und Wirkungsbedingungen nicht möglich war, konzentrierte sich Dietrich auf die Gewinnung von »Auswärtigen«, die »den ›Kreis‹ um die Zeitschrift ›Konstanz 1919‹ und den ›Verlag der Saturne‹«[127] bildeten. Die häufig wechselnde personelle Zusammensetzung von Dietrichs Mitarbeiterstamm sowie die dadurch bedingte Vielfalt der postulierten und praktizierten weltanschaulichen, ästhetischen und kulturpolitischen Positionen[128] führte zwar einerseits zu einer – auch öffentlich wahrnehmbaren – Heterogenität innerhalb des regionalen Auftretens und Wirkens, bot aber andererseits die Möglichkeit, ein relativ breites Spektrum avantgardistischen Kunstwollens zu präsentieren. Den Status eines »Knotenpunktes und Umschlagplatzes von Ideen«[129], eines Ortes der Vermittlung und Verbreitung expressionistischer Programmatik, einer Stätte der geistigen Interaktion zwischen den Repräsentanten des ›neuen Stils‹ erlangte Konstanz aber auch aufgrund seiner Funktion als praktisches Experimentierfeld der Avantgarde. Auf welche Weise sich etwa eine traditionslose moderne Kunst im Umfeld eines Milieus entfalten kann, das durch eine Dominanz konventioneller Werte und überkommener kultureller Deutungsmuster charakterisiert ist, und welche Bedeutung dabei der Einzelne als innovatives Vermittlungsmedium zwischen Tradition und Moderne be-

---

123 Rudolf Adrian Dietrich: Brief an Paul Raabe vom 12.3.1961. In: Nachlaß Rudolf Adrian Dietrich. Aufzeichnungen und Briefe. Band 27. Deutsches Literaturarchiv Marbach. S. 162.
124 Vgl. Dietrich: Konstanz 1919, S. 274.
125 Rudolf Adrian Dietrich: Brief an Paul Raabe vom 29.7.1961. In: Nachlaß Rudolf Adrian Dietrich. Aufzeichnungen und Briefe. Band 28. S. 56-57.
126 Vgl. Dietrich: Konstanz 1919, S. 274.
127 Dietrich: Brief an Paul Raabe vom 12.3.1961, S. 161.
128 Das Spektrum reichte von den Züricher Dadaisten um Marcel Janko und Hans Arp über die Münchner und Regensburger Expressionisten (Oskar Maria Graf, Georg Schrimpf, Gustav Landauer, Georg Britting und Josef Achmann) bis zu den linksgerichteten Dresdner Avantgardisten (Otto Griebel und Otto Dix). Vgl. Dietrich: Brief an Paul Raabe vom 12.3.1961, S. 161.
129 Kreuzer: Die Boheme, S. 51.

sitzt, konnte – exemplarisch – im überschaubaren Raum kleinstädtischen Lebens ›durchgespielt‹ werden.

Gerade weil die integrativen Funktionen des literarischen Lebens in der Nachkriegszeit kaum noch funktionierten, wurden ›neue‹ Formen kultureller Interaktion erprobt, die auf die zeittypische Krise der etablierten Kulturträger produktiv antworten wollten. Die besondere Rolle, die etwa der persönliche Einsatz für »›Wahlverwandte‹«[130] in Dietrichs Konstanzer Zeit spielte, erwächst aus dieser spezifischen Situation und wirkte, indem er die Mechanismen des literarischen Marktes, der sich gerade in der Provinz dem Expressionismus ›standhaft‹ verweigerte, teilweise ersetzte, als effizientes Distributionsmedium. Ein auch für Dietrich konstitutiver bohemetypischer »programmatischer Individualismus, der sich [...] von Konventionen der Lebensführung und des ästhetischen, moralischen und politischen Urteilens emanzipiert« sowie »eine theoretische und praktische Opposition gegen die Geldwirtschaft und gegen eine ökonomisch-materiell und utilitaristisch orientierte Skala der Geltung, der Macht und der Möglichkeiten im sozialen Leben«[131] praktiziert, führte zu einem Modell literarischer Kommunikation, das anstelle der Abhängigkeit von einem auf Profit zielenden Kultur- und Meinungsmarkt das Prinzip persönlicher Vermittlung im regionalen Wirkungsraum zu verwirklichen suchte. Die dafür erforderliche »geistige Gemeinschaft«, die den »teils sehr verschiedenen Individualitäten« einen möglichst großen Spielraum für die Entfaltung »ihrer künstlerischen Selbständigkeit«[132] gewähren wollte und sich deshalb nicht in das ›Korsett‹ einer gruppenbestimmenden Programmatik einfügte, sah Dietrich vor allem in der Abkehr von alten Autoritätssetzungen verwirklicht, wie sie etwa der traditionelle Verleger gegenüber seinem Autor ausübte. Indem sich Dietrich selbst als Verleger engagierte und sein Zeitschriftenprojekt durch die bereits hervorgehobene Kopplung an den Dienstleistungssektor regionaler Kulturinstitutionen – wenigstens kurzzeitig – frei vom vordergründigen Zwang profitabler Vermarktung betreiben konnte, etablierte er eine Publikationspraxis, die über den begrenzten Kreis Gleichgesinnter hinaus in die bürgerliche Öffentlichkeit ausstrahlte. Aber auch andere Möglichkeiten öffentlichkeitswirksamer Propagierung expressionistischer Kunst und Kultur, die den kulturellen Horizont der Bewohner der süddeutschen Provinzstadt ›aufsprengte‹, werden in das Konzept einer nicht vorrangig durch den Markt diktierten Vermittlungsstrategie eingeordnet: Als Dramaturg am Konstanzer Stadttheater – eine Stelle, die lediglich als Titel bestand und nicht vergütet wurde – übte Dietrich Einfluß auf die Spielplangestaltung der städtischen Bühne aus und setzte Aufführungen von Stücken Georg Kaisers, Carl Sternheims und Walter Hasenclevers durch; parallel hierzu veranstaltete der Dresdner Dichter Tanzabende »mit hervorragenden Ausdruckstänzerinnen« und arrangierte »Matineen mit Vorträgen und Lesungen« einheimischer sowie fremder Autoren.[133]

Diese Veranstaltungsvielfalt zielte, auch wenn sie im gesamten kulturellen Leben in Konstanz lediglich eine untergeordnete Rolle gespielt haben mag, schon durch ihre ›Andersartigkeit‹ auf eine öffentliche Auseinandersetzung mit der Avantgarde, die noch in der Verweigerung gegenüber dem etablierten Kulturbetrieb der Stadt das In-

---

[130]   Vgl. Dietrich: Konstanz 1919, S. 274.

[131]   Kreuzer: Die Boheme, S. 48.

[132]   Rudolf Adrian Dietrich: Brief an Fo Rheiner, Wilhelmsburg am 19.2.1969. In: Aufzeichnungen und Briefe. Band 48. S. 90.

[133]   Vgl. hierzu Salomon: »Ich bin ein Abenteurer dieser dunklen Zeit«, S. 10-11.

teresse der gebildeten Bürger auf sich zog.[134] Allerdings verfolgte Dietrich mit der örtlichen Organisierung seiner neuartigen Kulturprojekte keineswegs das Ziel, das bürgerliche Publikum mit den Mitteln antibürgerlicher Kunstübung zu provozieren, wie dies der – selbststilisierende – Rückblick des Autors mitunter nahelegen will. Die gegen den kleinbürgerlichen Philister gerichtete künstlerische Provokation ordnete sich – ebenso wie der Kampf gegen die »bis zum Zeitkult getriebene Konventionskultur«[135] – in eine überregional intendierte und am Methodeninventar der Dresdner Expressionisten geschulte Propagierung des ›neuen Stils‹ ein. Das extreme Experiment oder den aggressiven Aufstand des Dichters gegen das Publikum hatte Dietrich – noch bis in die äußeren Formen seines Erscheinungsbildes hinein[136] – eher vermieden und somit versucht, die Spezifik des städtischen Milieus bei der Konzipierung und Durchführung seiner öffentlichen Veranstaltungen zu berücksichtigen. Der kommunikative Gestus, von dem sich Dietrich beim Umgang mit der Stadtbürgerschaft in Konstanz leiten ließ, wird zuallererst anhand seiner in der Zeitschrift *Konstanz 1919/1920* abgedruckten Aufsätze und Kritiken sichtbar, die – wie eine Rezension anläßlich einer Aufführung von Shakespeares *Julius Cäsar* durch eine Laienspielgruppe exemplarisch belegt – an das Selbstverständnis und kulturelle Werteempfinden des kunstinteressierten Bürgers appellierten:

> Es wäre ja kein Wort darüber zu sagen, wenn dieser Kitsch nicht eben der Öffentlichkeit geboten worden wäre. Aber die Öffentlichkeit – wer ist das? – wirklich der Wille zum Dilettantismus, oder gar das Zentrallager der Willenlosigkeit? [...] derartige Vorführungen [...] sind einer Stadt wie Konstanz mit einem Worte unwürdig.[137]

Vielleicht war es gerade diese dialogisch konzipierte, um kulturelles Verständnis und künstlerische Qualität beim Rezipienten werbende publizistische Strategie[138], die Kon-

---

[134] Vgl. die Hinweise bei Eduard Reinacher, der in seinem 1929 bei Georg Müller in München erschienenen ›humoristischen Roman‹ *Bohème in Kustenz* darauf hinweist, daß Dietrich von Beginn an als »öffentlicher Charakter« in Konstanz lebte, »dessen Auftreten, Aussehen, Handlungsweise und Zustand stets bemerkt und von den Eingeborenen irgendwie begutachtet wurde«. Zit. nach Salomon: »Ich bin ein Abenteurer dieser dunklen Zeit«, S. 8.

[135] Rudolf Adrian Dietrich: Wrack Europa. (Projekt und Utopie). In: Konstanz 2 (1920), H. 14. S. 50.

[136] Vgl. hierzu die aufschlußreiche Episode um Dietrichs Haartracht, die auf Grund ihrer ungewöhnlichen Länge bei den Konstanzer Bürgern Ablehnung hervorrief. Um den andauernden Aversionen durch die Stadtbürgerschaft zu entgehen, hatte Dietrich seine Haare, wie er in einem Brief an Oskar Wöhrle betont, »bis auf einen geringen Rest« abschneiden lassen. Auf den eigentlich für die Boheme typischen Zwang nach »symbolischer Aggression«, der sich auch im äußeren Erscheinungsbild des Bohemiens äußert, hat Dietrich hier bewußt verzichtet, um seine Wirkungsmöglichkeiten in Konstanz nicht einzuschränken. Der Brief an Wöhrle ist zitiert bei Bosch: »Inflations-Expressionismus« in Konstanz, S. 422-423. Zur Bedeutung des äußeren Erscheinungsbildes für den sozialen und kulturellen Status des Bohemien vgl. Kreuzer: Die Boheme, S. 49.

[137] Vgl. Rudolf Adrian Dietrich: Nationale Jungmannschaft. Julius Cäsar. Von Shakespeare. In: Konstanz 2 (1920), H. 12. S. 43-44.

[138] Vgl. hierzu auch andere Aufsätze in der Zeitschrift *Konstanz*, die den didaktischen Impuls deutlich zeigen, so etwa Bruno Stürmer: Von der Erziehung des Volkes zu guter Musik. In: Konstanz 2 (1920), H. 3. S. 12-13, und H. 4. S. 19-20. – Heinrich Schulz: Was will der Theaterkulturverband? In: Konstanz 1 (1919), H. 13. S. 61-63, und H. 14. S. 67-68. – Rudolf Adrian Dietrich: Das Wesen des Helden im nordischen Drama. In: Konstanz 1 (1919), H. 4. S. 25-26.

stanz auch für die überregionalen Repräsentanten der Avantgarde als Platz des geistigen Austausches interessant machte.

Und obgleich diese Form argumentierender Verständigung und kooperativer Interaktion nur bei einem kleinen »Kreis junger [ortsansässiger] Intellektueller«[139] ein positives Echo fand, auf Dietrichs überregionale Wirkungsabsichten wirkten die Konstanzer Erfahrungen positiv zurück. Denn die Prozesse personeller Verflechtung und kollektiver Sammlung der Avantgarde in den kleineren Zentren des süddeutschen und norddeutschen Raumes erhielten nach 1919 auch durch den Konstanzer Rudolf Adrian Dietrich spürbare Impulse. Dies spiegelte sich nicht nur in Besuchen von Münchner oder Regensburger Expressionisten in Konstanz wider[140], sondern auch in der Tatsache, daß Dietrich als Autor in den dort erscheinenden Zeitschriften immer häufiger auftaucht. Seine schon aus der Zeit um 1917/18 datierende Mitarbeit in Gerhard Auslegers Kieler Monatsschrift *Die Schöne Rarität* erhält ebenso wie die Beteiligung an Georg Brittings und Josef Achmanns Regensburger Zeitschrift *Die Sichel* seit 1919 einen deutlichen Aufschwung. Die publizistischen Aktivitäten Dietrichs über Konstanz hinaus basierten zwar ursächlich auf einer personell vermittelten Wechselwirkung zwischen den einzelnen lokalen Sammelpunkten der Expressionisten[141], gründeten sich aber gleichzeitig auf ein zunehmend gefestigtes und über weite Strecken bereits ›autonom‹ funktionierendes Netz von Verlags- und Zeitschriftengründungen, die der expressionistischen Alternativkultur ihren medialen Ort sicherten. So findet sich Dietrichs Name alsbald auch in den Mitarbeiterverzeichnissen der eher an der Peripherie agierenden Organe einer sich immer mehr differenzierenden expressionistischen Bewegung, die sich nun allmählich auch in der ›Provinz‹ durchsetzt und damit dem Expressionismus als Stil der Epoche zum Durchbruch verhilft.[142]

Die Kurzlebigkeit dieser Verbindungen und Projekte, die, wie das Beispiel Konstanz belegt, teilweise mit dem Weg- oder Zuzug einzelner Repräsentanten der Bewegung zusammenhing oder an die Gründung bzw. Auflösung ihrer medialen Wirkungsinstrumentarien gebunden war, kann als zeittypische Erscheinung eines die expressionistische Boheme insgesamt kennzeichnenden Drangs nach unkonventionellen Experimenten und außergewöhnlichen Versuchen individueller Selbstverwirklichung[143] und öffentlicher Einflußnahme gelten. Gekoppelt an die variablen Formen einer missionierenden »Reisepassion«[144], produzierte die »immer nomadische Boheme

---

[139] Dietrich: Nach Zettelnotizen aus den Jahren 1919/1920, S. 33.

[140] Dietrich: Brief an Paul Raabe vom 29.7.1961, S. 56-57.

[141] So geht Dietrichs Mitarbeit an der *Schönen Rarität* wohl auf die Bekanntschaft mit Georg Tappert, der auswärtiges Mitglied der *Expressionistischen Arbeitsgemeinschaft Dresden* war, zurück. Tappert, für den Dietrich Mitte 1919 einen Textbeitrag zu einem Graphikband verfaßte, dürfte die Beziehung zu Ausleger vermittelt haben. Zu Brittings Zeitschrift *Die Sichel* hatte wohl Oskar Maria Graf, mit dem Dietrich spätestens seit den Münchner Revolutionstagen näher bekannt war, die Beziehung hergestellt.

[142] Etwa in der Kattowitzer Zeitschrift *Die Gäste* (1921) oder in dem Hannoveraner Blatt *Der Zweemann* (1919/20). Auch in den Expressionismus nur tangierenden Zeitschriften wie dem Hamburger Periodikum *Der Leib*. Genaueres bei Birka Siwczyk: Literarischer Expressionismus am Beispiel des Dichters Rudolf Adrian Dietrich. Diplomarbeit. Päd. Hochschule Dresden. 1991. S. 24.

[143] Vgl. hierzu die Darlegungen von Kreuzer: Die Boheme, S. 262 (etwa zur finanziellen ›Projektemacherei‹).

[144] Ebd., S. 226.

[...] das kleine aber zentrale Kraftfeld«[145] für solche oder ähnliche Unternehmungen, die – selbst wenn sie nur als Teil einer Selbstinszenierungspraxis in Erscheinung traten – an der Schaffung eines unkonventionellen, alternative kulturelle Vermittlungs- und Kooperationsformen nutzenden Kommunikationsnetzes der Avantgarde mitwirkte.

Bei bewußtem Verzicht auf fest institutionalisierte Formen gemeinsamen Zusammenwirkens[146] bildeten die Aktivitäten dieser Autoren, Maler, Musiker und Publizisten ein wirkungsvolles Pendant zu den bereits beschriebenen gruppengeleiteten und zentrenfixierten Bemühungen um die Durchsetzung der expressionistischen Kunst und Literatur in Deutschland. Daß dabei die Gefahr der gesellschaftlichen Isolation und Ausgrenzung aus dem literarischen Leben im Unterschied zu den oftmals solidarisch organisierten und sozial abgesicherten Gemeinschaften der großstädtischen Avantgarde bedeutend größer war, belegt das Konstanzer Schicksal Dietrichs. Mit dem durch eine deutschnationale ›Gegenpropaganda‹ öffentlich verbreiteten Vorwurf des »Linksradikalismus« konfrontiert[147], mußte Dietrich im November 1920 sein – auch ökonomisch angeschlagenes – Konstanzer Expressionismusprojekt aufgeben.

Gleichwohl betrachtete Dietrich noch in der Rückschau das Experiment, im »›spießigen Konstanz‹« auf der Basis seiner Dresdner Erfahrungen zwei Jahre lang »eine Art literarischen revolutionär-expressionistischen Betrieb« arrangiert zu haben, als »gelungen«[148], und selbst die nur kurzzeitig realisierte Ausweitung des eigenen Wirkungskreises in die benachbarten Zirkel der internationalen Avantgarde verbuchte Dietrich als Erfolg. Denn die Beziehungen zum Kreis um die Züricher Dadaisten (u. a. Hans Arp, Marcel Janko, Tristan Tzara), denen Dietrich mit seiner Zeitschrift als erster ein Publikationsforum im deutschen Raum bot[149] und die durch Besuche in Konstanz eine Mitarbeit Dietrichs in den Züricher Zirkeln anbahnten, verweisen nicht nur auf die integrative Rolle der Boheme bei der überregionalen Entfaltung des ›neuen Stils‹; sie ordnen sich zudem in die – wiederum von Dresden aus initiierten – Versuche einer kulturellen Kommunikation zwischen den jeweiligen nationalen Zentren der Avantgarde ein. Diese freilich konnten – wie im folgenden zu zeigen sein wird – schon aufgrund ihrer andersartigen, den Kleinstadtcharakter sprengenden personellen und soziokulturellen Voraussetzungen ein Wirkungskonzept entfalten, das neben dem Anspruch auf kulturell-künstlerische Kooperation auch eine sozialpolitische Zielrichtung einschloß und somit die Verbreitung der expressionistischen Alternativkultur an Projekte einer – europäisch gedachten – gesellschaftlichen Neuordnung band.

---

[145] Rudolf Adrian Dietrich: Die zwanziger Jahre. In: Nachlaß Rudolf Adrian Dietrich. Aufzeichnungen und Briefe. Band 39. S. 8.

[146] Auf die Bedeutung »informeller Gruppen« für die Entfaltung der Boheme verweist Kreuzer: Die Boheme, S. 170ff.

[147] Vgl. hierzu einen Artikel in den Konstanzer Nachrichten vom 31.3.1920, S. 4. Vgl. auch Salomon: »Ich bin ein Abenteurer dieser dunklen Zeit«, S. 14.

[148] Dietrich: Brief an Paul Raabe vom 12.3.1961, S. 162.

[149] Ebd., S. 161.

1.2.3. Themenzentrierte Kommunikation: Politischer und geistiger Internationalis-
mus als Gegenstand überregionalen Engagements – Die Zeitschrift *Menschen*
als Organ der Pariser *Clarté*-Bewegung

Die Bemühungen um eine Zusammenarbeit zwischen dem Herausgeber der Dresdner
Zeitschrift *Menschen*, Heinar Schilling, und dem späteren Mitbegründer der internationalen ›Liga der Geistigen‹ *Clarté*, Henri Barbusse, datieren bereits aus dem Jahre
1918. Kurz nach Kriegsende veröffentlichte Schilling in seiner Monatsschrift einen
»Offenen Brief an Henri Barbusse«, in dem er den französischen Schriftsteller zum
Schulterschluß gegen »alle chauvinistischen und militaristischen Tendenzen« der Zeit
aufrief:

> Wir wissen, welche Lüge in allen Zeitungen herrscht, wir wissen, welche Ver-
> blendung alle diejenigen ergriff, die vor diesem Zusammenbruch als Geistige an-
> gesehen wurden – aber wir hoffen, daß wir Führer einer kommenden Generation
> uns über alle Abgründe die Hand reichen können in der heiligen Ueberzeugung,
> daß wir dadurch Brudermenschen helfen, die auf uns hinsehen als ihre Führer zu
> einer würdigeren Zukunft. Die Geste der Brüderlichkeit ist es, die ich von Ihnen
> erbitte! Vergessen wir, daß wir den Interessen Einzelner dienen mußten, Sklaven
> eines Regimes oder einer Idee. Vergessen wir Schuld und Verbrechen und versu-
> chen wir der Jugend schon jetzt das Zukünftige zu zeigen, den wahrhaften Bund
> der Menschen [...] Antworten Sie mir, lassen Sie diesen Ruf eines Vertreters der
> jüngsten Literatur in Deutschland nicht ungehört bleiben. Lassen Sie mein und
> das Hoffen Tausender auf die Einheit der Geister nicht zuschandenwerden!
> Bauen wir auf in einer Zeit, die noch niederreißt, schreiten wir voran, und halten
> wir die Fahne. Es ist Zeit, daß die Menschheit sich ihrer selbst besinnt.[150]

Mit der Gründung der *Clarté*-Gruppe in Paris im Mai 1919 schien Schillings Forderung nach der internationalen »Einheit der Geister« in greifbare Nähe gerückt zu sein,
zumal sich die Aktivitäten der Gruppe um Barbusse, Paul Vaillant-Couturier und
Raymond Lefèbvre[151], trotz eines zunächst sehr allgemein und gesellschaftspolitisch indifferent gehaltenen Gründungsmanifestes[152], in der Folgezeit nicht in sozial unverbindlichen Aktionen oder im Verfassen von Aufrufen, »Proklamationen und allgemeinen Programmen zur Menschheitserneuerung erschöpften«[153]. Vielmehr hatte sich
die Gruppe bereits früh mit ihrem Engagement für die Repräsentanten der siegreichen
russischen Oktoberrevolution sowie ihrem Eintreten für die Ideologie des Bolschewismus[154] politisch festgelegt[155] und bot damit dem aktivistisch-linksorientierten Kreis

---

[150] Heinar Schilling: Offener Brief an Henri Barbusse. In: Menschen 1 (1918), Sonderflugblatt zur
ersten Tagung des Rates der Geistesarbeiter am 21.11.1918.
[151] Zur Gründung und Entwicklung der Gruppe vgl. Nicole Racine: The Clarté Movement in
France, 1919-1921. In: Journal of contemporary history. Vol. 2 (1967), Nr. 2. S. 195-208.
[152] Das Gründungsmanifest ist abgedruckt in: Die weissen Blätter 6 (1919), S. 331-334.
[153] Heike Petereit: Die Zeitschrift »Menschen« im Umfeld des Dresdner Expressionismus – Programme, Konzepte und Positionen im Spannungsfeld von Literatur und Politik. Phil. Diss. Leipzig,
1991. S. 89.
[154] Racine: The Clarté Movement in France, 1919-1921, S. 205.
[155] Hierher gehört auch das Eintreten der Gruppe für die *III. Kommunistische Internationale*. Vgl.
Racine: The Clarté Movement in France, S. 206-207.

um die Dresdner *Sozialistische Gruppe der Geistesarbeiter* eine Plattform für eine potentielle Zusammenarbeit.[156] Daß sich diese erst verwirklichte, als in Dresden die expressionistische Kunstrevolte bereits abebbte, resultiert vor allem aus personellen und konzeptionellen Gründen. Obgleich die *Clarté* von Beginn an international ausgerichtet war, ging man erst Anfang der 20er Jahre dazu über, sogenannte »Auslandssektionen« der Bewegung zu etablieren.[157] Zwar hatten auch in Deutschland schon namhafte Zeitschriften die Ideen von *Clarté* propagiert (vor allem Wilhelm Herzogs *Forum*[158] und Rene Schickeles *Weisse Blätter*[159]), eine nationale Sektion aber, die als »organisatorischer Sammelpunkt«[160] für Mitglieder und Interessenten hätte fungieren können, existierte zunächst nicht. Erst mit dem Engagement Iwan Golls, der sich bereits früh für die Ziele von *Clarté* einsetzte[161] und seit Januar 1920 in Paris mit den führenden Repräsentanten der Bewegung über die Ausweitung der Aktivitäten auf Deutschland verhandelte[162], nahm die Gründung einer eigenständigen ›deutschen Sektion‹ konkretere Formen an.

Goll, der vor allem über Walter Rheiner in die Dresdner expressionistische Szene eingebunden war[163], hatte schon vor seinem Weggang nach Paris im November 1919 die Publikationsmedien der Avantgarde in der sächsischen Landeshauptstadt breit genutzt und sich als Autor der *Neuen Blätter für Kunst und Dichtung*, der *Neuen Schaubühne* und der Monatsschrift *Menschen* profiliert. Zudem verfügte Goll über gute publizistische Kontakte sowohl zu den großen deutschlandweit operierenden Organen des ›neuen Stils‹[164] als auch zu den eher kleinen, regional agierenden Zeitschriften[165]

---

[156] Zum Engagement der Dresdner Vereinigung für die russische Revolution und den Bolschewismus siehe ausführlich Kapitel V der vorliegenden Arbeit.

[157] Anfang 1922 hatte sich die *Clarté* als internationale, gut durchorganisierte Bewegung, die Zentren nicht nur in Europa, sondern auch in Nord- und Südamerika sowie in einigen Ländern Nordafrikas und Vorderasiens unterhielt, etabliert. Vgl. Vladimir Brett: Henri Barbusse. Sa marche vers la clarté, son mouvement Clarté. Prag: Tschechische Akademie der Wissenschaften 1963. S. 314ff.

[158] Zu Herzogs Zeitschrift und deren Bedeutung für die *Clarté* vgl. Carla Müller-Feyen: Engagierter Journalismus: Wilhelm Herzog und DAS FORUM (1914-1929). Zeitgeschehen und Zeitgenossen im Spiegel einer nonkonformistischen Zeitschrift. Frankfurt a. M., Berlin, Bern u. a.: Lang 1996. S. 246-252.

[159] Schickele druckte z. B. die Statuten der Bewegung ab. Vgl. Die weissen Blätter 6 (1919), S. 573-576. Er hatte allerdings später die Hinwendung von Barbusse zum Bolschewismus und zur *III. Kommunistischen Internationale* nicht mitgetragen. Vgl. Eva Kolinsky: Engagierter Expressionismus. Politik und Literatur zwischen Weltkrieg und Weimarer Republik. Eine Analyse expressionistischer Zeitschriften. Stuttgart: Metzler 1970. S. 103-106.

[160] Vgl. Petereit: Die Zeitschrift »Menschen«, S. 93.

[161] So hatte Goll im April 1919 in den *Weissen Blättern* eine Besprechung von Barbusses unter dem Eindruck der Oktoberrevolution geschriebenen Antikriegsroman *Clarté* publiziert, der die Entwicklung eines egoistischen Menschen zum engagierten Kämpfer für eine neue Welt darstellte. Vgl. Iwan Goll: Über das neue Buch von Barbusse [Clarté]. In: Die weissen Blätter 6 (1919), S. 187-192.

[162] Vgl. hierzu die Hinweise in Golls *Pariser Tagebuch*. In: Iwan Goll: Gefangen im Kreise. Dichtungen, Essays und Briefe. Leipzig: Reclam 1982. 323-324.

[163] Vgl. hierzu den Briefwechsel Golls mit Rheiner im Deutschen Literaturarchiv Marbach, etwa: Iwan Goll an Walter Rheiner. Briefe vom 12.12.1919, 21.1.1920 und 21.2.1920 aus Paris (A: Goll. Zugangsnummer: 60.600).

[164] So hatte Goll vor allem zwischen 1917 und 1919 gute Kontakte zur Berliner *Aktion*, zu den Leipziger *Weissen Blättern* und zu den *Münchner Blättern für Dichtung und Graphik* hergestellt, die sich in mehrfachen Veröffentlichungen von Texten Golls zeigten. Vgl. etwa: Appell an die Kunst. [Manifest]. In: Die Aktion 7 (1917), Sp. 599-600; oder: Fluch der Fabriken. In: Die weissen Blätter 5,III (1918), S. 160.

und konnte so von Dresden, seinem bis 1919/20 wohl bedeutendsten Publikati-
onsort[166], aus, als Sprachrohr der *Clarté*-Gruppe fungieren. In dem Bestreben, »die
wahren und tiefsten Ziele der Pariser ›Clarté‹, […] über die man sich in Deutschland
nicht ganz klar zu sein scheint«, in einem dafür geeigneten Vermittlungsmedium »be-
kanntzumachen«[167], fiel Golls Wahl ganz bewußt auf die Dresdner Monatsschrift
Menschen. Deren Verankerung in dem seit 1917 durch die Dresdner Expressionisten
aufgebauten kulturellen Kommunikationsnetz der Avantgarde versprach die Nutzung
einer funktionierenden Vertriebs- und Werbestruktur (einschließlich verlagseigener
Buchhandlung[168]) mit einem festen Stamm von Abonnenten und Lesern. Vor allem
das durch die *Sozialistische Gruppe der Geistesarbeiter* bereits 1919 für die politische
Wochenschrift *Menschen-Montagsblatt* aufgebaute Vertriebsnetz, das sowohl »in vielen
Städten und Ortschaften Deutschlands« einen entsprechenden Bezieher- und Rezipientenkreis sicherte als auch über Deutschland hinaus[169], mag Golls Entscheidung zugunsten des Dresdner Periodikums beeinflußt haben. Hinzu kam, daß der Herausgeber und Finanzier der Monatsschrift, Heinar Schilling, »nachdem für ihn immer
klarer wurde, daß der 3. und 4. Jahrgang der *Menschen* in künstlerischer Hinsicht bereits in eine Sackgasse geraten war«[170], nach einer neuen strukturellen und programmatischen Ausrichtung für seine Zeitschrift suchte. Schillings zeitweiser Rückzug vom
einstigen aktivistischen Konzept einer welt- und daseinsverändernden Kunstpraxis in
eine voraussetzungslos apolitische und gesellschaftlich unverbindliche Kunstproduktion, die den Bezug zum engagierten Literatentum negierte (»Man belästige uns nicht
mit Evolution, Literatur, Geste, Standpunkt, Gesinnung«[171]), führte die Zeitschrift
zwischen 1920 und 1921 in eine folgenschwere Krise, denn mit der Konzentration auf
eine sozial bindungslose und ästhetisch heterogene Gattungs- und Stilproduktion[172]
wurde auch die ›Einheit des Stofflichen‹[173] zunehmend zerstört. Sogar Versuche einer
thematisch-gegenständlichen Zentrierung einzelner Hefte auf »eine Persönlichkeit«

---

[165]   Etwa zu Carlo Mierendorffs Darmstädter Zeitschrift *Das Tribunal* oder zu dem in Burg Lauenstein (Oberfranken) von Wilhelm Uhde herausgegebenen Periodikum *Die Freude*; auch zu der von
Hermann Kruse in Wolgast verlegten Zeitschrift *Agathon*.

[166]   Goll veröffentlichte nicht nur in den genannten Zeitschriften zahlreiche Texte, sondern konnte
auch Monographien in Dresdner Verlagen placieren. Etwa im Rudolf Kaemmerer Verlag 1920 seine
Kinodichtung *Die Chaplinade* und in der Reihe *Das neuste Gedicht*, ebenfalls 1920, den Lyrikband
Astral.

[167]   Goll: Pariser Tagebuch, S. 323.

[168]   Die Buchhandlung befand sich am Freiberger Platz und trug den Namen *Der Sozialist*. Zu Werbestrategien, Vertriebsprofil und Angebotskatalog der Buchhandlung vgl. die Annoncen im Montagsblatt u. a. Nr. 18. S. 4 und Nr. 22. S. 4.

[169]   Vgl. hierzu die Anzeige *An unsere Leser! An die Freunde und Gönner unserer Zeitung!* In: Menschen Montagsblatt-Dresden 1 (1919), Nr. 19. S. 3. Die Herausgeber sprechen davon, daß die Zeitung auch im Ausland (Dänemark, Schweden, Holland, Schweiz) »Fuß gefasst hat«.

[170]   Petereit: Die Zeitschrift »Menschen«, S. 94.

[171]   Vgl. Heinar Schilling: Nachbemerkung zu »In nova fert animus«. In: Menschen 3 (1920), H. I
(Nr. 87/91). S. 70.

[172]   Die Uneinheitlichkeit der abgedruckten Beiträge im Kontext mit einer bewußt gesuchten Gesell-
schaftsferne verliehen der Zeitschrift ein Profil, das unausgewogen und richtungslos wirkte. Vgl. etwa
H. I (Nr. 99) vom 25.1.1921; diese Nummer ›versammelt‹ einen Beitrag Hasenclevers zu Max Reinhardt, Gedichte von Theodor Däubler, Carl M. Weber, Walter Dressler, Wilhelm von Scholz, Walter Rheiner und Gerhard Ausleger sowie einen Essay von Oskar Kokoschka.

[173]   Wie die Herausgeber Hasenclever und Schilling im Februar 1921 erkannten. Vgl. Walter Hasen-
clever/Heinar Schilling: Erklärung. In: Menschen 4 (1921), H. II (Nr. 100). S. 36.

oder »ein geistiges Gebiet«[174] brachten keinen Zuwachs an konzeptioneller Klarheit und künstlerischer Ausstrahlung, so daß Schilling selbst eine »Umgestaltung« seiner Zeitschrift erwogen haben dürfte[175].

Das Anknüpfen an die linksradikalen Bestrebungen der *Clarté*-Bewegung im Mai 1921 durch den Dresdner Verleger resultierte somit nicht nur aus den – gescheiterten – Bemühungen um Durchsetzung eines weltanschaulich und politisch unverbindlichen Kunstprogramms; es zeigt sich darin zugleich ein Prozeß individueller Rückbesinnung. Die Möglichkeit, der Monatsschrift eine nunmehr internationale Zielrichtung zu geben und sie damit aus ihrer aktuellen regionalen Krisensituation herauszuführen, versprach nämlich ebenso wie die engere Bindung an eine mittlerweile fest institutionalisierte und europaweit operierende sozialrevolutionäre Bewegung der Intellektuellen einen programmatischen Neuanfang, der sich auch hinsichtlich der verlegerischen Ambitionen Schillings positiv auswirken konnte.[176] Nach den Enttäuschungen über den Verlauf der politischen Revolution in Deutschland eröffnete sich durch die Aussicht einer internationalen Kooperation noch einmal ein Feld gesellschaftskritischen Engagements, das an den einstigen Kampf für ein sozial gerechteres Gemeinwesen[177] anzuknüpfen vermochte. Auch wenn sich unter dem Eindruck eines erstarkten Nationalismus die Bedingungen gesellschaftlicher Parteinahme und grenzüberschreitender Zusammenarbeit seit der Nachkriegszeit für die linken Intellektuellen wohl eher verschlechtert hatten, mit dem Anspruch der Pariser *Clarté* nach übernationaler Organisierung der ›Geistigen‹ auf der Basis eines ausgedehnten und funktionsfähigen Kommunikationsnetzes schienen die Voraussetzungen für eine »aktivistische Geistpolitik«[178], die sich an den politischen Realitäten der Zeit orientierte und damit die gemeinsame Durchsetzung politischer Ziele erleichterte, eingelöst.

Darüber hinaus waren die Anknüpfungspunkte für eine – verlegerische – Beteiligung des Herausgebers der Dresdner Monatsschrift an der ›Internationale des Geistes‹ auch unter inhaltlich-programmatischen Gesichtspunkten gleich mehrfach gegeben: Hatte doch auch Schilling als Mitglied der *Sozialistischen Gruppe der Geistesarbeiter* nach einem effektiven Bündnis zwischen Arbeiterschaft und künstlerischer Intelligenz gesucht und die Möglichkeiten wirklichkeitsnaher Kunstübung ausgelotet. Insofern konnte Henri Barbusses im ersten Heft des 5. Jahrgangs der *Menschen* veröffentlichter Aufruf *An die deutschen Kameraden* der Befürwortung durch Schilling sicher sein, versammelte doch Barbusse all jene Elemente propagandistischer Medienarbeit, die auch in der Zeitschrift der Dresdner Expressionisten einst zu finden waren. Neben der Proklamierung einer tat- und bündnisorientierten ›Gemeinschaft‹ der Intellektuellen findet sich darin vor allem der Gedanke einer – am Vokabular frühaufklärerischer

---

[174] Vgl. ebd. Im Jahre 1921 erschienen drei Sonderhefte: eines zur Prosa, eines zur Lyrik und eines zum Schaffen Rudolf Adrian Dietrichs.

[175] Dies wird u. a. an der Tatsache deutlich, daß ab Heft III (Nr. 101) vom März 1921 Schilling weder als Herausgeber noch als Schriftleiter im Impressum der Zeitschrift auftauchte. Vgl. auch Hasenclever/Schilling: Erklärung, S. 36.

[176] Die Sozialisierung seines Verlages im Jahre 1919 und die Anbindung seiner Zeitschrift an die *Clarté*-Bewegung beschreiben eine Kontinuität ›revolutionärer‹ verlegerischer Arbeit.

[177] Vgl. hierzu Schillings Mitarbeit im Propagandaausschuß der *Sozialistischen Gruppe der Geistesarbeiter.* Genaueres in Kapitel V der vorliegenden Arbeit.

[178] Michael Stark: Für und wider den Expressionismus. Die Entstehung der Intellektuellendebatte in der deutschen Literaturgeschichte. Stuttgart: Metzler 1982. S. 240.

Weltdeutung und Didaktik geschulten – Durchsetzung von Wahrheit und Vernunft in Zeiten »allgemeiner Ignoranz« und »politischer Kleinlichkeit«:

> Unsere Arbeit besteht [...] darin, all die notwendigen Wahrheiten, die das Leben der Menschheit ausmachen, aus dem Schatten und Dunkel hervorzuzerren, in die einige Menschen sie, mutwillig oder nicht, verstoßen haben. Wir wollen aus dem Chaos der Vorurteile und Lügen die reinen und gesunden Ideen retten, die Geschichte in ihr wahres Licht stellen, kurz: das Dasein mit Vernunft und Wahrhaftigkeit ausfüllen. [...] Ich rufe an, nicht nur die Intellektuellen, Schriftsteller, Künstler, Professoren und Lehrer Deutschlands, aber auch euch alle, junge Menschen, junge Frauen, offene Geister, hungrig nach jener einzigen verborgenen Wahrheit, alle, gleich welcher Partei, die versuchen wollen, das Licht über dieser Welt anzustecken, und die einsehen, daß der Geist, je vernunftvoller er ist, umso revolutionärer gegen diese Zeit auftreten muß.[179]

Wie nah auch Schilling diesem Konzept stand, das sich in einem – parteipolitisch freilich nicht gebundenen – »Ideal [...] des internationalen Kommunismus« artikulierte[180] und künstlerisch am Postulat gesellschaftlicher ›Wahrheitsfindung‹ orientierte[181], zeigt nicht nur die Übernahme der Funktion eines verantwortlichen Schrift- und Geschäftsstellenleiters der deutschen Redaktion von *Clarté* durch den Dresdner Verleger, sondern auch das Angebot Schillings, sein gut funktionierendes Verlags- und Vertriebssystem der von Iwan Goll geführten Auslandssektion der ›Internationale des Gedankens‹ zu überlassen.[182]

Obgleich Schilling in der Folge auf die inhaltliche Ausgestaltung seiner Monatsschrift keinen nennenswerten Einfluß mehr ausübte und auch publizistisch in dem nunmehr *Menschen Clarté* betitelten Periodikum nicht in Erscheinung trat, schuf er allein durch die Öffnung seiner Zeitschrift und seines Verlages für die Repräsentanten der linken internationalen Avantgarde die publizistischen Voraussetzungen für eine differenzierte Auseinandersetzung des deutschen Lesers mit den kunstprogrammatischen und politischen Bestrebungen der Pariser *Clarté*.

Dem Ziel der Propaganda und Mitgliederwerbung gleichermaßen verpflichtet, vermittelte die Breite und Vielfalt der alsbald veröffentlichten Beiträge ein genuines Bild des internationalen Spektrums der Mitarbeiter und Themen und konnte so die Ausbreitung der ›Liga der Geistigen‹ in Deutschland befördern. Selbst der Versuch einer Rückbindung der Veröffentlichungspraxis an die spezifischen Dresdner Wirkungs- und Rezeptionsbedingungen ordnete sich in diese Publikationsstrategie ein, denn der Abdruck von *Russischer Revolutionslyrik* in einem Sonderheft der Zeitschrift[183] knüpfte

---

[179] Henri Barbusse: An die deutschen Kameraden. In: Menschen 5 (1921), H. I (Nr. 111). S. 2.

[180] Ebd.

[181] Vgl. hierzu Iwan Goll: »Die Kunst soll menschliche Bahnen einschlagen, nicht abgewandt auf himmlischen Kurven wandeln, sondern die irdische Wahrheit aus der alltäglichen Wirklichkeit herausschälen. Was die neueste literarische Generation in Paris hervorbrachte, läßt sich mit zwei Stichworten ausdrücken: ›Clarté‹ und ›Individualismus‹«. Iwan Goll: Von neuerer französischer Dichtung. In: Die neue Rundschau 31 (1920), H. 1. S. 103-110, hier: S. 106.

[182] Vgl. hierzu auch die Ausführungen bei Petereit: Die Zeitschrift »Menschen«, S. 93f.

[183] In H. III (Nr. 113) vom Juli 1921. Abgedruckt wurden Gedichte von Alexander Blok, A. Bjely, V. Majakowski, Sergej Jessenin und Anatol Marienhof. Es handelt sich dabei ausschließlich um Erstveröffentlichungen in Deutschland.

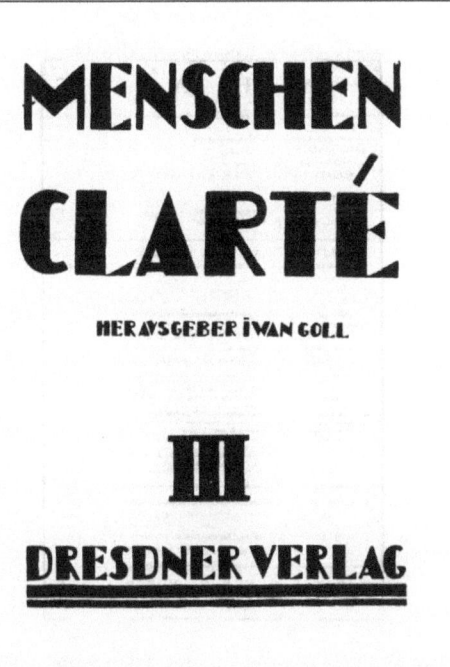

Titelblatt der Zeitschrift
Menschen Clarté aus Heinar
Schillings *Dresdner Verlag*

nicht nur an das im Zuge der Novembertage entstandene positive Verhältnis der
Dresdner Linksexpressionisten zu den Bestrebungen der russischen Revolutionäre
an[184], sondern berücksichtigte auch eine – vor allem aus der Topographie der Stadt
resultierende – besondere Beziehung zur ›östlichen‹ Kunst und Kultur[185].

Daß die Resonanz auf Golls Bestrebungen nach einer Popularisierung der Ziele
des internationalen ›Bundes der Geistigen‹ in Dresden dennoch weitgehend aus-
blieb[186], lag nicht nur an der Kurzlebigkeit des Gollschen *Clarté*-Projekts (nach nur

[184] Vgl. etwa Publikationen von Heinar Schilling, z. B. *Wir singen das russische Revolutionslied.* In:
Die singende Revolution. Dresden: Dresdner Verlag von 1917 1919. S. 7-8. (= Das neuste Gedicht.
Heft 42/43). Oder eine Veröffentlichung Lenins zum Thema: *Diktatur des Proletariats* in den Montagsblättern (1. Extra-Ausgabe vom März 1919, S. 2.) Auch: *Das Bündnis mit Rußland.* In: Menschen
Montagsblatt-Dresden 1 (1919), Nr. 22. S. 1.
[185] An der Peripherie zwischen ›westlicher‹ und ›östlicher‹ Welt gelegen, entwickelte Dresden vor allem zur russischen Kultur und Kunst eine besondere Beziehung, deren Spuren sich bis zum Senti-
mentalismus des späten 18. Jahrhunderts zurückverfolgen lassen. Als bedeutendes Zeugnis gilt die
Reisebeschreibung des Adeligen Nikolaj Karamsin, der im Sommer 1789 im Rahmen einer Bil-
dungsreise Dresden besuchte. Vgl. Nikolaj Karamsin: Briefe eines russischen Reisenden. Stuttgart:
Reclam 1986. S. 43ff. Im 19. und frühen 20. Jahrhundert intensivierten sich dann die Kontakte
russischer Intellektueller zur sächsischen Residenzstadt. W. A. Shukowski, F. Dostojewski und später
auch A. N. Tolstoi besuchten Dresden, letzterer studierte 1906 sogar einige Zeit an der Technischen
Hochschule.
[186] So reagierte etwa die Dresdner Presse nur vereinzelt auf die Aufrufe von Barbusse. Vgl. etwa:
Henri Barbusse an die geistigen Kämpfer aller Länder. In: Dresdner Neueste Nachrichten vom

drei Heften stellte die Zeitschrift ihr Erscheinen ein).[187] Schon länger fehlte in Dresden die personelle und institutionelle Basis, die für eine umfassende Propagierung der Ideen von *Clarté* – auch über die beschränkten Möglichkeiten einer Monatsschrift hinaus – notwendig gewesen wäre, denn die meisten ›Dresdner‹ Expressionisten, die als Mittler zwischen linker internationaler Avantgarde und Publikum hätten fungieren können, hatten die Stadt inzwischen verlassen[188], die vorhandenen Zirkel und Gruppen hatten sich weitgehend aufgelöst und die einst ›blühende‹ Verlags- und Zeitschriftenlandschaft hatte ihre überregionale Attraktivität eingebüßt[189].

Schließlich scheiterte das Projekt einer übernationalen Organisierung der ›Geistesarbeiter‹ aber auch an internen Kontroversen um die Positionierung der *Clarté*-Gruppe in einer sich verändernden politischen Landschaft nach der *III. Internationale*. Die dadurch bedingte Aufspaltung und Differenzierung der Bewegung in verschiedene ›Lager‹ führte nicht nur zur Schwächung ihres internationalen Engagements, sondern auch zur Auflösung ihrer ursprünglichen personellen und konzeptionellen Geschlossenheit.[190]

2. Der Literaturwissenschaftler als Vermittlungsinstanz – Zum Engagement Oskar Walzels bei der überregionalen Verbreitung expressionistischer Literatur und Kunst

Oskar Walzels überregionales Engagement für den Expressionismus ordnet sich nicht nur in das bereits beschriebene, systematisch betriebene Studium des ›neuen Stils‹ durch den Dresdner Literaturwissenschaftler seit Beginn des Ersten Weltkrieges ein, sondern resultiert auch aus den Aktivitäten einer sich allmählich herausbildenden expressionistischen Szene in der sächsischen Residenzstadt. Durch die genuine Kenntnis der Autoren und Werke ›vor Ort‹ und die eigene Beteiligung an den Gründungsvorgängen des Expressionismus in Dresden kam Walzel bereits früh mit dem Anspruch der Bewegung nach Überwindung eines lediglich lokal zentrierten Wirkungsradius‹[191] in Berührung. Die bewußte Aufsprengung eines ›nur‹ regionalen Rezeptionshorizonts hatte Walzel schon im Oktober 1916 im Rahmen der großen von Hugo Zehder und der *Galerie Emil Richter* arrangierten Expressionismus-Ausstellung in

---

26.2.1919. Nr. 55. S. 2, oder: Henri Barbusse: Menschheit statt Nation. In: Dresdner Volkszeitung vom 8.11.1920. Nr. 260. S. 1-2.
[187]   Die Gründe für den Abbruch der publizistischen Tätigkeit Golls lagen, wie Silvia Schlenstedt nachweist, in erster Linie in einem Wandel der eigenen künstlerischen und weltanschaulichen Entwicklung begründet, die z. B. ein politisches Bekenntnis zum Kommunismus, wie es etwa Barbusse durch seinen Eintritt in die *Kommunistische Partei Frankreichs* gab, ausschloß. Vgl. Silvia Schlenstedt: Wegscheiden. Deutsche Lyrik im Entscheidungsfeld der Revolutionen von 1917 und 1918. Berlin: Akademie-Verlag 1976. S. 110ff.
[188]   Etwa Friedrich Wolf, Walter Rheiner und Conrad Felixmüller.
[189]   Neben den *Menschen* stellten auch die *Neuen Blätter für Kunst und Dichtung* 1921 ihr Erscheinen ein. Lediglich die von Hugo Zehder redigierte und herausgegebene *Neue Schaubühne* konnte bis Mitte 1922 erscheinen.
[190]   Detailliert bei Racine: The Clarté Movement in France, 1919-1921, S. 208.
[191]   Vgl. hierzu die im Programm der expressionistischen Abende fixierte Aufnahme von Münchner, Berliner und Kieler Expressionisten in die *Expressionistische Arbeitsgemeinschaft*. Siehe: Menschen 2 (1919), H. X (Nr. 68/69). S. 8.

Dresden wahrnehmen können[192], einen Vorgang, der seine schon damals stark überregional, vor allem am Paradigma des österreichischen Expressionismus[193] ausgerichtete Publikations- und Vortragstätigkeit beeinflußte.

Nach 1917, als der Institutionalisierungsprozeß der Dresdner Avantgarde mit der
Gründung der *Expressionistischen Arbeitsgemeinschaft* festere Konturen angenommen
hatte, koppelte Walzel seine in der städtischen Öffentlichkeit weithin anerkannte[194]
»Propaganda für die jüngste deutsche Kunst«[195] enger an die lokalen Konzepte überregionaler Kooperation der Dresdner Expressionisten. Dies zeigt sich vor allem anhand
der stärkeren Berücksichtigung von Dresdner Dichtern und Malern innerhalb von
Walzels Vortrags- und Veröffentlichungstätigkeit[196]. Walzels vielfältig ausstrahlende
und regional übergreifende Vermittlungsarbeit folgte dabei der Überzeugung, daß
nicht nur »wissenschaftliches Bedürfnis« danach dränge, sich der Gegenwartskunst zu
nähern, sondern auch die

> heilige Pflicht, sich zu vergewissern, wie es im seelischen, geistigen, künstlerischen
> und wissenschaftlichen Leben [der] Zeit aussieht, welche Wünsche und Ansprü-
> che da auftreten oder sich mindestens ankündigen.[197]

Da sich für die – auch angesichts des Krieges notwendige – Erarbeitung einer solchen
›Zeitdiagnose‹ das universelle Programm expressionistischer Welt- und Daseinsdeutung exemplarisch zu eignen schien, kam die Auseinandersetzung mit dem ›neuen Stil‹
für Walzel einer nationalen Aufgabe gleich. Dies wiederum erforderte die Propagierung expressionistischer Kunst und Literatur weit über die Grenzen einer noch immer
regional zentrierten, mehr oder weniger auf die Zirkel Gleichgesinnter beschränkten
Rezipientengemeinschaft hinaus.

Daß sich Dresden als Ausgangspunkt für eine solche überregionale Distributions-
strategie anbot, resultiert zum einen aus der spätestens seit der erfolgreichen Aufführ-

---

[192] Die Ausstellung verstand sich als gesamtdeutsche Schau, worauf auch in den einschlägigen Rezensionen der Dresdner Tagespresse verwiesen wird. Vgl. etwa die Kritik in den *Dresdner Nachrichten*
vom 5.10.1916. Nr. 276. S. 9. Auch die Ankündigung in den *Dresdner Nachrichten* vom 3.9.1916.
Nr. 244. S. 9-10.

[193] Verantwortlich hierfür sind die guten Beziehungen Walzels zu den österreichischen Expressionisten, vor allem zu Albert Ehrenstein und Oskar Kokoschka. Mit Ehrenstein führte Walzel schon seit
Sommer 1916 einen intensiven Briefwechsel, der in einem Nachlaß gut dokumentiert ist; über
Ehrenstein wurde wahrscheinlich auch die Freundschaft zu Kokoschka vermittelt. Vgl. Brief von Albert Ehrenstein vom 10.9.1916 an Walzel. In: Nachlaß Oskar Walzel. Deutsches Literaturarchiv
Marbach. A: Walzel. Korrespondenz. Exemplarisch hierfür der Vortrag *Jungösterreichische Dichtung*,
der in der *Internationalen Monatsschrift* 10 (1916), Sp. 1093-1209 veröffentlicht wurde.

[194] Vgl. hierzu die zahlreichen positiven Besprechungen von Walzels Vorträgen zur modernen Kunst
und Literatur in den einschlägigen Tageszeitungen Dresdens. Etwa: g.: Geheimrat Walzel über das
jüngste deutsche Drama. In: Dresdner Neueste Nachrichten vom 28.9.1917. Nr. 263. S. 2. Daß
selbst Mitglieder des Königshauses und Minister als Gäste bei den Vorträgen anwesend waren, belegt
Camill Hoffmanns Rezension zu Walzels Vortrag über »jung-österreichische Dichtung« in den *Dresdner Neuesten Nachrichten* vom 20.10.1915. Nr. 286. S. 2.

[195] Wachstum und Wandel. Lebenserinnerungen von Oskar Walzel. Aus dem Nachlaß hg. von Carl
Enders. Berlin: Erich Schmidt Verlag 1956. S. 167.

[196] Verweise auf Hasenclever, Adler, Kokoschka und Däubler häufen sich nach 1917. Vgl. etwa den
Aufsatz *Eindruckskunst und Ausdruckskunst in der Dichtung*. In: Einführung in die Kunst der
Gegenwart. Leipzig: E. A. Seemann 1919. S. 26-46.

[197] Oskar Walzel: Goethe und die Kunst der Gegenwart. In: Jahrbuch der Goethe-Gesellschaft
(1917), Band 4. S. 87.

rung von Walter Hasenclevers *Sohn* (1916) auch national anerkannten Position der Stadt als Stätte avantgardistischer Dramenrezeption, zum anderen aus der Programmatik der Bewegung selbst. Da es innerhalb der Dresdner Avantgarde – ganz im Gegensatz zu den etablierten Zirkeln in Berlin oder München – zu keiner einseitigen ›Verengung‹ auf bestimmte poetische Sage- und Darstellungsweisen oder politisch-ideologische Konzepte kam, der unvoreingenommene Universalismus des Dresdner Expressionismus sogar von Teilen des gebildeten Bürgertums gefördert und unterstützt wurde, avancierte das regionale ›Expressionismusmodell‹ zum Paradigma mit überregionalem Wirkungsanspruch.

Walzel wußte nun diese ›Besonderheit‹ der Dresdner Bewegung nicht nur für die eigene Werbe- und Publikationsstrategie zu nutzen, sondern auch in die wissenschaftlichen Analyse- und Erklärungsmuster zu integrieren, mit deren Hilfe der Dresdner Geheimrat sein Engagement legitimierte. Dabei erstaunt die Breite und Vielfalt der von Walzel genutzten medialen Möglichkeiten zielgerichteter Werbung für die noch junge ›Ausdruckskunst‹ nur auf den ersten Blick[198]; bei genauerem Hinsehen offenbart sich ein vielschichtiges Zusammenspiel von Medium und Werbebotschaft, das den jeweiligen Adressatenbezug als Voraussetzung für die inhaltliche und methodische Ausrichtung der einzelnen Beiträge fassen und damit ganz heterogene Rezipientenkreise erreichen konnte.

Während die Verwendung eines spezifischen Fachvokabulars und die Einbeziehung von philosophischen oder theoretischen Exkursen eher sparsam erfolgte und meist den Veröffentlichungen in wissenschaftlichen Zeitschriften und Monographien vorbehalten blieb[199], dominierte in den eher bildungsbürgerlich orientierten Medien die Einbindung der Walzelschen Analysen expressionistischer Literatur und Kunst in ein durch Schule und Studium vielfältig verbreitetes und angeeignetes literaturgeschichtliches Wissen.

Daß dadurch auch kontextbildende und die Verarbeitung bestimmter Traditionen herausstellende Erklärungsmuster der Moderne von Walzel in die Debatten um die junge Kunst nach 1910 eingebracht wurden, beruht auf der These des Dresdner Literaturwissenschaftlers, die Herausbildung des literarisch-künstlerischen Gegenwartsschaffens vollziehe sich nicht in einseitiger Abwendung oder gar Verleugnung des literarisch Überlieferten, sondern im bewußten Anknüpfen an vielfältige, inhaltlich wie formal benennbare Elemente des literaturgeschichtlichen Prozesses. Dabei war es für Walzel nicht »ein Kreislauf«, der sich – gleichsam auf derselben Ebene verbleibend – verwirklichte, sondern eine zeitgeschichtlich induzierte künstlerische »Weiterentwicklung«[200] und Vervollkommnung literarischen Schaffens. Gerade dieses, »das Bild

---

[198] Da im folgenden nur einzelne Publikationen, Rezensionen und Vorträge Walzels berücksichtigt werden können, sei für die Vermittlung eines umfassenderen Überblicks auf die Dokumente im Nachlaß Walzels in Marbach verwiesen. Die zusammenfassende Aufarbeitung der zentralen wissenschaftsgeschichtlichen Rolle Walzels bleibt ein Desiderat. Einen ersten grundsätzlichen Überblick bietet: Walter Schmitz: Oskar Walzel (1864-1944). In: Christoph König/Hans-Harald Müller und Werner Röcke (Hg.): Wissenschaftsgeschichte der Germanistik in Porträts. Berlin u. a.: Walter de Gruyter 2000. S. 115-127. Eine Auswahledition von Briefen aus Walzels Nachlaß bereiten Walter Schmitz und ich für den Dresdner Universitätsverlag Thelem vor.

[199] Vgl. etwa Oskar Walzel: Die Deutsche Dichtung seit Goethes Tod. Berlin: Askanischer Verlag 1919.

[200] Oskar Walzel: Jüngste deutsche Dramen. In: Internationale Monatsschrift für Wissenschaft, Kunst und Technik. 12 (1918), H. 6. Sp. 595.

der Spirale«[201] verarbeitende und rezeptiv funktionalisierte ›Deutungsmodell‹ der Moderne konnte – wenigstens partiell – an jenes Muster gelehrter Literaturauslegung anknüpfen, das noch immer in den Kreisen des Bildungsbürgertums favorisiert wurde. Praktisch bedeutete ein solches Vorgehen die Verknüpfung von stiltypologischen und weltanschaulichen Komponenten der Gegenwartsdichtung mit dem überlieferten Werkbestand eines spezifischen literaturgeschichtlichen Kanons und die Nutzung dieser ›Bezüge‹ im Sinne zeitgeschichtlicher Aktualisierung.

Neben dem bereits beschriebenen Versuch Walzels, die Dichtungskonzepte des Barock in die Analyse von Texten Edschmids, Werfels oder Heyms zu integrieren[202], kann das Anknüpfen an die als »klopstockisch« verstandene Epos-Tradition in Theodor Däublers *Nordlicht*[203] als exemplarisch für ein solches Vorgehen bezeichnet werden, offenbart es doch über den engen Bezugsrahmen der Werkdeutung hinaus die rezeptionsbezogene Sicht auf Autor und Werk.

Daß Däubler selbst den Vergleich mit Klopstock nicht scheute und seine *Nordlicht*-Dichtung bewußt in die Tradition des *Messias* rückte[204], mag Walzel in seinen Interpretationsbemühungen bestärkt haben, zumal er in der »Verkündung« einer »Heilslehre geistiger Tat« nicht nur die Verbindungslinie zwischen dem »seraphischen Sänger des 18. Jahrhunderts« und dem »Vorkämpfer des Expressionismus«[205] erblickte, sondern auch in der Form des Mythos das sinnstiftende Instrumentarium einer gegenwartsnahen ›Zeitalteranalyse‹ gegeben sah. Als »Gegengewicht« zum »mechanistischen Zeitalter«[206] konzipiert, wandte sich Däublers Werk ja nachdrücklich gegen Tendenzen

einer umfassenden Säkularisierung des gesellschaftlichen Lebens, in dem die Authentizität individueller Erfahrung, und damit die Individualität überhaupt, fortschreitend in Frage gestellt werden[207].

Däublers »Versuch, [...] dem ästhetischen Denken eine neue Legitimität zu geben«[208], die sich vor allem aus der ordnungsstiftenden Qualität des Visionären und Utopischen in der Epoche des Rationalen und Mechanischen herleitet[209], stilisiert Walzel zu einer »Kunst des Geistes«, die nicht nur »mystisch-religiös von der Liebe, die das Univer-

---

[201] Zum mit dem Spiralmodell verknüpften Goethe-Bezug vgl. ebd.

[202] Besonders deutlich in dem Aufsatz *Goethe und die Kunst der Gegenwart*, S. 123f.

[203] Etwa in den Aufsätzen: *Jungösterreichische Dichtung*. In: Internationale Monatsschrift 10 (1916), H. 10. Sp. 1217; *Neueste Versepik*. In: Kothurn 1 (1919), H. 1. S. 9ff. *Die Deutsche Dichtung seit Goethes Tod*, S. 219. Allgemein zur »Klopstockrenaissance« vgl. Walzels Aufsatz: *Umwertung von Dichtern*. In: Kunstwart 31,II (1918), H. 10. S. 84-86, hier: S. 84.

[204] Vgl. hierzu den auch in der Dresdner Tagespresse gut dokumentierten Vortrag von Teilen des *Messias* und des *Nordlichts* durch Däubler am 1.10.1917 in der Hellerauer Bildungsanstalt. Vgl. die Rezension in den *Dresdner Neuesten Nachrichten* vom 2.10.1917. Nr. 267. S. 2 sowie in der *Dresdner Volkszeitung* vom 2.10.1917. Nr. 229. S. 7.

[205] Walzel: Die Deutsche Dichtung seit Goethes Tod, S. 219.

[206] Carl Schmitt: Theodor Däublers »Nordlicht«. Drei Studien über die Elemente, den Geist und die Aktualität des Werkes. München: Georg Müller 1916. S. 69.

[207] Hansgeorg Schmidt-Bergmann: Die Anfänge der literarischen Avantgarde in Deutschland. Über Anverwandlung und Abwehr des italienischen Futurismus. Ein literarhistorischer Beitrag zum expressionistischen Jahrzehnt. Stuttgart: M und P, Verlag für Wissenschaft und Forschung 1991. S. 231.

[208] Ebd.

[209] Hierzu im einzelnen Hannelore Wegener: Gehalt und Form von Theodor Däublers dichterischer Bilderwelt. Phil. Diss. Köln, 1962.

sum erneut,«[210] kündet, sondern von einer neuen Ganzheitlichkeit und Geschlossenheit menschlichen Daseins. So findet die in Zeiten des Krieges etablierte und zunächst national vereinnahmte Hervorhebung einer »Befreiung des Geistes«[211] schon bald eine distributionsbezogene Ausrichtung, denn dem vielfältigen Klagen der Zeitgenossen über die ›Zerrissenheit‹ der Gegenwart, die sich gerade auch im Verlust eines homogenen künstlerischen Stils der Epoche widerzuspiegeln[212] und einen empfindlichen Mangel an sinnvoller Deutung des Zeitalters zu offenbaren schien, stellte Walzel die verbindende Kraft der modernen ›Mythen‹ gegenüber, die dem »Verlangen nach einem einheitlichen Weltbild zur Einordnung alles Alten und Neuen«[213] am ehesten gerecht werden konnten.

Die besondere Betonung der ›Integrationsleistung‹ der jungen Literatur und Kunst, die sich für Walzel in der Assimilierung von subjektiver Weltsicht und künstlerischer Daseinsdeutung[214] manifestierte, fungierte in den Kreisen des Bildungsbürgertums als Modell einer möglichen Annäherung an die Avantgarde. Wie sehr Walzel mit der Konzeption einer geistig intendierten Wandlung des »technisch organisierten Materialismus«[215] die kulturelle Mentalität und individuelle Daseinserfahrung des kunst- und literaturinteressierten Bürgers ansprach, belegen die im Nachlaß gut dokumentierten unzähligen Anfragen, Einladungen, Publikations- und Mitarbeitsangebote von Redakteuren, Verlegern, Herausgebern und Vereinsvorsitzenden aus ganz Deutschland[216], die sich vom Auftreten des anerkannten Dresdner Literaturwissenschaftlers gerade eine solche aktuell verwertbare und funktionsgerichtete Analyse der jungen Kunst versprachen.

Freilich nutzte Walzel hierfür nicht nur das weltanschaulich-ästhetische Potential von Theodor Däublers ›Erneuerungsmythos‹ *Nordlicht*, sondern griff auch auf zahlreiche andere von den Dresdner Expressionisten geschaffene Texte zurück. Dabei fällt auf, daß Walzel – beginnend mit seinen frühen Arbeiten zum ›neuen Stil‹ bis zum Erscheinen der *Deutschen Dichtung seit Goethes Tod* im Jahre 1919 – immer wieder in seinen überregionalen Vorträgen und Veröffentlichungen ein bestimmtes Autoren- und Werkcorpus der Dresdner Bewegung vergleichend oder erläuternd heranzieht: Neben weiteren, vor allem lyrischen Publikationen von Theodor Däubler[217] sind es die

---

[210] Oskar Walzel: Die deutsche Literatur von Goethes Tod bis zur Gegenwart. Mit einer Bibliographie von Josef Körner. Berlin: Askanischer Verlag 1925⁵. S. 110.

[211] Wachstum und Wandel. Lebenserinnerungen von Oskar Walzel, S. 168.

[212] Vgl. Walter Schmitz: Georg Brittings Modernität. In: Ders./Herbert Schneidler (Hg.): Expressionismus in Regensburg. Texte und Studien. Regensburg: Buchverlag der Mittelbayerischen Zeitung 1991. S. 58.

[213] Oskar Walzel: Die Zukunft der deutschen Literatur. In: Westermanns Monatshefte 61 (1917), Band 122, 1. Teil. S. 76.

[214] Oskar Walzel: Vom jüngsten deutschen Drama. In: Deutsche Bühne 1 (1919), S. 29 und 32.

[215] Walzel: Die Deutsche Dichtung seit Goethes Tod, S. 159.

[216] Die wichtigsten Stationen innerhalb von Walzels Vortrags- und Publikationstätigkeit, die sich anhand des Nachlasses nachweisen lassen, waren: Essen, Leipzig, Düsseldorf, Berlin, Frankfurt a. M., Gera, Königsberg, München, Oldenburg und Krefeld. Hinzu kommen noch Vortrags- und Korrespondenzersuchen über die Grenzen Deutschlands hinaus (etwa Warschau und Zürich), für die Walzel ebenfalls als thematischen Schwerpunkt die Auseinandersetzung mit der neuen expressionistischen Kunst und Literatur in Deutschland wählte.

[217] Etwa in dem Aufsatz: *Schicksale des lyrischen Ichs I*. In: Das literarische Echo 18 (1916), H. 10. Sp. 593-600, hier: Sp. 596-597. Und *Schicksale des lyrischen Ichs II*. In: Das literarische Echo 18 (1916), H. 11. Sp. 676-683, hier: Sp. 680-681.

Dramen Walter Hasenclevers und Oskar Kokoschkas[218] sowie Prosatexte Paul Adlers[219] und Übersetzungen Jakob Hegners[220]. Das poetologische Programm und ästhetische Konzept dieser Dichter eignete sich über weite Strecken exemplarisch zur Illustration von Walzels These, die expressionistische Kunst ziele auf die Durchsetzung eines neuen, gegen die Mechanismen der warenkapitalistischen Verwertungsgesellschaft des wilhelminischen Zeitalters gerichteten Wertekanons[221].

Walzels Forderung nach sowohl individueller als auch gesellschaftlicher Umkehr und Neubesinnung, die mit der Aufhebung einer einseitigen, lediglich aufs ›Materielle‹ zentrierten Weltanschauung einhergehen sollte und für die er den Expressionismus als Wegbereiter und Leitbild funktionalisierte, durfte gerade bei Teilen des Bildungsbürgertums auf Zuspruch und Unterstützung hoffen. Denn die nach 1900 allseits wahrgenommene ›Zersplitterung‹ der Bildung mündete infolge drastischer Professionalisierungszwänge zusehends in eine Fragmentierung des Bildungsbürgertums[222] und damit in eine »Auflösung des bildungsbürgerlichen Selbstverständnisses«[223]. Die Gefahr einer Ausgrenzung und Abwertung der Gebildeten im Umfeld der Revolution[224] und das Infragestellen des Integrationspotentials der Bildung in der Anfangszeit der Weimarer Republik führten bei Walzel zur Suche nach einer kulturell bestimmten Neupositionierung der durch Bildung Legitimierten im gesellschaftlichen Leben. Das geistig akzentuierte Erneuerungsprogramm des Expressionismus, wie es nicht nur die bereits erwähnten Dresdner Autoren, sondern auch die Mitarbeiter um den – von Walzel geschätzten – Sturm-Kreis Herwarth Waldens[225] praktizierten, betrachtete der Dresdner Literaturprofessor als Voraussetzung für eine bislang der Spezialisierung und Arbeitsteilung zum Opfer gefallenen Gemeinschaftsarbeit der ›Geistigen‹. So konnte Walzel die »Ausdruckskunst« in seine Strategie einer Umwertung der gesellschaftlichen Rolle und kulturellen Funktion der Intellektuellen einbinden und für die Propagierung eines geschlossenen Welt- und Menschenbildes nutzen. Noch im Nachfeld der Revolution hob Walzel deshalb den Stellenwert des Expressionismus als Aus-

---

[218]   Exemplarisch sei genannt: *Eindruckskunst und Ausdruckskunst in der Dichtung*, S. 28 und 38-39.

[219]   Vgl. Walzel: Die Deutsche Dichtung seit Goethes Tod, S. 274.

[220]   Vgl. Oskar Walzel: Neue Dichtung vom Tiere. In: Zeitschrift für Bücherfreunde. N. F. 10 (1918). 1. Hälfte. S. 53-58, hier: S. 54. oder, ders.: Jüngste deutsche Dramen. In: Internationale Monatsschrift 12 (1918), H. 7. Sp. 703-810, hier: Sp. 704.

[221]   Walzel: Eindruckskunst und Ausdruckskunst, S. 46; ders.: Umwertung von Dichtern, S. 84.

[222]   M. Rainer Lepsius: Zur Soziologie des Bürgertums und der Bürgerlichkeit. In: Ders.: Interessen, Ideen und Institutionen. Opladen: Westdeutscher Verlag 1990. S. 153-169, hier: S. 166ff. Vgl. auch die differenzierte Sicht von Konrad H. Jarausch: Die Krise des deutschen Bildungsbürgertums im ersten Drittel des 20. Jahrhunderts. In: Jürgen Kocka (Hg.): Bildungsbürgertum im 19. Jahrhundert. Teil IV. Politischer Einfluß und gesellschaftliche Formation. Stuttgart: Klett-Cotta 1989. S. 180-205, hier: S. 181 und 187 und öfter.

[223]   Hans Mommsen: Die Auflösung des Bürgertums seit dem späten 19. Jahrhundert. In: Jürgen Kocka (Hg.): Bürger und Bürgerlichkeit im 19. Jahrhundert. Göttingen: Vandenhoeck & Ruprecht 1987. S. 288ff.

[224]   Die ›Not der geistigen Arbeiter‹ im Umfeld der Revolution und Inflation wird auch von den Dresdner Expressionisten thematisiert, etwa auf dem Sektor des Theaters durch Berthold Viertel in seinem Aufsatz *Theater-Not*. In: Die Weltbühne 18 (1922), 2. Band. S. 673-678. Vgl. auch die Tendenzen innerhalb des Bildungsbürgertums, sich nicht von den Organisationen geistiger Arbeiter vereinnahmen zu lassen. Hierzu Jarausch: Die Krise des deutschen Bildungsbürgertums, S. 196.

[225]   Vgl. hierzu den Briefwechsel von Walzel mit Lothar Schreyer, besonders die Briefe Schreyers an Walzel vom 3.10.1917, 8.10.1917 und 23.10.1917. In: Nachlaß Oskar Walzel. Korrespondenz. Auch der Aufsatz *Jüngste deutsche Dramen*. In: Internationale Monatsschrift 12 (1918), H. 7. Sp. 709ff.

gangspunkt eines neuen ganzheitlichen Universalismus hervor, der sich auch von den
Maximen klassisch-idealistischer Daseinsdeutung verabschiedete: »[...] welche Bedeutung der Augenblick, in dem wir uns befinden, [...] für die Kunst hat, (ist) mit
dem Wort Expressionismus [...] lange nicht ausgeschöpft«, da sich

> eine tiefgreifende Umstellung im Menschen (vollzieht), die [...] über die engen
> Grenzen einer künstlerischen Richtung (hinausgeht). [...] Dem Menschen von
> heute will es scheinen, als habe der Mensch der jüngsten Vergangenheit zu ängst-
> lich nur als dienendes Glied an ein Ganzes sich angeschlossen, die Aufgabe hinge-
> gen, selber ein Ganzes zu werden, gar nicht zu lösen gewagt. Heute wissen wir,
> daß wir in uns wieder ein Ganzes erzeugen müssen, wenn wir nicht uns selbst
> verlieren sollen. [...] Weder der gelehrte Forscher noch der Künstler kann fortan
> an Fragen der Religion oder der Sittlichkeit oder des öffentlichen Lebens vorbei-
> gehen in der Ueberzeugung, daß sie für sein Fach nichts bedeuten. Er muß sich
> wieder entschließen, ganzer und vollständiger Mensch zu werden und seine ein-
> zelne Leistung durchzuführen in dem Bewußtsein, daß auch er mit jedem Feder-
> strich und mit jeder künstlerischen Gebärde Zeugnis abzulegen hat für sein Ver-
> hältnis zur Welt. Er muß wieder den Mut des Bekenners gewinnen.[226]

Die Konzentration auf eine zur ›inneren‹ Erneuerung drängende expressionistische
›Bekenntnisdichtung‹[227] war allerdings zwangsläufig an eine Auswahl von Autoren und
Werken gebunden, die keineswegs einen repräsentativen Querschnitt der Dresdner
Bewegung verkörperte[228]. Und wenn Walzel selbst Hasenclevers *Sohn* als »Stilisierung«
bezeichnet, »die, von der Wirklichkeit entfernt, das Alltagsleben tief unter sich versin-
ken läßt«[229], dann wird noch in der Ausdeutung des Stückes die Gebundenheit an eine
als nationale Aufgabe verstandene Propagierung und Nutzung des ›neuen Stils‹ im
Sinne einer rein geistig gedeuteten ›Revolutionierung‹ der Kunst und des Lebens sichtbar.

So hatte Walzel die überregionale Vermittlung des Expressionismus ganz in den
Dienst eines zeitgebundenen bildungsbürgerlichen »Bedürfnisses nach ästhetischer
Identifizierung«[230] gestellt und den Geltungsanspruch dieser Dichtungen auf eine le-
diglich individuell erfahrbare »Durchgeistung des Menschen«[231] reduziert.

Obgleich Walzel in den 20er Jahren diese Sehweise teilweise revidierte[232], blieb sie
für sein distributives Konzept insgesamt richtungweisend.[233] Im Kontext mit den er-

---

[226] Oskar Walzel: Noch ein Wort zum Plan einer neuen Dresdner Hochschule. In: Dresdner Kon-
zert- und Theater-Zeitung. Nr. 34 vom 1.5.1920. S. 386.

[227] »Die Dichter werden aus Beschauern wieder Bekenner. Sie greifen ins Metaphysische hinüber.
Sie wollen der Welt aus schwerem Leid eine neue Weltanschauung erbringen«. Walzel: Die Deutsche
Dichtung seit Goethes Tod, S. 190.

[228] Die gesamte sozialrevolutionär-politische Dichtung von Schilling über Rheiner und Hasenclever
bis zu Friedrich Wolf taucht in Walzels Aufsätzen bis Anfang der 20er Jahre nicht auf.

[229] Walzel: Jüngste deutsche Dramen, Sp. 703.

[230] Rüdiger vom Bruch: Gesellschaftliche Funktion und politische Rollen des Bildungsbürgertums
im Wilhelminischen Reich – Zum Wandel von Milieu und politischer Kultur. In: Jürgen Kocka
(Hg.): Bildungsbürgertum im 19. Jahrhundert. Teil IV. Politischer Einfluß und gesellschaftliche
Formation. Stuttgart: Klett-Cotta 1989. S. 148.

[231] Walzel: Noch ein Wort zum Plan einer neuen Dresdner Hochschule, S. 386.

[232] Vgl. hierzu die 5., überarbeitete Auflage seiner *Deutschen Literatur von Goethes Tod bis zur Gegenwart* aus dem Jahre 1925, vor allem S. 109, 129, 155.

folgreichen Versuchen einzelner Dresdner Expressionisten, in bildungsbürgerlich dominierten Zeitschriften wie der liberal-weltbürgerlichen *Neuen Rundschau* ihre Texte
zu publizieren[234], waren Walzels Bemühungen sogar von praktischem Erfolg gekrönt,
zielte doch der als ›Kenner der Moderne‹ ausgewiesene Dresdner Literaturhistoriker
langfristig auf die Anerkennung der einst als subkulturell eingestuften Dichtungen der
Avantgarde durch die kunstinteressierten Kreise des gebildeten Bürgertums.

---

[233] Vgl. hierzu die Hinweise in Walzels Lebenserinnerungen: »Die Befreiung des Geistes erscheint
mir immer noch als das eigentlich Große des sogenannten Expressionismus.« In: Wachstum und
Wandel, S. 168.
[234] Vgl. etwa Walter Rheiner: Sonette. In: Die neue Rundschau 29 (1918), Band 2. S. 1345 – Ders.:
Der Vorübergehende. Der Baum. (Gedichte). In: Die neue Rundschau 30 (1919), H. 12. S. 1515-
1516. – Theodor Däubler: Apenninische Nacht. (Gedicht). In: Die neue Rundschau 28 (1917),
H. 6. S. 826-828.

VII. ENDE UND AUSBLICK – ZUR STELLUNG DER DRESDNER EXPRESSIONISTEN IM KULTURELLEN LEBEN DER STADT IN DEN 20ER JAHREN

1. Öffentlichkeitsverlust als Folge institutioneller Destabilisierung und sozialer Isolation – Zur Wirkungsmisere der Dresdner Expressionisten nach 1920

In den Jahren 1921/22 kommt es zur allmählichen Auflösung der expressionistischen Bewegung in Dresden. Eine Krise hatte sich jedoch schon 1920 angekündigt: Nachdem das politisch-ökonomische Ziel der expressionistischen Revolutionäre, eine »sozialistische Gemeinwirtschaft«[1] zu errichten, nicht verwirklicht werden konnte und die neu geschaffenen Institutionen des bürgerlich-kapitalistischen Staates als Basis einer gesellschaftlichen Reorganisation von den linksgerichteten Künstlern abgelehnt wurden[2], setzte ein Desillusionierungsprozeß ein, der die Dresdner Expressionisten mit der Tatsache konfrontierte, daß die wertsetzende politische Kraft des Wortes und der revolutionierende Mut zur Tat dem Intellektuellen keineswegs einen Zugang zur Macht eröffnete. Nicht zuletzt durch den kontinuierlichen Abbau der einst im Umfeld der Revolution auch institutionell legitimierten gesellschaftlichen und kulturellen Mitbestimmung, wie sie sich etwa im Angebot einer Beteiligung expressionistischer Autoren an den Aktionen des *Zentralen Arbeiter- und Soldatenrates der Republik Sachsen* gezeigt hatte[3], gerieten die Avantgardisten zusehends in eine soziale Isolation, die sich auf die konzeptionelle Homogenität und soziale Wirkungskraft ihrer eigenen revolutionären Organisationen negativ auswirkte. Konnte die Auflösung der *Sozialistischen Gruppe der Geistesarbeiter* im Sommer 1919[4] noch als Folge des gesellschaftlichen Einflußverlustes der nach den Wahlen zur Nationalversammlung aus den politischen Machtkämpfen in Deutschland sukzessive verdrängten Arbeiter- und Soldatenräte[5] gelten, erwies sich der Rückzug der *Expressionistischen Arbeitsgemeinschaft* aus dem kulturellen Leben der Stadt Anfang 1920[6] als Reaktion auf eine künstlerische Neu-

---

[1] Die Politik im neuen Deutschland. In: Menschen Montagsblatt-Dresden 1 (1919), Nr. 23. S. 1.

[2] Vgl. etwa die Ablehnung der Nationalversammlung durch die Dresdner linksgerichteten Expressionisten: Kritik der Nationalversammlung. In: Menschen Montagsblatt-Dresden 1 (1919), Nr. 7. S. 1: »Was wir erwarteten, ist eingetroffen! Die Nationalversammlung ist ein Abklatsch des verflossenen Reichstages geworden. Die Revolution ist spurlos an diesem veralteten Parlamentarismus vorübergegangen. Nichts hat sich geändert. Dieselben feierlichen Reden, dasselbe hohle Pathos, dieselben verschwommenen Allgemeinheiten und Halbheiten; bürgerlich ist dieses Parlament durch und durch.« Allgemein zur Ablehnung der neu geschaffenen politischen Institutionen der Weimarer Republik vgl. Peter Steinbach: Vom Kaiserreich zur Bundesrepublik: Kontinuität und Wandel der politischen Institutionen in Deutschland. In: Gerhard Göhler (Hg.): Institutionenwandel. Opladen: Westdeutscher Verlag 1997. S. 239ff.

[3] Friedrich Wolf arbeitete in diesem Gremium als verantwortlicher Lazarettarzt für die heimkehrenden Truppen von der Front mit. Vgl. ausführlich Kapitel V.2 der vorliegenden Arbeit.

[4] Es ist anzunehmen, daß mit der letzten Ausgabe der gruppeneigenen Wochenschrift *Menschen Montagsblatt-Dresden* im Juni 1919 auch die Arbeit der Vereinigung eingestellt wurde.

[5] Zum Ende der in Sachsen agierenden Räte vgl. Bernd Rüdiger: Revolutionäre Kommunalpolitik und Kommunalpolitik in der Revolution. Zur Rolle der Arbeiter- und Soldatenräte in den Städten Sachsens während der Novemberrevolution bis zum 1. Reichsrätekongreß. In: Jahrbuch für Regionalgeschichte (1979), Band 7. S. 121-185, hier: S. 171ff.

[6] Obwohl sich ein genaues Datum der Auflösung auf Grund des Mangels an Quellenmaterial nicht mehr feststellen läßt, kann vermutet werden, daß sich die Gruppe Anfang Januar 1920 nach dem

orientierung der bildungsbürgerlichen Öffentlichkeit. Parallel zur Abwanderung einzelner Gründungsmitglieder der Arbeitsgemeinschaft wie Conrad Felixmüller und
Walter Rheiner[7], die zu einer personellen Destabilisierung der ideellen Trägerschichten ›vor Ort‹ führte, kam es auf seiten der Rezipienten zu verstärkten Tendenzen eines
rückwärtsgewandten Anknüpfens an die kulturellen Traditionen der Vorkriegszeit.
Diese ›Rückwendung‹ ist etwa anhand der Veranstaltungen des *Literarischen Vereins* in
den Jahren 1921/22 nachweisbar. Während noch 1919 die expressionistische Kunst
und Literatur durch Aussprachen und Lesungen im Vereinsleben präsent war, widmete man sich zu Beginn der 20er Jahre einem ganz anderen Themenspektrum: Nunmehr standen Vorträge im Zentrum, die sich der *Geschichte des deutschen Männer-
gesanges* widmeten, *Über den Sinn der deutscher Mystik* nachdachten, Fragen der *Fami-
lien-Forschung* erörterten oder *Johann Sebastian Bachs Lehrjahre* analysierten.[8] Daneben
veranstaltete der Verein Lesungen von Dresdner Autoren (u. a. Kurt Arnold Fin-
deisen, Ottomar Enking, Rudolf Heubner oder Georg von der Gabelentz[9]), die teilweise schon vor 1910 im kulturellen Leben der Stadt präsent waren und durch ihre
Romane und Novellen dem Dresdner Publikum Beispiele ›gemütvollen‹ und heimat-
verbundenen Erzählens boten[10]. Felix Zimmermann, Vorsitzender des Vereins, führte
die Tendenz, nunmehr »hübsche Sächelchen nach berühmten Mustern von sich [zu]
geben« und der »berückenden Landschaft« Dresdens zu huldigen, vor allem auf die
prekäre wirtschaftliche Situation der in Dresden ansässigen Autoren zurück:

> Dem geistigen Leben und nicht zuletzt dem Schriftstellerstande brachte die wirt-
> schaftliche Entwicklung die schwersten Hemmungen und Schädigungen. Der
> ungeheure politische Druck lastete schwer auf den Geistern. Alte Ideale brachen
> zusammen, neue Hoffnungen scheiterten, der Glaube an den Sinn geistiger, zu-
> mal dichterischer Arbeit wurde tief erschüttert. Der ›freie‹ Schriftsteller war Sklave
> der Not geworden [...].[11]

Zugleich jedoch resultierte die Hinwendung zu den vertrauten Werten und überkommenen Sinnmustern von Kunst und Literatur und die Hoffnung auf deren kon-
solidierende Funktion in Zeiten des gesellschaftlichen Umbruchs aus der Krisenerfah-
rung der Gebildeten im Umfeld sich neu konstituierender ökonomischer und politischer Verhältnisse zu Beginn der Weimarer Republik. Von den Absichten der sozialdemokratischen Parteien eher verunsichert[12] und irritiert von den – auch durch die

---

vorläufigen Erscheinungsstopp der Zeitschrift *Menschen* auflöste.
[7]   Felixmüller ging ins Ruhrgebiet und Rheiner nach Berlin; lediglich Schilling blieb auch nach
1920 in Dresden. Rudolf Adrian Dietrich, Felix Stiemer und Recha Rothschild hatten die Arbeitsgemeinschaft bereits 1919 verlassen. Mit dem Weggang von Rheiner und Felixmüller löste sich die
Gruppe endgültig auf.
[8]   Vgl. Chronik des Literarischen Vereins zu Dresden 1913-1923. Als kurze Ergänzung zum Gedenkbuch des Literarischen Vereins 1863-1913. Radebeul-Dresden 1923. 2 Blatt.
[9]   Ebd.
[10]   Felix Zimmermann: Dresdner literarisches Leben 1920/25. In: Dresdner Kalender 1926. S. 69.
[11]   Ebd., S. 67. Allgemein zur ›Not der geistigen Arbeiter‹ in der Inflationszeit vgl. Alfred Weber: Die
Not der geistigen Arbeiter. München: Duncker & Humblot 1923; Samuel Saenger: Die Not der geistigen Arbeiter. In: Die neue Rundschau 34 (1923), Band 1. S. 276.
[12]   Zu den Zielen der sächsischen Sozialdemokratie zwischen 1920 und 1922 vgl. Karsten Rudolph:
Die Sozialdemokratie in der Regierung. Das linksrepublikanische Projekt in Sachsen 1920-1922. In:
Helga Grebing/Hans Mommsen/Karsten Rudolph (Hg.): Demokratie und Emanzipation zwischen

Dresdner Expressionisten initiierten – Aufrufen, sich in die Reihen der ›geistigen Arbeiter‹ einzugliedern[13], bemühte man sich, durch »Selbstreformbestrebungen« und eine innere Erneuerung der Professionen[14] dem Mangel an Geschlossenheit und gesellschaftlicher Reputation zu begegnen. In einem großen Artikel für die *Dresdner Konzert- und Theater-Zeitung* hatte Oskar Walzel schon im Januar 1920 zum »Zusammenschluß« der geistigen Arbeiter aufgerufen und – auch über die Grenzen der jeweiligen Profession hinweg – die Notwendigkeit gemeinsamen Wirkens angemahnt: Weil sich in Dresden der »Mangel einer Universität« besonders bemerkbar mache und die Isolation der Intellektuellen auch dadurch bedingt sei, müsse der »Versuch, die künstlerischen und wissenschaftlichen Kräfte Dresdens« zu bündeln, zur übergreifenden Aufgabe aller Gebildeten werden.[15]

Allerdings wurde die Suche nach geistiger Orientierung und gegenwartsnaher Sinngebung, nach Überwindung der zunehmenden »Zersplitterung der […] Bildung«[16] sowie nach einer »geschlossenen Weltanschauung«[17], wie sie sich etwa anhand des Wirkens der *Neuen Vereinigung für Kunst* um 1920 nachweisen läßt[18], durch einen stetig anwachsenden Nationalismus, der auf die kulturelle Entwicklung der Stadt restriktiv wirkte, beeinträchtigt.

Gerade die zunehmende deutschnationale Dominanz im kulturellen Sektor hatte, wie sich der Leiter des *Dresdner Stadtmuseums* und Sammler moderner Kunst, Paul Ferdinand Schmidt, erinnert, dem eben beginnenden Ankauf expressionistischer Kunstwerke für die städtischen Galerien zwischen 1920 und 1923[19] ein jähes Ende gesetzt. Schmidt, der vor allem Dresdner Expressionisten (Dix, Felixmüller, Kokoschka, Griebel u. a.) für das *Stadtmuseum* in dieser Zeit erwarb, hatte sich schon bald mit der »politischen Reaktion, die in der Stadtverordnetenversammlung immer größere Macht gewann«, persönlich auseinanderzusetzen:

Saale und Elbe. Beiträge zur Geschichte der sozialdemokratischen Arbeiterbewegung bis 1933. Essen: Klartext-Verlag 1993. S. 212-225. Allgemein zur Stellung des Bildungsbürgertums gegenüber den »linken Anfangskabinetten« vgl. Konrad H. Jarausch: Die Krise des deutschen Bildungsbürgertums im ersten Drittel des 20. Jahrhunderts. In: Jürgen Kocka (Hg.): Bildungsbürgertum im 19. Jahrhundert. Teil IV. Politischer Einfluß und gesellschaftliche Formation. Stuttgart: Klett-Cotta 1989. S. 196.

[13] Vgl. hierzu den Aufruf an die Intellektuellen, sich in der *Gruppe der Geistesarbeiter* zusammenzuschließen. In: Menschen Montagsblatt-Dresden 1 (1919), Nr. 4. S. 3.

[14] Jarausch: Die Krise des deutschen Bildungsbürgertums. S. 196.

[15] Oskar Walzel: Geistige und künstlerische Anliegen Dresdens. In: Dresdner Konzert- und Theater-Zeitung vom 17.1.1920. Nr. 19. S. 218-219.

[16] Ernst Troeltsch: Die Revolution in der Wissenschaft. In: Ders.: Gesammelte Schriften. Band IV. Aufsätze zur Geistesgeschichte und Religionssoziologie. Tübingen: J. C. B. Mohr (Paul Siebeck) 1925. S. 653-677, hier: S. 653f.

[17] Oskar Walzel: Noch ein Wort zum Plan einer neuen Dresdner Hochschule. In: Dresdner Konzert- und Theater-Zeitung vom 1.5.1920. Nr. 34. S. 386.

[18] So zeigen die Veranstaltungen der *Neuen Vereinigung für Kunst* (besonders aber das bereits beschriebene Wirken Oskar Walzels), daß auch der geistige Universalismus der modernen ›Ausdruckskunst‹ in die Bemühungen um eine Zusammenführung der Gebildeten einbezogen werden sollte. Vgl. hierzu die Ankündigungen in der Dresdner Tagespresse anläßlich des zweijährigen Bestehens der Vereinigung. ag.: Die Neue Vereinigung für Kunst … In: Dresdner Neueste Nachrichten vom 5.10.1920. Nr. 245. S. 2.

[19] Im Oktober 1920 veranstaltete Schmidt eine erste größere Ausstellung expressionistischer Kunstwerke im Stadtmuseum. Vgl. hierzu die Ankündigung im *Dresdner Lokal-Anzeiger* vom 29.10.1920. Nr. 174. S. 2.

In ihren Augen war ich ein gefährlicher Bursche und ›Kunstbolschewist‹. Blüher
[der damalige Oberbürgermeister – F. A.] [...] neigte sich mehr und mehr zu den
Anschauungen seiner deutschnationalen Freunde und rückte von meinen ›Scheiß-
lichkeiten‹, die er früher mit Kopfschütteln geduldet hatte, ab. Zuletzt verlangte
die nationale Fraktion der Stadtverordneten als solche, in stattlichem Aufmarsch,
von mir die Erwerbungen des Stadtmuseums vorgezeigt zu bekommen. Sie hatten
sich niemals darum bekümmert, jetzt aber suchten sie die berühmten Steine des
Anstoßes zu entdecken. Eines Sonntags um 10 Uhr mußte ich die germanische
Horde durch meine vier Säle führen, in denen enggedrängt, Briefmarken ähnlich
und ohne jeden Anspruch auf Repräsentation, die älteren und die modernen Bilder an den Wänden hingen, und ein Sturm brach los, als sie endlich die gesuchten ›deutschabträglichen‹ Bilder und Aquarelle von Dix, George Groß und Otto
Griebel entdeckt hatten, mit einem Gebrüll, das hörenswert war, weil die nationale Entrüstung sich hemmungslos in heimischen Naturlauten äußerte. Es war
der Anfang vom Ende. Denn diese verhängnisvolle Führung geschah im Dezember 1923 [...].[20]

Symptomatisch für den Vorgang illiberaler Neupositionierung der gebildeten Beamtenschaft ist in diesem Kontext das Verhalten des Dresdner Oberbürgermeisters. Während dieser noch 1920 eine Ankaufskommission für die Sammlungen des Stadtmuseums berief, deren Mitglieder durch ihr öffentliches Bekenntnis zur Moderne nicht nur
in Dresden Ansehen genossen (etwa Robert Sterl, Oskar Kokoschka, Heinrich Tessenow und Hans Poelzig)[21], wandte sich Blüher unter dem Druck deutschnationaler
Kreise wenige Jahre später von seiner einstigen toleranten Einstellung gegenüber dem
Wirken der ortsansässigen Expressionisten ab und signalisierte damit den Beginn eines
Prozesses national-konservativer Beeinflussung des städtischen Kunstschaffens. Vorausgegangen war diesem von der höheren Beamtenschaft ausgehenden »ideologischen
Rückfall in antidemokratische Denkmuster«[22] ein auch von den Dresdner Expressionisten wahrgenommener Wandel innerhalb der Berichterstattung der städtischen Tagespresse über die Aktivitäten der Avantgarde. An die Stelle einer mehrheitlich offenen
und unvoreingenommenen Auseinandersetzung mit den Bestrebungen der jungen
Kunstrevolutionäre war eine skeptisch-zurückhaltende und oftmals unfruchtbare publizistische Kontroverse getreten, die sich sowohl den experimentellen Form- und Ge-
staltungskonzepten des ›neuen Stils‹ als auch dem sozialkritisch-aktivistischen Anspruch vieler seiner Repräsentanten mehr und mehr verweigerte.
    Dabei hatten in den Tagen der Revolution selbst regierungstreue Tageszeitungen
wie der *Dresdner Anzeiger* die z. T. radikalen Aufrufe und Verlautbarungen der neu-
gewählten Künstlerräte und anderer solidarischer Gemeinschaften abgedruckt[23] und
die Herausgeber von eher unpolitischen, gutbürgerlichen Wochenschriften wie dem
Dresdner Salonblatt die gesellschaftliche Bedeutung der Gründung von »Organisationen geistig Arbeitender« und deren Einbindung in den revolutionären Umgestal-
tungsprozeß positiv erörtert:

---

[20]   Paul Ferdinand Schmidt: Lebenslauf. o. O. und o. J. [um 1954]. [Manuskriptdruck]. S. 108-109.
[21]   Ebd., S. 108.
[22]   Vgl. Jarausch: Die Krise des deutschen Bildungsbürgertums, S. 192.
[23]   Der *Dresdner Anzeiger* hatte am 20.11.1918 (Nr. 322, S. 3) die Forderungen des eben gegründe-
       ten linksgerichteten ›Dresdner Künstlerrates‹ vollständig abgedruckt.

[...] Die Zeit der vereinzelten künstlerischen Individualexistenzen ist endgültig vorbei. Die geistig Schaffenden [...] haben es längst als notwendig befunden, sich zu berufsgenossenschaftlichen Verbänden zusammenzuschließen, denen vor allem die Wahrung ihrer gemeinsamen materiellen Berufsinteressen obliegt. Doch darüber hinaus erfordert die Zeit noch die Lösung eines anderen Problems: es handelt sich um die Beantwortung der Frage, ob und auf welchem Wege die geistigen Arbeiter in die neue Ordnung der Dinge einzugliedern wären. [...] Es muß ein Weg gefunden werden, diese Schichten am Aufbau der neuen Gesellschaftsordnung zu beteiligen, ihre Interessen darin zu Wort kommen zu lassen, so daß sie das Gepräge ihrer Mitarbeit deutlich zeigt. [...] Diese Elemente sind zu wertvoll und sie wären zugleich in ihrer Abseitigkeit ein zu gefährlicher Nährboden für gegenrevolutionäre Strömungen, als daß die neue Ordnung darauf verzichten könnte, sie ihrem System irgendwie einzugliedern. So kommt der kürzlich beschlossenen Gründung einer freien sozialistischen Gruppe der geistigen Arbeiter eine besondere Bedeutung zu, die selbst dann nicht zu unterschätzen wäre, wenn dabei zunächst nichts anderes resultierte, als die längst fehlende Organisation für wirksame soziale Aufklärungsarbeit.[24]

Knapp zwei Jahre später geriet diese Art der Berichterstattung zur Ausnahme. Prominentestes Beispiel für die Neupositionierung der Presse gegenüber der Avantgarde ist, wie Horst Michael nachgewiesen hat, die unterschiedliche Beurteilung der *Dresdner Sezession, Gruppe 1919*, deren Wirken anfänglich selbst von den konservativen Blättern begrüßt und gewürdigt wurde[25], ehe nach 1920, als »die Spaltung der Gruppe in einen gemäßigten Teil um Mitschke-Collande und einen aggressiv-revolutionären um Dix« einsetzte, »die Bereitschaft zur Toleranz bei den Rezensenten merklich [schwand]«.[26]

Vor dem Hintergrund einer sich zunehmend politisch polarisierenden publizistischen Öffentlichkeit verlief auch die Auseinandersetzung mit der *Sozialistischen Gruppe der Geistesarbeiter*. Da sich die Mehrheit der Gruppe einer eindeutigen parteipolitischen Fixierung verweigerte[27], schlugen auch die Versuche sozialdemokratischer Presseorgane, die revolutionären Aktivitäten der Vereinigung für die Durchsetzung der eigenen politischen Ziele zu nutzen[28], fehl. Allerdings konnten sich die Geistesarbeiter diesem publizistischen Druck, der im Verlaufe des Jahres 1919 deutlich zunahm, nur auf Kosten ihrer gesellschaftlichen Wirkung und öffentlichen Einflußnahme auf Dauer entziehen.[29]

---

[24]   M. A.: Dresdner Signale. In: Salonblatt 13 (1918), Nr. 48. S. 1123.
[25]   Etwa den *Dresdner Nachrichten*. Siehe F[elix] Z[immermann]: Dresdner Sezession. In: Dresdner Nachrichten vom 18.4.1919. Nr. 107. S. 3.
[26]   Horst Michael: Tageszeitungen über die Dresdner Sezession, Gruppe 1919. In: Kunst im Aufbruch. Dresden 1918-1933. Staatliche Kunstsammlungen Dresden. Gemäldegalerie Neue Meister. Ausstellung im Albertinum vom 30.9.1980 bis 25.2.1981. Ausstellungskatalog. Dresden: Staatliche Kunstsammlungen 1980. S. 62-68, hier: S. 68.
[27]   Vgl. hierzu ausführlich Kapitel V der vorliegenden Arbeit.
[28]   So hatte die *Dresdner Volkszeitung* in ihrer Ausgabe vom 22.11.1918 (Nr. 272. S. 6) die Gründung einer »freien sozialistischen Gruppe der geistigen Arbeiter« angezeigt; ein knappes halbes Jahr später, am 25.3.1919 (Nr. 69. S. 6) diffamierte das Blatt unter der Überschrift »Der Geist der Geistesarbeiter« die Tätigkeit der Gruppe, wohl weil sie sich nicht mit den politischen Vorstellungen der sozialdemokratischen Herausgeber der *Volkszeitung* in Übereinstimmung befand.
[29]   Das Prinzip der – wie es Kurt Hiller nannte – »gemeinsten Totschweigerei« gegenüber den politi-

Aber auch außerhalb des aktiven politischen Wirkens der Dresdner Expressionisten kam es zu einer spürbaren Veränderung bei der Bewertung des sozialkritischen
Engagements expressionistischer Kunst und Literatur nach 1920. Hatte das Gros der
Dresdner Presse mitten im Krieg Walter Hasenclevers ›politische Tragödie‹ *Antigone*[30]
als »Symbol des [...] demokratischen Friedens«[31] und »Protest gegen« eine »lieblos«
und »eigensüchtig« agierende »Macht«[32] gedeutet und den Autor selbst als »stark sozial
fühlenden Poeten«[33], der »tief in den politischen Kreis moderner Welt hineinschritt«[34],
gewürdigt, so wurde wenige Jahre später dem politischen Dichter von einst »Verball-
hornung« des Originals vorgeworfen; Hasenclever »plünderte«, wie es in der *Dresdner
Volkszeitung* hieß,

> ein Schullehrbuch der gängigen Moralsysteme aus, legte die Hauptphrasen da-
> raus, vermehrt um Zeitungspathos, den antiken Figuren in den Mund, und setzte
> in die weltbekannte Handlung einige theaterwirksame Antriebe und kolportage-
> hafte Grellheiten hinein[35].

Selbst Hasenclevers politisch ambitionierte Lyrik, noch 1919 als »Evangelium der
Völkerbefreiung« und »Verheißung der Revolution«[36] gepriesen und in ihrem »Verlangen nach neuem, unentweihtem Menschentum« begrüßt[37], geriet Anfang der zwanziger Jahre unter das Verdikt ideologischer Phrasenhaftigkeit:

> [...] die politischen Gedichte, voll revolutionärem Pathos, einst als stürmische
> Kundgebungen eines neuen Geistes gepriesen, sind binnen zwei Jahren selbst für
> die Anhänger der Staatsumwälzung den Weg ins Land der Phrase gegangen, wie
> merkwürdigerweise fast alle Dichtungen, die die deutsche Revolution von 1918
> hervorgebracht hat.[38]

---

schen Aktionen der Expressionisten in der bürgerlichen Presse fand – wenn auch eingeschränkt –
gleichfalls in Dresden Anwendung. Die *Dresdner Volkszeitung* etwa hat nach den oben dargestellten
Ereignissen über die Arbeit der *Sozialistischen Gruppe der Geistesarbeiter* nicht mehr berichtet. Das
Zitat von Hiller findet sich in dem Artikel *Ausstellung der Pathetiker.* In: Die Aktion 2 (1912),
Sp. 1514.
[30] Hasenclever selbst hat den »politischen Zweck« seines Stückes betont: »Die Tragödie wurde zum
Kampfruf gegen das Machtprinzip [...]. Der Opfertod der Antigone bedeutete den Sieg der Idee und
zugleich die Erlösung eines wehrlosen, irregeleiteten Volkes, dessen politische Befreiung zwei Jahre
später erfolgen sollte.« Walter Hasenclever: Antigone. In: Die Szene. Blätter für Bühnenkunst
19 (1929), H. 10. S. 48.
[31] W. Rudolf Leonhardi: Antigone. In: Dresdner Lokal-Anzeiger vom 28.2.1918. Nr. 26. S. 2.
[32] Camill Hoffmann: Hasenclevers »Antigone«. In: Dresdner Neueste Nachrichten vom 1.3.1918.
Nr. 58. S. 2.
[33] Hrtwg.: Walter Hasenclevers Antigone. In: Dresdner Volkszeitung vom 28.2.1918. Nr. 49. S. 10.
[34] Hoffmann: Hasenclevers »Antigone«, S. 2.
[35] Diese Bewertung der *Antigone* findet sich in einer Rezension von Wolfgang Schumann anläßlich
der Uraufführung von Hasenclevers *Gobseck* im Dresdner Schauspielhaus. Vgl.: Dresdner Volkszeitung vom 28.1.1922. Nr. 24. S. 2.
[36] Vgl. a[lfred] g[ünther]: Der politische Dichter. In: Dresdner Neueste Nachrichten vom
17.1.1919. Nr. 15. S. 2.
[37] F[riedrich] K[ummer]: Walter Hasenclever: In: Dresdner Anzeiger vom 17.1.1919. Nr. 16. S. 5.
[38] Friedrich Kummer: Schauspielhaus: Gobseck. In: Dresdner Anzeiger vom 29.1.1922. Nr. 49.
S. 2.

Wie die Rezensionen zu Inszenierungen von sozialkritischen Dramen Georg Kaisers zwischen 1920 und 1922 am *Dresdner Staatsschauspiel* belegen, waren von einer solchen Abwertung auch Autoren betroffen, die sich längst am literarischen Markt etabliert hatten.[39]

In einer zunehmend durch parteipolitische Querelen und weltanschauliche Kontroversen geprägten politischen Öffentlichkeit geriet auch die mediengebundene Wahrnehmung von Kunst in das Fadenkreuz divergierender Politik- und Gesellschaftskonzepte und wurde, wie das Beispiel der Aufführung von Ernst Tollers *Hinkemann* am *Dresdner Schauspielhaus* im Januar 1924 zeigt, sogar zum Mittel des ›ideologischen Klassenkampfes‹[40]. Dabei ging der Skandal um Tollers Stück vor allem auf eine Zunahme antijüdischer Ressentiments in der städtischen Öffentlichkeit zurück: Ernst Toller beschreibt in seinen Lebenserinnerungen *Eine Jugend in Deutschland*, wie sich während der Erstaufführung der Haß ›nationalgesinnter‹ Dresdner Zuschauer in antisemitischen Kundgebungen artikulierte:

Als das Stück im Dresdner Staatstheater aufgeführt wird, kommt es zu wüsten Tumulten, ein völkischer Herr Mutschmann hat sie organisiert, einer Wohlfahrtskasse entnahm er Geld und kaufte achthundert Eintrittskarten für Studenten, Handlungsgehilfen, Schüler. Jedem dieser achthundert Schau- und Radaulustigen war ein Zettel in die Hand gesteckt, mit jenen kriegsfeindlichen Sätzen aus meinem Drama, die das Signal zum Theaterskandal geben sollten. Die erste Szene wird gespielt, die achthundert sehen sich bestürzt an, die Stichworte fallen nicht, der Regisseur hat sie gestrichen. In der zweiten Szene endlich fällt das Stichwort, nun ist kein Halten mehr. Trillerpfeifen schrillen, das Deutschlandlied wird gegrölt. [...] Eine Episode des Stücks spielte das Leben vorweg. In der Loge des ersten Ranges bricht ein Mensch inmitten der Aufregung zusammen, vom Herzschlag getroffen, die Nachbarn bitten die Rowdys, sie möchten auf den Sterbenden Rücksicht nehmen. Einer neigt sich über ihn, betrachtet sachkundig sein Ge-

---

[39] Es handelt sich um die Stücke *Gas* und *Von morgens bis mitternachts*. *Gas* wurde am 26.2.1920 am Schauspielhaus aufgeführt, *Von morgens bis mitternachts* am 13.4.1922. Betrachtet man sich etwa die Rezensionen zu *Gas*, dann fällt auf, daß kaum einer der Kritiker nach der sozialen Dimension und gesellschaftskritischen Reichweite des Stücks fragt. Der Rezensent der sozialdemokratischen *Dresdner Volkszeitung* etwa unterstellt, das Stück sei »eigentlich antisozial«, und Friedrich Kummer vom konservativen *Dresdner Anzeiger* reduziert die soziale Komponente des Dramas auf die idealistische Formel: »Auch der Sozialismus, auch die Arbeit wird nicht erlösen. Nur die Menschlichkeit wird den Menschen erlösen«. Aus diesem Grunde müsse man, wie das Stück lehre, »wieder zurück vom sozialistischen Staat zum schlichten Einzelglück des Menschen«. Julius Ferdinand Wollf von den liberalen *Dresdner Neuesten Nachrichten* wiederum sieht die Haupttendenz des Dramas in der Darstellung eines – letztlich fatalistischen – »Menscheitskampfes mit Dämonen«: das unbeherrschbare, dämonische ›Gas‹ wird – als Symbol der modernen »Industrie« – zum eigentlichen ›Beweger der Welt‹, dem gegenüber der Mensch hilflos ausgeliefert ist. Vgl. hg.: Georg Kaiser: »Gas«. In: Dresdner Volkszeitung vom 27.2.1920. Nr. 47. S. 7; Friedrich Kummer: Gas. In: Dresdner Anzeiger vom 27.2.1920. Nr. 105. S. 2; Julius Ferdinand Wollf: Gas. In: Dresdner Neueste Nachrichten vom 28.2.1920. Nr. 56. S. 2-3.

[40] Vgl. hierzu ausführlich: Friedrich Karl Kaul: Ernst Tollers »Hinkemann« im Dresdner Schauspielhaus und die Folgen. In: Kunst im Aufbruch. Dresden 1918-1933. Staatliche Kunstsammlungen Dresden. Gemäldegalerie Neue Meister. Ausstellung im Albertinum vom 30.9.1980 bis 25.2.1981. Ausstellungskatalog. Dresden: Staatliche Kunstsammlungen 1980. S. 179-185.

sicht, sieht die gebogene Nase und wendet sich zu seinen Kumpanen. ›Es ist nur ein Jud‹, sagte er. Die anderen toben weiter.[41]

Der Publizist und Freund der Dresdner Expressionisten Ossip Kalenter sah sich schon 1920 angesichts antisemitisch auftretender »Studentenkorps«, die Inszenierungen »pazifistischer« oder »soziale Probleme (berührender)« Stücke störten, zu einer sarkastischen Empfehlung an die Dramaturgen und Theaterdichter der städtischen Bühnen veranlaßt:

> [...] falls du mit einem Drama vor die Öffentlichkeit treten willst, ohne Anstoß zu erregen, betrachte vorerst deinen Stammbaum eingehendst oder, wenn solcher (wie bei mir) nicht vorhanden, laß genauere Recherchen anstellen. Stammbaum, bzw. amtlich beglaubigte Nachforschungen, sind im Foyer des in Frage kommenden Theaters aufzuhängen. (Wenn dir nicht gerade am Skandal liegen sollte.) Ossip Kalenter (ev.-luth.).[42]

Die mit dieser Entwicklung verbundene Tendenz einer vom ästhetischen Gehalt und künstlerischen Aussagewert des Kunstwerkes weitgehend abstrahierenden parteilichen ›Interpretation‹, wie sie im Umfeld der Hinkemann-Inszenierung in den politischen Gremien der sächsischen Landeshauptstadt betrieben wurde[43], widersprach ebenso wie die in einzelnen Presseorganen verfochtene Position einer Trennung von Kunst und Politik[44] den früheren Postulaten der Dresdner Linksexpressionisten.

Ausgerechnet der einstige Kriegsgegner Oskar Kokoschka hatte schon Anfang 1920 mit seinem ironischen *Manifest an die Einwohnerschaft Dresdens*, das in allen Tageszeitungen der Stadt publiziert wurde, einer Entpolitisierung der Kunst das Wort geredet und dadurch der Presse die Argumente für eine zunehmend kritische Sicht auf das sozial engagierte Kunstschaffen der Expressionisten geliefert. Auf Vorfälle im Umfeld des Kapp-Putsches reagierend, forderte der seit Oktober 1919 als Professor an der *Dresdner Kunstakademie* tätige Kokoschka einen Schutz der Kunst vor den Folgen klassenkämpferischer Auseinandersetzungen:

> Ich richte an alle, die hier in Zukunft vorhaben, ihre politischen Theorien, gleichviel ob links-, rechts- oder mittelradikale, mit dem Schießprügel zu argumentieren, die flehentlichste Bitte, solche geplanten kriegerischen Übungen nicht mehr vor der Gemäldegalerie des Zwingers, sondern etwa auf den Schießplätzen der Heide abhalten zu wollen, wo menschliche Kultur nicht in Gefahr kommt. Am Montag, den 15. März, wurde ein Meisterbild des Rubens durch eine Kugel ver-

---

[41] Ernst Toller: Eine Jugend in Deutschland. In: Gesammelte Werke. Band 4. Hg. von Wolfgang Frühwald und John M. Spalek. München, Wien: Hanser 1978. S. 226. Zur Inszenierung dieses Skandals durch völkische Burschenschaftler vgl. auch Andreas Lixl: Ernst Toller und die Weimarer Republik 1918-1933. Heidelberg: Carl Winter 1986. S. 95-96.

[42] Ossip Kalenter: Das liebe Publikum. XVIII. Der Krakehler. In: Dresdner Konzert- und Theater-Zeitung vom 26.6.1920. Nr. 42. S. 451.

[43] Vgl. hierzu die Verhandlungen des sächsischen Landtages vom 24.1.1924. Mehrere Redner betonten, daß sie bei ihren Ausführungen vom künstlerischen Wert des Stückes bewußt absehen. Die entsprechenden Stellen sind zitiert bei: Wolfgang Frühwald/John M. Spalek: Der Fall Toller. Kommentar und Materialien. München, Wien: Hanser 1979. S. 144-149.

[44] Etwa in der Rezension Friedrich Kummers im *Dresdner Anzeiger*, in der es heißt: »Politik und Kunst soll man nicht vermischen«. In: Dresdner Anzeiger vom 19.1.1924. Nr. 19. S. 2-3.

letzt. Nachdem Bilder keine Möglichkeit haben, sich von dort zu retten, wo sie nicht mehr unter dem Schutze der Menschheit stehen, und auch weil die Entente einen Raubzug in unsere Galerie damit begründen könnte, daß wir keinen Sinn für Bilder hätten, so fiele auf die Künstlerschaft von Dresden [...] die Verantwortung, einer Beraubung des armen zukünftigen Volkes an seinen heiligsten Gütern nicht mit allen Mitteln rechtzeitig Einhalt geboten zu haben. Sicher wird später das deutsche Volk im Ansehen der Bilder mehr Glück und Sinn finden, als in sämtlichen Ansichten der politisierenden Deutschen von heute. Ich wage nicht, zu hoffen, daß mein Gegenvorschlag durchdringt, der vorsähe: Daß in der deutschen Republik wie in den klassischen Zeiten Fehden künftig durch Zweikämpfe der politischen Führer ausgetragen werden möchten, etwa im Zirkus, eindrucksvoller gemacht durch das homerische Geschimpfe der von ihnen angeführten Partei. Was alsdann harmloser und weniger verworren wäre, als die jetzt üblichen Methoden.[45]

Daß der frühere »politische Agitator und kämpferische Polemiker Oskar Kokoschka«[46] von einer politischen Stellung- oder gar Einflußnahme absah und sich statt dessen – auch angesichts von Toten und Verletzten – auf die Position eines Bewahrers der Werte kultureller Überlieferung zurückzog, mag auf die Presse trotz der im Umfeld von Kokoschkas Veröffentlichung einsetzenden Kontroversen um die Rolle der (bürgerlichen) Kunst und Kultur in den Kämpfen der Zeit[47] als Symptom einer zunehmenden Abwendung der städtischen Avantgarde vom politischen Aktivismus der Kriegs- und Revolutionszeit gewirkt haben.

Der Abdruck von Kokoschkas Pamphlet in den Dresdner Tageszeitungen wurde deshalb auch nicht mit der zeitgeschichtlich brisanten Frage nach der Stellung der ›geistigen Arbeiter‹ in den gesellschaftspolitischen Auseinandersetzungen der Nachkriegszeit verbunden. Die Kommentare der Redakteure beschränkten sich vielmehr darauf, die politisch eher indifferente Feststellung des Dichtermalers, »jede gewaltsame Austragung politischer Gegensätze«[48] abzulehnen, herauszustellen. Die vor allem von den konservativen Medien im Zuge der Hinkemann-Affäre geforderte Distanzierung der Kunst (und der Künstler) von politischen Grabenkämpfen und gesellschaftlichen Machtbestrebungen beschreibt somit lediglich den Höhepunkt eines bereits 1920 einsetzenden Prozesses.

Parallel zu dieser Abwertung des sozialkritischen Kunstschaffens der Avantgardisten kam es auch auf dem Feld ›unpolitischer‹ Kunstübung zu einem deutlich spürbaren Bruch in der einst durch Toleranz und Professionalität gekennzeichneten massenmedialen Rezeption expressionistischer Kunst und Literatur in der sächsischen

---

[45]   Oskar Kokoschka: An die Einwohnerschaft Dresdens. In: Dresdner Anzeiger vom 18.3.1920. Nr. 140. S. 2.

[46]   Wolfgang Georg Fischer: Kokoschkas Golgatha. Reaktionen auf das politische Geschehen 1916 bis 1923. In: Kokoschka und Dresden. Staatliche Kunstsammlungen Dresden, Gemäldegalerie Neue Meister; Österreichische Galerie, Belvedere Wien, Ausstellungskatalog. Leipzig: E. A. Seemann 1996. S. 72-75, hier: S. 73.

[47]   Auf Kokoschkas Pamphlet antworteten die Berliner anarchistischen Dadaisten in der Zeitschrift Der Gegner 1 (1919/20), Nr. 10/12. S. 48-56. Zur sich daran anschließenden Kontroverse vgl. Michael Stark: Für und wider den Expressionismus. Die Entstehung der Intellektuellendebatte in der deutschen Literaturgeschichte. Stuttgart: Metzler 1982. S. 242-246.

[48]   Kokoschka zu den Straßenkämpfen. In: Dresdner Neueste Nachrichten vom 19.3.1920. Nr. 76. S. 2. Der Dresdner Anzeiger druckte den Aufruf kommentarlos ab.

Landeshauptstadt. Die Aufführung zweier Theaterstücke aus dem Umkreis des Berliner *Sturm* (Herwarth Waldens Komitragödie *Trieb* und William Wauers Pantomime *Die vier Toten der Fiametta* mit Musik von Herwarth Walden) am 12. Oktober 1920 im *Albert-Theater* nutzte die örtliche Presse zu einem in seltener Einmütigkeit vorgetragenen Verriß, der sich zwar nicht gegen den Expressionismus als solchen richtete, aber – indem er die Stücke von Walden und Wauer auch verbal dem ›neuen Stil‹ zuordnete – für verallgemeinernde Vergleiche Tür und Tor öffnete. Während der Rezensent der *Dresdner Volkszeitung* die Hauptfiguren von Waldens Stück mit »Witzblattypen« aus »Heines Simplizissimus« verglich und der Komödie jedes innovative Potential absprach[49], fragte Paul Theodor Hoffmann von den *Dresdner Neuesten Nachrichten* polemisch: »Warum soll nicht auch der Expressionismus seinen Kotzebue haben?«[50] und rückte damit das Schaffen eines namhaften Kunsttheoretikers der Bewegung in bedenkliche Nähe zu den trivialen Bemühungen eines auf Unterhaltung des gutbürgerlichen Publikums zielenden idealistischen Illusionstheaters goethezeitlicher Provenienz. Friedrich Kummer vom konservativen *Dresdner Anzeiger* sah zwar von einem Schlagwortgebrauch (expressionistisch-impressionistisch) ab, betonte aber statt dessen (in auffälliger Übereinstimmung mit dem Kritiker der *Dresdner Volkszeitung*):

> Täusche ich mich nicht, dann sehe ich an manchen Stellen sogar den blinzelnden
> Blick des Witzblattsatirikers, der nach dem leise wiehernden Beifall der Fort-
> schrittsphilister und nach der sittlichen Entrüstung der zurückgebliebenen Phili-
> ster in Logen und Sperrsitzen ausschaut.[51]

Die eigentliche Tragweite dieser publizistischen Aburteilung, die unabhängig von der Qualität der aufgeführten Stücke durch ihre bissige Diktion und demonstrative Aggressivität vorverurteilend wirkte, wird allerdings erst dann ganz ersichtlich, wenn man bedenkt, daß Herwarth Walden und seine Mitarbeiter (namentlich Rudolf Blümner) bislang in Dresden auf ein fast durchweg zustimmendes Presse- und Zuschauerecho gestoßen waren.[52] Selbst auf die fachwissenschaftlich gestützte Förderung seiner künstlerischen Bemühungen durch den Dresdner Literaturhistoriker Oskar Walzel konnte

---

[49] hg.: Albert-Theater. In: Dresdner Volkszeitung vom 16.10.1920. Nr. 241. S. 9.
[50] Paul Theodor Hoffmann: »Sturm« im Alberttheater. In: Dresdner Neueste Nachrichten vom 16.10.1920. Nr. 255. S. 2.
[51] Friedrich Kummer: Alberttheater. Trieb-Fiametta. In: Dresdner Anzeiger vom 15.10.1920. Nr. 495. S. 2.
[52] Vgl. etwa: Friedrich Kummer: Der zweite Sturm-Kunstabend bei Emil Richter. In: Dresdner Anzeiger vom 30.3.1918. Nr. 89. S. 3. Ders.: Sturmkunstabend. In: Dresdner Anzeiger vom 3.4.1919. Nr. 95. S. 2. – Camill Hoffmann: Blümner-Vortrag. In: Dresdner Neueste Nachrichten vom 31.3.1918. Nr. 87. S. 2. Alfred Günther: Sturm-Abend. In: Dresdner Neueste Nachrichten vom 4.4.1919. Nr. 91. S. 2. E. H.: Sturm-Abend. In: Dresdner Volkszeitung vom 4.4.1919. Nr. 78. S. 6. -ch.: Sturmvortrag Dr. Rudolf Blümner ... In: Dresdner Lokal-Anzeiger vom 11.10.1917. Nr. 118. S. 2. Selbst der Rezensent der rechtsorientierten *Dresdner Nachrichten* bemühte sich um Verständnis für die neue Kunst und appellierte an die Leser, »durch ruhiges Hineinfühlen [...] manches Widerstreben gegen das Neue« zu überwinden. Vgl. Felix Zimmermann: Sturm-Ausstellung. In: Dresdner Nachrichten vom 12.4.1919. Nr. 101. S. 3. Lediglich ein Vortragsabend Waldens wurde in der Presse kritisch beurteilt, allerdings nicht auf Grund der ausgestellten und gezeigten Gemälde und Graphiken von *Sturm*-Künstlern, sondern auf Grund der Weigerung Waldens, auf Fragen des anwesenden Publikums zu Gestaltungsweisen und Formkonzepten des *Sturm* zu antworten. Vgl. etwa: Paul Schumann: Der Vortrag des Herrn Herwarth Walden ... In: Dresdner Anzeiger vom 12.5.1919. Nr. 162. S. 2 und: Sturm im Dresdner Sturm-Abend: In: Dresdner Lokal-Anzeiger vom 13.5.1919. Nr. 57. S. 2.

sich Walden stützen[53], was – so ist zu vermuten – zur weithin positiven Aufnahme des *Sturm* in der städtischen Öffentlichkeit beitrug[54]. Überrascht reagierte deshalb Rudolf Blümner in einem offenen Brief an Herwarth Walden auf die publizistische Schelte aus Sachsen, nicht ohne gleich zu Beginn das eigentlich hohe Niveau der Dresdner Kritik zu würdigen:

> Du weißt, dass ich oft genug Gelegenheit hatte, bei den Dresdner Kritikern nicht nur weniger Bosheit und Verstocktheit als bei den Berliner Kritikern, sondern auch guten Willen und sogar beachtenswerte Fähigkeiten zur Erkenntnis von Kunst festzustellen. Und Du weißt, dass ich diese Anerkennung nicht nur auf das hohe Lob gründete, das die Dresdner Kritik meinen Vorträgen stets zukommen liess, sondern darauf, dass dieses Lob oft mit künstlerischer Einsicht erteilt wurde.[55]

Um so mehr verwundert die übereinstimmende Ablehnung der Aufführungen, die sich Blümner nur aus einer ›falschen‹ Erwartungshaltung der Feuilletonredakteure gegenüber den künstlerischen Intentionen Waldens erklären kann.[56] Tatsächlich aber deutet der kollektive Verriß auf eine übergreifende Neubewertung der Avantgarde durch die lokalen Pressevertreter hin, die – indem sie den Werken Waldens vorwarfen, banal, unmodern und unexpressionistisch zu sein – auf ein zeittypisches Wirkungsdilemma der gesamten Bewegung aufmerksam machten.

Denn parallel zu Prozessen der Konventionalisierung des einstmals innovativen expressionistischen Denk- und Stilpotentials nach 1920 und einer damit einhergehenden ›Degradierung‹ der Avantgarde zur gut vermarktbaren Modeerscheinung[57] schwand auch das Interesse des bildungsbürgerlichen Publikums an einer Kunst, deren kulturrevolutionäres Veränderungspostulat den Zeitgenossen angesichts der gesellschaftlichen Realität von 1920 mehr als unglaubwürdig erschien[58]. Der Vorwurf des

---

[53] Vgl. hierzu den Briefwechsel Walzels mit dem langjährigen Redakteur des *Sturm*, Lothar Schreyer, im Nachlaß Walzels. Brief von Lothar Schreyer an Oskar Walzel. Berlin am 3.10.1917. In: Nachlaß Oskar Walzel. Deutsches Literaturarchiv Marbach. A: Walzel. Korrespondenz. Weitere Briefe vom 8.10.1917, 23.10.1917 und 12.8.1925 finden sich ebenfalls im Nachlaß.

[54] Von »überausverkauften« und »überfüllten« Veranstaltungen und »stürmischem« Beifall wird in der Tagespresse mehrfach berichtet. Vgl. etwa: -a-: Sturm-Abend. In: Dresdner Lokal-Anzeiger vom 5.4.1919. Nr. 41. S. 2. Auch: Alfred Günther: Sturm-Abend. In: Dresdner Neueste Nachrichten vom 4.4.1919. Nr. 91. S. 2 und Friedrich Kummer: Sturmkunstabend. In: Dresdner Anzeiger vom 3.4.1919. Nr. 95. S. 2.

[55] Rudolf Blümner: Die vier Toten der Fiametta. In: Der Sturm 11 (1920), S. 132-135, hier: S. 132.

[56] Ebd., S. 134. Die Reaktionen des Publikums werden in den Kritiken unterschiedlich beschrieben. Neben »angewiderter« Ablehnung, »Hupengeheul, Zischen, Pfeifen und empörten Rufen« gab es auch Beifallsbekundungen. Siehe im einzelnen hg.: Albert-Theater. In: Dresdner Volkszeitung vom 16.10.1920. Nr. 241. S. 9. Auch: Paul Theodor Hoffmann: »Sturm« im Alberttheater. In: Dresdner Neueste Nachrichten vom 16.10.1920. Nr. 255. S. 2.

[57] Vgl. etwa Oscar Bie: Expressionismus als Mode. In: Dresdner Neueste Nachrichten vom 11.3.1920. Nr. 68. S. 2. Die Vermutung, daß es sich auch bei Herwarth Walden um einen »gerissenen Geschäftsmann, der die Konjunktur der Richtung kenne und ausnütze«, handelt, wird in der Dresdner Presse ebenfalls ausgesprochen. Vgl. eb.: Herwarth Walden. In: Dresdner Volkszeitung vom 12.5.1919. Nr. 107. S. 7.

[58] Vgl. hier etwa die Tatsache, daß die *Neue Vereinigung für Kunst* ihr publizistisches Organ, die *Neuen Blätter für Kunst und Dichtung*, nach 1921 nicht mehr weiterführte. Obgleich man in den Dresdner Tageszeitungen an die Gebildeten appellierte, »durch Einzeichnung in eine Subskriptions-

›Banalen‹ und ›Unmodernen‹[59] signalisiert somit nicht nur einen Bedeutungswandel im mediengebundenen Selbstverständnis gegenüber der Avantgarde, der auf genau jene Vorgänge anspielte, sondern verweist zudem auf eine künstlerische Krise der Bewegung selbst, die an die Grenzen ihrer eigenen Gestaltungs- und Wirkungsmöglichkeiten gestoßen war. Angesichts dieser Situation wurde auch in der zeitgenössischen Presse der Ruf, sich den zeitlosen Mustern überlieferter Kunstpraxis wieder stärker zuzuwenden, lauter, wie eine Rezension anläßlich der Ausstellung von Kopien (!) alter Meister in der ansonsten der Moderne verpflichteten Kunsthandlung *Emil Richter* im *Dresdner Lokal-Anzeiger* belegt: »Wohltuend berührt es«, konnte der Feuilletonredakteur seinen Lesern am 2. August 1920 erleichtert vermelden,

> nach so manchem Bizarren in unserer Kunst jetzt diese Ausstellung von Kopien älterer Meister aus den bedeutendsten Galerien Deutschlands und des Auslands vereint zu sehen.[60]

Auf die zunehmende Dominanz eines unproduktiven Traditionalismus im Rezeptionsverhalten der Stadtbewohner um 1920 verweisen zudem die gescheiterten Bemühungen, eine eigenständige Galerie für das zeitgenössische Kunstschaffen in Dresden zu etablieren[61], und die rückläufigen Besucherzahlen in den städtischen Ausstellungen moderner Malerei und Graphik[62]. Daß unter diesen Bedingungen eine Aufspaltung und Differenzierung der Bewegung einsetzte, die eine Neupositionierung der Repräsentanten und Förderer der jungen Kunst und Literatur in der sächsischen Landeshauptstadt nach sich zog, war ebenso unvermeidlich wie die Suche nach neuen Konzepten schriftstellerischer, verlegerischer oder publizistischer Arbeit als Antwort auf die Öffentlichkeitskrise und Wirkungsmisere des Expressionismus nach 1920.

2. »Abschied von der großen Zeit« – Zur gesellschaftlichen und ästhetischen Neupositionierung der Dresdner Expressionisten in der Frühphase der Weimarer Republik

Die Auflösung des Kreises um die *Expressionistische Arbeitsgemeinschaft* und um die *Gruppe der Geistesarbeiter* zwischen 1919 und 1920 und die daran gekoppelten Wir-

---

liste das Weiterbestehen dieser einzigen in Sachsen erscheinenden Zeitschrift für moderne Kunst und Dichtung [...] zu ermöglichen«, fanden sich nicht genug Abonnenten, die für eine Fortführung des Projektes notwendig gewesen wären. Vgl. Neue Blätter für Kunst und Dichtung. In: Dresdner Lokal-Anzeiger vom 28.6.1920. Nr. 98. S. 2. Auch: Dresdner Neueste Nachrichten vom 26.6.1920. Nr. 159. S. 3.
[59]   Blümner versucht in seinem Brief an Walden detailliert, auch unter Hinziehung der Meinungen von Fachwissenschaftlern, den Vorwurf des Banalen, der von den Dresdner Pressevertretern vor allem gegenüber der Musik Waldens erhoben wurde, zu widerlegen. Vgl. Blümner: Fiametta, S. 134-135. Siehe auch die positive Kritik vom Max Adler in der *Dresdner Konzert- und Theater-Zeitung* vom 23.10.1920. Nr. 58/59. S. 578.
[60]   E.: Kunstausstellung Emil Richter. In: Dresdner Lokal-Anzeiger vom 2.8.1920. Nr. 118. S. 2.
[61]   Vgl. umfassend Carl Puetzfeld: Bleibt Dresden Kunststadt? Betrachtungen zur Galerie- und Akademiefrage. Dresden: A. Tittmann Verlag 1920.
[62]   Vgl. hierzu den Artikel *Dresden, die Kunststadt?* von Julius Ferdinand Wolff in den *Dresdner Neuesten Nachrichten* vom 10.9.1920. Nr. 224. S. 2.

kungsverluste in der städtischen Öffentlichkeit konfrontierten die Dresdner Expressionisten auch mit der Frage nach den nunmehr verbliebenen Möglichkeiten eigener künstlerischer Weiterentwicklung in einem kulturellen Milieu, das der Moderne zunehmend kritisch begegnete. Der Verlust gruppeninterner Solidarität und Kooperation führte zu Vereinzelung und Isolation, die das Überleben in einem durch wirtschaftliche und politische Widersprüche gekennzeichneten städtischen Gemeinwesen erschwerte.

Grob skizziert, lassen sich sowohl unter biographischem als auch historisch-typologischem Aspekt folgende drei Haupttendenzen in der Entwicklung der Dresdner Autoren und Künstler nachzeichnen, die in gewisser Weise für die Gesamtkonstellation der Avantgardisten in der frühen Weimarer Republik charakteristisch waren:

Neben dem Austritt aus dem kulturellen Leben der Stadt durch Wegzug oder selbstgewählten Wechsel der Profession blieb die Alternative des Rückzugs in den subjektiven Raum ›unpolitischer‹ Kunstübung oder des Engagements für die ›problematischen‹ Ziele der politischen Massenparteien.

Da – anders als in München oder Berlin – die Dresdner Revolution nicht mit öffentlicher Verfolgung und Aburteilung der an ihr beteiligten Dichter und Schriftsteller endete[63], war die Entscheidung der einzelnen Repräsentanten nicht von repressiven Maßnahmen des Staates oder der Regierung abhängig und spiegelt insofern das individuelle Wollen der beteiligten Akteure wider.

Während sich ein Autor wie Paul Adler vermutlich aus Enttäuschung über die gescheiterte Revolution aus dem literarischen Leben der Stadt fast vollständig zurückzog[64], hatten Rudolf Adrian Dietrich und Felix Stiemer aus privaten oder politischen Gründen bereits Ende 1918 / Anfang 1919 Dresden verlassen und waren später nur noch sporadisch durch Auftritte und Publikationen am einstigen Ort ihres Wirkens präsent[65].

Friedrich Wolf, Oskar Walzel und Berthold Viertel dagegen entschlossen sich aus anscheinend beruflichen Erwägungen zum Wegzug aus der Stadt. Wolf übernahm zum 1.1.1920 eine Stelle als Stadtarzt in Remscheid[66], der Literaturhistoriker und umsichtige Förderer der Dresdner Avantgardisten Oskar Walzel folgte 1921 einem Ruf als Nachfolger Berthold Litzmanns an die Bonner Universität[67] und der Theaterregis-

---

[63] Da eine Literaturgeschichte der Revolutionen in München und Berlin noch immer fehlt, lassen sich nur sporadisch Hinweise auf das Schicksal der beteiligten Dichter und Schriftsteller finden. Zur Verfolgung der Revolutionäre in München am Beispiel von Ernst Toller vgl. Frühwald/Spalek: Der Fall Toller, S. 63-94. Zu Berlin vgl. die biographischen Hinweise bei Lothar Peter: Literarische Intelligenz und Klassenkampf »Die Aktion« 1911-1932. Köln: Pahl-Rugenstein 1972. S. 207ff. Auch: Michael Stark: Für und wider, S. 202.

[64] Adler lebte zwar bis 1933 in Hellerau, publizierte aber – soweit ich sehe – keine Texte mehr in Dresdner Verlagen oder Dresdner Tageszeitungen. Vgl. hierzu die Bibliographie bei Ludo Abicht: Paul Adler – ein Dichter aus Prag. Wiesbaden: Humanitas 1972. S. 290-304.

[65] Dietrich las am 4.5.1921 auf Einladung der *Neuen Schule für Kunst* »Der Weg« in Dresden aus eigenen Dichtungen; im November und Dezember des gleichen Jahres wurde aus Dichtungen Dietrichs vorgelesen. Vgl. Rudolf Adrian Dietrich: Stationen des Lebens: 1914-1933. In: Nachlaß Rudolf Adrian Dietrich. Deutsches Literaturarchiv Marbach. A: Dietrich. Aufzeichnungen und Briefe. Band 3. S. 6. Stiemer veröffentlichte noch weit bis in das Jahr 1919 hinein in der Buchfolge *Menschen*. Etwa die Artikel *Beinahe Marx* und *Grenzbestimmung* in: Menschen 2 (1919), H. V (Nr. 46/49). S. 9-10.

[66] Genaueres bei Emmi Wolf/Brigitte Struzyk (Hg.): Auf wieviel Pferden ich geritten... Der junge Friedrich Wolf. Eine Dokumentation. Berlin und Weimar: Aufbau-Verlag 1988. S. 229-230.

[67] Vgl.: Wachstum und Wandel. Lebenserinnerungen von Oskar Walzel. Hg. von Carl Enders. Ber-

seur Berthold Viertel verließ die sächsische Landeshauptstadt im Jahre 1922, um in
Berlin sein Schauspielerensemble *Die Truppe* zu gründen, eine vom bürgerlichen Un-
terhaltungstheater unabhängige Bühne zeitgenössischer Kunst[68]. Daß indes für den
Weggang dieser drei maßgeblich an der Durchsetzung und Entwicklung des Expressionismus in Dresden beteiligten Personen auch das veränderte geistige und kulturelle
Klima der Stadt Anfang der 20er Jahre eine Rolle spielte, läßt sich bei Durchsicht des
vorhandenen Quellenmaterials nachweisen.

    Der Arzt Friedrich Wolf sah in Dresden für sein modernes linksorientiertes »Pro-
gramm [einer] städtischen (proletar.) Gesundheitspflege mit Jungborn, Schulgymna-
stik [und] Jugendfürsorge«[69] keine Wirkungsbasis und wandte sich deshalb nach Remscheid:

    Zu Remscheid – ich weiß nicht, weshalb – hab ich Sympathie. Es soll reine Indu-
    striegegend sein, und Dresden lasse ich von diesem Gesichtspunkt aus höchst un-
    gern. Aber daß Arbeiter die Hilfesuchenden sind, das gerade wieder zieht mich
    an. Lieber im Kohlenstaub als hier in ewiger Kritik des spießerlichen Moders er-
    sticken![70]

Berthold Viertel konnte sich zwar dank seines einzigartigen ›expressionistischen‹ Inszenierungsstils der öffentlichen Anerkennung bis zu seiner Übersiedelung nach Berlin
sicher sein[71], vermißte aber schmerzlich die Bereitschaft der städtischen Kulturträger,
eine neue, experimentelle »Volksbühne« außerhalb des regulären Theaterbetriebs zu
etablieren. Sein Wunsch nach Errichtung eines Theaters, welches »nicht nur dem Ge-
schmackschaos, das der Spielplan der Gegenwartstheater spiegelt, entrinnt, sondern
auch der geschäftlichen Abhängigkeit vom heutigen chaotischen Publikum«, blieb in
Dresden ebenso uneinlösbar wie die Forderung nach einer Bühne, die »der jungen

lin: Erich Schmidt Verlag 1956. S. 191ff.
[68]   Zur *Truppe* vgl. die Erinnerungen von Salka Viertel: Das unbelehrbare Herz. Ein Leben in der
Welt des Theaters, der Literatur und des Films. Hamburg, Düsseldorf: Claassen 1970. S. 171-177.
[69]   Friedrich Wolf: Brief an den stellvertretenden Vorsitzenden der Ortskrankenkasse [Remscheid]
vom 2.7.1919. In: Wolf/Struzyk (Hg.): Auf wieviel Pferden ich geritten, S. 229.
[70]   Friedrich Wolf: Brief an die Eltern aus Langebrück vom 9.4.1919. In: Ebd., S. 213.
[71]   Vgl. hierzu die im Kontext von Viertels Weggang nach Berlin publizierten ›Würdigungen‹ in der
Dresdner Tagespresse, die das besondere Talent des Regisseurs für die Inszenierung expressionistischer Stücke herausstellten. Etwa im *Dresdner Anzeiger* vom 26.6.1922. Nr. 294. S. 5. Zugleich sei
darauf verwiesen, daß Viertels Aufführungen expressionistischer Dramen von Dresdner Autoren in
der Tagespresse durchweg positiv besprochen wurden. Siehe etwa die Kritiken zu Friedrich Wolfs
Das bist du sowie Walter Hasenclevers *Jenseits* und *Gobseck*. Zu Wolfs *Das bist du*: P. H. Hartwig:
Das bist du. In: Dresdner Volkszeitung vom 10.10.1919. Nr. 235. S. 6. Felix Zimmermann: »Das
bist du«. In: Dresdner Nachrichten vom 10.10.1919. Nr. 281. S. 2-3, hier: S. 3. Friedrich Kummer:
Das bist du von Friedrich Wolf. In: Dresdner Anzeiger vom 10.10.1919. Nr. 441. S. 2. Julius Fer-
dinand Wolff: Das bist du. In: Dresdner Neueste Nachrichten vom 11.10.1919. Nr. 277. S. 2-3. Zu
Hasenclevers *Jenseits*: vgl. Hartwig: »Jenseits« von Walter Hasenclever. In: Dresdner Volkszeitung
vom 29.10.1920. Nr. 252. S. 9. Friedrich Kummer: Jenseits von Walter Hasenclever. In: Dresdner
Anzeiger vom 29.10.1920. Nr. 519. S. 2. W. Rudolf Leonhardi: »Jenseits«. In: Dresdner Lokal-Anzeiger vom 30.10.1920. Nr. 175. S. 2. Julius Ferdinand Wollff: Jenseits. Walter Hasenclever. In:
Dresdner Neueste Nachrichten vom 30.10.1920. Nr. 267. S. 2. Selbst für die Regieleistung in Hasenclevers ansonsten vom Gros der Dresdner Presse verworfenen Drama *Gobseck* erhielt Viertel Zuspruch: Vgl. etwa Friedrich Kummer: Schauspielhaus: Gobseck. In: Dresdner Anzeiger vom
29.1.1922. Nr. 49. S. 2. Felix Zimmermann: »Gobseck« In: Dresdner Nachrichten vom 29.1.1922.
Nr. 49. S. 3-4, hier: S. 3. Wolfgang Schumann: Gobseck. In: Dresdner Volkszeitung vom 28.1.1922.
Nr. 24. S. 2.

Dramatik unserer Zeit« ein öffentliches Forum bietet, von dem aus sich der Zuschauer »auf die Idee des Menschen, die heute so grauenhaft verwirrte und verdunkelte, [...] besinnen« kann, und die

> den neuen Gesichtspunkt fixiert, von dem aus wir, Menschen der Krisis, [...] die Werke und Werte der glücklicheren Vergangenheit sehen, sie umwertend und umdeutend, in Form und Inhalt ihr Wesentliches für Gegenwart und Zukunft rettend.[72]

Der aktivistische Gestus eines solchen »soziale Werte (erzeugenden)«[73] Schauspiels hatte allerdings angesichts der veränderten Zeitsituation der Weimarer Republik nach 1920 seine Wirkungskraft eingebüßt und überließ mehr und mehr der satirischen Komödie oder dem Gesellschaftsdrama das Feld.[74]

Zudem stieß Viertels – von den Dresdner Expressionisten nach Kräften unterstützte[75] – Förderung der modernen Theaterkunst zunehmend auf Schwierigkeiten innerhalb der Direktion des *Staatstheaters*[76], die offensichtlich eine stärkere Berücksichtigung des klassischen Repertoires anstrebte. Mit dem Wechsel des Regisseurs an das *Deutsche Theater Berlin* war die Abkehr der städtischen Bühnen vom ekstatischen Theater der Dresdner Expressionisten, das die »Revolutionierung des Geistes« an die Schaffung einer »neue[n] Menschengemeinschaft«[77] gekoppelt hatte, verbunden.

Oskar Walzels Weggang nach Bonn verweist dagegen auf die Bedeutung kultureller Krisenerfahrungen für den ›fortschrittlich‹ gesinnten Teil des städtischen Bildungsbürgertums nach dem Scheitern der Revolution. Walzel, der sich auch nach 1920 noch als Anwalt des ›Jungen‹ in Dresden begriff und im Umfeld der politischen Reformen eine Neuordnung der künstlerischen Institutionen in der ehemaligen Residenzstadt anmahnte, mußte sich schon bald mit dem Desinteresse und der Verweigerungshaltung der städtischen Verwaltungsbürokratie auseinandersetzen: »Es ist«, so

---

[72] Berthold Viertel: Werbeschrift zur Gründung der »Neuen Bühne« Dresden. Manuskript. In: Nachlaß Berthold Viertel. Deutsches Literaturarchiv Marbach. D: Viertel. Aufsätze übers Theater. o. O. o. J.

[73] Vgl. Berthold Viertel: Schauspieler-Sozialismus. In: Die Weltbühne 15 (1919), Band 1. S. 540.

[74] Allgemein zu dieser Entwicklung vgl. die Darstellung von Hans-Jörg Knobloch: Das Ende des Expressionismus. Von der Tragödie zur Komödie. Bern, Frankfurt a. M.: Lang 1975. Von den Dresdner Expressionisten wandte sich Walter Hasenclever Mitte der 20er Jahre dem Komödienschaffen zu; Friedrich Wolf dagegen dem sozialkritischen Gesellschaftsdrama.

[75] Vgl. etwa die Rezension von Heinar Schilling zu Viertels Inszenierung des *Marquise von Arcis* Ende 1920: »[...] was dieser Regisseur aus der dünnflüssigen, aber immerhin fanfarenen Sprache in den Raum zu kristalisieren vermag, – was plötzlich aus der einen Geste oder dem anderen Vibrieren eines Glockentones in zwingende Magie der Form sich ballt – das ist nicht mehr nur Theater und Bühnenereignis – das ist schon das ›Subjekt des weltändernden Rufes‹, von dem wir wissen, dass es die Kunst negiert, – ›ein Akt der Schöpfung, die das Wissen verliert, um Geist zu werden.‹ [...] Berthold Viertel ist heute das Dresdner Theater, das sollte sich auch die Direktion von fünf – Köpfen sagen«. In: Menschen 3 (1920), H. III (Nr. 94/96). S. 143-144, hier: S. 143.

[76] Auf Spannungen innerhalb des Direktoriums verweisen handschriftliche Notizen in Viertels Nachlaß. So wurde Viertel wegen der genannten positiven Kritik Schillings in der Zeitschrift *Menschen* von Theatermitarbeitern angegriffen, die ihm eine Zusammenarbeit mit Schilling unterstellten. Viertel mußte sich durch eine »entschiedene Stellungnahme« vor der Direktion von den Vorwürfen distanzieren. Vgl. Berthold Viertel: Arbeits- und Notizheft Nr. 7. In: Nachlaß Berthold Viertel. Verschiedenes. Arbeits- und Notizhefte. o. D. A: Viertel. Zugangsnummer: 69.3143/7. 4 Seiten. o. S.

[77] Hugo Zehder: Zeit, Theater und Dichter. In: Die neue Schaubühne 1 (1919), H. 1. S. 1-3, hier: S. 3.

bekannte er in einem Artikel für die *Dresdner Konzert- und Theater-Zeitung* im Mai 1920, »als wäre es ein Verbrechen, für die Hebung von Dresdens künstlerischem Leben etwas zu tun.«[78] Anlaß dieser resignativen Einschätzung waren Erfahrungen einer Gruppe Intellektueller (zu der neben Walzel u. a. auch Berthold Viertel gehörte), die den Bau einer *Dresdner Hochschule für Musik und redende Künste* durchsetzen wollten[79]. Die Ignoranz staatlicher Stellen und der Konkurrenzkampf mit Repräsentanten ähnlicher Einrichtungen in Dresden und Leipzig[80] verhinderten die Umsetzung des Planes und dokumentierten damit einen – nach Walzels Ansicht – falschen Umgang mit überlieferten Bildungswerten in Zeiten gesellschaftlichen Wandels:

> [...] wir sind ja [...] in Dresden gewöhnt, uns mit der Tatsache des Bestehens von Bildungswerten zu begnügen, sie aber nicht zu nutzen. [...] Den Dresdnern wird eingeredet, sie hätten ohnedies so reichen Besitz an Bildungswerten, daß sie selbst schließlich daran glauben und fallen lassen, was ihnen wirklich solche Werte schenken könnte. Denn was nützen Bildungsmittel, wenn sie nur äußerlichem Unterhaltungsbedürfnis dienen, und was könnten sie nützen, wenn sie wirklich in den Dienst großer Aufgaben gestellt würden![81]

Die Tatsache, daß dem bekannten Literaturwissenschaftler sogar verwehrt wurde, »in amtliche Fühlung« mit dem sich neu formierenden *Dresdner Staatstheater* zu treten, hatte Walzels Glauben an die Bereitschaft der städtischen Entscheidungsträger, einen kulturellen Neuanfang durchzusetzen, noch stärker erschüttert[82] und zu seinem »etwas eilig«[83] vollzogenen Abschied aus der ehemaligen Residenzstadt beigetragen.

Mit Walzel verlor die Bewegung nicht nur ihren einflußreichsten Befürworter im bildungsbürgerlichen Umfeld, sondern auch den Initiator und Verfechter einer fachwissenschaftlich gestützten Auseinandersetzung mit dem Expressionismus, der durch seine Arbeiten vor allem an die Gebildeten aus dem akademischen Milieu appellierte, sich einer ›objektiven‹ Beurteilung des ›neuen Stils‹ nicht zu entziehen. So wollten denn die Klagen der in Dresden verbliebenen Expressionisten über den Wegzug des Literaturprofessors aus der sächsischen Landeshauptstadt nicht verstummen: »Ich nehme die Gelegenheit, um Ihnen zu sagen, wie schmerzlich ich vermisse, Ihnen nirgends mehr hier [in Dresden – F. A.] begegnen zu können«[84], erklärt Alfred Günther in einem Brief an Walzel vom Mai 1922, und Walter Hasenclever bekannte schon im Oktober 1921: »Ich bin sehr betrübt, dass Sie Dresden nun doch untreu geworden sind.«[85]

Selbst Heinar Schillings noch im Frühjahr 1921 unternommener Versuch, ge-

---

[78] Walzel: Noch ein Wort zum Plan einer neuen Dresdner Hochschule, S. 386.
[79] Die genaue personelle Zusammensetzung bei Paul Adolph: Vom Hof- zum Staatstheater. Zwei Jahrzehnte persönlicher Erinnerungen am Sachsens Hoftheater, Königshaus, Staatstheater und anderes. Dresden: Verlag C. Heinrich 1932. S. 410. Hier auch im einzelnen die Genese, Entwicklung und das Scheitern des Unternehmens. S. 404-434.
[80] So waren etwa die Betreiber der Dresdner und Leipziger Musikschulen und Konservatorien gegen den Plan. Vgl. Adolph: Vom Hof- zum Staatstheater, S. 414ff.
[81] Walzel: Noch ein Wort zum Plan einer neuen Dresdner Hochschule, S. 386.
[82] Wachstum und Wandel, S. 192-193.
[83] Ebd., S. 194.
[84] Alfred Günther an Oskar Walzel. Brief vom 29.5.1922 aus Dresden. In: Nachlaß Oskar Walzel. Korrespondenz.
[85] Walter Hasenclever an Oskar Walzel. Brief vom 7.10.1921 aus Rodenkirchen b. Köln. In: Ebd.

meinsam mit Walzel in seinem *Dresdner Verlag von 1917* eine »Literaturgeschichte der letzten 20 Jahre«[86] herauszugeben, vermochte Walzel, der sich gegenüber Schillings Plan zunächst aufgeschlossen verhielt[87], nicht umzustimmen.

Daß Walzels Engagement für die jüngste Literatur und Kunst während seiner Amtszeit in Bonn merklich nachließ[88], resultiert zum einen aus einer Neubestimmung seines wissenschaftlichen Aufgabenfeldes, zum anderen aber auch aus der fehlenden Bindung an ein lebendiges, gesellschaftlich ausstrahlendes literarisches und künstlerisches Leben, wie er es bislang in Dresden kennengelernt hatte[89]. Mithin wurde für Walzel der Rückzug auf den Sektor literaturgeschichtlicher Forschung zum Ausdruck eines – auch regional bestimmten und erfahrenen – ›Unbehagens‹ an Zeitumständen, die dem geistigen Erneuerungsprogramm des Expressionismus nur kurzzeitig einen öffentlichen Entfaltungsraum gewährten.

Entgegen der durch die Abwanderung von Walzel, Viertel und Wolf aus Dresden einsetzenden Tendenz einer Einschränkung der lokalen und überregionalen Wirkung expressionistischer Kunst und Literatur erlebte die verlagsgebundene Verbreitung und Ausstrahlung des ›neuen Stils‹ Ende 1920 noch einmal eine eindrucksvolle, wenn auch kurze Blüte. Mit der Konzentration auf das verlegerische Potential und der Nutzung eigener Vertriebs- und Werbewege traten die in der Stadt verbliebenen Expressionisten ihrer sinkenden Präsenz in der Öffentlichkeit entgegen. Heinar Schilling hatte die Strategie seiner Verlagsarbeit und die Inhalte seines Verlagsprogramms den veränderten gesellschaftlichen Bedingungen angepaßt und seit September 1920 (nach knapp einjähriger Unterbrechung) gemeinsam mit Walter Hasenclever das wichtigste Publikationsforum der Expressionisten, die Zeitschrift *Menschen*, neu am literarischen Markt plaziert. Hasenclevers aus diesem Anlaß verfaßter *Prolog zum dritten Jahrgang* benennt exemplarisch die neue konzeptionelle Ausrichtung des Blattes, das sich nunmehr als politisch indifferent verstand und damit auf den in der städtischen Tagespresse bereits vollzogenen Prozeß einer zunehmend kritischen Kommentierung sozial engagierten Literatentums Bezug nahm:

> Wir beginnen die Herausgabe dieser Zeitschrift mit der Voraussetzung völliger Parteilosigkeit. Von dem Gedanken ausgehend, daß Leben und Sterben jedes Menschen ebenso dunkel ist wie die ganze Welt, liegt uns nichts an der Beleuchtung einiger staatlicher oder gesellschaftlicher Zustände. Die besondere Einstellung zu den Fragen des Daseins mag hier Widerspruch wecken, wo dort Überzeugung waltet; Sinn der Kunst ist nicht, Übereinstimmung hervorzurufen, sondern zu erschüttern. Wir verteidigen keine politische Anschauung; wir üben kein künstlerisches Programm. Das Gebiet des Geistes ist ohne Anfang, wir sind antipolitische Anarchisten. Wir wissen, die erste Seite beginnend, nicht, wohin uns die letzte führen wird. Wir fordern die Immunität des Einfalls; der Titel unserer

---

[86] Vgl. Brief von Heinar Schilling an Oskar Walzel vom 12.4.1921. In: Ebd.

[87] Es fanden, wie aus dem Briefwechsel Schillings mit Walzel hervorgeht, bereits Besprechungen über einzelne Autoren, Texte und die methodisch-inhaltliche Ausrichtung des Projektes statt. Vgl. Brief von Heinar Schilling an Oskar Walzel vom 5.5.1921. In: Ebd. Vgl. auch Brief von Salomo Friedlaender (Mynona) an Walzel vom 2.7.1923. In: Ebd.

[88] Vgl. hierzu die Hinweise in Walzels Lebenserinnerungen, die für seine Dresdner Zeit vermerken: »Nie vorher und nie später trieb ich gleich stark Propaganda für die jüngste deutsche Kunst […]«. Wachstum und Wandel, S. 167.

[89] Ebd., S. 195.

Zeitschrift lautet ›Menschen‹. Wir glauben nicht mehr an die schöne Geste, den Bruderkuß der empfindsamen Güte an alle Länder der Welt zu verteilen; Kunst ist für uns die eigene Scholle, auf der wir nichts als Arbeiter sind. Kunst ist Magie: ein Akt der Schöpfung, die das Wissen verliert, um Geist zu werden. Wir erkennen, indem wir uns versammeln, keinen Richter an, außer uns selbst. Wir sehen nicht vorwärts. Wir sehen nicht rückwärts. Die Gemeinschaft ist tot. Es lebe der Mensch![90]

Der Abschied von der Gemeinschaft und die Fixierung auf den Einzelnen beschreibt symptomatisch den Gesinnungswandel vom einstmals aktivistisch-weltverändernden Kampf der Kunstgefährten gegen »Mord und Irrsinn, gegen Zeit und willkürliche Begrenzung des freien Menschen«[91] zur individualistisch orientierten Propagierung eines Künstlertums, das sich vom gesellschaftlichen und politischen Leben distanziert. Hasenclevers Postulat »völliger Parteilosigkeit« widersprach nicht nur deutlich dem seinerzeit von Walter Rheiner formulierten politischen Anliegen der Zeitschrift, als Sprachrohr eines »anationalen Sozialismus« zu fungieren, »der unbedingt und radikal gefordert wird«, und zwar »nicht nur im Geiste, sondern in der Tat!«[92]; es verweist zudem auf einen ›Anpassungsprozeß‹ der Kunstrevolutionäre an die durch Presse und Staat bestimmte öffentliche Meinungsbildung.

Um ihren konzeptionellen Neuansatz dem Rezipienten schon äußerlich zu signalisieren, modifizierten Schilling und Hasenclever radikal das Aussehen der Monatsschrift: Neben Umfang und Format[93] fallen besonders Veränderungen im früher von Conrad Felixmüller gestalteten Titelblattsignet ins Auge. Da der bislang als Verlagssymbol dienende Holzschnitt einer sich aufrichtenden menschlichen Figur mit seinem sozialkritisch-revolutionären Gehalt für die neue Ausrichtung der Zeitschrift keine Geltung mehr beanspruchen konnte, wurde er von den Herausgebern entfernt. Im Kontext mit einer Reihe inhaltlicher Neuerungen (Verzicht auf Illustrationen, Erschließung neuer Themenbereiche, Publizierung von bisher ausgeklammerten Autoren) wirkte die ›Umcodierung‹ des Symbolischen[94] auf die Vermittlung und Wahrnehmung des verlagseigenen Periodikums in der Öffentlichkeit zurück, wie sich anhand der Reaktion des Lokalredakteurs der *Dresdner Konzert- und Theater-Zeitung*, der das ›Wiedererscheinen‹ der Zeitschrift kommentierte, belegen läßt:

Hasenclever wird in Gemeinschaft mit Heinar Schilling die Monatsschrift ›Menschen‹ […] edieren, welche (wie das gesamte junge Dresden) ein Dreivierteljahr geruht hat. Und wenn man hier ironisch zitieren wollte vom neuen Leben, das

---

[90]   Walter Hasenclever: Prolog zum dritten Jahrgang. In: Menschen 3 (1920), H. I (Nr. 87/91). S. 64.
[91]   Heinar Schilling: Expressionismus. In: Menschen 1 (1918), Nr. 3. S. 4.
[92]   Walter Rheiner: Die Zeitschrift »Menschen«. In: Menschen 2 (1919), Nr. 1 (12). S. 1.
[93]   Vgl. hierzu die detaillierten Angaben bei Paul Raabe: Die Zeitschriften und Sammlungen des literarischen Expressionismus. Repertorium der Zeitschriften, Jahrbücher, Anthologien, Sammelwerke, Schriftenreihen und Almanache 1910-1921. Stuttgart: Metzler 1964. S. 70-71.
[94]   Zur Veränderung des Symbolischen bei institutionellen Wandlungsprozessen vgl. Karl-Siegbert Rehberg: Institutionenwandel und die Funktionsveränderung des Symbolischen. In: Gerhard Göhler (Hg.): Institutionenwandel. Opladen: Westdeutscher Verlag 1997. S. 94-118, hier: S. 101-109.

aus den Ruinen bricht, müßte dazu kommentierend bemerkt werden, daß es sich nicht nur um ein neues, sondern auch um anderes Leben handelt, das bricht.[95]

Der ironisch intendierten Bemerkung des Rezensenten vom »anderen Leben«, das sich als Ausdruck der geistigen Umorientierung der Herausgeber in den ersten Nummern der Monatsschrift widerspiegelte, hatte Heinar Schilling im Septemberheft der *Menschen* die Argumente geliefert:

Es gab Menschen, die meinten, eine Zeitschrift sei Archiv von Protest, Programm und Literatur, ja sie meinten sogar, es gäbe Kritik darin um der Kritik willen. Ich erblicke die einzige Berechtigung von Zeit-Schriften im Versuche ›zu erreichen, daß viele andere Menschen die Welt so sehen wie ich selbst.‹ D. h. also in der Änderung des Menschen nach den Gesetzen meiner Seele.[96]

Im Rekurs auf Spinozas Traktat über die »Verbesserung des Verstandes«[97], aus dem Schilling im Zeitalter der »unvollkommenen Unverstände«[98] zitiert, versuchte der Verleger, seine Subjektivierung des Programms zu rechtfertigen und die Orientierung auf die gestaltende Kraft des eigenen Ichs als neuen Ausgangspunkt seiner Veröffentlichungspraxis zu begründen. Spinozas aufklärerisches Ziel, »eine (vollkommene) Natur zu erlangen« und dabei »zu [ver]suchen, daß viele« andere Menschen sie auch »erlangen«[99], gerät bei Schilling freilich zur bloßen, an die Adresse der Rezipienten gerichteten Erneuerungsgeste, die auf einem problematischen Weltverhältnis basiert, wie ein Blick auf die Beiträge des 3. und 4. Jahrgangs der Zeitschrift belegt: Bei Konzentration auf die lyrische Gattung hatte Schilling Texte ausgewählt, die eine bewußte Absonderung von gesellschaftlicher Praxis und historischer Entwicklung artikulieren und der Propagierung eines kontemplativen und symbolisch stilisierten Realitätsbezuges Vorrang einräumen.

Exemplarisch für diese Tendenz sei ein Gedicht angeführt, das der Verleger selbst im Rahmen eines Sonderheftes im Dezember 1920 publizierte: *Azurne Schwebung Capri* führt den Leser in entfremdungsfreie und zeitlose Naturräume, in denen das lyrische Subjekt als passives und schicksalsgläubiges ›Ich‹ erscheint und damit als Instanz einer resignativ-kontemplativen Weltdeutung:

---

[95] Bkdt.: Walter Hasenclever. In: Dresdner Konzert- und Theater-Zeitung vom 23.10.1920. Nr. 58/59. S. 578.

[96] Heinar Schilling: In nova fert animus. Gegen den artifex. Vorwort zum dritten Jahr. In: Menschen 3 (1920), H. I (Nr. 87/91). S. 65-70, hier: S. 65.

[97] Der Originaltitel von Spinozas Abhandlung lautet: *Tractatus de Intellectus Emendatione*. Dt. unter dem Titel: *Abhandlung über die Verbesserung des Verstandes*. Wiederveröffentlicht in Baruch de Spinoza: Sämtliche Werke in sieben Bänden. Hg. von Carl Gebhardt. Band 5. Hamburg: Felix Meiner 1977. S. 3-52.

[98] Schilling: In nova fert animus, S. 65-70, hier: S. 65.

[99] Spinoza: Abhandlung über die Verbesserung des Verstandes, S. 7. Schilling zitiert den Passus sinngemäß: »Das also ist das erstrebte Ziel: Ich selbst will eine vollkommene Natur erlangen und dabei schon darnach trachten, daß viele andere Menschen sie auch erlangen.« Ebd., S. 65.

1.

Verführung, blauer und golden, über den zackenden Fels
In die azurne Tiefe gehoben, –
Verklärung, – schon trägt die Schwebung des Tons,
Der ausbricht aus nebelnder Ferne, durch Glast und Beklemmung.

Da schwingt die tragende Woge, da tanztest Du, Lied
Über Glas und das Meer, über Fels und Absturz und Reue,

Da sauset die Insel über den Himmelsbogen
Hin über das Licht! – Nun ruht das verfluchete Hirn.

2.

[...]
Ich schreite in Gold, ich schreite in Abend. Der Fels, er singt
Und die blaue Zacke überwölbet das Meer.

Die Nacht ist nah, und darnach noch Morgen.
Die Stille ist nah, und darnach noch Ich.

3.

[...]
Süß schattet die Insel, nah ist mein Gesicht.
O fern, ihr fackelnden Boulevards, –
O fern ihr Segel, im Mond schon Lieder,
Im Mond schon Klang – O Schicksal, steig nieder!
Aus Tiefe und Stern fuhr das Boot in die Nacht.[100]

Sowohl die Hinwendung zu enthistorisierten Landschaften, die als Orte der »Verführung« und »Verklärung« fungieren, als auch die Ausschaltung des Denkens (»Nun
ruht das verfluchete Hirn«) impliziert die Abkehr von einem aktiven Weltverhältnis
und beschreibt den eigentlichen Zielpunkt von Schillings Programm einer ›Änderung
des Menschen nach den Gesetzen der eigenen Seele‹. Angesichts einer chaotischen
und undurchschaubaren Welt, die sich rationalen Deutungsmustern mehr und mehr
entzog, favorisierte der Verleger in seiner Monatsschrift fortan eine ›Wendung nach

---

[100] Heinar Schilling: Azurne Schwebung. Capri. In: Menschen 3 (1920), H. IV (Nr. 97/98). S. 168-
169.

innen‹[101], die das vorhandene gesellschaftliche Widerspruchspotential ignorierte oder einfach in das Reich subjektiver Konfliktbewältigung delegierte. »Diese Lyrik« – so betonte Schilling in einer Nachbemerkung – »versucht, zu schweigen. Hinter dem Wort ruhe das Leben. Dieses Leben geht nur die Freunde des Autors etwas an – darum die Veröffentlichung in dieser Zeitschrift [...].«[102]

Schillings programmatischer Abkehr von einem größeren Rezipientenkreis und einer dadurch in Kauf genommenen Einschränkung öffentlicher Wirkungsmöglichkeiten hatten sich allerdings schon bald maßgebliche Autoren der Zeitschrift verweigert. Neben Walter Hasenclever, der seine Mitherausgeberschaft bereits im April 1921 beendete[103], versuchte vor allem Walter Rheiner, der letzte Mitstreiter aus den Tagen der *Expressionistischen Arbeitsgemeinschaft*, sich von Schillings esoterisch-subjektivistischem Verlagskonzept zu lösen. Daß eine Übernahme seiner »sämtlichen Werke« durch einen anderen Verleger auch zu einer günstigeren Aufnahme in der Öffentlichkeit führen werde, davon war Rheiner überzeugt:

Ich habe Briefe von führenden Verlagen in Händen, welche, im Tone vollster Aufrichtigkeit, ihr tiefes Bedauern darüber aussprechen, durch die Miß-Umstände einer widrigen Zeit verhindert zu sein, [...] meine <u>sämtlichen</u> Werke zu übernehmen und ihnen die ihrem Inhalte würdige Resonanz in der Öffentlichkeit zu verschaffen, die mir ein ›Dresdner Verlag von 1917‹ [...] <u>niemals</u> geben kann. Ich leide darunter sehr![104]

Rheiners Drang nach öffentlicher Beachtung hatte, anders als Schillings Rückzug in die Innerlichkeit, vor allem ökonomische Gründe. Am Rande des Existenzminimums lebend, mußte Rheiner nahezu jede Publikationsmöglichkeit nutzen, um sich und seiner Familie ein menschenwürdiges Dasein zu sichern.

Als Zeugnis eines – letztlich vergeblichen – Überlebenskampfes (der rauschgiftabhängige Rheiner starb 1925 an den Folgen einer Morphiuminjektion[105]) steht Rheiners Schicksal stellvertretend für das vieler Expressionisten, die sich Anfang der 20er Jahre auf einem durch Inflation und Überproduktion in Mitleidenschaft gezogenen literarischen Markt behaupten mußten. Rheiner hat in mehreren Briefen an Oskar Walzel[106] nicht nur über seine aktuelle Notlage reflektiert, sondern auch auf den Zusammenhang von Stilproduktion, Mäzenatentum und Veröffentlichungspraxis unter den Bedingungen wirtschaftlicher und kultureller Krisenerfahrungen aufmerksam gemacht. Die Abhängigkeit eines Autors von der Hilfe eines »Gönners und Freundes«

[101] Zur ›Wendung nach innen‹ vgl. auch das Gedicht *Fahrt in die Freundschaft*, worin es heißt: Die Schritte, die Wasser, – die ersten Fanfaren / Des Lichts, das aufsteigt aus unserer Macht. / Wir schreiten, mein Freund – wir hören nach innen. / Ein Flügelschwingen – ein Stern erwacht! Heinar Schilling: Fahrt in die Freundschaft. In: Menschen 3 (1920), H. IV (Nr. 97/98). S. 162-163, hier: S. 163.
[102] Heinar Schilling: Apologie. In: Ebd., S. 170.
[103] Vgl. Bert Kasties: Walter Hasenclever. Eine Biographie der Moderne. Tübingen: Niemeyer 1994. S. 205-206.
[104] Brief von Walter Rheiner an Oskar Walzel vom 18.4.1920. In: Nachlaß Oskar Walzel. Korrespondenz.
[105] Zu Rheiner vgl. Walther Huder: Nachwort. In: Walter Rheiner: Kokain und andere Prosa. Berlin: Agora-Verlag 1977. S. 77-85, und Thomas Rietzschel: Nachwort. In: Ders. (Hg.): Walter Rheiner: Kokain. Lyrik, Prosa, Briefe. Leipzig: Reclam 1985. S. 285-303.
[106] Im Nachlaß Walzels befinden sich insgesamt zehn Briefe und Karten, die Rheiner zwischen 1919 und 1920 an den Dresdner Literaturwissenschaftler richtete.

bei der Suche nach geeigneten Publikationsmöglichkeiten hat Rheiner weniger be-
drückt als die überwiegend materiell ausgerichtete und sich jedem literarischen Experiment verweigernde Haltung vieler Verleger Anfang der 20er Jahre.

> Wenn ich mich nun Neuem gegenüber sehr zurückhalte, so ist der Hauptgrund
> eben der, dass ich Kräfte und Papier für neue Auflagen und neue Werke der alt-
> verbundenen Autoren des Verlages sparen möchte.[107]

Mit dieser Aussage benennt der Inhaber des *Insel-Verlages*, Anton Kippenberg, ein
zeittypisches Phänomen, das gerade auf junge, noch kaum am literarischen Markt etablierte Autoren wie Walter Rheiner zutraf. Rheiners Hoffnung, durch ein universell
ausgerichtetes Dichtungsprogramm, wie es einst der Kreis um die *Expressionistische
Arbeitsgemeinschaft* praktiziert hatte, die Chancen einer Übernahme seiner letzten beiden Gedichtbände (*Das Fo-Buch* und *Die Flamme*) in das Programm des *Insel-Verlages*
zu erhöhen, erwiesen sich als trügerisch, obgleich sich nach Meinung Rheiners der
»Stil« seiner Texte in den »Rahmen« des Verlages »recht gut einfügen könnte«[108]. Dies
betraf sowohl Gedichte, die aus »beruhigterem, musikhaftem und landschafthaftem
Erlebnis der Zweisamkeit mit dem geliebten Du, mit der Frau« geschrieben waren, als
auch Verse von eher »radikaler« Natur, deren Aussagegehalt mit Gedichten der Insel-
Autoren Becher und Ehrenstein vergleichbar waren.[109]
    Die Ablehnung Kippenbergs, die – ungeachtet mehrfacher Interventionen Wal-
zels[110] – vor allem aus ökonomischen Gründen erfolgte[111], bestätigte Rheiners Ansicht,
in »deprimierenden Zeitläuften« zu leben, die »allem Geistigen« ablehnend gegenüber-
stehen[112], führte aber nicht wie in Heinar Schillings Fall zu einem Rückzug aus der
Wirklichkeit. Daß sich Rheiner vom politisch-sozialen Diskurs der Revolutionsära
nicht abwandte und eine Fixierung auf gesellschaftlich unverbindliche Werte eines individuellen Künstlertums ablehnte, belegt nicht nur die »vor allem politische Gedichte« umfassende Sammlung *Die Flamme*[113], sondern auch ein kurz vor seinem Tod
aus Berlin geschriebener Brief an seine Mutter, in dem er versuchte, angesichts »ent-
setzlicher, aller Menschlichkeit offenkundig und noch obendrein frech und zynisch
ins Gesicht schlagender, hohnsprechender, brutaler« Lebensverhältnisse[114] die Gründe
für sein eigenes mittlerweile als »minderwertig« empfundenes Dasein zu bestimmen.
Mit der Aussage, daß nicht er, sondern »die heutige menschliche Gesellschaft, in ihrer
europäisch-bürgerlichen Form, das wirklich Minderwertige ist«[115], hatte Rheiner, der

---

[107] Brief von Anton Kippenberg an Oskar Walzel vom 19.4.1920. In: Nachlaß Oskar Walzel. Korrespondenz.
[108] Brief von Walter Rheiner an Oskar Walzel vom 22.3.1920. In: Ebd.
[109] Ebd.
[110] Brief von A. Kippenberg (Insel-Verlag) an Oskar Walzel vom 9.4.1920 In: Ebd. Vgl. auch den
Brief von Kippenberg an Oskar Walzel vom 19.4.1920. In: Ebd.
[111] Vgl. Brief von A. Kippenberg (Insel-Verlag) an Oskar Walzel vom 9.4.1920. In: Ebd.
[112] Brief von Walter Rheiner an Oskar Walzel vom 18.4.1920. In: Ebd.
[113] Huder: Nachwort, S. 81-82. Auf den politischen Gehalt der Gedichtsammlung, von der nur noch
Bruchstücke im Nachlaß vorhanden sind, verweist z. B. ein Gedicht wie *Liebknecht*. Vgl. Nachlaß
Walter Rheiner. Walter-Rheiner-Archiv. Archiv der Akademie der Künste. Berlin.
[114] Brief von Walter Rheiner an Ernestine Schnorrenberg vom 3.6.1925. In: Rietzschel (Hg.): Walter
Rheiner, S. 278-282, hier: S. 278.
[115] Ebd., S. 282.

schon in den Tagen der Revolution das deutsche Reich als »Farce« bezeichnete[116], an die politischen Postulate einer materiell bestimmten Kritik der gesellschaftlichen Verhältnisse aus der Revolutionszeit angeknüpft.

Die Nachricht vom Tod Rheiners, der weitgehend unbeachtet von der literarischen Öffentlichkeit »vereinsamt und in existentieller Verzweiflung«[117] starb, sollte vor allem für seinen langjährigen Freund und Mitstreiter Conrad Felixmüller zum Auslöser einer weltanschaulichen und künstlerischen Umorientierung werden. Felixmüller, der in Dresden als freischaffender Künstler lebte, schuf 1925 mit seinem großflächigen Gemälde *Der Tod des Dichters Walter Rheiner* ein »Gleichnis auf die veränderte Situation der Kunst und Gesellschaft in Deutschland«[118], ehe er sich von der »inbrünstig übersteigerten Expression« der Jugendjahre endgültig abwandte, um seine Kunst »in die Bahnen des Realismus zurückzulenken«[119]. Dieser Entwicklung vorausgegangen war eine Phase politisch ambitionierten gesellschaftskritischen Schaffens. Anders als die meisten seiner Dresdner Freunde[120] hatte sich Felixmüller schon früh parteipolitisch gebunden: Bereits 1919 trat er in die eben gegründete *KPD* ein[121] und stellte seine künstlerische Arbeit bis 1923/24 überwiegend in den Dienst der Partei.[122] Enttäuscht vom Verlauf der Revolution in Dresden und durch die Zersplitterung der Bewegung weitgehend isoliert, versuchte er, sein Dasein als Maler und Graphiker enger an das proletarische Milieu zu binden[123], um damit das in den Novembertagen erprobte Konzept einer produktiven Verknüpfung von Kunst und Politik auch nach 1920 weiterführen zu können. In der autobiographischen Skizze *Der Prolet (Pönnecke)*, die Felixmüller im Sommer 1920 in der *Aktion* veröffentlichte, stellte er seine Rolle als ›proletarischer Künstler‹ und Agitator in den Kämpfen der Zeit heraus:

[...] eben weil du Prolet bist – sagte er sich – Prolet in erster Linie und zu zweit Künstler, darfst du als Künstler nur Prolet sein. Für dich gilt nicht das schöne Wort: ›Freie unpolitische Kunst‹. Deine Geburt hat dich, dein Leben, deine Taten fixiert und im voraus festgelegt: du lebst in den Jahren der sozialen Revolution und mußt in jeder Art und Weise ihr Soldat und Kämpfer sein. In deiner Kunst muß der proletarische Kampf sein und dessen Schönheit; sie muß das Lebendige,

---

[116] So in dem Gedicht *Die Mörder*, das er anläßlich des Mordprozesses Luxemburg-Liebknecht im *Menschen Montagsblatt-Dresden* 1 (1919), Nr. 22. S. 2 veröffentlichte.

[117] Huder: Nachwort, S. 84.

[118] Ulrich Krempel: Vom Kubisten des Lebens zum Malerglück im Leben: Conrad Felixmüller und seine deutschen Rezeptionen. In: Ders. (Hg.): Conrad Felixmüller. Die Dresdner Jahre 1910-1934. Gemäldegalerie Neue Meister Dresden; Sprengel Museum Hannover. Ausstellungskatalog. Köln: Wienand 1997. S. 7-13, hier: S. 10.

[119] Dieter Gleisberg: Conrad Felixmüller. Leben und Werk. Dresden: Verlag der Kunst 1982. S. 53-54.

[120] Lediglich Paul Adler und Friedrich Wolf waren Mitglieder der *USPD*. Vgl. Kapitel V der vorliegenden Arbeit.

[121] Zur KPD-Mitgliedschaft vgl. einen Brief Conrad Felixmüllers an Dieter Gleisberg vom 13.1.1969. Der Brief ist abgedruckt in Gleisberg: Conrad Felixmüller, S. 44, siehe auch ebd. S. 276.

[122] Dies betrifft vor allem sein graphisches Schaffen.

[123] Vgl. als Beleg hierzu die Verwendung des sächsischen *Rompreises*, mit dem Felixmüller im Jahre 1920 ausgezeichnet wurde. Anstatt eine Reise an die Kunststätten Italiens anzutreten, nutzte er die finanziellen Mittel für einen Aufenthalt im Ruhrgebiet.

Einfache des Menschen wollen und den Menschen und die Welt lieben. Deine
Kunst muß mahnen und wecken, lieben, kämpfen und siegen helfen; [...].[124]

Da die publizistische Plattform für die Propagierung einer solchen Kunst in Dresden
Anfang der 20er Jahre fehlte, wandte sich Felixmüller an Franz Pfemfert, der ihm in
der nunmehr zum »Organ des proletarischen Klassenkampfes«[125] avancierten *Aktion*
ein breiteres Publikationsforum für seine graphischen Arbeiten bot[126]. Parallel zu seinen Erfolgen in der *Aktion* sank allerdings Felixmüllers Ansehen in der Dresdner kulturellen Öffentlichkeit. Die Tagespresse reagierte zunehmend verärgert auf die Ausstellungen eines Malers und Graphikers, der »(noch) immer« und »ohne Entwick-
lungsanzeichen in der expressionistischen Sackgasse (weilte)«[127] und »mehr Bekenntnisse und Illustrationen einer politischen als einer malerischen Anschauung«[128] verbreitete. Besonders negativ wurde Felixmüllers politische Kunst im Zusammenhang mit
Werken anderer gesellschaftskritisch agierender Künstler beurteilt:

> [...] man nehme eine Radierung von Käthe Kollwitz und wird hier einen tiefen
> Zusammenhang mit dem Lebendigen finden, ein leidenschaftliches, aufreizendes
> Pathos, das aber nie das Sachliche übertönt. Bei Müller sind es mehr literarische,
> demagogische, affektreiche, farbige Proteste.[129]

Gravierender noch müssen auf Felixmüller aber Unverständnis und Ablehnung von
Teilen derjenigen Rezipienten gewirkt haben, für die er seine Arbeiten schuf. Otto
Griebel erinnert sich, daß

> die Arbeiter [...] mit den expressionistischen Holzschnitten und Lithographien
> Felixmüllers [...] nur wenig anzufangen (wußten), und zu einem Blatt, betitelt
> ›Otto Rühle‹, äußerten die Genossen, als es in einer unserer Versammlungen ge-
> zeigt wurde, er stünde da wie ein schwarz geschmierter Essenkehrer und habe ja
> einen ganz schiefen Kopf.[130]

Diese Tendenz einer Entfremdung zwischen Künstler und Arbeiterschaft, wie sie auch
Wolfgang Frühwald am Beispiel der Münchner Räterevolutionäre beschrieben hat[131],
wurde von Felixmüller zunächst negiert; aber »die Pressegemeinheiten« sowie »Feind-

---

[124] Felixmüller: Der Prolet (Pönnecke). In: Die Aktion 10 (1920), Sp. 333-336, hier: Sp. 336.
[125] Peter: Literarische Intelligenz und Klassenkampf, S. 167.
[126] Felixmüller arbeitete bis 1923 für *Die Aktion*. Vgl. Peter Barth: Conrad Felixmüller. Die Dresdner
Jahre 1913-1933. Düsseldorf: Galerie Remmert und Barth 1987. S. 53.
[127] J[ulius] F[erdinand] W[olff]: Die Ausstellung der Dresdner Kunstgenossenschaft. In: Dresdner
Neueste Nachrichten vom 25.6.1922. Nr. 147. S. 3.
[128] Fritz Nemitz: Galerie Arnold. Kniebe, Felix Müller, Pechstein, Schmidt-Rottluff. In: Dresdner
Neueste Nachrichten vom 24.3.1922. Nr. 71. S. 2.
[129] Ebd.
[130] Otto Griebel: Ich war ein Mann der Straße. Lebenserinnerungen eines Dresdner Malers. Aus dem
Nachlaß hg. von Matthias Griebel und Hans-Peter Lühr. Halle, Leipzig: Mitteldeutscher Verlag
1986. S. 129.
[131] Wolfgang Frühwald: Der Heimkehrer auf der Bühne. Lion Feuchtwanger, Bertolt Brecht und die
Erneuerung des Volksstückes in den zwanziger Jahren. In: IASL (1983), Band 8. S. 169-198, hier:
S. 174f.

lichkeiten von allen Seiten, Hetzen gegen unsere Kunst u. gegen unser Brot«[132] veran-
laßten den Maler, über die Wirkungsmöglichkeiten seines sozialkritischen Kunstschaffens nachzudenken. Obgleich Carl Sternheim noch Ende 1923 dem durch »bürgerliche Ranküne und Verleumdung« öffentlich diffamierten Künstler in einem Aufsatz bescheinigte, »von des Zeitgenossen Antlitz die Larve« gerissen »und auf seinen
Bildern [...] zum erstenmal« den »vom Bourgeois bisher totgeschwiegene[n] Proletarier«[133] gezeigt zu haben, vermochte sich Felixmüller nicht mehr uneingeschränkt
mit der einst verfochtenen politischen Zielrichtung seiner Kunst zu identifizieren.

Seine nach 1925 vollzogene »Rückkehr zur realistischen Gestaltung, zur sorgfälti-
gen Wiedergabe beobachteten Lebens«[134] hatte der Maler Jahre später zum einen mit
der umfassenden »Beruhigung«, die sich auf sozialem, wirtschaftlichem und politischem Gebiet nach der gescheiterten Revolution einstellte, begründet[135]; zum anderen
mit einer individuell und lebensweltlich zu erklärenden Fixierung auf das eigene Ich
als wichtigster Instanz künstlerischen Schaffens:

> [...] Früher waren es Dinge der Revolution, Proletariat, erregte Scenen; jetzt be-
> greife ich, überglücklich, dass ich auch lebe – u. was ich sehe sind persönliche
> Wunder, Wunder die mich angehen, von denen ich gerührt bin u. die ich mit al-
> ler Empfindung wiedergebe. Man muss gerührt sein, man muss die ganze Arbeit
> auf Empfindung stellen u. nach den geheimen unaussprechlichen Gesetzen lau-
> schen u. trachten. Kurz gesagt: das vollendete suchen.[136]

Im Gegensatz zu seinem früheren Mitstreiter Heinar Schilling hatte Felixmüller »den
Weg in die Stille«[137] auch im Umfeld des gesellschaftlichen Polarisierungsdiskurses der
späten 20er und frühen 30er Jahre strikt von einem ›parteiischen Leben‹ abgeson-
dert[138] und sich damit einer Inanspruchnahme durch politische Bewegungen und
ideologische Gruppierungen konsequent entzogen. Zu einem Zeitpunkt, als Felixmüllers linksrevolutionäres Künstlertum auch formal mit seinem Austritt aus der *KPD*
endete[139], begann Schilling, der Anfang der 20er Jahre auf Entpolitisierung gesetzt
hatte, seine ›Karriere‹ als deutschvölkischer Agitator, der sich alsbald nicht nur von

---

[132] Vgl. Brief von Conrad Felixmüller an seinen Bruder Hellmut. (Klotzsche am 6.8.1925). Der Brief
ist abgedruckt in: Conrad Felixmüller: Werke und Dokumente. Germanisches Nationalmuseum
Nürnberg 3.12.1981-31.1.1982. Archiv für Bildende Kunst 1982. S. 97.

[133] Carl Sternheim: Felixmüller. In: Der Cicerone 15 (1923), H. 19. S. 881-887, hier: S. 882.

[134] Paul Raabe: Felixmüller. Größe und Wandlungen des späten Expressionismus. Wege und Gestalten. Anläßlich der Ausstellung Conrad Felixmüller in den Städtischen Sammlungen (Braith-Mali-
Museum). Biberach an der Riß: Dr. Karl Thomae GmbH 1968. S. 9.

[135] Vgl. hierzu ein Interview Felixmüllers mit dem Fernsehen der DDR, geführt von Katrin Hujer
während der Felixmüller-Ausstellung in der Kunsthalle Rostock, 1976. In: Gleisberg: Felixmüller,
S. 265-268, hier: S. 266-267.

[136] Brief von Conrad Felixmüller an Lilly Ackermann vom 22.11.1929. In: Felixmüller: Werke und
Dokumente, S. 113.

[137] Raabe: Felixmüller, S. 10.

[138] Interview Felixmüllers mit dem Fernsehen der DDR, S. 267.

[139] Um 1926 trat Felixmüller aus der KPD aus. Vgl. die Angaben in Felixmüller: Werke und Dokumente, S. 225. Löffler gibt bereits 1924 als Austrittsdatum an. Siehe: Fritz Löffler: Die Dresdner Sezession, Gruppe 1919. 1919 bis 1925. In: Kunst im Aufbruch Dresden 1918-1933. Ausstellungskatalog zur Ausstellung im Albertinum vom 30.9.1980 bis 25.2.1981. Staatliche Kunstsammlungen
Dresden. Gemäldegalerie Neue Meister. Dresden 1980. S. 39-61, hier: S. 45.

seinen expressionistischen Weggefährten distanzieren sollte, sondern auch von den Postulaten einer seinerzeit linkssozialistisch gedachten Gesellschaftsrevolution.

Der Weg Schillings vom Linksexpressionisten zum Nationalsozialisten verweist dabei auf ein komplexes und bislang kaum untersuchtes Beziehungsgefüge zwischen ästhetischem und politischem Radikalismus der Avantgarde und ideologischem Extremismus rechter Massenparteien.

Als sich Schilling im Jahre 1922 aus dem kulturellen Leben der Stadt zurückzog, um die Arbeit an seinem umfangreichsten literarischen Werk, dem *Königslied* (einer etwa 60.000 Verse umfassenden Nachdichtung der *Edda*) zu beginnen[140], geschah dies vor dem Hintergrund eines erneuten Desillusionierungsprozesses: Hatte Schilling noch 1920 auf den letztlich vergeblichen Versuch einer Mitwirkung der ›Geistigen‹ an der Reorganisation der Gesellschaft mit der ästhetischen Kultivierung autorzentrierter Innenwelten reagiert, so setzte nunmehr eine weltanschauliche Neupositionierung ein, die dem aufkommenden Interesse an einer nationalen Erneuerung des Deutschen Reiches mit den Mitteln germanischer Geschichte und Mythologie zu entsprechen suchte. Die Rückwendung in die »Urzeit heldischen Gesangs«[141] und die künstlerische Heroisierung eines kämpferischen und siegreichen Volks nordischer Krieger sollte als wirkungsmächtiges Gegenbild für eine Epoche fungieren, in der Deutschland seine weltgeschichtliche Bedeutung und ökonomische Stärke längst verloren hatte.

Dem Chaos und der Verkommenheit der Zeit wollte Schilling deshalb die sinnstiftende ›Ordnung‹ und Kontinuität der Geschichte entgegenstellen, der gegenwärtigen ideologischen Polarisierung ein historisch legitimiertes ›einheitliches‹ Weltbild und der Zersplitterung der Macht ein zentrales Führerprinzip, das zum Garanten der Wiedergeburt eines ›neuen‹ Deutschen Reiches stilisiert werden konnte. Daß in diesem Gegenentwurf auch der Einzelne als zu allen Opfern Bereite eine bedeutende Rolle spielte, hatte der Autor besonders hervorgehoben, sollte doch die zeitbedingte Aufspaltung der Gesellschaft in sich bekämpfende »Parteiungen« durch eine individuell bestimmte, selbst vor dem Tod nicht zurückweichende Tatbereitschaft aufgebrochen werden:

Aus grauer Städte Dunstgewölk,

aus der Parteiungen Gebölk,

aus Volksgezänk um Not und Brot

heb ich empor das Bild vom Tod.

Der eigne Tod nur ist es wert,

daß man drum hebe Wort und Schwert.

Wer wagt es, einzig Ich zu sein,

Welt wider Welt, Sinn wider Sein?

---

[140] Heinar Schilling: Das Königslied (Stifterausgabe mit Radierungen von Alexander Friedrich). 1-14. Hellerau: Verlag des Hochstifts für Deutsche Art (5-7: Verlag des Königsliedes; 8-14: Weimar, H. Böhlaus Nachf.). 1925-1928. 1. Skiöldunge. Lieferung 1-4 des Gesamtwerkes. 1925. – 2. Ylfinge. Lieferung 5-7 des Gesamtwerkes. 1926. – 3. Asdinga. Lieferung 8-10 des Gesamtwerkes. 1927. – 4. Amalunge. Lieferung 11-14 des Gesamtwerkes. 1928.

[141] Heinar Schilling: Das Königslied. 1. Teil: Skiöldunge. Hellerau: Verlag des Hochstifts für Deutsche Art 1925. 6. Strophe.

[…]

Ich will mein Volk, ich will mein Blut,
ich will den hellen Todesmut,
ich will die Tat und ihr Gewicht,
ich will das eherne Gesicht.

Ich will daß einst mein Lied gebar
die letzte Not, die Weltgefahr
aus der der Schrecken auferstand,
der stärkste Schild dem Mutterland.

Denn Kindesland und Vatererd
sind mehr als alle Güter wert
daß man sie preise mit dem Blut
und mit des Krieges roter Wut.
[…][142]

Der einst von den Mitgliedern der *Expressionistischen Arbeitsgemeinschaft* postulierte Zusammenhang von ›Geist‹ und ›Tat‹, der sich im Umfeld der Revolution vor allem in einer Beteiligung der Avantgardisten an Demonstrationen, Kundgebungen und politischen Manifestationen der Dresdner Arbeiterschaft artikulierte, erhielt nunmehr eine dezidiert gewaltorientierte Dimension (»daß man drum hebe Wort und Schwert«). Die früher im Zeichen von Toleranz und Vorurteilslosigkeit angemahnte »gegenseitige Aufklärung und Belehrung« zum Zwecke einer »Entgiftung der öffentlichen Meinung«[143] war einer literarischen Agitation im Zeichen des ›Blutes‹ gewichen. Schilling setzte damit seinem bereits 1920 proklamierten »Abschied von der großen Zeit«[144] einen ›Neubeginn‹ entgegen, der in seiner historischen Rückbesinnung das Fragen nach den Ursachen des deutschen Dilemmas zugunsten einer Verklärung und ideologischen Vereinnahmung germanischer Geschichte verdrängt hatte und der sich der Bestände altnordischer Dichtung als Muster für eine Deutung der Gegenwart bediente. Zwar hatte sich Schilling auch schon während des Krieges mit historischen Themen auseinandergesetzt[145], ihre zeitgeschichtliche Instrumentalisierung im Sinne der völkischen Ideologie aber erst in den frühen 20er Jahren konsequent betrieben.

---

[142] Ebd., 7. und 8. Strophe.
[143] Aufruf im *Menschen Montagsblatt-Dresden* »Gegen die Gewalt!« Nr. 23 vom 26.5.1919. S. 1.
[144] Heinar Schilling: Nachbemerkung zu »In nova fert animus«. In: Menschen 3 (1920), H. I (Nr. 87/91). S. 70.
[145] Etwa in den *Historien*, zu denen u. a. die Dramen *Erek Wiking* (entstanden zwischen 1916 und 1919) und *König Rudolf* (ebenfalls zwischen 1916 und 1919 entstanden) gehören. Zum Teil waren diese historischen Auseinandersetzungen familiengeschichtlich motiviert, wie etwa das Motto zu *König Rudolf* nahelegt: »Dem Andenken meines Ahnherrn Rudolf von Rheinfelden † 16.X.1080«. In der Rückschau hatte Schilling die Historien als »nicht zu umgehende Rührseligkeiten« bezeichnet

Der ideologische Totalitätsanspruch, der sowohl für die Avantgarden als auch die völkische Bewegung[146] charakteristisch ist, leitete sich somit für Schilling aus unterschiedlichen Voraussetzungen ab: Während der Expressionist nach gegenwartsnahen Erklärungsmustern für den desolaten Zustand Deutschlands im Umfeld von Krieg und Revolution gesucht hatte und eine Erneuerung der Gesellschaft an die Auseinandersetzung mit der »heutigen [...] schmerzlichen Wirklichkeit«[147] band, sah der völkische Vorkämpfer im Rekurs auf die Geschichte nordischer Vorwelten ein mögliches Instrumentarium für die Schaffung alternativer Lebens- und Herrschaftsformen.

Eine wesentliche Grundlage dieses Gesinnungswandels bildete die Einsicht, das Hauptanliegen linksexpressionistischer Literaturpolitik, die Errichtung einer von Ausbeutung und Unterdrückung freien menschlichen Gesellschaft, nicht verwirklicht zu haben. Daß die hierfür notwendige Erziehung des ›neuen Menschen‹, der als Vor- bzw. Leitbild eines humaneren Zusammenlebens fungieren sollte, ebenso fehlschlug wie die Durchsetzung einer umfassenden kulturellen Neuordnung des Sozialwesens, hatten die konkurrierenden ›Völkischen‹ für die Propagierung ihres Erneuerungsprogramms geschickt zu nutzen gewußt. In einer wirtschaftlich und politisch verunsicherten städtischen Öffentlichkeit, die dem revolutionären Habitus, der mythenbildenden Kraft und religiösen Heilsargumentation der Expressionisten längst keine Beachtung mehr schenkte, fielen die Verheißungen, die Gesellschaft von sozialer und politischer Degeneration durch Rückbesinnung auf ›urdeutsche‹ Tugenden und Verhaltensweisen zu heilen, auf fruchtbaren Boden. Im Kampf gegen die Auswüchse des ›modernen Lebens‹ (unnatürliche ›Verweichlichung‹, zwischenmenschliche Entfremdung, Vereinzelung, Verlust der eigenen Identität) sahen sich Schilling und seine Rezipienten ohnehin mit dem historischen ›Vorbild‹, das auf Urwüchsigkeit, Natürlichkeit und Gemeinschaftssinn basierte, in Übereinstimmung. Wenn ein Rezensent nach Erscheinen des ersten Bandes von Schillings Text enthusiastisch vermeldete, hier begegne dem Leser »gedrungene Kraft, urgermanisches Reckentum, todesverachtender Trotz, Wickingergeist, ein Jahrtausend, ehe die Wickingerzüge begannen[148],« so benennt er genau jene Elemente, die den Erfolg »dieses Nationalepos der Deutschen«[149] bei der zeitgenössischen Leserschaft (schon kurz nach Auslieferung des ersten Bandes wurde die Veröffentlichung in einer preiswerten Volksausgabe angekündigt[150]) sicherte.

Das Verschmelzen »der zersprengten und verstreuten herrlichen Trümmerstücke [der] alten Heldensagen und Heldengesänge« zu neuer Ganzheitlichkeit wurde als he-

---

und betont: »Im ›Erik‹ wird die Sprache, im ›König Rudolf‹ nichts gestaltet.« Vgl. Heinar Schilling: Vorwort. In: Ders.: Versuche. (Opus 1-40). Erster Band. Gedichte. Erster bis dritter Teil. 1913-1919. Berlin-Dresden: Rudolf Kaemmerer Verlag 1920. S. XI-XII. Zur Bedeutung des Familiengeschlechts für Schillings literarische Entwicklung vgl. Heike Petereit: Die Zeitschrift »Menschen« im Umfeld des Dresdner Expressionismus – Programme, Konzepte und Positionen im Spannungsfeld von Literatur und Politik. Phil. Diss. Leipzig, 1991. S. 100-101.
[146] Zur völkischen Bewegung vgl.: Uwe Puschner/Walter Schmitz/Justus H. Ulbricht (Hg.): Handbuch zur »Völkischen Bewegung« 1871-1918. München u. a.: KG Saur 1996. Zum Totalitätsanspruch der Avantgarden vgl. Boris Groys: Gesamtkunstwerk Stalin: die gespaltene Kultur in der Sowjetunion. München u. a.: Hanser 1988.
[147] Heinar Schilling: Expressionismus. In: Menschen 1 (1918), Nr. 3. S. 4.
[148] So Max Maurenbrecher in einer Kritik in der Zeitschrift *Glaube und Deutschtum*. Die Kritik wurde zu Werbezwecken abgedruckt in: Deutsche Bauernhochschule. 6 (1926), 2. Frühlingsheft. S. 62.
[149] Alfred Seeliger in einer Besprechung in: Deutsche Bauernhochschule. 7 (1927), Winterheft. unpag.
[150] Vgl. den Hinweis der Schriftleitung: An die Leser der »Deutschen Bauernhochschule«. In: Ebd.

roische ›Tat‹ eines jungen Nachkriegsdichters gepriesen und zugleich als anschaulicher Beweis für das wiedererwachte Einheitsgefühl der Deutschen »im Krieg und Frieden, im Sturm der Zeit und des Schicksals«.[151]

Für die massenhafte Verbreitung dieser völkischen Aktualisierung des Historischen fand Schilling in dem Hellerauer Verleger Bruno Tanzmann einen geistesverwandten Verbündeten. Tanzmann, der bereits seit 1910 in Hellerau lebte und zunächst vergeblich versucht hatte, die reformerische Aufbruchsstimmung des Ortes für die Umsetzung seiner zahlreichen völkischen Projekte zu nutzen, konnte nach 1919 mit der Gründung des *Hakenkreuz-Verlages*[152] »zum Treffpunkt der sich reorganisierenden völkischen Szene« in Dresden werden[153]. Sein Engagement als »völkischer Vorkämpfer« sicherte aber nicht nur Schillings monumentaler Verherrlichung altgermanischer Geschichte das öffentliche Interesse, sondern dem Autor auch die Existenz: Durch ein im voraus gezahltes monatliches Fixum von 500 Mark hatte sich Tanzmann für Schilling eingesetzt, »damit es nicht wieder geschieht, daß ein Dichter erst verhungert, ehe sein Werk fertig wird«.[154] Tanzmann wird damit zum Repräsentanten eines Mäzenatentums, das die gängige bildungsbürgerliche Praxis kultureller Förderung aus vorrangig ästhetischen oder innovatorischen Gründen zugunsten einer ideologisch motivierten Protektion verdrängte.

Die jedoch alsbald vollzogene Abwendung Schillings von seinen literarischen Glorifizierungen urgermanischer Historie[155] und die seit Ende der 20er Jahre exzessiv betriebene Publizierung populärer Betrachtungen zur Gesellschafts- und Kulturgeschichte der Deutschen deutet – auch im Kontext mit einer ins Stocken geratenen poetischen Eigenproduktion[156] – auf einen erneuten Wandel seines geschichtlichen wie künstlerischen Selbstverständnisses hin.

Die nunmehr als ›sachbezogen‹ oder gar ›wissenschaftlich‹ deklarierte Auseinandersetzung mit Geschichte sicherte Schilling, der 1932 zum *NSDAP*-Mitglied wurde[157], nicht nur einen breiteren Rezipientenkreis[158], sondern entband den Autor auch von einer programmatischen Neubestimmung dichterischer Arbeit, die allzu leicht den Vergleich mit Publikationen des früheren Expressionisten nahegelegt und

---

[151] Alfred Seeliger in einer Besprechung in: Ebd.

[152] Vgl. hierzu die autobiographische Skizze von Tanzmann: Aus meinem Leben als völkischer Vorkämpfer. In: Deutsche Bauernhochschule 6 (1926), 2. Frühlingsheft. S. 4-5.

[153] Zu Tanzmann und dessen Hellerauer Projekten vgl. Justus H. Ulbricht: Keimzellen »deutscher Wiedergeburt« – die Völkischen in Hellerau und Dresden. In: Dresdner Hefte 15 (1997), H. 3. S. 80-86, hier: S. 81f.

[154] Tanzmann: Aus meinem Leben als völkischer Vorkämpfer, S. 7.

[155] Nach 1928 erscheinen nur noch vereinzelte Nachdichtungen germanischer ›Historien‹; etwa 1936 Haithabu. Ein germanisches Troja. Leipzig: Hase & Koehler; oder 1938 die Erzählung aus der Altsteinzeit *Der Herr der Ferne*. Dresden: Meinhold.

[156] So publiziert Schilling nach 1921 keine lyrischen und dramatischen Texte mehr. Lediglich vereinzelte, meist familiengeschichtlich orientierte Prosaarbeiten wurden gedruckt. Etwa: Pauker, Mädchen und Soldaten. Dresden: Meinhold 1941.

[157] Vgl. Peter Ludewig: Die Dichter wachsen zum Himmel. In: Ders. (Hg.): Schrei in die Welt. Expressionismus in Dresden. Berlin: Buchverlag Der Morgen 1988. S. 235.

[158] Schilling veröffentlichte im *Schwarzen Korps*, der Zeitung der SS, unzählige Artikel- und Aufsatzfolgen, ehe sie als Buchausgaben in den Handel gelangten. Vgl. hierzu Heinar Schilling. Vorwort. In: Volk und Staat. Geschichtliche Abhandlungen aus dem »Schwarzen Korps«. Braunschweig: Vieweg 1938. S. 5-6. Einen *Facsimile-Querschnitt durch das Schwarze Korps* bietet Helmut Heiber (Bern u. a.: Scherz [1985]). Zur Geschichte des *Schwarzen Korps* vgl. Mario Zeck: Das Schwarze Korps: Geschichte und Gestalt des Organs der Reichsführung SS. Tübingen: Niemeyer 2002.

eine Umformung bzw. ›Umcodierung‹ der eigenen Sprache nach sich gezogen hätte[159].
Mit der Wendung in die Geschichte konnte sich Schilling vom einstigen Vokabular
des linksexpressionistischen Aktivismus (»Sozialismus«, »Sozialisierung«, »proletarische
Revolution«) lossagen und die Schwerpunkte seiner historischen Abhandlungen auf
eine die Zeit nach 1900 kaum berücksichtigende Darstellungsweise eingrenzen.[160]
    Bei Konzentration auf die »Zusammenhänge zwischen Politik und Kultur«, die
der Autor oftmals »durch die verschiedenen Epochen der Menschheitsgeschichte
(verfolgte)«, geriet die Herausstellung der historischen und »künstlerischen Leistungen
der nordischen Völker«[161] für die kulturelle Entwicklung der Menschheit zum eigentlichen Kennmuster einer Geschichtsschilderung, die den »tiefeingewurzelten Irrtümern
der liberalistischen Geschichtsauffassung«[162] den Kampf ansagte und den Prämissen einer völkischen ›Gegendarstellung‹ folgte:

> Die gewaltigen Kriegstaten der nordischen Eroberervölker brachten [...] jene für
> alle Zeiten maßgebenden Kulturleistungen mit sich, die die Grundlagen der heu-
> tigen Kunst in der ganzen Welt bedeuten. Wir denken hierbei in erster Linie an
> die nordischen Griechen und Italiker, die das klassische Weltbild formten. Ver-
> gessen wir aber nicht, daß aus den Stürmen der Völkerwanderung infolge der Be-
> fruchtung ganz Mittel-, West- und Südeuropas durch germanisches Blut die mit-
> telalterliche Hochkultur der Romanik und Gotik hervorging, und daß auch die
> Renaissance undenkbar ist ohne den neuen, starken nordischen Bluteinschlag,
> den die langdauernde deutsche Herrschaft Italien gebracht hatte. Auch in späte-
> ren Zeiten hat überall dort, wo die nordische Herrenschicht sich ihrer artgemäßen
> Berufung entsann und das jeweilige politische Bild der Welt neu formte, ein sol-
> cher Durchbruch schöpferischen Tatgeistes sich Symbole der Dauer und mah-
> nende Male geschaffen. So entstanden in den Zeiten des absoluten Königtums,
> das schließlich damals nichts anderes war als ein nordisches Führertum, die den
> damaligen Ausdrucksformen entsprechenden Monumentalbauten, die den Sinn
> des Staatsgedankens augenfällig zum Ausdruck brachten.[163]

Schilling hatte mit seinen kulturhistorischen Abhandlungen, die den Herrschaftsan-
spruch der ›braunen Krieger‹ durch ein zurechtgestutztes Geschichtsbild für jedermann zu legitimieren suchte[164], dazu beigetragen, daß die Sprache der ›Bewegung‹ ei-

---

[159] Bei anderen Autoren hingegen läßt sich der Bedeutungswandel sprachlicher Begriffe im Umfeld
der Novemberrevolution innerhalb eines ›konservativen‹ Denkgebäudes aufzeigen. Denis Goeldel hat
am Beispiel von Moeller van den Bruck einen solchen Bedeutungswandel sprachlicher Leitbegriffe
analysiert; für Autoren, die sich von Verteidigern des ›Sozialismus‹ zu Verfechtern des ›Nationalsozialismus‹ entwickelten, fehlen solche Untersuchungen dagegen. Denis Goeldel: ›Revolution‹, ›Sozialismus‹ und ›Demokratie‹: Bedeutungswandel dreier Grundbegriffe am Beispiel von Moeller van den
Bruck. In: Manfred Gangl/Gérard Raulet (Hg.): Intellektuellendiskurse in der Weimarer Republik.
Zur politischen Kultur einer Gemengelage. Darmstadt: Wissenschaftliche Buchgesellschaft 1994.
S. 37-51.
[160] Etwa in den Bänden: Germanische Führerköpfe. Leipzig: K. F. Koehler 1935 und Germanische
Frauen. Leipzig: K. F. Koehler 1925.
[161] Heinar Schilling: Das politische Weltbild. Magdeburg: Nordland-Verlag 1937. S. 5 und 7.
[162] Schilling: Vorwort. In: Volk und Staat, S. 6.
[163] Schilling: Das politische Weltbild, S. 7.
[164] Schilling sah sich hier mit den wissenschaftlichen Vertretern einer national ausgerichteten deutschen Vorgeschichtsforschung in Übereinstimmung. Vgl. hierzu Ingo Wiwjorra: Die deutsche Vorgeschichtsforschung und ihr Verhältnis zu Nationalismus und Rassismus. In: Puschner/Schmitz/Ülb-

nen Grad sozialer Verbindlichkeit erlangte, der das nationale Erneuerungspathos massenwirksam zu kanalisieren verstand und der Idee vom ›neuen‹ Menschen, von Kameradschaft und Solidarität eine glaubhaft scheinende gesellschaftspolitische Basis zu geben vermochte.[165]

Schillings Lebensweg bleibt damit symptomatisch für jenen Teil der Avantgarde, der, enttäuscht vom Verlauf der Revolution und vom Verhalten der Siegermächte gegenüber Deutschland nach dem Krieg, in der neuen ›nationalen Bewegung‹ ein geeignetes Instrumentarium erblickte, viele der gesellschafts- und menschheitsverändernden Utopien zu realisieren, für die man sich wenige Jahre vorher im Zeichen eines linksexpressionistischen Aktivismus vergebens engagiert hatte. Der These, daß sich dabei »künstlerischer Radikalismus als Disposition des politisch-ideologischen (erweist)«[166], ist sicher zuzustimmen, obgleich die Rolle radikaler Denk- und Verhaltensmuster für die Hinwendung einzelner Expressionisten zum Nationalsozialismus bislang keineswegs hinreichend erforscht wurde.

Dies alles rechtfertigt nicht das Verhalten Schillings, erklärt aber die Motive seines ›Renegatentums‹, das den früheren Mangel an realer Wirkungsmacht durch eine ideologisch intendierte Kooperation mit der neuen Herrscherschicht zu kompensieren versuchte[167], dabei aber zunehmend an die Grenzen einer Weltanschauung stieß, die sich jeglicher »schöpferischer Weiterentwicklung«[168] verwiegerte und insofern Schillings Hoffnung auf die kritische Mitarbeit der Intellektuellen an den geistigen Fundamenten des ›neuen großen Zeitalters‹ mehr und mehr einschränkte. Als die Geistigen in einer brutalisierten und militarisierten Öffentlichkeit nach dem Ausbruch des Krieges vollends zum Werkzeug zu werden drohten, setzte bei Schilling ein Ernüchterungsprozeß ein, der wenig später zu seiner Distanzierung vom Nationalsozialismus führte[169].

Daß die einst von den Expressionisten postulierte Idee einer selbstbestimmten, publizistisch intervenierenden oder realpolitisch eingreifenden Verantwortung der Künstler gegenüber den Machthabern erneut gescheitert war, resultiert nicht zuletzt aus der verhängnisvollen Rolle jener Verfechter der nationalsozialistischen Ideologie, die, wie Heinar Schilling, dem Trugschluß erlagen, auch der kritisch räsonierende

---

richt (Hg.): Handbuch zur »Völkischen Bewegung« 1871-1918, S. 186-207.

[165] Schillings Texte aus den 30er und 40er Jahren hatten – legt man die ermittelbaren Auflagezahlen zugrunde – beim zeitgenössischen Publikum durchaus Erfolg. Der Band *Germanische Frauen* erschien zwischen 1935 und 1942 in drei Auflagen, ebenso die Abhandlung *Germanisches Leben*; eines seiner Hauptwerke *Germanische Führerköpfe* wurde 1944 sogar in einer Feldpostausgabe herausgegeben.

[166] Vgl. hierzu den leider etwas knappen Aufsatz von Michael Stark: »… *wenn uns der sturm betrogen*« – *Vom Expressionismus zum Faschismus*. (Dresdner Hefte 20 (2002), H. 4. S. 69-75, hier: S. 72). Stark versucht am Beispiel von Heinar Schillings Lebensweg das Verhältnis von Expressionismus und Faschismus genauer zu bestimmen, nimmt jedoch Schillings Publikationen der 30er und 40er Jahre zu wenig in den Blick, so daß manche Aussagen Starks lediglich behauptet bleiben: etwa die Ansicht, Schilling habe sich »im ›Dritten Reich‹ an der Diffamierung expressionistischer Autoren und Künstler (beteiligt)« (S. 71).

[167] So hatte Schilling sein Buch *Das politische Weltbild* »auf eine Anregung des Führers«, die dieser »gesprächsweise« dem Autor gegenüber äußerte, verfaßt. Vgl. Schilling: Das politische Weltbild, S. 5.

[168] Schilling hatte schon Mitte der 30er Jahre vor einer seiner Ansicht nach vulgären Auslegung der nationalsozialistischen Ideologie gewarnt und eine fortschreitende ›Vervollkommnung‹ von deren Gedankengut verlangt. Vgl. Heinar Schilling: Weltanschauliche Betrachtungen. Aus dem »Schwarzen Korps«. Braunschweig: Viehweg 1938. S. 48.

[169] Genaueres bei Petereit: Die Zeitschrift »Menschen«, S. 103-104. Hier vor allem die Beziehungen Schillings zum *Kreisauer Kreis* seit 1942.

Gebildete könne einen legitimen Platz im System des politischen Machtvollzugs einnehmen. Die Trennung von ›Geist‹ und ›Macht‹ hatte jedoch die Utopie eines solchen Rollenverständnisses abermals bloßgelegt und die Intellektuellen wieder vor die Wahl gestellt, sich als unpolitisch-liberale Einzelgänger zu begreifen oder als engagierte Sozialrevolutionäre, die sich einer kritischen Beurteilung des gesellschaftlichen Status quo stellten.

VIII. LITERATUR

1. Quellen

1.1. Ungedruckte Quellen

Aufgeführt wird eine Übersicht der durchgesehenen Nachlässe und Teilnachlässe von wichtigen Repräsentanten des Dresdner Expressionismus sowie von literarischen Gesellschaften und Vereinigungen, die sich mit expressionistischer Literatur und Kunst in Dresden auseinandersetzten. Detaillierte Angaben zu einzelnen ungedruckten Quellen (Briefen, Tagebuchaufzeichnungen, Manuskripten etc.), auch über die hier genannten hinaus, finden sich in den Fußnoten der jeweiligen Kapitel.

1.1.1. Autoren und Publizisten

Friedrich Kurt Benndorf

Nachlaß in der Sächsischen Landesbibliothek – Staats- und Universitätsbibliothek Dresden. Signatur: Mscr. Dresd. App. 1387 und Mscr. Dresd. App. 2486, 3962

Gliederung:
A) Zum Leben
B) Gedichte
C) Prosa
D) Aphorismen / Aufsätze
E) Mombertiana
F) Jugendgedichte
G) Gesangskompositionen

Theodor Däubler

Teilnachlaß in der Sächsischen Landesbibliothek – Staats- und Universitätsbibliothek Dresden. Signatur: Mscr. Dresd. App. 531

Gliederung:
A) Auf Däubler bezügliche Papiere
B) Briefe
C) Schriften

Rudolf Adrian Dietrich

Nachlaß am Schiller Nationalmuseum / Deutsches Literaturarchiv Marbach.
Signatur: A: Dietrich

Gliederung:
A) Aufzeichnungen und Briefe [48 Bände]
B) Werkarchiv
C) Gedichte
D) Prosa
E) Konvolute
F) Briefe [3 Kästen]
G) Zugehörige Materialien
H) Manuskripte Anderer
I)   Noten
J)   »Fragliche Fälle«

Teilnachlaß in der Sächsischen Landesbibliothek – Staats- und Universitätsbibliothek
Dresden. Signatur: Mscr. Dresd. App. 1838

Gliederung:
A) Materialien über Rudolf Adrian Dietrich
B) Hand- und maschinenschriftliche Gedichte und Aufsätze von Dietrich
C) Gedruckte Zeitungs- und Zeitschriftenaufsätze von Dietrich
D) Maschinenschriftliche Druckmanuskripte größerer Arbeiten sowie Werke im Off-
    setdruck

Iwan Goll

Teilnachlaß am Schiller Nationalmuseum / Deutsches Literaturarchiv Marbach.
Signatur: A: Goll

Gliederung:
A) Lyrik
B) Dramatik
C) Prosa
D) Übersetzungen
E) Autobiographisches
F) Briefe
G) Zugehörige Materialien

Walter Hasenclever

Nachlaß am Schiller Nationalmuseum / Deutsches Literaturarchiv Marbach.
Signatur: A: Hasenclever

Gliederung:
A) Lyrik
B) Dramatik
C) Prosa
D) Briefe
E) Zugehörige Materialien

Fritz Löffler

Nachlaß in der Sächsischen Landesbibliothek – Staats- und Universitätsbibliothek
Dresden. Signatur: Mscr. Dresd. App. 2535

Gliederung:
I.   Zur Person
II.   Arbeitskartei
III. Manuskripte und Typoskripte
IV.   Korrespondenz
V.   Auseinandersetzungen
VI.   Zeitungsausschnitte über Leben und Werk
VII. Korrespondenz mit seiner Frau Slava
[Eine detailliertere Übersicht bietet der »Spezialkatalog zum Nachlaß Fritz Löfflers« in
der Handschriftenabteilung der Sächsischen Landesbibliothek – Staats- und Universi-
tätsbibliothek Dresden.]

Ernst Wilhelm Lotz

Nachlaß am Schiller Nationalmuseum / Deutsches Literaturarchiv Marbach.
Signatur: A: Lotz

Walter Rheiner

Nachlaß im Walter-Rheiner-Archiv (Literaturarchiv der Akademie der Künste Berlin)

[Zu den Beständen des Nachlasses siehe: Walter Huder: Walter Rheiner 1895-1925.
Ausstellung anläßlich der Eröffnung des Walter-Rheiner-Archivs bei der Akademie der
Künste, Berlin 1969.]

Heinar Schilling

Nachlaß am Schiller Nationalmuseum / Deutsches Literaturarchiv Marbach.
Signatur: A: Schilling

Gliederung:
A) Lebensläufe und Bibliographien für eine geplante Anthologie des Dresdner Verlages
B) Briefe

Berthold Viertel

Nachlaß am Schiller Nationalmuseum / Deutsches Literaturarchiv Marbach
Signatur: A: Viertel

Gliederung:
A) Lyrik
B) Dramatik
C) Prosa
D) Verschiedenes
E) Autobiographisches
F) Briefe
G) Zugehörige Materialien

Oskar Walzel

Nachlaß am Schiller Nationalmuseum / Deutsches Literaturarchiv Marbach
Signatur: A: Walzel

Gliederung:
A) Prosa
B) Manuskripte zum »Handbuch der Literaturwissenschaft«
C) Korrespondenz
D) Manuskripte Anderer und Briefe Dritter
E) Zugehörige Materialien
F) Konvolute zu Geburtstagen Walzels

1.1.2. Gruppen und Vereinigungen

Gesellschaft für Literatur und Kunst [Dresden]

Nachlaß im Stadtarchiv Dresden
Signatur: 13.14

Durchgesehen wurden Akten des Zeitraumes 1900-1925, insbesondere Protokolle der Vorstandssitzungen sowie Drucksachen, Mitgliederverzeichnisse, Zeitungsausschnitte, Rechnungen und der Briefwechsel mit einzelnen Künstlern zur Gestaltung von Vortragsabenden.

Literarische Gesellschaft Dresden

Nachlaß im Stadtarchiv Dresden
Signatur: 13.21

Ausgewertet wurden die Mitgliederverzeichnisse für die Jahre 1901-1923, das Proto-kollbuch (1881-1924), Belege über Rechnungen aus den Jahren 1910-1915 sowie Rundschreiben an die Mitglieder, Vorstandskorrespondenz, Briefe von/an zahlreiche Schriftsteller, Verträge mit Theatern und ein Verzeichnis der stattfindenden Vorträge.

1.2. Gedruckte Quellen

1.2.1. Ausgewertete Zeitungen, Zeitschriften, Jahrbücher, Anthologien und Sammel-werke

Aufgeführt werden jeweils die durchgesehenen Jahrgänge. Die Angabe der/des Her-ausgeber(s), des Verlages und Erscheinungsortes bezieht sich in der Regel auf den ersten Jahrgang.

Agathon. Hg. von Hermann Kruse. Wolgast: Hermann Kruse. 1917/18.

Am anderen Ufer. Blätter für sozialistische Erziehung. Eine Schriftenfolge. Hg. von Otto und Alice Rühle. Dresden [Buchholz-Friedewald]: Verlag Am anderen Ufer. 1924.

An alle Künstler! Berlin: [Willi Simon]. 1919.

Berliner Romantik. Eine Vierteljahresschrift. Hg. von Kurt Bock. Berlin: Boll & Pickhardt 1918-1925.

Bücher der neuen Kunst. Band 1. [mehr nicht erschienen]. Dresden: Emil Richter 1919.

Daimon. Hg. von Jakob Moreno Levy. Wien: Daimon-Schriften-Verlag Brüder Su-schitzky. 1918-1919.

Das deutsche Drama. Zeitschrift für Freunde der dramatischen Kunst. Hg. von Ri-chard Elsner. Berlin: Boll & Pickardt 1919-1920.

Das deutsche Wort. Hg. von Hermann Rinn im Auftrag der Deutschen Akademie. Berlin: Literarische Welt Verlags-Gesellschaft 1934-1941.

Das Forum. Hg. von Wilhelm Herzog. München: Forum-Verlag 1914-1921.

Das Hohe Ufer. Eine Zeitschrift. Hg. von Hans Kaiser. Hannover: Ludwig Ey 1919-1920.

Das Inselschiff. Eine Zweimonatsschrift. Red.: Karl Meisser. Leipzig: Insel 1919-1920.

Das junge Deutschland. Hg. vom Deutschen Theater Berlin. Berlin: E. Reiß. 1918-1920.

Das Kunstblatt. Monatsschrift für künstlerische Entwicklung in Malerei, Skulptur, Architektur und Kunsthandwerk. Hg. von Paul Westheim. Weimar: Gustav Kiepenheuer 1917-1922.

Das literarische Echo. Halbmonatsschrift für Literaturfreunde. Hg. von Ernst Heilborn. Berlin: Verlag E. Fleischel. 1914-1922.

Das neue Pathos. Hg. von Hans Ehrenbaum-Degele, Robert R. Schmidt, Ludwig Meidner und Paul Zech. Berlin: E. W. Tieffenbach 1913-1920.

Das neuste Gedicht. H.1-44. Dresden: Dresdner Verlag von 1917 1918-1922.

Das proletarische Kind. Monatsblätter für proletarische Erziehung. Hg. von Otto und Alice Rühle. Dresden (Buchholz-Friedewald): Verlag Am anderen Ufer 1925-1926.

Das Reich. Eine Vierteljahresschrift. Hg. von Alexander von Bernus. Stuttgart: Verlag Der Kommende Tag. 1916-1920.

Das Tage-Buch. Hg. von Stefan Großmann und Leopold Schwarzschild. München: Tagebuch-Verlag 1920-1933.

Das Tribunal. Hessische radikale Blätter. Hg. von Carlo Mierendorff. Darmstadt: Verlag Die Dachstube 1919-1921.

Das Ziel. Aufrufe zu tätigem Geist. Hg. von Kurt Hiller. München und Berlin: Georg Müller Verlag 1916.

Der Arbeiterfreund. Zeitschrift für die Arbeiterfrage. Organ des Centralvereins für das Wohl der Arbeitenden Klassen. Berlin: Simion 1885-1900.

Der Bildermann. Steinzeichnungen fürs deutsche Volk. Hg. von Paul Cassirer. Red. von Leo Kestenberg. Berlin: Paul Cassirer 1916.

Der Cicerone. Halbmonatsschrift für die Interessen des Kunstforschers & Sammlers. Hg. von Georg Bierbaum. Leipzig: Klinkhardt & Biermann 1919-1930.

Der Drache. Hg. von Hans Reimann. Leipzig: Passagen-Verlag 1919-1927.

Der Feuerreiter. Blätter für Dichtung und Kritik. Hg. von Fritz Gottfurcht [ab H. 3. hg. von Heinrich Eduard Jakob]. Berlin: Alfred Blau 1921-1924.

Der Friede. Wochenschrift für Politik, Volkswirtschaft und Literatur. Hg. von Benno Karpeles. Wien: [Verlag der Zeitschrift] 1918/19.

Der Gegner. Blätter zur Kritik der Zeit Hg. von Wieland Herzfelde und Karl Otten. Berlin: Malik-Verlag 1919-1924.

Der Komet. Hg. von Rudolf Adrian Dietrich. Dresden: Selbstverlag des Herausgebers 1918-1919.

Der Kunstwart. Hg. von Ferdinand Avenarius. München: Callwey 1918-1920.

Der Leib. Blätter zur Erkenntnis wesentlichen Lebens aus der Vernunft des Leibes. Hg. von Max Tepp. Hamburg: Freideutscher Jugendverlag Saal 1919-1922.

Der Orkan. Ein numeriertes Extrablatt. Hg. von Rolf C. Cunz. Hanau: Selbstverlag des Herausgebers 1914, 1917-1919.

Der Querschnitt. Das Magazin zu Kunst und Kultur. Hg. von Alfred Flechtheim und H. v. Wedderkop. Berlin u. a.: Propyläen-Verlag 1921-1936

Der Revolutionär. Hg. von Moritz Lederer. Mannheim: Verlag Der Revolutionär 1919-1923.

Der Rhythmus. Ein Jahrbuch. Hg. von der Bildungsanstalt Jaques-Dalcroze Dresden-Hellerau. Jena: Eugen Diederichs 1911-1912.

Der Schrei. Eine Schriftenfolge. Hg. vom Felix Stiemer Verlag. Nr. I-V. Dresden: Felix Stiemer Verlag 1918.

Der silberne Spiegel. Zeitschrift für neue Kunst und Kritik. Hg. von Ernst Rothschild. Dresden: Verlag Der silberne Spiegel 1919.

Der Sturm. Wochenschrift für Kultur und Künste. Hg. von Herwarth Walden. Berlin: Verlag Der Sturm 1910-1922.

Der Sturmreiter. Monatsschrift für Literatur und Kunst. Hg. von Hans Ochs, Walter König, Hans Haalck. Hamburg: Verlag Der Sturmreiter. 1919-1920.

Der Türmer. Monatsschrift für Gemüt und Geist. Hg. von Yeannot Emil Freiherr von Grotthoß. Berlin: Beenken 1913-1914.

Der Weg. Hg. von Walther Blume. München: Verlag Der Weg 1919.

Der Zweemann. Monatsblätter für Dichtung und Kunst. Hg. von Friedrich W. Wagner und Christof Spengmann. Hannover: Der Zweemannn Verlag Robert Goldschmidt 1919-20.

Der Zwiebelfisch. Zeitschrift über Bücher, Kunst und Kultur. Hg. von Hans von Weber. München: Hyperion-Verlag 1920-1923.

Der Zwinger. Blätter der Dresdner Hoftheater. Red. Karl Wollf. Dresden: Alfred Waldheim 1917-1921.

Deutsche Bauernhochschule. Sendschreiben für deutsche Art an alle Stände im Reich und jenseits der Grenzen und Meere. Erfurt 1919-1928.

Deutsche Bühne. Jahrbuch der Frankfurter Städtischen Bühnen. Hg. von Georg J. Plotke. Frankfurt a. M.: Rütten & Loening 1919.

Dichtung der Jüngsten. Band 1-12/13. Dresden: Dresdner Verlag von 1917 1917-1919.

Die Aktion. Wochenschrift für freiheitliche Politik und Literatur. Hg. von Franz Pfemfert. Berlin: Verlag der Wochenschrift Die Aktion 1911-1926.

Die Bücherei Maiandros. Eine Zeitschrift von 60 zu 60 Tagen. Hg. von Heinrich Lautensack, Alfred Richard Meyer, Anselm Ruest. Berlin-Wilmersdorf: Paul Knorr Verlag 1912-1914.

Die Bücherkiste. Monatsschrift für Literatur, Graphik und Buchbesprechung. Hg. von Leo Scherpenbach. München: Bachmair & Co. 1919-1921.

Die Dachstube. Flugblätter. Hg. von der Vereinigung der »Dachstube«. Darmstadt: Verlag Die Dachstube 1915-1918.

Die Dichtung. Hg. von Wolf Przygode. München: Roland-Verlag 1918-1923.

Die Dramen der Neuen Schaubühne. Eine Folge. Bd.1-6. Dresden: Dresdner Verlag von 1917 1919.

Die Erde. Politische und kulturpolitische Halbmonatsschrift. Hg. von Walther Rilla. Breslau: Verlag Die Erde 1919-1920.

Die Erhebung. Jahrbuch für neue Dichtung und Wertung. Hg. von Alfred Wolfenstein. Berlin: S. Fischer 1919.

Die Fackel. Hg. von Karl Kraus. Wien: Fackel 1914-1922.

Die Fahne. Ein Zeitweiser für Bücherfreunde. Redaktion: Theodor Etzel. Stuttgart, Heilbronn: W. Seifert 1920-1925.

Die Flöte. Dramaturgische Blätter des Herzoglich Sächsischen Hoftheaters Coburg-Gotha, Monatsschrift der Gesellschaft für Literatur und Musik in Coburg. Hg. von Carl Stang und Julius Kühn. Coburg: Roßteutscher 1918-1922.

Die Freude. Blätter einer neuen Gesinnung. Hg. von Wilhelm Uhde. Burg Lauenstein: Selbstverlag 1920.

Die Gäste. Eine Halbmonatsschrift für die Künste. Hg. von Franz Graetzer und Richard Lamza. Kattowitz: Verlag der Gäste. 1921.

Die Kugel. Zeitschrift für neue Kunst und Dichtung. Magdeburg: Verlag Die Kugel 1919-20.

Die neue Bücherschau. Hg. von Hans Theodor Joel. München-Pasing: A. K. Lang 1919.

Die neue Bühne. Eine Forderung. Hg. von Hugo Zehder. Dresden: Rudolf Kaemmerer 1920.

Die neue Kunst. Zweimonatsschrift. Hg. von Heinrich F. S. Bachmair in Verbindung mit Joseph Amberger, Johannes R. Becher und Karl Otten. München: Heinrich F. S. Bachmair 1913-14.

Die neue Rundschau. Eine Monatsschrift. Hg. von Oskar Bie. Berlin: S. Fischer 1914-1922.

Die neue Schaubühne. Monatshefte für Bühne und Drama. Begründet und hg. von Hugo Zehder. Dresden: Verlag Neue Schaubühne 1919-1922.

Die Rote Erde. Monatsschrift für Kunst und Kultur. Hg. von Karl Lorenz und Paul Schwemer. Hamburg: Dorendorf und Dresel 1919-1923.

Die Schöne Rarität. Hg. von Adolf Harms. Kiel: Verlag Die schöne Rarität Adolf Harms 1917-1919.

Die Sichel. Hg. von Josef Achmann und Georg Britting. Regensburg: Verlag der Sichel 1919-1921.

Die Tat. Monatsschrift für die Zukunft deutscher Kultur. Hg. von Ernst Horneffer. Leipzig: Verlag Die Tat. 1909-1939

Die weissen Blätter. Eine Monatsschrift. Hg. von René Schickele. Leipzig: Verlag der Weissen Bücher 1913-1921.

Die Weltbühne. Wochenschrift für Politik, Kunst, Wissenschaft. Hg. von Siegfried Jacobsohn. Berlin: Verlag der Schaubühne 1918-1922.

Dresdner Anzeiger. Amtsblatt des Kgl. Landgerichtes, des Kgl. Amtsgerichtes, der Kgl. Hauptzollämter I und II, der Kgl. Polizeidirektion und des Rates zu Dresden sowie des Gemeindevorstandes und Gemeinderates zu Blasewitz. Dresden: Dr. Güntzsche Stiftung 1900-1906 und 1914-1921

Dresdner Kalender. Jahrbuch über das künstlerische, geistige und wirtschaftliche Leben in Dresden. Hg. von Johann Erich Gottschalch. Dresden: Oscar Laube 1910-1927.

Dresdner Konzert- und Theater-Zeitung. Hauptschriftleiter: Dr. Max Adler. Dresden: Verlag der Konzertdirektion R. Schönfelder 1919-1920.

Dresdner Lokal-Anzeiger. Hauptorgan der Dresden-Neustadt. 1914-1921.

Dresdner Nachrichten. Gegründet 1856. 1914-1921.

Dresdner Neueste Nachrichten. Unabhängige Tageszeitung. 1900-1906 und 1912-1922.

Dresdner Volkszeitung. Organ für die Interessen des gesamten werktätigen Volkes. 1914-1921.

Europäische Bücherei. Bd.1. [mehr nicht erschienen]. Dresden: Rudolf Kaemmerer 1919.

Herder-Blätter. Hg. im Auftrage der J.-G.-Herder-Vereinigung Prag. (Hg. von Willy Haas und Norbert Eisler.) Prag: Verlag der J.-G.-Herder-Vereinigung 1911-1912.

Jugend. Münchner illustrierte Wochenschrift für Kunst und Leben. Hg. von Georg Hirth. München: Verlag der Jugend. 1910-1915.

Kain. Zeitschrift für Menschlichkeit. Hg. von Erich Mühsam. München: Kain-Verlag 1911-1919.

Konstanz 1919 [1920]. Blätter der Kunst. Red. von [Rudolf Adrian] Dietrich. Konstanz: [Brauneggerstr. 21] 1919-1920.

Kothurn. Halbmonatsschrift für Literatur, Theater und Kunst. Hg. von Arthur Lewinneck. Königsberg: Kothurn-Verlag 1919-20.

Kräfte. Zeitschrift für Dichtung, Musik, bildende Kunst. Hg. von Kinner v. Dresler. Hamburg: V. Fischer 1919.

Marsyas. Eine Zweimonatsschrift. Hg. von Theodor Tagger. Berlin: Verlag Heinrich Hochstim 1917-1919.

Menschen. Monatsschrift für neue Kunst, jüngste Literatur, Graphik, Musik, Kritik. Hg. von Felix Stiemer. Schriftleiter: Heinar Schilling. Dresden: Felix Stiemer Verlag 1918-1921.

Menschen Montagsblatt-Dresden. Politik – Öffentliches Leben – Kunst – Kultur. [ab Nr. 15, 7.4.1919 *Dresdner Montagsblatt früher Menschen*]. Hg. von Heinar Schilling. [ab Nr. 10, 3.3.1919 von der *Sozialistischen Gruppe der Geistesarbeiter*]. Dresden: Dresdner Verlag von 1917 1919.

Menschheitsdämmerung. Symphonie jüngster Dichtung. Hg. von Kurt Pinthus. Berlin: Ernst Rowohlt 1920.

Münchner Blätter für Dichtung und Graphik. Eine Monatsschrift in genossenschaftlichem Zusammenwirken von René Beeh, Heinrich Campendonk u. a. Hg. von Renatus Kuno. München: Georg Müller 1919.

Neue Blätter. Hg. von Carl Einstein. Berlin: Erich Baron Verlag 1912-1913.

Neue Blätter für Kunst und Dichtung. Schriftleiter: Hugo Zehder. Dresden: Emil Richter 1918-1921.

Pan. Halbmonatsschrift. Hg. von Wilhelm Herzog und Paul Cassirer. Berlin: Paul Cassirer 1910-1915.

Phaethon. Monatsschrift für Lyrik. Hg. von Alfred Kuhn. Stuttgart-Cannstatt: Phaethon-Verlag 1919-1920.

Revolution. Zweiwochenschrift. Hg. von Hans Leybold. München: Heinrich F. S. Bachmair 1913.

Salonblatt. Moderne illustrierte Wochenschrift für Gesellschaft, Theater, Kunst und Sport. Dresden: Salonblatt 1905-1923.

Saturn. Eine Monatsschrift. Hg. von Hermann Meister und Herbert Grossberger. Heidelberg: Saturn-Verlag Hermann Meister 1911-1920.

Summa. Eine Vierteljahresschrift. Hg. von Franz Blei. Hellerau: Hellerauer Verlag Jakob Hegner 1917/18.

Tätiger Geist! Zweites der Ziel-Jahrbücher. Hg. von Kurt Hiller. München und Berlin: Georg Müller 1918.

Wieland. Deutsche Wochenschrift für Kunst und Literatur. Hg. von Bruno Paul, Wilhelm von Bode, Cäsar Fleischeln u. a. München, Berlin: Wieland/Julius Bard 1915-1920.

Zeit-Echo. Ein Kriegstagebuch der Künstler. Hg. von Otto Haas-Heye. München: Graphik-Verlag 1914-1917.

1.2.2. Publikationen in Zeitungen

1918. Neue Blätter für Kunst und Dichtung. In: Dresdner Lokal-Anzeiger vom 6.6.1918. Nr. 65. S. 2.

1918. Neue Blätter für Kunst und Dichtung. In: Dresdner Lokal-Anzeiger vom 5.12.1918. Nr. 143. S. 2.

-a-: Autorenabend des Felix-Stiemer-Verlags. [Lesung von Felix Stiemer, Bess Brenck-Kalischer, R. A. Dietrich, Karl Römer und Raoul Hausmann]. In: Dresdner Lokal-Anzeiger vom 15.12.1917. Nr. 146. S. 2.

—. Autorenabend des Felix-Stiemer-Verlags. [Bess Brenck-Kalischer, Heinar Schilling, Walter Rheiner, Felix-Müller und Felix Stiemer lasen eigene Texte]. In: Dresdner Lokal-Anzeiger vom 26.1.1918. Nr. 12. S. 2.

—. »Die Seeschlacht« von Reinhard Goering... In: Dresdner Lokal-Anzeiger vom 12.2.1918. Nr. 19. S. 2.

—. »Heinar Schilling las...« In: Dresdner Lokal-Anzeiger vom 12.5.1920. Nr. 73. S. 2.

—. Lichtbildervortrag über expressionistische Kunstwerke im Volkswohl. In: Dresdner Lokal-Anzeiger vom 24.1.1920. Nr. 12. S. 2.

—. Menschen! [Zum Erscheinen der expressionistischen Zeitschrift in Dresden]. In: Dresdner Lokal-Anzeiger vom 15.1.1918. Nr. 7. S. 3.

—. 1918, die Neue Vereinigung für Kunst... [Melitta Leithner las Dichtungen aus der Zeitschrift ›Neue Blätter für Kunst und Dichtung‹ (Friedrich Sebrecht, Paul Adler, Iwan Goll, Camill Hoffmann, Walter Rheiner, Karl Otten, Alfred Günther)]. In: Dresdner Lokal-Anzeiger vom 12.12.1918. Nr. 146. S. 2.

—. Orientalischer Abend. [Zu einer Lesung von Bess Brenck-Kalischer]. In: Dresdner Lokal-Anzeiger vom 4.12.1917. Nr. 141. S. 3.

—. »Seeschlacht«-Nachklänge. Dresdner Lokal-Anzeiger vom 14.2.1918. Nr. 20. S. 2.

—. Sturm-Abend. [Rudolf Blümner sprach in der Kunstausstellung Richter expressionistische Dichtungen]. In: Dresdner Lokal-Anzeiger vom 5.4.1919. Nr. 41. S. 2.

—. Vortragsabend. [R. A. Dietrich las aus eigenen Texten]. In: Dresdner Lokal-Anzeiger vom 3.10.1918. Nr. 116. S. 2.

a. br.: Vorlesung Dietrich. In: Dresdner Anzeiger vom 2.10.1918. Nr. 273. S. 5.

A. M.: Vorlesung Walter Rheiner. In: Menschen Montagsblatt-Dresden 1 (1919), Nr. 26. (16.6.1919) S. 3.

ab.: Das neue Drama. [Prof. Walzel zum neuen Drama]. In: Dresdner Anzeiger vom 25.2.1919. Nr. 55. S. 5.

Adler, Max: Georg Kaiser: »Gas«. Erstaufführung im Schauspielhaus. In: Dresdner Konzert- und Theater-Zeitung vom 28.2.1920. Nr. 25. S. 293.

—. Walden und Wauer. Expressionistischer Abend im Alberttheater. In: Dresdner Konzert- und Theater-Zeitung vom 23.10.1920. Nr. 58/59. S. 578.

Adler, Paul: Aus den Kunstsalons. In: Dresdner Neueste Nachrichten vom 29.5.1913. Nr. 142. S. 1.

—. Aus den Kunstsalons. In: Dresdner Neueste Nachrichten vom 6.7.1913. Nr. 180. S. 2.

—. Aus den Kunstsalons. In: Dresdner Neueste Nachrichten vom 18.12.1913. Nr. 343. S. 1.

—. Aus den Weihnachts-Kunstausstellungen. In: Dresdner Neueste Nachrichten vom 14.12.1913. Nr. 340. S. 2.

—. Aus der Galerie Arnold [Ausstellung von Werken Marees, Daumiers...]. In: Dresdner Neueste Nachrichten vom 17.9.1913. Nr. 253. S. 1-2.

—. Bekenntnisse eines Malers. In: Dresdner Neueste Nachrichten vom 24.1.1914. Nr. 22. S. 1.

—. Das Bilderkabinett der Leipziger Bauausstellung. In: Dresdner Neueste Nachrichten vom 4.6.1913. Nr. 148. S. 1-2.

—. Delacroix. Zur fünfzigsten Wiederkehr seines Todestages. In: Dresdner Neueste Nachrichten vom 13.8.1913. Nr. 218. S. 1.

—. Der Wert der französischen Malerei. Allgemeine Bemerkungen zur Ausstellung bei Arnold. In: Dresdner Neueste Nachrichten vom 12.4.1914. Nr. 99. S. 2.

—. Deutschböhmische Künstler. (Zur Ausstellung im Sächsischen Kunstverein). In: Dresdner Neueste Nachrichten vom 15.1.1914. Nr. 13. S. 1.

—. Die Bildnisse von Anton Graff. Zur Ausstellung im Kunstverein. In: Dresdner Neueste Nachrichten vom 5.11.1913. Nr. 301. S. 1.

—. Die Expressionisten. Zur Ausstellung bei Arnold. In: Dresdner Neueste Nachrichten vom 9.1.1914. Nr. 7. S. 1-2.

—. Die Garibaldianer [Erzählung]. In: Dresdner Neueste Nachrichten vom 1.9.1912. Nr. 238. S. 18 (Unterhaltungsbeilage, Frauen-Zeitung).

—. Die Juryfreie [Bericht über eine juryfreie Ausstellung in Dresden]. In: Dresdner Neueste Nachrichten vom 22.6.1913. Nr. 166. S. 2.

—. Die Malerei der Töne, Geräusche, Gerüche. Zur Ausstellung der italienischen Futuristen bei Richter. In: Dresdner Neueste Nachrichten vom 25.10.1913. Nr. 291. S. 1-2.

—. Die schöne deutsche Stadt. [Betrachtung]. In: Dresdner Neueste Nachrichten vom 29.3.1914. Nr. 85. S. 1.

—. Dresdner Künstler bei Arnold. In: Dresdner Neueste Nachrichten vom 26.10.1913. Nr. 292. S. 2.

—. Dresdner Silhouetten und Fassaden. Ausstellung Erlweinscher Entwürfe bei Arnold. In: Dresdner Neueste Nachrichten vom 12.4.1913. Nr. 97. S. 1.

—. Edvard Munchs Graphiken. Zu der Ausstellung bei Arnold. In: Dresdner Neueste Nachrichten vom 16.8.1913. Nr. 221. S. 1-2.

—. Ein deutscher Kleinmeister. Zum Todestag Ludwig Richters am 19. Juni. In: Dresdner Neueste Nachrichten vom 18.6.1914. Nr. 162. S. 1.

—. Ein Museum des Volkes. In: Dresdner Neueste Nachrichten vom 5.9.1913. Nr. 241. S. 1-2.

—. Ein neues graphisches Kabinett bei Richter. In: Dresdner Neueste Nachrichten vom 10.12.1913. Nr. 335. S. 3.

—. Ferdinand Dorsch: Zur Kollektivausstellung bei Arnold. In: Dresdner Neueste Nachrichten vom 8.11.1913. Nr. 304. S. 1.

—. Georg Mendelssohns Metallarbeiten. In: Dresdner Neueste Nachrichten vom 7.6.1913. Nr. 151. S. 2.

—. Große Aquarell-Ausstellung. In: Dresdner Neueste Nachrichten vom 18.5.1913. Nr. 131. S. 1-2.

—. H. Thoma, Lovis Corinth; zur Ausstellung bei Arnold. In: Dresdner Neueste Nachrichten vom 23.8.1913. Nr. 228. S. 2.

—. Heinrich Tessenow – Hellerau. In: Dresdner Neueste Nachrichten vom 2.10.1913. Nr. 268. S. 2.

—. Münchner Plakate. In: Dresdner Neueste Nachrichten vom 27.6.1913. Nr. 171. S. 1-2.

—. Neuerwerbungen der Kgl. Gemäldegalerie. In: Dresdner Neueste Nachrichten vom 22.4.1913. Nr. 107. S. 1-2.

—. Notizbuch aus der französischen Ausstellung. Die Meisterbilder bei Arnold. In: Dresdner Neueste Nachrichten vom 23.4.1914. Nr. 108. S. 1.

—. Picasso-Epilog. In: Dresdner Neueste Nachrichten vom 25.1.1914. Nr. 24. S. 2.

—. Rheinische Künstlervereinigung bei Richter. In: Dresdner Neueste Nachrichten vom 19.6.1914. Nr. 163 S. 1-2.

—. Robert Dietz zu seinem 70.Geburtstag. In: Dresdner Neueste Nachrichten vom 19.4.1914. Nr. 105. S. 1-2.

—. Über die Verachtung der Kunst. [Betrachtung]. In: Dresdner Neueste Nachrichten vom 31.7.1913. Nr. 205. S. 1.

Agrarisch ist Trumph. In: Dresdner Neueste Nachrichten vom 11.3.1900. Nr. 67. S. 1.

An Alle! In: Menschen Montagsblatt-Dresden 1 (1919), Nr. 19. (1.5.1919) S. 3.

An die freie sozialistische Jugend! In: Menschen Montagsblatt-Dresden 1 (1919), Nr. 6. (3.2.1919) S. 4.

An die Jugend! In: Menschen Montagsblatt-Dresden 1 (1919), Nr. 5. (27.1.1919) S. 6.

An die Jugend! In: Menschen Montagsblatt-Dresden 1 (1919), Nr. 10. (3.3.1919) S. 4.

An die Proletarier aller Länder! In: Menschen Montagsblatt-Dresden 1 (1919), 2. Extra-Ausgabe vom April 1919. S. 2.

An unsere Leser! An die Freunde und Gönner unserer Zeitung! In: Menschen Montagsblatt-Dresden 1 (1919), Nr. 19. (1.5.1919) S. 3.

An unsre geehrten Leser! In: Dresdner Neueste Nachrichten vom 8.9.1893. Nr. 1.

Antibolschewistische Liga und deutsche Kultur. In: Menschen Montagsblatt-Dresden 1 (1919), Nr. 10. (3.3.1919) S. 3.

Antigone in der Nachdichtung von Walter Hasenclever.... In: Dresdner Anzeiger vom 28.2.1918. Nr. 59. S. 3.

Aufbau nennt Oskar Walzel einen Aufsatz... In: Dresdner Anzeiger vom 14.5.1919. Nr. 167. S. 2.

Aufhebung des Bildungsmonopols. In: Menschen Montagsblatt-Dresden 1 (1919), Nr. 5. (27.1.1919) S. 2.

Aufruf! An die sozialistischen Techniker! In: Menschen Montagsblatt-Dresden 1 (1919), Nr. 24. (2.6.1919) S. 2.

Aufruf des Arbeiter- und Soldatenrates Dresden. In: Dresdner Volkszeitung vom 29.11.1918. Nr. 262. S. 1.

Aufruf französischer Geistesarbeiter an alle Welt. In: Dresdner Neueste Nachrichten vom 20.7.1919. Nr. 195. S. 3.

Aus den Kunstsälen. [Zu einem Vortrag von Heinrich Stadelmann mit dem Titel: »Werden der Form«]. In: Dresdner Neueste Nachrichten vom 22.3.1918. Nr. 79. S. 2.

Aus den Richtlinien der kommunistischen Internationale. In: Menschen Montagsblatt-Dresden 1 (1919), Nr. 22. (19.5.1919) S. 4.

Außenseiter [Vortrag von Rudolf Manasse bei der freien sozialistischen Jugend]. In:
Dresdner Volkszeitung vom 12.1.1920. Nr. 8. S. 6.

Ausstellung der Dresdner Sezession. In: Dresdner Anzeiger vom 13.5.1922. Nr. 223.
S. 2.

Ausstellung der Dresdner Sezession. In: Dresdner Anzeiger vom 24.5.1922. Nr. 242.
S. 2.

Ausstellung Dresdner Sezession »Gruppe 1919« bei Richter. In: Dresdner Anzeiger
vom 6.4.1919. Nr. 100. S. 5.

Autorenabend. [Zu einer Lesung von Heinar Schilling, Walter Rheiner und A. Rudolf
Leinert]. In: Dresdner Lokal-Anzeiger vom 8.2.1919. Nr. 17. S. 2-3.

b.: In der Hellerauer Bildungsanstalt… In: Dresdner Volkszeitung vom 24.9.1917.
Nr. 222. S. 8.

-b-.: Soziale Gruppe der geistigen Arbeiter. In: Dresdner Lokal-Anzeiger vom
23.11.1918. Nr. 138. S. 3.

—. Hochschulvorträge für Musik und redende Künste [Vortrag von Berthold Viertel
über Regie]. In: Dresdner Volkszeitung vom 17.1.1920. Nr. 13. S. 9.

Behne, Adolf: Berliner Kunstausstellungen. In: Dresdner Neueste Nachrichten vom
18.3.1914. Nr. 74. S. 1.

—. Berliner Sezession. In: Dresdner Neueste Nachrichten vom 29.4.1913. Nr. 114.
S. 1-2.

—. Der erste deutsche Herbstsalon. [Zu einer Ausstellung des »Sturm«]. In: Dresdner
Neueste Nachrichten vom 28.9.1913. Nr. 264. S. 1.

—. Die Ausstellung des deutschen Werkbundes II. In: Dresdner Neueste Nachrichten vom 25.6.1914. Nr. 169. S. 1-2.

—. Die Große Berliner Kunstausstellung 1915. In: Dresdner Neueste Nachrichten
vom 19.6.1915. Nr. 163. S. 2.

—. Freie Sezession Berlin. In: Dresdner Neueste Nachrichten vom 18.4.1914.
Nr. 103. S. 1-2.

—. Impressionismus, Expressionismus, Kubismus. In: Dresdner Neueste Nachrichten
vom 22.2.1913. Nr. 50. S. 1.

—. Picasso-Ausstellung in Berlin. In: Dresdner Neueste Nachrichten vom 4.1.1914.
Nr. 3. S. 1.

Bie, Oskar: Die junge Generation. In: Dresdner Neueste Nachrichten vom
26.6.1920. Nr. 159. S. 2.

—. Expressionismus als Mode. In: Dresdner Neueste Nachrichten vom 11.3.1920.
Nr. 68. S. 2.

—. Freie Sezession. In: Dresdner Neueste Nachrichten vom 28.4.1920. Nr. 110.
S. 2.

Bkdt.: Walter Hasenclever. In: Dresdner Konzert- und Theater-Zeitung vom
23.10.1920. Nr. 58/59. S. 578.

Bock, Kurt: Phalanx der Jungen. [Zur Reihe »Das neuste Gedicht«]. In: Menschen
Montagsblatt-Dresden 1 (1919), Nr. 3. (19.1.1919) S. 3.

Bolschewismus. In: Menschen Montagsblatt-Dresden 1 (1919), Nr. 20. (5.5.1919)
S. 1.

Bucharin, N.: Worauf es ankommt. In: Menschen Montagsblatt-Dresden 1 (1919),
    Nr. 24. (2.6.1919) S. 1.
—. »Die Ideologie« des »Völkerbundes«. In: Menschen Montagsblatt-Dresden
    1 (1919), Nr. 25. (9.6.1919) S. 2.
Bürgerkrieg und Gemäldegalerie. Prof. Oskar Kokoschka. In: Dresdner Anzeiger vom
    18.3.1920. Nr. 140. S. 2.
Burkhardt, Hanns: Die Clarté. Ein Reisebrief. In: Dresdner Konzert- und Theater-
    Zeitung vom 21.8.1920. Nr. 50. S. 516.

c. g.: Der Sohn. [Zur Aufführung im Alberttheater]. In: Dresdner Anzeiger vom
    9.10.1916. Nr. 280. S. 5.
c. j. p.: Konzerte. Expressionistisches Kammerkonzert. [Paul Aron, Erwin Schulhoff
    und Erhard Heyde spielten Werke von Claude Debussy, Cyril Scott und Arnold
    Schönberg]. In: Dresdner Neueste Nachrichten vom 28.4.1920. Nr. 110. S. 2.
c. p.: Die Zukunft der Bühne. In: Dresdner Neueste Nachrichten vom 15.12.1917.
    Nr. 339. S. 2.
—. Hugo Zehder hielt einen Vortrag zum Thema »Kunst und Künstler« anläßlich
    der Expressionisten-Ausstellung in Dresden. In: Dresdner Neueste Nachrichten
    vom 22.9.1916. Nr. 259. S. 2.
—. Impressionismus und Expressionismus. In: Dresdner Neueste Nachrichten vom
    6.3.1918. Nr. 63. S. 2-3.
-ch.: Die Neue Jugend. Almanach 1917. In: Dresdner Lokal-Anzeiger vom
    15.2.1917. Nr. 19. S. 3.
—. Sturmvortrag. Dr. Rudolf Blümner im Kunstsalon Richter. In: Dresdner Lokal-
    Anzeiger vom 11.10.1917. Nr. 118. S. 2.
-ch-: Jüngste Dichtung las Walter Bruno Iltz. [Texte von Johann Erich Gottschalch
    und R. A. Dietrich]. In: Dresdner Nachrichten vom 31.3.1919. Nr. 89. S. 2.
Chronik der Sozialistischen Gruppe der Geistesarbeiter. In: Menschen Montagsblatt-
    Dresden 1 (1919), Nr. 17. (14.4.1919) S. 3.

Dada. In: Dresdner Neueste Nachrichten vom 17.4.1918. Nr. 103. S. 2.
Dada. In: Dresdner Volkszeitung vom 15.1.1920. Nr. 11. S. 8.
Dada-Unfug. In: Dresdner Neueste Nachrichten vom 1.5.1918. Nr. 117. S. 2.
Das Albert-Theater und der Philologenverein. In: Dresdner Volkszeitung vom
    5.5.1917. Nr. 103. S. 9.
Das Drama Seeschlacht. [Zur Aufführung im Kgl. Schauspielhaus]. In: Dresdner
    Nachrichten vom 13.2.1918. Nr. 44. S. 2.
Das neue Dresden. In: Menschen Montagsblatt-Dresden 1 (1919), Nr. 3. (19.1.1919)
    S. 4.
Das Wachsen der Räteregierung. In: Menschen Montagsblatt-Dresden 1 (1919),
    Nr. 9. (24.2.1919) S. 1.
Das Werden des dichterischen Expressionismus. In: Dresdner Nachrichten vom
    21.5.1919. Nr. 139. S. 3. (Vorabend-Blatt).
Den Zusammenschluss der Jugend. In: Menschen Montagsblatt-Dresden 1 (1919),
    Nr. 10. (3.3.1919) S. 4.
Der Dichter und sein Amt. [Zu einem Vortrag von Gustav Landauer]. In: Dresdner
    Lokal-Anzeiger vom 20.9.1917. Nr. 109. S. 2.

Der Dresdner Philologenverein gegen das Alberttheater. In: Dresdner Neueste Nachrichten vom 4.5.1917. Nr. 118. S. 2.

Der Erfolg der Seeschlacht in Berlin. In: Dresdner Neueste Nachrichten vom 6.3.1918. Nr. 63. S. 3.

Der Föhnbund. [Verweis auf die Gründung einer Vereinigung von Künstlern und Literaten expressionistischer Richtung in Leipzig]. In: Dresdner Neueste Nachrichten vom 25.9.1918. Nr. 262. S. 2.

Der Geist der Geistesarbeiter. In: Dresdner Volkszeitung vom 25.3.1919. Nr. 69. S. 6.

Der Künstlerrat. In: Dresdner Neueste Nachrichten vom 19.11.1918. Nr. 316. S. 2.

Der Künstlerrat. In: Dresdner Lokal-Anzeiger vom 21.11.1918. Nr. 137. S. 2.

Der Künstlerrat. In: Dresdner Volkszeitung vom 18.2.1920. Nr. 40. S. 6.

Der Künstlerrat. In: Dresdner Anzeiger vom 19.2.1920. Nr. 91. S. 2.

Der literarische Verein [Zu einer Lesung von Richard Fischer]. In: Dresdner Nachrichten vom 11.12.1919. Nr. 352. S. 2. (Vorabend-Blatt).

Der neue Weltkrieg. In: Menschen Montagsblatt-Dresden 1 (1919), Nr. 13. (24.3.1919) S. 1.

Der »Oberdada« in Dresden. [Zur ersten dadaistischen Soiree in Dresden]. In: Dresdner Lokal-Anzeiger vom 20.1.1920. Nr. 10. S. 2.

Der provisorische revolutionäre Künstlerrat bildender Künstler... In: Dresdner Anzeiger vom 16.11.1918. Nr. 318. S. 5.

Der Ruf nach einem sozialistischen Aktionsprogramm. In: Menschen Montagsblatt-Dresden 1 (1919), Nr. 6. (3.2.1919) S. 2.

Der Ruf nach Einigung! In: Menschen Montagsblatt-Dresden 1 (1919), Nr. 6. (3.2.1919) S. 1.

Der sächsische Sozialisierungsentwurf. In: Menschen Montagsblatt-Dresden 1 (1919), Nr. 9. (24.2.1919) S. 2.

Der Sozialisierungsrummel. In: Menschen Montagsblatt-Dresden 1 (1919), Nr. 14. (31.3.1919) S. 2.

Der sozialistische Wirtschaftsplan für Sachsen. In: Menschen Montagsblatt-Dresden 1 (1919), Nr. 8. (17.2.1919) S. 2.

Der Umschwung! In: Menschen Montagsblatt-Dresden 1 (1919), Nr. 14. (31.3.1919) S. 1.

Der Weltkapitalismus gegen die Sozialisierung Deutschlands. In: Menschen Montagsblatt-Dresden 1 (1919), Nr. 21. (12.5.1919) S. 1.

Die Arbeitslosen, die Nationalversammlung und die Entente. In: Menschen Montagsblatt-Dresden 1 (1919), Nr. 8. (17.2.1919) S. 1.

Die Aufgaben der Arbeiterschaft. In: Menschen Montagsblatt-Dresden 1 (1919), Nr. 11. (10.3.1919) S. 2.

Die Blühersche Verdummungsanstalt. In: Menschen Montagsblatt-Dresden 1 (1919), Nr. 14. (31.3.1919) S. 2.

Die bolschewistische Bewegung in Sibirien. In: Menschen Montagsblatt-Dresden 1 (1919), Nr. 25. (9.6.1919) S. 1.

Die deutsche Expressionisten-Ausstellung. In: Dresdner Anzeiger vom 18.9.1916. Nr. 259. S. 6.

Die Dresdner Galeriefreunde. In: Dresdner Neueste Nachrichten vom 14.6.1918. Nr. 159. S. 2.

Die Dresdner Sezession Gruppe 1919. [Zur Sonderausstellung der Gruppe in der »Freien Sezession« Berlin]. In: Dresdner Neueste Nachrichten vom 22.5.1919. Nr. 137. S. 2.

Die Feier des 1. Mai. 1889-1919. In: Menschen Montagsblatt-Dresden 1 (1919), Nr. 19. (1.5.1919) S. 2.

Die geistigen Arbeiter. In: Dresdner Volkszeitung vom 10.12.1918. Nr. 287. S. 3.

Die Gewerkschaften in der Revolution. In: Menschen Montagsblatt-Dresden 1 (1919), Nr. 15. (7.4.1919) S. 2.

Die Jubelfeier des Königs Albert. In: Dresdner Anzeiger vom 24.4.1898. Nr. 112. S. 39.

Die Jugendbewegung. In: Menschen Montagsblatt-Dresden 1 (1919), Nr. 15. (7.4.1919) S. 4.

Die Kieler Theater und Dr. Alberty. In: Dresdner Neueste Nachrichten vom 20.6.1919. Nr. 164. S. 3.

Die Kunst im neuen Staat. In: Dresdner Neueste Nachrichten vom 27.11.1918. Nr. 323. S. 2.

Die Neue Vereinigung für Kunst. In: Dresdner Lokal-Anzeiger vom 20.6.1918. Nr. 71. S. 2.

Die neue Vereinigung für Kunst. In: Dresdner Neueste Nachrichten vom 24.9.1920. Nr. 236. S. 3.

Die Neugestaltung der Dresdner Kunstakademie. In: Menschen Montagsblatt-Dresden 1 (1919), Nr. 9. (24.2.1919) S. 3.

Die Notwendigkeit des Exports ist kein Hindernis für die Sozialisierung. In: Menschen Montagsblatt-Dresden 1 (1919), Nr. 2. (13.1.1919) S. 3.

Die Opfer des Blutbades in Dresden. In: Menschen Montagsblatt-Dresden 1 (1919), Nr. 4. (20.1.1919) S. 2.

Die Organisation des Lazarettwesens im Heimatgebiet des XII. Armeekorps. [Mit Hinweis auf Friedrich Wolf]. In: Dresdner Lokal-Anzeiger vom 3.12.1918. Nr. 142. S. 3.

Die Partei der Jugendbewussten. In: Menschen Montagsblatt-Dresden 1 (1919), Nr. 8. (17.2.1919) S. 4.

Die Regierung will nicht sozialisieren. Der Rücktritt der Sozialisierungskommission. In: Menschen Montagsblatt-Dresden 1 (1919), Nr. 18. (21.4.1919) S. 2.

Die Religion in den sächsischen Schulen. In: Menschen Montagsblatt-Dresden 1 (1919), Nr. 4. (20.1.1919) S. 2.

Die Revolution als Lohnbewegung. In: Menschen Montagsblatt-Dresden 1 (1919), Nr. 8. (17.2.1919) S. 2.

»Die Revolution ist die Lokomotive der Geschichte«. In: Menschen Montagsblatt-Dresden 1 (1919), Nr. 9. (24.2.1919) S. 1.

Die rote Fahne. In: Menschen Montagsblatt-Dresden 1 (1919), Nr. 7. (10.2.1919) S. 2.

Die sächsische Volkskammer. In: Menschen Montagsblatt-Dresden 1 (1919), Nr. 11. (10.3.1919) S. 2.

Die Sozialisierungskonferenz in Dresden. In: Dresdner Volkszeitung vom 26.3.1919. Nr. 70. S. 3.

Die »Sozialistische Gruppe der Geistesarbeiter«. In: Dresdner Anzeiger vom 5.1.1919. Nr. 5. S. 6.

Die Sozialistische Gruppe der Geistesarbeiter. In: Menschen Montagsblatt-Dresden 1 (1919), Nr. 4. (20.1.1919) S. 3-4.

Die sozialistische Jugend. In: Menschen Montagsblatt-Dresden 1 (1919), Nr. 8. (17.2.1919) S. 4.

Die sozialistische Studentenbewegung. In: Menschen Montagsblatt-Dresden 1 (1919), Nr. 13. (24.3.1919) S. 4.

Die Verbrüderung mit Rußland. In: Menschen Montagsblatt-Dresden 1 (1919), 1. Extra-Ausgabe vom März 1919. S. 1.

Die Vergesellschaftung der Wirtschaft. In: Menschen Montagsblatt-Dresden 1 (1919), Nr. 5. (27.1.1919) S. 3.

Die Wahrheit über das Blutbad in Dresden. Brudermord zwischen Sozialisten in Dresden. In: Menschen Montagsblatt-Dresden 1 (1919), Nr. 2. (13.1.1919) S. 1.

Die Weltrevolution! Bayern voran! – Räterepublik in München. In: Menschen Montagsblatt-Dresden 1 (1919), 2. Extra-Ausgabe vom April 1919. S. 1.

Die Zukunft des deutschen Theaters [mit Verweis auf Oskar Walzel]. In: Dresdner Neueste Nachrichten vom 12.5.1917. Nr. 126. S. 2.

Die zweite Ausstellung der Gruppe 1919. In: Dresdner Lokal-Anzeiger vom 1.7.1919. Nr. 78. S. 3.

Dietrich. (Anlässlich seiner Vorlesung im Künstlerhaus). In: Menschen Montagsblatt-Dresden 1 (1919), Nr. 9. (24.2.1919) S. 3.

Dietrich, Rudolf Adrian: Chovin. [Eine Landschaftsbetrachtung]. In: Dresdner Neueste Nachrichten vom 18.2.1922. Nr. 42. S. 2.

—. Gärten und Passagen. [Landschaftsbetrachtung]. In: Dresdner Neueste Nachrichten vom 18.7.1922. Nr. 166. S. 2.

—. Im Tal der Donau. [Landschaftsbetrachtung]. In: Dresdner Neueste Nachrichten vom 7.3.1922. Nr. 56. S. 2.

—. Wrack Europa. [Abhandlung]. In: Menschen Montagsblatt-Dresden 1 (1919), Nr. 9. (24.2.1919) S. 3.

Diskussion. [Aufruf]. In: Menschen Montagsblatt-Dresden 1 (1919), Nr. 12. (17.3.1919) S. 2.

Dresdner Künstlerrat. In: Dresdner Anzeiger vom 19.3.1919. Nr. 77. S. 5.

Dresdner Künstlerrat. In: Dresdner Nachrichten vom 19.3.1919. Nr. 77. S. 2. (Vorabend-Blatt).

Dresdner Merkwürdigkeiten. I. Hygienische Knauserei. In: Menschen Montagsblatt-Dresden 1 (1919), Nr. 24. (2.6.1919) S. 3.

Dresdner Philologenverein und Alberttheater. In: Dresdner Neueste Nachrichten vom 12.5.1917. Nr. 126. S. 2-3.

Dresdner Philologenverein und Albert-Theater. In: Dresdner Volkszeitung vom 11.5.1917. Nr. 108. S. 9.

Dresdner Sezession, Gruppe 1919. In: Dresdner Neueste Nachrichten vom 25.5.1922. Nr. 122. S. 2.

dt.: Tanzabend Mary Wigman. In: Dresdner Nachrichten vom 9.11.1919. Nr. 310. S. 3.

E.: Die neue Kunst in Dresden. [Zur Ausstellung der »Dresdner Sezession, Gruppe 1919« bei Richter und zur Exposition des »Sturm« bei Arnold]. In: Dresdner Lokal-Anzeiger vom 19.4.1919. Nr. 47. S. 2/3.

—. Dietrich, Passion. Verlag »Die schöne Rarität«, Kiel 1917. [Kritik]. In: Dresdner Lokal-Anzeiger vom 5.1.1918. Nr. 3. S. 2.

—. Heinar Schilling, Die Sklaven. [Kritik]. In: Dresdner Lokal-Anzeiger vom 26.10.1918. Nr. 126.S. 2.

—. Heinar Schilling, Meinungen. [Kritik]. In: Dresdner Lokal-Anzeiger vom 15.1.1918. Nr. 7. S. 3.

—. Heinar Schilling, Studien I-IV. [Kritik]. In: Dresdner Lokal-Anzeiger vom 20.6.1918. Nr. 71. S. 2.

—. Heinar Schilling, Versuche... [Kritik]. In: Dresdner Lokal-Anzeiger vom 11.12.1920. Nr. 210. S. 2.

—. Kunstausstellung Emil Richter. [Zu einer Ausstellung von Kopien älterer Meister]. In: Dresdner Lokal-Anzeiger vom 2.8.1920. Nr. 118. S. 2.

—. Neue Blätter für Kunst und Dichtung. [Zum Erscheinen des Januarheftes der Zeitschrift]. In: Dresdner Lokal-Anzeiger vom 11.2.1919. Nr. 18. S. 2.

—. Neue Blätter für Kunst und Dichtung. [Zum Erscheinen des Februarheftes der Zeitschrift]. In: Dresdner Lokal-Anzeiger vom 1.3.1919. Nr. 26. S. 2.

—. Vom Erleben expressionistischer Bilder [Zu einem Vortrag von Will Grohmann]. In: Dresdner Lokal-Anzeiger vom 3.7.1919. Nr. 79. S. 2.

—. Walter Rheiner, »Das tönende Herz«. [Rezension]. In: Dresdner Lokal-Anzeiger vom 5.12.1918. Nr. 143. S. 2.

E. B.: »Arbeiter-Kunst-Gemeinschaft«. In: Dresdner Volkszeitung vom 26.9.1919. Nr. 223. S. 6

—. Die neue Kunst. In: Dresdner Volkszeitung vom 24.9.1917. Nr. 222. S. 8.

—. Herwarth Walden. [Zu einem Vortrag des Herausgebers der Zeitschrift »Der Sturm« in der Galerie Arnold]. In: Dresdner Volkszeitung vom 12.5.1919. Nr. 107. S. 7.

—. Otto Hettner und Alfred Günther in der Kunstausstellung Richter. In: Dresdner Volkszeitung vom 8.12.1920. Nr. 284. S. 7.

—. 2. Hochschulvortrag für Musik und redende Künste. In: Dresdner Volkszeitung vom 22.1.1920. Nr. 17. S. 7.

E. H.: Theodor Däubler [Zu einer Lesung Däublers]. In: Dresdner Volkszeitung vom 16.5.1919. Nr. 111. S. 7.

—. Sturm-Abend. [Rudolf Blümner sprach im Kunstsalon Richter Gedichte der Sturmdichter]. In: Dresdner Volkszeitung vom 4.4.1919. Nr. 78. S. 6.

—. Berthold Viertel: Die Aufführung. In: Dresdner Volkszeitung vom 5.2.1920. Nr. 29. S. 8.

E. M.: Ausstellung der Dresdner Sezession II. In: Dresdner Neueste Nachrichten vom 28.10.1920. Nr. 265. S. 2.

—. Kunst und Expressionismus. In: Dresdner Neueste Nachrichten vom 5.10.1920. Nr. 245. S. 3.

—. Paul Klee und George Grosz bei Emil Richter. In: Dresdner Neueste Nachrichten vom 26.10.1920. Nr. 263. S. 2.

E. P.: Zeitgenössischer Klavier-Sonatenabend. In: Dresdner Nachrichten vom 2.5.1919. Nr. 120. S. 2.

E. S.: Schönberg-Abend bei Emil Richter. In: Dresdner Nachrichten vom 5.10.1916. Nr. 276. S. 2.

Ehrenstein, Albert: Das ethische Geschäft. In: Menschen Montagsblatt-Dresden 1 (1919), Nr. 11. (10.3.1919) S. 3.

Ein expressionistisches Drama. [»Der Mord« von Herbert Kühn]. In: Dresdner Volkszeitung vom 7.4.1920. Nr. 79. S. 8.

Ein Hasenclever-Skandal in Kiel. In: Dresdner Neueste Nachrichten vom 24.12.1919. Nr. 349. S. 3.

Ein provisorischer »revolutionärer Künstlerrat«... In: Dresdner Anzeiger vom 18.11.1918. Nr. 320. S. 3.

Ein Wort des Nachdenkens über den Fall Kaiser. In: Dresdner Anzeiger vom 5.11.1920. Nr. 530. S. 2.

Eine deutsche Expressionisten-Ausstellung wird in [...] Dresden stattfinden. In: Dresdner Nachrichten vom 3.9.1916. Nr. 244. S. 9-10.

Eine neue Vereinigung für Kunst in Dresden. In: Dresdner Anzeiger vom 16.6.1918. Nr. 165. S. 5.

Eine Neue Vereinigung für Kunst in Dresden... In: Dresdner Volkszeitung vom 17.6.1918. Nr. 138. S. 8.

Eine socialpolitische Debatte. In: Dresdner Neueste Nachrichten vom 7.5.1899. Nr. 126. S. 1.

Einheitsbestrebungen in der Arbeiterschaft. In: Menschen Montagsblatt-Dresden 1 (1919), Nr. 8. (17.2.1919) S. 2.

Einigungsbestrebungen in der Arbeiterschaft. [Zur sozialistischen Gruppe geistiger Arbeiter]. In: Dresdner Anzeiger vom 17.2.1919. Nr. 47. S. 3.

Erfolge der russischen Bolschewisten. In: Menschen Montagsblatt-Dresden 1 (1919), Nr. 7. (10.2.1919) S. 2.

Es ist wahr. In: Menschen Montagsblatt-Dresden 1 (1919), Nr. 2. (13.1.1919) S. 2.

Expressionismus. [Abhandlung]. In: Dresdner Lokal-Anzeiger vom 10.2.1917. Nr. 17. S. 2.

Expressionistische Ausstellung im Stadtmuseum. In: Dresdner Lokal-Anzeiger vom 29.10.1920. Nr. 174. S. 2.

Expressionistische Musikveranstaltungen... In: Dresdner Anzeiger vom 15.5.1919. Nr. 168. S. 5.

Expressionistische Musikveranstaltungen. In: Dresdner Lokal-Anzeiger vom 20.5.1919. Nr. 60. S. 2.

Fantl, Grete: Ein politischer Traum. In: Menschen Montagsblatt-Dresden 1 (1919), Nr. 6. (3.2.1919) S. 3.

Fantl, Leo: Konzerte. Klavierstück und Lied der Zeit. In: Dresdner Neueste Nachrichten vom 10.10.1919. Nr. 276. S. 2.

—. Neue Musik. [Zum ersten »Fortschrittskonzert« in Dresden]. In: Dresdner Neueste Nachrichten vom 23.10.1919. Nr. 289. S. 2.

—. Vademecum für Dresdner Fortschrittskonzert-Besucher. In: Dresdner Neueste Nachrichten vom 16.11.1919. Nr. 312. S. 2.

Fischer, Richard: Expressionismus und Politik. In: Menschen Montagsblatt-Dresden 1 (1919), Nr. 12. (17.3.1919) S. 3.

—. Unpraktische Gedanken zur Trennung von Staat und Kirche. In: Menschen Montagsblatt-Dresden 1 (1919), Nr. 1. (6.1.1919) S. 2.

—. Unsozialistischer Kunstbetrieb. In: Menschen Montagsblatt-Dresden 1 (1919), Nr. 15. (7.4.1919) S. 3.

—. »Woher es kam?« In: Menschen Montagsblatt-Dresden 1 (1919), Nr. 5. (27.1.1919) S. 4.

Franz Werfel gegen den Expressionismus. In: Dresdner Anzeiger vom 16.6.1920. Nr. 288. S. 2.

Freie sozialistische Gruppe der geistigen Arbeiter. In: Dresdner Volkszeitung vom 22.11.1918. Nr. 272. S. 6.

Frommer, Marie: Die Sezession in der Galerie Arnold I. In: Dresdner Volkszeitung vom 20.11.1920. Nr. 269. S. 13.

—. Die Sezession in der Galerie Arnold II. In: Dresdner Volkszeitung vom 22.11.1920. Nr. 270. S. 8.

—. Kunstausstellung Richter. [Werke von George Grosz und Paul Klee]. In: Dresdner Volkszeitung vom 13.11.1920. Nr. 264. S. 9.

—. Neuerwerbungen im Dresdner Kupferstichkabinett [u. a. Werke von Felix-Müller, Kirchner, Schmidt-Rottluff, Heckel, O. Müller]. In: Dresdner Volkszeitung vom 9.6.1920. Nr. 130. S. 8.

—. Vier tschechische Maler [Zu einer von Camill Hoffmann organisierten Ausstellung bei Emil Richter]. In: Dresdner Volkszeitung vom 15.4.1920. Nr. 86. S. 8.

G.: Geheimrat Walzel über das jüngste deutsche Drama. In: Dresdner Neueste Nachrichten vom 28.9.1917. Nr. 263. S. 2.

G-er.: Literarischer Verein... [Zu einer Lesung von Richard Fischer]. In: Dresdner Anzeiger vom 20.2.1914. Nr. 51. S. 6-7.

Galerie Ernst Arnold: In: Dresdner Nachrichten vom 28.9.1918. Nr. 269. S. 3.

Gautner, Joseph: Die Ausstellung der Künstlervereinigung I. In: Dresdner Neueste Nachrichten vom 30.6.1920. Nr. 162. S. 2-3.

—. Die Ausstellung der Künstlervereinigung II. In: Dresdner Neueste Nachrichten vom 2.7.1920. Nr. 164. S. 2-3.

—. Die Ausstellung der Künstlervereinigung III. In: Dresdner Neueste Nachrichten vom 3.7.1920. Nr. 165. S. 2.

Gegen den Dresdner Philologenverein. In: Dresdner Volkszeitung vom 8.5.1917. Nr. 105. S. 8.

Gegen den Spielplan des Albert-Theaters. In: Dresdner Volkszeitung vom 4.5.1917. Nr. 102. S. 9.

Gegen die Bolschewistenhetze. In: Menschen Montagsblatt-Dresden 1 (1919), Nr. 12. (17.3.1919) S. 4.

Gegen die Gewalt! Entgiftung der öffentlichen Meinung. In: Menschen Montagsblatt-Dresden 1 (1919), Nr. 23 (26.5.1919) S. 1.

Geh. Hofrat Prof. Dr. Walzel sprach über das jüngste deutsche Drama. In: Dresdner Lokal-Anzeiger vom 29.9.1917. Nr. 113. S. 2.

Gesellschaft für Literatur und Kunst. Dr. Oertel sprach über: Die Wandlungen der Literatur der neuesten Zeit. In: Dresdner Nachrichten vom 20.3.1914. Nr. 79. S. 9.

Gesellschaft für Literatur und Kunst. Dr. K. Wollf sprach über: Die Zukunft der deutschen Bühne. In: Dresdner Nachrichten vom 14.12.1917. Nr. 344. S. 3.

Goethe und die Kunst der Gegenwart. [Zu einem Vortrag von Oskar Walzel]. In: Dresdner Neueste Nachrichten vom 24.1.1917. Nr. 21. S. 2-3.

Goldberg: Schule und Revolution. In: Menschen Montagsblatt-Dresden 1 (1919), Nr. 3. (19.1.1919) S. 2.

Gorki, Maxim: Aufruf! In: Menschen Montagsblatt-Dresden 1 (1919), 1. Extra-Ausgabe vom März 1919. S. 2.

—. »Der Mensch«. In: Menschen Montagsblatt-Dresden 1 (1919), Nr. 13. (24.3.1919) S. 3.

—. »Der Mensch« (Schluss). In: Menschen Montagsblatt-Dresden 1 (1919), Nr. 14. (31.3.1919) S. 3.

Götze, Will: Heinar Schilling. [Kritik]. In: Dresdner Konzert- und Theater-Zeitung vom 15.5.1920. Nr. 36. S. 403.

Gründung Einer Dresdner Sezession »Gruppe 1919«. In: Dresdner Neueste Nachrichten vom 14.2.1919. Nr. 43. S. 2.

Günther, Alfred: Altgermanisches Heldentum. [Zu einer Vorlesung von Ernestine Münchheim]. In: Dresdner Neueste Nachrichten vom 10.10.1914. Nr. 276. S. 2.

—. Aufruhr, Der Ewige [Gedichte]. In: Dresdner Neueste Nachrichten vom 8.6.1919. Nr. 154. S. 11 (Pfingstbeilage).

—. Ausstellung Dresdner Künstler bei Richter. In: Dresdner Neueste Nachrichten vom 11.9.1914. Nr. 247. S. 2.

—. Autorenabend des Dresdner Verlag von 1917. [Zu einer Lesung von Walter Rheiner, Heinar Schilling und A. Rudolf Leinert]. In: Dresdner Neueste Nachrichten vom 4.2.1919. Nr. 33. S. 2.

—. Begegnung um Ostern. [Gedicht]. In: Dresdner Neueste Nachrichten vom 4.4.1920. Nr. 91. (Osterbeilage).

—. Can Grande della Scala. Eine Tragödie von Theodor Däubler. In: Dresdner Neueste Nachrichten vom 11.12.1919. Nr. 336. S. 2.

—. Carl Hauptmann [Laudatio zu seinem 60.Geburtstag]. In: Dresdner Neueste Nachrichten vom 11.5.1918. Nr. 126. S. 2.

—. Das moderne französische Drama. In: Dresdner Neueste Nachrichten vom 26.4.1913. Nr. 111. S. 2.

—. Das Nordlicht. [Zu einer Vorlesung Däublers in der Neuen Vereinigung für Kunst]. In: Dresdner Neueste Nachrichten vom 17.5.1919. Nr. 132. S. 2.

—. Der Befehl des Leutnant Heß. [Prosa]. In: Dresdner Neueste Nachrichten vom 8.11.1914. Nr. 305. S. 17. (Unterhaltungsblatt)

—. Der Dichter und sein Amt. [Zu einem Vortrag von Gustav Landauer]. In: Dresdner Neueste Nachrichten vom 25.9.1917. Nr. 260. S. 2.

—. Der politische Dichter. Vorlesung von Walter Hasenclever. In: Dresdner Neueste Nachrichten vom 17.1.1919. Nr. 15. S. 2.

—. Die alten Schauspielhäuser in Dresden. In: Dresdner Neueste Nachrichten vom 14.9.1913. Nr. 251. S. 31.

—. Die Franzosen. [Zu einem Vortrag von Dr. Cornelius Gurlitt an der TH Dresden]. In: Dresdner Neueste Nachrichten vom 21.10.1914. Nr. 287. S. 2.

—. »Die Jungfern vom Bischofsberg«. [Besprechung von Gerhart Hauptmanns Lustspiel]. In: Dresdner Neueste Nachrichten vom 5.10.1919. Nr. 271. S. 2.

—. Die Klatscher. [Glosse]. In: Dresdner Neueste Nachrichten vom 19.11.1919. Nr. 315. S. 2-3.

—. Die künstlerischen Probleme des modernen Theaters. In: Dresdner Neueste Nachrichten vom 17.4.1915. Nr. 102. S. 2.

—. Die lange Jule [Kritik zu Carl Hauptmanns Stück in der Erstaufführung am Dresdner Schauspielhaus]. In: Dresdner Neueste Nachrichten vom 29.9.1917. Nr. 264. S. 2.

—. Die neue Lyrik. [Abhandlung]. In: Dresdner Neueste Nachrichten vom 23.8.1913. Nr. 228. S. 1.

—. Die Neue Vereinigung für Kunst. [Zu einem Vorleseabend der Vereinigung. Walter Bruno Iltz las Dichtungen von Otto Krauß, Friedrich Wolf und Paul W. Eisold]. In: Dresdner Neueste Nachrichten vom 5.10.1920. Nr. 245. S. 3.

—. Die Primadonna. [Zur Besprechung des Buches: »Die Primadonna« (Eine Kunstgeschichte der Sängerin) von Adolf Weißmann]. In: Dresdner Neueste Nachrichten vom 23.12.1919. Nr. 348. S. 2.

—. Die Vorlesung von Richard Fischer im literarischen Verein. In: Dresdner Neueste Nachrichten vom 19.2.1914. Nr. 48. S. 2.

—. Die Wigman-Schule. In: Dresdner Neueste Nachrichten vom 6.7.1922. Nr. 156. S. 2-3.

—. Ein neues Gedichtwerk von Theodor Däubler. [Besprechung von Däublers »Treppe zum Nordlicht«]. In: Dresdner Neueste Nachrichten vom 19.5.1920. Nr. 127. S. 2.

—. Ein Vortragsabend von besonderer Anmaßung… [Der Schauspieler Hans Fuchs rezitierte die ›Jüngsten‹]. In: Dresdner Neueste Nachrichten vom 16.2.1919. Nr. 46. S. 3.

—. Epilog zu den Tänzen der Mary Wigman. In: Dresdner Neueste Nachrichten vom 21.4.1920. Nr. 104. S. 2.

—. Ferdinand Avenarius. [Würdigung]. In: Dresdner Neueste Nachrichten vom 20.12.1916. Nr. 340. S. 2.

—. Feste in Hellerau. In: Dresdner Neueste Nachrichten vom 20.6.1922. Nr. 142. S. 3.

—. Fidus-Abend. In: Dresdner Neueste Nachrichten vom 27.3.1914. Nr. 83. S. 2.

—. Friedrich Rückert. [Zum 50.Todestag]. In: Dresdner Neueste Nachrichten vom 30.1.1916. Nr. 28. S. 2.

—. Geheimer Hofrat Prof. Dr. Walzel. [Würdigung zum 50. Geburtstag Walzels]. In: Dresdner Neueste Nachrichten vom 28.10.1914. Nr. 294. S. 2.

—. Goethe/Avenarius. [Zur Vorlesung des »Faust« im »Literarischen Verein«]. In: Dresdner Neueste Nachrichten vom 6.11.1919. Nr. 302. S. 2.

—. Hamsun. [Zu seinem 60. Geburtstag]. In: Dresdner Neueste Nachrichten vom 4.8.1920. Nr. 192. S. 2.

—. Hofmannsthals »Frau ohne Schatten«. In: Dresdner Neueste Nachrichten vom 19.10.1919. Nr. 286. S. 2-3.

—. Im Literarischen Verein hörte man… [Zu einer Lesung von Richard Fischer]. In: Dresdner Neueste Nachrichten vom 11.12.1919. Nr. 336. S. 2.

—. Johannes R. Becher: »An Alle«. [Zur Vorlesung des Dichters in der Kunstausstellung Richter]. In: Dresdner Neueste Nachrichten vom 21.3.1919. Nr. 77. S. 2.

—. Kino, Literatur und Malerei. [Zu einem Vortragsabend des Vereins Dresdner Presse. Es sprach u. a. Karl Römer]. In: Dresdner Neueste Nachrichten vom 23.4.1913. Nr. 108. S. 2-3.

—. Kunstausstellung Emil Richter [Zur Ausstellung Münchner Expressionisten »Der Kreis«]. In: Dresdner Neueste Nachrichten vom 17.7.1920. Nr. 177. S. 2.

—. Liebeslied [Gedicht]. In: Dresdner Neueste Nachrichten vom 25.10.1914. Nr. 292. S. 13. (Unterhaltungsblatt).

—. Mary Wigman Tanzabend. In: Dresdner Neueste Nachrichten vom 14.11.1920. Nr. 280. S. 3.

—. Mary Wigman tanzt. In: Dresdner Neueste Nachrichten vom 3.3.1920. Nr. 60. S. 2.

—. Max Klinger †. [Würdigung]. In: Dresdner Neueste Nachrichten vom 7.7.1920. Nr. 168. S. 2.

—. Michael Kramer. [Kritik]. In: Dresdner Neueste Nachrichten vom 2.9.1922. Nr. 206. S. 2.

—. Neue Tänze der Mary Wigman. In: Dresdner Neueste Nachrichten vom 16.6.1922. Nr. 139. S. 2-3.

—. »Nie wieder schweigt Gesang...« (An Sigrid Hoffmann-Onegin). [Gedicht]. In: Dresdner Neueste Nachrichten vom 6.12.1919. Nr. 331. S. 2.

—. Österliche Stadt. [Gedicht]. In: Dresdner Neueste Nachrichten vom 8.4.1917. Nr. 94. S. 17 (Osterbeilage).

—. Oskar Walzel: Die Deutschen in Kriegszeiten. In: Dresdner Neueste Nachrichten vom 7.10.1914. Nr. 273. S. 2.

—. Otto Ludwigs Dresdner Jahre. [Zum 50.Todestag des Dichters]. In: Dresdner Neueste Nachrichten vom 25.2.1915. Nr. 54. S. 2.

—. »Peer Gynt« auf der Waldbühne. In: Dresdner Neueste Nachrichten vom 7.8.1917. Nr. 211. S. 2.

—. Poelzig verläßt Dresden. [Würdigung anläßlich des Wegganges des Dresdner Stadtbaurates nach Potsdam]. In: Dresdner Neueste Nachrichten vom 14.4.1920. Nr. 98. S. 2.

—. Porzellan [Zum 200. Todestag von Johann Friedrich Böttger]. In: Dresdner Neueste Nachrichten vom 13.3.1919. Nr. 70. S. 2.

—. Ricarda Huch. Zu ihrem 50.Geburtstag [Würdigung]. In: Dresdner Neueste Nachrichten vom 18.7.1914. Nr. 192. S. 1.

—. Schopenhauer-Gesellschaft. [Zu einem Vortrag von Rudolf Manasse]. In: Dresdner Neueste Nachrichten vom 17.5.1918. Nr. 132. S. 2.

—. Sturm-Abend Dr. Rudolf Blümners. In: Dresdner Neueste Nachrichten vom 4.4.1919. Nr. 91. S. 2.

—. Symphonie, Eine Kinderstimme singt. [Gedichte]. In: Dresdner Neueste Nachrichten vom 25.12.1919. Nr. 350. (Weihnachtsbeilage).

—. Theater im Erzgebirge. Die Eröffnung der Waldbühne Bärenburg. In: Dresdner Neueste Nachrichten vom 3.6.1914. Nr. 147 S. 1.

—. Über die Wandlungen in der deutschen Literatur... sprach Dr. Otto Oertel in der Gesellschaft für Literatur und Kunst. In: Dresdner Neueste Nachrichten vom 20.3.1914. Nr. 76. S. 2.

—. Unsere Zeit und ihre neue Kunst. [Zu einem Vortrag von Heinrich Stadelmann]. In: Dresdner Neueste Nachrichten vom 12.1.1915. Nr. 11. S. 2.

—. »Vom jüngsten Tag«. [Zu einem Abend in der Literarischen Gesellschaft, der den neuen Dichtern des »Sturm«, der »Aktion«, der »Weißen Blätter« und der »Neuen

Jugend« gewidmet war]. In: Dresdner Neueste Nachrichten vom 24.1.1917. Nr. 21. S. 3.

—. Vorlesung Carl Hauptmann in der Literarischen Gesellschaft. In: Dresdner Neueste Nachrichten vom 16.12.1914. Nr. 341. S. 2.

—. Vorlesung Dietrich. In: Dresdner Neueste Nachrichten vom 3.10.1918. Nr. 270. S. 2.

—. Vorlesung Dietrich – Milo-Harbich. In: Dresdner Neueste Nachrichten vom 7.2.1919. Nr. 36. S. 2.

—. Vortragsabend junger Dichter. [Es lasen Johannes R. Becher, Wieland Herzfelde, Albert Ehrenstein und George Grosz aus eigenen Werken; Ado v. Bernt rezitierte Verse von Theodor Däubler und Franz Held]. In: Dresdner Neueste Nachrichten vom 9.11.1916. Nr. 306. S. 2.

—. Wanderer. [Gedicht]. In: Dresdner Neueste Nachrichten vom 7.9.1918. Nr. 244. S. 9. (Festbeilage).

—. Zum Tod von Oskar Zwintscher. In: Dresdner Neueste Nachrichten vom 13.2.1916. Nr. 43. S. 3.

—. Zum Tod von Richard Dehmel. In: Dresdner Neueste Nachrichten vom 10.2.1920. Nr. 39. S. 2-3.

—. Zur Aufführung des »Prinzen von Homburg« im Volkswohltheater. In: Dresdner Neueste Nachrichten vom 3.10.1914. Nr. 269. S. 2-3.

—. Zur Aufführung des Volksstücks »Das Wächterlied« von F. A. Geißler im Volkswohltheater. In: Dresdner Neueste Nachrichten vom 2.11.1913. Nr. 298. S. 2-3.

Hartmann, Ludwig: Im Königl. Schauspielhause... [Zur Aufführung von Max Halbes »Der Strom«]. In: Dresdner Neueste Nachrichten vom 16.1.1904. Nr. 14. S. 2.

—. Königliches Hoftheater. [Zur Aufführung von Max Halbes »Haus Rosenhagen«]. In: Dresdner Neueste Nachrichten vom 16.2.1901. Nr. 47. S. 1.

—. Königliches Schauspielhaus. [Zur Aufführung von Gerhart Hauptmanns »Michael Kramer«]. In: Dresdner Neueste Nachrichten vom 23.3.1901. Nr. 82. S. 1.

Hartwig, Paul Hermann: Das bist du. [Zur Aufführung von Friedrich Wolfs Stück]. In: Dresdner Volkszeitung vom 10.10.1919. Nr. 235. S. 6

—. Frühlingserwachen von Wedekind. In: Dresdner Volkszeitung vom 27.2.1917. Nr. 48. S. 8.

—. »Jenseits« von Walter Hasenclever. [Zur Erstaufführung im Schauspielhaus]. In: Dresdner Volkszeitung vom 29.10.1920. Nr. 252. S. 9.

—. Kunst und Politik. [Zu Goerings »Seeschlacht«]. In: Dresdner Volkszeitung vom 12.2.1918. Nr. 36. S. 7-8.

—. Seeschlacht. [Zur Aufführung im Kgl. Schauspielhaus]. In: Dresdner Volkszeitung vom 11.2.1918. Nr. 35. S. 8.

—. Walter Hasenclever, Antigone. [Kritik]. In: Dresdner Volkszeitung vom 13.12.1917. Nr. 289. S. 8.

—. Walter Hasenclevers Antigone. [Zu einer Vorlesung Hasenclevers]. In: Dresdner Volkszeitung vom 28.2.1918. Nr. 49. S. 10.

—. Wildgans-Matinee im Albert-Theater. In: Dresdner Volkszeitung vom 21.1.1918. Nr. 17. S. 7.

Hasenclever, Walter: Alle Kunst ist Magie. [Betrachtung]. In: Dresdner Neueste Nachrichten vom 5.9.1920. Nr. 220. S. 2.

—. Aphorismen über Theater. In: Dresdner Neueste Nachrichten vom 7.9.1918. Nr. 244. S. 9. (Festbeilage).

—. Dänische Reise. In: Dresdner Neueste Nachrichten vom 2.7.1919. Nr. 176. S. 2.

—. Grenzfeuer. [Gedicht]. In: Dresdner Neueste Nachrichten vom 8.4.1917. Nr. 94. S. 17. (Osterbeilage).

—. Oskar Kokoschka. [Würdigung]. In: Menschen Montagsblatt-Dresden 1 (1919), Nr. 3. (19.1.1919) S. 3.

—. Weihnachten. [Gedicht]. In: Dresdner Neueste Nachrichten vom 25.12.1917. Nr. 349. (Weihnachtsbeilage).

Hausmann, Raoul: Der geistige Proletarier. In: Menschen Montagsblatt-Dresden 1 (1919), Nr. 8. (17.2.1919) S. 3.

Hegner, Jakob: Chinesische Gärten. [Übersetzung]. In: Dresdner Neueste Nachrichten vom 31.5.1914. Nr. 146. S. 17 (Pfingstbeilage).

—. Das Opfergleichnis. [Prosa]. In: Dresdner Neueste Nachrichten vom 4.1.1914. Nr. 3. S. 21. (Beilage Frauenzeitung).

—. Selbstgespräch eines Arabers. [Erzählung]. In: Dresdner Neueste Nachrichten vom 24.11.1912. Nr. 320. (Unterhaltungsbeilage, Frauen-Zeitung).

Henckell, Karl: Leucht' uns, o Weltenmai! In: Menschen Montagsblatt-Dresden 1 (1919), Nr. 19. (1.5.1919) S. 2.

Henri Barbusse an die geistigen Kämpfer aller Länder. In: Dresdner Neueste Nachrichten vom 26.2.1919. Nr. 55. S. 2.

Hg.: Albert-Theater [Zur Aufführung von Herwarth Waldens »Trieb« und William Wauers »Die Toten der Fiametta«]. In: Dresdner Volkszeitung vom 16.10.1920. Nr. 241. S. 9.

—. Georg Kaiser: Gas. Erstaufführung im Schauspielhause. In: Dresdner Volkszeitung vom 27.2.1920. Nr. 47. S. 7.

—. Theaterspielzeit. In: Dresdner Volkszeitung vom 30.8.1920. Nr. 200. S. 7-8.

hn.: Expressionistisches Konzert. In: Dresdner Lokal-Anzeiger vom 27.4.1920. Nr. 65. S. 2.

Hoffmann, Camill: »Agasias Verlobung« am Residenztheater. In: Dresdner Neueste Nachrichten vom 18.2.1913. Nr. 47. S. 2

—. Alberttheater. [Zum Weggang des Direktors Max Alberty nach Kiel]. In: Dresdner Neueste Nachrichten vom 29.6.1918. Nr. 174. S. 2.

—. Autorenabend des Dresdner Verlag von 1917. [Es lasen Felix Stiemer, Heinar Schilling, Bess Brenck-Kalischer, Karl Römer und Felix-Müller]. In: Dresdner Neueste Nachrichten vom 15.12.1917. Nr. 339. S. 2.

—. Bilde Künstler...! Egger-Lienz über die Dresdner Ausstellung [monumentaler Kunst]. In: Dresdner Neueste Nachrichten vom 10.7.1912, Nr. 184, S. 1-2.

—. Björn Björnson las mit großem Erfolg in Dresden. In: Dresdner Neueste Nachrichten vom 18.2.1914. Nr. 47. S. 2.

—. Blümner. [»Sturm«-Kunstabend im Kunstsalon Richter]. In: Dresdner Neueste Nachrichten vom 7.10.1917. Nr. 272. S. 2.

—. Blümner-Vortrag [Zweiter »Sturm«-Kunstabend]. In: Dresdner Neueste Nachrichten vom 31.3.1918. Nr. 87. S. 2.

—. Breslau als Ausstellungsstadt. In: Dresdner Neueste Nachrichten vom 30.4.1913. Nr. 115. S. 1-2.

—. Corinth und Sterl bei Arnold. In: Dresdner Neueste Nachrichten vom 13.3.1913. Nr. 69. S. 1.

—. Das neue Theater [zur Eröffnung des Neuen Schauspielhauses]. In: Dresdner Neueste Nachrichten vom 9.9.1913. Nr. 245. S. 1-2.

—. Das Tal. [Gedicht]. In: Dresdner Neueste Nachrichten vom 11.5.1913. Nr. 126. S. 17. (Pfingstbeilage).

—. Der Dichter der slavischen Melodie. In: Prager Presse vom 6.12.1925. Nr. 334. Morgen-Ausgabe. S. 6.

—. Der einsame Weg. [Zur Erstaufführung des Stücks von Artur Schnitzler am Alberttheater]. In: Dresdner Neueste Nachrichten vom 15.10.1914. Nr. 281. S. 2.

—. Der Golem. [Rezension]. In: Dresdner Neueste Nachrichten vom 31.12.1915. Nr. 356. S. 2.

—. Der Jongleur. [Zur Aufführung einer altberliner Posse am Dresdner Schauspielhaus]. In: Dresdner Neueste Nachrichten vom 20.5.1913. Nr. 133. S. 1.

—. Der Kleistpreis für Hasenclever. In: Dresdner Neueste Nachrichten vom 4.11.1917. Nr. 299. S. 2.

—. Der Musiksalon [Zur Uraufführung des gleichnamigen Theaterstücks von Heinrich Stadelmann im Alberttheater]. In: Dresdner Neueste Nachrichten vom 13.5.1917. Nr. 127. S. 2.

—. Der schlafende Hafen. [Prosaskizze]. In: Dresdner Neueste Nachrichten vom 3.12.1916. Nr. 330. S. 17. (Unterhaltungsblatt).

—. Der Sohn. [Zur Uraufführung im Alberttheater]. In: Dresdner Neueste Nachrichten vom 10.10.1916. Nr. 277. S. 2.

—. Der Tunnel [Zu Kellermanns Roman]. In: Dresdner Neueste Nachrichten vom 30.5.1913. Nr. 143. S. 1-2.

—. Der Untertan [Zu Heinrich Manns Roman]. In: Dresdner Neueste Nachrichten vom 25.12.1918. Nr. 351. S. 2.

—. Dichtungen von Franz Werfel las gestern Ernst Deutsch in der Kunstausstellung Richter. In: Dresdner Neueste Nachrichten vom 24.3.1917. Nr. 79. S. 2.

—. Die Dresdner »Große«, Vorschau auf die Kunstausstellung. In: Dresdner Neueste Nachrichten vom 1.5.1912. Nr. 116. S. 1.

—. Die Höhe des Gefühls. [Zur Aufführung eines Monologs von Max Brod am Dresdner Schauspielhaus]. In: Dresdner Neueste Nachrichten vom 12.3.1918. Nr. 69. S. 2.

—. Die Koralle [Zur Aufführung am Alberttheater in Dresden]. In: Dresdner Neueste Nachrichten vom 23.6.1918. Nr. 168. S. 2.

—. Die letzten Dinge. [Zur Aufführung einer Ganghofer-Komödie am Alberttheater]. In: Dresdner Neueste Nachrichten vom 11.11.1913. Nr. 307. S. 1.

—. Die Macht der Finsternis. [Zur Aufführung eines Stücks von Tolstoi am Alberttheater]. In: Dresdner Neueste Nachrichten vom 7.10.1915. Nr. 273. S. 2.

—. Die steinerne Dame. Zu Max Klingers Marmorstatuen bei Arnold. In: Dresdner Neueste Nachrichten vom 28.11.1913. Nr. 323. S. 1.

—. Die Weber. [Zur Erstaufführung im Alberttheater]. In: Dresdner Neueste Nachrichten vom 12.9.1913. Nr. 248. S. 1.

—. Dresdner Künstlergruppe 1913. In: Dresdner Neueste Nachrichten vom 11.2.1914. Nr. 40. S. 1.

—. Ein Brief. [Zur Aufführung der Komödie von Leo Lenz am Alberttheater]. In: Dresdner Neueste Nachrichten vom 17.10.1914. Nr. 283. S. 2.

—. Eine Herbert Eulenberg Vorlesung...In: Dresdner Neueste Nachrichten vom 13.11.1912. Nr. 309. S. 2.

—. »Erdgeist«. [Kritik]. In: Dresdner Neueste Nachrichten vom 16.11.1917. Nr. 311. S. 2.

—. Ernst Deutsch [las Werke von Walter Hasenclever]. In: Dresdner Neueste Nachrichten vom 17.3.1917. Nr. 72. S. 2.

—. Expressionistische Dichter. [Zweiter Vortrag anläßlich der Expressionisten-Ausstellung in Dresden. Maria Fein und Ernst Deutsch lasen Dichtungen von Georg Heym, Paul Adler, Albert Ehrenstein, Johannes R. Becher, Walter Hasenclever, Theodor Däubler, Georg Trakl und Franz Werfel]. In: Dresdner Neueste Nachrichten vom 28.9.1916. Nr. 265. S. 2.

—. Festgruß [Gedicht]. In: Dresdner Neueste Nachrichten vom 10.9.1918. Nr. 247. S. 2.

—. Fliegersehnsucht. [Zu einem Buch von Leonhard Adelt]. In: Dresdner Neueste Nachrichten vom 6.7.1913. Nr. 180. S. 1-2.

—. Frau in Trauer. [Gedicht]. In: Dresdner Neueste Nachrichten vom 23.5.1915. Nr. 138. S. 15. (Pfingstbeilage).

—. Frühlings Erwachen. [Zur Erstaufführung im Alberttheater]. In: Dresdner Neueste Nachrichten vom 28.2.1917. Nr. 56. S. 2.

—. Goethe und Beethoven in Teplitz. Eine Begegnung vor 100 Jahren. In: Dresdner Neueste Nachrichten vom 21.7.1912. Nr. 195. S. 1.

—. Griselda von G. Hauptmann [Erstaufführung am Alberttheater]. In: Dresdner Neueste Nachrichten vom 30.8.1918. Nr. 236. S. 2.

—. Große Kunstausstellung I. In: Dresdner Neueste Nachrichten vom 8.5.1912. Nr. 123. S. 1-2.

—. Große Kunstausstellung II. Die Dresdner Maler. In: Dresdner Neueste Nachrichten vom 12.5.1912. Nr. 127. S. 1-2.

—. Große Kunstausstellung IV. Die österreichischen Maler. In: Dresdner Neueste Nachrichten vom 20.6.1912. Nr. 164. S. 1-2.

—. Große Kunstausstellung. Die Graphiker. In: Dresdner Neueste Nachrichten vom 28.7.1912. Nr. 202. S. 1-2.

—. Große Kunstausstellung. Die Plastik. In: Dresdner Neueste Nachrichten vom 10.10.1912. Nr. 276. S. 1-2.

—. Gustav Falke. Zu seinem 60. Geburtstage. In: Dresdner Neueste Nachrichten vom 11.1.1913. Nr. 9. S. 1

—. Hasenclevers »Antigone«. [Zu einer Vorlesung des Dichters im Alberttheater]. In: Dresdner Neueste Nachrichten vom 1.3.1918. Nr. 58. S. 2.

—. Hedda Gabler von Ibsen am Kgl. Schauspielhaus. In: Dresdner Neueste Nachrichten vom 8.5.1913. Nr. 122. S. 2.

—. Hellerauer Festtage I. In: Dresdner Neueste Nachrichten vom 30.6.1912. Nr. 174. S. 1.

—. Hellerauer Finale. In: Dresdner Neueste Nachrichten vom 13.7.1912. Nr. 187. S. 1

—. Herbert Eulenberg... [Zu einer Lesung des Dichters im Literarischen Verein]. In: Dresdner Neueste Nachrichten vom 18.10.1912. Nr. 284. S. 2.

—. Herbst. [Gedicht]. In: Dresdner Neueste Nachrichten vom 7.9.1918. Nr. 244. S. 9 (Festbeilage).

—. Hermann Bahr, der Fünfziger. [Würdigung]. In: Dresdner Neueste Nachrichten vom 18.7.1913. Nr. 192. S. 1.

—. Hermann Bahr spricht... [Zu einem Vortrag Bahrs über den »Parsifalschutz«]. In: Dresdner Neueste Nachrichten vom 15.11.1912. Nr. 311. S. 2-3.

—. Himmelstor [Gedichte]. In: Dresdner Neueste Nachrichten vom 11.6.1916. Nr. 158. S. 17. (Pfingstbeilage).

—. In der Galerie Arnold... [Zu einer Ausstellung von Handzeichnungen alter und neuer Meister]. In: Dresdner Neueste Nachrichten vom 1.9.1912. Nr. 238. S. 1-2.

—. Karl Kraus-Abend. [Zu einem Vortrag von Berthold Viertel und Otto Bernstein]. In: Dresdner Neueste Nachrichten vom 15.2.1919. Nr. 44. S. 2.

—. Klopstock-Däubler. [Zu einer Lesung von Däubler im Hellerauer Festsaal]. In: Dresdner Neueste Nachrichten vom 2.10.1917. Nr. 267. S. 2.

—. Kokoschka-Aufführung. [Zur Inszenierung seiner Dramen »Mörder, Hoffnung der Frauen«, »Hiob« und »Der brennende Dornbusch« im Alberttheater]. In: Dresdner Neueste Nachrichten vom 5.6.1917. Nr. 148. S. 2.

—. Kunstsalon Richter. [Zu einer Ausstellung von Münchner Malern]. In: Dresdner Neueste Nachrichten vom 17.1.1913. Nr. 15. S. 1.

—. Lesung von Rilke-Dichtungen in Dresden. In: Dresdner Neueste Nachrichten vom 15.1.1913. Nr. 13. S. 2.

—. M. Leithner spricht in Hellerau Texte von Werfel und Hasenclever. In: Dresdner Neueste Nachrichten vom 10.10.1917. Nr. 275. S. 2.

—. Magdalene. [zu einem Volksstück von L. Thoma im Albert-Theater]. In: Dresdner Neueste Nachrichten vom 14.10.1913. Nr. 280. S. 1.

—. Martin Dülfers Werk bei Richter. In: Dresdner Neueste Nachrichten vom 10.1.1914. Nr. 8. S. 2.

—. Mode und Kunst. Eine Glosse aus Berlin. In: Dresdner Neueste Nachrichten vom 1.10.1915. Nr. 267. S. 2-3.

—. Musik [Zu Frank Wedekinds Stück]. In: Dresdner Neueste Nachrichten vom 31.12.1918. Nr. 355. S. 2.

—. Offiziere [Zur Aufführung des Stücks von Fritz v. Unruh am Alberttheater]. In: Dresdner Neueste Nachrichten vom 20.10.1914. Nr. 286. S. 2-3.

—. Orientalischer Abend. [Zu einer Lesung von Bess Brenck-Kalischer]. In: Dresdner Neueste Nachrichten vom 1.12.1917. Nr. 325. S. 2.

—. Paul Lindau †. In: Dresdner Neueste Nachrichten vom 2.2.1919. Nr. 31. S. 2.

—. Peter Altenberg †. In: Dresdner Neueste Nachrichten vom 10.1.1919. Nr. 8. S. 2.

—. Philipp [Erzählung]. In: Dresdner Neueste Nachrichten vom 25.12.1917. Nr. 349. (Weihnachtsbeilage).

—. Probleme der Kunsterziehung. In: Dresdner Neueste Nachrichten vom 18.8.1912. Nr. 223. S. 1-2.

—. Sommer. Ewig-eins. [Gedichte]. In: Dresdner Neueste Nachrichten vom 31.5.1914. Nr. 146. S. 17. (Pfingstbeilage).

—. Sonntag am Heller. Zu den gestrigen Flügen. In: Dresdner Neueste Nachrichten vom 9.7.1912. Nr. 183. S. 1.

—. Stefan George. [Zu seinem 50. Geburtstag]. In: Dresdner Neueste Nachrichten vom 12.7.1918. Nr. 187. S. 2.

—. Stifter. Zu seinem 50. Todestag. In: Dresdner Neueste Nachrichten vom 27.1.1918. Nr. 27. S. 13-14.

—. Strindberg †. [Würdigung]. In: Dresdner Neueste Nachrichten vom 16.5.1912. Nr. 131. S. 1.

—. Theodor Körners Tod. In: Dresdner Neueste Nachrichten vom 26.8.1913. Nr. 231. S. 1-2.

—. Ueber jung-österreichische Dichtung... [Zu einem Vortrag von Oskar Walzel]. In: Dresdner Neueste Nachrichten vom 20.10.1915. Nr. 286. S. 2.

—. »Und das Licht scheinet in der Finsternis«. [Zur Aufführung des gleichnamigen Stückes von Tolstoi im Zentraltheater]. In: Dresdner Neueste Nachrichten vom 26.11.1912. Nr. 321 S. 1.

—. Vier Dresdner Dichter... [Vortrag von Friedrich Erhard in der Galerie Arnold; gelesen wurden Werke von Friedrich Kurt Benndorf, Richard Fischer, Gabelenz, Alfred Günther]. In: Dresdner Neueste Nachrichten vom 18.3.1917. Nr. 74. S. 3.

—. Weihnachtslied 1914. [Gedicht]. In: Dresdner Neueste Nachrichten vom 25.12.1914. Nr. 350. S. 13 (Weihnachtsbeilage).

—. Zum Tode von Gustav Falke. [Würdigung]. In: Dresdner Neueste Nachrichten vom 10.2.1916. Nr. 39. S. 2.

—. Zur Erstaufführung der Komödie »Das stärkere Band« von Felix Salten. In: Dresdner Neueste Nachrichten vom 4.11.1913. Nr. 300. S. 1.

—. Zur Erstaufführung von Shaws »Frau Warrens Gewerbe«. In: Dresdner Neueste Nachrichten vom 26.9.1913. Nr. 262. S. 1-2.

—. Zwei Alfons Paquet-Abende. [Zu Vortragsabenden des Dichters in der »Literarischen Gesellschaft« und im »Frauenklub«]. In: Dresdner Neueste Nachrichten vom 26.3.1914. Nr. 82. S. 2.

Hoffmann, Paul Theodor: Berthold Viertel über »Die Aufführung«. In: Dresdner Neueste Nachrichten vom 5.2.1920. Nr. 34. S. 2.

—. Das Kabinett des Dr. Caligari. [Zum »expressionistischen Filmschauspiel« von Karl Mayer und Hans Janowitz]. In: Dresdner Neueste Nachrichten vom 14.4.1920. Nr. 98. S. 2.

—. Dr. Karl Wollf: Einführung in das moderne Drama. In: Dresdner Neueste Nachrichten vom 25.10.1919. Nr. 291. S. 3.

—. Dr. Karl Wollf: Einführung in das moderne Drama. In: Dresdner Neueste Nachrichten vom 31.10.1919. Nr. 297. S. 3.

—. Dr. Karl Wollf: Einführung in das moderne Drama. In: Dresdner Neueste Nachrichten vom 8.11.1919. Nr. 304. S. 3.

—. Friedrich Wolf las gestern »Aus eigenen Dichtungen«. In: Dresdner Neueste Nachrichten vom 21.12.1919. Nr. 346. S. 2.

—. Otto Hettner las gestern bei Richter seine dramatische Dichtung »Das verlorene Paradies«. In: Dresdner Neueste Nachrichten vom 5.12.1920. Nr. 297. S. 3.

—. »Sturm« im Alberttheater. Herwarth Walden: Trieb; William Wauer: Die vier Toten der Fiametta. In: Dresdner Neueste Nachrichten vom 16.10.1920. Nr. 255. S. 2.

Hoftheaterstatistik. In: Dresdner Neueste Nachrichten vom 4.8.1918. Nr. 211. S. 2-
    3.
Hollstein, Otto: »Gas.« Schauspiel in 4 Aufzügen von Georg Kaiser. Erstaufführung
    im Schauspielhaus am 26. Febr. In: Dresdner Lokal-Anzeiger vom 28.2.1920.
    Nr. 32. S. 2.
—. Zu Oskar Kokoschka's Dramen. In: Dresdner Lokal-Anzeiger vom 7.6.1917.
    Nr. 64. S. 2.

Im Alberttheater sprach Walter Hasenclever... In: Dresdner Anzeiger vom 1.3.1918.
    Nr. 60. S. 6.
Im Kampf um »neue Wege« – III. Vortragsabend in der Expressionisten-Ausstellung.
    In: Dresdner Volkszeitung vom 4.10.1916. Nr. 230. S. 9.
Im Literarischen Verein las Richard Fischer. In: Dresdner Nachrichten vom
    20.2.1914. Nr. 51. S. 9.
In der literarischen Gesellschaft... [Zu einer Lesung von Alfred Günther in der »Lite-
    rarischen Gesellschaft«]. In: Dresdner Anzeiger vom 14.11.1918. Nr. 316. S. 5.
Internationale und Bolschewismus. In: Menschen Montagsblatt-Dresden 1 (1919),
    Nr. 8. (17.2.1919) S. 1.

Jüngste Dichtung. [Walter Bruno Iltz las Dichtungen von Johann Erich Gottschalch
    und R. A. Dietrich]. In: Dresdner Neueste Nachrichten vom 1.4.1919. Nr. 88.
    S. 2.
Junius: Die Journalisten. I. A bas les journaux! In: Menschen Montagsblatt-Dresden
    1 (1919), Nr. 10. (3.3.1919) S. 2.
—. Die Journalisten II. Vivent les journaux! In: Menschen Montagsblatt-Dresden
    1 (1919), Nr. 11. (10.3.1919) S. 3.
—. Die Journalisten III. Die Freiheit der Presse. In: Menschen Montagsblatt-Dresden
    1 (1919), Nr. 13. (24.3.1919) S. 3.
—. Die Journalisten IV. Die Sozialisierung der Presse. In: Menschen Montagsblatt-
    Dresden 1 (1919), Nr. 15. (7.4.1919) S. 3.
—. Die Journalisten. V. Das Inseratenmonopol. In: Menschen Montagsblatt-Dresden
    1 (1919), Nr. 20. (5.5.1919) S. 2.
—. Die Journalisten. VI. Die Berufung. In: Menschen Montagsblatt-Dresden
    1 (1919), Nr. 21. (12.5.1919) S. 2.
—. Die Journalisten. VII. Die Tribüne. In: Menschen Montagsblatt-Dresden
    1 (1919), Nr. 23. (26.5.1919) S. 3.

K. K.: Mütter! Werdende Mütter! In: Menschen Montagsblatt-Dresden 1 (1919),
    Nr. 11. (10.3.1919) S. 2.
Kaiser, Georg: Muttergottes. [Erster Akt einer Tragödie]. In: Dresdner Neueste Nach-
    richten vom 8.4.1917. Nr. 94. S. 17.
Kalenter, Ossip: Das liebe Publikum. XVIII. Der Krakehler. [Glosse]. In: Dresdner
    Konzert- und Theater-Zeitung vom 26.6.1920. Nr. 42. S. 451.
Kameraden! Aufgepaßt! In: Menschen Montagsblatt-Dresden 1 (1919), Nr. 6.
    (3.2.1919) S. 4.
Kapitalistische Steuerprojekte der sozialistischen Regierung. Steuern oder Sozialisie-
    rung. In: Menschen Montagsblatt-Dresden 1 (1919), Nr. 15. (7.4.1919) S. 2.

Karl-Kraus-Abend mit B. Viertel bei Richter. In: Dresdner Volkszeitung vom 14.2.1919. Nr. 37. S. 3.

Keilnute, Keil: Wir und der Bolschewismus. Eine Versammlung. In: Menschen Montagsblatt-Dresden 1 (1919), Nr. 9. (24.2.1919) S. 4.

Kirchbach, Wolfgang: Die Besucher der Kgl. Gemäldegalerie... In: Dresdner Nachrichten vom 27.10.1893. Nr. 300. S. 4.

—. Hauptmanns »College Crampton«. [Zur Aufführung im Dresdner Residenztheater]. In: Dresdner Nachrichten vom 25.7.1892. Nr. 207. S. 2.

Kokoschka, Oskar: An die Einwohnerschaft Dresdens. [Aufruf]. In: Dresdner Anzeiger vom 18.3.1920. Nr. 140. S. 2.

Kokoschka zu den Straßenkämpfen. In: Dresdner Neueste Nachrichten vom 19.3.1920. Nr. 76. S. 2.

Korsch, Karl: Die Politik im neuen Deutschland. In: Menschen Montagsblatt-Dresden 1 (1919), Nr. 23. (26.5.1919) S. 1-2.

Kr.: Das dritte Fortschrittskonzert. [Zum kompositorischen Schaffen von Artur Schnabel]. In: Dresdner Nachrichten vom 25.11.1919. Nr. 326. S. 2. (Vorabend-Blatt).

—. Erstes Fortschrittskonzert. [Vorgestellt wurden Werke aus dem Kreis um Arnold Schönberg und von Cyrill Scott]. In: Dresdner Nachrichten vom 23.10.1919. Nr. 293. S. 2. (Vorabend-Blatt).

—. Klavierabend Aron. »Das Klavierstück und Lied der Zeit«. In: Dresdner Nachrichten vom 10.12.1919. Nr. 341. S. 2.

—. Zweites Fortschritts-Konzert. [Im Zentrum standen Gesänge aus dem Schönbergschen Kreis und Instrumentalwerke von Scriabin, Loutsky und Schulhoff]. In: Dresdner Nachrichten vom 15.11.1919. Nr. 316. S. 3.

Kritik der Nationalversammlung. In: Menschen Montagsblatt-Dresden 1 (1919), Nr. 7. (10.2.1919) S. 1.

Kummer, Friedrich: Alberttheater Trieb-Fiametta. [Zur Aufführung von Herwarth Waldens »Trieb« und William Wauers »Die vier Toten der Fiametta«]. In: Dresdner Anzeiger vom 15.10.1920. Nr. 495. S. 2.

—. Alberttheater und Staatstheater. In: Dresdner Anzeiger vom 13.3.1920. Nr. 132. S. 2.

—. Das bist du. In: Dresdner Anzeiger vom 10.10.1919. Nr. 440. S. 5.

—. Das bist du von Friedrich Wolf. In: Dresdner Anzeiger vom 10.10.1919. Nr. 441. S. 2.

—. Der Dresdner Verlag von 1917. [Zu einem Autorenabend mit Walter Rheiner, Heinar Schilling und A. Rudolf Leinert]. In: Dresdner Anzeiger vom 4.2.1919. Nr. 34. S. 5.

—. Der erste Abend der Neuen Vereinigung für Kunst. [Walter Bruno Iltz las Dichtungen von Otto Krauß, Friedrich Wolf und Paul W. Eisold]. In: Dresdner Anzeiger vom 4.10.1920. Nr. 477. S. 2.

—. Der gestrige Dadaistenabend. In: Dresdner Anzeiger vom 20.1.1920. Nr. 34. S. 2.

—. Der zweite Sturmabend bei Emil Richter. In: Dresdner Anzeiger vom 30.3.1918. Nr. 89. S. 3.

—. Die Büchse der Pandora. [Zu Aufführung im Alberttheater]. In: Dresdner Anzeiger vom 7.6.1919. Nr. 211. S. 2.

—. »Erdgeist«. [Kritik]. In: Dresdner Anzeiger vom 16.11.1917. Nr. 316. S. 5.

—. Gas. Erstaufführung im Schauspielhaus. In: Dresdner Anzeiger vom 27.2.1920. Nr. 105. S. 2.

—. Hinkemann. [Zur Aufführung im Dresdner Staatsschauspiel]. In: Dresdner Anzeiger vom 19.1.1924. Nr. 19. S. 2-3.

—. In Sachen der Seeschlacht. In: Dresdner Anzeiger vom 28.3.1918. Nr. 87. S. 5.

—. In Sachen der Seeschlacht. In: Dresdner Lokal-Anzeiger vom 28.3.1918. Nr. 38. S. 3.

—. »Frühlings Erwachen«. [Kritik]. In: Dresdner Anzeiger vom 28.2.1917. Nr. 57. S. 5.

—. In der deutschen Expressionistenausstellung… sprach Hugo Zehder. In: Dresdner Anzeiger vom 22.9.1916. Nr. 263. S. 5.

—. In der Expressionistenausstellung bei Richter. In: Dresdner Anzeiger vom 28.9.1916. Nr. 269. S. 5.

—. Jenseits von Hasenclever. [Zur Aufführung im Schauspielhaus]. In: Dresdner Anzeiger vom 29.10.1920. Nr. 519. S. 2.

—. Knut Hamsun: Spiel des Lebens. [Zur Aufführung im Schauspielhaus]. In: Dresdner Anzeiger vom 24.12.1919. Nr. 578. S. 2.

—. Literarischer Verein… [Zu einer Lesung von Richard Fischer]. 10.12.1919. Nr. 552. S. 2.

—. Nochmals die Seeschlacht. In: Dresdner Anzeiger vom 12.2.1918. Nr. 43. S. 5-6.

—. Otto Hettner. [Otto Hettner trug seine Dichtung »Das verlorene Paradies« in der Kunstausstellung Richter vor]. In: Dresdner Anzeiger vom 6.12.1920. Nr. 581. S. 2.

—. Schauspielhaus: Gobseck. [Zur Uraufführung von Hasenclevers Drama]. In: Dresdner Anzeiger vom 29.1.1922. Nr. 49. S. 2.

—. Seeschlacht. [Zur Aufführung im Königlichen Schauspielhaus]. In: Dresdner Anzeiger vom 11.2.1918. Nr. 42. S. 2.

—. Sturmkunstabend. [Zu einem Vortragsabend von Rudolf Blümner bei Richter]. In: Dresdner Anzeiger vom 3.4.1919. Nr. 95. S. 2.

—. Theodor Däubler. [Zu einer Lesung von Däubler in der »Neuen Vereinigung für Kunst« aus seiner Dichtung »Nordlicht«]. In: Dresdner Anzeiger vom 16.5.1919. Nr. 171. S. 2.

—. Theodor Däubler las gestern aus eigenen Dichtungen… In: Dresdner Anzeiger vom 11.11.1920. Nr. 541. S. 2.

—. Unsere Zeit und ihre neue Kunst [Zu einem Vortrag von Heinrich Stadelmann in der Literarischen Gesellschaft]. In: Dresdner Anzeiger vom 13.1.1915. Nr. 13. S. 5.

—. Walter Hasenclever. [Zu einer Lesung in der »Neuen Vereinigung für Kunst«]. In: Dresdner Anzeiger vom 17.1.1919. Nr. 16. S. 5.

—. Wilhelm Worringer…[Zu einem Vortragsabend in der Galerie Arnold zum Thema: »Expressionismus«]. In: Dresdner Anzeiger vom 1.11.1919. Nr. 480. S. 3.

»Kunst und Freiheit« und die »Sozialistische Gruppe geistiger Arbeiter«. In: Dresdner Neueste Nachrichten vom 10.12.1918. Nr. 336. S. 3.

Kunstausstellung Emil Richter. In: Dresdner Anzeiger vom 13.7.1918. Nr. 192. S. 5.

Künstlerabschied im Schauspielhaus. [Zum Weggang Berthold Viertels aus Dresden].
In: Dresdner Anzeiger vom 26.6.1922. Nr. 294. S. 5.

Künstlerrat. In: Dresdner Anzeiger vom 20.11.1918. Nr. 322. S. 3.

Kurt Eisner tot! In: Menschen Montagsblatt-Dresden 1 (1919), Nr. 9. (24.2.1919)
S. 1.

L.: Fortschrittskonzert. [Zum kompositorischen Schaffen von Artur Schnabel]. In:
Dresdner Anzeiger vom 24.11.1919. Nr. 522. S. 2.

l. f.: Konzerte. [Zum dritten Fortschrittskonzert in Dresden]. In: Dresdner Neueste
Nachrichten vom 28.11.1919. Nr. 323. S. 2.

Landauer, Gustav: Aufruf zum Sozialismus! In: Menschen Montagsblatt-Dresden
1 (1919), 2. Extra-Ausgabe vom April 1919. S. 2.

Lange Otto: Zur Umgestaltung der Dresdner Galerie. In: Dresdner Neueste Nachrichten vom 26.7.1919. Nr. 200. S. 2.

Lauer, C.: Der physiokratische Sozialismus. In: Menschen Montagsblatt-Dresden
1 (1919), Nr. 25. (9.6.1919) S. 4.

—. Silvio Gesell's Sozialisierung der Geldwirtschaft I. In: Menschen Montagsblatt-
Dresden 1 (1919), Nr. 18. (21.4.1919) S. 2-3.

—. Silvio Gesell's Sozialisierung der Geldwirtschaft II./III. In: Menschen Montagsblatt-Dresden 1 (1919), Nr. 20. (5.5.1919) S. 2.

—. Silvio Gesell's Sozialisierung der Geldwirtschaft IV./V. In: Menschen Montagsblatt-Dresden 1 (1919), Nr. 22. (19.5.1919) S. 2.

Lebensmittel für Deutschland. In: Menschen Montagsblatt-Dresden 1 (1919),
Nr. 11. (10.3.1919) S. 1.

Lenin, L.: Diktatur des Proletariats. In: Menschen Montagsblatt-Dresden 1 (1919), 1.
Extra-Ausgabe vom März 1919. S. 2.

Lenin über die Weltrevolution! Rede vor dem Petersburger Sowjet am 14. März. In:
Menschen Montagsblatt-Dresden 1 (1919), Nr. 15. (7.4.1919) S. 1.

Leonhard, Rudolf: Ich wünsche mir Wilhelm II. zurück. In: Menschen Montagsblatt-
Dresden 1 (1919), Nr. 26. (16.6.1919) S. 1.

Leonhardi, W. Rudolf: Antigone. [Zu einer Lesung von Walter Hasenclever im Al-
bert-Theater]. In: Dresdner Lokal-Anzeiger vom 28.2.1918. Nr. 26. S. 2.

—. Drei Dramen von Oskar Kokoschka. Mörder, Hoffnung der Frauen – Hiob –
Der brennende Dornbusch. (Uraufführung vor geladenen Gästen im Albert-
Theater am 3. Juni 1917). In: Dresdner Lokal-Anzeiger vom 5.6.1917. Nr. 63.
S. 2.

—. »Jenseits.« [Zur Uraufführung von Hasenclevers Drama im Schauspielhaus]. In:
Dresdner Lokal-Anzeiger vom 30.10.1920. Nr. 175. S. 2.

—. Kunst und Expressionismus. In: Dresdner Lokal-Anzeiger vom 5.10.1920.
Nr. 156. S. 2.

—. Otto Hettner, der Dresdner Malerdichter, las bei Richter seine dramatische Dichtung »Das verlorene Paradies«. In: Dresdner Lokal-Anzeiger vom 8.12.1920.
Nr. 207. S. 2.

—. Voka. [Volkskunstabend]. In: Dresdner Lokal-Anzeiger vom 1.7.1919. Nr. 78.
S. 3.

—. Walter Hasenclever. [Zu einer Lesung aus eigenen Werken in der Kunsthandlung
Richter]. In: Dresdner Lokal-Anzeiger vom 16.10.1920. Nr. 163. S. 2.

Ludwig-Dohm, Max: Nur »Schwabingerei«? In: Menschen Montagsblatt-Dresden 1 (1919), Nr. 18. (21.4.1919) S. 3.

Lüge und Wahrheit in Berlin. In: Menschen Montagsblatt-Dresden 1 (1919), Nr. 12. (17.3.1919) S. 1.

m.: Die Dresdner Sezession Gruppe 1919. [Zu einer Ausstellung der Gruppe in der Galerie Arnold]. In: Dresdner Neueste Nachrichten vom 19.10.1920. Nr. 257. S. 3.

M. A.: Berthold Viertel: Die Aufführung. In: Dresdner Konzert- und Theater-Zeitung vom 7.2.1920. Nr. 22. S. 255.

Machtpolitik. In: Dresdner Neueste Nachrichten vom 15.3.1899. Nr. 74. S. 1.

Manasse, Rudolf: Das Bündnis mit Russland. In: Menschen Montagsblatt-Dresden 1 (1919), Nr. 22. (19.5.1919) S. 1.

—. Demokratie und Wahlsysteme. In: Menschen Montagsblatt-Dresden 1 (1919), Nr. 13. (24.3.1919) S. 2.

—. Der Sozialismus und die Geistesarbeiter. In: Menschen Montagsblatt-Dresden 1 (1919), Nr. 2. (13.1.1919) S. 2.

—. Die Waffen nieder! In: Menschen Montagsblatt-Dresden 1 (1919), Nr. 19. (1.5.1919) S. 3.

—. Eine Sozialisierung des Kohlenbergbaues. In: Menschen Montagsblatt-Dresden 1 (1919), Nr. 12. (17.3.1919) S. 2.

—. Presseverseuchung. In: Menschen Montagsblatt-Dresden 1 (1919), Nr. 6. (3.2.1919) S. 3.

—. Rationelle Kulturpolitik. In: Dresdner Konzert- und Theater-Zeitung vom 14.10.1919. Nr. 5. S. 56.

Marx, Karl: Diktatur des Proletariats. In: Menschen Montagsblatt-Dresden 1 (1919), 1. Extra-Ausgabe vom März 1919. S. 2.

Mary Wigman Tanzabend. In: Dresdner Neueste Nachrichten vom 26.5.1920. Nr. 132. S. 2.

Matthaei, G.: Zur Sozialisierung des Theaters. In: Dresdner Konzert- und Theater-Zeitung vom 14.10.1919. Nr. 5. S. 50.

—. Zur Sozialisierung des Theaters. (Schluss). In: Dresdner Konzert- und Theater-Zeitung vom 21.10.1919. Nr. 6. S. 66.

Menzer, Max: Die erste Ausstellung der Dresdner Sezession »Gruppe 1919«... In: Dresdner Volkszeitung vom 23.4.1919. Nr. 92. S. 6.

—. Die Expressionisten. [Zu einem Vortrag von Hugo Zehder anläßlich der Expressionisten-Ausstellung in der Kunsthandlung Richter]. In: Dresdner Volkszeitung vom 21.9.1916. Nr. 219. S. 7.

—. Die expressionistische Malerei. [Zur Ausstellung der Expressionisten im Kunstsalon Richter]. In: Dresdner Volkszeitung vom 28.9.1916. Nr. 225. S. 9.

—. Die neue Kunst. [Zur »Kunst der Primitiven« in der Galerie Arnold]. In: Dresdner Volkszeitung vom 13.9.1917. Nr. 213. S. 7.

—. Vom Erleben expressionistischer Bilder...[Zu einem Vortrag von Will Grohmann]. In: Dresdner Volkszeitung vom 2.7.1919. Nr. 149. S. 7.

Meunier, Ernst: Ausstellung der Dresdner Sezession I. In: Dresdner Neueste Nachrichten vom 21.10.1920. Nr. 259. S. 2.

—. Ausstellung der Dresdner Sezession. In: Dresdner Neueste Nachrichten vom 4.11.1920. Nr. 271. S. 2-3.

Mf.: Vorträge. In der Kunstausstellung Richter sprach am Sonnabend Prof. Dr. Kaemmerer über den Expressionismus. In: Dresdner Volkszeitung vom 13.1.1920. Nr. 9. S. 8.

-mg: Das bist du. [Zur Uraufführung von Wolfs Stück im Schauspielhaus] In: Dresdner Lokal-Anzeiger vom 11.10.1919. Nr. 136. S. 2.

—. Tanzabend Mary Wigman. In: Dresdner Lokal-Anzeiger vom 11.11.1919. Nr. 154. S. 2.

mk.: Friedrich Wolf... [Friedrich Wolf las im Kunstsalon Richter aus eigenen Dichtungen]. In: Dresdner Anzeiger vom 21.12.1919. Nr. 572. S. 2.

—. Jüngste Dichtung. [Walter Bruno Iltz las Dichtungen von Johann Erich Gottschalch und R. A. Dietrich]. In: Dresdner Anzeiger vom 1.4.1919. Nr. 90. S. 5.

Möglichkeiten der Sozialisierung. In: Menschen Montagsblatt-Dresden 1 (1919), Nr. 5. (27.1.1919) S. 2.

Moralunterricht. In: Menschen Montagsblatt-Dresden 1 (1919), Nr. 20. (5.5.1919) S. 3.

Mordprozeß Neuring. In: Dresdner Anzeiger vom 22.7.1919. Nr. 291. S. 3.

Mordprozeß Neuring. In: Dresdner Anzeiger vom 23.7.1919. Nr. 293. S. 3. und S. 6.

Mordprozeß Neuring. In: Dresdner Lokal-Anzeiger vom 22.7.1919. Nr. 90. S. 3.

Mordprozeß Neuring; Zeuge Wolf. In: Dresdner Nachrichten vom 22.7.1919. Nr. 200. S. 4.

Mordprozeß Neuring; Zeuge Wolf. In: Dresdner Neueste Nachrichten vom 23.7.1919. Nr. 197. S. 4.

Mr.: Mary Wigman. [Zur Tanztechnik der Künstlerin]. In: Dresdner Neueste Nachrichten vom 9.11.1919. Nr. 306. S. 3.

mz.: Dietrich und Milo-Harbich [Zu einer Lesung]. In: Dresdner Volkszeitung vom 8.2.1919. Nr. 32. S. 9.

—. Ernst Deutsch... [Ernst Deutsch liest Texte von Hasenclever im Albert-Theater]. In: Dresdner Volkszeitung vom 16.3.1917. Nr. 62. S. 7.

—. Im Literarischen Verein lasen Richard Fischer... In: Dresdner Volkszeitung vom 12.12.1919. Nr. 287. S. 9.

—. Jüngstes deutsches Drama. Vortrag von Prof. Walzel. In: Dresdner Volkszeitung vom 29.9.1917. Nr. 227. S. 9.

—. Theodor Däubler [Zu einem Vortrag von Däubler]. In: Dresdner Volkszeitung vom 2.10.1917. Nr. 229. S. 7.

—. Vortragskunst. Walter Rheiner. In: Dresdner Volkszeitung vom 8.6.1919. Nr. 128. S. 9.

n.: Literarischer Verein; Dr. Stadelmann sprach über das Werden der Werke in Kunst und Natur. In: Dresdner Anzeiger vom 9.3.1912. Nr. 76. S. 6-7.

n.: Vom Erleben expressionistischer Bilder [Zu einem Vortrag von Will Grohmann]. In: Dresdner Neueste Nachrichten vom 23.9.1919. Nr. 259. S. 3.

-n.: Jüngste Dichtung...[Walter Bruno Iltz las Dichtungen von Johann Erich Gottschalch und R. A. Dietrich]. In: Dresdner Lokal-Anzeiger vom 3.4.1919. Nr. 40. S. 2.

—. Walter Rheiner. [Zu einer Lesung Rheiners aus seinem unveröffentlichten Gedichtband »Die Flamme« in der Kunstausstellung Emil Richter]. In: Dresdner Lokal-Anzeiger vom 10.6.1919. Nr. 69. S. 2.

Nach der Seeschlacht. In: Dresdner Neueste Nachrichten vom 13.2.1918. Nr. 43. S. 2.

Nemitz, Fritz: Galerie Arnold. Zur Ausstellung von Kniebe, Felix Müller, Pechstein, Schmidt-Rottluff. In: Dresdner Neueste Nachrichten vom 24.3.1922. Nr. 71. S. 2.

Neue Blätter für Kunst und Dichtung. [Zum Erscheinen des 3. Jahrganges der Zeitschrift]. In: Dresdner Neueste Nachrichten vom 26.6.1920. Nr. 159. S. 3.

Neue Blätter für Kunst und Dichtung. [Zum Erscheinen des 3. Jahrganges der Zeitschrift]. In: Dresdner Lokal-Anzeiger vom 28.6.1920. Nr. 98. S. 2.

Neue Kunst. In: Menschen Montagsblatt-Dresden 1 (1919), Nr. 2. (13.1.1919) S. 4.

Neue Vereinigung für Kunst. [Zur Gründung der »Neuen Vereinigung für Kunst« in Dresden]. In: Dresdner Neueste Nachrichten vom 16.6.1918. Nr. 162. S. 2-3.

Neue Vereinigung für Kunst. [Melitta Leithner las Dichtungen von Friedrich Sebrecht, Paul Adler, Iwan Goll, Camill Hoffmann, Walter Rheiner, Karl Otten, Alfred Günther]. In: Dresdner Anzeiger vom 9.12.1918. Nr. 341. S. 3.

Neue Zeiten. In: Menschen Montagsblatt-Dresden 1 (1919), Nr. 12. (17.3.1919) S. 2.

nn.: Das neue Drama [Zu einem Vortrag von Oskar Walzel]. In: Dresdner Neueste Nachrichten vom 28.2.1919. Nr. 57. S. 2.

Notruf bildender Künstler Dresdens. In: Dresdner Anzeiger vom 12.4.1919. Nr. 112. S. 2.

O.: Der neue Hasenclever. [Zur Uraufführung von Hasenclevers »Menschen« in Prag]. In: Dresdner Neueste Nachrichten vom 21.5.1920. Nr. 129. S. 2.

O. E.: Der Geist von 1914. In: Dresdner Anzeiger vom 9.11.1917. Nr. 309. S. 2.

O. K.: Walter Hasenclever: Tod und Auferstehung. [Zum Erscheinen des gleichnamigen Gedichtbandes von Hasenclever]. In: Dresdner Volkszeitung vom 7.7.1917. Nr. 155. S. 10.

Oerter, Fritz: Die Geschichte der bayerischen Revolution. In: Menschen Montagsblatt-Dresden 1 (1919), Nr. 25. (9.6.1919) S. 1.

Offener Brief des Dresdner Philologenvereins zu den Aufführungen von »Jugend«, »Liebe« und »Frühlings Erwachen« am Alberttheater. In: Dresdner Lokal-Anzeiger vom 5.5.1917. Nr. 52. S. 2.

Öffentliche Versammlung der sozialistischen Geistesarbeiter. In: Menschen Montagsblatt-Dresden 1 (1919), Nr. 2. (13.1.1919) S. 6.

Öffentliche Versammlung der sozialistischen Gruppe der Geistesarbeiter. In: Menschen Montagsblatt-Dresden 1 (1919), Nr. 4. (20.1.1919) S. 2.

Öffentliches Leben. In: Menschen Montagsblatt-Dresden 1 (1919), Nr. 20. (5.5.1919) S. 4.

Öffentliches Leben. Die Unterdrückung der Wahrheit II. In: Menschen Montagsblatt-Dresden 1 (1919), Nr. 21. (12.5.1919) S. 3.

p.: Die Dresdner Sezession Gruppe 1919. [Zur zweiten Sonderausstellung der Gruppe]. In: Dresdner Neueste Nachrichten vom 29.6.1919. Nr. 174. S. 3.

P. W.: Der Dresdner Philologenverein gegen »Jugend«, »Liebe« u. »Frühlings Erwachen« im Albert-Theater. In: Dresdner Lokal-Anzeiger vom 5.5.1917. Nr. 52. S. 2.

Pabst, Otto: Der Anarchist. In: Menschen Montagsblatt-Dresden 1 (1919), Nr. 20. (5.5.1919) S. 3.

Paquet, Alfons: Die deutsche Botschaft in Petersburg. In: Dresdner Neueste Nachrichten vom 16.3.1913. Nr. 72. S. 1.

Pinthus, Kurt: Drei Einakter von Herbert Eulenberg. In: Dresdner Neueste Nachrichten vom 25.2.1913. Nr. 53. S. 1.

pm.: Schiller und der Expressionismus. In: Dresdner Volkszeitung vom 4.11.1920. Nr. 257. S. 7.

ps.: Über das Erleben expressionistischer Bilder. In: Dresdner Anzeiger vom 23.9.1919. Nr. 408. S. 2.

pth.: Das Licht des Ostens. [Zu einer Veranstaltung der »Sozialistischen Jugend« Groß-Dresden zum Thema »Menschliche Dichtung Rußlands«. Einleitende Worte sprach Paul Ristau]. In: Dresdner Neueste Nachrichten vom 1.6.1919. Nr. 146. S. 3.

Puetzfeld, Carl: Ausstellung der Gruppe 1919. In: Dresdner Neueste Nachrichten vom 12.7.1919. Nr. 186. S. 2.

—. Der Sturm. [Zu einer Ausstellung des »Sturm« in der Galerie Arnold]. In: Dresdner Neueste Nachrichten vom 17.4.1919. Nr. 104. S. 2.

—. Deutsche Expressionisten-Ausstellung. [Zur Ausstellung der Expressionisten bei Richter]. In: Dresdner Neueste Nachrichten vom 21.9.1916. Nr. 258. S. 2.

—. Die Ausstellung der Künstlervereinigung I [unter Beteiligung von Conrad Felixmüller]. In: Dresdner Neueste Nachrichten vom 11.6.1916. Nr. 157. S. 2-3.

—. Die moderne Galerie. In: Dresdner Neueste Nachrichten vom 28.5.1919. Nr. 143. S. 2-3.

—. Dresdner Sezession. [Zur ersten Ausstellung der Gruppe in den Räumen der »Neuen Vereinigung für Kunst«]. In: Dresdner Neueste Nachrichten vom 18.4.1919. Nr. 105. S. 2.

—. Emil Nolde-Ausstellung bei Arnold. In: Dresdner Neueste Nachrichten vom 28.1.1916. Nr. 26. S. 2.

—. Expressionistische Kunst. [Zur Ausstellung der »Dresdner Sezession, Gruppe 1919« bei Richter und zur Exposition des »Sturm« bei Arnold]. In: Dresdner Neueste Nachrichten vom 16.4.1919. Nr. 103. S. 2.

—. Felix Müller. [Zu einer Ausstellung des Künstlers bei Emil Richter]. In: Dresdner Neueste Nachrichten vom 3.9.1916. Nr. 240. S. 2.

—. Galerie Arnold. [Zum zehnjährigen Bestehen der Galerie]. In: Dresdner Neueste Nachrichten vom 13.12.1916. Nr. 339. S. 2.

—. Galerie Arnold [Zur Ausstellung von Karl Schmidt-Rottluff]. In: Dresdner Neueste Nachrichten vom 12.6.1919. Nr. 156. S. 2.

—. »Graphik«. [Bericht über die Herbstausstellung der Künstlervereinigung Dresden]. In: Dresdner Neueste Nachrichten vom 4.11.1919. Nr. 300. S. 2.

—. Graphische Ausstellung [Der Neue Kreis]. In: Dresdner Neueste Nachrichten vom 31.3.1918. Nr. 88. S. 2-3.

—. Hans Poelzig I. Sein Werkbund-Programm. In: Dresdner Neueste Nachrichten vom 31.10.1919. Nr. 297. S. 2.

—. Herbstausstellung der Künstlervereinigung. In: Dresdner Neueste Nachrichten vom 26.11.1916. Nr. 322. S. 2.

—. Künstlervereinigung Dresden [Ausstellung von Graphik u. a. von Segall, Kokoschka, Marc]. In: Dresdner Neueste Nachrichten vom 5.9.1917. Nr. 240. S. 2.

—. Künstlervereinigung Dresden. Die Malerei I. In: Dresdner Neueste Nachrichten vom 5.6.1918. Nr. 150. S. 2.

—. Künstlervereinigung Dresden. Die Malerei II. In: Dresdner Neueste Nachrichten vom 22.6.1918. Nr. 167. S. 2.

—. Künstler-Vereinigung Dresden II. In: Dresdner Neueste Nachrichten vom 8.7.1919. Nr. 182. S. 2.

—. Neue Graphik [Zu einer Ausstellung von Kokoschka, Schmidt-Rottluff, Heckel u. a. bei Emil Richter]. In: Dresdner Neueste Nachrichten vom 23.1.1919. Nr. 21. S. 2.

—. Neue Kunst [Besprechung einer Ausstellung von Dresdner Expressionisten bei Arnold]. In: Dresdner Neueste Nachrichten vom 7.9.1917. Nr. 242. S. 2.

—. Neue Kunst. [Zur ersten Ausstellung der »Neuen Vereinigung für Kunst«]. In: Dresdner Neueste Nachrichten vom 2.7.1918. Nr. 177. S. 2.

—. Neue Kunst. [Zur Februar-Ausstellung der »Neuen Vereinigung für Kunst«]. In: Dresdner Neueste Nachrichten vom 16.2.1919. Nr. 45. S. 2.

—. Neue Münchner Sezession bei Richter. In: Dresdner Neueste Nachrichten vom 27.6.1915. Nr. 171. S. 2-3.

—. Otto Hettner: Ausstellung im Sächsischen Kunstverein. In: Dresdner Neueste Nachrichten vom 20.11.1915. Nr. 316. S. 2.

—. Prof. Worringer. [Zu einem Vortrag von Worringer in der Galerie Arnold über »Neue Kunst«]. In: Dresdner Neueste Nachrichten vom 2.11.1919. Nr. 298. S. 2-3.

—. Von expressionistischer Kunst. [Zu einem Vortrag von Herwarth Walden in der Galerei Arnold]. In: Dresdner Neueste Nachrichten vom 13.5.1919. Nr. 128. S. 2.

—. Zwei junge Dresdner Künstler bei Richter [u. a. Conrad Felixmüller]. In: Dresdner Neueste Nachrichten vom 29.7.1915. Nr. 203. S. 2.

R. F.: Der literarische Verein [Zu einem Vortrag von Will Grohmann zum Thema »Was ist Expressionismus?«]. In: Dresdner Nachrichten vom 23.10.1919. Nr. 293. S. 2. (Vorabend-Blatt).

R. G.: Der Soldatenräte Glück und Ende. In: Menschen Montagsblatt-Dresden 1 (1919), Nr. 14. (31.3.1919) S. 4.

r. n.: Seeschlacht. [Zur Berliner Aufführung durch die Gesellschaft »Das junge Deutschland« im Deutschen Theater]. In: Dresdner Anzeiger vom 4.3.1918. Nr. 63. S. 2.

Räterepublik Bayern. (Der Ruck nach Links). In: Menschen Montagsblatt-Dresden 1 (1919), Nr. 10. (3.3.1919) S. 1.

Reichstagswähler in Dresden! In: Dresdner Neueste Nachrichten vom 12.1.1912. Nr. 9. S. 1.

Revolution oder Untergang. In: Menschen Montagsblatt-Dresden 1 (1919), Nr. 17. (14.4.1919) S. 1.

—. Ein Opfer der Revolution. Zum Tode des sächsischen Kriegsministers. In: Menschen Montagsblatt-Dresden 1 (1919), Nr. 18. (21.4.1919) S. 1.

Rheiner, Walter: Das neue Gedicht. [Zu einer Reihe des Dresdner Verlages]. In: Menschen Montagsblatt-Dresden 1 (1919), Nr. 13. (24.3.1919) S. 3.

—. Dem Andenken Karl Liebknechts und Rosa Luxemburgs. In: Menschen Montagsblatt-Dresden 1 (1919), Nr. 4. (20.1.1919) S. 1.

—. Die Mörder. [Gedicht]. In: Menschen Montagsblatt-Dresden 1 (1919), Nr. 22. (19.5.1919) S. 2.

—. Dr. Rudolf Manasse: Grundlagen neuer Kultur. [Kritik zu einem Vortrag Manasses]. In: Dresdner Konzert- und Theater-Zeitung vom 4.11.1919. Nr. 8. S. 88.

—. Johannes R. Becher. [Würdigung]. In: Menschen Montagsblatt-Dresden 1 (1919), Nr. 12. (17.3.1919) S. 3

—. Kabarett. [Betrachtung]. In: Dresdner Konzert- und Theater-Zeitung vom 4.11.1919. Nr. 8. S. 92.

—. P. Th. Hoffmann: Moderne Mystik. [Zu einem Vortrag]. In: Dresdner Konzert- und Theater-Zeitung vom 20.12.1919. Nr. 15. S. 171.

—. Proletarier! [Gedicht]. In: Menschen Montagsblatt-Dresden 1 (1919), Nr. 24. (2.6.1919) S. 3.

—. Theodor Däubler. [Würdigung]. In: Dresdner Konzert- und Theater-Zeitung vom 20.12.1919. Nr. 15. S. 171.

—. Vortragsabend Robert George. In: Dresdner Konzert- und Theater-Zeitung vom 4.11.1919. Nr. 8. S. 88.

Ristau, Paul: An die, die es angeht! In: Menschen Montagsblatt-Dresden 1 (1919), Nr. 5. (27.1.1919) S. 4.

—. Arbeiter, Klassengenossinnen und -genossen! In: Menschen Montagsblatt-Dresden 1 (1919), Nr. 5. (27.1.1919) S. 4.

—. Dr. Rosa Luxemburg als Lehrerin. In: Menschen Montagsblatt-Dresden 1 (1919), Nr. 4. (20.1.1919) S. 4.

—. Politische Moral. In: Menschen Montagsblatt-Dresden 1 (1919), Nr. 24. (2.6.1919) S. 2.

Rocker, R.: Gustav Landauer. Ein Opfer der Soldateska. Ein Verlust für die Menschheit. In: Menschen Montagsblatt-Dresden 1 (1919), Nr. 23 (26.5.1919) S. 3.

Romain Rolland an die geistigen Arbeiter der Welt. In: Dresdner Neueste Nachrichten vom 29.6.1919. Nr. 174. S. 3.

Romain Rolland: Für die Internationale des menschlichen Geistes. In: Dresdner Volkszeitung vom 22.8.1918. Nr. 195. S. 7-8.

Romain Rolland und Gerhart Hauptmann. Ein Briefwechsel. In: Dresdner Neueste Nachrichten vom 12.9.1914. Nr. 248. S. 2.

Römer, Karl: Dem Gedächtnis des 8. November. In: Menschen Montagsblatt-Dresden 1 (1919), Nr. 1. (6.1.1919) S. 3.

Rothschild, Recha: Organisation. In: Menschen Montagsblatt-Dresden 1 (1919), Nr. 7. (10.2.1919) S. 3.

rt.: Autorenabend. [Zu einer Lesung von Walter Rheiner, Heinar Schilling und A. Rudolf Leinert]. In: Dresdner Volkszeitung vom 3.2.1919. Nr. 27. S. 3.

—. Der Sohn. [Zur Erstaufführung des Stückes am Alberttheater]. In: Dresdner Volkszeitung vom 9.10.1916. Nr. 234. S. 7.

—. 2. Vortragsabend in der Expressionisten-Ausstellung. [Maria Fein und Ernst Deutsch lasen Dichtungen von Georg Heym, Paul Adler, Albert Ehrenstein, Johannes R. Becher, Walter Hasenclever, Theodor Däubler, Georg Trakl und Franz Werfel]. In: Dresdner Volkszeitung vom 27.9.1916. Nr. 224. S. 8.

Rühle, Otto: Bitte keine Unklarheiten!... In: Menschen Montagsblatt-Dresden 1 (1919), Nr. 6. (3.2.1919) S. 2.

—. Der Amtsschimmel. In: Menschen Montagsblatt-Dresden 1 (1919), Nr. 9. (24.2.1919) S. 4.

—. Der Bürgerkrieg... die Gewalt... u. Herr Neuring. In: Menschen Montagsblatt-Dresden 1 (1919), Nr. 7. (10.2.1919) S. 4.

—. Die Phasen der Revolution. In: Menschen Montagsblatt-Dresden 1 (1919), Nr. 8. (17.2.1919) S. 2.

Schilling, Heinar: Der Mensch und die Revolution. In: Menschen Montagsblatt-Dresden 1 (1919), Nr. 5. (27.1.1919) S. 1.

—. Dietrich, farbige Zeichnungen. In: Menschen Montagsblatt-Dresden 1 (1919), Nr. 3. (19.1.1919) S. 3.

—. Mordprozess Liebknecht – Luxemburg. In: Menschen Montagsblatt-Dresden 1 (1919), Nr. 21. (12.5.1919) S. 1.

—. Revolution! In: Menschen Montagsblatt-Dresden 1 (1919), Nr. 2. (13.1.1919) S. 3.

Schmidt, Paul Ferdinand: Neuerwerbungen der Städtischen Sammlungen. Die Künstler der Brücke: Heckel, Schmidt-Rottluff, E. L. Kirchner. (Dritte Sonderausstellung des Dresdner Stadtmuseums 1920). In: Dresdner Anzeiger vom 14.10.1920. Nr. 493. S. 2.

Schumann, Paul: Bürgerliche oder proletarische Kultur. [Betrachtung]. In: Dresdner Anzeiger vom 6.10.1919. Nr. 433. S. 2.

—. Bürgerliche oder proletarische Kultur (Schluß). In: Dresdner Anzeiger vom 8.10.1919. Nr. 437. S. 2.

—. Der Vortrag des Herrn Herwarth Walden... In: Dresdner Anzeiger vom 12.5.1919. Nr. 162. S. 2.

—. Die Ausstellung der Freilichtmaler I. In: Dresdner Anzeiger vom 9.2.1892. Nr. 40. S. 21.

—. Die Ausstellung der Freilichtmaler II. In: Dresdner Anzeiger vom 13.2.1892. Nr. 44. S. 18-19.

—. Die Ausstellung der Freilichtmaler III. In: Dresdner Anzeiger vom 17.2.1892. Nr. 48. S. 23.

—. Dresdner Kunstverhältnisse I. In: Dresdner Anzeiger vom 11.7.1891. Nr. 192. S. 18-19.

—. Dresdner Kunstverhältnisse II. In: Dresdner Anzeiger vom 17.7.1891. Nr. 198. S. 18.

—. Klingers Beweinung Christi. In: Dresdner Anzeiger vom 2.11.1893. Nr. 306. S. 24-25.

—. Vom Erleben expressionistischer Bilder. [Zu einem Vortrag von Dr. Will Grohmann]. In: Dresdner Anzeiger vom 1.7.1919. Nr. 252. S. 5.

Schumann, Wolfgang: Gobseck. [Zur Uraufführung im Schauspielhaus]. In: Dresdner Volkszeitung vom 28.1.1922. Nr. 24. S. 2.

—. Von morgens bis mitternachts. [Zur Erstaufführung von Kaisers Stück im Schauspielhaus]. In: Dresdner Volkszeitung vom 15.4.1922. Nr. 89. S. 2.

Schürer, Oskar: Kunstgenossenschaft Dresden. In: Dresdner Neueste Nachrichten vom 7.9.1922. Nr. 210. S. 2-3.

Schwab, Alexander: Die Berliner Proletarierhochschule. In: Menschen Montagsblatt-Dresden 1 (1919), Nr. 17. (14.4.1919) S. 2.

—. Die Revolutionierung der Schule. In: Menschen Montagsblatt-Dresden 1 (1919), Nr. 1. S. 2

—. Dr. Gustav Wyneken in Dresden. In: Menschen Montagsblatt-Dresden 1 (1919), Nr. 12. (17.3.1919) S. 3.

—. Oeffentliches Leben. In: Menschen Montagsblatt-Dresden 1 (1919), Nr. 23. (26.5.1919) S. 4.

—. Schule und Erziehung in der sozialistischen Gesellschaft. In: Menschen Montagsblatt-Dresden 1 (1919), Nr. 7. (10.2.1919) S. 3.

—. Schule und Erziehung in der sozialistischen Gesellschaft II. In: Menschen Montagsblatt-Dresden 1 (1919), Nr. 8. (17.2.1919) S. 3.

—. Schule und Erziehung in der sozialistischen Gesellschaft III. In: Menschen Montagsblatt-Dresden 1 (1919), Nr. 9. (24.2.1919) S. 3.

—. Schule und Erziehung in der sozialistischen Gesellschaft IV. In: Menschen Montagsblatt-Dresden 1 (1919), Nr. 10. (3.3.1919) S. 3.

Sebaldt, Otto: Dresdner Kunstschau II. In: Sächsische Arbeiter-Zeitung vom 23.10.1906. Nr. 246. S. 1.

Seebach, Graf Nikolaus: Brief anläßlich der Aufführung von R. Goerings »Seeschlacht«. In: Dresdner Anzeiger vom 12.2.1918. Nr. 43. S. 5.

Seeschlacht bei Reinhardt. In: Dresdner Neueste Nachrichten vom 5.3.1918. Nr. 62. S. 3.

Sendelbach, Hermann: »Das ist der Krieg!« In: Menschen Montagsblatt-Dresden 1 (1919), Nr. 25. (9.6.1919) S. 2.

Sonderausstellung des Sturm bei Arnold. In: Dresdner Anzeiger vom 7.4.1919. Nr. 101. S. 2.

Sowjetaufbau in der Ukraine. In: Menschen Montagsblatt-Dresden 1 (1919), Nr. 26. (16.6.1919) S. 1.

Sozialisierung. In: Dresdner Neueste Nachrichten vom 18.2.1919. Nr. 47. S. 3.

Sozialisierung II. In: Dresdner Neueste Nachrichten vom 19.2.1919. Nr. 48. S. 3.

Sozialisierung der Theater. In: Dresdner Volkszeitung vom 25.2.1919. Nr. 46. S. 7.

Sozialisierungsamt und Betriebsräte in Sachsen. In: Menschen Montagsblatt-Dresden 1 (1919), Nr. 14. (31.3.1919) S. 2.

Sozialistischer Studentenbund. In: Menschen Montagsblatt-Dresden 1 (1919), Nr. 6. (3.2.1919) S. 4.

Sozialpolitik. In: Dresdner Neueste Nachrichten vom 31.7.1897. Nr. 210. S. 1.

Stadelmann, Heinrich: Der Stil der Bewegung in der Malerei. (Futurismus). In: Dresdner Anzeiger vom 2.11.1913. Nr. 303. S. 5-6

—. Vom Geist auf der Bühne. In: Dresdner Konzert- und Theater-Zeitung vom 25.11.1919. Nr. 11. S. 126.

Stiller, Richard: Ausstellung der Dresdner Sezession Gruppe 1919. In: Dresdner Anzeiger vom 23.10.1920. Nr. 508. S. 2.

—. Die Brücke. In: Dresdner Anzeiger vom 6.10.1906. Nr. 275. S. 4.

—. Die neue Kunst – Zur bildenden Kunst des Expressionismus. In: Dresdner Anzeiger vom 9.9.1917. Nr. 248. S. 5.

—. Dresdner Sezession 1919. [Zur zweiten Sonderausstellung]. In: Dresdner Anzeiger vom 8.7.1919. Nr. 266. S. 2.

—. Galerie Arnold I. [Zu einer Sonderausstellung von Gemälden und graphischen Arbeiten Schmidt-Rottluffs]. In: Dresdner Anzeiger vom 31.5.1919. Nr. 198. S. 2.

—. Galerie Arnold II. [Zu einer Ausstellung von Thomas Herbst, Hans Träger und Urban]. In: Dresdner Anzeiger vom 3.6.1919. Nr. 202. S. 5.

—. Graphik bei Arnold. [Zu einer Ausstellung graphischer Werke von Munch, Kokoschka, Nolde, Kirchner, Klinger, Kollwitz, Barlach, Heckel u. a.]. In: Dresdner Anzeiger vom 3.9.1920. Nr. 424. S. 2.

—. Graphische Ausstellung des Neuen Kreises bei Richter. In: Dresdner Anzeiger vom 31.3.1918. Nr. 165. S. 5.

—. Kunstausstellung Emil Richter. In: Dresdner Anzeiger vom 17.9.1919. Nr. 398. S. 2.

—. Kunstausstellung Richter [Prager Expressionisten]. In: Dresdner Anzeiger vom 20.4.1920. Nr. 195. S. 2.

—. Künstlervereinigung Dresden. [Eine Ausstellung von Werken Noldes, Meidners, Kokoschkas, Kirchners u. a.]. In: Dresdner Anzeiger vom 26.8.1919. Nr. 357. S. 2.

—. Sezession Gruppe 1919 bei Richter. In: Dresdner Anzeiger vom 12.4.1919. Nr. 111. S. 5.

—. Sonderausstellung bei Arnold: Der Sturm. In: Dresdner Anzeiger vom 20.4.1919. Nr. 125. S. 5.

—. Sonderausstellung bei Arnold: Der Sturm (Schluß). In: Dresdner Anzeiger vom 27.4.1919. Nr. 136. S. 5.

—. Zur deutschen Expressionistenausstellung bei Richter. In: Dresdner Anzeiger vom 27.9.1916. Nr. 268. S. 5.

Sturm im Dresdner Sturm-Abend. In: Dresdner Lokal-Anzeiger vom 13.5.1919. Nr. 57. S. 2.

»Tanz« von Mary Wigman [Notizen der Künstlerin zum Tanz]. In: Dresdner Neueste Nachrichten vom 29.2.1920. Nr. 57. S. 2.

Thari, Eugen: Dresdner Fortschrittskonzerte. In: Dresdner Anzeiger vom 26.9.1919. Nr. 414. S. 2.

—. Ein Schönberg-Abend. In: Dresdner Anzeiger vom 5.10.1916. Nr. 276. S. 5.

—. Erstes Fortschrittskonzert. In: Dresdner Anzeiger vom 22.10.1919. Nr. 463. S. 2.

—. Expressionistische Klaviermusik. In: Dresdner Anzeiger vom 2.5.1919. Nr. 144. S. 2.

—. Mary Wigman im Opernhaus. In: Dresdner Anzeiger vom 27.5.1920. Nr. 255. S. 2.

Theodor Däubler liest als Gast der »Neuen Vereinigung für Kunst« in der Galerie Richter aus seinem Nordlicht. In: Dresdner Neueste Nachrichten vom 16.11.1920. Nr. 281. S. 3.

Toller, Ernst: An die Jugend aller Länder. In: Menschen Montagsblatt-Dresden 1 (1919), Nr. 25. (9.6.1919) S. 3.

—. Leitsätze für einen kulturpolitischen Bund der Jugend in Deutschland. In: Menschen Montagsblatt-Dresden 1 (1919), Nr. 26. (16.6.1919) S. 3.

Tolstoi, Leo: Ueber die öffentliche Meinung. In: Menschen Montagsblatt-Dresden 1 (1919), Nr. 5. (27.1.1919) S. 3.

Über das Wesen des Sozialismus. In: Dresdner Neueste Nachrichten vom 17.12.1918. Nr. 343. S. 2-3.

Über das Wesen und die Aufgaben des Sozialismus [Zu einem Vortrag in der »Sozialistischen Gruppe geistiger Arbeiter«.] In: Dresdner Neueste Nachrichten vom 31.12.1918. Nr. 355. S. 3.

Über die künstlerische Form des Dichtwerks äußerte sich Geh. Hofrat Prof. Dr. Oskar Walzel... In: Dresdner Neueste Nachrichten vom 24.12.1915. Nr. 350. S. 2.

Über Dresdner Theaterverhältnisse. In: Dresdner Anzeiger vom 23.1.1918. Nr. 23. S. 6.

Über Kunst und Revolution. In: Dresdner Neueste Nachrichten vom 14.3.1919. Nr. 71. S. 2.

Übergriffe von Arbeiter- und Soldatenräten. In: Dresdner Volkszeitung vom 31.12.1918. Nr. 303. S. 3.

Umlernen! In: Menschen Montagsblatt-Dresden 1 (1919), Nr. 1. (6.1.1919) S. 1.

Versammlung bildender Künstler in Dresden. In: Dresdner Neueste Nachrichten vom 1.12.1918. Nr. 328. S. 3.

Versammlung der Arbeitslosen. In: Menschen Montagsblatt-Dresden 1 (1919), Nr. 4. (20.1.1919) S. 2.

Versammlung der Sozialistischen Gruppe der Geistesarbeiter. In: Menschen Montagsblatt-Dresden 1 (1919), Nr. 18. (21.4.1919) S. 3.

Verstaatlichung und Vergesellschaftung. In: Menschen Montagsblatt-Dresden 1 (1919), Nr. 2. (13.1.1919) S. 3.

Viertel, Berthold: Die Dilettantin. [Betrachtung]. In: Dresdner Neueste Nachrichten vom 12.5.1920. Nr. 122. S. 2.

Voigt, Carl Rolf: Ueber Theaterbesucher. In: Menschen Montagsblatt-Dresden 1 (1919), Nr. 18. (21.4.1919) S. 4.

Voka = Volkskunstabend. In: Dresdner Volkszeitung vom 13.6.1919. Nr. 133. S. 7.

Voka. [Volks-Kunstabend]. In: Dresdner Lokal-Anzeiger vom 19.6.1919. Nr. 73. S. 2.

Vor syndikalistischen Metallarbeitern. In: Menschen Montagsblatt-Dresden 1 (1919), Nr. 14. (31.3.1919) S. 3.

W. Pz.: Arnold-Schönberg-Abend. [Konzert anläßlich der Expressionisten-Ausstellung in Dresden]. In: Dresdner Neueste Nachrichten vom 5.10.1916. Nr. 272. S. 2.

Wähltest Du sozialistisch? Nationalversammlung und Ende der Revolution! In: Menschen Montagsblatt-Dresden 1 (1919), Nr. 3. (19.1.1919) S. 1.

Walter Hasenclever im Kunstsalon Richter [Ernst Deutsch las im Kunstsalon Richter Werke von Hasenclever]. In: Dresdner Lokal-Anzeiger vom 20.3.1917. Nr. 33. S. 3.

Walter Hasenclever... [Zu einer Vorlesung von Hasenclever in der »Neuen Vereinigung für Kunst«]. In: Dresdner Neueste Nachrichten vom 15.10.1920. Nr. 254. S. 3.

Walter Hasenclever. [Zu einer Lesung]. In: Dresdner Anzeiger vom 17.1.1919. Nr. 16. S. 5.

Walzel, Oskar: Der Fall Deruga. [Zu einem neuen Buch von Ricarda Huch]. In: Dresdner Neueste Nachrichten vom 27.7.1917. Nr. 200. S. 2.

—. Geistige und künstlerische Anliegen Dresdens. In: Dresdner Konzert- und Theater-Zeitung vom 17.1.1920. Nr. 19. S. 218-219.

—. Noch ein Wort zum Plan einer neuen Dresdner Hochschule. In: Dresdner Konzert- und Theater-Zeitung vom 1.5.1920. Nr. 34. S. 386.

Warum wird die Börse nicht vergesellschaftet? In: Menschen Montagsblatt-Dresden 1 (1919), Nr. 5. (27.1.1919) S. 3.

Was sind und was wollen die Syndikalisten? In: Menschen Montagsblatt-Dresden 1 (1919), Nr. 2. (13.1.1919) S. 3.

Was will die Sächsische Regierung? In: Menschen Montagsblatt-Dresden 1 (1919), Nr. 14. (31.3.1919) S. 2.

Was wir wollen! In: Dresdner Neueste Nachrichten vom 8.9.1893. Nr. 1.

Weltrevolution! Aufruf an die Arbeiter Europas und Amerikas! In: Menschen Montagsblatt-Dresden 1 (1919), 1. Extra-Ausgabe vom März 1919. S. 1.

Wir und der Bolschewismus. In: Menschen Montagsblatt-Dresden 1 (1919), Nr. 11. (10.3.1919) S. 4.

Wolf, Friedrich: Baum [Gedicht]. In: Dresdner Neueste Nachrichten vom 4.4.1920. Nr. 91. (Osterbeilage).

Wolff, Hans: Staatsverwaltung und Kunstpflege im Freistaat Sachsen. Der Künstlerrat. In: Dresdner Neueste Nachrichten vom 8.2.1920. Nr. 37.S. 2.

Wolff, P. A.: Hauptmanns »College Crampton«. In: Dresdner Nachrichten vom 14.10.1899. Nr. 285. S. 4.

Wollf, Julius Ferdinand: »Brand«. Schauspiel in fünf Akten von Henrik Ibsen. [Zur Erstaufführung im Königlichen Schauspielhaus]. In: Dresdner Neueste Nachrichten vom 14.1.1905. Nr. 12. S. 1-2.

—. Claudel in Hellerau. In: Dresdner Neueste Nachrichten vom 7.10.1913. Nr. 273. S. 1-2.

—. Dada. In: Dresdner Neueste Nachrichten vom 21.1.1920. Nr. 19. S. 2.

—. Das bist du. [Zur Uraufführung von Wolfs Stück im Schauspielhaus]. In: Dresdner Neueste Nachrichten vom 11.10.1919. Nr. 277. S. 2-3.

—. Der Fall Wedekind und der Fall Reinhardt in Dresden. In: Dresdner Neueste Nachrichten vom 16.3.1906. Nr. 71. S. 1-2.

—. Der Marquis von Keith. [Zur Aufführung am Königlichen Schauspielhaus]. In: Dresdner Neueste Nachrichten vom 30.5.1914. Nr. 144. S. 1-2.

—. Der Revolutionär. [Zur Aufführung des Dramas von Wilhelm Speyer am Schauspielhaus]. In: Dresdner Neueste Nachrichten vom 23.9.1919. Nr. 259. S. 2.

—. Die Ausstellung der Dresdner Kunstgenossenschaft. In: Dresdner Neueste Nachrichten vom 25.6.1922. Nr. 147. S. 3.

—. Die Wildente. [Zur Aufführung im Dresdner Hoftheater]. In: Dresdner Neueste Nachrichten vom 12.5.1906. Nr. 126. S. 1-2.

—. Dresden, die Kunststadt? In: Dresdner Neueste Nachrichten vom 10.9.1920. Nr. 224. S. 2.

—. Elga. [Zur Erstaufführung im Königlichen Schauspielhaus]. In: Dresdner Neueste Nachrichten vom 16.9.1905. Nr. 252. S. 1-2.

—. Fuhrmann Henschel als Novität des Kgl. Schauspielhauses. In: Dresdner Neueste Nachrichten vom 6.4.1909. Nr. 93. S. 1-2.

—. Gas. [Zur Erstaufführung im Schauspielhaus]. In: Dresdner Neueste Nachrichten vom 28.2.1920. Nr. 56. S. 2-3.

—. Georg Kaiser: Von morgens bis mitternachts. [Zur Erstaufführung im Schauspielhaus]. In: Dresdner Neueste Nachrichten vom 16.4.1922. Nr. 90. S. 2.

—. Gerhart Hauptmanns »Biberpelz«. [Zur Aufführung im Königlichen Schauspielhaus]. In: Dresdner Neueste Nachrichten vom 17.3.1906. Nr. 72. S. 1-2.

—. Ibsens »Gespenster« im Hoftheater. In: Dresdner Neueste Nachrichten vom 3.3.1906. Nr. 59. S. 1.

—. In neuem Gewande. In: Dresdner Neueste Nachrichten vom 8.9.1903. Nr. 249. S. 1.

—. Jenseits. Walter Hasenclever. [Zur Aufführung im Schauspielhaus]. In: Dresdner Neueste Nachrichten vom 30.10.1920. Nr. 267. S. 2.

—. Seebach. Zu seinem Jubiläum und seinem Abschied am 1. März. In: Dresdner Neueste Nachrichten vom 1.3.1919. Nr. 58. S. 2-3.

—. Seeschlacht. [Zur Aufführung im Königlichen Schauspielhaus]. In: Dresdner Neueste Nachrichten vom 12.2.1918. Nr. 42. S. 2-3.

-x-: Neue Vereinigung für Kunst. In: Dresdner Lokal-Anzeiger vom 16.11.1920. Nr. 189. S. 2.

Zehder, Hugo: Frank Wedekind's »Musik« im Albert-Theater. In: Menschen Montagsblatt-Dresden 1 (1919), Nr. 2. (13.1.1919) S. 4.

—. Neue Kunst. In: Menschen Montagsblatt-Dresden 1 (1919), Nr. 3. (19.1.1919) S. 3.

Zehn Jahre Gartenstadt [Zu Hellerau]. In: Dresdner Anzeiger vom 2.11.1918. Nr. 304. S. 5.

Zeit, Theater und Dichter. In: Menschen Montagsblatt-Dresden 1 (1919), Nr. 2. (13.1.1919) S. 4.

Zeitgeist. In: Menschen Montagsblatt-Dresden 1 (1919), Nr. 14. S. 4.

Zimmermann, Felix: Albert-Theater, Hasenclevers »Sohn«. In: Dresdner Nachrichten vom 9.10.1916. Nr. 280. S. 3-4.

—. Ausstellung der Künstlervereinigung Dresden II. In: Dresdner Nachrichten vom 15.7.1919.Nr. 193. S. 2-3. (Vorabend Blatt).

—. Das bist du. [Zur Aufführung von Friedrich Wolfs Stück]. In: Dresdner Nachrichten vom 10.10.1919. Nr. 281. S. 2-3. (Vorabend-Blatt).

—. Das neue deutsche Drama. [Zu einem Vortrag von Oskar Walzel]. In: Dresdner Nachrichten vom 25.2.1919. Nr. 55. S. 3.

—. Die deutschen Expressionisten. [Zur Ausstellung in der Kunsthandlung Richter]. In: Dresdner Nachrichten vom 5.10.1916. Nr. 276. S. 9.

—. Die Tragödie »Seeschlacht«. [Zur Aufführung im Königlichen Schauspielhaus]. In: Dresdner Nachrichten vom 11.2.1918. Nr. 42. S. 2.

—. Dresdner Sezession. [Zur ersten Ausstellung der Dresdner Sezession »Gruppe 1919«]. In: Dresdner Nachrichten vom 18.4.1919. Nr. 107. S. 3. (Vorabend-Blatt).

—. Dresdner Sezession. [Zur Ausstellung in der Galerie Emil Richter]. In: Dresdner Nachrichten vom 26.7.1919. Nr. 204. S. 3. (Vorabend-Blatt).

—. Einen Autorenabend veranstaltete der »Dresdner Verlag von 1917«. [Zu einer Lesung von Walter Rheiner, A. Rudolf Leinert und Heinar Schilling]. In: Dresdner Nachrichten vom 3.2.1919. Nr. 33. S. 2.

—. Eröffnung neuer Kunstausstellungen [Die erste Ausstellung der Dresdner Sezession, Gruppe 1919]. In: Dresdner Nachrichten vom 6.4.1919. Nr. 95. S. 3. (Vorabend-Blatt).

—. Friedrich Wolf Lesung. In: Dresdner Nachrichten vom 21.12.1919. Nr. 352. S. 2. (Vorabend-Blatt).

—. »Gobseck«. [Zur Uraufführung im Schauspielhaus]. In: Dresdner Nachrichten vom 29.1.1922. Nr. 49. S. 3-4.

—. In der deutschen Expressionisten-Ausstellung. [Hugo Zehder sprach über »Kunst und Künstler«]. In: Dresdner Nachrichten vom 22.9.1916. Nr. 263. S. 2.

—. Johannes R. Becher las in Richters Kunstausstellung eigene Dichtungen. In: Dresdner Nachrichten vom 21.3.1919. Nr. 79. S. 3.

—. Karl-Kraus-Abend. In: Dresdner Nachrichten vom 14.2.1919. Nr. 44. S. 2. (Vorabend-Blatt).

—. Kunstausstellung Emil Richter; Die deutschen Expressionisten. In: Dresdner Nachrichten vom 5.10.1916. Nr. 276. S. 9.

—. Kunstausstellung Emil Richter. [Zu einer Ausstellung junger Dresdner Künstler bei Richter; u. a. Wilhelm Rudolf, B. Kretzschmar, Georg Kind]. In: Dresdner Nachrichten vom 26.3.1919. Nr. 84. S. 3.

—. Kunstausstellung Emil Richter – Felix Müller. [Zur Ausstellung von Werken aus den Jahren 1913 bis 1916]. In: Dresdner Nachrichten vom 6.9.1916. Nr. 247. S. 9.

—. Neue Graphik expressionistischer Künstler... [Zu einer Ausstellung in der Kunsthandlung Emil Richter]. In: Dresdner Nachrichten vom 5.1.1919. Nr. 5. S. 3.

—. Sturm-Ausstellung. [Zur zweiten Ausstellung des »Sturm« in der Galerie Arnold]. In: Dresdner Nachrichten vom 12.4.1919. Nr. 101. S. 3. (Vorabend-Blatt).

—. Theodor Däubler las... [Zu einem Vortragsabend in der »Neuen Vereinigung für Kunst«]. In: Dresdner Nachrichten vom 17.5.1919. Nr. 135. S. 2. (Vorabend-Blatt).

—. Über das moderne Drama sprach Dr. Karl Wollf. In: Dresdner Nachrichten vom 31.10.1919. Nr. 301. S. 2. (Vorabend-Blatt).

—. Über das moderne Drama sprach Dr. Karl Wollf... In: Dresdner Nachrichten vom 7.11.1919. Nr. 308. S. 2. (Vorabend-Blatt).

—. Über die neue Kunst sprach Dr. Karl Wollf in einem zweiten Vortrag. In: Dresdner Nachrichten vom 2.11.1919. Nr. 303. S. 3. (Vorabend-Blatt).

—. Vom Erleben expressionistischer Bilder [Zu einem Vortrag von Will Grohmann]. In: Dresdner Nachrichten vom 22.9.1919. Nr. 262. S. 2.

—. Vorleseabend. [Milo-Harbich und R. A. Dietrich lasen aus eigenen Dichtungen]. In: Dresdner Nachrichten vom 7.2.1919. Nr. 37. S. 2. (Vorabendblatt).

—. Vortrag Herwarth Walden über Expressionismus. In: Dresdner Nachrichten vom 12.5.1919. Nr. 130. S. 2.

—. Vortragsabend Blümner. In: Dresdner Nahrichten vom 4.4.1919. Nr. 93. S. 2. (Vorabend-Blatt).

—. Vortragsabend in der Expressionisten-Ausstellung. [Maria Fein und Ernst Deutsch lasen Texte von Paul Adler, Albert Ehrenstein, Johannes R. Becher, Franz Werfel, Theodor Däubler, Georg Trakl]. In: Dresdner Nachrichten vom 28.9.1916. Nr. 269. S. 2.

—. Walter Hasenclever las... [Zu einer Lesung aus eigenen Dichtungen im kleinen Saal der Kaufmannschaft]. In: Dresdner Nachrichten vom 17.1.1919. Nr. 16. S. 2. (Vorabend-Blatt).

—. Zum Rücktritt des Grafen Seebach. In: Dresdner Nachrichten vom 27.2.1919. Nr. 57. S. 2-3.

Zu Frank Wedekinds Tod. In: Dresdner Neueste Nachrichten vom 10.3.1918. Nr. 68. S. 2-3.

Zu Frank Wedekinds Tode. In: Dresdner Volkszeitung vom 11.3.1918. Nr. 58. S. 7.

Zum Tod von Frank Wedekind. In: Dresdner Anzeiger vom 10.3.1918. Nr. 69. S. 5.

Zur Gründung einer »Sozialistischen Gruppe der Geistesarbeiter«. In: Dresdner Neueste Nachrichten vom 23.11.1918. Nr. 320. S. 4.

Zur Umgestaltung der modernen Galerie Dresdens. In: Dresdner Nachrichten vom 25.7.1919. Nr. 203. S. 2. (Vorabend-Blatt).

Zur Umgestaltung der modernen Galerie. [Zu einem Brief der Dresdner Sezession, Gruppe 1919 an die Redaktion der Dresdner Nachrichten]. In: Dresdner Nachrichten vom 25.7.1919. Nr. 203. S. 2. (Vorabend-Blatt).

Zur Umgestaltung der modernen Galerie Dresdens. In: Dresdner Nachrichten vom 27.7.1919. Nr. 205. S. 3.

Zwei expressionistische Kunstausstellungen. [Zur Ausstellung der »Dresdner Sezession, Gruppe 1919« bei Richter und zur Exposition des »Sturm« bei Arnold]. In: Dresdner Neueste Nachrichten vom 6.4.1919. Nr. 94. S. 3.

1.2.3. Publikationen in Zeitschriften, Jahrbüchern, Sammelwerken und Anthologien

Absage. [Polemik]. In: Menschen 1 (1918), Nr. 4. S. 4.

Adler, Paul: Das erste Volk Europas. [Glosse]. In: Die weissen Blätter 3 (1916), S. 253-255.

—. Elysium-? [Gedicht]. In: Der Anbruch 1 (1918), H. 12. S. 7.

—. Genug. Genug. [Gedicht]. In: Neue Blätter für Kunst und Dichtung 1 (1918/19), Januar-Heft. S. 192.

—. Gesellschaft. [Aufsatz]. Teil I. In: März 6 (1912), H. 24. S. 406-411; Teil II. In: März 6 (1912), H. 25. S. 453-457.

—. Glauben aus unserer Zeit. [Aufsatz]. In: Die Aktion 6 (1916), Sp. 287-293.

—. Hellerau. Schriftstellerkolonien VI. [Betrachtung]. In: Das literarische Echo 15 (1913), Nr. 24. vom 15.9.1913. Sp. 1687-1690.

—. Ich gedenke, ich gedenke. [Gedicht]. In: Neue Blätter für Kunst und Dichtung 1 (1918/19), Juni-Heft. S. 39.

—. Ich weiß nicht mehr, was die Welt ist. [Gedicht]. In: Neue Blätter für Kunst und Dichtung 1 (1918/19), Juni-Heft. S. 39.

—. Ihr Wälder. [Gedicht]. In: Die Aktion 6 (1916), Sp. 305-306.

—. Krieg und Kultur - ? [Notiz]. In: Der Orkan 1 (1917), H. 1. S. 7.

—. Lied. [Gedicht]. In: Die Aktion 6 (1916), Sp. 334.

—. Theodor Däubler. Ein Gespräch mit dem unlustigen Leser über einen Dichter. In: Pan 2 (1911/12), Nr. 18. S. 536-539.

—. Vom Geist der Volkswirtschaft. [Aufsatz]. In: Summa (1917), Erstes Viertel. S. 84-111.

—. Vom Sozialismus zur Utopie. [Aufsatz]. In: Neue Blätter für Kunst und Dichtung 1 (1918), Dezember-Heft. S. 170-177.

—. Von dem Elend der Welt. [Aufsatz]. In: Neue Blätter für Kunst und Dichtung 1 (1918), September-Heft. S. 106-108.

—. Warum denkt der Bürger nicht »Sozialistisch«? [Aufsatz]. In: Neue Blätter für Kunst und Dichtung 3 (1920/21), S. 58-61.

Alberty, Max: Schaubühne und Revolution. [Aufsatz]. In: Der Zwinger 3 (1919), H. 3. S. 77-79.

Albrecht, Egon Erich: Von August dem Starken bis zu Kokoschka und der Mutter Nachtwey. In: Heinrich Zerkaulen (Hg.): Erinnerung an Dresden 1930. Ein Taschenbuch für Freunde Dresdner Kunst und Kultur. Leipzig: Helingsche Verlagsanstalt 1930. S. 31-36.

An die Leser der »Deutschen Bauernhochschule«. In: Deutsche Bauernhochschule 7 (1927), Winterheft. [unpag.].

Arbeiter-Bibliotheken. In: Arbeiter-Führer für Dresden und Umgebung. Dresden: Verlag von Kaden und Comp. 1911. S. 117-119.

Aufruf. In: Das junge Deutschland 2 (1919), Nr. 6. S. 155-157.

Aulhorn, Edith: Bibliographie der Schriften Oskar Walzels. In: Julius Wahle/Victor Klemperer (Hg.): Vom Geiste neuer Literaturforschung. Festschrift für Oskar Walzel. Wildpark-Potsdam: Akademische Verlagsgesellschaft Athenaion 1924. S. 226-232.

Ausleger, Gerhard: Der Graphiker Georg Tappert. [Betrachtung]. In: Die Schöne Rarität 2 (1919), H. 12. S. 180-183.

—. Ewige Landschaft. [Gedicht]. In: Menschen 4 (1921), H. I (Nr. 99). S. 14.

—. Walter Rheiner. Das tönende Herz. [Kritik]. In: Die Schöne Rarität 2 (1918), H. 1. S. 15.

Bab, Julius: Alte Lieder und neue Verse. [Zu Camill Hoffmanns Lyrik; Rezension]. In: Die neue Rundschau 23 (1912), S. 586.

Barbusse, Henri: An die deutschen Kameraden. [Aufruf]. In: Menschen 5 (1921), H. I (Nr. 111). S. 2.

Bäumer, Gertrud: Hellerauer Festspiele. [Betrachtung]. In: Die Hilfe 19 (1913), Nr. 26. S. 409-411.

Behne, Adolf: Kunst oder Sentimentalität? [Aufsatz]. In: Neue Blätter für Kunst und Dichtung 1 (1918), Mai-Heft. S. 3-7.

Benndorf, Friedrich Kurt: Alfred Mombert. [Aufsatz]. In: Der Sturm 1 (1910/11), S. 436-437.

—. Deutscher Kampf. [Gedicht]. In: Zeit-Echo 1 (1914/15), H. 5. S. 57.

—. Die Tat. [Erzählung]. In: Der Sturm 2 (1911/112), S. 551.

—. Gedichte lesen und sprechen. [Essay]. In: Die Flöte 3 (1920/21), S. 193-196, 224-225.

—. Mystik. [Betrachtung]. In: Der Sturm 1 (1910/11), S. 421-422.

—. Naturalismus. [Aufsatz]. In: Pan 2 (1911/12), S. 399-402.

—. Rückschau. [Gedicht]. In: Die Flöte 4 (1921/22), S. 6.

—. Stoßseufzer nach einem Vortrag von Ostwald. [Glosse]. In: Revolution 1 (1913), Nr. 2. S. 5-6.

—. Vom lyrischen Idiom. [Essay]. In: Der Sturm 1 (1910/11), S. 341-342.

Bjely, A.: Aus dem Cyklus:»Christ ist erstanden«. [Gedichte]. In: Menschen 5 (1921/22), H. III (Nr. 113). S. 38-39.

Blanck, Willy: Dresdens Zeitungs- und Verlagswesen. In: Dresden. Das Buch der Stadt. Hg. vom Rat der Stadt Dresden. Dresden: Industrie- und Verkehrs-Verlag 1924. S. 9-12.

Blei, Franz: Die katholische Aufgabe. [Aufsatz]. In: Ders.: Menschliche Betrachtungen zur Politik. München: Georg Müller 1916. S. 137-160.

—. /Jakob Hegner: Die Aufgabe des Publizisten. [Betrachtung]. In: Summa (1917), Erstes Viertel. S. 1-36.

Blok, Alexander: Die Skythen. [Gedicht]. In: Menschen 5 (1921/22), H. III (Nr. 113). S. 35-37.

Blüher, Bernhard: Dresdens Stadtverwaltung in den ersten vier Kriegsjahren. In: Dresdner Kalender 1919. S. 33-60.

—. Dresdens Stadtverwaltung nach der Revolution von 1918. In: Dresdner Kalender 1920. S. 27-41.

Blümner, Rudolf: Die vier Toten der Fiametta. In: Der Sturm 11 (1920), S. 132-135.

Bock, Kurt: All-Gefühl. [Prosa]. In: Die Kugel 1 (1919/20), H. 2. S. 12-13.

—. Aufruf. [Dichtung]. In: Der Sturmreiter 1 (1919/20), H. 2. S. 9.

—. Aus Nacht. [Gedicht]. In: Menschen 2 (1919), H. II (Nr. 33/36). S. 24-25.

—. Born der Lyrik. [Aufsatz]. In: Phaethon 1 (1919), H. 1. (April). S. 24-26.

—. Das dramatische Moment. [Aufsatz]. In: Das deutsche Drama 2 (1919), H. 5/6. S. 239-242.

—. Das Erlebnis. [Betrachtung]. In: Der Zwinger 4 (1920), H. 20. S. 506- 508

—. Das Erlebnis. [Betrachtung]. In: Die Flöte 1 (1918/19). S. 138-139.

—. Das lyrische Erlebnis. [Betrachtung]. In: Phaethon 1 (1919), H. 4/5. S. 43-44.

—. Der Beter. [Gedicht]. In: Menschen 2 (1919), H. II (Nr. 33/36). S. 25.

—. Der kommende Mensch. [Betrachtung]. In: Die Schöne Rarität 2 (1918), H. 7. S. 106-110.

—. Der mystische Strom. Mystik von heute und morgen. [Betrachtung]. In: Die Rote Erde. 5 (1923), 2. Folge. 2. Buch. S. 265-269.

—. Die blaue Blume. [Gedicht]. In: Phaethon 1 (1919/20), H. 1. S. 23.

—. Die Genesis des Gedichts. [Aufsatz]. In: Saturn 5 (1919/20), H. 5. S. 211-217.

—. Die Genesis des Gedichts. [Aufsatz]. In: Menschen 2 (1919), H. V (Nr. 46/49). S. 12-14.

—. Die junge Lyrik. [Aufsatz]. In: Das gelbe Blatt 1 (1919), H. 22. S. 326-330.

—. Die trunkene Tänzerin. [Gedicht]. In: Menschen 2 (1919), Nr. 2 (15). S. 1.

—. Erlebnis und Dichtung. [Betrachtung]. In: Der Zweemann 1 (1919/20), H. 4. S. 9.

—. Flammender Herbst. [Gedicht]. In: Menschen 2 (1919), Nr. 2 (15). S. 1.

—. Friedrich Schnack. Das kommende Reich. [Rezension]. In: Berliner Romantik 2 (1919/20), H. 6. S. 12-14.

—. Gral. [Gedicht]. In: Menschen 2 (1919), H. II (Nr. 33/36). S. 24.

—. Heinar Schilling. [Aufsatz]. In: Menschen 2 (1919), Nr. 1 (12). S. 5-6.

—. Himmelan, Fanal. [Gedicht]. In: Menschen 1 (1918), Nr. 5. S. 2.

—. Kurt Heynicke. [Aufsatz]. In: Menschen 2 (1919), H. V (Nr. 46/49). S. 14-15.

—. Mit einem Versbande. [Dichtung]. In: Menschen 1 (1918), Nr. 5. S. 2.

—. Muspilli. [Dichtung]. In: Menschen 1 (1918), Nr. 10. S. 2.

—. Neue menschlich-politische Dichtung. Wesen, Wert, Wille. [Manifest]. In: Die schöne Rarität 2 (1918), H. 3. S. 46-47.

—. Phalanx der Jungen. Das neuste Gedicht. [Rezension]. In: Menschen 2 (1919), H. V (Nr. 46/49). S. 15-18.

—. Sanctio. [Gedicht]. In: Menschen 1 (1918), Nr. 7. S. 2.

—. Stunde des Gebets. [Gedicht]. In: Phaethon 1 (1919/20), H. 7. S. 3.

—. Unter winterlichen Sternen. [Gedicht]. In: Menschen 1 (1918), Nr. 2 (15). S. 1.

—. Walter Rheiner. [Aufsatz]. In: Die Rote Erde 1 (1919), H. 4/5. S. 148-151.

—. Walter Rheiner. [Aufsatz]. In: Saturn 5 (1919/20), H. 6. S. 245-258.

—. Voran. [Manifest]. In: Der Weg 1 (1919), H. 2. S. 10.

—. Vorspruch. [Programm]. In: Berliner Romantik 6 (1924/25), S. 1-2.

—. Zum Geleit. [Programm]. In: Berliner Romantik 1 (1918), H. 1. S. 1.

Bode, Wilhelm: Die Zukunft der Dresdner Gemäldegalerie. In: Museumskunde 5 (1909), H. 4. S. 189-193.

Boer, Elisabeth: Dresdner Kunstleben um 1890 und die Gründung des »Kunstwarts«. In: Dresdner Geschichtsblätter 44 (1936), Nr. 1-2. S. 200-206.

Böhmert, Victor: Die sozialen Aufgaben der Gemeinden. In: Der Arbeiterfreund 20 (1882), S. 167-177.

Brenck-Kalischer, Bess: Die Verwunschenen. [Gedicht]. In: Menschen 1 (1918), Nr. 3. S. 3.

—. Die Wupper. (Zur Aufführung des Dramas von Else Lasker-Schüler). In: Der Einzige 1 (1919), H. 15/16. S. 177-178.

—. Gedichte. In: Die Schöne Rarität 2 (1919), H. 10. S. 150-152.

—. Fragmente. [Aphorismen]. In: Menschen 1 (1918), Nr. 1. S. 5.

—. Mütter, Verwunschene. [Gedichte]. In: Die Schöne Rarität 1 (1917), H. 4. S. 79.

—. Sechs Gedichte. In: Die Schöne Rarität 1 (1917), H. 2. S. 27-28.

—. Wundern Sie sich…. [Manifest]. In: Menschen 1 (1918), H. 1. S. 1.

Britting, Georg: Kain. [Erzählung]. In: Neue Blätter für Kunst und Dichtung 2 (1919/20), Januar-Heft. S. 205-206.

Brunn, R.: Die Dresdner Lesehalle 27.12.1902-27.12.1912. In: Zwei wichtige Faktoren Dresdner Volksbildungsarbeit. Dresden-A.: Verlag von O. und R. Becker 1916. S. 7-38.

—. Die städtische Zentralbibliothek. Vortrag. In: Zwei wichtige Faktoren Dresdner Volksbildungsarbeit. Dresden-A.: Verlag von O. und R. Becker 1916. S. 41-72.

Conrad, Michael Georg: Die Sozialdemokratie und die Moderne. In: Die Gesellschaft 7 (1891), Band 1. Mai-Heft. S. 583-592.

Däubler, Theodor: An das Sternbild der Fische. [Dichtung]. In: Neue Blätter für Kunst und Dichtung 1 (1918), November-Heft. S. 148-150.

—. Antwort auf eine Umfrage zur Zensur an deutschen Theatern. In: Die Zukunft der deutschen Bühne. Fünf Vorträge und eine Umfrage. Berlin: Oesterfeld & Co. Verlag 1917. S. 74-75.

—. Apenninische Nacht. [Gedichte]. In: Die neue Rundschau. 28 (1917), H. 6. S. 826-828.

—. Delos. [Aufsatz]. In: Deutsche Rundschau. 51 (1925), Band 202. S. 178-229.

—. Der Augenblick. [Gedicht]. In: Konstanz 1 (1919), H. 8. S. 41.

—. Der Fischzug vor Talamone. Für Will Frieg. [Erzählung]. In: Neue Blätter für Kunst und Dichtung 1 (1918/19), Juni-Heft. S. 27-33.

—. Der Maler Georg Tappert. [Betrachtung]. In: Die Schöne Rarität 2 (1919), H. 12. Sonderheft Georg Tappert. S. 179-180.

—. Die Buche. [Gedicht]. In: Neue Blätter für Kunst und Dichtung 1 (1918/19), November-Heft. S. 152.

—. Die fliegenden Lichter. [Prosa]. In: Berliner Romantik 3 (1921), H. 2. S. 17-20.

—. Die Führer. [Gedicht]. In: Zeit-Echo 1 (1914/15), H. 3. S. 34.

—. Die Glanzperle. [Gedicht]. In: Neue Blätter für Kunst und Dichtung 1 (1918/19), November-Heft. S. 151.

—. Die Sammlung Bienert-Dresden. [Aufsatz]. In: Das Kunstblatt. 3 (1919), S. 161-167.

—. Expressionismus. [Betrachtung]. In: Die neue Rundschau 27 (1916), Band 2. S. 1133-1138.

—. Flammendes Schiff. [Gedicht]. In: Menschen 2 (1919), Nr. 1 (12). S. 1.

—. Gela Forster. [Würdigung]. In: Neue Blätter für Kunst und Dichtung 2 (1919/20), Juni-Heft. S. 51-53.

—. George Grosz. [Essay]. In: Neue Blätter für Kunst und Dichtung 1 (1918/19), November-Heft. S. 153-154.

—. Goldene Sonette. [Sonette]. In: Neue Blätter für Kunst und Dichtung 1 (1918/19), November-Heft. S. 151-152.

—. Maremma. [Gedichte]. In: Die neue Rundschau 33 (1922), H. 9. S. 932-936.

—. Millionen Nachtigallen schlagen. [Gedicht]. In: Neue Blätter für Kunst und Dichtung 1 (1918/19), November-Heft. S. 152-153.

—. Nordlichtstrophen. In: Menschen 4 (1921), H. I (Nr. 99). S. 3.

—. Paul Klee. [Essay]. In: Neue Blätter für Kunst und Dichtung 1 (1918/19), Mai-Heft. S. 11-12.

—. Politik und Dichtung. In: Die Horen 5 (1928/29), Band 1. S. 385-390.

—. Sang an Volterra. Frau Ida Bienert gewidmet. [Gedicht]. In: Neue Blätter 2 (1912), H. 5/6. S. 35-42.

—. Schlachtfeld. [Gedicht]. In: Menschen 1 (1918), Nr. 9. S. 1.

—. Sommergebet. [Gedicht]. In: Neue Blätter für Kunst und Dichtung 1 (1918/19), November-Heft. S. 152.

—. Strasze. [Gedicht]. In: Neue Blätter für Kunst und Dichtung 1 (1918/19), November-Heft. S. 150-151.

—. Vorwort. In: Felixmüller: Katalog seiner Holzschnitte, Lithographien, Radierungen. Dresden: Emil Richter Verlag 1919. 24 S.

—. Zum Geleit (geschrieben anläßlich der Internationalen Kunstausstellung Dresden 1926). In: Dresden wie es war. Ein Bildwerk von Edmund Kesting. Einführung Will Grohmann. Berlin: Rembrandt-Verlag 1955. S. 5-6.

Die Aktion. [Glosse]. In: Menschen 1 (1918), Nr. 4. S. 4.

Dietrich, Rudolf Adrian: Abend. [Gedicht]. In: Die Schöne Rarität 2 (1919), H. 10. S. 150.

—. An Durling [Gedicht]. In: Menschen 4 (1921), H. IV (Nr. 102). S. 65.

—. Aphorismen. In: Veröffentlichung der Novembergruppe. Hg. von H. S. v. Heister und R. Hausmann. Paul Steegemann Verlag Hannover (1921), H. 1. S. 41-42.

—. Apotheose. In: Der Zwinger 3 (1919), H. 2. S. 42.

—. Aufschrei. [Gedicht]. In: Die Sichel 1 (1919), H. 3. S. 42.

—. Aus den »Liedern an Steffi«. [Gedichtzyklus]. In: Konstanz 2 (1920), H. 4. S. 17-18.

—. Aus der »Passion«. [Dichtung]. In: Die Schöne Rarität 1 (1917), H. 4. S. 76-78.

—. Aus frühlingshellen Kindertagen... [Gedicht]. In: Salonblatt 15 (1920), Nr. 3. S. 74.

—. Das Kreuz. [Gedicht]. In: Die Schöne Rarität 2 (1918), H. 5. S. 67.

—. Das tausendjährige Reich. [Prosa]. In: Der Zweemann 1 (1919), H. 2. S. 14-15.

—. Das Wesen des Helden im nordischen Drama. [Aufsatz]. In: Konstanz 1 (1919), H. 4. S. 25-26.

—. Der Dichter. [Gedicht]. In: Salonblatt 14 (1919), Nr. 34. S. 779.

—. Der Einsame. Skizze eines Lebens. [Prosa]. In: Salonblatt 14 (1919), Nr. 11. S. 229.

—. Der göttliche Wahnsinn. [Prosa]. In: Der Einzige 3 (1921), S. 125-126.

—. Der Gotiker. [Dichtung]. In: Menschen 4 (1921), H. VII/XII (Nr. 105/110). S. 35-49.

—. Der Gotiker. Dem Gedächtnis der Gotiker Karl Brand und Wilhelm Morgner. [Prosa]. In: Neue Blätter für Kunst und Dichtung. 1 (1918/19), Mai-Heft. S. 13-14.

—. Der Lastträger. [Skizze]. In: Menschen 1 (1918), Nr. 6. S. 3.

—. Der Rebell... [Gedicht]. In: Die Aktion 3 (1913), Sp. 575-576.

—. Der Selbstmörder. [Erzählung]. In: Menschen 4 (1921), H. VII/XII (Nr. 105/110). S. 51-69.

—. Der Teufel sprach... [Gedicht]. In: Die Aktion 3 (1913), Sp. 575.

—. Die Puppe. [Prosa]. In: Berliner Romantik 1 (1919), H. 4. S. 9-10.

—. Drei Gedichte. In: Die Schöne Rarität 2 (1918), H. 7. S. 110.

—. Einer. [Skizze]. In: Menschen 1 (1918), Nr. 6. S. 3.

—. Erblindet. [Gedicht]. In: Menschen 1 (1918), Nr. 3. S. 2.

—. Ewig einsam Ich im Überhimmel. [Gedicht]. In: Menschen 1 (1918), Nr. 7. S. 2.

—. Gedanke. [Gedicht]. In: Die Aktion 3 (1913), Sp. 576.

—. George Minne. [Aufsatz]. In: Menschen 2 (1919), Nr. 1 (12). S. 2.

—. Graf, Oskar Maria: Die Revolutionäre. [Rezension]. In: Menschen 2 (1919), Nr. 5 (25). S. 4.

—. Harmageddon. [Drama]. In: Menschen 4 (1921), H. VII/XII (Nr. 105/110). S. 5-24.

—. Herbst. [Gedicht]. In: Dresdner Kalender 1925. S. 225.

—. Im Asyl für Obdachlose. [Gedicht]. In: Die Aktion 3 (1913), Sp. 575.

—. Intermezzo. [Dichtung]. In: Die Dachstube 4 (1918), Blatt 64. S. 249.

—. Japanische Holzschnitte. [Gedichte]. In: Der Zweemann 1 (1919), H. 1. S. 16.

—. Karnacht. [Dichtung]. In: Menschen 1 (1918), Nr. 1. S. 3.

—. Los. [Gedicht]. In: Neue Blätter für Kunst und Dichtung. 1 (1918/19), Januar-Heft. S. 191.

—. Nacht und Morgen. [Prosa]. In: Die Flöte 4 (1921/22), S. 142-143.

—. Passion. [Dichtung]. In: Menschen 4 (1921), H. VII/XII (Nr. 105/110). S. 25-33.

—. Phantom. [Drama]. In: Menschen 4 (1921), H. VII/XII (Nr. 105/110). S. 71-82.

—. Pilger. [Gedicht]. In: Neue Blätter für Kunst und Dichtung. 1 (1918/19), Januar-Heft. S. 191.

—. Prolog. [Gedicht]. In: Menschen 4 (1921), H. VII/XII (Nr. 105/110). S. 3-4.

—. Rausch. [Gedicht]. In: Dresdner Kalender 1920. S. 116.

—. Schatten über dem Meere. [Gedicht]. In: Neue Blätter für Kunst und Dichtung. 1 (1918/19), Mai-Heft. S. 12.

—. Schilling, Heinar: Die Sklaven. [Rezension]. In: Menschen 2 (1919), Nr. 1 (12). S. 4.

—. Schöpfung. [Gedicht]. In: Die Gäste 1 (1921), S. 86.

—. Serbisches Tagebuch. Von Leutnant Dietrich. Mit Zeichnungen des Verfassers. In: Wieland 1(1916), Nr. 42-44. S. 14-17.

—. Sophus Söneland. [Prosa]. In: Eos 1 (1920), 4. Buch. S. 135-145.

—. Sphinx. [Gedicht]. In: Menschen 1 (1918), Nr. 4. S. 3.

—. Stück zu »Hoboken«. [Prosa]. In: Menschen 4 (1921), H. 3 (Nr. 101). S. 37-38.

—. Sylvesters Nachtlied. [Gedicht]. In: Neue Blätter für Kunst und Dichtung. 1 (1918/19), Januar-Heft. S. 190-191.

—. Tatsachen unterscheiden sich... [Aphorismen]. In: Der Komet 1 (918/19), Blatt 1. S. 2.

—. Untergang. [Holzschnitt]. In: Menschen 1 (1918), Nr. 10. S. 2.

—. Van Dyck. [Gedicht]. In: Salonblatt 14 (1919), Nr. 24. S. 318.

—. Versuchung. [Gedicht]. In: Menschen 1 (1918), Nr. 6. S. 3.

—. Vincent van Gogh. [Gedicht]. In: Menschen 1 (1918), Nr. 9. S. 1.

—. Vincent van Gogh. [Gedicht]. In: Salonblatt 14 (1919), Nr. 28. S. 618.

—. Vorwort. [Prosa]. In: Menschen 4 (1921), H. VII/XII (Nr. 105/110). S. 1.

—. Walt Laurent. [Würdigung]. In: Konstanz 1 (1919), H. 3. S. 19-20.

—. Wintermärchen. [Gedicht]. In: Salonblatt 14 (1919), Nr. 6. S. 120.

—. Wrack Europa. (Projekt und Utopie). [Abhandlung]. In: Konstanz 2 (1920), H. 14. S. 49-50.

—. Zwei Gedichte. In: Die Schöne Rarität 1 (1918), H. 7/8. S. 134.

—. Zwei nordische Stücke. In: Der Zwinger 5 (1921), H. 11. S. 382-383.

Döblin, Alfred: Reims. In: Die neue Rundschau 25 (1914), H. 12. S. 1717-1722.

Dohrn, Wolf: Aufgaben der Bildungsanstalt Jaques-Dalcroze. In: Die Schulfeste der Bildungsanstalt Jaques-Dalcroze. Programmbuch. (= Der Rhythmus. [1912], Band II. 1. Hälfte). S. 75-81.

—. Die Aufgabe der Bildungsanstalt Jaques-Dalcroze. In: Der Rhythmus. (1911), Band 1. S. 2-19.

Dr. Blochwitz: Die Wettin-Feier in Dresden. In: Die 800jährige Wettiner-Jubelfeier. Juni 1889. Festschrift, im Auftrage des Festausschusses herausgegeben vom Preßausschuß. Dresden: Verlag der Albanus'schen Buchdruckerei 1889. S. 1-16.

Draeseke, Felix: Musik. In: Otto Richter (Hg.): Dresdens Entwicklung in den Jahren 1903 bis 1909. Festschrift des Rates der Königlichen Haupt- und Residenzstadt Dresden zur Einweihung des neuen Rathauses am 1.Oktober 1910. Dresden: Buchdruckerei der Dr. Güntzschen Stiftung 1910. S. 282-290.

Dresdner Kunstsalons. In: Salonblatt 13 (1918), Nr. 30. S. 686.

Dreßler, Walter: Appell einer Hadesseele. [Prosa]. In: Menschen 4 (1921), H. I (Nr. 99). S. 4.

—. Aus »Sardanapal«. [Gedicht]. In: Menschen 4 (1921), H. I (Nr. 99). S. 5.

Ehrenstein, Albert: Dem ermordeten Bruder. [Gedicht]. In: Neue Blätter für Kunst und Dichtung 1 (1918/19), März-Doppelheft. S. 255.

—. Der Kriegsgott. [Gedicht]. In: Neue Blätter für Kunst und Dichtung. Dresden 1 (1919), März-Doppelheft. S. 252.

—. Der Verwundete. [Gedicht]. In: Neue Blätter für Kunst und Dichtung. Dresden 1 (1919), März-Doppelheft. S. 252.

—. Dezembergang. [Prosa]. In: Neue Blätter für Kunst und Dichtung. Dresden 1 (1919), März-Doppelheft. S. 242-243.

—. Die Hölle. [Gedicht]. In: Neue Blätter für Kunst und Dichtung. Dresden 1 (1919), März-Doppelheft. S. 252.

—. Entrevue. [Prosa]. In: Neue Blätter für Kunst und Dichtung. Dresden 1 (1919), März-Doppelheft. S. 245-246.

—. Erziehungsroman. [Prosa]. In: Neue Blätter für Kunst und Dichtung. Dresden 1 (1919), März-Doppelheft. S. 243-.

—. Georg Trakl. [Essay]. In: Neue Blätter für Kunst und Dichtung 1 (1918/19), März-Doppelheft. S. 237-238.

—. Himmel und Hölle. [Aufsatz]. In: Die neue Schaubühne 4 (1922), H. 4. S. 94-98.

—. Iwar von Lücken. [Essay] In: Zeitschrift für Bücherfreunde. NF. Leipzig 16 (1924), H. 4. vor S. 95.

—. Iwar von Lücken. [Essay]. In: Der Querschnitt. Berlin 4 (1924). S. 388-389.

—. Leid. [Gedicht]. In: Neue Blätter für Kunst und Dichtung. Dresden 1 (1919), März-Doppelheft. S. 252.

—. Leidenschaft. [Prosa]. In: Neue Blätter für Kunst und Dichtung. Dresden 1 (1919), März-Doppelheft. S. 246-249.

—. Leimbiegler. [Prosa]. In: Neue Blätter für Kunst und Dichtung. Dresden 1 (1919), März-Doppelheft. S. 250-251.

—. Ode. [Gedicht]. In: Menschen 1 (1918), Nr. 7. S. 1.

—. Oskar Kokoschka. [Aufsatz]. In: Die literarische Gesellschaft 3 (1917), H. 9. S. 311-314.

—. Oskar Kokoschka. [Essay]. In: Zeit-Echo. Ein Kriegstagebuch der Künstler. (1914/15), H. 20. S. 302-307.

—. Oskar Kokoschka. [Gedicht]. In: Zeit-Echo. Ein Kriegstagebuch der Künstler. (1914/15), H. 20. S. 298.

—. Versuch einer Antwort. [Essay]. In: Menschen 2 (1919), Nr. 1 (12). S. 2.

—. Zweifel. [Prosa]. In: Neue Blätter für Kunst und Dichtung. Dresden 1 (1919), März-Doppelheft. S. 241-251.

Faass, Bruno (Hg.): Dresdner Bibliothekenführer. Hg. im Auftrag der Königlichen öffentlichen Bibliothek. Dresden: Verlagsbuchhandlung C. Heinrich 1915.

Fantl, Grete: Von wahren und falschen Idealen. [Aufsatz]. In: Der Zwinger 4 (1920), H. 10. S. 233-237.

—. Männlicher und weiblicher Eros. [Aufsatz]. In: Die neue Rundschau 30 (1919), H. 5. S. 632-638.

Felixmüller, Conrad/Raoul Hausmann u. a.: Der Bund. Programmentwurf. Reinbek. 22.8.1917. Typoskript. 4 Blatt. In: Hannah Höch. Eine Lebenscollage. Band I. 1. Abteilung 1889-1918. Hg. von der Berlinischen Galerie. Bearbeitet von Cornelia Thater-Schulz. Berlin: Argon-Verlag 1989. S. 296.

—. Der Prolet (Pönnecke). [Prosa]. In: Die Aktion 10 (1920), Sp. 333-336

—. Exaltationen meiner Seele. [Betrachtung]. In: Menschen 1 (1918), Nr. 1. S. 1.

—. Militär-Krankenwärter Felixmüller XI. Arnsdorf. [Autobiographische Aufzeichnung]. In: Menschen 1 (1918), H. 3. S. 3.

—. Schmidt Rottluff. [Aufsatz]. In: Menschen 2 (1919), H. V (Nr. 46/49). S. 10-11.

—. Sonderheft Conrad Felixmüller. In: Die Schöne Rarität 2 (1918), H. 3.

—. Sonderheft Felix Müller (Dresden). In: Die Aktion 7 (1917), Nr. 7/8.

—. Über Kunst. [Betrachtung]. In: Paul Westheim (Hg.): Künstlerbekenntnisse. Briefe, Tagebuchblätter, Betrachtungen heutiger Künstler. Berlin: 1925. S. 313-314.

—. Von der neuen Bühne. [Aufsatz]. In: Der Zwinger 3 (1919), H. 12. S. 325-327.

—. Zur Kunst. [Betrachtung]. In: Die Schöne Rarität 2 (1918), H. 3. S. 40.

Graphische Arbeiten:

—. Abraham und Isaak. [Originalholzschnitt]. In: Menschen 1 (1918), Nr. 2. S. 2.

—. Auf dem Balkon. [Lithographie]. In: Neue Blätter für Kunst und Dichtung 1 (1918/19), Juli-Heft, vor S. 63.

—. Bedrücktsein im Atelier. [Originalholzschnitt]. In: Menschen 1 (1918), Nr. 1. S. 4.

—. Bedrücktsein im Atelier. [Holzschnitt]. In: Neue Blätter für Kunst und Dichtung 1 (1918/19), Juli-Heft, nach S. 58.

—. Beß Brenck-Kalischer. [Originalholzschnitt]. In: Menschen 1 (1918), Nr. 3. S. 3.

—. Beß Brenck-Kalischer. [Originalholzschnitt]. In: Menschen 2 (1919), H. X (Nr. 68/69). S. 7.

—. Bildnis Walter Rheiner.[Holzschnitt]. In: Die Schöne Rarität 2 (1918/19), H. 1. S. 4.

—. Der Dichter Walter Rheiner. 1918. [Originalholzschnitt]. In: Menschen 1 (1918), Nr. 2. S. 4.

—. Der Parlamentarismus. [Titelblattholzschnitt]. In: Die Aktion 10 (1920), Nr. 19/20.

—. Der Revolutionär im Kerker. [Holzschnitt]. In: Die Aktion 11 (1921), Sp. 349.

—. Der Schrei. Eine Schriftenfolge. [Originalholzschnitt]. In: Menschen 1 (1918), Nr. 8. S. 6.

—. Der Sohn. [Holzschnitt]. In: Neue Blätter für Kunst und Dichtung 1 (1918/19), Dezember-Heft, vor S. 175.

—. Dichter Dietrich. [Holzschnitt]. In: Die Schöne Rarität 1 (1917/18), H. 7/8. S. 133.

—. Die Aktion der AAU. [Zeichnung]. In: Die Aktion 11 (1921), Sp. 311.

—. Die Aktion rüttelt die Verzagten auf. [Titelblattholzschnitt]. In: Die Aktion 11 (1921), Nr. 1/2.

—. Die Sozialpatrioten schaffen Ruhe. [Zeichnung]. In: Die Aktion 9 (1919), Sp. 122.

—. Dietrich. [Originalholzschnitt]. In: Menschen 2 (1919), H. X (Nr. 68/69). S. 6.

—. Dietrich. [Originalholzschnitt]. In: Menschen 1 (1918), Nr. 3. S. 2.

—. Dr. Erich H. Müller. [Originalholzschnitt]. In: Menschen 1 (1918), Nr. 3. S. 2.

—. Dr. Erich H. Müller. [Originalholzschnitt]. In: Menschen 2 (1919), H. X (Nr. 68/69). S. 7.

—. Durchfall der KPD. [Titelblattholzschnitt]. In: Die Aktion 10 (1920), Nr. 23/34.

—. Ein Matrose gewesen. [Lithographie]. In: Der Anbruch 4 (1921/22), H. 4. S. 8.

—. Ein Proletarier. [Titelblattholzschnitt]. In: Die Aktion 14 (1924), Nr. 5.

—. Erinnerungsblatt für Wähler. [Titelblattzeichnung]. In: Die Aktion 14 (1924), Nr. 13/14.

—. Es lebe die Weltrevolution. [Titelblattholzschnitt]. In: Die Aktion 10 (1920), Nr. 17/18.

—. Familie. [Gemälde]. In: Neue Blätter für Kunst und Dichtung 1 (1918/19), März-Doppelheft, nach S. 250.

—. Felixmüller. [Originalholzschnitt]. In: Menschen 1 (1918), Nr. 3. S. 3.

—. Felixmüller. [Originalholzschnitt]. In: Menschen 2 (1919), H. X (Nr. 68/69). S. 8.

—. Felix Stiemer. [Originalholzschnitt]. In: Menschen 1 (1918), Nr. 3. S. 4.

—. Felix Stiemer. [Originalholzschnitt]. In: Menschen 2 (1919), H. X (Nr. 68/69). S. 5.

—. Frau am Fenster. [Originalholzschnitt]. In: Die Rote Erde 1 (1919), H. 6. S. 171.

—. Frau unter Bäumen [Originalholzschnitt]. In: Die Rote Erde 1 (1919), H. 1. S. 11.

—. Für Däublers »Mit silberner Sichel«. [Holzschnitt]. In: Die Sichel 1 (1919), H. 1. S. 14.

—. Geburt. [Holzschnitt]. In: Die Schöne Rarität 2 (1918/19), H. 3. S. 45.

—. Heinar Schilling. [Originalholzschnitt]. In: Menschen 1 (1918), Nr. 3. S. 3.

—. Heinar Schilling. [Originalholzschnitt]. In: Menschen 2 (1919), H. X (Nr. 68/69). S. 5.

—. Heinar Schilling 1918. [Zeichnung]. In: Die Schöne Rarität 2 (1918/19), H. 3. S. 39.

—. Junge Eltern. [Holzschnitt]. In: Neue Blätter für Kunst und Dichtung 1 (1918/19), Dezember-Heft, vor S. 175.

—. Kameraden, gedenkt der Aktionsfonds. [Holzschnitt]. In: Die Aktion 9 (1919), Sp. 241-242.

—. Karl Radeks Traum. [Titelblattholzschnitt]. In: Die Aktion 10 (1920), Nr. 31/32.

—. Klassenentscheid nach dem Vorbild der grossen Revolution der Bourgeoisie. [Titelblattzeichnung]. In: Die Aktion 16 (1926), Nr. 1-3.

—. Kohlenrevier. [Lithographie]. In: Der Anbruch 4 (1921/22), H. 4. S. 4.

—. Mädchen unter Bäumen. [Originalholzschnitt]. In: Menschen 1 (1918), Nr. 4. S. 3.

—. Maidemonstration. [Titelblattholzschnitt]. In: Die Aktion 10 (1920), Nr. 17/18.

—. Mann und Frau. [Lithographie]. In: Neue Blätter für Kunst und Dichtung 1 (1918/19), Juli-Heft, nach S. 62.

—. Meiner Mutter. [Holzschnitt]. In: Neue Blätter für Kunst und Dichtung 1 (1918/19), Juli-Heft, vor S. 59.

—. Mensch. [Holzschnitt]. In: Menschen 1 (1918), Nr. 1. S. 1.

—. Menschen im Walde. [Farbholzschnitt]. In: Neue Blätter für Kunst und Dichtung 2 (1919/20), November-Heft, vor S. 163.

—. Menschen über der Welt. [Titelblattzeichnung]. In: Die Aktion 9 (1919), Nr. 26/27.

—. »Mit silberner Sichel«. Für Theodor Däubler. [Holzschnitt]. In: Neue Blätter für Kunst und Dichtung 1 (1918/19), November-Heft. S. 144.

—. Noskes Vorbereitung zur Maifeier 1919. [Titelblattzeichnung]. In: Die Aktion 9 (1919), Nr. 16/17.

—. Offenes Haar. [Originalholzschnitt]. In: Menschen 1 (1918), Nr. 8. S. 8.

—. Originalholzschnitt. In: Die Rote Erde 1 (1919), H. 3. S. 81.

—. Paar. [Originalholzschnitt]. In: Die Rote Erde 1 (1919), H. 6. S. 165.

—. Pharao. 1914. [Originalholzschnitt]. In: Menschen 1 (1918), Nr. 2. S. 2.

—. Porträt eines Lohnsklaven. [Titelblattholzschnitt]. In: Die Aktion 12 (1922), Nr. 7/8.

—. Porträt Friedrich Engels. [Titelblattholzschnitt]. In: Die Aktion 10 (1920), Nr. 47/48.

—. Porträt Karl Liebknecht. [Holzschnitt]. In: Menschen 2 (1919), Nr. 2 (15). S. 1.

—. Porträt Otto Rühle. [Titelblattzeichnung]. In: Die Aktion 10 (1920), Nr. 39/40.

—. Programm. [Holzschnitt]. In: Menschen 1 (1918), Nr. 8. S. 6.

—. Proletarier im Frühling. [Titelblattholzschnitt]. In: Die Aktion 13 (1923), Nr. 7.

—. Proletarier, welche ›Ruhe‹ und ›Ordnung‹ nicht mehr stören. [Holzschnitt]. In: Die Aktion 11 (1921), Sp. 422.

—. Rettet euch Menschen. [Titelblattholzschnitt]. In: Die Aktion 7 (1917), Nr. 39/40.

—. Rettet Sowjetrußland. [Titelblattholzschnitt]. In: Die Aktion 10 (1920), Nr. 21/22.

—. Selbstbildnis 1918. [Originalholzschnitt]. In: Menschen 2 (1919), Nr. 2 (15). S. 3.

—. Toter Genosse. [Holzschnitt]. In: Die Aktion 9 (1919), Sp. 725-726.

—. Vater und Sohn reichen sich im Beisein von Mond und Sternen die Hände. Walter Hasenclever gewidmet. [Holzschnitt]. In: Menschen 1 (1918), Nr. 2. S. 3.

—. Vier Bühnenentwürfe für die Uraufführung am Sächsischen Landestheater Dresden zu: »Das bist du« von Friedrich Wolf. [Reproduktionen]. In: Die Neue Schaubühne 1 (1919), H. 5. (Beilage S. 1-4).

—. Walter Rheiner. [Originalholzschnitt]. In: Menschen 2 (1919), H. X (Nr. 68/69). S. 6.

—. Walter Rheiner. [Originalholzschnitt]. In: Menschen 1 (1918), Nr. 3. S. 2.

—. Wahrzeichen der freiesten Demokratie. [Titelblattholzschnitt]. In: Die Aktion 13 (1923), Nr. 18.

——. Winter. [Holzschnitt]. In: Neue Blätter für Kunst und Dichtung 1 (1918/19), März-Doppelheft, nach S. 246.

——. »Wir gehen wählen!«. [Titelblattholzschnitt]. In: Die Aktion 11 (1921), Nr. 5/6.

——. Xavers [Heinrich Stadelmanns] Porträt. [Zeichnung]. In: Die Aktion 7 (1917), Sp. 360.

——. Zeichnungen zu Walter Rheiners »Der inbrünstige Musikant«. In: Die Schöne Rarität 2 (1918/19), H. 3. S. 43.

——. Zeichnungen zu Heinar Schillings »Sklaven«. In: Menschen 2 (1919), Nr. 6 (28). S. 2-3.

——. Zeichnungen zu Walter Rheiners »Kokain«. In: Menschen 2 (1919), Nr. 3 (19). S. 2-3.

——. Zu »Exaltationen meiner Seele«. [Originalholzschnitt]. In: Menschen 1 (1918), Nr. 5. S. 3.

——. Zu »Exaltationen meiner Seele«. [Originalholzschnitt]. In: Menschen 1 (1918), Nr. 8. S. 4.

Fischer, Richard: Abend. [Gedicht]. In: Dresdner Kalender 1920. S. 202.

——. Aus der Nacht. [Gedicht]. In: Menschen 1 (1918), Nr. 3. S. 2.

——. Den Schlachten zu. [Gedicht]. In: Die Aktion 8 (1918), Sp. 66-67.

——. Durchbruch. [Gedicht]. In: Menschen 2 (1919), H. II (Nr. 33/36). S. 1.

——. Erfüllung. [Gedicht]. In: Menschen 2 (1919), H. II (Nr. 33/36). S. 3.

——. Erweiterung. [Gedicht]. In: Menschen 1 (1918), Nr. 10. S. 1.

——. Feld der Ehre. [Gedicht]. In: Menschen 1 (1918), Nr. 3. S. 1.

——. Fremde. [Gedicht]. In: Menschen 2 (1919), Nr. 5 (25). S. 4.

——. Friedhof. [Gedicht]. In: Menschen 2 (1919), H. II (Nr. 33/36). S. 3.

——. Gedenket. [Gedicht]. In: Menschen 2 (1919), H. II (Nr. 33/36). S. 2.

——. Gedichte. In: Kriegsdichtungen aus dem Sachsenlande (1916), H. 14. S. 3-15.

——. Komm, Welt. [Gedicht]. In: Dresdner Kalender 1921. S. 70.

——. Löscht den Krieg aus. [Aufruf]. In: Menschen 1 (1918), Nr. 7. S. 1.

——. Nacht von Bethlehem. [Gedicht]. In: Die Aktion 7 (1917), Sp. 662-663.

——. Nacht von Bethlehem. [Gedicht]. In: Menschen 1 (1918), Nr. 3. S. 2.

——. Nichtsein-Erlösung. [Gedicht]. In: Die Aktion 8 (1918), Sp. 276-277.

——. Nichtsein-Erlösung. [Gedicht]. In: Menschen 2 (1919), H. II (Nr. 33/36). S. 1-2.

——. O diese Zeit der Fäulnis. [Gedicht]. In: Menschen 2 (1919), H. II (Nr. 33/36). S. 3.

——. Schlachtfeldlerche. [Gedicht]. In: Menschen 2 (1919), H. II (Nr. 33/36). S. 2.

——. Schöpfer. [Gedicht]. In: Menschen 2 (1919), H. II (Nr. 33/36). S. 3.

——. Schrei. [Gedicht]. In: Menschen 2 (1919), H. XIII (Nr. 77/80). S. 2.

——. Sonntag. [Gedicht]. In: Menschen 2 (1919), H. II (Nr. 33/36). S. 4.

——. Todestempel. [Gedicht]. In: Menschen 2 (1919), Nr. 2 (15). S. 1.

——. Über Nacht. [Gedicht]. In: Menschen 2 (1919), H. II (Nr. 33/36). S. 4.

——. Unendliche Straße. [Erzählung]. In: Menschen 3 (1920), H. III (Nr. 94/96). S. 114-116.

——. Unter Bäumen. [Gedicht]. In: Menschen 1 (1918), Nr. 10. S. 2.

——. Vater. [Gedicht]. In: Menschen 2 (1919), Nr. 2 (15). S. 1.

——. Wälder. [Gedicht]. In: Menschen 1 (1918), Nr. 10. S. 1.

Friedmann, Gustav: Expressionistische Arbeitsgemeinschaft Kiel. [Betrachtung]. In: Menschen 2 (1919), H. VI (Nr. 50/53). S. 26.

Gaedhe, Christian: »Das bist du«. [Kritik]. In: Das literarische Echo. 22 (1920), H. 4. Sp. 221-223.

Geissler, F. A.: Die Dalcroze-Schulfeste in Hellerau. In: Die Musik 11 (1911/12), H. 21. S. 154-157.

Georg, Johann: König Johann von Sachsen als Danteforscher. In: Neues Archiv für Sächsische Geschichte und Altertumskunde 43 (1922), H. 1/2. S. 201-220.

Goll, Iwan: An den Februar. [Gedicht]. In: Menschen 2 (1919), Nr. 5 (25). S. 1.

—. Apologie des Charlot. [Aufsatz]. In: Die neue Schaubühne 2 (1920), H. 2. S. 31-33.

—. Appell an die Kunst. [Manifest]. In: Die Aktion 7 (1917), Sp. 599-600.

—. Ararat. [Gedicht]. In: Menschen 2 (1919), Nr. 4 (22). S. 1.

—. Aus dem Drama »Lassalle«. In: Die Aktion 7 (1917), Sp. 692-693.

—. Aus dem Gedichtband »Die Unterwelt«. In: Neue Blätter für Kunst und Dichtung 2 (1919/20), Juni-Heft. S. 48-50.

—. Bäume, meine Brüder. [Gedicht]. In: Die Freude 1 (1920), S. 58.

—. Chianti. [Gedicht]. In: Menschen 2 (1919), Nr. 4 (22). S. 1.

—. Das Fenster. [Gedicht]. In: Die Aktion 7 (1917), Sp. 432.

—. Das junge Frankreich. [Aufsatz]. In: Das Tribunal 1 (1919), S. 105-106.

—. Das Kinodram. [Essay]. In: Die neue Schaubühne 2 (1920), H. 6. S. 141-143.

—. Das Überdrama. [Aufsatz]. In: Die neue Schaubühne 1 (1919), H. 9. S. 261-267.

—. Das Wort an sich. Versuch einer neuen Poetik. In: Die neue Rundschau 32 (1921), Band 2. S. 1082-1085.

—. Demonstration. [Gedicht]. In: Die Aktion 9 (1919), Sp. 327.

—. Der Führer. [Prosa]. In: Die Aktion 7 (1917), Sp. 644-645.

—. Der Kanal. [Gedicht]. In: Neue Blätter für Kunst und Dichtung 1 (1918/19), September-Heft. S. 105.

—. Der Knabe. [Gedichte]. In: Agathon 1 (1917/18), S. 41-42.

—. Der Möbelwagen. [Gedicht]. In: Münchner Blätter für Dichtung und Graphik 1 (1919), S. 41.

—. Der Weichensteller. [Gedicht]. In: Neue Blätter für Kunst und Dichtung 2 (1919/20), Juni-Heft. S. 49.

—. Die Ahorn-Allee. [Gedicht]. In: Neue Blätter für Kunst und Dichtung 2 (1919/20), Juni-Heft. S. 49.

—. Die Fahne. [Gedicht]. In: Revolution 1 (1913), Nr. 2. S. 4.

—. Die Kindesmörderin. [Gedicht]. In: Neue Blätter für Kunst und Dichtung 2 (1919/20), Juni-Heft. S. 48-49.

—. Die Kloaken. [Gedicht]. In: Der Mensch 1 (1918), S. 101-102.

—. Die Pyramide. [Gedicht]. In: Menschen 2 (1919), Nr. 4 (22). S. 4.

—. Die Reue. [Gedicht]. In: Neue Blätter für Kunst und Dichtung 2 (1919/20), Juni-Heft. S. 48.

—. Die Säufer. [Gedicht]. In: Neue Blätter für Kunst und Dichtung 2 (1919/20), Juni-Heft. S. 49.

—. Die tote Bürgerin. [Gedicht]. In: Neue Blätter für Kunst und Dichtung 2 (1919/20), Juni-Heft. S. 49.

——. Es gibt kein Drama mehr! [Manifest]. In: Die neue Schaubühne. Dresden 4 (1922), H. 1. S. 18.

——. Explosion. Ein Akt. [Drama]. In: Die neue Schaubühne 1 (1919), H. 6. S. 173-180.

——. Kleines Kino der Menschlichkeit. [Szenen]. In: Die Schöne Rarität 2 (1919), H. 11. S. 163-167.

——. Kommunistische Kunst. [Aufsatz]. In: Menschen 5 (1921), H. I (Nr. 111). S. 10-11.

——. Möblierte Zimmer. [Gedicht]. In: Neue Blätter für Kunst und Dichtung 2 (1919/20), Juni-Heft. S. 50.

——. Ozean Pharao. [Gedicht]. In: Menschen 2 (1919), Nr. 4 (22). S. 1.

——. Russische Revolutionslyrik. [Vorwort]. In: Menschen 5 (1921), H. III (Nr. 113). S. 33-34.

——. Über das neue Buch von Barbusse [Clarté]. In: Die weissen Blätter 6 (1919), S. 187-192.

——. Verbrecher. [Gedicht]. In: Neue Blätter für Kunst und Dichtung 2 (1919/20), Juni-Heft. S. 49-50.

——. Von neuer französischer Dichtung. [Rezension]. In: Die neue Rundschau 31 (1920), H. 1. S. 103-110.

——. Welle und Wolke. [Gedicht]. In: Neue Blätter für Kunst und Dichtung 1 (1918/19), September-Heft. S. 106.

——. Zanzibar. [Gedicht]. In: Menschen 2 (1919), Nr. 4 (22). S. 1.

Graf, Oskar Maria: Aus einem Brief an einen jungen Menschen. [Brief]. In: Menschen 2 (1919), H. 5 (Nr. 46/49). S. 2-4.

——. Der Hypochonder. [Erzählung]. In: Konstanz 1 (1919), H. 2. S. 5-6.

——. Der Hypochonder. [Erzählung]. In: Neue Blätter für Kunst und Dichtung 1 (1918/19), Dezember-Heft. S. 181.

——. Der Mann. Ein novellistischer Versuch. In: Menschen 1 (1918), Nr. 9. S. 3.

——. Der Mann. Ein novellistischer Versuch. In: Menschen 1 (1918), Nr. 10. S. 3.

——. Die Dichter. [Gedicht]. In: Die Schöne Rarität 2 (1918), H. 4. S. 62.

——. Die Hassenden. [Gedicht]. In: Menschen 1 (1918), Nr. 4. S. 4.

——. Die neuen Menschen. Für Georg Schrimpf. [Gedicht]. In: Menschen 2 (1919), H. 2 (Nr. 33/36). S. 6.

——. Die wunderbare Tat des Beatus Null. (Eine Geschichte, die wahr sein könnte.) In: Menschen 1 (1918), Nr. 6. S. 2-3.

——. Drei Manifeste aus »Die brennenden Rufe«. In: Menschen 2 (1919), Nr. 4 (22). S. 3.

——. Du. [Gedicht]. In: Neue Blätter für Kunst und Dichtung 2 (1919/20), Januar-Heft. S. 206.

——. Empörung. [Gedicht]. In: Der Weg 1 (1919), H. 2. S. 2.

——. Flehruf. [Gedicht]. In: Menschen 2 (1919), H. II (Nr. 33/36). S. 7.

——. Heimgang. [Gedicht]. In: Menschen 2 (1919), H. II (Nr. 33/36). S. 7.

——. Manifest 4. In: Konstanz 2 (1920), H. 10. S. 31-32.

——. Nichts hält uns mehr! [Manifest]. In: Menschen 2 (1919), Nr. 2 (15). S. 2.

——. Stadt. [Gedicht]. In: Neue Blätter für Kunst und Dichtung 2 (1919/20), Januar-Heft. S. 206.

Grohmann, Will: Der neue Standpunkt. [Aufsatz]. In: Der Zwinger 3 (1919), H. 21.
S. 559-562.

—. Die moderne Malerei in der Dresdner Gemäldegalerie. [Betrachtung]. In: Der
Cicerone. (1928), Band 20. S. 157-166.

—. Dienst an der Kunst. (Zu den Kutzschbach-Abenden im König Georg-Gymna-
sium). In: Der Zwinger 3 (1919), H. 4. S. 96-100.

—. Dresdner Sezession »Gruppe 1919«. [Essay]. In: Neue Blätter für Kunst und
Dichtung 1 (1919), März-Doppelheft. S. 257-260.

—. Friedrich Schwangart. [Würdigung]. In: Die Fahne 5 (1924), H. 2. S. 49-50.

—. Friedrich Schwangart. Signale. [Rezension]. In: Neue Blätter für Kunst und Dichtung 2 (1919/20), September-Heft. S. 125.

—. Graphik der »Gruppe 1919« Dresden. [Vorwort]. In: Menschen 2 (1919),
H. VIII (Nr. 62/65). S. 1-2.

—. Lasar Segall. [Aufsatz]. In: Neue Blätter für Kunst und Dichtung 2 (1919/20),
Mai-Heft. S. 30-32.

—. Zehn Jahre Novembergruppe. [Aufsatz]. In: Kunst der Zeit 3 (1928), Nr. 1-3.
Sonderheft: Zehn Jahre Novembergruppe. S. 1-11.

Günther, Alfred: Abschied. [Gedicht]. In: Dresdner Kalender 1925. S. 216.

—. Aufruhr. [Gedicht]. In: Menschen 2 (1919), H. II (Nr. 33/36). S. 7.

—. Choral. [Gedicht]. In: Dresdner Kalender 1919. S. 229.

—. Das Gedicht Johannes R. Bechers. [Aufsatz]. In: Die neue Kunst 1 (1913/14),
S. 96-100.

—. Das Wiegenlied. [Skizze]. In: Die weissen Blätter 2 (1915), S. 820-821.

—. Der Berg. [Gedicht]. In: Neue Blätter für Kunst und Dichtung 1 (1918/19),
März-Doppelheft. S. 260.

—. Der Gastfreund. [Gedicht]. In: Dresdner Kalender 1927. S. 122.

—. Der Schauspieler Erich Ponto. [Betrachtung]. In: Die neue Schaubühne 4 (1922),
H. 3. S. 66-67.

—. Der Tanz der Mary Wigman. [Aufsatz]. In: Die neue Schaubühne 3 (1921),
H. 5/6. S. 106-108.

—. Der Tanz in Dresden. [Aufsatz]. In: Der Große Garten. Wege und Ziele der
Kunst und Kultur in Dresden 1925. Hg. für den Sächsischen Kunstverein zu
Dresden von Erich Haenel. Dresden: Verlag Graphische Werke 1956. S. 58-61.

—. Dresden im Expressionismus. In: Paul Raabe (Hg.): Expressionismus. Aufzeichnungen und Erinnerungen der Zeitgenossen. Olten und Freiburg i.Br.: Walter-
Verlag 1965. S. 245-247.

—. Dresdner Schauspiel. [Kritik]. In: Die neue Schaubühne 3 (1921), H. 8/9.
S. 191-192.

—. Dresdner Schauspielhaus. [Kritik]. In: Die neue Schaubühne 4 (1922), H. 1.
S. 21.

—. Dresdner Theater. [Kritik]. In: Die neue Schaubühne 1 (1919), H. 12. S. 386-
390.

—. Dresdner Theater. [Kritik]. In: Die neue Schaubühne 3 (1921), H. 2/3. S. 56-58.

—. Dresdner Theater-Herbst. [Kritik]. In: Die neue Schaubühne 2 (1920), H. 11.
S. 301-306.

—. Dresdner Theater-Notizen. [Glosse]. In: Die neue Schaubühne 2 (1920), H. 7.
S. 194-195.

—. Eine Hamsun-Aufführung. [Kritik]. In: Die neue Schaubühne 2 (1920), H. 3. S. 83-84.

—. Empörung. [Gedicht]. In: Die Bücherei Maiandros (1913), 4/5. Buch. S. 19.

—. Hans Poelzig. [Aufsatz]. In: Neue Blätter für Kunst und Dichtung 1 (1918/19), September-Heft. S. 108-110.

—. Kleine Grosz-Mappe. [Rezension]. In: Neue Blätter für Kunst und Dichtung 1 (1918/19), November-Heft. S. 155.

—. Ludwig von Hofmann als Graphiker. [Aufsatz]. In: Neue Blätter für Kunst und Dichtung 1 (1918/19), Juli-Heft. S. 58.

—. Menschheitsdämmerung. [Kritik]. In: Menschen 3 (1920), H. I (Nr. 87/91). S. 60-61.

—. Mondstunde. [Gedicht]. In: Neue Blätter für Kunst und Dichtung 1 (1918/19), Juli-Heft. S. 58.

—. Nacht des Kranken. [Gedicht]. In: Neue Blätter für Kunst und Dichtung 1 (1918/19), März-Doppelheft. S. 260.

—. Österliche Stadt. [Gedicht]. In: Menschen 1 (1918), Nr. 3. S. 2.

—. Psalm. [Gedicht]. In: Menschen 2 (1919), H. II (Nr. 33/36). S. 3.

—. Psalm. [Gedicht]. In: Neue Blätter für Kunst und Dichtung 1 (1918/19), Juli-Heft. S. 57-58.

—. Reiselied. [Gedicht]. In: Dresdner Kalender 1926. S. 50.

—. Requiem für eine Mutter. [Gedicht]. In: Dresdner Kalender 1927. S. 110.

—. Sternwende. Szenisches Gedicht. In: Die neue Schaubühne 1 (1919), H. 1. S. 9-10.

—. Tageszeiten. [Gedicht]. In: Dresdner Kalender 1920. S. 54.

—. Vor Bildwerken von Gela Forster. [Aufsatz]. In: Menschen 2 (1919), H. III (Nr. 37). S. 1.

—. Walter Hasenclevers »Gobseck«. Die Dresdner Uraufführung. [Kritik]. In: Die neue Schaubühne. Dresden 4 (1922), H. 2. S. 51-52.

—. Wintermärchen. [Gedicht]. In: Dresdner Kalender 1921. S. 76.

Hasenclever, Walter: Alberttheater (Dresden). [Kritik]. In: Menschen 4 (1921), H. II (Nr. 100). S. 35-36.

—. An die Geliebte. [Gedicht]. In: Menschen 4 (1921), H. IV (Nr. 102). S. 56.

—. Antigone. [Betrachtung]. In: Die Szene. Blätter für Bühnenkunst 19 (1929), H. 10. S. 48.

—. Aphorismen für Theater. In: Dresdner Kalender 1920. S. 132.

—. Auf den Tod einer Frau. [Gedicht]. In: Menschen 2 (1919), H. IX (Nr. 66/67). S. 12.

—. Das deutsche Theater und Hermann Essig †. [Glosse]. In: Die neue Schaubühne 4 (1922), H. 1. S. 15-16.

—. Das keimende Leben. [Betrachtung]. In: Die neue Rundschau 22 (1911), 2. Band. S. 1493-1494.

—. Das Kind. [Gedicht]. In: Die Aktion 3 (1913), Sp. 651-652.

—. Das Theater der Russen. (Zum Gastspiel der Mitglieder des Moskauer Künstler-Theaters im Dresdner Schauspielhaus). [Kritik]. In: Die neue Schaubühne 4 (1922), H. 4. S. 111-113.

—. Das Theater von morgen. [Aufsatz]. In: Die Schaubühne. Teil I.: Vom Geist des Theaters und seinem Verfall 12 (1916), H. 19. S. 453-456; Teil II.: Die Forderung einer geistigen Bühne 12 (1916), H. 20. S. 474-477; Teil III.: Entstehung 12 (1916), H. 21. S. 499-501.

—. Der Freund und die Krankheit. [Gedicht]. In: Das neue Pathos 2 (1914), S. 81-83.

—. Der Kintopp als Erzieher. Eine Apologie. [Aufsatz]. In: Revolution 1 (1913), Nr. 4. S. 3-4.

—. Der Mann. [Gedicht]. In: Die Aktion 3 (1913), Sp. 651.

—. Der Schauspieler. [Gedicht]. In: Die Flöte 1 (1918/19), S. 100.

—. Der Schauspieler. An Ernst Deutsch. [Gedicht]. In: Das junge Deutschland 1 (1918), S. 85.

—. Der Zauberer. [Gedicht]. In: Die neue Kunst 1 (1913/14), S. 279.

—. Die Aufgabe des Dramas. [Aufsatz]. In: Der Zwinger 4 (1920), H. 20. S. 493-494.

—. Die Begegnung. [Gedicht]. In: Die neue Kunst 1 (1913/14), S. 277.

—. Die Braut von Messina. [Kritik]. In: Menschen 4 (1921), H. II (Nr. 100). S. 34-35.

—. Die Entscheidung. [Komödie]. In: Menschen 2 (1919), H. IX (Nr. 66/67). S. 1-10.

—. Die grüne Gräfin. [Gedicht]. In: Der Bildermann 1 (1916), Nr. 10. Beilage S. 2.

—. Die Kieler Woche. [Betrachtung]. In: Das Tagebuch. 1 (1920), H. 11/12. S. 393-397.

—. Die Mörder sitzen in der Oper! In memoriam Karl Liebknecht. [Gedicht]. In: Das junge Deutschland 2 (1919), S. 97.

—. Die Mörder sitzen in der Oper. [Gedicht]. In: Die Schöne Rarität 2 (1919), H. 12. (Sonderheft für Georg Tappert). S. 183-186.

—. Die Schwester.[Gedicht]. In: Die Bücherei Maiandros (1913), 4/5. Buch. S. 21.

—. Fern Andra. [Würdigung]. In: Die neue Schaubühne. 1 (1919), H. 10. S. 297-300.

—. Gedicht an Irma. [Gedicht]. In: Zeit-Echo 2 (1915/16), H. 2. S. 20.

—. Gedichte. In: Menschen 2 (1919), H. IX (Nr. 66/67). S. 12.

—. Gasglühlicht summt. [Gedicht]. In: Das neue Pathos 1 (1913), H. 1. S. 25.

—. Gottes Hand in Löwen. [Gedicht]. In: Wieland 2 (1917), H. 10. S. 22.

—. Jaures Tod. [Gedicht]. In: Der Bildermann 1 (1916), Nr. 14. Beilage S. 2.

—. Kunst und Definition. [Apologie]. In: Neue Blätter für Kunst und Dichtung 1 (1918), Juni-Heft. S. 40.

—. Kurzes Abenteuer. [Erzählung]. In: Dresdner Kalender 1925. S. 93-94.

—. Lyrik. Auswahl. In: Julius Bab (Hg.): Die deutsche Revolutionslyrik. Wien, Leipzig: E. Strache 1919. S. 281-290.

—. Nachdichtungen nach Verlaine aus »Die Geheimen Gebete«. In: Der Zwinger 5 (1921), H. 11. S. 370-373.

—. Oskar Kokoschka: Dramen und Bilder. [Rezension]. In: Berliner-Börsen-Courier vom 28.4.1913. Nr. 455. S. 12.

—. Prolog zum dritten Jahrgang. In: Menschen 3 (1920), H. I (Nr. 87/91). S. 64.

—. Reinhardt. [Aufsatz]. In: Menschen 4 (1921), H. I (Nr. 99). S. 1-2.

—. Schauspielhaus (Die Braut von Messina). Alberttheater. [Rezension]. In: Menschen 4 (1921), H. II (Nr. 100). S. 34-36.

—. Sondernummer Walter Hasenclever. In: Menschen 2 (1919), H. IX (Nr. 66/67).

—. Tod und Reichstag. [Manifest]. In: Das junge Deutschland 2 (1918), S. 139-141.

—. Tränen am Morgen. [Gedicht]. In: Die Aktion 5 (1915), Sp. 488.

—. Über das Tragische. [Aufsatz]. In: Menschen 4 (1921), H. II (Nr. 100). S. 17-18.

—. Umkehr. [Szene]. In: Das neue Rheinland. 1 (1919/20), S. 34-37.

—. /Heinar Schilling: Erklärung. In: Menschen 4 (1921), H. II (Nr. 100). S. 36.

Hausmann, Raoul: Der Proletarier und die Kunst. [Aufsatz]. In: Das Kunstblatt 2 (1918), S. 388-389.

—. Die Kunst und die Zeit. [Aufsatz]. In: Veröffentlichung der Novembergruppe (1921), H. 1. S. 3-5.

—. Die Macht liegt auf der Straße. [Szene]. In: Die Aktion 11 (1921), Sp. 474-476.

—. Die neue Kunst. [Aufsatz]. In: Die Aktion 11 (1921), Sp. 281-285.

—. Menschen, Leben, Erleben. [Betrachtung]. In: Menschen 1 (1918), Nr. 10. S. 2.

—. Pamphlet gegen die Weimarische Lebensauffassung. [Manifest]. In: Der Einzige 1 (1919), H. 14. S. 163-164.

—. Puffke beendet die Weltrevolution. [Prosa]. In: Die Aktion 11 (1921), Sp. 365-367.

—. Puffke propagiert Proletkult. [Prosa]. In: Die Aktion 11 (1921), Sp. 131-134.

Haustein, Wolfram von: Die gefiederte Welt, von Klabund. [Rezension]. In: Die junge Kunst (Deutsche Kunst) 1 (1919), H. 12. S. 15.

Heartfield, John/George Grosz: Der Kunstlump. [Pamphlet]. In: Der Gegner 1 (1919/20), Nr. 10/12. S. 48-56.

Hegner, Jakob: Andre Suares: Der goldene Meilenweiser. [Übersetzung]. In: Neue Blätter 1 (1912), S. 35-38.

—. Bihel: Paul Claudel. [Übersetzung]. In: Neue Blätter 1 (1912), S. 38-40.

—. Das Bildnis des Marcel Schwob und seine Grabschrift. [Skizze]. In: Der Sturm 4 (1913/14), S. 100-102.

—. Die Kerzen. [Erzählung]. In: Das neue Magazin für Literatur, Kunst und soziales Leben 73 (1904), H. 13. S. 393-394.

—. Ecce homo, ecce genius. An Theodor Däubler. [Gedicht]. In: Die Aktion 6 (1916), Sp. 155.

—. Ernest Hello: Das goldene Kalb. [Übersetzung]. In: Der Sturm 4 (1913/14), S. 130-133.

—. Ernest Hello: Lachen und Weinen. [Übersetzung]. In: Die Aktion 5 (1915), Sp. 629-632.

—. Francis Jammes: An den Falter. [Übersetzung]. In: Die Aktion 5 (1915), Sp. 289.

—. Francis Jammes: An die Blüte. [Übersetzung]. In: Die Aktion 5 (1915), Sp. 289.

—. Francis Jammes: Die rote Taubnessel. [Übersetzung]. In: Neue Blätter 1 (1912), S. 46.

—. Francis Jammes: Ihr Gesicht. [Übersetzung]. In: Neue Blätter 1 (1912), S. 38.

—. Francis Jammes: Ihr Wahnwitz. [Übersetzung]. In: Neue Blätter 1 (1912), S. 38.

—. Francis Jammes: Klara. [Übersetzung]. In: Das Hohe Ufer 2 (1920), S. 33-43.

—. Francis Jammes: Ländlicher Taufpsalm. [Übersetzung]. In: Die Aktion 5 (1915), Sp. 289-292.

—. Francis Jammes: Pflanzen. [Übersetzung]. In: Die Aktion 5 (1915), Sp. 366-368.

—. Francis Jammes: Psalm. [Übersetzung]. In: Die Aktion 5 (1915), Sp. 289-292.

—. Francis Jammes: Über Pflanzen. [Übersetzung]. In: Neue Blätter 1 (1912), S. 38.

—. Francis Jammes: Über Pflanzen. [Übersetzung]. In: Neue Blätter 1 (1912), S. 45-46.

—. Henri Bergson: Über Kunst. [Übersetzung]. In: Die Aktion 5 (1915), Sp. 609-613.

—. Marcel Schwob: Die Leichenfrauen. [Übersetzung]. In: Der Sturm 4 (1913/14), S. 74-75.

—. Paul Claudel: Der Stimmführer im ›Ruhetag‹. [Übersetzung]. In: Die Aktion 5 (1915), Sp. 618-621.

—. Paul Claudel: Die Hymne des heiligen Abendmahls. [Übersetzung]. In: Neue Blätter 1 (1912), S. 12-14.

—. Paul Claudel: Pagode. [Übersetzung]. In: Neue Blätter 1 (1912), S. 14-16.

—. Paul Claudel: Verkündigung. [Übersetzung]. In: Der Sturm 4 (1913/14), S. 122-125.

—. Paul Claudel: Zwiegespräch aus dem Goldhaupt. [Übersetzung]. In: Neue Blätter 1 (1912), S. 79-81.

—. Träumer. [Gedicht]. In: Das neue Magazin für Literatur, Kunst und soziales Leben 73 (1904), H. 1. S. 23.

—. Und im Silbersonnenschimmer… [Gedicht]. In: Die Freistatt. (1903), Nr. 39. vom 26. September.

—. Versuch einer Literaturbilanz. [Aufsatz]. In: Die literarische Welt 5 (1929), Nr. 1. S. 3-4.

Hiller, Kurt: Ausstellung der Pathetiker. In: Die Aktion 2 (1912), Sp. 1514.

—. (Hg.): Das Ziel. Aufrufe zu tätigem Geist. München und Berlin: Georg Müller Verlag 1916.

Hoffmann, Camill: An den fernsten Menschen. [Gedichtzyklus]. In: Die Aktion 8 (1918), Sp. 235.

—. Ausblick in die Literatur. [Betrachtung]. In: Das Kunstblatt 2 (1918), S. 158-160.

—. Ausblick in die Literatur. [Betrachtung]. In: Das Kunstblatt 2 (1918), S. 91-93.

—. Ausblick in die Literatur. [Betrachtung]. In: Das Kunstblatt 3 (1919), S. 61-62.

—. Charles Leberghe: Die goldene Bark. [Übersetzung]. In: Die Aktion 6 (1916), Sp. 72.

—. Dada. [Aufsatz]. In: Der Zwinger 3 (1919), H. 19. S. 489-493.

—. Das gute Meer. [Erzählung]. In: Zeit-Echo 2 (1915/16), H. 4. S. 53-55.

—. Das Hussitendrama. In: Die neue Schaubühne 2 (1920), H. 1. S. 52-53.

—. Der junge Gott. [Gedicht]. In: Neue Blätter für Kunst und Dichtung 1 (1918/19), Dezember-Heft. S. 170.

—. Der Mond. [Gedicht]. In: Neue Blätter für Kunst und Dichtung 1 (1918/19), Dezember-Heft. S. 170.

—. Die Nacht. [Gedicht]. In: Die Aktion 8 (1918), Sp. 384.

—. Drei kleine Balladen. In: Die Aktion 10 (1920), Sp. 447-448.

—. Dresdner Uebersicht. [Betrachtung]. In: Die Schaubühne 13 (1917), 1. Band. S. 600-603.

—. Fedja Michailowitsch. [Gedicht]. In: Der Zwinger 3 (1919), H. 1. S. 16.

—. Glühende Landschaft. [Gedicht]. In: Die Aktion 7 (1917), Sp. 532.

—. Hasenclever. [Aufsatz]. In: Das junge Deutschland 1 (1918), H. 3. S. 82-85.

—. Im Boot. [Gedicht]. In: Neue Blätter für Kunst und Dichtung 1 (1918/19), Dezember-Heft. S. 170.

—. Karel Hlavácek: Die Öde unseres Landes... [Übersetzung]. In: Die Aktion 7 (1917), Sp. 159.

—. Karel Hlavácek: Ein Abend... [Übersetzung]. In: Die Aktion 7 (1917), Sp. 426.

—. Kokoschkas Dichtung und Theater. [Aufsatz]. In: Das Kunstblatt 1 (1917), S. 219-221.

—. Max Brods sentimentale Groteske. [Rezension]. In: Die neue Schaubühne 2 (1920), H. 10. S. 275-276.

—. Mond und Hexen. [Gedicht]. In: Neue Blätter für Kunst und Dichtung 1 (1918/19), Mai-Heft. S. 7.

—. Otokar Brezina: Das Lächeln der Zeit. [Übersetzung]. In: Neue Blätter 1 (1912), S. 89-90.

—. Otokar Brezina: Die Gefahren der Ernte. [Übersetzung]. In: Neue Blätter 1 (1912), S. 90-92.

—. Otokar Brezina: Die Musik der Quellen. [Übersetzung]. In: Neue Blätter 1 (1912), S. 89-92.

—. Porträts junger Schauspieler. Erich Ponto. [Betrachtung]. In: Das junge Deutschland 1 (1918), Nr. 8/9. S. 296.

—. Porträts junger Schauspieler. Friedrich Lindner. [Betrachtung]. In: Das junge Deutschland 2 (1919), Nr. 2. S. 61-62.

—. Ruf es... [Gedicht]. In: Die Aktion 8 (1918), Sp. 235.

—. Theater in Dresden. [Bericht]. In: Das junge Deutschland 1 (1918), Nr. 6. S. 204-206.

—. Theater in Dresden. [Bericht]. In: Das junge Deutschland 2 (1919), Nr. 7. S. 198-199.

—. Unendlichkeit. [Gedicht]. In: Neue Blätter für Kunst und Dichtung 1 (1918/19), Dezember-Heft. S. 170.

—. Vier Gedichte vom Meer. In: Neue Blätter für Kunst und Dichtung 1 (1918/19), Dezember-Heft. S. 170.

—. Vier tschechische Maler. [Kritik]. In: Neue Blätter für Kunst und Dichtung 2 (1919/20), Februar-Heft. S. 230-231.

—. Vom Vortrag lyrischer Gedichte. [Aufsatz]. In: Die neue Schaubühne 1 (1919), H. 1. S. 6-9.

—. Warst du mir Feind noch gestern ... [Gedicht]. In: Die Aktion 8 (1918), Sp. 235.

Hoffmann, Paul Theodor: Von Dresdner Dichtern. [Aufsatz]. In: Dresdner Kalender 1920. S. 133-152.

Hofmann, Walter: Buch und Volk und die volkstümliche Bücherei. In: Schriften der Zentralstelle für volkstümliches Büchereiwesen. Leipzig (1916), H. 4. 52 S.

—. Der Krieg und die Volksbibliotheken. In: Schriften der Zentralstelle für volkstümliches Büchereiwesen. Leipzig (1915), H. 1. S. 3-7.

—. Dresdner Volksbibliotheken. In: Robert von Erdberg (Hg.): Volksbildungsarchiv. Beiträge zur wissenschaftlichen Vertiefung der Volksbildungsbestrebungen. Band 1. Berlin: C. Heymann 1910. S. 133-138.

Horneffer, August: Das Fest. In: Die Schulfeste der Bildungsanstalt Jaques-Dalcroze. Programmbuch. (= Der Rhythmus. [1912], Band II. 1. Hälfte). S. 14-19.

I. E. A.: Zum Literatur-Expressionismus. In: Der Kunstwart 32,I,II (1918), H. 1. S. 21-22.

Inventarien von 87 Dresdner Arbeiterhaushalten, aufgenommen November 1903. In: Mitteilungen des Statistischen Amtes der Stadt Dresden, 1904, H. 13. Dresden: v. Zahn und Jaensch, S. 3-36.

Jaques-Dalcroze, E.: Schularbeit und Schulfest. Aus dem Französischen übertragen von Wolf Dohrn. In: Die Schulfeste der Bildungsanstalt Jaques-Dalcroze. Programmbuch. (= Der Rhythmus. [1912], Band II. 1. Hälfte). S. 47-53.

Jessenin, Sergej: Aus dem Zyklus: Russland und Jnonien. [Gedicht]. In: Menschen 5 (1921/22), H. III (Nr. 113). S. 46-47.

—. Verwandlung. [Gedichte]. In: Menschen 5 (1921/22), H. III (Nr. 113). S. 44-45.

Kalenter, Ossip: Das neuste Gedicht. Eine Sammlung, herausgegeben von Heinar Schilling. [Rezension]. In: Menschen 3 (1920), H. III (Nr. 94/96). S. 147-150.

—. Der ästhetische Dichter singt. [Gedicht]. In: Menschen 3 (1920), H. I (Nr. 87/91). S. 45.

—. Die Dichtung. [Gedicht]. In: Die Flöte 3 (1920/21), S. 197.

—. Die Idyllen um Sylphe. [Gedicht]. In: Menschen 3 (1920), H. III (Nr. 94/96). S. 121-122.

—. Die Verliebten. [Gedicht]. In: Menschen 3 (1920), H. III (Nr. 94/96). S. 120.

—. Die Verse der Dame. [Prosa]. In: Die Flöte 4 (1921/22), S. 97-100.

—. Dresdner April. [Betrachtung]. In: Der Drache 2 (1920/21), H. 31. S. 3-5.

—. Dresdner Marginalien zum März. [Betrachtung]. In: Der Drache 2 (1920/21), H. 27. S. 6-10.

—. Gedichte. In: Der Zwinger 5 (1921), H. 3. S. 89-90.

—. Menschenfleisch. [Satire]. In: Das Tage-Buch 5 (1924), H. 37. S. 1314-1315.

—. Nun wollen wir der ... [Gedicht]. In: Die Flöte 3 (1920/21), S. 197.

—. Orkan. [Gedicht]. In: Menschen 3 (1920), H. I (Nr. 87/91). S. 44.

—. Revolutionsnacht in Dresden. [Betrachtung]. In: Der Drache 2 (1921), H. 28. S. 1-2. (April).

Kesser, Hermann: Journalismus. [Aufsatz]. In: Der Revolutionär 1 (1919), H. 11. S. 16-19

Kirchner, Ludwig: Verzeichnis der Passivmitglieder der ›Künstlergruppe Brücke‹. In: Katalog der Ausstellung der Künstlergemeinschaft Brücke in der Galerie Arnold. Dresden 1910. [unpag.].

Klabund: Brigitte. Ein modernes Mysterium. In: Menschen 2 (1919), H. XI (Nr. 70/71). S. 1-5.

—. Der Dichter und der Kaiser. Ein chinesisches Märchen. In: Das junge Deutschland 1 (1918), Nr. 3. S. 79.

—. Dialog über Politik und Dichtung. In: Das junge Deutschland 1 (1918), Nr. 8/9. S. 273-274.

—. Marietta. [Prosagedicht]. In: Menschen 2 (1919), H. XI (Nr. 70/71). S. 5-8.

—. Mein Bruder. [Gedicht]. In: Zeit-Echo 2 (1915/16), H. 4. S. 52.

—. Müde bin ich... [Gedicht]. In: Zeit-Echo 2 (1915/16), H. 12. S. 187.

—. Pro domo. [Essay]. In: Menschen 2 (1919), H. V (Nr. 46/49). S. 20.

Knobloch, Heinrich: Dresdens Buchgewerbe und seine Bedeutung am Anfang des 20. Jahrhunderts. In: Deutsche Buchhandelsblätter. Illustrierte Monatsschrift für das gesamte Buchgewerbe und die graphischen Künste. Erfurt 6 (1906), H. 11. S. 333-348.

Knobloch, Willy: Gedichte. In: Menschen 2 (1919), H. VII (Nr. 54/61). S. 13-17.

Kokoschka, Oskar: Aus der Bach-Mappe. [Zwei Lithographien]. In: Neue Blätter für Kunst und Dichtung 1 (1918/19), Mai-Heft, nach S. 14.

—. Ausruhende Tänzerin. [Zeichnung]. In: Der Sturm 1 (1910/11), S. 307.

—. Bildnis der Mutter. [Lithographie]. In: Neue Blätter für Kunst und Dichtung 1 (1918/19), Mai-Heft, nach S. 10.

—. Bildnis Dr. F. N. In: Neue Blätter für Kunst und Dichtung 1 (1918/19), Mai-Heft, vor S. 11.

—. Bildnis Walter Hasenclever. In: Neue Blätter für Kunst und Dichtung 1 (1918/19), Juni-Heft. S. 25.

—. Christi Dornenkrönung. [Lithographie]. In: Der Bildermann 1 (1916), Nr. 9. S. 4.

—. Daisy. [Gedicht]. In: Menschen 4 (1921), H. II (Nr. 100). S. 24.

—. Daisy. [Reproduktion]. In: Menschen 4 (1921), H. II (Nr. 100). S. 25.

—. Das Abendmahl. [Lithographie]. In: Der Bildermann 1 (1916), Nr. 17. S. 1.

—. Der Gekreuzigte. [Lithographie]. In: Der Bildermann 1 (1916), Nr. 12. S. 4.

—. Der Mann mit dem Goldstück. [Zeichnung]. In: Der Sturm 1 (1910/11), S. 315.

—. Die Erscheinung Christi. [Lithographie]. In: Der Bildermann 1 (1916), Nr. 14. S. 4.

—. Die heilige Familie. [Lithographie]. In: Der Bildermann 1 (1916), Nr. 18. S. 4.

—. Die Kindesmörderin. [Zeichnung]. In: Der Sturm 1 (1910/11), S. 267.

—. Die Macht der Musik. Gemälde. [Reproduktion]. In: Neue Blätter für Kunst und Dichtung 3 (1920/21), 1. Halbjahresband. S. 15.

—. Elblandschaft. Gemälde. [Reproduktion]. In: Neue Blätter für Kunst und Dichtung 3 (1920/21), 1. Halbjahresband. S. 20.

—. Flucht aus dem Paradies. [Zeichnung]. In: Der Sturm 1 (1910/11), S. 331.

—. Geburt Christi. [Zeichnung]. In: Der Sturm 1 (1910/11), S. 339.

—. Gedichte. In: Zeit-Echo 1 (1914/15), H. 20. S. 300-301.

—. Gethsemane. [Lithographie]. In: Neue Blätter für Kunst und Dichtung 1 (1918/19), Mai-Heft. S. 2.

—. In Gedanken. [Zeichnung]. In: Der Sturm 1 (1910/11), S. 323.

—. Karl Kraus. [Zeichnung]. In: Der Sturm 1 (1910/11), S. 91.

—. Porträt seiner Mutter. [Lithographie]. In: Neue Blätter für Kunst und Dichtung 1 (1918/19), Mai-Heft, vor S. 11.

—. Verkündigung. [Lithographie]. In: Der Bildermann 1 (1916), Nr. 7. S. 4.

—. Von der Natur der Gesichte. [Aufsatz]. In: Menschen 4 (1921), H. I (Nr. 99). S. 7-10.

Kolb, Annette: Die internationale Rundschau und der Krieg. [Vortrag gehalten in Dresden]. In: Die weissen Blätter 2 (1915), S. 269-284.

—. In Dresden. Sechster und siebenter Brief an einen Toten. Glossen. In: Die weissen Blätter 2 (1915), S. 1155-1165.

Kühn, Erich: Dresden und die leichte Muse. In: Dresdner Kalender 1913. S. 73-77.

Kühn, Herbert: Die Tage fallen ab. [Gedicht]. In: Die Aktion 7 (1917), Sp. 270.

—. Einzug in Jerusalem. [Gedicht]. In: Neue Blätter für Kunst und Dichtung 2 (1919/20), Mai-Heft. S. 30.

—. Ende. [Gedicht]. In: Die Aktion 7 (1917), Sp. 96.

—. Expressionismus und Sozialismus. [Manifest]. In: Neue Blätter für Kunst und Dichtung 2 (1919/20), Mai-Heft. S. 28-30.

—. Landschaft. [Gedicht]. In: Die Aktion 6 (1916), Sp. 336.

—. Not. [Gedicht]. In: Die Aktion 8 (1918), Sp. 383.

—. Verklärung. [Gedicht]. In: Neue Blätter für Kunst und Dichtung 1 (1918/19), Juli-Heft. S. 60.

—. Verkündigung. [Gedicht]. In: Neue Blätter für Kunst und Dichtung 2 (1919/20), Mai-Heft. S. 30.

—. Verschwörung. [Erzählung]. In: Neue Blätter für Kunst und Dichtung 1 (1918/19), Dezember-Heft. S. 177-180.

—. Wiederkunft. [Prosa]. In: Neue Blätter für Kunst und Dichtung 1 (1918/19), Oktober-Heft. S. 128-130.

—. Wüste. [Gedicht]. In: Neue Blätter für Kunst und Dichtung 1 (1918/19), Juli-Heft. S. 60.

Kühn, Julius: Die Geltung des Expressionismus. [Betrachtung]. In: Die Flöte 1 (1918/19). S. 1-3.

Kummer, Friedrich: Theater. In: Otto Richter (Hg.): Dresdens Entwicklung in den Jahren 1903 bis 1909. Festschrift des Rates der Königlichen Haupt- und Residenzstadt Dresden zur Einweihung des neuen Rathauses am 1.Oktober 1910. Dresden: Buchdruckerei der Dr. Güntzschen Stiftung 1910. S. 270-281.

Kurella, Alfred: Das Körpergefühl und sein Ausdruck. [Aufsatz]. In: Die Tat 10 (1918), H. 7. S. 508-511.

—. Die neueste Entwicklung der Freideutschen Jugend. [Aufsatz]. In: Die Tat 9 (1917), H. 8. S. 739-740.

—. Die Vorbedingungen einer Kulturtagung. [Aufsatz]. In: Die Tat 10 (1918), H. 12. S. 1049-1052.

—. Die Zukunft der Jugendbewegung. [Aufsatz]. In: Die Tat 8 (1916), H. 8. S. 707-724.

—. Freideutsche Entwicklung. [Aufsatz]. In: Die Tat 10 (1918), H. 2. S. 157-158.

—. Vom Körpergefühl. [Aufsatz]. In: Die Tat 10 (1918), H. 9. S. 715-717.

—. Zur Ethik der neuen Jugend. [Aufsatz]. In: Die Tat 10 (1918), H. 8. S. 634-637.

Landauer, Gustav: Eine Ansprache an die Dichter. In: Alfred Wolfenstein (Hg.): Die Erhebung. 1 (1919), S. 296-304.

Le Mang, Erwin: Dresden und die Literatur 1911/12. In: Dresdner Kalender 1913. S. 61-66.

Leinert, A. Rudolf: Alle Parfüme des Cafes ... In: Menschen 2 (1919), H. II (Nr. 33/36). S. 27.

—. Das Werk des Aage von Kohl. [Aufsatz]. In: Die Gäste 1 (1921), S. 46-47.

—. Die Letzten. [Gedicht]. In: Die Schöne Rarität 2 (1918), H. 4. S. 62.

—. Die Schlacht. Aufruhr der Seele. [Gedichte]. In: Der Orkan 2 (1917/18), H. 1. S. 9-10.

—. Die Toten. [Gedicht]. In: Menschen 2 (1919), H. II (Nr. 33/36). S. 27.

—. Erlebnis. [Gedicht]. In: Neue Blätter für Kunst und Dichtung 1 (1918/19), Oktober-Heft. S. 135.

—. Erwachen aus dem Fieber. [Gedicht]. In: Die Schöne Rarität 2 (1918), H. 6. S. 90.

—. Gedichte. In: Die Rote Erde 1 (1919), H. 2. S. 48.

—. Gedichte. In: Die Rote Erde 1 (1919), H. 4/5. S. 111-112.

—. Gefangene. [Gedicht]. In: Menschen 2 (1919), H. II (Nr. 33/36). S. 27.

—. Hölderlin. Moses. [Gedichte]. In: Menschen 2 (1919), Nr. 4 (22). S. 1.

—. Ich = Gott. [Gedicht]. In: Der Orkan 2 (1917/18), H. 4/5. S. 72.

—. Kloster ›Unsere liebe Frau‹. [Gedicht]. In: Menschen 2 (1919), H. II (Nr. 33/36). S. 28.

—. Nacht. Die kranke Stadt. [Gedichte]. In: Der Orkan 2 (1917/18), H. 4/5. S. 73.

—. Peter Baum: Schützengrabenverse. [Rezension]. In: Der Orkan 2 (1917/18), H. 3. S. 48.

—. Terzinen der Liebe, 1. 2. 3. In: Menschen 1 (1918), Nr. 6. S. 2.

—. Terzinen der Liebe, 5. 6. In: Menschen 1 (1918), Nr. 7. S. 3.

—. Tiefer Tag. Ende. [Gedichte]. In: Die Gäste 1 (1921), S. 26.

—. Wahnsinn. [Gedicht]. In: Neue Blätter für Kunst und Dichtung 1 (1918/19), Oktober-Heft. S. 135-136.

—. Zwischen den Jahren. [Gedicht]. In: Menschen 2 (1919), Nr. 4 (22). S. 2.

Leonhard, Rudolf: Das glühende Idyll. [Erzählung]. In: Neue Blätter für Kunst und Dichtung 1 (1918/19), Oktober-Heft. S. 136.

—. Enzio und das Weib. [Erzählung]. In: Neue Blätter für Kunst und Dichtung 1 (1918/19), Oktober-Heft. S. 137.

—. Gemeinsamkeit der Revolutionäre. (Zu Liebknechts Tod). [Betrachtung]. In: Das Tribunal 1 (1919), H. 2. S. 26.

—. Nach dem Ende. Männer. [Gedichte]. In: Menschen 3 (1920), H. I (Nr. 87/91). S. 31-32.

—. Proletarisches Theater. [Aufsatz]. In: Die neue Schaubühne 2 (1920), H. 1. S. 19-21.

—. Über die Möglichkeit des historischen Dramas. [Aufsatz]. In: Die neue Schaubühne 5 (1925), H. 1. S. 21-24.

Lichtwark, Alfred: Anleitung zum Genuß der Kunstwerke. In: Kunsterziehung. Ergebnisse und Anregungen des Kunsterziehungstages in Dresden am 28. und 29. September 1901. Leipzig: R. Voigtländer's Verlag 1902. S. 183-188.

—. Dresden. In: Ders.: Deutsche Königsstädte. Berlin-Potsdam-Dresden-München-Stuttgart. Dresden: Gerhard Kühtmann 1898. S. 81-99.

Liebscher, Artur: Die Schulfeste in Hellerau. In: Neue Zeitschrift für Musik. 79 (1912), H. 28. S. 397-399.

Loerke, Oskar: Die arme Öffentlichkeit des Dichters. In: Gedichte und Prosa. Band 1. Frankfurt a. M.: Suhrkamp 1958. S. 731-738.

Lotz, Ernst Wilhelm: Abendspiel. [Gedicht]. In: Der Sturm 4 (1913/14), S. 107.

—. Allein. [Erzählung]. In: Der Sturm 4 (1913/14), S. 50-51.

—. Aufbruch der Jugend. [Gedicht]. In: Zeit-Echo 1 (1914/15), H. 9. S. 130.

—. Deine Haare. [Gedicht]. In: Der Sturm 5 (1914/15), S. 87.

—. Der Prophet. [Gedicht]. In: Revolution 1 (1913), Nr. 3. S. 3.

—. Der Tänzer. [Gedicht]. In: Die weissen Blätter. 2 (1915), S. 855-856.

—. Die Nacht strich funkelnd ... [Gedicht]. In: Der Sturm 4 (1913/14), S. 35.

—. Erscheinung. [Gedicht]. In: Neue Blätter für Kunst und Dichtung 1 (1918/19), Juni-Heft. S. 38.

Lücken, Iwar von: Abschied. [Gedicht]. In: Menschen 3 (1920), H. III (Nr. 94/96). S. 112.

—. Clematis [Gedicht]. In: Menschen 4 (1921), H. IV (Nr. 102). S. 66.

—. Der weiße Heiland. [Kritik]. In: Die Weltbühne 16 (1920), 1. Band. S. 400-403.

—. Eine Beleidigungsklage und zwei Antworten. In: Der Querschnitt. Berlin 5 (1925). S. 71-72.

—. Gedichte. In: Zeitschrift für Bücherfreunde. N. F. 16 (1924), H. 4. S. 95-96.

—. In Ewigkeit. [Gedicht]. In: Die Weltbühne 16 (1920),1. Band. S. 399.

—. Interview mit der Steuerbehörde. In: Der Querschnitt 5 (1925), H. 1. S. 85.

—. Mein Schicksal. [Gedicht]. In: Menschen 3 (1920), H. III (Nr. 94/96). S. 111.

—. Reinigung. [Gedicht]. In: Menschen 3 (1920), H. III (Nr. 94/96). S. 113.

—. »Und der Geist fuhr in die Säue«. (Die Sprengung eines demokratischen Vereins). [Dichtung]. In: Menschen 2 (1919), Nr. 2 (15). S. 1-2.

—. Warum der Elefantenführer nicht sprach. [Prosa]. In: Salonblatt 14 (1919), Nr. 13, S. 273-274.

M. A.: Dresdner Signale. In: Salonblatt 13 (1918), Nr. 48. S. 1123.

Majakowski, V.: Aus: »Der Krieg und die Welt«. [Gedicht]. In: Menschen 5 (1921/22), H. III (Nr. 113). S. 40-42.

—. Sonne. [Gedicht]. In: Menschen 5 (1921/22), H. III (Nr. 113). S. 43.

Manasse, Rudolf: Bemerkungen über politische Kunst. [Aufsatz]. In: Neue Blätter für Kunst und Dichtung 1 (1918), Juli-Heft. S. 61-63.

—. »Die Braut von Messina« im Schulunterricht. [Aufsatz]. In: Der Zwinger 5 (1921), H. 3. S. 104-106.

—. Die Zusammenhänge der Jugendbewegung mit den geistigen Strömungen der Epoche. [Aufsatz]. In: Neue Blätter für Kunst und Dichtung 2 (1919/20), Oktober-Heft. S. 146-148.

—. Hölderlins politische Sendung. [Aufsatz]. In: Der Zwinger 5 (1921), H. 12. S. 405-409.

—. Hölderlins Sophokles-Uebertragungen. [Aufsatz]. In: Der Zwinger 4 (1920), H. 6. S. 138-143.

—. Politik. [Aufsatz]. In: Die Aktion 8 (1918), Sp. 403-404.

—. Ringkämpfe. [Betrachtung]. In: Der Zwinger 4 (1920), H. 20. S. 502-506.

—. Struktur der Politik. [Aufsatz]. In: Summa (1918), Drittes Viertel. S. 99-131.

—. Von der Macht des Guten. [Aufsatz]. In: Summa (1918), Viertes Viertel, S. 117-124.

Mann, Thomas: Okkulte Erlebnisse. In: Die neue Rundschau 35 (1924), H. 3. S. 193-224.

Marienhof, Anatol: Aus: »Oktober«. [Gedicht]. In: Menschen 5 (1921/22), H. III (Nr. 113). S. 48.

Marsop, Paul: Die Hellerauer Feste und ihr Programm. In: Die Schulfeste der Bildungsanstalt Jaques-Dalcroze. Programmbuch. (= Der Rhythmus. [1912], Band II. 1. Hälfte). S. 40-46.

März, Johannes: Die Dresdner Industrie in den Jahren 1919 bis 1923. In: Dresdner Kalender 1925. S. 96-109.

Maurenbrecher, Max: Heinar Schillings »Königslied«. [Rezension]. In: Deutsche Bauernhochschule 6 (1926), 2. Frühlingsheft. S. 62.

Maync, Harry: Literaturgeschichte als Wissenschaft. In: Deutsche Literaturzeitung. 36 (1915), Nr. 1. Sp. 5-9.

Meidner, Ludwig: Alaunstraße in Dresden, Hymne. [Gedichte]. In: Die Aktion 5 (1915), Sp. 61-62.

—. An alle Künstler, Dichter, Musiker. [Aufruf]. In: An alle Künstler! Berlin: (Willi Simon) 1919. S. 7-10.

—. Bruder, zünd' die Fackel an. Zum Gedächtnis Carl Liebknechts und Rosa Luxemburgs. [Manifest]. In: Die Erde 1 (1919), H. 4. S. 115-118.

—. Cafe Wolkenbruch. [Holzschnitt]. In: Neue Blätter für Kunst und Dichtung 1 (1918/19), Juni-Heft, nach S. 36.

—. Den Bäumen meine herzhaften Küsse! [Prosa]. In: Das Kunstblatt 1 (1917), S. 257-260.

—. Erinnerung an Dresden. [Prosa]. In: Neue Blätter für Kunst und Dichtung 1 (1918/19), Juni-Heft. S. 36-38.

—. Straße am Kreuzberg Berlin SW. [Zeichnung]. In: Neue Blätter für Kunst und Dichtung 1 (1918/19), Juni-Heft, nach S. 36.

—. Von der Liebe Gottes. [Prosa]. In: Das Kunstblatt 6 (1922), S. 205-206.

—. Zeichnung. In: Neue Blätter für Kunst und Dichtung 1 (1918/19), Juni-Heft, vor S. 37.

—. Zerstörtes Haus. [Zeichnung]. In: Neue Blätter für Kunst und Dichtung 1 (1918/19), Juni-Heft, vor S. 37.

Mühsam, Erich: Die Presse. [Betrachtung]. In: Kain 2 (1912/13), S. 49-56.

Musil, Robert: Europäertum, Krieg, Deutschtum. In: Die neue Rundschau 25 (1914), H. 9. S. 1303-1305.

Mynona: »Deine Unterhosen sind schön«. [Groteske]. In: Neue Blätter für Kunst und Dichtung 1 (1918/19), August-Heft. S. 87-89.

—. Der Gott lobsingende Teufel. [Groteske]. In: Neue Blätter für Kunst und Dichtung 2 (1919/20), Dezember-Heft. S. 187-188.

—. Harun al Ra...? [Groteske]. In: Neue Blätter für Kunst und Dichtung 1 (1918/19), Mai-Heft. S. 14-17.

—. U? [Groteske]. In: Menschen 2 (1919), Nr. 1 (12). S. 3.

—. Wille. [Prosa]. In: Menschen 1 (1918), Nr. 1. S. 1-2.

Nikolaus, Paul: Manifest gegen den Bürger. [Manifest]. In: Der Revolutionär 1 (1919), Nr. 7. S. 19-20.

Oertel, Robert: Hans Posse zum Gedächtnis. In: Neues Archiv für sächsische Geschichte und Altertumskunde 63 (1942). S. 170-174.

Paul, Ernst: Neues über die Bildungsanstalt Jaques Dalcroze. In: Monatsschrift für Schulgesang 6 (1911/12), S. 271-277.

—. Was Hellerau versprach und hielt. Rückblick auf die Schulfeste der Bildungsanstalt Jaques-Dalcroze. In: Monatsschrift für Schulgesang 7 (1912/13), S. 101-109.

Peuckert, Will-Erich: Aristophanes. [Betrachtung]. In: Die neue Schaubühne 2 (1920), H. 6. S. 167-168.

—. Aufgabe! [Aufsatz]. In: Die neue Schaubühne 1 (1919), H. 2. S. 36-38.

—. Aus dem Drama: Passion 1916. In: Die neue Schaubühne 1 (1919), H. 2. S. 39-46.

—. Aus den herbstlichen Liedern. [Gedichte]. In: Neue Blätter für Kunst und Dichtung 1 (1918/19), Januar-Heft. S. 202.

—. Carl Hauptmanns Trilogie: Die goldenen Strassen. [Kritik]. In: Die neue Schaubühne 1 (1919), H. 6. S. 185-186.

—. Die Frau. [Betrachtung]. In: Die Tat 16 (1924), H. 8. S. 611-614.

—. Die zwei Tage des Siegfried Reich. [Roman]. In: Neue Blätter für Kunst und Dichtung 2 (1919/20), Mai-Heft. S. 25-28.

—. Galizien 1918. [Gedicht]. In: Neue Blätter für Kunst und Dichtung 2 (1919/20), Mai-Heft. S. 28.

—. Gedicht. Aus »Die Lieder der jungen Frau«. [Gedicht]. In: Neue Blätter für Kunst und Dichtung 1 (1918/19), September-Heft. S. 104-105.

—. Kirche. [Aufsatz]. In: Die Tat 11 (1919/20), H. 2. S. 139-142.

—. Kleine Komödie. [Komödie]. In: Das Landhaus 6 (1921), H. 12. S. 16-25.

—. Lautlose Zwiesprach halten wir verstummt. [Gedicht]. In: Die Schöne Rarität 2 (1918), H. 6. S. 88.

—. Maleen. [Märchen]. In: Neue Blätter für Kunst und Dichtung 1 (1918/19), Januar-Heft. S. 199-202.

—. Mehrheit und Spartakus. [Aufsatz]. In: Menschen 2 (1919), H. V (Nr. 46/49). S. 7-8.

—. Wie Ketten die Schwärme ziehender Gänse hangen. [Gedicht]. In: Neue Blätter für Kunst und Dichtung 1 (1918/19), Januar-Heft. S. 202.

—. Wie Teppiche der gilben Wiesen... [Gedicht]. In: Menschen 2 (1919), H. II (Nr. 33/36). S. 28.

—. Wunschzettel. [Betrachtung]. In: Die neue Schaubühne 1 (1919), H. 2. S. 38-39.

Pfemfert, Franz: Die nationale Sozialdemokratie. In: Die Aktion 3 (1913), S. 1.

—. Die Presse. [Aufsatz]. In: Die Aktion 2 (1912), Sp. 453-454.

Pierson, Edgar: Das Residenztheater in Dresden. In: Bühne und Welt 8 (1906), II. Halbjahr. S. 661-667.

Pinthus, Kurt: Über Walter Rheiner. (Aus einem Brief). In: Neue Blätter für Kunst und Dichtung 2 (1919), Dezember-Heft. S. 188-189.

Poelchau, Karl: Der Arbeiterbeirat der Freien öffentlichen Bibliothek Dresden-Plauen. In: Zentralblatt für Volksbildungswesen. Stuttgart 11 (1911), H. 10. S. 145-149.

Posse, Hans: Die Malerei. In: Erich Haenel (Hg.): Hundert Jahre Sächsischer Kunstverein. Jubiläums-Festschrift. Dresden: Wilhelm Limpert-Verlag 1928. S. 1-29. (= Der Grosse Garten II. Band).

—. Die Umgestaltung der Dresdner Gemäldegalerie. In: Mitteilungen aus den sächsischen Kunstsammlungen. 2 (1911), S. 60-70.

Programm der expressionistischen Abende. In: Menschen 2 (1919), H. X. (Nr. 68/69). S. 5-9.

Rat geistiger Arbeiter. In: Die Weltbühne 14 (1918), Nr. 47. (21.11.1918). S. 473-475.

Regulativ, die polizeiliche Aufsichtsführung über Lustbarkeiten, Musikaufführungen, Schaustellungen, Vorträge, Aufzüge und andere ähnliche Veranstaltungen in der Stadt Dresden betreffend. In: Dresdner Bürgerbuch. Sammlung von Orts-Polizei-Verordnungen und Ortsstatuarischen Bestimmungen der Stadt Dresden nebst einigen Ober-Präsidial- u. Regierungs-Verordnungen etc. etc. Dresden: Druck und Verlag von Alwin Risse 1903. S. 25-34.

Rheiner, Walter: Abschied von der Stadt. [Gedicht]. In: Ders.: Insel der Seligen. Ein Abendlied. Dresden: Dresdner Verlag von 1917. 1918. S. 5.

—. An den Frieden. [Dichtung]. In: Die Schöne Rarität 2 (1918), H. 1. S. 3.

—. An Gott. [Gedicht]. In: Neue Blätter für Kunst und Dichtung 2 (1919/20), Dezember-Heft. S. 183.

—. Aprilmorgen in Charlottenburg. [Gedicht]. In: Menschen 2 (1919), H. XIII (Nr. 77/80). S. 18.

—. Auf einen Säugling. [Gedicht]. In: Menschen 3 (1920), H. III (Nr. 94/96). S. 107.

—. Aus dem »Ostergedicht« (1915). [Gedichte]. In: Menschen 2 (1919), Nr. 5 (25). S. 2.

—. Berichtigung. [zu seiner Kritik: »Der Kopro-Laller«. [Berichtigung]. In: Menschen 2 (1919), H. V (Nr. 46/49). S. 19-20.

—. Berlin I. [Gedicht]. In: Menschen 1 (1918), Nr. 1. S. 3.

—. Berlin II. [Gedicht]. In: Menschen 1 (1918), Nr. 1. S. 3.

—. Berlin, An die Frau, Ode des Abends. [Gedichte]. In: Die Schöne Rarität 1 (1918), H. 7/8. S. 136-138.

—. Cafe. [Gedicht]. In: Menschen 2 (1919), H. XIII (Nr. 77/80). S. 19.

—. Das achte Abendlied. [Gedicht]. In: Menschen 2 (1919), Nr. 3 (19). S. 1.

—. Das Geld. [Gedicht]. In: Menschen 3 (1920), H. I. (Nr. 87/91). S. 1.

—. De profundis. [Gedicht]. In: Zeit-Echo 2 (1915/16), H. 4. S. 57.

—. Der Baum. [Gedicht]. In: Neue Blätter für Kunst und Dichtung 2 (1919/20), Dezember-Heft. S. 182.

—. Der Brief. [Gedicht]. In: Menschen 2 (1919), H. XIII (Nr. 77/80). S. 18.

—. Der Freund. [Gedicht]. In: Menschen 1 (1918), Nr. 9. S. 2.

—. Der Kopro-Laller. [Rezension]. In: Menschen 1 (1918), Nr. 7. S. 4.

—. Der Morgen. [Gedicht]. In: Menschen 2 (1919), Nr. 1 (12). S. 1.

—. Der Platz. [Sonett]. In: Die Aktion 5 (1915), Sp. 371.

—. Der Traum. [Gedicht]. In: Menschen 4 (1921), H. I (Nr. 99). S. 11.

—. Die Erniedrigung. Ein Totentanz. [Erzählung]. In: Die Aktion 8 (1918), Sp. 19-24.

—. Die innere Landschaft. [Gedicht]. In: Neue Blätter für Kunst und Dichtung 1 (1918/19), August-Heft. S. 83.

—. Die neue Welt. [Betrachtung]. In: Sezession Gruppe 1919. (Ausstellungskatalog). Dresden: Emil Richter 1919. S. 7-8.

—. Die Straße. [Sonett]. In: Die Aktion 5 (1915), Sp. 499.

—. Die Vorübergehende. Der Baum. [Gedichte]. In: Die neue Rundschau. 30 (1919), H. 12. S. 1515-1516.

—. Die weißen Blätter. Eine Monatschrift. [Rezension]. In: Menschen 1 (1918), Nr. 9. S. 4.

—. Die wir dich weinend ... fanden ... [Gedicht]. In: Menschen 2 (1919), Nr. 5 (25). S. 3.

—. Die Zeitschrift »Menschen«. [Manifest]. In: Menschen 2 (1919), Nr. 1 (12). S. 1.

—. Dostojewskij. [Gedicht]. In: Neue Blätter für Kunst und Dichtung 2 (1919/20), Dezember-Heft. S. 182.

—. Eingang. [Gedicht]. In: Menschen 2 (1919), Nr. 3 (19). S. 1.

—. Erhard Buschbeck: Die Sendung Theodor Däubler. [Rezension]. In: Neue Blätter für Kunst und Dichtung 2 (1919/20), März-Heft. S. 256.

—. Ernst Weiß: Tiere in Ketten. Roman. [Rezension]. In: Menschen 1 (1918), Nr. 10. S. 4.

—. Expressionismus. [Gedicht]. In: Der Sturmreiter 2 (1920), S. 11.

—. Expressionismus und Schauspiel. [Aufsatz]. In: Die neue Schaubühne 1 (1919), H. 1. S. 14-17.

—. Frau. [Gedicht]. In: Menschen 2 (1919), Nr. 3 (19). S. 1.

—. Frau im Park, Empfindung des Abends, Beim Lesen Dostojewskijs [Gedichte]. In: Die Schöne Rarität 2 (1919), H. 11. S. 170.

—. Für Fo. [Gedicht]. In: Die Dachstube 4 (1918), Blatt 64. S. 250.

—. Gedichte und Prosa. In: Die Rote Erde 1 (1920), H. 8-10. S. 334-336.

—. Georg Kulka: Der Stiefbruder. [Rezension]. In: Neue Blätter für Kunst und Dichtung 2 (1919/20), März-Heft. S. 256.

—. Heinar Schilling: Mensch, Mond, Sterne. [Rezension]. In: Menschen 1 (1918), Nr. 9. S. 4.

—. Hermann Kasack: Der Mensch. Verse. [Rezension]. In: Menschen 2 (1919), Nr. 5 (25). S. 4.

—. Herrenbildnis. [Gedicht]. In: Menschen 2 (1919), H. XIII (Nr. 77/80). S. 17.

—. Im Einschlafen. Im Aufwachen [Sonette]. In: Die neue Rundschau 29 (1928), Band 2. S. 1345.

—. Industriestadt. [Gedicht]. In: Menschen 2 (1919), H. XIII (Nr. 77/80). S. 20.

—. Intérieur. (Für eine Somnambule). [Gedicht]. In: Das Reich 3 (1918), 3. Buch, S. 404-405.

—. Irdische Auferstehung (für Gerhard Ausleger). [Gedicht]. In: Die Schöne Rarität 2 (1918), H. 4. S. 62.

—. Johannes Theodor Kuhlemann: Consolamini. Dichtungen. 1919. [Rezension]. In: Menschen 2 (1919), H. V (Nr. 46/49). S. 18-19.

—. Kokain. Kapitel VI. [Novelle]. In: Menschen 2 (1919), Nr. 3 (19). S. 2-3.

—. L' Heure des Revenants. [Gedicht]. In: Menschen 4 (1921), H. IV (Nr. 102). S. 57-58.

—. Landschaft. [Gedicht]. In: Menschen 2 (1919), Nr. 3 (19). S. 1.

—. Lied im März. [Gedicht]. In: Menschen 2 (1919), Nr. 3 (19). S. 2.

—. Mann. [Gedicht]. In: Menschen 2 (1919), Nr. 3 (19). S. 1.

—. Max Herrmann-Neisse: Empörung, Andacht, Ewigkeit. [Rezension]. In: Menschen 1 (1918), Nr. 5. S. 4.

—. Morgen. [Gedicht]. In: Menschen 2 (1919), H. XIII (Nr. 77/80). S. 19.

—. Mynona. Hundert Bonbons. [Rezension]. In: Menschen 1 (1918), Nr. 6. S. 4.

—. Näher, mein Bruder zu dir. I. und II. [Gedicht]. In: Menschen 1 (1918), Nr. 6. S. 1.

—. Ode an den Feind. [Gedicht]. In: Menschen 3 (1920), H. I. (Nr. 87/91). S. 2.

—. Ode der Verkündigung (1916). [Gedicht]. In: Menschen 1 (1918), Nr. 3. S. 2.

—. Operation. [Gedicht]. In: Neue Blätter für Kunst und Dichtung 1 (1918/19), August-Heft. S. 84.

—. Philosophie des Dionysismus. Bei Gelegenheit von S. Friedlaender »Schöpferische Indifferenz«. [Rezension]. In: Neue Blätter für Kunst und Dichtung 1 (1918/19), März-Heft. S. 264-265.

—. Prolog zum Gedichtbuch »Das tönende Herz«. (Der russischen Oktoberrevolution gewidmet). [Aufruf]. In: Menschen 1 (1918), Nr. 3. S. 2.

—. Richard Huelsenbeck: Verwandlungen. [Rezension]. In: Menschen 2 (1919), H. V (Nr. 46/49). S. 19.

—. Schnee. [Gedicht]. In: Menschen 2 (1919), Nr. 3 (19). S. 2.

—. Schrei. [Gedicht]. In: Menschen 2 (1919), H. XIII (Nr. 77/80). S. 20.

—. Schwarze Stadt. [Dichtung]. In: Menschen 2 (1919), Nr. 3 (19). S. 1.

—. Sondernummer Walter Rheiner. In: Menschen 2 (1919), Nr. 3 (19).

—. Sonnenaufgang. [Gedicht]. In: Menschen 2 (1919), Nr. 3 (19). S. 1.

—. Toten-Klage. An Erid. [Gedicht]. In: Neue Blätter für Kunst und Dichtung 1 (1918/19), August-Heft. S. 84.

—. Toten-Messe. [Gedicht]. In: Zeit-Echo 1 (1914/15), H. 19. S. 288.

—. Toten-Rede für Gemma Boic (1915). [Nachruf]. In: Menschen 2 (1919), Nr. 5 (25). S. 3.

—. Wach-Ruf. [Gedicht]. In: Neue Blätter für Kunst und Dichtung 1 (1918/19), August-Heft. S. 83-84.

—. Wehe! Auf! [Gedicht]. In: Neue Blätter für Kunst und Dichtung 2 (1919/20), Dezember-Heft. S. 181.

—. Wir stöhnen. (Hugo Zehder gewidmet). [Gedicht]. In: Neue Blätter für Kunst und Dichtung 1 (1918/19), Februar-Heft. S. 226.

Rothhardt, Hans: Camill Hoffmann, Die Vase. Neue Gedichte. [Rezension]. In: Die Brücke 1 (1911/12), S. 191-192.

Rothschild, Ernst: Abrechnungen. [Gedicht]. In: Der silberne Spiegel 1 (1919), S. 8.

—. Barmherzige Büßerinnen. [Gedicht]. In: Neue Blätter für Kunst und Dichtung 2 (1919/20), November-Heft. S. 159.

—. Das Theater der »Aufnehmend« Schaffenden. [Polemik]. In: Die neue Schaubühne 1 (1919), H. 10. S. 315-317.

—. Dialog. [Dialog]. In: Menschen 2 (1919), H. V (Nr. 46/49). S. 8.

—. Einem Dichter. [Gedicht]. In: Menschen 2 (1919), H. II (Nr. 33/36). S. 29-30.

—. Eros – Bürgerinnen – Eros. [Glosse]. In: Der silberne Spiegel 1 (1919), S. 15-16.

—. Europäisches Blasenleiden oder: Wie werde ich die Kultur los.... [Betrachtung]. In: Die neue Schaubühne 2 (1920), H. 9. S. 236-240.

—. Expressionistendämmerung. [Aufsatz]. In: Feuer 2 (1920/21), Band 1. S. 248-249.

—. Film und Erotik. Bemerkungen zu künstlerischen und pädagogischen Prinzipienfragen. In: Die neue Schaubühne 2 (1920), H. 12. S. 317-328.

—. Finale. [Prosa]. In: Der silberne Spiegel 1 (1919), S. 9-10.

—. Intermezzo I. [Prosa]. Der silberne Spiegel 1 (1919), S. 8-9.

—. Liebe, Hunger, Dreck. [Gedicht]. In: Menschen 2 (1919), H. II (Nr. 33/36). S. 29.

—. »Proletariern« und anderen Bürgern. [Glosse]. In: Die Erde 1 (1919), H. 12. (Juni). S. 383-384.

—. Prolog zu einem grotesken Drama. In: Die neue Schaubühne 4 (1922), H. 5/6. S. 145.

—. Sommernachmittag. [Gedicht]. In: Neue Blätter für Kunst und Dichtung 2 (1919/20), November-Heft. S. 159.

—. Zur Theorie des expressionistischen Schaffens. [Betrachtung]. In: Der silberne Spiegel 1 (1919), S. 15.

Rothschild, Recha: Offener Brief an Ludwig Rubiner. In: Menschen 1 (1918), Nr. 10. S. 4.

—. Organisation. [Aufsatz]. In: Der Weg. (1919), H. 2. S. 2-4.

Rubiner, Ludwig: Der Dichter greift in die Politik. [Aufsatz]. In: Die Aktion 2 (1912), Sp. 709-715.

—. Der Dichter Voltaire. [Aufsatz]. In: Die weissen Blätter 6 (1919), S. 9-16.

—. Die Änderung der Welt. [Aufsatz]. In: Kurt Hiller (Hg.): Das Ziel. Aufrufe zu tätigem Geist. München und Berlin: Georg Müller Verlag 1916. S. 99-120.

—. Revolutionstage in Rußland. Vorbemerkung zu »Briefe aus Tolstojs Freundeskreis«. In: Zeit-Echo 3 (1917), Juni-Heft. S. 6.

Rühle, Otto: An die Mitglieder der KPD. [Aufruf]. In: Die Aktion 10 (1920), Sp. 11-14.

—. Andere Verhältnisse und andere Menschen. [Aufsatz]. In: Die Aktion 15 (1925), Sp. 173-176.

—. Bericht über Moskau. [Bericht]. In: Die Aktion 10 (1920), Sp. 553-559.

—. Der autoritäre Mensch und die Revolution. [Aufsatz]. In: Die Aktion 15 (1925), Sp. 555-559.

—. Der Proletarier. [Aufsatz]. In: Die Aktion 11 (1921), Sp. 707-710.

—. Der Sinn der Erziehung. [Aufsatz]. In: Am anderen Ufer. (1924), H. 1. S. 5.

—. Der U.S.P.-Frieden. [Aufsatz]. In: Die Aktion 9 (1919), Sp. 569-575.

—. Die kommunistische Arbeitserziehung. [Aufsatz]. In: Die Aktion 15 (1925), Sp. 817-823.

—. Die Überwindung der Partei. [Aufsatz]. In: Die Aktion 11 (1921), Sp. 108-111.

—. Grundfragen der Organisation. [Aufsatzreihe]. In: Die Aktion 11 (1921), Nr. 37/38. Sp. 533-536 (September); 11 (1921), Nr. 39/40. Sp. 559-562 (Oktober); 11 (1921), Nr. 41/42. Sp. 587-588 (Oktober); 11 (1921), Nr. 43/44. Sp. 615-620. (Oktober); 11 (1921), Nr. 45/46. Sp. 641-642. (November).

—. Klassenkampf – Massenkampf. [Aufsatz]. In: Die Aktion 11 (1921), Sp. 89-91.

—. In Sachen Goethe. [Briefe]. In: Die Aktion 12 (1922), Nr. 21/22. Sp. 295-297.

—. Klassenkampf – Massenkampf. [Aufsatz]. In: Die Aktion 11 (1921), Sp. 89-91.

Ruisbroek, Jan van: Vier Gleichnisse. In: Neue Blätter für Kunst und Dichtung 1 (1919), Januar-Heft. S. 189-190.

Saenger, Samuel: Die Not der geistigen Arbeiter. In: Die neue Rundschau. 34 (1923), Band 1. S. 276-278.

Saß, Friedrich: Naturgeschichte des deutschen Philisters. [Aufsatz]. In: Die Aktion 2 (1912), Sp. 67-71.

Schäfer, Friedrich: Arbeiterverhältnisse und soziale Fürsorge. In: Otto Richter (Hg.): Dresdens Entwicklung in den Jahren 1903 bis 1909. Festschrift des Rates der

Königlichen Haupt- und Residenzstadt Dresden zur Einweihung des neuen Rathauses am 1.Oktober 1910. Dresden: Buchdruckerei der Dr. Güntzschen Stiftung 1910. S. 197-235.

—. Dresden in der Statistik. In: Dresden. Das Buch der Stadt. Dresden: Industrie- und Verkehrs-Verlag 1924. S. 52-53.

Scheffler, Karl: Das Haus. In: Die Schulfeste der Bildungsanstalt Jaques-Dalcroze. Programmbuch. (= Der Rhythmus. [1912], Band II. 1. Hälfte). S. 2-12.

Schilling, Heinar: Absage an die Stadt. [Gedicht]. In: Menschen 1 (1918), Nr. 4. S. 1.

—. Abschied von der Gefährtin. [Gedicht]. In: Menschen. 3 (1920), H. IV (Nr. 97/98). S. 154-155.

—. Ahasver. [Erzählung]. In: Neue Blätter für Kunst und Dichtung 2 (1919/20), September-Heft. S. 113-116.

—. Alberttheater. [Kritik]. In: Menschen. 3 (1920), H. III (Nr. 94/96). S. 144-145.

—. Am Meer. [Gedicht]. In: Menschen 1 (1918), Nr. 10. S. 2.

—. Andreas Thom: Baal. [Rezension]. In: Menschen 2 (1919), Nr. 2 (15). S. 4.

—. An den Mond. [Gedicht]. In: Menschen 1 (1918), Nr. 9. S. 2.

—. An den Mond. [Gedicht]. In: Neue Blätter für Kunst und Dichtung 1 (1918/19), Dezember-Heft. S. 167.

—. Apologie. [Nachwort]. In: Menschen 3 (1920), H. IV (Nr. 97/98). S. 170.

—. Auf euren Stirnen, Brüder... (9.11.1918). [Gedicht]. In: Die weissen Blätter 6 (1919), S. 563.

—. Aus diesem einen Tage steigt ... [Gedicht]. In: Menschen 1 (1918), Nr. 1. S. 5.

—. Azurne Schwebung. 1-3. [Gedichtzyklus]. In: Menschen 3 (1920), H. IV (Nr. 97/98). S. 168-169.

—. Bericht über die Verlagsjahre 1917-19. [Bericht]. In: Menschen 2 (1919), H. X (Nr. 68/69). S. 5-9.

—. Berlin. [Gedichtzyklus]. In: Heinar Schilling: Der verfluchte Dichter. Dresden: Dresdner Verlag 1921. S. 19-23.

—. Berlin. [Gedichtzyklus]. In: Menschen. Sonderheft Heinar Schilling. Lyrik 1920 3 (1920), H. IV (Nr. 97/98). S. 156-158.

—. Das Heroische im Drama. [Aufsatzreihe]. Teil I: Held und Heldin. In: Die neue Schaubühne 1 (1919), H. 3. S. 71-74. Teil II: Heldisches und Heroisches. H. 4. S. 101-103. Teil III: Held und Überwinder. H. 5. S. 132-133.

—. Das Rad. [Skizze]. In: Menschen 2 (1919), Nr. 6 (28). S. 3.

—. Das Sozialisierungsstatut des Dresdner Verlag von 1917 vom 1. Juni 1919. In: Menschen 2 (1919), H. X (Nr. 68/69). S. 2-4.

—. Das Volk und der Fürst. [Betrachtung]. In: Menschen 2 (1919), Nr. 6 (28). S. 4.

—. Der Berg. [Romankapitel]. In: Menschen 4 (1921), H. III (Nr. 101). S. 39-41.

—. Der Dichter läßt aufsteigen ... [Gedicht]. In: Menschen 1 (1918), Nr. 1. S. 5.

—. Der Drache. Hg. von H. Reimann. [Rezension]. In: Menschen 3 (1920), H. III (Nr. 94/96). S. 145-146.

—. Der erbaute Mensch. Ereignis einer Woche. [Gedichte]. In: Menschen 1 (1918), Nr. 6. S. 2.

—. Der Führer. Das eine Ereignis. [Dramenauszug]. In: Menschen 3 (1920), H. I (Nr. 87/91). S. 38-43.

—. Dichter vertraue ... [Gedicht]. In: Menschen 2 (1919), H. VI (Nr. 50/53). S. 20.

—. Die Abendröte. [Glosse]. In: Menschen 2 (1919), Nr. 6 (28). S. 4.

—. Die Erlösung der Straße. Gedichte von Friedrich Sieburg. [Kritik]. In: Menschen 4 (1921), H. I (Nr. 99). S. 16.

—. Die Tat wendet das Schicksal. [Gedicht]. In: Menschen 1 (1918), Nr. 6. S. 2

—. Dietrich: Der Gotiker. [Rezension]. In: Menschen 2 (1919), Nr. 2 (15). S. 4.

—. Dreht sich eine Schlankheit … [Gedicht]. In: Menschen 2 (1919), Nr. 6 (28). S. 2.

—. Du Bruder Mensch. [Gedicht]. In: Neue Blätter für Kunst und Dichtung. 1 (1918/19), Oktober-Heft. S. 134-135.

—. Du fremde Frau. [Gedichtzyklus]. In: Menschen 3 (1920), H. IV (Nr. 97/98). S. 159-160.

—. Du Sehnsucht Güte … [Gedicht]. In: Menschen 2 (1919), H. II (Nr. 33/36). S. 16.

—. Durch die abendlichen Gärten … [Gedicht]. In: Menschen 2 (1919), Nr. 6 (28). S. 2.

—. Ein Apfelbaum blühte … [Gedicht]. In: Menschen 1 (1918), Nr. 1. S. 5.

—. Einziger Tag … [Gedicht]. In: Menschen 2 (1919), Nr. 6 (28). S. 1.

—. Expressionismus. [Vortrag]. In: Menschen 1 (1918), Nr. 3. S. 3-4.

—. Fahrt in die Freundschaft. [Gedichtzyklus]. In: Menschen 3 (1920), H. IV (Nr. 97/98). S. 162-163.

—. Fels, geschwungen in die Himmel … [Gedicht]. In: Menschen 2 (1919), H. VI (Nr. 50/53). S. 19.

—. Form und Gestaltung. Eine Entgegnung. [Betrachtung]. In: Menschen 1 (1918), Nr. 4. S. 2-3.

—. Friedrich Sieburg: Die Erlösung der Straße. [Rezension]. In: Menschen 4 (1921), H. I (Nr. 99). S. 16.

—. Gedicht (1). In: Die Schöne Rarität 2 (1919), H. 10. S. 154.

—. Gedicht (2). In: Die Schöne Rarität 2 (1919), H. 10. S. 155.

—. Gedicht ist, das ich sage … [Gedicht]. In: Menschen 2 (1919), H. II (Nr. 33/36). S. 16.

—. Glühender Baumschleier … [Gedicht]. In: Menschen 2 (1919), Nr. 6 (28). S. 1.

—. Ich aber neige mich, … [Gedicht]. In: Menschen 2 (1919), Nr. 6 (28). S. 1.

—. Ich trug die Nacht … [Gedicht]. In: Menschen 2 (1919), H. II (Nr. 33/36). S. 16-17.

—. Ich wollte träumen. … [Gedicht]. In: Menschen 2 (1919), Nr. 6 (28). S. 1.

—. Im Nebel schwarz … [Gedicht]. In: Neue Blätter für Kunst und Dichtung. 1 (1918/19), Dezember-Heft. S. 168.

—. Im Nebel schwarz … [Gedicht]. In: Menschen 2 (1919), Nr. 1 (12). S. 1.

—. Immer doch die milden Bäume … [Gedicht]. In: Menschen 2 (1919), Nr. 6 (28). S. 1-2.

—. In nova fert animus. Gegen den artifex. Vorwort zum dritten Jahr. In: Menschen 3 (1920), H. I (Nr. 87/91). S. 65-70.

—. In Tyrannos. [Betrachtung]. In: Menschen 2 (1919), Nr. 6 (28). S. 3.

—. Jagt mich das Schicksal? … [Gedicht]. In: Menschen 1 (1918), Nr. 6. S. 2.

—. Karl Kraus und der Jargon. Schauspielhaus. Alberttheater. [Rezension]. In: Menschen 3 (1920), H. I (Nr. 87/91). S. 48-59.

—. Licht sinkt von den Wolken, … [Gedicht]. In: Menschen 2 (1919), Nr. 6 (28). S. 1.

—. Lied am Meer. [Gedicht]. In: Menschen 1 (1918), Nr. 7. S. 2.

—. Linder Nachtluft leicht beschwingter Vogel ... [Gedicht]. In: Menschen 2 (1919), Nr. 1 (12). S. 1.

—. Linder Nachtluft leicht beschwingter Vogel ...[Gedicht]. In: Neue Blätter für Kunst und Dichtung. 1 (1918/19), Dezember-Heft. S. 168.

—. Meer. [Erzählung]. In: Menschen 4 (1921), H. II (Nr. 100). S. 30-32.

—. Mein Denkmal. [Erzählung]. In: Menschen 2 (1919), Nr. 2 (15). S. 3.

—. Mensch o daß wir erbauten dich wieder ... [Gedicht]. In: Menschen 2 (1919), Nr. 6 (28). S. 1.

—. Nocturnes 1. 2. 3. [Gedichte]. In: Menschen 2 (1919), Nr. 1 (12). S. 1.

—. Nachbemerkung zu »In nova fert animus«. In: Menschen 3 (1920), H. I (Nr. 87/91). S. 70.

—. O Freunde ... [Vorwort]. In: Menschen 2 (1919), Nr. 6 (28). S. 1.

—. O selige, träumende Nacht du an silbernem Strand ... [Gedicht]. In: Menschen 2 (1919), Nr. 6 (28). S. 2.

—. O trüge ich doch ... [Gedicht]. In: Menschen 1 (1918), Nr. 6. S. 2.

—. Offener Brief an Henri Barbusse. In: Menschen 1 (1918), Sonderflugblatt zur ersten Tagung des Rates der Geistesarbeiter am 21.11.1918. S. 1.

—. Prolog. [Gedicht]. In: Menschen 3 (1920), H. IV (Nr. 97/98). S. 151-152.

—. Saphirner Stern. [Gedichtzyklus]. In: Menschen 3 (1920), H. IV (Nr. 97/98). S. 164-167.

—. Russki Muschik. Hugo Zehder gewidmet. [Gedicht]. In: Neue Blätter für Kunst und Dichtung 1 (1918/19), Dezember-Heft. S. 167-168.

—. Schauspielhaus (Dresden). [Kritik]. In: Menschen 3 (1920), H. III (Nr. 94/96). S. 143-144.

—. Sommerlich starrt eine grünende Welt ... [Gedicht]. In: Menschen 2 (1919), H. VI (Nr. 50/53). S. 20.

—. Symphonisch Wolkenbildwerk ... [Gedicht]. In: Menschen 2 (1919), H. II (Nr. 33/36). S. 16.

—. Sondernummer Heinar Schilling. In: Menschen 2 (1919), Nr. 6 (28).

—. Tag erwacht ... [Gedicht]. In: Menschen 1 (1918), Nr. 1. S. 5.

—. Tram. [Gedicht]. In: Die Schöne Rarität 2 (1918), H. 3. S. 39.

—. /Walter Hasenclever: Erklärung. In: Menschen 4 (1921), H. II (Nr. 100). S. 36.

—. Vergessen. Aber jenseits ... [Gedicht]. In: Menschen 2 (1919), H. VI (Nr. 50/53). S. 19.

—. Vergib, daß nur die unerkannte Glut ... [Gedicht]. In: Menschen 2 (1919), Nr. 6 (28). S. 2.

—. Vorwort. In: Ders.: Versuche. (Opus 1-40). Erster Band. Gedichte. Erster bis dritter Teil. 1913-1919. Berlin-Dresden: Rudolf Kaemmerer Verlag 1920. S. VII-XII.

—. Vorwort. In: Paul Weisskopf. Zehn Litographien zu »Wozzek« von Georg Büchner. Dresden: Dresdner Verlag 1921. 3 S.

—. Walter Rheiner: Insel der Seligen. [Rezension]. In: Menschen 2 (1919), Nr. 3 (19). S. 4.

—. Walter Rheiner: Kokain. [Rezension]. In: Menschen 2 (1919), Nr. 3 (19). S. 4.

—. Wehet über die Heide... In: Ders.: Erste Gedichte. Dresden: Dresdner Verlag von 1917. 1919. S. 152.

—. Werner Herzfeld: Bühnendekoration und Regie. [Rezension]. In: Menschen 3 (1920), H. I (Nr. 87/91). S. 61-63.

—. Westerland. [Gedicht]. In: Menschen 2 (1919), H. XIII (Nr. 77/80). S. 23.

—. Widmung [Gedicht]. In: Menschen 4 (1921), H. IV (Nr. 102). S. 53.

—. Wie ich liebe den Mond ... [Gedicht]. In: Menschen 2 (1919), H. II (Nr. 33/36). S. 17.

—. Wie sanft ist dieser weiche Wind ... [Gedicht]. In: Menschen 2 (1919), Nr. 1 (12). S. 1.

—. Wie sanft ist dieser weiche Wind ... [Gedicht]. In: Neue Blätter für Kunst und Dichtung. 1 (1918/19), Dezember-Heft. S. 168.

—. Wir sangen eine sanfte Weise... [Gedicht]. In: Menschen 2 (1919), Nr. 6 (28). S. 2.

—. Wir singen das russische Revolutionslied II. [Gedicht]. In: Menschen 2 (1919), Nr. 6 (28). S. 2.

—. Wir singen das russische Revolutionslied. [Gedicht]. In: Ders.: Die singende Revolution. Dresden: Dresdner Verlag von 1917. 1919. S. 7-8.

Schmidt, Paul Ferdinand: Dresdner Sammlungen neuer Kunst. In: Feuer 1 (1919/20). S. 569-570.

Schnack, Anton: Sehnsucht nach der Stadt. [Gedicht]. In: Ders.: Strophen der Gier. Dresden: Dresdner Verlag von 1917. 1919. unpag.

Scholz, Wilhelm von: Der Friedhof. [Gedicht]. In: Menschen 4 (1921), H. I (Nr. 99). S. 12-13.

Schulz, Heinrich: Was will der Theaterkulturverband? [Betrachtung]. In: Konstanz 1 (1919), H. 13. S. 61-63 und H. 14. S. 67-68.

Schwitters, Kurt: Gedichte. In: Menschen 2 (1919), H. VII (Nr. 54/61). S. 55-58.

Sebaldt, Otto F.W.: Kunst und Kultur in Dresden. In: Dresdner Kalender 1913. S. 47-52.

Seebach, Nikolaus Graf von: Festspiele. [Aufsatz]. In: Der Zwinger 4 (1920), H. 21. S. 517-524.

—. König Albert und das Theater. [Betrachtung]. In: Der Zwinger 3 (1919), H. 1. S. 5-9.

—. Schuch. [Würdigung]. In: Der Zwinger 3 (1919), H. 21. S. 549-555.

—. Theater-Stürme. [Betrachtung]. In: Der Zwinger 3 (1919), H. 4. S. 85-88.

Seeliger, Alfred: Heinar Schillings »Königslied« [Rezension]. In: Deutsche Bauernhochschule 7 (1927), Winterheft. [unpag.].

Seidlitz, Woldemar von: Der Staat und die Kunst. [Aufsatz]. In: Pan 5 (1900), H. 4. [Sonderdruck]. S. 241-244.

—. Die Dresdner Sammlungen in der Kriegszeit. [Betrachtung]. In: Dresdner Kalender 1919. S. 80-86.

—. Skulpturensammlung 1912. [Aufsatz]. In: Dresdner Kalender 1913. S. 44-47.

Singer, Hans W.: Die Neuordnung der Dresdner Galerie. [Aufsatz]. In: Dresdner Kalender 1913. S. 39-44.

Sonderheft Expressionistische Arbeitsgemeinschaft Kiel. In: Menschen 2 (1919), H. VI (Nr. 50/53). S. 1-28.

Stadelmann, Heinrich: Auflösung der Welt. [Betrachtung]. In: Die Aktion 11 (1921), Sp. 115-117.

—. Bist du zufrieden, mißgünstiger Gott. [Prosagedicht]. In: Die Aktion 7 (1917), Sp. 614.

—. Das neue Drama. [Aufsatz]. In: Die Aktion 7 (1917), Sp. 328-332.

—. Ein Volk. [Erzählung]. In: Die Aktion 8 (1918), Sp. 109-112.

—. Instinkt. [Skizze]. In: Die Aktion 8 (1918), Sp. 355-356.

—. Vexierbild. [Skizze]. In: Die Aktion 8 (1918), Sp. 355.

—. Zwei Skizzen. [Skizzen]. In: Die Aktion 8 (1918), Sp. 355-356.

—. Zwei Stücke. [Prosa]. In: Die Aktion 7 (1917), Sp. 199.

Statuten der »Clarté«. In: Die weissen Blätter 6 (1919), S. 573-576.

Sternheim, Carl: Felixmüller. [Betrachtung]. In: Der Cicerone 15 (1923), H. 19. S. 881-887.

Stieda, Wilhelm: Gewerbe und Industrie. In: Otto Richter (Hg.): Dresdens Entwicklung in den Jahren 1903 bis 1909. Festschrift des Rates der Königlichen Haupt- und Residenzstadt Dresden zur Einweihung des neuen Rathauses am 1.Oktober 1910. Dresden: Buchdruckerei der Dr. Güntzschen Stiftung 1910. S. 133-160.

Stiemer, Felix: Beinahe Marx. [Skizze]. In: Menschen 2 (1919), H. V (Nr. 46/49). S. 9-10.

—. Berta Lask – Felix Stiemer. Erwiderung. [Brief]. In: Menschen 1 (1918), Nr. 7. S. 4.

—. Der Maler Felixmüller. [Betrachtung]. In: Menschen 1 (1918), Nr. 1. S. 4.

—. Der Musarion-Verlag in München. [Bericht]. In: Die Bücherkiste 1 (1919), S. 24.

—. Die neue Dichtung. [Aufsatz]. In: Die Bücherkiste 2 (1920), S. 17-18.

—. Die neue Zeitschrift. [Sammelbesprechung]. In: Die Bücherkiste 1 (1919), S. 36-38.

—. Die linksradikale Jugendbewegung. [Aufsatz]. In: Richard Thurnwald (Hg.): Die neue Jugend. Teil II. Leipzig: Verlag C. L. Hirschfeld 1927. S. 252-256. (= Forschungen zur Völkerpsychologie und Soziologie, Band IV. Zweite Hälfte).

—. Durchbruch. [Prosa]. In: Menschen 1 (1918), Nr. 6. S. 4.

—. Ethische Wissenschaft I. [Glosse]. In: Der Weg 1 (1919), H. 1. S. 10.

—. Felixmüller, synthetischer Kubist. Für R. A. [Betrachtung]. In: Die Schöne Rarität 2 (1918), H. 3. S. 35-38.

—. Freie Zeitschriften. [Rezension]. In: Die Bücherkiste 1 (1919), S. 84-85.

—. Gemeinschaftsschriften. [Sammelbesprechung]. In: Die Bücherkiste 1 (1919), S. 75-78.

—. Grenzbestimmung. [Aufsatz]. In: Der Weg 1 (1919), H. 7. S. 8.

—. Grenzbestimmung. [Aufsatz]. In: Menschen 2 (1919), H. V (Nr. 46/49). S. 9.

—. Gustav Landauer. [Würdigung]. In: Die Bücherkiste 1 (1919), S. 99-100.

—. Literaturübersicht Februar 1919. [Sammelbesprechung]. In: Die Bücherkiste 1 (1919), S. 6-7.

—. Maria Uhden. Georg Schrimpf. [Würdigung]. In: Die Bücherkiste 1 (1919), S. 15.

—. Morgen. [Betrachtung]. In: Menschen 1 (1918), Nr. 9. S. 3.

—. Münchner Theater in der Revolution. [Betrachtung]. In: Die Bücherkiste 1 (1919), S. 51-52.

—. Neue Kunst. [Aufsatz]. In: Die Bücherkiste 1 (1919), S. 32-34.

—. Politische Kunst. [Betrachtung]. In: Menschen 1 (1918), Nr. 10. S. 2.

—. Politische Literatur. [Sammelbesprechung]. In: Die Bücherkiste 1 (1919), S. 20-21.

—. Salomo Friedlaender: Schöpferische Indifferenz. [Rezension]. In: Menschen 2 (1919), Nr. 1 (12). S. 4.

—. Spitzweg oder Sternheim. [Glosse]. In Menschen 1 (1918), Nr. 4. S. 3.

—. Thomas Mann: Betrachtungen eines Unpolitischen. [Rezension]. In: Menschen 2 (1919), Nr. 2 (15). S. 4.

—. Was erwarten wir von Sowjet-Russland? [Antwort auf eine Umfrage]. In: Die Bücherkiste 2 (1920), S. 5.

—. Zum Expressionismus. [Rezension]. In: Die Bücherkiste 1 (1919), S. 48.

—. Zur Situation des Romans. [Aufsatz]. In: Das Deutsche Wort. 12 (1936), H. 14. S. 629-632.

Stiller, Richard: Die Dresdner Kunst in den Kriegsjahren. [Aufsatz]. In: Dresdner Kalender 1919. S. 87-100.

—. Die Dresdner Kunst 1918/19. [Aufsatz]. In: Dresdner Kalender 1920. S. 107-115.

—. Dresdner Kunst 1919/20. [Aufsatz]. In: Dresdner Kalender 1921. S. 61-69.

Storck, Karl: Die Hellerauer Schulfeste. [Kritik]. In: Der Türmer 15 (1912/13), II. S. 706-710.

Stürmer, Bruno: Von der Erziehung des Volkes zu guter Musik. [Aufsatz]. In: Konstanz 2 (1920), H. 3. S. 12-13 und H. 4. S. 19-20.

Sydow, Eckart von: Das Weltbewußtsein und die Kunst des primitiven Menschen. [Aufsatz]. In: Neue Blätter für Kunst und Dichtung 2 (1919), Juli-Heft. S. 70-73.

—. Das religiöse Bewußtsein des Expressionismus. [Aufsatz]. In: Neue Blätter für Kunst und Dichtung 1 (1919), Januar-Heft. S. 193-199.

Tanzmann, Bruno: Aus meinem Leben als völkischer Vorkämpfer. In: Deutsche Bauernhochschule 6 (1926), 2. Frühlingsheft. S. 2-9.

Tätiger Geist. [Kritik]. In: Menschen 1 (1918), Nr. 5. S. 4.

Thari, Eugen: Dresdner Musikleben. In: Dresdner Kalender 1924. S. 99-102.

—. Oper, Operette und Konzert in den Kriegsjahren. In: Dresdner Kalender 1919. S. 126-138.

—. Oper und Konzert in der Spielzeit 1918/19. In: Dresdner Kalender 1920. S. 95-105.

Troeltsch, Ernst: Die Revolution in der Wissenschaft. In: Ders.: Gesammelte Schriften. Band IV. Aufsätze zur Geistesgeschichte und Religionssoziologie. Tübingen: J.C.B. Mohr (Paul Siebeck) 1925. S. 653-677.

Viertel, Berthold: Bauernstube. [Gedicht]. In: Die weißen Blätter 3 (1916), S. 165.

—. Biene. [Gedicht]. In: Neue Blätter für Kunst und Dichtung 3 (1920/21), S. 18-19.

—. Brahms Ibsen. [Kritik]. In: Die Schaubühne 6 (1910), 1. Band. S. 282-284.

—. »Das bist du«. [Kritik]. In: Der Zwinger 3 (1919), H. 20. S. 534-540.

—. Der Bräutigam. [Gedicht]. In: Neue Blätter für Kunst und Dichtung 3 (1920/21), S. 18.

—. Der Frieden. [Betrachtung]. In: Die Weltbühne 18 (1922), 1. Band. S. 406-407.

—. Der neue Raum. Entgegnung auf Friedrich Wolfs expressionistische »Forderung«. [Aufsatz]. In: Der Zwinger 3 (1919), H. 10. S. 269-272.

—. Der Schauspieler. [Skizze]. In: Die neue Schaubühne 3 (1921), H. 5/6. S. 125.

—. Der Schauspieler Karl Etlinger. [Kritik]. In: Der Friede 2 (1918/19), Nr. 41. S. 358-359.

—. Der Sucher. [Gedicht]. In: Neue Blätter für Kunst und Dichtung 3 (1920/21), S. 19.

—. Deutsches Zukunfts-Theater. [Aufsatz]. In: Der Zwinger 3 (1919), H. 18. S. 478-485.

—. Die Dilettantin. [Betrachtung]. In: Die Schaubühne 8 (1912), 2. Band. S. 642-649.

—. Die hohe Kritik. [Erzählung]. In: Der Friede 1 (1918), Nr. 25. S. 603.

—. Die Insel. [Dichtung]. In: Der Ruf 1 (1912/13), H. 5. S. 26-28.

—. Die Komödie Sternheims. [Aufsatz]. In: Der Zwinger 3 (1919), H. 2. S. 43-47.

—. Die Schlacht. [Gedicht]. In: Neue Blätter für Kunst und Dichtung 3 (1920/21), S. 19.

—. Die Seele. [Gedicht]. In: Neue Blätter für Kunst und Dichtung 3 (1920/21), S. 18.

—. Dramen von Hamsun. [Würdigung]. In: Der Zwinger 3 (1919), H. 6. S. 139-144.

—. Drei Fassungen Hölderlins. [Betrachtung]. In: Der Zwinger 3 (1919), H. 17. S. 429-436.

—. Eine Begegnung. [Erzählung]. In: Der Sturm 1 (1910/11), S. 142-143.

—. Eine Schauspielerei. [Gedicht]. In: Der Anbruch 1 (1918), Nr. 2. S. 3.

—. Einsam. [Spruch]. In: Neue Blätter für Kunst und Dichtung 3 (1920/21), S. 19.

—. Erfüllung. [Erzählung]. In: Der Ruf 1 (1912/13), H. 1. S. 56-58.

—. Erinnerung an Peter Altenberg. [Würdigung]. In: Der Zwinger 3 (1919), H. 3. S. 68-72.

—. Galizien I./II. [Aufsatz]. In: Der Friede 1 (1918), Nr. 5. S. 103-105.

—. Galizien III./IV./V. [Aufsatz]. In: Der Friede 1 (1918), Nr. 7. 157-159.

—. Galizien VI./VII. [Aufsatz]. In: Der Friede 1 (1918), Nr. 8. S. 182-183.

—. Galizien VIII./IX. [Aufsatz]. In: Der Friede 1 (1918), Nr. 9. S. 201-202.

—. Hamsun. [Würdigung]. In: Der Zwinger 3 (1919), H. 22. S. 581-586.

—. Ich sehne mich. [Gedicht]. In: Neue Blätter für Kunst und Dichtung 3 (1920/21), S. 19.

—. Karl Kraus VII. [Abhandlung]. In: Die Schaubühne 13 (1917), Nr. 19. S. 431-434.

—. Kino. [Aufsatz]. In: Der Zwinger 3 (1919), H. 13/14. S. 349-352.

—. Menschenliebe. [Betrachtung]. In: Der Zwinger 3 (1919), H. 1. S. 22-24.

—. Peter Altenberg. [Würdigung]. In: Die Weltbühne 15 (1919), 1. Band. S. 64-66.

—. Pferderennen. [Gedicht]. In: Die Bücherei Maiandros (1913), 4/5. Buch. S. 62-63.

—. Roter Mond. [Gedicht]. In: Herder-Blätter 1 (1912), Nr. 4/5. S. 21.

—. Schauspieler-Sozialismus. [Aufsatz]. In: Die Weltbühne 15 (1919), 1. Band. S. 539-543.

—. Seele wendet sich. [Gedicht]. In: Der Friede 1 (1918), Nr. 17. S. 405.

—. Süßes Leben. [Spruch]. In: Neue Blätter für Kunst und Dichtung 3 (1920/21), S. 19.

—. Tätiger Geist. [Abhandlung]. In: Der Friede 2 (1918), Nr. 43. S. 395-398.

—. Tätiger Geist II. [Abhandlung]. In: Der Friede 2 (1918), Nr. 44. S. 425- 428.

—. Tätiger Geist III. [Abhandlung]. In: Der Friede 2 (1918), Nr. 45. S. 447-448.

—. Tagebuchblatt. [Erzählung]. In: Der Friede 2 (1918/19), Nr. 29. S. 68-69.

—. Theater-Not. [Betrachtung]. In: Die Weltbühne 18 (1922), 2. Band. S. 673-678.

—. Theater-Zukunft. [Aufsatz]. In: Der Zwinger 3 (1919), H. 12. S. 312-319.

—. Vanitas. [Gedicht]. In: Herder-Blätter 1 (1912), Nr. 4/5. S. 20-21.

—. Vom Regisseur aus gesehen. [Aufsatz]. In: Hugo Zehder (Hg.): Die neue Bühne. Eine Forderung. Dresden: Rudolf Kaemmerer 1920. S. 45-54.

—. Vor dem Einschlafen. [Gedicht]. In: Herder-Blätter 1 (1912), Nr. 4/5. S. 20.

—. Zerstörte galizische Stadt. [Gedicht]. In: Der Friede 1 (1918), Nr. 12. S. 286.

—. Zwei Satiriker. [Aufsatz]. In: Der Friede 2 (1918/19), Nr. 33. S. 164-165.

Walzel, Oskar: Carl Hauptmann, der Dramatiker. [Aufsatz]. In: Das deutsche Drama 4 (1921), S. 41-49.

—. Das neue Drama und die Bühne. [Aufsatz]. In: Die neue Schaubühne 1 (1919), H. 2. S-47-53.

—. Der Dichter Ludwig Meidner. [Aufsatz]. In: Der Feuerreiter 2 (1923), Sonderheft. S. 8-13.

—. Der neueste deutsche Roman. [Aufsatz]. In: Die Neue Bücherschau 1 (1919), H. 1. S. 10-13.

—. Deutsch-österreichisches Geistesleben. [Aufsatz]. In: Kothurn. 1 (1920), H. 7. S. 117-120.

—. Die Zukunft der deutschen Literatur. [Aufsatz]. In: Westermanns Monatshefte. Illustrierte Zeitschrift fürs deutsche Haus 61 (1917), 122. Band. 1.Teil. S. 71-76.

—. Dostojewski, F. M.: Die Brüder Karamasow. [Rezension]. In: Die Neue Bücherschau 1 (1919), H. 6. S. 27.

—. Eindruckskunst und Ausdruckskunst in der Dichtung. [Aufsatz]. In: Einführung in die Kunst der Gegenwart. Leipzig: E. A. Seemann 1919. S. 26-46.

—. Entbürgerlichung des Dramas. [Aufsatz]. In: Die neue Schaubühne 3 (1921), H. 1. S. 6-11.

—. Entbürgerlichung des Dramas II. [Aufsatz]. In: Die neue Schaubühne 3 (1921), H. 2/3. S. 33-36.

—. Gerhart Hauptmann und der Expressionismus. [Aufsatz]. In: Preußische Jahrbücher. (1922), Band 190. H. 2. S. 171-196.

—. Goethe und die Kunst der Gegenwart. [Vortrag]. In: Jahrbuch der Goethe-Gesellschaft. (1917), Band 4. S. 85-129.

—. Hanns Johst. [Aufsatz]. In: Die neue Rundschau 29 (1918), H. 6. S. 861-862.

—. Jungösterreichische Dichtung. [Aufsatz]. In: Internationale Monatsschrift 10 (1916), H. 9. Sp. 1093-1134.

—. Jungösterreichische Dichtung. [Aufsatz]. In: Internationale Monatsschrift 10 (1916), H. 10. Sp. 1209-1224.

—. Jüngste deutsche Dramen. [Aufsatz]. In: Internationale Monatsschrift für Wissenschaft, Kunst und Technik 12 (1918), H. 6. Sp. 593-616.

—. Jüngste deutsche Dramen. [Aufsatz]. In: Internationale Monatsschrift für Wissenschaft, Kunst und Technik 12 (1918), H. 7. Sp. 703-810.

—. Mitleidsdramatik. [Aufsatz]. In: Das deutsche Drama 2 (1919), H. 4. S. 192-195.

—. Neue Dichtung vom Tiere. [Aufsatz]. In: Zeitschrift für Bücherfreunde. N. F. 10 (1918), 1. Hälfte. S. 53-58.

—. Neueste Versepik. [Aufsatz]. In: Kothurn. 1 (1919), H. 1. S. 9-12.

—. Ricarda Huch. [Aufsatz]. In: Das Inselschiff 1 (1919/20), S. 49-60.

—. Schicksale des lyrischen Ichs. I. [Aufsatz]. In: Das literarische Echo 18 (1916), H. 10. Sp. 593-600.

—. Schicksale des lyrischen Ichs. II. [Aufsatz]. In: Das literarische Echo 18 (1916), H. 11. Sp. 676-683.

—. Sittliche Ziele in neuester Dichtung. [Aufsatz]. In: Das Feuer (1919/20), Band 1. S. 121-127.

—. Umwertung von Dichtern. (Zur Gegenwartsliteratur). [Aufsatz]. In: Der Kunstwart 31,II (1918), H. 10. S. 84-86.

—. Vom jüngsten deutschen Drama. [Aufsatz]. In: Deutsche Bühne 1 (1919), S. 25-48.

—. Von der Form des neusten Dramas. [Aufsatz]. In: Der Zwinger 4 (1920), H. 18. S. 421-428.

—. Wege neuster deutscher Dichtung. [Aufsatz]. In: Neue Blätter für Kunst und Dichtung 1 (1918/19), März-Doppelheft. S. 260-263.

—. Zur Dresdner Aufführung von Georg Kaisers »Gas«. [Aufsatz]. In: Der Zwinger 4 (1920), H. 6. S. 121-127.

Weber, Carl Maria: Mondnacht. [Gedicht]. In: Menschen 4 (1921), H. I (Nr. 99). S. 6.

Wecker, Fritz: Sachsen. In: Ders.: Unsere Landes Väter. Wie sie gingen wo sie blieben. Berlin: Gersbach & Sohn Verlag 1928. S. 73-87.

Woermann, Karl: Karl Woermann. [Abhandlung]. In: Johannes Zahn (Hg.): Die Kunstwissenschaft der Gegenwart in Selbstdarstellungen. Leipzig: Felix Meiner 1924. S. 199-227.

Wolf, Friedrich: Arbeit. [Gedicht]. In: Jugend 15 (1910), Nr. 28. S. 648.

—. Das bist du. Vorspiel. [Drama]. In: Die neue Schaubühne 1 (1919), H. 5. S. 139-145.

—. Das ehrsame Narrengericht. [Aufsatz]. In: Die neue Schaubühne 4 (1922), H. 1. S. 1-4.

—. Der Löwe Gottes. [Schauspiel]. In: Die Rote Erde 4 (1922), 2. Folge. 1. Buch. S. 41-56.

—. Der Unbedingte. Ein Weg in drei Windungen und einer Überwindung. [Drama]. In: Die neue Schaubühne 2 (1920), H. 3. S. 67-80.

—. Der unbedingte Schauspieler. Ein »Dennoch« an Berthold Viertel. [Aufsatz]. In: Der Zwinger 3 (1919), H. 12. S. 321-325.

—. Die expressionistische Bühne. Eine Forderung. [Aufsatz]. In: Der Zwinger 3 (1919), H. 9. S. 226-229.

—. Die Flamme. [Erzählung]. In: Der silberne Spiegel 1 (1919), S. 20-21.

—. Die Klarheit des Herzens (Eine Entgegnung und eine Hoffnung). [Aufsatz]. In: Der Zwinger 3 (1919), H. 6. S. 145-149.

—. Durchbruch. [Aufsatz]. In: Der Zwinger 4 (1920), H. 22. S. 556-559.

—. Felixmüller. [Über das Theater in Dresden]. In: Paul Raabe (Hg.): Expressionismus. Aufzeichnungen und Erinnerungen der Zeitgenossen. Olten und Freiburg im Breisgau: Walter-Verlag 1965. S. 247-250.

—. Felixmüller. [Erinnerung]. In: Dramaturgische Blätter 2 (1948), H. 3. S. 129-133.

—. Fieber. [Gedicht]. In: Neue Blätter für Kunst und Dichtung 2 (1919), Januar-Heft. S. 204.

—. Gedichte. In: Der Zwinger 3 (1919), H. 19. S. 505-506.

—. Gymnasten über Euch! [Betrachtung]. In: Der Zwinger 4 (1920), H. 4. S. 73-78.

—. Heiliger Birkengang. [Gedicht]. In: Neue Blätter für Kunst und Dichtung 2 (1919), Januar-Heft. S. 203.

—. Herbstnächte. [Gedicht]. In: Konstanz 1 (1919), H. 10. S. 49.

—. Irrer am Klavier. [Gedicht]. In: Neue Blätter für Kunst und Dichtung 2 (1919), Oktober-Heft. S. 141.

—. Lukas. [Gedicht]. In: Neue Blätter für Kunst und Dichtung 2 (1919), Oktober-Heft. S. 142.

—. Mariensäule in Prag. [Gedicht]. In: Neue Blätter für Kunst und Dichtung 2 (1919), Oktober-Heft. S. 142.

—. Pupilla. [Aufsatz]. In: Die neue Schaubühne 1 (1919), H. 10. S. 312-314.

—. Präludium zu den nächstkommenden Tagen. [Aufruf]. In: Die Rote Erde 1 (1919), H. 2. S. 58-59.

—. Sühne. [Betrachtung]. In: Die Rote Erde 1 (1919), H. 6. S. 173-174.

—. S Wird. Lothar Mehnert am 9.X.1919. [Gedicht]. In: Die neue Schaubühne 2 (1920), H. 2. S. 35.

—. Terminologie. [Szene]. In: Neue Blätter für Kunst und Dichtung 2 (1919), H. 12. S. 184.

—. Über einem Bilde. [Gedicht]. In: Neue Blätter für Kunst und Dichtung 2 (1919), Januar-Heft. S. 204.

—. Ver sacrum! [Aufsatz]. In: Der Zwinger 4 (1920), H. 9. S. 207-212.

—. Vom Untergang der Sprache. [Aufsatz]. In: Die neue Schaubühne 1 (1919), H. 1. S. 11-14.

—. Weh, der Turm gerät ins Schwanken! (Ermunternde, trostreiche und behutsame Worte zu der Komödie »Die schwarze Sonne«). [Kritik]. In: Der Zwinger 5 (1921), H. 3. S. 85-88.

—. Wort und Gebärde. [Aufsatz]. In: Die neue Schaubühne 2 (1920), H. 1. S. 4-9.

—. Zu den Bühnenbildern. [Betrachtung]. In: Die neue Schaubühne 1 (1919), H. 5. S. 157.

Wolfenstein, Alfred: Die Seele. [Aus einem Drama]. In: Neue Blätter für Kunst und Dichtung 1 (1918), August-Heft. S. 81-82.

Wolff, Julius Ferdinand: August Huck †. [Würdigung]. In: Der Zeitungs-Verlag 12 (1911), Nr. 29. S. 638-639.

Wollf, Karl: Antwort auf eine Rundfrage. In: Der Zwinger 1 (1917), H. 7. S. 197-198.

—. Das Publikum als Mitspieler. [Aufsatz]. In: Der Zwinger 3 (1919), H. 11. S. 277-282.

—. Programm. [Manifest]. In: Der Zwinger 3 (1919), H. 1. S. 1-5.

—. Rückblick und Ausblick. [Betrachtung]. In: Der Zwinger 1 (1917), H. 10.
S. 313-315.

Würzburger, Eugen: Bevölkerungsverhältnisse. In: Otto Richter (Hg.): Dresdens
Entwicklung in den Jahren 1903 bis 1909. Festschrift des Rates der Königlichen
Haupt- und Residenzstadt Dresden zur Einweihung des neuen Rathauses am
1.Oktober 1910. Dresden: Buchdruckerei der Dr. Güntzschen Stiftung 1910.
S. 23-40.

Zehder, Hugo: Anmerkungen. [Zur Dresdner Kunst]. In: Neue Blätter für Kunst und
Dichtung 2 (1919), August-Heft. S. 101.

—. Carl Mense. [Würdigung]. In: Neue Blätter für Kunst und Dichtung 1 (1918),
August-Heft. S. 84.

—. Der Tod in Dresden-Neustadt. [Aufsatz]. In: Die neue Schaubühne 3 (1921),
H. 5/6. S. 126-130.

—. Der Unfall Stefan Grossmann. [Glosse]. In: Die neue Schaubühne 2 (1920),
H. 7. S. 197.

—. Die »Fledermaus« in Moskau. [Bericht]. In: Die neue Schaubühne 3 (1921),
H. 7. S. 156-157.

—. Die Zeitschrift 1919 Neue Blätter für Kunst und Dichtung. [Betrachtung]. In:
Sezession Gruppe 1919. Ausstellungskatalog. Dresden: Emil Richter 1919. S. 24.

—. Dresdner Theater. [Kritik]. In: Die neue Schaubühne 1 (1919), H. 3. S. 91-94.

—. Dresdner Theater. [Kritik]. In: Die neue Schaubühne 1 (1919), H. 5. S. 154-
157.

—. Dresdner Theater. [Kritik]. In: Die neue Schaubühne 1 (1919), H. 9. S. 288-
290.

—. Dresdner Theater. [Kritik]. In: Die neue Schaubühne 1 (1919), H. 10. S. 322-
325.

—. Felixmüller. [Aufsatz]. In: Neue Blätter für Kunst und Dichtung 1 (1918/19),
Juli-Heft. S. 59.

—. Friedrich Ahlers-Hestermann. [Aufsatz]. In: Neue Blätter für Kunst und
Dichtung 1 (1918/19), Februar-Heft. S. 221-222.

—. Georg Kars. [Würdigung]. In: Neue Blätter für Kunst und Dichtung
1 (1918/19), Oktober-Heft. S. 130-131.

—. Hermann Huber. [Notiz]. In: Neue Blätter für Kunst und Dichtung
1 (1918/19), Juli-Heft. S. 61.

—. Kees van Dongen. [Essay]. In: Neue Blätter für Kunst und Dichtung
1 (1918/19), Juni-Heft. S. 35.

—. Kunstdebatte. [Glosse]. In: Neue Blätter für Kunst und Dichtung 1 (1918/19),
Juni-Heft. S. 41.

—. Ludwig Meidner: Im Nacken das Sternenmeer. [Rezension]. In: Neue Blätter für
Kunst und Dichtung 1 (1918), Juni-Heft. S. 41.

—. Notizen. In: Neue Blätter für Kunst und Dichtung 1 (1919), März-Doppelheft.
S. 263-264.

—. Offenes Schreiben an das Ministerkollegium der Republik Sachsen. In: Neue
Blätter für Kunst und Dichtung 2 (1919), Juni-Heft. S. 56-57.

—. Oskar Kokoschkas Graphik. [Aufsatz]. In: Neue Blätter für Kunst und Dichtung
1 (1918/19), Mai-Heft. S. 9-11.

—. Otto Dix. [Würdigung]. In: Neue Blätter für Kunst und Dichtung 2 (1919), September-Heft. S. 119-120.

—. Paul Westheim: Die Welt als Vorstellung. [Rezension]. In: Neue Blätter für Kunst und Dichtung 2 (1919), Juli-Heft. S. 76.

—. Theater in Dresden. [Bericht]. In: Das junge Deutschland 3 (1920), S. 173-175.

—. Zeit, Theater und Dichter. [Aufsatz]. In: Die neue Schaubühne 1 (1919), H. 1. S. 1-3.

—. Zum Film. [Aufsatz]. In: Die neue Schaubühne 2 (1920), H. 8. S. 218-221.

Zimmermann, Felix: Das Dresdner Schauspiel 1910. [Betrachtung]. In: Das neue Dresden. Ein kritisches Jahrbuch. Dresden-Radebeul: Verlag und Druck O. Friedrichs 1911. S. 23-28.

—. Das Dresdner Schauspiel 1911/12. [Aufsatz]. In: Dresdner Kalender 1913. S. 33-38.

—. Dresden in der Literatur. [Aufsatz]. In: Dresden. Das Buch der Stadt. Dresden: Industrie- und Verkehrs-Verlag 1924. S. 86-90.

—. Dresdner literarisches Leben während der Kriegsjahre 1914 bis 1918. [Aufsatz]. In: Dresdner Kalender 1919. S. 139-148.

—. Dresdner literarisches Leben 1918/19. [Aufsatz]. In: Dresdner Kalender 1920. S. 117-124.

—. Dresdner literarisches Leben 1919/20. [Aufsatz]. In: Dresdner Kalender 1921. S. 71-75.

—. Dresdner literarisches Leben 1920/25. [Aufsatz]. In: Dresdner Kalender 1926. S. 67-73;

—. Dresdner Schauspiel 1918/19. [Aufsatz]. In: Dresdner Kalender 1920. S. 81-94.

—. Dresdner Schauspiel 1919/20. [Aufsatz]. In: Dresdner Kalender 1921. S. 55-60.

—. Dresdner Schauspiel 1920-1924. [Aufsatz]. In: Dresdner Kalender 1925. S. 78-92.

—. Dresdner Schauspiel 1924/25. [Aufsatz]. In: Dresdner Kalender 1926. S. 43-49.

—. Dresdner Schauspiel 1925/26. [Aufsatz]. In: Dresdner Kalender 1927. S. 45-54.

—. Dresdner Schauspiel. [Aufsatz]. In: Dresden. Das Buch der Stadt. Dresden: Industrie- und Verkehrs-Verlag 1924. S. 94-99.

—. Dresdens Rolle in der modernen Malerei. [Aufsatz]. In: Dresden. Das Buch der Stadt. Dresden: Industrie- und Verkehrs-Verlag 1924. S. 103-107.

—. 70 Jahre Literarischer Verein zu Dresden. [Betrachtung]. In: Dresdner Jahrbuch und Chronik 24 (1933). S. 45-47.

1.2.4. Monographien

1.2.4.1. Monographische Arbeiten in den Reihen und Sammelwerken des Dresdner Expressionismus

Das neuste Gedicht. Heft 1-44.

1.   Heinar Schilling: Mensch, Mond, Sterne. [Gedicht]. Dresden: Dresdner Verlag von 1917 1918. 16 S. Mit einem Holzschnitt auf dem Umschlag von Conrad Felixmüller.
2.   Rudolf Adrian Dietrich: Der Gotiker. [Gedichte und Prosa]. Dresden: Dresdner Verlag von 1917 1918. 16 S. Mit einer Typographie von Walt Laurent auf dem Umschlag.
3.   Walter Rheiner: Insel der Seligen. Ein Abendlied. [Gedichte]. Dresden: Dresdner Verlag von 1917 1918. 16 S. Mit einem Porträtholzschnitt des Autors von Felixmüller.
4.   Oskar Maria Graf: Die Revolutionäre. [Gedichte]. Dresden: Dresdner Verlag von 1917 1918. 12 S. Mit einer Umschlagzeichnung von Georg Schrimpf.
5.   A. Rudolf Leinert: Gott - Mensch Geburt. [Gedichte] Dresden: Dresdner Verlag von 1917 1918. 19 S. Mit Umschlagzeichnung von Walter O. Grimm.
6.   Kurt Bock: Verse vor Tag. [Gedichte]. Dresden: Dresdner Verlag von 1917 1918. 14 S. Mit Umschlagholzschnitt von Eugen Ludwig Gattermann.
7/8.   Heinar Schilling: Die Richtung. Dialog mit einer Sphinx. Dresden: Dresdner Verlag von 1917 1918. 38 S. Mit Umschlagzeichnung von Walter O. Grimm.
9.   Gerhard Ausleger: Ewig Tempel Mensch. [Gedichte]. Dresden: Dresdner Verlag von 1917 1918. 15 S. Mit Umschlagzeichnung von Georg Tappert.
10.   Richard Fischer: Du heilige Erde! [Gedichte]. Dresden: Dresdner Verlag von 1917 1918. 16 S. Mit Umschlagzeichnung von P. A. Böckstiegel.
11/13. Heinar Schilling: Die Sklaven. Episch-Dramatisches Gedicht. Dresden: Dresdner Verlag von 1917 1919. 44 S. Mit 4 Zeichnungen von Conrad Felixmüller.
14/15. Rudolf Adrian Dietrich: Der Selbstmörder. Die Mutter. [Zwei Erzählungen]. Dresden: Dresdner Verlag von 1917 1919. 30 S. Mit einer Umschlagzeichnung von Rudolf Adrian Dietrich.
16.   Hans Harbeck: Revolution. [Gedichte]. Dresden: Dresdner Verlag von 1917 1919. 19 S. Mit Umschlagzeichnung von Walter O. Grimm.
17.   Klabund: Die gefiederte Welt. Grotesque sentimentale. Dresden: Dresdner Verlag von 1917 1919. 15 S.
18.   Carl Rolf Voigt: Geballte Fäuste. [Gedichte]. Dresden: Dresdner Verlag von 1917 1919. 14 S. Mit einer Umschlagzeichnung von Walter O. Grimm.
19.   Klabund: Montezuma. Eine Ballade. Dresden: Dresdner Verlag von 1917 1919. 14 S. Mit einer Umschlagzeichnung von Heinar Schilling.
20.   Richard Fischer: Schrei in die Welt. [Gedichte]. Dresden: Dresdner Verlag von 1917 1919. 23 S. Mit einer Umschlagzeichnung von Walter O. Grimm.
21.   Rudolf Adrian Dietrich: Harmageddon. [Einakter]. Dresden: Dresdner Verlag von 1917 1919. 22 S. Mit einer Umschlagzeichnung von Rudolf Adrian Dietrich.

22. Anton Schnack: Strophen der Gier. [Gedichte]. Dresden: Dresdner Verlag von 1917 1919. 15 S. Mit einer Umschlagzeichnung von Georg Kind.

23. Hellmuth Pattenhausen: Bilder des Unmittelbaren. [Gedichte]. Dresden: Dresdner Verlag von 1917 1919. 14 S. Mit einer Umschlagzeichnung von Margarete Brühl.

24/25. Jan Jacob Haringer: Hain des Vergessens. [Gedichte]. Dresden: Dresdner Verlag von 1917 1919. 30 S. Mit einer Umschlagzeichnung von F. Schaefler.

26. Rudolf Adrian Dietrich: Passion. [Gedichte]. Dresden: Dresdner Verlag von 1917 1919. 11 S.

27. Walter Rheiner: Der inbrünstige Musikant. Eine lyrische Szene. Dresden: Dresdner Verlag von 1917 1919. 8 Blatt. Mit einer Umschlagzeichnung von Conrad Felixmüller.

28. Rudolf Reymer: Doktor Stumm. Schauspiel in 3 Akten. Dresden/Berlin: Rudolf Kaemmerer Verlag 1920. 16 S. Mit einer Umschlagzeichnung von C. von Mitschke-Collande.

29. Paul Nikolaus: Katastrophe! Verse der Hingabe. Dresden: Dresdner Verlag von 1917 1919. 16 S.

30. Iwan Goll: Astral. Ein Gesang. Dresden: Rudolf Kaemmerer Verlag 1920. 15 S. Mit einer Umschlagzeichnung von Fleger.

31/32. Carl Hauptmann: Der Mörder. [Gedichte]. Dresden: Rudolf Kaemmerer Verlag 1920. 13 S.

33/34. Klabund: Der Neger. [Prosagedicht]. Dresden: Rudolf Kaemmerer Verlag 1920. 22 S. Mit einer Umschlagzeichnung von Walter Jacob.

35. Sylvia von Harden: Verworrene Städte. [Gedichte]. Dresden: Rudolf Kaemmerer Verlag 1920. 20 S.

36. Heinar Schilling: La Colomba. Arabeske unserer Selbste. Dresden: Rudolf Kaemmerer Verlag 1920. 13 S.

37/38. Klabund: Der Totengräber. [Szene]. Dresden: Rudolf Kaemmerer Verlag 1920.

39/41. Alfred Wolfenstein: Der gute Kampf. Eine Dichtung. Dresden: Rudolf Kaemmerer Verlag 1920. 25 S. Mit fünf Originallithographien von Walter Jacob.

42/43. Heinar Schilling: Die singende Revolution. [Gedichte]. Dresden: Rudolf Kaemmerer Verlag 1919. 19 S.

44. Ossip Kalenter: Sanatorium. [Gedichte]. Dresden: Dresdner Verlag 1922. 20 S.

Dichtung der Jüngsten. Band 1-12/13.

1. Bess Brenck-Kalischer: Dichtung. Dresden: Dresdner Verlag von 1917 1917. 69 S.

2/3. Walter Rheiner: Das schmerzliche Meer. Frühe und neue Gedichte. Dresden: Dresdner Verlag von 1917 1918. 177 S.

4. Walter Rheiner: Das tönende Herz. Gedichte. Dresden: Dresdner Verlag von 1917 1918. 83 S.

5. Heinar Schilling: Du Bruder Mensch. Gedichte 1918. Dresden: Dresdner Verlag von 1917 1919. 78 S.

6/7. Heinar Schilling: Erste Gedichte. Dresden: Dresdner Verlag von 1917 1919.
      158 S.
8.   Rudolf Adrian Dietrich: Ekstase, Harmageddon, Passion, Der Gotiker, Der
      Selbstmörder. Dresden: Dresdner Verlag von 1917 1919. 71 S.
9.   Kurt Bock: Strophen um Eros. Die frühen Gedichte, Alt-Döbern, Zinne der
      Zeit. Dresden: Dresdner Verlag von 1917 1919. 91 S.
10/11. Walter Rheiner: Das tönende Herz. 2. verbesserte und vermehrte Auflage.
      Dresden: Dresdner Verlag von 1917 1919. 135 S.
12/13. Walter Rheiner: Der bunte Tag. Erste Gedichte, Gedicht-Fragmente, Prosa-
      Versuche, Skizzen, novellistische Fragmente. Dresden: Dresdner Verlag von
      1917 1919. 129 S.

Die Dramen der neuen Schaubühne. Eine Folge. Band 1-6.

1.   Will-Erich Peuckert: Passion. Ein Drama. (Mit Bühnenbildern von C. von
      Mitschke-Collande.) Dresden: Verlag Neue Schaubühne (Dresdner Verlag von
      1917) 1919. 91 S.
2.   Max Hermann [-Neisse]: Josef der Sieger. 3 Bilder. Bühnenbilder von Otto
      Schubert. Dresden: Verlag Neue Schaubühne (Dresdner Verlag von 1917)
      1919. 140 S.
3.   Heinar Schilling: König Rudolf. Tragödie. Mit 6 Bühnenbildern des Autors.
      Dresden: Verlag Neue Schaubühne (Dresdner Verlag von 1917) 1919. 199 S.
4.   Friedrich Wolf: Das bist Du. Ein Spiel in 5 Verwandlungen. Bühnenskizzen
      von Conrad Felixmüller. Dresden: Verlag Neue Schaubühne (Dresdner Verlag
      von 1917) 1919. 74 S.
5.   Max Hermann [-Neisse]: Die Laube der Seligen. Eine komische Tragödie.
      Bühnenbild von Hans Blanke. Dresden: Rudolf Kaemmerer Verlag 1919.
      34 S.
6.   Friedrich Wolf: Der Unbedingte. Ein Weg in 3 Windungen und 1 Überwin-
      dung. (Bühnenentwürfe von Hans Blanke.) Dresden: Rudolf Kaemmerer Ver-
      lag 1919. 84 S.

1.2.4.2. Sonstige Monographien

Adler, Paul: Die Zauberflöte. Roman. Dresden: Hellerauer-Verlag 1916.
—. Nämlich. [Erzählende Aufzeichnungen]. Dresden: Hellerauer-Verlag 1915.
Adolph, Paul: Vom Hof- zum Staatstheater. Zwei Jahrzehnte persönlicher Erinnerun-
      gen an Sachsens Hoftheater, Königshaus, Staatstheater und anderes. Dresden: C.
      Heinrich 1932.
Adress- und Auskunftsbuch der Vereine und Gesellschaften im Königreich Sachsen.
      Leipzig: Commissionsverlag M. L. Moltke 1891.
Adreßbuch für Dresden und Vororte. Hg. vom Rat der Stadt Dresden. Dresden: G.
      A. Kaufmann's Buchhandlung 1900ff.
Arbeiter-Führer für Dresden und Umgebung. Dresden: Verlag von Kaden und Comp.
      1911.

Arent, Wilhelm (Hg.): Moderne Dichter-Charaktere. Leipzig: W. Friedrich 1885.

Arnold, Ernst: Dresden als Druckerstadt von 1524 bis 1900. Kurze Geschichte der Einführung der Kunst Gutenbergs in Dresden und ihrer Entwicklung. Dresden: Druck und Verlag der Lehmannschen Buchdruckerei 1900.

Ausleger, Gerhard: Die frühen Rhythmen. Ein lyrisches Flugblatt. Weißenfels: Selbstverlag 1914.

—. Gesänge im Kriege. [Gedichte]. Weißenfels: Max Lehmstedts Buchhandlung 1915.

—. Requiem für die Revolutionsgefallenen. [Dichtung]. Kiel: November-Verlag 1920.

Avenarius, Ferdinand: Hausbuch deutscher Lyrik. München: Callwey 1934.

Beamtenbuch der Stadt Dresden nebst Verzeichnis der Rathsmitglieder und der Stadtverordneten für das Jahr 1902. Dresden: Druck v. D. & R. Becker 1902.

Bericht über die Verwaltung und Vermehrung der Königlichen Sammlungen für Kunst und Wissenschaft in Dresden. Dresden: Königliche Hofbuchdruckerei 1910/11 bis 1914/15.

Bock, Kurt: Das Gedicht. Wesen, Geschichte, Technik. Buchenbach-Baden: Felsen-Verlag 1922.

Bry, Carl Christian: Buchreihen. Fortschritt oder Gefahr für den Buchhandel? Gotha: Verlag Friedrich Andreas Perthes A.-G. 1917.

Buber, Martin (Hg.): Gustav Landauer. Sein Lebensgang in Briefen. 2 Bände. Frankfurt a. M.: Rütten & Loening 1929.

Burkhardt, Hans: Die politische Tagespresse des Königreichs Sachsen. Freiberg: Druck und Verlag von Ernst Mauckisch 1914.

Das Central-Theater in Dresden. Dresden 1900.

Das höhere Schulwesen im Königreich Sachsen: Gesetz über die Gymnasien, Realschulen und Seminare vom 22. August 1876. Leipzig: Roßberg'sche Verlagsbuchhandlung 1903.

Das höhere Schulwesen im Königreiche Sachsen. Sammlung der auf dasselbe bezüglichen und der sonst einschlagenden Gesetze, Verordnungen u.s.w. Bearbeitet von L. Philipp. Dresden: Meinhold & Söhne 1889.

Das neue Dresden. Ein kritisches Jahrbuch. Dresden-Radebeul: Verlag und Druck O. Friedrichs 1911.

Das neue Königliche Schauspiel-Haus Dresden. Erbauet von William Lossow und Max Hans Kühne. Darmstadt: Verlags-Anstalt Alexander Koch 1914.

Däubler, Theodor: Der neue Standpunkt. [Essays]. Dresden: Hellerauer Verlag 1916.

—. Der sternhelle Weg. [Gedichte]. Dresden: Hellerauer Verlag 1915.

—. Ode und Gesänge. Dresden: Hellerauer Verlag, Berlin: Verlag der Neuen Blätter 1913.

—. Wir wollen nicht verweilen. Autobiographisches Fragment. Dresden: Hellerauer Verlag 1915.

Degener, Hermann A. L. (Hg.): Wer ist's? Unsere Zeitgenossen. Berlin: Verlag H. Degener 1935.

Der Verein Volkswohl zu Dresden im Jahre 1910. Dresden: o. V. 1910.

Die 800jährige Wettiner-Jubelfeier. Juni 1889. Festschrift, im Auftrage des Festausschusses hg. vom Preßausschuß. Dresden: Verlag der Albanus'schen Buchdruckerei 1889.

Die Bildungsanstalt für Musik und Rhythmus E. Jaques-Dalcroze in Dresden-Hellerau. Ein Bericht mit 8 Abbildungen. Jena: Eugen Diederichs 1910.

Die Königlich Sächsischen Gesetze, Verordnungen und Verträge die Presse und den Buchhandel sowie den Schutz der Rechte an literarischen Erzeugnissen betreffend. Leipzig: Breitkopf und Härtel 1861.

Die Reform der Geselligkeit, dargestellt an den Schöpfungen des Vereins Volkswohl zu Dresden. Hg. aus Anlaß des 25jährigen Bestehens des Vereins Volkswohl. Dresden: Verlag O. V. Böhmert 1914.

Die Revolution in Sachsen ihr Sieg und ihre Aufgabe. Hrsg. im Auftrage des Vollzugsausschusses des Arbeiter- und Soldatenrates Groß-Dresden. Dresden: Verlag von Kaden & Comp. 1918.

Dietrich, Rudolf Adrian: Aus jungen Tagen. [Frühgedichte]. Dresden: Dresdner Verlag von 1917 1919.

Doenges, Willy: Dresden. Leipzig: Verlag von Klinkhardt & Biermann 1908. (= Stätten der Kultur, Band 14.)

Dohrn, Wolf: Die Gartenstadt Hellerau und weitere Schriften. Mit einem biographischen Nachwort von Karl Lorenz und Hans-Jürgen Sarfert. Dresden: Hellerau-Verlag 1992.

Dresden als Schulstadt. Führer durch die gesamten Unterrichtsanstalten Dresdens. Hg. vom Verein zur Förderung Dresdens und des Fremdenverkehrs Dresden Hauptbahnhof. Dresden: Buchdruckerei F. Emil Boden 1908.

Dresden. Das Buch der Stadt. Hg. vom Rat der Stadt Dresden. Dresden: Industrie- und Verkehrs-Verlag 1924.

Dresdner Bürgerbuch. Sammlung von Orts-Polizei-Verordnungen und Ortsstatuarischen Bestimmungen der Stadt Dresden nebst einigen Ober-Präsidial- u. Regierungs-Verordnungen etc.etc. Dresden: Druck und Verlag von Alwin Risse 1903.

Dresdner Museumsverein. Bericht über das 1. Vereinsjahr. 1911/12.

Dresdner Ortsgesetzblatt. Bekanntmachungen, Ortsgesetze usw. Hg. vom Rate zu Dresden. Dresden: Buchdruckerei der Dr. Güntzschen Stiftung. 1911-1921.

Ehrenstein, Albert: Den ermordeten Brüdern. [Aufsätze, Gedichte, Prosa]. Zürich: Max Rascher Verlag A.-G. 1919.

—. Der Mensch schreit. [Gedichte 1914-1915]. Leipzig: Kurt Wolff Verlag 1916.

—. Die Gedichte. (1900-1919). Leipzig, Prag, Wien: Verlag Ed. Strache 1920.

Faass, Bruno (Hg.): Dresdner Bibliothekenführer. Hg. im Auftrag der Königlichen öffentlichen Bibliothek. Dresden: Verlagsbuchhandlung C. Heinrich 1915.

Fabian, Walter: Klassenkampf um Sachsen: Ein Stück Geschichte. 1918-1930. Löbau: Ostsachsen-Druckerei 1930.

Felixmüller, Conrad: Werke und Dokumente. Germanisches Nationalmuseum Nürnberg. 3.12.1981-31.1.1982. Archiv für Bildende Kunst 1982.

Festschrift zur Eröffnung des neuen Königlichen Schauspielhauses in Dresden-Altstadt. Dresden: Verlag von Karl Reißner 1913.

Fischer, Richard: 1914 Kriegsgedichte. Leipzig: Xenien-Verlag 1914.

—. Am Strande der Sehnsucht. Novellen und Skizzen. Leipzig: Xenien-Verlag 1910.

—. Komm Welt. Gedichte. Dresden: Pandora-Verlag 1926.

—. Landungen. Novellen. Leipzig: Dieterich'sche Verlagshandlung 1914.

—. Unendliche Straße. Novellen. Dresden: Oscar Laube Verlag 1921.

Friedemann, Paul (Hg.): Der neue Lehrplan für die sächsischen Volksschulen. 2 Bände. Leipzig: Friedrich Brandstetter 1913.

Geschichte der Litterarischen Gesellschaft e.V. zu Dresden nebst Verzeichnis der für das Winterhalbjahr 1909/10 geplanten Vorträge und dramatischen Vorstellungen und Satzung vom 5. Mai 1902. Dresden 1909.

Gg. Hrm. Müller: 700 Jahre Dresden 1216-1916. Vortrag im Verein für Geschichte Dresdens am 15. November 1916. Dresden: Verlag der Buchdruckerei der Wilhelm und Bertha v. Baensch Stiftung 1917.

Goering, Reinhard: Seeschlacht. [Tragödie]. Berlin: S. Fischer Verlag 1917.

Goldmann, Karl: Die Sünden des Naturalismus. Berlin: Richard Eckstein Nachf. (Hammer & Runge) 1890.

Goll, Iwan: Dithyramben. Gedichte. Leipzig: Kurt Wolff Verlag 1918.

Griebel, Otto: Ich war ein Mann der Straße. Lebenserinnerungen eines Dresdner Malers. Aus dem Nachlaß hg. von Matthias Griebel und Hans-Peter Lühr. Halle, Leipzig: Mitteldeutscher Verlag 1986.

Grohmann, Will: Die Sammlung Ida Bienert Dresden. Potsdam: Müller & I. Kiepenheuer 1933. (= Privatsammlungen neuer Kunst. Hg. von Will Grohmann. Band 1. Die Sammlung Ida Bienert Dresden.)

Günther, Alfred: Beschwörung und Traum. Gedichte. Dresden: Emil Richter 1920.

—. Erinnerungen an die Brücke-Maler. In: Merian. Das Monatsheft der Städte und Landschaften: Dresden. Hamburg: Hoffmann & Campe. 20 (1967), H. 10. S. 70-74.

—. phönix zwei. Dichtungen aus den Dresdner Jahren. Stuttgart: Deutsche-Verlags-Anstalt 1965.

—. Von Gott und Frauen. Gedichte. München: E. W. Bonsels & Co. 1912.

Haenel, Erich (Hg.): Hundert Jahre Sächsischer Kunstverein. Jubiläums-Festschrift. Dresden: Wilhelm Limpert-Verlag 1928. (= Der Grosse Garten, Band II).

Hahn, Alfred: Dresden im Wandel der Zeiten. 2 Bände. Dresden: Hermann Püschel 1937.

Hasenclever, Walter: Antigone. Tragödie in 5 Akten. Berlin: Paul Cassirer Verlag 1917.

—. Der politische Dichter. [Gedichte und Reden]. Berlin: Ernst Rowohlt Verlag 1919.

—. Der Sohn. Ein Drama in 5 Akten. Leipzig: Kurt Wolff Verlag 1914.

—. Gobseck. Drama in 5 Akten. Berlin: Ernst Rowohlt Verlag 1922.

—. Jenseits. Drama in 5 Akten. Berlin: Ernst Rowohlt Verlag 1920.

—. Menschen. Schauspiel in 5 Akten. Berlin: Paul Cassirer Verlag 1918.

—. Tod und Auferstehung. Neue Gedichte. Leipzig: Kurt Wolff Verlag 1917.

Hiller, Kurt (Hg.): Das Ziel. Aufrufe zu tätigem Geist. München und Berlin: Georg Müller Verlag 1916.

—. Ein deutsches Herrenhaus. Leipzig: Der Neue Geist-Verlag 1918.

—. Ratioaktiv. Reden 1914-1964. Ein Buch der Rechenschaft. Wiesbaden: Limes Verlag 1966.

Hoffmann, Camill: Die Vase. Neue Gedichte. Berlin-Charlottenburg: Axel Juncker Verlag 1910.

—. Zuflucht. Späte Gedichte und Erzählungen. Mit einem Nachwort hrsg. von Dieter Sudhoff. Siegen: Universität Gesamthochschule 1990. (= Vergessene Autoren der Moderne XLVIII)

Hofmann, Walter: Mit Grabstichel und Feder. Geschichte einer Jugend. Berlin: Wegweiser-Verlag 1947.

Holek, Wenzel: Vom Handarbeiter zum Jugenderzieher. Lebensgang eines deutsch-tschechischen Handarbeiters. II. Teil. Jena: Eugen Diederichs 1921.

Jaques-Dalcroze, Emile: Die Rhythmik. Unterricht zur Entwicklung des rhythmischen und metrischen Instinktes, des Sinnes der plastischen Harmonie, Gleichgewichtes der Bewegungen und zur Regulierung der Bewegungsgewohnheiten. Methode Jaques-Dalcroze. Lausanne, Leipzig: Breitkopf & Härtel. 2 Bände. 1916-1917.

—. Rhythmus, Musik und Erziehung. Basel: Schwabe-Verlag 1922.

Kalenter, Ossip: Das goldene Dresden. Eine Arabeske. Hannover, Leipzig: Paul Steegemann Verlag 1922. (= Die Silbergäule, Band 152).

—. Der seriöse Spaziergang. Dreiunddreißig Gedichte. Dresden: Rudolf Kaemmerer 1920.

Karamsin, Nikolaj: Briefe eines russischen Reisenden. Stuttgart: Reclam 1986.

Kellermann, Hermann (Hg.): Der Krieg der Geister. Eine Auslese deutscher und ausländischer Stimmen zum Weltkriege 1914. Weimar: Alexander Duncker Verlag 1915. (Vereinigung Heimat und Welt).

Kockel, F. W. (Hg.): Lehrplan für die einfachen Volksschulen des Königreiches Sachsen vom 5. November 1878. Dresden: Alwin Huhle Verlagsbuchhandlung 1911.

Kokoschka, Oskar: Briefe. Band 1 und 2. Hg. von Olda Kokoschka und Heinz Spielmann. Düsseldorf: claassen Verlag 1984.

—. Der brennende Dornbusch. Schauspiel. Leipzig: Kurt Wolff Verlag 1917. (= Der jüngste Tag, Band 41).

—. Hiob. Ein Drama. Berlin: Paul Cassirer 1917.

—. Mörder Hoffnung der Frauen. Berlin: Verlag Der Sturm [1916].

Königlich Sächsisches Gesetz, das Volksschulwesen betreffend, vom 26. April 1873. Nach seiner Entstehung dargestellt und für den praktischen Gebrauch erläutert von Oscar Emil Walter. Dresden: Meinhold & Söhne 1874.

Königlich Sächsische Technische Hochschule zu Dresden. Verzeichnis der Vorlesungen und Übungen samt den Stunden- und Studienplänen. Dresden: G. B. Teubner 1911ff.

Kretzschmar, I. F. (Hg.): Das höhere Schulwesen im Königreiche Sachsen. Gesetz über die Gymnasien, Realschulen und Seminare vom 22. August 1876 nebst Ausführungsverordnung und die einschlagenden Gesetze, Verordnungen und Entscheidungen. Leipzig: Roßberg'sche Verlagsbuchhandlung 1903.

Kuehl, Gotthardt: Kunstausstellung bei Emil Richter. Dresden, Prager Straße. o.J. [nach 1915].

Kunsterziehung. Ergebnisse und Anregungen des Kunsterziehungstages in Dresden am 28. und 29. September 1901. Leipzig: R. Voigtländers Verlag 1902.

Landauer, Gustav: Aufruf zum Sozialismus. Berlin: Paul Cassirer 1919.

Leben und Wirken eines Dresdner Kunsthändlers. Ludwig Gutbier. Von Freunden der Galerie Arnold. Dresden: Verlag Ernst Arnold 1934.

Leonhardt, Wilhelm (Hg.): Dresdner Dichterbuch. Dresden Blasewitz: Verlag von Erich Leonhardi 1911.

Lichtwark, Alfred: Deutsche Königsstädte. Berlin-Potsdam-Dresden-München-Stuttgart. Dresden: Gerhard Kühtmann 1898.

Lipinski, Richard: Die Polizei in Sachsen im Kampf gegen das Vereins- und Versammlungsrecht und die Veranstaltungen der arbeitenden Klasse. Dresden: Verlag und Druck von Kaden & Comp. 1914.

Lotz, Ernst Wilhelm: Prosaversuche und Feldpostbriefe. Aus dem bisher unveröffentlichten Nachlaß. Diessen vor München: Verlag Josef C. Huber Verlag 1955.

—. Und schöne Raubtierflecken... Ein lyrisches Flugblatt. Berlin: Verlag A. R. Meyer 1913.

—. Wolkenüberflaggt. Gedichte. Leipzig: Kurt Wolff Verlag 1917. (= Der jüngste Tag, Band 36).

Lücken, Iwar von: Gedichte. Berlin-Grunewald: Horen-Verlag 1928.

Mahrenholtz, Richard: Abriß der Geschichte des Literarischen Vereins zu Dresden (1862-1887). Dresden: E. Blochmann und Sohn 1889.

Manasse, Rudolf: Memories. o. O., o. J. [um 1967]. [Maschinendruck].

Meidner, Ludwig: Im Nacken das Sternenmeer. [Prosa]. Leipzig: Kurt Wolff Verlag 1918.

—. Septemberschrei. Hymnen, Gebete, Lästerungen. Berlin: Paul Cassirer Verlag 1920.

Moufang, Wilhelm: Die gegenwärtige Lage des deutschen Buchwesens. Eine Darstellung der Spannungen und Reformbewegungen am Büchermarkt. München u. a.: J. Schweitzer 1921.

Nadler, Josef: Das stammhafte Gefüge des deutschen Volkes. München: Verlag Josef Kösel & Friedrich Pustet 1934.

Otten, Karl: Das leere Haus. Prosa jüdischer Dichter. Stuttgart: Cotta-Verlag 1959.

Programmhefte der Sächsischen Staatstheater. Schauspielhaus. Dresden 1916-1922.

Puetzfeld, Carl: Bleibt Dresden Kunststadt? Betrachtungen zur Galerie- und Akademiefrage. Dresden: A. Tittmann Verlag 1920.

Rheiner, Walter: Das Fo-Buch. Gedichte 1918-1920. Dresden: Rudolf Kaemmerer Verlag 1921.

—. Kokain. Novelle. Dresden: Dresdner Verlag von 1917 1918.

Richter, Otto (Hg.): Dresdens Entwicklung in den Jahren 1903 bis 1909. Festschrift des Rates der Königlichen Haupt- und Residenzstadt Dresden zur Einweihung

des neuen Rathauses am 1. Oktober 1910. Dresden: Buchdruckerei der Dr.
Güntzschen Stiftung 1910.
—. Geschichte der Stadt Dresden in den Jahren 1871 bis 1902. Werden und Wach-
sen einer deutschen Großstadt. Hg. im Auftrage des Rates zu Dresden. Dresden:
Buchdruckerei Dr. Güntzsche Stiftung 1904².
Rost, Bernhard: Die gymnasiale Ausbildung der Mädchen im Königreich Sachsen.
Leipzig: Verlag von Rothe & Schunke 1907.
—. Entwicklung und Stand des höheren Mädchenschulwesens im Königreich Sach-
sen mit besonderer Berücksichtigung der letzten Decennien. Historisch-statistisch
dargestellt. Leipzig: Verlag von Rothe & Schunke 1907.
Rühle, Otto: Das sächsische Volksschulwesen. Eine zusammenfassende Darstellung
der sächsischen Schulverhältnisse. Leipzig: Verlag der Leipziger Buchdruckerei
Aktiengesellschaft 1904.
—. Die Revolution ist keine Parteisache! Berlin-Wilmersdorf: Verlag der Wochen-
schrift DIE AKTION 1920.
—. Die Sozialisierung der Frau. Dresden (Buchholz-Friedewald): Verlag Am anderen
Ufer 1924.
—. Die Volksschule wie sie ist. Berlin: Verlag: Expedition der Buchhandlung Vor-
wärts 1903.
—. Die Volksschule wie sie sein soll. Berlin: Verlag: Expedition der Buchhandlung
Vorwärts 1903.
—. Erziehung zum Sozialismus. Ein Manifest. Berlin: Verlag Gesellschaft u. Erzie-
hung 1919.
—. Von der bürgerlichen zur proletarischen Revolution. Dresden (Buchholz-Friede-
wald): Verlag Am anderen Ufer 1924.

Sammlung der Ortsgesetze, Regulative, Bekanntmachungen und Dienstordnungen,
sowie der wichtigsten Verträge aus der Verwaltung der Stadt Dresden. Hg. vom
Rate zu Dresden. Teile 1 bis 10. Dresden: Buchdruckerei der Dr. Güntzschen
Stiftung 1894-1923.
Satzungen und Geschäftsordnung des literarischen Vereins zu Dresden. Dresden:
Buchdruckerei der Dr. Güntzschen Stiftung 1909.
Schilling, Heinar: Das Königslied (Stifterausgabe mit Radierungen von Alexander
Friedrich). 1-14. Hellerau: Verlag des Hochstifts für Deutsche Art (5-7: Verlag
des Königsliedes; 8-14: Weimar, H. Böhlaus Nachf.). 1925-1928.
—. Das politische Weltbild. Magdeburg: Nordland-Verlag 1937.
—. Das Runenlied. Weimar: Verlag Hermann Böhlaus Nachfolger 1928.
—. Der verfluchte Dichter. Gedichte. Dresden: Dresdner Verlag 1921.
—. Die schöne neue Kunst. Vorträge und Paraphrasen. Dresden: Dresdner Verlag
von 1917 1918. (= Über neue Kunst, H. 1.).
—. Erste Gedichte. Dresden: Dresdner Verlag von 1917 1919.
—. Germanische Frauen. Leipzig: K. F. Koehler 1925.
—. Germanische Führerköpfe. Leipzig: K. F. Koehler 1935.
—. Haithabu. Ein germanisches Troja. Leipzig: Hase & Koehler 1936.
—. Lichter. Prosa. Leipzig: Bruno Volger Verlagsbuchhandlung 1917.

—. Meinungen. Geschriebenes und gesprochenes Wort über Kultur und Zeit. Heft 1 bis 3. Dresden: Dresdner Verlag von 1917 1918. [Heft 1: Die lange Zigarettenspitze 1918; Heft 2: Die Richtung 1918; Heft 3: Die schöne neue Kunst 1918].

—. Pauker, Mädchen und Soldaten. Dresden: Meinhold 1941.

—. Versuche. Band 1 bis 5. Berlin-Dresden: Rudolf Kaemmerer Verlag 1920. Band 1: Gedichte. Band 2: Studien und Meinungen. Band 3: Historien. Erster Teil. Band 4: Historien. Zweiter Teil. Band 5: Phantastica. Band 6: Egocentrica. [Bände 4, 5 und 6 nicht erschienen].

—. Volk und Staat. Geschichtliche Abhandlungen aus dem „Schwarzen Korps". Braunschweig: Vieweg 1938.

—. Wege. Ein Roman. Leipzig: Bruno Volger Volksbuchhandlung 1917.

—. Weltanschauliche Betrachtungen. Aus dem „Schwarzen Korps". Braunschweig: Viehweg 1938.

Schimmel, E. Otto: Die Entwicklung des Wahlrechts zur Zweiten Kammer und der Zusammensetzung derselben in parteipolitischer und sozialer Hinsicht. Nossen: W. H. Möller's Verlag 1912.

Schlicht, Freiherr von (Wolf Graf Baudissin): Dresden und die Dresdner ein lustiges Vademecum. Dresden und Leipzig: Dresdner Verlagsanstalt 1907.

Schmidt, Diether (Hg.): Schriften deutscher Künstler des 20. Jahrhunderts. Band 1.: Manifeste Manifeste 1905-1933. Dresden: Verlag der Kunst 1965.

Schmidt, Paul Ferdinand: Lebenslauf. o. O. und o. J. [um 1954]. [Manuskriptdruck].

Schnack, Anton: Die tausend Gelächter. Gedichte. Hannover: Paul Steegemann Verlag 1919.

—. Tier rang gewaltig mit Tier. Gedichte. Berlin: Ernst Rowohlt Verlag 1920.

Schnack, Friedrich: Das kommende Reich. [Gedichte]. Dresden: Hellerauer Verlag 1920.

Schumann, Paul: Dresden. Leipzig: Verlag E. A. Seemann 1909.

Seidl, Arthur: Die Hellerauer Schulfeste und die »Bildungsanstalt Jaques-Dalcroze«. Regensburg: Gustav Bosse Verlag 1912.

Seidlitz, Woldemar von: Geschichte des japanischen Farbholzschnitts. Dresden: Gerhard Kühtmann 1897.

—. Kunstmuseen. Vorschlag zur Begründung eines Fürstenmuseums in Dresden. Leipzig: Verlag von E. A. Seemann 1907.

Sezession Gruppe 1919. Mit einem Textbeitrag von Walter Rheiner. 22 Abbildungen und 3 Holzschnitten. Hg. vom Emil Richter Verlag Dresden 1919.

Sitzungsberichte der Stadtverordneten zu Dresden. Dresden 1910-1920.

Stadelmann, Heinrich: Unsere Zeit und ihre neue Kunst. Berlin: Der Zirkel Architekturverlag 1916.

Statistisches Jahrbuch der Stadt Dresden. Hg. vom Statistischen Amte der Stadt. Dresden: v. Zahn & Jaensch 1905, 1907, 1914ff.

Stern, Adolf: Zwölf Jahre Dresdner Schauspielkritik. Hg. von Christian Gaehde. Dresden und Leipzig: C. A. Kochs Verlagsbuchhandlung 1909.

Storck, Karl: Emile Jaques-Dalcroze. Seine Stellung und Aufgabe in unserer Zeit. Stuttgart: Greiner & Pfeiffer 1912.

Tagebuch des Königlich Sächsischen Hoftheaters. Dresden, 1900-1917. Ab 1918 u. d. T.: Tagebuch der Sächsischen Landestheater.

Ab 1920 u. d. T.: Tagebuch der Sächsischen Staatstheater.

Toller, Ernst: Eine Jugend in Deutschland. Gesammelte Werke. Band 4. Hg. von Wolfgang Frühwald und John M. Spalek. München, Wien: Hanser 1978.

Übergangsgesetz für das Volksschulwesen vom 22. Juli 1919 nebst Verordnung vom 23. Juli 1919 zur Ausführung des Übergangsgesetzes für das Volksschulwesen vom 22. Juli 1919. Dresden: C. C. Meinhold & Söhne 1919.

Viertel, Berthold: Dichtungen und Dokumente. Gedichte, Prosa, Autobiographische Fragmente. Hg. von Ernst Ginsberg. München: Kösel 1956.

—. Die Bahn. Gedichte. Dresden-Hellerau: Jakob Hegner 1921.

—. Karl Kraus. Ein Charakter und die Zeit. Dresden: Rudolf Kaemmerer 1921.

Viertel, Salka: Das unbelehrbare Herz. Ein Leben in der Welt des Theaters, der Literatur und des Films. Hamburg, Düsseldorf: Claassen 1970.

Volksbildungsarchiv. Beiträge zur wissenschaftlichen Vertiefung der Volksbildungsbestrebungen. Band 1-10. Berlin: C. Heymann 1910ff.

Volkswohlfahrt und Volksgeselligkeit nach den Erfahrungen des Dresdner Vereins Volkswohl. Hg. vom Verein Volkswohl. Dresden: In Kommission bei O. V. Böhmert 1906.

Wahle, Julius / Victor Klemperer (Hg.): Vom Geiste neuer Literaturforschung. Festschrift für Oskar Walzel. Wildpark-Potsdam: Akademische Verlagsgesellschaft Athenaion 1924.

Walzel, Oskar: Deutsche Dichtung der Gegenwart. Leipzig: Verlag von Quelle & Meyer 1925.

—. Die deutsche Dichtung seit Goethes Tod. Berlin: Askanischer Verlag 1919.

—. Die deutsche Literatur von Goethes Tod bis zur Gegenwart. Mit einer Bibliographie von Josef Körner. Berlin: Askanischer Verlag 1925[5]

—. Wechselseitige Erhellung der Künste. Ein Beitrag zur Würdigung kunstgeschichtlicher Begriffe. Berlin: Verlag von Reuther & Reichard 1917. (= Vorträge der Kant-Gesellschaft, Nr. 15).

Weber, Alfred: Die Not der geistigen Arbeiter. München: Duncker & Humblot 1923.

Werfel, Franz: Barbara oder die Frömmigkeit. Berlin, Wien, Leipzig: Paul Zsolnay Verlag 1929.

Wildberg, Bodo (Hg.): Das Dresdner Hoftheater in der Gegenwart. Biographien und Charakteristiken. Mit 112 Portraits. Dresden und Leipzig: E. Pierson 1902.

Woermann, Karl: Die Kunst der neuesten Zeit. Auszug aus der Geschichte der Kunst aller Zeiten und Völker. Leipzig: Bibliographisches Institut 1923.

—. Lebenserinnerungen eines Achtzigjährigen. 2 Bände. Leipzig: Bibliographisches Institut 1924.

Wolf, Friedrich: Die schwarze Sonne. Eine Komödie. Berlin: Ernst Rowohlt Verlag 1921.

—. Fahrt. Gedichte. Dresden: Rudolf Kaemmerer Verlag 1920.

Wolff, Julius Ferdinand: Theater. Aus zehn Dresdner Schauspieljahren. Berlin: Erich Reiss 1913.

Wünsche der sächsischen Lehrerschaft zu der Neugestaltung des Volksschulgesetzes. Nach den Beschlüssen der Vertreterversammlung zusammengestellt und begründet vom Vorstande des Sächsischen Lehrervereins. Leipzig: Gressner & Schramm 1911.

Wyneken, Gustav: Der Kampf für die Jugend. Gesammelte Aufsätze. Jena: Eugen Diederichs 1919.

Zentralblatt für das Volksbildungswesen. Korrespondenzblatt des Zentralverbandes der Deutsch-Österreichischen Volksbildungsvereine. Organ für das Gebiet der Hochschulkurse, des volkstümlichen Vortragwesens, des Volksbibliothekswesens, der volkstümlichen Kunstpflege und verwandte Bestrebungen. Stuttgart 1911-1916.

Zschalig, Heinrich (Hg.): Gedenkbuch des Literarischen Vereins zu Dresden zur Feier seines 50jährigen Bestehens 1863-1913. Unter Mitwirkung von Felix Zimmermann. Dresden: C. A. Kochs Verlagsbuchhandlung (H. Ehlers) 1913

2. Forschungsliteratur

Abicht, Ludo: Paul Adler. Ein Dichter aus Prag. Wiesbaden, Frankfurt a. M.: Humanitas Verlag 1972.

Ahl, Herbert: Ein schöpferischer Vermittler. Jakob Hegner. In: Ders.: Literarische Portraits. München, Wien: Albert Langen, Georg Müller 1962. S. 230-231.

Albrecht, Friedrich: Deutsche Schriftsteller in der Entscheidung. Berlin und Weimar: Aufbau 1975.

Allende-Blin, Juan: Gesamtkunstwerke – von Wagners Musikdramen zu Schreyers Bühnenrevolution. In: Hans Günther (Hg.): Gesamtkunstwerk. Zwischen Synästhesie und Mythos. Bielefeld: Aisthesis 1994. S. 175-183. (= Bielefelder Schriften zu Linguistik und Literaturwissenschaft, 3).

Almai, Frank: Carl Gustav Carus und seine Stellung im literarischen Leben Dresdens zwischen 1814 und 1848/49. In: Walter Schmitz (Hg.): Romantik in Dresden. [im Druck].

—. /Rolf Parr: Literarischer Verein zu Dresden. In: Wulf Wülfing/Karin Bruns/Rolf Parr (Hg.): Handbuch literarisch-kultureller Vereine, Gruppen und Bünde 1825-1933. Stuttgart, Weimar: Metzler 1998. S. 269-294.

—. Literarischer Expressionismus in Dresden. In: Literatur, Kunst und Musik. 2. Bayerisch-Sächsischer Germanistenkongreß 13.-15.10.1994 in Dresden. Dokumentation. Akademie für Lehrerfortbildung Dillingen in Zusammenarbeit mit dem Deutschen Germanistenverband. Akademiebericht Nr. 302. 1997. S. 8-15.

—. Hellerau und Dresdner Expressionismus. In: Walter Schmitz/Uwe Schneider/Justus H. Ulbricht (Hg.): Hellerau – Laboratorium der Moderne [im Druck].

—. Walter Rheiner: »Kokain« – Eine Novelle aus der Zeit des Dresdner Expressionismus. In: Literatur, Kunst und Musik. 2. Bayerisch-Sächsischer Germanistenkongreß 13.-15.10.1994 in Dresden. Dokumentation. Akademie für Lehrerfortbildung Dillingen in Zusammenarbeit mit dem Deutschen Germanistenverband. Akademiebericht Nr. 302. 1997. S. 16-24.

Amann, Klaus/Armin A. Wallas (Hg.): Expressionismus in Österreich. Die Literatur und die Künste. Wien, Köln, Weimar: Böhlau-Verlag 1994.

Anz, Thomas: Literatur des Expressionismus. Stuttgart, Weimar: Metzler 2002.

—. (Hg.) Phantasien über den Wahnsinn. Expressionistische Texte. München, Wien: Carl Hanser Verlag 1980.

—. /Michael Stark (Hg.): Expressionismus. Manifeste und Dokumente zur deutschen Literatur 1910-1920. Stuttgart: Metzler 1982.

Arnold, Armin: Die Literatur des Expressionismus. Sprachliche und thematische Quellen. Stuttgart, Berlin, Köln, Mainz: Kohlhammer 1971[2]. (= Sprache und Literatur, 35).

Arnold, Klaus-Peter: Vom Sofakissen zum Städtebau. Die Geschichte der Deutschen Werkstätten Hellerau. Dresden, Basel: Verlag der Kunst 1993.

August 1914: Ein Volk zieht in den Krieg. Hg. von der Berliner Geschichtswerkstatt. Berlin: Verlag Dirk Nishen 1989.

Bablet, Misolette: Der musikalisch besetzte Gestus – Adolphe Appia und Jaques-Dalcroze in Hellerau. In: Dresdner Hefte 15 (1997), H. 3. S. 58-64. (= Beiträge zur Kulturgeschichte, 51).

Back, Kurt W./ Donna Polisar: Salons und Kaffeehäuser. In: Friedhelm Neidhardt (Hg.): Gruppensoziologie. Perspektiven und Materialien. Opladen: Westdeutscher Verlag 1983. S. 276-286.

Bak, János: Symbol – Zeichen – Institution. Versuch einer Systematisierung. In: Gert Melville (Hg.): Institutionen und Geschichte. Theoretische Aspekte und mittelalterliche Befunde. Köln, Weimar, Wien: Böhlau 1992. S. 115-131.

Bardy, Elisabeth Charlotte Maria Petra: Pädagogische Genialität in einer Erziehung zur Nicht-Anpassung und zum Engagement. Studien über die Gründer der frühen deutschen Landerziehungsheimbewegung: Hermann Lietz und Gustav Wyneken. Phil. Diss. Bonn, 1976.

Barsch, Achim: Probleme einer Geschichte der Literatur als Institution und System. In: IASL 19,2 (1994), S. 207-225.

Barth, Peter: Conrad Felixmüller. Die Dresdner Jahre 1913-1933. Düsseldorf: Galerie Remmert und Barth 1987. (= Die Zwanziger Jahre in Dresden, I).

Bartnig, Hella: Ernst von Schuch und die Dresdner Hofoper. In: Michael Heinemann/Hans John (Hg.): Die Dresdner Oper im 19. Jahrhundert. Laaber: Laaber-Verlag 1995. S. 361-375.

Bartsch, Günter: Die NWO-Bewegung Silvio Gesells. Geschichtlicher Grundriß 1891-1992/93. Lütjenburg: Gauke 1994. (= Studien zur Natürlichen Wirtschaftsordnung, 1).

Bauer, Gerhard: Gefangenschaft und Lebenslust. Oskar Maria Graf in seiner Zeit. München: Süddeutscher Verlag 1987.

Baumeister, Ursula Walburga: DIE AKTION 1911-1932. Publizistische Opposition und literarischer Aktivismus der Zeitschrift im restriktiven Kontext. Erlangen und Jena: Verlag Palm & Enke 1996.

Bausinger, Hermann: Bürgerlichkeit und Kultur. In: Jürgen Kocka (Hg.): Bürger und Bürgerlichkeit im 19. Jahrhundert. Göttingen: Vandenhoeck & Ruprecht 1987. S. 121-142.

Bayerdörfer, Hans-Peter: Theater und Bildungsbürgertum zwischen 48er Revolution und Jahrhundertwende. In: M. Rainer Lepsius (Hg.): Bildungsbürgertum im 19. Jahrhundert. Teil III. Lebensführung und ständische Vergesellschaftung. Stuttgart: Klett-Cotta 1992. S. 42-64. (= Industrielle Welt, 47).

—. Überbrettl und Überdrama. Zum Verhältnis von literarischem Kabarett und Experimentierbühne. In: Hans-Peter Bayerdörfer/Karl Otto Conrady/Helmut Schanze (Hg.): Literatur und Theater im Wilhelminischen Zeitalter. Tübingen: Niemeyer 1978. S. 292-325.

Behrendt, Bernd: August Julius Langbehn, der »Rembrandtdeutsche«. In: Uwe Puschner/Walter Schmitz/Justus H. Ulbricht (Hg.): Handbuch zur »Völkischen Bewegung« 1871-1918. München, London u. a.: K. G. Saur 1996. S. 94-113.

Beier, Rosemarie: Arbeiterhaushalt um 1900. In: Jochen Boberg/Tilman Fichter/Eckhart Gillen (Hg.): Exerzierfeld der Moderne. Industriekultur in Berlin im 19. Jahrhundert. München: C. H. Beck 1984. S. 252-257.

Berg, Christa (Hg.): Handbuch der deutschen Bildungsgeschichte. Band IV. 1870-1918. Von der Reichsgründung bis zum Ende des Ersten Weltkrieges. München: C. H. Beck 1991.

Berlin um 1900. Anfänge der Arbeiterfreizeit. Wissenschaftsbereich Kultur der Sektion Ästhetik und Kunstwissenschaften der Humboldt-Universität zu Berlin. Manuskriptdruck. 1987. (= Mitteilungen aus der kulturwissenschaftlichen Forschung, 21).

Berlinische Galerie (Hg.): Hannah Höch. Eine Lebenscollage. Band I. 1. Abteilung 1889-1918. Bearbeitet von Cornelia Thater-Schulz. Berlin: Argon-Verlag 1989.

Biedermann, Heike: Aufbruch zur Moderne – Die Sammlungen Oscar Schmitz, Adolf Rothermundt und Ida Bienert. In: Dresdner Hefte 15 (1997), H. 1. S. 30-38. (= Beiträge zur Kulturgeschichte, 49).

Blaschke, Karlheinz: Die Verwaltung in Sachsen und Thüringen. In: G. A. Jeserich (Hg.): Deutsche Verwaltungsgeschichte. Band 3. Das Deutsche Reich bis zum Ende der Monarchie. Stuttgart: Deutsche Verlags-Anstalt 1984. S. 778-797.

—. Hof und Hofgesellschaft im Königreich Sachsen während des 19. Jahrhunderts. In: Dresdner Hefte 8 (1990), H. 1. S. 60-68. (= Beiträge zur Kulturgeschichte, 21).

—. Rahmenbedingungen für die Entwicklung der Kultur in der Landeshauptstadt Dresden 1871-1914. In: Dresdner Hefte 7 (1989), H. 5. S. 4-12. (= Beiträge zur Kulturgeschichte, 20).

Boberg, Jochen/Tilman Fichter/Eckhart Gillen (Hg.): Exerzierfeld der Moderne. Industriekultur in Berlin im 19. Jahrhundert. München: C. H. Beck 1984. (= Industriekultur deutscher Städte und Regionen, I).

Bock, Hans Manfred: Syndikalismus und Linkskommunismus von 1918-1923. Zur Geschichte und Soziologie der Freien Arbeiter-Union Deutschlands (Syndikalisten), der Allgemeinen Arbeiter-Union Deutschlands und der Kommunistischen Arbeiter-Partei Deutschlands. Meisenheim am Glan: Verlag Anton Hain 1969. (= Marburger Abhandlungen zur Politischen Wissenschaft, 13).

Boer, Elisabeth: Dresdner Kunstleben um 1890 und die Gründung des »Kunstwarts«. In: Dresdner Geschichtsblätter 44 (1936), Nr. 1-2. S. 200-206.

Bönisch, Monika/Herrad-Ulrike Bussemer/Susanne Rouette: Dokumentation: Der Kriegsbeginn in den Schlagzeilen. In: August 1914: Ein Volk zieht in den Krieg. Hg. von der Berliner Geschichtswerkstatt. Berlin: Verlag Dirk Nishen 1989. S. 11-25.

Bosch, Manfred: »Inflations-Expressionismus« in Konstanz. Rudolf Adrian Dietrich und Willy Küsters. In: Ders.: Boheme am Bodensee. Literarisches Leben am See von 1900 bis 1950. Lengwil am Bodensee: Libelle-Verlag 1997. S. 419-427.

—. Boheme am Bodensee. Literarisches Leben am See von 1900 bis 1950. Lengwil am Bodensee: Libelle-Verlag 1997.

Bourdieu, Pierre: Die feinen Unterschiede. Kritik der gesellschaftlichen Urteilskraft. Frankfurt a. M.: Suhrkamp 1997[9].

—. Les règles de l'art: genèse et structure du champ littéraire. Paris: Éd. du Seuil 1992.

Brackert, Helmut/Jörn Stückrath (Hg.): Literaturwissenschaft. Ein Grundkurs. Reinbek: Rowohlt 1992.

Brandt, Regina: Figurationen und Kompositionen in den Dramen Oskar Kokoschkas. München: Verlag UNI-Druck 1968.

Brauneck, Manfred: Revolutionäre Presse und Feuilleton. »Die Rote Fahne« – das Zentralorgan der Kommunistischen Partei Deutschlands (1918 bis 1933). In: Ders. (Hg.): Die Rote Fahne. Kritik, Theorie, Feuilleton 1918-1933. München: Fink 1973. S. 9-54.

Brett, Vladimir: Henri Barbusse. Sa marche vers la clarté, son mouvement Clarté. Prag: Tschechische Akademie der Wissenschaften 1963.

Breuer, Dieter (Hg.): Die Moderne im Rheinland. Ihre Förderung und Durchsetzung in Literatur, Theater, Musik, Architektur, angewandter und bildender Kunst 1900-1933. Vorträge des interdisziplinären Arbeitskreises zur Erforschung der Moderne im Rheinland. Köln: Rheinland-Verlag u. a. 1994.

—. Rückkehr zu Schopenhauer. Die Auseinandersetzung mit Vitalismus und Aktivismus in Walter Hasenclevers Dramen. In: Hans-Peter Bayerdörfer u. a. (Hg.): Literatur und Theater im Wilhelminischen Zeitalter. Tübingen: Niemeyer 1978. S. 238-257.

—. Warum eigentlich keine bayerische Literaturgeschichte? Defizite der Literaturgeschichtsschreibung aus regionaler Sicht. In: Albrecht Schöne (Hg.): Kontroversen, alte und neue: Akten des VII. Internationalen Germanisten-Kongresses Göttingen 1985. Band 7. Tübingen: Niemeyer 1986. S. 5-13.

Brinkmann, Richard: Expressionismus. Internationale Forschung zu einem internationalen Phänomen. Stuttgart: Metzler 1980.

Broermann, Herbert: Der Kunstwart in seiner Eigenart, Entwicklung und Bedeutung. München: Callwey 1934.

Bruch, Rüdiger vom: Gesellschaftliche Funktionen und politische Rollen des Bildungsbürgertums im Wilhelminischen Reich – Zum Wandel von Milieu und politischer Kultur. In: Jürgen Kocka (Hg.): Bildungsbürgertum im 19. Jahrhundert. Teil IV. Politischer Einfluß und gesellschaftliche Formation. Stuttgart: Klett-Cotta 1989. S. 146-179. (= Industrielle Welt, 48).

—. Historiker und Nationalökonomen im Wilhelminischen Deutschland. In: Klaus Schwabe (Hg.): Deutsche Hochschullehrer als Elite 1815-1945. Boppard am Rhein: Harald Boldt Verlag 1988. S. 105-150. (= Büdinger Forschungen zur Sozialgeschichte, 21).

Brücke. Aufbruch der Moderne in Dresden und Berlin. Einführung und Bildauswahl von Lucius Grisebach. München, Zürich: Piper 1991.

Brügel, Johann Wilhelm/Norbert Frei: Berliner Tagebuch 1931-1934. Aufzeichnungen des tschechoslowakischen Diplomaten Camill Hoffmann. In: Vierteljahreshefte für Zeitgeschichte 36 (1988), H. 1. S. 131-183.

Bruhns, Maike: Rosa Schapire und der Frauenbund zur Förderung deutscher bildender Kunst. In: Henrike Junge (Hg.): Avantgarde und Publikum. Zur Rezeption avantgardistischer Kunst in Deutschland 1905-1933. Köln, Weimar, Wien: Böhlau 1992. S. 269-282.

Bry, Carl Christian: Buchreihen. Fortschritt oder Gefahr für den Buchhandel? Gotha: Verlag Friedrich Andreas Perthes A.-G. 1917.

Buchheim, Lothar-Günther: Die Künstlergemeinschaft Brücke. Feldafing/Obb.: Buchheim 1956.

Burkhardt, Hans: Die politische Tagespresse des Königreichs Sachsen. Freiberg: Druck und Verlag von Ernst Mauckisch 1914.

Bushart, Magdalena: Der Geist der Gotik und die expressionistische Kunst. Kunstgeschichte und Kunsttheorie 1911-1925. München: Verlag Silke Schreiber 1990.

Conze, Werner/Jürgen Kocka (Hg.): Bildungsbürgertum im 19. Jahrhundert. Teil I. Bildungssystem und Professionalisierung in internationalen Vergleichen. Stuttgart: Klett-Cotta 1985.

Czok, Karl: August der Starke und Kursachsen. Leipzig: Koehler & Amelang 1988.

Daiber, Hans: Vor Deutschland wird gewarnt. 17 exemplarische Lebensläufe. Gütersloh: Sigbert Mohn Verlag 1967.

Dann, Otto: Nation und Nationalismus in Deutschland 1770-1990. München: Beck 1996³. (= Beck'sche Reihe, 494).

Ders. (Hg.): Vereinswesen und bürgerliche Gesellschaft in Deutschland. München: Oldenbourg 1984.

Daweke Klaus/Michael Schneider: Die Mission des Mäzens. Zur öffentlichen und privaten Förderung der Künste. Opladen: Leske + Budrich 1986.

Dieterle, Bernard: Erzählte Bilder. Zum narrativen Umgang mit Gemälden. Marburg: Hitzeroth 1988. (= Artefakt. Schriften zur Soziosemiotik und Komparatistik, 3).

Dörrer, Horst: Die Dresdner Arbeiterbewegung während des Weltkrieges und der Novemberrevolution 1918. Phil. Diss. Leipzig 1960.

—. Die Herausbildung einer revolutionären Massenpartei in Ostsachsen bei besonderer Berücksichtigung der Vereinigung des linken Flügels der Unabhängigen Sozialdemokratischen Partei Deutschlands mit der Kommunistischen Partei Deutschlands (1914-1920). Leipzig, Karl-Marx-Univ. Habilitationsschrift 1968.

Dresden. Geschichte der Stadt in Wort und Bild. Berlin: VEB Deutscher Verlag der Wissenschaften 1984.

Dresden. Von der Königlichen Kunstakademie zur Hochschule für bildende Künste [1764-1989]. Die Geschichte einer Institution. Dresden: Verlag der Kunst 1990.

Drössler, Rudolf: Planeten, Tierkreiszeichen, Horoskope. Ein Ausflug in Mythologie, Spekulation und Wirklichkeit. Leipzig: Köhler & Amelang 1987³.

Dupeux, Louis: »Nationalbolschewismus« in Deutschland 1919-1933. Kommunistische Strategie und konservative Dynamik. München: Beck 1985.

Durth, Werner: Hellerau – Entwurf zur Moderne. In: Dresdner Hefte 15 (1997), H. 3. S. 97-100. (= Beiträge zur Kulturgeschichte, 51).

Eger, Manfred: Die Bayreuther Festspiele und die Familie Wagner. In: Ulrich Müller/Peter Wapnewski (Hg.): Richard-Wagner-Handbuch. Stuttgart: Kröner 1986. S. 589-608.

—. Richard Wagner und König Ludwig II. In: Ulrich Müller/Peter Wapnewski (Hg.): Richard-Wagner-Handbuch. Stuttgart: Kröner 1986. S. 162-173.

Egyptien, Jürgen: Mythen-Synkretismus und apokryphes Kerygma. Paul Adlers Werk als Projekt einer Resakralisierung der Welt. In: Klaus Amann/Armin A. Wallas (Hg.): Expressionismus in Österreich. Die Literatur und die Künste. Wien, Köln, Weimar: Böhlau-Verlag 1994. S. 379-395.

Eisenhauer, Gregor: Der Literat. Franz Blei – Ein biographischer Essay. Tübingen: Niemeyer 1993.

Enders, Carl: Oskar Walzels Persönlichkeit und Werk. In: Zeitschrift für deutsche Philologie 75 (1956), S. 186-199.

Erling, Katharina/Birgit Dalbajewa: Biographische Daten. In: Kokoschka und Dresden. Staatliche Kunstsammlungen Dresden, Gemäldegalerie Neue Meister. Österreichische Galerie, Belvedere, Wien. Ausstellungskatalog. Leipzig: E. A. Seemann 1996. S. 11-23.

Ermacora, Beate: Neue Kunst. Frau Ey. In: Henrike Junge (Hg.): Avantgarde und Publikum. Zur Rezeption avantgardistischer Kunst in Deutschland 1905-1933. Köln, Weimar, Wien: Böhlau 1992. S. 59-67.

Ernst von Schuch und Dresden. Anläßlich seines 75. Todestages. Hg. von der Staatsoper Dresden. Dresden, 1989.

Esselborn, Hans: Das Drama des Expressionismus. In: Hans Joachim Piechotta/Ralph-Rainer Wuthenow/Sabine Rothemann (Hg.): Die literarische Moderne in Europa. Band 2: Formationen der literarischen Avantgarde. Opladen: Westdeutscher Verlag 1994. S. 271-282.

—. Die expressionistische Lyrik. In: Hans Joachim Piechotta/Ralph-Rainer Wuthenow/Sabine Rothemann (Hg.): Die literarische Moderne in Europa. Band 2: Formationen der literarischen Avantgarde. Opladen: Westdeutscher Verlag 1994. S. 204-213.

Fähnders, Walter: Avantgarde und Moderne 1890-1933. Stuttgart, Weimar: Metzler 1998.

Faust, Wolfgang Max: Bilder werden Worte. Zum Verhältnis von bildender Kunst und Literatur. Vom Kubismus bis zur Gegenwart. Köln: Du Mont 1987. (= Du Mont Taschenbücher, 196).

Fehre, Horst: Dresden 1834-1933. Entwicklung und Wirkungen einer deutschen Großstadt, bevölkerungsgeographisch gesehen. Technische Hochschule Dresden. Fakultät für Allgemeine Wissenschaften. Diss. 1944.

Fiedler, Helmut: Geschichte der »Dresdner Nachrichten« von 1856-1936. Inaugural-Dissertation. Phil.-Fak. Univ. Leipzig 1939.

Fischer, Ernst/Wilhelm Haefs (Hg.): Hirnwelten funkeln. Literatur des Expressionismus in Wien. Salzburg: Otto Müller 1988.

Fischer, Lothar: Otto Dix. Ein Malerleben in Deutschland. Berlin (West): Nicolaische Verlagsbuchhandlung 1981.

Fischer, Wolfgang Georg: Kokoschkas Golgatha. Reaktionen auf das politische Geschehen 1916 bis 1923. In: Kokoschka und Dresden. Staatliche Kunstsammlungen Dresden, Gemäldegalerie Neue Meister; Österreichische Galerie, Belvedere Wien, Ausstellungskatalog. Leipzig: E. A. Seemann. 1996. S. 72-75.

Förster, Gerlinde: »Neue Blätter für Kunst und Dichtung« – eine Kunstzeitschrift des Dresdner Expressionismus. In: Dresdner Kunstblätter 24 (1980), Nr. V. S. 134-151.

—. Die fortschrittliche bildende Kunst Dresdens zwischen 1918 und 1923. Bedeutung dieses Erbes in seiner Zeit. Aspekte seiner Aneignung nach 1945. Phil. Diss. Berlin, 1985.

—. Expressionismus in der Dresdner bildenden Kunst zu Anfang des 20. Jahrhunderts. Wege zur Neubestimmung der Funktion von Kunst im Umfeld politischer, sozialer und kultureller Verhältnisse. In: Dresdner Hefte 6 (1988), H. 1. S. 2-18. (= Beiträge zur Kulturgeschichte, 14).

Frank, Manfred: Vom »Bühnenweihefestspiel« zum »Thingspiel«. Zur Wirkungsgeschichte der ›Neuen Mythologie‹ bei Nietzsche, Wagner und Johst. In: Walter Haug/Rainer Warning (Hg.): Das Fest. München: Fink 1989. S. 610-638.

Frecot, Janos: Die Lebensreformbewegung. In: Klaus Vondung (Hg.): Das wilhelminische Bildungsbürgertum. Zur Sozialgeschichte seiner Ideen. Göttingen: Vandenhoeck & Ruprecht 1976. S. 138-152.

Frenzel, Ursula: Chronik zu Leben und Werk Conrad Felixmüllers. In: Ulrich Krempel (Hg.): Conrad Felixmüller. Die Dresdner Jahre 1910-1934. Staatliche Kunstsammlungen Dresden. Gemäldegalerie Neue Meister. Ausstellung vom 13.7.-

7.9.1997. Sprengel Museum Hannover. Ausstellung vom 14.9.-30.11.1997. Ausstellungskatalog. Köln: Wienand 1997. S. 140-153.

Frevert, Ute: Frauen-Geschichte zwischen bürgerlicher Verbesserung und neuer Weiblichkeit. Frankfurt a. M.: Suhrkamp 1986.

Friedmann, Hermann/Otto Mann (Hg.): Expressionismus: Gestalten einer literarischen Bewegung. Heidelberg: W. Rothe Verlag 1956.

Fritzsche, Jens: Die »Dresdner Neueste Nachrichten« und Julius Ferdinand Wolff. Diplomarbeit. Universität Leipzig 1995.

Fröhlich, Walter: Die nach der Novemberrevolution von 1918 in Sachsen geschaffenen neuen gesetzlichen Grundlagen für das Volksschulwesen. In: Sächsische Heimatblätter 34 (1988), Nr. 6. S. 258-261.

Frommhold, Erhard: Kunsthandel in Dresden – Eine Tradition der Moderne. In: Dresdner Hefte 15 (1997), H. 1. S. 61-68. (= Beiträge zur Kulturgeschichte, 49).

—. Lasar Segall and Dresden Expressionism. In: Ders.: Lasar Segall and Dresden Expressionism. Galleria del levante. o. O., o. J. [um 1975]. [S. III-VI.].

—. Oskar Kokoschka und Dresden. In: Oskar Kokoschka zum 100. Geburtstag. Zeichnungen, Graphik und Gemälde aus den Museen der DDR. Ausstellungskatalog. Dresden 25.10. bis 7.12.1986. unpag. [S. 5-14].

Frühwald, Wolfgang: Der Heimkehrer auf der Bühne. Lion Feuchtwanger, Bertolt Brecht und die Erneuerung des Volksstückes in den zwanziger Jahren. In: IASL (1983), Band 8. S. 169-199.

—. Kunst als Tat und Leben. Über den Anteil deutscher Schriftsteller an der Revolution in München 1918/1919. In: Ders./Günter Niggl (Hg.): Sprache und Bekenntnis. Hermann Kunisch zum 70. Geburtstag. Berlin: Duncker & Humblot 1971. S. 361-389. (= Sonderband des Literaturwissenschaftlichen Jahrbuchs).

—. /John M. Spalek: Der Fall Toller. Kommentar und Materialien. München, Wien: Hanser 1979.

Gaehtgens, Thomas W.: Die großen Anreger und Vermittler. Ihr prägender Einfluß auf Kunstsinn, Kunstkritik und Kunstförderung. In: Günter und Waldtraut Braun (Hg.): Mäzenatentum in Berlin. Bürgersinn und kulturelle Kompetenz unter sich verändernden Bedingungen. Berlin, New York: Walter de Gruyter 1993. S. 99-126.

Gaiser, Gottlieb: Literaturgeschichte und literarische Institutionen. Zu einer Pragmatik der Literatur. Meitingen: Verlag Literatur und Wissenschaft 1993. (= Literatur und Wissenschaft, 1).

Gangl, Manfred/Gérard Raulet (Hg.): Intellektuellendiskurse in der Weimarer Republik. Zur politischen Kultur einer Gemengelage. Darmstadt: Wissenschaftliche Buchgesellschaft 1994.

Gaskill, Howard P.: Edwin Muir's Friend in Hellerau: Iwar von Lücken. In: German Life and Letters. N. S. Oxford 32 (1978/79), S. 135-147.

—. Iwar von Lücken – Ein vergessener Poet des Dresdner Expressionismus. In: Jahrbuch der Deutschen Schillergesellschaft 24 (1980), S. 357-368.

Gebhard, Walter: »Der Zusammenhang der Dinge«. Weltgleichnis und Naturverklärung im Totalitätsbewußtsein des 19. Jahrhunderts. Tübingen: Niemeyer 1984.

Gebhardt, Winfried: Fest, Feier und Alltag. Über die gesellschaftliche Wirklichkeit des Menschen und ihre Deutung. Frankfurt a. M., Bern u. a.: Lang 1987. (= Europäische Hochschulschriften: Reihe 22; Soziologie, 143).

Gehring, Axel: Genie und Verehrergemeinde. Bonn: Bouvier 1968.

Gellner, Ernest: Nationalismus und Moderne. Berlin: Rotbuch 1991.

Geschichte der Technischen Universität Dresden 1828-1988. Berlin: VEB Deutscher Verlag der Wissenschaften 1988.

Giddens, Anthony: Konsequenzen der Moderne. Frankfurt a. M.: Suhrkamp 1995.

—. Kritische Theorie der Spätmoderne. Wien: Passagen-Verlag 1992.

Glaser, Horst Albert (Hg.): Deutsche Literatur. Eine Sozialgeschichte. Reinbek: Rowohlt 1980ff.

Glatzer, Ruth (Hg.): Das Wilhelminische Berlin. Panorama einer Metropole 1890-1918. Einleitung von Ernst Engelberg. Berlin: Siedler Verlag 1997.

Gleisberg, Dieter: Conrad Felixmüller und die Gründung der »Sezession. Gruppe 1919«. In: Dezennium 2. Zwanzig Jahre VEB Verlag der Kunst Dresden. Dresden 1972. S. 162-181.

—. Conrad Felixmüller. Leben und Werk. Dresden: Verlag der Kunst 1982.

Göbel, Wolfram: Der Kurt Wolff Verlag 1913-1930. Expressionismus als verlegerische Aufgabe. In: Archiv für Geschichte des Buchwesens (1975), Band 15. Sp. 521-962.

—. Sozialisierungstendenzen expressionistischer Verlage nach dem ersten Weltkrieg. In: IASL (1976), Band 1. S. 178-200.

Goeldel, Denis: ›Revolution‹, ›Sozialismus‹ und ›Demokratie‹: Bedeutungswandel dreier Grundbegriffe am Beispiel von Moeller van den Bruck. In: Manfred Gangl/ Gérard Raulet (Hg.): Intellektuellendiskurse in der Weimarer Republik. Zur politischen Kultur einer Gemengelage. Darmstadt: Wissenschaftliche Buchgesellschaft 1994. S. 37-51.

Göhler, Gerhard: Politische Institutionen und ihr Kontext. Begriffliche und konzeptionelle Überlegungen zur Theorie politischer Institutionen. In: Ders.: Die Eigenart der Institutionen. Zum Profil politischer Institutionentheorie. Baden-Baden: Nomos 1994. S. 19-46.

Grasskamp, Walter: Die unbewältigte Moderne. Kunst und Öffentlichkeit. München: C. H. Beck 1989.

Gregor-Dellin, Martin: Bayreuth. Mythos und Gegenwart. In: Uwe Schultz (Hg.): Das Fest. Eine Kulturgeschichte von der Antike bis zur Gegenwart. München: Beck 1988. S. 318-327.

Grimminger, Rolf (Hg.): Hansers Sozialgeschichte der deutschen Literatur vom 16. Jahrhundert bis zur Gegenwart. München: Hanser 1980ff.

Grisebach, Lucius: Die Künstlergruppe »Brücke« in Dresden und Berlin von 1905 bis 1913. In: Brücke. Aufbruch der Moderne in Dresden und Berlin. Einführung und Bildauswahl von Lucius Grisebach. München, Zürich: Piper 1991. S. 9-45.

Grohmann, Will: Die Sammlung Ida Bienert Dresden. Potsdam: Müller & I. Kiepenheuer G.m.b.H. 1933. (= Privatsammlungen neuer Kunst, 1).

—. Zehn Jahre Novembergruppe. In: Kunst der Zeit 3 (1928), H. 1-3. Sonderheft: Zehn Jahre Novembergruppe. S. 1-9.

Groschopp, Horst/Erwin Dorn: Otto Rühle. Leben und Werk. In: Arbeiter und Massenkultur. Wandlungen im Freizeitverhalten der Zwanziger Jahre. Berlin: Humboldt-Universität 1992. S. 282-320. (= Mitteilungen aus der kulturwissenschaftlichen Forschung, 30).

Groys, Boris : Gesamtkunstwerk Stalin: die gespaltene Kultur in der Sowjetunion. München u. a.: Hanser 1988.

Grupp, Peter: Harry Graf Kessler 1868-1937. Eine Biographie. München: Beck 1995.

Guenther, Peter W.: Die Künstlergruppen: Ziele, Rhetorik, Echo. In: Stephanie Barron (Hg.): Expressionismus. Die zweite Generation. 1915-1925. München: Prestel 1989. S. 103-119.

Gumbrecht, Hans U.: Konsequenzen der Rezeptionsästhetik oder Literaturwissenschaft als Kommunikationssoziologie. In: Poetica 7 (1975), S. 388-413.

—. /Rolf Reichardt/Thomas Schleich (Hg.): Sozialgeschichte der Aufklärung in Frankreich. 12 Originalbeiträge. Teil I: Synthese und Theorie. Trägerschichten. Teil II: Medien. Wirkungen. München, Wien: R. Oldenbourg 1981.

Günther, Alfred: Erinnerungen an die Brücke-Maler. In: Merian. Das Monatsheft der Städte und Landschaften: Dresden. Hamburg: Hoffmann & Campe. 20 (1967), H. 10. S. 70-74.

Günther, Ernst: Das andere Dresden. Zur Herausbildung von Zirkus und Varieté in der Residenzstadt. In: Dresdner Hefte 7 (1989), H. 5. S. 59-67. (= Beiträge zur Kulturgeschichte, 20).

Gust, Peter: Studenten in der künstlerischen Avantgarde. Der »Neue Club« und die Freie Wissenschaftliche Vereinigung an der Berliner Universität. In: Wissenschaftliche Zeitschrift der Humboldt-Universität zu Berlin, Gesellschaftswissenschaftliche Reihe 36 (1987), H. 7. S. 607-615.

Haacke, Wilmont: Handbuch des Feuilletons. 3 Bände. Emsdetten: Lechte 1951-1953.

—. Publizistik. Elemente und Probleme. Essen: Stamm-Verlag 1962.

Haarmann, Hermann/Klaus Siebenhaar: Lebensreform und Tendenzkunst. Zum Frühwerk Friedrich Wolfs. In: IASL (1985), Band 10. S. 113-134.

Habereder, Juliane: Kurt Hiller und der literarische Aktivismus. Zur Geistesgeschichte des politischen Dichters im frühen 20. Jahrhundert. Bern, Frankfurt a. M.: Lang 1981. (Regensburger Beiträge zur deutschen Sprach- und Literaturwissenschaft, 20).

Habermas, Jürgen: Die Moderne – ein unvollendetes Projekt: philosophisch-politische Aufsätze. Leipzig: Reclam 1994[3].

—. Strukturwandel der Öffentlichkeit. Untersuchungen zu einer Kategorie der bürgerlichen Gesellschaft. Neuwied: Luchterhand 1965[2].

Haefs, Wilhelm: »Die Sichel« (1919-1921). Profil einer spätexpressionistischen Zeitschrift. In: Walter Schmitz/Herbert Schneidler (Hg.): Expressionismus in Regensburg. Texte und Studien. Regensburg: Mittelbayerische Druckerei- und Verlags-Gesellschaft 1991. S. 105-134.

Hahn, Alfred: Dresden im Wandel der Zeiten. Band 2. Dresden: Hermann Püschel 1937.

Hammer, Klaus: Weltanschauliche Entwicklung und ästhetische Konzeption Friedrich Wolfs von den Anfängen bis 1929. Phil. Diss. Jena, 1984.

Hardtwig, Wolfgang: Drei Berliner Porträts: Wilhelm von Bode, Eduard Arnhold, Harry Graf Kessler. Museumsmann, Mäzen und Kunstvermittler – drei herausragende Beispiele. In: Günter und Waldtraut Braun (Hg.): Mäzenatentum in Berlin. Bürgersinn und kulturelle Kompetenz unter sich verändernden Bedingungen. Berlin, New York: Walter de Gruyter 1993. S. 39-71.

—. Kunst, liberaler Nationalismus und Weltpolitik. Der Deutsche Werkbund 1907-1914. In: Ders.: Nationalismus und Bürgerkultur in Deutschland 1500-1914. Ausgewählte Aufsätze. Göttingen: Vandenhoeck & Ruprecht 1994. S. 583-592.

—. Privatvergnügen oder Staatsaufgabe? Monarchisches Sammeln und Museum 1800-1914. In: Ekkehard Mai/Peter Paret (Hg.): Sammler, Stifter und Museen. Kunstförderung in Deutschland im 19. und 20. Jahrhundert. Köln, Weimar, Wien: Böhlau 1993. S. 81-103.

—. /Harm-Hinrich Brandt (Hg.): Deutschlands Weg in die Moderne. Politik, Gesellschaft und Kultur im 19. Jahrhundert. München: Beck 1993.

Härtwig, Christiane: Die Gewerbeschule Dresden – eine Bildungschance für Handwerker und Gewerbetreibende. In: Dresdner Hefte 7 (1989), H. 5. S. 43-48. (= Beiträge zur Kulturgeschichte, 20).

Haug, Walter/Rainer Warning (Hg.): Das Fest. München: Fink 1989.

Haug, Wolfgang: »Politik ist die öffentliche Verwirklichung unserer sittlichen Absichten«. In: Wolfgang Haug (Hg.): Ludwig Rubiner. Künstler bauen Barrikaden. Texte und Manifeste 1908-1919. Darmstadt: Luchterhand 1988. S. 7-35.

Heiber, Helmut (Hg.): Facsimile-Querschnitt durch das Schwarze Korps. Bern u. a.: Scherz [1985].

Heidel, Caris-Petra: Die Naturheilbewegung in Dresden seit der Jahrhundertwende. In: Dresdner Hefte 11 (1993), H. 4. S. 53-61. (= Beiträge zur Kulturgeschichte, 36).

Henning, Hansjoachim: Die deutsche Beamtenschaft im 19. Jahrhundert. Zwischen Stand und Beruf. Stuttgart: Franz Steiner Verlag Wiesbaden GmbH 1984.

Hepp, Corona: Avantgarde. Moderne Kunst, Kulturkritik und Reformbewegungen nach der Jahrhundertwende. München: dtv 1987.

Herrmann, Matthias: »Expressionismus als Schlagwort und Zeitbezeichnung« – Neue Musik in Dresden. In: Dresdner Hefte 20 (2002), H. 4. S. 60-68. (= Beiträge zur Kulturgeschichte, 72).

Herwald, Heiko/Peter Rech: Ansätze zu einer Sozialgeschichte des Faches Kunst, besonders im Hinblick auf die stiefmütterliche Behandlung im gymnasialen Bereich. In: Anneliese Mannzmann (Hg.): Geschichte der Unterrichtsfächer I. Deutsch, Englisch, Französisch, Russisch, Latein, Griechisch, Musik, Kunst. München: Kösel 1983. S. 215-240.

Herzog, G. H. (Hg.): Conrad Felixmüller: Legenden 1912-1976. Tübingen: Verlag Ernst Wasmuth 1977.

Heukenkamp, Ursula: Die Sprache der schönen Natur. Studien zur Naturlyrik. Berlin, Weimar: Aufbau 1984.

Hey'l, Bettina: Richard Wagner in Hellerau. In: Walter Schmitz/Uwe Schneider/Justus H. Ulbricht (Hg.): Hellerau – Laboratorium der Moderne. [im Druck].

Heydebrand, Renate von/Dieter Pfau/Jörg Schönert (Hg.): Zur theoretischen Grundlegung einer Sozialgeschichte der Literatur. Ein struktural-funktionaler Entwurf. Tübingen: Niemeyer 1988.

Heyden-Rynsch, Verena von der: Europäische Salons. Höhepunkte einer versunkenen weiblichen Kultur. München: Artemis & Winkler 1992.

Hobsbawm, Eric J.: Nationen und Nationalismus. Mythos und Realität seit 1870. Frankfurt, New York: Campus 1991.

Hodin, Joseph Paul: Bekenntnis zu Kokoschka. Erinnerungen und Deutungen. Berlin und Mainz: Florian Kupferberg Verlag 1963.

Hoffmann, Dieter: Expressionismus – ein Dresdner Dauerbrenner. In: Dresdner Hefte 20 (2002), H. 4. S. 76-87. (= Beiträge zur Kulturgeschichte, 72).

Hofmann, Hans Joachim: Die Entwicklung der »Dresdner Neueste Nachrichten« vom Generalanzeiger zur Heimatzeitung. Inaugural-Diss. Leipzig, 1939. (Gedruckt bei Verlagsanstalt Scholz & Co. in Dresden 1940).

Hohendahl, Peter Uwe: Das Bild der bürgerlichen Welt im expressionistischen Drama. Heidelberg: Winter 1967. (= Probleme der Dichtung, 10).

Holler, Wolfgang: Woldemar von Seidlitz – Wissenschaftler, Staatsbeamter, Sammler und Förderer der Kunst. In: Dresdner Hefte 15 (1997), H. 1. S. 24-29. (= Beiträge zur Kulturgeschichte, 49).

Huber, Martin/Gerhard Lauer (Hg.): Nach der Sozialgeschichte. Konzepte für eine Literaturwissenschaft zwischen historischer Anthropologie, Kulturgeschichte und Medientheorie. Tübingen: Niemeyer 2000.

Hucke, Karl Heinz: Utopie und Ideologie in der expressionistischen Lyrik. Tübingen: Niemeyer 1980. (= Untersuchungen zur deutschen Literaturgeschichte, 25).

Huder, Walther: Nachwort. In: Walter Rheiner: Kokain: Novelle und andere Prosa. Berlin: Agora-Verlag 1977. S. 77-85.

Hüppauf, Bernd: Zwischen revolutionärer Epoche und sozialem Prozeß. Bemerkungen über den Ort des Expressionismus in der Literaturgeschichte. In: Ders. (Hg.): Expressionismus und Kulturkrise. Heidelberg: Carl Winter Universitätsverlag 1983. S. 55-83. (= Reihe Siegen; Beiträge zur Literatur- und Sprachwissenschaft, 42).

Ihlau, Olaf: Die Roten Kämpfer. Ein Beitrag zur Geschichte der Arbeiterbewegung in der Weimarer Republik und im Dritten Reich. Meisenheim/Glan: Verlag Anton Hain 1969.

In memoriam Will Grohmann 1887-1968. Wegbereiter der Moderne. Staatsgalerie Stuttgart 5.12.1987-17.1.1988. Ausstellungskatalog mit Textbeiträgen und einer Bibliographie.

Ingenschay-Goch, Dagmar: Richard Wagners neu erfundener Mythos. Zur Rezeption und Reproduktion des germanischen Mythos in seinen Operntexten. Bonn: Bouvier 1982.

Jacoby, Henry/Ingrid Herbst: Otto Rühle zur Einführung. Hamburg: Junius-Verlag 1985.

Jäger, Georg: Das Zeitungsfeuilleton als literaturwissenschaftliche Quelle. Probleme und Perspektiven seiner Erschließung. In: Bibliographische Probleme im Zeichen eines erweiterten Literaturbegriffs. 2. Kolloquium zur bibliographischen Lage in der germanistischen Literaturwissenschaft, veranstaltet von der Deutschen Forschungsgemeinschaft an der Herzog August Bibliothek Wolfenbüttel. 23.-25.9.1985. Im Auftrag der Ständigen Arbeitsgruppe für Germanistische Bibliographie herausgegeben in Verbindung mit Georg Jäger, Wolfgang Harms und Paul Raabe von Wolfgang Martens. Weinheim: VCH, Acta Humaniora 1988. S. 53-71. (= Mitteilung IV der Kommission für Germanistische Forschung).

—. Kokoschkas »Mörder Hoffnung der Frauen«. Die Geburt des Theaters der Grausamkeit aus dem Geist der Wiener Jahrhundertwende. In: Germanisch-romanische Monatsschrift. Neue Folge. (1982), Band 32. S. 215-233.

Jähner, Horst: Expressionismus jenseits vom Bürgerschreck. Bemerkungen zur Geschichte der Dresdner »Brücke«. In: Bildende Kunst 10 (1956), H. 5. S. 244-248.

—. Künstlergruppe Brücke. Geschichte einer Gemeinschaft und das Lebenswerk ihrer Repräsentanten. Berlin: Henschelverlag 1986.

Janik, Allan: Kreative Milieus: Der Fall Wien. In: Peter Berner/Emil Brix/Wolfgang Mantl (Hg.): Wien um 1900. Aufbruch in die Moderne. München: Oldenbourg 1986. S. 45-55.

Jantzen, Hinrich: Jugendkultur und Jugendbewegung. Studie zur Stellung und Bedeutung Gustav Wynekens innerhalb der Jugendbewegung. Frankfurt a. M.: dipa-Verlag 1963.

Jacques, Norbert: Mit Lust gelebt. Roman meines Lebens. Hamburg: Hoffmann & Campe 1950.

Jarausch, Konrad H.: Die Krise des deutschen Bildungsbürgertums im ersten Drittel des 20. Jahrhunderts. In: Jürgen Kocka (Hg.): Bildungsbürgertum im 19. Jahrhundert. Teil IV. Politischer Einfluß und gesellschaftliche Formation. Stuttgart: Klett-Cotta 1989. S. 180-205. (= Industrielle Welt, 48).

Jendricke, Bernhard: Sozialgeschichte der Literatur: Neuere Konzepte der Literaturgeschichte und Literaturtheorie. Zur Standortbestimmung des Untersuchungsmodells der Münchner Forschergruppe. In: Renate von Heydebrand/Dieter Pfau/Jörg Schönert (Hg.): Zur theoretischen Grundlegung einer Sozialgeschichte der Literatur. Ein struktural-funktionaler Entwurf. Tübingen: Niemeyer 1988. S. 27-84.

Joerissen, Peter: Kunsterziehung und Kunstwissenschaft im Wilhelminischen Deutschland 1871-1918. Köln, Wien: Böhlau 1979.

Joost, Jörg: Otto Reigbert. In: Kunstwende. Der Kieler Impuls des Expressionismus 1915-1922. Katalogbuch zur Ausstellung. Neumünster: Karl Wachholtz Verlag 1992. S. 191-198.

—. Theater im Epochenwandel: Eine Kunstwende im Theater? In: Kunstwende. Der Kieler Impuls des Expressionismus 1915-1922. Katalogbuch zur Ausstellung. Neumünster: Karl Wachholtz Verlag 1992. S. 169-189.

Jugendstil in Dresden. Aufbruch in die Moderne. Staatliche Kunstsammlungen Dresden, Kunstgewerbemuseum. Katalog zur Ausstellung des Kunstgewerbemuseums Dresden vom 18.9.99 bis 5.12.99 im Dresdner Schloß. Wolfratshausen: Edition Minerva Hermann Farnung 1999.

Junge, Henrike (Hg.): Avantgarde und Publikum. Zur Rezeption avantgardistischer Kunst in Deutschland 1905-1933. Köln, Weimar, Wien: Böhlau 1992.

—. Vom Neuen begeistert – Die Sammlerin Ida Bienert. In: Dies. (Hg.): Avantgarde und Publikum. Zur Rezeption avantgardistischer Kunst in Deutschland 1905-1933. Köln, Weimar, Wien: Böhlau 1992. S. 29-37.

—. Wohlfeile Kunst. Mainz: Verlag Philipp von Zabern 1989.

Jürgensmeyer, Hans M. (Hg.): Rückschau und Ausblick: Jakob Hegner zum achtzigsten Geburtstag. Köln & Olten: Verlag Jakob Hegner 1962.

Jurt, Joseph: Bourdieus Analyse des literarischen Feldes oder der Universalitätsanspruch des sozialwissenschaftlichen Ansatzes. In: IASL (1997), Band 22. S. 152-180.

Kasties, Bert: Walter Hasenclever. Eine Biographie der Moderne. Tübingen: Niemeyer 1994.

Kratzsch, Gerhard: Kunstwart und Dürerbund. Ein Beitrag zur Geschichte der Gebildeten im Zeitalter des Imperialismus. Göttingen: Vandenhoeck & Ruprecht 1969.

Kaul, Friedrich Karl: Ernst Tollers »Hinkemann« im Dresdner Schauspielhaus und die Folgen. In: Kunst im Aufbruch. Dresden 1918-1933. Staatliche Kunstsammlungen Dresden. Gemäldegalerie Neue Meister. Ausstellung im Albertinum vom 30.9.1980 bis 25.2.1981. Ausstellungskatalog. Dresden: Staatliche Kunstsammlungen 1980. S. 179-185.

Keith-Smith, Brian: Frida Bettingen and Bess Brenck-Kalischer. In: German Women Writers. 1900-1933. Twelve Essays. Edited by Brian Keith-Smith. New York: Edwin Mellen Press. Ltd. 1993. S. 225-253.

Kerbs, Diethart: Vorwort zur Neuauflage von Alexander Schwab: Das Buch vom Bauen. Düsseldorf: Bertelsmann Fachverlag 1973. S. 8-12.

Kesting, Marianne: Das Theater der Maler. Avantgardistische Szenerien von der Jahrhundertwende bis zu den zwanziger Jahren. In: Franz Norbert Mennemeier/Erike Fischer-Lichte (Hg.): Drama und Theater der europäischen Avantgarde. Tübingen und Basel: Francke Verlag 1994. S. 365-386

Kirsten, Wulf: Der Bohemien Iwar von Lücken. In: Dresdner Hefte 20 (2002), H. 4. S. 34-41. (= Beiträge zur Kulturgeschichte, 72).

—. /Peter Salomon (Hg.): Der aussätzige Mai. Ein Porträt des Expressionisten A. Rudolf Leinert. Eggingen: Edition Klaus Isele 1998. (= Replik, 8).

Kliemann, Helga: Die Novembergruppe. Berlin: Gebr. Mann Verlag 1969.

Knobloch, Hans-Jörg: Das Ende des Expressionismus. Von der Tragödie zur Komödie. Bern, Frankfurt a. M.: Lang 1975. (= Regensburger Beiträge zur deutschen Sprach- und Literaturwissenschaft, Reihe B, 1).

—. Zwischen Revolution und Utopie. Der »neue Mensch« der Expressionisten. In: Yoshinori Shichiji (Hg.): Akten des VIII. Internationalen Germanisten-Kongresses in Tokyo. 1990. Band 11. Sektion 20. München: Iudicium 1991. S. 261-266.

Knobloch, Heinz: Vom Wesen des Feuilletons. Halle/S.: Verlag Sprache und Literatur 1962.

Knopp, Werner: Kulturpolitik, Kunstförderung und Mäzenatentum im Kaiserreich. Im Spannungsfeld zwischen Staatskonservatismus und bürgerlicher Liberalität. In: Günter und Waldtraut Braun (Hg.): Mäzenatentum in Berlin. Bürgersinn und kulturelle Kompetenz unter sich verändernden Bedingungen. Berlin, New York: de Gruyter 1993. S. 15-38.

Knüpfer, Volker: Presse und Liberalismus in Sachsen. Positionen der bürgerlichen Presse im frühen 19. Jahrhundert. Weimar, Köln, Wien: Böhlau Verlag 1996.

Kobuch, Agatha: Die Gehe-Stiftung in Dresden und ihre Bedeutung für die Förderung der Bildung und Wissenschaft. In: Dresdner Hefte 7 (1989), H. 5. S. 49-58. (= Beiträge zur Kulturgeschichte, 20).

Kocka, Jürgen (Hg.): Bildungsbürgertum im 19. Jahrhundert. Teil IV. Politischer Einfluß und gesellschaftliche Formation. Stuttgart: Klett-Cotta 1989. (= Industrielle Welt, 48).

—. Bildungsbürgertum – Gesellschaftliche Formation oder Historikerkonstrukt? In: Ders. (Hg.): Bildungsbürgertum im 19. Jahrhundert. Teil IV. Politischer Einfluß und gesellschaftliche Formation. Stuttgart: Klett-Cotta 1989. S. 9-20. (= Industrielle Welt, 48).

Kohtes, Michael: Der Dichter auf der Nadel. Ein Porträt des vergessenen Expressionisten Walter Rheiner. In: Die horen 37 (1992), 3. Band. S. 119-123.

Kolinsky, Eva: Die Ortsbestimmung des Künstlers als Gegenstand von Kunst, aufgewiesen an Gedichten Heinar Schillings. In: Dies.: Engagierter Expressionismus. Politik und Literatur zwischen Weltkrieg und Weimarer Republik. Eine Analyse expressionistischer Zeitschriften. Stuttgart: Metzler 1970. S. 151-161.

—. Engagierter Expressionismus. Politik und Literatur zwischen Weltkrieg und Weimarer Republik. Eine Analyse expressionistischer Zeitschriften. Stuttgart: Metzler 1970.

Kolk, Rainer: Literarische Gruppenbildung: am Beispiel des George-Kreises 1890-1945. Tübingen: Niemeyer 1998. (= Communicatio, 17).

Korte, Hermann: Abhandlungen und Studien zum literarischen Expressionismus 1980-1990. In: IASL. Forschungsreferate. 3. Folge. 6. Sonderheft. Tübingen: Niemeyer 1994. S. 225-279.

—. Expressionismus und Jugendbewegung. In: IASL (1988), Band 13. S. 70-106.

Krabbe, Wolfgang R.: Gesellschaftsveränderung durch Lebensreform. Strukturmerkmale einer sozialreformerischen Bewegung im Deutschland der Industrialisierungsperiode. Göttingen: Vandenhoeck & Ruprecht 1974. (= Studien zum Wandel von Gesellschaft und Bildung im 19. Jahrhundert, 9).

Kracke, Friedrich: Friedrich August III. Sachsens volkstümlichster König. Ein Bild seines Lebens und seiner Zeit. München: Ilmgau Verlag 1964.

Krempel, Ulrich/Susanne Meyer-Büser (Hg.): Garten der Frauen. Wegbereiterinnen der Moderne in Deutschland 1900-1914. Sprengel Museum Hannover 1996.

Kremtz, Eberhard: Ernst von Schuch. Die Hofoper auf dem Weg ins 20. Jahrhundert. In: Dresdner Hefte 11 (1993), H. 4. S. 7-13. (= Beiträge zur Kulturgeschichte, 36).

Kreuzer, Helmut: Die Boheme. Beiträge zu ihrer Beschreibung. Stuttgart: Metzler: 1968.

Kunst im Aufbruch. Dresden 1918-1933. Ausstellung im Albertinum vom 30.9.1980 bis 25.2.1981. Ausstellungskatalog. Hg. von den Staatl. Kunstsammlungen Dresden. Gemäldegalerie Neue Meister. Dresden 1980.

Kunstwende. Der Kieler Impuls des Expressionismus 1915-1922. Katalogbuch zur Ausstellung. Neumünster: Karl Wachholtz Verlag 1992.

Lämmert, Eberhard: Bürgerlichkeit als literarhistorische Kategorie. In: Jürgen Kocka (Hg.): Bürger und Bürgerlichkeit im 19. Jahrhundert. Göttingen: Vandenhoeck & Ruprecht 1987. S. 196-219.

Lamping, Dieter: Das lyrische Gedicht. Definitionen zu Theorie und Geschichte der Gattung. Göttingen: Vandenhoeck & Ruprecht 1989.

Lang, Lothar: Expressionismus und Buchkunst in Deutschland 1907-1927. Leipzig: Ed. Leipzig 1993.

—. Kokoschka als Illustrator des Expressionismus. In: Oskar Kokoschka. Buchillustrationen 1908-1970. Staatliches Museum Schloß Burgk. Pirckheimer-Kabinett, 1981. S. 14-18.

Lange, Annemarie: Das Wilhelminische Berlin: zwischen Jahrhundertwende und Novemberrevolution. Berlin: Dietz 1984.

Langewiesche, Dieter: Bildungsbürgertum und Liberalismus im 19. Jahrhundert In: Jürgen Kocka (Hg.): Bildungsbürgertum im 19. Jahrhundert. Teil IV. Politischer Einfluß und gesellschaftliche Formation. Stuttgart: Klett-Cotta 1989. S. 95-121.

—. Liberalismus in Deutschland. Frankfurt a. M.: Suhrkamp 1988.

Lässig, Simone: Kultur und Kommerz – Das Beispiel der Bankiersfamilie Arnhold. In: Dresdner Hefte 15 (1997), H. 1. S. 39-46. (= Beiträge zur Kulturgeschichte, 49).

—. Politische Radikalität und junge Kunst – zum Wirken von Otto Rühle in Dresden. In: Dresdner Hefte 9 (1991), H. 1. S. 55-67. (= Beiträge zur Kulturgeschichte, 25).

Leben und Wirken eines Dresdner Kunsthändlers. Ludwig Gutbier. Von Freunden der Galerie Arnold. Dresden: Verlag Ernst Arnold 1934.

Lehmann, Joachim: Religion und Expressionismus. Dargestellt an der Künstlergemeinschaft Brücke. Versuch einer Bestandsaufnahme und Deutung. Phil. Diss. Halle/Saale, 1965.

Lemke, Gerhard H.: Sonne, Mond und Sterne in der deutschen Literatur seit dem Mittelalter. Ein Bildkomplex im Spannungsfeld gesellschaftlichen Wandels. Bern, Frankfurt a. M., Las Vegas: Lang 1981. (= Kanadische Studien zur deutschen Sprache und Literatur, 23).

Lenman, Robin: Der deutsche Kunstmarkt 1840-1923: Integration, Veränderung, Wachstum. In: Ekkehard Mai/Peter Paret (Hg.): Sammler, Stifter und Museen. Kunstförderung in Deutschland im 19. und 20. Jahrhundert. Köln, Weimar, Wien: Böhlau 1993. S. 135-152.

Lepsius, M. Rainer (Hg.): Bildungsbürgertum im 19. Jahrhundert. Teil III. Lebensführung und ständische Vergesellschaftung. Stuttgart: Klett-Cotta 1992. (= Industrielle Welt, 47).

—. Das Bildungsbürgertum als ständische Vergesellschaftung. In: M. Rainer Lepsius (Hg.): Bildungsbürgertum im 19. Jahrhundert. Teil III. Lebensführung und ständische Vergesellschaftung. Stuttgart: Klett-Cotta 1992. S. 8-18. (= Industrielle Welt, 47).

—. Interessen, Ideen und Institutionen. Opladen: Westdeutscher Verlag 1990.

—. Modernisierungspolitik als Institutionenbildung: Kriterien institutioneller Differenzierung. In: Ders.: Interessen, Ideen und Institutionen. Opladen: Westdeutscher Verlag 1990. S. 53-62.

—. Zur Soziologie des Bürgertums und der Bürgerlichkeit. In: Ders.: Interessen, Ideen und Institutionen. Opladen: Westdeutscher Verlag 1990. S. 153-169.

Lichtwark, Alfred: Deutsche Königsstädte. Berlin-Potsdam-Dresden-München-Stuttgart. Dresden: Gerhard Kühtmann 1898.

Lidtke, Vernon L.: Museen und die zeitgenössische Kunst in der Weimarer Republik. In: Ekkehard Mai/Peter Paret (Hg.): Sammler, Stifter und Museen. In: Ekkehard Mai/Peter Paret (Hg.): Sammler, Stifter und Museen. Kunstförderung in Deutschland im 19. und 20. Jahrhundert. Köln, Weimar, Wien: Böhlau 1993. S. 215-238.

Linse, Ulrich: Die Entschiedene Jugend: 1919-1921. Deutschlands erste revolutionäre Schüler- und Studentenbewegung. Frankfurt a. M.: dipa-Verlag 1981. (= Quellen und Beiträge zur Geschichte der Jugendbewegung, 23).

Lischka, Gerhard Johann: Oskar Kokoschka: Maler und Dichter. Eine literar-ästhetische Untersuchung zu seiner Doppelbegabung. Frankfurt a. M.: Peter Lang;

Bern: Herbert Lang 1972. (= Europäische Hochschulschriften. Vergleichende Literaturwissenschaft Reihe XVIII, 4).

Lixl, Andreas: Ernst Toller und die Weimarer Republik 1918-1933. Heidelberg: Carl Winter 1986.

Löffler, Fritz: Das alte Dresden. Geschichte seiner Bauten. Leipzig: E. A. Seemann Verlag 1989[9].

—. Die Dresdner Sezession, Gruppe 1919. 1919 bis 1925. In: Kunst im Aufbruch Dresden 1918-1933. Ausstellungskatalog zur Ausstellung im Albertinum vom 30.9.1980 bis 25.2.1981. Staatliche Kunstsammlungen Dresden. Gemäldegalerie Neue Meister. Dresden 1980. S. 39-61.

—. Dresdner Sezession 1919-1925. In: Die Kunst und das schöne Heim 89 (1977), H. 12. S. 725-728.

—. Expressionismus in Dresden. In: Imprimatur. N.F. (1961/62), Band III. S. 235-239.

—. Ida Bienert und ihre Sammlung. In: Jahresring. Literatur und Kunst der Gegenwart. Stuttgart (1971), Nr. 71/72. S. 187-198.

—. Otto Dix. Leben und Werk. Dresden: VEB Verlag der Kunst 1960.

—. Theodor Däubler sowie Ida Bienert und Klee. In: Paul Klee. Vorträge der wissenschaftlichen Konferenz in Dresden. 19. und 20.12.1984. Berlin: Verband Bildender Künstler der DDR. Staatliche Kunstsammlungen Dresden. 1986. S. 42-46.

Lorenz, Karl (Hg.): Hellerau – Eine pädagogische Provinz? Eine Aufsatzreihe aus der Zeitschrift »Rhythmik in der Erziehung« über die Hellerauer Bildungsanstalt Jaques-Dalcroze in den Jahren 1911-1918. Hg. anläßlich des 80. Geburtstages der Grundsteinlegung der Bildungsanstalt Jaques-Dalcroze in Dresden-Hellerau am 22.4.1911. Heinsberg/Rothaargebirge. o. J.

Luckow, Dirk: Museum und Moderne. Politische und geistesgeschichtliche Voraussetzungen von Museumskonzeptionen in der Weimarer Republik. In: Museum der Gegenwart – Kunst in öffentlichen Sammlungen bis 1937: anläßlich der Ausstellung »Museum der Gegenwart – Kunst in öffentlichen Sammlungen bis 1937« in der Kunstsammlung Nordrhein-Westfalen, Düsseldorf, 11.8.1987-15.11.1987. S. 33-45.

Ludewig, Peter: Der besonnte Strand: Heinar Schilling in Kiel. In: Kunstwende. Der Kieler Impuls des Expressionismus 1915-1922. Katalogbuch zur Ausstellung. Neumünster: Karl Wachholtz Verlag 1992. S. 165-167.

—. Der Rote. Porträt des Schriftstellers und Verlegers Felix Stiemer. In: Dresdner Hefte 6 (1988), H. 1. S. 33-40. (= Beiträge zur Kulturgeschichte, 14).

—. Der Rote. Porträt des Schriftstellers und Verlegers Felix Stiemer. In: Dresdner Hefte 20 (2002), H. 4. S. 42-50. (= Beiträge zur Kulturgeschichte, 72).

—. Die Dichter wachsen zum Himmel. In: Ders. (Hg.): Schrei in die Welt. Expressionismus in Dresden. Berlin: Buchverlag Der Morgen 1988. S. 214-243.

—. Die neue Zeit ist angebrochen – von »Menschen« zum »Dresdner Montagsblatt«. In: Dresdner Hefte 17 (1999), H. 1. S. 31-39 (= Beiträge zur Kulturgeschichte, 57).

—. Gerhard Ausleger und »Die Schöne Rarität«. In: Kunstwende. Der Kieler Impuls des Expressionismus 1915-1922. Katalogbuch zur Ausstellung. Neumünster: Karl Wachholtz Verlag 1992. S. 15-24.

—. (Hg.): Schrei in die Welt. Expressionismus in Dresden. Berlin: Buchverlag Der Morgen 1988.

Lüdtke, Alf (Hg.): Alltagsgeschichte. Zur Rekonstruktion historischer Erfahrungen und Lebensweisen. Frankfurt a. M./New York: Campus 1989.

Lühr, Hans-Peter: Hellerau – ein kurzer Traum von Gemeinnützigkeit. In: Dresdner Hefte 11 (1993), H. 4. S. 65-74. (= Beiträge zur Kulturgeschichte, 36).

—. Zwischen Utopie und Aggression. Expressionismus in Dresden – ein Überblick. In: Dresdner Hefte 20 (2002), H. 4. S. 2-11. (= Beiträge zur Kulturgeschichte, 72).

Luhmann, Niklas: Öffentliche Meinung. In: Politische Vierteljahresschrift 11 (1970), S. 2-28.

Luther, Gisela: Barocker Expressionismus? Zur Problematik der Beziehung zwischen der Bildlichkeit expressionistischer und barocker Lyrik. Standford Studies in Germanics and Slavics Vol. VI. (The Hague-Paris: Mouton 1969).

Magirius, Heinrich: Geschichte der Denkmalpflege. Sachsen. Von den Anfängen bis zum Neubeginn 1945. Berlin: VEB Verlag für Bauwesen 1989.

Mai, Ekkehard: Expositionen. Geschichte und Kritik des Ausstellungswesens. München, Berlin: Deutscher Kunstverlag 1986.

—. /Peter Paret (Hg.): Sammler, Stifter und Museen. Kunstförderung in Deutschland im 19. und 20. Jahrhundert. Köln, Weimar, Wien: Böhlau 1993.

Manheim, Ernst: Aufklärung und öffentliche Meinung. Studien zur Soziologie der Öffentlichkeit im 18. Jahrhundert. Hg. und eingeleitet von Norbert Schindler. Stuttgart-Bad Cannstatt: frommann-holzboog 1979. (= Kultur und Gesellschaft, 4). [Nachdruck der Erstausgabe von 1933].

Manitz, Bärbel: Die »Expressionistische Arbeitsgemeinschaft Kiel« Gründung, Programm und Tätigkeit. In: Kunstwende. Der Kieler Impuls des Expressionismus 1915-1922. Katalogbuch zur Ausstellung. Neumünster: Karl Wachholtz Verlag 1992. S. 77-94.

Mannheim, Karl: Ideologie und Utopie. Frankfurt a. M.: G. Schulte-Bulmke 1969[5].

Mannzmann, Anneliese (Hg.): Geschichte der Unterrichtsfächer I. Deutsch, Englisch, Französisch, Russisch, Latein, Griechisch, Musik, Kunst. München: Kösel 1983.

Marwinski, Felicitas: Die Freie öffentliche Bibliothek Dresden Plauen und Walter Hofmann. Ein Beitrag zur Geschichte des Volkbüchereiwesens zu Beginn des 20. Jahrhunderts In: der bibliothekar. Beiheft 6. Leipzig, 1983.

—. Von der Arbeit des Arbeiter-Leserbeirates der Freien öffentlichen Bibliothek Dresden-Plauen 1909-1914. Protokolle-Berichte-Materialien. Dresden: Stadt- und Bezirksbibliothek 1983.

Mayerhöfer, Josef (Hg.): Berthold Viertel. Regisseur und Dichter (1885-1953). Wien: Österreichische Nationalbibliothek 1975.

Mebus, Sylvia: Zu den fortschrittlichen bildungspolitischen und pädagogischen Bestrebungen im Sächsischen Lehrerverein 1918 bis 1924, untersucht an der »Sächsischen Lehrerzeitung«. Akademie der Pädagogischen Wissenschaften der DDR. Diss. Berlin, 1987.

Mecklenburg, Norbert: Deutsche Literaturlandschaften. Zur Erforschung regionaler Dimensionen in der Literaturgeschichte. In: Ders.: Die grünen Inseln. Zur Kritik des literarischen Heimatkomplexes. München: Iudicium Verlag 1987. S. 253-264.

—. Literaturräume. Thesen zur regionalen Dimension deutscher Literaturgeschichte. In: Alois Wierlacher (Hg.): Das Fremde und das Eigene. Prolegomena zu einer interkulturellen Germanistik. München: Iudicium Verlag 1985. S. 1977-211.

Medick, Hans: Mikro-Historie. In: Winfried Schulze (Hg.): Sozialgeschichte, Alltagsgeschichte, Mikro-Historie. Eine Diskussion. Göttingen: Vandenhoeck & Ruprecht 1994. S. 40-53.

Meixner, Horst /Silvio Vietta (Hg.): Expressionismus – sozialer Wandel und künstlerische Erfahrung. Mannheimer Kolloquium. München: Wilhelm Fink Verlag 1982.

Melville, Gert (Hg.): Institutionen und Geschichte. Theoretische Aspekte und mittelalterliche Befunde. Köln, Weimar, Wien: Böhlau 1992. (= Norm und Struktur. Studien zum sozialen Wandel in Mittelalter und früher Neuzeit, 1).

—. Institutionen als geschichtswissenschaftliches Thema. Eine Einleitung. In: Ders. (Hg.): Institutionen und Geschichte. Theoretische Aspekte und mittelalterliche Befunde. Köln, Weimar, Wien: Böhlau 1992. S. 1-24.

Mendelssohn, Peter de: Erinnerung an Jakob Hegner. In: Ders.: Unterwegs mit Reiseschatten. Essays. Frankfurt a. M.: S. Fischer 1977. S. 35-58.

—. Hellerau. Mein unverlierbares Europa. Dresden: Hellerau-Verlag 1993.

Mennemeier, Franz Norbert/Erika Fischer-Lichte (Hg.): Drama und Theater der europäischen Avantgarde. Tübingen und Basel: Francke Verlag 1994.

Michael, Horst: Die proletarisch-revolutionäre und antiimperialistische Kunst in Dresden der Jahre 1919-1923, der Zeit der revolutionären Nachkriegskrise. Phil. Diss. Dresden, 1977.

—. Tageszeitungen über die Dresdner Sezession, Gruppe 1919. In: Kunst im Aufbruch. Dresden 1918-1933. Staatliche Kunstsammlungen Dresden. Gemäldegalerie Neue Meister. Ausstellung im Albertinum vom 30.9.1980 bis 25.2.1981. Ausstellungskatalog. Dresden: Staatliche Kunstsammlungen 1980. S. 62-68.

Mix, York-Gothart: Die Schulen der Nation. Bildungskritik in der Literatur der frühen Moderne. Stuttgart: Metzler 1995.

Mommsen, Hans: Die Auflösung des Bürgertums seit dem späten 19. Jahrhundert. In: Jürgen Kocka (Hg.): Bürger und Bürgerlichkeit im 19. Jahrhundert. Göttingen: Vandenhoeck & Ruprecht 1987. S. 288-315.

Mommsen, Wolfgang J.: Bürgerliche Kultur und künstlerische Avantgarde. Kultur und Politik im deutschen Kaiserreich 1870 bis 1918. Frankfurt a. M., Berlin: Propyläen Verlag 1994.

Müller, Hans-Harald: Intellektueller Linksradikalismus in der Weimarer Republik. Seine Entstehung, Geschichte und Literatur – dargestellt am Beispiel der Berliner Gründergruppe der Kommunistischen Arbeiter-Partei Deutschlands. Kronberg/ Ts. Scriptor Verlag 1977. (= Theorie-Kritik-Geschichte, 14).

Müller, Ulrich/Peter Wapnewski (Hg.): Richard-Wagner-Handbuch. Stuttgart: Kröner 1986.

Müller-Feyen, Carla: Engagierter Journalismus: Wilhelm Herzog und DAS FORUM (1914-1929). Zeitgeschehen und Zeitgenossen im Spiegel einer nonkonformistischen Zeitschrift. Frankfurt a. M., Berlin, Bern u. a.: Lang 1996.

Münster, Anke: Rheinische Expressionistinnen. Bonn: Verein August Macke Haus 1993.

Mylarch, Elisabeth: Akademiekritik und moderne Kunstbewegung in Deutschland. Zum Verständnis der ideengeschichtlichen, kulturideologischen und kunstmarktpolitischen Implikationen des Kunsturteils über moderne Malerei in den Kunst- und Kulturzeitschriften *Gesellschaft, Kunstwart* und *Freie Bühne.* Frankfurt a. M., Berlin, Bern u. a.: Peter Lang 1994.

Nave-Herz, Rosemarie: Die Geschichte der Frauenbewegung in Deutschland. Opladen: Leske + Budrich 1994.

Negendanck, Ruth: Die Galerie Ernst Arnold (1893-1951). Kunsthandel und Zeitgeschichte. Weimar: Verlag und Datenbank für Geisteswissenschaften 1998.

Neidhardt, Friedhelm (Hg.): Öffentlichkeit, öffentliche Meinung, soziale Bewegungen. Opladen: Westdeutscher Verlag 1994. (= Kölner Zeitschrift für Soziologie und Sozialpsychologie, Sonderheft 34).

Nickold, Werner: Das Feuilleton der Dresdner Tagespresse von 1880-1900. Inaugural-Diss. Leipzig. (Gedruckt bei Risse-Verlag Dresden 1934).

Nipperdey, Thomas: Deutsche Geschichte 1866-1918. Band 1: Arbeitswelt und Bürgergeist. Band 2: Machtstaat vor der Demokratie. München: Beck 1990.

—. Wie das Bürgertum die Moderne fand. Berlin: Siedler 1988.

Nitzschke, Katrin/Lothar Koch (Hg.): Dresden. Stadt der Fürsten. Stadt der Künstler. Sächsische Landesbibliothek. Bergisch Gladbach: Gustav Lübbe 1991.

Oellers, Norbert: Aspekte und Prinzipien regionaler Literaturgeschichtsschreibung. In: Uwe Grund/Günter Scholdt (Hg.): Literatur an der Grenze. Der Raum Saarland-Lothringen-Luxemburg-Elsaß als Problem der Literaturgeschichtsschreibung. Festgabe für Gerhard Schmidt-Henkel. Saarbrücken: Saarbrücker Druckerei und Verlag 1992. S. 11-21.

Oertel, Robert: Hans Posse zum Gedächtnis. In: Neues Archiv für sächsische Geschichte und Altertumskunde 63 (1943). S. 170-174.

Oskar Kokoschka zum 100. Geburtstag. Zeichnungen, Graphik und Gemälde aus den Museen der DDR. Ausstellungskatalog. Dresden 25.10. bis 7.12.1986.

Otte, Rolf: Die Novemberrevolution 1918. Kleine Chronik der Ereignisse in Dresden. In: Informationsdienst. Institut und Museum für Geschichte der Stadt Dresden. 1 (1968), H. 1. S. 22-30.

Otten, Karl (Hg.): Expressionismus - grotesk. Zürich: Arche 1962.

—. Nachwort. In: Ders. (Hg.): Das leere Haus. Prosa jüdischer Dichter. Stuttgart: Cotta-Verlag 1959.

Parr, Rolf: Gesellschaft für Literatur und Kunst [Dresden]. In: Wulf Wülfing/Karin Bruns/Rolf Parr (Hg.): Handbuch literarisch-kultureller Vereine, Gruppen und Bünde 1825-1933. Stuttgart, Weimar: Metzler 1998. S. 161-162.

—. Literarische Gesellschaft Dresden. In: Wulf Wülfing/Karin Bruns/Rolf Parr (Hg.): Handbuch literarisch-kultureller Vereine, Gruppen und Bünde 1825-1933. Stuttgart, Weimar: Metzler 1998. S. 263.

—. Symposion. Dresdner Schriftstellerclub. In: Wulf Wülfing/Karin Bruns/Rolf Parr (Hg.): Handbuch literarisch-kultureller Vereine, Gruppen und Bünde 1825-1933. Stuttgart, Weimar: Metzler 1998. S. 426-429.

Pätzke, Hartmut: Oskar Kokoschka und die Literatur. In: Oskar Kokoschka. Buchillustrationen 1908-1970. Staatliches Museum Schloß Burgk. Pirckheimer-Kabinett, 1981. S. 6-13.

Paul, Jürgen: »Der Rembrandtdeutsche« in Dresden. In: Dresdner Hefte 17 (1999), H. 1. S. 4-13. (= Beiträge zur Kulturgeschichte, 57).

Paulin, Roger: ›Höfisches Biedermeier‹. Ludwig Tieck und der Dresdner Hof. In: Alberto Martino u. a (Hg.): Literatur in der sozialen Bewegung. Tübingen: Niemeyer 1977. S. 207-227.

Paulsen, Wolfgang: Deutsche Literatur des Expressionismus. Bern, Frankfurt a. M., New York: Lang 1983. (= Germanistische Lehrbuchsammlung, 40).

Penndorf, Jutta: Conrad Felixmüller: Arbeiter Max John. 1921. In: Expositionen. Staatliches Lindenau-Museum Altenburg 1987. S. 1-18. (= Expositionen, 6).

—. Conrad Felixmüller und seine Sammler in den Dresdner Jahren (1917-1934). In: Ulrich Krempel (Hg.): Conrad Felixmüller: Die Dresdner Jahre 1910-1934. Staatliche Kunstsammlungen Dresden. Gemäldegalerie Neue Meister. Ausstellung vom 13.7.-7.9.1997. Sprengel Museum Hannover. Ausstellung vom 14.9.-30.11.1997. Ausstellungskatalog. Köln: Wienand 1997. S. 42-55.

Peter, Lothar: Literarische Intelligenz und Klassenkampf »Die Aktion« 1911-1932. Köln: Pahl-Rugenstein Verlag 1972.

Petereit, Heike: Die Zeitschrift »Menschen« im Umfeld des Dresdner Expressionismus – Programme, Konzepte und Positionen im Spannungsfeld von Literatur und Politik. Phil. Diss. Leipzig, 1991.

Petzold-Herrmann, Jutta: Die 3. Deutsche Kunstgewerbeausstellung Dresden 1906 – ein herausragendes kulturelles Ereignis. In: Dresdner Hefte 11 (1993), H. 4. S. 25-40. (= Beiträge zur Kulturgeschichte, 36).

Pfützenreuter, Irina: Berlin wird Millionenstadt. In: Berlin um 1900. Anfänge der Arbeiterfreizeit. Wissenschaftsbereich Kultur der Sektion Ästhetik und Kunstwissenschaften der Humboldt-Universität zu Berlin. Manuskriptdruck. 1987. S. 10-18.

Pirsich, Volker: Der Sturm. Herzberg: Bautz 1985.

—. Verlage, Pressen und Zeitschriften des Hamburger Expressionismus. Frankfurt a. M.: Buchhändler-Vereinigung GmbH 1988.

Pohl, Karl Heinrich: Die Nationalliberalen in Sachsen vor 1914. Eine Partei der konservativen Honoratioren auf dem Wege zur Partei der Industrie. In: Lothar Gall/ Dieter Langewiesche (Hg.): Liberalismus und Region. Zur Geschichte des deutschen Liberalismus im 19. Jahrhundert. München: R. Oldenbourg Verlag 1995. S. 195-215.

—. Ein zweiter politischer Emanzipationsprozeß des liberalen Unternehmertums? Zur Sozialstruktur und Politik der Liberalen in Sachsen zu Beginn des 20. Jahrhunderts. In: Klaus Tenfelde/Hans-Ulrich Wehler (Hg.): Wege zur Geschichte des Bürgertums. Vierzehn Beiträge. Göttingen: Vandenhoeck & Ruprecht 1994. S. 231-248. (= Bürgertum, 8).

Posener, Julius: Hans Poelzig. Sein Leben, sein Werk. Braunschweig/Wiesbaden: Verlag Vieweg & Sohn 1994.

Poste, Burkhard: Von der Volks- zur Einheitsschule. Demokratisch-sozialistische Schulreform in Sachsen 1918-1923. In: H. Grebing/H. Mommsen/K. Rudolph (Hg.): Demokratie und Emanzipation zwischen Saale und Elbe. Beiträge zur Geschichte der sozialdemokratischen Arbeiterbewegung bis 1933. Essen: Klartext Verlag 1993. S. 226-236. (= Veröffentlichungen des Instituts zur Erforschung der europäischen Arbeiterbewegung. Schriftenreihe A: Darstellungen, 4).

Puschner, Uwe/Walter Schmitz/Justus H. Ulbricht (Hg.): Handbuch zur »Völkischen Bewegung« 1871-1918. München u. a.: Saur 1996.

Raabe, Paul (Hg.): Expressionismus. Aufzeichnungen und Erinnerungen der Zeitgenossen. Olten und Freiburg i.Br.: Walter-Verlag 1965.

—. (Hg.): Index Expressionismus. Bibliographie der Beiträge in den Zeitschriften und Jahrbüchern des literarischen Expressionismus 1910-1925. Band 1-18. Nendeln, Liechtenstein: Kraus-Thomson Organization 1972.

—. Der Kieler Impuls des Expressionismus. In: Kunstwende. Der Kieler Impuls des Expressionismus 1915-1922. Katalogbuch zur Ausstellung. Neumünster: Karl Wachholtz Verlag 1992. S. 5-14.

—. Der späte Expressionismus 1918-1922. Bücher, Bilder, Zeitschriften, Dokumente. Biberach an der Riß 1966.

—. Die Autoren und Bücher des literarischen Expressionismus. Stuttgart: Metzler 1992².

—. Die Zeitschriften und Sammlungen des literarischen Expressionismus. Repertorium der Zeitschriften, Jahrbücher, Anthologien, Sammelwerke, Schriftenreihen und Almanache 1910-1921. Stuttgart: Metzler 1964.

—. Expressionismus und Barock. In: Klaus Garber (Hg.): Europäische Barockforschung. Teil I. Wiesbaden: Otto Harrassowitz 1991. S. 675-682

—. Felixmüller. Größe und Wandlungen des späten Expressionismus. Wege und Gestalten. Veröffentlicht aus Anlaß der Ausstellung Conrad Felixmüllers in den Städtischen Sammlungen (Braith-Mali-Museum). Biberach an der Riß: Dr. Karl Thomae GmbH 1968.

Racine, Nicole: The Clarté movement in France, 1919-21. In: Journal of contemporary history. Vol. 2. (1967), Nr. 2. S. 195-208.

Raggam, Miriam: Walter Hasenclever. Leben und Werk. Hildesheim: Verlag Dr. H. A. Gerstenberg 1973.

Rast, Josef/Heinrich Wild (Hg.): Jakob Hegner. Briefe zu seinem siebzigsten Geburtstag. München und Olten: Selbstverlag des Herausgebers 1952.

—. Jakob Hegner. In: Welt und Wort 7 (1952), S. 47-48.

Rehberg, Karl-Siegbert: »Die Öffentlichkeit« der Institutionen. Grundbegriffliche Überlegungen im Rahmen der Theorie und Analyse institutioneller Mechanismen. In: Gerhard Göhler (Hg.): Macht der Öffentlichkeit – Öffentlichkeit der Macht. Baden-Baden: Nomos Verlagsgesellschaft 1995. S. 181-211.

—. Institutionen als symbolische Ordnungen. Leitfragen und Grundkategorien zur Theorie und Analyse institutioneller Mechanismen. In: Gerhard Göhler (Hg.): Die Eigenart der Institutionen. Zum Profil politischer Institutionentheorie. Baden-Baden: Nomos Verlagsgesellschaft 1994. S. 47-84.

—. Institutionenwandel und die Funktionsveränderung des Symbolischen. In: Gerhard Göhler (Hg.): Institutionenwandel. Opladen: Westdeutscher Verlag 1997. S. 94-118. (= LEVIATHAN, Zeitschrift für Sozialwissenschaft, Sonderheft 16, 1996).

Reinacher, Eduard: Bohème in Kustenz. Humoristischer Roman. München: Georg Müller 1929.

Reinhardt, Georg: Die frühe »Brücke«. Beiträge zur Geschichte und zum Werk der Dresdner Künstlergruppe »Brücke« der Jahre 1905 bis 1908. In: Brücke-Archiv (1977/78), H. 9/10.

Reinhardt-Steinke, Iris: Untersuchungen zur Lyrik der Moderne am Beispiel der Großstadtgedichte Georg Heyms. Phil. Diss. Gießen, 1979.

Reinhold, Ralf: Jakob Hegner: Verleger, Typograph und Literat. In: Myosotis. Zeitschrift für Buchwesen. 1/1991 N. F. S. 27-37.

Requadt, Paul: Unbürgerliche Dichterporträts des Expressionismus. Würzburg: Königshausen & Neumann 1985.

Reulecke, Jürgen: Bildungsbürgertum und Kommunalpolitik im 19. Jahrhundert. In: Jürgen Kocka (Hg.): Bildungsbürgertum im 19. Jahrhundert. Teil IV. Politischer Einfluß und gesellschaftliche Formation. Stuttgart: Klett-Cotta 1989. S. 122-145.

Rietzschel, Thomas: Nachwort. In: Ders. (Hg.): Walter Rheiner: Kokain. Lyrik, Prosa, Briefe. Leipzig: Reclam 1985. S. 285-303.

—. Theodor Däubler. Eine Collage seiner Biographie. Leipzig: Reclam 1988.

Riha, Karl: Deutsche Großstadtlyrik. Eine Einführung. München, Zürich: Artemis 1983.

Roessiger, Susanne: Karl August Lingner – Odol-König, Mäzen, Museumsgründer. In: Dresdner Hefte 15 (1997), H. 1. S. 47-54. (= Beiträge zur Kulturgeschichte, 49).

Rosenberg, Rainer: »Wechselseitige Erhellung der Künste«? Zu Oskar Walzels stiltypologischem Ansatz der Literaturwissenschaft. In: Hans-Ulrich Gumbrecht/K. Ludwig Pfeiffer (Hg.): Stil. Geschichten und Funktionen eines kulturwissenschaftlichen Diskurselements. Frankfurt a. M.: Suhrkamp 1986. S. 269-280.

Rothe, Wolfgang (Hg.): Der Aktivismus 1915-1920. München: dtv 1969.

—. (Hg.): Expressionismus als Literatur. Gesammelte Studien. Bern und München: Francke 1969.

—. Der Expressionismus. Theologische, soziologische und anthropologische Aspekte einer Literatur. Frankfurt a. M.: Klostermann 1977.

—. Deutsche Großstadtlyrik vom Naturalismus bis zur Gegenwart. Stuttgart: Reclam 1973.

—. Tänzer und Täter. Gestalten des Expressionismus. Frankfurt a. M.: Klostermann 1979.

Rothschild, Recha: Verschlungene Wege. Identitätssuche einer deutschen Jüdin. Bearbeitet von Karin Hartewig. Frankfurt a. M.: Fischer 1994.

Rucht, Dieter: Öffentlichkeit als Mobilisierungsfaktor für soziale Bewegungen. In: Friedhelm Neidhardt (Hg.): Öffentlichkeit, öffentliche Meinung, soziale Bewegungen. Opladen: Westdeutscher Verlag 1994. S. 337-358.

Rudolph, Karsten: Die Sozialdemokratie in der Regierung. Das linksrepublikanische Projekt in Sachsen 1920-1922. In: Helga Grebing/Hans Mommsen/Karsten Rudolph (Hg.): Demokratie und Emanzipation zwischen Saale und Elbe. Beiträge zur Geschichte der sozialdemokratischen Arbeiterbewegung bis 1933. Essen: Klartext-Verlag 1993. S. 212-225.

Rüdiger, Bernd: Revolutionäre Kommunalpolitik und Kommunalpolitik in der Revolution. Zur Rolle der Arbeiter- und Soldatenräte in den Städten Sachsens während der Novemberrevolution bis zum 1. Reichsrätekongreß. In: Jahrbuch für Regionalgeschichte (1979), Band 7. Weimar: Hermann Böhlaus Nachfolger. S. 121-185.

Rühle, Günther: Theater für die Republik: im Spiegel der Kritik. Band 1: 1917-1925. Berlin: Henschelverlag 1988[2].

—. (Hg.): Zeit und Theater. Band 1-2. 1913-1925. Frankfurt a. M.: Ullstein 1980.

Rüschemeyer, Dietrich: Bourgeoisie, Staat und Bildungsbürgertum. Idealtypische Modelle für die vergleichende Erforschung von Bürgertum und Bürgerlichkeit. In: Jürgen Kocka (Hg.): Bürger und Bürgerlichkeit im 19. Jahrhundert. Göttingen: Vandenhoeck & Ruprecht 1987. S. 101-120.

Salm, Peter: Drei Richtungen der Literaturwissenschaft. Scherer – Walzel – Staiger. Tübingen: Max Niemeyer Verlag 1970.

Salomon, Peter: (Hg.): »Ich bin ein Abenteurer dieser dunklen Zeit« Der Expressionist Rudolf Adrian Dietrich. Eine Auswahl aus dem Nachlaß. Mit einer Einführung versehen von Peter Salomon. Eggingen: Edition Klaus Isele 1993. (= Replik, 3).

—. Der Gotiker – Rudolf Adrian Dietrich in Dresden. In: Dresdner Hefte 20 (2002), H. 4. S. 51-59. (= Beiträge zur Kulturgeschichte, 72).

Sammler der frühen Moderne in Berlin. In: Zeitschrift des Deutschen Vereins für Kunstwissenschaft. Band 42 (1988), H. 3.

Sandgruber, Roman: Exklusivität und Masse. Wien um 1900. In: Emil Brix/Patrick Werkner (Hg.): Die Wiener Moderne. Ergebnisse eines Forschungsgespräches der Arbeitsgemeinschaft Wien um 1900 zum Thema »Aktualität und Moderne«. Wien: Verlag für Geschichte und Politik 1990. S. 72-83.

Sarfert, Hans-Jürgen: »Sturm und Gärung« in Dresden. Skizze des literarischen Expressionismus. In: Dresdner Hefte 6 (1988), H. 1. S. 26-32. (= Beiträge zur Kulturgeschichte, 14).

—. Berlin und Dresden Skizze der Kommunikationsbeziehungen 1900 bis 1918. In: Peter Wruck (Hg.): Literarisches Leben in Berlin 1871-1933. Studien Band I. Berlin: Akademie-Verlag 1987. S. 367-393.

—. Dresden im Zeichen des expressionistischen Theaters. In: Dresdner Hefte 6 (1988), H. 1. S. 41-49. (= Beiträge zur Kulturgeschichte, 14).

—. Hellerau und Jakob Hegner – die erste deutsche Gartenstadt und der berühmte Verleger. Freital und Dresden. 1980. Masch.

—. Hellerau. Die Gartenstadt und Künstlerkolonie. Dresden: Hellerau-Verlag 1999[4].

Sasse, Günter: Das kommunikative Handeln des Rezipienten. Zum Problem einer pragmatischen Literaturwissenschaft. In: Ders./Horst Turk (Hg.): Handeln, Sprechen und Erkennen. Zur Theorie und Praxis der Pragmatik. Göttingen: Vandenhoeck & Ruprecht 1978. S. 101-139.

—. Sprache und Kritik. Untersuchungen der Sprachkritik der Moderne. Göttingen: Vandenhoeck & Ruprecht 1977.

Schacherl, Lillian: Die Zeitschriften des Expressionismus. Versuch einer zeitungswissenschaftlichen Strukturanalyse. Phil. Diss. München, 1957.

Schanze, Helmut: Theater – Politik – Literatur. Zur Gründungskonstellation einer ›Freien Bühne‹ zu Berlin 1889. In: Hans-Peter Bayerdörfer/Karl Otto Conrady/ Helmut Schanze (Hg.): Literatur und Theater im Wilhelminischen Zeitalter. Tübingen: Niemeyer 1978. S. 275-291.

Schenk, Michael: Das Konzept des sozialen Netzwerkes. In: Friedhelm Neidhardt (Hg.): Gruppensoziologie. Perspektiven und Materialien. Opladen: Westdeutscher Verlag 1983. S. 88-104.

Schiefler, Gustav: Eine Hamburgische Kulturgeschichte 1890-1920. Beobachtungen eines Zeitgenossen. Hamburg: Verlag Verein für Hamburgische Geschichte 1985.

Schilling, Jürgen: Eine Gruppe junger Männer prägte in Dresden den deutschen Expressionismus. In: Merian. Das Monatsheft der Städte und Landschaften: Sachsen. Hamburg: Hoffmann & Campe. 34 (1990), November. S. 81-88.

Schlenstedt, Silvia: Wegscheiden. Deutsche Lyrik im Entscheidungsfeld der Revolutionen von 1917 und 1918. Berlin: Akademie-Verlag 1976.

Schlink, Wilhelm: »Kunst ist dazu da, um geselligen Kreisen das gähnende Ungeheuer, die Zeit, zu töten ...« Bildende Kunst im Lebenshaushalt der Gründerzeit. In: M. Rainer Lepsius (Hg.): Bildungsbürgertum im 19. Jahrhundert. Teil III. Lebensführung und ständische Vergesellschaftung. Stuttgart: Klett-Cotta 1992. S. 65-81. (= Industrielle Welt, 47).

Schmidt, Diether (Hg.): Schriften deutscher Künstler des 20. Jahrhunderts. Band 1: Manifeste Manifeste 1905-1933. Dresden: Verlag der Kunst 1965.

—. »Bitte mit dem Weltkrieg aufzuhören, ich möchte arbeiten!« Oskar Kokoschka in Dresden 1916 bis 1923. In: Bruckmanns Pantheon. Internationale Zeitschrift für Kunst. 44 (1986), S. 125-134.

—. Dresdner Rot. Oskar Kokoschka 1916 bis 1923 in Dresden und seine Beziehungen zur Dresdner Kunst. In: Oskar Kokoschka Symposion. Hochschule für angewandte Kunst in Wien vom 3. bis 7.3.1986. Salzburg und Wien: Residenz-Verlag 1986. S. 203-219.

Schmidt, Gerhard: Der sächsische Landtag 1833-1918. Sein Wahlrecht und seine soziale Zusammensetzung. In: Reiner Groß/Manfred Kobuch (Hg.): Beiträge zur Archivwissenschaft und Geschichtsforschung. Weimar: Hermann Böhlaus Nachfolger 1977. S. 445-465. (= Schriftenreihe des Staatsarchivs Dresden, 10).

—. Die Zentralverwaltung Sachsens von 1831 bis 1918. In: LETOPIS. Jahresschrift des Instituts für sorbische Volksforschung. Reihe B. Geschichte. Bautzen, Teil I: (1980), Nr. 27/1. S. 19-42. Teil II: (1980), Nr. 27/2. S. 113-134.

Schmidt, Siegfried J.: Grundriß der empirischen Literaturwissenschaft. Teilband 1: Der gesellschaftliche Handlungsbereich Literatur. Braunschweig, Wiesbaden: Vieweg 1980. Teilband 2: Zur Rekonstruktion literaturwissenschaftlicher Fragestellungen in einer Empirischen Theorie der Literatur. Braunschweig, Wiesbaden: Vieweg 1982.

—. Über die Funktion von Sprache im Kunstsystem. In: Eleonora Louis/Toni Stooss (Hg.): Die Sprache der Kunst. Die Beziehung von Bild und Text in der Kunst des 20. Jahrhunderts. Stuttgart: Edition Cantz 1993. S. 77-94.

Schmidt-Bergmann, Hansgeorg: Die Anfänge der literarischen Avantgarde in Deutschland. Über Anverwandlung und Abwehr des italienischen Futurismus. Ein literarhistorischer Beitrag zum expressionistischen Jahrzehnt. Stuttgart: M und P, Verlag für Wissenschaft und Forschung 1991.

Schmitt, Carl: Theodor Däublers »Nordlicht«. Drei Studien über die Elemente, den Geist und die Aktualität des Werkes. München: Georg Müller-Verlag 1916.

Schmitz, Walter (Hg.): Die Münchner Moderne. Die literarische Szene in der ›Kunststadt‹ um die Jahrhundertwende. Stuttgart: Reclam 1990.

—. (Hg.): Georg Britting. Frühe Werke. Prosa, Dramen, Gedichte 1920-1930. München: Süddeutscher Verlag 1987.

—. Georg Brittings Modernität. In: Ders./Herbert Schneidler (Hg.): Expressionismus in Regensburg. Texte und Studien. Regensburg: Mittelbayerische Druckerei- und Verlags-Gesellschaft 1991. S. 57-89.

—. Legitimierungsstrategien der Germanistik und Öffentlichkeit. Das Beispiel »Kriegsgermanistik«. Zum Beitrag von Frank Trommler. In: Christoph König/ Eberhard Lämmert (Hg.): Literaturwissenschaft und Geistesgeschichte 1910 bis 1925. Frankfurt a. M.: Fischer 1993. S. 331-339.

—. Literaturrevolten: Zur Typologie von Generationengruppen in der deutschen Literaturgeschichte. In: Rudolf Walter Leonhardt (Hg.): Die Lebensalter in einer neuen Kultur? Zum Verhältnis von Jugend, Erwerbsleben und Alter. Köln: Hanns Martin Schleyer Stiftung 1984. S. 144-165. (= Hanns Martin Schleyer-Stiftung, 13).

—. München in der Moderne. Zur Literatur in der ›Kunststadt‹. In: Ders. (Hg.): Die Münchner Moderne. Die literarische Szene in der ›Kunststadt‹ um die Jahrhundertwende. Stuttgart: Reclam 1990. S. 15-24.

—. Oskar Walzel (1864-1944). In: Christoph König/Hans-Harald Müller/Werner Röcke (Hg.): Wissenschaftsgeschichte der Germanistik in Porträts. Berlin u. a.: Walter de Gruyter 2000. S.115-127.

—. Regionalität und Interkultureller Diskurs. Beispiele zur Geschichtlichkeit ihrer Konzepte in der deutschen Kultur. In: Bernd Thum/Gonthier-Louis Fink (Hg.): Praxis interkultureller Germanistik. Forschung – Bildung – Politik. Beiträge zum II. Internationalen Kongreß der Gesellschaft für interkulturelle Germanistik. Straßburg 1991. München: Iudicium-Verlag 1993. S. 417. (= Publikationen der GiG, 4).

—. Romantik in Dresden. In: Literatur, Kunst und Musik. 2. Bayerisch-Sächsischer Germanistenkongreß 13.-15.10.1994 in Dresden. Dokumentation. Akademie für Lehrerfortbildung Dillingen in Zusammenarbeit mit dem Deutschen Germanistenverband. Akademiebericht Nr. 302. 1997. S. 139-158.

—. /Herbert Schneidler (Hg.): Expressionismus in Regensburg. Texte und Studien. Regensburg: Mittelbayerische Druckerei- und Verlags-Gesellschaft 1991.

—. /Uwe Schneider: Völkische Semantik bei den Münchner ›Kosmikern‹ und im George-Kreis. In: Uwe Puschner/Walter Schmitz/Justus H. Ulbricht (Hg.): Handbuch zur »Völkischen Bewegung« 1871-1918. München u. a.: Saur 1996. S. 711-746.

Schneider, Dieter/Rudolf Kuda: Arbeiterräte in der Novemberrevolution. Ideen, Wirkungen, Dokumente. Frankfurt a. M.: Suhrkamp 1968.

Schneider, Karl Ludwig: Der bildhafte Ausdruck in den Dichtungen Georg Heyms, Georg Trakls und Ernst Stadlers. Studien zum lyrischen Sprachstil des Expressionismus. Heidelberg: Winter 1954. (= Probleme der Dichtung, 2).

Schoch, Elsbeth Würzer: Otto Rühle und Siegfried Bernfeld: Eine vergleichende Darstellung zweier Pädagogen, ihrer unterschiedlichen psychologischen und soziologischen Grundlegung und ihrer pädagogischen Relevanz. Phil. Diss. Zürich, 1995.

Schön, Erich: Sozialgeschichtliche Literaturwissenschaft. In: Helmut Brackert/Jörn Stückrath (Hg.): Literaturwissenschaft. Ein Grundkurs. Reinbek: Rowohlt 1992. S. 606-619.

Schöne, Axel: Dresdner Kunst und künstlerischer Geist um 1910. In: Dresdner Hefte 11 (1993), H. 4. S. 14-24. (= Beiträge zur Kulturgeschichte, 36).

—. Dresdner Kunstverhältnisse um 1890. Versuch einer Rekonstruktion. In: Dresdner Hefte 9 (1991), H. 3. S. 63-70. (= Beiträge zur Kulturgeschichte, 27).

Schramm, Wilhelm von: Die Bücherkiste. München: Langen-Müller 1979.

Schuhmann, Klaus (Hg.): Iwan Goll. Gefangen im Kreise. Dichtungen, Essays und Briefe. Leipzig: Reclam 1982.

Schultz, Uwe (Hg.): Das Fest. Eine Kulturgeschichte von der Antike bis zur Gegenwart. München: Beck 1988.

Schupp, Volker: Literaturgeschichtliche Landeskunde. In: Alemannica. Landeskundliche Beiträge. Festschrift für Bruno Boesch. Bühl/Baden: Verlag Konkordia 1976. S. 272-298.

Schuster, Peter-Klaus: München – die Kunststadt. In: Friedrich Prinz/Marita Krauss (Hg.): München – Musenstadt mit Hinterhöfen. Die Prinzregentenzeit 1886-1912. München: Beck 1988. S. 226-235.

Schutte, Jürgen/Peter Sprengel (Hg.): Die Berliner Moderne 1885-1914. Stuttgart: Reclam 1987.

Schvey, Henry I.: Mit dem Auge des Dramatikers: Das Visuelle Drama bei Oskar Kokoschka. In: Oskar Kokoschka Symposion. Hochschule für angewandte Kunst in Wien vom 3. bis 7.3.1986. Salzburg und Wien: Residenz-Verlag 1986. S. 100-113.

Schwab, Cynthia: Die Expressionismusdebatte von Berthold Viertel und Friedrich Wolf im Vorfeld von »Das bist du«. In: Dresdner Hefte 20 (2002), H. 4. S. 24-33. (= Beiträge zur Kulturgeschichte, 72).

Schwabach-Albrecht, Susanne: Die Tiedge-Stiftung in Dresden. In: Buchhandelsgeschichte (1997), Bbl. Nr. 50. B 73-B 83.

Seibert, Peter: Der literarische Salon. Literatur und Geselligkeit zwischen Aufklärung und Vormärz. Stuttgart, Weimar: Metzler 1993.

Senft, Gerhard G.: Weder Kapitalismus noch Kommunismus. Silvio Gesell und das libertinäre Modell der Freiwirtschaft. Berlin: Libertad Verlag 1990.

Sheppard, Richard: The crisis of language. In: Modernisms 1899-1930. Edited by Malcolm Bradbury and James McFarlane. New York: Penguin Books 1991[2]. S. 323-336.

Siwczyk, Birka: Literarischer Expressionismus in Dresden am Beispiel des Dichters Rudolf Adrian Dietrich. Diplomarbeit. PH Dresden 1991.

Söhn, Gerhart (Hg.): Conrad Felixmüller: Von ihm – über ihn. Texte von und über Conrad Felixmüller. Düsseldorf: Edition GS 1977.

Spindler, Max (Hg.): Handbuch der Bayerischen Geschichte. Band 4: Das neue Bayern 1800-1970. Erster Teilband. München: C. H. Beck 1974.

Spitzer, Gerd: Der Kunstsammler Johann Friedrich Lahmann als Entdecker, Bewahrer und Stifter. In: Dresdner Hefte 15 (1997), H. 1. S. 15-23. (= Beiträge zur Kulturgeschichte, 49).

Sprengel, Peter: Die inszenierte Nation. Deutsche Festspiele 1813-1913. Mit ausgewählten Texten. Tübingen: Francke 1991.

—. Institutionalisierung der Moderne. Herwarth Walden und Der Sturm. In: Zeitschrift für Deutsche Philologie (1991), Band 110. S. 247-281.

—. /Gregor Streim: Berliner und Wiener Moderne: Vermittlungen und Abgrenzungen in Literatur, Theater, Publizistik. Wien, Köln, Weimar: Böhlau 1998. (= Literatur in der Geschichte, Geschichte in der Literatur, 48).

Stark, Michael: »Uns ist die Klassik ein Muster ohne Wert.« Zur expressionistischen Provokation der autoritären Aneignung von Tradition. In: Karl Richter/Jörg

Schönert (Hg.): Klassik und Moderne. Die Weimarer Klassik als historisches Ereignis und Herausforderung im kulturgeschichtlichen Prozeß. Walter Müller-Seidel zum 65. Geburtstag. Stuttgart: Metzler 1983. S. 356-378

—. Für und wider den Expressionismus. Zur Entstehung der Intellektuellendebatte in der deutschen Literaturgeschichte. Stuttgart: Metzler 1982.

—. Ungeist der Utopie? Zur Intellektuellenrolle in Expressionismus und Postmoderne. In: Thomas Anz/Michael Stark (Hg.): Die Modernität des Expressionismus. Stuttgart, Weimar: Metzler 1994. S. 151-170.

—. »... wenn uns der sturm betrogen« – Vom Expressionismus zum Faschismus. In: Dresdner Hefte 20 (2002), H. 4. S. 69-75. (= Beiträge zur Kulturgeschichte, 72).

Starke, Holger: Grundzüge der Wirtschaftsentwicklung in Dresden. In: Jugendstil in Dresden. Aufbruch in die Moderne. Staatliche Kunstsammlungen Dresden, Kunstgewerbemuseum. Katalog zur Ausstellung des Kunstgewerbemuseums Dresden vom 18.9.99 bis 5.12.99 im Dresdner Schloß. Wolfratshausen: Edition Minerva Hermann Farnung 1999. S. 18-30

Steffen, Detlev: Franz Blei (1971-1942) als Literat und Kritiker der Zeit. Phil. Diss. Göttingen, 1966.

Steffen, Hans (Hg.): Der Deutsche Expressionismus: Formen und Gestalten. Göttingen: Vandenhoeck & Ruprecht 1965.

Stein, Peter: Zum Verhältnis von Literatur und Öffentlichkeit bis zum deutschen Vormärz. Oder: Wie schlüssig ist Jürgen Habermas' Strukturwandel der Öffentlichkeit für die Literaturgeschichte? In: Helmut Koopmann/Martina Lauster (Hg.): Vormärzliteratur in europäischer Perspektive I: Öffentlichkeit und nationale Identität. Bielefeld: Aisthesis 1996. S. 55-84.

—. Strukturwandel oder Kommunikationsrevolution? Literarisch-publizistische Öffentlichkeit im Umbruch der Revolution von 1848/49 – ein Problemaufriß. In: Internationales Jahrbuch der Bettina-von-Arnim-Gesellschaft. Band 11/12 (1999/2000). S. 25-53.

Steinbach, Peter: Vom Kaiserreich zur Bundesrepublik Deutschland: Kontinuität und Wandel der politischen Institutionen in Deutschland. In: Gerhard Göhler (Hg.): Institutionenwandel. Opladen: Westdeutscher Verlag 1997. S. 227-252. (= LEVIATHAN, Zeitschrift für Sozialwissenschaft, Sonderheft 16, 1996).

Stephan, Bärbel: Der sächsische Bildhauer Johannes Schilling (1828-1910) – Ein Beitrag zur Geschichte der deutschen Bildhauerkunst des 19. Jahrhunderts. 3 Bände. Phil. Diss. Halle-Wittenberg, 1988.

Stucki-Volz, Germaine: Der Malik-Verlag und der Buchmarkt der Weimarer Republik. Bern, Berlin, Frankfurt a. M., New York, Paris, Wien: Lang 1992. (= Züricher Germanistische Studien, 37).

Sudhoff, Dieter: Nachwort. In: Ders. (Hg.): Camill Hoffmann (1878-1944) Zuflucht. Späte Gedichte und Erzählungen. Siegen: Universität-Gesamthochschule 1990. S. 44-54. (= Vergessene Autoren der Moderne, 48).

—. Wanderer zwischen den Welten. Vom Leben und Sterben des Prager Dichters und Berliner Diplomaten Camill Hoffmann: In: Hartmut Binder (Hg.): Brennpunkt Berlin. Prager Schriftsteller in der Deutschen Metropole. Bonn: Kulturstiftung der Deutschen Vertriebenen 1995. S. 101-143.

Taylor, Charles: Das Unbehagen an der Moderne. Frankfurt a. M.: Suhrkamp 1995.

Tenbruck, Friedrich H./Wilhelm A. Ruopp: Modernisierung – Vergesellschaftung – Gruppenbildung – Vereinswesen. In: Friedhelm Neidhardt (Hg.): Gruppensoziologie. Perspektiven und Materialien. Opladen: Westdeutscher Verlag 1983. S. 65-74. (= Sonderheft, Nr. 25).

Tenfelde, Klaus/Hans-Ulrich Wehler (Hg.): Wege zur Geschichte des Bürgertums. Vierzehn Beiträge. Göttingen: Vandenhoeck & Ruprecht 1994.

Thurn, Hans Peter: Der Kunsthändler. Wandlungen eines Berufes. München: Hirmer Verlag 1994.

—. Die Sozialität der Solitären. In: Friedhelm Neidhardt (Hg.): Gruppensoziologie. Perspektiven und Materialien. Opladen: Westdeutscher Verlag 1983. S. 287-318. (Wiederabgedruckt in: Kunstforum International. Band 116, Nov./Dez. 1991. Köln. S. 100-129.)

Todorow, Almut: Das Feuilleton der »Frankfurter Zeitung« in der Weimarer Republik. Zur Grundlegung einer rhetorischen Medienforschung. Tübingen: Niemeyer 1996.

Troeltsch, Ernst: Die Revolution in der Wissenschaft. In: Ders.: Gesammelte Schriften. Band IV. Aufsätze zur Geistesgeschichte und Religionssoziologie. Tübingen: J. C. B. Mohr (Paul Siebeck) 1925. S. 653-677.

Trommler, Frank: Germanistik und Öffentlichkeit. In: Christoph König/Eberhard Lämmert (Hg.): Literaturwissenschaft und Geistesgeschichte 1910 bis 1925. Frankfurt a. M.: Fischer 1993. S. 307-330.

Ulbricht, Justus H.: Keimzellen »deutscher Wiedergeburt« – die Völkischen in Hellerau und Dresden. In: Dresdner Hefte 15 (1997), H. 3. S. 80-86. (= Beiträge zur Kulturgeschichte, 51).

Ulischberger, Emil: Schauspiel in Dresden. Ein Stück Theatergeschichte von den Anfängen bis in die Gegenwart in Wort und Bild. Berlin: Henschelverlag 1989.

Unger, Roland: Dresden und die Kunsterziehungsbewegung zu Beginn unseres Jahrhunderts. In: Dresdner Hefte 17 (1999), H. 1. S. 14-21. (= Beiträge zur Kulturgeschichte, 57).

Viehoff, Reinhold: Empirische Literaturwissenschaft – ein neues Paradigma? In: IASL (1983), Band 8. S. 240-252.

Vierhaus, Rudolf: Die Rekonstruktion historischer Lebenswelten. Probleme moderner Kulturgeschichtsschreibung. In: Hartmut Lehmann (Hg.): Wege zu einer neuen Kulturgeschichte. Göttingen: Wallstein-Verlag 1995. S. 7-28. (= Göttinger Gespräche zur Geschichtswissenschaft, 1).

Viertel, Berthold: Zum siebzigsten Geburtstag von Jakob Hegner. In: Josef Rast/Heinrich Wild (Hg.): Jakob Hegner. Briefe zu seinem siebzigsten Geburtstag. München: Selbstverlag der Herausgeber 1952. S. 118-120.

Vietta, Silvio (Hg.): Lyrik des Expressionismus. Tübingen: Max Niemeyer 1990[3].

—. /Hans-Georg Kemper: Expressionismus. München: Wilhelm Fink Verlag 1983.

Vollmer, Hartmut: Bess Brenck-Kalischer. In: Ders. (Hg.): »In roten Schuhen tanzt die Sonne sich zu Tod«. Lyrik expressionistischer Dichterinnen. Zürich: Arche 1993. S. 225.

Vondung, Klaus (Hg.): Das wilhelminische Bildungsbürgertum. Zur Sozialgeschichte seiner Ideen. Göttingen: Vandenhoeck & Ruprecht 1976.

Vopel, Stephan: Radikaler, völkischer Nationalismus in Deutschland 1917-1933. In: Heiner Timmermann (Hg.): Nationalismus und Nationalbewegung in Europa

1914-1945. Berlin: Duncker & Humblot 1999. S. 161-182. (= Dokumente und Schriften der Europäischen Akademie Otzhausen, 85).

Voßkamp, Wilhelm: Gattungen als literarisch-soziale Institutionen. In: Walter Hinck (Hg.): Textsortenlehre – Gattungsgeschichte. Heidelberg: Quelle & Meyer 1977. S. 27-44.

—. Gattungen: In: Helmut Brackert/Jörn Stückrath (Hg.): Literaturwissenschaft. Ein Grundkurs. Reinbek bei Hamburg: Rowohlt 1992. S. 253-269.

wdp: Dresden um die Jahrhundertwende. Avantgarde – damals. Die Galerie Ernst Arnold in Dresden, Ludwig Gutbier und die Brückemaler. In: artis. Das aktuelle Kunstmagazin. 24 (1972), H. 8. S. 15-17.

Wegener, Hannelore: Gehalt und Form von Theodor Däublers dichterischer Bilderwelt. Phil. Diss. Köln, 1962.

Wehler, Hans-Ulrich: Deutsches Bildungsbürgertum in vergleichender Perspektive – Elemente eines »Sonderweges«? In: Jürgen Kocka (Hg.): Bildungsbürgertum im 19. Jahrhundert. Teil IV. Politischer Einfluß und gesellschaftliche Formation. Stuttgart: Klett-Cotta 1989. S. 215- 237. (= Industrielle Welt, 48).

—. Modernisierungstheorie und Geschichte. Göttingen: Vandenhoeck & Ruprecht 1975.

—. Nationalismus und Nation in der deutschen Geschichte. In: Helmut Berding (Hg.): Nationales Bewußtsein und kollektive Identität. Studien zur Entwicklung des kollektiven Bewußtseins in der Neuzeit 2. Frankfurt a. M.: Suhrkamp 1994. S. 163-175.

Wehling, Peter: Die Moderne als Sozialmythos. Zur Kritik sozialwissenschaftlicher Modernisierungstheorien. Frankfurt a. M., New York: Campus 1992.

Weinstein, Joan: The End of Expressionism. Art and the November Revolution in Germany, 1918-19. Chicago and London: The University of Chicago Press 1990.

Weisbach, Reinhard: Wir und der Expressionismus. Studien zur Auseinandersetzung der marxistisch-leninistischen Literaturwissenschaft mit dem Expressionismus. Berlin: Akademie-Verlag 1972. (= Reihe Literatur und Gesellschaft).

Werner, Dieter (Hg.): Theodor Däubler: Biographie und Werk. Die Vorträge des Dresdner Däubler-Symposions 1992. Mainz: Gardez! Verlag 1996.

Werner, Renate: Das wilhelminische Zeitalter als literarhistorische Epoche. Ein Forschungsbericht. In: Jutta Kolkenbrock-Netz u. a. (Hg.): Wege der Literaturwissenschaft. Bonn: Bouvier 1985. S. 211-231.

Wiese, Stephan von: Sturm durch diese Welt. Die internationale Zielrichtung des Expressionismus. In: Stephanie Barron (Hg.): Expressionismus. Die zweite Generation. 1915-1925. München: Prestel 1989. S. 121-129.

Wilhelmi, Christoph: Künstlergruppen in Deutschland, Österreich und der Schweiz seit 1900. Ein Handbuch. Stuttgart: Hauswedell, E. 1996.

Wilhelmy, Petra: Der Berliner Salon im 19. Jahrhundert (1871-1914). Berlin, New York: Walter de Gruyter 1989.

Willett, John: Expressionism. London: Weidenfeld and Nicolson 1970.

Wiwjorra, Ingo: Die deutsche Vorgeschichtsforschung und ihr Verhältnis zu Nationalismus und Rassismus. In: Uwe Puschner/Walter Schmitz/Justus H. Ulbricht (Hg.): Handbuch zur »Völkischen Bewegung« 1871-1918. München u. a.: KG Saur 1996. S. 186-207.

Wolf, Emmi/Brigitte Struzyk (Hg.): Auf wieviel Pferden ich geritten ... Der junge Friedrich Wolf. Eine Dokumentation. Berlin und Weimar: Aufbau-Verlag 1988.

Wolter, Hans-Wolfgang: Generalanzeiger – Das pragmatische Prinzip. Zur Entwicklungsgeschichte und Typologie des Pressewesens im späten 19. Jahrhundert mit einer Studie über die Zeitungsunternehmungen Wilhelm Girardets (1838-1918). Bochum: Studienverlag Dr. N. Brockmeyer 1981.

Wülfing, Wulf/Karin Bruns/Rolf Parr (Hg.): Handbuch literarisch-kultureller Vereine, Gruppen und Bünde 1825-1933. Stuttgart, Weimar: Metzler 1998. (Repertorien zur Deutschen Literaturgeschichte, 18).

Wunberg, Gotthart (Hg.): Die Wiener Moderne. Literatur, Kunst und Musik zwischen 1890 und 1910. Stuttgart: Reclam 1981.

Wyss, Ulrich: Gibt es eine Alternative zur Literaturgeschichte als Sozialgeschichte? In: Johannes Janota (Hg.): Vorträge des Augsburger Germanistentages. 1991. Kultureller Wandel und die Germanistik in der Bundesrepublik. Band 2: Germanistik und Deutschunterricht im historischen Wandel. Tübingen: Niemeyer 1993. S. 179-191.

—. Literaturlandschaft und Literaturgeschichte. Am Beispiel Rudolf Borchardts und Josef Nadlers. In: Hartmut Kugler (Hg.): Interregionalität der deutschen Literatur im europäischen Mittelalter. Berlin, New York: Walter de Gruyter 1995. S. 45-63.

Zeck, Mario: Das Schwarze Korps: Geschichte und Gestalt des Organs der Reichsführung SS. Tübingen: Niemeyer 2002.

Zeißig, Herbert: Eine deutsche Zeitung. Zweihundert Jahre Dresdner Anzeiger. Eine zeitungs- und kulturgeschichtliche Festschrift. Dresden: Verlag der Dr. Güntzschen Stiftung (Dresdner Anzeiger) 1930.

Zimmer, Hasko: Bedingungen und Tendenzen der Entwicklung des Deutschunterrichts im 19. und 20. Jahrhundert. In: Anneliese Mannzmann (Hg.): Geschichte der Unterrichtsfächer I. Deutsch, Englisch, Französisch, Russisch, Latein, Griechisch, Musik, Kunst. München: Kösel 1983. S. 35-64.

Zimmer, Wolfgang: Soziale Lage und kulturelle Lebensweise der Arbeiterklasse in Dresden am Anfang unseres Jahrhunderts. Einige Erkenntnisse. In: Dresdner Hefte 7 (1989), H. 5. S. 28-35. (= Beiträge zur Kulturgeschichte, 20).

—. Bevölkerungsentwicklung und Sozialstruktur der Stadt nach 1871. In: Dresdner Hefte 18 (2000), H. 1. S. 18-27. (= Beiträge zur Kulturgeschichte, 61).

Zimmermann, Werner Gabriel: Bayern und das Reich, 1918-1923. Phil. Diss. München, 1953.

Zunkel, Friedrich: Das Verhältnis des Unternehmertums zum Bildungsbürgertum zwischen Vormärz und Erstem Weltkrieg. In: M. Rainer Lepsius (Hg.): Bildungsbürgertum im 19. Jahrhundert. Teil III. Lebensführung und ständische Vergesellschaftung. Stuttgart: Klett-Cotta 1992. S. 82-101. (= Industrielle Welt, 47).

Zur Sozialgeschichte der deutschen Literatur im 19. Jahrhundert. Einzelstudien Teil I. Hg. von Günter Häntzschel, John Ormrod und Karl N. Renner im Auftrag der Münchner Forschergruppe »Sozialgeschichte der deutschen Literatur 1770-1900«. Tübingen: Niemeyer 1985.

Zur Sozialgeschichte der deutschen Literatur im 19. Jahrhundert. Einzelstudien Teil II. Hg. von Monika Dimpfl und Georg Jäger im Auftrag der Münchner Forschergruppe »Sozialgeschichte der deutschen Literatur 1770-1900«. Tübingen: Niemeyer 1990.

Kurzbiographien

In den biographischen Index wurden nur solche Personen aufgenommen, die auf Entstehung, Entwicklung und Ausformung des Dresdner Expressionismus maßgeblich eingewirkt haben oder die in einem engen Kontakt mit den Repräsentanten der Dresdner Szene standen.

Adler, Paul; Jurist, Schriftsteller (* 4.4.1878, Prag, † 8.6.1946, Königsaal bei Prag)
Studierte 1896-1900 Rechtswissenschaften an der deutschen Universität in Prag; arbeitete bis 1902 als Richter in Wien; lebte von 1903-1910 mit → Jakob Hegner in Italien; danach Aufenthalt in Paris und Florenz; ließ sich 1912 in der von ihm mitbegründeten *Künstlerkolonie Hellerau* bei Dresden nieder; gehörte hier zum festen Kreis um Jakob Hegner, dem geistigen Zentrum der Gartenstadt; bei Hegner erschienen auch seine drei wichtigsten Prosaarbeiten *Elohim* (1914), *Nämlich* (1915) und *Die Zauberflöte* (1916); schon während des Krieges Mitarbeit bei verschiedenen expressionistischen Zeitschriften, wie *Pan* und *Die Aktion* (Sonderheft 1916); als Pazifist sympathisierte Adler mit dem *Spartakusbund* und wurde Mitglied der *Unabhängigen Sozialdemokratischen Partei Deutschlands*; 1918 Gründungsmitglied der *Sozialistischen Gruppe der Geistesarbeiter*; seit 1921 Feuilleton-Redakteur der *Prager Presse*; ab 1923 wieder in Hellerau; 1933 Flucht vor den Nationalsozialisten nach Prag; 1939 Lähmung nach einem Schlaganfall.

Ausleger, (Franz) Gerhard; Buchhändler, Schriftsteller (* 7.6.1891, Weißenfels, † 22.5.1969, Offenbach/Main)
Studierte zwischen 1913 und 1919 in Kiel neuere Philologie; ab 1917 Mitarbeiter der Kieler expressionistischen Zeitschrift *Die Schöne Rarität*; ab 1919 verantwortlich für den literarischen Teil der Zeitschrift; zur gleichen Zeit Beginn seiner Tätigkeit als Dramaturg und Regisseur an den *Vereinigten Städtischen Theatern Kiel* und als Assistent für Theaterwissenschaft an der *Christian-Albrechts-Universität* zu Kiel; auswärtiges Mitglied der *Expressionistischen Arbeitsgemeinschaft Dresden* und Mitbegründer der *Expressionistischen Arbeitsgemeinschaft Kiel*; vielfältige Kontakte zu den Dresdner Expressionisten; lebte in Kiel, Weißenfels und Berlin; zog sich Mitte der zwanziger Jahre völlig aus dem literarischen Leben zurück; seit 1933 Buchhändler in Offenbach am Main.

Benndorf, (Friedrich) Kurt; Schriftsteller, Musikwissenschaftler, Biograph (* 27.5.1871, Chemnitz, † 26.2.1945, Dresden)
Seit 1890 Studium der Musik, Philosophie und Germanistik in Heidelberg, Berlin und Leipzig; promovierte 1894 zum Dr. phil.; 1895 vertretungsweise Organist und Kirchenchorleiter in Chemnitz; Übersiedelung nach Dresden; Lehrer an der Mu-

sikschule *Richard Ludwig Schneider* in Dresden; 1896-1904 Verwaltung der Musik-
sammlung der *Sächsischen Landesbibliothek*; schrieb musikalische Aufsätze in Fachzei-
tungen und veröffentlichte Chorgesänge; seit 1905 freier Schriftsteller; zahlreiche Reisen durch Europa (Ungarn, Schweiz, Italien, Griechenland, Spanien, Frankreich,
England, Schweden, Holland, Nordafrika); 1911 kurzzeitige Mitarbeit an der von
Herwarth Walden (1878-1941) herausgegebenen Zeitschrift *Der Sturm*; im Herbst
1916 Gründungsmitglied des *Bundes der Geistigen*, der sich wenig später *Kolonie der
5%* nannte (Mitglieder waren u. a. → Paul Adler, → Alfred Günther, → Walter Hasenclever, → Kurt Hiller, → Iwar von Lücken und → Hugo Zehder); im Zentrum
seines literarischen Schaffens stehen lyrische Dichtungen (u. a. der umfangreiche Zyklus *Kreise*, 1900-1925) sowie zahlreiche Arbeiten zu Alfred Mombert (1872-1942),
dessen ›kosmische Sprachschöpfungen‹ er als zeitlose mythisch-symbolische Chiffren
deutete (u. a. *Mombert. Geist und Werk*, 1932).

Bienert, Ida; Kunstsammlerin und Mäzenatin (* 29.11.1870, Langenbielau,
† 18.8.1966, München)
   Tochter eines reichen schlesischen Industriellen; heiratete achtzehnjährig den
Dresdner Fabrikanten Erwin Bienert (1859- ?), Besitzer der Bienertschen Hofmühlen
mit Brotfabrik; gründete im Jahre 1905 für die Arbeiter und Angestellten der Hofmühle und für die Bewohner des Stadtteils Dresden-Plauen die erste Volksbibliothek
Sachsens, die von dem bedeutenden Bibliothekar Walter Hofmann (1879-1952) geleitet wurde; B. engagierte sich seit jener Zeit als Sammlerin für Kunst; 1909 Bekanntschaft mit Theodor Däubler, der sie mit der expressionistischen und kubistischen
Kunst vertraut machte; besaß eine der bedeutendsten Privatsammlungen moderner
Malerei (u. a. Cezanne, Monet, van Gogh, Renoir, Kandinsky, Klee, Chagall, Kokoschka, Lissitzky, Mondrian, Picasso); führte in ihrem Haus in Dresden-Plauen
einen ›halboffenen‹ Salon, der als Kommunikationszentrum für zahlreiche kunst- und
literaturinteressierte Intellektuelle der Stadt fungierte (u. a. → Conrad Felixmüller,
→ Theodor Däubler, → Will Grohmann, → Oskar Walzel, → Otto Dix, → Oskar
Kokoschka, → Hugo Zehder); nach dem Zweiten Weltkrieg (1948) Übersiedelung
nach München; ein befreundeter englischer Offizier konnte den größten Teil ihrer
Kunstsammlung über Berlin nach München bringen; B. nahm bis ins hohe Alter am
Kunstleben in der bayerischen Metropole teil; seit Anfang der fünfziger Jahre begann
B. ihre Sammlung allmählich aufzulösen.

Blei, Franz (auch u. a.: Dr. Peregrinus Steinhövel; Medarus); Schriftsteller, Übersetzer
(* 18.1.1871, Wien, † 10.7.1942, Westbury/USA)
   1890-94 Studium der Nationalökonomie, Geschichte und Literaturgeschichte in
Genf und Zürich; 1898-1900 Studienaufenthalt in Philadelphia/USA; lebte als Literat, Kritiker, Essayist bis 1925 in München, danach in Berlin; gab als Lektor verschiedener Verlage die Werke von Jakob Michael Reinhold Lenz, Ludwig Büchner und
Franz Kafka (1883-1924) heraus sowie französische und englische Literatur; 1907
Mitbegründer der *Gesellschaft der Münchner Bibliophilen*; Mitarbeiter des *Insel-Verlages*; Gründer bzw. Mitarbeiter zahlreicher Zeitschriften: *Der Amethyst* (1906); *Opale*
(1907), *Der Zwiebelfisch* (1908-09), *Hyperion* (1908-1910) u. a.; veröffentlichte seine

Texte seit 1911 in der expressionistischen Zeitschrift *Die Aktion*; Bekanntschaft mit
→ Jakob Hegner, → Theodor Däubler und → Paul Adler; in Hegners *Hellerauer
Verlag* gibt B. zwischen 1917/18 die expressionistischen Zeitschriften *Summa* und *Die
Rettung* heraus; 1914-1918 Kriegsdienst; 1919 Bekenntnis zum Kommunismus und
Wiedereintritt in die katholische Kirche, aus der er 1887 ausgetreten war; lebte seit
1920 in München, seit 1925 in Berlin und seit 1931 auf Mallorca; 1936 Rückkehr
nach Wien; 1936-41 Flucht vor den Nationalsozialisten über Wien und Frankreich in
die USA.

Bock, Kurt; Schriftsteller (* 21.1.1890, Hannover, † Oktober 1949, Internierungslager Groß Wachsbleiche bei Frankfurt/O.)
Abitur 1908; studierte 1908-1914 in Berlin und Göttingen Germanistik, Philosophie und Kunstgeschichte; nach dem Studium Promotion zum Dr. phil.; dann Soldat während des Ersten Weltkrieges; nach dem Krieg freier Schriftsteller und Journalist in Berlin; als auswärtiges Mitglied der *Expressionistischen Arbeitsgemeinschaft Dresden* sehr eng mit den Dresdner Expressionisten verbunden; bekannte sich 1933 zum
Nationalsozialismus.

Böckstiegel, Peter August; Maler und Graphiker (* 7.4.1889, Arrode bei Werther in
Westfalen, † 22.3.1951 Arrode)
Lehre als Anstreicher und Glaser; 1907 bis 1913 Student der *Kunstgewerbeschule
Bielefeld*; 1913 bis 1915 Studium an der *Dresdner Akademie*, Freundschaft mit
→ Conrad Felixmüller, dessen Schwester Hanna er heiratete; 1915 bis 1919 Soldat in
Rußland und Rumänien; Mitbegründer der *Dresdner Sezession Gruppe 1919*; bis 1945
lebte B. im Winter in Dresden und arbeitete im Sommer in Arrode; 1945 Übersiede-
lung nach Arrode.

Brenck-Kalischer, Bess; Dichterin (* 21.11.1878 Rostock, † 2.6.1933 Berlin)
Mädchenname Betty Levy; Besuch einer höheren Mädchenschule, später eines
Lehrerseminars; studierte einige Semester Philosophie; Ausbildung als Rezitatorin;
heiratete 1906 den Schriftsteller Siegmund Kalischer (1880-1911); an Theateraufführungen der *Neuen Gemeinschaft* in Friedrichshagen beteiligt; seit 1905 eigene literarische Arbeiten; zunächst in der Zeitschrift *Charon*, ab 1914 auch in den expressionistischen Zeitschriften *Neue Jugend, Die Schöne Rarität* und *Menschen*; Mitbegründerin der *Expressionistischen Arbeitsgemeinschaft Dresden*; lebte um 1918 vorübergehend in Hellerau; Freundschaft mit → Salomo Friedlaender (Mynona), der sie in
Hellerau besuchte; spätestens seit 1920 wieder in Berlin ansässig; nach 1918 Kontakte
zur *KPD*; gründete 1923 mit Berta Lask (1878-1967) einen *Verband Proletarischer
Schriftsteller*.

Däubler, Theodor; Schriftsteller (* 17.8.1876, Triest, † 13.6.1934, St. Blasien im Schwarzwald)

Sohn eines Großkaufmanns; zweisprachig aufgewachsen; Abitur als Externer in Fiume; Reisen nach Venedig, Rom, Neapel, Apulien und Sizilien; in Neapel Beginn der Arbeit am monumentalen Versepos *Das Nordlicht*, eine aus kosmologischen Mythen und romantischer Natur- und Lebensphilosophie gespeiste Dichtung; nach kurzer Militärzeit 1898 Übersiedlung der Familie nach Wien; Berührung mit der Musik Gustav Mahlers (1860-1911); von 1903 bis 1906 in Paris Beschäftigung mit moderner Malerei, Bildhauerei und Skulptur, die er später in der Schrift *Der neue Standpunkt* (1916) verarbeitete; 1910 erschien die erste, die Florentiner Fassung des *Nordlichts*; seit dem gleichen Jahr lebte D. in der Toskana; enge Freundschaft mit → Jakob Hegner und dem Bildhauer, Grafiker und Schriftsteller Ernst Barlach (1870-1938); mit Ausbruch des Ersten Weltkrieges Rückkehr nach Deutschland; vom Militärdienst freigestellt, arbeitete D. während des Krieges in Dresden oder als Kunsthistoriker bzw. Kunstberichterstatter in Berlin, bevor er nach Kriegsende in der Schweiz mit der Umarbeitung des *Nordlicht-Epos* (»Genfer Fassung«, 1921) begann; reiste 1921 nach Griechenland und kehrte nach weiteren Aufenthalten in Kleinasien und Ägypten 1926/27 schwer erkrankt nach Berlin zurück, wo er Vizepräsident der Deutschen Sektion des *PEN-Clubs* und Mitglied der Sektion *Dichtkunst* an der *Akademie der Künste* wurde; erneute Reisen zu Vorträgen nach Skandinavien, England, Frankreich; 1930 Fertigstellung der dritten Fassung, der »Athener Fassung« des *Nordlichts*; erkrankte 1932 an Tuberkulose und starb 1934.

Deutsch, Ernst; Schauspieler und Rezitator (* 16.9.1896, Prag, † 22.3.1969, Berlin)

Sohn einer wohlhabenden Prager Kaufmannsfamilie; gehörte lange zum Kreis um Franz Werfel (1890-1945); Beginn der Theaterlaufbahn 1914 an der *Wiener Volksbühne* bei → Berthold Viertel; wurde durch sein intensives Spiel und seinen expressionistischen Stil schnell im deutschsprachigen Europa bekannt; Titelrolle in der deutschen Erstaufführung von → Walter Hasenclevers Drama *Der Sohn* im *Alberttheater*; rezitierte 1916 im Rahmen der ersten großen Expressionisten-Ausstellung in der Galerie *Emil Richter* Gedichte und Prosa von Dresdner Expressionisten (u. a. → Theodor Däubler, → Paul Adler und → Walter Hasenclever); lebte 1916/17 einige Zeit gemeinsam mit → Walter Hasenclever, → Oskar Kokoschka, → Iwar von Lücken, Paul Kornfeld (1889-1942) und der Schauspielerin Käthe Richter in der Künstlerherberge *Felsenburg* auf dem *Weißen Hirsch*; seit 1917 Tätigkeit bei Max Reinhardt (1873-1943) in Berlin; spielte ab 1924 auch in Filmen mit; 1931/32 in Wien am *Burgtheater* und am *Theater in der Josefstadt* tätig; 1933 aufgrund seiner jüdischen Herkunft Emigration nach Prag; 1938 Flucht über England in die USA; wirkte in Hollywood in einigen Anti-Nazi-Filmen mit; nach dem Krieg Rückkehr nach Europa; arbeitete am *Renaissance-*, dann am *Burgtheater* in Wien; 1948 Preis der *Biennale Venedig* für den Film *Der Prozeß*; ab 1951 Mitglied des *Schillertheaters* in Berlin; lebte bis zu seinem Tod 1969 in Westberlin.

Dietrich, Rudolf Adrian (eigentlich: Rudolf Friedrich Dietrich); Schriftsteller und Journalist (* 15.8.1894, Berlin, † 11.10.1969, Hamburg)

Sohn eines Kunstmalers und einer Klavierlehrerin; Kindheit in Lichte/Thüringer Wald, Jugendjahre in Dresden; vom 19. April 1907 bis 2. April 1909 Schüler des Dresdner *Gymnasiums zum Heiligen Kreuz*; hier Bekanntschaft mit → Felix Stiemer; 1909 kaufmännische Ausbildung; ab 1913 erste Veröffentlichen in der *Jugend, Aktion* und der *Vossischen Zeitung,* beeinflußt durch den *Charon-Kreis* um Otto zur Linde (1873-1938) und Erich Bockemühl (1885-1968); 1915 bis 1917 Kriegsdienst; gründete im November 1916 gemeinsam mit Felix Stiemer in Dresden den kurzlebigen *Kreis um die weiße Chrysantheme*; 1917 Selbstmordversuch und Entlassung aus der Armee; Bekanntschaft mit → Walter Rheiner und → Conrad Felixmüller; Gründungsmitglied der *Expressionistischen Arbeitsgemeinschaft Dresden*; zahlreiche Publikationen in namhaften expressionistischen Zeitschriften (*Die Aktion, Die Schöne Rarität, Die Sichel, Die Flöte, Menschen* u. a. m.); öffentliche Lesungen u. a. in der Galerie *Ernst Arnold* in Dresden; 1918/1919 Herausgeber der expressionistischen Zeitschrift *Der Komet* und Gründung des *Verlags der Saturne*, in dem Künstlerhefte u. a. zu den Malern Georg Schrimpf (1889-1938), Moriz Melzer (1877-1966) und → Otto Griebel erscheinen; Mitglied der *Novembergruppe* in Berlin; 1919/1920 Dramaturg am Stadttheater in Konstanz; hier gibt D. die Zeitschrift *Konstanz 1919 (1920)* heraus; in den folgenden Jahren unruhiges Wanderleben; 1929 bis 1933 Bibliothekar in Altona; lebte seit 1936 in Berlin; 1944 Einberufung zur Wehrmacht; 1945 amerikanische Kriegsgefangenschaft; 1946 Rückkehr nach Berlin; Mitarbeit am *Tagesspiegel,* an der *Täglichen Rundschau* und der *Frankfurter Allgemeinen Zeitung*; 1951 Übersiedelung nach Hamburg; lebte dort bis zu seinem Tod.

Dix, Otto; Maler und Grafiker (* 2.12.1891, Untermhaus bei Gera, † 25.7.1969, Singen/Hohentwiel)

Sohn einer Arbeiterfamilie; 1899-1905 Besuch der Volksschule in Gera; 1905 bis 1909 Lehre bei einem Dekorationsmaler in Gera und Pößneck; 1910 bis 1914 Studium an der Kunstgewerbeschule in Dresden u. a. bei Oskar Zwintscher (1870-1916), Richard Müller (1874-1954) und Robert Sterl (1867-1932); 1914 bis 1918 als Kriegsfreiwilliger Maschinengewehrschütze im Ersten Weltkrieg, Einsatz in Frankreich, Rußland und Flandern; danach Fortsetzung der Ausbildung an der *Dresdner Akademie*; Meisterschüler Max Feldbauers (1869-1948) und Otto Gußmanns (1869-1926); 1919 Mitbegründer der *Dresdner Sezession Gruppe 1919*; Teilnahme an der *Ersten Internationalen Dada-Messe* 1920 in Berlin; Kontakt zum Photographen Hugo Erfurth (1874-1948); Anfang der 20er Jahre Hinwendung zur Neuen Sachlichkeit; ab 1922 in Düsseldorf Schüler Heinrich Nauens (1880-1940); Anschluß an die avantgardistische Künstlergruppe *Junges Rheinland*; 1925 Ausstellung mit Künstlern der *Roten Gruppe* in Moskau, Übersiedelung nach Berlin, dort Mitglied der *Neuen Sezession*; 1926 erste große Einzelausstellungen in Berlin und München; 1927-1933 Professor an der Akademie in Dresden; seit 1931 Mitglied der *Preußischen Akademie der Künste*; im April 1933 Entlassung aus dem Staatsdienst durch die Nationalsozialisten und Diffamierung seines Werkes; 1933 Rückzug nach Schloß Randegg bei Singen und anschließend nach Hemmenhofen bei Radolfzell am Bodensee; 1937 werden 160 Werke durch die Nationalsozialisten eingezogen und z. T. in München auf der Schau ›Entartete Kunst‹ gezeigt; 1945 Volkssturmmann, französische Kriegsgefangenschaft; in den Nachkriegsjahren Phase der Landschaftsmalerei; im Spätwerk erneute Hinwendung zum Expressionismus.

Ehrenstein, Albert; Schriftsteller (* 23.12.1886, Wien, † 8.4.1950, New York)
Sohn ungarisch-jüdischer Eltern; erste literarische Versuche schon während der Schulzeit; Studium der Geschichte, Philosophie und Philologie in Wien; 1910 Promotion und Erstveröffentlichungen von Gedichten in Karl Kraus' Zeitschrift *Die Fakkel*, die E. schnell bekannt machen; freier Schriftsteller und Literaturkritiker in Berlin; Anschluß an den *Sturm-Kreis* um Herwarth Walden (1878-1941); arbeitete während des Krieges zeitweilig als Lektor am Leipziger *Kurt Wolff Verlag*; erkannte dort als einer der ersten die Bedeutung Franz Kafkas; Freundschaft mit → Walter Hasenclever, → Ernst Deutsch, → Oskar Kokoschka, → Iwar von Lücken und → Oskar Walzel; gelegentliche Aufenthalte in der Künstlerherberge *Felsenburg* auf dem *Weißen Hirsch*, wo Kokoschka, Lücken, Deutsch und Hasenclever wohnten; 1917-1918 in der Schweiz Sekretär des *Vereins für Individualpsychologie*; 1918 Rückkehr nach Berlin; Mitarbeit an den Zeitschriften *Neue Blätter für Kunst und Dichtung* und *Die neue Schaubühne* in Dresden; 1928/29 im Auftrag deutscher Zeitungen Reisen durch Europa, Afrika und Asien; 1932 Emigration nach Zürich und 1941 nach New York; schrieb Artikel in der jüdischen Wochenzeitschrift *Der Aufbau* und starb 1950 vereinsamt in einem Armenhospital in New York.

Fantl, Grete; Schriftstellerin (* ?, Prag, † 23.5.1965, Milwaukee/USA)
In erster Ehe verheiratet mit Dr. Leo Fantl (1885-1944), Musikkritiker an den *Dresdner Neuesten Nachrichten*; in zweiter Ehe verheiratet mit → Dr. Rudolf Manasse, dem Syndikus der Dresdner Zigarettenfabrik *Eckstein*; befreundet mit → Jakob Hegner; führte um 1910 einen literarischen Salon in Hellerau *Am Schänkenberg*; zu Gast waren u. a. → Alfred Kurella, → Conrad Felixmüller, → Paul Adler, → Theodor Däubler, → Otto Rühle; F. veröffentlichte in S. Fischers *Neuer Rundschau*, im *Querschnitt* und in der Dresdner Theaterzeitschrift *Der Zwinger*; gründete 1924 zusammen mit Alice Rühle-Gerstel (1894-1943) die Ortsgruppe Dresden/Sachsen des *Internationalen Vereins für Individualpsychologie*; mit Beginn der nationalsozialistischen Herrschaft Flucht nach Meran; später über Prag und Paris in die USA.

Felixmüller, Conrad (eigentlich: Felix Müller); Maler und Grafiker (* 21.5.1897, Dresden, † 24.3.1977, Berlin)
1903-1911 Besuch der Volksschule in Dresden; 1911 Zeichenunterricht an der *Dresdner Kunstgewerbeschule*; 1912 bis 1915 Studium an der *Dresdner Akademie* bei Carl Bantzer (1857-1941); 1914 Meisterschüler; ab 1915 erste selbständige Grafiken, v. a. Holzschnitte und Gemälde; fertigte zahlreiche Illustrationen für expressionistische Zeitschriften u. a. *Die Aktion*, *Der Sturm* und *Menschen*; Bekanntschaft mit → Franz Pfemfert, → Walter Rheiner, → Theodor Däubler, → Salomo Friedlaender (Mynona), Johannes R. Becher (1891-1958) und → Raoul Hausmann; 1917 Mitbegründer der *Expressionistischen Arbeitsgemeinschaft Dresden*; als Wehrdienstverweigerer

zeitweise Militärkrankenwärter in der Landesirrenanstalt Arnsdorf bei Dresden; Mitbegründer der *Dresdner Sezession Gruppe 1919*; Mitglied der Berliner *Novembergruppe* und der *KPD* (1918-ca.1926); 1920 erhält Felixmüller den sächsischen *Großen Staatspreis für Malerei (Rompreis)* verbunden mit einem Romstipendium; statt der Romreise Studienreise durch Westfalen und das Rhein- und Ruhrgebiet; in den zwanziger Jahren allgemeine Anerkennung; Ankäufe mehrerer Arbeiten durch die *Nationalgalerie*; 1931 *Sächsischer Staatspreis für Malerei*; wohnte seit 1934 in Berlin; Diffamierung seines Werkes durch die Nationalsozialisten (1933 werden 40 Arbeiten auf der Ausstellung ›Entartete Kunst‹ im *Dresdner Stadtmuseum* gezeigt); 1938/39 Reisen durch Norwegen und England; 1941 Übersiedelung nach Dahmsdorf, 1944 nach Trauthain bei Leipzig; November 1944 Einberufung zum Landsturm; für kurze Zeit in sowjetischer Kriegsgefangenschaft; ab 1949 Professor an der *Martin-Luther-Universität Halle*; zahlreiche internationale Ausstellungen und Ehrungen; nach Emeritierung 1962 Übersiedelung nach Berlin; lebte seit 1967 in Berlin (West).

Fischer, Richard; Schriftsteller (* 19.4.1883, Chemnitz, † 20.7.1972, Tutzing)

Besuch des Gymnasiums in Dresden; Studium der Germanistik, Geographie und Geschichte in Marburg, München, Berlin und Leipzig; Promotion 1911 in Leipzig über Willibald Alexis, von 1916 bis 1918 Soldat in Frankreich, Rumänien und Flandern; entwickelt sich während des Krieges zum Pazifisten; enge Beziehungen zu → Heinar Schillings *Dresdner Verlag von 1917* und zur Zeitschrift *Menschen*; seit 1919 Studienrat im höheren Schuldienst in Dresden; sympathisiert während der Wiemarer Republik mit der Sozialdemokratie; er entlarvt in zahlreichen Artikeln für die Zeitschrift *Junge Menschen* nationalistische Verhetzung und Kriegstreiberei und setzt sich für die Erziehung der Jugend zur Völkerverständigung ein; infolgedessen 1933 aus dem Schuldienst entlassen; Übersiedelung nach Bernried/Oberbayern.

Friedlaender, Salomo (s. Mynona)

Goering, (Ludwig) Reinhard; Schriftsteller, Dramatiker (* 23.6.1887, Schloß Bieberstein bei Fulda, † 14.10.1936, Flur Bucha bei Jena)

Verlor früh den Vater durch Selbstmord; die Mutter starb in geistiger Umnachtung; Verwandte ermöglichten G. das Studium der Medizin in Jena, Berlin, München; 1914 Examen in Bonn; während des Ersten Weltkrieges anfangs sechs Wochen als Militärarzt im Saarland, dann nach Tuberkuloseerkrankung zur Heilung in Davos (Schweiz); 1918 Durchbruch mit dem Drama *Seeschlacht*, das in Dresden uraufgeführt wurde und auf Grund seiner pazifistischen Tendenz einen Theaterskandal auslöste; bevor sich G. in Berlin der Psychiatrie zuwandte, wirkte er als Reform- und Naturarzt; 1926 Promotion zum Dr. med. in Leipzig; in den 20er Jahren folgten Versuche, in verschiedenen Städten eine Praxis zu eröffnen, die ohne Erfolg blieben; 1930 fand in Berlin die Uraufführung des mit dem Kleistpreis ausgezeichneten Stückes *Die Südpolexpedition des Kapitän Scott* statt; nach einer Erkrankung 1933 setzte G. seinem Leben schließlich 1936 selbst ein Ende.

Goll, Iwan (eigentlich: Isaac Lang; auch: Iwan Lazang, Tristan Torsi, Johannes Thor, Tristan Thor); Schriftsteller (* 29.3.1891, St. Dié/Frankreich, † 27.2.1950, Paris)

Zweisprachig aufgewachsen; Besuch des Gymnasiums in Metz, studierte zwischen 1912 und 1914 in Straßburg und Paris Jura; hier auch erste literarische Arbeiten; nach dem Ausbruch des Ersten Weltkrieges ging Goll als überzeugter Kriegsgegner in die Schweiz, nach Lausanne, wo er sein Studium (1915-18) fortsetzte; hier verkehrte er im Kreis um Romain Rolland (1866-1944), Stefan Zweig (1881-1942), Henri Barbusse (1873-1935), Franz Werfel (1890-1945), René Schickele (1883-1940) und Hermann Hesse (1877-1962); stand der Züricher Dadaistenszene um Hans Arp (1887-1966) und Hugo Ball (1886-1927) nahe; Hinwendung zum expressionistischen Stil mit Publikationen u. a. in → Franz Pfemferts *Aktion,* in → Heinar Schillings Zeitschrift *Menschen* und der Schriftenreihe *Das neuste Gedicht;* Freundschaft mit → Walter Rheiner; ab November 1919 lebte G. in Paris; Mitarbeit in der kommunistisch beeinflußten *Clarté*-Bewegung, die nicht nur »den Zusammenschluß der Intellektuellen aller Länder (verlangte), sondern auch den Zusammenschluß der Intellektuellen mit dem Volke!« (Pariser Tagebuch, 1920); 1921 Beteiligung an dem Versuch, in Deutschland (u. a. auch in Dresden) Auslandssektionen der *Clarté* zu gründen; Anfang der 20er Jahre Abwendung vom Expressionismus; seit 1924 Herausgabe der Zeitschrift *Surrealisme;* Mitbegründer der Surrealistischen Bewegung; 1939 Emigration nach New York; 1947 Rückkehr nach Paris, wo er 1950 an Leukämie starb.

Graf, Oskar Maria; Schriftsteller (* 22.7.1894, Berg/Starnberger See, † 28.6.1967, New York)

Geboren als neuntes Kind eines Bäckers und einer Bauerntochter; Ausbildung im Bäckerhandwerk, floh 1911 vor dem gewalttätigen Regiment seines Bruders nach München, wo er von Hilfsarbeiten lebte und Kontakte zu anarchistischen Kreisen aufnahm; wurde von Georg Schrimpf (1889-1938), Franz Jung (1888-1963) und Erich Mühsam (1878-1934) in die Schwabinger Boheme eingeführt und war Schriftführer der Gruppe *Tat* des *Sozialistischen Bundes;* seit 1914 in Berlin; simulierte Krankheit, um als Pazifist nicht zum Dienst im Ersten Weltkrieg herangezogen zu werden; 1915 doch zum Militärdienst eingezogen; wegen Befehlsverweigerung zeitweilig im Irrenhaus; verfaßte expressionistische Gedichte und schrieb Rezensionen für die *München-Augsburger-Zeitung;* auswärtiges Mitglied der *Expressionistischen Arbeitsgemeinschaft Dresden;* zahlreiche Publikationen im *Dresdner Verlag von 1917,* hier auch erste selbständige Veröffentlichung lyrischer Texte (*Die Revolutionäre*); 1918/19 Teilnahme an der Revolution in München im Umfeld Kurt Eisners (1867-1919) und Ernst Tollers (1893-1939); zeitweilig Arbeit als Zensor in der Räterepublik; 1922 Veröffentlichung der ersten Prosasammlung *Frühzeit;* in den 20er Jahren Mitarbeit in der *Roten Hilfe* und Engagement für die Einheitsfront der Arbeiter; 1933 Aufenthalt als Gast der *Sozialistischen Bildungszentrale* in Wien; mit dem Protestbrief *Verbrennt mich!* bewirkte G. eine nachträgliche Verbrennung seiner zuvor noch auf der Liste empfohlener Literatur stehenden Werke durch die Nationalsozialisten; seit 1934 Exil in Brünn und zeitweilig in Moskau; Mitarbeit in der wichtigen Exilzeitschrift *Neue deutsche Blätter* und im *Schutzverband der deutsch-amerikanischen Schriftsteller (GAWA);* lebte seit 1938 in New York.

Griebel, Otto; Maler und Graphiker (* 31.3.1895, Meerane, † 7.3.1972, Dresden)

Nach einer Dekorationslehre seit 1909 Besuch der *Königlichen Zeichenschule* in Dresden; Bekanntschaft mit → Otto Dix; 1911-1915 Studium an der *Kunstgewerbeschule Dresden*, Glasmalerklasse; August 1915 Einberufung zum Wehrdienst; 1918 schwere Kriegsverwundung; Rückkehr nach Dresden; Mitglied des *Dresdner Arbeiter- und Soldatenrats*; lernt → Oskar Kokoschka kennen; 1919-1921 an der *Dresdner Akademie*, u. a. Schüler von Robert Sterl (1867-1932); erste Ausstellung im Kunstsalon *Emil Richter*; befreundet mit den Dresdner Linksexpressionisten; 1919 Mitglied der *KPD*; Mitglied der *Dresdner Sezession Gruppe 1919* und der *Novembergruppe* Berlin; Beziehungen zum Konstanzer *Komet-Kreis* → Rudolf Adrian Dietrichs; 1920 sporadische Dada-Aktivitäten gemeinsam mit → Otto Dix nach einer Vorstellung der Berliner Dadaisten um Johannes Baader (1875-1956), Richard Huelsenbeck (1892-1974) und → Raoul Hausmann in Dresden; 1922 Reise nach Düsseldorf und Mitglied des *Jungen Rheinland*; 1924 Mitbegründer der *Roten Gruppe* um John Heartfield (1891-1968), George Grosz (1893-1959), Eugen Hoffmann (1892-1955) u. a.; 1929 Gründungsmitglied der Dresdner Sektion der *ASSO* (Assoziation Revolutionärer Bildender Künstler); 1933 Verhaftung durch die Gestapo, Freilassung nach einem Protestbrief der *Dresdner Sezession*; 1937 Beschlagnahme sämtlicher Werke aus Museumsbesitz, einige Arbeiten werden in die Münchner Ausstellung ›Entartete Kunst‹ aufgenommen; 1939 zur Wehrmacht nach Polen eingezogen; 1940 Befreiung vom Wehrdienst; in den Jahren 1941-1943 arbeitet G. auf Vermittlung des Kunsthistorikers Fritz Löffler (1899-1988) als Ausstellungsgestalter im besetzten Krakau; seit 1945 kunstpädagogisch an der *Hochschule für Bildende Künste* in Dresden tätig.

Grimm, Walter Otto; Maler, Graphiker, Schriftsteller (* 2.6.1894, Mulden/Massachusetts/USA, † 15.5.1919, Leipzig, Selbstmord)

Nach dem Tod des Vaters siedelte die Familie Grimms 1908 aus den USA nach Deutschland über; Schulbesuch in Dresden; 1915 Studium der Staatswissenschaften in Leipzig; wurde als amerikanischer Staatsbürger nach dem Kriegseintritt der USA (1917) gezwungen, das Studium abzubrechen; Beginn einer intensiven künstlerischen und literarischen Tätigkeit; bis zu seinem Freitod Mitglied der *Expressionistischen Arbeitsgemeinschaft Dresden*.

Grohmann, Will; Kunsthistoriker, Lehrer, Schriftsteller und Kritiker (* 4.12.1887, Bautzen, † 6.5.1968, Berlin)

Sohn eines Oberpostsekretärs; besuchte von 1894-1898 die Bürgerschule in Dresden, danach bis 1907 das *Gymnasium zum Heiligen Kreuz*; studierte in Leipzig und Paris Geschichte, Kunstgeschichte, Philologie und Orientalistik; danach Studienreferendar am *König-Georg-Gymnasium* in Dresden; beförderte die Gründung der *Dresdner Sezession Gruppe 1919*; setzte sich in dieser Zeit durch zahlreiche Vorträge zur expressionistischen Kunst für die Durchsetzung des ›neuen Stils‹ in der Dresdner Öffentlichkeit ein; zwischen 1926 und 1929 Mitarbeiter der *Gemäldegalerie*; hielt während dieser Zeit kunsthistorische Vorlesungen an der *Technischen Hochschule*; veröffentliche Werke über Paul Klee (1879-1940), Wassily Kandinsky (1866-1944),

Willi Baumeister (1889-1955) und → Ida Bienert; 1933 von den Nationalsozialisten als Förderer moderner Kunst von allen Ämtern enthoben; veröffentliche unter dem Pseudonym Olaf Rydberg 1935 ein Buch über die Tänzerin Gret Palucca (1902-1993); 1945 Ernennung zum Stadtrat für Kultur in Dresden; 1946-1948 Rektor der *Hochschule für Werkkunst Dresden*; bis 1955 Kunsthistoriker an der *Neuen Zeitung*; seit 1955 Redakteur der internationalen Kunstzeitschrift *Quadrum* in Brüssel; seine Leistungen für die Förderung moderner Kunst wurden durch zahlreiche Auszeichnungen geehrt.

Günther, Alfred; Schriftsteller, Essayist, Übersetzer (* 5.3.1885, Dresden, † 17.12.1969, Stuttgart-Degerloch)

Besuch der Realschule; Lehre in einer Maschinenfabrik; G. arbeitete im Büro von Wolf Dohrn (1878-1914) am Aufbau der *Gartenstadt Hellerau* mit und war eng mit dem Verleger → Jakob Hegner befreundet; 1914-1929 Feuilleton-Redakteur bei den *Dresdner Neuesten Nachrichten*; bis zu Beginn der 20er Jahre zahlreiche Aufsätze, Essays und Feuilletons, die sich für die Durchsetzung des Expressionismus in der Dresdner Öffentlichkeit engagieren; gemeinsam mit → Walter Hasenclever und → Camill Hoffmann Publikationen eigener expressionistischer Texte in den *Dresdner Neuesten Nachrichten*; befreundet mit den bedeutendsten expressionistischen Dichtern und Malern (u. a. → Conrad Felixmüller, → Walter Rheiner, → Oskar Kokoschka, → Heinar Schilling, → Paul Adler, → Walter Hasenclever) und den Förderern expressionistischer Kunst und Literatur in Dresden → Ida Bienert und → Oskar Walzel; Mitarbeit an allen Zeitschriften des Dresdner Expressionismus; 1929-33 Chefredakteur beim *Reclam-Verlag* Leipzig; 1935 Ausschluß aus der *Reichsschrifttumskammer* und Schreibverbot; Mitarbeit im Photo-Atelier *Jonas* in Dresden; 1939 Übersiedelung nach Stuttgart; bis 1941 Berater der *Weise'schen Buchhandlung*; 1941-1943 Lektor im *Rowohlt-Verlag*; nach dem Krieg Cheflektor der *Deutschen Verlags-Anstalt* in Stuttgart.

Gutbier, Ludwig Wilhelm; Kunsthändler (* 25.10.1873, Dresden, † 18.3.1951, Rottach-Egern)

Seit 1890 mit Einjährigenzeugnis als Lehrling im väterlichen Geschäft, der *Kunsthandlung Ernst Arnold*, tätig; siebensemestriges Gaststudium an der *Allgemeinen Abteilung* der *Technischen Hochschule Dresden*; 1895 Kunstreise nach Holland mit Aufenthalt in England; 1896 Veranstaltung einer Ausstellung zeitgenössischer englischer Handzeichnungen; erschloß der zeitgenössischen deutschen Graphik den Kunstmarkt durch Ausstellungen und ein Graphisches Kabinett in der *Kunsthandlung Arnold*; Herausgabe zahlreicher Bildbände im neu gegründeten *Verlag Ernst Arnold*; seit 1901 Teilhaber an der väterlichen Kunsthandlung; 1906 Erweiterung des Geschäftes mit der *Galerie Ernst Arnold* in der Schloßstraße, wo er Ausstellungen moderner Kunst, u. a. Georg Kolbe (1877-1947), Wilhelm Lehmbruck (1881-1919), → Emil Nolde, Edvard Munch (1863-1944) und der Künstlergemeinschaft *Brücke* veranstaltete; 1909 Einrichtung einer Zweiggalerie in Breslau; G. engagierte sich früh für die moderne expressionistische Malerei und trug durch zahlreiche Ausstellungen in seiner Kunsthandlung wesentlich zur öffentlichen Anerkennung und Durchsetzung des ›neuen Stils‹ in der sächsischen Residenzstadt bei; zwischen 1930 und 1933 Organisation mehrerer

Ausstellungen deutscher Graphik in den Vereinigten Staaten; während der Zeit nationalsozialistischer Herrschaft aufgrund seines Einsatzes für die moderne Kunst diffamiert und 1936 zur Aufgabe seines Geschäftes gezwungen; Übersiedlung nach München, später nach Rottach-Egern; nur noch gelegentliche Betätigung als Kunsthändler.

Hasenclever, Walter (Georg Alexander); Schriftsteller (* 8.7.1890, Aachen, † 22.6.1940, Internierungslager »Les Milles«/Frankreich)
Gymnasialzeit in Aachen (1908 Abitur); anschließend ein Jahr Studium der Rechtswissenschaft in Oxford und Lausanne; 1909-1914 Studium der Philosophie und Germanistik an der Universität Leipzig, daneben intensive Beschäftigung mit Literatur; Zusammentreffen mit Kurt Pinthus (1886-1975), Ernst Rowohlt (1887-1960), Kurt Wolff (1887-1963) und Franz Werfel (1890-1945); 1914 zum Kriegsdienst eingezogen, nachdem er sich als Freiwilliger gemeldet hatte; schnelle Wandlung zum Kriegsgegner; 1916 Fronturlaub anläßlich der deutschen Erstaufführung seines Dramas *Der Sohn* in Dresden; danach bis 1917 Aufenthalt im Dresdner Sanatorium von → Dr. Heinrich Teuscher auf dem *Weißen Hirsch* aufgrund eines simulierten Leidens und 1917 Entlassung aus dem Dienst; in den folgenden Jahren entsteht seine gegen Krieg und Despotie gewandte politische Dichtung (u. a. die Gedichtsammlung *Tod und Auferstehung,* die Antikriegstragödie *Antigone* sowie der Lyrik- und Prosaband *Der politische Dichter*); verbrachte die Nachkriegsjahre in Dresden, Berlin und Oberbärenburg/Erzgebirge; Freundschaft mit → Oskar Kokoschka und → Heinar Schilling; um 1920 intensive Auseinandersetzung mit dem schwedischen Mystiker Emanuel Swedenborg (1688-1772); zahlreiche Rezitations- und Lesereisen durch ganz Deutschland; 1924-1928 Korrespondent des *Berliner 8 Uhr-Abendblattes* in Paris; seit Mitte der 20er Jahre Hinwendung zum Komödienschaffen (u. a. *Ein besserer Herr,* 1927) unter dem Einfluß des französischen Theaters; 1929-1932 lebte H. in Berlin, reiste durch Europa, Nordafrika und nach Hollywood; seit 1933 im Exil in Nizza, Jugoslawien, England, Italien und Südfrankreich; 1940 bei Annäherung der deutschen Truppen Selbstmord im Lager »Les Milles«.

Hausmann, Raoul; Schriftsteller, Maler, Fotograf, Tänzer (* 12.7.1886, Wien, † 1.2.1971, Limoges/Frankreich)
H. lebte seit 1900 in Berlin, wo er von seinem Vater, dem akademischen Maler Viktor Hausmann (? -1920), ausgebildet wurde; 1912 erste Veröffentlichung von Kunstkritiken in Herwarth Waldens (1878-1941) *Sturm*; ab 1916 Hinwendung zu → Franz Pfemferts *Aktion* und Franz Jungs (1888-1963) *Die freie Straße*; vom Kriegsdienst aufgrund eines Augenleidens befreit; 1915 lernt H. im Berliner Atelier von → Ludwig Meidner → Conrad Felixmüller kennen; im August 1917 erste Bemühungen, gemeinsam mit Felixmüller in Dresden eine neue expressionistische Vereinigung zu gründen (*Der Bund*); im Oktober 1917 dann Gründungsmitglied der *Expressionistischen Arbeitsgemeinschaft Dresden*; 1917/18 Gründung des *Club Dada* zusammen mit Richard Huelsenbeck (1892-1974) und Franz Jung; als »Dadasoph« treibende Kraft der politisch und aktivistisch ausgerichteten Berliner Dada-Bewegung; entwickelte zusammen mit Hannah Höch (1889-1978) die Fotomontage als Spezialform der Collage sowie die phonetisch-lettristischen Gedichte; Herausgabe der Zeitschrift

Der Dada; Mitorganisator von Dada-Ausstellungen und öffentlichen Auftritten der Dadaisten (u. a. auch in Dresden, 1920); ab 1923 Hinwendung zum Konstruktivismus; Publikationen in den konstruktivistischen Zeitschriften *Mecano* (Leiden), *MA* (Wien) und *G* (Berlin); im Zuge seiner hier verstärkt einsetzenden Auseinandersetzung mit Wahrnehmungsproblemen erfindet H. das Optophon, ein Gerät, mit dem akustische in optische Erscheinungen (und umgekehrt) transformiert werden konnten; seit 1930 verstärkte fotografische Tätigkeit; 1933 Emigration nach Ibiza über Prag, Paris, Barcelona, wo er sich, unterbrochen durch Aufenthalte in Paris und Berlin, bis 1936 aufhielt; nach einem kurzen Aufenthalt in der Schweiz reist H. 1937 nach Prag und 1938 zurück nach Paris; verließ, um der Internierung zu entgehen, 1939 Paris und schlug sich bis 1944 als Privatlehrer für Englisch, Deutsch, Spanisch und Malerei in Peyrat-le-Château (Limousin) durch; im November 1944 ließ er sich in Limoges nieder, wo er bis zu seinem Tod lebte.

Heckel, Erich; Maler und Graphiker (* 31.7.1883, Döbeln/Sachsen, † 27.1.1970, Randolfzell, Bodensee)

Sohn eines Eisenbahnbauingenieurs; 1891-1895 Jugendzeit in Olbernhau/Erzgebirge; 1897-1904 Besuch des Realgymnasiums in Chemnitz; lernte hier → Karl Schmidt-Rottluff kennen; 1904-1905 Architekturstudium an der *Technischen Hochschule* in Dresden; Bekanntschaft mit → Ernst Ludwig Kirchner und Fritz Bleyl (1880-1966); 1905 Eintritt in das Entwurfsbüro des Architekten Wilhelm Kreis (1873-1955); Gründung der *Künstlergruppe Brücke* mit Kirchner, Bleyl und Schmidt-Rottluff; 1906 Begegnung mit Max Pechstein (1881-1955) und → Emil Nolde, die er überzeugte, sich der *Brücke* anzuschließen; 1907 gibt H. die Arbeit im Architekturbüro auf, um sich fortan ausschließlich der Malerei und Graphik zu widmen; 1910 lernte er in Berlin Otto Mueller (1874-1930) kennen, der sich noch im selben Jahr gleichfalls der *Brücke* anschloß; 1911 Übersiedelung der *Brücke*-Maler nach Berlin, wo H. das Atelier von Mueller übernahm; 1912 Begegnung mit Lyonel Feininger (1871-1956) und den Mitgliedern des *Blauen Reiter* Franz Marc (1880-1916) und August Macke (1887-1914); am 27.5.1913 offizielle Auflösung der *Künstlergemeinschaft Brücke*; 1915-1918 diente H. im Ersten Weltkrieg als freiwilliger Krankenpfleger in einer Formation des *Roten Kreuzes* in Flandern; nach dem Krieg Rückkehr nach Berlin; Ausstellung mit der *Novembergruppe* und Mitgliedschaft im *Arbeitsrat für Kunst*; ab 1920 zahlreiche Reisen durch Europa; die Nationalsozialisten diffamierten 1937 H. als ›entarteten Künstler‹, beschlagnahmten über 700 seiner Werke aus deutschen Museen und erteilten ihm Ausstellungsverbot; H. nahm Zuflucht in seiner Sommerwerkstatt an der Flensburger Förde; 1940-1942 längere Arbeitsaufenthalte in Kärnten; 1949-1955 Lehrtätigkeit an der *Hochschule für Bildende Künste* in Karlsruhe; nach seiner Emeritierung lebte er zurückgezogen in Hemmenhofen und Randolfzell.

Hegner, Jakob (auch: Jean-Jacques Hegner); Drucker, Verleger, Übersetzer und Schriftsteller (* 25.2.1882, Wien, † 24.9.1962, Lugano)

Sohn eines Fabrikanten; begann seine buchhändlerische Tätigkeit bei der Firma *Seemann* in Leipzig; gründete 1904 den *Magazin-Verlag Jaques Hegner* in Berlin; 1906 gemeinsam mit René Schickele (1883-1940) Übersiedelung nach Florenz; Studium der italienischen Kunst und der romanischen Literaturen; Freundschaft mit → Theodor Däubler und → Franz Blei, übersetzte und entdeckte die ersten Bücher von Paul Claudel (1868-1955) und Francis Jammes (1868-1936); 1912 Übersiedelung nach Hellerau und Gründung des *Hellerauer Verlages Jakob Hegner*; bereits in Leipzig und Berlin hatte sich H. schriftstellerisch betätigt; in Hellerau wurde sein Haus zum Zentrum der literarischen Szene; im Krieg im Wiener Pressehauptquartier; nach dem Krieg Fortsetzung seiner Tätigkeit in Hellerau; Herausgeber und Verleger wichtiger literarisch-philosophischer und expressionistischer Zeitschriften (u. a. *Neue Blätter*, *Summa* und *Die Rettung*); mußte in den 30er Jahren den Verlag wegen wirtschaftlicher Schwierigkeiten auflösen; 1931-1936 Leiter der Werkstatt *Jakob Hegner* innerhalb der Firma *Brandstetter* in Leipzig; Rückkehr nach Wien, wo er den *Thomas-Verlag* gründete; 1939 Emigration nach England; Freunde holten ihn 1946 in die Schweiz; Neuaufbau des *Hegner-Verlages* im *Walter Verlag (Olten)*, in Zusammenarbeit mit dem *Kösel-Verlag* München und dem *I. P. Bachem Verlag* in Köln; 1961 mit dem Übersetzerpreis der *Akademie für Sprache und Dichtung* ausgezeichnet.

Hiller, Kurt; Schriftsteller, Verleger und Publizist (* 17.8.1885, Berlin, † 1.10.1972, Hamburg)

Sohn des jüdischen Krawattenfabrikanten Hartwig Hiller; in Berlin Studium der Philosophie, des Staatsrechts und des Strafrechts; H. promovierte 1907 mit einer strafrechtsphilosophischen Studie (*Das Recht über sich selbst*), in der er eine Reform des Sexualstrafrechts forderte; 1909 gründete H. in Berlin gemeinsam mit Jakob van Hoddis (1887-1942) und Erwin Loewenson (1888-1963) den *Neuen Club*, ein Lese- und Diskussionsforum junger Autoren; Mitarbeit an der *Aktion* und zahlreichen anderen expressionistischen Zeitschriften; 1911 Beteiligung am literarischen Cabaret *Gnu*; im Oktober 1914 rief H. mit seinen Freunden Alfred Wolfenstein (1883-1945) und Rudolf Kayser (1889-1964) im legendären *Café des Westens* die Bewegung des »Aktivismus« ins Leben, die von zahlreichen Intellektuellen unterstützt wurde und sich als elitär ›geistesaristokratisch‹ verstand, da sie »den Geist in den Stand der Macht setzen« wollte; ab 1916 veröffentlichte Hiller die *Ziel-Jahrbücher*, die zum publizistischen Organ des »Aktivismus« wurden; bereits früh Beziehungen zu den Dresdner Expressionisten; im November 1916 Gründungsmitglied der Dresdner Vereinigung *Kolonie der 5%*; im November 1918 wurde H. in Berlin zum Initiator der *Politischen Räte geistiger Arbeiter*, die in vielen Städten Deutschlands im Umfeld der Novemberrevolution entstanden; die Dresdner *Sozialistische Gruppe der Geistesarbeiter*, die gleichfalls nach dem Vorbild von H. Berliner ›Rat‹ gegründet wurde, distanzierte sich jedoch bald von dessen ›Geistesaristokratie‹, da diese nicht demokratisch legitimiert war und einem Bündnis zwischen expressionistischen Intellektuellen und revolutionärer Arbeiterschaft entgegenstand; 1920 Eintritt in die *Deutsche Friedensgesellschaft*; Gründer und Organisator der *Gruppe revolutionärer Sozialisten*; von 1931 an forderte H. den Zusammenschluß aller linken Gruppierungen im Kampf gegen den Nationalsozialismus; 1933/34 Inhaftierung im Konzentrationslager Brandenburg; 1934 Flucht nach Prag, 1938 nach London ins Exil; H. kehrte 1955 nach Deutschland zurück und versuchte – allerdings ohne nachhaltige Wirkung – Einfluß auf die politisch-gesellschaftliche Entwicklung in der BRD zu nehmen.

Hoffmann, Camill; Schriftsteller, Redakteur (* 31.10.1878, Kolin/Böhmen, † Ende Oktober 1944, Auschwitz)

H. besuchte in Prag das *Altstädter Deutsche Gymnasium* und die *Handelsakademie*; arbeitete danach in Wien als Journalist und *Zeit*-Redakteur; veröffentliche zwei Gedichtsammlungen (1902: *Adagio stiller Abende* und 1910: *Die Vase. Neue Gedichte*) und übersetzte Baudelaire, Balzac, Charles-Louis Philippe sowie tschechische Lyriker; seit 1911 Feuilleton-Redakteur bei den *Dresdner Neuesten Nachrichten*; seit 1914 wohnhaft in Hellerau; Freundschaft mit → Jakob Hegner, → Paul Adler, → Conrad Felixmüller und George Grosz (1893-1959); in seiner Funktion als Feuilletonchef ist H. wesentlich an der öffentlichen Propagierung und Durchsetzung des ›neuen Stils‹ in Dresden beteiligt; 1918/19 nach seiner Solidarisierung mit streikenden Zeitungsdruckern und dem Anschluß an den von → Otto Rühle ins Leben gerufenen *Arbeiter- und Soldatenrat Dresden* sowie seiner Mitgliedschaft in der *Sozialistischen Gruppe der Geistesarbeiter* fristlose Entlassung; Rückkehr nach Prag; hier Direktor der deutschsprachigen Tageszeitung *Prager Presse*; seit 1920 Presse- und Kulturattaché an der tschechoslowakischen Vertretung in Berlin und Vertrauter von Tomás Masaryk (1850-1937); Bekanntschaft mit Stefan Zweig (1881-1942), Erwin Piscator (1893-1966), → Berthold Viertel, Ernst Toller (1893-1939) und Bertolt Brecht (1898-1956); 1942 Deportation ins KZ Theresienstadt, 1944 nach Auschwitz.

Kalenter, Ossip (eigentlich: Johannes Burckhardt); Schriftsteller (* 15.11.1900, Dresden, † 14.1.1976, Zürich)

Studium der Kunstgeschichte und Germanistik in Heidelberg und Leipzig; danach Mitarbeiter und Korrespondent der *Frankfurter Zeitung*, des *Berliner Tageblattes* und der *Vossischen Zeitung*; erste Gedichtbände (u. a. *Der seriöse Spaziergang*) entstehen unter dem Einfluß des Expressionismus; Autor des *Dresdner Verlages von 1917*; lebte 1924-34 als freier Schriftsteller in Italien, später in Prag Mitarbeiter des *Prager Tageblatts*; schrieb Übersetzungen aus dem Englischen, Französischen und Italienischen; floh 1939 vor den Nationalsozialisten in die Schweiz; 1945 Gründungsmitglied des Präsidiums des *Internationalen Schutzverbandes der Schriftsteller deutscher Sprache*; nach dem Ende des Krieges vor allem als Journalist und Übersetzer tätig (u. a. Prosper Mérimée), daneben schrieb K. heiter poetische Prosaminiaturen (u. a. *Soli für Füllfeder mit obligater Oboe*, 1951) und zahlreiche Reisebilder (u. a. *Von irdischen Engeln und himmlischen Landschaften,* 1955); 1957 Wahl zum Präsidenten des *PEN*-Zentrums deutschsprachiger Autoren im Ausland.

Kirchner, Ernst Ludwig Maler und Graphiker (* 6.5.1880, Aschaffenburg, † 15.6.1938, Davos)

Sohn eines Ingenieurs der Papierindustrie; 1890-1901 Besuch der Volksschule und des Realgymnasiums in Chemnitz; 1901 beginnt K. ein Architekturstudium an der *Technischen Hochschule* in Dresden, wo er Fritz Bleyl (1880-1966), → Erich Heckel und → Karl Schmidt-Rottluff kennenlernt; 1905 an der Gründung der *Künstlervereinigung Brücke* beteiligt, 1910 Bekanntschaft mit Otto Mueller (1874-1930) in Berlin; 1911 Übersiedelung der *Brücke*-Künstler nach Berlin; im Jahre 1913 schreibt K. die *Brücke*-Chronik nach Auflösung der Künstlergemeinschaft; 1915/16 freiwilliger

Kriegsdienst als Fahrer in einem Artillerieregiment in Halle/Saale; nach einem körperlichen und psychischen Zusammenbruch Behandlung in einem Sanatorium bei Königstein (Taunus); Freistellung vom Militär; 1917 Übersiedelung nach Davos; 1926 Reise zur Eröffnung der *Internationalen Kunstausstellung* nach Dresden; 1931 Mitglied der *Preußischen Akademie der Künste* in Berlin; 1937 Diffamierung seines Werkes durch die Nationalsozialisten; 32 Arbeiten werden in der Ausstellung ›Entartete Kunst‹ gezeigt, weit über 600 aus deutschen Museen entfernt; 1938 begeht K. Selbstmord in Frauenkirch-Wildboden bei Davos.

Klabund (eigentlich: Alfred Henschke; auch: Jucundus Fröhlich); Schriftsteller (* 4.11.1890, Crossen/Oder, † 14.8.1928, Davos)

K. besuchte mit Gottfried Benn (1886-1956) von 1906 bis 1908 das Gymnasium in Frankfurt/Oder; bereits zu dieser Zeit Tuberkulose-Erkrankung, von der er sich nie mehr vollkommen erholte und die ihn zu häufigen Kuraufenthalten in Davos zwang; seit 1911 auf Wunsch des Vaters Studium der Chemie und Pharmazie in München, beschäftigte sich aber bald ausschließlich mit Philosophie, Philologie und Theaterwissenschaft; lebte ab 1912 in Lausanne, danach unstetes Wanderleben zwischen Berlin und München; 1912 entstand sein erster Gedichtband (*Morgenrot! Klabund! Die Tage dämmern!*), der Einflüsse Frank Wedekinds (1864-1918) und Heinrich Heines (1797-1856) verriet, aber mit der naturalistischen und impressionistischen Tradition brach; veröffentlichte seine Gedichte seit 1913 in der Zeitschrift *Pan*, die von Alfred Kerr (1867-1948) herausgegeben wurde; Mitarbeit in den Zeitschriften *Jugend* und *Simplicissimus*; nach anfänglicher Begeisterung bereits ab 1915 zunehmende Ablehnung des Krieges; 1916-1918 wegen eines schweren Krankheitsrückfalls in Davos; in dieser Zeit entstehen zahlreiche expressionistische Gedichte, die den Völkermord anprangern; Bekanntschaft mit den Dresdner Expressionisten; Mitarbeit an der Reihe *Das neuste Gedicht* und an der Zeitschrift *Menschen*; seit 1921 an der *Weltbühne* von Siegfried Jacobsohn (1881-1926); Veröffentlichung von Gedichten, Novellen, Romanen, Erzählungen und Grotesken; seit 1924 auch von dramatischen Werken; wandte sich in seiner sozialrevolutionären Gesinnung bereits 1925 offen gegen den Nationalsozialismus; starb 1928 an der Schwindsucht.

Kokoschka, Oskar; Maler, Grafiker, Schriftsteller (* 1.3.1886, Pöchlarn/Donau, † 22.2.1980, Montreux)

Sohn eines Goldschmieds; 1904-1909 Besuch der *Wiener Kunstgewerbeschule*; 1907-1909 Mitarbeiter der *Wiener Werkstätten* und des Kabaretts *Fledermaus*; 1908 Durchbruch als bildender Künstler mit der Ausstellung seiner Werke auf der *Kunstschau* in Wien; 1910/11 Mitarbeiter des *Sturm* und Kontakt zur *Neuen Sezession* in Berlin; 1911-14 in Wien mit Alma Mahler (1879-1964) liiert; Entstehung expressionistischer Dramen; 1916 als Kriegsfreiwilliger schwer verwundet; danach in ärztlicher Behandlung bei → Dr. Heinrich Teuscher auf dem *Weißen Hirsch* in Dresden; ab 1917 wohnt K. in der Künstlerherberge *Felsenburg*, wo er u. a. mit → Walter Hasenclever und der Schauspielerin Käthe Richter zusammentrifft; im gleichen Jahr werden seine expressionistischen Dramen *Mörder Hoffnung der Frauen*, *Der brennende Dornbusch* und *Hiob* am Dresdner *Albertheater* aufgeführt; nach seiner Genesung übernimmt K. von 1919-1924 eine Professur an der *Dresdner Akademie der Bildenden Künste*; Ehrenmitglied der *Dresdner Sezession Gruppe 1919*; unternahm zwischen 1923 und 1929 ausgedehnte Reisen durch Europa, Nordafrika und den Nahen Osten; lebte seit 1933 wieder in Wien; 1934 übersiedelte K. aus politischen Gründen nach Prag; 1937 wurden acht seine Kunstwerke von den Nationalsozialisten in der Ausstellung ›Entartete Kunst‹ gezeigt (über 400 Werke werden danach beschlagnahmt); 1938 ging K. mit seiner späteren Frau Olga Palkovská ins Exil nach London; dort engagierte er sich für Kriegsopfer und wurde 1947 britischer Staatsbürger; in der Folgezeit zahlreiche Ausstellungen in Europa und Übernahme einer Gastprofessur in den USA; seit 1953 wohnte K. in Villeneuve am Genfer See; 1953-1963 Leitung der *Schule des Sehens* in Salzburg.

Kühn, Herbert; Schriftsteller, Prähistoriker (* 29.4.1895, Beelitz Kr. Belzig/Bez. Potsdam, † 25.6.1980, Mainz)

1914 Abitur; danach kurzer Militärdienst und anschließend Studium in Berlin, wo er sich vor allem philosophischen, ethnologischen und kunstgeschichtlichen Betrachtungen widmete; dann zwei Semester Studium in München, bevor K. nach Jena wechselte und dort Anschluß an den Philosophen Rudolf Eucken (1846-1926) fand; 1918 Promotion bei Eucken über *Die Grundlagen des Stilwandels in der modernen Kunst*; Veröffentlichung von Gedichten in → Franz Pfemferts *Aktion*; Mitarbeit bei den Dresdner *Neuen Blättern für Kunst und Dichtung*; 1919-1921 politischer Redakteur und Kunstkritiker beim *Halberstädter Tageblatt*; 1925 Habilitation an der Universität Köln; zwischen 1921 und 1929 erschienen mehrere Schriften zur Kunstgeschichte; seit 1925 Herausgabe des von ihm begründeten *Jahrbuchs für prähistorische und ethnographische Kunst*; 1931/33 unternahm K. zwei Weltreisen; 1935 von den Nationalsozialisten vom Dienst als Hochschullehrer suspendiert; lebte danach in Berlin; seit 1946 Berufung auf den Lehrstuhl für Vor- und Frühgeschichte der Universität Mainz; 1959/60 Gastprofessor an der Wayne State University in Detroit, 1963 an der University of California in Berkeley.

Kurella, Alfred (auch: Bernhard Ziegler, Viktor Röbig, A. Bernard); Schriftsteller, Kulturpolitiker (* 2.5.1895, Brieg/Schlesien, † 12.6.1975 Berlin-Ost)

Besuch des Gymnasiums in Bonn; Anschluß an den *Wandervogel*; vertrat die Ideale der Jugendbewegung, wie sie 1913 auf dem *Hohen Meißner* bekannt gegeben wurden; bis 1914 Ausbildung als Maler und Grafiker an der *Münchner Kunstgewerbeschule*; danach freiwillige Meldung zum Kriegsdienst; wurde an der Westfront zum Kriegsgegner; kehrte nach einem Heimaturlaub 1916 nicht mehr an die Front zurück; nahm 1917 an den ersten expressionistischen Soireen von → Conrad Felixmüller in dessen Dresdner Atelier teil; an der linksrevolutionären Orientierung der Dresdner Gruppe beteiligt; ging kurz vor Ende des Ersten Weltkrieges nach München und gründete dort 1918 die *Freie Sozialistische Jugend*; im gleichen Jahr Eintritt in die *Kommunistische Partei*; 1919 als Kurier in Moskau prägende Begegnung mit Lenin (1870-1924); seitdem als Parteifunktionär ganz im Dienst des Kommunismus; 1929 Rückkehr nach Berlin; unterrichtete bis 1932 an der *Marxistischen Arbeiterschule*; Mitarbeiter der *Linkskurve*, *Literatur der Weltrevolution* und des *Roten Aufbau*; seit 1932

Generalsekretär des *Internationalen Komitees zum Kampf gegen Krieg und Faschismus* in Paris; lebte zwischen 1934 und 1954 im sowjetischen Exil; seit 1934 persönlicher Referent Georgi Dimitroffs (1882-1949) in Moskau; schrieb seit 1935 für verschiedene Zeitungen und war Leiter der *Bibliographischen Abteilung der Staatsbibliothek für Auslandsliteratur*; 1941-1945 Oberredakteur der VII. Abteilung der Politischen Hauptverwaltung der *Roten Armee*; lebte 1946-49 in einem abchasischen Bergdorf, bevor er 1954 Kulturfunktionär der DDR wurde (u. a. Mitbegründer und erster Direktor des *Literaturinstituts Johannes R. Becher* in Leipzig); prägend für K.s schriftstellerische Arbeit war sein Antifaschismus (etwa in *Mussolini ohne Maske*, 1931) und seine Abgrenzung gegen vorgeblich bürgerliche Philosophie, Kultur und Literatur; so tritt er (im Widerspruch zu seinem einstigen Engagement im Umfeld der Dresdner Expressionisten) in Beiträgen zur »Expressionismus-Debatte« in der Moskauer Exilzeitschrift *Das Wort* als Gegner expressionistischer und avantgardistischer Tendenzen hervor und erklärt tradierte realistische Schreibweisen dogmatisch zu einzig möglichen Vorbildern für eine sozialistische Literatur (vgl. u. a. *Der Mensch als Schöpfer seiner selbst*, 1958).

Leinert, A(lbert) Rudolf; Lyriker (* 1.12.1898, Dresden, † 1.4.1969 Berlin-West)
  Sohn eines Fabrikanten; fand wahrscheinlich auf Vermittlung von → Heinrich Stadelmann in der Kreis der Dresdner Expressionisten; erste Gedichte seit 1914; literarisches Debüt im Oktober 1917 in der Bremer expressionistischen Zeitschrift *Der Orkan*; wurde 1918 Mitglied der *Expressionistischen Arbeitsgemeinschaft Dresden* und des *Dresdner Dichterbundes*; hatte spätestens Mitte der 20er Jahre Dresden verlassen; über sein Leben in den folgenden Jahren ist nur Bruchstückhaftes bekannt; L. wurde nach eigener Aussage von Gestapo und SS verfolgt und mit einem zwölfjährigen totalen Arbeitsverbot belegt; er verbrachte die Zeit zwischen 1939 und 1945 in den Konzentrationslagern Buchenwald, Oranienburg, Sachsenhausen und Magdeburg; nach dem Ende des Krieges Mitarbeit an den *Berliner Heften für geistiges Leben* und am *Tagesspiegel*; lebte von 1946-1953 in Bad Tölz und danach in Berlin (West).

Lotz, Ernst Wilhelm; Schriftsteller (* 6.2. 1890, Culm/Weichsel, † 26.9.1914 bei Bouconville/Frankreich)
  Als Sohn eines Kadettenhauslehrers aufgewachsen in Wahlstatt und Karlsruhe; Ausbildung in den Kadettenanstalten Plön und Groß-Lichterfelde, wo L. zu schreiben begann; 1909 Versetzung als Fähnrich eines Kgl.-Preußischen Infanterieregiments nach Straßburg; Bekanntschaft mit dem Schriftsteller Friedrich Lienhard (1864-1929); 1910 zum Leutnant befördert; gab 1911 die Offizierskarriere auf, da er sich unfrei fühlte; Besuch der *Berliner Handelsschule*; anschließend Volontariat bei einer Hamburger Import-Export-Firma; gleichzeitig Beschäftigung mit Rimbaud- und Verlaine-Nachdichtungen; in dieser Zeit Auswanderungspläne nach Rimbauds Vorbild; 1913 Abwendung vom bürgerlichen Leben; Bekanntschaft mit Richard Dehmel (1863-1920); mit seiner Freundin Henny Romeyke Umzug nach Berlin; als freier Schriftsteller fand L. über → Kurt Hiller, → Ludwig Meidner und Ernst Stadler (1883-1914) Zugang zur Berliner Literaturavantgarde; Veröffentlichung seiner Gedichte im *Sturm*; im Frühjahr 1914 Bekanntschaft mit → Otto Dix, der ein Porträt

von ihm malt; im April 1914 zieht L. zusammen mit → Ludwig Meidner von Berlin nach Dresden; Plan der Gründung einer Kunstzeitschrift in der sächsischen Residenz-stadt; im August Einberufung nach Straßburg; fiel kurz nach Beginn des Krieges.

Lücken, Iwar (Georg Andreas) von; Schriftsteller, Übersetzer (* 19.1.1874, Wiesba-den, † Winter 1939/40, Paris-Neuilly)

Sohn eines mecklenburgischen Offiziers und einer russischen Fürstin; verlebte sei-ne Jugend im Baltikum; 1884-1891 Ausbildung in den Kadettenanstalten Oranien-stein und Potsdam; bis 1893 Schulbesuch in Dresden; 1897-98 Studium der Camera-lia in Leipzig; Bruch mit dem Elternhaus; zwischen 1899 und 1914 mehrere Ruß-land-Aufenthalte; beteiligte sich im Herbst 1916 an Franz Benndorfs Bemühungen, einen *Bund der Geistigen* unter dem Namen *Kolonie der 5%* in Dresden zu etablieren; seit 1916/1917 Kontakt zum Kreis der Dresdner Expressionisten; L. lebte zeitweise während des Ersten Weltkrieges gemeinsam mit → Walter Hasenclever, → Oskar Ko-koschka und → Ernst Deutsch in der Künstlerherberge *Felsenburg* auf dem *Weißen Hirsch*; hier auch im Frühjahr 1919 Bekanntschaft mit Kurt Pinthus (1886-1975); siedelte 1919 nach Hellerau über, wo er im ehemaligen Schulheim von Emile Jaques-Dalcroze (1865-1950) wohnte und Spanisch-Unterricht gab; übersetzte später Calde-ron und Cervantes; ab 1923/24 lebte L. in Berlin; führte das unstete Leben eines Bo-hemiens; im Frühjahr 1933 Emigration nach Frankreich.

Manasse, Rudolf (später Rudolph E. Morris); Soziologe, Philosoph, Ökonom; Syndi-kus der Dresdner Zigarettenfabrik *Eckstein* (* ?, † 2.9.1967, Milwaukee/USA)

Studierte in Berlin Jura, Ökonomie und Soziologie; ab 1920 in Freiburg Phäno-menologie bei Edmund Husserl (1859-1938) und Martin Heidegger (1889-1976); verheiratet mit → Grete Fantl; in den Zeitschriften *Summa, Menschen* und *Neue Blät-ter für Kunst und Dichtung* erschienen philosophische Texte von ihm; Mitglied und einer der Wortführer der *Sozialistischen Gruppe der Geistesarbeiter*; angesichts zuneh-mender Judenverfolgung emigrierte M. nach 1933 in die Vereinigten Staaten; hier war er als Professor für Soziologie an der Marquette-University in Milwaukee tätig.

Meidner, Ludwig; Maler, Grafiker, Schriftsteller (* 18.4.1884, Bernstadt/Schlesien, † 14.5.1966, Darmstadt)

M. stammte aus jüdischem Elternhaus; begann 1901 eine Maurerlehre und be-suchte seit 1903 die *Königliche Kunstschule* in Breslau; danach Modezeichner in Berlin; 1906-07 Studium an der *Académie Julian* in Paris; aufgrund materieller Not intensive publizistische und künstlerische Tätigkeit nach der Rückkehr nach Berlin; 1912 Gründung der Künstlergruppe *Die Pathetiker* zusammen mit Richard Janthur (1883-1956) und Jakob Steinhardt (1887-1968); wandte sich in seinen expressionistischen Gemälden v. a. dem Thema Großstadt zu; prägte als Maler und Grafiker das Erschei-nungsbild des Expressionismus, indem er zahlreiche Illustrationen für Zeitungen und Bücher schuf; schrieb darüber hinaus expressionistische Lyrik und Prosa; 1914 länge-rer Aufenthalt in Dresden gemeinsam mit dem Dichter → Ernst Wilhelm Lotz; Plan der Gründung einer Kunstzeitschrift; 1916-1918 Kriegsdienst, stand aber dem Ersten

Weltkrieg von Anfang an ablehnend gegenüber; 1918 erste Einzelausstellung bei Paul Cassirer; seit 1919 wieder in Berlin; Gründungsmitglied des *Arbeitsrates für Kunst*; beginnende Hinwendung zum Realismus; 1924/25 Dozentur am *Studienatelier für Malerei und Plastik*; heiratete 1927 die Malerin Else Meyer (1901-1987); 1935 Übersiedlung nach Köln und Arbeit als Zeichenlehrer an einer jüdischen Schule; 1939 floh M. mit seiner Familie nach England; kehrte 1953 allein nach Deutschland zurück und lebte in Frankfurt/M., Marxheim/Taunus und Darmstadt.

Mitschke-Collande, Constantin von; Maler und Graphiker (* 19.9.1884, Collande/ Schlesien, † 12.4.1956, Nürnberg)
Von 1905-1907 Studium der Architektur in München und von 1907-1910 Studium der Malerei an der *Dresdner Akademie* bei Robert Sterl (1867-1932); 1912/13 Meisterschüler bei Otto Gussmann (1869-1929), dem Lehrer der *Brücke*-Künstler; 1914-1918 Kriegsdienst; 1917 zusammen mit → Peter August Böckstiegel, → Conrad Felixmüller und Otto Lange (1879-1944) erste Ausstellung im Kunstsalon *Emil Richter*; Mitbegründer der *Dresdner Sezession Gruppe 1919*; fertigte Holzschnitte für Texte aus dem Umfeld von → Heinar Schillings *Dresdner Verlag von 1917* an; Mitte der 20er Jahre Bühnenbildner am *Schauspielhaus Dresden*; 1930 Gründung einer privaten Malschule; 1945 Übersiedelung nach Rothenburg o. T.; lebte seit 1952 in Nürnberg.

Müller (von Asow), Erich Hermann (früher Müller); Musikepistolograph (* 31.8.1892, Dresden, † 1964, ?)
Studierte ab 1912 in Leipzig bei Hugo Riemann (1849-1919) und Arnold Schering (1877-1941); promovierte 1915 und lebte dann bis 1933 als Musikschriftsteller in Dresden, später im Ausland (v. a. Salzburg); Leiter der Musikabteilung des *Felix Stiemer Verlages*; Mitglied der *Expressionistischen Arbeitsgemeinschaft Dresden*; seit 1945 in Berlin ansässig; dort Gründung eines *Internationalen Musiker-Brief-Archivs*; wurde durch Briefausgaben, bibliographische und lexikalische Arbeiten auf dem Gebiet der Musik (u. a. zu Richard Strauss, Heinrich Schütz, Wolfgang Amadeus Mozart, Max Reger) bekannt.

Mynona (eigentlich: Salomo Friedlaender); Schriftsteller und Philosoph (* 4.5.1871, Gollantsch/Posen, † 9.9.1946, Paris)
Sohn einer jüdischen Arztfamilie; studierte ab 1894 Medizin in München, Zahnmedizin in Berlin und ab 1896 Philosophie; ab 1897 Beschäftigung mit Philosophie, Germanistik, Geschichte, Archäologie und Kunstgeschichte in Jena und anschließend 1902 Promotion; 1906 Übersiedlung nach Berlin und Beginn der schriftstellerischen Tätigkeit; seit 1910 wichtige Doppelexistenz als Schriftsteller und Philosoph in expressionistischen Kreisen; 1911 erschien eine Studie über Friedrich Nietzsche und 1918 sein philosophisches Hauptwerk *Schöpferische Indifferenz*; sein literarisches Werk publizierte er unter *Mynona*, dem Anagramm von *anonym*, in zahlreichen expressionistischen Zeitschriften (u. a. *Sturm*, *Aktion*); M. war mit → Bess Brenck-Kalischer und → Conrad Felixmüller befreundet; letzterer führte ihn in den Kreis der

Expressionisten um → Heinar Schillings *Dresdner Verlag von 1917* ein; M. prägte vor allem die Kurzprosaform der Groteske; seit 1919 Herausgabe der Zeitschrift *Der Einzige* zusammen mit Anselm Ruest (1878-1943); in den 20er Jahren nachlassendes Interesse an seinen Arbeiten; 1933 Emigration nach Paris mit seiner Familie; starb dort verarmt und vergessen.

Neuberger, Fritz; Arzt (* ?, † 17.5.1918, Berlin)
Von → Ernst Deutsch wahrscheinlich aufgrund seiner guten Kenntnisse der neuesten Literatur in den Dresdner Kreis eingeführt; betrieb vermutlich eine eigene Arztpraxis in Bühlau; verhalf Dank seiner Tätigkeit als Arzt und seiner guten persönlichen Beziehungen zu → Dr. Heinrich Teuscher, → Walter Hasenclever und → Oskar Kokoschka zu einer Freistellung vom Kriegsdienst im Ersten Weltkrieg; Hasenclever widmete ihm sein Drama *Die Menschen*; N. lebte zeitweilig in der Dresdner Künstlerpension *Felsenburg* auf dem *Weißen Hirsch*.

Nolde, Emil; Maler und Graphiker (* 7.8.1867, Nolde/Nordschleswig, † 13.4.1956, Seebüll/Nordfriesland)
Sohn eines Bauern; 1884-1888 Lehre als Schnitzer und Möbelzeichner in Flensburg; 1889 Arbeit in einer Berliner Möbelwerkstatt; 1892 Lehrer für ornamentales Zeichnen und Modellieren an der *Kunstgewerbeschule St. Gallen*; hier entstanden Landschaftsaquarelle und Zeichnungen, von denen einige in der Zeitschrift *Jugend* veröffentlicht wurden; 1898 Besuch privater Malschulen in München und Dessau, nachdem Franz von Stuck (1863-1928) seine Aufnahme in die *Münchner Akademie* abgelehnt hatte; 1901 zog N. nach Berlin und wurde Mitglied der dortigen *Sezession*; 1906 Ausstellung in der Galerie *Emil Richter* in Dresden; dabei lernte N. die *Brücke*-Künstler kennen, denen er sich auf Bestreben von → Karl Schmidt-Rottluff anschloß; 1911 Ausschluß aus der *Berliner Sezession* aufgrund einer Kontroverse mit Max Liebermann (1847-1935); Mitglied der *Neuen Sezession* in Berlin; 1913/14 Teilnahme an einer Expedition des Reichskolonialamts nach Neu-Guinea; zwischen 1915 und 1925 zahlreiche Ausstellungen u. a. in Hamburg, München, Dresden, Kiel und Frankfurt a. M.; 1926 Übersiedelung nach Seebüll in Nordfriesland; 1931 Aufnahme in die *Preußische Akademie der Künste Berlin*; 1934 wurde N. als dänischer Staatsbürger Mitglied der *Nationalsozialistischen Arbeitsgemeinschaft Nordschleswig (NSAN)*, die 1935 mit der *NSDAP* gleichgeschaltet wird; trotz Ns. Mitgliedschaft in der *NSDAP* werden 1937 seine Arbeiten als ›Entartete Kunst‹ diffamiert; nach der gleichnamigen Ausstellung beschlagnahmten die Nationalsozialisten über 1000 seiner Werke aus deutschen Museen; 1941 Malverbot; nach dem Krieg Ernennung zum Professor und zahlreiche Ausstellungen in Westdeutschland.

Pattenhausen, Hellmuth; Lyriker, Komponist, Musikpädagoge, Pianist (* 5.9.1896, Dresden, † 6.2.1979, Neulengbach bei Wien)
Reifeprüfung am *Vitzthum-Gymnasium*; 1914-18 Soldat an der Westfront; studierte ab 1920 in Leipzig, Heidelberg und Dresden Architektur, Alte Geschichte, Philosophie und Literaturgeschichte; befreundet mit den Dresdner Expressionisten;

Autor in → Heinar Schillings *Dresdner Verlag von 1917*; 1921-24 Kompositionsstudium bei Paul Büttner (1870-1943) in Dresden; 1925-28 Studium der Literatur in Halle; seit 1927 als Komponist, Musikpädagoge und Pianist in Berlin tätig; 1928-41 Musik- und Kunstkritiker der *Deutschen Allgemeinen Zeitung*; 1939 Konversion zur katholischen Kirche; ab 1941 Chorleiter und Organist in Wien; 1942-45 erneut Kriegsdienst; nach 1950 hauptsächlich als Liedkomponist tätig; seit seinem Debüt im Jahre 1919 nicht mehr als Dichter an die Öffentlichkeit getreten; die meisten seiner literarischen Werke wurden aus dem Nachlaß veröffentlicht.

Peuckert, Will-Erich; Volkskundler, Schriftsteller (* 11.5.1895, Töppendorf bei Liegnitz, † 25.10.1969, Langen bei Offenbach)

Frühe Tätigkeit als Lehrer im Isergebirge; danach Promotion in Breslau mit einer Arbeit zu den *Rosenkreuzern*; beeinflußt vom Expressionismus und Irrationalismus; Bekanntschaft mit → Heinar Schilling und → Hugo Zehder; Mitarbeit an den Dresdner Zeitschriften *Menschen, Die neue Schaubühne* und *Neue Blätter für Kunst und Dichtung*; nach 1918 galt Peuckerts besonderes Interesse mystischen Bewegungen und geheimen Kulten des 16. bis 18. Jahrhunderts; 1929 Habilitation und Dozentur an der *Pädagogischen Akademie*; 1932-1935 Privatdozent an der Universität Breslau; bis 1943 verfaßte P. zahlreiche literarische Werke (u. a. *Das Leben Jakob Böhmes*, 1924, *Pansophie: ein Versuch zur Geschichte der weißen und schwarzen Magie*, 1936); 1945-1960 Professor für Volkskunde und Geistesgeschichte in Göttingen; Mitherausgabe der *Zeitschrift für deutsche Philologie* und der *Zeitschrift für Volkskunde*; Beschäftigung mit Sagenforschung sowie mit der Erforschung hermetisch-neuplatonischer und naturmagischer Traditionen.

Pfemfert, Franz; Verleger und Publizist (* 20.11.1879, Lötzen/Ostpreußen, † 26.5.1954, Mexiko-City)

Aufgewachsen in Berlin; Ausbildung zum Photographen; als Autodidakt etwa seit 1902 politisch-literarisch tätig; 1910/11 Schriftleiter der linksliberalen Wochenschrift *Der Demokrat*; im Februar 1911 Begründung der Zeitschrift *Die Aktion*, deren Herausgeber und Schriftleiter er bis 1932 war; vor dem Krieg linksradikale Kritik an der *SPD*; förderte mit seiner Zeitschrift die expressionistische Kunst und Literatur in Deutschland; seit 1915 Freundschaft mit → Conrad Felixmüller; Pfemfert wurde zu einem wichtigen Impulsgeber für die Bemühungen Felixmüllers, gemeinsam mit → Felix Stiemer in Dresden eine eigene expressionistische Gruppe zu gründen; gleichfalls dürfte Pfemferts linkssozialistisches Engagement – etwa seine Sympathie mit der *Spartakusgruppe* und seine Beziehungen zu Karl Liebknecht (1871-1919) und Rosa Luxemburg (1871-1919) – für Felixmüllers frühe Kriegsgegnerschaft mit verantwortlich gewesen sein; nach dem Krieg beteiligte sich Pfemfert im Januar 1919 am sogenannten »Spartakusaufstand« in Berlin; er wurde vorübergehend verhaftet und schloß sich der linkskommunistischen Opposition an; Gründungsmitglied der *Kommunistischen Arbeiterpartei Deutschlands (KAPD)*; wegen seiner kompromißlosen Ablehnung eines Anschlusses der *KAPD* an die *Kommunistische Internationale* im April 1921 aus der Partei ausgeschlossen; vertrat zusammen mit → Otto Rühle den Gedanken der politisch-wirtschaftlichen Einheitsorganisation des revolutionären Proletariats; verstärkte Aktivitäten in der *Allgemeinen Arbeiter Union (AAU)*; Bekämpfung der Massenorganisationen des deutschen Proletariats und sich verschärfende Polemik gegen die UdSSR; seit 1927 trotzkistische Positionen, die auch in der *Aktion* vertreten wurden; am 1.3.1933 Emigration nach Karlsbad, 1936 nach Paris, 1940 nach New York; seit 1941 in Mexiko als Photograph tätig.

Rheiner, Walter (eigentlich: Walter Heinrich Schnorrenberg); Schriftsteller (* 18.3.1895, Köln, † 12.6.1925, Berlin)
Nach dem Besuch der Realschule kaufmännische Lehre in Köln und Lüttich; Aufenthalte in Paris und London; erste literarische Versuche 1911; Namenswechsel, Übersiedlung nach Berlin; verbrachte dort die meiste Zeit mittellos bei Freunden, u. a. → Ludwig Meidner, Johannes R. Becher (1891-1958) und im *Café des Westens*; 1914 Einnahme von Narkotika, um militärische Untauglichkeit zu simulieren; seitdem drogenabhängig; dennoch von Dezember 1914 bis Mai 1917 dienstpflichtiger Soldat in Rußland; 1917 Anklage wegen Einnahme von Kokain, Rheiner wurde freigesprochen und vom Dienst suspendiert; Gründungsmitglied der *Expressionistischen Arbeitsgemeinschaft Dresden*; lebte von 1918 bis 1920/21 vornehmlich in Dresden; zeitweilig Redakteur der Zeitschrift *Menschen*; enge Beziehungen zu → Oskar Walzel, der ihn bis Ende 1920 mehrfach – auch finanziell – unterstützte; während der letzten Lebensjahre führte Rheiner ein unstetes Wanderleben in materieller Not; beendete sein Leben nach einer gescheiterten Ehe und einem längeren Aufenthalt in einer geschlossenen Anstalt mit einer Überdosis Morphium.

Römer, Karl; Schriftsteller, Publizist (* ?, † ?)
R. arbeitete zunächst als Journalist; später wurde er Inhaber einer Buch-, Kunst- und Antiquitätenhandlung in Dresden; Jugendfreund von → Conrad Felixmüller; lebte von 1914-1923 in Dresden-Oberloschwitz; Mitglied des Propagandaausschusses der *Sozialistischen Gruppe der Geistesarbeiter* und Schriftleiter des *Dresdner Montagsblattes*.

Rothschild, Ernst; Herausgeber, Publizist (* 25.2.1896, Frankfurt a. M., † ?)
Kaufmann und Schriftsteller, hielt sich von April 1919 bis April 1920 in Dresden auf; Herausgeber der Dresdner kurzlebigen expressionistischen Zeitschrift *Der silberne Spiegel*; Mitarbeiter des *Dresdner Montagsblattes*; lebte von 1931 bis 1934 als Syndikus in Berlin; vermutlich emigriert.

Rothschild, Recha; Dichterin (* 28.6.1880, Frankfurt a. M., † 12.5.1964, Berlin)
Ausbildung zur Lehrerin; arbeitete zwischen 1917 und 1918 bei einer privaten Jugendfürsorge in Dresden; Gründungsmitglied der *Expressionistischen Arbeitsgemeinschaft Dresden*; schrieb Beiträge für die Zeitschrift *Menschen*; Mitglied des *Spartakusbundes*; arbeitete in den 20er und 30er Jahren als Schriftstellerin und Übersetzerin in Paris und bei diversen kommunistischen Zeitungen in Deutschland; geriet in politische Schwierigkeiten und wurde mehrfach festgenommen und inhaftiert; angesichts

zunehmender Judenverfolgung ging R. 1933 ins Exil; nach ihrer Rückkehr im *Dietz-Verlag* Berlin (Ost) als Lektorin beschäftigt.

Rubiner, Ludwig; Schriftsteller, Übersetzer und Publizist (* 12.7.1881, Berlin, † 26.2.1920, Berlin)

R. studierte ab 1902 zunächst Medizin, dann – bis 1906 – Philosophie, Musikwissenschaften, Kunstgeschichte und Literatur; lebte als Schriftsteller und Übersetzer meist in Berlin, später auch in Paris und während des Krieges in der Schweiz; 1911 an der Gründung von → Franz Pfemferts Zeitschrift *Die Aktion* im *Café des Westens* beteiligt; als aktiver Kriegsgegner propagierte und publizierte R. seine von anarchistischen Ideen beeinflußten Pamphlete und Manifeste, die zum öffentlichen linkspolitischen Engagement des Schriftstellers aufriefen; seine Vorstellungen von einer neuen ›Gemeinschaft‹, die sich als Ergebnis eines aktiven Zusammenwirkens von Politik und Kunst herausbilden sollte, prägte die gesellschaftspolitischen Vorstellungen der Dresdner Linksexpressionisten im Umkreis der *Sozialistischen Gruppe der Geistesarbeiter;* schon während des Krieges trat R. dem *Spartakusbund* bei; 1919 übernahm er eine Lektoratsstelle beim *Kiepenheuer Verlag* in Potsdam; hier gab er bis zu seinem frühen Tod mehrere Anthologien heraus, die die revolutionäre Zeitstimmung reflektieren (*Kameraden der Menschheit, Die Gemeinschaft. Dokumente der geistigen Weltenwende*).

Rühle, (Karl Heinrich) Otto (auch: Carl Steuermann); Pädagoge, Politiker, Publizist, Verleger, Herausgeber, Maler (* 23.10.1874, Groß-Voigtsberg bei Freiberg/Sachsen, † 23.6.1943, Mexiko-City)

Sohn eines kleinen Eisenbahnbeamten; 1889-1895 Besuch des Lehrerseminars in Oschatz; danach Hauslehrer auf Schloß Borna/Sachsen; Mitglied der *Freidenkerbewegung;* 1896 Hilfslehrer in Oederan bei Chemnitz; Aufgabe der Stelle; Eintritt in die *SPD;* arbeitete als Redner, Redakteur und Schriftsteller für die Partei; ab 1907 mit Hermann Duncker (1874-1960) als Wanderlehrer der *SPD* tätig; Rühle profilierte sich zum Parteifunktionär und vielseitigen Kulturarbeiter der Sozialdemokratie; 1912-1918 Mitglied des *Deutschen Reichstages;* lebte zwischen 1911 und 1917 in Hellerau; dort – vor allem im Salon von → Grete Fantl – erste Bekanntschaft mit Dresdner Expressionisten (u. a. → Conrad Felixmüller, → Theodor Däubler und → Paul Adler); während des Krieges engagierter Kriegsgegner; Beteiligung an der Gründung des *Spartakusbundes* in Dresden; seit 1918 Sprecher der *Internationalen Kommunisten Deutschlands (IKD)* in Dresden und Mitvorsitzender des *Vereinigten Arbeiter- und Soldatenrates Groß-Dresden;* arbeitete in den Revolutionstagen eng mit den Dresdner Linksexpressionisten zusammen; nimmt 1919 an der Gründungsversammlung der *Kommunistischen Partei Deutschlands (KPD)* teil; Rühles Ablehnung des Parlamentarismus und seine Forderung nach einem Austritt aus den reformistischen Gewerkschaften brachten ihn zunehmend in Konflikt mit der Führung der *KPD,* die ihn auf ihrem 3. Parteitag 1920 wegen Nichtanerkennung der »Leitsätze über kommunistische Grundsätze und Taktik« aus der Partei ausschloß; danach kurzfristige Mitarbeit in der von → Franz Pfemfert mitbegründeten alternativen *Kommunistischen Arbeiterpartei Deutschlands (KAPD);* im Juni 1920 Aufenthalt im Auftrag der *KAPD* in Moskau; dort Gespräche mit Lenin (1870-1924), Sinowjew (1883-1936) und Bucharin (1888-

1937) über einen möglichen Anschluß an die *Kommunistische Internationale (KI)*; reiste als einer der ersten deutschen Linken durch die russischen Provinzen; nach Parteiausschluß (wegen Kritik am parteipolitischen Zentralismus und am Führungsanspruch der Partei) Theoretiker der *Allgemeinen Arbeiterunion – Einheitsorganisation (AAU/E)*; Hinwendung zur syndikalistischen Gewerkschaftsbewegung; 1923 heiratete Rühle die Psychologin Alice Gerstel (1894-1943); fortan Intensivierung seiner pädagogischen Arbeit; 1924 gründete Rühle mit seiner Frau den Hellerauer Eigenverlag *Am anderen Ufer*; im Sommer des gleichen Jahres die *Dresdner Marxistisch-Individualpsychologische Arbeitsgemeinschaft*; diese versuchte, die ökonomische Lehre von Marx durch eine Theorie der Kultur zu ergänzen; in den 20er Jahren verstärkte Beziehungen zum Kreis um Franz Pfemferts Zeitschrift *Die Aktion*; 1932 Emigration nach Prag und 1936 nach Mexiko; dort arbeitete R. als Erziehungsberater der mexikanischen Regierung in Mexiko-City; Bekanntschaft mit Trotzki (1879-1940); wurde u. a. aufgrund seines publizistischen Engagements für Trotzki Anfang 1938 im Gefolge der stalinistischen Schauprozesse aus seinem Regierungsamt entlassen; danach Leben als freier Schriftsteller; 1940 kurzzeitig unter dem Namen Carlos Timonero als Kunstmaler tätig; Bekanntschaft mit Diego Rivera (1886-1957), der ihn porträtierte; starb zurückgezogen 1943 an Herzversagen; seine Frau beging noch im selben Jahr Selbstmord.

Schilling, Heinar (eigentlich: Heinrich Schilling; auch: H. von Lahnstein) Schriftsteller, Verleger (* 20.10.1894, Dresden, † 14.10.1955, Glücksburg)
    Sohn des Dresdner Bildhauers Johannes Schilling (1828-1910) und Bruder des Dresdner Architekten Rudolf Schilling (1859-1933); Studium der Germanistik und Philosophie in München, Leipzig, Kiel und Berlin; 1914 bis 1918 Kriegsdienst; Mitbegründer der *Expressionistischen Arbeitsgemeinschaft Dresden* und des *Dresdner Verlages von 1917*; im November 1918 war S. federführend an der Gründung der *Sozialistischen Gruppe der Geistesarbeiter* in der sächsischen Landeshauptstadt beteiligt; in seinem Verlag erschienen die Zeitschrift *Menschen* sowie die expressionistischen Schriftenreihen *Das neuste Gedicht*, *Dichtung der Jüngsten* und *Die Dramen der neuen Schaubühne*; darüber hinaus war S. Mitglied der *Expressionistischen Arbeitsgemeinschaft Kiel*, dort im engeren Arbeitsausschuß tätig und Mitarbeiter der Kieler Zeitschrift *Die Schöne Rarität*; lebte in den 20er Jahren als freier Schriftsteller in Dresden; seit Mitte der 20er Jahre Hinwendung zu nationalsozialistischem Gedankengut; zahlreiche Veröffentlichungen über Germanentum; 1932 Eintritt in die *NSDAP*; Mitarbeit im *Schwarzen Korps* der SS; Herausgeber von *Nordland. Wochenschrift für gottgläubige Deutsche*; 1945 Übersiedelung nach Glücksburg; lebte dort zurückgezogen bis zu seinem Tod.

Schmidt-Rottluff, Karl; (eigentlich: Karl Schmidt); Maler und Graphiker (* 1.12.1884, Rottluff bei Chemnitz, † 10.8.1976, Berlin-West)
    Sohn eines Müllers; 1897-1905 Besuch des Gymnasiums in Chemnitz; seit 1902 Freundschaft mit → Erich Heckel; 1905 Beginn eines Architekturstudiums an der *Technischen Hochschule* in Dresden, wo er durch Heckel → Ernst Ludwig Kirchner und Fritz Bleyl (1880-1966) kennenlernte; Gründung der *Künstlergemeinschaft*

Brücke; 1906 Sommeraufenthalt auf Ahlsen bei → Emil Nolde, der sich auf Bestreben S. kurzzeitig der *Brücke* anschloß; 1911 Übersiedelung nach Berlin; 1912 Teilnahme an der *Sonderbund-Ausstellung* in Köln; im Ersten Weltkrieg Einsatz als Soldat bei einem Armierungsbataillon in Nordrußland und Litauen; 1918 Rückkehr nach Berlin; Beteiligung am *Arbeitsrat für Kunst*; in den 20er Jahren zahlreiche Ausstellungen u. a. in Hannover, Berlin, Erfurt, Dresden, Hamburg Duisburg und Chemnitz; 1931 Mitglied der *Preußischen Akademie der Künste*; 1937 wurden in der Ausstellung ›Entartete Kunst‹ 25 Gemälde von S. gezeigt; über 600 Arbeiten entfernten die Nationalsozialisten daraufhin aus den Museen in Deutschland; 1941 Ausschluß aus der *Reichskammer der bildenden Künste* und Berufsverbot; S. zog sich nach Rottluff und Chemnitz zurück; 1947 Übernahme einer Professur an der *Hochschule für bildende Künste* in Berlin (West); 1967 Eröffnung des *Brücke-Museums* in Berlin (West), das auf seine Initiative hin gebaut wurde; bis zu seinem Tod zahlreiche Ausstellungen in ganz Deutschland.

Schnack, Anton; Schriftsteller (* 21.7.1892, Rieneck/Unterfranken, † 26.9.1973, Kahl am Main)
Bruder → Friedrich Schnacks; Studium der Literatur, Musik und Philosophie in München; Autor in → Heinar Schillings *Dresdner Verlag von 1917*, beteiligt an dessen Lyrik-Reihe *Das neuste Gedicht*; Bekanntschaft mit → Hugo Zehder, der mehrere Beiträge von S. in den *Neuen Blättern für Kunst und Dichtung* abdruckte; als Journalist und Feuilleton-Redakteur in Darmstadt, Mannheim und Frankfurt/M. engagierte sich S. für die öffentliche Propagierung des ›neuen Stils‹; unternahm mehrere Weltreisen; nach Teilnahme am Zweiten Weltkrieg und amerikanischer Kriegsgefangenschaft lebte er nach seiner Rückkehr als freier Schriftsteller in Kahl am Main.

Schnack, Friedrich (auch: Charles Ferdinand); Schriftsteller, Essayist, Übersetzer (* 5.3.1888, Rieneck/Unterfranken, † 6.3.1977, München)
Sohn eines Kommandanten; arbeitete nach kaufmännischer Lehre im Büro eines Berchtesgadener Handelshauses und einer Breslauer Genossenschaft; während des Ersten Weltkrieges in Istanbul; bis 1919 Gefangener auf der Insel Prikipo im Marmarameer; nach Deutschland zurückgekehrt zunächst wieder im Angestelltenverhältnis; seit Anfang der 20er Jahre erschienen seine Gedichtbände im *Hellerauer Verlag Jakob Hegner*, Thema seiner Werke ist vorzugsweise die Natur und ihre Wechselbeziehung zum Menschen; von 1923-26 Feuilleton-Redakteur der *Dresdner Neuesten Nachrichten*, danach der *Neuen Badischen Landeszeitung* in Mannheim; später freier Schriftsteller; 1929 erhielt S. den *Lessing-Preis* von Sachsen und ein Jahr später den *Preis für Dichtkunst* der *Preußischen Akademie der Künste*; 1930 Reise nach Madagaskar; 1953 Übersiedlung von Überlingen/Bodensee nach Tessin, später nach Baden-Baden und zuletzt nach München.

Seebach, Nikolaus Graf von; Intendant (* 9.2.1854, Paris, † 13.1.1930, Dresden)
Entstammt einer alten thüringischen Adelsfamilie; Erziehung in Paris, später Besuch des Jesuitengymnasiums in Feldkrich und des Gymnasiums in Bautzen; Studium

an der Universität in Leipzig; danach Eintritt in das Dresdner Offizierskorps des Gardereiterregiments; 1889 Rittmeister der Reserve und Ernennung zum Königlichen Kammerherrn; Reisen nach Rußland, England und Indien; seit 1894 Generalintendant des *Dresdner Hoftheaters*; förderte auf vielfältige Weise die Aufführung naturalistischer und expressionistischer Theaterstücke an der *Dresdner Hofbühne*, später am *Staatsschauspiel*; Seebach blieb als einziger ehemaliger höfischer Generalintendant auch nach der Novemberrevolution in seinem Amt und ging erst 1919 nach 25jähriger Dienstzeit auf eigenen Wunsch in den Ruhestand.

Segall, Lasar; Maler, Grafiker, Bildhauer (* 8.7.1891, Wilna, † 2.8.1957, São Paulo)
   Sohn eines Thoraschreibers; seit 1906 in Berlin; 1907-1910 Studium an der *Königlichen akademischen Hochschule für die bildenden Künste*; 1910 Übersiedelung nach Dresden; Meisterschüler an der *Dresdner Akademie* bei Gotthard Kuehl (1850-1915); Kontakte zum Kreis der *Brücke*-Maler; 1912-13 Reise nach Brasilien mit Ausstellungen in São Paulo und Campinas; während des Ersten Weltkrieges interniert; 1918 Anschluß an die *Novembergruppe* in Berlin; 1919 Mitbegründer der *Dresdner Sezession Gruppe 1919*; 1923 Auswanderung nach Brasilien; Ausstellungen seiner Werke in Rio de Janeiro, São Paulo, Stuttgart und Berlin; 1929-31 Studienaufenthalt in Paris; 1932 Gründung der Gruppe *Spam* (Sociedade Pauliste de Arte Moderna) in Brasilien; schuf sozialkritische Bilder mit tektonischem Aufbau und seit 1930 expressive Plastiken.

Stadelmann, (Friedrich Gustav) Heinrich (auch: Gustav Waldar, Xaver); Schriftsteller, Arzt, Verfasser psychologischer, philosophischer und naturwissenschaftlicher Werke (* 15.1.1865, Memmingen, † 12.7.1948, Dresden)
   Sohn des Lehrers und Schriftstellers Heinrich Stadelmann (1830-1875); Studium der Medizin an der Universität Würzburg; 1887 Dr. med.; lebte seit 1906 als Nervenarzt in Dresden; hatte sich schon früh (seit 1913) durch Vorträge und Artikel für die Kunst der Avantgarde in Dresden engagiert; 1916 veröffentlichte Stadelmann die Schrift *Unsere Zeit und ihre neue Kunst*, in der er explizit auf die Rolle des Expressionismus, Futurismus und Kubismus in der zeitgenössischen Kunstdebatte einging; Stadelmann versuchte bereits im April 1917 einen Zusammenschluß derer zu organisieren, die an der Förderung der jungen Kunst in Dresden interessiert waren (u. a. → Oskar Walzel); seit 1917 enger Freund von → Franz Pfemfert, dem Herausgeber der *Aktion*; finanzierte und organisierte Auftritte der Berliner Dadaisten in Dresden (u. a. den großen »Dada-Abend« 1920); als Freund und Schriftsteller dem Kreis der Dresdner Expressionisten (u. a. → Walter Rheiner und → A. Rudolf Leinert) verbunden.

Stiemer, Felix (auch: Paul Staehly); Schriftsteller, Verleger (* 17.5.1896, Oldenburg, † 15.9.1945, Berlin)
   In Freiburg/Br. und Dresden aufgewachsen; Besuch des *Gymnasiums zum heiligen Kreuz* in Dresden, wo er mit → Rudolf Adrian Dietrich zusammentraf; danach Buchhändlerlehre; seit April 1916 Arbeit als Buchhandelsgehilfe in der Buchhandlung

Heinrich Bender auf der Waisenhausstraße 25, wo er erstmals Kontakt zu jungen Dresdner Autoren fand; 1917 gemeinsam mit → Conrad Felixmüller Gründung der *Expressionistischen Arbeitsgemeinschaft Dresden* und des *Felix Stiemer Verlages*, der allerdings nur kurze Zeit existierte; die ersten Publikationen der Mitglieder der *Expressionistischen Arbeitsgemeinschaft* erschienen im *Stiemer Verlag*; S. kehrte im Februar 1918 nach Freiburg zurück, zog im Oktober 1918 nach München und beteiligte sich dort an der *Bayerischen Räterepublik*; er schließt sich dem *Aktionsausschuß revolutionärer Künstler* an und hatte zu dieser Zeit anscheinend Kontakte zur *Freien Sozialistischen Jugend*; nach der Niederschlagung der *Bayerischen Räterepublik* war S. kurzzeitig in Haft; am 10.7.1919 wurde er von den Behörden aus Bayern ausgewiesen; lebte 1919/20 in Frankfurt/M.; in dieser Zeit zahlreiche Publikationen in der Münchner expressionistischen Zeitschrift *Die Bücherkiste*, u. a. zu Gustav Landauer (1870-1919), zum Münchner Theater in der Revolution oder zu Formen politischer Literatur; seit September 1921 lebte S. in Berlin; noch Ende der 20er Jahre bekennt er sich zur linksradikalen Bewegung, ehe er nach 1933 versuchte, sich der nationalsozialistischen Kulturpolitik anzupassen; das öffentliche Bekenntnis zum Nationalsozialismus blieb aber auf wenige Äußerungen beschränkt; seit 1938 erschienen keine Veröffentlichungen mehr von ihm.

Tappert, Georg; Maler und Graphiker (* 20.10.1880, Berlin, † 17.11.1957, Berlin)

Nach einer Schneiderlehre, 1896-1898, in Berlin tätig; zwischen 1900 und 1903 auf Empfehlung von Max Liebermann (1847-1935) und Paul Schultze-Naumburg (1869-1949) Schüler an der Karlsruher Akademie; danach Assistent an der Kunstschule Schultze-Naumburgs auf Burg Saaleck in Thüringen; 1906 Aufenthalt in Worpswede, hier Kontakt zu Heinrich Vogeler (1872-1942); 1910 Gründung der Berliner *Neuen Sezession*; 1911 erste Einzelausstellung in der Kunsthalle zu Bremen; seit 1913 Lehrer an der *Königlichen Kunstschule* in Berlin; 1915-1918 Kriegsdienst; Mitarbeiter an den Zeitschriften *Aktion, Die Schöne Rarität* und *Menschen*; Auswärtiges Mitglied der *Expressionistischen Arbeitsgemeinschaft Dresden*; 1918 Mitbegründer der *Novembergruppe* in Berlin; 1919-1924 Lehrer für Aktzeichnen und Komposition an der *Reimann-Schule* in Berlin; Professor an der *Staatlichen Kunstschule Berlin*; 1922-1933 Mitglied des Künstlerischen Prüfungsamtes; 1933 Mal- und Ausstellungsverbot; 1937 Entlassung aus dem Lehramt; ab 1945 Übernahme der Leitung der *Hochschule für Kunsterziehung* in Berlin; 1953 Aufgabe des Lehramtes.

Teuscher, Heinrich Martin Christian; Arzt (* 1862, ?, † 1946, ?)

Promotion in Jena und Spezialisierung auf dem Gebiet der Neurologie; 1897/98 Eröffnung eines privaten Sanatoriums auf dem *Weißen Hirsch* bei Dresden gemeinsam mit seinem Bruder Paul Teuscher (1864-1927); T. spezialisierte sich auf die Behandlung von Nerven-, Darm- und Herzerkrankungen; während des Ersten Weltkrieges wurde das Sanatorium teilweise als Lazarett genutzt; T. ermöglichte – wahrscheinlich auf Vermittlung des Arztes → Dr. Fritz Neuberger – Expressionisten, wie z. B. → Walter Hasenclever, deren Simulation psychischer Erkrankung er wohl durchschaute, aber dennoch deckte, eine Befreiung vom Heeresdienst; die Familie T. betrieb das Sanatorium, bis es 1943 in ein Kriegslazarett umgewandelt wurde.

Viertel, Berthold; Schriftsteller, Essayist, Übersetzer, Regisseur (* 28.6.1885, Wien, † 24.9.1953, ebd.)

Sohn einer jüdischen Kaufmannsfamilie; schrieb seit seinem 15. Lebensjahr Gedichte und autobiographische Reflexionen; 1904-1910 Studium in Wien; Bekanntschaft mit Peter Altenberg (1859-1919) und Karl Kraus (1874-1936); veröffentlichte erste Gedichte und kunstkritische Aufsätze in Kraus' *Fackel*; arbeitete ab 1912 als Dramaturg und Regisseur an der *Wiener Volksbühne*; 1914-1918 Reserveoffizier in Serbien und Galizien; 1918-22 Oberregisseur am *Dresdner Schauspielhaus*; inszenierte dort wichtige Dramen des Expressionismus (u. a. *Das bist du* von → Friedrich Wolf); seit 1922 in Berlin am *Deutschen Theater* und bald auch am *Staatstheater* tätig; 1923 Gründung des Schauspielerensembles *Die Truppe*; später drehte V. Filme und inszenierte in Düsseldorf, bevor er 1927 nach Hollywood ging; 1932 Rückkehr nach Europa; emigrierte nach dem Reichstagsbrand nach London; lebte 1939-47 in Hollywood und New York; arbeitete 1947/48 für die *BBC* in London und kehrte im Dezember 1948 nach Wien zurück; bis zu seinem Tode am *Burgtheater* in Wien beschäftigt.

Voigt, Carl Rolf (vermutlich identisch mit Carl Rudolf Voigt) Schriftsteller (* 18.10.1897, Dresden, † ?)

1916-1918 Kriegsdienst; studierte 1918/19 an der *Technischen Hochschule Dresden*, dann an der *Universität Leipzig*; Promotion 1921; im *Dresdner Verlag von 1917* erschien sein Lyrikband *Geballte Fäuste*, eine Folge von Gedichten, die in emphatischer Sprache eine Erneuerung der Welt im Umfeld der Kriegs- und Revolutionsereignisse von 1918/19 beschwören.

Voll, Christoph, Maler und Graphiker (* 25.4.1897, München, † 16.6.1939, Karlsruhe)

Kindheit im Waisenhaus; seit 1912 Lehre als Bildhauer und Steinmetz in Dresden; 1914-1918 Kriegsdienst, 1918/19 Studium an der *Dresdner Kunstgewerbeschule* und 1919 Studium an der *Dresdner Akademie*; wurde 1920 Mitglied der *Dresdner Sezession Gruppe 1919*; seit 1924 Lehrer an der *Schule für Kunst und Handwerk* in Saarbrücken; seit 1928 an der *Badischen Landeskunstschule* Karlsruhe; erhielt nach dem Machtantritt der Nationalsozialisten Unterrichtsverbot; sein Werk wurde 1937 zur ›Entarteten Kunst‹ erklärt.

Walzel, Oskar (Franz); Literaturwissenschaftler (* 28.10.1864, Wien, † 29.12.1944, Bonn)

W. promovierte 1887 im Anschluß an sein Studium in Wien und habilitierte 1894; arbeitete seit 1897 in Bern und wechselte 1907 an die TH Dresden; seit Mitte der 10er Jahre engagierte sich W. für die Gegenwartsliteratur, insbesondere für den Expressionismus und wirkte als bedeutender Anreger bei der Entwicklung seines Fachs; plädierte bereits seit 1909 für eine ›synthetische Literaturforschung‹; sah die Differenzierung der Literaturbetrachtung in eine ideen- oder problemgeschichtliche und eine stil- oder formtypologische Richtung voraus und wollte Kategorien der

Kunstgeschichte für die Literaturwissenschaft fruchtbar machen; in seiner Dresdner Zeit war W. eng mit den in der Stadt lebenden Expressionisten verbunden; in oft uneigennütziger Weise unterstütze er Publikationspläne und öffentliche Auftritte, erstellte Verlagsgutachten und setze sich – als Mitglied von zahlreichen Stiftungen und Vereinigungen – für finanzielle Zuwendungen an expressionistische Autoren (u. a. → Walter Rheiner, → Paul Adler, → Alfred Günther) ein; W. wechselte 1921 als Nachfolger von Berthold Litzmann (1857-1926) an die Universität Bonn; am dortigen *Germanistischen Seminar* lehrte und forschte er bis zu seiner Emeritierung 1933; da W. mit einer Jüdin verheiratet war, wurde er von den Nationalsozialisten geächtet und isoliert (Unterbindung seiner Lehrtätigkeit nach der Emeritierung); W. kam nach einem Bombenangriff 1944 in seiner Wohnung ums Leben, kurz nach der Verschleppung seiner Frau ins Lager Theresienstadt.

Wolf, Friedrich (auch: Christian Baetz, Hans Rüedi, Dr. Isegrimm); Schriftsteller, Filmszenarist, Arzt (* 23.12.1888, Neuwied, † 5.10.1953, Lehnitz bei Oranienburg)

Gymnasialbesuch in Neuwied; Anschluß an die *Wandervogel*-Bewegung; kurzzeitig Studium der Kunstgeschichte in München; danach Studium der Philosophie und Medizin in Tübingen, Bonn und Berlin; 1913 Promotion; 1913/14 Schiffsarzt bei der Lloyd, dann Truppenarzt an der Front und zuletzt kriegsdienstverweigernder Lazarettarzt; Einweisung in die Heilanstalt Arnsdorf bei Dresden; dort als Arzt tätig; seit 1918 Mitglied des *Zentralrates der sächsischen Arbeiter- und Soldatenräte*; zugleich Gründungsmitglied der *Sozialistischen Gruppe der Geistesarbeiter* in Dresden; hier entstehen seine bedeutendsten expressionistischen Texte (u. a. die Dramen *Das bist du* und *Der Unbedingte*); 1920/21 Stadtarzt in Remscheid; aktive Teilnahme an der Niederschlagung des *Kapp-Putsches*; 1921 zusammen mit Heinrich Vogeler (1872-1942) Versuch, in Worpswede eine *Sozialistische Siedlungszelle* mit Kriegsheimkehrern zu begründen; ab 1921 praktizierender Arzt in Hechingen, am Bodensee und in Stuttgart; 1928 Beitritt zur *KPD*; verstand die Kunst zunehmend als »Waffe«; 1932 Gründung der Agit-Prop-Gruppe *Spieltrupp Südwest*; aufgrund seiner jüdischen Herkunft 1933 Emigration über Paris in die Sowjetunion; im gleichen Jahr entstand im Pariser Exil *Professor Mamlock*; 1939-1941 in Frankreich interniert; 1943 Mitbegründer des *Nationalkomitees Freies Deutschland*; 1945 Rückkehr nach Berlin und Mitarbeit beim Aufbau des Rundfunk- und Filmwesens der SBZ/DDR; 1950/51 Botschafter der DDR in Polen; lebte danach als freier Schriftsteller in Lehnitz.

Zehder, Hugo; Schriftsteller und Architekt (* 20.2.1882 Riga, † 16.8.1961 Berlin-West)

Sohn eines Schiffsturbinenfabrikanten; Militärdienst in Petersburg; noch vor 1905 geht Z. nach Deutschland; Studium der Architektur an der TH Dresden bei Martin Dülfer (1859-1942); danach selbständiger Baumeister und Architekt, u. a. Beteiligung mit Entwürfen am Wettbewerb für die am Zwingerteich geplante *Galerie Neuer Meister*; während des Ersten Weltkrieges Privatsekretär von Karl Woermann (1844-1933), dem ehemaligen Direktor der *Kgl. Gemäldegalerie*; Z. wohnte zeitweise in Hellerau und führte dort einen ›halboffenen‹ Salon; schon vor dem Ende des Krieges entschiedene Hinwendung zur expressionistischen Kunst und Literatur, u. a. 1920 erste Monographie über Wassily Kandinsky (1866-1944); Schriftleiter der Dresdner expressionistischen Zeitschriften *Neue Blätter für Kunst und Dichtung* und *Die neue Schaubühne*; Mitglied im Propagandaausschuß der 1918 gegründeten *Sozialistischen Gruppe der Geistesarbeiter* und Mitbegründer der *Dresdner Sezession Gruppe 1919*; 1922/23 verläßt Zehder Dresden; Hinwendung zum Film; verfaßte während des NS-Regimes zahlreiche Drehbücher; nach dem Zweiten Weltkrieg leitet Z. zwischen 1947 und 1952 den Feuilletonteil der Tageszeitung *Die Welt*; er starb in Westberlin.

Personenregister

Das Register erfaßt alle im Textteil und in den Fußnoten erwähnten Personen. Kursiv gesetzte Seitenzahlen verweisen auf Namensnennungen in den Fußnoten.

Sachregister

Das Sachregister verzeichnet alle im Textteil und den Fußnoten erwähnten und in den einschlägigen Quellentexten nachweisbaren (zeit)geschichtlichen Zeitschriften, Zeitungen, Jahrbücher, Anthologien, Almanache, Sammelbände, Verlage, Druckereien, Buch- und Kunsthandlungen, Vereinigungen, Arbeitsgemeinschaften, Gesellschaften, Bünde, Zirkel, Kreise, Stiftungen, Ämter, Räte und Beiräte, Gremien, Kommissionen, Ministerien, Parteien, Schulen, Hochschulen und Universitäten, Akademien und Museen, Galerien, Bibliotheken, Archive und Theater.
Kursiv gesetzte Seitenzahlen verweisen auf Angaben in den Fußnoten.

ABBILDUNGSNACHWEIS

NACHBEMERKUNG

Bei der vorliegenden Studie handelt es sich um die leicht überarbeitete Fassung meiner Habilitationsschrift, die im April 2001 an der Fakultät für Sprach-, Literatur- und Kulturwissenschaften der Technischen Universität Dresden verteidigt wurde. Bis 2002 erschienene Forschungsliteratur wurde – soweit sie für das Thema relevant war – nachträglich eingearbeitet bzw. in das Literaturverzeichnis aufgenommen, ohne daß absolute Vollständigkeit erreicht werden konnte.

Daß die Durchführung eines solch umfangreichen Projekts nicht ohne die Hilfe und Unterstützung durch zahlreiche Institutionen und Personen möglich war, liegt auf der Hand. Mein Dank gilt deshalb zunächst der *Deutschen Forschungsgemeinschaft*, die durch die Gewährung eines Habilitandenstipendiums die aufwendigen Quellen- und Literaturrecherchen sowie die Abfassung und Publikation der Studie großzügig unterstützt hat. Für die Erlaubnis zur wiederholten Einsichtnahme in zahlreiche Nachlässe und andere handschriftliche Archivalien und gedruckte Dokumente bedanke ich mich beim *Deutschen Literaturarchiv Marbach*, bei der *Sächsischen Landesbibliothek – Staats- und Universitätsbibliothek Dresden* sowie beim *Stadtarchiv Dresden*. Zu danken habe ich hier insbesondere Dr. Jochen Meyer, Winfried Feifel, Ingrid Grüninger sowie Hans-Jürgen Sarfert. Für die Genehmigung zum Abdruck eines bislang ungedruckten Textes von Albert Ehrenstein bedanke ich mich bei Rafael Weiser, dem Direktor des *Department of Manuscripts & Archives* der *Jewish National & University Library* in Jerusalem. Für die Publikationserlaubnis zum Abdruck von Briefen und anderen handschriftlichen Dokumenten von Theodor Däubler bedanke ich mich bei Friedhelm Kemp. Das *Deutsche Literaturarchiv Marbach* erteilte die Genehmigung zur Veröffentlichung von Auszügen aus Briefen und anderen ungedruckten Materialien von Salomo Friedlaender (Mynona), Iwan Goll, Alfred Günther, Jakob Hegner, A. Rudolf Leinert, Hellmuth Pattenhausen, Kurt Pinthus, Frieda Saint Sauveur, Heinar Schilling, Lothar Schreyer, Heinrich Stadelmann, Felix Stiemer, Carl Rolf Voigt, Oskar Walzel und Hugo Zehder. Trotz umfangreicher Bemühungen konnten für einige Autoren und Texte keine derzeitigen Rechtsträger bzw. Rechtsnachfolger ermittelt werden.

Für zahlreiche Hinweise und Ratschläge bedanke ich mich bei Prof. Walter Schmitz, der das Projekt nicht nur anregte, sondern auch dessen Weiterführung tatkräftig beförderte. Hilfreiche Gespräche zum Thema meiner Arbeit konnte ich führen mit: Ulrich Fröschle, Dorothea Gelbrich, Jochen Strobel, Eberhard Zeiler, Annette Teufel sowie Birka Siwczyk. Ihnen allen möchte ich an dieser Stelle herzlich danken, desgleichen meiner Familie, die über Jahre hin durch beständige Aufmunterung und geduldigen Zuspruch den Abschluß des Projekts ermöglichte. Für die umsichtige und gewissenhafte Durchsicht des Manuskripts bedanke ich mich bei Ulrich Fröschle, Katja Hofmann und Michaela Münzner. Technische Hilfestellung gewährte mir Eckhard Richter vom Thelem Universitätsverlag, Dresden.

Dresden, im März 2005